中华人民共和国地方志 · 甘肃省

甘州区志

1991—2016

甘州区志编纂委员会 编

甘肃文化出版社

图书在版编目（CIP）数据

甘州区志：1991—2016 / 甘州区志编纂委员会编.
-- 兰州：甘肃文化出版社，2019.6
ISBN 978-7-5490-1806-2

Ⅰ. ①甘… Ⅱ. ①甘… Ⅲ. ①区（城市）—地方志—甘州—1991-2016 Ⅳ. ①K294.24

中国版本图书馆 CIP 数据核字（2019）第 113023 号

甘州区志 1991—2016
甘州区志编纂委员会 | 编

责任编辑 | 王天芹
责任校对 | 李雯娟
装帧设计 | 张　兰

出版发行 | 甘肃文化出版社
网　　址 | http://www.gswenhua.cn
地　　址 | 甘肃省兰州市城关区南滨河东路 520 号　730000（邮编）
电　　话 | 0931-8439121
经　　销 | 新华书店
印　　刷 | 甘肃澳翔印业有限公司

开　　本 | 787 毫米×1092 毫米　1/16
字　　数 | 1298 千
印　　张 | 53
插　　页 | 48 面
拉　　页 | 1
版　　次 | 2019 年 6 月第 1 版
印　　次 | 2019 年 6 月第 1 次
书　　号 | ISBN　978-7-5490-1806-2
定　　价 | 398.00 元

《甘州区志 1991—2016》编纂委员会

名誉主任：佘　锋　成广平　王洪德　薛　庆
主　　任：王韶华
副 主 任：秦　伟　邢学伟　汪建宏　王　憬　王　洁
委　　员：刘　波　张定一　王仁国　王　海　纪向军　孔建军
郑鹏超　姚正国　程建明　黄兴俊　王迪东　刘　文
王敬忠　郭永刚　李红新　黄岳年　张　兰

《甘州区志 1991—2016》编辑部

主　　编：王韶华
副 主 编：张　兰　宋进林　张恒善
特约编辑：单浩强
编　　辑：高鹏飞　李　敏　杨　岚
摄　　影：成　林　吴　玮　孔令晟　张　勇　曹玉坤　曾建军
曹　平　侯东山

《甘州区志 1991-2016》审稿

初　　审：甘州区志编纂委员会
复　　审：甘肃省地方史志编纂委员会
终　　审：张掖市地方史志编纂委员会

序　一

中共张掖市委常委、甘州区委书记　[signature]

“郡邑之有志，犹国之有史。”一个地方的历史沿革、山川地理、政治风云、经济文化，常以志记之，以求贯通古今，明察兴替，鉴往知来。《甘州区志 1991—2016》开始编纂至今历时三载，在全体编纂人员的共同努力下，数易其稿，现终于付梓刊行，这是全区政治、经济、文化建设中的一件大事，也是社会各界企盼的一件喜事，是值得庆贺的。

甘州地处千里河西走廊腹地、古丝绸之路南北两线和居延古道交会点，是张掖市的政治、经济、文化中心，南依祁连山，北靠合黎山，历来为河西走廊重镇，兵家必争、商旅必经之地。甘州历史悠久，据文字记载已有五千年历史，人文底蕴厚重，文化旅游资源丰富，区内有亚洲第一卧佛之称的西夏国寺和汉代黑水国遗址、隋代木塔、明代钟鼓楼以及古汉墓群等著名的历史文物古迹；区位独特，居中四向，为丝绸之路经济带重要节点城市，辐射带动效应明显；土地肥沃，农业条件优越，整体发展水平处于全国一熟制地区先进行列；资源丰富，水土光热得天独厚，蕴藏巨大的发展潜力，是丝绸之路上一颗璀璨的明珠，被誉为山青、水秀、天蓝、地绿的“塞上江南”“湿地之城”“戈壁水乡”。

鉴古才知今，继往为开来。修志旨在激励当代，启迪后世，励精更始，造福桑梓。改革开放以来特别是近20年以来，无数甘州儿女和仁人志士，默默无闻，前赴后继，义不容辞投身改革发展事业，经过艰苦创业，使得甘州经济突飞猛进，生态日益改善，城乡竞相发展，社会和谐稳定，人民幸福安康，甘州大地一派生机盎然、欣欣向荣之景象。这些地方风貌和沧桑巨变，应当载入史册，流芳百世。《甘州区志 1991—2016》作为“官修”的志书，以马克思列宁主义、毛泽东思想、邓小平理论、“三个代表”重要思想、科学发展观、习近平新时代中国特色社会主义思想为指导，运用辩证唯物主义与历史唯物主义观点和方法，广征博采、取精存真，条分缕析、略古详今，文风朴实、平易晓畅，全面、系统、真实、客观地记述了1991—2016年甘州的自然、政治、经济、文化和社会发展变化状况，突显了甘州地方特色和改革开放新风貌，是内容广博的地情资源，是奉献给全区人民的宝贵精神财富，是开展区史研究的珍贵史料，是今后谋划甘州发展的重要参考文献，更是外界了解甘州的载体和窗口，必将鼓舞和激励更多有志之士再创丰功伟业，必将对甘州经济社会发展产生深远影响。

《甘州区志 1991—2016》编纂过程中，全体编纂人员辛勤工作，各级各部门密切配合，社会贤达踊跃相助，做出了突出贡献。在此，我谨代表区委表示敬意与感谢。诚望全区各界特别是领导干部学好志、用好志，承前辈壮志，扬时代新风，凝心聚力，开拓进取，为甘州改革发展贡献智慧和力量，奋力书写无愧于时代、无愧于人民、无愧于历史的新答卷！

谨以为序。

2019年6月

序　二

中共张掖市甘州区委副书记、区政府区长 王绍华

甘州历史上有过多次修志之举，仅仅《明史》上记载的就有《陕西行都司志》《甘州卫志》《甘州纪变》《治甘州记》《张掖志》等，然而沧海桑田、时事变迁之后，这些珍籍都已风流云散，邈焉难寻。流传至今的旧志只有〔清〕顺治《重刊甘州志》、〔清〕乾隆《甘州府志》，成为我们了解认识古代甘州最基础的史料。中华人民共和国成立后，原中共张掖市委、张掖市人民政府主持编修的《张掖市志》于 1995 年付梓成书，记叙远古时期至公元 1990 年张掖的历史变迁，是我们了解甘州历史的“百科全书”。

时光荏苒，继编修《张掖市志》后，50 万甘州人民又走过了 1990—2016 年期间 26 年的光辉历程。这 26 年，是甘州人民实事求是、解放思想、求真务实、改革开放的 26 年；是甘州抓住改革发展机遇，推进经济社会持续、快速、健康发展的 26 年；是甘州不忘初心再出发、砥砺前行铸辉煌的 26 年，在甘州历史上具有极其重要的意义。逢盛世、宜修志，为及时、准确记录这段辉煌历史，区委、区政府顺应时势，约集有识之士，启动《甘州区志 1991—2016》编修工作，全体编修人员酌古参今，数易其稿，鸿编铸就，付梓问世，是为甘州文化建设领域一大盛事，可喜可贺。

甘州地处河西走廊中部，是丝绸古道文明的璀璨明珠，也是丝绸之路经济带的重要节点城市，水源富集、土地肥沃、物产丰富，自古就有“塞上江南”“金张掖”之美誉。早在新石器时代，先民就活动于此，以狩猎、游牧为生。夏商至春秋战国时期，羌、戎、狄、乌孙、月氏等民族先后在此繁衍生息。汉元鼎六年（公元前 111 年），汉武帝以“张国臂掖，以通西域”之义设置张掖郡；西魏废帝三年（公元 554 年），改张掖为“甘州”，始称甘州；至元 14 年（公元 1277 年），元世祖忽必烈在甘州设甘肃行中书省，省会甘州；清康熙二年（公元 1663 年），康熙帝在甘州设甘肃提督军门，统领甘肃、宁夏、西宁、安西四镇总兵。纵观历史，甘州为历代王朝所设州、郡、行省、卫、府等治所，素有“塞上锁钥”之称。1936 年冬，中国工农红军西路军西渡黄河，进入河西走廊，建立“中共甘州中心县委”；1949 年 4 月 19 日张掖解放，张掖县委、县政府诞生；中华人民共和国成立后，先后在张掖设专区、地级市，1961 年恢复县制，1985 年张掖撤县建市，2002 年 6 月撤市设立甘州区。

改革开放以来，勤劳勇敢的甘州人民奋发图强、顽强拼搏，以聪明才智描绘美好家园，使古老的甘州大地发生了前所未有的变化，政治、经济、科学、文化等方面都取得了可喜成绩。邑之有志，犹国之有史。《甘州区志 1991—2016》以改革开放为主线，以大量的事实，全面、客观、真实、准确叙历史沿革之要略，记政治社会之进步，表经济文化之盛衰，传人文精神之风貌，为彰显甘州区 1991 年以来重要成就的“一方之全史”。历史是现实的镜子，它将有助于我们了解社会前进的脉搏，掌握历史发展的规律，以史为鉴，总结经验教训，探索出又快又好发展政治和经济的途径。

“志为信史”。治史者读之为史，攻文者阅之为文，从政者以之为镜，相信《甘州区志 1991—2016》能够充分发挥存史、资治、兴利、教化作用，帮助世人了解地域民情，观兴废、知得失，通古今、察未来，激发社会各界热爱甘州、建设甘州的自豪感和责任感，更好地凝聚各方面的智慧和力量，在甘州这块蕴藏无限希望的土地上创造出更加灿烂的辉煌！

《甘州区志 1991—2016》编修启动以来，省市方志部门和专家学者提供了精心指导和大力支持，全体编修人员秉笔直书，突出时代精神，彰显甘州特色、发展亮点，切实做到纂志存典、经世致用。在《甘州区志 1991—2016》付印出版之际，谨向为此做出贡献和努力的全体同志表示诚挚谢意！

志照汗青，来者可鉴。在既往文明灿烂的基础上，甘州人民一定会有更加辉煌的发展。是为序。

2019 年 6 月

再铸金張掖輝煌

江泽民

二〇〇〇年六月十八日

2000年6月17日至18日，时任中共中央总书记、国家主席、中央军委主席江泽民第二次来张掖视察工作，18日视察张掖大佛寺时亲笔题词“再铸金张掖辉煌”

2002年6月，经省委批复，县级张掖市撤销，设立甘州区；6月28日，甘州区正式挂牌成立

大佛寺建筑群

全国最大室内木胎泥塑卧佛

土 塔

木 塔

镇远楼

1992年8月11日至12日，时任中共中央总书记、国家主席、中央军委主席江泽民来张掖视察并题写“金张掖”，图为“金张掖”牌坊楼

民勤会馆

明清街

高金城烈士纪念馆

明粮仓

五松园遗址

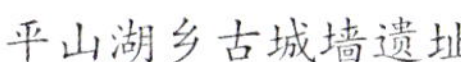

平山湖乡古城墙遗址

西城驿烽火台

甲子墩墓群

城区鸟瞰图

滨河新区

甘泉公园

湿地公园

张掖城市湿地博物馆

张掖大剧院

张掖甘州全国综合养老示范基地

博物馆、图书馆、美术馆

滨河新区水天一色广场

仿古街

欧式街马可 · 波罗雕像

张掖中心广场

20世纪90年代农村住房

21世纪初的小康住宅

2000年后新建的农村住宅小区

汽车拉力锦标赛

万人徒步赛

张掖沙漠公园举行国际露营节

冰雪马拉松赛

区长杯校园足球赛

黑白分明灿古今 中华文化亦精深

围棋比赛

全国甲A男篮张掖赛区

张掖自驾游基地

沙漠体育公园

蔬菜基地

玉米制种生产基地

甘州区盛产的红提葡萄

第五代高标准智能化育苗中心

甘州区乌江水稻

乌江虹鳟鱼

金盏菊种植基地

20世纪90年代的南关农副产品批发市场

新建成的张掖绿洲农副产品综合交易市场

1984年4月开工兴建、1989年6月竣工投入运行的黑河草滩庄水利枢纽工程

防风治沙林带

畜产品加工

高标准羊舍

肉牛养殖

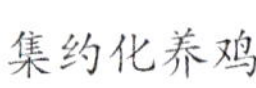

集约化养鸡

手动播种机　石碾子　镰刀

石臼　铡刀　石磙

家庭农场生产场景

秸秆青贮

电子商务创业园

招商引创大会甘州区政商见面会

甘绿集团甜椒生产线

河西制药公司

张掖经济技术开发区生态科技产业园鸟瞰图

1991年，张掖市番茄酱厂投入运营

南滩光电产业园

张掖火电厂

20世纪90年代，张掖市中药提炼厂年产15吨麻黄素生产线建成投产

大孤山水电站

兰新高铁张掖西站

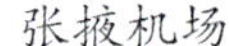
张掖机场

黑河新城大桥夜景

G30高速张掖进出口段

20世纪90年代人力黄包车

21世纪初期出租车

2015年12月1日，“张掖公交一卡通”正式启动

大成学校

甘州中学

甘州区思源实验学校

甘州区纪念毛泽东同志《在延安文艺座谈会上的讲话》发表70周年文艺晚会

2011年9月25日，张掖甘州首届菊花节文艺晚会

甘州区地方文献研究中心

青少年经典文化教育活动

青少年爱国主义教育

《美丽家园四季歌》（作者 唐鸿发）

《大爱祁连》（作者 王自刚）

《佛城塔影》（作者 巨潮）

书法（作者 王训端）

《菩提花开》（作者 张敏）

书法（作者 王平）

社 火

高 跷

太平鼓

民族舞

流传于民间的宝卷手抄本

草编制品

民间刺绣

手工制品

黄河灯阵

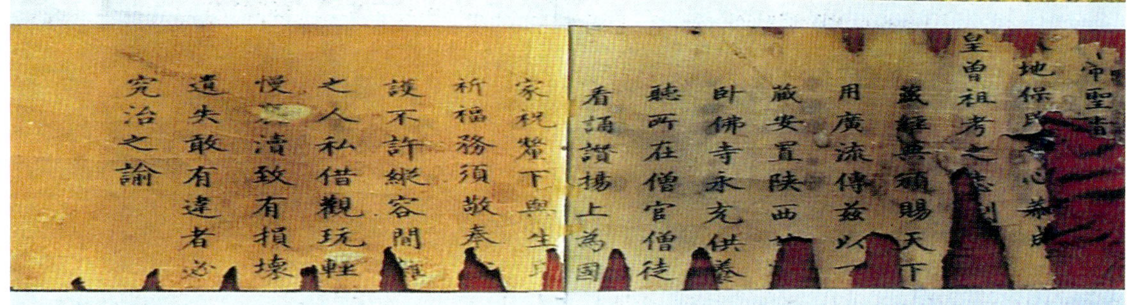

明英宗皇帝圣旨

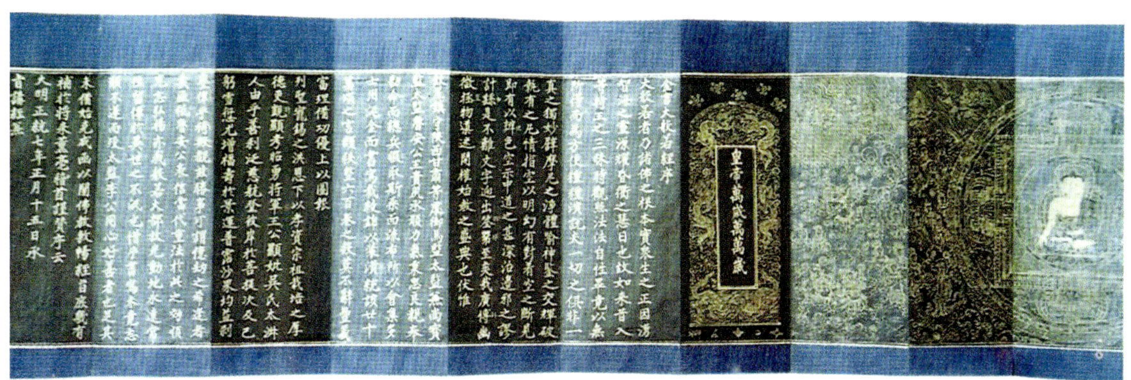

金粉手书佛经

唐·铜钟

民国冯琳的运粮图

明·漆绘描金人物铜镜

波斯萨珊王朝银币

元·铜金刚杵

汉代陶仓

战国·花角铜麋鹿

清·诞生佛铜塔

明·鎏金接引佛铜造像

清·魁星点斗铜造像

汉·青铜立马

明·龙泉窑豆青釉印纹荷叶盖罐

西夏文“首领”铜印

西夏·黑河建桥碑

明·双环耳铜壶

《甘州区志（1991—2016）》评审会议

《甘州区志（1991—2016）》编辑部合影

（前排左起：刘波、王韶华、张兰；后排左起：李敏、张恒善、宋进林、单浩强、杨岚、高鹏飞）

《甘州区志》评审会议参会人员合影

2018.8.28

2018年8月28日，《甘州区志（1991—2016）》评审会议人员合影

（前排左起：胡元肇、王洁、汪建宏、秦伟、孔令奇、王韶华、成广平、陈谦、薛庆、何成才、邢学伟、王憬、王旭

中排左起：李敏、王仁国、黄岳年、王敬忠、纪向军、刘波、王慧莲、杨争山、段进泓、周学民、李方、常登成、牛学伟、张兰、赵沁芳、龙艳

后排左起：韩剑军、王建福、张学荣、张恒善、唐国增、张定一、姚正国、李红新、王鸿耀、孔建军、郑鹏超、高立新、单浩强、宋进林、杨岚、高鹏飞）

张掖市甘州区地图

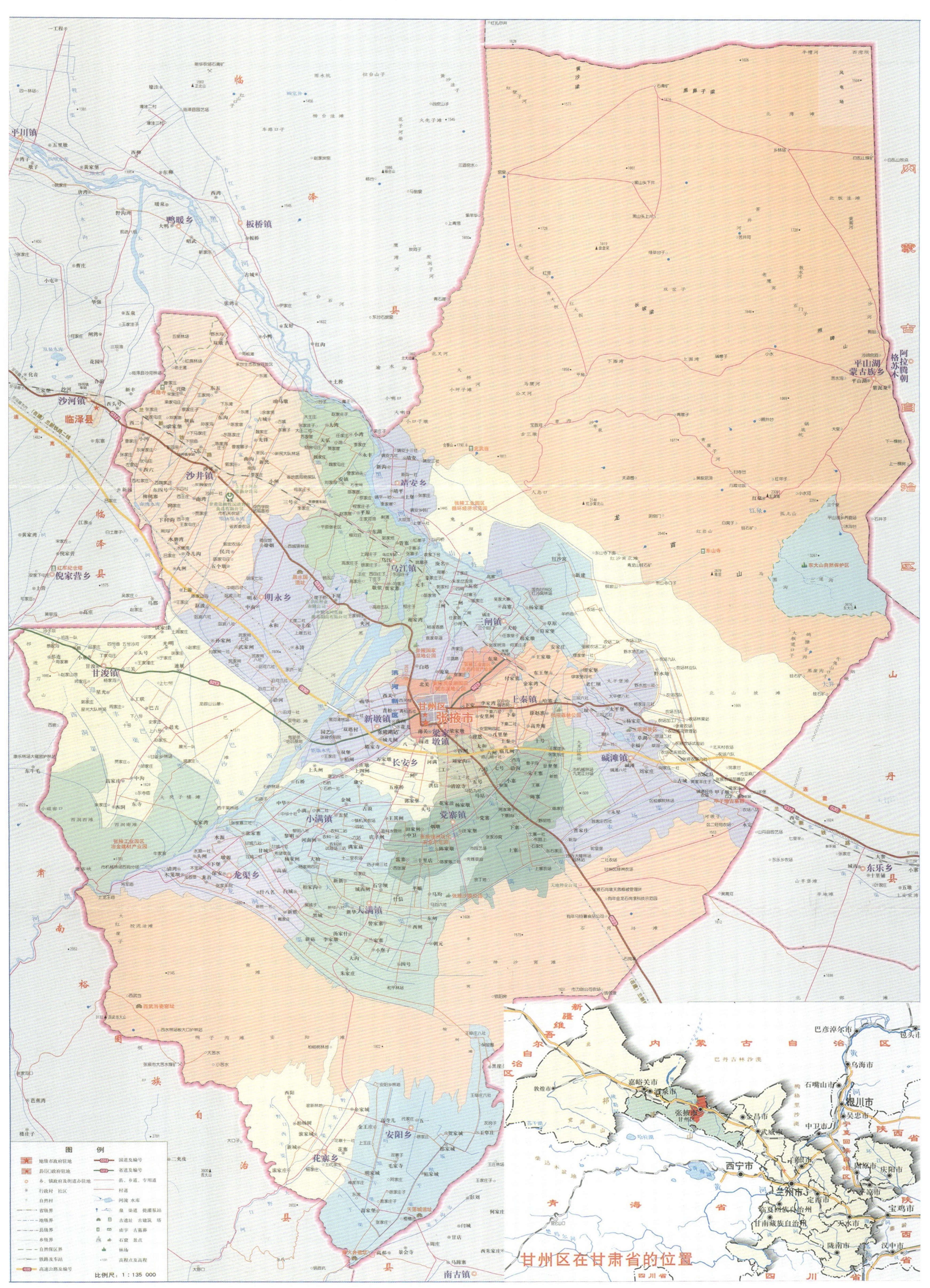

审图号:甘S(2011)09号

凡　例

一、指导思想

《甘州区志 1991—2016》以马列主义、毛泽东思想、邓小平理论、“三个代表”重要思想、科学发展观、习近平新时代中国特色社会主义思想为指导，坚持辩证唯物主义和历史唯物主义，承前启后，实事求是地记述甘州区（原县级张掖市）自然、政治、经济、军事、文化、社会等方面的情况。

二、志书断限

本志是 1995 年版《张掖市志》续志，属二轮修志。上限自 1991 年起，与前志前后贯通，可适当追溯；下限至 2016 年 12 月 31 日。

三、记事要求

本志记事分为两个阶段：1991—2002 年记述县级张掖市社会发展情况；2002—2016 年记述甘州区社会发展情况。

记述采用第三人称。人物直书姓名，除引文外不加称呼。记述地域范围以甘州区行政区划为主，对驻区的中央、省、市企事业单位在相关章节中作记述。对首轮修志中未涉及的机构设置情况及漏记内容，在本次修志中加以补充。

四、结构体例

本志由述、记、志、传、图、表、录等部分组成。内容按地理自然、建置区划、政党社会团体、政权政协、军事政法、农业农村工作、工业经济、商贸流通、财税金融、综合经济管理、社会事务管理、基础设施建设、园区建设、科教文化旅游、艺文、社会生活、人物荣誉等顺序排列。按编、章、节、目、子目 5 个层次编纂。

五、人物收录

入志人物为简介人物、表录人物，以姓氏笔画排列。凡首轮《张掖市志》已载入名录的人物，在本志中不再复载，遗漏的本志中补录；已在人物简介中记载的，名录中不再收录；享受国务院特殊津贴者，不再在正高级知识分子中收录。

六、数据

以统计部门公布的数据为准，行业部门作补充。数字书写采用2011年11月1日发布的《出版物上数字用法》（中华人民共和国国家标准GB/T 15835—2011）；标点符号采用2012年6月1日公布的《标点符号用法》（中华人民共和国国家标准GB/T 15834—2011）。

目　录

第一编　地理　自然

第二编　建置　区划

第三编 政党 社会团体

第四编　政权　政协

第五编　军事　政法

第六编　农业农村工作

第七编　工业经济

第八编 商贸流通

第九编　财税　金融

第十编　综合经济管理

第十一编　社会事务管理

第十二编　基础设施建设

第十三编　园区建设

第十四编　科教　文化　旅游

第十五编　艺　　文

第十六编　社会生活

第十七编　人物　荣誉

附　　录

概　述

张掖市甘州区历史悠久，人文荟萃。据文字记载，已有5000年历史。从夏商到春秋战国时期，先后有羌、戎、狄等少数民族居住，北凉沮渠蒙逊建郡至西魏废帝三年改为甘州，甘州之称自此开始。隋唐在甘州设立互市，西夏在甘州发迹崛起。元世祖忽必烈设甘肃行中书省省会，"甘肃省"首字即源于此。清为甘肃提督统军驻地。1936年初冬，中国工农红军西路军西渡黄河，进入河西走廊，播下星星火种，建立"中共甘州中心县委"。1949年9月19日张掖解放，9月25日中共张掖县委、县人民政府成立。1949年10月，中华人民共和国成立，先后在张掖设专区、地级市，1961年恢复县制，1985年张掖撤县建市，2002年6月撤市设甘州区。

甘州区是中共张掖市委、市政府所在地，是张掖市政治、经济、文化中心，是全国历史文化名城。隋代木塔、明代钟楼、西夏大佛寺等名胜，传承着历史文脉，展现出不同时期的时代风貌和文化内涵，构成独特的文化理念，既是一座名副其实的古城，又是甘肃华夏文明传承创新区——丝绸之路文化发展带的重要节点，是"一带一路"甘肃黄金段陇海兰新经济带上的重要节点城市和新亚欧大陆桥的战略要地。不仅是国家西部重要的生态安全屏障，更是绿洲经济社会可持续发展的承载区。境内航空、高铁、高速公路立体交通网络畅通，是我国西电东送、西气东输、西煤东运、西菜东去、西粮东调的安全战略通道。境内雪山冰川、森林草原、荒漠沙丘、七彩丹霞等极端地貌交相辉映。因自然美景和物阜民丰并存，素有"鱼米之乡"之美誉；又因具有良好的生态环境和区位优势，被誉为山清、水秀、天蓝、地绿的"塞上江南"；宜居、宜游、宜乐的"湿地之城"；明净、清新、亮丽的"清凉之都"；文明、和谐、繁荣的"戈壁水乡"。黑河湿地国家级自然保护区、甘肃张掖国家湿地公园、张掖城北国家城市湿地公园、张掖绿洲现代农业试验示范区、国家级张掖经济技术开发区坐落其中，是国务院公布的中国历史文化名城和中国优秀旅游城市、全国绿化模范城市和全国科技进步先进县（区）。

经济持续增长　20世纪80年代，全国进入第六、第七个"五年计划"时期，张掖也进入全面发展时期。至1990年，完成生产总值57544万元，农村居民可支配收入735元，大口径财政收入71824万元。

20世纪90年代，是第八、第九个五年计划时期，张掖经济社会进入快速发展的10年。1992年，市委、市政府提出以经济建设为中心，聚精会神抓经济，巩固第一产业，提高壮大第二产业，加快发展第三产业，农工并举，钱粮并重，流通领先，科教推进，城乡一体，整体推进经济发展的重大战略措施。经过近10年努力，至20世纪末，全市经济实力明显增强，农业结构、企业改革及科教文卫等各项事业均稳步发展，人民生活水平逐步改善，基本实现小康目标。进入21世纪以来，甘州区的经济取得飞跃发展，成为国家重要的商品粮生产基地、第一批国家级现代农业示范区、全国粮食生产先进单位、中国果蔬无公害十强区、中国果蔬科技创新先进示范区、中国肉牛生产基地、国家级生猪调出大区等。以清洁能源、有色冶金、生物化工、轻工食品、建筑材料为主的工业体系基本形成。2000年，实现国内生产总值262000万元，比上年增长8.3%。2010年，实现生产总值934553万元，比上年增长11.5%。2016年，全年实现生产总值168.77亿元，比上年增长8%，其中，第一产业增加值37.43亿元，增长5.2%；第二产业增加值39.06亿元，增长7.5%；第三产业增加值92.28亿元，增长9.3%。

改革创新扎实推进　启动实施创新驱动发展战略，大众创业、万众创新展现出强劲动力和蓬勃活力。积极抢抓“一带一路”战略机遇，加快“走出去”步伐，特色农产品进入中西亚市场，东中部农产品销售市场巩固扩大。区城投、旅投、农投、交投、万盛公司等五大政府投融资平台和担保体系建立。招商引资到位资金累计达217亿元，一批战略投资者落户甘州。

农业生产稳步推进　甘州区现代农业发展水平位于全省前列。水土光热资源丰富、自然条件优越，是国内绿色有机农产品生产绝佳区域和特色农产品加工循环经济基地。成功举办两届“绿洲论坛”，积极探索建立统筹生态建设与现代农业相生相伴的耦合体系，与中国农科院合作建设张掖国家绿洲现代农业试验示范区，加快金张掖玉米制种、百万头肉牛、优质蔬菜三大基地建设。大力实施劳动力技能培训工程，积极推进新农村建设，配套完善农村基础设施，农村经济持续繁荣，农民生活发生较大变化，甘州区被农业部确定为全国首批、全省唯一的国家级现代农业示范区。玉米制种、肉牛肉羊、高原夏菜、酿酒葡萄、马铃薯、番茄等产业特色优势明显，订单农业面积大，有机绿色农产品覆盖广，被确定为国家级玉米制种基地、生猪饲养大县、百万头肉牛产业基地、全省最大的奶牛饲养基地。名优特农产品有：金张掖玉米种子、金花寨小米、甘绿脱水蔬菜、金丰源韭菜、紫家寨牌鸡蛋、吉祥鸟牌虫子鸡蛋、银箭牌蜂蜜等。绿色环保农产品有：洋芋、甘蓝、菜花等。“十一五”时期，甘州区不断巩固和加强农业基础，全面落实强农惠农政策，累计发放各项农业补贴3.6亿元，新建农村公路3205公里，建成各类渠道789公里，新增制种、果蔬、肉牛、轻工原料四大产业化龙头企业78家，极大地带动了农村经济社会发展。

调整农业和农村经济结构，深化农产品流通体制改革，加大农业基础设施建设力度，放开农产品种植计划，压缩粮食面积，扩大日光温室和制种规模，实施黑河流域综合治理，建设农业高科技示范园区，发展“两高一优”（高产高效优质）农业，积极推进农业产业化经营。至1999年，粮经比例调整为67∶33；大力发展乡镇企业，扩大劳务输出，农村一、二、三产业比重调整到63∶21∶16。以金象种子集团为龙头，带动2.3万农户发展玉米制种7万亩；以甘肃脱水蔬菜集团为龙头，带动1.2万农户发展脱水蔬菜5.6万亩；启动番茄酱生产线，带动农民种植番茄3200多亩；积极推进产业化经营，全市3.8万农户与38家龙头企业签订产销协议；全年播种农作物86.39万亩，播种粮食51.69万亩，粮食总产达3.27亿公斤，粮食单产达661公斤。2010年，实现农业增加值246380万元。2016年，粮食作物面积78.37万亩；制种玉米种植面积64.35万亩；油料种植面积1.17万亩，蔬菜种植面积12.76万亩，粮食总产量451800吨；大牲畜存栏33.23万头；猪饲养量56.9万口，牛饲养量41.55万头，羊饲养量111.17万只，家禽饲养量710.23万只。全区立足绿洲现代农业示范园区和国家农业改革示范区建设，围绕制种玉米、高原夏菜、中药材、肉牛、奶牛等特色优势产业，建成农业产业化基地面积86万亩。市级以上农业产业化重点龙头企业78家，其中农业产业化省级重点龙头企业22家，销售收入23.4亿元；农业产业化市级重点龙头企业56家，销售收入21亿元。

工业企业发展良好 企业改革持续推进，1991年工商企业开展第二轮承包，对一些小型企业试行“国有民营”改革，进一步扩大企业自主权，工业企业得到较快发展。1995年，工业产值首次超过农业产值，初步形成地方工业十大产业群体。1997年，党的十五大提出“非公有制经济是社会主义市场经济的重要组成部分”，对非公有制经济有了新的定位。市委、市政府全面贯彻党的十五大精神和地委行署提出的“明产权、变身份、转机制、增效益”和“摘帽子”的重大改革措施。深化改革，绝大部分工商企业转为非公有制经济，工业企业的经营体制得到根本性的改变。

形成以清洁能源、有色冶金、生物化工、轻工食品、建筑建材为主的工业体系，重点建成以水电、光电和生物质能发电为重点的清洁能源基地，以脱水蔬菜、加工番茄、牛羊肉加工为主的特色农产品加工基地，以新型煤化工、生物医药为主的生物化工产业基地，构筑科技含量高、产业关联度强的生态工业产业集群。以新能源、新材料、特色农产品加工、有色冶金、生物医药为主的“两新一特+X”主导产业持续壮大，国家级经济技术开发区“一区多园”格局已经成型，被确定为全省循环经济示范园区、新型工业产业化示范基地、招商引资先进园区，被联合国工业发展组织授予“绿色工业园区”称号，成为承接产业转移、发展循环经济的广阔平台和载体。1997年，全市国民生产总值19.97亿元，是1992年的1.7倍，人均4330元；财政收入增至1992年的2.7倍，居全省县市第二位；乡镇企业跻身全省四强。至1999年，全市个体工商户11203户，注册资金1.59亿元；非公有制经济增加值由“八五”末的8.04亿元增长到15.05亿元，年均增长16.9%，占国民经济比重的25%。2010年全年实现工业增加值203672万元，同比增长18.9%。2011年，规模以上工业企业46家，职工10271人，实现工业增加值24.47亿元，其中大中型工业企业7家，职工3879人，实现工业增加值9.37亿元；销售收入达到亿元以上的企业9家。2010年甘肃黑河水电开发股份有限公司被列入甘肃省工业100强，位列第73位；工业园区1个，属省级工业园区。2016年，规模以上工业企业80家，实现工业总产值1238423万元；规模以下工业企业3541家，实现工业总产值119545万元。规模以上工业中农副食品加工、电力、冶金、建材、化工等支柱产业完成增加值17.03亿元，占规模以上工业增加值的95.3%。其中农副食品加工业完成增加值7.27亿元，增长5.4%；电力、热力的生产和供应业完成增加值7.05亿元，增长17.4%；饮料制造业完成增加值0.55亿元，下降0.6%；黑色金属冶炼及压延加工业完成增加值0.42亿元，增长5.7%；非金属矿物制品业完成增加值1.13亿元，下降7.7%；化学原料及化学制品制造业完成增加值0.61亿元，增长7%。

综合实力明显提升　坚持发挥比较优势、展现后发优势，围绕转变发展方式、优化经济结构，以发展循环经济为主体，持之以恒地实施工业强区战略。积极推进工业园区扩区升级，相继建成小孤山、二龙山水电站和日产2500吨干法水泥、90万吨洗精煤、牧沅清真肉牛屠宰加工生产线等重点项目300多个；开工建设平山湖风电、南滩光伏发电项目；改造提升传统产业，推动工业结构调整；扶持发展黑河水电、华瑞麦芽等一批优势骨干企业；张掖军民合用机场、兰新铁路第二双线等重大项目开工建设；培育年销售上亿元企业8户，规模以上企业47户。全区私营企业2140户，个体工商户13717户，非公有制经济比重达44.4%。全区工业化率21.8%，工业对经济增长的贡献率明显提高。

生态建设初见成效　以生态建设引领城市建设，把实施黑河流域综合治理、保护黑河湿地与城市建设紧密结合起来，全力推进滨河新区建设，完成湖区路网框架、城市防洪、水源涵养、绿化工程建设任务。实施滨河小镇、宁和园经济适用房、金安水乡、毓秀花园等一批项目，水天一色的新区框架初步形成。大力推进以张掖国家湿地公园为重点的黑河流域湿地保护工程，加大退耕还林、植被恢复、水系疏浚力度，黑河湿地被国务院批准为张掖黑河湿地国家级自然保护区，城北湿地被命名为张掖国家湿地公园，润泉湖公园被命名为张掖国家城市湿地公园。着眼实现经济、社会、生态的“多赢”，大力实施生态保护工程，高度重视节能减排，稳步推进农田林网改造和绿色通道建设，加快节水型社会建设步伐，全面完成黑河流域一期治理任务。大力推进城镇化进程，基础设施建设明显改善，城市品位显著提高，形成以老城区历史文化名城为中心，西有滨河新区、北有循环经济工业园区和国家湿地公园、南有绿洲现代农业试验示范区和沙漠地质公园的5个新型功能区集成的“1+5”生态城市框架，宜居宜游宜商更宜人的生态城市已经凸显出来。

基础设施日益完善　统筹抓好一些打基础利长远的大事实事，累计完成固定资产投资425亿元，是“十一五”时期的2.6倍。大力实施道路通畅工程，公路管养和交通运输能力不断提升。加快推进安全饮水、河道治理等工程建设，水利设施更加完善；宽带用户增加迅速，互联网普及率达52%，信息化发展水平大幅提升。全力推进滨河新区建设，累计完成投资110亿元；实施水源涵养、市政设施、商贸物流等各类工程98项；道路通信、供暖供水、电力燃气等基础设施和学校医院、文化场馆、综合市场等公共服务设施逐步完善；建成商品住宅面积380万平方米，新区人气商气加快聚集。坚持生态保护与建设并重，扎实推进黑河湿地国家级自然保护区建设；退耕还林、风沙治理、湿地保护等项目加快实施；国家湿地公园、国家沙漠体育公园、国家城市湿地公园获批建设，全区森林覆盖率达 18.1%，人均公园绿地面积达 23.2 平方米，比“十一五”末增长 1.5%。管理减排、工程减排、结构减排取得明显成效，大气污染、水污染、土壤污染防治深入推进，单位 GDP 能耗比“十一五”末降低 16%，“全国绿色生态示范城市”名片更加亮丽。

科教文卫事业协调发展 坚持量力而行、尽力而为，逐年加大财政投入，围绕解决群众关心的就业、就医、上学、行路、饮水、住房等实际问题，全面落实为民承诺办理的实事，使群众得到了更多的实惠。大力实施“科教兴区”战略，科技服务体系不断完善；调整优化教育布局，全面落实教育经费保障和“两免一补”政策，职业教育、高中教育、义务阶段教育和学前教育协调发展；加强文化基础设施建设，文化事业和文化产业快速发展，文化公共服务能力明显提升；大力发展社区村镇卫生服务，公共卫生和医疗服务体系不断完善；高度重视街道社区工作，社区基本条件明显改善。健全完善社会保障体系，全面推行农村新型合作医疗制度和城镇职工、城镇居民医疗保险制度，不断扩大低保救助范围，努力拓宽就业渠道，加大城镇居民住房保障力度，覆盖城乡的社会保障体系日趋完善。扎实推进“平安甘州”建设，全面完成“五五”普法各项工作任务，积极推进社会管理创新，不断强化社会治安综合治理，深入开展矛盾纠纷集中排查调处活动，严格落实安全生产责任制，社会大局保持和谐稳定。

文化事业蓬勃发展。1986 年被国务院公布为国家历史文化名城，1998 年被省政府命名为文化先进县（区），2008 年被列为全国“文化信息资源共享工程”示范县（区），2009 年被国家文化部授予“全国文化先进单位”荣誉称号。甘州区图书馆被评审为“国家一级公共图书馆”，馆藏各类图书 15 万册，建成拥有 40 多台电脑的自动化管理局域网和电子阅览室，建立了图书馆网站，实现图书阅览网络化；建成全国文化信息资源共享工程示范点；成功举办了三届“书香甘州”系列全民阅读活动。甘州区文化馆被评定为“国家一级文化馆”，开展以传统社火调演比赛、春节大型灯展、元宵晚会和大佛寺文化庙会为主题的春节文化活动，以“广场文化周”为主题的广场文化活动，以“千台大戏送农村”为主题的文化下乡活动；开展以弘扬甘州传统文化为主题的节庆文化活动；区、乡镇、村三级自编自导自演一批文艺节目，培育了一批文化大（楼）院和文化大户。大型音乐舞剧《八声甘州》获先进集体及表演一等奖、敦煌文艺二等奖，并获全国“五个一”工程奖；初创了大型舞台剧目——舞蹈诗《张国臂掖》剧本，完成《血染祁连——红西路军征战甘州》电视剧、《高金城在甘州》话剧剧本的创作。区博物馆被国家文物局评定为“国家二级博物馆”。

教育事业稳步推进。1991 年，张掖市有小学 234 所，另有 9 个教学点；设 1439 个教学班，学生 40059 人。1992 年，张掖市有初级中学 34 所，设 335 个教学班，学生 15184 人，有专任教师 952 人。2011 年末，有幼儿园（所）108 所，在园幼儿 12485

人，专任教师95人；小学98所，在校生35524人，专任教师1738人，小学适龄儿童入学率100%；初中11所，在校生22336人，专任教师2295人，初中适龄人口入学率99.8%，小升初升学率100%，九年义务教育覆盖率达100%；普通高中3所，在校生7697人，专任教师423人；中等职业学校1所，在校生2413人。2016年，全区两轮中小学结构布局调整，撤并规模小、质量低、条件差的学校，着力优化教育资源，实现规模调大、差距调小、结构调优、质量调高的目标，基本形成“一乡一校数点一园”的学校布局模式。年末，全区职业教育在校生3110人；普通高中在校生12125人；初中学校在校生15254人；普通小学在校生31408人；特殊教育在校生183人；幼儿园在园幼儿15500人；学龄儿童入学率100%，初中入学率100%。2016年向全国各类高中等专业院校输送新生4905人，高考录取率93.18%。

科研成果硕果累累。认真实施科教兴区战略，科技工作取得显著成效。在推进工业强区、产业富区、商贸活区、科教兴区和生态立区进程，构建工业经济、商贸经济、物流经济、畜牧经济和旅游经济五大板块中发挥了重要作用。以技术创新为主要特征的科技进步为工农业经济的增长注入了新的活力，科技的显示度和对经济增长的贡献率进一步提高，有力地推动了全区经济持续、健康、快速、协调发展。至2016年底，先后建成区级科普示范乡镇6个、科普示范街道2个、科普示范社区8个、科普示范基地10个、农民专业技术协会8个，省级科普示范社区1个；建成乡镇、街道科普活动站（室）23个，各村配备科普宣传员、农民科技指导员1—2名；建成区级科普示范画廊3处300延米以上。先后命名党寨镇、梁家墩镇为科普示范乡镇；南街佛城社区、北街东湖社区为科普示范社区；梁家墩镇万亩现代设施农业示范基地、张掖四中为科普示范基地和科普示范学校；沙井镇兴隆村玉米制种协会、党寨镇十号村养猪协会为科普示范农技协会。成立农学会、林学会、畜牧学会、农机学会、医学会、水利学会、老年科技工作者协会、反邪教协会等8个区直学（协）会。

医疗卫生改革初见成效。按照“保基本、强基层、建机制”的工作要求，全面深化医药卫生体制改革，人口服务和管理水平不断提高，医疗保障覆盖率持续扩大，公共卫生和基本医疗卫生服务能力明显增强，在保障人民群众就医、统筹解决人口问题等方面成效显著。1991年，有各类医疗卫生机构93个，有床位965张，有卫生技术人员1747人。至2016年，全区有各类医疗卫生机构553个，其中综合医院11家，中医院2家、专科医院9家，疾病预防控制中心（防疫站）2个，妇幼保健院（所、站）2个，乡镇卫生院22个、社区卫生服务中心6个；卫生技术人员4262人，其中注册执业医师1362人和执业助理医师214人，注册护士1742人；卫生机构拥有床位3557张，其中医院床位2553张，卫生院床位824张。

体育运动丰富多彩。坚持“突出重点抓学校、强化城市抓社区、整体推动抓农村”发展思路，启动“农民体育健身工程”和“丝绸之路健身长廊工程”，在城区建成中心广场全民健身活动中心、润泉湖体育公园、滨河新区体育公园足球场、张掖国家沙漠体育公园等一批体育基础设施；在平山湖建成汽车拉力赛场，平山湖大峡谷建成7公里健身步道。积极推进“四个一”建设，即一区一馆、一区一中心、一乡（镇）一站（文体活动站）、一村（行政村）一场。至2016年，全区18个乡镇、245个行政村、5个街道办事处、18个社区有各类体育场地1146个，其中城市社区居民体育健身场所302个，乡镇体育健身场所98个，村级农民体育健身场所746个。成功举办全国青年男篮锦标赛、全国农运会乒乓球预赛、甲A男篮西部行、全国男子篮球甲B四强赛、张掖·中国汽车拉力锦标赛、中国“体育彩票”杯“全民健身日”健身示范性活动、中国·甘肃丝绸之路“喜德盛”杯张掖山地自行车越野赛、情系丹霞·“金南瓜”杯西北地区国际标准舞公开赛部分城市邀请赛暨第二届甘肃省国际标准舞公开赛、张掖首届“体彩”杯六人制业余足球联赛、中国·张掖丝绸之路全国首届冰雪山地马拉松赛暨甘肃省雪地登山大会等各级各类体育赛事。2012“丝路春”杯张掖·中国汽车拉力锦标赛通过全国网民和车友网上投票，张掖市以148994票独占鳌头，获得全国“2012年度赛车之都”奖。2016国际汽联亚太汽车拉力锦标赛暨中国汽车拉力锦标赛（张掖站）荣获“2016年中国体育文化·体育旅游博览会—全国体育旅游精品赛事”。涌现出贾雪英、王俏等一批国际健将级体育健儿，在国际、国内赛场上取得优异成绩，为甘州竞技体育的发展树立了榜样。

民生保障明显改善　始终把保障和改善民生摆在更加突出的位置，财政用于民生的投入年均达15.4亿元，占总支出的60%以上。城镇居民人均可支配收入比“十一五”末提高9382元，农村居民人均可支配收入提高5458元。累计新增城镇就业7万人，登记失业率始终低于控制目标。深入推进“1236”扶贫攻坚行动，牢牢聚焦“六个一精准”，实施“多点突破”行动，贫困乡村和贫困户基础条件持续改善，自我发展能力不断增强，2011年底建档立卡的4.08万贫困人口2015年底实现全部脱贫，收入水平达到整村脱贫目标。城市低保对象、农村低保对象、农村五保对象等特困群体基本生活保障标准分别由“十一五”末的2760元、1096元、2880元提高到4644元、2434元、4722元。

人民生活水平得到极大提高　至2016年底，全年城镇居民人均可支配收入22067元；农村居民人均可支配收入12218元，比上年增长7.9%，农村居民家庭恩格尔系数为35.44%，比上年下降0.66个百分点。全年居民消费价格总水平比上年上涨1.4%。社会保障不断提高，2016年度，全区城乡居民基本养老保险参保248955人，城镇职工基本养老保险参保23417人；城镇居民基本医疗保险参保93570人，城镇职工基本医疗保险参保26086人；生育保险参保17370人；失业保险参保18876人；工伤保险参保26086人。全年各项社会保险基金总收入3.9亿元，各项社会保险基金总支出4.13亿元。失业人数不断减少，城镇单位从业人员91511人，城镇新增就业10251人，安置下岗失业人员再就业8855人、困难人员就业1039人。生态环境进一步优化，全区有自然保护区2个，占全区国土面积的4.3%。空气质量优良天数为315天，优良天数比例为

86.3%；城镇集中式饮用水源达标率100%。黑河干流张掖段水质状况良好，各监测断面水质达标率100%，水质均达到相应水域标准。

26年来，面对复杂多变的国内外经济发展环境，全区人民在区委、区政府的坚强领导下，主动适应新常态，持续深化改革，着力推进供给侧结构性改革；立足创新驱动，积极推动大众创业、万众创新；立足新经济发展，着力培育新产业新动能，全区经济运行稳中有进，社会保持安定和谐，民生福祉进一步改善，全面建成小康社会基础进一步夯实。

大事记

1991年

2月

是月　张掖地区草原饲料工作站、张掖市畜牧局、市畜牧兽医站承担和参加的“甜菜叶青贮试验研究及推广”星火计划项目通过省、地有关专家评估验收。

3月

2日　张掖市龙渠水电站晋升为国家部级先进企业，是甘肃省水电系统第一个晋升为部级先进的企业。

是月　《张掖市农村教育费附加征收管理使用暂行办法》颁布。规定从1991年起，按农民上年人均纯收入的1.5%、乡镇企业按上年实现利润的2%计征农村教育费附加，并全部用于各乡的教育事业。

4月

是月　张掖市第一农业中学被国家教委认定为全国首批省级重点职业高中，颁发“示范性职业高中”牌匾。张掖市第一职业中学被省教委认定为“合格职业高中”，并颁发牌匾。

5月

12日　全省首次颁发集体土地所有证大会在张掖市梁家墩乡举行。

6月

9日　由国务院贫困地区经济开发领导小组主办的“三西”地区移民工作会议在张掖市召开。

7月

23日　张掖市第一所少年军校在市第二农业中学成立。

是月　张掖市第二针织厂生产的“飞燕”牌丝光线在甘肃省夏季商品展销会上进入名优特新产品行列，并获二等奖；开发生产的缝纫线系列产品，通过省有关部门技术鉴定，填补全省无缝纫线生产空白。

8月

10日　张掖市番茄酱厂经过中外工程人员5个月建设一次试车成功。该厂是张掖以补偿贸易形式引进的首家外资企业，具有20世纪80年代国际先进水平。

28日　全省计划生育现场会在张掖市召开。

是月　张掖市乌江乡采用省种省工省水、根系强大、抗病性强、穗大粒多的270亩水稻旱育稀植技术示范试验获得成功，平均亩产达800公斤。

9月

是月　张掖市第一职业中学和张掖市第二职业中学合并，组建张掖市职业中学。

10月

4日　张掖市第一条乡村柏油路在沙井乡建成通车，全线长9.03公里，由省、地、市共同投资22万元，群众集资4万元建成。

9日　张掖市第一个乡镇广播电视站——龙渠乡广播站成立并播音。

26日　张掖市城关镇纸箱厂获省二级企业称号，属全区首家获此称号的镇办企业。

11月

5日　张掖市收割机厂生产的“敦煌”牌收割机，在全国收割机械双优评比会上获得“丰收杯”银质奖。

18日　省、地、市社会主义思想教育工作组分赴张掖市安阳、花寨、甘里堡、龙渠、西洞、靖安、平山湖等7个乡48个村开展“社会主义思想教育”（简称“社教”）工作。

是年　全市完成工农业总产值77126.82万元，占计划的100.9%，比上年增长6.66%。其中工业总产值完成25674.02万元，占计划的102.49%，比上年增长9.33%；农业总产值完成51452.8万元，占计划的100.1%，比上年增长5.38%。粮食总产量271726吨，比上年增加5676吨，增长2.13%，创历史最高水平；油料总产量7407.08吨，比上年减少1302.92吨，下降14.95%；乡镇企业总产值21268万元，占计划的106.34%，比上年增长11.64%。

1992年

1月

9日　中国民主建国会张掖市委员会成立。

3月

9日　甘肃省重点建设项目——张掖农药厂破土动工。该厂是西北五省第一家年产1000吨有机磷杀虫剂新型农药生产厂家。

是月　以党校为依托，全市开展国防教育，在乡党校的基础上办起国防建设学校28所，村、街道及工交企业建起国防教育活动室276个，国防教育展览室和国防教育俱乐部300个。

4月

5日　张掖市重点水利工程建设项目——新浚干渠正式开工。工程总投资120万元，干渠全长11.34公里，建成后可使11.2万亩耕地保灌，3.1万人受益。

5月

是月　张掖市首家村办机械化大型钢门钢窗厂——张掖市金属结构门窗厂，在梁家墩乡刘家沟村建成并进入投料试车阶段。

6月

9日至12日　“甘新毗邻市县人大工作联席会”第四次会议在张掖市召开。会议就“市县人大如何行使好决定权”进行交流讨论。嘉峪关市、酒泉市、哈密市、吐鲁番市等30多个市县的人大常委会派团参加会议。

是月　在国家广播电影电视部召开的建党70周年献礼片演展活动总结表彰大会上，张掖市新墩乡电影队受到表彰奖励。

7月

2日　原国家领导人李先念的骨灰在夫人林佳楣及其子女的护送下抵达张掖市，撒放在祁连山区。林佳楣一行还凭吊了李先念当年浴血战斗过的革命遗址。

8月

11日至12日　中共中央总书记、国家主席、中央军委主席江泽民视察张掖市并题写“金张掖”。

9月

8日　新（西兰）中友协主席云达忠、国家对外友协副会长刘庚寅来张掖市考察。

10月

7日　张掖市化工总厂投资94万元进行技术改造的1500吨硫酸生产线竣工投产。

11月

10日　张掖市111名农民经业务技术考试合格，获得首批“农民水利技术员”称号。

是年　全市社会总产值完成13.85亿元，国民生产总值完成7.35亿元，国民收入完成6.4亿元，分别比上年增长13.37%、11.38%和13.58%；乡镇企业总产值完成3.05亿元，粮食总产量达2.83亿公斤，农民人均纯收入826元，分别比上年增长43.34%、4.11%和6.58%；社会商品零售总额完成3.48亿元，外贸收购总值1.722万元，分别比上年增长5.55%和49.91%。财政收入5554万元，比上年增长4.58%。全市总人口43.6万人。

1993年

1月

16日　张掖市轻工机械厂从长城集团公司引进组装的彩板门窗生产线开工，产品填补了西北地区空白。

3 月

10 日　由张掖市与陕西华通有限工业公司和澳门永栈建筑材料行三家共同投资 705 万元的“三资”建设项目——龙渠电站三号机组扩建工程开工建设。

4 月

1 日　张掖市城乡粮食销售放开价格，各种粮票停止流通。

29 日　张掖市图书馆落成，建筑面积2719.4 平方米，可容藏书40 万册，设有5 个阅览室。

5 月

18 日　张掖市有色金属公司投资3500 万元的铜冶炼厂工程破土动工。

29 日　在西安举行的全国残疾人“中华健身杯”田径、乒乓球、射击分区赛中，张掖市运动员王长顺获3 项冠军，两次打破全国纪录；谢海宾获3 项亚军；刘福获2 项亚军、1 项季军。

是月　在全省评定的1992 年度工业企业经济效益50 强企业中，张掖市丝路春酒厂排名第二十位。

7 月

11 日至12 日　中共中央政治局委员、国务委员李铁映带领国家文化部副部长陈昌本、国家文物局局长张德勤和有关部门负责人，在副省长张吾乐等的陪同下来张掖市视察工作。12 日参观张掖大佛寺，对文物管理工作给予高度评价，并题写“大佛寺宝藏丰富，希珍藏之，弘扬之”的题词。

17 日至19 日　张掖有色金属公司赞助的“有色杯”全国甲级男篮邀请赛，在张掖市体育馆举行。前卫、济南部队、黑龙江、河北四支甲级劲旅参加角逐。此项赛事是张掖地区和张掖市体育史上篮球项目最高水平的一次盛会。

29 日　张掖市被国家体委命名“全国体育先进市”。

8 月

13 日至14 日　已故党和国家领导人、全国政协主席李先念同志夫人林佳楣来张掖寻访红西路军的英勇战斗历程，凭吊在血战中壮烈牺牲的红西路军将士。

14 日　张掖丝路春酒厂生产的45°丝路春白酒获布鲁塞尔世界优质产品金奖。

18 日　全市18 个乡镇卫生院划归乡（镇）人民政府管理，6 个中心卫生院由市卫生局、乡（镇）人民政府双重管理。

9 月

1 日　市政府召开全市房改动员大会，住房制度改革正式开始。

9 日至11 日　中共中央政治局原常委宋平来张掖，视察黑河草滩庄引水枢纽工程和张掖市小满乡康宁村，并为康宁村题词：“我们的目标是共同富裕”。

是月　张掖市农机厂研制出塔身自由伸缩、臂架可以折叠、起升高度31 米、整机重量8 吨的塔式起重机，在西北五省区尚属首家。

10月

27日　由地区农科所主持，高台、临泽、张掖三县市农技推广中心完成的“甘肃河西一熟制灌区吨粮田高额丰产栽培技术”科研成果荣获“国家级星火计划”二等奖。

11月

10日　张掖市梁家墩乡乡镇企业总产值突破亿元大关，为张掖地区首家亿元乡。

是年　国民生产总值8.56亿元，比上年增长11.4%。其中第三产业增加值为3.01亿元，增长16.6%，在国民经济中的比重占35.2%。

1994年

3月

7日　在北京举行的全国马拉松竞走锦标赛男子2万米场地竞走比赛中，张掖籍田径运动员卜令堂以1小时18分3秒50的成绩打破世界纪录，这也是甘肃省第一位打破世界纪录的运动员。

是月　林业发展被正式纳入农村小康建设的总体规划，张掖市开始全面实施以绿色小康村、绿色小康户建设为重点的绿色小康工程。

5月

1日　张掖市重点建设项目——南关蔬菜批发市场综合楼奠基开工。综合楼建筑面积7200平方米，总投资576万元，建成后将向社会提供150多间设施齐全的营业用房。

8日　全市第一个开发小区——新乐花园小区奠基开工。小区规划占地3.5公顷，规划住宅占地8260平方米，修建以住宅为主的各户型建筑18栋，建成后可安置居民832户，计划三年完成建设（12月18日，张掖市新乐花园小区一期工程竣工，516户市民乔迁新居。1995年10月28日，二期工程竣工，1996年5月18日，三期工程奠基开工）。

6月

18日　甘肃省第一个以经济收入、计划生育和妇幼保健为内容的“三结合”项目在张掖市碱滩乡实施。

7月

26日　张掖市第一家国有股份制企业——张掖市河西大厦有限责任公司成立。

是月　建筑机械厂制造的新型TK12/14塔式起重机具有20世纪90年代国内先进水平，填补了省内空白。被列为张掖市13项城市建设重点工程之一的市中心广场绿化工程竣工。广场总占地14000多平方米，其中草坪面积5000多平方米，道路面积7000多平方米，总投资约60万元。

8 月

12 日至 13 日　国务委员、国家计生委主任彭珮云，国家计生委副主任蒋正华来张掖市视察工作。

15 日至 25 日　“金张掖马蹄寺旅游观光节”举行。此次观光节以“开放、友谊、协作、发展”为宗旨，融商贸交易、经济科技合作、旅游观光、民族文体活动为一体，来自北京、天津、辽宁、福建等 21 个省市 800 多位宾客参加节会。

9 月

8 日　张掖市“八五”重点攻关推广项目——“引进日本水稻旱育稀植栽培技术”暨“万亩盐碱潮化地综合治理”项目通过省级验收。

18 日至 19 日　中共中央政治局委员、国务院副总理邹家华来张掖市视察工作。

27 日　途经张掖，跨越陕、甘、宁、新四省区的西安——兰州——乌鲁木齐光缆通信干线重点建设项目，经过 4 个多月紧张施工，全线开通。

11 月

18 日　张掖地区第一座乡村教师住宅楼在张掖市上秦乡落成，30 多名常年工作在农村的老教师和骨干教师喜迁新居。

是日　根据党中央、国务院、中央军委关于西北四省（市、区）人武部收归军队建制的决定，甘肃省张掖市人民武装部正式收归军队建制，更名“中国人民解放军甘肃省张掖市人民武装部”，市委书记兼任市人武部第一政委。

12 月

是月　张掖市被省民政厅命名“民政工作全优市”。张掖市荣获“科技实力强县”称号，是全省唯一获得该项殊荣的市（县）。

是年　国民生产总值 9.98 亿元，比上年增长 9.7%。其中，第三产业增加值为 3.54 亿元，增长 12.6%。

1995 年

2 月

是月　张掖市东北郊经济新区被列入国家农业部牵头组织实施的“全国乡镇企业东西合作示范区”。

3 月

27 日　地委、行署同意授予张掖市东北郊经济新区管理委员会县一级综合管理权和项目立项审批权。

4 月

8 日　张掖市与兰州铁路局武威分局合作建设的张掖火车站广场改建工程开工。

5月

是月　梁家墩乡被国家民政部、国家发改委、国家农业部、国家科委、《农民日报》社评为“首届中国乡镇投资300佳”。

6月

6日　张掖市“九五”期间重点工程之一的市职业技术教育中心奠基动工。职教中心占地70亩，建筑面积2万多平方米，总投资2000万元，工程分两期完成。

8月

19日　张掖市化工总厂总投资400万元、年产5000吨硫酸钾工程奠基开工。

10月

12日　全市水利四项工程大满干渠改建工程、西洞倒虹吸工程、龙渠电站扩建工程、黑河提灌站建设工程竣工大会在龙渠电站举行。

20日　张掖市首例破产企业——二轻局综合修配厂土地拍卖会在市二轻局举行。

11月

29日　中共中央政治局原常委宋平视察张掖市沙产业开发和高效农业发展情况。

12月

是月　市委党校成立中共中央党校函授学院甘肃分院张掖市辅导站。

是年　国民生产总值14.08亿元，比上年增长11.90%。其中，第一产业增加值6.13亿元，比上年增长0.2%；第二产业增加值3.21亿元，比上年增长27.8%；第三产业增加值4.74亿元，比上年增长13.9%。

1996年

1月

1日　总投资5500万元、市十大重点工程之一的市有色金属公司粗铜冶炼生产线试车成功，并投入批量生产。

是月　经省、地委小康考核组验收，张掖市有8个乡、128个村达到省、地规定的小康指标，实现小康。

6月

28日　联合国儿童基金会、宋庆龄基金会援助项目——张掖市儿童流动图书馆在市图书馆开馆，用于流动的价值40万元的车辆和4000多册图书均已到位。

7月

18日　张掖市商品粮基地通过省计委、省农委、省农业厅、省水利厅联合验收组验收。

8月

18日　甘泉公园大门建设工程竣工剪彩暨红西路军烈士纪念馆、科教馆、老年活动中心、青少年活动中心举行奠基仪式。建成后的甘泉公园大门高12米，东西长55.8米，宽11.5米，总占地485平方米。

11月

23日　张掖市首批进藏新兵启程。

是年　国民生产总值17.18亿元，比上年增长12.4%。其中，第一产业增加值6.91亿元，比上年增长5.1%；第二产业增加值4.41亿元，比上年增长20.4%；第三产业增加值5.86亿元，比上年增长13.4%。

1997年

1月

15日　全市精神文明建设重点项目MMDS农村有线广播电视工程开始传输有线电视节目。

5月

23日　张掖市社会劳动保险局首次为8800名企业职工发放养老保险个人账户结算清单，为职工逐年积存养老金。7月1日开始推行机关事业单位养老保险制度，用以解决退休后的养老待遇问题。

6月

30日　地、市干部群众在张掖市第二中学体育场集会，庆祝香港回归祖国。

7月

11日至12日　中共中央政治局委员、国务院副总理姜春云来张掖市视察工作，并参观大佛寺。

8月

7日　全国政协副主席杨汝岱来张掖市考察文物保护和旅游开发工作情况。在参观张掖大佛寺时题词："佛教名寺国宝真经"。

16日至17日　国务委员、国家科委主任宋健，在省长孙英，地区领导马西林、梁国安、孙之美的陪同下，视察张掖市石岗墩高新技术开发区、党寨生态高效农业示范区。

是月　张掖市职教中心被确定为中国继续教育联合学院教学基地。全市首次面向社会公开招考录用19名公务员。

9月

16日　由中国田径协会、中华全国体育总会联络部和中华台北路跑协会共同举办的"海峡两岸"台北至北京长跑（张掖段）开跑仪式在张掖市举行。

10月

1日　全市开始推行社会统筹医疗基金与个人医疗账户相结合的新的社会医疗保险

制度。

15日　张掖市梁家墩、上秦、大满、沙井、乌江5个乡撤乡建镇。至1998年12月，全市共有6个镇人民政府，17个乡人民政府。

是年　张掖大佛寺被国务院确定为国家级重点文物保护单位。

▲　国民经济保持适度快速增长，全年完成国民生产总值19.8亿元，比上年增长12.7%。其中，第一产业增加值7.92亿元，增长2.7%，比重下降0.2个百分点；第二产业增加值5.09亿元，增长22.9%，比重与上年持平；第三产业增加值6.79亿元，增长13.2%，比重上升0.2个百分点。全社会劳动生产率4295元，比上年提高12.96%。

1998年

3月

15日　市委、市政府发出通知，要求在全市农村推行村务公开、民主管理制度，实行农村村务的民主化、法制化管理。

27日　张掖地区首家以履行渎职、侵权犯罪案件侦察职能的专门机构——渎职犯罪侦查局在市人民检察院成立。

4月

21日　张掖市“农业综合开发试验基地”工程启动实施。工程按照种植、养殖和沙产业一条龙服务的发展思路，投资700万元，计划开垦荒地2300亩，新建高效日光节能温室、猪舍、鸡舍并配套喷灌、滴灌等一系列科技含量较高的现代产业化综合设施。

30日　“甘肃省河西内陆河灌区持续高效农业张掖示范区”被国家科技部正式列项，成为全国“持续高效农业技术研究与示范”项目7个示范区之一，是西北地区唯一列项的示范区。

6月

13日　根据张掖地委秘书处《关于成立乡镇人民武装委员会的通知》，成立乡镇人民武装委员会。

7月

1日　全市正式实施城乡居民最低生活保障制度。城市居民最低生活保障金人均每月80元，农村保障标准为人均每年500元。

14日　张掖市种子公司、市面粉厂、市丝路春酒业集团、市化工总厂、甘绿脱水蔬菜总公司等10家企业发起组成甘肃金象农业发展集团股份有限公司，经省体改委批准并举行发起人协议签字仪式。

8月

7日至9日　全国历史文化名城三届三次常务理事会暨西北地区1998年年会在甘

州宾馆召开。来自西安等13个西北名城的90多名代表共商新世纪历史文化名城保护与发展构想，广州、成都、绍兴、扬州等城市的代表应邀出席会议。

8日 “’98金张掖马蹄寺旅游观光节”开幕。省政协原主席申效曾、省人大常委会原副主任李文辉、国家劳动人事部原副部长焦善民以及来自中央部委和北京、天津、广东、西安、青海等省市的贵宾，省上有关部门领导、省内驻军首长、部分企事业单位负责人应邀出席开幕式。当天下午，节会招商引资产权交易新闻发布会暨项目签订仪式在张掖宾馆举行。发布会推出68个招商引资、经济技术合作项目和61个产权交易项目，其中7个合作项目和4个产权交易项目在会上签约，协议资金总计6178万元。

10月

1日 黑河西总干渠全线贯通，通水运行。西总干渠自草滩庄枢纽引入，经张掖、临泽至高台骆驼城，全长85.68公里，设计流量34立方米/秒，加大流量40立方米/秒，控制张、临、高三县（市）灌溉面积65.35万亩。

是日 张掖市城市供水扩建工程（二水厂）试车通水成功，全市日供水量提高到10万吨，达到中等城市水平。

6日 全省第二轮土地承包现场会暨农经统计报表布置会在张掖市召开，与会代表在上秦镇王家墩村和大满镇新新村现场观摩张掖市第二轮土地承包工作情况。

11月

5日 全市秋粮收购工作会议召开。会议要求粮食部门要坚决执行敞开收购粮食政策；不准代扣或变相代扣代缴除农业税以外的其他税费；严禁没有收购资格的粮食收储企业以及个体商贩、私营企业到农村直接收购粮食。

12月

19日 全市22个乡镇农村程控电话网全部建成。

是年 全市实现国民生产总值22.4亿元，比上年增长13.1%。其中，第一产业增加值8.4亿元，增长6.06%；第二产业增加值6.16亿元，增长21.02%；第三产业增加值7.84亿元，增长15.46%。

1999年

1月

是月 成立“张掖市行政干部学校”，与市委党校合署办公。

▲ 全市有23所农村中小学开设计算机课程。

3月

18日 张掖市智能化农业信息应用体系建成，并与国家农业部联网，可及时获取张掖市农情信息和全国农业高新技术信息。

24日 张掖市电业公司、甘肃省电力投资公司、兰州小三峡水电公司合股3.98亿元的大型重点建设项目——龙首水电站全面开工，计划年底完成截流，2002 年建成发电。

是月　张掖市种子公司承担的“万亩高产、优质、高效玉米杂交制种技术试验示范”成果，获巴黎首届世界农业成果博览会金奖。

9 月

3 日　九三学社张掖市委员会成立。

11 月

10 日　张掖地区第一家多媒体网络教室在张掖市第四中学建成启用。

19 日　全市迎接西部大开发，加快实施“再造张掖”战略研讨会召开。

12 月

6 日　历时 1 年 4 个月的国道 227 线张掖段改建工程竣工通车。

是月　张掖市甘浚乡、新墩乡撤乡建镇。至 1999 年 12 月，全市有 8 个镇人民政府，15 个乡人民政府。

是年　全市实现国民生产总值 23.8 亿元，比上年增长 8.50%。其中，第一产业增加值 8.9 亿元，增长 7.30%；第二产业增加值 6.40 亿元，增长 7.10%；第三产业增加值 8.50 亿元，增长 10.70%。全年社会劳动生产率 5098 元，比上年提高 5.5%。

2000 年

2 月

26 日　全国城市交通管理“畅通工程”全面实施，张掖市被甘肃省列为试点城市之一参加全国评估。

3 月

21 日　全市县级领导班子和领导干部“三讲”（讲学习、讲政治、讲正气）教育工作开始。市委“三讲”教育领导小组派出 6 个调查组，深入城乡基层，广泛征求各方面对县处级领导班子、领导干部的意见和建议。

24 日至 25 日　老挝人民民主共和国驻中国大使馆经济商务处参赞占沙曼·翁占先生一行 4 人来张掖地区考察访问。期间，参观考察张掖大佛寺、张掖市石岗墩高新农业技术开发区和张掖地区林果研究所等。

5 月

27 日　全省防沙治沙项目争取工作会议在张掖市召开。

6 月

17 日至 18 日　中共中央总书记、国家主席、中央军委主席江泽民来张掖视察，并题词“再铸金张掖辉煌”。视察期间，江泽民分别视察张掖市石岗墩高新农业技术开发区、梁家墩镇迎恩村二社、张掖市职教中心等。

是月　张掖市各乡镇人大主席团撤销，设立乡镇人民代表大会。

7 月

1 日至 3 日　中共中央政治局原常委宋平来张掖视察。对张掖市基层党建、农村计划生育、沙产业开发、节水、林木结构调整、野生动植物保护提出指导性意见。

25 日　全市农村税费改革工作开始。市委、市政府印发《张掖市农村税费改革方案》。

8 月

2 日　全省河西片村镇建设现场会在张掖市召开，研讨河西地区加强村镇规划和建设工作。

8 日至 10 日　“2000 年金张掖西部大开发战略规划研讨会暨招商会”在张掖市举行。

9 月

30 日　张掖市红西路军烈士纪念馆建成开馆。

11 月

11 日　预算总投资 1.3 亿元的省、地、市重点城市基础设施建设项目——张掖市城区集中供热工程在梁家墩镇迎恩村奠基。

是年　全年实现国民生产总值 262000 万元，按可比价格计算，比上年增长 8.3%。其中，第一产业增加值 93500 万元，增长 3.9%；第二产业增加值 71700 万元，增长 9.5%；第三产业增加值 96800 万元，增长 10.5%。产业结构调整取得进展，一、二、三产业占国内生产总值比重由 1999 年的 37.4∶26.9∶35.7 调整为 2000 年的 35.7∶27.4∶36.9。全市人均国内生产总值 5533 元，增长 8.5%。

2001 年

3 月

20 日　张掖市红西路军烈士纪念馆被市委、市政府命名“爱国主义教育基地”。12 月 8 日，被省上命名“全省第三批国防教育基地”并举行挂牌仪式。

4 月

10 日　投资 9000 余万元的张掖市 330 千伏变电站举行开工奠基仪式。

5 月

29 日　国家级生态功能保护区建设试点建设规划论证会在张掖市召开。国家环保总局、有关部门、科研院校及 15 个省的环保局领导和专家 70 余人参加会议。

30 日　黑河龙首水电站首台机组并网成功，并正式投产发电。

6 月

是月　黑河节水工程重点项目确定，经黄河水利委员会审定，2001 年第一批应急投资3.78亿元。

▲ 张掖市城关镇人民政府撤销，设立张掖市东街街道办事处、南街街道办事处、西街街道办事处、北街街道办事处和火车站街道办事处。

8月

10日　黑河流域节水工程全面启动。

19日至20日　省委副书记仲兆隆带领省上有关部门负责人来张掖市，就西部大开发战略实施、"三农"问题及生态环境保护与建设进行调研。

9月

7日至8日　国务院参事考察团来张掖市考察退耕还林、科技兴林、高效节水农业等方面的情况。

17日　13时52分，黑河跨省、自治区调水获得成功，大旱之年黑河向下游分水8亿多立方米，黑河水到达内蒙古自治区额济纳旗政府所在地——达来呼布镇达来湖波桥。18日，国家水利部电贺调水成功。

是月　张掖市优化教育资源，实行合班并校。撤销村级小学11所；20所农村完全小学调整为教学点；撤并九年制学校初中部1个；7所农村初级中学、九年制学校初一停止招生。

11月

14日　张掖市举行以反映石岗墩高科技农业示范园建设为主题的电视专题片《大梦戈壁》首映式。该片被中央外宣办确定为全国对外交流的重点外宣片，将在海外媒体播出。

是年　全年实现国民生产总值29.04亿元，按可比价格计算，比上年增长9.58%。其中，第一产业增加值10.02亿元，增长5.1%；第二产业增加值8.02亿元，增长12.13%；第三产业增加值11亿元，增长12%。产业结构调整取得进展，一、二、三产业的比重由35.7∶27.4∶36.9调整为34.5∶27.6∶37.9。全市人均国民生产总值6012元。

2002年

2月

4日　全省乡村卫生管理一体化工作会议在张掖市召开。张掖市全面推行乡村卫生服务管理一体化工作。

3月

20日　张掖市县、乡镇党政机关机构改革全面启动。

30日至31日　首次国家司法考试张掖考点考试在张掖中学举行。全市296名考生参加考试。

6月

17日　经国务院批复，县级张掖市撤销，设立甘州区，原张掖市的行政区域为甘州区的行政区域，区人民政府驻县府街。

26日　根据地委、行署《关于撤销县级张掖市设立甘州区的通知》，中共张掖市委员会更名“中共张掖市甘州区委员会”。区委各部门、各乡镇党委、各街道党工委、各人民团体名称中原“张掖市”改为“甘州区”。张掖市人民代表大会更名“张掖市甘州区人民代表大会”；张掖市人民政府更名“张掖市甘州区人民政府”；中国人民政治协商会议甘肃省张掖市委员会更名“中国人民政治协商会议甘肃省张掖市甘州区委员会”；中国共产党张掖市纪律检查委员会更名“中国共产党张掖市甘州区纪律检查委员会”。

28日　中共张掖市甘州区委、区人大、区政府、区政协举行揭牌仪式。

30日　黑河龙首一级水电站竣工。同时，总投资达9.8亿元的龙首二级（西流水）水电站开工，省委副书记、省纪委书记韩忠信，省委常委、常务副省长郭琨，省政协副主席李宇鸿出席剪彩仪式并为纪念碑揭幕。

7月

14日　黑河调水再获成功，至9时33分，黑河水头已到达内蒙古额济纳旗腹地——达来湖波桥，西河水头到达狼心山断面以下80公里的才次敖包水闸。至17日17时流归干涸10年之久的东居延海，标志黑河调水再度获得成功。

17日　国家教育部暨李嘉诚现代远程教育扶贫工程设备捐赠仪式在南关小学举行，甘州区90所农村中小学接受价值144万元的计算机远程教育卫星接收器材等捐助物资。

8月

16日　“华夏故土地图”张掖取土仪式在中心广场举行。该活动是由党中央、国务院有关部门组织实施的。

28日　联合国国际小水电中心张掖基地、省水电电气化张掖培训中心暨黑河水电公司综合楼举行竣工庆典挂牌仪式。

9月

22日　甘州区乡村医生、个体医生大输液准入资格考试在张掖市第一中学举行，标志着甘州区输液许可证制度开始实行。

10月

18日　国家投资905万元建设的大型灌区续建配套项目——甘州区盈科大型灌区续建配套与节水改造工程竣工，可年节水350万立方米，改善灌溉面积5.95万亩。

21日　甘州区东大山林区通电，结束东大山林区无电的历史，使护林防火、通讯联络、生产生活得到改善。

是日　甘州区最后一个无电村——平山湖乡红泉村正式通电。

12 月

是年　甘州区农业产业化发展势头强劲，成为全国制种产量最大和脱水青椒出口量最大的县区，创造两项全国之最。根据国家政策，甘州区退耕还林工程开始实施，由区、乡（镇）财政、粮食、林业部门执行退耕还林补助兑现政策，补助标准为每年补助 160 元/亩，补助期限为生态林 8 年、经济林 5 年。

▲　全区生产总值 32.6 亿元，按可比价格计算，比上年增长 11.7%；人均国民生产总值由上年的 6012 元增加到 6619 元，增长 10.1%。

2003 年

3 月

6 日　国家水利部、省政府批复，我国第一个区域性综合节水试点项目——张掖市节水型社会建设试点工程在甘州区全面展开。

10 日　黑河节水工程全面启动。

19 日　国家电力投资公司、省电力投资公司及大唐集团公司专家组进驻甘州区，对总投资 55 亿元、装机容量 120 万千瓦的张掖火电厂进行实地考察论证。

是月　国家高科技发展计划（863 计划）“北方干旱内陆河灌区（甘肃张掖）节水农业综合技术体系集成与示范”项目在甘州区正式启动实施。

5 月

6 日　甘州区发现首例输入性非典型肺炎病例。患者许某，北京师范大学学生，家住嘉峪关市，4 月 24 日从北京乘火车，25 日至嘉峪关，5 月 1 日从嘉峪关乘火车到甘州区，5 月 6 日经省、市专家会诊确诊为非典型肺炎临床病例，入住张掖市人民医院，于 6 月 4 日治愈出院。

6 月

9 日　以全省首家地方企业为主体开发建设的中型水电项目——小孤山水电站 5.4 亿元贷款协议签字仪式在张掖宾馆举行。

20 日　甘州区公众网开通。公众网包括区人民政府网、经济信息网两个外向型网站和区政务办公网、招商引资项目库两个专用系统。

7 月

10 日　2003 年度黑河第一次“全线闭口、集中下泄”调水工作开始启动。

21 日　国家西部大开发标志性工程——西气东输工程，甘州区段全面开工。

26 日　甘州区环保局查处并销毁“7·16”特大爆炸事故后藏匿的热裂解汽油 1440 公斤。

是月　甘肃省“十五”规划的重点建设项目，330KV 金张掖二回输电线路工程和 110KV 张肃输电线路工程全面开工建设。

8 月

是月　甘州区全面推进基础教育课程改革，并于8月4日—16日分学科举办6期新课程实验教师培训班，全区240多所中、小学的校长、教导主任和实验教师1050人参加培训。

9 月

1日至4日　甘肃省清理整顿不法排污企业保障群众健康环保行动检查团检查甘州区环保工作。

10 月

18日　甘肃电投张掖发电有限责任公司挂牌成立，标志甘州区最大的工业项目——张掖火电厂建设项目正式启动。

12 月

16日　甘州区龙首二级水电站工程大坝正式下闸蓄水，标志西流水电站建设截流、蓄水、发电三个阶段已完成前两个阶段的建设任务。

是年　根据中央及省、市关于市县乡机构改革的文件精神，甘州区开展区直党政群机关和乡镇机构改革工作。区直各部门通过“三定”（定职能、定机构、定编制和领导职数），共转移职能84条；278个非常设机构保留115个，撤销163个；区直党政机构由改革前的31个减少到29个，减少6.45%；人员编制比改革前减少479名，领导职数严格按标准进行核定。机构改革中，区委设工作部门6个，派出机构2个，部门管理机构1个，直属事业单位1个；区政府设工作部门23个，议事协调的办事机构1个，部门管理机构3个，直属事业机构6个。

▲　全区实现生产总值36.11亿元，按可比价格计算，比上年增长10.68%。其中，第一产业增加值11.15亿元，比上年增长5.5%；第二产业增加值11.43亿元，比上年增长17.37%；第三产业增速受“非典”影响而有所减缓，实现增加值13.53亿元，比上年增长9.71%，增幅比上年下降0.59个百分点。一、二、三产业的比重为30.9∶31.7∶37.4。按常住人口计算人均生产总值7418元。

2004年

1 月

1日　全国第一次经济普查开始，2005年12月结束。调查对象为从事第二产业和第三产业的全部法人单位、产业活动单位和个体工商户。全区共抽调各级普查人员1100多人，成立普查机构32个；经普查，全区有法人单位1834个，产业活动单位1841个，个体工商户17046户。

8日　张掖市、甘州区事权划分交接仪式在张掖宾馆举行，国土资源管理、城市建设管理、城市规划管理、房产管理、人民防空、城市园林绿化、环境监督管理、军用饮食供应、公安管理、卫生监督管理等部分事权上划市人民政府管理。

2 月

8 日　甘州区梁家墩镇梁家墩村六社张照明被张掖市、甘州区两级人民政府评为“见义勇为”先进个人。

5 月

10 日　甘州区第二期第一批人饮解困项目通过省水利厅竣工验收。项目自 2003 年开工建设，共投资 224 万元，其中国债资金 131 万元、群众自筹资金 93 万元，解决花寨乡新城子、滚家庄等 5 个村的人畜饮水问题。

16 日　日元贷款甘州区重点风沙区生态环境综合治理工程启动。项目规划 2004—2009 年总投资 6640 万元，其中申请日元贷款 600 万美元，折合人民币 4980 万元，占项目总投资的 75%；地方配套资金 1660 万元，占项目总投资的 25%。

6 月

10 日　“甘州新闻在线”网站开通，这是全省第三家新闻网站、第一家县级新闻网站。

25 日　国家科技部、中国农科院资源环境研究所、水利部水科所组成检查小组，对甘州区实施国家 863 项目“北方干旱内陆河灌区（甘肃张掖）节水农业综合技术体系集成与示范”课题情况进行中期评估检查。

是月　张掖铁路职工子弟学校划归地方，更名“张掖铁路学校”，隶属甘州区教育局管理。

▲　甘州区大型水利骨干工程盈科灌区东总干渠全线完工，顺利通过阶段验收，至此东总干渠全线竣工。

7 月

1 日　投资 7067.88 万元、全线长 9.93 公里的张掖火电厂铁路专线竣工通车。

8 月

20 日　早 9 时 30 分，黑河水到达内蒙古额济纳旗东居延海，甘州区“全线闭口，集中下泄”再获成功。

9 月

是月　甘州区义务教育阶段学校全面实施“一费制”收费。

▲　甘州区城市供水扩建工程 8 万吨/日配水工程建成，完成投资 12075 万元。

▲　甘州区城区集中供暖工程 10KV 动力专线于 8 月 16 日全线贯通，8 月 20 日正式通电，整体工程 9 月底联动试车，10 月上旬点火试车，首次供暖面积 50 万平方米。

10 月

27 日　黑河龙首二级（西流水）水电站正式投产发电，总投资 9.8 亿元，总装机 15.7 亿千瓦，年发电量 5.28 亿度。

是月　甘州区年初确定的 23 条 115.8 公里“村村通公路”完工 24 条 130 多公里，

全区 158 个行政村通上水泥路。

11 月

18 日　黑河梯级电站第五座电站——二龙山水电站工程举行开工庆典仪式。电站设计装机 5.05 万千瓦，总投资 3.47 亿元，年发电量 1.74 亿千瓦·时。

是月　在“全国特色文化广场评选暨展示活动”中，甘州区中心广场荣获“全国特色文化广场”称号，甘州区文化局获得“全国特色文化广场活动组织奖”称号，这是甘肃省获此殊荣的两个文化广场之一。

12 月

是年　根据中央、省、市关于调整农业税政策的精神，全区农业税税率统一降低 1 个百分点，同时取消农业特产税、牧业税，全区形成“一税制”农税征管模式。仅此一项，全区农民比 2003 年减负约 642 万元。

▲　全区实现生产总值 423427 万元，按可比价格计算增长 11.35%。其中，第一产业增加值 130965 万元，增长 5.6%；第二产业增加值 138839 万元，增长 16.34%；第三产业增加值 153623 万元，增长 11.88%。三次产业结构由上年的 30.9∶31.7∶37.4 调整为 30.9∶32.8∶36.3。按常住人口计算，全区人均生产总值 8654 元，突破 1000 美元。

2005 年

1 月

是月　甘州区保持共产党员先进性教育活动动员大会召开。参加第一批先进性教育活动共 3 个党（工）委，18 个党总支，188 个党支部，3054 名共产党员。第一批保持共产党员先进性教育活动从 2005 年 1 月开始。甘州区乡镇人民政府由 22 个合并为 18 个，原廿里堡乡人民政府并入党寨镇人民政府，原小河乡人民政府并入沙井镇人民政府，原和平乡人民政府并入大满镇人民政府，原西洞乡人民政府并入甘浚镇人民政府。

5 月

13 日　甘肃黑河水电开发股份有限公司联合龙腾、龙翔铁合金公司投资建设的张掖市高载能工业园首批项目——张掖市巨龙铁合金有限公司 5 万吨冶炼项目开工建设。项目预计总投资 6000 万元，设计安装 4 台 12500KVA 铁合金电炉，年产铁合金系列产品 5 万吨。

是日　区委决定对部分基层党组织设置进行调整。撤销中国共产党甘州区东北郊新区工作委员会，成立中共甘州区东北郊经济新区委员会，原隶属关系不变；撤销中共甘州区水务局总支部委员会，成立中共甘州区水务局委员会；撤销中共甘州区卫生局总支部委员会，成立中共甘州区卫生局委员会；撤销中共甘州区经济贸易委员会总支部委员会，成立中共甘州区经济贸易委员会；撤销中共甘肃黑河水电开发股份有限公司总支部委员会，成立中共甘肃黑河水电开发股份有限公司委员会；成立中共甘州区劳动和社会保障局总支部委员会；成立中共甘州区财政局总支部委员会；成立中共甘州区发展和改革委员会总支部委员会；撤销中共甘州区非公有制经济管理局总支部委员会；撤销中共甘州区工商业联合会总支部委员会。

17日　区委、区政府印发《关于进一步加快农村小康住宅建设的实施意见》，具体目标是：从2005年开始，前三年（2005—2007），每年有6%的农户新建住房，每年新建5600户；后五年（2008—2012），每年有7.7%的农户新建住房，每年新建7000户，确保到2012年全区砖混砖木结构以上住宅达96%以上。

6月

22日　在世行北京代表处，世行中蒙局局长、驻北京代表处首席代表DavidR·Dollar和小孤山水电有限责任公司董事长朱兴杰正式签署《世行原型碳汇基金减排抵消额购买协议》。小孤山水电项目是亚洲地区第一个利用世行碳汇基金的水电项目。

24日　甘州区价格监督进社区挂牌仪式在东街金安社区举行，标志着甘州区价格监督进社区试点工作正式启动。

30日　龙首电站实现连续安全生产1492天，累计发电7.64亿千瓦，实现销售收入2.44亿元，上缴税金3850万元。龙首电站创造三个世界第一：世界上第一个严寒地区建造的坝高80米的高碾压混凝土薄拱坝；世界上第一个在地震基本烈度8度区修建的高碾压混凝土薄拱坝；世界上第一个在极限温差70.2℃地区修建的高碾压混凝土薄拱坝。

7月

是月　受国家水利部委托，由河海大学17名博士生组成的黑河近期治理评估团来张掖考察，对黑河近期治理项目效果进行前期评估。

8月

9日　省科技厅对在甘州区实施的国家高技术研究发展计划（“863计划”）项目——“北方干旱内陆河灌区（甘肃张掖）节水农业综合技术体系集成与示范”进行现场考察。课题组首席专家、甘肃农业大学副校长、博士生导师黄高宝教授汇报项目执行情况，区委常委、副区长脱兴福介绍项目实施情况。

10月

13日　国家科技部组织专家组对在甘州区实施的国家“863”项目——“北方干旱内陆河灌区（甘肃张掖）节水农业综合技术体系集成与示范”进行验收。验收专家组一致同意通过验收。

是日　在南京举办的全国十运会上，甘州区运动员贾雪英在无差别级女子柔道比赛中勇夺金牌。这是甘肃省体育健儿在本届运动会上获得的第二枚金牌。

是月　甘州区农村沼气池国债项目顺利通过省农牧厅验收。全区5个乡镇的5个村、1450户农户实现“一池三改”。

▲ 小孤山水电项目获世界银行碳汇基金补助1.1亿元，成为亚洲第一个利用世行碳汇基金的水电项目。

12月

是月 甘州区政府印发《甘州区国民经济和社会发展第十一个五年规划纲要(2006—2010)》。

是年 甘州区南德温肉牛冻配技术试用成功。2005年7月以来，授配本地黄牛陆续产犊180头，犊牛繁活率93%以上。

▲ 全区实现生产总值501522万元，按可比价格计算增长11.25%。其中，第一产业增加值139387万元，增长5.6%；第二产业增加值160105万元，增长14.59%；第三产业增加值202030万元，增长13%。三次产业结构由上年的29.2∶32.3∶38.5调整为27.8∶1.9∶40.3。按常住人口计算，2005年全区人均生产总值10156元。

2006年

2月

6日 甘州区党寨镇400名农民前往深圳创业。这是甘州区2006年首批成建制组织输出劳力，也是近年来规模最大的一次集中劳务输出。

18日 甘州区城市垃圾处理厂开工建设奠基仪式在兔儿坝滩举行。

3月

30日 宋庆龄基金会中国西部儿童健康计划防治肺炎爱心行动援助项目在甘州区启动实施。

8月

31日至9月1日 香港著名慈善家龙凤翔女士一行来张掖市考察验收由香港同胞、海外侨胞捐资援建的水窖和暖棚羊舍建设情况。其间参加由黄壁琏捐资7万元修建的花寨乡西阳村黄壁琏侨心小学落成典礼，并捐赠3000元现金。

9月

20日 甘州区东北郊经济新区更名“甘肃张掖工业园区”；中国共产党甘州区东北郊经济新区委员会更名“中国共产党甘肃张掖工业园区委员会”；甘州区东北郊经济新区建设管理委员会更名“甘肃张掖工业园区建设管理委员会”。中国共产党甘肃张掖工业园区委员会印章即日启用。

10月

20日 市委宣传部、张掖日报社、市委党史办倡议，张掖日报社出资设立的红西路军西洞堡大捷革命遗址和龙渠会议革命遗迹纪念碑落成仪式举行。

12月

是年 甘州区被确定为全省第三批新型农村合作医疗（简称“新农合”）试点县。

2006 年，农村有 85214 户家庭、311107 名农民参加新型农村合作医疗，覆盖率达 100%，农民参合率达 90%；农村贫困人口参合 14047 人，参合率达 90%；全年共筹集合作医疗基金 1711 万元，有 12112 名参合农民住院得到合作医疗基金补偿；住院参合农民发生医药费用 2636.63 万元，总补偿费用 596.03 万元，占总住院费用的 22.61%。至 2010 年，农民参合率 98.33%，统筹基金增加到 5097.40 万元，住院人次 21795 人，参合农民实际补偿比例提高到 48.68%。

▲　全区实现生产总值 572994 万元，按可比价格计算增长 12.51%。其中，第一产业增加值 146087 万元，增长 5.33%；第二产业增加值 194793 万元，增长 17.41%；第三产业增加值 232114 万元，增长 13.57%。三次产业结构由上年的 27.8∶31.9∶40.3 调整为 25.5∶34∶40.5。按常住人口计算，2006 年全区人均生产总值 11513 元。

2007 年

4 月

4 日　区委、区政府印发《关于在全区党政机关和广大干部中开展“作风建设年”活动的实施意见》。决定开展以“抓作风、重落实、促发展”为主题的“作风建设年”活动。

5 日　“高金城烈士纪念碑”揭幕仪式在红军西路军烈士张掖纪念馆举行。甘州区各界人士、高金城烈士遗属后人、红西路军战士代表、老红军子女代表等 100 多人参加揭幕仪式。全国政协原常委王定国、高金城烈士次子美籍华人高士杰和兰州红西路军研究会、兰州八路军办事处纪念馆分别发来函电祝贺。

6 月

是月　区委党校被省委组织部确定为全省 13 所市州农村基层干部专修学校之一，并举行教学楼竣工庆典暨农村基层干部专修学校挂牌仪式。

9 月

3 日　全区首批千名赴疆劳务人员欢送仪式在中心广场举行。安阳乡、乌江镇、新墩镇 1000 多名务工人员赴疆摘棉。

15 日　亚行亚太碳基金二龙山水电项目碳减排量购买协议签约仪式在张掖宾馆举行。二龙山水电站将向亚行出售碳减排量 33 万吨，每吨 9.6 欧元，折合人民币约 3200 万元。

12 月

是月　区委决定，以区委党校为依托，整合区行政干部学校、区农业技术培训学校、区农业广播电视学校、区农业机械化学校、市教师进修学校、专业技术人员继续教育基地等教育培训资源，成立甘州区社会服务培训中心。

是年　全区实现生产总值 666326 万元，比上年增长 11.5%。其中，第一产业增加值168178万元，增长5.4%；第二产业增加值236636万元，增长17.3%；第三产业增加值261512万元，增长10.5%。

2008年

3月

15日　甘州区广电大厦数字影城项目建成，标志甘州区电影事业发展进入一个新的历程。

4月

22日　区委决定撤销中共张掖工业园区委员会，成立“中共张掖工业园区工作委员会”；撤销中共甘州区经济贸易委员会，成立“中共甘州区经济委员会”；中共甘州区商务局总支部委员会隶属区委管理；中共甘州区乡镇企业管理局支部委员会隶属中共甘州区经济委员会管理。

9月

15日　2008年全国乡镇企业中小企业东西合作经贸洽谈会圆满结束，甘州区总投资达13.15亿元的20个项目成功签约。

18日至20日　甘州区先后举行张掖大佛寺大佛殿修缮竣工庆典仪式、大佛殿修缮工程竣工“开光活动”和宗教界人士座谈会。省文物局及相关单位领导，驻区部队领导，区内外佛教界著名人士，省内外新闻媒体记者，市、区各部门负责人参加庆典仪式及相关活动。

是月　甘州区博物馆被公布为国家二级博物馆，是河西三地区唯一一家国家二级博物馆。

10月

11日　红十字会与红新月国际联合会禽流感项目官员杜普莱海先生、国际联合会亚太地区禽流感项目官员卡特姆旁甘先生、联合国东亚办事处项目官员刘春秀、中国红十字会总会项目办协调员王雪畅及省红十字会专员副会长陈明，到上秦镇上秦村和安里闸村就国际红十字会援助禽流感预防项目实施情况进行考察。

是月　甘州区重点招商引资项目——嘉禾公司投资1.5亿元、占地156亩的5吨果蔬恒温保鲜库在梁家墩镇太和村开工建设。

11月

是月　从2009年1月起，将现行浮动工资改为乡镇工作人员岗位津贴。

12月

31日　张掖黑河湿地保护工程滨河新区建设开工仪式举行。新区占地26.4平方公里。

是月　甘州区制定《甘州区财政惠农政策补贴“一册明一折统”发放工作实施方案》，全面开展惠农政策“一册明一折统”改革工作。共开设“惠农财政补贴资金专户”19个。至2010年底，全区惠农资金通过“一册明一折统”，累计为96170户农民发放各类惠农补助资金24项52530.54万元，人均5462.26元。

是年　全年实现生产总值767347万元，比上年增长11.3%。其中，第一产业增加值191986万元，增长6.6%；第二产业增加值271633万元，增长12.9%；第三产业增加值303728万元，增长12.9%。按常住人口计算，2008年全区人均生产总值15300元，比上年增长10.8%。

2009年

3月

1日　张掖国家湿地公园工程开工建设。张掖国家湿地公园位于甘州城区北郊，总面积约6.2万亩，其中有保护完好的湿地2.6万亩。公园规划分湿地生态体验区、生态产业区、教育科研区、湿地保育区和湿地封育区五部分。公园建设以“亲近自然，回归自然”为宗旨，坚持“因地制宜、因势利导、自然和谐、持续发展”的原则，力求恢复“甘州城北水云乡”的如画美景，塑造“戈壁水乡，湿地之城”的金张掖新形象。

8日　区委印发《关于在全区开展深入学习实践科学发展观活动的实施意见》，安排部署深入学习实践科学发展观活动。甘州区各级党组织和党员干部分两批参加第二批、第三批学习实践活动，每批时间半年左右。

26日　区委、区政府印发《关于实施农村危旧房改造工程　整村推进新农村住宅建设的实施意见》。目标任务是：结合实施农村危旧房改造项目，每个乡镇新建整村推进连片100户以上的示范村1—2个，力争全区达到33个以上；连片50户以上的示范村2—3个，全区达到28个以上；连片20户以上的示范村3—5个，全区达到27个以上；力争全区整村新建住宅1万户。

5月

13日　张掖工业园区中小企业创业园新建项目（张掖新乐超市有限责任公司物流配送中心、张掖市利达金属建材有限责任公司1.5万吨型材轧制生产线、张掖市宏达保温建材有限责任公司80万立方米粉醛环保建材生产线和张掖市华光太阳能有限责任公司15万平方米太阳能采暖及2万瓦太阳能光电设施项目）举行开工奠基仪式。

18日　全国肉牛产业发展研讨会暨培训班在区社会服务培训中心举办。国家肉牛产业技术体系首席专家、中国农业大学教授曹兵海出席。

23 日至 24 日　全国马铃薯产业发展论坛在区社会服务培训中心举行。会议由国家农业部优质农产品开发服务中心副主任王春波主持，市委书记、市人大常委会主任陈克恭致辞。

26 日　新疆生产建设兵团十三师考察团赴小满镇希望公司肉牛养殖区、梁家墩镇五号村设施农业基地、长安乡前进村设施葡萄示范点考察。

7 月

是月　平山湖蒙古族乡通乡公路改造工程通过验收并通车。平山湖通乡公路是张掖市与内蒙古相通的重要骨干公路。

8 月

8 日　甘肃电投辰旭生物科技有限公司成立暨年产 3 万吨谷氨酸生产项目开工庆典仪式在甘州区张靖公路 12 公里处举行。

11 月

3 日　第十五届兰洽会签约项目督查组考察甘州区果蔬气调保鲜恒温库项目、甘州区日产 5000 吨熟料新型干法水泥生产线项目、张掖滨河新区和黑河湿地保护一期工程。

是月　国家科技部相继下达“科技重大专项”，“科技人员服务企业行动”科技计划和中国科学院“科技支甘”项目立项通知，甘州区有 5 个项目列入国家科技计划，获得项目扶持资金 245 万元。

▲　甘州区有线电视数字化整体转换工程（简称“整转工程”）正式启动，按照方案计划，城市在 2011 年底全部实现数字化，农村在 2013 年底基本完成整转任务。

12 月

是月　张掖国家湿地公园被国家林业局批复命名，张掖城北国家城市湿地公园被国家住房和城乡建设部批复命名。

是年　全年实现生产总值 845708 万元，比上年增长 11.5%。其中，第一产业增加值 212232 万元，增长 7.5%；第二产业增加值 292203 万元，增长 12.5%；第三产业增加值 341273 万元，增长 13.1%。按常住人口计算，2009 年全区人均生产总值 16780 元，比上年增长 10.9%。

2010 年

3 月

5 日　张掖绿洲现代农业试验示范区开工奠基仪式在党寨镇举行，区上领导参加开工仪式。

5 月

11 日　张掖军民合用机场开工建设。

6 月

21 日　国家发改委稽查组对甘州区通乡公路项目、国家扩大内需项目建设情况进行检查，并对年初中央检查组检查出的问题项目整改情况进行复查。

9 月

16 日　国电龙源张掖 10 兆瓦光伏发电项目开工奠基仪式在甘州区举行。

11 月

18 日　张掖神沙窝城市沙漠公园开工仪式举行，区上四套班子领导出席开工仪式。

是年　全年实现生产总值 934553 万元，比上年增长 11.5%。其中，第一产业增加值 246380 万元，增长 6%；第二产业增加值 300372 万元，增长 16.8%；第三产业增加值 387801 万元，增长 10%。按常住人口计算，2010 年人均生产总值 18456 元，比上年增长 10.9%。三次产业结构由上年的 25.1∶34.6∶40.3 调整为 26.4∶32.1∶41.5。与上年相比，第一产业所占比重上升 1.3 个百分点，第二产业所占比重下降 2.5 个百分点，第三产业所占比重上升 1.2 个百分点。

2011 年

2 月

26 日　国家农业部“百乡万户调查”活动第七调查组听取甘州区工作汇报，考察张掖国家绿洲现代农业试验示范区，并赴张掖市德农种业有限公司、中种集团张掖分公司调查。

4 月

14 日　区政府与中储粮兰州分公司签署《张掖市种子公司国有产权转让协议书》。

6 月

8 日　亚行贷款甘肃基础设施建设及湿地保护援助项目启动会议召开。

7 月

1 日　为期三天的 2011 年“丝路春”杯张掖·中国汽车拉力锦标赛在市中心广场

开幕。

20 日　中国·张掖绿洲论坛国际会议中心奠基仪式举行。

8 月

16 日　2011“成都农商银行杯”中国·甘肃丝绸之路汽车越野拉力赛在甘州区神沙窝赛段开赛。

27 日　张掖甘州机场校飞成功庆祝仪式举行。

28 日　张掖市甘州区博物馆、美术馆、图书馆（县府街南端）奠基开工。

12 月

17 日　张掖市甘州区与金昌市金川区缔结友好区。

是年　全年全区实现生产总值 115.35 亿元，比上年增长 13.4%。其中，第一产业增加值 29.36 亿元，增长 6.0%；第二产业增加值 39.73 亿元，增长 19.9%；第三产业增加值 46.26 亿元，增长 13.5%。按常住人口计算，2011 年全区人均生产总值 22649 元，比上年增长 12.6%。三次产业结构由上年的 26.4∶32.1∶41.5 调整为 25.5∶34.4∶40.1。与上年相比，第二产业所占比重上升 2.3 个百分点，第一、三产业所占比重分别下降 0.9 和 1.4 个百分点。

2012 年

3 月

5 日　甘州区政府与江苏火电电力设备制造有限公司举行签约仪式。

21 日　张掖国家沙漠体育公园国际赛车场项目开工奠基仪式举行。

4 月

6 日　高金城烈士纪念馆举行更名揭牌暨改扩建工程竣工典礼。

5 月

28 日　张掖国际现代农业机械装备与物资产品仓储贸易港项目投资意向协议签约仪式在四川昊昇三农实业有限公司总部举行。

6 月

15 日　国家水利部农村水利司司长王爱国带领农水司、水规总院、灌排中心、黄委会农水局领导和专家一行，调研河西走廊国家级高效节水灌溉示范区项目实施条件及准备情况。7 月 10 日，全省高效节水农业现场会议在张掖召开。

22 日至 23 日　由《人民日报》《中国日报》、新华社、中国国际广播电台、中国新闻社、《瞭望周刊》《今日中国》《中国报道》《人民中国》《北京周报》《香港经济日报》《香港经济导报》等新闻媒体组成的“全国对外媒体张掖行”采访团，和由中央人民广播电台，四川、福建、山西三省卫视组成的“全国卫视看甘肃（张掖）”采访团来甘州区采访。

8月

3日　第二届湿地之夏·金张掖旅游文化艺术节在滨湖广场开幕。

11日　张掖绿洲现代物流园区汽车城项目开工奠基仪式举行。

9月

18日　张掖神舟新能源有限公司100兆瓦光伏组件生产线竣工投产庆典举行。

23日　张掖国家湿地公园马文化产业园、飞禽保护区、流泉养生馆及祁连山国际滑雪场开工奠基仪式举行。

是日　区就业和社会保障服务中心、困难职工帮扶中心、残疾人康复中心和卫生监督所综合楼建设项目开工奠基仪式举行。

10月

19日　张掖国家绿洲现代农业试验示范区第三期2万亩土地整理项目开工仪式举行。

11月

22日　甘州区黑河湿地国家级自然保护区管理局举行揭牌仪式。

12月

14日　甘州区人民政府与甘肃省旅游投资管理有限公司旅游产业合作开发协议签约仪式在华辰国际酒店举行。

是年　全区实现生产总值123.82亿元，比上年增长10.4%。其中，第一产业增加值33.17亿元，增长6.84%；第二产业增加值36.41亿元，增长7.9%；第三产业增加值54.24亿元，增长14.5%。按常住人口计算，2012年全区人均生产总值24282.5元，比上年增长6.89%（按不变价计算增长10.1%）。三次产业结构由上年的25.5∶34.4∶40.1调整为26.8∶29.4∶43.8。与上年相比，第二产业所占比重下降5个百分点，第一、三产业所占比重分别上升1.3和3.7个百分点。

2013年

4月

15日　张掖绿洲现代物流园区项目签约仪式在滨河新区举行。

6月

24日　张掖经济技术开发区院士专家服务中心揭牌仪式在开发区创业大厦广场举行。

23日至24日　来自各省市、自治区的民营企业家代表组成的第十九届兰洽会暨民企陇上行活动考察团，前来甘州区考察投资项目。

7月

19日至22日　“2013‘丝路春’杯中国·张掖世界汽车拉力锦标赛（备选站）暨张掖·中国汽车拉力锦标赛”在张掖国家沙漠体育公园举行。

9月

12日　张掖市为民办实事农户科学储粮仓发放仪式在甘州区甘浚镇举行。

25日　甘州区举行农村土地承包经营权抵押贷款启动仪式。

是年　全区实现生产总值140.84亿元，比上年增长11.6%。其中，第一产业增加值37.63亿元，增长6.4%；第二产业增加值39.96亿元，增长14.3%；第三产业增加值63.25亿元，增长12.4%。按常住人口计算，2013年全区人均生产总值27551元，比上年增长13.4%。三次产业结构由上年的26.8∶29.4∶43.8调整为26.7∶28.4∶44.9。与上年相比，第一、二产业所占比重分别下降0.1和1.0个百分点，第三产业所占比重上升1.1个百分点。

2014年

2月

17日　全区党的群众路线教育实践活动动员部署会议召开。

5月

18日　张掖平山湖地质公园开园仪式暨2014“黑河水电”杯甘肃·张掖平山湖丹霞徒步越野挑战赛举行。

6月

11日　外交部国情学习考察团一行深入张掖滨河新区、张掖大佛寺、张掖绿洲现代农业试验示范区、张掖善之荣现代农业有限公司、甘州区前进牧业专业合作社，就甘州经济社会发展、现代农业建设等方面进行考察学习。

23日至26日　“甘肃省生态补偿体系研究”专题调研组深入张掖国家湿地公园、张掖绿洲现代农业试验示范区，调研甘州区生态保护与发展、黑河流域生态补偿体系建设等情况。

24日　省政府重大项目建设情况第三督查组深入河西走廊国家级高效节水灌溉示范区党寨镇项目点、兰新复线张掖段张掖西站项目现场、甘州府城项目建设点，督查甘州区省列重大项目建设情况。

7 月

19 日　国家农业部农村实用人才培训基地在甘州区前进村揭牌。

8 月

9 日　“发现亚洲之美——丝路寻梦·绚丽甘肃”全媒体国际文化交流活动采访团深入张掖大佛寺、张掖滨河新区、张掖国家湿地公园、张掖绿洲现代农业试验示范区、张掖国家沙漠体育公园，专题采访甘州区历史文化名城建设及甘州区在新丝绸之路时代的自我定位和自我发展情况。

12 月

是年　全区实现生产总值 148.16 亿元，比上年增长 7%。其中，第一产业增加值 33.81 亿元，比上年增长 5.5%；第二产业增加值 38.22 亿元，比上年增长 4.2%；第三产业增加值 76.13 亿元，比上年增长 9.8%。

2015 年

10 月

14 日　甘州区“互联网+大众创业”专题知识讲座举办。中国电子商务协会青年电商创业委员会会长、淘金集团董事长王金合和淘金集团高级合伙人岳龙分别围绕“互联网+思维暨当地政府如何借助互联网思维　助推传统企业转型升级”和“互联网创业——如何结合当地特色做好互联网电商平台及货源的选择”主题举行讲座。

是年　事业单位分类改革。2015 年对事业单位进行第一批分类，划入公益一类 195 个、公益二类 10 个。

▲　全区实现生产总值 156.75 亿元，比上年增长 7.8%。其中，第一产业增加值 35.59 亿元，增长 5.7%；第二产业增加值 37.93 亿元，增长 6.8%；第三产业增加值 83.23 亿元，增长 9.2%。

2016 年

5 月

18 日　首批农村土地流转经营权和农业设施产权颁证暨抵押贷款发放启动仪式举行。

27 日　张掖绿涵农产品有限公司出口俄罗斯 50 万吨果蔬产品首批 300 吨启运仪式举行。

6 月

22 日　中国人民对外友好协会美大部副主任郝忠伟一行，就甘州区敦煌文博会期间举办“路易·艾黎国际主义精神与‘一带一路’国家战略”高端国际论坛准备工作考察调研。

7 月

18 日至 20 日　第十四届全国民间读书年会在甘州区举行。

8 月

4 日　2016 年“张掖农商银行”杯国际汽联亚太汽车拉力锦标赛暨中国汽车拉力锦标赛（张掖站）和第六届湿地之夏·金张掖旅游文化艺术节在滨湖广场开幕。5 日至 7 日在张掖国家沙漠公园、张掖平山湖地质公园开赛，来自国内外 46 支车队、140 台车组参加。

10 月

6 日　中国共产党张掖市甘州区第四次代表大会召开。大会应出席代表 388 名，实到会代表 380 名。

12 月

25 日　2016 中国·张掖“平山湖大峡谷”杯中国张掖丝绸之路第二届全国冰雪山地马拉松赛暨甘肃省丝绸之路雪地登山挑战赛在平山湖大峡谷开赛。

是年　全区实现生产总值 168.77 亿元，比上年增长 8%。其中，第一产业增加值 37.43 亿元，增长 5.2%；第二产业增加值 39.06 亿元，增长 7.5%；第三产业增加值 92.28 亿元，增长 9.3%。

第 一 编

地理　自然

第一章 地质 地貌

甘州区位于河西走廊中部，巴丹吉林沙漠南部边缘，祁连山北麓，北纬 38°32′—39°24′，东经 100°06′—100°52′。属青藏高原、蒙古高原的过渡地带。地形由南部祁连山，北部合黎山、龙首山，中部走廊平原组成。黑河贯穿全境，灌溉条件便利。在南北两山，形成南北高、中间低，由东南向西北倾斜的盆地，海拔在 1400—2000 米。具有独特的走廊地形和荒漠绿洲景象。走廊绿洲盆地是本区主要的农耕区，地势平坦、土地肥沃。全区东西长 65 千米，南北宽 98 千米，总面积 3661 平方千米。东邻山丹县，南靠民乐县，西与临泽县接壤，北与内蒙古阿拉善右旗毗连。

第一节 地 质

地层 前长城系龙首山群。在市境北部的龙首山、合黎山区有零星分布于，由大理岩、白云大理岩、云母片麻岩、石英片岩、斜长角闪岩等组成，属海相陆源碎屑岩—富镁碳酸岩建造，厚度大于 2770 米，内夹条带状磁铁矿和白云英。

蓟县系墩子沟群。分布在合黎山和龙首山一带，不整合于前长城系之上，主要由灰绿色沙质千枚岩夹灰岩和石英岩、变质沙岩、石英沙岩、石英岩、变质砾岩、灰岩等组成，厚度 690—1880 米，属滨海—浅海相陆源碎屑岩、富硅镁碳酸技岩建造。

震星系韩母山群。分布在合黎山与龙首山地区，属陆缘滨海—浅海陆棚环境形成的一套冰川沉积地层。主要有灰色冰碛砾岩、灰绿、灰黑粉沙质千枚岩、灰绿色含砾千枚岩夹粉沙质千枚岩等。

奥陶系。主要分布在南部祁连山山前的黑河及酥油口河两岸，是一套紫红色巨厚的中基性火山岩、沙岩、粉沙岩、灰岩、石英岩、硅质岩等组成，是一套海相火山岩及碎屑岩沉积，厚度大于 2373 米。

志留系中下统。分布在黑河两岸，岩性为灰绿色细沙岩夹板岩、粉沙质页岩，厚度达 3492 米。

石炭系下统。分布在南部祁连山区，在市境南部山前地带有少量出露，由页岩、粗沙石英岩夹灰岩、石英质砾岩组成。

石炭系上统。分布在北山龙首山一带，有灰黄色钙质泥岩、灰黑色沙质页岩夹煤线、石英沙岩、粉沙岩等，属海陆交互相碳酸盐与碎屑岩建造。

二迭系下统。分布在北山龙首山一带，有浅黄色细沙岩、沙页岩、灰白色含砾粗沙岩、石英沙岩夹黑泥岩、泥岩夹煤线。

白垩系下统庙沟群。主要分布在北部合黎山一带，面积广，有紫红、橘红色砾岩、沙岩，泥质粉沙岩夹灰绿色、灰白色钙质结核层，灰绿、灰紫色细沙岩，泥质页岩夹钙质页岩、泥灰岩，厚度达2700米。

下第三系白杨河组。分布在南部祁连山麓，由橘红色沙岩、砖红色沙岩、棕红色沙岩、沙质泥夹石膏薄层，厚度达千米以上。

上第三系疏勒河组。平行不整合于白杨河组之上，为一套橘黄、土黄、橘红色的沙岩、砾岩及砂质泥岩、白色砾岩、沙岩、泥岩组成，厚度数百米。

第四系。第四系沉积在境内分布于广，类型多。走廊南北两侧山麓以洪积、冰碛、坡积为主，走廊中部多为河湖相堆积。

第四系更新组玉门组。即玉门砾岩，在盆地南缘山麓地带出露，沉积物为砾岩、沙砾岩夹沙岩透镜体，内含少量巨砾或岩块漂砾，略具层理，以冰川或冰水堆积为主的地层，有些地区为洪积型。玉门砾岩在河流两岸常构成阶地的基座，这些地层中常含沙金。

第四系更新组酒泉组。即酒泉砾岩，广泛分布在南北两侧的山前、冲积—洪积扇、山坡堆积、黑河河床，河漫滩、阶地、湖滩等地，是一套半胶结或未胶结的松散的冲积—洪积、湖积、冰水沉积物，厚度为10—30米不等。

全新统。分布于广泛，类型多，由沙、砾石、淤泥、壤土、黄土状土构成的冲积层，主要分布在市境南部广大倾斜平原及河床、河滩、河流Ⅰ—Ⅱ级阶地之上。市境内低凹部分，有石膏、芒硝、食盐、含盐淤泥、盐碱土，厚度大于12米。风积层分布在合黎山以南，地貌形成沙垅，新月形沙丘，沙丘高10—30米。

地质构造 甘州区地质构造复杂，所处的大地构造位置是青藏高原向内蒙古高原跌落的第一级分界处，也是重力梯度的分界带，南北地貌差异很大，地壳厚度在此发生明显变化，新构造运动极为活跃。又处于天山—内蒙古褶皱系北山褶皱带的南部，按板块构造分解，有阿拉善古陆板块、北祁连古洋板块和南祁连古陆板块三个单元。

境内主要构造形迹有祁吕贺山字形构造西翼和东西向构造，在此基础上又叠加了河西系、雅布赖弧形系等构造体系。这些构造体系互相干扰、互相穿插，利用和改造在交会部位区应力易于集中，地质体沿着已经存在的断裂带不断产生新断裂，所以地震频繁发生。

甘州和邻近地区的断裂构造主要有：

祁吕贺山字形构造西翼。肃南断层，盐池—平川—芨岭断层，祁连—肃南断层，榆木山—扁都口断层，格龙井—大南泉断层，祁连山北侧断层，深大断层。

东西向构造。冷龙岭东西向断层，永固—大黄山断层。

雅布赖弧形构造。北大山南—雅布赖断层，阿右旗—雅布赖断层。

河西系四弯断层。龙首山—野猫山断层，红寺湖东断层。

第二节 地　　貌

甘州区西南为祁连山脉，东北有合黎山，中部为海拔1410—2230米的倾斜平原，形成张掖盆地，平原地形呈冲积扇形，由东南向西北敞开，是“河西走廊”的重要组成部分。

走廊平原 张掖盆地为第四纪时期沉降区，其间为冰水搬运的物质所填充，形成广阔的平原。依地貌形态分为四个形态。

洪积碎石戈壁平原。分布在合黎山南的狭长地带及平山湖乡的北部，海拔1500—2000米。由于受残山风蚀和季节性降水影响，由暂时性水流所形成的冲积扇裙构成，表面由沙粒、砾石组成，气候干燥，植被稀少，呈现戈壁荒漠景观。

冲洪积砾石戈壁平原。分布在祁连山北麓的石岗墩滩、干柴墩滩、安阳滩、沿河墩滩、西洞滩、甘浚巴吉滩、大小磁窑滩、马郡滩等地，海拔1450—2300米。地面为戈壁沙砾、砾石覆盖，生长耐旱植物。

冲击细土平原。分布在大满、小满、龙渠、长安、新墩、碱滩、上秦、沙井、乌江、明永、党寨、靖安、三闸、梁家墩14个乡（镇），海拔1410—1700米。地表由细土层组成，土层深厚肥沃，开垦年代久远，是主要农作区。

沙丘。分布在本区南面的有神沙窝、黑沙窝、三尖沙窝、九里沟子沙窝，东面有九龙江沙窝，北面有红沙窝，西面有西城驿沙窝。总面积1.8万亩，占土地面积的3.15%。

南部祁连山地 境内的祁连山是祁连山的浅山地带，包括西武当大山（海拔3132米）、东哇山（海拔2544米）、枸子沟顶（海拔2697米）、小苦水垴（海拔2591米）、刀山（海拔1904米）以及旱口、磨子沟至黑河西岸一带海拔2300—2500米的低山丘陵。覆盖厚层黄土，局部辟为旱地、牧地，最高峰是西武当大山。

北部合黎山地 位于境内北部，南隔走廊平原与祁连山相望，是走廊平原与蒙古高原的过渡地带。合黎山又名要涂山、人祖山，系天山余脉，山体呈带状分布于，沿西北、东南向分布于，山体低矮，属剥蚀中山，岩石裸露，山间比较平坦，一般海拔1600—3200米，相对高度800—1000米。最高峰东大山，海拔3633米，山势阳坡陡峻，阴坡平缓，山脊及阳坡物理风化强烈、岩石碎屑广布，是一相对高度大于2000米的高山。山体北麓是平缓的黄土丘陵，向北地势逐渐低下，呈平缓而风蚀严重的低平地。因海拔、坡向气候影响，土壤、植被垂直分布于。阴坡海拔3200米以上为灌丛草甸带，2700—3200米为青海云杉带，2700米以下为山地荒漠草原带。东大山是本区唯一的自然森林区，被列为甘肃省自然森林保护区。

东大山以西有红泉墩山、红沙窝北山、靖阳东山、北大山等，均为低山，海拔1670—2380米。这些低山之间分布于着海拔1800—2100米的梯状高原，主要在大红河、大红岩、碱槽子、石门子一带。

土地利用 土地利用分区原则及区域土地利用类型分布于。

土地利用分区原则：一是自然条件和社会经济重要任务的相对一致性；二是土地利用特点和存在问题的相对一致性；三是土地利用方向和基本措施的相对一致性；四是保持行政界线的完整性。

区域土地利用类型分布于：甘州区土地利用分区是根据上述原则和各地域的自然条件、人为因素的相似性和差异性，采用二级土地利用分区系统。第一级分区，按生物气候因素和地貌类型划分，用以反映各区的自然特征、土地利用方向、存在的主要问题和改进途径。第二级副区，按区内地貌基本形态灰型及其组合、土壤属性，以及农业生产限制因素而划分。全区共划分为 4 个区、10 个副区，即南部沿山农牧区（坡旱地春麦轮歇副区、梯田灌溉农牧副区、盐化荒漠草原放牧副区）、走廊平原农林果牧副渔业区（南部粮油林果牧副区、城郊粮菜副区、泉水地粮糖水殖副区、河西粮油林牧副区、绿洲边缘防风固沙兴牧保农副区）、北部荒漠草原牧区（荒漠草原纯牧副区、剥蚀残山封山育草副区）、东大山天然林资源保护区。

各区特点形成原因分析。南部沿山农牧区：南至肃南县界，北至龙洞干渠、神沙窝一线，东至马啼河，西至莺落峡，包括安阳、花寨两个乡和安阳滩、新庙滩、红沙柴滩、胶泥洼滩，海拔 1700—2500 米。本区地广人稀，干旱缺水，为粮食低产地区。因本区的气候条件，土地类型差别较大，分为三个副区：坡旱地春麦轮歇副区，地处安阳乡苗家堡、花寨乡滚家庄一线以南，海拔 2300—2500 米，年平均气温 2℃左右，80%保证率≥0℃积温 1835℃—2133℃，无霜冻 100 冻天左右。总面积 31305.3 亩，全为旱耕地，土壤为淡粟钙土，因气候冷凉，一年只能一熟，作物以春小麦为主，豌豆、油菜等作物次之。年降水量 306359 毫米，干燥度 1.01—0.78，干旱是影响本区生产的首要限制因素，早晚霜冻和靠轮歇恢复地力，耕作粗放，产量极低，一般年亩产百公斤左右。梯田灌溉农牧副区，包括安阳、花寨两个乡，17 个村。区内年降水量 173—306 毫米，农田全系河水灌溉；气候较凉，年平均气温 5.9℃—2.4℃，80%保证率≥0℃积温 3017℃—2133℃，无霜期 100—115 天，系一年一熟地区。土壤多属灌淤土及灰钙土，土层深厚，质地良好，有机质含量较高。温凉的气候适宜小麦、洋芋、豆类、油料作物生长。但水源不足，设施差，保灌率低，是限制农业生产的主要因素，加之人少地多，耕作粗放，肥料不足，草荒严重，粮食产量低而不稳，年亩产 200 公斤上下；畜牧业发展也较缓慢。盐化荒漠草原放牧副区，位于龙洞干渠以南、花寨乡以西、黑河以东，包括新庙滩、红沙柴滩、胶泥洼滩，海拔 1700—2000 米，年降水量 2000 毫米左右。土壤多为灰棕漠土，因干旱少雨，土壤含盐量高达 1.5%—1.8%，植被覆盖率 15%—30%。

走廊平原农林果牧副渔业区：位于合黎山以南、龙洞干渠以北，包括 19 个乡镇、14 个国营农林场、75 个机关单位农林场及北山坡、石岗墩、神沙窝、黑河滩、巴吉滩、西洞滩等荒滩，海拔 1400—2100 米。本区是甘州区农林牧副渔业综合发展区，耕地占全区的 88.64%，粮食总产量占全区的 93.63%。因而，本区粮食生产和经济发展左右着全区形势，保护和利用好本区的土地资源，提高土地的生产率和经济效益，显得极为重要。本区是农林牧副渔综合发展区，发展生产的主攻方向是：提高现有土地的利用率和单位面积产量，粮油菜糖瓜类等不仅有发展条件，而且有广泛的市场；发展林业条件较为好，畜牧发展也有较大潜力。区内气候条件基本相近，而土地性状、灌溉条件、栽培制度、各业用地比重以及社会经济状况等差别甚大，有利条件、不利因素、主攻方向、技术措施各具特色。故分为 5 个副区：南部粮油林果牧副区既是甘州区粮食重要产区，也是果品生产重点产区。包括龙渠、大满、小满、党寨、碱滩南部（6 村）共计 5 个乡镇，68 个村。区内海拔 1450—1700 米，年降水量 128—173 毫米，无霜期 115—

124 天，≥0℃积温 3399℃—3027℃，≥0℃积温 2834℃—2412℃，气候较好、灌溉方便，适宜各类作物的生长。热量较丰富，一季有余，二季不足，利用间套复种。农田全靠河水灌溉，因水源不足，利用率较低，加之面积大，加剧了夏灌用水矛盾。土壤普遍缺磷少氮，肥料不足，加之干热风和病虫危害是本区农业的重要限制因素。城郊粮菜副区是甘州区农村经济较发达的区域，包括新墩、长安、梁家墩、上秦、党寨、沙井、小满（7 个镇）共 58 个村。区内海拔 1420—1530 米，年降水量 128 毫米左右。无霜期 130 天，80%保证率≥0℃积温 3400℃，≥10℃积温 2834℃。属一年一熟有余、二季不足地区，农田全是水浇地，灌溉条件较好。土壤多为厚灌淤土，有机质和养分含量高，加之施肥水平高，耕管较细，产量、经济效益居全区之首。种植作物以小麦、玉米、蔬菜为主，是全区蔬菜集中产区。本区生产以粮食、瓜菜、乡镇企业、商品流通为依托，城郊运输方便，地理位置优越。在人多耕地少的矛盾突出下，合理利用现有土地资源，极力提高土地利用率，控制非生产用地，调整作物种植结构，大力推广科技措施，实行粮、菜、豆、油套复种，扩大带田、地膜覆盖种植，使粮食产量稳步增长，经济效益迅速发展。镇村充分发挥紧靠城镇，推销便利，又有多年种植瓜菜经济的区域优势，突出瓜菜生产，如新墩的韭菜，长安的茄子、辣子，梁家墩的葫芦、黄瓜，党寨的洋葱、大白菜，上秦的西红柿，产量高，质量好，并占领市内外市场。畜牧业以养猪、养鸡为重点，大抓生猪育肥和养鸡孵化、育雏，效益显著，有力地促进生产发展。泉水地粮糖水殖副区包括三闸、乌江、靖安、碱滩（8 个村）和上秦镇缪家堡村，新墩镇流泉村，明永乡夹河、下崖村等共 37 个村，该区气候条件优于区内其他区，全年太阳辐射量 148.4 千卡，年日照时数 3085 小时；平均海拔 1410—1520 米，比全区低 64—710 米；年均气温 7.6℃，比全区高 0.6℃；作物生长期最长 204 天；无霜期最长 165 天，比全区多 12 天。区内最大特点是地下水位高，多在 1—2 米，最深不超过 10 米，农田主靠泉水灌溉，大片土地属于黑河、山丹河潜水溢出带，且水源充足，无土壤干旱之患，水田、苇地、鱼池面积居全区之首。土地面积大，地势平坦，土层深厚。适宜种植各类作物，发展林业有较好条件。宜牧草地多，且植被覆盖率高，为发展畜牧业奠定较好的物质条件。荒地大多为盐碱地或草湖滩，在搞好排阴治碱和水利设施技术的优势下，部分可开发利用。最主要的是该区适宜种植水稻、甜菜和养鱼生产的面积较大，河西粮油林牧副区包括小河、沙井、明永、甘浚、西洞等 5 个乡。区内海拔 1420—1900 米，年降水量 120—214 毫米，80%保证率≥0℃积温 3474℃—2729℃，≥10℃积温 2918℃—2074℃，热量较丰富，农田全系河水灌溉，属一年一季有余地区。适宜种植各类作物。该区是全区粮食生产重点产区，与区内其他区相比较，有其独特的区域优势和发展潜力。

北部荒漠草原牧区：为全区纯牧业区，包括平山湖 1 个乡 3 个村。土壤为沙砾质灰棕漠土及山地灰棕漠土地，山地灰钙土，土层浅薄，质地较粗，含盐量重，更主要的是干旱缺水，不宜开垦利用。在碱槽子、照碑山一带土较厚，但含盐量较高，系残积盐土，也不宜垦殖。本区有两类截然不同的土地，故分为两个副区：荒漠草原纯牧副区包括平山湖中部及北部广大地区，海拔 1550—2300 米，面积 1504588.2 亩，其中耕地 674.5 亩、其他用地 2500 亩、宜牧草地 1463178.8 亩、难利用地 38234.9 亩。因年降水量仅146—307毫米，植被稀疏，北部倾斜平原植被覆盖率仅20%左右。中部梯状高平原区植被较好，覆盖率也仅30%左右。在平山湖、紫泥泉、红泉堡有674.5亩饲料草地，仅能生产少量的幼畜补用饲料，起不到调节草场平衡和抗灾保畜作用。冬春草场不足，遇到干旱年份，牲畜死亡较多；加之草场建设和管理差，超载乱牧，草畜矛盾突出，造成畜群周转期慢，育肥时间长，畜产品数量少，出栏率和商品率低，严重影响该区畜牧业生产的发展。剥蚀残山封山育草副区，即平山湖西南部低山丘陵地带。海拔1650—2750米，面积421107亩。土壤多为山地灰棕漠土，土层厚度以几十厘米到数十米。由于气候干旱少雨，风蚀、水蚀、鼠害破坏植被，水土流失严重，侵蚀沟布满山丘，不少山丘上的土壤流失殆尽，岩石裸露，尚有土层的山坡上鼠害猖獗，植被被害面积达30%左右。

东大山天然林资源保护区：主要指东大山林场，系合黎山的一个组成部分。海拔1800—3633米，年降水量190—400毫米。水分及热量状况因海拔不同差别甚大，形成多种植物群落。

第二章　气候　水文

第一节　气　　候

日照　甘州区位于河西走廊中部，东经100°06′—100°52′，北纬38°32′—39°24′，属典型的温带大陆性气候。气候干燥，云量少，晴天多，年日照时数分布于走向与纬圈平行。

冬季，昼短夜长，日照时数是全年最少的季节，从川区到山区，平均日照时数介于642.1—688.1小时。春季，日照时数较冬季明显增加，增加幅度为3.4%—25.5%，其中川区增加幅度最大，介于14.7%—25.5%；山区增加幅度较小，为3.5%—9.2%。山区日照时数最多的季节为春季。夏季，川区日照时数是全年最多的季节，平均日照时数介于692.3—833.9小时。甘州区年日照时数是3027.0小时，冬季688.1小时，春季788.9小时，夏季833.9小时，秋季750.8小时。

日照百分率随季节的变化而变化，随着海拔高度的增加，年平均日照百分率呈减少趋势。秋冬季是一年中日照百分率最高的季节，日照百分率为68.7%—75.4%。秋冬季甘州区天气条件以晴天为主，云和降水对辐射影响不大。夏季由于云和降水影响，日照百分率是全年最低的时段。全区年日照百分率为69.9%，冬季72.5%，春季66.5%，夏季65.7，秋季70.4%。

气温　甘州区年平均气温变化幅度在3.5℃—8.0℃。祁连山海拔高度4000米以上的地带，年平均气温在－8.3℃—－2.0℃。气温分布于趋势呈东南—西北走向，自平川、盆地向高山逐渐递减。冬季太阳辐射最弱，受蒙古高压控制，风力强盛；冬季气温最低，最冷月均出现在1月。夏季太阳辐射最强，地表加热大气能力也最强；夏季气温也相应最高，最热月均出现在7月。

甘州区气温月际变化的主要特点是春秋季升降温度迅速，10—11月降温幅度最大，变化幅度在7.6℃—8.6℃；春季3—4月升温幅度次之，变化幅度在7.3℃—8.1℃。盛夏（6—7月）和隆冬（1—2月）期间气温的月变化幅度最小，分别为1.4℃—2.0℃和3.0℃—4.7℃。

甘州区年极端最高气温均出现在夏季，范围在33.4℃—39.8℃。全年极端最低气温出现在冬季，最冷月1月极端最低气温在-28.6℃—-33.3℃。

降水 甘州区降水量的空间分布于大致呈自东南向西北递减。甘州区年平均降水量为130.1毫米。

春季（3—5月），是大气环流转换季节，虽然蒙古高压减弱退缩，但河西仍然在北支西风急流的控制下，偏南暖湿气流在西风槽的影响下只能到达陇东地区，位于河西走廊中段甘州区的降水量较少。年平均降水量22.0毫米，占年总降水量的比率仅为0.17。

夏季（6—8月），蒙古高压已退至西伯利亚北部，亚洲大陆受热低压控制，甘州区这期间盛行南风及偏东风。随着副热带高压的西进，其西侧的偏南气流与西北入侵冷空气相遇，导致降水显著增多。年平均降水量77.3毫米，占年总降水量的比率为0.59。

秋季（9—11月），大陆低压减弱南撤，北方蒙古高压再度南下，高空北支西风急流重新控制河西走廊地区，甘州区降水量急剧减少。年平均降水量25.8毫米，占年总降水量的比率为0.2。

冬季（12—2月），地面受蒙古高压影响，高空受西风急流控制，降雪极少，气候干燥。年平均降水量5.0毫米，占年总降水量的比率为0.04。

甘州区降水量最多月出现在夏季7月、8月，降水最少月出现在冬季12月、1月。进入夏季，上空盛行偏南及偏东气流，地面为低压控制，气候相对温湿，降水较多。冬季高空盛行西北气流，地面受强盛的蒙古高压控制，气候干燥，降水稀少。

甘州区年降水日数（日降水量≥0.1毫米的天数）分布于由东南向西北逐渐减少，年降水日数在45.5—121天。总体来看，降水日数分布于与降水量分布于趋势一致。冬季，降水日数都是四季中最少的，川区降水日数不足8天，山区和浅山区不足15天。春季，降水日数在15—22天。夏季，降水日数明显增多，占年降水日数的40%—47%，与夏季降水量占年降水量的比例非常接近。秋季，降水日数比春季略少，降水日数占年降水日数的17%—20%。

甘州区一日最大降水量在30.6—65.6毫米，出现时间大致都在6月、7月。5分钟最大降水量6.0—10.2毫米，出现时段为6月中旬至7月中旬。

甘州区降雪期比较长。川区降雪期开始于10月下旬至11月上旬，结束于4月中下旬；山区开始于10月上旬，结束于5月中旬。甘州区川区最晚降雪发生在1983年5月20日。年平均降雪日数为19—45天，降雪期为156—226天。

相对湿度 甘州区年平均相对湿度在46.0%—54.0%，自东南向西北递增。春季相对湿度最小，在37.0%—41.9%，春季是全年空气最干燥的季节。

蒸发 甘州区年水面蒸发量在1939.9—2153.6毫米，自东南向西北递增，从高山向川区递增。由于冬季是全年最冷的季节，也是全年蒸发量最小的季节，在108.0—161.4毫米。春季气温迅速上升，风速增大，蒸发量也迅速增大，在496.7—690.0毫米。夏季是气温全年最高季节，蒸发量最大，在646.9—843.8毫米。秋季由于气温下降，蒸发量迅速降低，在311.3—458.4毫米，约为夏季的一半。甘州区最大蒸发量出现在5—7月。

地温和冻土 甘州区年平均地温在6.6℃—12.3℃，分布趋势与气温大致相同，自川区至山区随海拔高度增加而降低。各季地面温度的变化以冬季最低（-6.1℃—-9.4℃），夏季最高（20.1℃—31.1℃），春季（8.8℃—15.1℃）高于秋季（6.3℃—10.6℃）。

极端最高地面温度在67.0℃—75.8℃，均出现在夏季6月、7月。川区的极端最高温度普遍在70.0℃以上。极端最低地面温度在-32.0℃—-35.8℃，均出现在冬季12月。

地下不同深度变化的特征是同一层次冬冷夏暖，从地表到深层，上半年为增温，下半年为降温。地温的年变化幅度，随深度的增加而减小。地中5、10、15、20厘米处的年平均地温为6℃—12℃，其中5厘米处年较差28℃—35℃，10厘米为27℃—33℃，15厘米为26℃—32℃，20厘米处为25℃—30℃，40厘米为27℃，80厘米为21℃，160厘米为14℃，320厘米为8℃。

夏半年（4—10月），地中温度随深度的增加而降低。其中8月地中温度160厘米处比地面低8℃—9℃，320厘米处比地面低13℃左右。冬半年（11—3月），地温随深度的增加而升高。

气压 年平均气压主要受海拔高度的影响。川区平均气压为823—866百帕，山区为770—774百帕。气压年内变化是从冬到夏逐月下降，从夏到冬逐月上升。最大值出现在11月，最小值出现在7月。年变化幅度山区一般比较小，川区、盆地较大。

风和风能 甘州区各气象站观测的10米高度年平均水平风速在1.7—2.7米/秒。春季风速最大，年平均在2.2—3.0米/秒。秋季最小，年平均在1.3—2.5米/秒。

全年最大风速（10分钟平均最大风速）往往是由于强寒潮天气、冷锋过境或雷暴前的阵风造成的。甘州区位于河西走廊中段，地形造成“狭管效应”，使之成为全省风速最大的地区之一，最大风速在15.0—20.0米/秒。

甘州区年平均大风日数在4—16天。年大风日数最多为19天，主要发生在春季，春季大风日数占年总数的30%—54%。

第二节 水 文

水系 甘州区境内河流均为内陆河，均发源于祁连山区及北麓前山地带，流向多为由南向北流入走廊区，由东至西分属河西走廊石羊河、黑河、疏勒河三大水系。

黑河水系各河均发源于祁连山脉，东起景阳岭，西至托勒山西段，主要河流有36条，全流域面积14.3万平方千米，跨青海、甘肃、内蒙古三省区，流域范围介于东经98°—102°、北纬37°50′—42°40′。东与石羊河流域相邻，西与疏勒河流域相接，南隔祁连山脊与大通河流域分界，北至内蒙古自治区额济纳旗境内的居延海，与蒙古接壤。

黑河水系按地表水和地下水的水力联系及归宿分为东、中、西三个子水系。西部子水系为托勒河水系，归宿于金塔盆地，流域面积2.1万平方千米。中部子水系包括马营河、丰乐河等诸小河流，归宿于肃南县明花至高台盐池盆地，流域面积0.6万平方千米。东部子水系即黑河干流水系，流域面积11.6万平方千米。黑河流域自上而下流经祁连山区、河西走廊平原（含南北盆地）、阿拉善台地三个大的地貌单元。张掖市境内河流为黑河中东部子水系，包括黑河干流有大小河流20多条，地表水除梨园河尚有余水汇入黑河外，其他各河出山后均被绿洲引水灌溉，地下水随地形汇入黑河。

河流 黑河。是河西走廊最大的一条内陆河，发源于青海省境内，分东西两岔，东岔发源于青海祁连县的俄博东端景阳岭，长约100公里；西岔发源于祁连县托勒腰掌，约175公里，于黄藏寺汇合后向北流称“黑河”，入肃南县境内（干流在肃南县境内长约48公里），到张掖市莺落峡出山。黄藏寺到莺落峡黑河干流长约95公里。莺落峡水文站以上流域面积为10009平方公里，年径流量15.5亿立方米。自莺落峡出山后，灌溉张掖、临泽、高台两岸百万亩农田，到高台正义峡出口，流经酒泉市金塔县，最后流入内蒙古自治区的额济纳旗居延海。

山丹河。位于甘州区城区以北，南至张掖农场、碱滩镇、上秦镇和三闸镇的耕地，北至东大山，区内长43.5公里。在甘州区境内的水量组成主要是降雨量和地下泉水涌出量，另有牛角山口子、平易河、小口子、东山寺口子4条小流域地带产生的洪水汇入，地表水资源极为短缺。山丹河流域面积541平方公里，平均流量0.38立方米/秒，年径流0.12亿立方米。流域内地势由东北向西南缓慢倾斜，海拔高程1420—1480米，地形坡降25‰—4‰，地势比较平坦，基本呈现为山前洪积平原地形地貌特征。

大野口河。流域径流主要由降雨形成，径流集中在每年汛期6—9月，当流域内有暴雨时，山内各沟岔径流汇集至流域口即形成洪水。大野口河流域每年发生较小山洪3—4次，一般洪峰流量6—8立方米/秒；1988年6月，历史最大暴雨洪水洪峰流量达90立方米/秒。

大磁窑河。流域洪水一般发生在每年5—9月的雨季，流域内因降雨强度大、历时短，暴雨产生径流，山内各小沟岔径流汇集至大磁窑口后形成洪水而出山，洪水历时一般为4—6小时。大磁窑流域每年发生较小山洪1—2次，一般洪峰流量8立方米/秒；1963年7月，历史最大暴雨洪水洪峰流量达85立方米/秒。

酥油口河。在民乐与张掖两县分界处，发源于海拔高4880米的祁连山雪大坂，主要支流有大西岔、南岔、东岔、小西岔、法马沟、皮家沟、窄路沟、香沟等。源头冰川面积为2.52平方公里，地势高峻，林木茂密，草场广布。山口酥油口水库断面以上河道长33公里，流域面积为147平方公里，年径流量0.448亿立方米。出山后经苗家堡东流渗入石岗墩滩，河尾入九龙江。

地下水 域内由于气候、地形、地质构造的不同，地下水的形成与分布于具有明显的地理带性差异。

北山地区。北部合黎山、龙首山区，受干燥气候的制约，除短暂的洪流外，无长年地表径流。由降水和洪水渗入形成的地下水，主要有贮存于岩石风化缝隙和中新生界松散碎屑岩类中的裂隙水、孔隙水及孔隙裂隙承压水。由于补给量有限，水量贫乏，单井出水量多不足50立方米/日。特别是合黎山区，地下水资源极为贫乏，且水质很差，矿化度多大于5克/升，人畜用水十分缺乏。在靠近较高山体（海拔2000米以上）的中新界盆地，水量较山区相对丰富些，单井出水量可达100立方米/日以上，但水质较差，矿化度达3克/升。

走廊平原区。从地表到200—300米深度范围内的浅层含水层，是走廊各盆地地下水主要赋存层位。它是一套第四系冲积、洪积、湖积相交织的沙、沙砾石及透水性弱的黏土层。由于所处的地貌部位不同，每个盆地内由南而北其含水层岩性、厚度、地下水类型、富水性、水质等有明显差异。

盆地南部祁连山前洪积—冲积扇带，地下水为扇形砾石平原潜水，含水层由大厚度砾卵石组成。渗透性强，渗透系数100—400米/日；富水性亦强，单井出水量大于3000立方米/日，单位涌水量10—50升/秒·米；潜水位由南而北由深变浅，南部山前地带埋深大于200米，向北逐渐变为100—200米、50—100米、小于50米，至北部与细土平原衔接处，地下水大量溢出。可将潜水区分为深藏带、浅藏带和泉水溢出带。潜水水质好，矿化度小于1克/升，为良好的饮用和灌溉水源。

盆地下中部细土平原，地下水具有潜水—承压水性质，主要含水层厚度多为50—100米。单井出水量以张掖盆地最大，钻孔单位涌水量5—20升/秒·米，渗透系数50—200米/日，矿化度一般小于1克/升，为HCO_3-SO_4-Ca—毫克型水或SO_4-HCO_3-Ga—毫克型水。

祁连山区。祁连山海拔3500—4000米以上地段分布于有冻结层下水和不稳定的冻结层上水。据钻孔揭露，冻结层厚度随地势增高由薄变厚，海拔3800米黑河谷地冻结层厚76米，而4100米处冻结层厚达141米。仅从今有的河谷地段资料分析，冻结层上水水量较小；冻结层下水水量略大，单位涌水量可达1.5升/秒·米。水质均较好，属重碳酸钙型水。

在多年冻结层分布于高程以下的山地中，基岩裂隙水和脉状水赋存于各不同时代岩层中。据钻探试验，含水层分布在100米以内，100米以下富水性随深度增加而减弱。单泉流水量0.1—1.0升/秒，水质较好。海拔3000米以上与走廊平原毗邻的中低山（亦称“前山带”）气候干燥，降雨稀少，山岭不同程度荒漠化，地下水矿化度1—5克/升，径流模数小于0.5升/秒·平方公里。

分布于祁连山的山间盆地（或河流谷地）各自构成独立的水文地质单元，区内较大的山间盆地有托勒河谷地和皇城盆地。托勒河谷地地下水类型为河谷潜水，含水层沙砾卵石和含泥沙砾石，埋深1.8—120米，含水层厚度35—94米，单井涌水量400—2500立方米/日，矿化度<0.4克/升。皇城盆地潜水含水层沙砾卵石，埋深1—35米，

含水层厚度 10—45 米，单井涌水量 2000—3000 立方米/日，矿化度 0.4—0.5 克/升。水化学类型为 HCO_3SO_4-Ca 毫克。

湿地 湿地分类、面积。经 2010 年湿地资源调查和省林业厅审核公布，甘州区有湿地 13736.69 公顷，占全区土地总面积的 3.24%，分河流湿地、沼泽湿地、人工湿地 3 个湿地类，永久性河流等 7 个湿地型。其中，河流湿地 2431.48 公顷，占全区湿地总面积的 17.7%；沼泽湿地 11130.46 公顷，占全区湿地总面积的 81.1%；人工湿地 174.75 公顷，占全区湿地总面积的 1.3%。河流湿地：全区有河流湿地 2431.48 公顷。其中，永久性河流 1138.95 公顷，占全区湿地总面积的 8.29%；季节性或间歇性河流 363.92 公顷，占全区湿地总面积的 2.65%；洪泛平原湿地 928.61 公顷，占全区湿地总面积的 6.76%。沼泽湿地：全区有沼泽湿地 11130.46 公顷。其中，草本沼泽 10357.97 公顷，占全区湿地总面积的 75.4%；灌丛沼泽 675.75 公顷，占全区湿地总面积的 4.92%；季节性咸水沼泽 96.74 公顷，占全区湿地总面积的 0.7%。

永久性的河流湿地。主要分布在黑河、酥油口河、大野口河、大磁窑河等 4 条长流水河，均为黑河水系。

泛洪平原湿地。主要分布在黑河沿岸，河水泛滥淹没的河流两岸地势平坦的河滩、泛滥的河谷、季节性泛滥林地和草地。

沼泽湿地。包括草本沼泽湿地和内陆盐沼湿地两类。主要分布在区境内黑河、山丹河、新河、马虎子河、大沙河、柳河、麽河、碱河、苦河两岸的 5 个泉水溢出带，分别是：黑河马虎子河乌江泉水溢出带，城区泉水溢出带，山丹河河谷泉水溢出带，大沙河、黄水沟泉水溢出带，黑河干流（黑河桥以下）泉水溢出带。

水稻田湿地。主要分布在黑河桥以下及山丹河、城郊东北乡镇泉水溢出带。

灌溉渠系湿地。主要分布在大满、盈科、西浚、上三、安阳、花寨灌区干、支渠系。

农用泛滥湿地。主要分布在黑河以下河流平缓地带，季节性泛滥农用地。

蓄水区湿地。主要分布在滨河新区、碱滩镇、湿地公园等周边区域。

第三章　土壤　植被

第一节　土　　壤

根据土壤普查资料，全区土壤划分 11 个土类、26 个亚类、36 个土属、75 个土种，其中土类主要以灌淤土、潮土、耕种灰棕漠土、风沙土等为主，其次盐土、草甸土、沼泽土全区也占一部分。

甘州区土壤分类特征

表 1－3－1

土类	分布区域	主要特征
绿洲灌淤土	在全区各地均有分布于	灌淤层的颜色质地较为均一，生物活动旺盛，土壤肥力较高
潮土	主要分布于区城以北山丹河及黑河的河漫滩和两岸阶地上	在土壤剖面中形成锈纹锈斑及铁锰结核，碳酸钙的淋溶不明显，明显可见炭屑、煤渣、碎砖屑瓦块等侵入体，随着土壤的返潮作用，一般程度不同地伴有积盐过程
风沙土	分布于冲积平原地形低洼和戈壁边缘自然条件差的地形部位和地带	风沙土的剖面发育十分微弱，除表层形成一层薄厚不等的结皮外，通层无结构，分化不明显。从流动风沙土到固定风沙土，结皮加厚，质地变细，养分增加
灰棕漠土	主要分布于黑河沿岸，沙丘戈壁之边缘	一般靠近绿洲边缘地带土层深厚，土质相对较细，向戈壁地区过渡则土层渐薄，土质较粗，多呈底砾、夹沙、夹黏、漏沙或薄层型剖面
栗钙土	分布于低山地带	在成土过程中有明显的腐殖质累积和钙化过程。剖面由浅栗色腐殖质层、灰色钙积层与母质组成，土体较疏松，轻壤或中壤质。多呈块状，有明显的垂直裂缝
灰钙土	分布于合黎山、祁连山的低山丘陵及坡地黄山区	腐殖质累积和钙化过程远较栗钙土微弱，腐殖质层和钙积层均不明显，表层有机质含量较低，由于淋溶作用微弱，没有黏粒下移的现象
沼泽土	分布于冲积平原地形低洼和戈壁边缘自然条件差的地形部位和地带	成土母质以湖相沉积物为主，质地黏重，土壤中微生物活动弱不禁风，有机质分解不充分，而以半腐有机质的形式大量累积，形成泥炭层，局部有机质分解程度较高，形成泥炭化腐殖层
草甸土	主要分布于黑河沿岸，沙丘戈壁之边缘	成土母质多为湖积物以及河流冲积淤积物，土壤水分较丰富，地表有 15 厘米左右的生草层，有机质累积较多，土层下部有季节性氧化—还原交替过程，形成明显的锈纹锈斑层，局部地段则附加盐渍化现象
盐土	广泛分布于冲积细土平原下部的低平碟形洼地、河成低阶地和冲积扇缘地带	盐分表聚作用十分强烈，高度集中于剖面表层，形成盐结皮、盐结壳和盐分蓬松层。因地下水参与成土过程，并随着季节变化而升降频繁，使剖面下部土层中的氧化—还原过程交替进行，产生红棕色锈纹锈斑，在地下水位较高的地段，剖面下部腐泥或潜育化的特征

续表 1-3-1

土类	分布区域	主要特征
亚高山草甸土	分布于东大山海拔 3000—3633 米的地区	表层有机质含量 10.37%，呈中性反应，剖面中下部有锈纹及石灰积聚，土壤多呈黑褐及暗褐色，根系交织密集，轻壤质屑粒状结构
灰褐土	分布于东大山海拔 2500—3200 米的地区	地表有枯枝落叶层，其上着生苔藓，心土层呈棕褐色，通层有石灰结晶

第二节 植 被

高山野生植物 东大山林区中青海云杉是林区唯一的建群树种，也是保护的目的树种。林区基本上由青海云杉和高山柳丛两种植物群落组成，分布有 26 科 98 种植物，其中木本 33 种、草类 65 种。植被类型有青海云杉林、高山柳灌丛、木紫菀、泡泡刺、荒漠蒿草、苔草亚高山草甸等。

荒漠戈壁地带。在海拔 2400 米以下，这一带雨量少、气温较高，植被类型单一，主要有骆驼蓬（Peganum mharmala）、芨芨草（Chnatherum splendens）、沙葱、骆驼刺（Alhagip seudalhagi）等耐旱耐碱植物。

山地草原带。分布于海拔 2400—2600 米（阴坡）和 2600—3200 米（阳坡）。坡度较缓，平均 20 度左右。主要植物有芨芨草、克氏针茅（Stipa kryloris）、短花针茅（Stipa breviflora）、冰草（Gropyron cristatum）等，零星散布有小蘗（Berbers spp）、忍冬（Lonicea stangutica）、灰枸子（Cotonester acutifolis）、沙地柏（Sabina vulgaris）、狭叶锦鸡儿（Caragana stenophylla）等。另外阳坡零星分布于有祁连山圆柏（Sabina przewalskii）。

山地针叶林带。分布于海拔 2700—3350 米（阴坡），建群树种是青海云杉（Pecea cfassifolia），有些地方混生有山杨（Populus davidiana）。林下苔藓和枯枝落叶层较厚。林下灌木丛发育较好，有金露梅（Dasiphora fruticosa）、沙地柏、吉拉柳（Salix gilasnaica）、箭叶锦鸡儿（Caragana jubata）等。草层植物主要有珠芽蓼（Polygonum viviparum）、苔草（Carex sp）、棘豆（Oxytropis sp）等。

高山灌丛草甸带。分布于 3350—3660 米。气温低，雨量丰富，地形平缓，植被低矮。主要有苔草、羊茅（Festura oyina）等。3200—3500 米间出现有团块状分布于的吉拉柳群落和吉拉柳—箭叶锦鸡儿群落。

湿地野生植物 全区湿地植物有以木贼科、蓼科、藜科、毛茛科、豆科、禾本科、十字花科、蔷薇科、蒺藜科、锦葵科、柳叶菜科、蓝血科、菊科、眼子菜科、灯芯草科、兰科等为主的 44 科 214 种植物。

湿地植物。纤维植物有芦苇、罗布麻等；饲料植物有冰草、直立黄芪等；药用植物有甘草、蒲公英、红蓼等；食用植物有蒲公英、苣荬菜等。低湿地草甸植被主要植物有海韭菜、早熟禾、碱茅、赖草等；沼泽植被主要植物有芦苇、长苞香蒲、水烛、小香蒲、眼子菜、角果枣、泽泻等。在地势平坦、面积较大的内陆盐沼地带，以盐角草、白茎盐生草、盐生草等杂草组成的草甸草原为主，其植物组成种类丰富，在有常年积水或季节性积水的低洼地带，植被群落以草甸、湿草甸为主。在常年有积水的地势低洼地带，多为芦苇、苔草及莎草等沼泽植被，群落盖度可达80%—90%。

高山菌类 2004年，经河西学院生物系前后两次调查，东大山林区有大型真菌68种，其中食用菌有21种，占总数的38.2%。药用菌有24种，占总数的35.3%，其中抗癌、抗肿瘤的大型真菌有13种，占总数的19.1%；毒菌有14种，占总数的20.6%。

第四章　自然资源

第一节　国土资源

全区国土面积366098公顷，其中耕地92827公顷、园林2477公顷、林地11725公顷，草地118232公顷、城镇村及工矿用地16514公顷、交通运输用地7265公顷、水域及水利设施用地19039公顷、其他土地98019公顷。2016年，全年安排各类建设项目用地544.9公顷，较上年增加284.95公顷。其中，占用农用地192.29公顷，较上年增加58.53公顷；占用未利用土地352.61公顷，较上年增加254.07公顷。

自然质量等别 农用地自然质量等别结果反映甘州区农用地自然属性的空间变化规律，甘州区农用地的自然质量处于较高水平。分等计算结果中，大部分低等别的土地均为无灌溉条件的旱地和灌溉条件不充分的耕地。从地类分布于情况看，其分布于规律与耕地的可灌溉条件紧密关联，自然质量等别更新调整为五等地、六等地、八等地、九等地、十等地、十一等地、十三等地、十四等地、十五等地、十六等地10个等别。全区有90.65%的耕地为自然质量较高的十三、十四、十五和十六等地，分布于全区各乡镇；九至十一等自然质量中等的耕地占7.75%，零星分布于安阳乡、花寨乡、党寨镇、上秦镇、碱滩镇、三闸镇、沙井镇、林园艺场、农场、石岗墩滩、五个墩滩、大岗楼子滩等地。

五等地。面积总计769.55公顷，仅占总面积的0.84%，零星分布于安阳乡、花寨乡。该地区土地利用类型均为旱地，属于一般满足灌溉条件的地区。土壤类型为耕灌薄层灰钙土、中盐化耕灌灰钙土、重盐化灰钙土，是全区自然质量等别最低的土地，且土壤盐渍化程度较高。土地利用水平较低。

六等地。面积总计692.23公顷，占全区分等面积的0.76%，面积分布较小，主要分布于安阳乡、花寨乡，沙井镇、甘浚镇、新庙滩、胶泥洼滩等地有零星分布于。地势趋于平坦，土地利用类型均为水浇地，属于一般满足灌溉条件的地区，土壤盐渍化程度为一级。土壤类型多为耕灌薄层灰钙土、耕灌厚层灰棕漠平土、耕灌厚层夹黏灰棕漠土、薄淤底沙（砾）土、耕灌厚层灰棕漠沙土、重盐化灰钙土等。

八等地。面积总计 0.23 公顷，占全区分等面积的 0.0003%，零星分布于沙井镇东五村。土地利用类型为水浇地，由于其土壤类型为戈壁灰棕漠土，剖面结构较差，为通体砾质土壤，耕种性较差。

九等地。面积总计 1981.25 公顷，占全区分等面积的 2.17%，分布于上秦镇、碱滩镇、三闸镇、沙井镇、平山湖乡、林园艺场、石岗墩滩等乡镇。地形坡度较大，土地利用类型为水浇地，土壤类型为盐化沼泽草甸土、滩地风沙土、流动沙丘、沙砾灰棕漠土，属于基本满足灌溉条件的地区。

十等地。面积总计 3243.43 公顷，占全区分等面积的 3.55%，分布于安阳乡、花寨乡、大满镇、党寨镇、沙井镇、甘浚镇、农场、东北郊新区、石岗墩滩、五个墩滩、平原堡机关单位农林场。土地利用类型为水浇地，灌溉条件为基本满足。土壤类型为盐化沼泽草甸土、沙砾灰棕漠土、耕灌厚层底沙（砾）灰棕漠土、耕灌厚层腰沙灰棕漠土、耕灌中层灰棕漠土、厚层灰棕漠土、山地灰棕漠土、盐化沼泽草甸土、中层灰棕漠土。其中，沙井镇土壤盐渍化程度较高，其他乡镇土壤有机质含量较低。

十一等地。面积总计 1855.41 公顷，占全区分等面积的 2.03%，主要分布于花寨乡、碱滩镇、沙井镇、甘浚镇、石岗墩滩、兔儿坝滩，黑河滩、神沙窝滩、大岗楼子滩、林园艺场、农场等地有零星分布于。该区域地势平坦，土地利用类型为水浇地，灌溉条件基本满足。土壤类型多为厚淤立土、耕灌厚层灰棕漠沙土、耕灌厚层灰棕漠平土、耕灌厚层腰沙灰棕漠土、厚淤平土、林地灰棕漠土、轻盐化灰棕漠土，水源充足，能基本满足灌溉需求。

十三等地。面积总计 77.47 公顷，占全区分等面积的 0.08%，零星分布于靖安乡、沙井镇、林园艺场、农场。地势平坦，水资源丰富，土地利用类型为水浇地。土壤类型为戈壁灰棕漠土，土壤质地较差。

十四等地。面积总计 1383.34 公顷，占全区分等面积的 1.51%，多分布于安阳乡、明永镇、三闸镇等乡镇。土地利用类型为灌溉水田、水浇地和菜地，属于充分满足灌溉的地区。土壤类型为耕灌半固定漏沙砾土、流动沙丘、滩地风沙土、重盐化潮土、重盐化耕灌草甸土、重盐化耕灌厚层灰棕漠土、重盐化耕灌灰钙土、重盐化灰钙土、重盐化上潮土，有机质含量低，剖面构型多为通体壤。

十五等地。面积总计 15583.9 公顷，占全区分等面积的 17.06%，多分布于安阳乡、碱滩镇、明永镇、乌江镇等乡镇。土地利用类型为灌溉水田、水浇地、菜地，属于充分满足灌溉的地区。土壤类型多为薄层耕灌灰棕漠土、耕灌半固定沙盖土、耕灌厚层底沙（砾）灰棕漠土、厚层灰棕漠土、林地灰棕漠土、沙砾灰棕漠土、山地灰棕漠土、盐化沼泽草甸土、中层灰棕漠土，土壤质地为壤土，剖面构型多为通体壤，是本区的稳产型耕地。

十六等地。面积总计 65767.06 公顷，占全区分等面积的 71.99%，多分布于大满镇、小满镇、党寨镇、碱滩镇、乌江镇、明永镇、甘浚镇，其他乡镇皆有少量分布于。土地利用类型为灌溉水田、水浇地和菜地，属于充分满足灌溉的地区。土壤类型多为薄淤底沙（砾）土、薄淤立土、潮平土、耕灌厚层灰棕漠立土、耕灌厚层灰棕漠平土、耕灌厚层腰沙灰棕漠土、耕灌中层灰棕漠土、厚淤立土、轻盐化潮土，地势平坦，适种性广，高产稳产。

农用地利用等别　农用地自然质量等经过更新后，计算得出农用地利用等，共有三等地、四等地、五等地、六等地、七等地、八等地、九等地、十等地等 8 个等级。九、十等地占耕地总面积的 89.64%，分布于全区各乡镇，土地利用类型为灌溉水田、水浇地，属灌溉条件充分满足的地区。其土地利用状况全区最好的八等地，主要分布于安阳乡、花寨乡，新墩镇、党寨镇、三闸镇、乌江镇、靖安乡、沙井镇、明永镇、林园艺场、农场等地有零星分布于，占全区农用地面积的 1.01%。

三等地。面积总计 769.92 公顷，占全区分等面积的 0.84%，分布于安阳乡和花寨乡。土地利用类型为旱地，坡度为 2°—6°，属于一般满足灌溉条件的地区。该区域土壤有机质含量较低，土壤盐渍化程度高。土壤类型为重盐化灰钙土、耕灌薄层灰钙土、中盐化耕灌灰钙土，是全区利用等别最低的土地，亩产小麦 100—200 公斤。

四等地。面积总计 691.86 公顷，占全区分等面积的 0.76%，主要分布于安阳乡、花寨乡、甘浚镇、新庙滩、胶泥洼滩。土地利用类型为旱地、灌溉一般满足的水浇地。地形相对一等地来说较为平坦，土壤类型为耕灌薄层灰钙土、耕灌厚层灰棕漠平土、耕灌厚层灰棕漠沙土、耕灌厚层夹黏灰棕漠土、耕灌厚层灰棕漠沙土、重盐化灰钙土，亩产小麦 250 公斤左右。

五等地。面积总计 543.05 公顷，占全区分等面积的 0.59%，主要分布于三闸镇杨家寨村、红沙窝村、新建村、沙井镇东五村。土地利用类型为水浇地，能基本满足灌溉，但地形坡度较大，土壤有机质含量较低。土壤类型多为流动沙丘、滩地风沙土、戈壁灰棕漠土，亩产小麦 280 公斤左右。

六等地。面积总计 6029.66 公顷，占全区分等面积的 6.60%，分布于安阳乡、花寨乡、大满镇、党寨镇、上秦镇、碱滩镇、三闸镇、沙井镇、明永镇、甘浚镇、平山湖乡、林园艺场、农场、石岗墩滩、五个墩滩，土地利用类型为水浇地。土壤类型为厚淤平土、厚淤立土、耕灌中层灰棕漠土、轻盐化灰棕漠土、林地灰棕漠土、耕灌薄层灰钙土、中盐化耕灌灰钙土，灌溉基本满足，亩产小麦 330 公斤左右。

七等地。面积总计 507.61 公顷，占全区分等面积的 0.56%，主要分布于沙井镇、甘浚镇、花寨乡、石岗墩滩、党寨镇、上秦镇、五个墩滩、碱滩镇、三闸镇、林园艺场、农场。土地利用类型为水浇地，土壤类型为耕灌薄层灰钙土、中盐化耕灌灰钙土、厚淤立土、沙砾灰棕漠土、盐化沼泽草甸土、耕灌厚层灰棕漠沙土、流动沙丘、厚淤立土、中层灰棕漠土，土壤肥力较高，能基本满足灌溉条件。

八等地。面积总计 924.41 公顷，占全区分等面积的 1.01%，主要分布于安阳乡、花寨乡、新墩镇、党寨镇、三闸镇、乌江镇、靖安乡、沙井镇、明永镇、林园艺场、农场。土地利用类型为水浇地，灌溉条件多为充分满足。土壤类型为戈壁灰棕漠土、耕灌半固定漏沙砾土、流动沙丘、滩地风沙土、重盐化潮土、重盐化耕灌草甸土、重盐化灰钙土，土壤有机质含量较低。

九等地。面积总计 20897.50 公顷，占全区分等面积的 22.88%，除梁家墩镇外，分布于全区各乡镇。土地利用类型为水浇地，灌溉条件属于充分满足的地区。土壤类型多为薄层耕灌灰棕漠土、薄淤底沙（砾）土、薄淤立土、薄淤漏沙（砾）土、薄淤平土、耕灌半固定沙盖土、耕灌厚层灰棕漠平土、耕灌中层灰棕漠土，亩产小麦600公斤左右。

十等地。面积总计60989.86公顷，占全区分等面积的66.76%，主要分布于全区各乡镇。土地利用类型为灌溉水田、水浇地和菜地，土地自然质量较高，属于充分满足灌溉的地区。土壤类型多为薄淤立土、薄淤平土、潮立土、耕灌厚层灰棕漠平土、耕灌厚层夹黏灰棕漠土、厚淤平土，剖面构型多为通体壤，亩产小麦700公斤左右。

农用地等别　农用地利用等经过土地经济状况的修订后，得出农用地等别。农用地等别划分结果反映农用地投入产出水平的空间变化规律，其等别在空间分布于上更趋于集中。全区农用地等别最终分为4个。其中四、五等地所占比例最大，为90.65%，各乡镇均有分布于。

二等地。二等地面积总计1461.78公顷，占全区分等面积的1.60%，主要分布于甘州区安阳乡和花寨乡，沙井镇、甘浚镇、新庙滩、胶泥洼滩等地有零星分布于。土地利用类型为旱地，属于一般满足灌溉条件的地区。土壤类型为耕灌厚层底沙（砾）灰棕漠土、耕灌厚层灰棕漠沙土、耕灌厚层腰沙灰棕漠土、厚层灰棕漠土、厚淤立土、厚淤平土、流动沙丘、沙砾灰棕漠土、盐化沼泽草甸土、中层灰棕漠土，是全区等别最低的土地。该区域土壤有机质含量较低，土地利用水平和经营管理水平均很低。

三等地。面积总计7080.32公顷，占全区分等面积的7.75%，除龙渠乡、小满镇、长安镇、新墩镇、梁家墩镇、乌江镇、靖安乡外，各乡镇均有分布于。土地利用类型为水浇地，能基本满足灌溉条件。土壤类型多为流动沙丘、滩地风沙土、盐化沼泽草甸土、沙砾灰棕漠土、厚淤立土，土壤质地较差，多为沙质土。

四等地。面积总计48921.06公顷，占全区分等面积的53.55%，除梁家墩镇外，其他各乡镇均有分布。土地利用类型为水浇地，土壤类型多为薄层耕灌灰棕漠土、薄淤底沙（砾）土、薄淤平土、戈壁灰棕漠土、耕灌固定沙土、耕灌厚层夹黏灰棕漠土、厚层灰棕漠土，属于充分满足灌溉条件的地区，部分耕地有盐渍化现象。

五等地。面积总计33890.71公顷，占全区分等面积的37.10%，主要分布于长安镇、新墩镇、党寨镇、梁家墩镇、上秦镇、三闸镇、乌江镇、靖安乡、沙井镇、明永镇、甘浚镇、平山湖乡、林园艺场、五个墩滩。土地利用类型为水浇地，土壤类型多为耕灌厚层灰棕漠沙土、厚淤立土、厚淤平土、薄淤平土、轻盐化潮土、轻盐化灰棕漠土、轻盐化上潮土。

第二节　矿产资源

甘州区矿产资源相对贫乏，以砖瓦用黏土为主，金属类矿产资源短缺。全区地质储量相对比较丰富的矿产资源有煤、冶金用石英岩（硅石）、石膏、锰、铁、锌、铅、砖瓦用黏土、建筑用沙石矿等10种。矿山开发规模小、分布于零散、矿种单一，开发利用的矿山多为小型矿或零星矿。利用的矿产主要有砖瓦黏土矿、冶金用石英岩矿、石膏矿、锰铁铅锌矿等。今有探矿权 6 户，分别是矿泉水 1 户、铝土矿 1 户、地下热水 1 户、煤炭资源 2 户、锰铁铅锌矿 1 户。

煤炭资源 主要分布于平山湖乡境内黑鼻子梁、黄沙梁一带。

金属矿产资源 主要是分布在平山湖乡境内窑泉的锰、铁、铅、锌复合矿体；平山湖黄沙梁一带分布于的铝土资源。

非金属矿产资源 地质储量的非金属矿产资源是冶金用石英岩（硅石）。主要分布于平山湖乡境内的大疙瘩、牛角山、青龙山、烟洞口一带，开发利用量较少，只有 3 户小型矿山企业进行开采。

石膏。主要分布于平山湖乡境内的北湾滩和龙渠境内的药草洼等一带。平山湖乡境内北湾滩的石膏矿已停产。

砖瓦用黏土。主要分布于兔儿坝滩、平原堡、西郊沙丘及各乡镇的荒滩荒地上。

建筑用沙石。主要分布于黑河河道和国有未利用地滩上。

地下热水。主要分布于甘州区东山寺。

矿泉水。主要分布于甘州区花寨乡大野口。

第三节 水 资 源

张掖境内河流均为内陆河，年径流量在百万立方米以上的大小河流有 40 多条，均发源于祁连山北麓及前山地带，流向多为由南向北流入走廊区，由东至西分属河西走廊石羊河、黑河、疏勒河三大水系。

河流水系 甘州区地表水资源主要以入境水为主，入境河流主要有黑河、山丹河、酥油口河、大野口河、大磁窑河等，均属黑河水系，内陆河流。还有 26 条季节性小沟小河。黑河是西北第二大内陆河，甘肃河西走廊第一大河流，河源主要靠祁连山冰川融化和降水补给，是甘州区工农业生产生活用水的主要来源。

水资源量 甘州区水资源总量为 19. 22 亿立方米，其中地表水 16. 53 亿立方米，地下水 2. 69 亿立方米。可利用水资源总量为 9. 43 亿立方米，其中地表水资源可利用量为 6. 74 亿立方米，地下水资源允许开采量为 2. 69 亿立方米。供给地表水的河流分别是黑河、山丹河、大野口河、酥油口河、大小磁窑河、梨园河。甘州区大满、盈科、西干、甘浚、上三 5 个灌区地表水由黑河供给，在草滩庄大坝前，甘州区的配水比例为 95%，临泽县配水比例为 5%。1991—2000 年，平均引水量 7. 75 亿立方米，灌溉面积 93. 3 万亩。2001—2010 年，平均引水量 6. 69 亿立方米，灌溉面积 108. 9 万亩。2011—2016 年，平均引水量 6. 14 亿立方米，灌溉面积 108. 85 万亩。大小磁窑河、梨园河每年可供给甘浚灌区水量 0. 1 亿立方米，灌溉面积 1. 49 万亩。大野口河水量由水库拦蓄后供给甘州区花寨乡，受益面积 2. 01 万亩，年供水量 1000 万立方米。酥油口河经酥油口水库拦蓄后，供给甘州、民乐两县，两县分水比例 3∶1，甘州区受益乡镇是安阳乡，受益面积 3. 0 万亩，每年可供给安阳乡水量 3500 万立方米。

甘州区地表水资源量为16.53亿立方米；地下水补给量主要来源于侧向流入、河道、渠道、田间灌溉入渗补给，地下水净补给量为2.69亿立方米。水资源总量为地表水资源量与地下水补给量之和为19.22亿立方米，全区可利用水资源量9.43亿立方米。

甘州区水资源总量虽然丰富，但由于2000年国务院黑河分水方案的实施，黑河向内蒙古额济纳调水解决下游生态用水，当黑河莺落峡来水15.8亿立方米时，正义峡下泄量9.5亿立方米，甘州区可利用的水资源量为9.43亿立方米。

甘州区总用水量7.5935亿立方米。其中，农业用水7.0459亿立方米、工业用水0.1265亿立方米、生活用水0.2290亿立方米、生态用水0.1921亿立方米。万元国内生产总值用水量为428.33立方米，万元工业增加值用水量58立方米。

第四节　环境资源

甘州区有自然保护区2个，总面积15693.33公顷（其中湿地自然保护区甘州段6133.33公顷），占全区国土面积的4.3%。空气可吸入颗粒物年日均值0.090毫克/立方米，二氧化硫年日均值0.025毫克/立方米，二氧化氮年日均值0.022毫克/立方米；空气质量优良天数为315天，优良天数比例为86.3%；区域环境噪声平均值53.2分贝，交通干线噪声平均值68.1分贝；城镇集中式饮用水源达标率100%。黑河干流甘州段水质状况良好，各监测断面水质达标率100%，水质均达到相应水域标准。

第五节　植物资源

祁连山国家级自然保护区（张掖段）共有野生乔灌草110多种。乔木类主要有青海云杉、祁连圆柏、华北落叶松（引）、小叶杨、青杨、山杨、旱柳、红桦、白桦、白榆等。灌木类沙地柏、麻黄，山生柳、山丹柳、洮河柳、光果线叶柳、青海柳、中国黄花柳，鲜黄小檗、置疑小檗、甘青茶藨、狭果茶藨、天山花楸，灰栒子、水栒子，金露梅、银露梅，窄叶鲜卑木，高山绣线菊、蒙古绣线菊，锦鸡儿、甘青锦鸡儿、鬼箭锦鸡儿、短叶锦鸡儿，沙棘、肋果沙棘，千里香杜鹃、头花杜鹃、烈香杜鹃、陇蜀杜鹃，北极果、甘肃瑞香，红花忍冬、小叶忍冬、葱皮忍冬、刚毛忍冬等。

东大山、龙首山自然保护区有乔灌草200种，其中木本植物近20种。乔木类主要有青海云杉、祁连圆柏、山杨等。灌木类沙杞柳、吉拉柳、北沙柳、山生柳，小檗、沙地柏、白刺、茶藨子、麻黄，小叶忍冬、陇塞忍冬，灰栒子、金露梅和骆驼刺、铁线莲等。

草本类主要有毛果荨麻、百蕊草、锐枝木蓼、苦荞麦、卷茎蓼、圆穗蓼、头状蓼、卷旋蓼、尼泊尔酸模、白茎盐生草、盐生草、盐角草、优若藜、蚤缀、霞草、女娄菜、喜马拉雅蝇子草、鹤草、尼泊尔蝇子草、繁缕、薄蒴草、狭叶孩儿参、柔子草、银莲花、耧斗菜、飞燕草、水葫芦苗、驼蹄花、乳突拟漏斗菜、红紫桂竹香、柳叶山嵛草、蚓果芥、红景天、长叶无尾果、水杨梅、沙冬青、老鹳草、荷麻、地丁草、丝瓣芹、小芹、旱芹、迷果芹、点地梅、互叶醉鱼草、湿生扁蓄、肋柱花、西藏微孔草、附地菜、斑种草、玻璃草、刺种、筋骨草、小棘针、异叶青兰、夏至草、新风轮、甘青山莨菪、马尿泡、芯芭、小米草、疗齿草、玄参、莲座蓟、聚水蓟、狗哇花、火绒草、橐吾、蜂斗菜、鳍蓟、蟹甲、草泽泻、小糠草、看麦娘、三芒草、莔草、白羊草、隐子草、滨发草、偃麦草、画眉草、藏异燕麦草、黑毒麦草、甘肃臭草、细叶臭草、华山新麦草、微药碱茅、多变鹅观草、冠毛草、贴木儿草、锋芒草、毛籽羊茅、微药羊茅、拐棍竹、扎屁股草、叉齿苔草、干生苔草、白颖苔草、中间型针蔺、展苞灯芯草、蒙古韭、锐果鸢尾、小花火烧兰、无喙兜被兰、二叶兜被兰、长苞凹舌兰、堪察加鸟巢兰等。

绿洲农田防护林区有乔、灌木 80 多种。乔木类主要有二白杨、小叶杨、箭杆杨、钻天杨、新疆杨、银白杨、胡杨、国槐、刺槐、青海云杉、侧柏、油松、樟子松（引）、祁连圆柏、白榆、桑树、复叶槭、五角枫、臭椿、楸树、火炬树（引）、小叶白蜡、大叶白蜡等。灌木类有花棒、毛条、柠条、荒漠锦鸡儿、紫穗槐、枸杞、霸王、筐柳、黄柳、乌柳、线叶柳、密花柽柳、多枝柽柳、榆叶梅、珍珠、沙棘、红砂、骆驼刺、白刺、沙拐枣等。

1997 年，新墩苗圃以“城市绿化风景苗木培育基地”建设为主要方向，引进培育新品种有云杉、油松、杜松、刺柏、侧柏、圆柏、新疆杨、二白杨、垂柳、红柳、金丝柳、龙爪柳、白蜡、复叶槭、梓树、国槐、刺槐、紫花槐、龙爪槐、白榆、垂榆、杜梨、山丁子、榆叶梅、连翘、丁香、桃、李、杏等 30 多个。

林木资源 1993 年，全区林木总蓄积量 123.0768 万立方米，其中，东大山天然林 12.8066 万立方米、人工林 110.2702 万立方米。

2008 年，全区林木总蓄积量 97.2471 万立方米，其中，东大山自然保护区管理站及市水涵院特种用途林蓄积量 19.7876 万立方米，防风固沙林蓄积量 26.2852 万立方米，农田林网及四旁树木总蓄积量 51.1743 万立方米。按照权属分：国有林木总蓄积量 32.241 万立方米，集体林木总蓄积量 3.7980 万立方米，个人林木总蓄积量 65.0061 万立方米。按照树种分：云杉为主的针叶树 19.4770 万立方米，以杨树、沙枣、柳为主的阔叶树 77.7701 万立方米。

树种品种资源。防护林、用材林树种：107 杨、中林 46 杨、中林 69 杨、84K 等。

园林绿化树种：油松、刺柏、桧柏、漳河柳、金丝柳、樟子松、杜松、水蜡、樱花、紫叶矮樱、白杜鹃、紫杜鹃、园冠榆、大叶榆、长枝榆、洒金柏、紫叶李、黄杨、豆瓣黄杨、红叶小檗、枫杨、香花槐、法桐、贴梗海棠、红瑞木、红叶桃、银杏等。

花卉品种。木本花卉品种主要有：紫斑牡丹、紫荆、紫薇（百日红）、梅花（美人梅、碧桃、六月梅等 6 种）、贴梗海棠。草花系列有：一串红、矮牵牛、彩叶草、菊花（万寿菊、悬崖菊、国庆菊、瓜叶菊等 10 余种）、大丽花（红、黄、白、紫、橙、粉红 6 色 10 余种），花直径最大的 30 厘米）、鸡冠花、百日草、孔雀草、三色堇、羽衣甘蓝、美人蕉、五叶地锦、石楠、荷花、莲花等。

宜林地资源。2008 年林业二类资源清查，全区宜林地 239142 亩，其中国营 236683.5 亩（东大山宜林荒山荒地 30043.5 亩，占 12.7%），乡村集体 1276.5 亩，个人 1182 亩。

古树名木。1999 年、2004 年分别进行第一、二次古树名木的资源普查、登记建档。据2008 年10 月开展的第三次调查：甘州区现存古树及古树群19 株（处），主要分布在安阳、甘浚、明永、花寨、沙井等乡镇和城区。其中，侧柏5 株，圆柏1 株，云杉1 株，国槐2 株，白榆4 株，杨树5 株（其中二白杨3 株、小叶杨1 株、胡杨树群1 处），柳树1 株；按级别分，二级古树1 株，三级古树18 株。

草地资源 甘州区草原类型共有7 类：沼泽草地、低湿地草甸草地、干荒漠草地、山地荒漠草地、荒漠草地、山地草地和高寒草甸草地。天然草原总面积237.25 万亩，其中可利用草原面积199.25 万亩。草原主要分布在平山湖、靖安、三闸、碱滩、上秦、党寨、大满、安阳、花寨、龙渠、甘浚、明永、乌江、新墩等14 个乡镇。

沼泽草地和低湿地草地面积16.84 万亩，主要分布在乌江、三闸、新墩、上秦、碱滩等乡镇，是甘州区重要的水源涵养区，对调节气候起着重要作用。

高寒草甸草地面积2.2 万亩，分布于平山湖乡境内东大山国家级自然保护区。

山地草原面积22.05 万亩，分布于平山湖境内的东大山北麓和安阳、花寨境内的祁连山北麓。

荒漠类草原面积196.16 万亩，分布于平山湖、靖安、三闸、碱滩、党寨、安阳、花寨、大满、龙渠、甘浚、明永等乡镇。

第六节 动物资源

区域内有野生脊椎动物29 目65 科285 种，其中，鱼纲1 目2 科4 种，两栖纲1 目2 科2 种，爬行纲3 目5 科7 种、鸟纲17 目39 科206 种、哺乳纲7 目17 科66 种。属国家重点保护的珍稀野生动物59 种，其中一级保护的15 种、二级保护的44 种。

甘州区牛、马、驴、绵羊、山羊都有原有品种，经过20 世纪80 年代引进外来品种不断杂交改良，原有品种都已被杂交种所替代。

野生动物资源

兽类。区境内野生动物，以东大山林区为多，主要有岩羊、马鹿、鹅喉羚、旱獭、猞猁、狐狸、豹猫等；平川区主要有黄羊、水獭、狼、草獾、野兔等。列入国家一类保护的有雪豹，二类保护的有马鹿、北山羊；东大山林区20 世纪六七十年代曾有雪豹、狼等出没，今已绝迹。

甘州区主要兽类野生动物名录

表1-4-1

种名	学名	保护级别	栖息地	俗名
雪豹	Pantherauncia	国家一级、国际濒危	东大山（1970 年）	草豹
岩羊	nayaur	国家二级	东大山	崖羊、石羊、青羊、盘羊
马鹿	CornuCervi Pantotrichum	国家二级	东大山	鹿
鹅喉羚	Gazella subgutturosa	国家二级	平山湖	—
旱獭	—	—	东大山	哈拉、曲娃

续表 1－4－1

种名	学名	保护级别	栖息地	俗名
猞猁	Felis lynx	国家二级	东大山	猞猁狲、羊猞猁、马猞猁
豹猫	Prionailurus bengalensis	世界自然保护联盟濒危	东大山	山狸、野猫、狸子、狸猫
黄羊	Procapra gutturosa	国家二级	平山湖	黄羚、蒙古黄羊
水獭	Lutra lutra	国家二级	黑河、山丹河	—
狼	Canis Lupus	易危	全区	—
狐	Vulpes	—	全区	狐狸
草獾	Meles meles	—	川区林场	野猪、草猪、猪獾
野兔	—	—	全区	草兔

鸟类。甘州区鸟类分布于较多，其中，列入国家一级保护的有遗鸥、金雕、大天鹅、黑鹳；二级保护种类有红隼、暗腹雪鸡、红腹锦鸡、鸢、灰鹤、蓑羽鹤、猫头鹰、小天鹅、疣鼻天鹅、秃鹫等。

甘州区湿地区域及平原区鸟类分布种类表

表 1－4－2

科名	种名	学名	保护级别	居留型、俗名
百灵科	凤头鸊鷉	Podiceps cristatus	国家三有	夏候鸟
鸬鹚科	普通鸬鹚	Phalacrocorax carbo	国家三有	夏候鸟
鹭科	大白鹭	Egrerra alba	省重点、国家三有	旅鸟［俗］白鹤
	苍鹭	Ardea cinerea	国家三有	留鸟
	黄斑苇鳽	Ixobrychus sinensis	国家三有	夏候鸟
鹳科	黑鹳	Ciconia nigra	Ⅰ	夏候鸟［俗］老鹳
鸭科	灰雁	Anser anser	省重点、国家三有	夏候鸟［俗］大雁
	大天鹅	Cygnus sygnus	Ⅱ	冬候鸟［俗］白天鹅
	小天鹅	C. columbianus	Ⅱ	旅鸟［俗］短嘴天鹅
	疣鼻天鹅	C. olor	Ⅱ	旅鸟［俗］
	翘鼻麻鸭	Tadorna tadorna	国家三有	夏候鸟
	赤麻鸭	T. ferruginea	国家三有	夏候鸟
	绿翅鸭	Anas crecca	国家三有	旅鸟
	绿头鸭	A. platyrhyncgos	国家三有	夏候鸟
	斑嘴鸭	A. poecilorhyncha	国家三有	夏候鸟
	白眼潜鸭	A. nyroca	国家三有	旅鸟
	红胸秋沙鸭	Mergus serrator	省重点	冬候鸟［俗］
	普通秋沙鸭	M. marganser	国家三有	旅鸟

续表 1－4－2

科名	种名	学名	保护级别	居留型、俗名
鹰科	鸢	Milvus korschun	Ⅱ	留鸟［俗］老鹰
	大鵟	Buteo hemilasius	Ⅱ	留鸟［俗］花豹
	棕尾鵟	B. rufinus	Ⅱ	留鸟［俗］鸽虎
	金雕	Aquila chrysaetos	Ⅰ	留鸟［俗］红头雕
	白尾海雕	H. albicilla	Ⅰ	冬候鸟［俗］洁白雕
	短趾雕	Circaetus ferox	Ⅱ	夏候鸟［俗］短趾鹰
	兀鹫	Cyps fulvus	Ⅱ	留鸟［俗］秃鹫
	秃鹫	Aegypius monachus	Ⅱ	留鸟［俗］狗头鹫
	胡兀鹫	Gypaetus barbatus	Ⅰ	留鸟［俗］大胡子鹫
	鹗	Pandion haliaetus	Ⅱ	夏候鸟［俗］鱼鹰
隼科	猎隼	Falco cherrug	Ⅱ	留鸟［俗］
	红隼	F. tinnunculus	Ⅱ	留鸟［俗］红鹞子
	燕隼	F. subbuteo	Ⅱ	夏候鸟［俗］青条子
雉科	暗腹雪鸡	T. himalayensis	Ⅱ	留鸟［俗］雪鸡
	石鸡	Alectoris chukar	国家三有	留鸟
	斑翅山鹑	Perdix dauuricae	国家三有	留鸟
	雉鸡	Phasianus calchicus	国家三有	留鸟
鸨科	大鸨	Otis tarda	Ⅰ	旅鸟［俗］
秧鸡科	普通秧鸡	Rallus aquaticus	国家三有	留鸟
	骨顶鸡	Fulica atra	国家三有	夏候鸟
鹤科	灰鹤	Grus grus	Ⅱ	旅鸟［俗］鹘噜雁
	蓑羽鹤	Anthropoides virgo	Ⅱ	旅鸟［俗］小灰顶鹤
鸻科	凤头麦鸡	Vanellus vanellus	国家三有	夏候鸟
	金［斑］鸻	Pluvialis dominica	国家三有	旅鸟
	金眶鸻	Charadrius dubius	国家三有	夏候鸟
	环颈鸻	C. alexandrinus	国家三有	夏候鸟

续表 1－4－2

科名	种名	学名	保护级别	居留型、俗名
鹬科	黑尾塍鹬	Limosa lisoma	国家三有	旅鸟
	鹤鹬	Tringa erythropus	国家三有	夏候鸟
	红脚鹬	T. totanus	国家三有	夏候鸟
	白腰草鹬	T. ochropus	国家三有	夏候鸟
	林鹬	T. glareola	国家三有	旅鸟
	矶鹬	T. hypoleucos	国家三有	夏候鸟
	扇尾沙锥	Capella gallinago	国家三有	夏候鸟
	红颈滨鹬	Calidris rufficollis	国家三有	旅鸟
	青脚滨鹬	C. temminchii	国家三有	旅鸟
反嘴鹬科	黑翅长脚鹬	Himantopus himantopus	国家三有	夏候鸟
鸥科	鱼鸥	Larus ichthyaetus	省重点	夏候鸟［俗］钓鱼郎
	遗鸥	L. relictus	Ⅰ	旅鸟［俗］
	红嘴鸥	L. ridibundus	国家三有	夏候鸟
	棕头鸥	L. brunnicephalus	国家三有	旅鸟
	普通燕鸥	Sterna hirundo	国家三有	夏候鸟
沙鸡科	毛腿沙鸡	Syrrhaptes paradoxus	国家三有	留鸟
鸠鸽科	岩鸽	Columba rupestris	国家三有	留鸟
	欧斑鸠	Streptopelia turtur	国家三有	夏候鸟
	山斑鸠	S. orientalis	国家三有	留鸟
	火斑鸠	Oenopopelia tranquebarica	国家三有	夏候鸟
杜鹃科	大杜鹃	Cuculus canurus	国家三有	夏候鸟
鸱鸮科	雕鸮	Bubo bubo	Ⅱ	留鸟［俗］恨狐、猫头鹰
	纵纹腹小鸮	Athene noctus	Ⅱ	留鸟［俗］鸱鸮子
	长耳鸮	Asio otus	Ⅱ	留鸟［俗］长耳猫头鹰
	短耳鸮	A. flammeus	Ⅱ	留鸟［俗］猫头鹰
夜鹰科	欧夜鹰	Caprimulgus europaeus	国家三有	夏候鸟
雨燕科	普通楼燕	Apus apus	国家三有	夏候鸟
戴胜科	戴胜	Upupa epops	国家三有	留鸟
啄木鸟科	大斑啄木鸟	Picoides major	国家、省三有	留鸟
百灵科	角百灵	Eremophila alpestris	国家三有	留鸟

续表 1－4－2

科名	种名	学名	保护级别	居留型、俗名
燕科	家燕	Hirundo rastica	国家、省三有	夏候鸟
	金腰燕	H. daurica	国家、省三有	夏候鸟
鹡鸰科	黄鹡鸰	Motacilla flava	国家三有	夏候鸟
	灰鹡鸰	M. cinerea	国家三有	夏候鸟
	白鹡鸰	M. alba	国家三有	夏候鸟
	草地鹨	A. pratensis	国家三有	旅鸟
伯劳科	红尾伯劳	Lanius cristatus	国家、省三有	夏候鸟
	灰背伯劳	L. tephronotus	国家、省三有	夏候鸟
	灰伯劳	L. excubitor	国家、省三有	旅鸟
	楔尾伯劳	L. sphenocercus	国家、省三有	旅鸟
鸟科	北椋鸟	Sturnus sturninus	国家、省三有	旅鸟
	粉红椋鸟	S. roseus	国家、省三有	旅鸟
	紫翅椋鸟	S. vulgaris	国家、省三有	旅鸟
	灰椋鸟	S. cineraceus	国家、省三有	旅鸟
鸦科	喜鹊	Pica pica	国家、省三有	留鸟
	秃鼻乌鸦	Corvus frugilegus	国家三有	留鸟
	渡鸦	C. corax	省重点	夏候鸟［俗］大老鸹
岩鹨科	棕眉山岩鹨	Prunella montanella	国家三有	冬候鸟
鹟科	蓝喉歌鸲	L. svecica	国家三有	旅鸟
	红胁蓝尾鸲	Tarsiger cyanurus	国家三有	旅鸟
	贺兰山红尾鸲	Phoenicurus alaschanicus	国家三有	留鸟
	白腹鸫	Turdus pallidus	国家三有	旅鸟
	山噪鹛	Garrulax davidi	国家三有	留鸟
	山鹛	Rhopophilus pekinensis	国家三有	留鸟
	大苇莺	Acrocephalus arundinaceus	国家三有	夏候鸟
	乌嘴柳莺	P. magnirostris	国家三有	夏候鸟
	暗绿柳莺	P. trochiloides	国家三有	留鸟
	凤头雀莺	Lophobasileus elegans	国家三有	留鸟

续表 1－4－2

科名	种名	学名	保护级别	居留型、俗名
山雀科	黑冠山雀	P. rubidiventris	国家三有	留鸟
文鸟科	［树］麻雀	Passer ammodendri	国家三有	留鸟
雀科	燕雀	Fringilla motifringilla	国家三有	旅鸟
	金翅［雀］	Carduelis sinica	国家三有	留鸟
	黄嘴朱顶雀	C. flavirostris	国家三有	留鸟
	拟大朱雀	Carpodacus rubicilloides	国家三有	留鸟
	普通朱雀	C. erythrinus	国家三有	夏候鸟
	田鹀	E. rustica	国家三有	旅鸟
	红颈苇鹀	E. yessoensis	国家三有	旅鸟
	苇鹀	E. pallasi	国家三有	冬候鸟
	芦鹀	E. schoeniclus	国家三有	冬候鸟

爬行类动物。两栖类、爬行类相对贫乏。山地主要有蛇、壁虎；湿地区主要有极花背蟾蜍、中国林蛙等。

第七节　渔业资源

水面资源　甘州区水产养殖业起步于20世纪80年代，至2016年，全区有人工鱼塘5111亩，池塘养殖面积居全市六县区之首，主要分布在碱滩镇、上秦镇、三闸镇、乌江镇、明永镇和靖安乡等6个乡镇的17个村社以及部分机关团体单位养殖农场。其中池塘养殖面积1692亩，塘坝养殖面积2822亩，水库养鱼面积550亩，流水养鱼面积42亩；年产鲜鱼706吨，最高亩产达713公斤。

饵料资源　甘州区有多种天然芦苇、马莱眼紫菜等植物性鱼饲料、动物性饲料和生物饲料以及丰富的肥料资源，对发展水产养殖有着得天独厚的自然资源优势。

鱼类资源　甘州区属内陆河水系，有相对丰富的鱼类资源，主要品种有祁连山裸鲤、高原鳅、野鲫、泥鳅、马口鱼、麦穗鱼、餐条、狗头鱼、棒花鱼、花鲴和鳑鲏鱼等野生鱼类。在湿地保护区域有鱼类2科14种，常见鱼类有草鱼、鲢鱼、麦穗鱼、花斑裸鲤、鲤、鲫鱼、泥鳅、大鳞副泥鳅、重穗唇高原鳅、梭形高原鳅、酒泉高原鳅、新疆高原鳅、大鳍鼓鳔鳅、中华细鲫等。引进品种有鲢鱼、鳙鱼、鲤鱼、鲫鱼、草鱼、武昌鱼、鲶鱼、虹鳟、金鳟、七彩鲑、俄罗斯鲟鱼和泥鳅以及部分观赏鱼等10多个。

第五章 物 产

1991—2016 年，甘州区先后被列为全国肉牛优势主产区、甘肃省牛产业大县、全国适度规模化母牛养殖示范区、全国首批无公害蔬菜生产示范基地、甘肃省最大的外销蔬菜生产基地之一，国家财政部、农业部在甘州区设立甘肃唯一一个肉牛产业技术体系综合试验站。

第一节 农作物产品

粮食作物 小麦、大麦、玉米（商品玉米、饲用玉米、甜糯玉米）、水稻、马铃薯等。

小杂粮 高粱、谷子、糜子、豌豆、扁豆、荞麦、大豆、蚕豆、燕麦等。

蔬菜 西红柿、菜心、芥蓝、苋菜、木耳菜、大白菜、娃娃菜、结球甘蓝、花椰菜（白菜花）、青花菜、萝卜、胡萝卜、黄瓜、苦瓜、南瓜、西葫芦、番茄、辣椒、茄子、菜豆、豇豆、菠菜、芹菜、莴苣、芥菜、洋葱、大葱、姜、韭菜、大蒜等。

食用菌 杏鲍菇、海鲜菇、双孢菇、香菇、平菇、灵芝（种植面积较小）等。

第二节 林果产品

树种 1991 年后，林果业、园林绿化的快速发展，林业技术人员和乡村个体农户从陕西、江苏、河南、山东、辽宁、北京和东北三省等地引进林木树种品种，甘州林木树种品种快速增加。

苹果。红富士、美国蛇果。

梨。苹果梨、早酥梨、锦丰梨、雪花梨、雪梨、库尔勒香梨、黄金梨、早酥、红梨（美人酥、七月酥、红香酥、日面红）、鸭梨、甘梨、酥木梨、冬果梨、长十郎、车头梨、巴梨、莱阳梨、彬州梨、身不知。

葡萄。红提、里扎马特、扎娜、蛇龙珠、品丽珠、赤霞珠、凤凰 51 号、巨峰、红地球、美人指、富士罗莎等。

桃。主要品种有庆丰、春蕾、苍方早生、中秋红、油桃（早红 2 号、中油 4 号、中油 6 号）。

红枣。梨枣、骏枣、冬枣、灰枣、鸣山大枣。

杏。安宁 10 号、安宁 18 号、兰州大接杏、李广杏、曹杏、杏王、杏梅等。

山楂。红星山楂、山东大果等。

枸杞。宁杞一号、黑枸杞。

沙棘。乌兰格木、楚伊。

李。美旺大李、大黄李、大红李。

果品 1990 年调查登记，全市果树种分属 4 科、10 属、100 多个品种。

蔷薇科有苹果属、梨属、桃属、杏属、山楂属、李属和草莓属 7 个类，70 多个品种。

苹果属。地方品种有楸子、花红（沙果）、海棠花（海棠）、苹果（红绵苹果）、白果子、酸果子、冬红果、冬白果、甜冬果。引进品种有黄魁、红魁、早生赤旭、祝光、元帅、金冠、国光、青香蕉、红印度、红玉、倭锦、新红星、超红、首红、金矮生、秦冠、红富士、红星、小国光、甘露、夏里蒙、秋里蒙、冬里蒙、冰糖葫芦、公主岭 133、公主岭 361、紫云、蒙派斯、翠秋、尔其考里门、葵花、红冠、鸡冠、绯衣、丹顶、翠玉、国庆、赤阳、红宝、红玲、伏锦、生娘、胜利、金红、倒挂珍珠。

梨属。地方品种有软儿梨、酥木梨、红梨、圆梨、长把梨、密长把梨、吊蛋子、鬼头梨、香水梨、黑梨。引进品种有早酥、巴梨、长十郎、身不知、三季梨、日面红、车头梨、客发、苹果梨、锦丰、鸭梨、慈梨、冬果梨、京白梨、雪花梨、黄子、二十世纪、砀山梨、明月梨、土佐锦、砀山酥梨、冬香梨、菊水梨、法兰西梨、甜头梨。

杏属。地方品种有五月黄、胭脂红、青皮杏、毛杏、黄干杏。引进品种有大接杏、金妈妈、李广杏、大偏头、曹杏。

桃属。地方品种有黄干桃、紫皮桃、毛桃、李广桃。引进品种有大久保、仓房早生、麦香、水蜜桃、白桃、春蕾。

李属。地方品种有黄李子、红李子。

山楂属。有大红袍、超红。

属李科果树有枣属一个类型。地方品种有小河小枣和大枣。引进品种有金丝小枣。

葡萄科果树有葡萄属一个类型。地方品种有紫葡萄、牛奶子。引进品种有玫瑰香、无核白、马奶子、里查马特、新疆红、巨峰。

核桃科果树有核桃属一个类型。栽培品种有隔年核桃、露仁核桃。

第三节　畜牧产品

肉类生产 甘州区肉类主要为猪肉、羊肉和牛肉，其中猪肉所占比例最大。1991 年，肉类总产量 1.71 万吨，其中猪牛羊肉产量为 1.56 万吨。1996 年，肉类总产量 2.51 万吨，其中猪牛羊肉产量为 2.21 万吨。2001 年，肉类总产量 3.15 万吨，其中猪牛羊肉产量为 2.81 万吨。2006 年，全区肉类总产量 5.63 万吨，其中猪牛羊肉产量达 5.06 万吨。2011 年，全区肉类总产量 6.49 万吨，其中猪牛羊产量达 4.87 万吨。2016 年，全区肉类总产量 8.39 万吨，其中猪牛羊产量达 6.01 万吨；肉牛所占比例大于大肉所占比例，其中牛肉 2.45 吨、大肉 2.21 吨、羊肉 1.35 吨，分别占 40.77%、36.77%、22.46%。1991—2016 年，全区肉类总产量增长 3.9 倍，猪牛羊肉产量增长 2.9 倍。

禽蛋生产 20 世纪 90 年代，全市笼养蛋鸡已初具规模，现代化养鸡场与养鸡专业户兴起，禽蛋生产发展较快。1991 年禽蛋产量为 3727.99 吨，2001 年为 6513.85 吨，2011 年为 21567 吨，2016 年为 8521 吨。1991—2011 年，禽蛋产量增加 5.8 倍。2011—2016 年，禽蛋产量减少近 2.5 倍。

牛奶生产 1990 年，张掖市黑白花奶牛存栏 386 头，产奶母牛 342 头，牛奶产量 962.56 吨。1995 年，张掖市牛场投产，先后从山西、兰州等地引进黑白花奶牛 150 多头，饲养量 305 头，牛奶产量为 2298.46 吨。2008 年，全区奶牛存栏 4900 头，牛奶产量 12287 吨。2011 年，全区存栏奶牛 10992 头，其中存栏荷斯坦奶牛 3700 头，产奶母牛 5990 头，奶产量 19560 吨。2016 年，全区存栏奶牛 13872 头，成年母牛 7176 头，奶产量达 21562 吨。从 1991 年到 2016 年，存栏奶牛增加 13486 头，增长 34.94 倍；产奶母牛增加 6834 头，增加 19.98 倍；产奶量增长 20599 吨，增长 21.41 倍。

羊毛生产 绵羊的品种主要有河西蒙古系羊，分布于各乡镇。山羊品种为河西山羊。20 世纪 80 年代，曾经引进新疆细毛羊、甘肃高山细毛羊等品种对本地羊进行改良，到 20 世纪 90 年代，羊的改良方向向肉用型发展。1991 年羊毛产量为 607.94 吨，2001 年为 958.46 吨，2011 年为 1640 吨，2016 年为 1407 吨。从 1991 年到 2016 年，羊毛产量增加 799.06 吨，增长 1.3 倍。

至 2016 年底，全区畜禽饲养量 1291.7 万头（只）。其中奶肉牛饲养量 47.1 万头，出栏 16.2 万头；生猪饲养量 83.8 万口，出栏 51.2 万口；羊饲养量 216.2 万只，出栏 72.7 万只；禽类饲养量 938.6 万只，出栏 483.6 万只；驼等大牲畜 6 万头。肉产量 92369.96 吨，禽蛋产量 15267.25 吨，奶总产量 66322.6 吨，水产品产量 706.3 吨。

第四节 特种动物

至 2016 年，全区特种动物养殖户 12 户，其中肉鸽养殖户 4 户 1287 只，鹌鹑养殖户 3 户 1300 只，蚂蚁养殖户 1 户 50 盒，肉狗养殖户 1 户 300 条，蝎子养殖户 1 户 20 万条，白玉蜗牛养殖户 1 户 20 万只。乌骨鸡、肉鸽、鸵鸟、孔雀等珍禽动物饲养量 22 万只，比 1996 年增加 12 万只，增长 1.2 倍。兔饲养量 35292 只，出栏 19850 只；养蜂 1403 箱；狐狸养殖 2 户。

张掖市金地农牧产业开发公司始建于 1996 年初，占地 22 亩，总投资 400 万元，饲养品种有美国王鸽、法国地鸽、乌骨鸡、藏獒犬、珍珠鸡、七彩山鸡、肉鸳鸯、黑凤鸡、野鸭、孔雀、鸵鸟等，年可提供商品禽 100 多万羽。2011 年，全区出售黑凤鸡、乌骨鸡、鹌鹑、肉鸽等特种禽 13.71 万只，大雁等特种禽 5925 只，主要分布于乌江、甘浚、明永、新墩等乡镇。到 2016 年，特种动物养殖已发展到 18 个乡（镇），养殖户 39 户，特种禽出售量 10.63 万只（羽），出售其他特种动物 1888 只。

第六章　自然灾害

甘州区生态环境脆弱，气候变化异常，地质构造复杂，自然灾害较为严重，以泥石流、风沙、水灾为主。

第一节　地质灾害

泥石流灾害　1992 年 6 月 1 日和 7 月 15 日，东山寺口泥石流造成 194 亩黑瓜子绝收，冲毁防洪大坝 15 处，直接经济损失达 156.66 万元。1999 年 6 月 21 日，平山湖乡平易河泥石流冲毁耕地 350 亩，死亡牲畜 350 多头（匹），冲毁公路 0.8 公里、防洪堤 0.5 公里，造成直接经济损失 34.8 万元。类似这样的泥石流灾害至 2002 年共发生 3 起，未造成重大损失灾害 40 多起。1999 年 6 月 21 日，靖安乡小口子泥石流冲毁耕地 150 亩，死亡牲畜 200 多头（匹），冲毁公路 0.3 公里、防洪堤 1 公里，造成直接经济损失 23.4 万元。类似这样的泥石流灾害至 2003 年共发生 3 起，未造成重大损失灾害 20 多起。2001 年 9 月 2 日，平山湖乡东山寺口泥石流冲毁干渠、果园及 100 多处房屋，损失 58 万元。

张掖市辖区 1991—2016 年 ML≥2 级以上地震目录

表 1－6－1

年	月　日	纬度（°）	经度（°）	ML（M）	深度（km）
1992	1002	38.62	100.1	3.3	6
1997	0908	39.28	100.68	4.2	11
2006	0406	38.92	100.52	3.8	10
2013	0217	39.08	100.55	2.3	12
2013	0729	39.18	100.55	3.0	6

第二节　气象灾害

1998 年 7 月 12 日至 15 日，因连降大雨，黑河水量猛增，黑河城防石坝被冲塌 1.50 米，沿岸乌江、明永、三闸、靖安 4 乡 6000 亩农作物受灾，直接经济损失达 424.6 万元。

2006 年 7 月 6 日至 7 日，祁连山浅山区多次发生局地暴雨，南部沿山沿滩的大满、龙渠、甘浚、花寨、安阳5个乡镇发生严重洪灾，直接经济损失达3907万元。

2007年7月13日和18日，南部小口子两次突降局地暴雨引发山洪，造成1人死亡，冲毁红沟石河防洪堤500米，淹死羊只38只，造成直接经济损失34万元。7月18日，靖安北山坡及小口子河发生洪水，冲毁防洪坝、渠道、道路，淹没农田。7月19日，仁宗口出现洪水，造成沿途农田受淹，部分防洪坝和渠道被冲毁，造成经济损失50.2万元。7月17日至19日，平山湖乡境内连降暴雨，多处出现洪水下泄，造成全乡牲畜死亡、农田受淹，道路及桥涵、输电线路、防洪工程、灌溉设施、草原围栏等多处被冲毁，直接经济损失127.3万元。7月18日至21日，南滩、芦沟河、马蹄河、新沟河等防洪地段不同程度发生洪水，造成388亩农田受损，经济损失20.4万元。7月18日至21日，大苦水、唐家拱桥、鸡心空等地段多次出现洪水，造成沿途农田淹没，防洪工程受损，行洪河道淤积，经济损失26万元。7月21日，平山湖乡境内再次发生强降雨，引发山洪、泥石流，造成倒塌房屋55间、圈舍11间，受伤7人，死亡或失踪羊只1300只，并造成人畜饮水工程、公路、输电线路等多处冲毁，经济损失94.5万元。7月29日，南部山区突降局地暴雨，大野口河发生洪水及泥石流，冲毁防洪工程和渠道多处。10月，由于风雪冰雹、地下水位上升，导致新墩镇流泉村、谢家湾村部分村社2441间房屋倒塌损坏、200多亩农田淹没，造成经济损失8000多万元。

2009年8月17日凌晨，甘州区突降大雨引发山洪暴发，导致碱滩镇野水地村发生50年不遇的洪水灾害，造成4个社、220户农户、1235人受灾，直接经济损失达1800多万元。2010年，北部山区突降暴雨引发山洪，平山湖乡羊只死亡1600只，倒塌圈舍12座，并冲毁防洪坝、截引工程、输水管道、道路等多处，造成直接经济损失达148.6万元。2012年，龙首山及浅山区发生局地暴雨，形成两股洪水分别从国道312线2614.5—2615公里段处穿越公路涵洞，洪水流量3—5立方米/秒，历时1小时。洪水造成碱滩镇甲子墩村二、三、四社约176亩玉米被淹没，直接经济损失75万元左右。2013年，黑河上游来水量480立方米/秒，导致黑河干流右岸7+500至国道312线桥段防洪工程遭遇洪水侵袭，部分工程被冲毁，洪水造成的经济损失约180.4万元。2014年，甘州区南部出现强降雨天气，雨水汇集成洪水，致使龙渠乡4个村引发洪涝灾害，直接经济损失63.07万元。2015年，平山湖乡一棵树雨量站累计降水量26.4毫米，北山坡牛角山雨量站累计降水量20毫米，大坂道雨量站累计降水量21.2毫米。历时短，中沙河洪峰流量在200—220立方米/秒，平易河洪峰流量100—120立方米/秒，东山寺山洪流量20—25立方米/秒，造成直接经济损失457.2万元。

第三节　生物灾害

1990年，东大山自然保护区及林缘草原发生蝗虫危害，总面积12万亩，管理站撒毒饵进行防治。

1991年6月25日，张掖市平山湖蒙古族乡发生大面积蝗虫灾害，总面积达75000亩。虫害密度平均每平方米71.6头，80%的蝗虫在幼虫期。

1997 年，全市以内蒙粉毛蚜、介壳虫、梨尺蠖、红蜘蛛等虫害大面积发生，建立综合防治示范点 6 个，示范面积 1820 亩。

1999 年，在红沙窝林场、九龙江林场沙枣林区沙枣白眉天蛾暴发成灾，发生面积 2 万亩，成灾面积 1 万亩。

至 2016 年，全区有 5 个乡镇 912 只鸡发病，死亡 80 只，致死率 8.77%。2002 年开展清虫佳驱虫实验，随机在 5 个乡镇采集牛粪便 50 份、羊粪便 100 份、猪粪便 10 份，用沉淀法和饱和盐水浮集法，检出牛肝片吸虫卵 8 份、牛线虫卵 17 份、羊肝片吸虫 21 份、线虫卵 25 份、猪线虫卵 3 份。

第四节　其他灾害

1992 年 4 月下午 4 时，九龙江林场碱墩子林区永安段水管站处（今沙棘地）发生森林火灾，着火过火面积约 37 亩，胸径 5—16 厘米的沙枣树约 4000 株受到程度不同的烧烤，幼树烧死。

1994 年 3 月 30 日，西城驿林场黑河滩林区小桥湾发生森林火灾。受害林地东西宽 280 米，南北长 300 米，过火面积 126 亩，其中林地 115 亩、草地 11 亩；有树木 7700 株，烧伤杨树 16 株、沙枣 3 株，折合森林面积 0.063 亩。

1998 年 11 月 28 日凌晨 3 时左右，张掖市金都宾馆 4 楼红丽歌舞厅发生重大火灾，留宿在包厢里的 6 人被大火围困，其中 3 人在送往医院后经抢救无效死亡。

2000 年 4 月 7 日，安阳乡先后发现学生患麻疹传染病 27 例，市、乡卫生防疫部门积极组织力量进行有效防治。

2000 年 5 月 22 日 17 时 30 分，张掖市乌江镇谢家湾三社、七社发生火灾。烧毁农用车辆 6 辆、草棚及牲畜圈棚 41 间，致 10 户村民受灾。

2001 年 4 月 20 日 21 时 26 分，张掖市城区长寿街浙江沙发店发生火灾，共造成 9 人死亡。

2003 年 7 月 16 日 16 时 25 分，甘州区梁家墩村五社（张民公路 227 线 800 米处）发生火灾，造成 3 人死亡、2 人重伤、4 人轻伤。

2004 年 4 月 3 日，甘州区上秦镇李家湾村五社、大满镇新星村一社、廿里堡乡陈寨村社连续发生 11 起火灾，仅 18 时 36 分至 22 时 07 分，在不到 4 个小时时间内连续发生 10 起，经公安消防部门全力扑救，有效控制火势蔓延，未造成人员伤亡。

2008 年 4 月 13 日上午，甘州区湿地保护与绿化工程工作人员（农民工），自行划船由人工湖东岸上湖心岛植树途中，因操作不当导致翻船事故发生，船上 7 人（2 男 5 女）全部溺水，后经抢救无效死亡。

从 2013 年 9 月 18 日至 2014 年 4 月 1 日，除有两次零星飘雪外，甘州区内无有效降雨天数达 193 天，降水量 0.3 毫米。此时段持续干旱造成平山湖乡 579 人、4.2 万头牲畜饮水困难，10 万亩草场受旱，直接经济损失 156 万元。

第 二 编

建置　区划

第一章　建置区划

第一节　建置沿革

甘州区位于甘肃省河西走廊中部。南依祁连山，北有合黎山，城市居平原中心，是古“丝绸之路”和“居延古道”的交会处。南达青藏高原，北抵蒙古大漠，西通新疆以及中亚和欧洲，东连内地，是陆路交通枢纽，素有“塞上锁钥”之称。历史上这里曾是国都、省会、军镇和州、郡、府县的治所，既是政治、经济、文化中心，又是军事重镇。

根据已经发现的文化遗址和文物证明，距今5000年左右，张掖大地就有先民从事原始的农牧业生产活动。古称合黎、流沙。

夏　分天下为九州，属《禹贡》雍州之域，戎羌居之。

商、周　为西戎地。

春秋至秦　为乌孙、月氏所居。

西汉　文帝前元四年（前176年），匈奴击走月氏，为匈奴右地。

武帝元鼎六年（前111年），分酒泉郡置张掖郡，以“张国臂掖，以通西域”为名，郡置张掖县（址今武威市境内，多说张义堡）。

元帝建昭三年（前36年），在张掖郡设置骊轩县后，三郡地域大调整。张掖郡治由张掖县（今武威境内）移治觻得城，张掖县划给武威郡，调整后的张掖郡辖10县：昭武、觻得、屋兰、删丹、氐池、日勒、番和、骊靬、显美、居延。在今甘州区境内置觻得（今张掖城西北）、屋兰县（今东古城村）。

新莽　始建国元年（9年），郡县更名。张掖郡改名为设屏郡，领10县：官式（觻得）、渠武（昭武）、否武（氐池）、传武（屋兰）、贯虏（删丹）、勒治（日勒）、揭虏（骊靬）、罗虏（番和）、居城（居延）、显美。官式为郡治。

东汉　光武帝建武元年（25年），张掖郡、县恢复原名。张掖郡及所领8县复原名。

献帝兴平元年（194年），分张掖郡置西郡，以日勒、删丹等县隶之。

三国　张掖郡属魏，建置同东汉。

西晋　西晋初改觻得为永平县（今张掖城）。张掖郡领3县：永平、屋兰、临泽。郡治为永平。

东晋　隆安元年，北凉神玺元年（397年），段业、沮渠蒙逊建北凉国，建都张掖，称凉州。北凉永安十二年（412年），北凉沮渠蒙逊移都武威，在武威置凉州，在张掖置秦州。秦州领8郡：张掖、西郡、西安、临松、金山、祁连、临池、西海。永平为州、郡治所。

北魏 太延五年（439 年），拓跋焘攻灭北凉，凉州州治由武威移张掖，称“西凉州”，始有西凉州之称。拓跋氏实行军事管制，建立军镇，改郡为军，改县为戍。

孝明帝正光五年（524 年），张掖保留西凉州称号。西凉州辖张掖、西郡、临松、建康、酒泉 5 郡。

永熙四年（535 年），北魏分裂，西魏建立。张掖属西魏，建置同北魏（孝明帝）。

西魏 废帝三年（554 年），改西凉州为甘州，始有甘州之称。

北周 甘州领 3 郡：张掖、酒泉、建康。张掖郡辖永平、山丹、兰池、万岁、仙堤、金山。

隋 文帝开皇三年（583 年），罢张掖郡，甘州领 3 县：永平、福禄、山丹。永平为州治。

开皇十七年（597 年），改永平县名为酒泉县。

大业初废州改郡，改甘州为张掖郡，领 3 县：张掖、删丹、福禄。张掖为郡治。

唐 武德二年（619 年），张掖郡改称甘州，张掖县为州治。天宝元年（742 年）又改甘州为张掖郡。

德宗建中二年（781 年），吐蕃攻陷甘州，置军镇。甘州节儿伦（吐蕃驻州长官）属驻武威的节度使（德伦）管领。

宣宗大中五年（851 年），归义军节度使张议潮收复甘州，删丹仍由回鹘驻牧。

北宋 仁宗天圣六年（1028 年），西夏李元昊灭甘州回鹘，置甘肃监军司、镇夷郡、宣化府。张掖为郡、府治所。

南宋 理宗宝庆二年（1226 年），蒙古成吉思汗攻陷甘州，甘州进入蒙元时间。

元 世祖至元元年（1264 年），置甘州路总管府。

至元十八年（1281 年），立“甘肃行中书省”，辖甘州路、永昌路、肃州路、沙州路、亦集乃路、宁夏府路、兀剌海路共 7 路及山丹、西宁 2 直肃州。

明 洪武五年（1372 年），宋国公冯胜平定甘肃，设置“甘肃卫”。

洪武二十五年（1392 年），改为“甘州卫”。

洪武二十六年（1393 年），陕西行都司由庄浪（今永登）迁至甘州。领 12 卫：甘州左、中、右、前、后卫，山丹卫、肃州卫、凉州卫、永昌卫、镇番卫、庄浪卫、西宁卫。4 守御千户所：碾伯、镇夷、高台、古浪。正统年间，以庶务不可无综理纠察之任，设甘肃巡抚都御使巡抚之。分巡西宁道驻甘州，辖甘州 5 卫、山丹卫及高台千户所。

清 顺治二年（1645 年），陕西总督孟乔芳平定甘肃。清初沿用明制，仍置甘肃镇、陕西行都司、甘州五卫。甘州为镇、行都司的治所。

顺治七年（1650 年），撤销甘州前卫、后卫。

康熙二年（1663 年），置甘肃提督军门（提台）于甘州，节制甘肃、宁夏、西宁、安西四镇。

康熙十四年（1675 年），撤销甘州中卫。

康熙十七年（1678 年），甘肃提督由兰州移驻甘州。

雍正三年（1725年），撤销陕西行都司及卫、所，设甘州府，废左卫、右卫置张掖县，为府治。

乾隆八年（1743年），以张掖县丞分驻东乐，置东乐分县，领1驿14堡。

乾隆十五年（1750年），分张掖县置抚夷厅（后改称“抚彝厅”），领2驿24堡。至此，甘州府下辖张掖县、抚彝厅（甘州分府）、山丹县、东乐分县（张掖县）。

民国　民国二年（1913年），废府存道，州、厅、分县一律改称“县”。

民国十六年（1927年），改道为“行政区”，张掖县直隶甘肃省。

民国二十五年（1936年），张掖县属甘肃省第六行政督察区，区置治武威。

中华人民共和国

1949年，建立张掖分区，行政建制谓张掖分区行政督察专员公署。

1950年5月，张掖县属武威专区（专区治所武威）。

1955年10月，酒泉、武威两专区合并成立张掖专区，辖永登、天祝、古浪、景泰、武威、民勤、永昌、山丹、民乐、张掖、临泽、肃南、高台、酒泉、金塔、玉门、安西、敦煌、肃北、阿克塞、额济纳旗共21县及玉门市（是年在玉门矿区成立玉门市）。治所张掖。

1956年，筹建张掖市（地级），张掖县同时存在。1957年市建制撤销，张掖县属张掖专区。

1958年，撤销张掖县，成立张掖市（地级），由张掖专区代管。

1961年12月，撤销张掖市，恢复张掖县，属张掖专区。

1985年5月14日，经国务院批准，撤销张掖县，成立张掖市（县级），属张掖地区。

2002年3月1日，根据国务院（国函〔2002〕16号）批复，撤销张掖地区，成立张掖市；撤销张掖市，成立甘州区（县级），属张掖市。至2016年，建置再无变化。

建置沿革表

表2-1-1

朝　代	建置名称	领属名称
西周 前11世纪—前771年	西戎地	
春秋 前770—前476年	乌孙　月氏地	
战国 前475—前221年	月氏地	
秦 前221—前206年	月氏地	

续表 2－1－1

朝代	建置名称	领属名称
西汉 前 206—25 年	匈奴右地 前 176—前 121 年	
西汉 前 206—25 年	张掖郡 前 111—8 年	觻得县 昭武县 氐池县 屋兰县 删丹县 日勒县 骊靬县 番和县 居延县 显美县
新（王莽） 9—23 年	设屏郡 9—25 年	官式县 渠武县 否武县 传武县 贯虏县 勒治县 揭虏县 罗虏县 居城县 显美县
东 汉 25—220 年	张掖郡 25—189 年	觻得县 昭武县 氐池县 屋兰县 删丹县 日勒县 骊靬县 番和县
东 汉 25—220 年	张掖郡 西郡 西海郡 189—220 年	张掖郡：觻得县 昭武县 屋兰县 西郡：日勒县 删丹县 仙堤县 万岁县 兰池县 西海郡：居延县
三 国 魏 220—265 年	原张掖郡分 3 郡 220—265 年	张掖郡：觻得县 昭武县 屋兰县 西郡：日勒县 删丹县 仙堤县 万岁县 兰池县 西海郡：居延县
西晋 265—317 年	原张掖郡境域共分 6 郡 265—301 年	张掖郡：永平县 临泽县 屋兰县 西郡：日勒县 删丹县 仙堤县 万岁县 兰池县 西海郡：居延县 建康郡：表氏县 乐涫县 祁连郡：汉阳县 祁连县 临松郡：临松县
东晋 317—420年 前凉 317—376年	原张掖郡分 6 郡 301—376 年	永平县 临泽县 屋兰县 日勒县 删丹县 仙堤县 万岁县 兰池县 居延县 表氏县 乐涫县 汉阳县 祁连县 临松县
东晋 317—420年 前秦 350—394年	原张掖郡分 6 郡 376—386 年	永平县 临泽县 屋兰县 日勒县 删丹县 仙堤县 万岁县 兰池县 居延县 表氏县 乐涫县 汉阳县 祁连县 临松县
东晋 317—420年 后凉 386—403 年	原张掖郡分 8 郡 386—397 年	张掖郡：永平县 金泽县 丘池县 西郡：日勒县 删丹县 仙堤县 万岁县 兰池县 西海郡：居延县 建康郡：表氏县 乐涫县 祁连郡：汉阳县 祁连县 临松郡：临松县 西安郡：屋兰县 临池郡：临泽县
东晋 317—420年 北凉前期 397—412 年	凉州 397—412 年	张掖郡 临池郡 西安郡 金山郡 建康郡 西郡 临松郡 祁连郡 西海郡 酒泉郡 凉宁郡
东晋 317—420年 北凉后期 412—439 年	秦州 412—439 年	张掖郡 西郡 祁连郡 临池郡 西海郡 临松郡 西安郡 金山郡

续表 2-1-1

<table>
<tr><th colspan="2">朝　代</th><th>建置名称</th><th colspan="10">领　属　名　称</th></tr>
<tr><td rowspan="5">南北朝
420—589年</td><td rowspan="2">北魏
386—534 年</td><td>凉州
439—524 年</td><td colspan="3">武威镇</td><td colspan="3">敦煌镇</td><td colspan="2">鄯善镇</td><td colspan="2">枹罕镇</td></tr>
<tr><td>西凉州
524—535 年</td><td colspan="2">张掖郡</td><td colspan="2">西郡</td><td colspan="2">临松郡</td><td colspan="2">酒泉郡</td><td colspan="2">建康郡</td></tr>
<tr><td>西魏
535—556 年</td><td>西凉州
535—554 年</td><td colspan="2">张掖郡</td><td colspan="2">西郡</td><td colspan="2">临松郡</td><td colspan="2">酒泉郡</td><td colspan="2">建康郡</td></tr>
<tr><td rowspan="2">北周
557—581 年</td><td rowspan="2">甘州
554—581 年</td><td colspan="6">张掖郡</td><td colspan="3">酒泉郡</td><td>建康郡</td></tr>
<tr><td>永平县</td><td>山丹县</td><td>兰池县</td><td>万岁县</td><td>仙堤县</td><td>金山县</td><td>福禄县</td><td>安弥县</td><td>乐涫县</td><td>表氏县</td></tr>
<tr><td colspan="2" rowspan="3">隋代
581—618 年</td><td>甘州
581—597 年</td><td>永平县</td><td>山丹县</td><td>福禄县</td><td colspan="7"></td></tr>
<tr><td>甘州
597—605 年</td><td>酒泉县</td><td>山丹县</td><td>福禄县</td><td colspan="7"></td></tr>
<tr><td>张掖郡
605—618 年</td><td>张掖县</td><td>删丹县</td><td>福禄县</td><td colspan="7"></td></tr>
<tr><td colspan="2" rowspan="4">唐代
618—907 年</td><td>甘州
618—742 年</td><td>张掖县</td><td>删丹县</td><td colspan="8"></td></tr>
<tr><td>张掖郡
742—781 年</td><td>张掖县</td><td>删丹县</td><td colspan="8"></td></tr>
<tr><td rowspan="2">吐蕃军镇
781—848 年</td><td colspan="10">武威镇德伦（节度使）</td></tr>
<tr><td colspan="5">甘州（节儿伦）</td><td colspan="5">凉州（节儿伦）</td></tr>
<tr><td colspan="2">五代
907—960 年</td><td>甘州回鹘
848—1028 年</td><td colspan="3">甘州</td><td colspan="3">肃州</td><td colspan="4">合罗川</td></tr>
<tr><td colspan="2" rowspan="3">宋代
960—1279 年</td><td rowspan="2">西夏时期
1028—1226 年</td><td colspan="4">镇夷郡（治甘州）</td><td colspan="4">番和郡（治肃州）</td><td colspan="2">西凉府</td></tr>
<tr><td colspan="2">甘州城司</td><td colspan="2">删丹县</td><td colspan="2">沙州</td><td>瓜州</td><td>肃州</td><td colspan="2">治凉州</td></tr>
<tr><td>甘肃（甘州）路
总管府
1226—1281 年</td><td colspan="10">元代之前蒙古攻占甘州</td></tr>
</table>

续表 2－1－1

<table>
<tr><th>朝　代</th><th>建置名称</th><th colspan="14">领　属　名　称</th></tr>
<tr><td>元代
1206—1368 年</td><td>甘肃行省
1281—1368 年</td><td colspan="2">甘州路</td><td>永昌路</td><td>肃州路</td><td>沙州路</td><td colspan="2">亦集乃路</td><td colspan="2">宁夏府路</td><td>兀刺海路</td><td colspan="2">山丹直肃州</td><td colspan="2">西宁直肃州</td></tr>
<tr><td rowspan="2">明代
1368—1644 年</td><td rowspan="2">甘肃镇
（陕西行都司）
1368—1644 年</td><td colspan="2">分巡西宁道（治甘州）</td><td colspan="5">分守西宁道（治凉州）</td><td colspan="4">肃州兵备道</td><td colspan="3">西宁兵备道</td></tr>
<tr><td>甘州左右中前后5卫</td><td>山丹卫</td><td>凉州卫</td><td>永昌卫</td><td>镇番卫</td><td>庄浪卫</td><td>古浪千户所</td><td>高台千户所</td><td>肃州卫</td><td>镇夷千户所</td><td>抚安关西7卫</td><td>西宁卫</td><td>碾伯千户所</td><td>抚安西番十三族</td></tr>
<tr><td rowspan="2">清代
1616—1911 年</td><td>甘肃镇
陕西行都司
1644—1725 年</td><td colspan="14">承明制</td></tr>
<tr><td>甘州府
1725—1911 年</td><td colspan="3">张掖县</td><td colspan="3">东乐分县</td><td colspan="3">山丹县</td><td colspan="3">抚彝厅</td><td colspan="2">高台县（后归肃州）</td></tr>
<tr><td rowspan="3">中华民国
1912—1949 年</td><td rowspan="3"></td><td colspan="4">张掖县</td><td colspan="10">1913—1927 年属甘凉道（治武威）</td></tr>
<tr><td colspan="4">张掖县</td><td colspan="10">1927—1936 年直隶甘肃省</td></tr>
<tr><td colspan="4">张掖县</td><td colspan="10">1936—1949 年属甘肃省第六区（治武威）</td></tr>
<tr><td rowspan="6">中华人民共和国
1949 年 10 月 1 日成立</td><td>张掖分区
1949—1950 年</td><td colspan="3">张掖县</td><td colspan="3">民乐县</td><td colspan="3">山丹县</td><td colspan="3">临泽县</td><td colspan="2">高台县</td></tr>
<tr><td>武威专区
1950—1955 年</td><td colspan="5">张掖县</td><td colspan="5">民乐县</td><td colspan="4">山丹县</td></tr>
<tr><td>张掖专区
1955—1961 年</td><td colspan="6">张掖市</td><td colspan="8">河西 20 县及玉门市</td></tr>
<tr><td>张掖地区
1962—1990 年</td><td colspan="6">张掖（县）市</td><td colspan="2">民乐县</td><td colspan="2">山丹县</td><td colspan="2">临泽县</td><td>高台县</td><td>肃南县</td></tr>
<tr><td>张掖地区
1990—2002 年</td><td colspan="6">张掖市</td><td colspan="2">民乐县</td><td colspan="2">山丹县</td><td colspan="2">临泽县</td><td>高台县</td><td>肃南县</td></tr>
<tr><td>张掖市
2002—2016 年</td><td colspan="6">甘州区</td><td colspan="2">民乐县</td><td colspan="2">山丹县</td><td colspan="2">临泽县</td><td>高台县</td><td>肃南县</td></tr>
</table>

第二节 行政区划

1990年，张掖市设1个镇（城关镇）、22个乡，分别为：大满乡、小满乡、和平乡、龙渠乡、安阳乡、花寨乡、长安乡、党寨乡、梁家墩乡、上秦乡、碱滩乡、廿里堡乡、乌江乡、靖安乡、三闸乡、新墩乡、甘浚乡、西洞乡、沙井乡、小河乡、明永乡、平山湖乡；8个街道办事处，72个居委会，240个村委会。

1992年，增设火车站第七居委会，平原堡街第七居委会，人民北街第十居委会，人民南街第十二居委会；甘浚乡增设谈家洼村民委员会，小河乡增设双墩子滩村民委员会，沙井乡增设瞭马墩村民委员会。

1996年，碱滩乡增设永定村委会。

1997年，上秦乡、大满乡、沙井乡、乌江乡、梁家墩乡5个乡撤乡建镇。增设东街办事处第七居委会，居委会数增到79个，居民小组238个。

1998年，张掖市城区设3个镇8个街道办事处，88个居委会，237个居民小组。农村设5个镇17个乡（其中一个民族乡），244个村委会，1977个村民小组。

1999年，新墩、甘浚两乡撤乡建镇。平原堡街道办事处隶属于乌江乡人民政府管理。

2001年，撤销张掖市城关镇，将原设置的7个街道办事处调整合并为东街、南街、西街、北街、火车站街道办事处，居委会合并为37个。

2001年，党寨乡、三闸乡、碱滩乡撤乡建镇。

2002年，沙井镇五个墩村分村，增设民兴村。

2002年，小满乡撤乡建镇。

2002年，撤销县级张掖市，设立县级甘州区。

2004年，撤销廿里堡乡，并入党寨镇；撤销和平乡，并入大满镇；撤销小河乡，并入沙井镇；撤销西洞乡，并入甘浚镇；撤销平原堡镇，并入乌江镇，设立平原堡社区居委会；撤销东园镇，并入火车站街道办事处。全区11镇、7乡、245个村、1997个社（组）的区划现状，37个社区合并为29个。

2006年，对5个街道办事处、29个居委会进行调整，调整后为5个街道办事处、18个社区居委会。

2011年10月，设立宁和园社区居委会，平原堡街道办事处改设为平原堡社区居委会。

至2011年，全区共有11个镇、7个乡、244个村（其中民兴移民村由五个墩村代管）、2022个社；5个街道办事处、19个社区居委会、1个工业园区（张掖工业园区）。18个乡镇分别为党寨镇、新墩镇、梁家墩镇、上秦镇、三闸镇、沙井镇、小满镇、大满镇、乌江镇、碱滩镇、甘浚镇、靖安乡、花寨乡、安阳乡、龙渠乡、明永乡、长安乡、平山湖蒙古族乡。5个街道办事处分别为：东街、西街、南街、北街、火车站街道办事处。

2015 年，长安乡、明永乡撤乡建镇。

2016 年，全区有党寨镇、新墩镇、梁家墩镇、上秦镇、三闸镇、沙井镇、小满镇、大满镇、乌江镇、碱滩镇、甘浚镇、明永镇、长安乡镇、靖安乡、花寨乡、安阳乡、龙渠乡、平山湖蒙古族乡 18 个乡镇、245 个村、2001 个村民小组；5 个街道办事处、19 个社区居委会、1 个工业园区（张掖工业园区）。

2016 年甘州区行政区划表

表 2－1－2

街道（镇、乡）名	社区（村）数	社数	社区（村）名
东街街道	4	–	交通巷社区、甘泉社区、金安苑社区、长沙门社区
西街街道	4	–	小寺庙社区、西站社区、北环路社区、新乐社区
南街街道	4	–	泰安社区、西来寺社区、南关社区、佛城社区
北街街道	3	–	东湖社区、税亭社区、王母宫社区
火车站街道	2	–	康乐社区、张火路社区
经济技术开发区	2	12	下安村、东泉村
梁家墩镇	10	89	刘家沟村、梁家墩村、迎恩村、六闸村、太和村、六号村、五号村、清凉寺村、三工村、四闸村
上秦镇	15	114	下秦村、李家湾村、付家寨村、王家墩村、安里闸村、八里堡村、庙儿闸村、上秦村、高升庵村、徐赵寨村、哈寨子村、金家湾村、缪家堡村、东王堡村、安家庄村
大满镇	21	214	西闸村、李家墩村、石子坝村、什信村、紫家寨村、新华村、朱家庄村、新庙村、大沟村、马均村、东闸村、西闸村、新新村、柏家沟村、黑城子村、汤家什村、小堡子村、兰家寨村、平顺村、朝元村、四号村
沙井镇	28	242	沙井村、五个墩村、三号村、小闸村、新民村、古城村、先锋村、南沟村、南湾村、下利沟村、水磨湾村、寺儿沟村、东四号村、九闸沟村、瞭马墩村、上游村、小河村、东五村、西六村、东沟村、柳树寨村、坝庙村、兴隆村、西二村、双墩子村、梁家堡村、东三村、民兴村
乌江镇	14	119	谢家湾村、元丰村、贾家寨村、敬依村、乌江村、管寨村、东湖村、平原村、安镇村、天乐村、大湾村、小湾村、永丰村、平原堡社区
甘浚镇	17	148	祁连村、小泉村、甘浚村、三关村、速展村、头号村、光明村、谈家洼村、星光村、巴吉村、工联村、晨光村、西洞村、高家庄村、中沟村、东寺村、毛家湾村

续表 2-1-2

街道（镇、乡）名	社区（村）数	社数	社区（村）名
新墩镇	15	125	流泉村、北关村、白塔村、西关村、青松村、南华村、新墩村、双塔村、园艺村、双堡村、柏闸村、隋家寺村、城儿闸村、花儿村、南闸村
党寨镇	20	171	上寨村、下寨村、陈寨村、党寨村、宋王寨村、小寨村、廿里堡村、七号村、十号村、沿沟村、马站村、杨家墩村、花家洼村、汪家堡村、陈家墩村、三十里店村、雷寨村、中卫村、烟墩村、田家闸村
碱滩镇	16	109	普家庄村、永星村、刘家庄村、古城村、甲子墩村、永定村、碱滩村、幸福村、草湖村、二坝村、三坝村、杨家庄村、太平村、老仁坝村、野水地村、老寺庙社区
三闸镇	12	112	庚名村、三闸村、二闸村、天桥村、瓦窑村、高寨村、韩家墩村、红沙窝村、符家堡村、草原村、杨家寨村、新建村
小满镇	16	130	五星村、满家庙村、店子闸村、王其闸村、古浪村、康宁村、金城村、石桥村、中华村、张家寨村、甘城村、黎明村、杨家闸村、大柏村、河南闸村、小满村
长安镇	13	98	前进村、八一村、郭家堡村、河满村、洪信村、上四闸村、上头闸村、头号村、万家墩村、五座桥村、下二闸村、庄墩村、南关村
明永镇	12	82	沿河村、武家闸村、孙家闸村、沤波村、中南村、明永村、永和村、永济村、上崖村、下崖村、夹河村、燎烟村
平山湖乡	3	7	平山湖村、紫泥泉、红泉堡村
龙渠乡	12	69	三清湾村、木笼坝村、龙首村、下堡村、头闸村、水源村、墩源村、保安村、新胜村、什八名村、白城村、高庙村
安阳乡	10	81	苗家堡村、明家城村、毛家寺村、帖家城村、郎家诚村、贺家城村、王阜庄村、五一村、高寺儿村、金王庄村
花寨乡	7	40	花寨村、西阳村、柏杨树村、滚家城村、余家城村、新城村、滚家庄村
靖安乡	4	39	新沟村、靖安村、上堡村、靖平村
合计	264	2001	

第二章　乡　　镇

第一节　梁家墩镇

政区概况　梁家墩镇地处甘州区城南郊，东与上秦镇接壤，南靠党寨镇，西至长安镇，北接甘州城区。镇名因姓氏与哨墩得名。1958 年 9 月设梁家墩人民公社，1966 年改为先锋人民公社，1970 年 1 月恢复原名。1983 年 1 月由公社改为“梁家墩乡”。1997 年 10 月撤乡建镇。2002 年 7 月更名“甘州区梁家墩镇”。2016 年辖梁家墩村、迎恩村、太和村、六闸村、刘家沟村、六号村、五号村、清凉寺村、三工村、四闸村 10 个村民委员会，89 个合作社。全镇有 5648 户 18889 人。辖区东西最大距离 5 千米，南北最大距离 5.8 千米，总面积 16.5 平方千米。

经济概况　农业。以种植小麦、玉米、蔬菜为主。1995 年，建起集无土栽培、滴灌、喷灌、自动调温控温等高新技术为一体的高科技大棚 4 座。2012 年，全镇发展高原夏菜 4200 亩，建成高效日光温室 6800 亩、钢架大棚 2600 亩，农业种植管理模式从粗放转为精细化。2014 年，按照“一村一品”的发展规划，种植高效日光温室高原夏菜。至 2016 年，全镇蔬菜面积 26000 亩，设施农业面积 8650 亩。建成绿色农产品标准化生产基地 5 个。全镇培育农民专业合作社 76 个，培育种养大户 131 户，创建示范性家庭农场 45 户。

温室大棚蔬菜

畜牧业。以猪、牛、羊、家禽为主。2016 年，全镇生猪饲养量 20551 口，牛饲养量 2286 头，奶牛存栏 150 多头，羊饲养量 30985 只，家禽饲养量 10.5 万多只，引进优良种畜禽 50 多头（只）。

工商业。主要有张掖市有年金龙集团、甘肃银隆建筑工程有限公司、甘肃鑫隆建筑工程有限公司、甘肃福达建筑工程有限公司等；有张掖市海峰机电汽车贸易有限责任公司、宏光批发市场、鸿宇商贸广场、天佑国际家居广场、城东加气站等商贸企业，收入占全镇经济总收入的 40% 以上。

社会事业　2011 年有镇文化站、广播电视站各 1 处，有村级文化活动中心 10 处，各类文化专业户30户，各类图书室11个，藏书3万余册。2015—2016年，修建镇综合文化站，建成刘家沟村等7个村文化广场，镇文化站、三工村2个电子阅览室，四闸村、清凉寺村等4个乡村舞台，文化信息资源共享服务网点、“农家书屋”、村社文化室实现村村全覆盖。文物遗址有六号村鸽堂子。有幼儿园2所，小学7所（梁家墩小学、太和小学、刘家沟小学、宏山小学、清凉寺小学、三工小学、四闸小学），初中1所。有教职工113人。2004年，修建梁家墩卫生院门诊综合楼。2007年，开设张掖市六县区美沙酮药物维持治疗门诊。至2016年，梁家墩卫生院有职工38人，病床50张，年门诊29000余人次。

第二节　新墩镇

政区概况　新墩镇以清代在城西新建墩院而得名。地处甘州区城区西北郊张掖滨河新区境内，东与张掖市东北郊工业园区接壤，南连长安镇，西邻甘浚镇，北接三闸镇。其中流泉村毗邻城区环城北路、环城东路，北关村毗邻环城北路，西关村、青松村、花儿村毗邻环城西路。1983年由公社改为“新墩乡”，1999年撤乡建镇。2016年辖流泉、北关、白塔、西关、青松、南华、新墩、双塔、园艺、双堡、柏闸、隋家寺、城儿闸、花儿、南闸15个村民委员会，125个合作社；常住人口28510人，较上年增加272人，增长0.70%，全镇人口密度增至每平方公里386人。耕地面积2013.79公顷。

经济概况　村镇建设：从2009年开始实施，危旧房改造和群众小康楼建设，建成新墩村、双塔村、柏闸村、双堡村、园艺村、园艺村一社6个住宅小区。2009—2016年，投资5604万元，改造危房1448户。其中，全镇危房改造资金项目合格农户696户，区财政拨付全镇危房改造资金278.4万元。2012年，实施棚户区改造项目334户。2013年，实施棚户区改造项目2278户，申请国家补助资金5985.55万元；2014年，实施棚户区改造项目1651户，申请国家补助资金5156.77万元；2015年实施棚户区改造项目1093户，申请国家补助资金3075.57万元。

农业。1991—1998年，农业以种植小麦、大田玉米和露地蔬菜、洋芋为主，复种各种秋菜为辅。1996年农村土地实行二轮承包，全镇农民开始种植反季节韭菜；2006—2010年，种植反季节洋芋，面积稳定在3000亩至3500亩。发展花卉产业、陇椒产业，带动全镇陇椒种植总面积4000亩。2011—2016年，坚持稳定韭菜、洋芋、花卉、陇椒四大产业。

畜牧业。1996—2005年，农民饲养方式依旧是土圈生猪养殖和耕牛圈养为主。2006—2010年，集约化、标准化、规模化生猪养殖迅速发展；农户主要以饲养牛、羊、鸡为主，开始成立农民养殖专业合作社，实行集约化、规范化管理。2016年底，畜禽总养殖量为3.5万头（只）。

工商业。1991年，村办企业9家，到1999年改制为私营企业。镇办企业有五松园果酒厂等7家，是年全部改制为民营企业。2011年，有商业网点480个、城乡集贸市场2个，年成交额8500万元，比上年增长20%。主要产品有“金丰源”牌韭菜、“富农”洋芋，销往周边省市。2013年，民营企业有建筑、建材、化工、餐饮、粮油经销和各类服务业1000多户。2016年，有商业网点1800多个。

社会事业 2016年，全镇有小学4所、中学1所。小升初入学率、九年义务教育覆盖率均达100%，初升高入学率98%以上。境内有市（县）级文物保护点唐代五松园遗址，清代白塔寺亭子。1982年，成立计划生育工作站，2004年，改为人口和计划生育办公室，2015年，与卫生院合并为卫生和计划生育办公室。

第三节 上秦镇

政区概况 上秦镇地处甘州区城东郊，国道312线穿境而过，东至碱滩镇三坝村，南至梁家墩镇迎恩、六闸村，北靠三闸镇韩家墩村。1983年由上秦公社改为上秦乡。1997年8月撤乡建镇，镇政府驻地下秦村。2002年7月更名为“甘州区上秦镇”。2016年，辖李家湾、安里闸、八里堡、庙儿闸、下秦、上秦、高升庵、徐赵寨、哈寨子、东王堡、安家庄、缪家堡、金家湾、付家寨、王家墩15个村民委员会，114个合作社，6800户2.5万人。辖区东西最大距离10千米，南北最大距离8千米，总面积59.3平方千米。

上秦镇高原夏菜新品种试验示范

经济概况 农业。以粮油、蔬菜、瓜果和畜禽养殖为主。1997年，以蔬菜种植、畜牧养殖、粮油加工、商贸流通为主导产业。全镇建日光温室155座，各类蔬菜种植面积6500亩。2013—2016年，新建徐赵寨村连片66座日光温室示范点和连片51座钢屋架大棚示范点各1个，连片示范面积254.7亩，新发展设施农业面积324.5亩。金家湾村、上秦村、付家寨村等9个村发展小拱棚面积9842亩；建成以徐赵寨村、金家湾村、王家墩村为主的高原夏菜示范点3个，面积2000亩，全镇蔬菜面积1.73万亩。

畜牧业。1991年全镇畜禽饲养量56597头（只）。2005年，建成养殖专业示范村10个，万口猪场2个，养殖专业合作社32个，鸡、猪、牛、羊饲养量分别为59.7万只、8万口、8659头和6.1万只，小鸡育雏总量320万只，奶牛饲养量1502头，畜牧业收入8462.6万元。2010年，发展养殖大户563户，畜禽饲养总量72万头（匹、只）。2016年，新发展1000只以上的养羊大户3户，全年新增各类养殖大户42户，畜禽饲养量72.6万头（匹、只）。

工商业。1991年，全乡有各类企业211个，企业总产值2834万元；2005年全镇各类企业发展到285个，乡镇企业总产值6.29亿元；2010年全镇各类企业发展到323个，乡镇企业产值7.2亿元；2016年全镇各类企业发展到398个，其中工业企业58个，企业总产值10.6亿元。投资新上御景东方居住组团项目等招商引资建设项目18项，完成投资9.5亿元。全镇有商业服务网点200多个，员工400多人，社会商品零售总额8000多万元。

社会事业 有镇文化站、村文化活动中心15处，各类文化专业户75户，各类图书室15个，藏书3万余册。文物遗址有高孟墓石狮子、古城堡遗址、北斗宫遗址。有幼儿园6所，小学9所。2016年修建下秦小学幼儿园教学楼，建筑面积600平方米。有卫生机构4家。上秦卫生院创建于1958年。2005年新建上秦中心卫生院，至2016年，全院有工作人员42人，诊疗3.8万人次。1991年，全乡有有线广播放大站1个，有线广播喇叭45只，电影放映机2部。1994年建成上秦乡广播电视站。2016年，全镇有广电网络服务店1处，电视入户率100%。有邮政代办所1处，移动、电信服务网点18个，固定电话用户5800户，电话普及率95%；移动电话用户7000户，互联网用户750户。

第四节 沙井镇

政区概况 沙井镇位于甘州区西部，东与乌江镇接壤，东南与明永镇相连，西与临泽县沙河镇为邻，北接临泽县鸭暖乡。因镇政府驻地位于沙井村而得名。1961年设“沙井人民公社”，1983年改为沙井乡人民政府，1997年撤乡建镇，2004年与小河乡合并成立新的沙井镇。2016年辖五个墩、上游、九闸、寺儿沟、水磨湾、下利沟、东四号、南湾、沙井、南沟、先锋、新民、古城、小闸、三号、嘹马墩、民兴、柳树寨、西六、小河、西二、梁家堡、坝庙、东沟、东三、东五、兴隆、双墩子28个村民委员会，242个合作社，10845户37108人。辖区面积东西宽11千米，南北长35千米，总面积189平方千米。

瞭马墩村高原夏菜收获

经济概况 农业。20世纪90年代，沙井镇域内部分农户修建高效日光温室，进行大棚蔬菜栽培。利用井灌的方便条件，种植反季节蔬菜。1997年后，沙井镇域内进行产业调整，引进玉米制种和蔬菜制种，制种面积始终保持在15万亩左右。2016年制种面积全镇达16.76万亩，占耕地总面积的97%，其中玉米制种13.89万亩，蔬菜制种1.5万亩。

畜牧业。以牛、羊、猪、鸡等畜禽为主，至2016年底，全镇畜禽养殖存栏数：牛44990头，猪23174口，羊42942只，鸡33万只，年收入24500万元。

工商业。全镇有个体工商门点520户，工业总收入0.18亿元。

社会事业 有镇文化站1处，广播、电视站各2处，有村级文化活动中心25处，各类图书室27个。2016年，新建坝庙村、寺儿沟村、九闸村、双墩子村4个文化广场，为18个乡村舞台配备设施。文物遗址有西古城、沙井堡、河滩堡、马墩、双墩子、上寨汉墓群等。2016年，有幼儿园4所，幼儿2200人，教师40人；小学15所，学生2235人，教师223人，小学适龄儿童入学率100%；农村普通中学2所，学生1321人，教师116人。有各级医疗卫生机构2个，门诊部（所）27个；有床位120张，每千人拥有病床3.5张；卫生人员154名。

第五节　党寨镇

政区概况 光绪二十年（1894年），陕西“党”姓人为避祸迁入建寨而得名。地处甘州区城南，东邻上秦镇，南靠石岗墩滩，西接小满镇，北邻梁家墩镇，国道227线穿境。镇政府驻汪家堡村。1961年成立“党寨人民公社”，1983年党寨公社改为党寨乡。2003年撤乡建镇。2004年与原廿里堡乡合并后，设立新的党寨镇，政府驻地未变。2016年辖上寨、下寨、陈寨、党寨、宋王寨、小寨、廿里堡、七号、十号、沿沟、马站、杨家墩、花家洼、汪家堡、陈家墩、三十里店、雷寨、中卫、烟墩、田家闸20个村民委员会，171个合作社。是年，辖区总人口30364人，其中常住人口29536人，流动人口828人。辖区总面积76平方千米，耕地面积8.5万亩。

党代表工作室

经济概况 农业。1991年，推广垄膜沟灌面积3.5万亩；推广高原夏菜、畜禽养殖等种植养殖新技术。2004年后，以生态环境、退耕还林、基础设施和主导产业开发为重点，大力调整农村产业结构，“制种、草畜、果蔬”三大产业快速发展。2016年，全镇日光温室总数4284座，面积6209亩；建成高标准基本农田6.32万亩；农业增加值增长6.8%，达到4.63亿元；农民人均纯收入增长11.5%，达到1.2970万元。全镇20个村修建住宅小区18个，楼房住宅户4125户，农村住楼房的户数达47.2%。

畜牧业。2004年，以草养畜、以畜促草，建成3500亩的优质饲草基地，建成高标准畜牧示范园区5个，全镇畜禽饲养量突破60万头（只），实现畜牧业产值7200多万元。2016年，改扩建育肥500口（头）以上的标准猪场2座、牛场1座，全镇畜禽饲养量达到96.8万头（只）。

工商业。20世纪末，在甘绿集团龙头企业的带动下，脱水蔬菜加工企业16家，年产脱水蔬菜7000万吨。2016年，工业总产值完成2.12亿元，建成脱水蔬菜、塑料制品加工、建筑建材等各类个体私营企业470家。

社会事业 2006年建成镇宣传文化站。2008年建成全省首家乡镇级民俗文化陈列馆，收集展出20世纪70年代以前农耕用具、生活用具、文化用品、民间工艺作品及反映民俗民风的实物文物1300多件。2011年有镇文化站1处、广播站1处；有村级文化活动中心12处，各类文化专业户45户，各类图书室21处，收藏各类书籍15万多册。2012年，对下寨“镇风沙塔”遗址进行复原。地方特色民间艺术有邵家班木偶戏非物质文化遗产，龙狮队、秧歌队8个，老年秦腔自乐班1个。2016年，有幼儿园5所，幼儿680人，专职教师10人；有九年制学校2所，村级小学7所。有各类医疗卫生门诊部（所）21个，床位121张；专业卫生人员73名，其中执业医师4人、执业助理医师12人、注册护士21人

第六节 长安镇

政区概况 以长治久安之意得名。地处甘州城区南郊，东与梁家墩镇接壤，南连小满镇，西邻新墩镇，北连甘州城区。镇政府驻万家墩村。2016年全镇辖前进、万家墩、上头闸、庄墩、五座桥、上四闸、郭家堡、洪信、二闸、头号、河满、八一、南关13个村民委员会，98个合作社。全镇总人口20112人，少数民族仅有回族46人。辖区东西最大距离11千米，南北最大距离7千米，总面积34.1平方千米。

经济概况 农业。2000年开始产业结构优化调整，全镇首次尝试设施农业集约化种植。2011年，形成高原夏菜、日光温室、钢屋架拱棚为主的三元蔬菜种植格局。2016年，蔬菜产业面积2.6万亩，注册成立农民专业合作社35个，流转土地面积5500多亩。注册“前进村”“懿萨西域”“天特”“等农产品品牌商标7个。

畜牧业。2006年，发展养殖协会4个，新建养殖专业合作社2个，发展养殖专业大户65户。2007年，在抓好前进散射“三位一体”养殖示范点建设和上四闸养鸡小区建设的基础上，在前进村和八一村新建30户养殖小区各1个。2010年，全乡有养殖合作社2家。2015年，长安镇有千头肉牛场1户，规模奶牛场4家，千只以上肉羊养殖场5家，年出栏肉猪1000口以上养殖大户8户。2016年，肉牛存栏6750头，奶牛存栏21324头，猪存栏7902头，羊存栏41254只，禽存栏103500只。

工商业。全镇有各类注册工商企业45家，分布于13个村，其中前进村、八一村、二闸村、万家墩村、南关村等靠近交通主干道的村较为集中，占企业总数的80%以上。企业经营范围涉及食品加工、食品批发零售、建筑、旅游、钢铁、机械制造、农资批发销售、农业种植、畜牧饲草加工、机动车驾驶培训、废旧物资回收、燃煤销售、就业服

务培训等20多个领域。

奶牛养殖基地

社会事业 2005年，建成村民文化广场、文化活动室、舞台、农家书屋、文化长廊（文化宣传墙）等文化体育场所。2008年建成前进村文化广场，建成藏书5000册以上标准化农家书屋5个。2011年有乡综合文化站1处，设立图书室和阅览室3间，有广播系统1套，音响设备1套，藏书2万余册。有13处村级文化活动中心，有农家书屋13处，各类文化专业户20户，音乐、美术、根雕、奇石爱好者35人。2016年有幼儿园1所，幼儿297人，教师15人；小学4所，学生620人，教师68人；初中1所，学生338人，教师59人。至2016年，有医护人员34人，床位50张，年门诊3.7万人次。

第七节　大满镇

政区概况 得名于农历二十四节气中之节令，亦含有祈求丰稔之意。地处甘州区南部，张大公路16千米处。东与党寨镇接壤，西靠龙渠乡，南与安阳乡、花寨乡相连，北与小满镇毗连。1958年设立大满人民公社。1983年改公社为乡，1997年撤乡设镇，2004年与和平乡合并。2016年辖李家墩、西闸、柏家沟、城西闸、新庙、平顺、新华、黑城子、马均、紫家寨、兰家寨、朱家庄、新新、汤家什、东闸、大沟、石子坝、小堡子、什信、四号、朝元村共21个村民委员会，214个合作社。2016年，有8100户31500人，少数民族有裕固族、藏族、回族、土族、东乡族、维吾尔族、壮族共29人。

大满脱水蔬菜生产车间

经济概况 农业。2004年开始产业结构优化调整，种植制种玉米。2005年，以种植小麦、大田玉米为主。2010 年以后，在稳定玉米制种的基础上，高原夏菜、食用菌、饲草玉米等特色品牌发展迅速。2016 年，全镇制种玉米 5.55 万亩、高原夏菜 1.36 万亩、饲草玉米 1.12 万亩，食用菌产业达到日产 10 万包的产量。是年，居民人均可支配收入 12842 元。

畜牧业。2000 年后，按照“小规模、大群体、抓大户、建小区”发展畜牧业。2011 年底，建成各类养殖小区 27 个，其中肉牛养殖小区 16 个、养羊小区 2 个、养猪小区 3 个、综合养殖小区 6 个。全镇有各类养殖户 7144 户，养殖大户 137 户，畜牧经济总收入突破 1 亿元。2016 年，畜禽饲养量达 85.61 万头（只），发展规模养殖小区 2 个，形成各类专业合作社 161 个，适度规模户 615 户，培树规模养殖户 150 余户，畜牧养殖业已成为促进农民增收的重要渠道。

社会事业 2005 年，投资 46 万元，新建占地 500 平方米的宣传文化站。2007 年投资 35 万元，新建占地 2300 平方米的文体活动广场，21 个行政村建有村级文化活动室、农家书屋和文化资源共享工程。2016 年，全镇有传统社火队 12 个、民间舞龙舞狮队 1 个、百人太平鼓队 1 个、民间文化协会 1 个、民间自乐班 6 个、民间文艺团队 26 个。文物遗址有南滩烽火台遗址、什信村墓群、朝元寺滩墓群、什信村土地庙遗址、中共甘州中心县委旧址。域内张掖市第三中学创建于 1958 年，1993 年 8 月四十店学校中学部合并到张掖市第三中学，2004 年和平中学并入张掖市第三中学。2005 年，和平乡中心学校和大满镇中心学校合并成立大满镇中心学校，校址大满镇城西闸村。至 2016 年，建成一所集初中、高中、职中为一体的全日制完全中学。至 2016 年，大满镇中心卫生院有床位 22 张，职工 35 人，服务人口 15297 人。有邮政所 1 处，代办点 21 处，邮政业务总量 1100 万元。电信企业 3 家，服务网点 25 个，固定电话用户 2 万户，电话普及率 98%；移动电话用户 3.2 万户，互联网用户 2 万户。全年电信业务收入 3000 万元。

第八节 甘浚镇

政区概况 因西南 40 里处有甘浚山得名。位于甘州区西南部，省道 213 线 25 千米处。地处甘州、肃南、临泽三县区交会处，东枕黑河西岸，南依祁连山北麓的丹霞景区，西与临泽县倪家营乡和肃南县白银乡接壤，北接甘州区明永镇。1953 年设甘浚乡，1958 年改为甘浚公社，1983 年改为甘浚乡，1999 年撤乡建镇。2004 年，甘浚镇和西洞乡合并为甘浚镇，镇政府驻地未变。2016 年辖祁连、小泉、甘浚、星光、三关、头号、光明、速展、工联、巴吉、晨光、谈家洼、西洞、东寺、中沟、高家庄、毛家湾 17 个村民委员会，148 个合作社，6127 户 24450 人。辖区东西最大距离 20 千米，南北最大距离 15 千米，总面积 370 平方千米。

经济概况 农业。种植业结构由玉米制种为主发展到高原夏菜、高标准日光温室、特色林下经济为主的“四元”种植格局。黑枸杞、核桃、杏子等林果苗木栽植达 3500 余亩；建造日光温室 860 余座，大棚蔬菜种植面积达 1680 亩以上。发展设施农业 200 余亩，建造高标准钢屋架大棚 260 余座。引进新品种 42 个；红提葡萄、枇杷、火龙果、

高家庄村文化广场

荔枝、杧果热带水果等特色优势产业规模迅速扩大，总面积 100 多亩；示范推广荒漠林下经济、荒漠日光温室等技术 12 项。农民制种收入占总收入 60% 以上。

畜牧业。2016 年底，全镇成立养殖农民专业合作社 128 个，培树、国顺、富荣、利民等 53 家小型家庭农场，发展 10 头以上能繁母牛养殖户 382 户。牛饲养量 5 万头，羊饲养量 23 万只，猪饲养量 0.7 万口。

社会事业 有镇文化站、广播电视电影站各 1 处，有村级文化活动中心 17 处，图书室、农家书屋 18 个，藏书 2.38 余万册。文物遗址有保护单位 8 处，分别为四角墩墓群、新墩滩烽火台遗址、海家寨土塔、八号村北滩墓群、敖河东烽火台遗址、敖河西烽火台遗址、中国工农红军西洞堡大捷纪念碑、西洼滩墓葬等。有九年制学校 1 所，小学 8 所。2016 年财政支出教育经费 2376 万元。小学适龄儿童入学率 100%；小升初升学率 100%、九年义务教育覆盖率 100%。有各级医疗卫生机构 12 个，卫生院 2 个，专业卫生人员 22 名。全镇有 6823 户 22157 人参合新型农村合作医疗，参合率 100%。

第九节　三闸镇

政区概况 旧时在区域灌溉水系自石头闸以下分为头闸、二闸、三闸 3 个水闸，三闸之名即来于此。地处甘州区北郊，东与张掖农场接壤，南与国家级张掖经济技术开发区、上秦镇、新墩镇接壤，西与乌江镇接壤，北与平山湖蒙古族自治乡、兔儿坝滩循环经济产业园、靖安乡接壤。兰新铁路、张靖公路穿境。镇政府驻天桥村。1983 年三闸公社更名三闸乡，2002 年撤乡建镇。2016 年辖天桥、高寨、韩家墩、符家堡、庚名、三闸、红沙窝、杨家寨、二闸、瓦窑、草原、新建 12 个村民委员会，112 个合作社，4937 户 18095 人。人口以汉族为主，少数民族有蒙古族、裕固族、土族、藏族、回族、壮族共 22 人。

经济概况 农业。全镇以种植大田玉米、小麦为主。1991 年，粮食总产量 1772.14 万斤，农村经济总收入 3466 万元。2011 年，粮食总产量 19479 吨。至 2016 年，依托种植专业合作社，加大产业结构调整力度，农村经济总收入 4.18 亿元，农民年人均纯收入 12382 元。

畜牧业。1991 年，全镇大牲畜 10895 头（匹），猪存栏 10035 口，牛存栏 4707 头，羊存栏11848只，养鸡近16万只。至2016年，有农民养殖专业合作社等121个。

工商业。2011年，全镇有各类工商企业427户，企业14家，工业总产值8.52亿元，年完成利税702.6万元。2016年引进发忠牧业万头良种肉牛繁育、聚通农业生态规模化养殖、恒源农业万头优质肉牛育肥、荣洪农牧万只肉羊养殖、浩德牧业10万只生态虫子鸡养殖，落实资金4500万元。

三闸镇新建村小康人家

社会事业 有镇文化站、广播电视站各1处。2010年投资40万元新建镇综合文化站1处。2016年完成三闸村、韩家墩村文体广场建设项目。有幼儿园2所（其中中心幼儿园、私立幼儿园各1所），幼儿138人，教师6人；小学7所，学生741人，教师136人，小学适龄儿童入学率100%；初中1所，学生338人，教师65人。有各类医疗卫生门诊部（所）13个，其中卫生院1所、卫生室12所，有床位80张；专业卫生人员42名，其中执业医师19人、执业助理医师10人、注册护士13人。

第十节 碱滩镇

政区概况 因盐碱地广得名。地处甘州区城东16千米处，东与山丹县东乐乡接壤，南连上秦镇，西邻三闸镇，北靠东大山。1956年设立碱滩乡，1961年改为碱滩公社。1983年改为碱滩乡，2002年10月撤乡建镇。2016年辖普家庄、永星、刘家庄、古城、甲子墩、永定、碱滩、幸福、草湖、二坝、三坝、杨家庄、太平、老仁坝、野水地15个村民委员会，6274户20286人。

东古城楼

经济概况 农业。1995年工农业总产值9673万元，全乡企业和第三产业产值4.605万元，农民人均纯收入1927元。2010年全镇经济总收入3.68亿元。

2016 年农民人均纯收入 10183 元，比“十一五”末增加 4463 元，年均增幅 19%；经济总收入 5.11 亿元，比“十一五”末增加 1.6 亿元，年均增幅 9.2%。

畜牧业。组建养殖专业合作社 9 个，培育 50 头规模的养牛大户 92 户，畜禽存栏数 16 万头；建成养殖小区 43 个，组建养殖专业合作社 18 个。全镇百头以上肉牛养殖场 15 个，千只以上育肥羊基地 8 个，畜禽养殖总量 34.8 万头（只），实现养殖层次和效益双提升。

工业。有种子繁育加工企业和小型建筑业企业，2011 年工业总产值 1000 万元，比上年增加 8%。2016 年工业总产值 1254 万元，比上年增长 14.6%。

商业外贸。2011 年有商业网点150个，个体工商户78户；二、三产业总产值 1.5 亿元。2016年，社会商品零售总额 6942.1 万元；集贸市场 1 个，年成交额500万元。

社会事业 全镇有文物保护区域 4 处，其中国家级 1 处，为甲子墩汉墓群；省级 1 处为碱滩镇古城村古城城楼，市级两处为秺候堡、王家崖汉墓遗址。九曲黄河灯阵被列为“甘肃省非物质文化遗产”。2016 年，全镇有幼儿园 6 所，幼儿 386 人，教师 18 人；小学 5 所（完全小学 2 所、教学点 3 所），学生 428 人，教师 44 人，小学适龄儿童入学率 100%；九年制学校 1 所，学生 948 人，教师 85 人。小学升初率、九年义务教育覆盖率均 100%。碱滩镇卫生院有职工 31 人，床位 29 张，设内科、外科、妇科、公共卫生科、居民健康档案室和医技科等。1969 年 7 月建成碱滩广播放大站，后改称“碱滩镇广播电影电视站”。全镇各村有线电视、宽带覆盖达 100%，数字有线电视用户 3286 户；通电话数 6275 户，通互联网数 1930 户。

第十一节　小满镇

政区概况 小满得名于农历二十四节气中小满之意。东邻党寨镇，南连大满镇、龙渠乡，西靠黑河及甘浚滩，北接长安镇。镇政府驻小满村。1961 年设立小满公社；1983 年改公社为乡。2002 年 9 月撤乡建镇。2016 年辖五星、金城、古浪、石桥、黎明、中华、甘城、小满、康宁、大柏、王其闸、店子闸、河南闸、杨家闸、满家庙、张家寨 16 个村民委员会，130 个合作社，5975 户 22420 人；区域总面积 67 平方公里，耕地面积 7.3 万亩。

农村住宅区

经济概况 农业。1991 年，以种植小麦、大田玉米为主。2016 年，引进 3A 级以上制种企业 16 家，稳定制种玉米基地 61852 亩，实现年收入 1.64 亿元。种植露地蔬菜

2200 亩，栽植苗木 350 亩。

养殖业。2016 年，建有大柏村千头肉牛养殖场 1 处，年出栏万口猪育肥场 3 个，全镇饲养总量达 64 万头（只）；发展养殖专业户 1300 多户，养殖收入占农民人均收入 25% 以上。

社会事业 有镇文化站 1 处，有村级文化活动中心 16 处，文化广场 15 个，各类文化专业 25 户，各类图书室 16 个，藏书 2 万余册。民间业余文艺创作队伍 4 个共 40 人，文艺社团 16 个 600 余人，组建业余民乐团 1 个 55 人。有幼儿园 2 所，幼儿 396 人，教师 15 人；小学 10 所，学生 768 人，教师 95 人，小学适龄儿童入学率 100%；初中 1 所，学生 850 人，教师 90 人。2016 年有农民专业科技服务组织 38 个，农业科技人员 1973 人，水利工程技术人员 30 人。有医疗卫生机构 2 个，门诊部（所）17 个，新型农村合作医疗参保率 100%。有线电视用户 3133 户，卫星户户通用户 357 户，电信电视用户 2013 户，移动电视用户 745 户，电视通村率 98%。

第十二节 乌江镇

政区概况 因传说古代这里是一片汪洋大海，后来海退去，形成溪流、清泉和沼泽地，腐殖质沉淀于水底呈黑色，故取名“乌江”。地处甘州区城西北，东与靖安乡、三闸镇相毗邻，南与西城驿林场、明永镇相连，西连沙井镇，北靠临泽县。1958 年，成立乌江人民公社。1983 年，改公社为乡。1997 年 10 月，乌江撤乡建镇，更名“乌江镇”。2016 年辖谢家湾、元丰、贾家寨、敬依、乌江、管寨、东湖、平原、安镇、大湾、天乐、小湾、永丰等 13 个村民委员会和平原堡社区居民委员会，共 14 个村级政区。镇政府驻乌江村。全镇 8720 户 26963 人，常住人口 25246 人。辖区东西长约 20 千米，南北宽约 5.1 千米，面积约 92.2 平方千米。

乌江稻田

经济概况 农业。产业为玉米制种、水稻、草畜、林果。蔬菜品种有菜花、茄子、辣椒、西红柿、西葫芦等。至 2016 年，全镇农村经济总收入 5.5 亿元，农业增加值 1.6 亿元，农民人均纯收入 12715 元。

畜牧业。畜禽养殖主要以牛、羊、猪、鸡为主。至 2016 年，全镇牛饲养量 2.3 万余头、羊饲养量 38 万余只、猪饲养量 1.3 万余口、禽饲养量 22 万余只；规模农民养殖专业合作社 26 个，养殖大户 38 个，畜禽防疫率 100%。

渔业。1990 年，镇域养鱼面积 960 亩。1991—2007 年，由于镇域内水质遭到污染破坏，养鱼业一度停滞。2010 年后，政府加大生态环境保护力度，水环境得到改善，养鱼业恢复。至 2016 年，养鱼水面 300 多亩，主要以虹鳟鱼、金鳟鱼、草鱼为主。

工业。1991 年，乡镇企业 190 个，产值 1620 万元。后因乡镇企业产权改制，改为私营企业，个体工商户和私营企业发展迅速。2000 年以水稻加工、建材加工为主。张掖市鑫建砖瓦厂、平原堡五色建材有限公司等各类工商企业达 10 余家。2011 年工业总产值 2344 万元。至 2016 年，注册资本上千万元的企业有北京德农种业有限公司张掖分公司、张掖神舟绿鹏农业科技有限公司、甘肃兴达种业有限公司、张掖市玉鑫化工有限责任公司、甘肃金张掖种业有限公司、张掖市瑞真种业有限公司、张掖市玉米原种场、甘肃玉源种业股份有限公司，其他为建筑、种子加工、农业生产、农民专业合作社等中小企业。乌江集镇、平原堡集镇有个体商业门店 130 余户，各村有个体工商 283 户。

商业外贸。2011 年有商业网点 24 个，年社会商品零售总额 3.2 亿元。2016 年有商业网点 286 个。

社会事业　镇文化站始建于 1981 年，今为镇文化中心。全镇有业余剧团 3 个，社火队 9 个，文化体育广场 1 处，各村、社区配有体育活动器械。有镇级农家书屋 1 个，村级农家书屋 14 个，图书 3 万余册。安镇村“狮子上缆绳”于 2007 年被列为张掖市第一批非物质文化遗产保护名录。文物遗址有 16 处，乌江古堡遗址、魁星楼、平原古堡、乌江公社旧址、乌江文化堂、西城驿烽燧、天乐玉皇宫、管寨祭圣宫、乌江塔儿渠、黑河渡船遗址、小湾水磨碾坊遗址、乌江旧民居、乌江旧戏台、清代贡士苏公墓碑、乌江黑河滩发电站遗址、依连沟学校旧址等。其中，魁星楼是标志性文物古迹，始建于清代康熙六年，2008 年修缮。2016 年底，幼儿园 1 所，小学 9 所，学生 850 人；初中 1 所，学生 682 人，专职教员 138 人。乌江卫生院始建于 1953 年，2008 年建成建筑面积 2560 平方米的新医院，2009 年修建占地 950 平方米的安镇分院。至 2016 年，卫生院有职工 39 人，固定资产 300 万元，病床 50 张；下辖村卫生室 13 个，社区卫生室 1 个。

第十三节　明永镇

政区概况　以明脉渠、永济渠各取首字得名。东靠黑河，南连甘浚镇，西邻沙井镇，北与国营西城驿林场、乌江镇接壤，呈“凸”形地带。镇政府驻明永村。1961 年设立明永公社。1983 年改为明永乡。2015 年 5 月，撤销明永乡，设立明永镇。2016 年辖沿河、武家闸、孙家闸、沤波、中南、明永、永和、永济、上崖、下崖、夹河、燎烟 12 个村，82 个合作社。全镇总人口 13384 人，其中农业人口 12271 人、非农业人口 1090 人。辖区南北长 15.5 千米，东西宽 13.4 千米，面积约 95.8 平方千米。

经济概况　农业。有耕地 6.4 万亩，主要种植玉米、蔬菜等。1994 年以前种植水稻 2000 多亩，1994 年以后逐渐改种小麦、玉米及加工番茄、甜菜等，旱地种植制种玉米、大豆、黄豆、高原夏菜等作物。2002—2013 年引进隆平高科、丰乐、德农等 AAA

级制种企业。至2016年，全镇制种面积稳定在5.3万亩左右，亩均产值2600元左右。建成日光温室190座，高标准育苗中心10000平方米，总库容9万吨气调保鲜冷库40间，钢屋架大棚820座，发展高原夏菜12000亩；种植油用牡丹、松柏等各类经济苗木1300亩。

明永镇绿涵农产品生产基地

畜牧业。2016年畜禽养殖量为：牛29842头、羊146586只、猪8526口、鸡35682只、马34匹、骡824匹、驴2014头、鹅87只、鸽子2101只、虹鳟鱼10万尾、金鳟鱼5万尾、中华鲟鱼1万尾。

工商业。工业企业主要以农产品加工、建筑材料生产销售为主。玉米制种加工企业主要有隆平高科、丰乐、德农等；蔬菜种植加工企业有绿涵有限责任公司和发年农产品公司；建材公司主要有新型保温材料厂、张掖市龙翔环保建材有限公司、张掖市天盛建材有限公司、张掖市擎天建材有限责任公司等5家。

社会事业 建成沿河村、武家闸村文化大院2处；有文化产业协会1个，固定电影放映点1个，广播电视站1个，文化志愿者服务队1个，乡村舞台示范点10处，村级文化长廊5处，民间社团6个，上崖村民间自乐班子1个，藏书3000册以上的农家书屋13个。2016年，有九年制学校1所，完全小学4所；小学生647人，初中生262人；教师107人。有各级医疗卫生机构13个，医院1所；共有职工24人。下辖村卫生室12个，乡村医生12人。1987年开通广播电视站，有线电视用户3629户。2016年底，新增电信、移动网络电视用户758户，有线电视用户4488户，入户率96%。

第十四节　龙渠乡

政区概况 明嘉靖二十五年，巡抚杨博视察甘州水利，看到黑河莺落峡口土地肥沃，水源便利，于是命军士开垦土地、兴修水利，开挖黑河出口第一道渠，命名“龙首渠”，后简称“龙渠”。东靠大满镇，南依祁连山，西傍黑河，北连小满镇。乡政府驻地保安村。1958年成立龙渠公社。1983年改为龙渠乡。2016年辖三清湾、木笼坝、龙首、下堡、头闸、水源、墩源、保安、什八名、新胜、白城、高庙12个村民委员会，69个合作社。全乡共有3012户11187人，少数民族有藏族、土族、土家族、蒙古族共9人。辖区总面积约46平方公里，东西最大距离12.5千米，南北最大距离5.6千米。

经济概况 农业。1996年前，农作物种植主要有小麦、玉米、大麦、洋芋等；经济作物有葵花、胡麻、大豆等；用材树木有杨树、柳树，经济林木有苹果、苹果梨等。1997 年以后，逐步发展以制种玉米为主的经济作物。打造具有龙渠特色的香油、蔬菜、馍馍等农产品品牌，推出的有头闸村“龙渠香坊”胡麻油、墩源村“墩源农庄”馍馍和粉皮面筋、白城村特色蔬菜等。2016 年经济总收入 3.5 亿元，农民人均纯收入 12658 元。

畜牧业。以牛、羊、猪、鸡养殖为主，有千只肉羊养殖场 3 个，能繁母牛养殖基地 4 个，10 头以上能繁母牛养殖示范户 70 户。建有青贮氨化窖 846 个，窖容 8.45 万立方米，年青贮氨化秸秆 2.6 万吨。牛、羊、猪、鸡的饲养量分别达到 0.76 万头、6.4 万只、0.86 万口、11.53 万只。

工商业。有张掖市辰金胤钢材销售有限责任公司、张掖市龙首铁合金有限责任公司、张掖市金盾预制厂、张掖市天业再生塑料有限责任公司。2016 年工业总产值 1.9 亿元，利税 1400 万元。

社会事业 1966 年建设广播站。1982 年建设龙渠乡文化站。2007 年修建龙渠乡文化广场，综合文化站藏书 6400 册。文物遗址有西武当瓷窑址、龙首堡遗址、上龙湾寺。至2016年，龙渠乡有幼儿园 1 所，幼儿140人，教师22人；中心学校 1 所，学生634人，教师82人。有龙渠乡卫生院 1 所，医护人员 19 人，3 名招聘制专业技术人员。村级卫生所 12 个，14 名医疗人员。2016 年，全乡 11040 人参加新型农村合作医疗，参合率 100%。1966 年建成乡广播站，2003 年更名“广播电视站”。有邮政局 1 处，乡村通邮率 100%。电信企业 3 家，服务网点 13 个，固定电话和移动电话用户 2980 户，电话普及率 96%。

送文化下乡

第十五节　安阳乡

政区概况 取“安民坝”“阳花渠”首字得名。地处甘州区南部，东与民乐县接壤，南连肃南县，西邻花寨乡，北连神沙窝滩。乡政府驻五一村。1961 年成立安阳公社。1983 年公社改为乡。2016 年辖苗家堡、明家城、毛家寺、帖家城、郎家诚、贺家城、王阜庄、五一、高寺儿、金王庄 10 个村民委员会。全乡总人口 14414 人，其中常住人口 13023 人、流动人口 1391 人。全乡总面积 163 平方千米，耕地 6025 亩。辖区东西最大距离 9.4 千米，南北最大距离 13.4 千米。

经济概况　农业。以种植小麦、大麦、玉米、马铃薯、小杂粮、高原夏菜、中药材为主。

安阳马铃薯

畜牧业。以牛、猪、羊、家禽为主。2016 年生猪出栏 8753 口，年末存栏 14320 口；牛出栏 1543 头，存栏 9682 头；羊出栏 9764 只，存栏 45590 只；家禽年饲养量 97699 只；畜牧业总产值 3.672 亿元；农民人均纯收入 8964 元，比 2005 年增长 6%。

工业。2010—2011 年，安阳乡上马酥油口梯级电站建设项目和国家小水电代燃料工程建设项目，总投资 1710.4 万元；2012—2013 年，落实高寺儿村中药材基地、中药材加工厂建设项目，总投资 350 万元。至 2016 年底，安阳乡以水力发电和农产品加工企业为主，实现销售收入 1.2 亿元。是年，有商业网点 21 个，职工 160 人；商品批发零售、餐饮收入总额 446 万元，比上年增长 7.2%。

社会事业　有乡文化站、广播电视站各 1 处，村级文化活动中心 10 处，各类文化专业户 45 户，各类图书室 10 个，藏书 3 万余册。苗家堡村有明代烽火台 3 座，明代天落城遗址 1 处；高寺儿村有唐代吉祥寺砖塔 1 座，明清时期古城遗址 3 处，新石器时代文物出土点 1 处；帖家城有明代烽火台遗址 1 处；王阜庄村有汉晋墓葬群 1 处；金王庄村有民国玉皇庙 1 座。2016 年，全乡有幼儿园 5 所，幼儿 357 人，教师 18 人；小学 5 所，学生 703 人，教师 64 人，小学适龄儿童入学率 100%；初中 1 所，学生 360 人，教师 48 人。有各级医疗卫生机构 11 个，门诊部（所）11 个；有床位 65 张，医务人员 26 名。

第十六节　花寨乡

政区概况　取“阳花渠”的“花”字构成寨名。地处祁连山北麓，东与安阳乡毗邻，南依祁连山，西接龙渠乡，北靠神沙窝南滩。乡政府驻地花寨村，处于通往马蹄寺旅游景区和大野口旅游景区道路交会处。1953 年设花寨乡。2016 年辖花寨村、滚家城村、柏杨树村、西阳村、新城村、滚家庄村、余家城村 7 个村，40 个生产合作社。全乡总人口 7625 人。辖区东西最大距离 9.4 千米，南北最大距离 17 千米，总面积 139.24 平方千米。

经济概况　农业。总产值从 1991 年的 575.32 万元增长到 2016 年的 16581 万元；农村经济总收入从 1991 年的 752.93 万元增长到 2016 年的 11227 万元；农民人均纯收

花寨小米专业合作社生产车间

入从1991年的504元增长到2016年的8681元。

畜牧业。1991年全乡猪存栏2806口，出栏3010口；羊存栏5907只，出栏2037只；牛存栏1800头，出栏146头。到2016年，全乡猪存栏3901口，出栏4428口；羊存栏12822只，出栏10040只；牛存栏3460头，出栏1731头。

工商业。2008年成立金花寨小米种植专业合作社。至2011年，有小米加工厂、石灰石开采加工企业3家，从业人员150人。2014年投资3600万元，完成占地1000亩的“金花寨”有机生态产业园建设，新建小米加工、冷榨亚麻籽油精炼、食用油研发、玉米糁子加工、荞麦面加工、石磨面加工等5个生产线。2016年，圣泉矿泉水有限责任公司投入生产，生产各种品牌矿泉水300吨，产值600多万元，实现销售收入120万元。甘州区柏杨树高原夏菜种植专业合作社，投资860万元建成高原夏菜种植基地1处，年销售收入480万元，实现利润120万元，安排就业130多人。

社会事业 建成乡文化站、广播站各1处，村文化活动中心6处，农家书屋7个，藏书1.6万余册。2014年，“国家级非遗项目河西宝卷（张掖卷）甘州区花寨乡花寨村传习所”挂牌。有文物保护单位和文物点11个，其中柏杨树村烽火台遗址、滚家城烽火台遗址、小野口烽火台遗址、大野口烽火台遗址为国家级文物保护单位；西阳村屯庄遗址、余家城村民堡、青龙寺遗址为区级文物保护点。2016年，全乡有中心校1所，初中学生132人，小学生206人，教师40人。教学点1所，学生20人，教师7人。幼儿园1所，幼儿132人。有各级医疗卫生机构8家，门诊部（所）8家，医务人员14名。村民新型农村合作医疗参合率达100%。

第十七节　靖安乡

政区概况 取平定、安详之意得名。地处甘州区北部，东靠张掖工业园区循环经济示范园，南部、西部依黑河沿岸，北靠合黎山。1953年建乡，1983年改为靖安乡。辖上堡、靖平、新沟、靖安4个村。辖区东西最大距离4.5千米，南北最大距离7.9千米，总面积25平方千米。2016年全乡总人口7025人。

经济概况 农业。全部为水浇地。畜牧业以牛、猪、羊、家禽为主。2016年农业总产值1.1348亿元，畜牧业产值7139万元。

工业。以建筑材料为主。2016 年工业收入 1722 万元，建筑业 1120 万元，交通运输业 1250 万元。

社会事业 2016 年有幼儿园 1 所，幼儿 149 人，教师 13 人；中心学校 1 所，小学生 331 人，教师 27 人；初中生 212 人，教师 32 人。有乡级医疗卫生机构 1 个，门诊部（所）5 个，有床位 30 张；固定资产总值 150 万元。医务人员 20 名，其中执业医师 5 人、执业助理医师 4 人、注册护士 4 人。2016 年医疗机构（门诊部以上）完成诊疗 1.26 万人次，村民参加新型农村合作医疗参保率 99%。

第十八节 平山湖蒙古族乡

政区概况 因平顶山下有湖得名，地处甘州区城区以北。东以中沙河为界与内蒙古阿拉善右旗相邻，南出人祖山、东大山（观音山口）与靖安乡、三闸镇接壤，西与临泽县板桥乡相连，北以板槽河为界与内蒙古阿拉善右旗相邻。1953 年始建平山湖乡，1955 年改为平山湖民族乡，1958 年改称平山湖牧场，1964 年恢复平山湖乡，1966 年改为乌兰乡，1968 年改为乌兰公社。1983 年恢复平山湖蒙古族乡。2016 年全乡辖平山湖、紫泥泉、红泉村 3 个村民委员会。有蒙古族、汉族、土族、裕固族共 813 人，其中蒙古族 229 人。东西长 40 千米，南北宽 26 千米，总面积 1040 平方千米。

平山湖农牧民日常生活

经济概况 全乡以畜牧业为主，仅有饲草地耕地面积 613 亩，人均 1.2 亩。全乡辖 3 个村 46 个放牧点，主要饲养绒山羊，年饲养量 4.6 万只；兼养骆驼、驴、马等大牲畜，存栏 1800 峰（头）。2011 年牧民人均纯收入 5120 元，比上年增长 16%。2016 年，全乡畜禽饲养量为牛 1110 头、羊 46050 只、骆驼 1560 峰、驴马 2879 头（匹），合计 51599 头（只）。

工业。以煤矿、硅石矿开采为主。2011 年底，主要有宏峰矿业公司、烟氡口硅石矿等矿山企业，职工 120 人。2016 年，有平山湖供销社等 4 个商业网点。

社会事业 有文化站、广播电视站各 1 处，有村级文化活动中心 3 处，各类文化专业户 8 户，农家书屋 3 个，藏书 3 万册。有中心学校 1 所，教师 3 名。有乡中心卫生院 1 个，门诊部 1 个。2016 年卫生院有职工 6 人，床位 7 张，年门诊诊疗 2500 人次。新型农村合作医疗参保率 100%。

第三章　街　　道

中华人民共和国成立以后设城关区，1964 年改为城关镇。1989 年设立平原堡街道办事处、火车站街道办事处，全市共设 3 个镇 8 个街道办事处、72 个居委会。1999 年平原堡街道办事处隶属乌江乡人民政府管理。2001 年撤销张掖市城关镇。2004 年，撤销平原堡镇，设立平原堡社区居委会，并入乌江镇人民政府；撤销东园镇人民政府，辖区地域划为火车站街道办事处。2006 年 6 月，重新对 5 个街道办事处、29 个居委会进行调整。

第一节　东街街道

政区概况　东起东环路，西至南大街，南起南二环路，北至东大街。1985 年 5 月，张掖县城关镇更名“张掖市城关镇”。2001 年 7 月，城关镇撤销后，设立东街街道办事处，辖交通巷、甘泉、金安苑、长沙门、饮马桥、文庙巷、甘州市场、东沙湾 8 个社区；2004 年 3 月，8 个社区合并为交通巷、甘泉、金安苑、长沙门、饮马桥、文庙巷 6 个社区；2006 年 7 月，6 个社区合并为交通巷、甘泉、金安苑、长沙门 4 个社区。2016 年辖交通巷、甘泉、长沙门、金安苑 4 个社区，34 个居民小组（片区）；辖区有居民 13638 户 35954 人，流动人口 1273 人，有回族、东乡族、裕固族、藏族、壮族、蒙古族、高山族、侗族、满族、苗族 10 个少数民族共 440 人。辖区东西长 2 千米，南北长 1.9 千米，面积 3.85 平方千米。

东街街道便民服务大厅

社会事业　教育。有公立幼儿园 3 所，六年制小学 2 所（青东小学、民族小学），九年制学校 1 所（金安苑学校），三年制高中 1 所（张掖市第二中学），私立三年制高中 1 所（天一中学），私立幼儿园 2 所。

社会保障。2016 年有低保对象 1090 户 2270 人，月发放低保金 667744 元；发放临时救助 136 人 20.91 万元，孤儿生活费 5 人 43200 元，重点优抚对象抚恤补助金 26 人 134185 元；发放残疾学生助学项目资金 2 人 2500 元，发放残疾人创业扶持资金 14 人共 70000 元，为 37 户低保家庭申报临时菜价补助共 11100 元，残疾人两项补贴 143 人 139200 元，居民参加城镇医疗保险98%。辖区有日间照料中心1家（交通巷社区日间照料中心）。

第二节　西街街道

政区概况　东至北大街、张靖公路以西，南至西大街以北，西与新墩镇接壤。2001年7月城关镇撤销后，设立西街街道办事处，辖西城巷社区、解放巷社区、北水桥社区、大衙门社区、五里墩社区、北环路社区、西站社区、新乐社区、小寺庙社区9个社区居委会；2003年合并为北水桥社区、大衙门社区、五里墩社区、北环路社区、西站社区、新乐社区、小寺庙社区7个社区居委会；2008年合并为小寺庙社区、西站社区、北环路社区、新乐社区4个社区居委会。2016年辖区常住居民15420户45757人，流动人口8800多人，少数民族有藏族、回族、蒙古族、土家族、满族共92人。辖区东西长2.5千米，南北长4.1千米，区域面积10.5平方千米。

经济概况　辖区有各类工商企业单位80余家，形成以清洁能源、有色冶金、生物化工、轻工食品、建筑建材为主的工业体系，建成以水电、光电和生物质能发电为重点的清洁能源，生物医药为主的生物化工产业集群（河西学院凯源螺旋藻开发公司）。

社会事业　教育。辖区有河西学院、张掖市第一中学、张掖市第四中学、甘州中学、西街小学、西关小学、新乐小学等7所学校，幼儿园4所。

社会保障。2016年，享受城市居民最低生活保障金对象2433户5309人，低保人口占辖区总人口的18%，月发放低保金额1588055元。低保标准由2015年的月人均387元提高到418元，补差标准由月人均288元提高到299元。

第三节　南街街道

政区概况　东至南大街—水泥厂路，南至南二环，西至西二环，北至西大街延伸段。南街街道办事处成立于2001年7月，由原城关镇青年街、劳动街、南街3个街道办事处整合重组建成。2002年，张掖市南街街道办事处更名“甘州区南街街道办事处”，下设增富巷、富民、西来寺、枫树湾、南关、安民、佛城、西环路、陈家花园9个社区。2005年由原9个社区合并组建为增富巷、富民、西来寺、枫树湾、南关、安民、佛城7个社区。2006年8月，街道办事处将7个社区合并成枫树湾、西来寺、南关、佛城4个社区。2009年，将4个社区区域重新划分，成立泰安社区，撤销枫树湾社区。至2016年，设立泰安、西来寺、南关、佛城4个社区。

社会事业　教育。辖区内大专院校2所（河西学院张掖医学院、张掖市广播电视大学），高级中学1所，初级中学2所，小学2所，幼儿园5所。

社会保障。2016年，街道低保新纳55户，提增505户，降标171户，转出23户，取消155户。有低保户1125户2187人，每月发放低保金63.6万元；保障人口比2010年减少42%，救助金额比2010年减少24%。受理经济适用住房14户、公租房98户、住房补贴申请45户，审核新增廉租补贴户45户。

第四节　北街街道

政区概况　南接东大街，西靠北大街，东北部连接张掖工业园区。2001 年 7 月城关镇撤销后，设立北街街道办事处，辖东湖、税亭、二轻、东仓、东关、张火路、马神庙、北大池 8 个社区居委会。2003 年合并为东湖、税亭、王母宫、张火路、东关、马神庙 6 个社区。2006 年合并为东湖、税亭、王母宫、东关 4 个社区；2006 年 5 月，东关社区划归火车站街道办事处管辖。2016 年辖东湖、税亭、王母宫 3 个社区居委会，14 个居民网格。辖区总人口 20681 人，其中常住人口 20147 人、流动人口 534 人。辖区东西长 1.9 千米，南北长 2.2 千米，总面积 4.2 平方千米。

经济概况　有个体门店 901 个，从业人员 2890 人；事业单位和其他经济组织 31 家，从业人员 920 人；有大型集贸市场 3 个，主要经营蔬菜水果、调味品、农副产品等。2016 年社会消费品销售总额 1.6 亿元。

社会事业　教育：有幼儿园 5 所，小学 2 所，初中 1 所；初中在校学生 702 人，教师 723 人。初中适龄人口入学率、小升初升学率、九年义务教育覆盖率均达 100%。

社会保障：至 2016 年，有城市低保 1576 户 3384 人，月发放低保金 959116 元；完成城镇新增就业 2020 人，失业人员技能培训 1200 人，劳务输出 153 人，实现劳务收入 271.5 万元。

第五节　火车站街道

政区概况　位于甘州区东北郊。东邻东北郊下安村，南起东环路十字，西连东北郊工业园区，北至道北甘泉小区。2001 年 7 月城关镇撤销后，设立火车站街道办事处，辖康乐、东园、道北 3 个社区。2006 年 5 月，东园社区、康乐社区、道北社区合并为康乐社区；北街张火路社区与东关社区合并为张火路社区，隶属火车站街道办事处管理。辖区总人口 1.3 万人，其中城镇常住人口 1.2 万人，另有流动人口 789 人。

经济概况　以有色冶金、矿石加工、中药材加工、农资销售、货物运输为主的工业体系，建成农资销售产业集群。2016 年工业总产值达 1.98 亿元。

2016 年，辖区有各类企业 12 家，从业人员 302 人；有个体门店 461 个，从业人员 1617 人；事业单位和其他经济组织 32 个，从业人员 2916 人；有大型集贸市场 3 个，主要经营装饰装潢材料、家具、卫生洁具等。2016 年社会消费品销售总额 0.45 亿元，城乡集市贸易成交额 0.45 亿元。

社会事业　教育：有幼儿园 5 所，九年制学校 1 所（张掖铁路学校）；小学生 366 人，初中生 218 人，教师 73 人；职业高中 1 所（张掖市职业教育学校），在校生 2642 人，教师 192 人。

社会保障：2016 年城镇最低生活保障户数 944 户 1835 人，月人均 407 元。社区服务设施 7 家。

第 三 编

政党　社会团体

第一章　中国共产党张掖市甘州区委员会

第一节　党员代表大会

中国共产党张掖市第八次代表大会　1990年2月15日—17日，中国共产党张掖市第八次代表大会召开，大会正式代表327名，列席代表19名，特邀代表8名。大会审议通过中国共产党张掖市第七届委员会工作报告；审议通过中国共产党张掖市纪律检查委员会工作报告。大会选举张庆永为书记；副书记彭尔笃、孙荣乾、张泽庚、连有国共4名；张庆云、彭尔笃、孙荣乾、张泽庚、连有国、师宗德、杨得祥、曹光明、张世栋、刁长荣为常务委员。选举刁长荣、马万云（回族）、马岱云、王子辛、王兴诗、王树政、王洪波、冯家驹、孙荣乾、师宗德、成守仁、张世栋、张庆永、张泽庚、张新民、李奎、李清、李正本、李国志、杨自顺、杨得祥、连有国、陈天成、武居义、郝耀山、高玉凤（女）、曹光明、曹登儒、彭尔笃、童国瑛、舒茂林等31名中共张掖市第八届委员会委员；张向阳、周三义、王淑英（女）、王愈新为届中任职委员；候补委员关宪飞。选举曹光明为纪律检查委员会书记；王培荣为纪律检查委员会副书记；曹光明、王培荣、王兴利、段馨、王经国为纪律检查委员会常务委员会委员；选举王兴利、王经国、王培荣、刘文海、吴继峰、李自胜、李湘玉、杨海东、段馨、赵军国、殷占隆、曹光明、隋应保、彭兴波等14名中共张掖市纪律检查委员会委员。

中国共产党张掖市第九次代表大会　1993年2月9日—12日，中国共产党张掖市第九次代表大会召开，参加会议正式代表350名，出席代表347名。大会主席团由39人组成。大会审议通过中共张掖市第八届委员会工作报告和纪律检查委员会工作报告，确定“八五”计划和当前一个时期的战略任务与奋斗目标。大会选举彭尔笃为书记；副书记孙荣乾、连有国、周三义、王淑英（女）共4名；常务委员彭尔笃、孙荣乾、连有国、周三义、王淑英（女）、王愈新、杨得祥、曹光明、刁长荣、张向阳共10名。选举刁长荣、马成功（回族）、化秀、王兴诗、王淑英（女）、王愈新、孔继德、冯家驹、任兆文、关宪飞、孙荣乾、汤继高、李清、陈天成、连有国、张向阳、张伯云、张育忠、张学亮、张新民、杨得祥、周三义、罗正庆、郝耀山、殷占隆、高振文、曹光明、曹登儒、彭尔笃、傅德华、鞠好儒共31名中共张掖市第九届委员会委员；杨子秀、王开堂、罗正庆、段馨、李迎春、彭兴波、周占宏、祁兰育（女）、任万江、安想忠、盛世高、徐万福、甄广波、黎大保为届中任职委员；候补委员孟仲、雷玉兰（女）。选出曹光明为中共张掖市纪律检查委员会书记；吴继峰为副书记；曹光明、吴继锋、段馨、彭兴波、杨海东、李自胜、王兴利为常务委员会委员；王兴利、任继全、吴才生、吴继锋、李自胜、李湘玉、杨海东、赵立国、赵军国、姜彬、段馨、曹光明、隋应保、彭兴波、蔡铎元为中共张掖市纪律检查委员会委员。

中国共产党张掖市第十次代表大会 1997年12月9日—12日，中国共产党张掖市第十次代表大会召开，大会正式代表380名，出席代表379名。大会主席团由38人组成。大会审议通过中共张掖市第九届委员会工作报告和纪律检查委员会工作报告，讨论确定1998年及今后五年全市经济建设、精神文明建设和党的建设的目标任务。大会选举书记盛世高；副书记王开堂、马成功（回族）、祁兰育（女）、周占宏共4名；常务委员盛世高、王开堂、马成功（回族）、祁兰育（女）、周占宏、安想忠、彭兴波、任万江、汤继高、甄广波、黎大保共11名。选出马成功（回族）、孔继德、王开堂、王志勇、任万江、关宪飞、安想忠、汤继高、祁兰育（女）、余锋、吴尚元、张星旺、李小平、杨鹏、周占宏、孟仲、屈新平、罗正庆、郭尚勤、曹登儒、盛世高、傅德华、彭万涛、彭兴波、甄广波、雷玉兰（女）、蔡铎元、黎大保等28名中共张掖市第十届委员会委员；于开军、朱乔正、安新代、刘成民、王海峰、成广平、李肇桀、韩正明为届中任职委员；候补委员陈兴荣、石锦秀、杨志芳、曹家俊。选出彭兴波为中共张掖市纪律检查委员会书记；吴继锋、蒲金昌为副书记；彭兴波、吴继锋、蒲金昌、蔡铎元、王海、邢泽、马成等7名常务委员会委员；马成、马保战、王海、毕柄勋、许国强（回族）、邢泽、吴继锋、张少华、李军（女）、李辉春、赵军国、彭兴波、蒲金昌、蔡铎元、魏国良等15名中共张掖市纪律检查委员会委员。

中国共产党张掖市甘州区第一次代表大会 2002年12月12日—14日，中国共产党张掖市甘州区第一次代表大会召开，大会代表380名，列席代表97名，特邀代表4名。大会主席团由37人组成。大会审议通过《学习贯彻十六大精神　认真实践“三个代表”重要思想　努力开创甘州区经济社会发展的新局面》的工作报告和区纪委工作报告。大会选举书记王开堂；副书记韩正明、周占宏、安想忠、王海峰、朱乔正、李小兵、李肇桀（挂职）共7名；常务委员会委员王开堂、韩正明、周占宏、安想忠、王海峰、朱乔正、李小兵、李肇桀（挂职）、郭尚勤、刘成民、成广平、权金贵共12名。选出王开堂、王海峰、权金贵、成广平、朱乔正、刘光明、刘成民、阎作明、安想忠、李小兵、李肇桀、吴永、吴继锋、张星旺、罗正庆、周杰、周占宏、徐咸章、郭尚勤、彭万涛、韩正明、韩经荣、傅德华、强梅（女，藏族）、鞠毅共25名中共张掖市甘州区第一届委员会委员；王立泰、高建民、王洁岚、郑月萍（女）、脱兴福、王洪德、马永才、李景铭、杨继军、李宏伟、王韶华为届中任职委员；候补委员宋明、石锦绣、蒲金昌、何延琴（女）、李实。选举朱乔正为中共张掖市甘州区第一届纪律检查委员会书记；马成、李军（女）为副书记；朱乔正、马成、李军（女）、邢泽、吕柄、阎作明、阎明为常务委员会委员；马成、王立庆、邢泽、吕柄、朱乔正、阎明、阎作明、李伟、李军（女）、杨伟民、何延琴（女）、罗锋、郭松山、童国瑞、蒲金昌为中共张掖市甘州区第一届纪律检查委员会委员。

中国共产党张掖市甘州区第二次代表大会 2006年12月6日—8日，中国共产党张掖市甘州区第二次代表大会召开，大会代表380名，列席人员109名。大会主席团由37人组成。大会审议通过中共张掖市甘州区第一届委员会工作报告和纪律检查委员会工作报告。大会选举书记杨继军；副书记王洁岚、朱乔正；常务委员会委员杨继军、王洁岚、朱乔正、郑月萍（女）、李宏伟、刘学汉、高建民、马永才、王韶华、王洪德、李景铭（挂职）、薛庆共12名。选举马河、马永才、马登政、王洁岚、王洪德、王鸿耀、王敬忠、王韶华、公元新、朱乔正、朱兴杰、乔国林、刘志擎、刘学汉、安立国、李军（女）、李宏伟、李国锋、李景铭、杨成林、杨继军、张龙、张吉寿、张洪清（女）、张辅民、张锦善、明清秀、罗世龙、周杰、郑月萍（女）、郎永生（藏族）、贺建国、秦福伟、高建民、郭建平、曹明、阎学东、蒋龙、韩中川、曾顺、薛庆共41名中共张掖市甘州区第二届委员会委员；张健、王海峰、李宏伟、张龙、张玉林、徐万福、王彦春、杨翠琴（女）、杨喜军为届中任职委员；候补委员马镇山、王旭光、汪晓瑞、张成琦、贾先明、高银林、曹文斌、满旭峰。选举郑月萍为中共张掖市甘州区纪律检查委员会书记；李军（女）、邢泽为副书记；郑月萍、李军（女）、邢泽、吕柄、郭建平、李伟、杨晓越为常务委员会委员；马保战、王英（女）、邢泽、吕柄、刘莹（女）、李伟、李军（女）、李建光、李建国、杨学功、杨晓越（女）、何建中、沈文彬、张定一、周彤（女）、郑月萍（女）、赵沁芳（女）、袁鸿锐、郭建平为中共张掖市甘州区纪律检查委员会委员。

中国共产党张掖市甘州区第三次代表大会　2011年10月13日—16日，中国共产党张掖市甘州区第三次代表大会召开，大会代表390名，列席人员113名。大会主席团由37人组成。大会审议通过中共张掖市甘州区第二届委员会工作报告和纪律检查委员会工作报告。大会选举书记张健；副书记张玉林、徐万福2名；常务委员会委员张健、张玉林、徐万福、杨翠琴（女，裕固族）、刘学汉、杨喜军、薛庆、王彦春、屈建元、张龙、张成琦共11名。选举马河、马瑛、王东升、王彦春、王敬忠、毛赟、公元新、叶其炎、田继新、朱兴杰、刘玉蓬、刘学汉、安立国、祁振东、李军、李登峰、杨喜军、杨翠琴（女，裕固族）、汪晓瑞、张龙、张健、张玉林、张吉寿、张成琦、张洪清（女）、张辅民、屈建元、姚煜道、贺建国、秦福伟、徐万福、高银林、郭建平、黄永利、黄兴俊、曹文斌、康建军、曾顺、雷光福、满旭峰、薛庆共41名中共张掖市甘州区第三届委员会委员；秦伟、殷大斌、张洪清（女）、朱乔正、王韶华、张天伟、余锋、刘晓红（女）、邢学伟、杜劲松为届中任职委员；候补委员马海荣、王斌、王东军、甘林斌、程建明、邢泽、张鹏、马有祯。选举杨翠琴（女，裕固族）为中共张掖市甘州区纪律检查委员会书记；邢泽、张定一为副书记；杨翠琴（女，裕固族）、邢泽、张定一、王仁国、高海红、王跃农、靳建民为常务委员会委员；马保战、王仁国、王跃农、毛昱、宁可海、邢泽、任文建、刘天东、李国锋、李建国、杨学功、杨翠琴（女，裕固族）、张永刚、张定一、张学俊、武龙、高海红、阎芳（女）、靳建民为中共张掖市甘州区第三届纪律检查委员会委员。

中国共产党张掖市甘州区第四次代表大会　2016年10月5日—8日，中国共产党张掖市甘州区第四次代表大会召开，大会代表388名，列席人员109名。大会主席团由41人组成。大会审议通过中共张掖市甘州区第三届委员会工作报告和纪律检查委员会工作报告。大会选举书记余锋；副书记王韶华、秦伟共2名；常务委员会委员余锋、王韶华、秦伟、刘晓红（女）、邢学伟、张洪清（女）、张天伟、杜劲松、张鹏、田继新、汪晓瑞、汪建宏（挂职）共12名。选举马海荣、王海、王斌、王正彪、王东军、王迪东、王洪德、王海明、王韶华、化乐、甘林斌、田继新、邢学伟、刘文、刘晓红（女）、祁泉、纪向军、杜劲松、李纲、李召文、李吉忠、李金铭、李建光、李海龙、李登峰、吴东德、余锋、汪晓瑞、张鹏、张天伟、张定一、张洪清（女）、赵乾升、秦伟、高银林、郭建山、黄永利、黄兴俊、曹文斌、梁平林、程朱海、程建明、樊有鹤、樊晓诚、薛庆共45名中共张掖市甘州区第四届委员会委员；候补委员张定祥、梁龙、梁天祯、魏冉、刘波、陈昭、尉芳菲（女）、谢青春（女）。选举刘晓红为中共张掖市甘州区纪律检查委员会书记；张定一、王仁国为副书记；刘晓红、张定一、王仁国、高海红、王跃农、靳建民、姚莉杰为常务委员会委员；马超、马书和（回族）、王东、王仁国、王兆燕、王跃农、王增新、龙艳（女）、冯志军、朱兴忠、刘天东、刘晓红（女）、张定一、郑鹏举、姚莉杰（女）、高海红、蒋增辉、靳建民、薛文斌为中共张掖市甘州区第四届纪律检查委员会委员。

第二节　组织机构

1985年5月，国务院批准成立张掖市（县级），撤销张掖县。是年12月，中国共产党张掖县委员会更名“中国共产党张掖市委员会”，工作机构进行调整充实。1986年6月调研室撤销，设立经济工作部。1987年信访室划归政府序列。1988年2月，撤销市委经济工作部，成立市委政策研究室。至1990年12月，中共张掖市委工作机构有办公室、组织部、宣传部、统战部、机关党委、党校、档案局（馆）、调研室、党史资料征集办公室、政法委员会、老干部工作科等。

1991年，中共张掖市委工作部门有办公室、组织部、宣传部、统战部、党校、机关工委、纪检监察、政法、党史办、农办、工会、共青团、妇联，下辖城关镇、22个乡党委、1个市直机关党委。1997年5月，市委工作机构调整为5个：办公室、组织部、宣传部、统一战线工作部、政法委员会和市直机关工作委员会、党校（派出机构，不占机构限额）；政策研究室、保密委员会办公室、机要室、督查室职能并入市委办公室；保留政策研究室、保密委员会办公室、机要室、督查室的牌子。2002年3月，国务院批准成立甘州区（县级），撤销张掖市（县级），中共张掖市委员会更名“中共张掖市甘州区委员会”。2003年，区委根据实际工作需要和机构改革政策，增撤相应的工作部门，区委工作部门包括：区纪律检查委员会、区委办公室〔机要室、督查室、保密委员会办公室（保密局）、政策研究室、党史资料征集办公室〕、组织部（下设老干部工作局，归口组织部管理）、宣传部（加挂精神文明建设委员会办公室牌子）、统一战线工作部（加挂台湾工作办公室牌子）、政法委员会（社会治安综合治理委员会办公室、防范和处理邪教问题领导小组办公室、维护稳定领导小组办公室）、党校、直属机关工作委员会和企业工作委员会2个派出机构、1个直属事业机构〔档案局（馆）〕。

2005年10月，中共张掖市甘州区委辖基层组织24个，1个工业园区党委、纪委，11个镇党委、纪委，7个乡党委、纪委，5个街道党工委、纪委。至2006年底，全区设有6个党组、32个党（工）委、38个党总支、751个基层党支部，21689名党员。2009年，区委办公室设立信息科。2010年，与人社局合署办公的区机构编制委员会办公室机构单列，属党委序列。2015年，甘州区机要局加挂“甘州区国家密码管理局”牌子。2015年整合区委督查室、区政府督查室、考核委员会办公室机构和职责，成立甘州区督查考核局。2016年，区委工作部门包括：区纪律检查委员会、区委办公室（机要局、保密局、政策研究室、党史资料征集办公室、文档科、秘书科、信息科、总务科）、组织部（下设老干部工作局，归口组织部管理）、宣传部（加挂精神文明建设委员会牌子）、统一战线工作部（加挂台湾工作办公室牌子）、政法委员会（社会治安综合治理委员会办公室、防范和处理邪教问题领导小组办公室、维护稳定领导小组办公室）、督查考核局、机构编制委员会、农村工作办公室、区委党校、区委直属机关工作委员会和企业工作委员会2个派出机构和档案局（馆）1个直属事业机构。至2016年，甘州区辖1个国家级经济技术开发区、18个乡镇、5个街道办事处。区委下设44个党（工）委、70个党总支、1453个党支部（其中乡镇党委18个，村党支部245个），29254名党员。

中共甘州区委1991—2016年书记、副书记、常委人员

表3－1－1

任届	职务	姓名	任职时间	注
中国共产党张掖市委第八届委员会（1990.2—1993.2）	书　记	张庆永	1990.2—1992.12	
		彭尔笃	1992.12—1993.2	
	副书记	彭尔笃	1990.2—1992.12	
		孙荣乾	1990.2—1993.2	
		张泽庚	1990.2—1992.12	
		连有国	1990.2—1993.2	
		周三义	1992.7—1993.2	
		王淑英	1992.11—1993.2	女
	常　委	张庆永	1990.2—1992.12	
		彭尔笃	1990.2—1993.2	
		孙荣乾	1990.2—1993.2	
		张泽庚	1990.2—1992.12	
		连有国	1990.2—1993.2	
		师宗德	1990.2—1992.12	
		杨得祥	1990.2—1993.2	
		曹光明	1990.2—1993.2	
		张世栋	1990.2—1991.4	
		刁长荣	1990.2—1993.2	
		张向阳	1990.12—1993.2	
		周三义	1992.7—1993.2	
		王淑英	1992.11—1993.2	女
		王愈新	1992.11—1993.2	

续表 3-1-1

任届	职务	姓名	任职时间	注
中国共产党张掖市委第九届委员会（1993. 2—1997. 12）	书　记	彭尔笃	1993. 2—1994. 10	
		孙荣乾	1994. 10—1997. 10	
		盛世高	1997. 10—1997. 12	
	常务副书记	杨子秀	1994. 1—1995. 1	
	副书记	孙荣乾	1993. 2—1994. 10	
		连有国	1993. 2—1994. 2	
		周三义	1993. 2—1994. 2	
		王淑英	1993. 2—1996. 6	女
		王开堂	1994. 3—1997. 12	
		杨子秀	1995. 1—1997. 10	
		傅德华	1995. 2—1996. 12	
		罗正庆	1996. 8—1997. 10	
		祁兰育	1996. 8—1997. 12	女
		安想忠	1996. 12—1997. 10	
		马成功	1997. 10—1997. 12	回族
		周占宏	1997. 10—1997. 12	
	常　委	彭尔笃	1993. 2—1994. 10	
		孙荣乾	1993. 2—1997. 10	
		连有国	1993. 2—1994. 2	
		周三义	1993. 2—1994. 2	
		王淑英	1993. 2—1996. 6	女
		王愈新	1993. 2—1994. 3	
		杨得祥	1993. 2—1995. 10	
		曹光明	1993. 2—1995. 12	
		刁长荣	1993. 2—1995. 12	
		张向阳	1993. 2—1995. 2	
		杨子秀	1994. 1—1997. 10	
		傅德华	1994. 2—1996. 12	
		曹登儒	1994. 2—1997. 10	
		王开堂	1994. 3—1997. 12	
		罗正庆	1995. 2—1997. 10	
		段　馨	1995. 5—1996. 8	
		李迎春	1995. 10—1996. 8	
		彭兴波	1995. 12—1997. 12	
		周占宏	1995. 12—1997. 12	
		祁兰育	1996. 8—1997. 12	女
		任万江	1996. 8—1997. 12	
		张育忠	1996. 8—1997. 10	
		安想忠	1996. 12—1997. 12	
		汤继高	1996. 12—1997. 12	
		盛世高	1997. 10—1997. 12	
		马成功	1997. 10—1997. 12	回族
		徐万福	1997. 10—1997. 11	
		甄广波	1997. 10—1997. 12	
		黎大保	1997. 11—1997. 12	

续表 3－1－1

任届	职务	姓名	任职时间	注
中国共产党张掖市委第十届委员会（1997.12—2002.12）	书　记	盛世高	1997.12—2000.11	
		王开堂	2000.11—2002.12	
	副书记	王开堂	1997.12—2000.11	
		马成功	1997.12—2002.9	回族
		祁兰育	1997.12—2002.11	女
		周占宏	1997.12—2002.12	
		孟　仲	2000.10—2002.11	
		安新代	2001.7—2002.6	挂职
		朱乔正	2002.1—2002.12	
		王海峰	2002.1—2002.12	
		李肇桀	2002.7—2002.12	挂职
		韩正明	2002.10—2002.12	
	常　委	盛世高	1997.12—2000.11	
		王开堂	1997.12—2002.12	
		马成功	1997.12—2002.9	回族
		祁兰育	1997.12—2002.11	女
		周占宏	1997.12—2002.12	
		安想忠	1997.12—2002.12	
		彭兴波	1997.12—2000.10	
		任万江	1997.12—1999.8	
		汤继高	1997.12—2002.6	
		甄广波	1997.12—2001.6	
		黎大保	1997.12—2002.1	
		于开军	1999.8—2001.8	
		孟　仲	2000.10—2002.11	
		朱乔正	2000.10—2002.12	
		郭尚勤	2001.6—2002.12	
		刘成民	2001.7—2002.12	
		安新代	2001.7—2002.6	挂职
		王海峰	2002.1—2002.12	
		成广平	2002.1—2002.12	
		李肇桀	2002.7—2002.12	挂职
		韩正明	2002.10—2002.12	

续表 3－1－1

任届	职务	姓名	任职时间	注
中国共产党甘州区第一届委员会（2002. 12—2006. 12）	书　记	王开堂	2002. 12—2004. 9	
		王立泰	2004. 9—2006. 11	
		杨继军	2006. 11—2006. 12	
	副书记	韩正明	2002. 12—2006. 6	
		周占宏	2002. 12—2005. 3	
		安想忠	2002. 12—2005. 3	
		王海峰	2002. 12—2005. 2	
		朱乔正	2002. 12—2006. 12	
		李小兵	2002. 12—2005. 1	
		李肇桀	2002. 12—2004. 7	挂职
		王洁岚	2005. 3—2006. 12	
		郑月萍	2005. 3—2006. 12	女
		鞠　毅	2005. 3—2006. 11	
	常　委	王开堂	2002. 12—2004. 9	
		韩正明	2002. 12—2006. 6	
		周占宏	2002. 12—2005. 3	
		安想忠	2002. 12—2005. 3	
		王海峰	2002. 12—2005. 2	
		朱乔正	2002. 12—2006. 12	
		李小兵	2002. 12—2005. 1	
		李肇桀	2002. 12—2004. 7	挂职
		郭尚勤	2002. 12—2006. 11	
		刘成民	2002. 12—2004. 12	
		成广平	2002. 12—2004. 12	
		权金贵	2002. 12—2006. 11	
		王立泰	2004. 9—2006. 11	
		高建民	2004. 12—2006. 12	
		王洁岚	2005. 3—2006. 12	
		郑月萍	2005. 3—2006. 12	女
		鞠　毅	2005. 3—2006. 11	
		脱兴福	2005. 3—2006. 11	
		王洪德	2005. 3—2006. 12	
		马永才	2005. 10—2006. 12	
		李景铭	2006. 7—2006. 12	挂职
		杨继军	2006. 11—2006. 12	
		李宏伟	2006. 11—2006. 12	
		王韶华	2006. 11—2006. 12	

续表 3－1－1

任届	职务	姓名	任职时间	注
中国共产党甘州区第二届委员会（2006. 12—2011. 10）	书　记	杨继军	2006. 12—2009. 8	
		张　健	2009. 8—2011. 10	
	副书记	王洁岚	2006. 12—2008. 11	
		朱乔正	2006. 12—2011. 10	
		王海峰	2008. 10—2010. 12	
		李宏伟	2010. 10—2011. 9	
		张玉林	2010. 12—2011. 10	
		徐万福	2011. 9—2011. 10	
	常　委	杨继军	2006. 12—2009. 8	
		王洁岚	2006. 12—2008. 11	
		朱乔正	2006. 12—2011. 10	
		郑月萍	2006. 12—2010. 6	女
		李宏伟	2006. 12—2011. 9	
		刘学汉	2006. 12—2011. 10	
		高建民	2006. 12—2010. 6	
		马永才	2006. 12—2011. 3	
		王韶华	2006. 12—2010. 12	
		王洪德	2006. 12—2011. 10	
		李景铭	2006. 12—2008. 6	挂职
		薛　庆	2006. 12—2011. 10	
		王海峰	2008. 11—2010. 12	
		张　健	2009. 8—2011. 10	
		周　杰	2010. 1—2011. 10	
		王彦春	2010. 6—2011. 10	
		杨翠琴	2010. 12—2011. 10	女，裕固族
		杨喜军	2010. 12—2011. 10	
		张玉林	2010. 12—2011. 10	
		张　龙	2011. 3—2011. 10	
		徐万福	2011. 9—2011. 10	

续表 3－1－1

任届	职务	姓名	任职时间	注
中国共产党甘州区第三届委员会（2011. 10—2016. 10）	书　记	张　健	2011. 10—2016. 8	
		余　锋	2016. 8—2016. 10	
	副书记	张玉林	2011. 10—2016. 8	
		徐万福	2011. 10—2014. 8	
		朱乔正	2014. 8—2015. 5	
		王韶华	2015. 5—2016. 10	
	常　委	张　健	2011. 10—2016. 8	
		张玉林	2011. 10—2016. 8	
		徐万福	2011. 10—2014. 8	
		杨翠琴	2011. 10—2016. 9	女，裕固族
		刘学汉	2011. 10—2012. 9	
		杨喜军	2011. 10—2013. 4	
		薛　庆	2011. 10—2016. 10	
		王彦春	2011. 10—2016. 9	
		屈建元	2011. 10—2013. 9	
		张　龙	2011. 10—2015. 5	
		张成琦	2011. 10—2016. 9	
		秦　伟	2012. 9—2016. 10	
		殷大斌	2013. 4—2015. 11	
		张洪清	2014. 3—2016. 10	女
		朱乔正	2014. 8—2015. 5	
		王韶华	2015. 5—2016. 10	
		张天伟	2015. 11—2016. 10	
		余　锋	2016. 8—2016. 10	
		刘晓红	2016. 9—2016. 10	女
		邢学伟	2016. 9—2016. 10	
		杜劲松	2016. 9—2016. 10	

续表 3-1-1

任届	职务	姓名	任职时间	注
中国共产党甘州区第四届委员会（2016.10—2016.12）	书　记	余　锋	2016.10—2016.12	
	副书记	王韶华	2016.10—2016.12	
		秦　伟	2016.10—2016.12	
	常　委	余　锋	2016.10—2016.12	
		王韶华	2016.10—2016.12	
		秦　伟	2016.10—2016.12	
		刘晓红	2016.10—2016.12	女
		邢学伟	2016.10—2016.12	
		张洪清	2016.10—2016.12	女
		张天伟	2016.10—2016.12	
		杜劲松	2016.10—2016.12	
		张　鹏	2016.10—2016.12	
		田继新	2016.10—2016.12	
		汪晓瑞	2016.10—2016.12	
		汪建宏	2016.10—2016.12	挂职

第三节　重要决策部署

中共张掖市甘州区委重大决策由区委常委会议、区委全委会议讨论决定，区委书记专题会议对重要事项进行酝酿讨论。

区委全委会议　由区委常委会召集并主持。全会的议题一般由区委常委会征询区委委员、候补委员意见后确定。全会应当有三分之二以上区委委员到会方可召开。区委委员、候补委员和列席人员因故不能参加会议的应当在会前请假，其意见可用书面形式表达。全会每年至少召开两次，遇有重要情况可随时召开。每年至少要听取一次区委常委会的工作报告，对区委常委会的工作进行审议。全会召开的时间、议题等，一般应当在会议召开前三天通知区委委员、候补委员和列席人员，会议有关材料一般应当同时送达；有特殊原因不能或不宜提前送达的，可在会场分发。议事决策范围：制定贯彻执行党中央和省委、市委的决策部署及区党代表大会决议、决定的重大措施；讨论和决定全区经济社会发展战略、重大改革事项、重大民生保障等经济社会发展重大问题；讨论和决定全区党的建设方面的重大问题，审议通过重要规范性文件；决定召开区党代表大会或者党代表会议，并对提议事项先行审议、提出意见；听取和审议区委常委会工作报告或者专项工作报告；选举区委书记、副书记和区委常委会其他委员；通过区纪律检查委员会全体会议选举产生的区纪委书记、副书记和区纪委常委；决定递补区委委员；批准辞去或者决定免去区委委员、候补委员；决定改组或者解散下一级党组织；决定或者追认给予区委委员、候补委员撤销党内职务以上党纪处分；研究讨论全区行政区划调整以及有关党政群机构设立、变更和撤销方案；对区委常委会提请决定的事项或者应当由全会决定的其他重要事项作出决策。

2014 年 2 月 17 日，全区党的群众路线教育实践活动动员部署会议召开

区委常委会议 区委常委会在全会闭会期间行使区委职权，主持经常性工作。区委常委会议由区委书记召集并主持；书记不能参加会议时，可委托副书记召集并主持。遇重大突发事件、抢险救灾等紧急情况，不能及时召开区委常委会议决策的，书记、副书记或者区委常委会其他委员可以临机处置，事后应当及时向区委常委会报告。区委常委会议一般每月召开 2 次，遇有重要情况可随时召开，必要时可召开常委扩大会议。根据工作需要召开的常委扩大会议，不得代替区委全会、区委常委会议作出决策。区委常委会议应当有半数以上区委常委会委员到会方可召开，讨论和决定干部任免事项必须有三分之二以上区委常委会委员到会。议事决策范围：召集全会，向全会报告工作并接受监督；对拟提交全会讨论和决定的事项先行审议、提出意见；组织学习党章党规和习近平新时代中国特色社会主义思想，传达学习中央和省委、市委会议、重要文件精神及领导重要指示、批示精神，研究提出贯彻意见；组织实施党中央和省市委决策部署及区委全会决议、决定；向市委请示报告工作，讨论和决定下级党组织请示报告的重要事项；对全区经济社会发展和宣传思想文化工作、组织工作、纪律检查工作、群众工作、统一战线工作、政法工作等方面经常性工作中的重要问题做出决定，审议通过区委重要规范性文件；按照有关规定推荐、提名、任免干部，必要时对重要干部的任免可以征求区委委员意见；教育、管理、监督干部；研究决定党员干部纪律处分有关事项；听取区人大常委会党组、区政府党组、区政协党组、区人民法院党组、区人民检察院党组工作汇报，支持和保证国家机关、政协机关、人民团体等依法依章程独立负责、协调一致开展工作；讨论和决定区人民武装部党委请示报告的重要事项；对应当由区委常委会决定的其他重要事项做出决定。

区委书记专题会议 由区委书记或委托副书记召集并主持，区委副书记和其他有关常委参加。其中，涉及酝酿干部人事事项和巡察工作的，由区委书记、副书记、纪委书记、组织部长等参加；酝酿讨论其他事项时，参会人员根据会议议题确定。主要职责是：酝酿提名区管干部人选等干部人事事项；听取区委巡察工作领导小组巡察情况汇报，研究讨论巡察发现的主要问题、区管干部的问题线索、事关全局的重要意见建议等事项；根据需要酝酿讨论区委有关重大决策部署事项；对区委常委会决定重要事项的组织实施事先进行协调沟通；酝酿讨论因重大突发性事件或遇特殊紧急情况不能及时召开区委常委会议研究的事项；协调沟通区委日常工作中的重要情况；需要区委书记专题会议酝酿研究的其他事项。

第四节　综合协调

区委办公室为区委综合协调工作部门，内设秘书科、文档科、总务科、信息科、保密办（保密局）、机要室、政策研究室、党史资料征集办公室8个科室。

秘书科　起草区委有关文件、领导讲话、汇报材料和办公室各种文件、材料；负责区委常委会议、区委书记专题会议的会议服务工作；负责区委常委会议的记录、整理、校对工作；做好有关调研、视察、考察、观摩等活动接待方案起草、简介材料编印及协调服务工作；负责牵头组织区委办公室机关内部的各项规章制度起草修订工作。

文档科　负责上级来文和下级报送文件的登记、分发、传阅、管理等工作；负责中央、省、市转办三级文件的签收、登记、初审、承办、传阅、催办和清理清退工作；负责区委及区委办公室文件的送签、复核、登记、校对、付印、盖章、核发和区政务网电子公文的收发、管理工作；负责各级文件的保管、保密、借阅、归档及档案移交工作；负责区委、区委办公室党内规范性文件的备案工作；负责区委主要领导批示的登记、催办工作；负责区委常委会会议的议题收集整理等工作。

信息科　向市委报送甘州区重要工作动态、工作思路、措施和成效，反映新情况、新问题、新经验和基层干部群众关注的热点、难点问题；及时收集、报送区内重大社会动态及突发事件、重要紧急情况等；收集、整理区委、区政府重要工作部署和要求，全区经济发展、重要工作动态以及乡镇、部门工作进展等信息，编发《甘州信息》等各项工作。

总务科　做好机关行政、财务会计、后勤保障等工作；负责办理区委办所属单位工作人员的工资发放、公用经费支报、账务记载等工作；负责机关财产的购置、发放、登记等管理工作。

政研室　负责区委党委系统政策研究工作的组织和协调。围绕区委、区政府中心工作，对全区政治、经济、社会、文化、生态及党的建设方面的重大问题以及带有全局性、方向性的热点、难点问题进行调查研究，提出意见和建议，供区委、区政府领导决策参考；围绕区委、区政府重点调研课题，组织协调各有关部门和社会力量开展调查研究；承担和参与区委、区政府部分重要政策的调研及起草、修改等工作。

保密局　承担区委保密委员会的日常工作，加强对全区保密工作的指导，定期协调组织召开保密工作会议；制订全区保密工作计划，指导、协调、督促检查各乡镇（街道）、区属各涉密部门和企事业单位保密工作的开展；制定保密宣传实施方案，组织开展保密宣传教育；做好涉密文件的销毁和涉密信息系统等级确定、技术防护工作；负责各类文档资料的立卷、归档、管理和借阅工作等各项工作。

党史资料征集 负责地方党史资料的挖掘、征集、整理和研究工作，组织编写出版地方党史基本著作，发挥存史、资政、育人作用。在全区广大党员、干部、群众及青少年中开展党史、革命史宣传教育，普及党史知识，弘扬先进文化。对地方党史遗址遗迹、革命文物和党史方面非物质文化遗产进行保护、修缮、开发和利用，打造红色教育阵地。负责区内各类党史题材出版物、图片展览、影视作品和党史纪念场馆规划设计、陈展大纲及解说词的指导与审查工作，把好政治关、史实关。1996 年至 2016 年的主要编研成果有：《张掖市党史资料汇编》（系列丛书之一）（1996 年）、《丝路明珠金张掖》画册（2001 年）、《世纪张掖》（2001 年）、《历史的时刻（甘州区第一次党代会专辑）》（2002 年）、《甘州区党史资料》（系列丛书之二）（2003 年）、《甘州区党史资料》（系列丛书之三）（2005 年）、《奋进的号角（甘州区第二次党代会专辑）》（2006 年）、《中国共产党甘肃省张掖市组织史资料（1987. 10—1998. 12）》《中国共产党甘肃省甘州区（张掖市）组织史资料（1999. 1—2007. 5）》（2007 年）、《中国共产党甘州大事记（1930—2010）》（2011 年）、《迈步新跨越（甘州区第三次党代会专辑）》（2012 年）、《甘州党史资料汇编》（2014 年）、《中国共产党甘州历史（1930—1978）》《红西路军在甘州》（2016 年）等。2016 年 5 月，由党史办承担，启动建设红西路军中共甘州中心县委纪念园和甘州党史陈列馆（位于大满镇），协助做好红西路军龙渠会议遗址恢复重建和高金城烈士纪念馆改造提升工作。

督查考核 考核内容。领导班子主要考核贯彻上级决策部署，完成年度工作目标责任和精准扶贫等重点工作，推动经济社会发展的情况；实施创新驱动战略，深化重点领域改革，促进创业创新的情况；坚持依法行政、依法办事，推进法治建设的情况；从严管党治党，加强思想政治建设，落实党建和党风廉政建设主体责任的情况。领导干部主要考核德能勤绩廉方面的表现，包括遵守政治纪律和政治规矩的情况；履行岗位职责，创造性开展工作的情况；改进作风、廉洁自律的情况；学法守法、依法办事的情况。年度工作目标责任考核内容包括工作目标责任书完成情况，区委、区政府安排的重点工作任务完成情况，相关方面对工作目标责任完成情况的评价，按乡镇、街道、区直部门单位不同职能，设置不同指标，实行分类考核。

考核方法。乡镇、街道及区直部门单位工作责任目标与领导班子和领导干部年度考核，由区考核工作委员会统一组织实施。年度工作目标责任考核，以区委、区政府与各乡镇、街道和区直部门单位签订的工作目标责任书和确定的重点工作指标为依据。区管领导班子和领导干部年度考核主要采取述职述廉、民主测评、个别谈话评价、领导评价相结合的方式进行。

结果运用。年度工作目标责任考核结果作为领导班子和领导干部年度考核评价的重要依据，列入领导班子和领导干部综合评价成绩。对完成工作目标责任考核排名靠前的，作为“优秀”领导班子评定条件；对未完成工作目标责任且考核排名靠后的，领导班子及班子主要负责人不得评定为“优秀”等次，个人“优秀”名额追加到考核排名靠前的班子副职成员。

第五节　纪检监察

党风廉政宣传教育　围绕反腐倡廉建设大局，以廉政文化建设为主线，对全区党员干部进行党性党风党纪、理想信念、廉洁从政教育和警示教育。

1993—1999 年，在全市组织开展评选“改革开放中的公仆活动”，评出 31 名优秀科级领导干部。1998 年，从 5 月起至 10 月底用半年时间，在全市党员干部中开展以“讲学习、讲政治、讲正气”为主要内容的党性党风党纪教育。2000 年，在全市开展为期 45 天的领导班子和领导干部“三讲”教育。2001 年，在党员干部中开展过好以“权力关、市场关、家庭关”为主要内容的“过三关”警示教育。2002—2004 年，在全区党员干部中开展以《中国共产党纪律处分条例》《中国共产党党内监督条例（试行）》“两个务必”为主要内容的作风教育。2004 年 5 月，在东街街道金安苑社区开展廉政文化进社区试点工作。2005 年，下发《关于在全区开展廉政文化建设“五进”活动的安排意见》，并确定在南街街道安民社区、区广电局、张掖一中分别开展廉政文化进社区、进机关、进学校试点工作。2007 年，甘州区首家警示教育基地在区公安局看守所挂牌成立。

红色教育活动

2009 年，创办“清风茶社”，对有信访反映和轻微违纪问题的党员干部进行人性化廉政谈话教育。2012 年，在高金城烈士纪念馆建成甘州区廉政教育基地，新命名廉政文化建设示范点 10 个。2013—2015 年，开展“准则”“条例”学习宣讲活动。开展“学条规、守纪律、讲规矩”反腐倡廉警示教育月活动，在甘州电视台、广播电台、甘州在线、甘州廉政网开设“廉政好声音”专栏；在甘州电视台《今晚有约》栏目和甘州在线网站开设“作风建设永远在路上”“作风建设曝光台”专栏，宣传先进典型，曝光反面案例。

2016 年，组织开展“明党纪、鸣警钟、倡勤廉”反腐倡廉警示教育，组织 192 名干部进行任前廉政谈话、廉政法规考试；利用甘州区纪委微博、头条号、短信、《清风甘州》刊物、党校、教育基地等资源平台，加强常态化廉政教育，警醒党员干部自觉强化党性修养，严守纪律规矩，遏制腐败增量。

领导干部廉洁自律　1992 年，按照中央纪委要求，将国有企业和事业单位领导人员纳入廉洁自律工作范畴。1993 年，按照中共中央、国务院《关于反腐败斗争近期抓好几项工作的决定》精神，把加强领导干部廉洁自律作为三项工作格局之首来抓。

公务用车专项清理。1996 年，制定小车购置更换制度，下发《关于加强亏损企业领导干部廉洁自律的通知》，规范约束企业购买小轿车行为。2001 年，制定下发《关于进一步严肃党政领导干部用车纪律的通知》，明确规定县级单位配置排气量 1.8 升、价值 20 万元以内小车；科级单位一律配置 15 万元以内小车，坚决禁止先购买后审批行为。2003 年，查处人事局等 12 个单位超标准购置公车的问题，没收上缴 9 辆，退还 1 辆，公开拍卖 2 辆，收回资金 65 万元。2004 年，制定《关于严肃公务用车行为暂行规定》，纠正解决领导干部上下班车接车送现象。2005 年，全区 339 辆公务用车全部实行监督卡和行车日志。

房屋清理和电话清理工作。1995 年成立清房工作领导小组，逐人逐户核查领导干部住房。清理处理行政事业单位多占住房 14 人，其中科级干部 12 人。1999 年，清理违规多占住房 89 套 6234 平方米，清退 69 套 3107 平方米。出台《市直党政机关、部门公费电话管理办法》，制定《关于加强县级干部纪律的若干规定》。1998 年，全面开展公费安装配置的住宅电话、移动电话及寻呼机专项清理，清理公费住宅电话 438 部、移动电话 172 部、寻呼机 951 个；清退不符合规定的住宅电话 95 部，收回资金 9.41 万元；清退不符合规定的移动电话 105 部，封存 31 部，作价转让 74 部，收回资金 10.8 万元；办理移动电话准用证 103 部。2008 年，开展清理纠正个人“小灵通”捆绑单位办公电话工作，取消领导干部住宅电话话费补助，停止办理和使用移动电话准用证。

1999 年，在国有、集体企业中推行厂务公开，民主管理。2000 年，分别制定县科级领导干部六不准、乡镇领导干部五不准、国有企业领导干部五不准。2002 年，把纠正乡镇干部“走读”作为加强廉洁自律工作的重点之一，建立首问负责制、定期走访群众制、民情日记制等 7 项制度。2007 年，制定《关于加强领导干部监督管理的意见》。重新清理登记公务用车，实行编制管理。2009 年，推行网上传送文件，节约费用 55.45 万元。推行基层纪委书记（纪检组长）向区纪委常委会述职工作，16 个乡镇、5 个街道纪委书记开展公开述职评议。开展党政机关办公用房专项清理，985 名党员干部对超标办公用房进行清退调整，清理清退办公用房 10044.8 平方米。

2014 年，全区“三公”经费支出比 2013 年降低 30.1%；车辆运行费同比下降 10.6%，公务接待费用同比下降 57.5%。2016 年，开展清理会员卡和整治会所中的歪风工作，全区 120 个单位 1139 名县、科级干部作出会员卡零持有报告和不出入私人会所的承诺。

执纪审查　1991—2016 年，区纪委监察局受理群众信访（来信、来访、来电、网上）举报 5187 件次，区纪检监察机关共立案查处涉及党员干部的各类违纪违法案件 885 件 1009 人。涉及科级干部 249 人。挽回直接经济损失 4988.71 万元。2012—2016 年给予党政纪处分 327 人，免予处分 9 人。

党风廉政建设责任制　修订完善党风廉政建设责任制考核办法，加大落实“两个责任”的考核权重。2015 年，对主体责任落实不力的 6 名领导干部追究责任，给予党政纪处分4人，诫勉谈话2人。2016年，高度重视中央第七环保督察组交办的信访件以及央视曝光祁连山生态环境保护问题的问责追责，共处理55人，给予党政纪处分24人。坚持“一案双查”，共追究问责69人，给予党政纪处分33人。

纠风治乱 1993年，集中开展专项治理为重点，开展乱收费和用公款变相出国（境）旅游专项治理，取消乱收费项目18项。1994年开展“三清一刹”（清理乱收费、用公款变相出国境旅游、党政机关及其工作人员利用职权无偿占用企业的钱物、狠刹部门和行业突出的不正之风），清理取消收费项目158项，查处违纪资金1.9万元；清理干部职工拖欠公款856人、154.7万元。1995—1996年狠刹公路“三乱”、中小学乱收费、向农民乱收费三股不正之风，开展清理预算外资金和“小金库”工作，查处私设“小金库”单位120个，清理“小金库”资金545万元。1997年，在全市开展民主评议行风活动，连续多年对工商、税务、公安、法院、教育、卫生等43个部门、17个窗口服务单位、143个乡镇基层站所开展民主评议行风活动，形成纠、评、建相互促进的有效机制。1998—1999年，全面推行厂务公开、校务公开、村务公开三公开。2000年，全面规范教育收费行为，全市280所中小学校推行校务公开。2003年，全面实行教育收费“一证、一卡、两公开、三统一、五不准”制度，中小学收费纳入“收支两条线”管理。1998—2011年，查处乱收费案件92起，清理取消23项不合理收费，查处乱收费金额248万元，清退130万元，25名学校负责人被给予党政纪处理或组织处理。

2000年，纠正医药购销和医疗服务中不正之风。对药品生产经营单位和医药机构进行清理整顿，开展打击假冒伪劣药品专项检查，查处非法经营药品案件12起8人，取缔无证照或证照不全药品生产经营企业8家，查处伪劣药品190余种。2004—2007年，制定下发医疗单位和医务人员“六不准”、《医疗行业领导干部廉洁从政规定》《医疗卫生人员廉洁行医规定》和《遏制药品、一次性卫生用品、医疗器械回扣的管理规定》。2008年，全面落实“四减一免一卡通”惠民政策，减免各种费用47.43万元。

2004年，在全区开展清理整顿统一制式服装和治理党政部门乱办班、乱发证、乱摊派工作。

2005年，会同国土资源局对全区2003年以来18宗经营性土地使用权出让及资金管理使用情况进行专项清理检查，查处土地违法案件2起。2004—2011年，清理拖欠农民工工资10265万元，清退各类风险抵押金、上岗保证金等95.4万元。

执法监察 2007年，开展机关事业单位工作人员招录、竞争上岗的监督工作，严格执行竞争上岗、“凡进必考”、轮岗交流等制度。2000—2005年，对1998年以来国有企业下岗职工基本生活保障资金、失业保险基金、基本养老保险基金和城市居民最低生活保障资金等4项社保资金开展监察，查处违规资金4.7万元，归还原渠道资金103.8万元。

2001年，重点对退耕还林资金管理使用和兑付情况开展专项检查，严格落实“五到户”“六不准”。

2003年，开展城市供水扩建工程国债资金专项监察。2004年，按照“三查清、两找准、两及时”要求，重点清理检查42个乡镇和部门专项资金管理使用情况，查出11

个项目违规使用专项资金143.9万元，清理出住房公积金逾期贷款723.9万元。

2008年，在工商、质监等8个执法部门探索开展规范行政处罚自由裁量权试点工作。2009年，在全区30个执法部门推行规范行政处罚自由裁量权试点工作，切实规范行政权力运行。2011年，按照《甘肃省规范行政处罚自由裁量权工作实施方案》和市纪委要求，各执法部门不断完善和巩固提高规范行政处罚自由裁量权工作，组织“回头看”，对本部门已制定的行政处罚裁量幅度、处罚标准进行修订完善，切实提高裁量标准的操作性和适用性。

2010年，开展工程建设领域突出问题专项治理。在各建设部门自查自纠基础上，对2008年以来竣工和在建，政府投资和使用国有资金总投资额在200万元以上的新建、改建、扩建工程建设项目以及中央扩大内需项目进行全面排查。制定下发《甘州区政府投资建设项目监督管理办法》《甘州区滨河新区建设项目招投标监督管理办法》等制度11项，逐步健全工程建设领域工作管理机制。2013年，制定《关于严肃村级组织换届选举工作纪律的通知》、“六项制度”和严明“八个严禁”，严肃村级组织换届工作纪律。2015年，加强食品药品及扶贫攻坚资金使用监督管理。对全区18个乡镇2011—2013年度扶贫、救灾资金管理使用情况开展专项执法监察，检查扶贫资金1451.5万元、救灾资金1921.68万元。2016年，制定下发《关于在扶贫领域开展“两查两保”专项行动的实施意见》，立案查处贪污侵占、虚报冒领、索取好处费等案件6件8人，移送司法机关处理3人。下发《加强换届风气监督　严肃纪律的通知》，将“九个严禁、九个一律”“六个决不允许”的纪律要求贯彻落实到换届工作的各个环节、各个方面。

效能建设和效能监察　2004年，“甘州区行政效能投诉中心”成立，2009年更名为“行政效能投诉监察中心”。2006年，创办甘州区政风行风热线广播直播节目，围绕经济社会发展、干部作风建设、社会和谐稳定等群众关心关注的问题，设计“一号文件暖人心”“让强农惠农政策惠及千家万户”“中考高考在线服务”“关注我们的居住环境”“医保低保社保惠及民生”等42个与群众生产生活密切相关的主题。至2011年，播出节目162期，组织68个单位的1252名领导干部走进直播间，接听群众热线电话3168个，现场答复2862个，承诺办理306个，回复率100%，群众满意率98%。2012年出台《甘州区行政效能告诫暂行办法》，开展集中督查、明察暗访，对区属单位分层分类开展民主评议，促进部门、行业作风建设。2013年，推进三级政务服务体系标准化建设，建成35个标准化基层便民服务中心，形成覆盖全区的便民服务网络。2014年，制定下发《甘州区效能风暴行动2014年重点工作安排》，受理效能投诉40件，效能告诫和约谈23人次，党政纪处分7人。推进政务服务中心标准化建设，将审批频次高的19个部门64项审批和婚姻登记、农村妇女小额担保贷款2项便民服务事项入驻政务服务中心集中办理。

第六节　组织工作

概况　1991—2002 年，中共张掖市委组织部下设干部科、组织科、秘书科三个职能科室。1996 年，成立“张掖市党员电化教育中心”。2002 年，中共张掖市委组织部更名“中共甘州区委组织部”。2006 年，设立“甘州区考核委员会办公室”。2009 年，甘州区党员电化教育中心更名“甘州区党员干部现代远程教育办公室”。2011 年，设立区人才工作办公室。2015 年，整合区考核委员会办公室机构和职责，成立“甘州区督查考核局”，撤销区考核委员会办公室。2016 年，甘州区委组织部下设干部科、组织科、秘书科三个职能科室，委托管理区人才工作办公室和区党员干部现代远程教育办公室。

市、区组织的“三严三实”专题教育党课

2016 年，全区有干部 11337 人，其中男 6932 人，女 4405 人。行政机关干部职工 1899 人，其中公务员 1726 人（乡镇公务员 414 人），机关工勤人员 173 人；参照公务员法管理单位干部职工 394 人，其中干部 279 人，工人 115 人；事业单位干部职工共 8893 人（教育系统 4818 人，卫生系统 1090 人，其他系统 2985 人），其中管理人员 1082 人，专业技术人员 6605 人（教育系统 4706 人，卫生系统 977 人，其他系统 922 人），工勤人员 1206 人。全区共有科级干部 1377 名，其中男 1113 名，占 80.83%；女 264 名，占 19.17%；正科级 548 名，占 39.8%；副科级 829 名，占 60.2%。全区下设 44 个党（工）委、70 个党总支、1453 个党支部，其中乡镇党委 18 个，村党支部 245 个。共有党员 29254 名，其中农牧民党员 14710 名，占 50.28%；女党员 6549 名，占 22.39%；少数民族党员 162 名，占 0.55%。

党员教育管理　1991 年，省地市社会主义思想教育工作组分赴张掖市安阳、花寨、廿里堡、龙渠、西洞、靖安、平山湖等 7 个乡 48 个村开展“社会主义思想教育”工作。1999 年，在党员中开展马克思主义唯物论教育。2000 年，全市县级领导班子和领导干部“三讲”（讲学习、讲政治、讲正气）教育工作开始，6 月 7 日结束，历时 79 天。2002 年，全区 244 个村全部实现党员电化教育。2005 年，用一年半时间分三批在全区党员中开展以实践“三个代表”重要思想为主要内容的保持共产党员先进性教育活动。2006 年，开通甘州组工信息网，新建 8 个农村党员教育示范点。在农村党组织和党员中推行承诺制，全区 244 个村党支部全部作出承诺，10350 名农村党员承诺办实事办好事18635件。2007—2008年，甘州区农村党员干部现代远程教育网络成功开通。2009年，对流动党员实行一人一卡、一季一卡、一季一联、一月一访、一季一报、一年一评、一人一策的“六个一”流动党员管理办法。2010年，制定下发《关于在全区党的基层组织和党员中深入开展创先争优活动的实施意见》。2011—2015年，全面推行以“设岗定责+服务承诺+积分管理+评议定级”为主要内容的“四位一体”党员目标综合管理，下发《关于推行发展党员“五级承诺制”的通知》，组织1404个基层党组织27500多名党员参加第二批党的群众路线教育实践活动。2016年，印发《关于在全区深入开展“学党章党规、学系列讲话，做合格党员”学习教育的实施方案》，在全区党组织和党员干部中开展“两学一做”学习教育。

基层组织建设　至1994年底，全市一类党支部达140个，二类党支部减少99个，三类党支部减少3个；建成5个“小康村”，8302户农户实现小康目标，占总农户的7.9%；下发《关于加强乡镇企业党建工作的意见》。2001年，撤销城关镇党委，成立中共东街、西街、北街、南街、火车站街道工作委员会，隶属市委管理。2004年，开展以创建领导班子好、党员干部队伍好、工作机制好、小康建设业绩好、农民群众反映好的“五个好”村党组织、“五个好”乡（镇）党委和农村基层组织建设先进区为内容的农村党的建设“三级联创”活动。2005年，全面推行“支部+协会”党建模式，将党的组织延伸到农村产业链上。2006年，制定下发《2006—2008年街道社区党建工作推进计划》，新建社区活动场所10个，启动第一轮村级组织活动场所建设。2007年，印发《关于实施“先锋工程”大力推进党的基层组织建设的意见》，农村争创“创业先锋”、街道社区争创“奉献先锋”、企业争创“岗位先锋”、机关争创“服务先锋”、学校争创“育才先锋”。2010年，甘州区非公有制企业党工委挂牌成立，成立农村、街道社区、非公有制企业、新社会组织、学校、机关6个行业党建工作小组。2012—2015年，开展“基层组织建设年”活动，新建、改建村级活动场所69个，整顿转化相对后进党组织44个，在18个乡镇、146个村、17个社区设立党代表工作室。启动“双百提升”（以农村和社区党组织为重点，每年创建100个左右的“六有”服务型党组织示范点，摸排整顿100个左右的后进基层党组织，通过培树典型与整顿后进两手齐抓，形成提升先进、转化后进、带动中间的基层党建工作机制）工程；在496个农民专业合作社中成立党支部42个、党小组640个，确定党（工）委书记抓党建项目53个。全区启动实施“1136民心党建”工程，农村启动产业党建“百千万”（推行基地+支部、合作社+支部、市场+支部等模式，建立100个产业党组织；以建立“党员创业示范区”和“党员带富责任区”为抓手，支持党员依托资源优势和特色产业，发展规模化经营，培育1000名党员创业先锋；组建以农技服务人员中党员为主体的产业创新团队、技术服务团队和农民骨干团队三支队伍，通过创建“田间学校”和“田间市场”，带动10000户群众在产业链上发展致富，把党员的先锋模范作用发挥在田间地头）计划。

干部队伍建设　本着“基本稳定、适当交流、优化结构、提高素质”的原则，调整领导班子，提拔任用干部。逐步推行助理制、聘任制、试用制、招聘制和考选制“五制”改革。在全区范围内开展民主推荐科级后备干部活动，建立后备干部信息库。

对拟提拔使用干部进行“进社区、进邻居”为内容的“八小时”以外的延伸考察。1992年，在各级领导班子成员中开展以“讲素养、比学习，讲宗旨、比作风，讲党性、比团结，讲奉献、比政绩”为内容的“四讲四比”活动。1993—1997年，在全体干部职工中深入开展“当公仆、作表率”和向孔繁森学习活动。1999年，全市第一期公务员培训班在市行政干部学校举行。2002年，全区244个村全部实现党员电化教育，“两机”普及率达到100%。2007年，将区委党校、区行政学校、区农业技术培训学校、区农业广播电视学校、区农业机械化学校、市教师进修学校和区专业技术人员继续教育基地“六校一基地”整合后成立甘州区社会服务培训中心。2008年，甘州区农村党员干部现代远程教育网络在区委党校、区社会服务培训中心正式开通。2012—2016年，实施全市30万农村劳动力技能培训工程。

1991年以来甘州区党组织和党员情况一览表

表3－1－2

年　度	党组数	党（工）委数	总支数	支部数	党员数
1991年	6	24	18	584	13765
1992年	6	26	19	588	14261
1993年	6	24	22	620	14748
1994年	5	24	23	630	15300
1995年	5	24	29	651	15975
1996年	5	24	29	670	16634
1997年	5	25	30	665	16883
1998年	5	25	30	675	17062
1999年	5	28	35	711	17762
2000年	5	27	37	738	18325
2001年	5	32	40	770	18695
2002年	5	32	40	774	19413
2003年	5	33	39	776	20181
2004年	5	33	43	782	20677
2005年	5	30	42	773	21127
2006年	6	32	38	751	21689
2007年	8	32	38	753	22542
2008年	10	32	40	780	23109
2009年	10	32	51	798	24193

续表 3－1－2

年　度	党组数	党（工）委数	总支数	支部数	党员数
2010 年	10	38	43	870	25104
2011 年	10	38	54	972	25866
2012 年	10	43	56	1163	27081
2013 年	10	44	57	1320	27914
2014 年	10	44	62	1340	28668
2015 年	8	44	70	1376	28935
2016 年	8	44	70	1453	29254

第七节　宣传教育

宣传教育　1991—1992 年，张掖市干部理论教育工作以社会主义理论和党建理论学习为重点，组织开展各项教育活动。1993—1997 年，以提高党员干部的理论政策水平为目的，坚持理论联系实际的原则。1998—2002 年，着重对干部群众进行爱国主义、社会主义、集体主义教育，邓小平理论教育，“三个代表”重要思想教育。2003—2004 年，围绕宣传党的十六大和十六届四中全会精神，引导广大党员干部不断深化党的基本理论、基本纲领、基本路线、基本经验的认识，增强干部群众抓住机遇、加快发展的紧迫感和责任感。2005 年，围绕中央 1 号文件精神、五中全会精神、树立和落实科学发展观、项目建设、区域经济等内容确定基础 10 多个专题，开展理论宣讲辅导活动。2006—2010 年，按照“推介一批理论成果、培训一批理论骨干、打造一批理论教育示范点、带动一批干部群众”的“四个一批”理论武装工程目标，实施党的理论创新成果“进乡镇、入社区”战役。2011—2014 年，开展中国特色社会主义理论体系“进乡镇、入社区、进企业、入校园”宣讲对谈活动。在全区 18 个乡镇、5 个街道和工业园区组织开展“巾帼流动讲堂”进乡村、进社区理论宣讲活动。2015 年以来，全区各乡镇、街道、部门开展“我信我行”践行社会主义核心价值观理论宣讲走基层活动，围绕中国特色社会主义理论体系、华夏文明传承创新区，开展“领导干部上讲台”“理论热点面对面”“理论下基层”“流动讲堂”等理论宣讲辅导。2016 年，全区围绕党的十八届六中全会精神，推进供给侧结构改革、四个全面战略布局等专题，邀请省、市专家开展专项辅导 4 次。开展理论宣讲 128 场次，结合“传承西路军魂、弘扬红色文化、发展红色旅游”“传承西路军魂、弘扬优良家风”“提升市志素质”等专题，在全区 18 个乡镇、5 个街道开展宣讲 200 多场，惠及干部群众 4 万多人。

精神文明建设　思想道德建设。1991—1997 年，开展“三爱四有”活动，倡导新风移风易俗。实施以“塑造”和“育人”为主要内容的精神文明建设十大工程；在全市评选“十杰百家”青年能手、“六个十”先进事迹、“青年文明号”“十大杰出青年”“百名优秀工作者、生产者和党务工作者”。1998 年以来，在全区范围内开展“致富思源，富而思进”“知荣辱、树新风、建和谐、促发展”活动。深入普及公民基本道德规范，强化社会公德、职业道德、家庭美德教育，开展“净吧”“净网”“净频”“净边”“净心”五大专项行动；打造机关、企业、行业、学校、社区、乡村、新市民、舆论八类“道德讲堂”，各乡镇、街道、部门利用各类宣传教育阵地，开展“六个一”〔建立一面宣传文化墙、建成一条主题示范街、建设一条文化长廊、发放一张宣传光盘（甘州好人）、组建一支理论宣讲队伍、打造一个综合示范点〕主题宣传活动；开展社会主义核心价值观大宣传、张掖精神大讨论、不文明言行大曝光、城乡环境大整治“四大行动”。以“争做文明有礼甘州人，共铸幸福美好家园梦”为主题，推进“素质提升我参与、舆论导向我响应、礼仪规范我践行、诚信甘州我铸造、公共秩序我维护、优秀文化我传承、志愿服务我推进、群众满意我快乐、文明旅游我示范、甘州形象我宣传”等 10 项道德实践行动。2012—2016 年，围绕“生产专业化、生活社区化、环境田园化、农民知识化”目标，推进“五星文明户”创评活动，对 44 户“五星文明户标兵”先进典型进行电视专题系列宣传报道。

未成年人思想道德建设。把树立社会主义荣辱观作为加强改进未成年人思想道德建设的重要内容，渗透到课堂教学、学校管理、课外活动等各个环节，引导学生养成良好的道德品格和行为习惯。创建省、市级“家长示范学校”9 所，建成社区未成年人心理健康咨询辅导室，健全学校、家庭、社区“三位一体”育人机制。优化教育、社会、成长、视听、文化“五个环境”，全力提升未成年人思想道德建设整体水平。

青少年革命知识教育活动

精神文明创建活动。文明单位创建：以做文明市民、创文明单位、建文明城市等系列创建活动；开展“保护生态环境、倡导文明新风”“文明样板路”“平安大道”“百城万店无假货”、创建“河西精神文明建设模范走廊”等系列创建活动。以创建全国文明城市、卫生城市和优秀旅游城市为目标，组织实施城市绿化、亮化、净化工程。

文明村镇创建：开展文明城市、文明乡镇、文明单位“三大创建”活动，坚持开展科教、法律、文化、卫生、美德、诚信“六进家庭”和农村环境集中整治活动，在农村开展以“富在农家增收入，学在农家长智慧，美在农家展新貌，乐在农家促和谐”的精神文明创建活动。至 2016 年，创建生态文明示范社区 5 个、示范街 5 条，生态文明示范乡镇3个、示范村26个，乌江镇、大满镇分获全省最具发展潜力和最佳生态文明乡镇。

文明社区创建：组织开展“五进社区”活动和示范社区创建，开展街道社区“四园”创建活动。建成南街南关、西来寺，西街小寺庙，火车站康乐等一批文明示范社区，形成东街金安苑“六带头五个一”、西街小寺庙“双带双争两包两管”、南街西来寺“四推十个一”、火车站康乐“爱心超市”和北街东湖“阳光救助超市”等创建载体。推进道德、政策、科教、文体、卫生、法制“六进家庭”活动，开展“五位一体”生态文明家园创建活动，大力倡导“绿色办公”“低碳出行”理念，构建和谐共存的生态文化环境。

共建活动：开展以军民、警民共建联建为代表的共建系列活动。全市以军警民共建、企业共建联建等多种形式建成文明街道2条，文明公园、文明广场各1个，安全文明小区12个；修建连心渠54.7公里、连心路9条，共建花果园3600亩。全市120个军民共建点90%以上建成了文明单位。

创建诚信甘州：创建诚信机关、打造诚信企业、培育诚信市民、构建诚信网络等共筑诚信活动。企业以创建文明行业为龙头，开展“共铸诚信”等活动，推动社会信用体系建设。创建甘州“红黑榜”，建立奖励诚信、约束失信的制度体系和“红黑榜”发布制度，营造“守信光荣、失信可耻”的社会环境。在食品行业开展“用良心做食品、用诚信赢顾客”主题教育和食品卫生安全大检查，推进文明餐饮示范店（街）创建活动。出台《甘州区文明行为促进条例》，健全“构建诚信、惩治失信”的合作机制。

第八节　统一战线

民主党派工作　领导及政府部门与区级民主党派采取会议协商、约谈协商、书面协商等形式，就全区重大政策、重大问题、重要人士安排、经济社会发展等重要问题开展协商，定期听取各党派的意见建议，多党合作规范化、程序化、制度化建设不断加强。

党外知识分子工作　2011年9月，甘州区成立全省第一家县区级党外知识分子联谊会。将党外干部队伍建设纳入全区干部队伍建设的总体规划，举办各类党外代表人士培训班10余期，选送100多名党外干部参加省、市委党校组织的培训学习，200多人先后担任市、区政协委员。至2016年底，全区有党外副县级干部5人，科级干部97人，150名党外干部进入区上建立的“213”党外干部人才库。

少数民族工作　先后成立区委民族宗教工作领导小组、推进民族团结进步模范区建设领导小组、平山湖乡经济社会发展领导小组，设立少数民族发展基金，全额配套落实省、市对口帮扶少数民族地区发展基金，制定区属相关部门对口支援帮扶7个少数民族乡村的联系制度。

宗教领域工作　成立区民族宗教工作协调委员会和天主教工作领导小组，建立完善区、乡镇（街道）、村（社区）三级宗教工作网络。结合“五五”“六五”普法和宗教政策法规学习月等活动，推进《甘肃省宗教事务条例》等宗教政策法规，指导全区27

创建民族团结进步模范区文艺会演

个宗教场所成立民主管理委员会，健全宗教场所各项规章制度。加大宗教教职人员思想引导与考核，自2010年起，对符合条件的宗教教职人员发放生活补助，完成基督教爱国会、天主教三自爱委会、道教协会的换届选举。

非公经济工作　先后在全区各乡镇（街道）成立37个行业基层商会组织，积极发挥工商联的桥梁纽带作用，为非公企业项目建设提供全方位服务。2016年底，全区私营企业、个体工商户、农民专业合作社总数分别达到5698户、23387户和1940户，注册资金总额分别达到96.93亿元、16.14亿元和75.7亿元，非公经济占全区经济总量的56%。

第九节　党校教育

1959年成立中共张掖市委党校。1961年更名“中共张掖县委党校”。1985年，张掖县撤县设市，县委党校更名“中共张掖市委党校”。1999年成立“张掖市行政学校”，与党校实行“两块牌子、一套班子”管理模式。2002年更名为“中共甘州区委党校”。2007年，以区委党校为依托，整合区行政学校、区农业技术培训学校、区农业广播电视学校、区农业机械化学校、市教师进修学校和专业技术人员继续教育基地培训资源，成立“甘州区社会服务培训中心”。

甘州区科级干部学习十八届四中全会精神轮训班

培训工作　20世纪90年代，党校“以建设有中国特色社会主义理论和党的基本路线为指导，以研究社会主义现代化建设的实际问题为中心，坚持理论联系实际，培养忠诚于马列主义、德才兼备的党员领导干部和理论人才”为培训教学方针，共举办各类主体培训班149期，培训各级各类干部16921人；深入基层授课 495 场，听众达 119713 人。2000 年以来，党校干部培训工作着重做好“结合”与“转化”的文章，坚持解放思想、实事求是、与时俱进，不断研究新情况、解决新问题、总结新经验，不断开拓理论与实践相结合的培训工作新境界。全力做好村级干部、入党积极分子、预备党员、基层党组织负责人培训和科级干部调训、党政机关及事业单位干部轮训等“六大类型”的主体班次和专业技术人员、企业经营管理人员、社会服务人员、农村实用技术人才等“四大类型”社会人才培训班次工作。每年举办各类党员干部和社会人才培训班次 100 期左右，培训人数达到 10000 人次以上。2008—2016 年期间，举办各类培训班 8820 期，参训人员 208902 人。其中 109658 人取得农村劳动力技能培训合格证书；认定农村实用技术人才 13147 人，4609 人获得技术职称。

学历教育 1995 年，张掖市委党校成立“中央党校函授学院甘肃分院张掖市辅导站”。1996 年 1 月开始招生；9 月，第一届中央党校函授大专班正式开学。先后开设党政管理、行政管理和经济管理 3 个专业，学制三年。连续四年招生 376 人，毕业 353 人。1998 年，张掖市委党校设立甘肃省委党校函授学院张掖市辅导站，9 月开办甘肃省委党校函授大专学历教育。开设经济管理、财会管理、行政管理 3 个专业，学制两年半。连续七年招生 482 人，毕业 392 人。2008 年，甘州区委党校、培训中心联合兰州理工大学、甘肃农业大学设立函授教学点，开展干部学历函授教育工作。至 2015 年，两院校 11 个本专科专业累计招生 659 人，取得毕业学历 602 人。

第十节 机构编制

2010 年以前，甘州区机构编制委员会办公室与甘州区人社局合署办公；2010 年 6 月，与人社局分设列区委工作部门。2013 年 3 月，区编委督查室与区机构编制委员会办公室合署办公。

行政审批制度改革 动态管理行政审批事项。2014 年 9 月公布区政府部门行政审批事项 147 项，取消部分审批内容行政审批事项 3 项，取消行政审批事项 22 项，调整备案管理事项 12 项，调整管理服务事项 25 项，调整为内部审批事项 6 项。2016 年 1 月，取消行政审批项目 19 项，调整合并审批事项 3 项，承接行政许可 6 项，承接其他管理事项 6 项。2016 年 9 月，取消行政许可事项 34 项，取消内部管理事项 3 项，将直接关系企业生产经营、社会关注度高、受益面广的项目不再实施审批或调整为政府内部管理事项或其他权力。

编制权责清单。2015 年 3 月推行建立区政府部门行政权力清单和责任清单，清理出行政权力 4263 项（其中，行政许可 154 项，行政处罚 2243 项，行政强制 161 项，行政征收 89 项，行政给付 194 项，行政裁决 4 项，行政确认 130 项，行政奖励 28 项，行政监督 37 项，其他行政权力 1223 项）。同年 10 月，除乡镇和街道外，46 个部门单位以清单形式在甘肃省政务服务网甘州子站公开权力事项 3690 项、责任事项 24223 项、追责情形 33958 项。

梳理公共服务事项。2016 年 10 月，开始全面梳理政府部门公共服务事项，对 42

个区政府工作部门、直属事业单位，163 个部门下属事业单位，以及区属国有企业和中介机构进行全面梳理。依据 64 部法律、142 部法规和 78 个规范性文件，共梳理出 317 项公共服务事项，于 2017 年 4 月底向社会公布公开。

推行“双告知 + 负面清单”工作制度。2016 年 6 月出台《“双告知 + 负面清单”工作制度（试行）》，坚持全责法定、依法行政，按照谁审批、谁监管，谁主管、谁监管的原则，简化优化办事流程，厘清和强化部门监管职责，加强事中事后监管，完善市场监管体系，实现市场主体登记注册、许可审批信息共享，方便群众办事创业。

政府机构改革　2003 年机构改革。2002 年 3 月至 2003 年 1 月，开始新一轮机构改革，区委设工作部门 6 个：纪律检查委员会机关、区委办公室、组织部、宣传部、统一战线工作部、政法委员会；派出机构 2 个：区直机关工作委员会、企业委员会；部门管理机构 1 个：老干部工作局归组织部管理；直属事业单位 1 个：档案局（馆）；区政府设工作部门 23 个：办公室、发展计划局、经济贸易局、教育局、科学技术局、公安局、监察局（不计政府机构个数）、民政局、司法局、财政局、人事局、劳动和社会保障局、城乡建设局、农业局、林业局、水务局、文化局、卫生局、计划生育局、审计局、统计局、国土资源局、乡镇企业管理局、环境保护局；议事协调机构的办事机构 1 个：机构编制委员会办公室；部门管理机构 3 个：农业办公室归政府办公室管理、体改办归政府办公室管理、物价局归发展和计划局管理；直属事业机构 6 个：粮食局、畜牧局、广播电影电视局、旅游局、农业机械化局、体育局。区直党政机构由改革前的 31 个减少到 29 个，减少了 6.45%。

2010 年机构改革。从 2010 年 3 月开始至 5 月底完成，区政府共设 24 个工作部门：区人民政府办公室、区发展和改革委员会、区工业和信息化局、区教育局、区科学技术局、区公安局、区监察局、区民政局、区司法局、区财政局、区人力资源和社会保障局、区住房和城乡建设局、区水务局、区农牧局、区林业局、区文化委员会、区卫生局、区人口和计划生育委员会、区审计局、区统计局、区环境保护局、张掖市国土资源局甘州分局、区交通运输局、区安全生产监督管理局、区商务局。其中，区监察局与区纪律检查委员会合署办公，列入政府机构序列，不计入政府机构个数；区政府办公室挂区信访局、区法制局、区民族宗教局牌子；区发展和改革委员会挂区物价局牌子；区工业和信息化局挂区中小企业局牌子；区农牧局挂区农业机械化管理局牌子；区文化委员会挂区广播电影电视局、区旅游局、区体育局牌子；区商务局挂区粮食局牌子。区供销合作社联合社与省市管理体制相对应，按事业单位管理体制运行。

2014 年政府机构改革。从 2014 年 9 月开始至 11 月完成，按照精简统一效能的原则，区政府设置工作部门 24 个：政府办公室、发展和改革委员会、教育局、科学技术局、工业和信息化局、公安局、监察局、民政局、司法局、财政局、人力资源和社会保障局、国土资源局甘州分局、环境保护局、住房和城乡建设局、交通运输局、水务局、农业局、林业局、文化广播影视新闻出版局、卫生和计划生育委员会、审计局、工商行政管理和质量技术监督局、安全生产监督管理局、食品药品监督管理局、统计局。其中，区监察局与区纪律检查委员会合署办公，列入政府机构序列，不计入政府机构个数；区政府办挂区信访局、法制局、民族宗教局、金融办牌子，区发展和改革委员会挂区物价局牌子，区工业和信息化局挂区商务局、中小企业局、粮食局牌子，区住房和城乡建设局挂区城乡环境卫生管理局、房地产管理局牌子，区农业局挂区农业机械管理局、区畜牧兽医局牌子，区食品药品监督管理局挂食品安全委员会办公室牌子。

乡镇机构改革 2003年乡镇机构改革。根据省委乡镇机构改革实施意见，于2003年1月至3月完成乡镇机构改革，乡镇党政机构设“四办一部一所”，即党政综合办公室、经济发展办公室（挂经济联合委员会牌子）、社会发展办公室、计划生育办公室、乡镇人民武装部、财税所。乡镇事业机构将原有的“七站八所”合理整合，统筹设置为“四站两所”，即计划生育站、文化站、农业服务站、农村经管统计站、土地管理所、法律服务所。

2010年乡镇机构改革。2010年12月至2011年3月完成。一类乡镇（沙井镇）设置党政机构5个，即党政综合办公室、经济发展办公室、社会发展办公室、社会治安综合治理办公室、人口和计划生育办公室；二类乡镇（大满镇、党寨镇、碱滩镇、乌江镇、三闸镇、甘浚镇、小满镇、梁家墩镇、上秦镇、新墩镇、长安乡、明永乡、安阳乡）设置党政机构4个，即党政综合办公室、经济发展办公室、社会发展办公室（挂人口和计划生育办公室牌子）、社会治安综合治理办公室；三类乡镇（龙渠、花寨、靖安、平山湖）设置党政机构4个，即党政综合办公室、经济发展办公室、社会发展办公室（挂人口和计划生育办公室牌子，平山湖蒙古族乡设置为社会发展和民族宗教事务办公室）、社会治安综合治理办公室。各乡镇不再设置经联委，其职能职责由经济发展办公室承担。18个乡镇均设置4个事业单位：农业综合服务中心（挂动植物疫病防控和农畜产品质量安全监测服务中心牌子）、社会事务服务中心、文化服务中心、计划生育服务中心。设在乡镇的法庭、派出所、司法所、国土资源所、财政所、水管所、卫生院、中小学等单位，保持原有管理体制不变。按照省、市关于乡镇编制限额的规定，一类乡镇核定行政编制26名、二类乡镇核定行政编制22名、三类乡镇核定行政编制19名，每个乡镇核定机关后勤事业编制2名，事业编制一类乡镇、二类乡镇、三类乡镇分别控制在46、42、38名以内。

事业单位登记管理 事业单位登记管理。从1999年7月成立张掖市事业单位法人登记管理中心，对全区事业单位进行法人登记管理，并负责3年一次的评估。2011年，事业单位网上登记管理系统在全区推广，实现事业单位登记档案的电子化管理。至2016年12月，全区共有事业单位243个。

事业单位分类改革。从2014年开始，按照社会功能将事业单位划分为承担行政职能、从事生产经营活动和从事公益服务三个类别。对从事公益服务事业单位，依据公益一类、公益二类划分标准，2015年对事业单位进行第一批分类，划入公益一类195个、公益二类10个。

机构编制管理 2007年《地方各级人民政府机构设置和编制管理条例》出台，2012年核定全区行政编制1489名，工勤编制147名，事业编制9575名（其中全额拨款7652名、差额拨款736名、自收自支1187名）。坚持用编先审批原则，各部门、各单位不得超编进人或违反编制使用审核程序进人；不得擅自改变编制使用范围或违反规定挤占、挪用编制；不得擅自增加编制，确因工作需要增编的，由编制部门研究在全区编制总量范围内部调剂解决，以实现机构编制使用效益最大化。加大动态调控、余缺调剂力度，对长期无人、长期空编、自收自支等事业单位实行收编，收回的编制集中统一管理、统筹安排、统一调配。撤销职能消失的事业单位并收回编制，冻结结构不合理事业单位的编制，核减职责任务弱化单位的富余编制。坚持“撤一建一，多撤少建”的原则。对于编制略有空余的机关事业单位，适当预留的10%编制用于补充急需人才。2012年，开始使用机构编制实名制管理系统，将全区82个行政部门及103个下设机构、506个事业单位以及在职人员全部纳入实名制管理，实现机构信息、编制信息、职数信息、实有人员信息的“四清数据”。

第二章　民主党派　工商联

第一节　中国国民党革命委员会甘州区委员会

中国国民党革命委员会甘州区委员会（简称“民革甘州区委员会”），是甘州区爱国统一战线的组成部分。党员主要来自全区教育、卫生、法律、社会保障、非公经济等系统的高中级知识分子和有代表性的中上层人士。

1984年，民革张掖县小组成立；1985年，民革张掖县支部委员会成立；1988年，民革张掖市筹备委员会成立。1990年，经民革甘肃省委员会批准，民革张掖市委员会成立；5月，民革张掖市委员会召开党员大会，选举产生海潮、王金才、范延龄、李志航、杨鸿儒、师维经、李德罗7人组成的民革张掖市（县级）第一届委员会，海潮为主任委员、王金才为副主任委员，后又补选崔勇、秦嘉海、赵鲁平为委员。

1996年，民革张掖市委员会召开第二次党员大会，进行换届选举，选举产生崔勇、秦嘉海、赵鲁平、王金才、海潮、陈立元、景兆德7人组成的第二届委员会，崔勇为主任委员，秦嘉海、赵鲁平、王金才为副主任委员。2001年，民革张掖市委员会召开第三次党员大会，进行换届选举，选举产生赵鲁平、秦嘉海、罗文俊、杜曼平、朱虎、魏增、陈立元7人组成的第三届委员会，赵鲁平为主任委员，秦嘉海、罗文俊、杜曼平为副主任委员，并任命朱虎为秘书长。2002年，民革张掖市委员会更名“民革甘州区委员会”。2006年，民革甘州区委员会召开第四次党员大会，进行换届选举，选举产生宋云、刘海林、张小玲、张东明、李长华5人组成的第四届委员会，宋云为主任委员，刘海林、张小玲为副主任委员。2011年，民革甘州区委员会召开第五次党员大会，进行换届选举，选举产生宋云、刘海林、张小玲、张东明、李长华、付靖宇、汪振根、葛晓东、李建林9人组成的第五届委员会，宋云为主任委员，刘海林、张小玲为副主任委员，并任命张东明为秘书长。2016年，民革甘州区委员会召开第六次党员大会，进行换届选举，选举产生付靖宇、汪振根、李建林、葛小东、王丽娟5人组成的第六届委员会，宋云为主任委员，刘海林、张小玲为副主任委员，并任命李长华为秘书长。民革甘州区第六届委员会下设4个支部，至2016年有党员67名，其中女党员29名、男党员38名，平均年龄42岁。党员中有市人大代表2名，市政协委员1名，区政协委员5名，市区特邀监督评议员9名。

1991年至今，共提交政协提案320多件，经政协审议立案300余件，其中《关于加强对污染企业监理与监控的提案》《关于加快农村流通服务网络建设的提案》等40余件提案被列为区政协主席、副主席重点督办提案。

第二节　中国民主同盟甘州区委员会

1991年第三次盟员大会召开。民盟张掖市召开第三届盟员代表大会，选举产生第三届委员会，曹希文当选为主委，郭凤棣、杨惠兰为副主委，大会推举张浩廉为顾问。盟员发展到102人，10个支部1个小组。1995年第四次盟员大会召开。民盟张掖市委员会召开第四次盟员代表大会，选举产生由郭凤棣等17人组成的第四届委员会，郭凤棣当选为主委，刘龙喜、杨惠兰为副主委，钱森森为秘书长，张浩廉、曹希文为顾问。1998年，增补王福明、钱森森为副主委，柳晶为秘书长。下设11个支部1个小组，盟员发展到156人。2001年第五次盟员大会召开。民盟张掖市委召开第五次盟员代表大会，选举产生由王福明等17人（实有16名，暂空1名）组成的第五届委员会，王福明当选为主委，刘龙喜、杨明庭当选为副主委，柳晶为秘书长。下设10个支部1个小组，盟员发展到182名。2002年，民盟张掖市委更名“民盟甘州区委”。2006年甘州区第六次盟员大会召开。民盟甘州区委召开第六次盟员代表大会，选举产生由蒋德虎等11人组成的第六届委员会，蒋德虎当选为主委，赵海平、高增明、张大龙、刘红燕为副主委，赵海平兼任秘书长，侯兴龙任副秘书长。2011年甘州区第七次盟员大会召开。民盟甘州区委召开第七次盟员代表大会，选举产生由蒋德虎等11人组成的第七届委员会，蒋德虎当选为主委，赵海平、张大龙、刘红燕为副主委，侯兴龙任秘书长，李文慧任副秘书长。2016年甘州区第八次盟员大会召开。民盟甘州区委召开第八次盟员代表大会，选举产生由张大龙等11人组成的第八届委员会，张大龙当选为主委，刘红燕、李文慧、侯兴龙为副主委，苏建军任秘书长。

中国民主同盟甘州区委员会，主要由从事文化教育以及科学技术工作的高中级知识分子组成，下设张掖一中、张掖二中、张掖四中、青西中学、张掖职教中心、机关等6个支部。至2016年，有盟员117人，其中硕士研究生3人，大学本科74人，大专28人；具有高级职称以上62人，中级职称42人。

第三节　中国民主建国会甘州区委员会

1992年，民建张掖市委员会成立，并召开第一次会员大会，大会选举产生兰正学、郝金声、葸成龙、党幼成、王祁连、孙生国、李富强等7名委员组成的民建张掖市第一届委员会，选举兰正学为主任委员，郝金声为副主任委员。民建市委员会下设5个基层支部，有会员49人。1993年10月，增选李富强为副主任委员，杨虎、黄爱华为委员。1996年，民建张掖市第二次会员大会召开，选举产生李富强、肖长昭、汪福、杨虎、黄爱华、杜凡、张重生等7名委员组成的民建张掖市第二届委员会，选举李富强为主任委员，肖长昭、汪福为副主任委员。民建张掖市委员会下设6个基层支部，有会员62人。2001年，民建张掖市委员会第三次会员大会召开，选举产生汪福、黄爱华、张重生、杨虎、尚建武、兰增茂、刘丽萍、张欣、郭吉庆等9名委员组成的民建张掖市第三届委员会，选举汪福为主任委员，黄爱华、张重生为副主任委员。2002年，民建张掖市委员会更名“民建甘州区委员会”，市区民建组织分设。2007年，民建甘州区委员会第四次会员大会召开，选举产生陈军、程永东、黄爱华、申亮、兰增茂、傅向东、陈瑞民等7名委员组成的民建甘州区第四届委员会，选举陈军为主任委员，程永东、黄爱华为副主任委员。2011年，民建甘州区委员会第五次会员大会召开，选举产生陈军、程永东、申亮、兰增茂、毛振华、车涛、黄克斌、雷兴斌等9名委员组成的民建甘州区第五届委员会，选举陈军为主任委员，程永东、申亮为副主任委员。2016年，民建甘州区委员会第六次会员大会召开，选举产生由程永东、申亮、曹继跃、兰增茂、陈军、张忠、毛振华、代娟兰、黄克斌等9人组成的民建甘州区第六届委员会，选举程永东为主任委员，申亮、曹继跃为副主任委员，任命兰增茂为秘书长，聘于海霞为副秘书长，有会员59人。

第四节　中国民主促进会甘州区委员会

中国民主促进会是以从事教育文化出版工作的高中级知识分子为主，具有政治联盟性质、致力于中国特色社会主义事业的政党。

1992年，民进张掖市委员会召开第二次会员大会，选举产生王克孝、徐振宇、龚连生、唐世昌、邓旭东、谈学金、张兰生、刘渊清、杨宁生等9人组成的民进张掖市第二届委员会，王克孝为主任委员，徐振宇、龚连生为副主任委员。会员人数64人，下设7个基层支部。1996年，民进张掖市委员会召开第三次会员大会，选举产生王克孝、徐振宇、龚连生、唐援朝、邓旭东、谈学金、刘渊清、赵江志、贺天朝、汪晓琴、周少敏、谢荣、孙秉英等13人组成的民进张掖市第三届委员会，王克孝为主任委员，徐振宇、龚连生、唐援朝为副主任委员，邓旭东为秘书长。会员人数96人，下设8个基层支部。2001年，民进张掖市委员会召开第四次会员大会，选举产生由唐援朝、陈兴祝、谢荣、尚金恒、阎廷亮、贺建兵、赵江志、周少敏、田沛霖、贺天朝、张文学、李玉莲、刘伟等13人组成的民进张掖市第四届委员会，唐援朝为主任委员，陈兴祝、谢荣为副主任委员，任命尚金恒为秘书长。会员人数111人，下设9个基层支部。2002年，民进张掖市委员会更名“民进甘州区委员会”。2006年，民进甘州区委员会召开第五次会员大会，选举产生赵江志、贺建兵、王文灿、田沛霖、张文学、魏建民、李玉莲、王霞、刘渊清等9人组成的民进甘州区第五届委员会，赵江志为主任委员，王文灿、贺建兵为副主任委员，任命王霞为秘书长。会员人数119人，下设6个基层支部。2011年，民进甘州区委员会召开第六次会员大会，选举产生赵江志、贺建兵、王文灿、田新辉、帖梅、罗晓宏、王志英、王宗荣、李玉莲、杨晓梅、田沛霖等11人组成的民进甘州区第六届委员会，赵江志为主任委员，贺建兵、王文灿、田新辉为副主任委员，任命李玉莲为秘书长。会员人数129人，下设6个基层支部。2016年，民进甘州区委员会召开第七次会员代表大会，选举产生贺建兵、田新辉、王宗荣、帖梅、李守军、代玉萍、刘东、屈晖平、金学全、葛剑、彭琴等11人组成的民进甘州区第七届委员会，贺建兵为主任委员，田新辉、王宗荣、帖梅为副主任委员，任命李守军为秘书长。会员人数139人，下设6个基层支部。2016年底，共有会员144人，其中本科以上学历74人，专科学历38人；高级职称会员42人，中级职称会员88人。会员主要分布在教育、文化、医药卫生、非公经济、政府机关等。

第五节　九三学社甘州区委员会

1986年成立九三学社张掖直属小组，徐政在任组长，海风山任副组长。1987年成立九三学社张掖支社第一届委员会，选举徐政在任主委，海风山、邢世增任副主委，成员14人。1991年，张掖支社第一届委员会换届，产生张掖支社第二届委员会，选举海风山、邢世增等4人组成的领导班子，成员22人。1995年，张掖支社第二届委员会换届选举，产生九三学社张掖支社第三届委员会，选举产生班子组成人员7人，海风山任主委，邢世增、刘佑如任副主委，徐百明任秘书长，张春亭、刘玉珍、雷世杰任委员，下设科技教育、医疗卫生、水电地质3个支社和临泽县直属小组。1999年，九三学社张掖市（县级市）委员会成立，选举产生班子成员7人，雷世杰任主委，王洁、何隽祥任副主委，徐百明任专职秘书长，陈国俊、侯志英、江扶民任委员，下设科技教育支社、医疗卫生支社、水电地质支社。2002年，九三学社张掖市委员会更名“九三学社甘州区委员会”。1999—2004年共发展社员12人，有社员44人。2005年成立九三学社甘州区一届委员会，届时有社员43人，选举产生班子成员9人，张鸣实任主委，雷世杰、王洁、马振亚任副主委，赵国柱任专职秘书长，张文翔、李萍、江扶民、郑超美任委员。2006年，九三学社甘州区第二次社员大会召开，王洁任主委，朱军民、李福任副主委，徐百明任秘书长（徐百明任两年后退休由李萍任秘书长），委员由王洁、朱军民、李福、徐百明、虎继红、李静6人组成。2011年，九三学社甘州区第三次社员大会召开，王洁任主委，李福、张国斌任副主委，李珂任秘书长，委员由王洁、张国斌、李福、虎继红、李萍、李静、李珂、何小平、赵福堂9人组成。2016年，九三学社甘州区第四次社员大会召开，张国斌任主委，虎继红、李静任副主委，李珂任秘书长，委员由张国斌、虎继红、李静、李珂、何小平、赵福堂、张载宏、张阿宁、陈海龙9人组成。

第六节 甘州区工商业联合会

工商业联合会成立于1953年，简称“工商联”，又称“民间商会”。1994年，全市个体工商户、私营企业中已有会员92人，组成8个会员小组，成立张掖市私营企业联谊会。1997年9月以前，县级以上工商联正副领导称主委、副主委，之后称会长、副会长；从2006年以后，县级以上工商联正副领导称主席、副主席。1987年，张掖市委决定恢复张掖市工商业联合会，每届任期与政府换届同步。2002年更名“甘州区工商业联合会”（民间商会），同甘州区民间商会两块牌子、一个机构，每届任期与政府换届同步。1990年，张掖市工商联第四届会员代表大会召开，出席代表62人，张伯壬当选为主委。1993年，张掖市工商联第五届会员代表大会召开，参加大会的代表65人，马万成当选为主委。1995年，张掖市工商联第五届五次执委会议召开，选举郝应武同志为主委。1996年，张掖市民间商会挂牌。市民间商会有26名理事组成（其中会长1人、副会长11人，非公有制经济人士占62%），市民间商会同市工商联两块牌子、一个机构、一套班子。1997年，张掖市工商联（民间商会）第六届会员代表大会召开，出席代表67人，张述云同志当选为会长。2002年，张掖市工商联（民间商会）第七届会员代表大会召开，出席会议的会员代表55人，魏书广当选为会长。2006年，甘州区工商联（民间商会）第八届会员代表大会召开，出席代表大会的代表83人，汪福当选为主席。2011年，区工商联（民间商会）第九届会员代表大会召开，汪福当选为主席。2016年，区工商联（民间商会）第十届会员代表大会召开，汪福当选为主席。

区工商联召开九届二次执委会议

2016年，工商联有169名执委组成的执委会和79名常委组成的常委会，有主席、副主席12名（企业家兼副主席8名，区委统战部副部长兼副主席1名）；全区建立工商联基层商协会32个，共有各类工商联会员1606名（个），其中个人会员1405名、企业会员169个、团体会员32个；区工商联逐步培养建立143名非公经济代表人士队伍，综合评价系统建立档案的36名；省市区对一批非公经济代表人士给予党代表、人大代表、政协委员、工商联执常委及其以上的政治待遇，会员中有省人大代表1名，省政协委员1名，省工商联执委3名，省光彩会理事2名，市人大代表5名，市政协委员24名，区党代表13名，区人大代表11名，区政协委员53名；市工商联执、常委18名，区工商联执常委180名。

第三章　社会团体

第一节　总工会

1990 年，全市有工会会员 1.58 万人，占职工总人数的 69%；基层工会 256 个，工会小组 934 个，全市企业建立职工代表大会。1998 年，张掖市总工会下辖事业单位 1 个（工人俱乐部），系统工会 20 个，基层工会 226 个；职工 13577 人，其中女职工 5833 人，工会会员 13264 人。2002 年更名为“甘州区总工会”。总工会每届任期 5 年，任期届满由每届工会代表大会选举产生新的工会委员会。至 2016 年，全区建成乡镇总工会 18 个、街道总工会 5 个、社区工会联合会 17 个、系统工会 16 个，各基层工会组织 807 个，职工 48249 人，会员 47151 人。全区 5 个街道、18 个乡镇、17 个社区，共组建非公有制企业工会 437 个、基层工会联合会 42 个和联合基层工会 149 个，覆盖非公有制单位 13214 家，发展会员 39056 人。

代表大会　1987 年，张掖市总工会第七次代表大会召开，出席会议的代表 248 人。选举产生张掖市总工会第七届委员会委员 19 人，常委 9 人，王树政为主席，孔继德、张兴华为副主席。1993 年，张掖市总工会第八次代表大会召开，选举第八届委员会委员 19 人，常务委员会委员 9 人，选举孔继德为主席，王培荣、于桂芳、徐晓霞（兼）为副主席；经费审查委员会委员 5 人，王培荣为主任。1998 年，张掖市总工会第九次代表大会召开，大会选举甘州区总工会第九届委员会主席、副主席，孔继德任主席，于桂芳、张立基为副主席。2003 年，甘州区总工会第十次代表大会召开，大会选举产生甘州区总工会第十届委员会委员 19 人，常务委员会委员 9 人，主席 1 人，副主席 3 人，蒲金昌任主席，于桂芳、张立基、李俊芳为副主席。2008 年，甘州区总工会第十一次代表大会召开，大会选举产生甘州区总工会第十一届委员会委员 21 人，常务委员会委员 9 人，主席 1 人，副主席 2 人，第十一届经费审查委员会委员 5 人，女职工委员会委员 19 人，马海荣任主席，付海、柳芸为副主席。2013 年，甘州区总工会召开第十二次代表大会召开，大会选举产生甘州区总工会第十二届委员会委员 21 人，常务委员会委员 9 人，主席 1 人，副主席 2 人，马海荣当选为主席，付海、柳芸当选为副主席。

工会组织建设　1991 年，验收合格“职工之家”181 个，先进职工之家 66 个，验收职工小家 47 个。1992 年起，把工会组织建设延伸到乡镇企业、个体私营企业。至 2000 年，已建企业工会组织 24 户，其中乡镇企业 8 户、私营企业 16 户。2001 年，张掖市 59 户改制企业中，符合建会条件企业有 49 户，46 户企业重新建立工会组织，发展会员 2115 人。组建乡镇企业工会工作委员会 22 个，乡镇企业工会 27 个，街道工会 5 个，私企工会 54 个，专业市场工会联合会 9 个。2002 年，甘州区改制的 46 户企业全部建立工会组织，发展会员 1098 人，建会率和职工的入会率均达 100%。累计建立工会

组织外出务工人员加入工会

组织411个，发展会员21169人。东北郊新区和城建委新配备工会主席；在文化、民政、公安、农村信用联社组建系统工会，全区系统工会由原来的29个发展到51个。2011年，新建工会组织72个，发展会员1081人，累计工会组织911个，会员43501人。2013年，以星级基层工会、模范职工之家创建和年度目标责任书考核为载体，试行经费奖补制度，共有343个基层工会积极申报创建星级规范化基层工会，对243个基层工会组织奖补经费106.2万元。2014年，对通过验收的239个星级基层工会奖补经费54万元，257个各级模范职工之家奖补经费43万元。2016年，新建工会组织25个，发展会员515人；对通过验收的253个星级基层工会和模范职工之家奖补经费129.5万元，对15个规范化社区困难职工帮扶工作站奖补经费20万元。

中国职工保险互助会甘州区代办点 中国职工保险互助会兰州办事处张掖代办处甘州区代办点，成立于2008年，负责在甘州区内开展职工互助保障工作，办理职工互助保障业务。

2008年，发展参保单位128个，吸纳会员7771人，参保金额60万元。2009年参保单位189个，吸纳会员9255人，参保金额776000元。2010年参保单位244个，吸纳会员12075人，参保金额835678元。2011年参保单位253个，吸纳会员12763人，参保金额899174元。2012年参保单位284个，吸纳会员16125人，参保金额925462元。2013年参保单位290个，吸纳会员16897人，参保金额1097132元。2014年参保单位316个，吸纳会员17953人，参保金额1259968元。2015年参保单位351个，吸纳会员19601人，参保金额1143214元。2016年参保单位366个，吸纳会员20705人，参保金额1366413元。

签订平等协商集体合同 1995年，甘州区总工会推行平等协商集体劳动合同机制，完善全员劳动合同制，甘州区65家企业，8214名职工全部签订劳动合同。1996年，总工会、劳动局确定在有色金属公司开展平等协商签订集体合同试点工作，签订张掖市第一份集体合同；是年，29户企业完成集体合同签订。2000年，全市共签订集体合同企业78户，续签、修订完善集体合同32户。2005年，80%以上的改制企业建立符合实际的平等协商集体合同制度，合同的履约率均达80%。2008年，甘州区总工会采用“一对一”“上代下”“上参下”等模式，依法确立集体协商主体。2009年，指导签订集体合同124份，覆盖职工6535人；工资专项集体合同10份，覆盖职工276人；女职工专项集体合同77份，覆盖女职工1867人。2011年，签订集体合同104份，集体合同工资、集体协议签订率分别占应签数的84.6%、68%。2016年，单独签订“四项合同”单位108份，覆盖职工7970人；签订行业性“四项合同”7份，覆盖用人单位11342户21888人；签订区域性“四项合同”6份，覆盖用人单位1480户5190人。

第二节　共青团

至2016年，全区共有14—35岁以下青少年约14.4万人（其中14—28岁10.1万人），团员2.5万人，团青比24.75%；直属团（工）委、总支、支部72个，其中乡镇团委18个，街道团工委5个，直属学校团委20个，区直部门团委、总支、支部29个。非公企业团组织30个，青年社会组织团组织4个。

团代会　共青团张掖市第十次代表大会。1991年召开，出席代表290名。大会选举产生共青团张掖市第十届委员会委员21名、候补委员3名、常委7名，罗锋当选为共青团张掖市委书记，夏文彬、李宏当选为副书记。

共青团张掖市第十一次代表大会。1994年9月召开，出席代表287名。大会选举产生共青团张掖市第十一届委员会委员27名、候补委员5名、常委9名，华光当选为共青团张掖市委书记，李宏、曹家俊当选为副书记。

共青团张掖市第十二次代表大会。1997年召开，出席代表320名。大会选举产生共青团张掖市第十二届委员会委员27名、候补委员7名、常委9名，曹家俊当选为共青团张掖市委书记，魏冉、汪晓瑞当选为副书记。

共青团张掖市第十三次代表大会。2000年召开。选举产生共青团张掖市第十三届委员会，牛生乐当选为共青团张掖市委书记，汪晓瑞当选为副书记。

共青团甘州区第一次代表大会。2003年召开。选举产生共青团甘州区第一届委员会，汪晓瑞当选为共青团甘州区委书记，刘莹当选为副书记。

共青团甘州区第二次代表大会。2006年召开。选举产生共青团甘州区第二届委员会，吴玮当选为共青团甘州区委书记，曹渊当选为副书记。

共青团甘州区第三次代表大会。2012年召开，出席代表191名。大会选举产生共青团甘州区第三届委员会，其中委员35人、候补委员9人、常委9人，赵晶当选为共青团甘州区委书记，张定祥、毛毳当选为副书记。

共青团甘州区第四次代表大会。2016年召开，出席代表195名。大会选举产生共青团甘州区第四届委员会，其中委员31人、候补委员14人、常委9人，张定祥当选为共青团甘州区委书记，高海洋当选为副书记。

团队建设　1991—1998年，推进“服务万村行动”向深层次发展，招募青少年志愿者26784名，青少年“献爱心”发展基金会救助失学儿童210名；城区10所小学全面实施了“跨世纪中国青少年雏鹰行动”。1999—2007年，开展“青年科技服务活动”“三下乡社会实践活动”“保护母亲河行动”等一系列主题教育实践活动，深化“青年文明号”的创建；全区各级团组织共创办青年农科基地10个，培养星火带头人和青年

学雷锋志愿者队伍

产业领头人32名。全区各级团组织深入开展青少年志愿服务活动，命名9个“优秀青少年维权岗”，创建5个“青年文明社区”。2008—2011年，开展“共青团百万农村青年培训行动”，成立“湿地之都”青少年志愿者队伍21个，创建具有生态教育、劳动实践、素质拓展、环保交流等多项功能的“青少年绿色家园”5个。在全区建成非公企业、新社会组织团组织112家。2012—2016年，评选区级青年岗位能手27人，创建青年先锋岗23个，创建青年安全生产示范岗36个。

第三节 妇女联合会

至2016年底，有18个乡镇妇联，244个村妇代会；5个街道妇联，17个社区妇代会；1个张掖经济技术开发区妇联，1个甘州区民营企业妇联，28个城区单位（系统）妇委会（女职工委员会、妇女小组）。

历次妇女代表大会 1991—2016年，甘州区妇联会共召开五次妇女代表大会。

张掖市第十次妇女代表大会。1993年召开，出席代表300名。大会选举雷玉兰为本届妇联会主任，徐晓霞、于桂芳为副主任，并选举产生出席甘肃省第九次妇女代表大会的代表5名，市妇联第十届执行委员会17名委员、常委8名。

张掖市第十一届妇女代表大会。1998年召开，与会代表356名（其中正式代表300名，特邀代表47名，列席代表9名）。选举雷玉兰为市妇联主席，融芳、杨艾琳为副主席，并选举产生出席甘肃省第十次妇女代表大会的代表4名，市妇联第十一届执行委员会执委17名、常委7名。

甘州区第十二届妇女代表大会。2003年召开，与会代表296名（其中正式代表280名，特邀代表16名）。大会选举张丽萍为本届妇联主席，融芳、魏冉为本届妇联副主席，并选举产生出席张掖市第一次妇女代表大会代表39名，区妇联第十二届执行委员会执委15名、常委7名。

甘州区第十三届妇女代表大会。2008年召开，与会代表290名（其中正式代表260名，特邀代表20名，列席代表10名）。大会选举张丽萍为本届妇联主席，融芳、雷丽斌为本届妇联副主席，并选举产生出席甘肃省第十二次妇女代表大会的代表3名、张掖市第二次妇女代表大会代表46名，区妇联第十三届执行委员会执委15名、常委7名。

甘州区第十四届妇女代表大会。2013年召开，与会代表235名（其中正式代表205名，特邀代表20名，列席代表10名）。大会选举魏冉为本届妇联主席，曹渊、钱海英为本届妇联副主席，并选举产生出席甘肃省第十三次妇女代表大会代表4名、张掖市第三次妇女代表大会代表42名，区妇联第十四届执行委员会执委17名、常委9名。

主要活动 双学双比活动。1989年初，全市举办各类“双学双比”竞赛活动200多场次，培树400多名懂技术、会经营、善管理、经济效益显著的种养女能手，长安乡万家墩女能手张铁英荣获“全国农村科级致富女能手”荣誉称号，许娟等女能手荣获“全省三八红旗手”荣誉称号。先后扶持建成党寨镇田家闸村大棚红提葡萄、十号村生猪养殖、大满镇紫家寨村养殖等一批专业经济合作组织，创建长安乡前进村红提葡萄、大满镇丰盛肉牛养殖等区级18个、乡级26个集生产、服务、示范、增收为一体的“妇”字号示范点。

巾帼建功。组织开展岗位比武、技能大赛、经验交流等活动120场次。共创3个国家级“巾帼文明岗”、12个省级“巾帼文明岗”、18个市级“巾帼文明岗”、42个区级“巾帼文明岗”；培树省、市、区级“三八红旗手”“巾帼建功标兵”等妇女典型182名。指导各乡镇、街道妇联依托“妇女之家”组建巾帼志愿者队伍336支，志愿者人数达2680人。

维权工作。至2016年，全区妇女儿童维权工作站（点）共接待来信来访2360多起；“巾帼矛调队”共调处化解家庭邻里纠纷2100多起，共接待妇女儿童来信来访人员800多人次；以婚姻家庭矛盾纠纷为主的信访案件312件，办结306件，结案率达98%。2011年开通“12338”维权热线。

最美家庭创建。2014年，组织开展寻找“最美家庭”活动。至2016年底，共评选出省级最美家庭3户，市级最美家庭30户、最美家庭成员22人，区级最美家庭33户、最美家庭成员28人。全区共评选表彰“和谐家庭”示范户480户，各类优秀家庭成员600名。

陇原巧手。争取省妇联培训项目资金共25万元，聘请张掖市职教中心专业老师和社会手工制作人员，分赴全区8个乡镇12个精准扶贫村，对1600多名妇女进行串珠编织、彩绳编织、陶泥制作等培训。辐射带动更多妇女居家灵活就业，助推手工业发展。2015年成立甘州区手工编织协会，建立妇女手工编织基地2个。

圆梦女孩志愿行动启动仪式

关爱弱势妇女儿童。建成省级“留守妇女阳光家园”8所、“农村留守儿童之家”10所、“流动儿童之家”7所。争取实施“母亲水窖”

项目，为安阳乡苗家堡村修建母亲水窖300眼，解决300户妇女家庭的饮水困难问题。发挥“母亲健康快车”作用，开展为育龄妇女送健康等公益服务。启动“消除婴幼儿贫血行动”项目，共发放爱心营养包49600多盒，惠及全区城乡8300多名适龄婴幼儿，受益儿童覆盖率达99%以上，儿童营养包有效服用率达99%以上。

第四节　科学技术协会

至2016年底，全区共建立乡镇、街道科协组织23个，成立农学会、林学会、畜牧学会、农机学会、医学会、水利学会、老年科技工作者协会、反邪教协会等8个区直学（协）会；所辖甘州区洪良蔬菜协会联合会、“金花寨”小米产业协会、紫家寨食用菌协会等42个农技协（联合会），发展各类会员18000多名。

以“节约能源资源、保护生态环境、保障安全健康”为主题，加大《科学素质纲要》指导方针、阶段目标、主要任务的贯彻落实力度。推动《全民科学素质纲要》在全社会的贯彻和公民科学素质的提高。

至2016年底，先后建成区级科普示范乡镇6个、科普示范街道2个、科普示范社区8个、科普示范基地10个、农民专业技术协会8个，省级科普示范社区1个；建成乡镇、街道科普活动站（室）23个，累计为村、社区、学校、基地投放科普宣传栏150余个，各村配备科普宣传员、农民科技指导员1—2名；建成区级科普示范画廊3处300延米以上。建成党寨镇、梁家墩镇科普示范乡镇，南街佛城社区、北街东湖社区科普示范社区，梁家墩镇万亩现代设施农业示范基地、张掖四中为科普示范基地、科普示范学校，沙井镇兴隆村玉米制种协会、党寨镇十号村养猪协会等科普示范农技协会。

第五节　残疾人联合会

至2016年，全区有持证残疾人10049名，持证残疾人比例占全区人口的1.97%，其中肢体残疾5745名、听力言语残疾1093名、视力残疾1049名、精神残疾752名、智力残疾579名、多重残疾831名。城市残疾人2925名，占残疾人总数的29.1%；农村残疾人7124名，占残疾人总数的70.9%。全区24个乡镇街道全部成立残疾人工作委员会和残疾人联合会，245个村、20个社区全部建立了残疾人工作领导小组和残疾人协会。全区有24个乡镇街道残联理事长、265个村社区残疾人专职委员，为245个村残协残疾人专职委员落实每月100元补贴。

体系保障　城市社区共有865名困难残疾人享受城市低保，农村有3637名困难残疾人享受农村低保，重度残疾人、特困残疾人、一户多残、老残一体残疾人在享受最低生活保障的基础上，低保标准普遍提高了10%—15%，生活特别困难的残疾人提高低保标准近60%。

康复工作　1991—1997年，开展白内障复明手术327名、小儿麻痹后遗症矫正手术81例、聋儿听力语言训练26名。1998—2002年，实施白内障复明手术400多例、肢体康复训练45人、智残儿童训练6人，使用助听器35人，发放轮椅217辆。2003年，甘州区被列为甘肃省精神病防治试点城市，全区2798名精神病人全部登记建档。2003—2008年，实施白内障复明手术878例、肢体康复训练68人、聋儿语训128人、低视力康复92人、智残儿童训练22人，安装假肢58例，发放轮椅、助视器等特殊用具用品1482件；为100名重度精神病患者和7名贫困轻度患者实施救助，救助资金12.3万元。2010—2015年，甘州区共实施白内障复明手术1093例，组织247名盲人进行定向行走训练；受训聋儿57人，为6名聋儿安装人工耳蜗，为15名聋儿配戴助听器；对665名精神病患者建立档案，进行重点监控，为125名精神病患者提供康复服务；对12名孤独症儿童接受康复训练；对240名肢残者进行康复训练，对19名贫困肢残儿童实施矫治手术；对41名贫困智残儿童进行康复训练；供应辅助器具1179件，免费发放轮椅767件；装配普及型假肢27例。2015年，筹措资金1200多万元建成甘州区残疾人康复中心，总建筑面积3565.36平方米。2016年，实施儿童康复救助“七彩梦行动计划”和“彩票公益金”项目，为18名贫困听力残疾人免费适配助听器，发放多功能家用护理床、防褥疮充气床垫等辅助器具265件，为22名贫困精神病住院患者发放医疗补助8.282万元。

2015年5月，中国残疾人福利基金会“阳光伴我行”集善明门儿童轮椅甘肃捐赠仪式在甘州中心广场举行

就业安置　1992—1997年，张掖市有福利企业28家，安置残疾人263人，有236名残疾人从事个体经营。1998—2002年，张掖市安置残疾人575人就业，其中集中安置150人、按比例安置175人、个体就业250人；开办盲人按摩中心3家，6名盲人从事盲人按摩。2003—2008年，甘州区先后组织234名残疾人到省、市职业技能培训中心参加职业技能培训。2008年，甘州区集中安置156名残疾人就业；成立盲人按摩院（所）6家，从业人员9名。2009—2012年，组织、协调相关部门开展“关爱残疾职工·稳定残疾人就业”“关爱贫困残疾人·扶持残疾人创业”主题活动，向城镇下岗、失业、零就业残疾人发放钉鞋机98台，配匙机24台；为29名新创业的残疾人发放创业补助资金5.8万元；为5名残疾人就业扶贫基地争取贴息贷款43万元；开办盲人按摩院（所）14家，从业人员24人。2015年，为残疾人福利企业张掖市金鹰食品工业有限公司和2家自强模范创业基地张掖市超越广告有限公司、甘州区旭东养殖合作社和东鑫种植合作社发放扶残助残补贴16万元。2016年，为59名自主创业代表发放残疾人自主创业扶持资金29.5万元，为甘州区东鑫种植合作社发放扶残助残贴息资金3.5

万元；为6个创业基地和2家盲人按摩机构拨付创业扶持资金58万元；征缴残疾人就业保障金180万元。

特殊教育　1992—1997年，有7—15岁残疾儿童336人，其中进入普通学校学习248人，残疾儿童入学率73%。1998—2002年，有7—15岁残疾儿童301人，其中入学270人，残疾儿童入学率达90.03%。为切实解决低视力儿童入学难问题，2002年，资助盲童8名。2003—2007年，全区有308名残疾儿童入学就读，为贫困残疾儿童免除和救助学杂费84.3万元。2005年，为17名低视力残疾儿童、4名聋儿和6名残疾大学生发放助学项目资金9.6万元。2010—2015年，全区共有525名“随班就读”残疾儿童少年完成了小学初中学业，23名残疾学生和残疾人家庭子女考入高等院校就读；有501名残疾学生得到国家彩票公益金助学项目和区残联以及社会各界助学资助，受助资金达35万元。2016年，为172名残疾学生发放助学资金13.35万元，为特教学校拨付特殊教育经费12.82万元。

第 四 编

政权　政协

第一章　张掖市甘州区人民代表大会

第一节　机构设置

张掖市第十二届人民代表大会常务委员会组织机构（1990 年 2 月—1993 年 2 月） 本届人民代表大会常务委员会设立办公室、财政经济科、人事法制科、教科文卫科“一室三科”四个工作机构。

张掖市第十三届人民代表大会常务委员会组织机构（1993 年 2 月—1997 年 11 月） 本届人民代表大会常务委员会设立办公室、财经工作委员会、人事法制工作委员会、农业工作委员会、教科文卫工作委员会、代表联络工作委员会“一室五委”六个工作机构。

张掖市第十四届人民代表大会常务委员会组织机构（1997 年 11 月—2002 年 12 月） 本届人民代表大会常务委员会设立办公室、财经工作委员会、人事法制工作委员会、农业工作委员会、教科文卫工作委员会、代表联络工作委员会；1999 年设立信访室，2002 年 12 月设立环境资源保护工作委员会。至 2002 年 12 月，本届人民代表大会常务委员会共有“二室六委”八个工作机构。

张掖市第十五届人民代表大会常务委员会组织机构（2002 年 12 月—2007 年 1 月） 本届人民代表大会常务委员会设立办公室、财经工作委员会、人事法制工作委员会、农业工作委员会、教科文卫工作委员会、代表联络工作委员会、信访室、环境资源保护工作委员会“二室六委”八个工作机构。

张掖市甘州区第十六届人民代表大会常务委员会组织机构（2007 年 1 月—2011 年 11 月） 本届人民代表大会常务委员会设立办公室、财经工作委员会、人事法制工作委员会、农业工作委员会、教科文卫工作委员会、代表联络工作委员会、信访室、环境资源保护工作委员会“二室六委”八个工作机构。

张掖市甘州区第十七届人民代表大会常务委员会组织机构（2011 年 11 月—2016 年 10 月） 本届人民代表大会常务委员会设立办公室、财经工作委员会、人事法制工作委员会、农业工作委员会、教科文卫工作委员会、代表联络工作委员会、信访室、环境资源保护工作委员会“二室六委”八个工作机构。

张掖市甘州区第十八届人民代表大会常务委员会组织机构（2016 年 10 月—） 本届人民代表大会常务委员会设立办公室、财经工作委员会、人事法制工作委员会、农业工作委员会、教科文卫工作委员会、代表联络工作委员会、信访室、环境资源保护工作委员会“二室六委”八个工作机构。

第二节　选举人民代表

张掖市第十二届人民代表大会代表选举工作　成立张掖市选举委员会，由张庆永任主任，田科荆、张师良任副主任，徐永海、宗培田、师毓芝、连有国、张世栋、王开华、马中立、周尚武、王树政、杨继军、高玉凤为成员；下设办公室，负责全市基层选举工作。全市划分选区166个，从1989年11月1日开始至1990年1月10日结束，共选出张掖市十二届人大代表237人。其中，党政领导干部代表98人，占41.5%；工人代表12人，占5.1%；农民代表107名，占45.15%；知识分子代表16名，占6.8%；解放军代表3名，占1.2%。代表中有中共党员180名，占75.95%；民主党派和无党派爱国人士3名，占1.27%；妇女40名，占16.87%；少数民族10名，占4.2%；侨眷2名，占0.84%。代表中大专以上文化程度有42名，占17.72%；中专中学以上文化程度有160名，占67.5%；小学以下文化程度有35名，占14.8%。

张掖市第十三届人民代表大会代表选举工作　成立张掖市选举委员会，由张庆永、张新民、连有国、宗培田、师毓芝、王世明、刘文浩、邓必强、刁长荣、周尚武、陈义、王开华、高玉凤共13人组成，张庆永任主任，张新民、连有国、宗培田任副主任；市选举委员会下设办公室，周尚武任主任，李锡、王开华、毛成杰任副主任。全市划分165个选区，从1992年10月15日开始至12月25日结束，共选出市人大代表244名。其中，工人、农牧民、市民118名，占48.36%；干部（含知识分子）123名，占50.41%；解放军（含武警）3名，占1.23%。妇女51名，占20.9%；少数民族8名，占3.28%；中共党员183名，占75%；民主党派和无党派爱国人士4名，占1.64%。大专以上学历有46名，占18.9%；中专学历有23名，占9.42%；初高中文化程度145名，占59.43%；小学文化程度有30名，占12.3%。

张掖市第十四届人民代表大会代表选举工作　成立张掖市选举委员会，由孙荣乾、曹光明、王开堂、张育忠、王世明、邓必强、尉斌、张文昌、冯家驹、周占宏、汤继高、杨宝德、王经国、孔继德、曹家俊、雷玉兰、谈吉新共17人组成，孙荣乾任主任，曹光明、王开堂、张育忠、王世明任副主任；市选举委员会下设办公室，王经国兼任主任，郑国顺、纪向军任副主任。由于人事变动，市选举委员会中途进行人员调整，调整后的市选举委员会由盛世高、曹光明、王开堂、王世明、邓必强、尉斌、张文昌、冯家驹、周占宏、徐万福、汤继高、杨宝德、王经国、孔继德、曹家俊、雷玉兰、谈吉新等17人组成，盛世高任主任，曹光明、王开堂、王世明任副主任；下设办公室，王经国兼任主任，郑国顺、纪向军任副主任。全市划分151个选区，从1997年9月25日开始至1997年11月30日结束，共选出市十四届人民代表大会代表212名。其中，工人、农牧民、市民106名，占代表名额总数的50.2%；干部101名（含知识分子13名），占代表总数的47.9%；驻军代表4名，占代表总数的1.9%。妇女代表52名，占24.6%；少数民族代表8名，占3.78%；中共党员代表143名，占68.7%；民主党派代表3名，占1.42%；非党代表65名，占30.8%。具有大专以上学历的代表69名

（其中大学本科学历30名），占代表总数的33.1%，较上届提高14.2%；中专及高中学历的代表69名，占代表总数的33.1%；初中以上文化程度的代表67名，占代表总数的31%；小学文化程度有6名，占代表总数的2.8%。

张掖市甘州区第十五届人民代表大会代表选举工作　成立张掖市甘州区选举委员会，由王开堂、傅德华、周占宏、冯家驹、李国志、张学亮、关宪飞、安想忠、成广平、权金贵、张九虎、彭万涛、曹明、蒲金昌、汪晓瑞、张丽萍、谈吉新共17人组成，王开堂任主任，傅德华、周占宏、冯家驹任副主任；下设办公室，张九虎任办公室主任。全区共划分选区142个，从2002年11月5日开始至12月22日结束，选出张掖市甘州区第十五届人民代表大会代表209名，预留3名。其中，工人代表30人，占14.4%；农牧民代表73人，占49.2%；干部代表（含知识分子）103人，占49.2%；军人代表3人，占1.4%。党员代表140人，占66%；非党及民主党派代表69人，占33%。大专以上学历有90人，占43.1%；高中文化程度有70人，占33.5%；初中文化程度有49人，占23.4%。妇女代表51人，占24.4%；少数民族代表5人，占2.4%。142个选区中有140个选区的选举一次成功，第34选区因候选人票数均未过半，依法进行第二次选举；第23选区也因候选人票数均未过半，经研究认为再进行投票选举的条件不成熟，代表名额依法收回。

张掖市甘州区第十六届人民代表大会代表选举工作　成立由区委书记杨继军任主任，区人大常委会主任傅德华任副主任，区人大常委会领导及相关部门负责人为委员的有15人组成的选举委员会；各乡镇分别设立5—7人组成的选举委员会，各街道办事处成立选举工作联络小组，各选区都成立选举领导小组，选举日定在2006年12月9日。全区划分选区146个，从2006年10月中旬开始，至2007年元月上旬结束，共选出区第十六届人大代表210名，预留2名。其中，工人和居民代表23名，占代表总数的11%；农牧民代表72名，占代表总数的34.2%；干部代表（含知识分子）115名，占代表总数的54.8%。中共党员代表134名，占63.8%；民主党派代表4名，占1.9%；非党群众代表72名，占34.3%。少数民族代表10名，占4.7%；妇女代表53名，占25.2%。具有本科及其以上文化程度有58名，占27.6%；大专及高职文化程度有52名，占24.8%；中专及高中有58名，占27.6%；初中以下42名，占20%。年龄在35岁以下的35名，占16.6%；36岁至55岁的168名，占80%；56岁以上的7名，占3.4%。连任代表36名，占到了17%。选出乡镇人大代表940名。

张掖市甘州区第十七届人民代表大会代表选举工作　成立由13人组成的区选举委员会，郭尚勤任主任，李宏伟、王洪德、阎作明、王憬任副主任，张勇、程建明、邢泽、郭建平、宁克海、纪向军、张吉寿、王仁国为委员；下设办公室，王憬兼任主任。各乡镇分别设立由5—9人组成的选举委员会，各街道、张掖工业园区分别成立由5—7人组成的选举工作联络组，各选区分别成立选区选举工作领导小组，从2011年7月上旬开始，至2011年8月18日结束，选出区第十七届人大代表205名，预留7名。在当选的205名代表中，基层代表113名，占代表总数的55.1%，比上届提高1.3个百分点；干部代表92名，占代表总数的44.9%，比上届下降1.3个百分点。在代表总数中，中共党员代表139名，占代表总数的67.8%；民主党派4名，占代表总数的2%；非党群众代表62名，占代表总数的30.2%。妇女代表59名，占代表总数的28.8%，比上届提高了5.5个百分点；少数民族代表8名，占代表总数的3.9%。连任代表48名，占代表总数的23.4%。本科及其以上文化程度有78名，占38%；大专及高职30名，占14.7%；中专及高中55名，占26.8%；初中以下42名，占20.5%。代表年龄更趋合理，35岁以下的15名，占代表总数的7.3%；36至55岁的178名，占代表总数的86.8%；56岁以上的12名，仅占代表总数的5.9%。选出乡镇人大代表940名。

张掖市甘州区第十八届人民代表大会代表选举工作　成立由13人组成的区选举委员会，朱乔正任主任，王韶华、张天伟、张吉寿、王东升任副主任，汪晓瑞、张勇、邢泽、王海、朱兴忠、于久远、马有祯、张玉玲为委员；区选举委员会下设办公室，王东升兼任主任。区、乡镇换届选举从2016年5月中旬开始，至2016年6月底结束（选举日定在2016年6月26日），共选出区第十八届人大代表210名，预留2名；选出乡镇人大代表940名。后因人事变动，4名区人大代表辞去职务，又补选代表5名，本届区人大代表为211人，预留1名。在当选的211名代表中，农牧（居）民代表88名，占代表总数的41.7%；工人代表6名，占代表总数的2.84%；干部代表95名，占代表总数的45.02%；解放军代表2名，占代表总数的0.95%；企业负责人代表9名，占代表总数的4.27%；专业技术人员代表11名，占代表总数的5.21%。少数民族6名，占代表总数的2.84%；民主党派8名，占代表总数的3.79%；中共党员代表156名，占代表总数的73.93%；无党派2名，占代表总数的0.95%；群众45名，占代表总数的21.33%。妇女代表65名，占代表总数的30.8%。具有大学以上文化程度的87名，占41.23%；大专及高职52名，占24.64%；中专及高中35名，占16.59%；初中以下37名，占17.54%。

第三节　人民代表大会

张掖市第十二届人民代表大会　张掖市第十二届人民代表大会第一次会议于1990年2月20日至24日召开。应出席会议的代表237人，实到代表225人，缺席12人，列席151人。大会听取和审议代理市长彭尔笃所作的《张掖市人民政府工作报告》，市计划委员会主任王兴诗所作的《张掖市1989年国民经济和社会发展计划执行情况及1990年计划（草案）的报告》，市财政局副局长梁孔书所作的《张掖市1989年财政决算执行情况和1990年财政预算（草案）的报告》，市人大常委会副主任宗培田所作的《张掖市人大常委会工作报告》，市人民法院院长武居义所作的《张掖市人民法院工作报告》，市人民检察院检察长马万云所作的《张掖市人民检察院工作报告》。会议选举张新民为张掖市第十二届人大常委会主任，宗培田、师毓芝、王世明、刘文浩为副主任，周尚武、李善林、李锡、徐梦麟、王树政、高玉凤（女）、杨继军、郑志强、徐振宇、王春芳（女）、汪学勤为委员；选举彭尔笃为张掖市人民政府市长，师宗德、陈天成、王子辛、成守仁为副市长；选举武居义为张掖市人民法院院长，马万云为张掖市人民检察院检察长。

张掖市第十二届人民代表大会第二次会议于1991年3月4日至7日召开。应出席会议的代表236人，实到代表204人，缺席32人，列席160人。大会听取和审议市人民政府市长彭尔笃关于《张掖市人民政府的工作报告》，市计划委员会主任王兴诗关于《张掖市1990年国民经济和社会发展计划执行情况及1991年国民经济和社会发展计划（草案）的报告》，市财政局局长梁孔书关于《张掖市1990年财政决算和1991年财政预算（草案）的报告》，市人大常委会主任张新民关于《张掖市人大常委会工作报告》，市人民法院院长武居义关于《张掖市人民法院的工作报告》，市人民检察院检察长马万云关于《张掖市人民检察院的工作报告》。会议选举邓必强为张掖市第十二届人大常委会副主任；选举罗正庆为张掖市人民政府副市长。

张掖市第十二届人民代表大会第三次会议于1992年2月20日至23日召开。应出席会议的代表229人，实到193人，缺席36人，列席165人。大会听取和审议市人民政府市长彭尔笃关于《张掖市人民政府的工作报告》，市人民政府关于《张掖市国民经济和社会发展十年规划和第八个五年计划纲要（草案）》，市计划委员会主任王兴诗关于《张掖市1991年国民经济和社会发展计划执行情况及1992年国民经济和社会发展计划（草案）的报告》，市财政局局长梁孔书关于《张掖市1991年财政决算和1992年财政预算（草案）的报告》，市人大常委会主任张新民关于《张掖市人大常委会工作报告》，市人民法院院长武居义关于《张掖市人民法院工作报告》，市人民检察院代理检察长殷占隆关于《张掖市人民检察院工作报告》。会议选举殷占隆为张掖市人民检察院检察长。

张掖市第十二届人民代表大会第四次会议于1992年11月25日召开。应出席会议的代表227人，实到代表173人，缺席54人。大会选举出席甘肃省第八届人民代表大会的代表。选举孔令鉴、王克孝、王应凤、李怀玲（女）、李建萍（女）、张伯壬（满族）、张新民、杨惠兰（女）、崔岩、彭尔笃为甘肃省第八届人民代表大会代表。

张掖市第十三届人民代表大会　张掖市第十三届人民代表大会第一次会议于1993年2月12日至15日召开。应出席会议的代表244人，实到代表229人，缺席15人，列席162人。大会听取和审议《张掖市人民政府工作报告》《张掖市1992年国民经济和社会发展计划执行情况及1993年国民经济和社会发展计划（草案）的报告》《张掖市1992年财政预算执行情况和1993年财政预算（草案）的报告》《张掖市人大常委会工作报告》《张掖市人民法院工作报告》《张掖市人民检察院工作报告》。会议选举张新民为市人民代表大会常务委员会主任，宗培田、王世明、邓必强、尉斌为副主任，万瑛、毛成杰、王经国、孔继德、刘玉林、刘玉珍（女）、李锡、汪学勤、夏文彬、高玉凤（女）、徐梦麟、雷玉兰（女）为委员；选举孙荣乾为张掖市人民政府市长，王愈新、傅德华、罗正庆、张育忠、马成功（回族）、徐振宇为副市长；选举鞠好儒为市人民法院院长，殷占隆为市人民检察院检察长。

张掖市第十三届人民代表大会第二次会议于1994年3月8日至11日召开。应出席会议的代表241人，实到代表219人，缺席22人，列席154人。大会听取和审议市长孙荣乾所作的《张掖市人民政府工作报告》，计划委员会主任王兴诗所作的《张掖市1993年国民经济和社会发展计划执行情况及1994年国民经济和社会发展计划（草案）的报告》，财政局局长梁孔书所作的《张掖市1993年财政预算执行情况和1994年财政预算（草案）的报告》，市人大常委会主任张新民所作的《张掖市人大常委会工作报告》，市人民法院院长鞠好儒所作的《张掖市人民法院工作报告》，市检察院检察长殷占隆所作的《张掖市人民检察院工作报告》。会议选举张文昌为张掖市第十三届人民代表大会常务委员会副主任，选举丁荣善为张掖市人民政府副市长。

张掖市第十三届人民代表大会第三次会议于1995年1月10日至13日召开。应出席会议的代表240人，实到代表209人，缺席31人，列席188人。大会听取和审议《张掖市人民政府工作报告》《张掖市1994年国民经济和社会发展计划执行情况及1995年国民经济和社会发展计划（草案）报告》《张掖市1994年财政预算执行情况和1995年财政预算（草案）报告》《张掖市人大常委会工作报告》《张掖市人民法院工作报告》《张掖市人民检察院工作报告》。选举杨子秀为张掖市人民政府市长；补选张西铭为张掖市人大常委会委员。

张掖市第十三届人民代表大会第四次会议于1996年1月24日至28日召开。应出席会议的代表241人，实到代表206人，缺席35人，列席218人。大会听取和审议《张掖市人民政府工作报告》，市政府关于《张掖市国民经济和社会发展“九五”计划和2010年远景目标规划（草案）的说明》《张掖市1995年国民经济和社会发展计划执行情况及1996年国民经济和社会发展计划（草案）的报告》《张掖市1995年财政预算执行情况和1996年财政预算（草案）的报告》《张掖市人大常委会工作报告》《张掖市人民法院工作报告》《张掖市人民检察院工作报告》。会议选举曹光明为张掖市第十三届人民代表大会常务委员会主任，冯家驹为张掖市第十三届人民代表大会常务委员会副主任。

张掖市第十三届人民代表大会第五次会议于1997年1月17日至19日召开。应出席会议的代表239人，实到代表181人，缺席58人，列席216人。大会听取和审议市长杨子秀关于《张掖市人民政府工作报告》，市计划委员会主任佘锋关于《张掖市1996年国民经济和社会发展计划执行情况及1997年国民经济和社会发展计划安排（草案）的报告》，张掖市财政局局长李小平关于《张掖市1996年财政预算执行情况和1997年财政预算（草案）的报告》，张掖市人大常委会主任曹光明关于《张掖市人大常委会工作报告》，张掖市人民法院院长杨鹏关于《张掖市人民法院工作报告》，张掖市人民检察院检察长王志勇关于《张掖市人民检察院工作报告》。

张掖市第十四届人民代表大会　张掖市第十四届人民代表大会第一次会议于1997年11月25日至28日召开。应出席会议的代表211人，实到代表206人，列席177人。大会听取和审议张掖市人民政府副市长孟仲所作的《张掖市人民政府工作报告》，张掖市计划委员会主任佘锋所作的《张掖市1997年国民经济和社会发展计划执行情况及1998年国民经济和社会发展计划（草案）的报告》，审查和批准张掖市1997年国民经济和社会发展计划执行情况的报告和1998年国民经济和社会发展计划，张掖市财政局局长李小平所作的《张掖市1997年财政预算执行情况和1998年财政预算（草案）的报告》，审查和批准张掖市1997年财政预算执行情况的报告和1998年财政预算，张掖市人大常委会副主任冯家驹所作的《张掖市人大常委会工作报告》，张掖市人民法院院长杨鹏所作的《张掖市人民法院工作报告》，张掖市人民检察院检察长王志勇所作的《张掖市人民检察院工作报告》。选举傅德华为张掖市人大常委会主任，冯家驹、徐振宇、李国志、张学亮为副主任，王经国、刘克贵、纪向军、郑国顺、石海、张九虎、孔继德、曹家俊、雷玉兰、朱佑堂、李萍、王洁、常永红、张克俭为常委会委员；选举王开堂为张掖市人民政府市长，安想忠、孟仲、吴尚元、薛自成、屈新平为副市长；选举杨鹏为张掖市人民法院院长，王志勇为张掖市人民检察院检察长；选举杨振杰、力虎林、黄植培、马龙（回族）、盛世高、张荣华、王洁、马志祥、田凤琴为甘肃省九届人大代表。

张掖市第十四届人民代表大会第二次会议于1999年1月17日至19日召开。应出席会议的代表211人，实到199人，列席196人。大会听取和审议市人民政府市长王开堂所作的《张掖市人民政府工作报告》，市计划委员会主任余锋所作的《张掖市1998年国民经济和社会发展计划执行情况及1999年国民经济和社会发展计划（草案）的报告》，审查批准张掖市1998年国民经济和社会发展计划执行情况的报告及1999年国民经济和社会发展计划，市财政局局长李小平所作的《张掖市1998年财政预算执行情况和1999年财政预算（草案）的报告》，审查和批准张掖市1998年财政预算执行情况的报告和1999年财政预算，市人大常委会主任傅德华所作的《张掖市人大常委会工作报告》，市人民法院院长杨鹏所作的《张掖市人民法院工作报告》，市人民检察院检察长王志勇所作的《张掖市人民检察院工作报告》。

张掖市第十四届人民代表大会第三次会议于2000年1月10日至12日召开。应出席会议的代表212人，实到代表206人，列席209人。大会听取和审议了张掖市人民政府市长王开堂所作的《张掖市人民政府工作报告》，市计划委员会主任余锋所作的《张掖市1999年国民经济和社会发展计划执行情况及2000年国民经济和社会发展计划（草案）的报告》，审查和批准张掖市1999年国民经济和社会发展计划，市财政局局长李小平所作的《张掖市1999年财政预算执行情况和2000年财政预算（草案）的报告》，审查和批准张掖市1999年财政预算执行情况的报告和2000年财政预算，市人大常委会主任傅德华所作的《张掖市人大常委会工作报告》，市人民法院院长杨鹏所作的《张掖市人民法院工作报告》，市人民检察院检察长王志勇所作的《张掖市人民检察院工作报告》。会议补选关宪飞为市十四届人大常委会副主任。

张掖市第十四届人民代表大会第四次会议于2000年12月22日至25日召开。应出席会议的代表212名，实到代表207名，列席229名。大会听取和审议市人民政府代理市长马成功所作的《张掖市人民政府工作报告》，市计划委员会主任陶开江所作的《张掖市2000年国民经济和社会发展计划执行情况及2001年国民经济和社会发展计划（草案）的报告》，市财政局局长彭万涛所作的《张掖市2000年财政预算执行情况和2001年财政预算（草案）的报告》，市人大常委会主任傅德华所作的《张掖市人大常委会工作报告》，市人民法院院长杨鹏所作的《张掖市人民法院工作报告》，市人民检察院副检察长吴继锋所作的《张掖市人民检察院工作报告》《张掖市国民经济和社会发展第十个五年计划（草案）》。会议选举马成功为张掖市人民政府市长，吴继锋为张掖市人民检察院检察长。

张掖市第十四届人民代表大会第五次会议于2002年1月17日至19日召开。应出席会议代表212人，实到203人，列席244人。大会听取和审议张掖市人民政府市长马成功所作的《张掖市人民政府工作报告》，市计划委员会主任陶开江所作的《张掖市2001年国民经济和社会发展计划执行情况及2002年国民经济和社会发展计划（草案）的报告》，市财政局局长彭万涛所作的《张掖市2001年财政预算执行情况和2002年财政预算（草案）的报告》，市人大常委会主任傅德华所作的《张掖市人大常委会工作报告》，市人民法院院长杨鹏所作的《张掖市人民法院工作报告》，市人民检察院检察长吴继锋所作的《张掖市人民检察院工作报告》。

张掖市甘州区第十四届人民代表大会第六次会议于2002年11月13日召开。会议应到代表201名，实到代表185名。选举甘州区出席张掖市第一届人民代表大会代表。

张掖市甘州区第十五届人民代表大会　张掖市甘州区第十五届人民代表大会第一次会议于2002年12月20日至22日召开。应出席会议的代表209人，实到206人，列席113人。大会听取和审议张掖市甘州区人民政府代区长韩正明关于《甘州区人民政府工作报告》，张掖市甘州区计划委员会主任宋明关于《甘州区2002年国民经济和社会发展计划执行情况及2003年国民经济和社会发展计划草案的报告》，审查和批准张掖市甘州区2002年国民经济和社会发展计划执行情况的报告和2003年国民经济和社会发展计划，张掖市甘州区财政局局长彭万涛关于《甘州区2002年财政预算执行情况和2003年财政预算草案的报告》，审查和批准张掖市甘州区2002年财政预算执行情况的报告和2003年财政预算，张掖市甘州区人大常委会主任傅德华关于《甘州区人大常委会工作报告》，张掖市甘州区人民法院副院长王天光关于《甘州区人民法院工作报告》，张掖市甘州区人民检察院检察长吴继锋关于《甘州区人民检察院工作报告》。选举傅德华为张掖市甘州区第十五届人大常委会主任，冯家驹、吴尚元、张学亮、周贵文、杨宝德、曹晓萍（女）为常委会副主任，马永生、王海国、石海、付金正、冯学祥、李玲（女）、杨会锦、汪晓瑞、张九虎、张丽萍（女）、郑艾凌（女）、蔡铎元为常委会委员；选举韩正明为张掖市甘州区人民政府区长，王福明、刘光明、安想忠、李作福（挂职）、强梅（女、藏族）、鞠毅为张掖市甘州区人民政府副区长；选举韩经荣为张掖市甘州区人民法院院长，吴继锋为张掖市甘州区人民检察院检察长。

张掖市甘州区第十五届人民代表大会第二次会议于2003年12月16日至18日召开。应出席会议的代表206人，实到195人，列席194人。大会听取和审议张掖市甘州区人民政府区长韩正明关于《甘州区人民政府工作报告》，张掖市甘州区发展计划局局长宋明关于《甘州区2003年国民经济和社会发展计划执行情况及2004年国民经济和社会发展计划草案的报告》，审查和批准张掖市甘州区2003年国民经济和社会发展计划执行情况的报告和2004年国民经济和社会发展计划，张掖市甘州区财政局局长张辅民关于《甘州区2003年财政预算执行情况和2004年财政预算草案的报告》，审查和批准甘州区2003年财政预算执行情况的报告和2004年财政预算，张掖市甘州区人大常委会主任傅德华关于《甘州区人大常委会工作报告》，张掖市甘州区人民法院副院长王天光关于《甘州区人民法院工作报告》，张掖市甘州区人民检察院检察长吴继锋关于《甘州区人民检察院工作报告》。

张掖市甘州区第十五届人民代表大会第三次会议于2004年12月20日至22日召开。应出席会议的代表205人，实到196人，列席189人（含不是人大代表的政协委员94人）。大会听取和审议张掖市甘州区人民政府区长韩正明关于《张掖市甘州区人民政府工作报告》，张掖市甘州区发展计划局局长宋明关于《张掖市甘州区2004年国民经济和社会发展计划执行情况及2005年国民经济和社会发展计划（草案）的报告》，审查和批准张掖市甘州区2004年国民经济和社会发展计划执行情况的报告和2005年国民经济和社会发展计划，张掖市甘州区财政局局长张辅民关于《甘州区2004年财政预算执行情况和2005年财政预算（草案）的报告》，审查和批准张掖市甘州区2004年财政预算执行情况的报告和2005年财政预算，张掖市甘州区人大常委会副主任吴尚元关于《张掖市甘州区人大常委会工作报告》，张掖市甘州区人民法院院长韩经荣关于《张掖市甘州区人民法院工作报告》，张掖市甘州区人民检察院检察长关于《张掖市甘州区人民检察院工作报告》。

张掖市甘州区第十五届人民代表大会第四次会议于2005年12月28日至31日召开。应出席会议的代表212人，实到208人，列席190人。大会听取和审议张掖市甘州区人民政府区长韩正明关于《张掖市甘州区人民政府工作报告》，张掖市甘州区发展和改革委员会主任宋明关于《张掖市甘州区2005年国民经济和社会发展计划执行情况、2006年国民经济和社会发展计划（草案）的报告》（书面），审查和批准张掖市甘州区2005年国民经济和社会发展计划执行情况的报告、2006年国民经济和社会发展计划，张掖市甘州区财政局局长张辅民关于《张掖市甘州区2005年财政预算执行情况和2006年财政预算（草案）的报告》（书面），审查和批准张掖市甘州区2005年财政预算执行情况的报告、2006年区财政预算，张掖市甘州区人民政府常务副区长脱兴福关于《制定张掖市甘州区国民经济和社会发展第十一个五年规划的说明》，审查和批准张掖市甘州区国民经济和社会发展第十一个五年规划，张掖市甘州区人大常委会副主任周贵文关于《张掖市甘州区人大常委会工作报告》，张掖市甘州区人民法院院长韩经荣关于《张掖市甘州区人民法院工作报告》，张掖市甘州区人民检察院检察长吴继锋关于《张掖市甘州区人民检察院工作报告》。选举石锦秀为张掖市甘州区第十五届人大常委会副主任，陈国栋、苟秀云为张掖市甘州区第十五届人大常委会委员。

张掖市甘州区第十六届人民代表大会　张掖市甘州区第十六届人民代表大会第一次会议于2007年1月3日至6日召开。应出席会议的代表210人，实到205人，列席231人（含不是人大代表的政协委员156人）。大会听取和审议张掖市甘州区人民政府代理区长王洁岚关于《张掖市甘州区人民政府工作报告》，张掖市甘州区发展和改革委员会主任张龙关于《甘州区2006年国民经济和社会发展计划执行情况、2007年国民经济和社会发展计划（草案）的报告》，审查批准张掖市甘州区2006年国民经济和社会发展计划执行情况的报告、2007年国民经济和社会发展计划，张掖市甘州区财政局局长张辅民关于《张掖市甘州区2006年财政预算执行情况和2007年财政预算（草案）的报告》，审查批准张掖市甘州区2006年财政预算执行情况的报告、2007年区财政预算，张掖市甘州区人大常委会副主任杨宝德关于《张掖市甘州区人大常委会工作报告》，张掖市甘州区人民法院代理院长罗世龙关于《甘州区人民法院工作报告》，张掖市甘州区人民检察院代理检察长郎永生关于《甘州区人民检察院工作报告》，审议表决《甘州区第十六届人民代表大会第一次会议选举办法》。选举吴尚元为张掖市甘州区第十六届人大常委会主任，杨宝德、曹晓萍（女）、石锦秀、阎作明、徐咸章、王憬（女）为张掖市甘州区第十六届人大常委会副主任，张九虎、郑艾凌（女）、王海国、陈国栋、王仁国、李和平、吴仕雄、谈吉新、张丽萍（女）、马海荣、吴玮、李永春、黄杰、李玲（女）、许福林、董家丽（女）为张掖市甘州区第十六届人大常委会委员；选举王洁岚为张掖市甘州区人民政府区长，李宏伟、刘学汉、杨成林、周杰、李景铭（挂职）、娄金华（女）为张掖市甘州区人民政府副区长；选举罗世龙为张掖市甘州区人民法院院长，郎永生为张掖市甘州区人民检察院检察长。

张掖市甘州区第十六届人民代表大会第二次会议于2008年1月7日至10日召开。出席会议的人大代表共207名，列席235人（含不是人大代表的政协委员162人）。大会听取和审议张掖市甘州区人民政府区长王洁岚关于《张掖市甘州区人民政府工作报告》，张掖市甘州区发展和改革委员会主任张龙关于《张掖市甘州区2007年国民经济和社会发展计划执行情况、2008年国民经济和社会发展计划（草案）的报告》（书面），审查批准张掖市甘州区2007年国民经济和社会发展计划执行情况的报告、2008年国民经济和社会发展计划，张掖市甘州区财政局局长周彤关于《张掖市甘州区2007年财政预算执行情况和2008年财政预算（草案）的报告》（书面），审查批准张掖市甘州区2007年财政预算执行情况的报告、2008年区财政预算，张掖市甘州区人大常委会主任吴尚元关于《张掖市甘州区人大常委会工作报告》，张掖市甘州区人民法院院长罗世龙关于《张掖市甘州区人民法院工作报告》，张掖市甘州区人民检察院检察长郎永生关于《张掖市甘州区人民检察院工作报告》。

张掖市甘州区第十六届人民代表大会第三次会议于2008年12月25日至28日召开。出席会议的人大代表共206名，列席241人（含不是人大代表的政协委员159人）。大会听取和审议张掖市甘州区人民政府代理区长王海峰关于《张掖市甘州区人民政府工作报告》，张掖市甘州区发展和改革委员会主任张龙关于《张掖市甘州区2008年国民经济和社会发展计划执行情况、2009年国民经济和社会发展计划（草案）的报告》（书面），审查批准张掖市甘州区2008年国民经济和社会发展计划执行情况的报告、2009年国民经济和社会发展计划，张掖市甘州区财政局局长周彤关于《张掖市甘州区2008年财政预算执行情况和2009年财政预算（草案）的报告》（书面），审查批准张掖市甘州区2008年财政预算执行情况的报告、2009年区财政预算，张掖市甘州区人大常委会主任吴尚元关于《张掖市甘州区人大常委会工作报告》，张掖市甘州区人民法院院长罗世龙关于《张掖市甘州区人民法院工作报告》，张掖市甘州区人民检察院检察长郎永生关于《张掖市甘州区人民检察院工作报告》。选举王海峰为张掖市甘州区人民政府区长。

张掖市甘州区第十六届人民代表大会第四次会议于2010年1月28日至31日召开。应出席会议的代表204人，实到198人，列席253人（含不是人大代表的政协委员172人）。大会听取和审议张掖市甘州区人民政府区长王海峰关于《张掖市甘州区人民政府工作报告》，张掖市甘州区发展和改革委员会主任张龙关于《张掖市甘州区2009年国民经济和社会发展计划执行情况》《2010年国民经济和社会发展计划（草案）的报告》（书面），审查批准张掖市甘州区2009年国民经济和社会发展计划执行情况的报告、2010年国民经济和社会发展计划，张掖市甘州区财政局局长周彤关于《张掖市甘州区2009年财政预算执行情况和2010年财政预算（草案）的报告》（书面），审查批准甘州区2009年财政预算执行情况的报告、2010年区财政预算，张掖市甘州区人大常委会副主任石锦秀关于《张掖市甘州区人大常委会工作报告》，张掖市甘州区人民法院院长罗世龙关于《张掖市甘州区人民法院工作报告》，张掖市甘州区人民检察院检察长郎永生关于《张掖市甘州区人民检察院工作报告。选举郭尚勤为张掖市甘州区人民代表大会常务委员会主任，卢学银为张掖市甘州区人民代表大会常务委员会副主任。

张掖市甘州区第十六届人民代表大会第五次会议于2011年3月23日至26日召开。出席会议的人大代表共204名，列席273名（其中不是人大代表的政协委员167人，区政府、区武装部、滨河新区、张掖工业园区7人，区人大委室负责人4人，区法院、检察院2人，区委各部门负责人8人，区政府各部门负责人43人，各乡镇18人，特别邀请3人）。大会听取和审议《张掖市甘州区人民政府工作报告》，审查批准张掖市甘州区国民经济和社会发展第十二个五年规划纲要、张掖市甘州区2010年国民经济和社会发展计划执行情况及2011年国民经济和社会发展计划（草案）的报告（书面），审查批准张掖市甘州区2010年国民经济和社会发展计划执行情况的报告及2011年国民经济和社会发展计划、张掖市甘州区2010年财政预算执行情况和2011年区级财政预算（草案）的报告（书面），审查批准张掖市甘州区2010年财政预算执行情况的报告和2011年区级财政预算、张掖市甘州区人大常委会工作报告，听取和审议《张掖市甘州区人民法院工作报告》《张掖市甘州区人民检察院工作报告》。选举张玉林为张掖市甘州区人民政府区长；选举韩中川、童国瑞为张掖市甘州区第十六届人民代表大会常务委员会副主任，王荣欣（女）、叶成清、刘莹（女）、张勇为张掖市甘州区第十六届人民代表大会常务委员会委员。

张掖市甘州区第十七届人民代表大会 张掖市甘州区第十七届人民代表大会第一次会议于2011年10月20日至23日召开。出席会议的人大代表共201名，列席252名（其中不是人大代表的政协委员167人，区政府、区武装部、滨河新区、张掖工业园区7人，区人大委室负责人4人，区法院、检察院2人，区委各部门负责人8人，区政府各部门负责人43人，各乡镇18人，特别邀请3人）。大会听取和审议《张掖市甘州区人民政府工作报告》《张掖市甘州区2011年国民经济和社会发展计划执行情况及2012

年国民经济和社会发展计划（草案）的报告》（书面），审查批准张掖市甘州区2011年国民经济和社会发展计划执行情况的报告和2012年国民经济和社会发展计划、张掖市甘州区2011年财政预算执行情况和2012年财政预算（草案）的报告（书面），审查批准张掖市甘州区2011年财政预算执行情况的报告和2012年财政预算，听取和审议《张掖市甘州区人大常委会工作报告》《张掖市甘州区人民法院工作报告》《张掖市甘州区人民检察院工作报告》。选举朱乔正为张掖市甘州区第十七届人民代表大会常务委员会主任，阎作明、徐咸章、王憬（女）、卢学银、韩中川、童国瑞为张掖市甘州区第十七届人民代表大会常务委员会副主任，朱兴杰、张勇、郑艾凌（女）、王海国、陈国栋、李永春、叶成清、王荣欣（女）、郭建平、马海荣、曹渊（女）、魏冉（女）、高荣、朱荣士、马志祥、李玲（女）为张掖市甘州区第十七届人民代表大会常务委员会委员；选举张玉林为张掖市甘州区人民政府区长，刘学汉、屈建元、袁斌才、张洪清（女）、叶其炎、杨世柱（挂职）、李胜（挂职）、洪星（挂职）、张智慧（挂职）为张掖市甘州区人民政府副区长；选举黄永利为张掖市甘州区人民法院院长，姚煜道为张掖市甘州区人民检察院检察长。

张掖市甘州区第十七届人民代表大会第二次会议于2012年12月27日至29日召开。出席此次会议的人大代表共204名，列席276名（其中含政协委员179人，区政府、区武装部、张掖工业园区7人，区人大机关委室负责人7人，区法院、检察院2人，区委各部门负责人7人，区政府各部门负责人45人，各乡镇21人，街道人大联络员4人，特别邀请4人）。大会听取和审议《张掖市甘州区人民政府工作报告》《张掖市甘州区2012年国民经济和社会发展计划执行情况及2013年国民经济和社会发展计划（草案）的报告》（书面），审查批准区2012年国民经济和社会发展计划执行情况的报告和2013年国民经济和社会发展计划（草案），听取和审议《张掖市甘州区2012年财政预算执行情况和2013年财政预算（草案）的报告》（书面），审查批准张掖市甘州区2012年财政预算执行情况的报告和2013年财政预算（草案），听取和审议《张掖市甘州区人大常委会工作报告》《张掖市甘州区人民法院工作报告》《张掖市甘州区人民检察院工作报告》。

张掖市甘州区第十七届人民代表大会第三次会议于2014年3月12日至15日召开。出席会议的人大代表共210名，列席298名（其中出席区政协十届三次会议的全体委员199人，区人大常委会原主任、原副主任4人，不是区人大代表的区政府、区武装部、张掖工业园区、张掖滨河新区管委会领导5人，区法院、检察院2人，不是区人大代表的区委部门主要负责人8人，没有区人大代表的区政府工作部门、区政府直属事业单位主要负责人47人，区人大常委会办公室、各工作委员会副主任8人，各乡镇、各街道不是区人大代表的人大主席、乡镇长、主任21人，各街道不是区人大代表的人大联络员4人）。大会听取和审议《张掖市甘州区人民政府工作报告》《张掖市甘州区2013年国民经济和社会发展计划执行情况及2014年国民经济和社会发展计划（草案）的报告》（书面），审查批准张掖市甘州区2013年国民经济和社会发展计划执行情况的报告和2014年国民经济和社会发展计划（草案），听取和审议《张掖市甘州区2013年财政预算执行情况和2014年财政预算（草案）的报告》（书面），审查批准张掖市甘州区2013年财政预算执行情况的报告和2014年财政预算（草案），听取和审议《张掖市甘州区人大常委会工作报告》《张掖市甘州区人民法院工作报告》《张掖市甘州区人民检察院工作报告》。选举秦福伟、雷光福为区人大常委会副主任。

张掖市甘州区第十七届人民代表大会第四次会议于2015年1月14日至1月17日召开。出席会议的人大代表共208名，列席303名（其中出席区政协十届四次会议的全体委员205人，区人大常委会原主任、副主任3人，不是区人大代表的区武装部、张掖工业园区、张掖绿洲现代农业试验示范区、张掖滨河新区暨张掖国家湿地公园管理委员会负责人、市城市管理行政执法局负责人5人，区法院、检察院2人，不是区人大代表的区委各部门主要负责人7人，不是区人大代表的区政府工作部门、区政府直属事业单位主要负责人46人，区人大常委会办公室、各工作委员会副主任8人，不是区人大代表的各乡镇、各街道人大主席、乡镇长、主任24人，不是区人大代表的各街道人大联络员3人）。大会听取和审议《张掖市甘州区人民政府工作报告》《张掖市甘州区2014年国民经济和社会发展计划执行情况及2015年国民经济和社会发展计划（草案）的报告》（书面），审查批准张掖市甘州区2014年国民经济和社会发展计划执行情况的报告和2015年国民经济和社会发展计划（草案），听取和审议《张掖市甘州区2014年财政预算执行情况和2015年财政预算（草案）的报告》（书面），审查批准张掖市甘州区2014年财政预算执行情况的报告和2015年财政预算（草案），听取和审议《张掖市甘州区人大常委会工作报告》《张掖市甘州区人民法院工作报告》《张掖市甘州区人民检察院工作报告》。选举康建军为区人大常委会副主任。

张掖市甘州区第十七届人民代表大会第五次会议于2016年1月29日至2月1日召开。出席会议的人大代表共209名，列席323名（其中不是区人大代表的区政府副区长4人，不是区人大代表的区武装部、张掖经济技术开发区管委会、市城市管理行政执法局负责人4人，不是区人大代表的区委部门及群众团体负责人14人，不是区人大代表的区政府组成部门主要负责人14人，不是区人大代表的市属驻区单位、区政府工作部门、区政府直属事业单位主要负责人41人，不是区人大代表的区人大常委会机关负责人7人，不是区人大代表的乡镇人大主席、乡镇长、街道党工委书记、办事处主任29人）。大会听取和审议《张掖市甘州区人民政府工作报告》《张掖市甘州区国民经济和社会发展第十三个五年规划纲要》《张掖市甘州区2015年国民经济和社会发展计划执行情况及2016年国民经济和社会发展计划（草案）的报告》（书面），审查批准张掖市甘州区2015年国民经济和社会发展计划执行情况的报告和2016年国民经济和社会发展计划（草案），听取和审议《张掖市甘州区2015年财政预算执行情况和2016年财政预算（草案）的报告》（书面），审查批准张掖市甘州区2015年财政预算执行情况的报告和2016年财政预算（草案），听取和审议《张掖市甘州区人大常委会工作报告》《张掖市甘州区人民法院工作报告》《张掖市甘州区人民检察院工作报告》。选举张吉寿、王东升为区人大常委会副主任。

张掖市甘州区第十八届人民代表大会　张掖市甘州区第十八届人民代表大会第一次

会议于2016年10月18日至10月21日召开。出席会议的人大代表共211名，列席296名（其中不是区人大代表的区政府副区长4人，不是区人大代表的区武装部、张掖经济技术开发区管委会、市城市管理行政执法局、张掖绿洲现代农业试验示范区负责人4人，不是区人大代表的区委部门及群众团体负责人14人，不是区人大代表的区政府组成部门主要负责人20人，不是区人大代表的市属驻区单位、区政府工作部门、区政府直属事业单位主要负责人39人，不是区人大代表的区人大常委会机关负责人7人，不是区人大代表的乡镇人大副主席、街道党工委书记13人）。大会听取和审议《张掖市甘州区人民政府工作报告》《张掖市甘州区2016年国民经济和社会发展计划执行情况及2017年国民经济和社会发展计划（草案）的报告》（书面），审查批准甘州区2016年国民经济和社会发展计划执行情况的报告和2017年国民经济和社会发展计划（草案），听取和审议《张掖市甘州区2016年财政预算执行情况和2017年财政预算（草案）的报告》（书面），审查批准甘州区2016年财政预算执行情况的报告和2017年财政预算（草案），听取和审议《张掖市甘州区人大常委会工作报告》《张掖市甘州区人民法院工作报告》《张掖市甘州区人民检察院工作报告》。选举王洪德为张掖市甘州区第十八届人民代表大会常务委员会主任；选举王韶华为张掖市甘州区人民政府区长；选举王憬（女）、张锦善、张吉寿、王东升、普忠德、武龙为张掖市甘州区第十八届人民代表大会常务委员会副主任；选举邢学伟、张文智、李登峰、王斌、樊有鹤为张掖市甘州区人民政府副区长；选举黄永利为张掖市甘州区人民法院院长，李召文为张掖市甘州区人民检察院检察长；选举马海荣、张勇、郑艾凌（女）、王海国、陈国栋、王荣欣（女）、丁振华、李素琨、张玉琳（女）、王海、魏冉（女）、张定祥、朱兴杰、蔺海鲲、郭锡廷、刘立德、杨云峰、王耿朝、田吉东、虎继红（女）、刘玉玲（女）、李玲（女）、何小鹏、马志超为张掖市甘州区第十八届人民代表大会常务委员会委员。

甘州区人大常务委员会1990—2016年历届主任、副主任名录

表4－1－1

任届	职务	姓名	任职时间	注
张掖市第十二届人民代表大会常务委员会（1990.2—1993.2）	主任	张新民	1990.2—1993.2	
	副主任	宗培田	1990.2—1993.2	满族
		师毓芝	1990.2—1993.2	
		王世明	1990.2—1993.2	
		刘文浩	1990.2—1993.2	
		邓必强	1991.3—1993.2	苗族

续表 4－1－1

任 届	职 务	姓 名	任职时间	注
张掖市第十三届人民代表大会常务委员会（1993. 2—1997. 11）	主 任	张新民	1993. 2—1996. 1	
		曹光明	1996. 1—1997. 11	
	副主任	宗培田	1993. 2—1996. 1	满族
		王世明	1993. 2—1997. 11	
		邓必强	1993. 2—1997. 11	苗族
		尉 斌	1993. 2—1997. 11	
		张文昌	1994. 3—1997. 11	
		冯家驹	1996. 1—1997. 11	
张掖市第十四届人民代表大会常务委员会（1997. 11—2002. 12）	主 任	傅德华	1997. 11—2002. 12	
	副主任	冯家驹	1997. 11—2002. 12	
		徐振宇	1997. 11—2002. 12	
		李国志	1997. 11—2002. 6	苗族
		张学亮	1997. 11—2002. 12	
		关宪飞	2000. 1—2002. 6	
甘州区第十五届人民代表大会常务委员会（2002. 12—2007. 1）	主 任	傅德华	2002. 12—2007. 1	
	副主任	冯家驹	2002. 12—2007. 1	
		吴尚元	2002. 12—2005. 12	
		张学亮	2002. 12—2005. 8	
		周贵文	2002. 12—2007. 1	
		杨宝德	2002. 12—2007. 1	
		曹晓萍	2002. 12—2007. 1	女
		石锦绣	2005. 10—2007. 1	
甘州区第十六届人民代表大会常务委员会（2007. 1—2011. 10）	主 任	吴尚元	2007. 1—2010. 1	
		郭尚勤	2010. 1—2011. 10	
	副主任	杨宝德	2007. 1—2010. 1	
		曹晓萍	2007. 1—2010. 1	女
		石锦秀	2007. 1—2011. 10	
		阎作明	2007. 1—2011. 10	
		徐咸章	2007. 1—2011. 10	
		王 憬	2007. 1—2011. 10	女
		卢学银	2010. 1—2011. 10	
		韩中川	2011. 3—2011. 10	
		童国瑞	2011. 3—2011. 10	

续表 4－1－1

任　届	职　务	姓　名	任职时间	注
甘州区第十七届人民代表大会常务委员会（2011. 10—2016. 10）	主　任	朱乔正	2011. 10—2016. 10	
	副主任	阎作明	2011. 10—2016. 10	
		徐咸章	2011. 10—2016. 10	
		王　憬	2011. 10—2016. 10	女
		卢学银	2011. 10—2016. 10	
		韩中川	2011. 10—2016. 10	
		童国瑞	2011. 10—2016. 10	
		秦福伟	2014. 3—2016. 10	
		雷光福	2014. 3—2016. 10	
		康建军	2015. 1—2016. 10	
		张吉寿	2016. 1—2016. 10	
		王东升	2016. 1—2016. 10	
甘州区第十八届人民代表大会常务委员会（2016. 10—2016. 11）	主　任	王洪德	2016. 10—2016. 11	
	副主任	王　憬	2016. 10—2016. 11	女
		张锦善	2016. 10—2016. 11	
		张吉寿	2016. 10—2016. 11	
		王东升	2016. 10—2016. 11	
		普忠德	2016. 10—2016. 11	
		武　龙	2016. 10—2016. 11	

第四节　人民代表大会常务委员会

张掖市第十二届人民代表大会常务委员会　本届人大常委会任期三年（1990 年 2 月—1993 年 2 月），召开人大常委会会议 21 次；听取和审议“一府两院”的各项工作报告 35 项；作出决议、决定 15 项；任免干部 85 人；本届人大常委会对《中华人民共和国水法》《中华人民共和国刑法》等 12 部法律法规的贯彻实施情况进行执法检查；组织常委会组成人员及部分省、市人大代表进行视察调研 14 次；向市人民政府及其有关部门提交意见、建议 56 条；受理人民群众信访案件 296 件，办结 258 件；本届人民代表大会会议期间，审查确定代表议案 3 件，意见、建议 545 件；对市商业局、乡镇企业局、粮食局、农机局、文化局、广播电视局等部门的主要负责人进行述职评议。

张掖市第十三届人民代表大会常务委员会 本届人大常委会任期五年（1993年2月—1997年11月），召开人大常委会会议36次；听取和审议“一府两院”各项报告65项；作出决议、决定23项；任免干部171人；组织常委会组成人员及有关方面人员对环境保护、农民负担、社会治安综合治理、城市建设管理等13个方面进行检查；围绕全市农村小康建设、第三产业发展、重点项目建设进行执法检查12次；受理群众信访案件346件，办结268件；本届人民代表大会会议期间，审查确定代表议案2件，意见、建议448件；听取和评议市旅游局、物资局、统计局等部门主要负责人的述职报告。

张掖市第十四届人民代表大会常务委员会 本届人大常委会任期五年（1997年11月—2001年12月），召开人大常委会会议36次；听取和审议“一府两院”各项报告35项；作出各种决议、决定26项；任免干部125人；对劳动、教育、文化保护、矿产资源等14个方面30部法律法规的贯彻执行情况进行执法检查；组织人大常委会组成人员及部分省、市人大代表，围绕“再造”重点建设项目、公路建设等开展视察调研21次；受理人民群众来信来访2387件次，办结1775件次；本届人民代表大会会议期间，审查确定代表议案1件，意见、建议523件；听取和评议市审计局、林业局、卫生局等部门主要负责人及市人民法院一名副院长的述职报告，对“一府两院”组成人员的年度书面述职报告进行集体阅评。

张掖市甘州区第十五届人民代表大会常务委员会 本届人大常委会任期五年（2002年1月—2007年1月），召开人大常委会会议26次；听取和审议“一府两院”各项报告50项；任免干部260人；组织常委会组成人员及有关方面人员对《中华人民共和国水法》《中华人民共和国动物防疫法》等法律法规开展执法检查13次；组织代表对区新农村建设情况等进行视察调研18次；受理群众信访案件982件，办结904件；本届人民代表大会会议期间，审查确定代表议案3件，意见、建议545件；听取和评议区统计局、财政局、国土局等部门的述职报告。

张掖市甘州区第十六届人民代表大会常务委员会 本届人大常委会任期五年（2007年1月—2011年10月），召开人大常委会会议38次；听取和审议“一府两院”各项报告66项；作出决定、决议62项；任免干部208人；对《中华人民共和国义务教育法》《中华人民共和国消防法》等13部法律法规的贯彻执行情况进行执法检查；组织人大常委会组成人员及部分省、市、区人大代表，围绕“一区三园”新农村建设等全区重点项目建设情况开展视察调研23次；受理人民群众来信来访190件，办结183件；本届人民代表大会会议期间，审查确定代表意见、建议299件；对区医保局、区林业局等11个部门的专项工作进行调查评议。

张掖市甘州区第十七届人民代表大会常务委员会 本届人大常委会任期五年（2012年1月—2016年10月），召开人大常委会会议42次；听取和审议“一府两院”各项报告87项；任免干部304人；作出决定、决议89项；对26件规范性文件进行备案审查；对《中华人民共和国文物保护法》《中华人民共和国森林法》等15部法律法规的贯彻执行情况进行执法检查；组织人大常委会组成人员及部分省、市、区人大代表，围绕全区重大项目建设、旅游文化市场管理等全区重点工作开展视察、调查活动 56 次；受理人民群众来信来访 716 件，办结 369 件；本届人民代表大会会议期间，审查确定代表意见、建议 278 件，办结 265 件；在乡镇、街道创建“人大代表之家”99 个。

第二章　张掖市甘州区人民政府

第一节　机构设置

1991 年 1 月，张掖市人民政府设政府办公室、计划委员会、教育委员会、科学技术委员会、公安局、民政局、司法局、财政局、人事局、劳动局、城乡建设委员会（含环境保护局）、农业局、林业局、畜牧局、水利电力局、文化局、卫生局、人口和计划生育委员会、审计局、统计局、乡镇企业管理局、工商行政管理局、粮食局、物价委员会、广播电视局、农业机械管理局、档案局、二轻工业局、商业局、农业委员会、经济委员会、体育运动委员会、监察局、土地管理局、旅游局、农业区划办公室、就业服务局、民族宗教科、老龄工作委员会、法制局、市志编修办公室、爱卫会（办公室）、小康办、地震办公室、供销合作社联合社等。

1993 年 4 月成立“机关事务管理局”。

1993 年 8 月成立“房地产管理局”“房改办公室”“住房公积金管理中心”。

1993 年 11 月撤销水利电力局，成立“水利局”。

1994 年 4 月组建“张掖市东北郊经济新区建设管理委员会”。

1995 年 2 月成立“交通局”。

1995 年 3 月成立“质量技术监督局”。

1995 年 8 月成立“环境保护局”，从城乡建设委员会中分离。

1995 年 12 月成立“城乡建设规划局”。

1996 年 1 月撤销经济委员会，成立“经济贸易委员会”。

1996 年 6 月，物价委员会更名“物价局”。

1996 年 8 月，市志编修办公室更名“市志编纂委员会”。

1996 年 11 月成立“蔬菜局”。

1997 年 5 月撤销地震办公室，成立“地震局”；机关事务管理局更名“机关后勤事务管理中心”。

1997 年 7 月成立“机关事业单位社会保险局”。

1997 年 8 月，民族宗教科更名“民族宗教局”。

1998 年 1 月成立“市场建设服务中心”。

1998 年 4 月成立“经济适用住房发展中心”。

2002年6月撤市设区，张掖市人民政府改称“甘州区人民政府”。

2003年，按照全区机构改革方案要求，区政府设区政府办公室（同年3月，区法制局、区民族宗教局并入区政府办公室；区经济体制改革委员会更名“经济体制改革办公室”，职能并入政府办公室；撤销农业委员会，成立农业办公室，归口政府办公室；市志编纂委员会更名“区地方志编纂委员会”，归区政府办公室）、区发展计划局（区物价局归口区计划局）、区经济贸易局、区教育委员会（3月，区教育委员会更名“区教育局”）、区科学技术委员会（3月，科学技术委员会更名“区科学技术局”）、区监察局（不计区政府机构个数）、区公安局、区民政局、区司法局、区财政局、区人事局、区劳动局（3月，区劳动局更名“区劳动和社会保障局”）、区城乡环境卫生管理局、区农业局、区水利局（3月，水利局更名“水务局”）、区文化局、区体育运动委员会、区林业局、区卫生局、区计划生育委员会（3月，计划生育委员会更名“计划生育局”）、区审计局、区统计局、区土地管理局（3月，土地管理局更名“国土资源局”）、区乡镇企业管理局、区环境保护局、区交通局、区档案局、区粮食局、区畜牧局、区广播电影电视局、区旅游局、区农机局、区二轻工业局、区商业局、区房地产管理局、区供销合作联合社、区工商行政管理局、区质量技术监督局、区爱委会办公室、区市场建设服务中心、区经济协作办公室、东北郊经济新区建设管理委员会、区老龄工作委员会、区机关后勤事务管理中心等。

2003年4月，区体育运动委员会更名“区体育局”。

2003年10月成立“区安全生产监督管理局”。

2005年4月，区发展计划局更名“区发展和改革委员会”，区经济贸易局更名“区经济贸易委员会”，区计划生育局更名“区人口和计划生育委员会”，区爱卫会办公室划入区卫生局，区经济协作办公室更名“区招商局”，撤销区蔬菜局（其职能并入区农业局），成立区中小企业局（归口区乡镇企业局管理），区机关后勤事务管理中心更名“区机关后勤事务管理局”。

2005年5月，区老龄工作委员会划入区民政局。

2006年3月撤销区商业局，组建“区商务局”。

2006年6月，东北郊经济新区建设管理委员会更名“张掖工业园区管理委员会”。

2007年3月，区文化局更名“区文化出版局”。

2008年4月，区经济贸易委员会更名“区经济委员会”，与乡镇企业管理局、中小企业局合署办公。

2010年6月成立“张掖滨河新区暨张掖国家湿地公园管委会”。

2010年6月，区农业局和区畜牧局合署办公，更名“区农牧局”。

2010年6月，区经济委员会更名“区工业和信息化局”，承担区经济委员会、乡镇企业管理局、中小企业局职责。

2010年6月，区交通局更名“区交通运输局”。

2010年6月，区商务局由区政府直属事业单位调整为区政府工作部门。

2010年6月，区粮食局划入区商务局，区商务局挂区粮食局牌子。

2010年6月组建区住房和城乡建设局，区房地产管理局、区城乡环境卫生管理局的行政职能整合划入区住房和城乡建设局，区住房和城乡建设局挂区房地产管理局、区城乡环境卫生管理局牌子。

2010年6月组建区文化委员会，区文化出版局的职责及区广播电影电视局、区旅游局、区体育局的行政管理职能，整合划入区文化委员会，区文化委员会挂区广播电影电视局、区旅游局、区体育局牌子，不再保留区文化出版局。

2010年6月，区招商局、区市场建设服务中心调整为归口区商务局管理。

2010年7月，区人事局、区劳动和社会保障局合并成立“区人力资源和社会保障局”。

2011年1月撤销区二轻工业局，其职能并入区工信局，外挂区二轻工业联社牌子。

2012年6月组建区文化广播影视新闻出版局，将原区文化委员会承担的文化艺术、广播影视、新闻出版、文物保护等行政职能整合划入。

2012年10月成立“甘州区黑河湿地国家级自然保护区管理局”。

2013年3月，张掖工业园区管理委员会更名“张掖经济技术开发区管委会”。

2013年7月成立“张掖绿洲现代农业试验示范区管委会”。

2013年10月，张掖市城市管理行政执法局整体移交甘州区管理。

2014年11月组建“区食品药品监督管理局”。

2014年11月，区工商行政管理局和质量技术监督局合并成立“区工商行政管理和质量技术监督局”。

2014年11月，区卫生局和区人口和计划生育委员会合并为“区卫生和计划生育委员会”。

2014年11月，区农牧局更名“农业局”，加挂区农机局牌子。

2014年11月成立“区畜牧兽医局”，在区农业局挂牌。

张掖市甘州区人民政府1990—2016年历届市（区）长、副市（区）长名录

表4－2－1

任　届	职　务	姓　名	任职时间	注
张掖市第十二届人民政府（1990. 2—1993. 2）	市　长	彭尔笃	1990. 2—1992. 11	断档
	副市长	孙荣乾	1992. 12—1993. 2	
		师宗德	1990. 2—1992. 11	
		童国瑛	1990. 2—1991. 1	
		陈天成	1990. 2—1993. 2	
		成守仁	1990. 2—1992. 11	
		王子辛	1990. 2—1993. 1	
		傅德华	1991. 1—1993. 2	
		罗正庆	1991. 3—1993. 2	
		王愈新	1992. 12—1993. 2	
		石玉亭	1992. 12—1993. 2	挂职

续表 4－2－1

任　届	职　务	姓　名	任职时间	注
张掖市第十三届人民政府（1993. 2—1997. 11）	市　长	孙荣乾	1993. 2—1994. 11	
		杨子秀	1994. 11—1995. 1	代理
		杨子秀	1995. 1—1997. 10	
	副市长	王愈新	1993. 2—1994. 1	
		傅德华	1993. 2—1995. 3	
		罗正庆	1993. 2—1996. 9	
		张育忠	1993. 2—1997. 10	
		马成功	1993. 2—1997. 11	回族
		徐振宇	1993. 2—1997. 11	
		石玉亭	1993. 2—1993. 11	挂职
		丁荣善	1994. 3—1997. 11	
		杨子秀	1994. 11—1995. 1	
		孟　仲	1995. 3—1997. 11	
		吴尚元	1996. 11—1997. 11	
张掖市第十四届人民政府（1997. 11—2002. 12）	市　长	王开堂	1997. 11—2000. 11	
		马成功	2000. 11—2000. 12	回族，代理
		马成功	2000. 12—2002. 6	回族
		韩正明	2002. 11—2002. 12	代理
	副市长	安想忠	1997. 11—2002. 12	
		孟　仲	1997. 11—2000. 11	
		吴尚元	1997. 11—2002. 12	
		薛自成	1997. 11—2001. 6	
		屈新平	1997. 11—2002. 12	
		李作福	2000. 5—2002. 12	挂职
		马成功	2000. 11—2000. 12	回族
		陈兴荣	2000. 12—2002. 12	
		刘光明	2000. 12—2002. 12	
		王福明	2001. 6—2002. 12	
		李小兵	2002. 7—2002. 12	
		韩正明	2002. 11—2002. 12	

续表 4－2－1

任　届	职　务	姓　名	任职时间	注
甘州区第十五届人民政府（2002. 12—2007. 1）	区　长	韩正明	2002. 12—2006. 6	
		王洁岚	2006. 6—2007. 1	代理
	副区长	安想忠	2002. 12—2005. 4	
		刘光明	2002. 12—2003. 12	
		王福明	2002. 12—2006. 12	
		强　梅	2002. 12—2005. 4	女，藏族
		鞠　毅	2002. 12—2005. 6	
		李作福	2002. 12—2004. 12	挂职
		黄会明	2003. 8—2004. 8	挂职
		马忠明	2004. 8—2006. 6	挂职
		刘学汉	2004. 4—2007. 1	
		杨成林	2004. 10—2007. 1	
		周　杰	2005. 4—2007. 1	
		宋　明	2005. 4—2006. 11	
		脱兴福	2005. 6—2006. 11	
		王洁岚	2006. 6—2007. 1	
		李景铭	2006. 8—2007. 1	挂职
甘州区第十六届人民政府（2007. 1—2011. 10）	区　长	王洁岚	2007. 1—2008. 11	
		王海峰	2008. 12—2011. 1	
		张玉林	2011. 1—2011. 3	候选人
		张玉林	2011. 3—2011. 10	
	副区长	李宏伟	2007. 1—2010. 1	
		刘学汉	2007. 1—2011. 10	
		杨成林	2007. 1—2009. 6	
		周　杰	2007. 1—2011. 10	
		娄金华	2007. 1—2011. 1	女
		李景铭	2007. 1—2008. 10	挂职
		杨世柱	2007. 6—2011. 10	挂职
		宋圭武	2008. 10—2009. 12	挂职
		张洪清	2009. 6—2011. 10	女
		曹　殊	2009. 12—2010. 12	挂职
		屈建元	2010. 5—2011. 10	
		李　胜	2010. 5—2011. 10	挂职
		洪　星	2010. 10—2011. 10	挂职
		袁斌才	2011. 1—2011. 10	

续表 4－2－1

任　届	职　务	姓　名	任职时间	注
甘州区第十七届人民政府（2011. 10—2016. 10）	区　长	张玉林	2011. 10—2016. 8	
		王韶华	2016. 8—2016. 10	代理
	副区长	刘学汉	2011. 10—2012. 10	
		屈建元	2011. 10—2013. 9	
		袁斌才	2011. 10—2013. 5	
		张洪清	2011. 10—2016. 10	女
		叶其炎	2011. 10—2015. 7	
		洪　星	2011. 10—2012. 8	挂职
		杨世柱	2011. 10—2014. 4	挂职
		李　胜	2011. 10—2012. 4	挂职
		张智慧	2011. 4—2013. 2	挂职
		秦　伟	2012. 10—2016. 10	
		张锦善	2012. 10—2016. 10	
		张兴锋	2013. 5—2016. 10	
		王明坤	2012. 10—2014. 9	挂职
		程世刚	2015. 1—2016. 10	挂职
		路等学	2015. 2—2016. 10	挂职
		郭　宪	2015. 2—2016. 10	挂职
		张　鹏	2015. 7—2016. 10	
		王会颖	2016. 1—2016. 10	女，挂职
甘州区第十八届人民政府（2016. 10—2016. 11）	区　长	王韶华	2016. 10—2016. 11	
	副区长	邢学伟	2016. 10—2016. 11	
		张文智	2016. 10—2016. 11	
		李登峰	2016. 10—2016. 11	
		王　斌	2016. 10—2016. 11	
		樊有鹤	2016. 10—2016. 11	
		程世刚	2016. 10—2016. 11	挂职
		路登学	2016. 10—2016. 11	挂职
		郭　宪	2016. 10—2016. 11	挂职
		王会颖	2016. 10—2016. 11	女，挂职
		汪建宏	2016. 10—2016. 11	挂职

第二节　工作部署

张掖市甘州区人民政府重大决策由会议研究，集体决定。各项决策实施前经提交中共张掖市甘州区委、张掖市甘州区人民代表大会常委会或甘州区人民代表大会审议通过后实施。各乡（镇）人民政府、区人民政府各部门按照张掖市甘州区人民政府确定的目标任务，分工负责，认真抓好落实。根据《张掖市甘州区人民政府议事规则》，按照议事内容，分别由中共张掖市甘州区人民政府党组会议、区政府全体会议、区政府常务会议、区长办公会议和区政府专题会议决定。

中共张掖市甘州区人民政府党组会议　由中共张掖市甘州区人民政府党组成员参加，党组书记或委托党组副书记召集并主持。主要议题：研究决定区政府工作中事关经济社会发展全局的总体工作部署、重大工作事项、重要改革措施、重点项目建设、大额资金安排和重要管理规定；讨论研究市委、市政府和区委交办的重要事项，以及需要报请区委决定的其他事项；研究决定区政府领导班子成员分工及政府机构设置；讨论研究区政府班子建设、政府系统党风廉政建设和反腐败工作；讨论研究区委建议区政府党组任免、奖惩干部的有关事宜；研究中共甘州区人民政府党组会议决定的其他事项。

张掖市甘州区人民政府全体会议　由区政府区长召集并主持，一般每半年召开一次，必要时随时召开，区政府区长、副区长、区政府党组成员、区政府工作部门主要负责同志出席全体会议。根据需要可邀请区委、区人大常委会、区政协领导和区委相关单位负责人列席会议；可安排有关乡镇人民政府、街道办事处、部门、单位主要负责同志及区政府办公室副主任列席会议。会议主要任务：传达贯彻市委、市政府和区委的重要指示、决定；通报重要工作情况；部署区政府重要工作；讨论其他需要全体会议讨论的重大事项。

张掖市甘州区人民政府常务会议　由区政府区长主持或委托常务副区长主持，原则上每月安排1—2次，根据工作需要可临时召开。由区长、副区长组成，区政府办公室主任、区法制局负责人固定列席会议，必要时邀请区政府法律专家咨询委员会委员或法律顾问列席会议。根据需要可邀请区委、区人大、区政协领导和区法院、区检察院负责人列席会议；可安排有关乡镇人民政府、街道办事处、部门、单位主要负责同志及区政府办公室副主任列席会议。会议主要内容：研究贯彻落实市政府重大决策部署的措施；研究需要报请区委审定的重要事项；研究需要报请区人大常委会审议的重要事项；讨论决定区政府工作中的重要事项；审议政府规范性文件、相关决定等；听取区政府部门和有关单位重要工作汇报；讨论和通过区政府工作部门和有关单位的人事任免事项；研究政府系统奖惩事宜；通报和讨论其他重要事项。

张掖市甘州区人民政府区长办公会议　由区长召集和主持，与议题相关的副区长，区政府办公室主任、相关副主任，有关部门、乡镇、街道主要负责人参加。会议主要内容：研究讨论区政府重点工作推进或需要统筹协调多个部门的重大事项；研究并协调沟通重要情况，深入研究重点难点问题；研究部门、乡镇、街道报请区政府解决的重要问题；研究其他需要区长办公会议研究的事项。

张掖市甘州区人民政府专题会议　由区政府副区长召集并主持，办公室相关副主任，部门、单位和乡镇人民政府、街道办事处负责同志参加。区政府专题会议根据需要不定期召开。会议主要内容：研究贯彻市政府专项工作会议精神；研究分管工作范围内需要统筹协调的重大事项；协调处理分管工作范围内突发性事件；区政府其他需要研究处理的重要事项。

第三节　重点工作

十二届政府（1990—1992 年）　1992 年，全市国民生产总值完成 7.35 亿元，国民收入完成 6.4 亿元，社会商品零售总额完成 3.48 亿元，外贸收购总值达 1.72 亿元，全市人口总数达 43.6 万人。农业方面，农业总投入 1.95 亿元，其中水电投资 2606 万元，改建和新建大满干渠、新浚干渠、沿河干渠及石岗墩 35 千伏变电所；乡镇企业有较大发展，企业数由 2620 个发展到 3234 个；农业产值突破 3 亿大关，利税增加 1078 万元，年递增 20.1%。工业方面，地方工业投资 2402 万元，技术改造项目 21 项，年新增产值 5241 万元、利税 884 万元；酒厂二期工程、选矿粗铅冶炼、粮油加工厂精炼油车间改造、塑料厂宽幅棚膜生产线等一批重点技改项目如期完工；投资 6392 万元，引进和新上番茄制品厂、乳品厂、农药厂等项目；工业结构得以调整，产品结构趋于合理，速度和效益同步增长。商贸方面，培育和完善城乡集贸市场，共投资 268 万元，新建市场 11 处，市场个数由 15 个发展到 26 个，交易点发展到 28 个；1992 年城乡集市贸易成交额达 1.99 亿元，增长 54.5%。金融方面，金融系统千方百计拓宽融资渠道，吸收城乡各项储蓄存款，1992 年末各类贷款余额达 6.6 亿元；税收工作坚持征管并重，注重培植税源，起到经济发展的杠杆调节作用。基础设施方面，以老城改造为重点，共投资 768 万元，完成东环路、甘泉公园配套工程、给排水等一大批城市改造工程；城市绿化、环境保护等工作取得较大成绩。社会事业方面，全面实施“5910”工程，使一大批科技人员走向生产第一线；投资 1542 万元，改造城乡学校 36 所；培养职业类毕业生 5350 人，为全国各地输送大中专生 2029 人；投资 420 万元，改善城乡卫生院所 19 个，新建市医院住院部，城乡医疗条件得到进一步改善。

十三届政府（1993—1997 年）　全市国民生产总值完成 19.37 亿元，工农业生产总值完成 19.81 亿元，乡镇企业总产值按原口径达 29 亿元，农民人均纯收入达 2636 元。经济综合实力方面，国民经济保持年均 11.6% 的发展速度，超过全省平均水平 1.3 个百分点；完成固定资产投资总额 7.67 亿元；开发新产品 94 个，其中填补省内空白 12 个；完成重点建设项目 41 项，技术改造项目 37 项；各类交易市场发展到 34 处，其中南关蔬菜批发市场进入西北最大批发市场行列，甘州市场被命名为“全国文明市场”。小康建设方面，以小康建设总揽农村工作全局，加大农业投入力度，强化农业基础地位；完成农业基本总投资 11 亿元，用于改善生活生产环境的总投入超过 9 亿元，乡村“五通三化”基本实现；22 个乡（镇）全部通过小康验收，提前一年被省委、省政府命名为“农村小康市”；城市建设按照“规划先行、建管并举”的原则，坚持旧城改造与新区开发同步、历史文化名城保护与现代新型城市建设并重，先后投资4亿多元，完成24公里城区主干道路建设以及六大出城口、张火公路、312国道平河段拓建；成功开通2.2万门程控电话，农村共有12乡（镇）154村1121户开通了电话；以新乐小区为代表的安居工程跨入全省、全国先进行列。社会事业方面，对外开放水平有了新的提高，投资环境有较大改善，引进项目166项、人才943人，到位资金2.5亿元；先后设立驻兰州、上海、深圳、乌鲁木齐办事处。

十四届政府（1998—2002年）　全区国民生产总值完成32.1亿元，人均国民生产总值达6629元；财政收入与国民经济同步增长，2002年完成2.17亿元；全区社会消费品零售总额增速保持在7.2%以上，成为拉动经济增长的主要因素，综合经济实力位居全省87个县市（区）前列。结构调整方面，三次产业比重由1997年的40∶25.7∶34.3调整为32.9∶28.3∶38.8；农业产业化经营取得较大进展，建成甘绿、金象、陇兴、马铃薯全粉生产线等一批以农副产品加工为主的龙头企业，形成一批以草畜、果蔬、制种为主的专业村社，种植业开始形成粮食作物、经济作物和饲料作物协调发展的格局。工业经济既着眼于所有制结构调整，更注重优化企业组织结构和产品结构，形成农副产品加工、冶金电力、建筑建材、医药化工等优势企业群体，培育壮大丝路春酒业集团、黑河水电开发公司等一批骨干企业，规模以上企业由22户增加到51户，增加值年均递增13.5%；服务业结构不断优化，旅游产业开发势头良好；非公有制经济快速发展，在国民经济中的比重由1997年的22%提高到2002年的45%。改革开放方面，以“动产权、转机制、增效益”为主要内容，积极深化企业产权制度改革，城市工商企业改制任务基本完成；成立会计核算中心，实行政府统一采购；撤销城关镇，成立5个街道办事处。五年引进各类建设资金13.7亿元，其中国债资金和国拨资金6.7亿元。城市建设方面，拓建城区道路15.6公里，启动建设西二环和南二环西段道路7.8公里；加快城市电网改造、供水工程配套、集中供热、污水处理等基础设施建设；开发建设大佛寺景区、欧式街等特色街区，新建宝迪城市花园等住宅小区和科教文卫等公共设施；改造布局一批综合市场和专业市场，新建中心广场、鼓楼绿苑等公益性形象工程；理顺城市管理体制，加大城市管理力度，城市建设与管理水平有新的提高；成功举办全国历史文化名城西北片年会和甘州区城市规划与建设研讨会，城市定位明确；大满、甘浚等小城镇建设取得初步成效。基础设施方面，建成龙首电站一期，龙渠二级、三级电站；全面完成农村电网一期、二期建设与改造工程；投资340万元，解决平山湖乡供电问题，实现全区乡镇通电的目标；以盈科、大满、西浚、上三大型灌区续建配套为重点，完成高标准渠道衬砌1812公里，高新节水面积8.5万亩，设施农业快速发展；建成平山湖公路、张党公路、小龙公路等乡村公路418公里，配合完成张肃公路扩建工程；全区完成基础设施投资18.7亿元，累计完成社会固定资产投资34.3亿元，年均增长30.2%。社会事业方面，农业新技术、新品种推广普及力度加大，科技对经济增长的贡献率达54.1%。

十五届政府（2003—2006年）　全区生产总值达57.3亿元，人均生产总值突破

1000美元大关；大口径财政收入达3.5亿元，一般预算收入达1.1亿元；固定资产投资完成27亿元，社会消费品零售总额达20.4亿元；城镇居民可支配收入达7995元，农民人均纯收入达4132元，综合经济实力位居全省86个县区前10位。累计新上重点项目133个，完成投资61.2亿元；三次产业比例由2002年的32:30:38调整到2006年的26:33:41，非公有制经济在国民经济中的比重达42%，被省政府命名为全省发展非公有制经济先进县（区）。工业方面，工业增加值达13.1亿元，培育黑河水电等销售收入上亿元的企业7户、纳税上千万元企业5户，张掖火电厂、小孤山水电站、10万吨玉米淀粉等一批重点项目相继建成投产，电力能源、有色冶金、轻工食品、生物化工四大工业支柱产业初具规模，张掖工业园一区三园框架基本确立。农业方面，先后建成中种、德农种子加工和金鹰面粉、屯河番茄、清真双华等农产品加工龙头企业65家，带动发展特色产业基地75万亩，"长绿""金丰源"等14个农产品品牌得到无公害认证，农业加工转化率达50%；推广各种农机具1.3万台件，农机化综合作业水平达64%；劳务经济稳步发展，累计输出劳动力29.3万人次，实现劳务收入8.24亿元；建成鸿宇商贸广场、金张掖钢材批发市场、万佳国际家居汇展中心、金张掖机动车交易市场和维修救援中心等一批专业市场；实施"万村千家"市场工程，南关蔬菜批发市场被国家商务部列为"双百市场"工程项目。城镇化方面，狠抓城镇基础设施建设，新建、改扩建西、南二环路，北大街延伸段等城市道路19公里；建成城市集中供热、城市污水处理工程和垃圾填埋场；新建馨宇丽都、北辰丽家等一批住宅小区；完成大满、沙井、甘浚、党寨等小城镇基础设施和办公、文化、商贸设施建设151项；建成道路、有线电视、电话及沼气、卫生厕所相配套的农村小康住宅示范点20个；加快旅游产业发展，成功创建中国优秀旅游城市，旅游收入逐年增加。基础设施方面，累计投资2.38亿元，新修公路882公里；山临高速公路、张肃公路、甘民公路等主干道相继建成通车，新建乡镇客运站11个、村级停靠点68个，182个村实现了村村通油路；全区油路总里程达1155公里，成为全省第一个油路总里程突破1000公里的县区；投资4.05亿元，衬砌渠道1649公里，完成田间配套45.14万亩，发展高新节水灌溉25万亩，节水型社会建设试点顺利通过水利部验收；完成退耕还林3.8万亩、"三北"四期防护林4万亩；投资1.3亿元，完成农村电网二期改造工程，农村生产生活条件和生态环境明显改善。改革领域方面，深化行政管理体制改革，取消、调整审批事项329项，减幅达62%；全面完成区乡机构改革，撤并乡镇4个、社区居委会12个；加大招商引资力度，累计引进项目81个、资金43亿元。

十六届政府（2007—2011年）　全区完成生产总值115亿元，固定资产投资56.9亿元；大口径财政收入8.79亿元，一般预算收入2.78亿元；农民人均纯收入达6870元，城镇居民人均可支配收入达12625元；社会消费品零售总额49.55亿元，主要经济指标连续五年保持两位数增长，经济总量占全市46.4%。城市建设方面，坚持以生态引领城市发展，调整完善城市总体规划，举全区之力推进滨河新区建设；投资8亿元完善基础设施，新建滨河大道、临泽北路等7条道路，完成2200亩水源涵养和2300亩绿化工程；建成滨湖文化广场，启动建设中央商务区、甘州中学、玉水苑、张掖宾馆等项目，开工建设宁和园、金安水乡、毓秀花园等8个住宅小区；实施7.8万亩黑河湿地保护工程，精心打造张掖国家湿地公园，大力推进润泉湖城市湿地公园建设，国务院已批复张掖黑河国家级自然保护区，国家湿地公园和国家城市湿地公园相继被命名，“1+5”生态城市框架初步形成，城市品位显著提升；加快城镇化进程，完成北大街延伸段、张火公路和大佛寺文化广场、甘州南苑、中心广场西区扩建任务；新建城市垃圾处理厂和医疗废弃物集中处置工程，张掖机场建成通航，兰新铁路第二双线、城市燃气、集中供热二期工程快速推进；切实加强生态环境保护，完成“三北”防护林8.67万亩、封山育林2.06万亩，森林覆盖率提高到17.7%，创建为全国绿化模范城市和全国绿色生态示范城市。项目建设方面，累计建成项目1023个，完成投资191.3亿元；投资19.8亿元，加快“一区三园”基础设施和生态建设，工业园区升级为国家级经济技术开发区，已由省政府上报国务院审批；黑河水电梯级电站、5万吨硅铁合金、日产2500吨干法水泥、4万吨麦芽、1万吨马铃薯精淀粉、1万吨生物纸浆、90万吨清洗煤等项目建成投产；上海航天集团20兆瓦光伏发电、国电龙源10兆瓦光伏发电、平山湖5万千瓦风电等清洁能源项目开工建设；40亿立方米煤制气、日产5000吨水泥等项目前期工作进展顺利；电力能源、有色冶金、农副产品加工、生物化工、建筑建材主导产业规模不断壮大；规模以上企业达46户，年销售收入上亿元企业达9户；张掖火电、黑河水电连续三年入选甘肃百强工业企业；高度重视节能减排工作，万元生产总值能耗下降20%，主要污染物排放总量降低10%；积极引进中央和省属大企业、大集团投资兴业，累计引进资金35.9亿元；开展全民创业活动，鼓励支持非公有制经济发展，非公经济占国民经济比重达45.5%。农业农村方面，大力发展现代农业，全力推进金张掖玉米制种、金张掖百万头肉牛、现代农业示范、优质蔬菜四大基地建设，与中国农科院合作，建设张掖国家绿洲现代农业试验示范区，成为全国最大的玉米种子生产区、全国母牛养殖示范区和高原夏菜重要生产基地，被确定为全国首批、全省唯一的国家现代农业示范区；推进产业化经营，引进培育牧沅清真牛羊肉加工、中储粮种子加工、登海种业种子加工等78家龙头企业，建成50万亩制种、48万头肉牛、20万亩蔬菜产业基地，农业订单率达95%以上；实施农村劳动力技能培训工程，集中培训劳动力15万人次；按照“四化”要求，累计建成新农村住宅3.3万户、农村沼气1.9万户，推广太阳能2.3万户，建成张莺、张平、张靖、张党等农村道路109条766公里，实施22.4万人的农村安全饮水工程，发展高新节水农田17.8万亩，黑河流域一期治理工程、节水型社会试点工作顺利通过验收。商贸旅游方面，发挥“居中四向”区位优势，按照“大通道、大商贸、大流通、大产业”的思路，加快建设功能完善、覆盖全面的商贸服务体系，积极推进万村千乡市场工程和新农村现代流通服务网络工程，东部建材市场、海峰汽贸城、嘉禾果蔬保鲜库、新乐物流配送中心等联运性强的龙头市场建成投入使用；新建规模型农村集贸市场14个、标准化农家店和新合作超市479家；加快旅游产业开发，编制旅游产业总体发展规划，启动建设大佛寺文化产业园，加快总兵府、明粮仓修复进程，开工建设平山湖国际赛车城和张掖沙漠地质公园，景区创A、宾馆创星工作成效明显；成功举办湿地风筝节、全国汽车拉力锦标赛、丝绸之路国际旅游文化节、菊花旅游文化节，五年累计接待游客328.6万人次，实现旅游收入9.86亿元。

十七届政府（2012—2016年） 2016年完成生产总值168.8亿元，固定资产投资123.3亿元；大口径财政收入24.6亿元，公共财政预算收入8.4亿元；农村居民人均可支配收入12218元，城镇居民人均可支配收入22067元；社会消费品零售总额由50亿元增加到88.5亿元，经济总量占到全市的42%以上。农业农村方面，以建设国家现代农业示范区为核心，连续出台扶持政策，累计完成投资25亿元，培育壮大制种、蔬菜、草畜三大主导产业，扩大食用菌、小杂粮、中药材等特色产业；加快绿洲现代农业示范区建设，整理土地6.2万亩，开展试验示范区400多项，示范效应不断扩大；规划建设现代循环畜牧产业园，配套完善园区道路、供电等基础设施，入驻大中型养殖企业12家，成为全省唯一同时实施国家粮改饲和草牧业试点项目的县区，先后被认定为全国首批国家现代农业示范区、国家农业改革与建设试点示范区和国家农业产业化示范基地；全力打好精准扶贫精准脱贫攻坚战，建档立卡贫困人口实现全部脱贫；以美丽乡村建设为载体，新建、改建农村公路658公里、渠道314公里，完成“三北五期”防护林6.1万亩，建成国家级生态乡镇2个、省级美丽示范村7个。工业经济方面，累计完成工业固定资产投资132亿元，新增规上工业企业37户；围绕“千亿级工业园区”，构建“一区多园”发展格局，配套建设道路、水电、排污等基础设施，张业工业园区综合承载能力显著增强，国电龙源、华西新能源等一批投资上亿元的招商引资项目落户园区，张掖工业园区成功晋升为国家级经济技术开发区，被联合国工业发展组织授予“绿色工业园区”称号；实施节能节水改造项目29项，万元生产总值能耗下降13%，工业万元增加值用水量下降26%。商贸旅游方面，以建设河西走廊商贸物流中心为目标，规划建设绿洲现代物流园区，实施基础设施项目8个，招商引进项目34个，建成专业交易市场6个；配合完成兰新高铁建设任务，开工建设甘平一级公路；深入实施国家湿地公园、沙漠体育公园、平山湖大峡谷景区提升工程，老城区6个文物景区实现“一票通”，连续成功举办中国汽车拉力锦标赛、国际露营大会、全国民间读书年会等品牌赛事节会活动；“甘州号”品牌列车冠名开行，“湿地之城、赛车之都”品牌形象不断提升，旅游收入连创新高，比2011年增长5.3倍。基础设施方面，紧紧围绕“1+5”生态城市框架，强力推进滨河新区建设，累计投资85亿元，实施公共服务项目98个，道路、供水、供热、电力、通信等基础设施基本建成，学校、医院、养老等公共服务体系正在逐步健全；坚持把历史文化名城保护与城市建设开发相结合，推进总兵府等文物景区保护和甘泉公园周边区域改造，启动实施西洞堡大捷遗址恢复建设等红色旅游工程；集中开展城乡环境综合整治行动，探索推行环卫保洁、园林绿化市场化运作，城乡环境质量明显改善，顺利通过省级卫生城市验收；加快重点小城镇建设，党寨镇被列为全省新型城镇化试点镇。改革创新方面，深入实施创新驱动发展战略，重点打造金张掖农业创新孵化园、金张掖汽车城创业服务园等七大创新创业基地；协调双创金融贷款5.2亿元，落实补助资金7600万元，带动新增中小企业2185家，吸引社会投资22亿元；扎实推进行政审批制度改革，积极开展权责清单审核，建成“三张清单一张网”；推进商事制度改革，“三证合一、一照一码”改革试点走在全省前列，深化企业改革，成立区城投、旅投等五大政府投融资平台；深化农业改革与试点建设工作，土地承包经营权流转、集体林权制度改革稳步推进。项目建设方面，围绕“3341”项目工程，累计建成各类项目932个，完成固定资产投资418亿元，是“十一五”期间的3倍；坚持把招商引资作为项目建设的持久动力，累计引进项目251个，落实到位资金220亿元，与“十一五”期间相比，分别增长54%和471%。

第四节　综合协调

甘州区人民政府办公室是张掖市甘州区人民政府综合协调办事机构。主要职责是：认真贯彻执行党中央、国务院和省委、省政府、市委、市政府的方针政策及区委、区政府的重大决策；了解掌握政府各部门、各乡镇、各街道的主要工作情况；搜集整理区内外经济和社会发展动态及信息，为区政府领导科学决策提供服务；根据区政府各个时期的工作重点和工作部署，开展调查研究、综合分析、提出建议，为政府制定重大决策和重要工作部署发挥参谋助手作用；负责处理区政府的日常事务和政务，协助区政府领导对部门、乡镇、街道之间和区内外有关工作进行协调；处理乡镇政府、街道办事处、政府各部门报送区政府和区政府办公室的文电；承担以区政府和办公室名义上报下达的各类文电的处理；承担区政府领导的重要报告、讲话的起草、审核工作；负责区政府重大活动和区政府领导公务活动的组织安排；承担区政府全体会议、党组会议、常务会议、区长办公会议和区政府领导召集的其他会议的准备、组织工作；组织办理人大代表议案、建议、批评和意见及政协委员提案，做好催办、反馈工作；负责全区应急管理工作、政府值班工作；协助区政府领导组织处理需由区政府直接处理的突发事件和重大事故；协调银企事宜，参与策划、指导、规范融资工作；负责办公室行政、财务、后勤保障等工作；负责全区行政审批制度改革、政务服务等工作；负责受理和处理群众来信来访，督促有关部门处理群众来信来访中反映的重大案件，指导全区信访工作；承担区政府规范性文件审查、起草、行政执法检查、行政执法监督、行政复议应诉、行政赔偿及政府法制宣传教育等工作的组织、审查和实施，对全区政府法制工作进行规划、协调、监督、管理和服务；当好区政府领导在政府法制工作方面的参谋、助手和法律顾问；处理涉外事项，做好归侨侨眷和引进国外智力工作；负责民族宗教工作，全面认真地宣传贯彻执行党和国家的民族宗教政策法规，大力扶持发展少数民族经济社会各项事业，巩固和发展平等、团结、互助的社会主义民族关系，依法加强对宗教事务的管理，及时掌握和化解民族宗教方面出现的矛盾和纠纷，积极引导宗教与社会主义社会相适应；负责区政府的接待和地方志编纂工作；指导全区政府系统办公部门的工作。

第五节　信访工作

2000年以前，信访件以来信为主，群众来访量较少，群众走访主要以反映情况、咨询政策、陈述要求、提出建议为主，群众希望能通过信访了解党和政府的有关政策。

未发生赴省、进京和群体性信访问题。2000 年以后，随着企业改制、农村土地征用、玉米制种款兑付、劳资纠纷、复转军人安置、辞退民办教师、社会主义私房改造、物业管理、经济合同纠纷、民政低保等领域产生的信访问题不断出现。2004 年，建立领导干部接待群众来访制度，实行县级领导接待周制度，要求各级党政领导要认真听取群众反映，协调解决重大信访案件，每周由区委、区政府相关领导在信访接待室负责接待上访群众，询问信访情况，协调解决出现的信访矛盾；人大相关领导在人大信访室接待来访人员。区委、区政府领导定期接待群众来访和反映问题的处理情况，信访部门每季度通报一次。各乡镇、部门建立相应的领导接待上访群众制度。2004 年起，全区实行信访工作目标管理制度，坚持每年一次对重点单位目标管理考核制度，两年进行一次全区信访工作检查、评比、表彰活动。区委、区政府为加强与信访重点单位签订信访工作责任书，实行一票否决制，落实信访工作领导责任追究制。2004—2011 年，共接收来信 2500 余件，接待来访群众 30000 多人次，上访内容涉及商、粮、贸、二轻等企业改制后职工安置，复转军人、越南反击战老兵待遇、历史遗留问题等诸多领域，经过梳理归类为 171 件，妥善解决 162 件。办结国家信访局交办的 1 件，省信访局交办的 5 件，市信访局交办的 6 件，协办省有关单位的 1 件，化解陈年积案 16 件。2005 年以来，区委、区政府为密切党群、干群关系，更好地为基层服务，设立信访热线电话及每月 10 日、20 日区党政领导信访接待日，及时解决群众反映的热点难点问题；解决企业改制遗留问题，甘浚镇西洞永靖籍农民工上访省、市、区问题，出租车司机上访问题等多起历史遗留问题。

第六节　政府法制

依法行政工作　1989 年颁布《中华人民共和国行政诉讼法》。政府行为进入全面依法行政监督。结合实际，制定印发《甘州区依法行政五年规划（2006—2000 年）实施意见》《甘州区贯彻市政府依法行政第二个五年规划（2010—2014 年）实施意见》《甘州区法治政府建设实施纲要（2016—2020 年）》《甘州区加强政府依法行政的实施意见》《甘州区关于实行重大行政处罚决定备案审查的通知》；坚持依法行政工作年度计划和报告制度。1998 年起，开展行政执法责任制试点工作，把实行行政执法责任制工作深入到乡（镇）政府。清理和公布执行的现行有效的法律、法规、规章共计 967 部，具体行政执法行为共 1602 项；对各乡镇、街道、各部门单位执法主体和依据进行全面审核界定。健全行政执法立案、告知、听证、集体讨论等配套制度，制定统一的行政执法文书，促进行政执法水平提高。

推行行政执法资格制度，未取得行政执法证的执法工作人员，不得上岗从事行政执法活动。从 2000—2016 年，全区开展 4 轮行政执法人员岗前培训班，举办培训班 66 期，培训执法人员近 7000 人次，合格率达 90%，全区持有行政执法证件 1528 人。

2009 年，把依法行政工作纳入到全区综合目标考核中。2012 年以来，在全区开展两批依法行政示范单位创建活动，共有 13 个单位申报开展创建活动。2013 年，对审定合格的7个区级依法行政示范创建单位进行命名授牌。

行政规范性文件监督管理 2012年开始建立并落实规范性文件年度计划申报和发布前的审核制度，坚持每两年对规范性文件进行一次清理和开展有关规范性文件专项清理工作。至2016年，审查各类文件、合同、公告、协议、领导批示等其他文件共计300多件，提出意见建议180多条；规范性文件报备率达100%。

法制监督 围绕突出关注民生、优化营商环境、涉及农业和农村经济工作、深化企业改革、减轻农民负担、环境保护、产品质量、劳动关系等法律法规和规章的执行情况开展专项执法检查。2010—2016年，集中组织对乡镇、街道、执法部门开展3次全覆盖评查，评查各类案件500多件，对评查出的问题进行通报批评并限期整改。

行政复议和应诉 自成立以来，共办理行政复议案件126件，全部依法予以办结。其中依法不予受理的11件，驳回申请7件，撤销原具体行政行为的8件，维持原具体行政行为的97件，复议终止的3件。代理以区政府作为被申请人的行政复议案件5件。

第七节　机关后勤

甘州区机关事务管理局负责区委、区政府大院规划、基建、维修及产权归属区政府的国有资产管理工作；负责机关大院水、电、暖设施的管理与维护及绿化、美化、亮化工作；负责机关大院运行经费的财务管理工作；负责会议室、活动室、餐厅等服务工作，同时承担全区公共机构节能减排管理职能。全力做好党委、政府办公场所变动的后勤保障工作。1983年，张掖县委在张掖县南大街办公，张掖县政府在张掖县府街办公。1994年，张掖市委从南大街搬迁至县府街办公。2011年，在区委、区政府县府街办公地址上修建三馆（博物馆、图书馆、美术馆），区委、区政府及部分单位借用位于甘州区长沙门张掖市湿地局办公楼办公。2013年，张掖市湿地局对甘州区借用的办公楼进行公开拍卖。2016年，甘州区委、区政府及各部门办公地址由长沙门搬迁至张掖滨河新区中央商务区写字楼，办公场地租用张掖风情旅游投资公司办公楼。

第八节　政务服务

2007年7月，经区政府批准加挂“甘州区人民政府政务服务中心”牌子，将市区合署办公区政务大厅、区社会保障服务中心、就业服务中心、公安局户政出入境大厅、司法局公证及法律援助大厅全部纳入政务大厅。共入驻行政事业单位38个120人、企业单位6个11人，共设立服务窗口110个，将全区153项行政许可项目及相应的620项公共服务全部纳入政务大厅办理。一层一号厅将农合办、医保局、社保局整合为较大规模的办事大厅，实现了“五险合一”。一层二号厅将工商营业执照、国家规定的有关前置手续进行集中化管理，实现集中化的包括工商质监局、食药监局、国税局、地税局，市地税局经开区分局。二层三号厅为公安局户籍及出入境大厅、民政局婚姻登记中心、卫计委联合窗口，在领取结婚证的同时，免费领取准生证。二层四号厅为国土局不动产登记中心、农业局农村产权交易中心、房产局保障性住房办公室联合窗口。三层五号厅为就业招聘服务大厅，改变过去一月一次招聘大会的惯例，为二号厅已办理营业执照的广大业主提供即办式人才招聘面试使用服务。三层六号厅为政务大厅创业平台和网上查询、网上办理区域，为市民和企业提供各类自助服务。四层七号厅为农业各部门联合审批大厅，包括农业局、林业局、畜牧兽医局、农机局、水务局、卫计委等。四层八号厅为项目联合审批大厅，包括发改委、建设局、国土局、环保局及公证司法援助中心等。

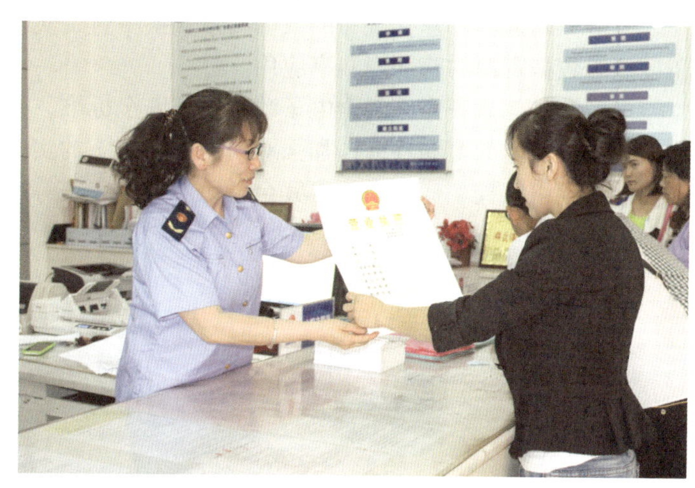

“三证合一”颁证现场

全区18个乡镇、5个街道办事处全部建立便民服务中心，部分乡镇（街道）、村（社区）也成立村级便民服务代办点，形成区、乡镇（街道）、村（社区）三级联动的便民服务体系。

第九节　政务信息化

政务网络建设　2013年，建成覆盖全区各部门、乡镇、街道的政务办公网、甘州区电子政务外网。全区18个乡镇的245个行政村中，已有238个行政村联通政务外网，5个街道的18个社区全部联通政务外网。

门户网站建设　政府门户网站（域名：gsgz. gov. cn）自2001年建成，2015年8月全新改版后上线运行，主要涵盖信息公开、办事服务、聚焦甘州、政民互动、走进甘州等版块。政府门户网站已成为传播政府信息、提供为民服务的重要载体。网站经过公安部门认证和国家工信部备案登记。至2016年底，区政府门户网站共公开政务信息6345多条，浏览总数为520万人次。

公文交换平台　2004年建成全市首个公文交换平台的县（区）。至2016年底，共有138个单位利用政务办公系统累计发送公文141万份。

推行网上办事服务　从“信息公开、互动服务、网上办事”三个阶段入手，结合全区电子政务服务网，全面推进行政审批事项网上办理，做到网上申报、网上审批、网上答复。在甘州区电子政务服务网完成办事部门共注册办事机构48个、便民服务事项单位62个，注册便民服务事项信息员68个、审核员62个。区属50个部门共发布权责清单信息3564条、公共服务信息271条、责任事项24223项、追责情形33958项；区属各部门共加载便民服务事项1938项；区财政局共清理财政专项资金清单159项。

推进一网通办 建立统一的数据共享交换平台，实现自然人、法人、信用信息、电子证照等数据资源的跨部门共享应用。

电子政务信息安全 健全电子政务系统安全标准，开展信息安全风险评估，减少互联信息系统安全的薄弱环节，加强对信息系统状态的实时监控，通过采取认证鉴别、访问控制、网络监控、病毒查杀、冗余备份、内容审查等措施加强数据资源的安全保障。

第三章 中国人民政治协商会议张掖市甘州区委员会

中国人民政治协商会议张掖市甘州区委员会每届任期5年。1966—2016年历经10届，其中县政协3届、市政协4届、区政协3届。

第一节 组织机构

1985年5月，国务院批准成立张掖市（县级），撤销张掖县；同年12月30日，中国人民政治协商会议张掖县委员会更名“中国人民政治协商会议张掖市委员会”。2002年6月，中国人民政治协商会议张掖市委员会更名“中国人民政治协商会议张掖市甘州区委员会”。1990年，中国人民政治协商会议张掖市委员会的工作机构有秘书处（办公室）、学习宣传组、文史资料组、提案联络组。1990年4月，学习宣传组更名“学习宣传委员会”，提案联络组更名“提案联络委员会”；设立“经济科技委员会”。1993年，文史资料组更名“文史资料和学习委员会”，经济科技委员会分设“经济委员会”“科技委员会”。2002年，设立“农业和环境资源委员会”“社会法制和民族宗教三胞联谊委员会”，科技委员会更名“教科文卫体委员会”。2013年，设立委员联络办公室。

第二节 政协会议

中国人民政治协商会议张掖市第五届委员会 任期为1990年2月至1993年2月。其间，共召开3次全体会议。

第一次会议。1990年2月20日至25日召开，有80名委员出席会议。会议听取和审议《中国人民政治协商会议张掖市第四届委员会常务委员会四年来的工作报告》；列席张掖市第十二届人民代表大会第一次会议，听取和讨论《张掖市人民政府工作报告》、市计委《关于1990年国民经济和社会发展计划的报告》、市财政局《关于1990年财政预算的报告》以及法检两院的工作报告。

第二次会议。1991年3月3日至8日召开，会议学习中共十三届七中全会文件精神；听取中共张掖市委书记张庆永的讲话；列席张掖市第十二届人民代表大会第二次会议，听取并审议《中国人民政治协商会议张掖市第五届委员会常务委员会工作报告》《中国人民政治协商会议张掖市第五届委员会第一次会议以来提案工作情况的报告》；通过《中国人民政治协商会议张掖市第五届委员会第二次会议提案审查情况的报告》和《中国人民政治协商会议张掖市第五届委员会第二次会议政治决议》。

第三次会议。1992 年 2 月 19 日至 22 日召开，会议听取和审议《中国人民政治协商会议张掖市第五届委员会常务委员会工作报告》《中国人民政治协商会议张掖市第五届委员会第二次会议以来提案工作情况的报告》；列席张掖市第十二届人民代表大会第三次会议，听取讨论《张掖市人民政府工作报告》以及市人民法院、市人民检察院工作报告；审议通过《中国人民政治协商会议张掖市第五届委员会第三次会议提案审查情况的报告》，表决通过《中国人民政治协商会议张掖市第五届委员会第三次会议政治决议》。

中国人民政治协商会议张掖市第六届委员会　任期为 1993 年 2 月至 1997 年 11 月。共召开 6 次全体会议。

第一次会议。1993 年 2 月 11 日至 14 日召开，出席会议的委员应到 78 人，实到 65 人。会议听取中共张掖市委书记彭尔笃的讲话；列席张掖市第十三届人民代表大会第一次会议，听取并讨论《张掖市人民政府工作报告》、市人大常委会工作报告等；审议通过《中国人民政治协商会议张掖市第六届委员会第一次会议提案情况和审查意见的报告》，通过《中国人民政治协商会议第六届委员会第一次会议政治决议》；选举产生中国人民政治协商会议张掖市第六届委员会常务委员 15 名，主席 1 名，副主席 4 名，秘书长 1 名。

第二次会议。1994 年 3 月 8 日至 11 日召开，会议听取和审议《中国人民政治协商会议张掖市第六届委员会常务委员会工作报告》；审议《中国人民政治协商会议张掖市第六届委员会第一次会议以来提案办理情况报告》；列席张掖市第十三届人民代表大会第二次会议；传达省地统战工作会议精神；增选中国人民政治协商会议张掖市第六届委员会副主席和常委；通过《中国人民政治协商会议张掖市第六届委员会第二次会议政治决议》。

第三次会议。1995 年 1 月 9 日至 12 日召开，会议听取和审议《中国人民政治协商会议张掖市第六届委员会常务委员会工作报告》；审议《中国人民政治协商会议第六届委员会第二次会议以来提案办理情况报告》；列席张掖市第十三届人民代表大会第三次会议；传达全国地方政协经验座谈会及全省政协工作会议精神；传达中央、省、地有关统战工作文件精神；通过《中国人民政治协商会议张掖市第六届委员会第三次会议政治决议》。

第四次会议。1995 年 3 月 7 日召开，会议学习政治协商、民主监督、参政议政的规定及《政协工作提案条例》；补选中国人民政治协商会议张掖市第六届委员会副主席 1 名。

第五次会议。1996 年 1 月 24 日至 27 日召开，会议听取和审议《中国人民政治协商会议张掖市第六届委员会常务委员会工作报告》；审议《中国人民政治协商会议张掖市第六届委员会第三、四次会议以来提案办理情况报告》；学习贯彻党的十四届五中全会公报精神；列席张掖市第十三届人民代表大会第四次会议，听取“一府两院”工作报告；传达全省政协工作经验交流会议精神；选举新增2名副主席和3名常委；表彰做出先进事迹的政协委员；调整、增补委员；通过《中国人民政治协商会议张掖市第六届委员会第五次会议政治决议》。

第六次会议。1997年1月16日至19日召开，会议听取和审议《中国人民政治协商会议张掖市第六届委员会常务委员会工作报告》；听取《中国人民政治协商会议张掖市第六届委员会第五次会议以来提案办理情况报告》；传达张掖地区政协工作会议精神；选举中国人民政治协商会议张掖市第六届委员会主席；列席张掖市第十三届人民代表大会第五次会议，听取“一府两院”工作报告；表彰中国人民政治协商会议张掖市第六届委员会第一次会议以来的优秀提案团体和个人；通过《中国人民政治协商会议张掖市第六届委员会第六次会议政治决议》。

中国人民政治协商会议张掖市第七届委员会　任期为1997年11月至2002年12月。共召开6次全体会议。

第一次会议。1997年11月24日至28日召开，会议听取和审议《中国人民政治协商会议张掖市第六届委员会常务委员会工作报告》《中国人民政治协商会议张掖市第六届委员会关于提案办理情况的报告》；列席张掖市第十四届人民代表大会第一次会议，听取并讨论《张掖市人民政府工作报告》《张掖市人大常委会工作报告》等；选举产生中国人民政治协商会议张掖市第七届委员会常务委员20名，主席1名，副主席4名；通过《中国人民政治协商会议张掖市第七届委员会第一次会议提案审查意见的报告》和《中国人民政治协商会议张掖市第七届委员会第一次会议政治决议》；表彰六届政协优秀提案和提案办理先进单位及其他事项。

第二次会议。1999年1月16日至18日召开，会议听取和审议《中国人民政治协商会议张掖市第七届委员会常务委员会工作报告》；听取《中国人民政治协商会议张掖市第七届委员会第一次会议以来提案工作情况的报告》；列席张掖市第十四届人民代表大会第二次会议，听取并讨论《张掖市人民政府工作报告》等；听取《中国人民政治协商会议张掖市第七届委员会第二次会议提案审查意见报告》；通过《中国人民政治协商会议张掖市第七届委员会第二次会议政治决议》。

第三次会议。2000年1月9日至11日召开，会议听取和审议《中国人民政治协商会议张掖市第七届委员会常务委员会工作报告》；列席张掖市第十四届人民代表大会第三次会议；听取《中国人民政治协商会议张掖市第七届委员会第三次会议提案审查意见的报告》；讨论通过《中国人民政治协商会议张掖市第七届委员会第三次会议政治决议》。

第四次会议。2000年12月22日至25日召开，会议听取和审议《中国人民政治协商会议张掖市第七届委员会常务委员会工作报告》《中国人民政治协商会议张掖市第七届委员会第三次会议以来提案工作情况的报告》；列席张掖市第十四届人民代表大会第四次会议，听取“一府两院”工作报告以及《张掖市国民经济和社会发展第十个五年计划的说明》；增选中国人民政治协商会议第七届委员会副主席和常委；讨论并通过《中国人民政治协商会议张掖市第七届委员会第四次会议政治决议》。

第五次会议。2001 年 6 月 26 日召开，会议选举中国人民政治协商会议张掖市第七届委员会副主席；通报 2001 年上半年工作。

第六次会议。2002 年 1 月 16 日至 18 日召开，会议听取《张掖市人民政府工作报告》《关于张掖市 2001 年国民经济和社会发展计划执行情况及 2002 年国民经济和社会发展计划的报告》《关于 2001 年财政预算执行情况及 2002 年财政预算的报告》。

中国人民政治协商会议张掖市甘州区第八届委员会　任期为 2002 年 12 月至 2006 年 12 月。其间，共召开 5 次全体会议。

第一次会议。2002 年 12 月 19 日至 22 日召开，会议审议通过《中国人民政治协商会议张掖市第七届委员会常务委员会工作报告》《中国人民政治协商会议张掖市七届一次会议以来提案工作情况的报告》。

第二次会议。2003 年 12 月 15 日至 17 日召开，会议听取和审议《中国人民政治协商会议张掖市甘州区第八届委员会常务委员会工作报告》《中国人民政治协商会议张掖市甘州区第八届委员会第一次会议以来提案工作情况的报告》。听取《甘州区人民政府工作报告》《关于张掖市甘州区 2003 年国民经济和社会发展计划执行情况及 2004 年国民经济和社会发展计划报告》《关于张掖市甘州区 2003 年财政预算执行情况及 2004 年财政预算报告》。

第三次会议。2004 年 12 月 19 日至 21 日召开，会议听取和审议《中国人民政治协商会议张掖市甘州区第八届委员会常务委员会工作报告》《中国人民政治协商会议张掖市甘州区第八届委员会第二次会议以来提案工作情况的报告》。听取《张掖市甘州区人民政府工作报告》《关于张掖市甘州区 2004 年国民经济和社会发展计划执行情况及 2005 年国民经济和社会发展计划报告》《关于张掖市甘州区 2004 年财政预算执行情况及 2005 年财政预算报告》。

第四次会议。2005 年 12 月 28 日至 31 日召开，会议听取《中国人民政治协商会议张掖市甘州区第八届委员会常务委员会工作报告》《中国人民政治协商会议张掖市甘州区第八届委员会第三次会议以来提案工作情况的报告》。听取《甘州区人民政府工作报告》和区政府《关于"十一五"规划编制说明》；审议《甘州区 2005 年国民经济和社会发展计划执行情况及 2006 年国民经济和社会发展计划的报告》《甘州区 2005 年财政预算执行情况及 2006 年财政预算的报告》。

第五次会议。2006 年 7 月 18 日召开，会议通过《中国人民政治协商会议张掖市甘州区第八届委员会第五次会议选举办法》；增补政协甘州区第八届委员会副主席。

中国人民政治协商会议张掖市甘州区第九届委员会　任期为 2007 年 1 月至 2011 年 10 月，共召开 5 次全体会议。

第一次会议。2007 年 1 月 3 日至 6 日召开，会议听取《中国人民政治协商会议张掖市甘州区第八届委员会常务委员会工作报告》《中国人民政治协商会议张掖市甘州区第八届委员会第一次会议以来提案工作情况的报告》。通过《中国人民政治协商会议张掖市甘州区第九届委员会第一次会议选举办法》，选举产生政协张掖市甘州区第九届委员会常务委员30名。

第二次会议。2008年1月7日至9日召开，会议听取《中国人民政治协商会议张掖市甘州区第九届委员会常务委员会工作报告》《中国人民政治协商会议张掖市甘州区第九届委员会第一次会议以来提案工作情况的报告》。审议通过《中国人民政治协商会议张掖市甘州区第九届委员会第二次会议政治决议》《中国人民政治协商会议张掖市甘州区第九届委员会常务委员会工作报告的决议》《中国人民政治协商会议张掖市甘州区第九届委员会第一次会议以来提案工作情况报告的决议》《中国人民政治协商会议张掖市甘州区第九届委员会第二次会议提案审查情况的报告》。

第三次会议。2008年12月25日至27日召开，会议审议听取《中国人民政治协商会议张掖市甘州区第九届委员会常务委员会工作报告》《中国人民政治协商会议张掖市甘州区第九届委员会第二次会议以来提案工作情况的报告》。听取《中国人民政治协商会议张掖市甘州区第九届委员会第三次会议提案审查情况的报告》《中国人民政治协商会议甘州区第九届委员会第三次会议政治决议》《中国人民政治协商会议张掖市甘州区第九届委员会常务委员会工作报告的决议》《中国人民政治协商会议张掖市甘州区第九届委员会第二次会议以来提案工作情况报告的决议》。

第四次会议。2010年1月28日至30日召开，会议听取《中国人民政治协商会议张掖市甘州区第九届委员会常务委员会工作报告》《中国人民政治协商会议张掖市甘州区第九届委员会常务委员会第三次会议以来提案工作情况的报告》。听取《中国人民政治协商会议张掖市甘州区第九届委员会第四次会议提案审查情况的报告》《中国人民政治协商会议张掖市甘州区第九届委员会常务委员会工作报告的决议》《中国人民政治协商会议张掖市甘州区第九届委员会第三次会议以来提案工作情况报告的决议》《中国人民政治协商会议张掖市甘州区第九届委员会第四次会议政治决议》。

第五次会议。2011年3月23日至25日召开，会议听取《中国人民政治协商会议张掖市甘州区第九届委员会常务委员会工作报告》《中国人民政治协商会议张掖市甘州区第九届委员会第四次会议以来提案工作情况的报告》。听取《甘州区人民政府工作报告》和《关于甘州区2010年国民经济和社会发展计划执行情况及2011年计划的报告》《关于2010年财政预算执行情况和2011年财政预算的报告》。

中国人民政治协商会议张掖市甘州区第十届委员会 任期为2011年10月至2016年。共召开5次全体会议。

第一次会议。2011年10月19日至22日召开，会议听取《中国人民政治协商会议张掖市甘州区第九届委员会常务委员会工作报告》《中国人民政治协商会议张掖市甘州区第九届委员会第一次会议以来提案工作情况的报告》。听取《甘州区人民政府工作报告》《甘州区2011年国民经济和社会发展计划执行情况和2012年国民经济和社会发展计划的报告》《甘州区2011年财政预算执行情况和2012年财政预算的报告》。

第二次会议。2012年12月26日至28日召开，会议听取《中国人民政治协商会议张掖市甘州区第十届委员会第二次会议提案审查情况的报告》《中国人民政治协商会议张掖市甘州区第十届委员会第二次会议政治决议》《中国人民政治协商会议张掖市甘州区第十届委员会第二次会议关于常务委员会工作报告的决议》《中国人民政治协商会议张掖市甘州区第十届委员会第二次会议关于十届一次会议以来提案工作情况报告的决议》。

第三次会议。2014年3月11日至14日召开，会议听取《中国人民政治协商会议张掖市甘州区第十届委员会第三次会议提案审查情况的报告》；审议通过《中国人民政治协商会议张掖市甘州区第十届委员会第三次会议政治决议》《中国人民政治协商会议张掖市甘州区第十届委员会第三次会议关于常务委员会工作报告的决议》《中国人民政治协商会议张掖市甘州区第十届委员会第三次会议关于十届二次会议以来提案工作情况报告的决议》。

第四次会议。2015年1月13日至16日召开，会议听取《中国人民政治协商会议张掖市甘州区第十届委员会常务委员会工作报告》《中国人民政治协商会议张掖市甘州区第十届委员会常务委员会关于十届三次会议以来提案工作情况的报告》；审议并通过《中国人民政治协商会议张掖市甘州区第十届委员会第四次会议政治决议》《中国人民政治协商会议张掖市甘州区第十届委员会第四次会议关于常务委员会工作报告的决议》和《中国人民政治协商会议张掖市甘州区第十届委员会第四次会议关于十届三次会议以来提案工作情况报告的决议》。

第五次会议。2016年1月28日至31日召开，会议听取并审议《中国人民政治协商会议张掖市甘州区第十届委员会常务委员会工作报告》《中国人民政治协商会议张掖市甘州区第十届委员会常务委员会关于十届四次会议以来提案工作情况的报告》；列席张掖市甘州区第十七届人民代表大会第五次会议；听取《中国人民政治协商会议张掖市甘州区第十届委员会第五次会议关于提案审查情况的报告》；审议通过《中国人民政治协商会议张掖市甘州区第十届委员会第五次会议政治决议和其他决议》；围绕“聚力创业创新·共谋甘州发展”专题发言。

第三节　政协甘州区委员会常务委员会

政协甘州区委员会常务委员会由主席、副主席、秘书长和常务委员组成。工作机构有：办公室、委员联络办公室、经济委员会、农业和环境资源委员会、教科文卫体委员会、社会法制和民族宗教三胞联谊委员会、提案联络委员会、文史资料和学习委员会等。

政治协商　中国人民政治协商会议张掖市甘州区委员会，召开常务委员会会议，对重大会议内容、重要工作事项等进行协商讨论。开展调研视察活动，突出监督重点，提高提案办理质量和效果，发挥政协优势，为发展大局凝聚力量。

政协第五届委员会。围绕开展社会主义教育活动，传达学习中共中央十三届六中全会公报精神，协商讨论根据中共中央〔1990〕14 号文件精神制定的关于政治协商、民主监督制度，学习中共中央十三届八中全会公报精神、人民日报社论等学习教育活动。

政协第六届委员会。以地委提出的“再造一个张掖”为专题，开展大讨论，组织委员及民主党派为经济建设积极建言献策。

政协第七届委员会。以“企业下岗职工再就业情况调查”和“个体私营经济发展问题调查”为专题，开展企业改制及下岗职工安置问题的调查研究，提出可行性调研报告，为企业改制及经济发展提供参考依据。

政协第八届委员会。开展社会主义新农村建设、社情民意调研情况；专题开展党风廉政建设和反腐败学习宣传教育。

政协第九届委员会。围绕全区困难群体开展调研，形成《甘州区城乡困难群体医疗保障情况调研报告》；征求对全区 2009 年经济工作会议意见建议。贯彻《关于学习贯彻中央深入实施西部大开发战略部署的意见》精神，形成非公有制经济发展调研报告、商贸物流体系建设调研报告、城乡危旧房改造和保障性住房建设调研报告。

政协第十届委员会。围绕民生事业保障、生态环境保护、创业创新发展等关乎经济社会发展的长远性、全局性问题开展协商议政，积极建言献策，形成《甘州区历史文化名城保护工作情况的调研报告》；开展经济社会调查研讨，提出《甘州区新型工业发展情况的调研报告》《关于开展生态工业调研的方案》《关于开展文化产业调研的方案》《关于开展现代农业调研的方案》《关于开展社会管理调研的方案》等可行性调研报告，为全区经济建设起到参考作用。

中国人民政治协商会议张掖市甘州区委员会
1990—2016 年历届主席、副主席、秘书长名录

表 4－3－1

任　届	职　务	姓　名	任职时间	注
政协张掖市委员会第五届领导班子（1990. 2—1993. 2）	主　席	李正本	1990. 2—1993. 2	
	副主席	王致荣	1990. 2—1993. 2	
		陈生蕃	1990. 2—1993. 2	
		马中立	1990. 2—1993. 2	回族
		张伯壬	1990. 2—1993. 2	满族
		曹希文	1990. 2—1993. 2	
		李秀兰	1990. 2—1993. 2	女
	秘书长	田　稔	1990. 2—1993. 2	

续表 4－3－1

任　届	职　务	姓　名	任职时间	注
政协张掖市委员会第六届领导班子（1993.2—1997.11）	主　席	陈天成	1993.2—1997.1	
		罗正庆	1997.1—1997.11	
	副主席	王致荣	1993.2—1994.9	
		李秀兰	1993.2—1997.11	女
		郝耀山	1993.2—1996.6	
		王克孝	1993.2—1997.11	
		杨介茂	1994.3—1997.11	
		王征峰	1994.3—1997.11	
		梁孔书	1995.2—1997.11	
		李国志	1996.1—1997.11	
		宋有年	1996.1—1997.11	
		莫远钿	1996.9—1997.11	
	秘书长	王志荣	1993.2—1994.9	兼任
政协张掖市委员会第七届领导班子（1997.11—2002.12）	主　席	罗正庆	1997.11—2002.12	
	副主席	李秀兰	1997.11—2002.7	女
		杨介茂	1997.11—2001.5	
		莫远钿	1997.11—2000.8	
		宋有年	1997.11—2002.12	
		杨宝德	1997.11—2002.12	
		薛廷龄	2000.12—2002.12	
		薛自成	2001.6—2002.12	
		马克英	2001.6—2002.12	女
		王　洁	2002.1—2002.12	女
	秘书长	—	—	—
政协张掖市甘州区委员会第八届领导班子（2002.12—2006.12）	主　席	罗正庆	2002.12—2005.12	
		吴尚元	2005.12—2006.12	
	副主席	宋有年	2002.12—2006.12	
		薛廷龄	2002.12—2005.12	
		薛自成	2002.12—2006.12	
		王　洁	2002.12—2006.12	女
		张一平	2002.12—2006.12	
		郭兴军	2002.12—2006.12	
		李　实	2005.12—2006.12	
		吴继锋	2006.6—2006.12	
	秘书长	—	—	—

续表 4－3－1

任　届	职　务	姓　名	任职时间	注
政协张掖市甘州区委员会第九届领导班子（2007. 1—2011. 10）	主　席	郭尚勤	2007. 1—2010. 1	
		朱乔正	2010. 1—2011. 10	
	副主席	权金贵	2007. 1—2011. 10	
		薛自成	2007. 1—2010. 1	
		王　洁	2007. 1—2011. 10	女
		李　实	2007. 1—2011. 10	
		吴继锋	2007. 1—2010. 1	
		张辅民	2007. 1—2011. 10	
		高增弟	2010. 1—2011. 1	
		邹明科	2011. 3—2011. 10	
		周　彤	2011. 3—2011. 10	女
	秘书长	赵　军	2007. 1—2011. 10	
政协张掖市甘州区委员会第十届领导班子（2011. 10—2016. 10）	主　席	王洪德	2011. 10—2016. 10	
	副主席	权金贵	2011. 10—2016. 2	
		王　洁	2011. 10—2016. 10	女
		张辅民	2011. 10—2015. 1	
		邹明科	2011. 10—2016. 1	
		周　彤	2011. 10—2016. 10	女
		蒋德虎	2011. 10—2016. 10	
		张　瑛	2015. 1—2016. 10	
		祁振东	2016. 1—2016. 10	
	秘书长	赵　军	2011. 10—2016. 10	
政协张掖市甘州区委员会第十一届领导班子（2016. 10—2016. 11）	主　席	薛　庆	2016. 10—2016. 11	
	副主席	王　洁	2016. 10—2016. 11	女
		周　彤	2016. 10—2016. 11	女
		蒋德虎	2016. 10—2016. 11	
		祁振东	2016. 10—2016. 11	
		赵　军	2016. 10—2016. 11	
		宁克海	2016. 10—2016. 11	
	秘书长	邢　泽	2016. 10—2016. 11	

第 五 编

军事　政法

第一章　军　　事

第一节　概　　况

1986 年，中国人民解放军甘肃省张掖市人民武装部移交地方建制，名称为“甘肃省张掖市人民武装部”，其党委名称为“甘肃省张掖市人民武装部党委”。1994 年，根据党中央、国务院、中央军委关于西北四省（市、区）人武部收归军队建制的决定，市人民武装部收归军队建制，名称为“中国人民解放军甘肃省张掖市人民武装部”。2002 年更名“中国人民解放军甘肃省张掖市甘州区人民武装部”。

张掖市甘州区人民武装部 1991—2016 年历届领导人名录

表 5－1－1

职　务	姓　名	籍　贯	任职时间
部　长	王忠义	陕西耀县	1991. 1—1991. 12
	李迎春	青海互助	1992. 1—1996. 4
	于开军	河南开封	1996. 5—2001. 5
	刘成民	陕西旬邑	2001. 5—2004. 3
	高建明	陕西乾县	2004. 3—2010. 3
	王彦春	甘肃武威	2010. 3—2013. 4
	杨光善	甘肃武威	2013. 4—2015. 7
	文同春	湖南益阳	2015. 7—2016. 12
政治委员	杨得祥	甘肃高台	1991. 1—1995. 3
	汪廷才	宁夏海原	1995. 4—1996. 3
	任万江	宁夏平罗	1996. 5—1999. 3
	王喜民	甘肃山丹	1999. 5—2004. 3
	李善全	湖北大治	2004. 3—2005. 3
	范建新	陕西周至	2005. 3—2010. 3
	成文学	甘肃通渭	2010. 11—2013. 4
	王彦春	甘肃武威	2013. 4—2015. 7
	杜劲松	湖北武汉	2015. 7—2016. 12

续表 5－1－1

职　务	姓　名	籍　贯	任职时间
副部长	宋云成	河南虞城	1995. 3—1995. 4
	于志江	宁夏中宁	1995. 3—1997. 7
	陈发义	甘肃张掖	1995. 3—2000. 3
	李　军	陕西汉中	1989. 10—2000. 3
	薛务宗	甘肃景泰	2000. 10—2001. 3
	高建明	陕西乾县	2002. 3—2004. 3
	胡开勤	甘肃庆阳	2004. 3—2004. 12
	徐　进	甘肃张掖	2005. 3—2005. 4
	马铁军	甘肃山丹	2005. 4—2011. 3
	方　敏	湖北浠水	2009. 3—2013. 4
	冯　彦	甘肃文县	2011. 3—2012. 9
	舒朝选	重庆丰都	2013. 4—2016. 12

第二节　武装工作

军事工作　机关训练。机关训练主要以人武部首长机关训练、现代军事理论、高科技知识学习、参谋“六会”业务训练、“四会”教练员等训练为主。实训中研制成的“野战多功能担架”在省军区科技练兵成果展中获得三等奖，同时参加兰州军区科技成果展。2014 年，参加省军区组织的以共同科目、指挥技能、战术作业及指挥所演习、体能为主要内容的人武部竞赛性考核，取得团体第二名，个人全能第五、第六名，一个单项第二的优异成绩。

战备建设。加强民兵信息员队伍建设，建成 26 个小组 303 人的民兵信息员队伍，形成覆盖全区乡、村、社的信息网络体系。2014 年，投入 25 万元购置一个应急连的个人生活携行装具、抢险救灾、制乱平暴和处突维稳等战备物资器材，完善民兵应急分队战备库室建设。2015 年，投入 30 万元购置人武部机关和补充完善民兵应急分队战备物资，按照“三分四定”完善各类战备库室建设。

民兵组织建设。民兵分为基干民兵和普通民兵。基干民兵为第一类预备役，普通民兵为第二类预备役。28 岁以下的退伍士兵和未到部队服现役而经过基本军事训练的公民，编入基干民兵，成为民兵中随时准备参军参战、执行应急任务的骨干力量。其余 18—35 岁未编入基干民兵组织的男性公民编入普通民兵。女性公民根据需要参加基干民兵。

军事训练

民兵"四支""三支"队伍。以中央军委新时期军事战略方针为指导，以提高"打赢"能力为目标，围绕科技练兵这一主题，突出民兵作战队伍、应急队伍、勤务保障队伍和其他队伍的"四支"队伍。

2011年，民兵组织体制进行重大改革，将基干民兵调整为应急队伍、支援队伍、储备队伍。

民兵军事训练。军事训练每年重点针对专武干部进行一次集中训练，统一由人武部或军分区组织，时间一般不少于15天。

军事课目汇报。1998年，兰州军区人武部全面建设工作会议在张掖地区召开，张掖市基干民兵在民乐县六坝训练场进行军事课目汇报，在汇报中，取得半自动步枪对抗射击第一名、冲锋枪和班用轻机枪对抗射击第二名、团体总分第一名的好成绩；人武部机关干部为会议代表进行了计算机操作演示，受到与会代表的赞扬。

民兵常备应急分队建设。2015年，根据省军区的要求，甘州区组建一支33人的民兵常备应急分队。2016年，在少年军校举行民兵常备应急分队成立大会，军分区王雁怀司令员出席会议并讲话，区委、区政府、各乡镇主要领导及专武干部、民兵常备应急分队全体人员以及参训学生共1000余人参加会议。

兵役和征兵工作 严格执行《中华人民共和国兵役法》《中华人民共和国国防法》《中国人民解放军现役士兵服役条例》，制定征兵工作责任制，实行谁把关谁负责的办法，确保新兵的身体、政治质量；采取一站式封闭式体检和政审的方法，严密组织新兵的体检和政审，对所有预征人员通过公安局户籍系统和刑警队网络系统进行比对审核，保证政审的严肃性。

大学生应征入伍政策宣讲会

2013 年，新的征兵政策出台，由原来的冬季征兵改为夏、秋季征兵，每年完成全市兵员征集任务。

双拥工作 积极组织和发动民兵预备役部队投身地方经济建设主战场，在黑河流域环境治理和“十万民兵十万林”活动中，带头参加地方重点工程和社会公益性事业建设。在预防“非典”工作期间，出动民兵开展护工、护村 20 多万人次。2009 年，甘州区碱滩镇野水地村发生 50 年不遇的洪灾，协调驻军五十五旅、通信三站、武警支队、武警消防支队和民兵共 230 人，投入抗洪抢险。2016 年，投入 15 万元用于帮扶贫困村和建档立卡贫困户，在龙渠乡举行精准扶贫种羊投放仪式。

第二章 政 法

1983 年，中共张掖县委政法委员会成立；1985 年更名“中共张掖市委政法委员会”；1991 年成立“张掖市社会治安综合治理委员会”及办公室；1996 年成立“张掖市法制宣传教育依法治市领导小组”及办公室；2002 年更名“甘州区依法治区领导小组办公室”。1997 年，“张掖市铁路护路联防领导小组”及办公室成立，隶属综治办管理。2002 年更名“甘州区委政法委员会”“甘州区社会治安综合治理委员会”“甘州区铁路护路联防领导小组”。2003 年，中共甘州区委处理法轮功问题领导小组办公室与甘州区防范和处理邪教问题办公室成立，一个机构，两块牌子；区委政法委与区综治办、区防范办合署办公。2006 年，“甘州区禁毒委员会办公室”“甘州区维护稳定领导小组办公室”成立；2009 年，甘州区见义勇为协会成立，隶属区综治办管理。2011 年，甘州区社会治安综合治理委员会及其办公室更名“甘州区社会管理综合治理委员会”；2013 年，甘州区法学会成立。2016 年，甘州区社会管理综合治理委员会更名“甘州区社会治安综合治理委员会”。

第一节 综治基层建设

1995 年，转发《张掖地区综治办关于加强全区乡村两级社会治安综合治理组织规范化建设的意见的通知》，规定乡镇综治办、公安派出所、人民法庭、法律服务所、乡镇治安室和治安联防队、村委会、调委会、治保会在农村综治工作中的职责，明确乡镇综合治理有关组织建设的目标任务，提出进一步加强农村综治工作的制度建设和组织领导的相关要求。1996 年，张掖市综治委下发《关于加强社会治安综合治理基层基础工作的意见》。2012 年，提出《加强和创新社会管理的实施意见》。至 2016 年，区、乡镇（街道）、村（社区）三级综治组织机构健全，配备乡镇（街道）综治办专职副主任 25 人、综治专职干部 96 人，建成乡镇街道综治工作中心 23 个，村、社区综治工作站 262 个，累计建成标准化基层法庭、派出所、司法所 64 个，建成区、乡镇（街道）、村

（社区）、网格（社）、楼院（十户联防）五级网格化管理体系。

第二节 严打整治

1990年以后，严打整治工作步入常态化阶段，平均每年部署一次严打整治专项斗争。1994—1996年连续三年部署开展“严打整治百日专项斗争”活动，适时组织召开公捕公判大会，营造强大舆论，震慑犯罪。1990年，开展以“反三窃、破大案、挖团伙”为主要内容的第二阶段“严打”斗争。1996年，下发《关于在全市范围内开展“百日严打”统一行动的安排意见》，在全市开展“严打”斗争。2000年以后，有针对性地组织开展防范打击盗窃犯罪、电信诈骗、“三电犯罪”、拐卖妇女儿童和非法集资等涉众型经济犯罪专项行动；整治解决城乡接合部、城中村等社会治安重点区域和非法出租屋、“黄赌毒”等突出问题，解决大批群众关心关注的突出治安问题，人民群众的满意度逐年提升。

第三节 社会治安防控体系

2003年实施人防、物防、技防体系建设。2009年印发《甘州区社会治安防控体系建设2009年至2011年工作规划》，对城乡治安防控体系建设进行全面规划部署，逐步建成城区大巡防体系。1993年成立公安局巡警大队。2016年改编为公安局巡特警大队，实现以治安巡防大队为龙头，建立由民警武警、小区保安、联防队伍、城管力量、单位内保或楼院长为主体的“五位一体”巡防机制，实行网格化布警，落实定巡区、定职责、定方式、定时段的“四定”责任制和24小时全天候不间断巡逻制度；建立社区民警、专职保安、综治维稳信息员、治安志愿者四支队伍，采取治安保险、治安防范承包责任制，推行义务巡逻、邻里守望和联户联防等做法，防范实效不断提升。2012年，启动实施视频监控工程建设，建成城区街面公共视频监控点327个、农村联网监控点147个，城乡视频监控综合覆盖率达60%以上；逐年推进党政机关、企事业单位、城乡居民小区以及公共交通、重点场所、街面门店视频监控建设，城乡单位、居民住宅小区视频监控覆盖率达90%以上；建成820人的专职联防队伍，治安防控实效不断加强。

第四节 平安建设

1997年印发《张掖市1997—2000年创建“安全文明小区”和“安全文明村镇”规划》，出台《关于进一步开展基层安全创建活动的意见》。2005年下发《开展创建“平安甘州”活动的实施意见》，提出一年打基础、二至三年见成效、四至五年上水平的目标，把平安建设作为“一把手”工程，逐年提出深化创建方案，组织城乡群众开展以无毒品、无邪教、无赌博、无暴力、无违法犯罪、无非访、无未化解矛盾纠纷、无安全隐患为主要内容的“平安家庭（楼院）”创建，在全区各行各业开展平安创建活动，累计建成平安乡镇17个、平安街道5个、平安社区17个，创安率达96%以上。2015年，甘州区被命名为“甘肃省平安县区”。实施“平安校园”创建工程，组建“校园110护校队”，保证重点时段及易发案的重点路段的见警率达100%，实施联手整治学校周边环境，形成长效机制。

第五节　维护稳定

2007年，开展“万名干部下基层集中排查调处矛盾纠纷”活动。2008年，建立健全维护稳定情报信息机制与信息收集网络，及时搜集、研判、处置各类涉稳信息。2009年，开展矛盾纠纷集中排查调处活动和区委书记、区长大接访活动，建立矛盾纠纷月排查、月调处、月清积、月报告、月督查为主的“月工作”制度，实施“民情流水线”工程，推行“3＋X”和谐调解法，建立“多元化”矛盾纠纷化解机制，完善人民调解、行业调解、专业调解组织，建成13个部门行业调解组织。2010年，制定《甘州区重大事项社会稳定风险评估办法》，社会稳定风险评估工作启动实施。2011年，制定《甘州区社会稳定风险评估实施细则》，对重大事项社会稳定风险评估范围、内容、主体和程序进行进一步细化。制定《甘州区关于处置群体性事件和规模性暴力犯罪事件工作预案》，成立联合指挥部，成立由103人组成的应急处突防爆队伍，乡镇（街道）成立以乡镇（街道）干部为主的50人组成的应急处突工作队伍并配备必要的防护器材及设备。2013年，开展积案化解百日攻坚行动、矛盾纠纷预防和化解攻坚行动，在房管、人社、卫生等部门建立行业调解组织，不断提高预防化解社会矛盾的能力。2014年，开展信访问题清积活动和重大矛盾攻坚行动，重点清理化解可能影响社会稳定、久拖不决的信访积案，各级交办督办的信访案件和群众反映强烈的热点难点问题。2015年，制定《关于进一步加强社会稳定风险评估工作的意见》《甘州区社会稳定风险评估工作考评办法（试行）》，开展社会稳定风险评估示范区创建活动，组建35人的区重大事项社会稳定风险评估专家库，相关部门组建以班子成员和专业技术人员为主的本行业评估小组。先后组织开展“稳评制度建设年”“稳评工作两个全覆盖”“稳评示范区创建”等活动，各级各部门对110多项重大事项进行社会稳定风险评估，排查化解重大社会矛盾70多件。2016年，制定《关于建立健全矛盾纠纷多元排查化解长效工作机制的意见》，坚持民间纠纷经常性排查调处，成功调处各类民间纠纷近3500多件。

第六节　禁　　毒

1995年，甘州区公安局缉毒大队成立，负责全区毒品案件的侦破工作。2008年以来，先后实施6个《禁毒工作三年规划》，制定全区《禁毒工作重点整治实施方案》。开展禁毒宣传进社区、进农村、进学校、进场所、进单位、进家庭的“六进”活动。严守生产、吸食、流通“三道防线”，确保毒品原植物“零种植”、行业场所管理“零涉毒”、非法精麻药品和易制毒化学品“零流入”。2012年，制定下发《关于分解落实管控吸毒人员社会帮教工作的安排意见》《关于加强戒毒康复人员就业扶持和救助服务工作的意见》，戒毒康复人员实现社会公益最大化。2016 年，出台《甘州区毒品违法犯罪举报奖励办法》，建立全民参与禁毒工作新机制；制定《甘州区社会面吸毒人员风险分类评估管控实施细则》，实行“高中低”“三色三类”评估机制，吸毒人员社会面管控加强。至 2016 年，全区管控吸毒人员 1367 人，其中戒断三年未复吸 530 人，强制隔离戒毒 284 人，社区戒毒 175 人，社区康复 146 人，看守所羁押 54 人，服刑 91 人，死亡 87 人。2000—2016 年，破获毒品案件 478 起，抓获犯罪嫌疑人 505 人，缴获毒品海洛因 8985.02 克、冰毒 2300.7 克，强制隔离戒毒 1400 人、社区戒毒 660 人。

第七节　依法治区

2015 年，区委全委会审议通过《中共张掖市甘州区委关于全面推进依法治区建设法治甘州的实施意见》，区委全面推进依法治区领导小组下设依法执政、执法行政、公正司法、法制宣传教育、法治队伍建设 5 个专项工作组。制定下发《中共张掖市甘州区委全面推进依法治区工作领导小组工作规则》《中共张掖市甘州区委全面推进依法治区工作领导小组办公室细则》《中共张掖市甘州区委全面推进依法治区工作领导小组专项工作组组成及工作职责》，细化明确全区各部门、各单位依法治区工作职责，完善考评考核机制，将依法治区工作纳入全区年度工作绩效考评体系，将考评结果作为推荐评先表彰的重要依据。实施“五五”“六五”“七五”普法规划，推行甘州区领导干部遵法学法守法用法制度和“谁执法谁普法”责任制，把法治教育纳入甘州区干部教育培训、党委（党组）理论学习、领导干部任前考试、领导班子和领导干部年度考核的重要内容，推进领导干部带头学法、模范守法，自觉提高运用法治思维和法治方式深化改革、推动发展、化解矛盾、维护稳定的能力。

第三章　公　　安

1991 年，张掖市公安局监管场所有看守所、治安拘留科，派出所有东街、南街、西街、北街、火车站、上秦、梁家墩、长安、新墩、大满、小满、党寨、碱滩、三闸、乌江、平原堡、沙井、甘浚等。1993 年，张掖市公安局成立巡警大队，实现农村一乡一所目标，城区新建新乐、工业园区两个派出所，共建基层派出所 32 个。2002 年更名“甘州区公安局”。2009 年，甘州区公安局成立交通治安派出所。2014 年，交警大队归口甘州区公安局管理，为公安局内设单位。2016 年，甘州区公安局有民警 568 名；内设政工监督室、警务保障室、指挥中心（办公室）、法制大队、国内安全保卫大队、刑事案件侦查大队、治安管理大队（危爆物品监管大队）、巡逻防暴警察大队、缉毒大队、经济犯罪侦查大队、出入境管理大队、网络安全保卫大队、交警大队 13 个队室，看守所、戒毒所、治安拘留所3个监所，32个派出所。

第一节 刑事侦查

立案 2013年，《最高人民法院最高人民检察院关于办理盗窃刑事案件适用法律若干问题的解释》规定：盗窃公私财物价值1000至3000元以上、3万至10万元以上、30万元至50万元以上的，应当分别认定为刑法第二百六十四条规定的“数额较大”“数额巨大”“数额特别巨大”。同年，甘肃省高院与省公安厅、省检察院联合发文调整甘肃省盗窃罪实行的具体数额认定标准，个人盗窃公私财物“数额较大”以人民币2000元为起点，个人盗窃公私财物“数额巨大”以人民币6万元为起点，个人盗窃公私财物“数额特别巨大”以40万元人民币为起点。1991—2016年，全区共立各类刑事案件25474起，其中“八类”刑事案件1224起。

侦破 1991—2000年，公安机关主要依靠民警走访摸排来侦破案件，破案手段单一，科技支撑破案的作用未充分彰显。2000年以后，先后为刑侦大队配备大批技术侦察设备，为各派出所配发一定数量的照相机、指纹仪，有效解决技术侦察相对滞后的问题。2013年，刑侦大队在已有4个办案中队基础上，增设盗窃机动车、侵财、严重暴力、诈骗4个办案中队和情报信息作战室。2015年成立网络安全保卫大队。2016年组建综合侦查大队，在各派出所建立案件侦办队，网侦、技侦同步跟进。1991—2016年，全区破获各类刑事案件14168起，其中破获现案11081起，抓获刑事案件作案成员5487人；打掉各类犯罪团伙396个，抓获团伙作案成员1592人。

第二节 治安管理

至2016年，共受理各类行政、治安案件49809起，查处38603起，案件查处率77.5%，依法处理各类违法人员34353人。

群防群治 1993年，成立巡警大队，开展农村派出所“联勤联防”，依托乡镇治保会和街道社区，通过“十户联防”“五户联防”、义务巡逻队、专职巡逻队等方式推进社会防控工作。2000年，投入警用电瓶车，组建打现处突行动队。2016年，组建50人的巡特警大队，专职开展城区街面巡逻防控工作，与辖区派出所无缝衔接，密织全区社会治安防控网。

特种行业和公共场所管理 将辖区特行和公共场所纳入各派出所重点管理单位，逐个建立管理台账，坚持一季度一检查，落实监管责任。1991—2016年，组织开展各类安全大检查189次，检查大型公共娱乐场所、特种行业、集贸市场、其他场所42530家次、内部单位9627家次、重点要害部位3335家次，查出治安隐患1820处；签发安全隐患整改通知书941份，并跟踪落实整改。开展娱乐场所“黄、赌、毒”整治工作，查处各类黄、赌、毒治安案件453起，侦破黄、赌、毒刑事案件317起，打击处理违法犯罪人员1712人。督促落实全区556家机关、团体、企事业单位、34家重点要害部位，落实防范措施，提高防范水平。

安全治安巡逻

枪爆管理　部署开展“缉枪治爆”等专项整治行动，加大网络巡查力度。定期不定期检查辖区公务用枪单位管理使用情况，扎实开展烟花爆竹专项整治行动。1991—2016年，收缴各类非制式枪支480支、子弹6474发、炸药1109公斤、导火索7737米、管制刀具1645把。

户政管理　1996年前，常住人口由各乡镇人民政府、各街道办事处管理。1996年以后，由所在乡镇街道统一移交公安机关管理。2001年，完成常住人口数据集中录入并实行微机化单机管理。2002年，完成城区常住人口信息数据调整。2006年逐步实行数据联网办公。2006—2016年，完成全区432150人二代身份证换发工作。2016年，甘州区常住人口178245户512928人，登记暂住人口23225人。

暂住、流动人口管理　1996年前，全区暂住、流动人口由所在乡镇、街道政府管理。1996年后，由公安机关各派出所和所在乡镇、街道政府共同管理。

第三节　监所管理

甘州区看守所　羁押刑事案件犯罪嫌疑人和经法院判处有期徒刑的人员。2016年建成AB门，分别由驻所武警和民警管理，全体入所人员一律实行指纹人脸识别；同时建成甘州区人民医院驻“三所”门诊部，由区医院轮流安排医护人员驻所开展医疗救治工作。

甘州区戒毒所　接收管理被决定执行拘留和强制隔离戒毒人员。凡入所人员必须经身体检查通过后，分类登记接受管理。

1999年，三个监所建立在所人员档案，实行一人一档，形成长效机制。1991—2016年，看守所共在押10045人，其中男9211人、女834人；强制隔离戒毒所共强制戒毒3145人，其中男2802人、女343人；治安拘留所共拘留人员7782人，其中治安拘留4716人、司法拘留2066人次。

第四节　消防管理

1991 年，成立全市“119”指挥中心，开通市、区两级“119”报警电话。2016 年，消防大队在滨河新区建成新的业务用房并投入使用。

1999 年，成立中国人民武装警察部队张掖地区消防支队张掖市消防大队。2003 年，变更为“中国人民武警警察部队张掖市消防支队甘州区消防大队”。2009 年，依托消防支队建立甘州区重大灾害事故应急救援分队。至 2010 年，形成专业消防、企业消防、群众义务消防相结合的消防体系。确定每年 11 月 9 日为消防宣传日。在重点易燃场所悬挂“禁止吸烟”或“禁止烟火”标志，加强对消防管理重点单位的动态化管理。在“元旦”“春节”“五一”“十一”等节日期间开展安全检查，对查出的火灾隐患，发出重大火险隐患整改通知书，令其限期整改。

第五节　国内安全保卫

维护社会稳定　成立甘州区公安局国内安全保卫大队，负责全区的社会政治稳定工作。依法查处各类邪教违法犯罪案件，指导和督促全区 33 个反恐怖要害单位、107 处要害部位做好安全防范工作，1991—2016 年，国安大队共搜集掌握影响社会政治稳定的各类情报信息 2656 条。2012—2016 年，共破获各类邪教案件 14 起，查处各类邪教治安案件 35 起，打击各类邪教人员 174 人。

化解矛盾纠纷　1991—2016 年，共排查各类矛盾纠纷 2259 起，化解 2170 起，配合有关部门妥善处置各类群体性事件 132 起。

网络舆情监控　2011 年，甘州区公安局组建网络安全保卫大队。2011—2016 年，召开 80 余次舆情分析会议，报送各类互联网舆情信息 3000 余条，报送互联网有害信息 1800 余条，发现处置本地各类突发性负面炒作舆情 362 条，落地查处 68 人。加强重大涉警维稳舆情的引导处置工作，参与全国性的突发案事件的舆情引导 4.2 万条。每年开展一次属地网站和重要信息系统安全大检查，对 52 家重点网站和 17 个重要信息系统开展远程技术检测，对存在安全隐患及安全问题的网站和信息系统发放隐患告知书，要求限期整改。认真落实本地网站备案制度，完成对全区 229 家网站的备案工作，备案率达 100%。

出入境管理　2000 年前，甘州区公安局国内安全保卫大队管理全区出入境管理工作。2000 年，甘州区公安局成立出入境管理大队。1991—2016 年，登记录入境外人员住宿信息 53059 条，办理各类证件 49011 个，查处涉外案件 56 起，新增法定不批准人员 399 人，撤销国家人员报备 741 人次。

第六节　交通管理

1981 年，在钟鼓楼十字、南街、西街、县府街等繁华路口四周，装配铁质保护栏，在主要街道和十字路口画人行道及车辆行驶分道线、马路中心线，维护交通安全。1992 年，交警队成立车管所，承办辖区内“五小车辆”注册登记、小型汽车审验、摩托车驾驶人培训考试发证等工作。2003 年 12 月，交警大队整体上划张掖市公安局交警支队管理，大队车管业务合并到交警支队车管所合署办公。2013 年底，交警大队整体移交甘州区公安局管理，车管业务由大队车管所办理。

交通秩序管理及交通设施建设　道路交通秩序采取警力上路检查机动车辆，路旁设置各类警示牌、标识牌等方式管理。2014 年，启动建设覆盖城区道路的交通隔离护栏，先后在南大街、县府街延伸段、南环路、北大街、西大街、东大街、西大街延伸段等 10 条大街，安装 16.635 公里隔离护栏。2015—2016 年，先后建起区间测速点 8 处，在城区架设高清监控点 18 个；同时，在滨河新区新建车管所，投入运行交通违章查询处理室，购置拖车 3 辆，不断改善执法办案条件。

车辆、驾驶员管理　1983 年前，机动车辆（非农用车辆）的驾驶证、行驶证、牌照及年度审验由张掖市公路交通管理所负责。1987 年，交警支队下设车辆管理所，受理新增机动车辆注册登记、转籍、入户和办理驾驶证申请，负责驾驶员及安全培训与考核、机动车及驾驶证年检。2014 年，交警大队交由甘州区公安局管理后，全区机动车辆及驾驶员管理统一由交警大队受理。

机动车辆、非机动车辆管理　1994 年开始，机动车辆牌号变更为“甘 G”，随机进入微机管理检验；各种机动车辆因转让、变更、停驶、报废时，由张掖地区公安处交警支队负责相关登记手续。1997 年，向社会推出服务承诺，建立“驾驶员协会”等服务管理组织，为机动车辆所有人和驾驶员提供便捷服务。2013 年，甘州区公安局交警大队开始办理“五小车辆”入户登记，加强对非机动车的日常管理。

驾驶人员培训　1987 年后，建立多所驾驶员培训学校，培训合格后发给驾驶证。1991 年后，建立驾驶员学习卡和考核制度，定期对驾驶员进行安全学习、技术培训、技能考核、证件审验。1997 年，对驾驶员信息实行计算机系统管理，建立电子档案。从 2013 年开始，由甘州区机动车驾驶员协会负责全区“五小车辆”驾驶员培训，由交警大队考试发证。

第四章　检　　察

1995 年成立反贪污贿赂局，同时撤销经济检察科。2002 年，张掖市人民检察院更名“张掖市甘州区人民检察院”。2006 年，渎职侵权检察科更名“反渎职侵权局”。2007 年成立法律政策研究室、驻看守所检察室、法警大队。2013 年成立案件管理办公室。

第一节　刑事检察

侦监工作　1991—2016 年，检察机关受理侦查机关提请批捕犯罪嫌疑人 5018 件 7399 人。经审查，批捕 4659 件 6809 人，不批捕 359 件 590 人。1991—2016 年，对公安机关该立不立案件依法监督立案侦查案件 101 件，监督纠正不该立而立案件 59 件，向公安机关发出纠正违法通知书 135 份。

审查逮捕情况统计表

表 5－4－1

年份	受案		检察机关侦查案件		公安机关侦查案件		逮捕		检察机关侦查案件		公安机关侦查案件		不捕		检察机关侦查案件		公安机关侦查案件	
	件	人	件	人	件	人	件	人	件	人	件	人	件	人	件	人	件	人
1991—1997	1220	1905	62	75	1158	1830	1160	1813	59	69	1101	1744	60	92	4	7	56	85
1998—2002	1080	1550	43	44	1037	1506	957	1335	43	44	914	1291	123	215	0	0	123	215
2003—2007	982	1480	14	14	968	1466	920	1373	14	14	906	1359	62	107	0	0	62	107
2008—2012	735	1103	7	7	728	1096	714	1064	7	7	707	1057	21	39	0	0	21	39
2013	241	349	0	0	241	349	233	332	0	0	233	332	8	17	0	0	8	17
2014	222	298	0	0	222	298	206	277	0	0	206	277	16	21	0	0	16	21
2015	259	364	0	0	259	364	234	321	0	0	234	321	25	43	0	0	25	43
2016	279	350	0	0	279	350	235	294	0	0	235	294	44	56	0	0	44	56
合计	5018	7399	126	140	4892	7259	4659	6809	123	134	4536	6675	359	590	4	7	355	583

公诉工作　1991—2016 年，审查起诉检察机关、公安机关侦查的案件 5896 件 8644 人，不起诉 205 件 278 人，上报上级人民检察院 376 件 610 人。

第二节　反贪污贿赂工作

1991—1997 年，反贪工作坚持以经济建设为中心，突出查办贪污、贿赂等职务犯罪，受理职务犯罪案件线索 557 件 607 人，立案侦查 153 件 156 人。1998—2002 年，把查办职务犯罪作为工作重点，集中力量突破。共受理贪污贿赂等犯罪案件线索 251 件 276 人，立案侦查 52 件 52 人。其中突出查办发生在国家机关、事业单位工作人员中有重大影响的案件和危害国有企业改革发展中的职务犯罪案件，共立案查处国有企事业单位经济犯罪案件 32 件 32 人，为国家挽回经济损失 530 余万元。2003—2007 年，深入重点行业、热点部门及与民生紧密相关的领域进行案件线索调查，突出查办损害群众切身利益的职务犯罪案件；坚持监察、审计、税务等十部门案件移送制度和联席会议制度，建立举报奖励制度，激发群众举报积极性，拓宽案件来源渠道。五年来受理贪污贿赂等职务犯罪案件线索 111 件 127 人，立案侦查 27 件 27 人，为国家挽回经济损失 210 余万元。2008—2010 年，开展治理工程领域突出问题、治理商业贿赂、查办危害能源资源和生态环境渎职犯罪专项工作。共受理贪污贿赂等职务犯罪案件线索 57 件 59 人，立案侦查 21 件 22 人，其中查处贪污受贿 10 万元以上的大案 7 件 7 人，为国家挽回经济损失 330 余万元。2011—2016 年，积极查办职务犯罪，健全预防职务犯罪工作机制，推进反腐败斗争向纵深发展。共受理贪污贿赂等职务犯罪案件线索 138 件 145 人，立案侦查 53 件 55 人，其中大要案 32 件 32 人。

第三节　法纪检察

1992 年，围绕打击偷、抗税犯罪活动，查处此类案件 4 件，其中偷税 3 件、抗税 1 件，挽回经济损失 257573. 88 元。1993—1997 年，坚持把司法人员以权谋私、徇私舞弊、贪赃枉法等犯罪案件作为重点，严肃查处。受理各类法纪案件 115 件 164 人，立案侦查 20 案 36 人，其中玩忽职守 1 案 1 人，刑讯逼供 3 案 7 人，非法侵宅 6 案 15 人，其他案件 10 案 13 人。1998—2002 年，查办渎职侵权犯罪案件。同公安、纪检、工商等相关部门建立查办渎职侵权案件联席会议制度和案件线索移送制度，受理举报线索 93 件，立案查处 9 案 9 人。2003—2007 年，加强与公安、建设、国土资源以及安全生产监督管理等部门的沟通联系，对于事故背后涉及渎职犯罪、社会反映强烈的典型案件，提前介入调查，及时把握侦查办案的时机。受理各类经济犯罪案件线索 46 案 63 人，经初查决定立案侦查 5 案 5 人。2008—2010 年，反渎职侵权局共受理渎职侵权案件线索 6 件，立案查处 2 案 4 人，移送起诉 2 案 4 人，移送法院审理 1 案 1 人，作出不起诉 1 案 3 人。2011—2016 年，深入查办损害国家利益、侵犯群众权益的渎职侵权犯罪案件，受理渎职侵权案件线索 20 件，立案 6 件 13 人。

第四节 举报控告申诉

1991—1997 年，受理举报、控申案件 607 件，其中经济线索 151 件，法纪案件线索 108 件，其他案件 348 件，审查后本院查处 88 件、转有关单位处理 100 件。1998—2002 年，受理控申举报线索 298 件，立案复查申诉案件 5 件，处理告急案件 12 件，初查举报线索 9 件，积极消化处理积压案件 10 件，接待来访群众 92 人次，处理上访案件 3 件、告急案件 3 件。2003—2007 年，受理群众举报、控告、申诉 337 件，其中转本院反贪部门 24 件、渎侦部门 15 件、民行部门 52 件、侦查监督部门 17 件、公诉部门 4 件、控申部门办理 6 件，办理刑事赔偿案件 2 件，转有关单位处理 219 件。2008—2012 年，受理群众来信 154 件，其中转本院反贪部门 62 件、反渎部门 9 件、民行部门 9 件、侦监部门 19 件、公诉部门 4 件，转有关单位处理 51 件。2013 年，受理群众来信 29 件，其中转本院反贪部门 13 件（含控申初核 1 件）、反渎部门 5 件、民行部门 2 件、侦监 1 件、控申初核 2 件，直接答复 2 件，转其他机关 6 件；接待群众来访 120 余人次。2014 年，受理群众来信 50 件，其中转本院反贪部门 30 件、反渎部门 3 件、民行部门 3 件、侦监部门 2 件、公诉部门 1 件，转其他机关 11 件；接待群众来访 100 余人次。2015 年，接收群众来信 36 件，接待群众来访 85 件 167 人，市院交办刑事申诉案件 2 件、初核 1 件，审查不立案举报线索 1 件。2016 年，受理群众来信 38 件，接待群众来访 57 件 119 人，其中，本院反贪局 17 件、侦监部门 2 件、反渎部门 4 件，转区纪委 7 件，办理国家赔偿 2 件，初核 4 件，转区公安局 2 件。

第五节 民事行政检察

1991—1996 年，检察院民事行政检察监督工作职责由控告申诉检察科兼职行使。1997 年，院内设民事行政检察科。1998—2002 年，受理民事行政案件线索 82 件，立案 21 件，提请上级院抗诉 12 件。2003—2007 年，受理民事行政案件线索 95 件，立案 17 件，提请上级院抗诉 14 件，建议法院再审 1 件，息诉 83 件。2008—2012 年，受理民事行政案件线索 109 件，立案 59 件，提请上级院抗诉 15 件，检察建议 41 件，建议法院再审 2 件，其余作息诉处理。2013 年，受理民事行政案件线索 22 件，立案 16 件，建议和提请上级院抗诉 5 件，检察建议 11 件，息诉 5 件。2014 年，受理民事行政案件线索 32 件，建议和提请上级院抗诉 7 件，检察建议 8 件，息诉 8 件。2015 年，受理民事行政案件线索 26 件，建议上级院提请抗诉 4 件，检察建议 2 件，建议法院再审 1 件，息诉 14 件。2016 年，受理民事行政案件线索 25 件，建议和提请上级院抗诉 5 件，检察建议 3 件，建议行政机关纠正行政违法行为检察建议 3 件，息诉 12 件。

第六节 检察改革

2012 年，成立案件监督管理中心。2013 年，甘州区人民检察院案件管理办公室（以下简称“案管办”）正式设立。2015 年，甘州区检察院被省院确定为司法体制改革试点院。2016 年，甘州区检察院首批 20 名员额检察官经甘肃省法官检察官遴选委员会遴选产生；将原内设的业务机构整合改革为刑事检察部（原侦查监督科、公诉科、监所检察科、未成年人刑事检察组）、职务犯罪侦防局（原反贪污贿赂局、反渎职侵权局、职务犯罪预防科）、诉讼监督部（原民事行政检察科、控告申诉检察科、举报中心、刑事赔偿办公室）、检察业务管理部（原案件管理办公室、法律政策研究室）、检务保障部（原办公室、检察技术科、司法警察大队），原纪检组、政工科职能、名称、人员不变。

第五章 审 判

1949 年 9 月 19 日张掖解放；同年 10 月，成立张掖县人民法院。1985 年更名“张掖市人民法院”。1990 年，张掖市人民法院正式设立行政审判庭，开启行政审判工作。2002 年更名“甘州区人民法院”，内设立案庭、刑庭、民一庭、民二庭、民三庭、行政庭、审监庭、执行局、执行“110”、政工科、办公室、纪检组、监察室、研究室、审管办、技术室、信访室、法警队 18 个职能庭室，派出新墩、西郊、大满、长安、党寨、梁家墩、上秦、东北郊 8 个人民法庭，共 26 个机构，自设速裁庭、档案馆、诉讼服务中心、审前调解中心 4 个机构。

第一节 刑事审判

1993 年，成立反腐败斗争审理经济犯罪案件合议庭，加强对经济犯罪案件的及时审理。1991—2010 年，刑事审判依法从重从快打击抢劫、抢夺、强奸、贩毒、重伤害、寻衅滋事、盗窃等犯罪；打击经济领域内的贪污、挪用公款、投机倒把、合同诈骗、涉企涉农涉林的犯罪案件；开展打击“两抢一盗”犯罪专项斗争，集中力量审判毒品犯罪和猖獗一时的盗掘古墓葬犯罪。2011—2016 年，刑事审判坚持打击犯罪与保障人权相并重，落实宽严相济的刑事司法政策，坚持无罪推定、疑罪从无和非法证据排除；推进量刑规范化，借助公检法联席会议，对辖区破坏环境、非法经营等重点犯罪的量刑和罚金统一裁判尺度，促进量刑公正；严厉打击寻衅滋事、交通事故、无证制种、滥伐林木、集资诈骗、贪污、贿赂等犯罪。1991—2016 年，审结各类刑事案件 8822 件。1991 年，根据最高人民法院要求，向“工、青、妇、教委”聘请特邀陪审员，组成少年犯罪合议庭，注重做感化挽救工作。2015 年以来，刑事审判案件中，推行轻刑快审、社区矫正调查评估与专案专办工作机制。

第二节　民事审判

1991—2010 年，民事审判主要审理民间借贷、婚姻家庭、赔偿纠纷、房地产、人身损害、拆迁安置、产品质量责任、拖欠农民工工资、劳动争议、养老保险等各种纠纷；审理农村土地承包、经营权流转、制种及农产品购销等涉及“三农”的各种纠纷。1991—2016 年，共审结民商事案件 117107 件。2011—2016 年，8 个基层法庭审执结各类案件 19182 件，发送《涉诉情况通报》43200 份，为促进农业发展、维护农村稳定发挥了重要作用。

巡回法庭庭审现场

第三节　行政审判

1990 年，张掖市人民法院正式设立行政审判庭，开启行政审判工作，当年共受理行政案件 2 件，审结 1 件，案件数量以后逐年增多。2015 年，推进行政首长出庭应诉制度，保护行政相对人合法权益，推进法治化政府建设。1991—2016 年，受理行政诉讼案件 473 件，审结 455 件，结案率达 96. 2%。

第四节　执行工作

1989 年，张掖市法院设立执行庭。1996 年成立法警大队，集中执行历年积案。2007 年率先在全市设立执行“110”，实行 24 小时执行应急，确保执行线索不丢失、执行机会不延误。2014—2016 年，强化公布失信被执行人名单措施，2998 个失信被执行单位和个人信息进入全国被执行人名单库。

1991—2016 年，共执结各类案件 73734 件，最后五年执结标的达 6. 7 亿元。

1991—2016 年审理、执行案件统计表

表 5－5－1　　　　单位：件

年代＼类型	刑事、行政、民商事案件	执行案件（含行政非诉）
1991—1999 年	29477	33648
2000—2010 年	52477	37437
2011—2016 年	61768	24820
合计	143722	95905

第五节　审判监督

1994 年起，实行“当事人评议卡”制度，主动接受案件当事人的监督，杜绝执法不严、司法不公情况。1997 年，率先在张掖地区基层法院成立督查室，授予一定的错案认定权和追究权，对各业务庭所办案件进行跟踪检查和督办，及时纠正案件存在的问题。从 1998 年 1 月起，在已实行立审分立、审执分立的基础上，又全面实行审监分立，按照《中华人民共和国民事诉讼法》规定的审判监督程序，审理申诉、提起再审、发回重审、指令再审的各类案件，对确有错误的裁判和执行中的违法行为依法进行纠正。2002 年，告诉申诉庭更名审判监督庭，审理再审、发回重审案件，审查申诉，在纠正错误裁判的前提下，维护生效裁判的权威性和既判力。2011 年以来，修订完善受案范围、管辖区域、流程管理、质量评查等 70 余项管理制度，汇编成册，人手一本，形成决策、审判、队伍、行政四大制度管理体系。

第六节　立案信访

1989 年，设立告诉申诉庭，负责受理信访、来访和申诉案件，机关业务庭室及基层法庭自行负责受理起诉案件。1997 年，成立立案庭，率先在全省实行立审分离，统一审查立案，按标准统一收费，有效杜绝“关系案”“人情案”。2007 年，成立专门信访管理机构，处理来信来访。2015 年，全面实行立案登记制度，对依法应当受理的案件，做到有案必立、有诉必理，有 4 名当事人受到最高法院和省法院的视频接访。

1991—2016 年，接待来访 35842 人次，收到各种交办和转办信件 700 余件，对以上来信来访均给予答复并予以解决。

第七节　法院改革

1999 年实行科级干部竞争上岗，一般干部不被选任则推向人才市场的人事制度改

革；审判机制领域实行立审分离、审执分离、审监分立。2000 年，实行审判长和独任审判员的选任。1999 年，规定审限为法定审限的三分之二；从 2000 年起规定审限为法定审限的二分之一，取得了多办案快办案的创新性实效。2003 年开始，实行法官开庭用法槌制度。2005 年，正式开展陪审工作，落实人民陪审员制度；开辟邮政专递，改革裁判文书，判决书后附“法官寄语”。2016 年，落实《甘肃省法官员额制管理及入额试点方案》《甘肃省试点法院法官入额考核考试办法》和本院《法官入额考试考核实施细则》，开展法官入额考试考核工作，经考试考核，从现有审判员、助理审判员中择优遴选员额法官 56 名，首批入额法官已经于 2016 年被省法官遴选委员会公示，员额法官占现有法官总数的 63.6%。

第六章　司　　法

1980 年，成立张掖县司法局。1985 年，更名“张掖市司法局”。2002 年，更名“甘州区司法局”。1985 年，制定实施全市第一个五年普法规划。1987 年，增加社区矫正和特殊人群管理职能。2016 年，有 18 个乡镇司法所、5 个街道司法所、12 个乡镇法律服务所、5 个街道法律服务所、3 家律师事务所。

第一节　普　　法

1986 年以来，推进法律进机关、进单位、进乡村、进社区、进学校、进企业、进宗教场所“法律七进”活动。“一五”普法期间，重点普及中华人民共和国《中华人民共和国宪法》《中华人民共和国民族区域自治法》《中华人民共和国刑法》《中华人民共和国刑事诉讼法》《中华人民共和国民法通则》《中华人民共和国民事诉讼法（试行）》《中华人民共和国婚姻法》《中华人民共和国继承法》《中华人民共和国经济合同法》《中华人民共和国兵役法》《中华人民共和国治安管理处罚条例》。“二五”普法期间，宣传《中华人民共和国企业法》《全民所有制工业企业转换经营机制条例》以及有关改革开放和经济建设的法律、法规，开展《中华人民共和国教师法》《中华人民共和国农业法》《中华人民共和国农业技术推广法》和《中华人民共和国审计法》等新颁布的专业法律、法规的学习宣传活动。“三五”普法期间，宣传《中华人民共和国刑法》《中华人民共和国治安管理处罚法》《中华人民共和国合同法》等法律法规。“四五”普法期间，主要对《中华人民共和国宪法》《中华人民共和国婚姻法》《中华人民共和国劳动法》《中华人民共和国道路交通安全法》《城市房屋拆迁管理条例》《中华人民共和国传染病防治法》《信访条例》《人民调解工作若干规定》《宗教事务条例》等法律知识进行了宣传讲解。“五五”普法期间，重点宣传《中华人民共和国宪法》《中华人民共和国公证法》《中华人民共和国人民调解法》《中华人民共和国律师法》《中华人民共和国刑法修正案（八）》《中华人民共和国土地法》等法律法规。“六五”普法突出学习宣传宪法，学习宣传中国特色社会主义法律体系和国家基本法律，开展社会主义法治理念教育，深入学习宣传促进经济发展的法律法规，学习宣传保障和改善民生的法律法规，学习宣传社会管理的法律法规，加强反腐倡廉法制宣传教育，积极推进社会主义法治文化建设。

第二节　公　　证

1980 年以前，公证业务由人民法院管理。1981 年移交司法行政部门；同年 8 月 1 日设立张掖县公证处。1985 年更名“张掖市公证处”。2002 年更名“甘州区公证处”。2007 年，全省统一规范公证处名称，更名“甘肃省张掖市忠信公证处”。1982 年起，公证处开始办理民事权利义务公证。1981—1990 年，办理各类经济合同公证 5284 件。1989 年起，开始受理涉外公证业务。1990 年，办理涉外公证业务 7 件，涉及德国、美国、日本、新西兰及中国台湾等。1991—2011 年，办理各类合同公证 30000 余件，其中经济合同公证 10000 余件、民事权利义务公证 14000 余件、涉外公证 3400 余件，主要涉及美国、加拿大、新加坡、日本、荷兰、新西兰、德国、澳大利亚、英国、中国台湾等。

第三节　法律服务

1991 年，全市建立乡镇法律服务机构 16 个，占乡（镇）总数的 70%，有工作人员 50 名。至 2016 年，全区有法律服务所 17 个，参加年检的法律工作者 37 人。1991—2016 年，全区法律服务工作者代理诉讼法律事务 31000 余件，代理非诉讼法律事务 15000 余件，参与调解矛盾纠纷 38000 余件，代写法律文书 45000 余份，解答法律咨询 70 余万人次。

人民调解　1980 年以后，人民调解工作划归司法行政机关管理和指导。至 2016 年，全区建立区级人民调解指导中心 1 个，有各级各类调解组织 299 个，其中乡镇（街道）调委会 23 个，村级调委会 244 个，社区调委会 17 个，专业性、行业性调委会 17 个，形成纵向到底、横向到边、兼顾便民利民惠民的调解网络体系。

安置帮教　严格落实出狱所人员“必接必送”制度，对刑满释放人员建档立卡，细化到各社会管理网格进行管理。2016 年底，全区建成安置帮教工作站 23 个，登记在册的刑满释放人员 1223 名，成立安置帮教小组 972 个，安置帮教成员 2916 名，刑释人员自主创业经济实体 32 家。

社区矫正　2009 年，推进社区矫正试点工作，将原由公安机关监管的被人民法院判处管制、剥夺政治权利、缓刑、假释、暂予监外执行的五类人员交由司法局监督和管理。2014 年起，被剥夺政治权利的社区服刑人员继续由公安机关监管。2010 年，成立甘州区社区矫正办公室，具体负责全区社区矫正工作，在梁家墩镇、东街街道进行试点工作。2016 年，成立甘州区社区矫正监管中心，安排专人负责每天定时实时动态监管社区服刑人员。至 2016 年，甘州区累计接收社区矫正人员 1311 名，累计解除矫正 889 名、在矫人员 422 名。

法律援助 1981 年，张掖县律师工作正式恢复，并成立法律顾问处。1988 年更名“张掖市律师事务所”。1993 年更名“方正律师事务所”。2002 年更名“甘肃方联律师事务所”。1990 年，开始推行法律顾问制度，担任政府及政府部门顾问 6 家，全面开展民事代理、刑事辩护等法律事务。1991 年，法律顾问处工作由企事业单位向政府及其职能部门延伸。2016 年底，甘州区司法局管理方联、金都、金寅 3 个律师事务所，律师 24 人。1991—2016 年，办理各类案件 7200 件，接待来访群众 48000 余人次。2001—2016 年，共接待来访及各类法律咨询 11000 余人次，接受法律援助案件 5579 件，解答法律咨询 15000 余人次，代写法律文书 8000 余份，较好地维护了全区弱势群体的合法权益。2001 年成立甘州区法律援助中心。

第 六 编

农业农村工作

第一章　种植业

1988 年 7 月，张掖市人民政府将农业和畜牧业划分，设立张掖市农业局。农业局下属农业技术推广中心、种子公司、农村经营管理站、种子管理站、农广校、园艺场、良种场、龙首良种场、能源站 9 个单位，负责全市农业生产的相关工作。2002 年，张掖市农业局更名“甘州区农业局”。2003 年，成立“甘州区农民负担监督管理办公室”。2005 年，成立“甘州区经济作物技术推广站”。区农业局下属农业技术推广中心、经济作物技术推广站、种子公司、农村经营管理站、种子管理站、园艺场、良种场、能源站、减负办等 9 个单位。2010 年 6 月设立甘州区农牧局，将区农业局、区农业机械管理局、区畜牧兽医局的行政管理职能整合划入区农牧局。2011 年，区农业局下属农业技术推广中心、经济作物技术推广站、农村经营管理局、种子管理局、园艺场、良种场、能源办、减负办等 8 个单位。

甘州区发展现代农业获得的荣誉称号

第一节　粮食作物种植

甘州区是全国主要粮食生产基地。1991 年以来，甘州区把粮食生产作为国家粮食安全的基础，落实中央各项粮食政策和惠农政策，粮食作物常年播种面积达 65.1 万亩，占耕地面积的 81.8% 以上；粮食产量由 1991 年的 5.43 亿斤发展到 2011 年的 7.6 亿斤，其中 2011 年粮食增产达 0.16 亿斤。甘州区粮食作物有小麦、玉米、水稻、青稞、豆类，种植模式主要有大田、间作、套种等。

小麦　20 世纪 90 年代，张掖市粮食生产以春（冬）小麦为主，是张掖市传统种植的农作物之一。种植方式以大田小麦种植和小麦玉米带田种植为主。品种主要有宁春、永良、陇春、张春系列。随着制种产业的兴起，小麦种植面积从 1991 年的 32.6 万亩逐年减少到 2015 年的 5.4 万亩。

玉米　20 世纪 90 年代，玉米在粮食生产中占主导地位。进入 21 世纪以来，全区以玉米制种、草畜、蔬菜、轻工原料为主的四大主导产业形成，小麦及其他粮食生产面积减少，大田玉米和制种玉米面积迅速扩张，成为粮食主导产业。多年来制种面积都在

50 万亩左右，年产玉米种子 2.25 亿公斤，种子产量占到全国玉米种子产量的 25%，成为全国最大的县域玉米制种基地。

水稻　水稻种植是甘州区传统粮食作物之一。20 世纪 90 年代引进水稻旱育稀植栽培技术，乌江乡为主产区，靖安乡、新墩乡均有种植面积。乌江乡被甘肃省列为水稻生产基地，栽培面积 3 万亩左右。1995 年，张掖乌江贡米被中华人民共和国国内贸易部认证为“中华老字号”产品。2000 年后，张掖市被确定为全国建设节水型社会试点地区，水稻面积压缩。至 2006 年，甘州区仅乌江镇种植水稻，面积不足 6000 亩。2007 年，乌江水稻种植面积恢复至 1.2 万亩。2010 年后面积逐渐萎缩至不足百亩。2016 年，乌江镇恢复性栽培水稻 1000 亩，种植品种主要有宁夏引进的“花 87”“珍玉 1 号”。

马铃薯　甘州区沿山地区气候冷凉，病虫危害轻，种植马铃薯产量高、品质好，节水、节肥，比较效益可观，已成为当地农业增效、农民增收的新亮点。马铃薯种植面积每年稳定在 5 万亩，实现马铃薯脱毒种薯全覆盖，机械化种收面积达 4.5 万亩，鲜薯总产量 14 万吨，总产值 2.5 亿元。

啤酒大麦　甘州区具备种植啤酒大麦良好的气候条件，所产啤酒大麦皮薄色浅、发芽率高、发芽势强、浸出率高、籽粒均匀、千粒重高、蛋白质含量适中，达到国家优级啤麦标准。种植的啤酒大麦发芽率达 99% 以上，蛋白质含量 10% 以下，浸出率 90% 以上，可与澳麦相媲美，以其独特的品质而闻名全国。

小杂粮　小杂粮种植是甘州区传统种植作物，种类主要有荞麦、谷子、糜子、高粱、豆类等，种植面积不大，品质良好。

甘州区 1991—2016 年小麦、玉米面积产量统计表

表 6－1－1　　　　单位：年、亩、公斤

年　份	总耕地面积	其中		单产（公斤/亩）		总产（公斤）	
		小麦	玉米	小麦	玉米	小麦	玉米
1991	686300	326050.1	180027.2	444	634	144766244.4	114137244.8
1992	686200	318179	182187	458	663	145725982	120789981
1993	686200	309724.74	174146.1	468	697	144951178.3	121379831.7
1994	686200	299792.6	176047.6	436	740	130709573.6	130275224
1995	686200	300600	178200	461	783	138576600	139530600
1996	686200	300486.9	186949.5	477	771	143332251.3	144138064.5
1997	686200	305195	185344	489	812	149240355	150499328
1998	686200	303017	187816	496	841	150296432	157953256
1999	686200	279911.4	165963.6	509	927	142474902.6	153848257.2
2000	686200	240398.2	126575	508	783	122122285.6	99108225
2001	686200	215752.1	193083.8	521	620	112406844.1	119711956

续表6－1－1

年份	总耕地面积	其中		单产（公斤/亩）		总产（公斤）	
		小麦	玉米	小麦	玉米	小麦	玉米
2002	686200	167933.5	288331.9	524.3	532.39	88047534.05	153505020.2
2003	686200	130904	314126	527.4	550.8	69038769.6	173020600.8
2004	686200	140700	322500	528.95	560.19	74423265	180661275
2005	686200	136900	388400	529.65	543.08	72509000	210932735
2006	686200	92700	401600	551.53	543.08	51126831	218100928
2007	686200	108721	392443.1	559	547	60775039	214666375.7
2008	713800	105864	409120	559	553	59177976	226243360
2009	734742.6	104300	431900	564	557	58825200	240568300
2010	764114.4	99800	481500	570	555.9	56886000	267665850
2011	803546.2	95325	554364	571.3	551.2	54459173	305454564
2012	863423	92900	587300	573.5	547	53278150	321253100
2013	863423	73400	635500	575.8	538.8	42266000	342400000
2014	1368708	85500	591300	570.6	576.9	50496000	341139000
2015	1390366	54000	651700	535.9	574	28939000	374105000
2016	953535	34200	706900	535.6	580	18317000	410035000

第二节　经济作物种植

新墩、梁家墩、上秦、长安、党寨等城郊乡镇是甘州区经济作物主产区，主要以各类蔬菜作物为主。全区最高年份各类蔬菜种植面积35.8万亩。蔬菜种植总面积中有露地蔬菜28.5万亩，设施蔬菜7.3万亩，其中温室面积3.68万亩、拱棚面积3.66万亩；平均亩产量3621公斤，全年蔬菜总产量129.8万吨；平均亩收入4040元，实现产值14.48亿元。2001年，甘州区被农业部确定为全国100个无公害农产品生产示范县（市、区）。依托绿涵、嘉信、嘉禾、发年、泽源、上源等蔬菜加工贮运企业和专业合作社，在广州、拉萨、乌鲁木齐等城市设立蔬菜外销窗口42个；在霍尔果斯口岸成立果蔬外贸公司，与哈萨克斯坦、土库曼斯坦等国家签订购销合同；蔬菜远销国内外40多个大中城市，年储藏运销能力达30万吨以上。

1991年，坚持“决不放松粮食生产，积极发展多种经营”的方针，调整优化种植业结构，形成以长安洪信的辣椒，梁家墩清凉寺的黄瓜、葫芦，上秦金家湾的萝卜，新墩青松的韭菜和廿里堡的大白菜、西红柿及党寨的洋葱为主的夏秋菜生产基地，全市经济作物面积72934.6亩，总产量314.59万公斤。所产蔬菜基本是自产自销，南关批发市场是主要的销售市场。1992—1997年，以“粮钱并重、科技兴农”为突破口，发展“两高一优”立体农业、推广带田种植和地膜、棚膜栽培新技术，加快“吨粮田、双千田”建设及中低产田改造，粮套菜、菜套菜等多种形式的间作套种技术，扩大经济作物复种面积。经济作物按照小区布局，产业快速发展壮大，全市瓜菜面积从1992年的49630.4亩发展到1997年的76110亩，总产达300.35万公斤。品种以早春茬地棚甘蓝、大白菜为主，露地以粮套菜的西红柿、茄子、辣椒、西瓜为主；党寨乡的甜椒生产在党寨脱水蔬菜厂的带动下，大规模连片种植，每年仅党寨乡种植甜椒达5000多亩。上秦金家湾、长安洪信村、梁家墩清凉寺村引进一代温室建造技术，推广反季节果菜类生产，取得成功。轻工原料以甜菜和加工番茄为主，种植面积逐年扩大。

1992年，甜菜生产达49481.8亩，总产达161.74万公斤，以碱滩、三闸、大满、小满、龙渠等乡镇种植为主；加工番茄面积4000亩，总产16.8万吨。1996—1998年，番茄酱厂改制停产，番茄种植面积锐减。

1998—2004年，加快农业产业化经营和农业高新技术产业示范园区建设，经济作物种植面积大幅度提高。从1998年开始，二代日光温室连片建设、规模发展成为调整农业产业结构、增加农民收入的重大举措，市政府每年给城郊乡镇下达日光温室建设任务，并给予相应的优惠政策。2000年，全市新建二代日光温室4913亩，并建成石岗墩高新农业示范区。经济作物生产不断向高档、精细、反季节、产业化方向发展，除温室果菜外，稀特菜生菜、苦苣、京水菜、红樱桃番茄等在温室和露地开始少面积推广种植，丝瓜、苦瓜、香芹、日本小青瓜在温室试种成功。依托脱水菜厂，党寨镇、大满镇等乡镇的甜椒生产形成“基地+农户+企业”的生产经营格局。

2005年，甘州区形成以脱水菜、精细菜、日光温室蔬菜、高原夏菜为主的规模连片蔬菜生产基地，万亩蔬菜乡发展到12个。全区加工保鲜、储藏、运销企业7家，实现产值1.6亿元，其中出口创汇500多万元，年运销量达3亿多公斤，形成34个批发零售交易市场，创出5个蔬菜名牌产品。2008年全区瓜菜面积发展到93376亩，产量达438.17万公斤。

2010年8月，甘州区被农业部认定为全国首批甘肃唯一的国家现代农业示范区，建成一批规模化的优质蔬菜生产基地，形成日光温室、塑料大棚、小拱棚、地膜覆盖和露地生产“五种模式并举”，反季节蔬菜、高原夏菜、轻工原料蔬菜“三大优势蔬菜齐抓”的特色产业开发新格局。2011年，全区种植各类蔬菜21.7万亩，其中正茬蔬菜16.17万亩、复种蔬菜5.53万亩；设施蔬菜5.52万亩，加工番茄1.89万亩；甜菜种植面积下降到3800亩，总产仅180.5万公斤，形成稳定的设施蔬菜、保鲜贮运蔬菜、脱水蔬菜、加工番茄生产基地。引进名、优、特、稀品种，蔬菜种植种类增加到八大类28种120多个品种。在明永乡沿河村、靖安乡靖安村、大满镇马均村、甘浚镇巴吉村、沙井镇下利沟等荒漠戈壁滩建设高标准日光温室174座480亩。设施农业向非耕地拓展。构建设备配套、功能齐全、管理规范、城乡一体、内外畅达的市场流通体系，区内有张掖市南关蔬菜批发市场和新墩镇金丰源韭菜批发市场两个大型蔬菜专业批发市场，成立上源、丰禾绿业、三清农友、宏鑫等蔬菜专业合作社60多个，甘绿、四通、屯河、嘉禾、陇兴等蔬菜加工运销龙头企业30多家，蔬菜基地形成“合作社+基地+农户”“公司+基地+农户”的“订单蔬菜、合同种植”生产经营模式，蔬菜经纪人、运销大户400多人，年蔬菜交易量达6亿公斤以上，与全国100多家批发、零售市场建立通联关系，甘州区成为西北地区重要的蔬菜集散中心。

2011年，甘州区被农业部确定为首批露地蔬菜标准园创建示范县之一。在党寨镇汪家堡村建成千亩农业科技示范园，在长安乡上头闸村建成千亩高原夏菜标准化生产示范园，在梁家墩五号村、小满镇五星村、长安乡前进村、长安乡万家墩村等地建成百座日光温室蔬菜标准化生产示范小区。投资300万元建成甘州农产品质量监督检测中心，黄瓜、辣椒、西红柿等23个品种先后取得农业部无公害蔬菜产品认证，10个蔬菜品种获得绿色食品认证，3个注册蔬菜品牌被评为甘肃省名牌蔬菜产品，使蔬菜产品逐步走上品牌化营销之路。全区蔬菜总产量达86.5万吨，平均亩产量达3986公斤。二代高效日光温室平均年亩产值达18000元以上，钢架大棚蔬菜年亩产值达8000元以上，露地蔬菜平均产值达2800元以上，各类蔬菜平均亩产值达4050元；全区蔬菜总产值达8.7亿元，占农业总产值的30%以上；蔬菜亩纯收入2398元，总纯收入达5.2亿元；全区农民人均1530元，占农民人均纯收入的22.2%，蔬菜产业成为促进农民增收的主导产业。甘州区成为全国五大商品蔬菜生产基地之一，全国首批无公害蔬菜生产示范基地，甘肃省最大的外销蔬菜生产基地，中国西部著名的蔬菜之乡。

2012年，全区建成设施农业面积达7141亩，建成连片50座以上占地100亩的日光温室连片点7个，韭菜温室连片示范点1个。建成连片100座以上占地100亩的钢架大棚连片点3个，全区优质高原夏菜种植面积达20.1万亩。园艺场投资建成张掖市绿港农业科技示范园，建成2000平方米智能化联栋育苗玻璃温室及12座高标准蔬菜新品种展示日光温室。投资建设张掖绿洲国家现代农业示范区现代农业研发中心，占地54亩。全区龙头企业、合作社认定的无公害蔬菜基地面积有20.5万亩。全区高原夏菜、脱水加工蔬菜、反季节蔬菜等特色农产品标准化生产覆盖率达90%以上。

高原夏菜

2014年，全区各类蔬菜种植面积达35.12万亩，新建食用菌温室大棚508座，全年生产食用菌2368吨。新建食用菌工厂化生产基地5个，基地规模达850亩，食用菌年生产能力已达17200吨。种植高原夏菜20.9万亩，其中保鲜贮运蔬菜16.7万亩、脱水蔬菜3.9万亩、加工番茄0.3万亩。

甜菜生产 以碱滩、三闸、大满、小满、龙渠等乡镇种植为主，1992年达49481.8亩，总产达161.74万公斤。2001年，张掖糖厂破产，甜菜种植面积锐减。2002年，张掖云鹏生物农业有限公司上马，甜菜种植面积逐年扩张。之后，玉米制种效益上升，甜菜种植面积萎缩。至2016年，甜菜面积下滑到5823亩，总产30.34万公斤。

加工番茄 1996年，番茄种植面积4000亩，总产16.8万吨。1998年，番茄酱厂改制停产，番茄种植面积缩减。2003年，张掖市红星番茄酱厂改制成中粮屯河张掖番茄制品有限公司，番茄生产呈规模发展趋势。2004年面积发展到23000亩，总产达124.55万公斤，产区主要是碱滩、大满、明永等乡镇。

瓜菜花卉制种 1996—2016年，引进中农、东方、丰乐等大型种子公司来本地发展制种产业，每年落实瓜菜制种近3万亩，瓜菜制种生产主要在沙井、小河、乌江、大满等乡镇，制种蔬菜种类以辣椒、番茄、茄子、葫芦、萝卜以及香菜等叶菜类为主，花卉制种以三色堇为主。

中药材生产 2013年，甘州区开始大规模推广中药材生产。2015年，全区种植各类中药材31118亩，种类有黄芪、板蓝根、甘草、菊苣、枸杞、甜叶菊、紫花草、金银花、孜然、防风、党参、肉苁蓉等。种植区域在花寨乡、安阳乡、碱滩镇、党寨镇、上秦镇、西洞农场、红沙窝林场等地。建立安阳乡五一村、苗家堡村、毛家寺村和花寨乡花寨村中药材标准化生产千亩示范村4个。至2016年，全区中药材产量达1.07万吨，产值1.4亿元。

食用菌生产 2014年以前，甘州区农户零星种植食用菌270亩，以平菇为主。至2015年，全区生产食用菌22590吨，总产值达1.6亿元，其中杏鲍菇10500吨、海鲜菇5250吨、双孢菇1360吨、香菇1620吨、平菇等3860吨。建成食用菌工厂化生产基地6个，分别是上海善之荣食用菌生产公司、党寨中卫村禾益食用菌生产公司、张掖市紫家寨现代农业科技有限责任公司、张掖金泰现代农业科技有限公司、张掖市润庆食用菌农业科技有限公司、甘州区兴海农民食用菌专业合作社。2016年，全区食用菌生产面积已达1248亩，建立食用菌生产示范点4个。

第三节　制种产业

甘州区内降水量少、蒸发量大、气候干燥，所产玉米种子色泽鲜艳、籽粒饱满、发芽率高、水分含量低、商品性好、耐贮藏，被种业界称之为“天然玉米种子生产王国”。甘州区生产的玉米种子占全国杂交玉米种子总产量的25%，占全国大田玉米用种量的30%。玉米制种成为全区产业化程度最高、联系农户最广、农民收入比重最大、农业效益最为显著的支柱产业。2011年，“张掖玉米种子”地理标志证明商标获准注册，成为全国唯一的种子地理标志证明商标。2013年，甘州区被农业部认定为国家级杂交玉米种子生产基地。

产业发展 甘州区种子产业起步于20世纪70年代，开始只是小面积制种，品种主要是张掖地区农科所研制的“张单488”。80年代初引进南斯拉夫的“SC704”和中国农科院选育的“中单2号”。1976—2016年，玉米制种基地由1个村的1个合作社发展到2016年的15个乡镇189个村，制种面积由几十亩发展到60万亩，生产的玉米组合由1个增加到456个，参与玉米制种的农户由几十户发展到7.8万多户，从事玉米制种的企业由1家发展到44家；玉米制种的产值由几万元达到15亿元，生产的玉米种子由几万斤达到2.5亿公斤。经过40年的发展历程，玉米制种由一项单纯的技术攻关发展成为一个主导产业，成为农民增收和地方经济发展的支柱产业。

产业效益 节水效益。玉米制种一般全生育期灌水5—6次，与传统的小麦玉米带田生产相比，每亩少灌水2—3次，全区仅60万亩玉米制种生产可节约用水1.2亿—2.025亿立方米。且玉米制种田灌头水的时间较大田玉米推迟1—2周，有效缓解农作物苗期灌水集中的矛盾。

社会效益。玉米种子产业规模化、专业化和现代化水平的提高，带动当地包装业、运输业、机械加工业、商业、建筑业等行业的发展，全区种子企业年消耗包装材料120万公斤，年支付运输费用3100多万元；大批国内外客商因洽谈种子购销事宜，带动当地旅游业、餐饮服务业的发展。全区种子企业职工达2500多人，其中，大中专院校毕业生就业人数达1000人以上，吸纳城镇下岗职工500人以上，聘用农村青年500多人；每年抽雄、收获期临时聘用技术人员3000人以上，使部分农村闲散劳动力得以利用。全区5万多农户近15万人参与种子产业，在劳动力就业中种子产业作用巨大。

经济效益。至2016年，全区各类农作物繁制种面积达68.8万亩，其中，玉米制种60万亩，其他农作制繁种8.8万亩。全区杂交玉米种子总产量平均达2.67亿公斤，可满足国家近1.5亿大田玉米生产用种，玉米制种产值超过15亿元。

制种企业 至2016年，全区种子生产经营企业79家，其中从事玉米杂交种生产的企业44家，非主要农作物生产经营企业35家；建成现代化农作物种子加工中心20个、成套种子加工线16条、籽粒烘干线28条、果穗烘干线21条，总投资超过10亿元，年加工能力达4亿千克以上。在种子企业中，AAA+级企业7家，AAA级企业23家，AA级企业6家，A级企业1家，其他7家。

种子管理 甘州区以基地监管工作为重点，成立由农业、工商、公安、检察院和法院等部门为成员的联合执法组，在全区范围内开展“行政问责专项监察行动”和“严厉打击涉种违法行为专项行动”，提出责任追究“五查”（即：一查监管部门的监管责任是否落实，二查是否有干部参与违法行为，三查已经交办的案件是否得到有效处理，四查案件处理的责任，五查涉种违法行为）和种业监管“五项措施”（即：一是坚决实行严刑峻法，二是综合运用法律手段、经济手段、行政手段，三是重点案件专案专办、限期办结，四是鼓励全社会举报涉种违法行为，五是抓好行政监察和查处违法企业和个人两条线），明确基地监管责任，集中解决基地监管中“谁来管”“管什么”和“怎么管”的问题。

第四节　结构调整

种植业结构调整　2000年，全区粮、经、草比例62.1∶34.9∶9.3。2005年，全区粮、经、草比例调整到22.0∶66.6∶16.4，优化品种结构，一批优质高产作物得到推广种植。从产业规划和布局入手，突出地方特色，选准主导产业，初步形成具有区域特色的农业生产格局。2011年，全区落实各类农作物制种面积56.91万亩、马铃薯5.03万亩、水稻1.57万亩、小麦10万亩、瓜菜13.55万亩，其中加工番茄2.01万亩、油料0.73万亩、牧草0.44万亩、其他作物6.77万亩。农业内部农林牧（渔）及服务业结构由上年的66.5∶1.7∶21.5∶10.3调整为68.6∶1.1∶21∶9.3，粮经种植结构由上年的76.12∶23.8调整为78.3∶21.7。2016年，全区落实制种玉米64.35万亩、油料1.17万亩、蔬菜35.8万亩，种植各类中药材31118亩，食用菌生产面积1248亩。农业内部农林牧（渔）及服务业结构由2011年的66.5∶1.7∶21.5∶10.3调整为36.3∶0.4∶14.5∶0.1，粮经种植结构由2011年的76.12∶23.8调整为78.3∶21.6。全区订单农业面积保持83万亩，机播机收率达80.1%以上，良种覆盖率达95%以上。

种植产业结构调整　1991年，张掖市大力调整农业产业结构，稳定粮食生产，扩大经济作物面积，发展粮经套种、小麦玉米带田种植，扩大“双千田”“吨粮田”面积。1995年，农业经济坚持压粮扩经、弃劣扩优，突出发展粮、菜、林、畜产品，大力发展乡镇企业。到2000年，粮经比例由1991年的92∶8调整为62∶38、农林牧产值比重由1991年的70.4∶2.2∶27.4调整为76.4∶2.6∶21。农村二、三产业比重有较大幅度的增长，二、三产业收入占农村经济总收入的比重由1991年的33.67%提高到52.32%。

第五节　田间管理

新品种新技术推广　1991—2016年，引进各类新品种1517个，其中，引进粮食作物新品种850个，筛选出适宜甘州区种植的高产优质新品种49个；引进各类蔬菜、瓜果新品种556个，筛选出188个。至2016年，全区蔬菜、瓜果生产种类达28种220多个品种，温室蔬菜、拱棚蔬菜、露地蔬菜一年四季连续生产周年上市。

1991—2016年，引进示范推广设施蔬菜生产配套新技术及蔬菜标准化生产配套技术30多种。示范推广集约化穴盘育苗、嫁接育苗、二代改进型日光温室和新型装配式全钢架拱棚建造技术、黄板篮板诱杀和防虫网覆盖防虫技术、滴灌节水灌溉等15项先进栽培配套技术，对蔬菜产业发展壮大提质增效作用显著。

1991—2000年，引进示范推广二代琴弦式日光温室，示范推广反季节蔬菜生产新品种新技术，实现蔬菜的春提早、秋延后，韭菜实现周年生产上市。

随着脱水蔬菜、加工番茄产业的发展，引进示范推广适宜脱水、加工的蔬菜品种，有甜椒、四季豆、黄皮、西兰花、胡萝卜、西芹、马铃薯，屯河8号、9号加工型番茄等，使全区蔬菜品种得到丰富。

1998 年，引进以色列塑料连体大棚及新的栽培技术，引进西红柿硬果型无限生长类型新品种。

2010 年，引进食用菌品种有杏鲍菇、海鲜菇、平菇、香菇、银耳、猴头菇、姬菇等。通过食用菌工厂化生产技术的推广应用，生产基地规模达 963 亩。

2001—2016 年，推广应用高标准日光温室建造技术、新型钢架拱棚建造技术及配套生产技术，精细蔬菜实现四季生产上市，设施蔬菜反季节生产规模达 8 万多亩。

至 2016 年，高标准日光温室及配套技术应用面积 3.7 万亩，连片发展 50—300 亩以上的日光温室示范基地 48 个，300 亩以上的示范基地 5 个；新型钢架拱棚推广应用面积 3.6 万亩，其中钢屋架大棚连片 50—300 亩的基地 75 个，300—1000 亩的基地 5 个。建成省级以上蔬菜标准园和蔬菜标准化生产示范小区 40 个，工厂化育苗示范基地 12 家，年集约化育苗 3.5 亿株；全面推广应用蔬菜标准化生产技术，覆盖面积 30 多万亩。

农业技术的推广应用。全区粮食单产、总产连续 13 年增产，创历史最好水平。全区每年选配 100 名农技人员，直接包乡镇、村社。其中 18 个乡镇、100 多个村实施新型农民培训工程；全区 100 个行政村选择 1000 个核心示范户实施农业科技入户工程，辐射带动 4 万农户。2009 年，核心示范户小麦平均产量达 8355 公斤/公顷，较全区小麦平均产量增加 1470 公斤/公顷；推广先进技术 12 项、优良品种 6 个，受益群众达 12.6 万人次。

病虫害防治 甘州区病虫害种类主要有小麦蚜虫、麦蜘蛛、玉米红蜘蛛、玉米螟、玉米蚜虫、玉米锈病、玉米瘤黑粉病、苹果蠹蛾等。

病虫害情况。2007 年，农作物主要病虫草鼠害发生面积 338.9 万亩（次），防治面积 265 万亩（次）。2008 年，全区农作物主要病虫草鼠害发生面积 523.51 万亩（次），防治面积 428.84 万亩（次）。2009 年，全区农作物主要病虫草鼠害发生面积 471.5 万亩（次），防治面积 497.22 万亩（次）。2010 年，全区农作物主要病虫草鼠害发生面积 384.87 万亩（次），防治面积 503.31 万亩（次）。2011 年，全区农作物主要病虫草鼠害发生面积 307.29 万亩（次），防治面积 390.41 万亩（次）。2012 年，农作物主要病虫草鼠害发生面积 292.88 万亩（次），防治面积 363.57 万亩（次）。2013 年，全区农作物主要病虫草鼠害发生面积 288.02 万亩（次），防治面积 434.22 万亩（次）。2014 年，全区农作物主要病虫草鼠害发生面积 341.6 万亩（次），防治面积 439.1 万亩（次）。2015 年，全区农作物主要病虫草鼠害发生面积 342.3 万亩（次），防治面积 470.8 万亩（次）。2016 年，全区农作物主要病虫草鼠害发生面积 300 万亩（次），防治面积 400.75 万亩（次）。

植物检疫。2007 年，亲本复检 19 家制种公司，抽取亲本样品 156 份；产地检疫 12 家公司，检疫玉米面积 26 万亩，办理产地检疫证明编号 186 个；检疫玉米、蔬菜等种子 1410 批（次）10 万吨。苹果、苹果梨等鲜活农产品 15 批（次）450 吨。2008 年，亲本复检 26 家制种公司，抽取亲本样品 142 份；产地检疫 12 家公司，检疫玉米面积 26 万亩，办理产地检疫证明编号 186 个；检疫玉米、蔬菜等种子 1392 批（次）10 万吨，苹果、苹果梨等鲜活农产品45批（次）1650吨。2009年，亲本复检25家制种公司，抽取亲本样品160份；产地检疫16家公司，检疫玉米面积25万亩，办理产地检疫证明编号192个；检疫玉米、蔬菜等种子6000批（次）11.12万吨，苹果、苹果梨等鲜活农产品4100批（次）1.52万吨。2010年，亲本复检30家制种公司，抽取亲本样品310份；产地检疫23家公司，检疫玉米面积25万亩，办理产地检疫证明编号458个；检疫玉米、蔬菜等种子6100批（次）11.32万吨，苹果、苹果梨等鲜活农产品4100批（次）1.52万吨。2011年，亲本复检43家制种公司，抽取亲本样品360份；产地检疫32家公司，检疫玉米面积30万亩，办理产地检疫证明编号344个；检疫玉米、蔬菜等种子2000批（次）12万吨，苹果、苹果梨等鲜活农产品4000批（次）1.6万吨。2012年，亲本复检43家制种公司，抽取亲本样品380份；产地检疫35家公司，检疫玉米面积33万亩，办理产地检疫证明编号489个；调运检疫玉米种子、蔬菜、果品等3575批（次）。2013年，亲本复检43家制种公司，抽取亲本样品320份；产地检疫38家公司，检疫玉米面积35万亩，办理产地检疫证明编号420个；调运检疫玉米种子、蔬菜、果品等2550批（次）。2014年，亲本复检55家制种公司，抽取亲本样品670份；产地检疫39家公司，检疫玉米面积30万亩，办理产地检疫证明编号610个；调运检疫玉米种子、蔬菜、果品等2100批（次）。2015年，亲本复检62家制种公司，抽取亲本样品660份；产地检疫45家公司，检疫玉米面积30万亩，办理产地检疫证明编号610个；调运检疫玉米种子、蔬菜、果品等2700批（次）。2016年，亲本复检70家制种公司，抽取亲本样品1420份；产地检疫45家公司，检疫玉米面积40万亩，办理产地检疫证明编号1050个；调运检疫玉米种子、蔬菜、果品等3550批（次）。

测土配方 2005年启动实施，累计完成测土配方施肥面积910.5万亩，其中完成小麦测土配方施肥面积110.35万亩、玉米测土配方施肥面积685.76万亩、蔬菜及其他测土配方施肥面积114.39万亩，完成配方专用肥施用面积383.65万亩。采集土样7859个，完成土样测试12.7万项（次）；采集分析植株样300个，1380项（次）；完成3414试验及配方肥校正试验200个；培训农民55.6万人次，为9.4万农户免费提供测土配方施肥技术服务，发放配方施肥建议卡26万余份。

经济、社会效益。项目区小麦平均亩增产25.96千克，增产率4.39%，亩均增产节支45.19元；玉米平均亩增产33.67千克，增产率4.72%，亩均增产节支77.11元；马铃薯平均亩增产82.95千克，增产率4.3%，亩均增产节支60元；啤酒大麦平均亩增产23.98千克，增产率4.34%，总增产195.44万千克；胡麻平均亩增产8.47千克，增产率3.8%，亩均增产节支44.54元；蔬菜及其他平均亩增产86.15千克，增产率2.74%，亩均增产节支75.63元。项目总增产节支63712.55万元。

第六节 农　　场

园艺场 位于张掖绿洲现代农业示范区的核心区域，有耕地1200亩、果园300亩。主要从事良种繁育、苗木、花卉、蔬菜、果品生产经营以及农业新技术、新品种的引进、试验、示范及推广应用。20世纪90年代中期，主要任务是平整土地、开荒造林。栽植苹果树510亩，苹果梨及早酥梨树650亩，防风林带240亩。1985—1995年，推行全场干部职工分组承包，实行“定产、定值、工资浮动、风险与效益挂钩”，果品产量和质量大幅度提高，果品总产量达120万公斤。1995年，园艺场开始大规模建设千吨果窖、无土栽培日光温室等设施。1997—2011年，园艺场实行体制改革，推行全员承包经营，先后推行四轮承包，职工人均纯收入由1997年的不足3000元提高到2011年的1.68万元。2011年，园艺场投资1000多万元，建成标准化农田1500亩，修建支渠2.5公里、U型渠道11条约11公里，建设主干道路工程4公里及田间道路2.5公里，建成高标准、智能化连栋温室2000平方米、现代化日光温室6座。引进青岛瑞克斯旺（中国）有限责任公司，建成科技示范园320亩，主要从事工厂化育苗，新技术，新品种引进，农民培训、设施农业栽培等农业新技术的试验示范。引进张掖市农科院建成生态高值农业试验示范园150亩。建成张掖市现代农业科技试验示范园35亩，引进各类农作物品种198个。引进北京德农种业有限公司、北京联创种业公司，建立玉米杂交品种展示园45亩，主要从事玉米品种展示和品种选育。引进甘州区农技推广中心，建成高标准膜下滴灌节水示范田300亩。

良种繁殖场 地处甘州区龙渠乡保安村和甘州区小满镇甘城村之间，始建于1963年，全场有土地面积1000亩、耕地830亩，高标准农田灌溉渠道5.3公里，田间道4公里，种子晒场4000平方米，职工家属院18套。生产经营以农作物良种繁殖、试验、示范、推广为主体，年生产各类农作物良种33万公斤，全部销往全国各地，2015年产值达160万元。1991—2015年，累计向社会提供小麦、豆类、油料良种350万公斤，杂交玉米良种500万公斤。2013年，向水利部门争取到全区第一个河水滴灌工程项目资金90万元，自筹资金17万元，当年建设完成14公里管道铺设及检查井、控制室等设施，全场830亩耕地全部实现滴灌。2016年，耕地整体流转，当年种植高原夏菜830亩，建成标准化、规模化的蔬菜基地。

第二章　畜牧业

20世纪90年代，张掖市畜牧养殖业呈“小群体、大规模”发展模式，以农户散养、庭院发展为主，畜牧业经济贡献率较低。进入21世纪，随着国家产业政策的倾斜，甘州区畜牧养殖业驶入规模化进程，建成以西六养殖小区、木笼坝养殖为代表的养殖小区。“十五”期间，防疫员工资及防疫经费纳入区财政预算，形成区、乡、村三级畜牧兽医服务体系，全面推行“零费用免疫”，防疫密度大幅度上升。“十一五”期间，甘州区畜牧业以畜禽养殖小区建设为重点，推进畜禽养殖业规模化发展，形成“一乡（多乡）一业，一村（多村）一品”畜牧业发展格局。“十二五”期间，全区畜牧业进入由传统畜牧业逐步向现代畜牧业转变的发展阶段，畜禽养殖总量大幅提升，区域布局与产业结构不断优化调整，形成以生猪、奶肉牛、肉羊、禽类四大主导产业为支撑的畜牧养殖业生产格局。至2016年，初步形成以前进牧业为重点的3万头奶牛繁育、养殖、奶制品加工全产业链，以沅博农牧、盛丰肉业和牧沅清真为重点的30万头（只）肉牛肉羊养殖、屠宰加工全产业链，以中天肉业为重点的10万头生猪繁育、养殖、屠宰加工全产业链。

第一节　机　　构

畜牧兽医局　1988年撤销张掖市农牧局，分设“张掖市农业局”和“张掖市畜牧局”。畜牧局下设单位有畜牧兽医工作站、动物检疫站、渔业工作站（水产工作站）、畜牧开发办公室4个单位；2002年，张掖市畜牧局更名“甘州区畜牧局”；2008年成立“甘州区畜牧兽医局”，撤销区畜牧兽医工作站、动物检疫站、畜牧开发办公室，组建甘州区动物卫生监督所（加挂“甘州区兽药饲料监督所”和“甘州区畜产品安全检测中心”的牌子）、甘州区动物疫病预防控制中心、甘州区畜牧管理站、甘州区草原工作站（加挂甘州区草原监理站牌子）和甘州区渔业三站（甘州区渔政管理站、甘州区水产技术推广站、甘州区水生动物防疫检疫站）。区畜牧兽医局按乡镇设立22个乡镇畜牧兽医站，为区级兽医行政管理部门的派出机构，实行甘州区畜牧兽医局和所在地乡镇人民政府“双重管理，以区为主”的管理体制。2010年，“甘州区畜牧兽医局”更名“甘州区兽医局”。2013年，将甘州区商务局承担的猪、牛、羊、家禽定点屠宰的行业监督管理交甘州区畜牧兽医局负责。2014年，甘州区农牧局承担的畜牧管理职责与甘州区兽医局职责整合，成立“甘州区畜牧兽医局”，在甘州区农业局挂牌，编制不变。

畜牧兽医工作站　1956年成立“张掖县畜牧兽医工作站”；1985年更名“张掖市畜牧兽医工作站”；2002年更名“甘州区畜牧兽医工作站”。2005年成立“甘州区草原饲料工作站”和“甘州区草原监督管理站”，与甘州区畜牧兽医工作站合署办公，两块牌子、一套班子。2008年更名“甘州区畜牧管理站”。

动物卫生监督所　1991年，张掖市动物检疫站和畜牧站分设；1993年成立“张掖市兽医卫生监督检验所”。2010年，整合甘州区动物检疫站和甘州区兽医卫生监督检验所为甘州区动物卫生监督所（加挂甘州区兽药饲料监察所和甘州区畜产品安全监测中心牌子）。

渔政管理站　1980年成立“张掖县鱼种场”；1984年更名“张掖县鱼种繁殖场”，是年成立“张掖县水产工作站”。1995年成立“张掖市水产工作站”“张掖市水产技术推广站”“张掖市渔政管理站”，三块牌子、一套班子，简称“张掖市渔业三站”，核定编制5人。2007年撤销区水产工作站，成立“甘州区水生动物防疫检疫站”，与区水产技术推广站、区渔政管理站三块牌子，一套班子。

乡镇畜牧兽医站　1992年，张掖市设立乡镇兽医站22个，有畜牧兽医技术人员87人，乡镇畜牧站担负着畜种改良、畜禽良种推广、畜禽疫病防治、检疫及畜牧科技推广等任务。2011 年，设立 22 个乡镇动物卫生监督分所，隶属区动物卫生监督分所管理，与乡镇畜牧兽医工作站一套人员，各所配备 2—3 名动物检疫员承担动物卫生监督工作。至 2016 年，甘州区共有畜牧科技推广及动物防疫专业技术人员 491 人，其中区级 55 人、乡级 171 人、村级防疫员 265 名。

第二节 草原分布与饲草青贮

草原分布 甘州区草原类型有 7 类：沼泽草地、低湿地草甸草地、干荒漠草地、山地荒漠草地、荒漠草地、山地草地和高寒草甸草地。天然草原总面积 237.25 万亩，其中可利用草原面积 199.25 万亩。草原主要分布在平山湖、靖安、三闸、碱滩、上秦、党寨、大满、安阳、花寨、龙渠、甘浚、明永、乌江、新墩 14 个乡镇。沼泽草地和低湿地草地面积 16.84 万亩，主要分布于乌江、三闸、新墩、上秦、碱滩等乡镇；高寒草甸草地面积 2.2 万亩，分布于平山湖乡境内东大山国家级自然保护区；山地草原面积 22.05 万亩，分布于平山湖境内的东大山北麓和安阳、花寨境内的祁连山北麓；荒漠类草原面积 196.16 万亩，分布于平山湖、靖安、三闸、碱滩、党寨、安阳、花寨、大满、龙渠、甘浚、明永等乡镇。

草原利用 甘州区相继实施天然草原禁牧、天然草原植被恢复与建设、天然草原保护与建设和牧草种子基地建设等项目。天然草原利用方式主要是放牧，资源利用效率较低，其中人工割草地 3837.4 亩，重要放牧场 29351.8 亩，均为四季放牧草场，具有特殊作用的草地面积 5224.65 亩。天然草原中大部分为荒漠草场，超载过牧，退化严重，每亩草场年均产草量 27.4—34.2 公斤，平均超载 134%。2011—2015 年，随着国家天然草原生态保护补助奖励机制政策的实施，天然草场开始禁牧，草地生产力逐步恢复。

草原建设 20 世纪 80 年代实施草原承包到户经营政策，承包面积 84.5 万亩。1990 年以来，通过项目支持和牧民自筹建设草原围栏 3.2 万多亩；建设人工灭鼠招鹰墩（架）80 座；建设牧区饲草料基地 813 亩；改造棚圈 130 间 1160 平方米；草原治虫灭鼠 30.1 万亩；在牧区及交通要道制作有关草原政策法规、草原保护和合理利用草原的永久性宣传标志牌 45 块。2016 年，平山湖蒙古族乡建设草原围栏 100 千米，草原管护站 80 平方米。

人工饲草种植 21 世纪以来，甘州区先后引进阿尔冈金、金皇后、和田苜蓿和大叶菠菜、籽粒苋等优良牧草品种，建成种草万亩乡 3 个、千亩村 21 个、百亩社 210 个、10 亩户 1254 户。建成连片 5000 亩优质牧草种植企业 1 家，连片 3000 亩以上优质牧草种植企业、合作社 4 家，连片 1000 亩牧草种植企业、合作社 6 家。2011 年，全区人工种草 25.43 万亩，其中多年生优质牧草 18.05 万亩、一年生牧草 7.38 万亩。2016 年，全区人工种草 30.34 万亩，其中多年生优质牧草 18.05 万亩、一年生牧草 12.29 万亩，紫花苜蓿留床面积 12 万亩。建成西部草业、成都大叶、党寨超旱生牧草驯化基地等牧草种子繁育及草产品加工龙头企业 4 个。

饲草青贮 饲草青贮加工技术主要包括农作物秸秆的青贮技术、秸秆微贮技术、秸

饲草加工现场

秆氨化技术和草粉加工技术。秸秆青贮量从1991年的2426吨增加到2016年的90.72万吨，其中青贮窖青贮82.3万吨、袋贮1.87万吨、微贮0.28万吨，其他利用方式为6.54万吨；累计修建永久青贮窖4.83万座，窖容达103.7万立方米。除花寨、平山湖外的16个乡镇，指导设立整村推进示范点，在大满柏家沟村、明永沤波村以及万禾草畜、玺峰公司、前进牧业、恒源农业等养殖场，实施以秸秆饲料化养殖奶肉牛试验示范项目，利用农户作物秸秆青贮养殖奶牛1.2万头、肉牛16.2万头。2016年，甘州区秸秆饲料化利用量达90.72万吨，秸秆饲料化率达68%以上。

第三节　畜禽养殖

牧业产值　1991年，张掖市畜牧业产值10871.68万元，占农业总产值的23.94%；1996年畜牧业产值41596万元，占农业总产值的30.1%；5年增长30724.32万元，增长282.61%，平均年递增30.78%。2001年，全市畜牧业产值37685.49万元，占农业总产值的23.01%；2006年，甘州区畜牧业总产值83073.5万元，占农业总产值的34.26%；5年增长45388.01万元，增幅120.44%，年均递增17.13%。2011年，全区畜牧业总产值128055.32万元，占农业总产值的38.53%。1991—2011年，全区畜牧业总产值从10871.68万元增长到128055.32万元，增长117183.64万元，牧业总产值增长近12倍，平均年递增13.12%。2016年，甘州区牧业总产值达到145334万元。2011—2016年，畜牧业总产值平均年递增2.7%。

高标准双列式羊舍

畜群结构及畜禽数量 1991年，全区牲畜存栏57.63万头（只），其中马、牛、骡、驴、骆驼等大家畜14.83万头（只），占总头数的25.73%；绵羊、山羊、猪等小家畜42.8万头（只），占总头数的74.27%。1996年，全区牲畜78.56万头（只），其中大家畜18.57万头（只），占总头数的23.64%；小家畜59.99万头（只），占总头数的76.36%。2001年，全区牲畜存栏73.43万头（只），其中大家畜17.33万头（只），占总头数的23.6%；小家畜56.1万头（只），占总头数的76.4%。2006年，全区牲畜112.64万头（只），其中大家畜24.1万头（只），占总头数的21.4%；小家畜88.54万头（只），占总头数的78.6%。2011年，全区牲畜存栏132.94万头（只），其中大家畜38.37万头（只），占总头数的28.86%；小家畜94.57万头（只），占总头数的71.14%。2016年，全区牲畜存栏366.46万头（只），其中大家畜33.23万头（只），占总头数的9.06%；小家畜333.23万头（只），占总头数的90.93%。

1991年，全区存栏牛8.48万头，马0.5万匹，驴4.35万头，骡1.33万匹，骆驼0.16万峰，羊23.8万只，猪18.97万口；牛、马、驴、骡、骆驼、羊、猪占畜群的比例分别为14.72%、0.87%、7.55%、2.31%、0.28%、41.33%、32.94%。2001年，全区存栏牛11.44万头，马0.21万匹，驴4.33万匹，骡1.31万匹，骆驼0.04万峰，羊35.72万只，猪20.38万口；牛、马、驴、骡、骆驼、羊、猪占畜群的比例分别为15.58%、0.29%、5.9%、1.78%、0.05%、48.65%、27.75%。2006年，全区存栏牛18.59万头，马0.2万匹，驴4.21万匹，骡1.05万匹，骆驼0.05万峰，羊56.13万只，猪32.41万口；牛、马、驴、骡、骆驼、羊、猪占畜群的比例分别为16.5%、0.17%、3.73%、9.32%、0.05%、49.83%、28.77%。2011年，存栏牛33.61万头，马0.12万匹，驴3.82万匹，骡0.67万匹，骆驼0.15万峰，羊65.76万只，猪28.81万口；牛、马、驴、骡、骆驼、羊、猪占畜群的比例分别为25.28%、0.09%、2.87%、0.5%、0.11%、49.47%、21.67%。2016年，全区牲畜存栏牛存栏29.03万头，马存栏0.14万匹，驴存栏3.27万匹，骡存栏0.56万匹，骆驼存栏0.23万峰，羊存栏68.64万只，猪存栏25.34万口；牛、马、驴、骡、骆驼、羊、猪占畜群的比例分别为22.82%、0.11%、2.57%、0.44%、0.18%、53.96%、19.92%。

1991—2011年，农业机械化的发展，大家畜中以役用为主的马、驴、骡等牲畜数量逐渐减少。随着人民生活水平的不断提高，对肉、蛋、奶等畜产品的需求加大，同时由于市场经济的发展，农户以发展养殖业来增加经济收入，肉牛、羊、猪等主要生产畜产品的家畜数量及所占比例都大幅提高。2011—2016年，随着国家对草畜产业相关政策的出台和落实，畜群结构发生小幅变化，驴、骡、骆驼所占畜群的比例基本稳定，肉牛、猪所占畜群的比例小幅下降，羊所占畜群的比例小幅上升。畜群母畜比例逐渐增加，全区能繁殖母畜的数量由1991年的4.39万头（只）发展到2001年的5.55万头（只），2011年发展到15.79万头（只），2016年发展到48.31万头（只）。1991—2016年，甘州区繁殖母畜的数量增长近11倍。

2016年底，全区畜禽饲养量达1291.7万头（只），同比增长2.4%。其中，奶肉牛饲养量47.1万头，出栏16.2万头，分别增长2.7%、3.3%；生猪饲养量83.8万口，出栏51.2万口，分别增长4.06%、7.08%；羊饲养量216.2万只，出栏72.7万只，分别增长5.21%、19.4%；禽类饲养量938.6万只，出栏483.6万只，分别增长1.34%、6.2%；马、驴等大牲畜6万头，增长1.34%；肉产量92369.96吨，禽蛋产量15267.25吨，奶总产量66322.6吨，水产品产量706.3吨，分别增长2.6%、4.7%、6.3%、2.49%。全区畜牧业总产值17.13亿元，占农业总产值的比重约达35.1%，农民人均畜牧业纯收入达3183元。

畜产品生产　肉类生产。甘州区肉类主要为猪肉、羊肉和牛肉，其中猪肉（大肉）所占比例最大。1991年，全区肉类总产量1.71万吨，其中猪牛羊肉产量为1.56万吨。1996年，全区肉类总产量2.51万吨，其中猪牛羊肉产量为2.21万吨。2001年，全区肉类总产量3.15万吨，其中猪牛羊肉产量为2.81万吨。2006年，全区肉类总产量5.63万吨，其中猪牛羊肉产量达5.06万吨。2011年，全区肉类总产量6.49万吨，猪牛羊产量达4.87万吨。2016年，全区肉类总产量为8.39万吨，其中猪牛羊产量达6.01万吨。受肉类消费需求的影响，肉牛所占比例大于大肉所占比例，其中，牛肉2.45吨、大肉2.21吨、羊肉1.35吨，分别占40.77%、36.77%、22.46%。1991—2016年，全区肉类总产量增长3.9倍，猪牛羊肉产量增长2.9倍。

禽蛋生产。20世纪以来，全区笼养蛋鸡初具规模，现代化养鸡场与养鸡专业户的兴起，禽蛋生产发展较快。全区禽蛋产量1991年为3727.99吨，2001年为6513.85吨，2011年为21567吨，2016年为8521吨。1991—2011年，禽蛋产量增加5.8倍。2011—2016年，禽蛋产量减少近2.5倍。

牛奶生产。1990年，张掖市黑白花奶牛存栏386头，产奶母牛342头，牛奶产量962.56吨。1995年，张掖市牛场投产，先后从山西、兰州等地引进黑白花奶牛150多头，饲养量达305头，牛奶产量为2298.46吨。1997年，牛奶产量2895吨。2008年，全区奶牛存栏4900头，牛奶产量12287吨。2011年，全区存栏奶牛10992头，其中存栏荷斯坦奶牛3700头，产奶母牛5990头，奶产量共19560吨；其他奶牛1302头。2016年，全区存栏奶牛13872头，成年母牛7176头，奶产量达21562吨。

羊毛生产。绵羊品种主要有河西蒙古系羊，分布各乡镇；山羊品种为河西山羊。20世纪80年代，曾经引进新疆细毛羊、甘肃高山细毛羊等品种对本地羊进行改良，到20世纪90年代，羊的改良方向向肉用型发展。全区羊毛产量1991年为607.94吨，2001年为958.46吨，2011年为1640吨，2016年为1407吨。1991—2016年，羊毛产量增加799.06吨，增长1.3倍。

规模养殖。1991年初，张掖市养殖专业户1700多户，形成规模养殖雏形。至2002年，4万头以上养猪专业乡镇4个，万头以上养牛专业乡镇4个，4万只以上养羊专业乡镇5个，20万只鸡以上养鸡专业乡镇8个，各类养殖专业村（社）86个，规模养殖大户达23836户。2011年，甘州区畜禽规模养殖场、养殖小区、规模养殖户数量达1159个，其中生猪存栏100口以上规模养殖场（小区）278个，肉牛存栏30头以上、奶牛存栏10头以上规模养殖场（小区）250个，羊存栏100只以上规模养殖场（小区）242个，养两种以上牲畜规模养殖场（小区）180户，禽类养殖存栏1000只以上222

户。2016年，全区规模化养殖场（户）达1288个，其中生猪年出栏500口以上223个场（户），蛋鸡存栏2000只以上52个场（户），肉鸡年出栏10000只以上39个场（户），肉牛年出栏50头以上293个场（户），奶牛存栏100头以上7个场（户），羊年出栏100只以上656个场（户），存（出）栏100头（只）的其他畜种18个场（户）。

标准化生产。2009—2016年，创建畜禽养殖标准化示范场58个，其中部级6个、省级8个、市级44个，辐射带动周边规模养殖场326个，标准化覆盖率达68.3%；创建部级农民专业合作社示范社3个、省级8个；全区畜产品“三品一标”认证企业32家，覆盖主要畜禽368.24万头（只），培育畜牧龙头企业26家，各类合作经济组织652个，示范带动周边养殖户3.5万多户。

肉牛基地工程。2008年，打造“金张掖”肉牛品种、地域和商业品牌。全区建成万头以上养牛乡镇5个，养牛专业村社192个，标准化规模肉牛养殖小区、养殖场169个，其中千头以上25个、百头以上144个。

2009年5月15日—17日，中国·甘肃张掖百万头肉牛产业发展战略研讨会在甘州区召开。中国工程院院士张子仪、李宁，美国肉牛协会理事、德州肉牛协会主席、德克萨斯大学教授比尔·海乐威，美国USDA畜牧研究所教授迈克·布朗等国内外知名专家学者出席会议。2016年7月24日—7月27日，国家肉牛牦牛产业技术体系第六届技术交流大会暨“张掖肉牛”高端研讨会在张掖宾馆举行。国家肉牛牦牛产业技术体系首席科学家曹兵海、中国农业科学院副院长李金祥、中国农业大学刘继军教授、国家肉牛牦牛产业技术体系石家庄综合试验站站长李树静、四川农业大学教授王之盛、华中农业大学郭爱珍教授、山东省农业科学院畜牧兽医研究所研究员万发春等国内知名专家学者出席会议。

第四节　畜禽品种及繁育改良

地方畜禽品种资源　甘州区牛、马、驴、绵羊、山羊都有原有品种，经过20世纪80年代引进外来品种不断杂交改良，原有品种都已被杂交种所替代。

河西黄牛。属于蒙古牛种，含有少量秦川牛和新疆牛的血液。毛色较杂，体格中等，头较粗重，颈薄而长，背腰平直，胸深开阔，肋圆腹大，荐高多斜尻，四肢短而健壮，蹄质结实。经过近十年的杂交改良，至1991年原有河西黄牛已很少，主要是西蒙塔尔和河西黄牛的杂交牛。

犏牛。系种间杂交后裔，体格和生产性能较双亲高，四肢粗壮结实挽力大，持久力强、抗寒、耐粗放管理，沿祁连山一带安阳、花寨乡有饲养，存量很少。

河西驴。河西驴是一个古老地方品种，具有使用灵活方便，用途广泛，饲料消耗少，耐粗饲、抗病力强等特点。20世纪80年代引进关中驴、庆阳驴杂交改良后，原种存量极少。

河西双峰驼。体质比较结实，头小、额宽、颈粗而长，胸部宽深，背宽而平直，腹大肋圆，四肢粗壮结实有力，蹄大耐磨，体形一般为长方形；毛色深浅不一，浅呈白色，深呈棕色，一般黄色较多。2016 年平山湖乡存量 1500 峰左右。

河西山羊。河西山羊适应性很强，在荒漠化或荒漠草场、东大山高寒草原都能很好生存。经过引进辽宁绒山羊、内蒙古绒山羊、乌珠穆沁羊的不断杂交改良，都以杂交种存在，原种已极少。

生猪改良 20 世纪 90 年代，从外地引进大约克、甘白种猪投放到张掖市各乡畜牧站、张掖市母猪繁殖场，开展杂交改良和纯种繁育。2001 年，张掖市杂交授配母猪 4.1 万口，繁活仔猪 34 万口，出栏瘦肉猪 34 万口。进入 21 世纪，甘州区猪产业形成以引进杜洛克、大约克、长白为杂交组合的三元杂交体系。至 2011 年，全区杂交改良授配母猪 9.43 万口，繁活仔猪 64.49 万口，良种猪商品率达 99.7%。至 2016 年底，全区猪饲养量下降到 56.9 万口，出栏 31.56 万口；瘦肉型猪杂交改良 5.53 万口，其中，三元杂交猪 3.87 万口，繁活仔猪 34.98 万口，出栏瘦肉猪 31.52 万口，良种猪商品率上升到 99.87%。

牛改良 20 世纪 80 年代初，张掖市推广奶肉牛冻精人工配种技术，从最初的配一头母牛补助 5 元钱到 1991 年收取配种费 20 元；从最初的小满、大满两个冻配点开始，到 1991 年达 24 个，授配母牛 7525 头。2001 年冻配点增至 43 个，授配母牛 13230 头。2011 年冻配点达到 95 个，比 1991 年增加 52 个，引进西蒙塔尔、夏洛来等优质细管冻精 18.8 万支，改良授配母牛 10.52 万头，比 2001 年增加 91970 头，增长 7.95 倍，其中授配西门塔尔 8.7923 万头、西德黄牛 0.0925 万头、皮埃蒙特 0.009 万头、夏洛来 0.6459 万头、安格斯 0.0977 万头、金黄阿奎登 0.093 万头、黑白花奶牛 0.7806 万头，良种覆盖率达 95% 以上，西门塔尔改良牛成为主要的改良品种。2016 年冻配站点 104 个，引进西门塔尔优质细管冻精 16.397 万支，改良授配母牛 9.11 万头；引进黑白花奶牛优质细管冻精 1.14 万支，改良授配奶牛 0.1142 万头；前进牧业、甘州区下寨奶牛专业合作社、安里闸奶牛养殖农民合作社引进性控冻精授配奶牛 1.17 万头，良种覆盖率达 98% 以上。

标准化双列式牛舍

绵山羊改良 20 世纪 80 年代到 90 年代初，张掖市绵羊改良主要以引进甘肃高山细毛羊改良当地粗毛羊为主，至 1991 年，张掖市细毛及改良羊 134056 只，占绵羊存栏总数的 57.1%；细毛种公羊 5720 只，杂交授配母羊 56789 只。20 世纪 90 年代后期，主要以引进波尔山羊冻精、辽宁绒山羊、内蒙古绒山羊、乌珠穆沁羊改良当地河西绒山羊，引进边区莱斯特、陶赛特、小尾寒羊改良当地绵羊，至2001年底，全市共杂交改良绵羊14.8万只，产活羔羊12.73万只；完成波尔山羊人工授配1016只，肉羊杂交改良7140只。肉羊生产主要以引进萨福克、陶赛特、德克赛尔、小尾寒羊改良当地绵羊进行肥羔生产。2011年，甘州区杂交授配母羊82.83万只，产活羔羊99.4万只，其中细毛羊杂交改良授配6.8万只，产活羔羊7.2万只；肉羊杂交改良授配56.43万只，产活羔羊73.2万只；绒山羊改良授配19.6万只，产活羔羊19万只。2011年底，乌江镇平原村肉羊养殖协会成立，肉羊养殖传统育肥逐渐转向羔羊舍饲短期育肥。2016年，羊饲养量达111.17万只，杂交改良授配母羊58.97万只；绒山羊改良2.95万只，人工授配母羊2.06万只。

蛋肉鸡改良 20世纪80年代中后期，各级畜牧部门、地方种鸡场引进星布罗蛋鸡、罗斯蛋鸡、京白蛋鸡。90年代初期引进伊莎褐蛋鸡、迪卡蛋鸡，明星肉鸡、艾维茵肉鸡。上秦种鸡场曾引进以色列黑羽尼拉蛋鸡，甘州区种鸡场曾引进亚发蛋鸡。90年代中后期，省、地、市种鸡场从祖代场引进父母代鸡，将商品代鸡供给大量的养鸡户，主要饲养罗曼蛋鸡、海兰蛋鸡、海塞克蛋鸡、艾维茵肉鸡。至2001年，鸡饲养量480.5万只，推广良种鸡397.05万只，鸡良种率达82.6%。2011年之后，蛋鸡的主导品种是伊沙褐、海兰和罗曼蛋鸡、海塞克蛋鸡，肉鸡的主导品种是肉鸡和蛋鸡杂交鸡和艾维茵肉鸡，良种率均达100%。禽类养殖量达938.6万只。

引进畜禽优良品种 20世纪80年代初期，引进西门达尔牛冻精，对全市母牛进行人工授配改良；引进大约克、长白等瘦肉型猪品种，改良本地猪品种；引进新疆细毛羊、高山细毛羊改良羊品种。1991—2016年，全区引进的优良猪品种有英国的大约克猪，丹麦的长白猪，美国的杜洛克猪。优良牛品种有瑞士的西门塔尔牛，法国的夏洛来牛、利木辛牛，意大利的皮埃蒙特牛，英国的南德温红牛、安格斯牛，德国的弗莱维赫牛。优良羊品种有甘肃高山细毛羊，新疆细毛羊，英国的萨福克羊、边区莱斯特羊，南非的波尔山羊、杜泊绵羊，山东的小尾寒羊，我国太湖的湖羊，澳大利亚的澳洲白。

特种动物养殖 20世纪80年代中后期，先后引进安哥拉长毛兔、青紫蓝、哈白兔、獭兔、比利时兔等兔品种，由于销路不畅，兔品种只在小群体之间杂交繁殖，品种逐步退化。1998年以来，大量引进临泽县平川乡振国种兔场法系伊普吕兔肉种兔进行养殖。到2016年，全区特种动物养殖户11户，其中肉鸽养殖户4户1287只，鹌鹑养殖户3户1300只，蚂蚁养殖户1户50盒，肉狗养殖户1户300条，蝎子养殖户1户20万条，白玉蜗牛1户20万只。乌骨鸡、肉鸽、鸵鸟、孔雀等珍禽动物饲养量22万只；兔饲养量35292只，出栏19850只；养蜂1403箱。

张掖市金地农牧产业开发公司始建于1996年初，占地22亩，总投资400万元，饲养品种有美国王鸽、法国地鸽、乌骨鸡、藏獒犬、珍珠鸡、七彩山鸡、肉鸳鸯、黑凤鸡、野鸭、孔雀、鸵鸟等，年可提供商品禽100多万羽。2011年，全区出售黑凤鸡、乌骨鸡、鹌鹑、肉鸽等特种禽13.71万只，大雁等特种禽5925只，主要分布在乌江、甘浚、明永、新墩等乡镇。到2016年，特种动物养殖已发展到18个乡（镇），养殖户39户，特种禽出售量10.63万只（羽），出售其他特种动物1888只。

马属动物养殖　21 世纪以来，马属动物从用途上发生大的变化，以劳役为主养殖变为肉用或其他经济用途养殖。丰盛草畜从 2009 年开始饲养青海马采集血清，提供生化研究，2016 年饲养量达 240 匹，采集血清 3456 万毫升。从 2015 年开始，肉驴产业成为畜牧养殖中的新型产业，主要在靖安、沙井两个乡镇，饲养品种以德州驴为主，2016 年饲养量达 3274 头，出栏肉驴 777 头。

第五节　动物疫病与检疫

传染病种类及发生　1991—2016 年，甘州区确诊各类动物传染病有 55 种（含人畜共患病 16 种），其中牛羊疫病 16 种、马属动物疫病 7 种、猪病 11 种、禽病 12 种、兔病 5 种、犬病 4 种。

人畜共患传染病（含寄生虫病）。主要有炭疽病、口蹄疫、布鲁氏杆菌病、结核病、破伤风杆菌病、巴氏杆菌病、猪丹毒病、放线菌病、狂犬病、李氏杆菌病、恶性水肿病、流行性感冒、羊痘病、棘球蚴病、囊尾蚴病、肝片吸虫病等。

牛羊（反刍动物）。主要有疫病口蹄疫、炭疽病、布鲁氏杆菌病、结核病、牛放线菌病、牛坏死杆菌病、气肿疽、牛出血性败血症、牛魏氏梭菌病、大肠杆菌病、沙门氏菌病、巴氏杆菌病、羊痘病、羊梭菌病、羊链球菌病、传染性胸膜肺炎等。

口蹄疫（牛羊猪）。1999 年 2 月 25 日沙井镇上游村四社发生第一起猪口蹄疫，至 2002 年，家畜口蹄疫呈高发态势。2006 年 2 月，沙井镇寺儿沟村九社发生 1 起牛口蹄疫，其间共发生疫情 38 起，涉及除龙渠、花寨、廿里堡、碱滩、平山湖、三闸 6 个乡镇以外的 16 个乡镇、53 个村、62 个社，发病牛 90 头、羊 3 只、猪 212 头，扑杀病畜及同群畜合计 360 头只，其中牛 108 头、羊 28 只、猪 224 头。

炭疽病（含马属动物及猪等）。1991—2016 年，小满（王其闸、店子闸、石桥村）、大满（四号村、紫家寨、兰家寨、平顺）、长安（上头闸）、新墩（白塔）、乌江（永丰）、上秦（徐赵寨）、安阳（五一）、龙渠（下堡）、碱滩（碱滩村）、党寨（陈寨）及沙井（西六）等乡镇及宝瓶河牧场，经实验室检验确诊 21 起炭疽病，发病及死亡动物 95 头匹只，其中牛 32 头、羊 44 只、马属动物 11 匹、猪 4 头、犬 4 条，均进行无害化处理。

布氏杆菌病。1992 年，张掖市达到布病“稳定控制区达标”考核标准，通过省上验收。1995—1999 年，张掖市被农业部指定的布病固定监测点，5 年在 9 个固定乡和 19 个非固定检测乡共采血 27287 份，其中牛血清 7648 份、羊血清 18553 份、猪血清 1012 份，检出阳性牛 5 份，均进行无害化处理。采集流产胎儿及阴道分泌物 254 份（其中胎儿 221 份），未检出阳性。至 2016 年，共采集血清 153329 份，其中黄牛血清 10420 份、荷斯坦奶牛血清 31135 份、羊血清 107143 份、猪血清 4631 份，检出阳性牛 84 份（含奶牛 21 头）、羊 992 只，均进行无害化处理。

结核病。1991—2016 年，检疫荷斯坦奶牛 19806 头，检出阳性牛 27 头，进行无害化处理；检疫黄牛 927 头，未检出阳性。布病、结核发病有上升趋势。

牛出败。1991—2016 年，有 2 个乡镇发病牛 8 头，死亡 2 头，致死率 25%。

羊痘病。1991—2016 年，有 6 个年份 11 个乡镇有零星发生，发病 3236 只，死亡 149 只，致死率 4.61%。

羊梭菌病。1991—2016 年，有 5 个年份 5 个乡镇、2 个养殖场发病 80 只，死亡 19 只，致死率 23.75%。

羊巴氏杆菌病。1991—2016 年，有 2 个乡镇、1 个农场发病 84 只，死亡 30 只，致死率 35.7%。

猪的疫病。主要有口蹄疫、猪蓝耳病、猪瘟、猪丹毒、猪肺疫、传染性胃肠炎、传染性萎缩性鼻炎、炭疽、链球菌病、猪喘气病、猪大肠杆菌病、沙门氏菌病等。

猪蓝耳病。2008 年 3 月 18 日，上秦镇缪家堡村二社发生猪蓝耳病（从江苏省沭阳县引进，属输入性，是甘州区首次发生该病），发病 205 口，死亡 53 口，扑杀病猪及同群 240 口。

猪瘟。1991—2007 年，所有乡镇均有不同程度的发生，发病 7848 口，死亡 2225 口，致死率 29.73%。近年来逐步得到有效控制，但仍有慢性猪瘟发生。

猪丹毒。1991—2016 年，有 15 个乡镇发病 328 口，死亡 135 口，致死率 41.16%。

猪肺疫。1991—2016 年，有 15 个乡镇发病 1048 口，死亡 195 口，致死率 18.61%。

猪链球菌病。1991—2016 年，有 7 个乡镇 9 个农户，存栏猪 169 口，发病 147 口，死亡 63 口，死亡率 37.28%。其中 2007 年 9 月，长安乡河满村九社一农户饲养 88 口猪，发病 66 口（与猪瘟混合感染），死亡 11 口，扑杀 77 口。

猪伪狂犬病。2002 年，碱滩镇太平村一农户 17 口猪发病，死亡 3 口，致死率 17.65%。

仔猪副伤寒病。1991—2016 年，有 8 个乡镇发病 380 口，死亡 116 口，致死率 30.53%。

禽的疫病。主要有新城疫、鸡马立克氏病、禽霍乱、鸡痘、鸡白痢、沙门氏菌病、传染性喉气管炎、传染性支气管炎、鸡减蛋综合征、禽结核、败血性支原体病、低致病性禽流感等。

鸡新城疫。1991—2016 年，6 个年份 11 个乡镇、2 个养殖场发生或呈地方性流行，发病 10652 只，死亡 3413 只，致死率 32.04%。

鸡传染性喉气管炎。1991—2016 年，有 10 个乡镇发病鸡 5830 只，死亡 651 只，致死率 11.17%。

传染性支气管炎。1991—2016 年，有 9 个乡镇发病鸡 6592 只，死亡 1057 只，致死率 16.04%。

传染性法氏囊炎。1991 年，张掖市首次发生该病（梁家墩镇、长安乡），后逐渐蔓延到 19 个乡镇。至 2016 年，共发病鸡 113046 只，死亡 30233 只，致死率 26.74%。

鸡马立克氏病。20 世纪 90 年代对鸡孵化户马立克氏病疫苗强制免疫后，本病的发病率逐年降低；3 个年份 3 个乡镇、1 个养殖场发病 885 只，死亡 528 只，致死率 59.66%。

鸡白痢。至2016年，甘州区有4个乡镇发病4567只，死亡669只，致死率14.65%。1996年4月，从外地调入3000余只劣质雏鸡，经实验室检验为鸡白痢，全部销毁无害化处理。

禽霍乱。至2016年，甘州区有9个乡镇发病6136只，死亡1663只，致死率27.1%。

马属动物疫病。主要有炭疽、马腺疫、马流行性感冒、传染性胸膜肺炎、破伤风、恶性水肿、魏氏梭菌病等。

马流行性感冒。1994年3月12日，三闸乡二闸村发生一起马流行性感冒，逐渐蔓延到所有乡镇。经准确诊断、及时治疗，发病34458匹，死亡141匹，致死率0.41%。

兔疫病。主要有兔瘟、巴氏杆菌病、葡萄球菌病、球虫病、疥癣病等。

犬疫病。主要有狂犬病、犬细小病毒病、犬瘟热、犬病毒性肝炎等。

寄生虫病 甘州区确诊各类动物寄生虫病主要有鸡（兔）球虫、牛羊肝片吸虫病、蛔虫、螨虫病、绦虫、棘球蚴、囊尾蚴、梨形虫等。

其他常见病 20世纪90年代初，张掖地区动物疫病普查结果分析，内科病占发病动物的80%左右，其中消化系统病占内科病40%以上。一些规模养殖场，特别是草食畜养殖场，精饲料饲喂量越来越多，草的数量和品种越来越少，有的仅饲喂精饲料和玉米芯，内科病有逐年上升趋势。

消化系统疾病。马属动物肠痉挛和结症偶有发生；牛羊的瘤胃积食、前胃弛缓、瘤胃鼓胀、胃肠道炎症常有发生；牛真胃变位、瘤胃酸中毒、创伤性网胃炎偶有发生；饲料加工不规范，家畜偷吃块、茎饲料等引起的食道阻塞等疾病偶有发生。

呼吸系统疾病。初春及秋冬季节呼吸器官疾病多发，感冒、支气管炎、支气管肺炎易发。冬季因粪尿等清扫不及时，氨气等有毒有害增多，加之通风不良，致使呼吸系统发病率逐年上升。

中毒病。20世纪90年代，农药（特别是有毒或剧毒的有机磷、含氯农药）、化肥的广泛使用及保管不善，饲草料加工调制不当，家畜农药、化肥及亚硝酸盐中毒成为常见病，后逐年减少。2011年，张掖市新世纪獭兔研究所在饲料中添加脱霉剂时，误加入驱虫药，致使獭兔中毒，死亡1万余只。

其他疾病 因长期饮水不足、饲料单一、精饲料多而粗饲料不足等因素，导致牛羊尿路结石呈上升态势。

动物防疫 1991—2016年，免疫猪瘟934.96万头份，鸡新城疫6356.19万羽份；因病设防免疫猪丹毒247万头份，猪肺疫182.64万头份，仔猪副伤寒116.96万头份，猪大肠杆菌3.13万头份；羊三联四防苗316.4万头份，羊痘298.87万头份，免疫牛、羊及马属动物炭疽疫苗104.98万头（匹、只），羊口疮疫苗0.61万头份，鸡传染性支气管炎疫苗946.3万羽份，鸡传染性法氏囊疫苗421.31万羽份，鸡痘疫苗13.52万羽份，鸡传染性喉气管炎疫苗46.13万羽份，鸡马立克氏病疫苗256.3万羽份，禽霍乱1.1万羽份，鸡减蛋综合征疫苗0.4万羽份；兔瘟苗免疫4.815万只；狂犬病疫苗免疫犬3.116万条；破伤风类毒素免疫牛、羊及马属动物6.58万头（匹、只）。2004年秋季至2016年，免疫禽流感2801.5万羽份。1999年2月发生第一起家畜口蹄疫后，至2016年，共免疫家畜口蹄疫疫苗1804.85万头只，其中牛406.42万头、羊1009.77万只、猪388.68万口。2006—2016年，免疫猪蓝耳病疫苗178.31万头份。2006年9月，沙井镇兴隆村七社检出布病阳性羊15只，进行布病紧急免疫313只；甘州区汇源奶牛专业合作社牛场免疫800头。2007—2016年，免疫牛出败疫苗2.73万头。1991—2016年，驱治各类动物寄生虫7210.62万头（匹、只），其中大家畜187.66万只（其中牛152.59万头）、羊胃肠道线虫772.93万只、羊疥癣508.33万只、羊鼻蝇373.67万只、牛羊肝片吸虫471.69万头（只）、猪驱虫274.33万口、鸡兔驱虫4622.01万只。

防疫建设 产地检疫。1991年起，张掖市动物检疫站主要展开产地检疫和市场检疫，检疫监测的病种有炭疽、布鲁氏杆菌病、口蹄疫、马传染性贫血病、马鼻疽、猪瘟、高致病性猪蓝耳病、猪丹毒、鸡新城疫等。马鼻疽、布鲁氏杆菌病两大烈性传染病经考核验收，达到了控制区标准；猪瘟、猪肺疫和猪丹毒三大疫病和鸡新城疫基本得到控制，羊快疫类病逐年减少；除马属动物不明原因死亡疾病还在不断发生外，其他疫病均得到有效预防、控制和消灭。1991—2016年，甘州区产地检疫家畜576.9万头（只），其中猪228.3万口、牛60.9万头、羊180.0万只、禽90.4万羽、马属动物17.3万匹；检出病死畜0.2万头（只），平均检出率达0.16%。

屠宰检疫。按照“六个到位”（即：宰前检疫到位、临床诊断检查到位、宰后检疫同步检疫到位、规范出证到位、登记备案到位、病害动物及动物产品无害化处理到位）实施动物检疫。1991—2009年，有屠宰点18个，有中心市场、南关清真市场、西关市场、火车站市场以及大满、上秦等28个检疫点。2004年，全区撤销乡镇屠宰场，全面实行生猪定点屠宰。2016年，全区实行牛羊定点屠宰。1991—2016年，屠宰检疫家畜429.2万头（只），其中猪肉214.5万口、牛肉36.3万头、羊肉178.4万只；检出病死畜0.4万头（只），平均检出率达0.18%。

运输检疫。20世纪以来，甘州区对调入、调出和过境的动物及动物产品严格把关。1991—2016年，全区检疫各类动物共计1377.5万头（只），其中猪118.2万口、牛47.4万头、羊104.0万只、禽1102.0万羽、马属类5.9万头（只）；检出病死畜0.1万头（只），平均检出率达0.02%；检疫兽皮171.5万张、毛类1.1万吨、杂骨0.8万吨，消毒车辆54838辆。

第六节　项目建设

龙头企业 1990年建成张掖市乳品厂，1991年建成张掖市种鸡场，1994年建成张掖市牛场，1995年建成张掖市种猪场、张掖市珍禽场，均隶属于张掖市畜牧局国有企业。1998年以后，先后改制为私营企业。2002年，引进成都大业国际投资股份有限公司投资兴业；2003年，建成甘州区生猪定点屠宰场；2004年，建成张掖市双华清真牛羊肉有限公司；2005年，建成甘州区活畜交易市场；2006年，建成中天肉业有限责任公司；2006年，建成张掖博亚饲料有限公司；2008年，建成张掖市沅博农畜产品交易市场；2009 年，建成甘肃张掖牧沅清真肉食品有限公司；2013 年，建成张掖市万禾草畜科技开发有限公司万头肉牛场、甘肃前进牧业科技有限公司万头奶牛场；2014 年，建成张掖市甘州区玺峰养殖有限公司万头肉牛养殖场。2016 年，引进北京三元乳品股份有限公司与甘肃黑河农牧科技有限责任公司“强强联合”，在甘州区现代循环畜牧产业园落户投产，建设甘州区首个“立体化”奶牛养殖场及首条乳制品加工生产线。引进成都菊乐乳业有限公司投资兴业，与前进牧业科技有限公司共同投资兴建甘肃德瑞牧业科技有限责任公司万头牧场。

奶牛养殖基地

项目建设 1991—2016 年，争取国家项目资金近 1.828 亿元。1993—1994 年，实施投资 120 万元的全国秸秆养牛示范县项目。1998—2000 年，实施 423 万元的中国—欧盟奶类外援项目。2001 年，国家农业部投资 385 万元，建成小河乡红旗林场 2000 亩牧草原种繁育基地。2002 年，中国乡镇企业总公司投资 2000 万元，建成党寨旱生超旱生牧草驯化基地 3108 亩。2003 年，西部草业公司投资 1600 万元，建成 700 亩旱苜蓿原种生产基地。2004—2009 年，实施世界银行贷款畜牧综合发展项目，世行贷款 1800 万元。2005 年，实施农业部 120 万元的基层动物防疫基础设施建设项目。2007 年，实施 100 万元的动物疫情测报站建设、44 万元的基层动物检疫监督基础设施建设和 23 万元的渔政执法设施建设项目。2007—2010 年，连续四年实施乡镇兽医站建设项目，争取国家无偿资金 296 万元。2007—2010 年、2014—2016 年，实施生猪调出大县奖励资金项目，争取国家无偿资金 1800 万元。2007—2011 年，实施农业部奶牛良种补贴及保险政策，补贴资金 200 万元。2008—2011 年，实施能繁母猪补贴及保险政策，补贴资金 768.8 万元。2009—2011 年，连续实施全省牛产业大县建设项目，到位资金 741 万元。2011—2016 年实施中央财政现代农业生产发展肉牛产业建设项目，到位资金 3190 万元。2011 年，落实国家草原生态保护补助奖励机制政策，到位资金 493 万元。2012—2016 年，实施高产优质苜蓿示范建设项目，到位资金 900 万元。2014—2016 年，实施现代畜牧业全产业链建设项目，到位资金 1610 万元。2015—2016 年，实施国家“粮改饲”试点项目，到位资金 2000 万元。2015—2016 年实施国家草牧业试验试点项目，到位资金 3600 万元。

第七节 畜牧科技

新技术推广暖棚养畜、全价配合饲料、直线育肥、“五良”（良种、良法、良料、良舍、良医）配套技术、工厂化养猪、发酵床养猪、仔猪早期断奶、猪的常温人工授精、犊牛早期接种瘤胃微生物、牛的全混合日粮饲喂方式、犊牛早期断奶、羔羊早期断奶、羔羊育肥、小尾寒羊与本地羊杂交改良提高产羔率等新技术。蛋鸡主要采用开放式简易鸡舍，阶梯式三层笼养，人工喂料、水槽供水、人工捡蛋、人工清粪等方式；规模较大的专业户采用自动乳头式供水、机械清粪等设备。肉鸡主要采用低床平养和垫料平养的方式。从 2011 年起，通过引进优良品种和推广人工授精技术，加快畜禽品种改良步伐的同时积极推广生态环保养殖技术及畜禽粪污无害化处理技术。1990—2016 年，共组织实施畜牧新技术、新品种研究课题项目 29 个。

第八节 渔业生产

渔业资源及品种引进 基本资源。全国第二大内陆河黑河穿境而过，形成沿岸的盐碱洼地、沼泽湿地是甘州区一大自然资源优势，全区有 3 万多亩沼泽湿地适于开挖鱼塘进行水产养殖。

水面资源。甘州区水产养殖业起步于 20 世纪 80 年代，经历养殖品种从无到有、规模由小到大的历程。至 2016 年，全区有人工鱼塘 5111 亩，池塘养殖面积居全市六县区之首，主要分布在碱滩镇、上秦镇、三闸镇、乌江镇、明永镇和靖安乡等 6 个乡镇的 17 个村社以及部分机关团体单位养殖农场。其中，池塘养殖面积 1692 亩，塘坝养殖面积 2822 亩，水库养鱼面积 550 亩，流水养鱼面积 42 亩；年产鲜鱼 706 吨，最高亩产达 713 公斤。

饵料资源。甘州区有天然芦苇、马莱眼紫菜等植物性鱼饲料、动物性饲料和生物饲料以及丰富的肥料资源，对发展水产养殖有着得天独厚的自然资源优势。

鱼类资源。甘州区属内陆河水系，有相对丰富的鱼类资源。主要品种有祁连山裸鲤、高原鳅、野鲫、泥鳅、马口鱼、麦穗鱼、餐条、狗头鱼、棒花鱼、花鲴和鳑鲏鱼等野生鱼类。

品种引进。引进品种有鲢鱼、鳙鱼、鲤鱼、鲫鱼、草鱼、武昌鱼、鲶鱼、虹鳟、金鳟、七彩鲑、俄罗斯鲟鱼和泥鳅以及部分观赏鱼等 10 多个品种。

渔业生产 全区有人工养殖农户 108 户，从业人员 300 多人。主要进行池塘大规模养殖，发展生态休闲渔业和冷水鱼健康养殖。进入 21 世纪，全区渔业生产得到长足发展，主要是养殖大户从事养殖生产，小户从事休闲渔业。至 2016 年底，全区有渔业休闲生态垂钓园 26 家，冷水鱼养殖面积 42 亩；年生产冷水鱼 170 吨，水产品总产量达 706 吨，渔业产值达 1760 万元。

疫病防治 2004 年开始实施生产全程监管，建立养殖名录信息库，实施全年不少于两次的水产品质量安全抽检，确保全区水产品质量安全。2014 年开始实施鱼病远程诊断和生物防控技术，鱼病诊断的准确性和及时性提高，鱼药使用量减少，鱼类病害发生的频率降低，降低养殖风险，减少养殖成本，提高池塘综合效益。2016 年示范推广鱼菜共生新技术，以通过该项技术的实施促使池塘水质的原位净化，改善池塘的生态结构，实现生物修复，鱼菜和谐共生。

第九节　屠宰市场监管

1996 年成立“张掖市畜禽定点屠宰管理办公室”，设在商业局。1998 年重新制定《张掖市生猪定点屠宰管理办法》，各乡（镇）成立生猪定点屠宰领导小组，建成 24 个生猪屠宰点，其中国营食品公司及乡（镇）食品购销站建点 16 个（城区 1 个，乡镇 15 个），畜牧部门依托乡镇畜牧站建点 4 个，村社建点 2 个，个体 1 个，清真牛羊肉屠宰场 1 个；日均有 130 余口生猪肉品上市供应。2010 年，甘州区家畜屠宰行业实现乡镇猪肉由城区生猪屠宰厂统一屠宰、冷鲜、配送的目标。对全区生猪屠宰市场进行专项整治，关闭取缔农村 17 家。加强对定点屠宰场家畜检疫和肉品检验，不定期对定点屠宰企业监督检查，生猪定点屠宰率 100%，城乡肉品配送率 100%，病害肉检疫率 100%，病害肉无害化处理 100%。2014 年，将商务局承担的猪、牛、羊、家禽定点屠宰的行业监督管理交甘州区畜牧兽医局负责。

第三章　林　　业

第一节　机　　构

1980 年成立“张掖县林业局”，将县农林牧局管理的林业工作划归林业局。1986 年，县林业局更名“张掖市林业局”；2002 年更名“甘州区林业局”。下辖事业机构和单位有甘州区退耕还林办公室、甘州区林业勘察设计队、甘州区湿地管理站、九龙江林场、西城驿林场、红沙窝林场、东大山自然保护区管理站、新墩苗圃、石岗墩植被管护站、兔儿坝植被管护站、林业技术推广站、林木种苗管理站、林木病虫害检疫防治站、林政稽查大队、林业公安分局等。林业常设议事协调机构有绿化委员会、护林护草防火指挥部和退林还林工程建设领导小组等。至 1989 年，相继成立甘浚、安阳、小河、三闸、党寨、碱滩、明永、大满、小满、乌江、新墩等 11 个林业站，占全区 20 个乡镇总数的 55%；配备专职干部 30 人。2016 年，全区 18 个乡镇设立林业工作站 18 个，专职干部 44 人。

第二节　林业资源

林地资源　1990 年底，全市森林面积 48.46 万亩，其中天然林 3.12 万亩、人工林 45.34 万亩，森林覆盖率 9.2%。境内形成六条人工防风固沙林带，1460 个农田林网格，干、支、斗、农四级渠道和国、省、市、乡四级道路基本绿化。荒滩育草 7 万亩。农村户均人工林 5.5 亩；林木蓄积量 68.12 万立方米。市区林木覆盖率 18.5%，村屯覆盖率 32.5%。

2008 年全区森林资源清查资料显示，全区林业用地面积 92689.7 公顷，占区划国土总面积 698960 公顷的 25.12%；林业用地中有林地面积 17452.6 公顷（防护林 12604.2 公顷、占 72.07%，经济林 3534.6 公顷、占 20.25%，特用林 1313.8 公顷、占 7.22%），占林业用地面积的 18.83%；疏林地面积 299.2 公顷，占林业用地面积的 0.32%；灌木林 54608 公顷，占林业用地面积的 58.9%；未成林造林地 1865.9 公顷，占林业用地面积的 2.01%；苗圃地 174 公顷，占林业用地面积的 0.19%；宜林荒山荒地 17945.7 公顷，占林业用地面积的 19.36%；无立木林地 105.7 公顷，占林业用地面积的 0.11%；林业辅助生产用地 237.7 公顷，占林业用地面积的 2.56%。有林地按照起源分：天然有林地 1300 公顷，占有林地总面积的 7.45%；人工林有林地 16152.6 公顷，占 92.55%。森林覆盖率 18.95%，林木覆盖率 20.03%。

天然林。东大山天然林：据 2008 年林业二类资源清查，东大山自然保护区经营总面积 143400 亩，林业用地面积为 96075 亩，占总面积的 67%；非林地 47325 亩，占总面积的 33%。其中有林地面积 19513.5 亩，占林地面积的 20.3%；疏林地面积 184.5 亩，占 0.2%；灌木林地面积 46302 亩，占 48.2%；宜林荒山荒地 30043.5 亩，占 31.3%。森林覆盖率 45.9%，活立木总蓄积 197510 立方米（其中青海云杉蓄积为 195903 立方米）。

国家规定特别灌木林：2004 年以来，通过国家生态公益林补偿资金项目实施，将荒漠天然灌木界定为“国家规定特别灌木林”。至 2010 年，甘州区界定国家规定特别灌木林 49361.4 公顷，其中生态公益林 49231.1 公顷。按权属分：国有 28460.9 公顷、生态公益林 28369.0 公顷；集体 131.2 公顷、生态公益林 131.2 公顷；个人 20769 公顷、生态公益林 20730.9 公顷。

人工林。防风固沙林：

甘州区 2008 年防风固沙林面积、蓄积量统计表

表 6－3－1　　　　单位：公顷、立方米

权属	活立木总蓄积量	有林地面积						疏林	其他灌木林
		总面积	幼龄林	中龄林	近熟林	成熟林	过熟林		
全区	262852.0	8284.5	2343.5	3098.5	597.2	1898.9	346.4	286.9	1940.6
国有	61376.0	3842.3	465.2	2244.4	89.0	809.5	234.2	153.9	899.1
集体	27358.0	1292.9	454.1	543.9	37.5	160.3	97.1	25.6	242.4
个人	174118.0	3149.3	1424.2	310.2	470.7	929.1	15.1	107.4	799.1

农田防护林：1971 年，甘州区开始大规模实施农田林网建设；至 1992 年，农田林网达 62940 亩，占人工林保存总面积的 24%，总蓄积量 60 万立方米。经 2008 年全区林业二类清查，农田林网折合面积达 17.7 万亩，林网树木总株数达 2656 万株，农村人均拥有树木 76 株，农田林网树木蓄积量达 32.3183 万立方米。

经济林：1987 年，张掖市政府制定《张掖市经济林发展十年规划》，全市经济林开始进入快速发展期。至 1992 年底，全市经济林总面积 121095 亩，其中，乡村 95625 亩，机关单位农（林）场 24045 亩，国营林场、圃、站 1425 亩；乡村农户家庭庭院果树 72 万株，户均 9.7 株。1991—1995 年，全市经济林迅速发展。至 1995 年末，全市经济林面积 20.29 万亩，其中，苹果 7.88 万亩、梨 9 万亩、红枣 1.1 万亩、葡萄 0.45 万亩、杏 0.67 万亩、桃 0.057 万亩、其他 1.13 万亩。建成小满、碱滩、小河、沙井、乌江、三闸、甘浚、和平等经济林万亩乡 8 个，康宁、永星、红沙窝等经济林千亩村 25 个，百亩社 140 个。全市以苹果梨、苹果、红枣为主的经济林基地建设形成规模，经济林已成为全市农村商品经济支柱产业之一。1998 年，受果品市场影响，经济林面积逐年减少。2008 年，甘州区经济林保存总面积 54973.5 亩，其中，国有 23227.5 亩，占 42.3%；集体所有 262.5 亩，占 0.5%；个人所有 31483.5 亩，占 57.2%。

特种用途林：至 2008 年，全区有人工营造的特种用途林 66207 亩，其中东大山自然保护区特种用途林 66000 亩（有林地 19513.5 亩、疏林地 184.5 亩、灌木林地 46302 亩）；森林覆盖率 45.9%，活立木总蓄积 197510 立方米。市水源涵养林研究院（龙渠苗圃）云杉母树林 175.5 亩，蓄积量 70 立方米；城区环境保护林 31.5 亩，林木蓄积量 296 立方米。

林木权属 国有林。省、地、市机关、厂矿、学校林（农）场林木：经 2008 年林业二类资源清查，省、地、市机关、厂矿、学校农林场 36 个，总经营面积 8693 公顷，其中，有林地 2127.8 公顷，疏林地 4.4 公顷，灌木林地 14.3 公顷，未成林造林地 316.2 公顷。活立木总蓄积量 59902 立方米。

集体林。乡村集体林场：1990 年，乡级集体林场发展到 10 个，村级集体林场发展到 136 个，林场专业劳动力 1043 个，经营面积 8.8 万亩，其中经济林 1.06 万亩、四旁树木 203 万株。乡村集体林场随着农村大包干承包责任制的深化，林场土地逐步承包、租赁到农户，实行单户或联户、分户承包、租赁经营。

集体林木：至 1993 年底，全市集体林业用地 504780 亩，其中有林地 256710 亩（防护林 161085 亩、经济林 95625 亩）、疏林地 19620 亩、灌木林地 1275 亩、未成林造林地 58800 亩、苗圃地 1110 亩、宜林地 167265 亩。2010 年集体林权制度改革，集体林木通过承包、租赁、购买等形式划归农民个人经营。三闸镇林场林地没有参与集体林权改革，总蓄积量 2168 立方米，防风固沙林面积 357 公顷，其中乔木林 291 公顷、灌木林 66 公顷。

非公有制林业。至 1990 年末，私人、个体造林面积 20.9 万亩，四旁植树 800 多万株；家庭林场、专业户由 1983 年的 740 户发展到 2000 户。私人造林由单一树种发展到乔木、灌木、经济林、乔灌混交、林粮间作，为全区非公有制林业经济发展打开局面。

20世纪90年代末，全市经济林面积达23.89万亩；发展经济林万亩乡12个，千亩村88个，百亩社475个，十亩以上果园户485户；庭院果树发展到100多万株，经济型复合林网1.17万亩；果品总产量达6830万公斤；从事果品和木材运销个体户425户，从业人员1288人；年销售果品1900万公斤，销售木材0.6万立方米；运销产值达3030万公斤，占林果业产值的25%。至2010年，全区非公有制林业经济户达101户，其中区外户13户，区内户88户；个体84户，入股联营1户；小果园7户，小林场42户，小苗圃12户；从业人员971人；总产值达2908.12万元，占全区林业经济总产值的60.8%。其中，100亩以上的造林大户（公司、个人）42户，500亩以上的造林大户（公司、个人）24户；个体承包造林最大面积0.4179万亩（甘霖公司）。个体、非公有制苗圃12个，育苗面积484.7亩，年生产各类苗木193.9万株。木材、果品加工企业28个，年加工木材15990立方米；果品加工604.5万公斤，从业人员230人。个体木材加工、贩运及果品贩运户28户，年加工木材1.279万立方米，贩运木材0.32万立方米，贩运果品100000万公斤；运销产值625万元，占林业总产值的13%；从业人员177人。

林木资源 1993年，全市林木总蓄积量123.0768万立方米，其中东大山天然林12.8066万立方米，人工林110.2702万立方米。2008年，全区宜林地239142亩，林木总蓄积量97.2471万立方米。

园林绿化树种。主要有油松、刺柏、桧柏、漳河柳、金丝柳、樟子松、杜松、水蜡、樱花、紫叶矮樱、白杜鹃、紫杜鹃、园冠榆、大叶榆、长枝榆、洒金柏、紫叶李、豆瓣黄杨、红叶小檗、枫杨、香花槐、法桐、贴梗海棠、红瑞木、红叶桃、银杏等。

经济林树种。主要有红富士、美国蛇果、苹果梨、早酥梨、锦丰梨、雪花梨、雪梨、库尔勒香梨、黄金梨、早酥、红梨（美人酥、七月酥、红香酥、日面红）、鸭梨、甘梨、酥木梨、冬果梨、车头梨巴梨、莱阳梨、彬州梨、红提、里扎马特、扎娜、蛇龙珠、品丽珠、赤霞珠、凤凰51号、巨峰、红地球、美人指、富士罗莎等。

第三节　林业建设

1991—2016年，先后实施“三北”二期、三期工程，平原绿化工程、退耕还林工程、封山（滩）育林工程、重点生态公益林保护工程、重点风沙区利用日元贷款生态环境综合治理工程、湿地资源保护工程等。20世纪90年代，按照“南保青龙、中扩绿洲、北锁黄龙”和“外扩绿洲、内建园林”工作要求，建设重点向风沙口、沙区周围等要害部位、关键地段转移，城区机关单位坚持不懈地进行义务植树，重点治理西城驿沙窝、兔儿坝滩，林业生态环境建设明显，平原区域绿洲生态环境好转。进入21世纪，重点投资农村150多个村小康住宅区绿化，五大出城口绿化、美化，国道、省道60公里绿色通道建设和工业园区绿化；东大山高山天然林及平原湿地自然保护区建设，湿地资源保护，城郊湿地公园建设、平山湖滩、南滩、石岗墩滩、兔儿坝滩荒滩天然灌木植被封育保护等工程相继实施。

林木种苗 种子生产。1991—2000年，国营林场为满足当年育苗任务计划采集沙枣、柠条种子。2000年后，以满足本单位（个人）需要为目的，全区采种量很少，主要树种为沙枣、柠条、国槐等。

育苗。2001年后，育苗生产向集约化、专业户方向发展，逐步形成苗木培育、经销专业大户10个，形成东二环路、南二环路等苗木集散市场。至2016年，全区注册成立林业育苗专业合作社13个。1991—2010年，全区育苗61016.5亩，出圃各类苗木13874.3万株。

人工造林 1991—2011年，全区人工造林累计面积56.38456万亩，其中防护林24.9193万亩，占44.2%；经济林27.66596万亩，占49.1%；用材林3.7993万亩，占6.7%。按所有制成分划分，国有造林10.70449万亩，占19%；集体造林0.83094万亩，占1.5%；个体和非公有制造林44.84913万亩，占79.5%。

甘州区1991—2016年造林面积统计表

表6-3-2 单位：亩

年度	造林总面积（亩）	其中，按林种			其中，按权属		
		防护林	经济林	用材林	国营	集体	个人
1991	30960	17591	13369	—	3521	5109	22330
1992	33350	9329	24021	—	3022.3	3200.4	27127.3
1993	42676	3752	38924	—	4268	—	38408
1994	43394	5206	38188	—	5838	—	37556
1995	35100	2834	32266	—	6048	—	29052
1996	34274	4573	29701	—	3147	—	31127
1997	43104	9036	23725	10343	9513	—	33591
1998	29300	14400	14900	—	3822	—	25478
1999	29165	19066	10099	—	1864	—	27301
2000	67383	32733	17750	16900	8736	—	58647
2001	48054.4	25100	15497.4	7457	6475.4	—	41579
2002	52903.2	37283	12327.2	3293	9648.2	—	43255
2003	6090	3390	2700	—	4890	—	1200
2004	4000	4000	—	—	3000	—	1000
2005	4000	4000	—	—	3200	—	800
2006	2000	2000	—	—	1500	—	500
2007	4000	4000	—	—	3070	—	930

续表 6-3-2

年度	造林总面积（亩）	其中，按林种			其中，按权属		
		防护林	经济林	用材林	国营	集体	个人
2008	39800	39500	300	—	13390	—	26410
2009	1792	1300	492	—	1592	—	200
2010	4000	2800	1200	—	3500	—	500
2011	8500	7300	1200	—	7000	—	1500
2012	15500	12250	3250	—	7000	—	8500
2013	11333	3733	7600	—	3333	—	8000
2014	9000	2000	7000	—	1000	—	8000
2015	8000	3000	5000	—	1000	—	7000
2016	13500	5000	8500	—	2500	—	11000

义务植树 1991—2016 年，全区开展大规模义务植树 26 次，有 525 万人次参与，年均 21 万人；累计植树 4462.5 万株，年人均 8.5 株，折合面积 10.14 万亩。

第四节 育 林

封山封滩育林 封山育林。2001 年“天然林保护工程”启动以来，东大山自然保护区拉设刺丝围栏 37.6 公里，完成封山育林 2.06 万亩。在出入山路口、林区外围重点地段设置各类宣传碑牌 700 余块，在管理站、护林站、林缘村社书写固定宣传标语 700 余条，强化封山育林工作宣传。

封滩育林。1984 年成立石岗墩天然植被管护站，对石岗墩滩天然植被进行封育管护，界定封育管护面积 10 万亩。采取划定封育范围，埋设界碑，禁止放牧、采沙取土等措施对荒滩天然灌木进行封育保护。2001 年成立兔儿坝天然植被管护站，对兔儿坝滩荒天然植被进行封育保护，划定管护面积 2.2 万亩。2000—2005 年，在兔儿坝滩、红沙窝滩和石岗墩滩封护面积 21300 亩。2006—2010 年，重点对兔儿坝滩、红沙窝滩、石岗墩滩、南滩等绿洲边缘的沙生灌木丛进行封滩育林（草）工程建设，五年内新封 7 万亩。2006 年后，实施重点生态公益林补偿资金项目，中央、省财政每亩补偿 4.50 元。平山湖滩、南滩、石岗墩天然植被管护站及兔儿坝天然植被管护站全部实施封滩育林。2010 年，设立平山湖（小水）、龙渠（龙首村）、和平（朱家庄）3 个公益林管护站，修建护林站 3 处，招聘临时管护人员 25 人，对上述列入国家规定的特别灌木公益林进行管护。至 2016 年，封育平山湖滩 31.0647 万亩、南滩 20.1270 万亩、石岗墩天然植被管护站 8.5894 万亩、兔儿坝天然植被管护站 2.2740 万亩。

第五节　设施建设与重点林业工程

2009年，分别在九龙江林场、红沙窝林场修建钢制防火瞭望塔各1座，塔高12米。至2010年底，国有林区护林站总数21处，其中东大山林区6处、九龙江林区6处、西城驿林区3处、红沙窝林区2处、石岗墩植被管护站1处、局管公益林管护站3处。至2008年，东大山、九龙江、西城驿、红沙窝、石岗墩、兔儿坝和新墩苗圃全部架设程控电话，实现互联网办公、信息传输自动化。

甘州区2001—2010年天然林保护工程国家及省级财政投资统计表

表6-3-3

年度	总投资（万元）	其中，万元		
		管护费	封山育林	其他
2001	63.43	34.00	29.43	63.43
2002	63.52	39.34	24.18	63.52
2003	47.08	24.40	22.68	47.08
2004	47.87	27.71	20.16	47.87
2005	37.10	28.60	8.50	37.10
2006	25.00	25.00	—	25.00
2007	32.70	28.60	4.10	32.70
2008	20.00	20.00	—	20.00
2009	28.00	28.00	—	28.00
2010	30.00	30.00	—	30.00
合计	394.70	285.65	109.05	394.70

林业重点工程　“三北”防护林建设工程。“三北”防护林建设二期工程（1986—1995年）：张掖市造林23.6880万亩，其中防护林8.4975万亩，占35.5%；经济林8.3025万亩，占34.5%；未成林造林地7.158万亩，占30%。完成沙生植被封护19.0005万亩，育苗27076亩。

“三北”防护林建设三期工程（1996—2000年）：全市完成人工造林20.3226万亩，占规划任务14.0000万亩的145%。其中防护林7.9808万亩、经济林9.6175万亩、用材林2.7243万亩；造林总面积中，国营造林2.7082万亩、个体和非公有制单位造林17.6144万亩。列入国家投资计划3.1797万亩（其中防护林1.6971万亩，经济林1.4826万亩）；完成封山（沙滩）育林育草15万亩，零星植树224.9万株，全区森林覆盖率由 1995 年的 10.6%提高到 2000 年的 11.2%。五年累计育苗 1.3408 万亩，占规划任务 6900 亩的 194.3%，年均育苗 2682 亩。建设良种基地采穗圃 3 个，面积 1245 亩；母树林 1 个，面积 1215 亩；采种基地 2 个，面积 2685 亩。

“三北”防护林建设四期工程（2001—2010 年）：全区完成人工造林 16.66396 万亩，占规划任务 42.111 万亩的 39.6%。完成封滩育林 31200 亩，占规划任务 7.89 万亩的 39.1%；育苗 37374.3 亩。全区森林覆盖率由 2000 年的 11.2%提高到 2010 年的 18.23%。

防沙治沙工程。1991 年工程正式启动，至 2000 年不再单列工程，共实施 10 年。甘肃省纳入防沙治沙工程区的 21 个县（区、市）、228 个乡（镇）中张掖市整体纳入。先后治理南滩、石岗墩滩、兔儿坝滩、双墩子滩及西城驿、红沙窝、九龙江、神沙窝、兴隆沙窝等荒滩荒沙地造林 3653 公顷，控制流沙，恢复被沙埋压的农田 20 多万亩，对防御绿洲外围风沙危害发挥重要作用。至 2000 年底，完成以治沙为主要目的的造林面积 11.85 万亩，林木蓄积量由 1991 年的 110 万立方米增到 2000 年的 152 万立方米，全市 60%的流动沙丘基本得到控制。40 万亩受害农田得以保护，已沙化的近 10 万亩土地变成良田，土壤盐碱化面积由 10.7 万亩减少到近期的 3.1 万亩。

防风治沙林带

退耕还林工程。2002 年开始实施，至 2010 年，累计完成退耕还林面积 97000 亩，其中退耕地还林 5.3 万亩、荒滩造林 1 万亩、封滩育林 3.4 万亩。

天然林保护工程。东大山自然保护区作为甘州区唯一天然林区，自 2001 年开始实施天然林保护工程，至 2010 年完成总经营面积 14.34 万亩、有林面积 9.6 万亩天然林的管护任务，封山育林 2.06 万亩，拉设刺丝围栏 37.6 公里，设置各类宣传碑牌 700 余块。

生态公益林保护工程。国营林区公益林：2004—2005 年，张掖市下达甘州区重点公益林面积 13.46 万亩，其中国有 12.59 万亩。2006—2008 年，张掖市下达甘州区重点公益林面积 73.46 万亩，其中国有 72.05 万亩。2009—2010 年，张掖市下达甘州区重点公益林面积 73.53 万亩，其中国有 72.12 万亩。两次工程均由九龙江林场、红沙窝林场、西城驿林场、兔儿坝植被站、石岗墩植被站、新墩苗圃、祁连山水源涵养林研究所、张掖市林果研究所、张掖工业园区园林站以及南滩、平山湖滩和东大山管理站等单位实施。

乡村集体和国营机关单位公益林：2004—2005 年，张掖市下达甘州区重点公益林面积 13. 46 万亩，其中集体公益林 0. 87 万亩，由龙渠乡、小满镇、乌江镇、新墩镇、甘浚镇、三闸镇和靖安乡组织实施。2006—2008 年，张掖市下达甘州区重点公益林面积 73. 46 万亩，其中集体林 1. 3 万亩、其他所有制和个人林 0. 18 万亩，由碱滩镇、梁家墩镇、党寨镇、龙渠乡、小满镇、大满镇、乌江镇、新墩镇、甘浚镇、沙井镇、花寨乡和三闸镇组织实施。2009—2010 年，张掖市下达甘州区重点公益林面积 73. 53 万亩，其中国有 72. 12 万亩，由碱滩镇、梁家墩镇、党寨镇、龙渠乡、小满镇、大满镇、乌江镇、新墩镇、甘浚镇、沙井镇、花寨乡和三闸镇组织实施。

湿地保护工程。2006—2012 年，甘州区共管护湿地面积 5139. 14 公顷，埋设湿地界桩 6420 个、界碑 400 块，其中架设围栏 30 公里，封护面积 544 公顷，完成张掖黑河湿地国家级自然保护区 10 个固定湿地样地的设置及调查记录工作。落实国务院办公厅《关于加强湿地保护管理的通知》和《甘肃省湿地保护条例》精神，严格控制开发占用自然湿地，凡是全区天然湿地一律禁止开垦占用或随意改变湿地用途，采取各种有效措施，恢复湿地的自然特征和生态特征。按照行政区划范围，依法做好湿地登记、确权、发证等基础工作，对全区公滩湿地按照部门事权管理范围，将保护责任落实到部门、乡镇、单位。强化自然湿地开发利用管理，从源头上杜绝以破坏湿地资源、牺牲生态环境为代价换取短期经济利益的行为，对涉及向湿地区域排污或改变湿地自然状态以及建设项目占用湿地的，审批时要会同相关部门按照《中华人民共和国环境影响评价法》等法律法规进行环境影响评价严格审批。加强对湿地保护的监管，组织林业、环保、土地、水利等部门联合执法，对违法占用、开垦、填埋以及污染湿地的情况进行检查，依法制止打击各种破坏湿地的违法行为，对造成湿地生态严重破坏的责任单位和个人要追究法律责任。

重点风沙区利用日元贷款生态环境综合治理项目。2004—2009 年，甘州区西城驿林场、红沙窝林场、石岗墩植被站、有年科技农场、湿地保护与绿化工程项目建设管理处、九龙江林场、兔儿坝植被站等 7 个单位实施建设。完成主体工程建设任务 10163. 4 公顷，占计划任务的 108. 1%，其中完成生态公益林 2059. 96 公顷，占计划的 121. 3%；完成经济林 455. 9 公顷，占计划的 99. 5%；完成封沙育林 7647. 52 公顷，占计划任务的 100%。

平原绿化达标工程。1988 年，张掖市被甘肃省列入平原绿化县；1989 年，平原区绿化覆盖率达 16. 2%，实现平原绿化达标，国家林业部授予“全国平原绿化先进单位”称号，成为甘肃省第一批达标县（市）。

一期工程（1988—2000 年）：1988 年，张掖市启动平原绿化工程，以农田林网建设为主体，四旁植树为基础，河渠绿化为骨干，绿色通道建设为重点，按照“渠、路、林、田配套，带、片、网、点结合，乔、灌、草、花搭配，多种产业立体复合经营”的建设思路，开展全民义务植树。1988—2000 年，全市完成成片人工造林 17. 9629 万亩、四旁零星植树 4000 万株、庭院植树 100 万株，绿化四级渠道 4458 千米，占渠道总长 5371 千米的 83%；绿化四级道路 4409 千米，占四级道路总长 4598 千米的 95. 8%；

农田林网折算面积4.36万亩，覆盖耕地总面积的92%；绿化乡、村223个，初步实现农田林网化、渠路林带化、经济林基地化、村庄林场化、林农经营立体化、城镇机关园林化目标。

二期工程（2001—2010年）：完成工程造林17.5695万亩，其中人工造林9.3891万亩、封滩育林8.1804万亩，折合投资1185.5万元。完成退耕还林工程9.7万亩，其中退耕还林5.3万亩、封滩育林3.4万亩、荒滩造林1万亩，折合投资4048.2万元。平原区绿化向绿洲外围延伸。

第六节　森林资源管护

林政管理　采伐管理。1984年9月20日，《中华人民共和国森林法》颁布实施；全县林木采伐管理有法可依，开始实行林木采伐许可证制度，林业局审批、发放林木采伐许可证，国营林场、国有机关单位农林场林木由县林业局统一审批发放；农村集体林木、农民房前屋后四旁树木采伐由林业局委托乡镇人民政府审批发放。1989年，将集体、农户树木林木采伐许可证发放权限收归林业局。1990年，全市统一使用由省林业厅印制的林木采伐许可证。1993年，出台《张掖市林木采伐限额全额管理办法》，按照年采伐量不超过生长量的原则，确定并分解下达各乡镇、国营单位采伐限额。1998年以来，按照地区行署下达的采伐限额，根据各乡（镇）机关单位农林场的林木资源面积和蓄积量，从市到乡（镇）分解下达采伐限额指标，实行市乡分级控制管理，完善限额采伐审批制度，由市林业局统一管理。采伐蓄积在5立方米至10立方米，由林业局领导会签；对材积超过10立方米的，由局长办公会议研究审批或报请市政府审批。2000—2010年，逐步执行甘肃省林业厅制定的限额采伐管理办法和制度。

木材运输管理。1993年开始实行林产品准运证制度，任何单位和个人运输木材出境，要有林业主管部门签发的木材、林产品准运证方可运输木材。1995—1997年，经省林业厅批准，在国道312线、省道227线设置“木材检查站”，对过境、出入境木材进行检查。1997年10月，成立林政稽查大队，境内木材运输管理工作得到加强。1997—2016年，林业执法机构常年在境内主干道路巡查，查处无证运输木材案482起、其他案件550起；处罚当事人600多人次。

林木林地资源管护　1991年以后，全市国营林场护林人员落实分片包护、责任到人责任制，实行“四无一完整”目标管理（无乱砍滥伐、无森林火灾、无牲畜啃伤、无乱挤乱占林地、保持林相完整），保护林木、林地，防止森林火灾。2001年以来，加大天然植被等资源保护力度，成立“兔儿坝天然植被管护站”，对兔儿坝滩5.4万亩天然植被进行封育保护。制定《甘州区湿地保护管理办法》，颁布《关于加强湿地资源保护工作的通告》，倡导人们保护生态环境。是年成立“湿地资源管护站”，对辖区境内湿地管护。2006—2008年，林业部门开展专项行动，对滥采湿地保护区芦苇叶、乱折沙枣花现象进行制止，治理周边群众乱挖猪毛菜、红砂、黄蒿等天然灌木、破坏植被的现象。1988—2005年，张掖市林业派出所、林业局林政资源股、林政稽查大队共查处各类案件479起，其中刑事案件58起、治安案件37起，逮捕51人、拘留13人；林政案件394起，查获木材1437立方米，处理违法人员499人。2006—2010年，甘州区林业公安分局、林政稽查大队共查处各类案件169起，其中刑事案件20起、治安案件6起、林业行政案件255起，查获木材507立方米；处理各类违法人员322人次、逮捕17人次、拘留10人次，查获木材2058立方米。2011—2016年，甘州区林政稽查大队查处滥伐林木案745起，处罚745人；毁坏林地案11起，处罚11人。甘州区公安局森林分局查处林区刑事案件85起，治安案件144起；逮捕11人、判刑75人次、治安拘留34人次、经济处罚157人次。

森林防火　1988年成立“张掖市护林防火指挥部”，协调指挥境内护林防火工作。至2010年，东大山管理站、九龙江林场、西城驿林场、红沙窝林场、兔儿坝管护站、石岗墩植被管护站、新墩苗圃等国营林场（圃、站）与林缘乡镇联合成立护林联防委员会7个，组建义务扑火队23支881人。2009年成立武警张掖森林支队，下设2个大队，其中甘州大队下设3个中队、86人。至2010年底，国营林场（站）158名职工组建7支半专业扑火队，负责国有林区内发生森林火灾的扑救。林缘乡镇以村为单位建立以基干民兵为主的群众义务扑火队，主要任务是协同林场半专业扑火队员对邻近林区火灾进行扑救。至2010年底，武警张掖森林支队甘州大队防火设备主要有灭火机60台、水泵6台、消防车1辆、运兵车6辆等。各国有林场、管理站、苗圃下设护林站27个，共有森林消防指挥车4辆，森林消防摩托车6辆，防火瞭望塔2座，风力灭火机59台、发电机13台，油锯16个，割灌机14台，帐篷10个，扑火服86套，GPS 5台，望远镜9架，铁扫把621把，水枪5把。

林业有害生物防治　产地检疫。1983年，林业局固定专职检疫人员2人，产地检疫工作步入正轨。1984年，张掖县林木病虫害检疫防治站成立，检疫工作加强。1985—1990年，检疫出圃苗木1000万株，销毁带有杨园蚧、十斑吉丁虫、沙枣吐伦蛎蚧0.5万株。1991—1996年，检疫出圃苗木400万株。1997—2005年，加强苗木、木材、烧柴等林产品的产地检疫，检疫面积达0.62万亩、苗木3100多万株，查处销毁带有黄斑星天牛、青杨天牛、白杨透翅蛾等苗木1.7万株，产地检疫率达98%。2006—2016年，产地检疫各类苗木0.314万亩、4120万株，办理产地检疫合格证700份、检疫要求书152份，查处销毁带有黄斑星天牛、青杨天牛等检疫性危险性病虫苗木12万株，复检苗木130万株；检疫灭虫处理虫害木25.8万株，检疫各类花卉100多个品种、约1200万盆。2006—2016年，产地检疫各类苗木0.314万亩、4120万株，办理产地检疫合格证700份、检疫要求书152份，查处销毁带有黄斑星天牛、青杨天牛等检疫性危险性病虫苗木12万株，复检苗木130万株；灭虫处理虫害苗木25.8万株；检疫各类花卉100多个品种、约1200万盆。

调运检疫。1996年，在国道312线、227线设置两处检疫固定哨所，对过往带有危险性有害生物的寄生植物及果品实施严格的检疫检查。2000—2016年，调运检疫苗木450万株，原木25000立方米、板材300万张，药材105吨，办理调运检疫证1800份；依法处理无证调运的苗木3.2万株。查处违章收购虫害木6起，销毁带虫木材30多立方米；销毁调入辖区带有黄斑星天牛垂榆苗木500株。对区内木材加工厂、苗木经销户发放森林植物检疫登记证，进行年审检查。

监测预报。1985年，“林业三站”组织技术人员对沙枣尺蠖、杨毛蚜等害虫进行测报。1987—1996年，设立5个监测点，定期监测预报杨蓝叶甲、沙枣木虱、沙枣尺蠖、内蒙粉毛蚜、介壳虫、红蜘蛛、梨木虱、大青叶蝉等普遍发生害虫。1997年设立20个测报点，在各乡镇单位聘请兼职检疫员20名，在固定监测点监视蛀干天牛及其他食叶害虫的发生、危害情况。1998—2004年，运用黑光诱虫灯监测预报虫情。2004年，甘州区林木病虫害检疫防治站被国家林业局列为“国家中心测报点”，重点监测春尺蠖、杨蓝叶甲，此后每月进行网上数据汇报。2007年开始，主要监测红枣食心虫发生和危害情况。2009年，开始对松材线虫病、枣实蝇、加拿大一枝黄花进行监测，发现传入加拿大一枝黄花2处，及时进行了铲除销毁。2010年设置监测点20个，重点监测黄斑星天牛、春尺蠖、沙枣白眉天蛾发生和危害等情况。2005—2010年，及时发布病虫害测报信息20期。2016年，甘州区主要监测对象有枣实蝇 Carpomya vesuviana Cost 松材线虫病 rsaphelenchus xylophilus（St. etBu.）Nickle。

虫害防治。进入20世纪90年代后，对重大林业有害生物防治实行综合治理，推广营林措施和生物防治技术，化学防治采用高效低毒低残留农药和无公害、不杀伤天敌的生物、仿生物制剂。2000年以来，防治天牛药剂主要用触破、绿化威雷等微胶囊仿生物农药。

病害防治。1990—1995年，张掖市梨根基湿腐病发病率30%，指导应用砧木建园、高接、刮皮涂药、围土堰等方法防治，效果明显。

野生动植物保护　境内保护动物。甘州境内列入国家一、二级保护动物主要兽类有：雪豹、岩羊、马鹿、猞猁、豹猫、鹅喉羚、水獭8种。鸟类有大天鹅、金雕、遗鸥、黑鹳、灰鹤、蓑羽鹤、小天鹅、疣鼻天鹅、暗腹雪鸡、红腹锦鸡、鸢、红隼、燕隼、枭等国家一、二级和世界自然保护联盟（IUCN）2003年确定为濒危等级保护鸟类15种。两栖类、爬行类相对贫乏。

境内保护植物。甘州境内属于国家一级、二级、重点保护的珍稀植物主要有：

发菜：（Nostoc commune var. flagelliforme）国家一级保护植物。

白梭梭：〔Haloxylon ammodendron（C. A. Mey.）Bunge〕国家二级保护植物。

沙生柽柳：别名红柳（Tamarix chinensis），国家重点保护植物。

裸果木：（Gymnocarpos Przawalskii Maxim）国家二级保护稀有种。

蒙古扁桃：（Amygdalus mongolica）国家二级保护稀有种。

肉苁蓉：（Cistanche deserticola Ma）国家重点保护植物。

樟子松：（Pinus Sylvestris var ，mongolica Lity）国家重点保护渐危种。

紫斑牡丹：国家重点保护植物。

香水月季：稀有种，国家重点保护植物。

第七节 林业改革

林业分类经营 1995 年，国家体制改革委员会、林业部联合下发《林业经济体制改革总体纲要》，将林业分类经营列为林业改革首项内容。2003 年下半年，甘州区林业分类经营改革启动。2004 年，甘肃省林业厅、甘肃省财政厅出台《甘肃省重点公益林区划界定办法》，全区林业分类经营区划界定工作全面铺开。将经济林、薪炭林作为商品林经营管理，放宽经营政策，集约经营，增加木材等林产品的有效供给，以获取最大的经济效益，加快林业经济的发展；将防护林和特种用途林作为公益林经营管理，实行重点保护，禁止商品性采伐，享受国家及地方公益林的补助政策。张掖市审核下达甘州区重点公益林面积，2004 年一期工程面积 13.46 万亩，2006 年二期工程面积 73.46 万亩，2007 年后根据林地面积增减变化进行局部调整。2004 年起，对生态公益林由国家列入“国家重点生态公益林补偿项目”，国家和省级财政每亩补偿 4.5 元，强化措施、固定专人进行重点保护；对商品林由林场按照产业发展要求进行自主经营，对外、对内承包和租赁经营。

林权制度改革 甘州区从 2009 年开始以“明晰所有权、放活经营权，落实处置权、确保收益权”为主要内容的集体林权制度改革，确立农民的经营主体地位，重新构建一个公正合理的利益分配格局。

集体林权制度主体改革。从 2009—2011 年进行集体林权制度主体改革，围绕“生态受保护、农民得实惠”“实现资源增长、农民增收”的目标，成立机构、制定方案、勘界确权、调处纠纷、签订合同、林权登记、颁发权证，对全区林权制度进行改革。至 2011 年 12 月，全面完成动员部署、宣传培训、制定方案、勘界确权、检查验收等各项改革任务。全区有集体林地 14.1 万亩，纳入林改面积 14.1 万亩，其中公益林 2 万亩、商品林 0.49 万亩、宜林地 11.61 万亩。林改涉及 15 个乡镇、77 个村、424 个合作社、12741 户，填写林权证书 4083 本，林改前已将林地向外承包，继续维护合同的 3061 亩；林改前已将林地分林到户，确权认可的 255 亩；采取按人分地、分户承包的 10.9 万亩，占确权面积的 77.6%；对户均不到 1 亩的 2.83 万亩集体林地，采取承包到户、联户发证、统一经营、按人分红的方式进行分配。

集体林权制度配套改革。2012 年开始，以“完善政策、加强扶持、搞好服务、规范管理，建立产权归属清晰、经营主体到位、责权划分明确、利益保障严格、流转规范有序、监管服务有效的现代林业产权制度”为目的，以“林有其主、主有其权、权有其责、责有其利，实现林业发展、资源增长、农民增收、生态良好、林区和谐”的目标。制定《甘州区集体林权制度配套改革工作方案》，集体林权制度配套改革有序展开。

第四章　农　　机

20 世纪 90 年代以来，随着农村家庭联产承包责任制的推行和农村产业结构的调整，农业机械和农业机械经营体制发生变化。2005 年，国家实施农机购置补贴政策以来，甘州区农业机械化进入快速发展期。农业机械的应用领域由种植业扩大到农、林、牧、副、渔各产业，类型也由小型向大中型、单一作业型向高性能复合型转变；作业环节由产前作业发展到产前、产中、产后作业；应用范围由农田作业扩展到农产品生产、加工、销售等农业产业链；经营形式由国营、集体经营形式发展到农户或以合作、股份制等多种形式的农业经营合作组织。

第一节　机　　构

管理机构　1959 年设立“张掖市农业机械局”。1986 年撤销张掖市农机管理站，恢复张掖市农业机械管理局，为市政府职能部门，事业单位，下辖农机技术服务站、农机监理站、农业机械化服务公司 3 个科级单位。1991 年，农机公司划归甘肃省农机公司领导。2002 年，张掖市农业机械管理局更名“甘州区农业机械管理局”。2010 年机构改革中，农机局整合划入区农牧局，原职能、业务不变。

监理机构　1984 年，成立“张掖县农机安全监理站”，与张掖县农机管理站一套班子。2002 年，张掖市农业监理站更名“甘州区农机监理站”。

培训机构　甘州区农机校始建于 1976 年。1991 年，从张掖市农机局划出，隶属张掖市农机局；是年，经省、地、市教育行政主管部门和省、地、市农机主管部门评估验收，正式纳入成人中等教育管理序列。2007 年，甘州区农机化学校职能及人员整体划入甘州区社会服务培训中心。

推广机构　1972 年成立“张掖县农具改革研究所”，隶属张掖县农机局。1979 年更名“张掖县农机研究所”。1983 年，农机局撤销后归农牧局主管。1986 年 5 月，恢复张掖市农业机械管理局后归其主管。1991 年更名“张掖市农机化技术推广服务站”。1997 年更名“张掖市农业机械化技术推广站”。2002 年更名“甘州区农业机械化技术推广站”。

第二节　农业机械

1989 年，张掖市农机总动力达到 14.92 万千瓦，各类拖拉机拥有量达到 5131 台，其中大中型拖拉机 534 台、小型拖拉机 4597 台、农用动力机械 6156 台。耕作机械和收获机械 4029 台，畜牧机械 2027 台，拖拉机与农具的配套比达到 1∶0.98；农副产品加工机械2719台，农业机械总值达到6594万元。1991年，红旗—100型大型四轮拖拉机出现，同时，东方红—75（履带式）、铁牛—55、天水—15、天山—150等轮式拖拉机在全市的拥有量大幅度增加。全市农机总动力达到19.22万千瓦，各类拖拉机拥有量达到6849台，其中大中型拖拉机616台、小型拖拉机6233台、农用动力机械6738台。到1992年，以兰州生产的兰驼牌、金驼牌以及南京产的金蛙牌、山东产时风等为主的三轮机动车大量出现，全市拥有量达到496台。1993年，人力插秧机和脚踏打稻机出现。1996年，张掖市农机服务站引进全市第一台新疆—2型小麦谷物联合收获机。1997年，农户自发购买自走式谷物联合收获机达到7台，全市农机化作业链条由产前向产中延伸。2001年，市农机推广站引进1台东洋牌PF455S型水稻插秧机、1台田园管理机，农机化作业由主要农作物机械化向水稻、设施农业发展；全市农机总动力达到44.2万千瓦，各类拖拉机拥有量达到11059台。2002年，全区新增牧草收获机8台。2003年新增牧草打捆机4台、饲料粉碎机2981台，农业机械向养殖产业发展。2005年起，甘州区农机化发展持续十余年高速发展，农机拥有量剧增。至2016年，争取补贴资金9785万元，补贴机具11508台（件），受益农户8455户，拉动社会投资27839万元。全区拥有各类拖拉机18417台，大中型动力机械达到6281台，配套农机具47322台（件），配套比达到1∶2.6；精少量播种机械达到2819台，联合收获机械达到135台，自走式青饲料收获机械达到372台，畜牧养殖机械达到10739台；农机原值达到82363万元，净值达到64720万元。全区机耕、机播、机收面积从1991年的46万亩、34万亩、7万亩提高到2016年的88万亩、84万亩、52万亩，耕、播、收机械化综合水平从42.75%提高到2016年的77.33%。

农民买到的国家补贴农机具

第三节　农机管理与培训

农机管理　依法对拖拉机、联合收割机及农用运输车驾驶人员安全教育、驾驶证年度审验，拖拉机、联合收割机及农用运输车辆的挂牌入户、监督检查、年度检验，农机事故处理等业务。常年开展拖拉机、联合收割机的注册登记、年度安全技术检验以及其他危及人身安全的农业机械（机动植保机械、脱粒机械、饲料粉碎机械、铡草机械）的安全技术检验，对村镇、田间、场院作业中的农机安全监督管理。

农机培训 1999年前，张掖市农机化学校主要从事全市农机管理干部、拖拉机驾驶员、农机修理工、农机操作人员技术培训。1991—1998年，举办农机驾驶员培训班85期，培训发证农机驾驶员12502名；农机修理工培训班23期，培训发证646名；培训农机管理干部600多人次；机电专业中专班连续招生4届毕业120人；培训各类农机操作手15000多人次。1999年，承办“五小”（农用运输汽车、农用三轮车、三轮摩托车、两轮摩托车、拖拉机）车辆驾驶员的培训业务。2008—2016年，甘州区整合教育培训资源，将区农机校划入培训中心，组织开展农机驾驶及实用技术培训，共举办农机驾驶员培训班42期，培训发证3521人，其中举办农民阳光工程农机驾驶员培训班14期（免费），培训700人；新型职业农民农机新技术、新机具培训班3期（免费），培训146人；享受农机购机补贴的驾驶员培训班25期，培训2675人。举办农机修理工培训班13期，培训806人；举办农机操作手培训班82期，培训5873多人次。

第四节 农机科技推广

农机科技推广主要以农业机械化示范基地为依托，为农民和农业生产经营组织提供公益性农业机械化技术推广、培训等服务。1991—2001年，推广小麦分层播种技术、小型拖拉机节能技术、机械铺膜技术、小麦机械化脱粒技术。“机械分层施肥播种技术推广”，实施“丰收计划”和“化肥深施”两大课题，实施“河西‘两高一优’小麦、玉米机械化生产技术”推广项目，“35万亩小麦、玉米高产高效机械化生产技术”项目，项目获全国农牧渔业丰收奖三等奖；推广地膜小麦穴播机械化技术、化肥机械化深施技术、节种及精少量播种技术、小麦联合收获技术、全方位深松技术、玉米机械化收获技术、带田小麦机械化收割技术、推广水稻机械化插秧技术、废膜捡拾机械化技术；实施部列“丰收计划”项目“玉米生产机械化技术推广”，项目获得甘肃省农牧渔业丰收奖三等奖。2002—2011年，自行研制的“玉米施肥播种铺膜复式作业机”获2002年度张掖市科技进步一等奖。推广“玉米施肥播种铺膜复式作业机”、多功能微耕机以及废膜捡拾，牧草收割，铺膜，马铃薯播种、收获，水稻插秧，高茬收割及秸秆还田、旋耕灭茬等机械化技术；成功研制小麦垄作播种机；畜牧饲草加工机械化技术推广。从2008年开始，实施部列玉米机械化收获项目、部列保护性耕作项目、畜牧养殖机械化、玉米生产机械化

新技术推广

等4个科技示范建设项目；同时建成番茄取籽机械化生产、啤酒花机械化收获等特色产业机械化生产示范点。2012—2016年，实施保护性耕作、马铃薯机械化生产示范、畜牧养殖机械化示范、玉米生产农机农艺技术融合示范、设施农业装备与技术示范、秸秆饲料化示范点、机械化废膜捡拾示范、中药材机械化生产示范、机械深松等项目9个，农机化技术25项，示范推广面积达到13万亩。探索并实践“农机推广+农机经销+农机合作社+农户”农机推广“甘州模式”，实施蔬菜全程机械化示范、畜牧养殖全程机械化示范、制种玉米生产全程机械化示范、特色产业关键环节机械化技术示范、基层农技推广体系改革与建设工作示范项目，建立农机科技示范点6个，完成示范面积2.8万亩，先进农机技术及机具得到广泛应用。全区制种玉米机械化水平达到75%，蔬菜机械化生产水平达到45.6%。

第五节　农机经营

农机经销　20世纪60年代初期，农机具由供销合作社经销。1965年，甘肃省农机公司在张掖设立“农机供应站”，张掖县农业机械公司于1966年成立。1990年，公司销售点发展到6个，全市农业机械的供销由农机公司独立负责经营。1997年，市农机公司改制重组为张掖市振鑫农机股份有限责任公司。同时在全市范围内股份制和私营农机流通企业逐步增多并发展壮大，农机经销品类不断增加，拖拉机、农用运输车、各类配套机具、农副产品加工机具等已能满足市场需求。至2016年，全区有农机经销机构87家，其中农机经销企业22家，主要以大中型动力机械、配套机具批发零售为主，农机经销点65个，分布在各乡镇，主要以农机具及配件零售为主。全区有农机经销从业人员152人。

农机维修　1990年，全市农机个体维修点221个，拥有各种修理设备827台，维修工402人。2001年，全区农机维修点达到281个，维修工691人，持证上岗人员214人。2016年，全区农机维修点达到172个，维修工428人，取得农机职业技能鉴定证书的修理工428人，年维修拖拉机及各种农机具49579台（件），农机维修收入750万元。

农机服务组织建设　1982年，农村实行家庭联产承包责任制，由集体经营的农业机械折价卖给农户，个体经营农业机械的数量逐年增加。1990年，全市拖拉机拥有量达到5866台，其中个体经营的拖拉机达到5743台，占拖拉机拥有量的98.5%，形成农机经营以个体经营为主的经营格局。2005年，甘州区农机局成立金牛农机协会，成为全区第一家农机协会，以开展农机化作业服务、推广应用农机新技术、新机具为主。2006年，甘州区第一家农机合作社——甘州区利农农机合作社成立。2011年，全区第一家股份制农机专业合作社——富海农民耕作农机专业合作社在乌江镇正式注册成立。此后，农机专业合作社发展迅速。至2016年底，全区农机专业合作社达到75个。

农机经营效益　1990年，全市农机总收入达到2607万元，其中农机个体经营总收入2544.13万元。1991年，农机经营总收入达到3170万元，纯收入1169.16万元。2001年，农机总收入达到20767万元，纯收入8307万元。2011年，农机经营总收入达到41755万元，纯收入18790万元。2016年，农机经营总收入达到57640万元，纯收入达到26633万元。

第五章　水　　利

第一节　机　　构

1993 年，张掖市水利电力局由水电机构分设，成立“张掖市水利局”。2002 年更名“甘州区水利局”。2003 年更名“甘州区水务局”。负责全区的水利工程建设、黑河调水、农田灌溉、抗旱防汛、节水型社会建设、水管体制改革等工作。水务局下属科学实验站、物资站、水利工程队、农村自来水供水总站、抗旱防汛服务队、大满水电处、盈科水管所、甘浚水管所、西干渠水管所、上三渠水管所、黑河总口水管所、安阳水管所、花寨水管所、乌江水管所、水资源办公室（水政监察大队、水土保持监督站）、黑河城防工程管理站等 16 个基层事业单位和 1 个黑河企业水电总公司；下属事业单位中 3 个为正科级建制，其余均为副科级建制。至 2016 年，全系统有正式干部职工 625 人，其中专业技术人员 233 人。

西干渠水管所　始建于 1964 年，曾用名“红旗水管处”，2002 年更名“甘州区西干渠水利管理所”。灌区设计灌溉面积 25.42 万亩，有效灌溉面积 18.97 万亩，辖沙井、明永 2 个镇的 39 个行政村和 23 个国营机关农、林场。灌区内已建成干渠及分干渠 5 条 42.55 公里、支渠 28 条 122.22 公里、斗渠 144 条 236.87 公里，建成斗渠以上各类建筑物 2387 座、农用机电井 736 眼。基本形成井河互补灌溉，渠路林田相配套，人饮供水与灌溉供水一体化管理运行模式。

大满水电处　始建于 1958 年，地处甘民公路 16 公里甘州区大满镇城西闸村，是甘州区三大灌区之一，以引黑河水灌溉为主、井灌为辅。灌区辖甘州区小满、大满、党寨、碱滩、三闸、上秦 6 个乡镇的 48 个行政村和 11 个国营机关农、林场，受益总人口 7.65 万人。灌区内建成干渠 1 条 59.7 公里、支渠 31 条 201 公里、斗渠 259 条 376 公里，建成斗渠以上各类建筑物 3142 座、农用机电井 953 眼；小（一）型水库 1 座，总库容 400 万立方米。设计灌溉面积 33.95 万亩，有效灌溉面积 30.2 万亩。

盈科水管所　位于甘州区城郊，辖新墩、小满、长安、党寨、梁家墩、上秦 6 个乡镇 74 个行政村，受益农业人口 10.6 万人，控制灌溉面积 19.7 万亩。灌区内建成小（一）型水电站 2 座，装机容量 2360 千瓦，配套机电井 603 眼；累计发展高效节水面积 9.2 万亩。建成高标准衬砌干渠、分干渠 3 条，长 40.5 公里；支渠 27 条，长 133.08 公里；斗农渠 1608 条，长 946 公里，干、支、斗、农四级渠道衬砌率分别达到 100%、96%、50.7%、15.8%。

甘浚水管所　位于张掖市城西南，水管所设在甘浚镇甘浚村四社，始建于 1956 年。下设 5 个管理站，3 个人饮供水厂。辖甘浚镇 17 个行政村、148 个生产合作社和肃南县白银乡、红石窝乡的部分村社及康乐林场。申请灌水面积 10.9917 万亩，从黑河、梨园河、大磁窑河引水灌溉，灌区建成干渠5条、支渠18条长7公里、斗渠62条、农渠653条。

上三渠水管所 成立于1962年，水管所承担着大满镇、小满镇、龙渠乡24个行政村及7个机关园林场10.1万亩灌溉任务。衬砌干渠2条51.8公里，支渠74条150.55公里，斗渠780条443.3公里；建成斗渠以上各类建筑物694座，提灌工程6处，防洪河堤3处31.7公里。

安阳水利管理所 始建于1951年，主要管理安阳乡的灌溉工作。灌区辖安阳乡10个行政村、81个生产合作社。灌区设计灌溉面积6.3090万亩，有效灌溉面积5.2317万亩，保灌面积2.9998万亩，引酥油口河水经水库调蓄进行灌溉。

花寨水管所 成立于1994年，灌区内建成小型水库1座，库容350万立方米。水库控制灌溉面积4万亩，有效灌溉面积2.0144万亩。

乌江水管所 成立于1956年，灌区辖乌江、三闸、靖安、新墩、平山湖5个乡镇的全部或部分行政区域，涉及30个行政村、268个合作社，用水户12900户，受益人口50080人。灌区控制有效灌溉面积8.9万亩，申请用水总面积7.88万亩，属井、河、泉混灌区，引、提、蓄多种灌溉格局并存。

黑河总口水利管理所 成立于1959年，下设2个测水管理站点。水管所承担着全区17个独立引水口（龙洞干渠、西洞倒虹吸支渠、马子干渠、盈科干渠、大满干渠、大满新支渠、平顺支渠、沿河干渠、巴吉干渠、迎新1号支渠、迎新2号支渠、迎丰支渠、甘浚支渠、西沙河支渠、头号支渠、新浚干渠、临泽县沙河干渠）的水量调度、水量监测及东总干渠渠道的维修养护工作、莺落峡以下至石庙二级电站以上11公里黑河河道管理、河道采沙管理、水土保持、防汛抗洪等公益性任务，是甘州区引黑河水灌区农田灌溉用水安全保障机构。

黑河城防工程管理站 位于省道213线黑河大桥东岸，成立于1990年，负责黑河分洪工程至国道312线的黑河河道及防洪工程运行、管理、维护和维修。2010年，黑河城防工程依据受保护城镇的重要性和受保护文物级别，确定防洪标准按50年一遇洪水设防，相应洪峰流量1950立方米/秒，防洪堤工程为2级堤防。至2016年，扩建延长东岸堤防至国道213线，长13.78公里。

第二节　节水型社会建设

2002年，全面开展节水型社会宣传教育工作，组织人员培训；实行农民用水者协会等为主要内容的参与机制建设；先期开展盈科灌区试点工作。2003年，编制实施甘州区及各灌区节水型社会建设试点工作方案。2005年，开展城市生活和工业企业节水工作。2006年，制定甘州区农业、工业、城镇生活、生态用水定额，并报请区政府审核批转执行。农业用水定额重点分黑河灌区和沿山灌区对9种主要农作物用水定额进行核定；工业方面对化工、食品、建材、造纸、冶金、医药等7大行业55种产品用水定额核定；城市生活用水分17种给水设备类型，核定生活用水定额；生态用水分沿山浅山区、人工绿洲区、绿洲边缘区对4种林木用水进行规定。2007年，编制水资源配置方案，核定全区农业用水总量，分解用水指标，将总量层层分配到灌区、乡镇、村社和每个农民用水者协会。注册登记农民用水者协会233个，确立农协会的合法地位。开展城市节水创建活动，编制全区节水创建实施方案，成立节水创建领导小组，制定下发全区《节水企业、节水小区、节水校园考核办法》和《城镇生活用水定额》《工业用水定额》《生态用水定额》标准。2008年，对全区2006—2008年节水型社会建设分析评估，提交《全区节水型社会建设指标评估分析报告》《2006—2008年节水技术推广技术总结》。全区三年累计推广常规节水技术210万亩，灌溉试验成果推广15万亩，开展灌溉试验6项，建设水票制、工程管护、公共参与、三到户等5种类型的节水示范点20多处。

2009年，对全区节水型社会建设综合性指标、农业用水、工业用水、生活用水、水生态与环境、节水管理6项指标及参考指标、基础数据、补充指标共9类指标79项内容评价分析，完成节水型社会建设标价指标报告。对全区地下水开采井分布于状况、区域地下水资源总量及开发利用等进行全面普查。2010年，建立区级节水示范点7处、市级节水示范点5处。完成绿洲示范区水利工程现状调查，建成示范区大田滴灌3500亩。2011年，完成示范区东翼4800亩水利工程配套任务。2012年7月10日，全省高效节水农业现场会议在张掖召开。2013年，开展精准化灌溉试验项目研究，建成党寨三十里店630亩精准化灌溉试验研究项目和自动控制中心1处；开辟甘州区河水滴灌先河，建成河水滴灌示范点2处，为全区地表水向高效节水方向发展起到示范引领作用。2014年，在甘浚灌区建成河水加压式滴灌面积1200亩。2015年，甘州区被列为省级农业水价改革试点县区。2016年，制定《甘州区农业用水价格调整实施方案》和《甘州区水利工程水费计收和使用管理办法》等5项配套制度办法，按一次核定、分步实施的原则，对全区农业水价进行调整。完成全区四大类小型农田水利工程确权登记工作，核实工程规模，确定工程所有权和使用权人，颁发产权所有证和产权使用证，签订工程管护协议，将使用权、管理权移交给农民用水合作组织、村集体、受益农户及新型农业经营主体等。建立分类水价和超定额累进加价制度、精准补贴和节水奖励机制。安装机电井计量设施2454套，建成水资源远程监控信息管理中心2座，实现地下水取用水信息的远程传输和动态监控，促进水资源的节约利用。

第三节　水利工程

灌区建设　1991—2000年，先后开工建设大满干渠上段扩建工程、西洞倒虹吸工程、盈科灌区样板渠建设工程、花儿分干渠衬砌工程、盈科灌区水利骨干工程和计算机量水测水管理系统等多项设施工程。2001年，国务院第94次总理办公会议批复《黑河流域近期治理规划》，甘州区全面实施治理工程。2001—2010年，完成投资6.2666亿元，改建干、支、斗渠789.33公里，完成田间配套45.14万亩；发展高新节水面积17.8万亩，其中管灌11.05万亩、滴灌5.75万亩、喷灌1万亩；新打机井160眼，旧井改造348眼。2012年，完成投资1515.33万元。2015年，农业综合开发上三中型灌区节水配套改造项目，完成投资1499.8万元，改建支渠27条36.79公里，改建渠系建筑物399座。2016年，大型灌区续建配套与节水改造工程完成投资1.1亿元，其中大满灌区完成改建干渠4条，总长34.32公里，建筑物213座；支渠16条，总长51.95公里，建筑物376座，管理房面积600平方米；西浚灌区完成改建干渠2条，总长11.46公里，建筑物21座；支渠12条，总长33.87公里，建筑物242座；管理站2处，总面积500平方米。

民生水利建设　1991年以来，甘州区民生水利工作成效最大、群众受益最多。农村饮用水实现由解决水量问题的人饮解困项目到解决水质问题的农村饮水安全项目的跨越，农田灌溉方式由土渠、高标准衬砌渠道发展到大规模高效节水灌溉技术。全区新建石庙、石庙二级、石庙三级和酥油口4座水电站，总装机容量为11665千瓦，完成总投资8894.21万元。

人饮工程　2001—2004年，实施农村人饮解困项目4批26项，完成投资1903.33万元，解决10.3万人的饮水困难问题。2011—2015年，完成投资13374万元，解决15.7794万人的饮水安全问题。2016年，实施精准扶贫农村饮水安全项目，安装完成入户给水设施1751套，修建阀门井98座、消火栓井27座、减压井47座、入户集中阀门井36座，铺设安装各类管道234.955千米，完成投资735.17万元。

节水灌溉工程　2000—2001年，实施全国300个节水增产重点县建设项目、省列高效农业节水灌溉试验示范项目，完成节水面积20.806万亩，其中喷灌0.282万亩、微灌0.634万元、管灌2.42万亩、渠道防渗17.47万亩，完成投资14491万元。实施河西走廊高效节水示范区建设，2013年完成高效节水面积5.0534万亩，完成投资7027万元；2014年完成高效节水面积6.1178万亩，完成投资9015万元；2015年完成高效节水面积5.5855万亩，完成投资4957万元；2016年完成高效节水面积3.803万亩，完成投资4957万元。

高新节水工程　2002年，成立甘州区节水型社会试点建设工作领导小组并下设办公室。2003年，成立9个水管处（所）节水型社会试点建设领导小组，由主要领导负责，分管领导亲自抓此项工作。2004年，明确各灌区、各乡镇、各村社的水资源总量控制指标，核定水权面积96.2887万亩，核发水权证76679本。年内出台《2004年甘州区水资源配置方案》等3个定额和《甘州区工业节水规划》等10个规划办法，在各行业单位开展节水示范点建设工作。2006—2008年，制定本区农业、工业、城镇生活、生态用水定额；全区三年累计推广常规节水技术210万亩，灌溉试验成果推广15万亩。2013年，建成党寨精准化灌溉试验研究项目和自动控制中心1处。2016年，对全区农业水价进行调整，安装机电井计量设施1021套，建成水资源远程监控信息管理中心。

第四节　水利管理

工程建设与管理　甘州区建成大野口、二坝2座水库，其中，大野口为重点小

（一）型，二坝为小型水库，库容分别为276.9万立方米、106.61万立方米。建成拦蓄建筑物草滩庄水利枢纽1处，灌区级干渠39条404.4公里，支渠326条946.5公里，斗农渠14918条6600.1公里。1991年，干支渠衬砌156.5条550.3公里，占总长度的52.8%；斗渠衬砌182条267.5公里，占总长度的15.7%。至2000年，实施渠道维修改造工程，干支渠衬砌153条695公里，占总长度的61.4%；斗农渠衬砌575条846公里，占总长度的61.4%，高效节水面积4.43万亩。2010年，实施渠道维修改造和灌区建设，干支渠衬砌197条918.5公里，占总长度的72.2%；斗农渠衬砌2372条1784.4公里，占总长度的29.6%，高效节水面积17.55万亩。2016年，干支渠衬砌316条1128.2公里，占总长度的83.52%；斗农渠衬砌2602条2034.7公里，占总长度的30.83%，高效节水面积29.75万亩。

1990—1995年，水利工程管理仍然依靠群众筹资投劳，使用“河夫工”的形式管理养护。1995—2000年，干支渠以上的骨干工程、枢纽工程计入水价成本，提倡按成本收费，计提折旧，其维修养护费用列入水费支付。但斗渠及斗渠以下水利工程以承包管理的形式，按“谁受益、谁负担”的原则，承包给受益乡镇管理。2000年，张掖市列为全国第一个节水型社会建设试点，注册成立民间管水组织“农民用水户协会”233个，负责末级渠系水利管理、斗渠及斗渠以下水利工程管理和水费征收等工作，以户为单位确定水权面积和拥有的水权总量指标，发放水权证，实施总量控制、定额管理。2015年以来，对全区国有机井、小型水利工程、高型节水工程进行产权制度改革，明晰产权和管理使用责任，核发所有权证和使用权证，规范水利工程管理。

灌溉用水与水费管理 地表水灌溉。甘州区地表水均按申报的水权面积按作物生育期需水量进行优化配水。黑河灌区无调蓄工程，将来水量按配水计划确定的分水比例逐级分配至相应的渠系，实施农作物灌溉。配水计划分区级配水计划、灌区级配水计划和支斗渠配水计划。灌区级配水计划和渠系配水计划由灌区委员会和渠系委员会通过后实施。黑河灌区制定实施每年7个轮次的配水计划，分别为春灌、夏灌一轮、夏灌二轮、夏灌三轮、秋灌一轮、秋灌二轮、冬灌。灌溉时间自每年3月至12月上旬。依据《甘州区节约用水管理办法》和《甘州区农业用水定额指标》，核定全区黑河灌区综合净灌溉定额460立方米/亩，沿山安阳、花寨灌区综合净灌溉定额290立方米/亩，乌江井泉灌区参照黑河灌区执行。

地下水灌溉。1991—2000年，是地下水开采的兴盛时期。1991年全市灌溉井918眼，地下水开采量2498万立方米。2000年灌溉井1418眼，地下水开采量14280万立方米。2010年灌溉井2195眼，地下水开采量12655万立方米。2016年灌溉井3326眼，地下水开采量15848万立方米。1991—2000年，机井每年以50眼速度递增，致使地下水超采严重。1994年，实施水资源许可制度，机井审批权限收回区水务局，年新打机井由市水务局审批，严格控制打井数量。在2016年以前，地下水只征收0.01元/立方米的水资源费；从2016年开始，地下水水费按照0.09元/立方米征收，以价格杠杆遏制地下水超采。2016年起，征收末级渠系水费0.02元/立方米。

水费收缴与使用。灌区每年初根据上年度用水量和当年用水计划，编制下达当年预算方案，预收当年水费，年底按实际供水量下达决算方案进行水量平衡，预决算方案需经区水务局审核批准后执行。对水费计收要做到水量（面积）、水价和水费“三公开”。全区农业用水按照核定的定额标准实行计划用水和超定额累进加价制度，即：地表水在定额内用水，执行批准标准水价；超定额50%以内（含50%），超额部分按水价标准的1.5倍收取；超定额50%以上，超额部分按水价标准的2倍收取。地下水用水超定额10%—30%，超额部分按水价标准的1倍征收；超定额30%—50%，超额部分按水价标准的2倍征收；超定额50%以上，超额部分按水价标准的3倍征收。严禁其他单位和个人“搭车”收费。用水户必须在规定的期限内向水管单位足额缴纳水费，逾期不缴的，按日加收2‰—5‰的滞纳金。经催促仍然不缴且逾期3个月的，水管单位有权限制供水直至停止供水。对于不及时、足额缴纳水费的，不予安排涉农、涉水项目。

水费使用由水管单位根据核定水价的内容和财务制度规定的范围合理安排使用，其他任何部门不得截留或挪用。水费收支执行区政府收支两条线财务规定，使用财政统一发票，收缴的水费设立专户，实行统收统支。水费征收及使用接受物价、水务、财政、审计等部门的监督。

第五节　农田灌溉

1991—1998年，全区灌溉面积稳定在90万亩左右，其中河灌面积86万亩左右、井灌面积4万亩左右。至1998年，共有机井1080眼。全区除乌江灌区不具备按方收费的条件外，其他灌区农业用水价格0.01—0.067元/立方米，这一时期，春小麦、带田面积所占比例较大，头二轮水灌溉在4月上旬至6月上旬。在此期间，枯水年黑河来流量17.6立方米/小时—50立方米/小时之间，平水年黑河来水流量29立方米/小时—88立方米/小时之间，来水与用水矛盾突出，“卡脖子”旱每年不同程度地呈现。至1998年，当时渠道衬砌率干渠51.17%、支渠54.7%、斗渠32.65%，田间工程配套10%以下，农田灌溉均为地面灌溉，年灌溉统合净定额386立方米/亩。单方水产粮1.39千克/立方米，经济作物单方水产值1.85元/立方米，粮食总产36958万公斤，经济作物总产值26584万元。

1999—2010年，经省水利厅批准，甘州区成立大满、盈科、西浚三个大型灌区，重新核定全区灌溉面积为108.85万亩（个别年份灌溉面积有变化），全区平均农业水价0.67元/立方米。从2000年开始，为完成黑河调水任务，全区农作物种植结构逐年发生变化，制种玉米面积加大，小麦、带田等夏禾作物面积萎缩，夏禾头轮水需水量随着面积的减少而大幅度下降，玉米头轮水在5月中下旬开始，全区用水高峰期集中在5月下旬至6月，受季节影响，6月份黑河来水量相对4—5月偏丰50%，同时黑节工程、日协、高效节水项目的建设，有效提高水的利用率。至2010年，全区渠道衬砌率干渠55.04%、支渠64.5%、斗渠及以下水利工程14.5%，建成高效节水面积4.43万亩，灌溉水利用系数50.7%。全区年引用地表水66000万立方米，提取地下水12655万立方米，农业灌溉井2195眼。年灌溉统合净定额478立方米/亩。单方水产粮1.27千克/立方米，经济作物单方水产值1.65元/立方米，粮食总产36996万公斤，经济作物总产值23407万元。

2011—2016年，全国第一次水利普查结果显示：全区总灌溉面积158.12万亩，耕地有效灌溉面积133.88万亩，实际灌溉面积131.53万亩，耕地实际灌溉面积121.81万亩，实际有效灌溉面积仍为108.86万亩，园林草地实际灌溉面积9.72万亩。2011年，全区平均农业用水价格0.1元/立方米。2016年，黑河及安阳灌区执行0.142元/立方米，花寨灌区执行0.182元/立方米。地下水水价也开始征收，执行标准0.09元/立方米，末级渠系水费0.02元/立方米。2016年度，全区制种玉米面积达到70.13万亩，占总灌溉面积108.85万亩的64%；全区渠道衬砌率干渠76.81%、支渠86.37%、斗渠以下水利工程30.83%，建成高效节水面积29.75万亩，灌溉水利用系数58.6%。全区年引用地表水53465万立方米，提取地下水15848万立方米，农业灌溉井2718眼。年灌溉统合净定额412立方米/亩。单方水产粮2.03千克/立方米，经济作物单方水产值4.94元/立方米，粮食总产13316万公斤，经济作物总产值18.47亿元。

第六节　防汛抗旱

防汛工作　汛情。境内有26条季节性山洪沟道合并划归为17个山洪灾害小流域，总流域面积1392.8公里，其中南部11个、北部6个。洪水灾害主要发生在每年6—9月洪汛期。每逢大降雨，河水猛涨，威胁河岸附近的城镇村庄、农田、工矿区及其他建筑设施，情势严重的有黑河张掖段。

防汛地段及责任单位。每年汛期之前，组织人力对全区防汛工程检查，防汛隐患立即维修加固。重点防汛工程实行三包一保责任制，即包维修、包养护、包抢险、保证汛期安全。具体的联防单位和任务是：龙渠一级、二级、三级电站和盈科电站抢险救灾工作由张掖黑河水电开发有限责任公司负责；南滩防洪河、大苦水段至东沙窝河道、唐家拱桥至花儿渠段清淤、疏浚及沿线抢险救灾工作由大满镇负责；酥油口河河道清淤、疏浚及酥油口水库抢险救灾工作由安阳乡负责；大野口河、马莲沟、红沟石河、孤山河、小野口河河道清淤、疏浚，大野口水库抢险救灾工作由花寨乡负责；总口、龙渠电站、黑城子、胶泥湾、鸡心孔、南滩防洪河板大口至唐家拱桥河道清淤、疏浚及抢险救灾工作由龙渠乡负责；张家寨、石庙子、盈科电站一带防汛抢险工作由小满镇负责；上头闸及林场、石岗墩、长安二闸、红星、润田公司、前进牧业、玺峰养殖场、石岗墩滩等范围一带抢险救灾工作，盈科直属一支、盈二支、盈三支渠下级渠系末端渠道的疏通整治，黑河管辖地段防汛、抢险及石庙防洪坝抢险救灾工作由长安镇负责；大磁窑、小磁窑、盘道、敖河河道清淤、疏浚及抢险救灾工作由甘浚镇负责；新沟河普庄村段、烟墩口河道清淤、疏浚，甲子墩、古城、草湖、野水地村抢险救灾，二坝水库及沿线抢险救灾工作由碱滩镇负责；窑洞门、夹河及黑河西岸分洪河道、沟道疏浚及沿线抢险救灾工作由明永镇负责；红泉河、小河老河河道的清淤、疏浚及沿线抢险救灾工作由沙井镇负责；芦沟河（干渠渡槽至九龙江段）、新沟河道玺峰养殖场末端、陈寨四社段至227线公路清淤、疏浚及大满干渠沿线抢险救灾工作由党寨镇负责；黑河沿岸管辖河道清淤、疏浚及北武当、小口子、仁宗口一带抢险救灾工作由靖安乡负责；黑河管辖地段河道清淤、疏浚及沿岸支家崖、曹家崖、永丰、小湾、管寨、元丰、谢家湾段抢险救灾工作由乌江镇负责；平易河下段、黑河沿岸管辖段河道、东山寺河道（平山湖育肥基地以西）、接驾泉、青龙山河道清淤、疏浚及抢险救灾，庚名、红沙窝、新建村及企业、养殖场抢险救灾工作由三闸镇负责；黑河管辖地段河道清淤、疏浚工作，石庙防洪堤、黑河城防工程的抢险救灾工作由新墩镇负责；上秦镇农村面上的防汛、抢险及小沙河管理地段河道清淤、疏浚及沿途抢险救灾工作，盈二分干渠下级各渠系末端渠道的疏通整治由上秦镇负责；梁家墩镇农村面上的防汛、抢险，盈四支及四支一、二、三分支和盈五支渠梁家墩段下级渠系末端渠道的疏通整治由梁家墩负责；中沙河、井井河、平易河上段和平山湖育肥基地、东山寺防洪堤河道清淤、疏浚及沿途防汛抢险救灾工作由平山湖乡负责；张掖农场北山防洪堤维护及抢险救灾工作由张掖农场负责；城市防洪由黑河城防管理站负责。

防汛措施。针对易受洪水袭扰河段，在山洪集中汇流的地方兴建河堤、拦洪堤、桥涵等建筑物，防御洪水危害，减少洪水造成的损失。1990 年之前，张掖市有少量挡水的土堤、堆石堤坝、木笼等防洪工程，但范围小，抗御能力差，收效甚微。2006 年以来，甘州区采取分期分段，先易后难，对黑河及南北两山局部地区，通过多方争取和筹措资金对防洪工程体系进行改造与建设，基本形成以黑河城防及其他重点防洪地段为主体的防洪工程框架体系。

防汛工程建设：1991 年以来，甘州区基本建成山洪灾害防治非工程措施体系。全面实施黑河城区段生态治理工程，城市防洪标准提高到 50 年一遇，黑河非城区段和农村主要河流的防洪标准达到 10 年一遇，监测预警体系和能力加强，减少洪水灾害威胁。2006 年以来，甘州区加大对水利设施建设的力度，因害设防，防患于未然，采取分期分段，通过多方争取和筹措资金，对黑河及南北两山局部地区防洪工程体系改造和建设。至 2016 年底，基本形成以黑河城防及其他重点防洪地段为主体的防洪工程框架体系。全区建成防洪堤防 30 余处 224.45 公里，其中城市防洪堤防 49.88 公里，农村防洪堤防 174.57 公里；兴建大野口、二坝等小型水库 2 座，设计库容达 750 万立方米。2004 年，完成二坝、大野口两座病险水库除险加固，病险水库除险率达 100%；相继对大瓷窑河、大野口河、酥油口河等危险河道（段）进行治理，使部分河道和小型水库拦蓄能力、山洪防御能力增强，各项防洪工程在甘州区防汛工作中发挥巨大作用。

水雨情监测体系建设：按照省水利厅《关于加快 2011 年度重点水利项目前期工作的紧急通知》精神，甘州区被甘肃省抗旱防汛指挥部办公室确定为 2011 年拟实施山洪灾害防治非工程措施建设县之一。项目启动后，先后完成全区山洪灾害防治县级非工程措施项目建设、非工程措施补充完善项目建设任务，在山洪灾害威胁的甘浚、龙渠、大满、安阳、花寨、靖安、三闸、平山湖、碱滩等 9 个乡（镇）和国营张掖农场区域内建成自动雨量站 36 个，自动水位雨量一体站 3 个，图像站 4 个，视频站 3 个，增加卫星通道 2 处，简易雨量站 65 个，采用 GPRS 通信方式传输自动监测站水雨情数据和网络，通过视频时时监控洪水水量变化，图像定时抓拍洪水变化数据，组成水雨情监测站网，为防御山洪灾害提供保障。并配置具有群发功能的传真机和电脑，便于乡镇的预警信息员及时接受上级防汛的预警传真，向受山洪灾害威胁的村、社发布预警广播信息，掌握山洪预警平台水雨情变化，建立覆盖甘州区山洪灾害威胁的10乡镇预警体系。

山洪灾害监测预警管理体系：在受山洪威胁的65个行政村，每村建设1个无线预警广播站，乡镇预警信息员通过预警广播向受山洪灾害威胁的村、社发布预警广播信息，充分发挥山洪预警“户户知”工程的减灾效益。配置65台手摇报警器、65面铜锣等村级预警设施，便于村、社的铜锣员、口哨员在山洪威胁来时及时发布预警信号，确保人员安全转移和防范。

抗旱工作 甘州区抗旱主要措施是打井灌溉、兴修塘坝、人工增雨、推广节水农业等，有效缓解旱情。

打井抗旱。1991年，全区灌溉井918眼，地下水开采量2498万立方米。2010年，灌溉井2195眼，地下水开采量12655万立方米。2016年，灌溉井3326眼，地下水开采量15848万立方米。

人工增雨。1991—2015年，共有3次人工增雨作业，分别于2014年和2015年在大野口水库站进行人工增雨。2014年4月15日，由甘州区水务局、防汛办组织进行人工增雨，发射降雨弹8发，局部降雨，降雨5.0毫米。2014年5月9日至10日，由市气象局组织进行人工增雨，分别在9日晚11时发射降雨弹8发和10日早6时发射降雨弹4发，局部降雨，降雨7.3毫米。2015年5月20日，由市气象局组织进行人工增雨，在11时至12时30分发射降雨弹8发，局部降雨，降雨5.1毫米。

推广节水技术。推行高效节水灌溉和抗旱新技术、新产品，累计完成高效节水灌溉面积27.55万亩，其中管灌20.8万亩、喷灌1万亩、滴管5.75万亩。

第七节　农业用水价格

从1991年开始，农业水费征收实行按方收费政策。1991—1995年，执行每亩地收取1元的基本水费和计量水费每立方米20厘；林草地、林果育苗地每亩次水费2元；平山湖乡畜饮水按照每只羊每年收水费0.6元（大牲畜按8只羊折算）的标准收取；水浇地按亩次收费，每亩次3元。1996年，纯井灌区每亩每年征收8元的水利发展基金；平山湖乡蓄饮水收费标准，每只羊每年收水费1.2元（大牲畜按8只羊折算）；水浇地按亩次收费，每亩次6元；水产养殖水费每亩每年收水费34元；将计量水费提高，川区斗口每立方米水费37.8厘，安阳灌区斗口每立方米水费55厘，花寨灌区斗口每立方米水费70厘，乌江灌区每亩每年收水费22.7元。1998年，经张掖地区行署批转，水电处、物价处《关于全区农业用水成本价格核定及足额征收的报告》，核定由基本水价和计量水价组成。基本水价标准是河水灌区每亩每年2元，纯井灌区每亩每年4元，同时征收水利发展基金每亩每年10元；计量水价全区平均为67厘没有按照成本收费。其中，安阳灌区78厘，花寨灌区150厘，大满灌区62厘，盈科灌区67厘，西干灌区

86 厘，甘浚灌区 83 厘，上三灌区 53 厘，乌江灌区 40 厘。

2011 年，水价按照《张掖市甘州区人民政府批转区物价局水务局关于甘州区农业用水价格调整意见及加强水费管理实施方案的通知》执行，农业用水价格由基本水价和计量水价构成，河灌区基本水价每亩每年 2 元，井灌区基本水价每亩每年 4 元。各灌区计量水价分别为：大满、盈科、西干、甘浚、上三、安阳灌区，计量水价为每立方米 0. 10 元；花寨灌区计量水价为每立方米 0. 15 元，乌江灌区计量水价为每立方米 0. 092 元，平山湖乡水浇地每亩次收费 10 元；牲畜饮水为每只羊每年收取水费 2 元（大牲畜按 8 只羊折算）；水产养殖用水，计量水价为每立方米 0. 1 元。水利工程用于水力发电的用水价格，按照水电站所在电网销售电价的 1. 6%—2. 4% 协商确定，收入计入非农业水费收入。

2016 年起，全区实行统一定价。甘州区水利工程供水推行两部制水价，即农业用水分别按基本水价加计量水价，计收基本水费和计量水费，其中基本水费按灌溉面积计收，计量水费按计量的用水量计收。

农业地表水骨干工程水价：全区实行统一定价，分基本水费和计量水费两部分，其中基本水费河灌区基本水费每亩每年 2 元，计量水费以斗口计量，按照一次性核准成本、分步落实到位的原则执行。2016 年起，黑河及安阳灌区执行 0. 142 元/立方米，花寨灌区执行 0. 182 元/立方米。平山湖乡水浇地可参照以上标准征收，牲畜饮水按每只羊每年收取水费 2 元（大牲畜按 8 只羊折算），由平山湖乡政府负责收取水费，入乡政府财政水费专户。

农业灌溉地下水水价：井灌区基本水费每亩每年 2 元。计量水费以井口计量，按 0. 09 元/立方米标准执行。安装计量设施的以井口实际提水量征收，未安装计量设施的暂按灌溉定额 600 立方米/亩的标准计收。

末级渠系水价：按 0. 02 元/立方米的标准执行。末级渠系水费地表水按斗口水量征收，地下水按井口提水量征收。

甘州区 1991—2016 年水费预征实收统计表

表 6 - 5 - 1

年份	1991	1992	1993	1994	1995	1996	1997	1998	1999	2000	2001	2002	2003
预征水费（万元）	454. 76	453. 76	453. 76	464. 83	1306. 01	2231. 90	2235. 29	3553. 37	3430. 15	3124. 92	2644. 58	2619. 68	2661. 39
实征水费（万元）	453. 58	456. 38	455. 49	453. 00	1313. 00	2301. 69	2112. 04	2879. 13	2889. 60	2693. 26	2649. 20	2595. 35	2525. 56
年份	2004	2005	2006	2007	2008	2009	2010	2011	2012	2013	2014	2015	2016
预征水费（万元）	2660. 84	2594. 14	2620. 95	2784. 07	2923. 12	3033. 04	3271. 99	3395. 91	4891. 55	4851. 12	5213. 66	5121. 26	5266. 36
实征水费（万元）	2598. 11	2771. 36	2884. 87	2987. 14	3282. 23	3321. 68	3395. 91	4891. 55	4851. 12	5213. 66	5121. 26	5266. 36	8163. 48

第八节 黑河调水

2001 年 2 月，国务院第 94 次总理办公会议专题研究解决流域生态问题，决定实施黑河流域综合治理，实现当莺落峡来水 15.8 亿立方米时，正义峡下泄水量 9.5 亿立方米的分水目标，遏制下游生态逐步恶化的趋势。自实施黑河分水，张掖市建立以行政决策、业务指挥、水情会商、监督检查互为联动的黑河水调度管理体系，采取“全线闭口、集中下泄”和“限制引水、均衡下泄”的措施。2004 年连续三年实现国务院批准的分水方案，取得输水到尾闾东、西居延海及东居延海自 2004 年 8 月连续不干涸的重大突破，并成功实现从应急调度到常规调度再到生态调度的不断深化。至 2016 年，已成功实施水量调度 17 年。据统计，2000—2005 年，集中调水时间平均为 59 天；2006—2010 年，集中调水时间平均为 88 天；2011—2016 年，集中调水时间平均为 108 天。2002—2016 年，连续 15 年 37 次调入曾干涸 10 年之久的东居延海，累计进水量 7.52 亿立方米。

根据水利部批准的水量调度方案，2000—2002 年，三年的调度任务分别是（15.8，8）（15.8，8.3）（15.8，9）亿立方米，2003 年，转入正常指标调度，即在莺落峡 10% 保证率来水 19.0 亿立方米时，正义峡下泄水量 13.2 亿立方米；在莺落峡 25% 保证率来水 17.1 亿立方米时，正义峡下泄水量 10.9 亿立方米；在莺落峡 75% 保证率来水 14.2 亿立方米时，正义峡下泄水量 7.6 亿立方米；在莺落峡 90% 保证率来水 12.9 亿立方米时，正义峡下泄水量 6.3 亿立方米。甘州区按照以上调度指令，采取工程、行政等多种举措，实施黑河调水。据统计，2000—2016 年，黑河莺落峡总来水量 313.21 亿立方米，其间组织调水 71 次 1533 天，平均每年 4 次 90 天；累计向黑河下游调水 185.37 亿立方米，占黑河来水总量的 59.1%。

甘州区 2000—2016 年黑河灌区引水及调水统计表

表 6-5-2

年　份	灌溉历时（天）	实引水天数（天）	实引水量（亿立方米）	全年调水天数（天）	莺落峡来水量（亿立方米）	正义峡下泄水量（亿立方米）
2000	248	230	6.03	29	14.62	6.5
2001	256	226	5.74	27	13.13	6.76
2002	267	195	6.17	75	16.11	9.23
2003	249	190	6.25	86	19.03	11.56
2004	267	173	6.13	94	14.99	8.55
2005	269	180	5.22	89	18.08	10.5
2006	263	183	4.94	80	17.89	11.45
2007	257	151	5.34	106	20.65	11.96
2008	261	160	5.12	101	18.87	11.82

续表 6－5－2

年　份	灌溉历时（天）	实引水天数（天）	实引水量（亿立方米）	全年调水天数（天）	莺落峡来水量（亿立方米）	正义峡下泄水量（亿立方米）
2009	267	159	5. 13	97	21. 3	11. 98
2010	267	166	4. 11	95	17. 45	9. 57
2011	260	172	4. 99	108	18. 06	11. 27
2012	263	178	5. 01	105	19. 35	11. 13
2013	260	198	5. 25	100	19. 5	11. 9
2014	265	179	5. 05	122	21. 44	12. 85
2015	263	179	5. 3	106	20. 66	12. 78
2016	263	177	4. 77	113	22. 08	15. 56
合计	4445	3096	90. 55	1533	313. 21	185. 37
年平均	261. 5	182. 1	5. 3	90. 2	18. 4	10. 9

第九节　农村人饮工程

甘州区农村饮用水供水工程从 1979 年开始建设。供水工程主要通过国家投入和群众自筹资金相结合的方式实施。至 2015 年，甘州区农村饮水全部是自来水供水。

饮用水工程建设及供水情况　20 世纪 80 年代开始，正式把解决农村饮水纳入各级水利部门的投资计划，多渠道筹措建设资金，投资新建各类人畜饮水工程，改善全市农村饮水条件。2000 年以后，张掖市实施“农村人饮解困项目”，利用中央预算内“农村饮水解困项目”“氟病改水项目”和“抗旱应急工程”的专项资金（国债资金）1677 万元，建成 58 项人畜饮水工程，解决 1. 88 万户 70252 人饮水困难问题。全市农村饮用水初步实现以地表水为主向地下水为主的转变，饮用地下水人口 322574 人，占 93%；饮用地表水人口 23470 人，占 7%。全区农村自来水普及率由原来的 10% 提高到 65%。2006—2010 年，投入资金 3650 万元建成 20 项农村饮水安全工程，解决 9. 69 万农村人口、2630 名农村学校师生饮水不安全的问题。2011—2015 年，投入资金 2. 24 亿元建成 32 项农村饮水安全工程，解决 17. 89 万农村人口和 2. 52 万名农村学校师生饮水不安全的问题。通过实施农村饮水安全工程，甘州区 12 个镇、6 个乡、245 个行政村、1 个经济开发区，34. 6044 万农村人口饮水安全问题基本解决，全区农村自来水普及率由原来的 65% 提高到 98%。2016 年，甘州区实施安阳乡五一村、花寨乡柏杨树村、余家城村、沙井镇东五村、瞭马墩村 5 个精准扶贫农村饮水安全管网延伸工程，解决 5 个贫困村 1751 户 6717 人的饮水不安全问题。

供水工程运行管理　甘州区集中供水工程有两种方式，一是以村、社为供水范围，供水规模小于 300 立方米/天的供水工程；二是以乡镇或跨乡镇为供水范围，供水规模大于 300 立方米/天的集中供水工程。按照这两种供水方式，管理模式有两种，一是以村社为供水范围的集中供水工程，具体由村委会负责管理，村委会固定1—2名管理人员对供水工程进行管理，负责工程的日常管护和水费收取。二是以乡镇或跨乡镇为供水范围的集中供水工程，工程建成后管理交给工程所在地的灌区（水管所）进行统一管理，灌区所在的水管处（所）对供水工程依据工程规模配备3—12名维修管理人员，负责集中供水工程的日常管理、维修养护及水费收缴等工作，实行“同源、同网、同质、同价”。2000年成立“张掖市农村供水公司”，2007年更名“甘州区农村供水总站”，监督和指导农村供水工程的管理运行。至2016年，全区建成并使用的农村集中式供水工程共有105项，其中大满、龙渠、龙首、花寨、靖安、安阳、乌江、明永、沙井、甘浚（祁连村、小泉村）、甘浚星光、西洞、新墩双堡、大满和平、靖安、沙井镇先锋、沙井镇小河、党寨镇、上秦镇、小满镇金城、小满镇中华、梁家墩镇（清凉寺、三工）、碱滩镇永星等23项集中式供水工程由区水务局所属灌区（水管所）统一管理，其余87项集中供水工程由受益村社管理。

水价执行情况 全区87项由受益村社管理的农村饮水工程，物价部门未核定执行水价，收取水费的价格由村委会召开村民会议，依据运行管护情况具体确定。按照水量收费的，最高的水价为1.8元/吨，最低的为0.8元/吨；按照人口数量和大牲畜数量收费的，最高的水价为200元/人·年、50元/头·年，最低的为50元/人·年、10元/头·年。全区23项由灌区统一管理的农村饮水工程，物价部门对9项供水工程的水价进行核定批复，其中，龙渠、靖安供水水价分别为1.78元/立方米、1.2元/立方米；花寨供水水价为1.56元/立方米；安阳供水水价为1.46元/立方米；大满、明永、沙井、甘浚祁连—小泉、乌江5项供水工程水价分别为1.8元/立方米、1.8元/立方米、1.8元/立方米、2.4元/立方米、1.8元/立方米。

第六章　农村工作

1986年，张掖县农业办公室更名“张掖市农业委员会”。2002年，张掖市农业委员会更名“甘州区农业委员会”。2003年，甘州区农业委员会更名“甘州区农业办公室”。2010年，成立“中共甘州区委农村工作办公室”。

1991年以来，甘州区依托丰富的农业生态资源和传统种植业优势，围绕种子、果蔬、轻工原料、草畜四大主导产业，发挥区域优势，在川区乡镇重点发展优质种子、粮油产业，在城郊乡镇重点发展优质蔬菜产业，在边远乡镇重点发展轻工原料和牧草产业，形成种植业结构区域化布局。在畜牧养殖方面，按照“突出养牛业、提升养羊业、稳定猪鸡业”的思路，采取“重点突破、整体推进”的方式，转变畜牧业发展方式，推进“规模化养殖计划”，加快实施百万头河西肉牛产业开发和世行贷款养殖项目，落实各项优惠扶持政策，促进畜牧业健康发展。以农业供给侧结构性改革为主线，以发展有机绿色农产品为抓手，全力打造主导产业，农业标准化建设实现历史性新突破。先后荣获“全国粮食生产先进县”、全国杂交玉米种子生产基地、全国首批50个国家级现代农业示范区、全国25个农业改革与建设试点示范区等荣誉。

第一节　农业区划

社会资源调查　农村庭院经济资源调查。1991年，组成调查组深入22个乡、241个行政村开展庭院经济资源普遍调查，编写出《张掖市农村庭院经济资源调查与开发规划报告》。

农村劳动力资源调查。1991年，在全市农村开展劳动力资源调查，形成《张掖市农村劳动力资源调查报告》。

农业区域规划　日光温室建设规划。1998—2004年，深入梁家墩、新墩、党寨、上秦、三闸、大满、长安等乡镇及甘绿集团基地，绘制日光温室规划图。

国有土地利用规划。1998年开始，开展调查、规划，制定出相应的市、乡级土地利用总体规划。

农业资源管护　从1991年开始，分赴各乡调查划分重点农田位置、范围、面积、利用类型和分等定级，建立档案，并将各乡、村划出的重点农田在图上用红线画出，严禁在重点农田上征用和建房。全市共划分出32个保护区、设立标志牌239个，划分片块405个，保护面积947138.3亩，基本农田824648.65亩，保护率87.07%，其中一等地478296.22亩、二等地197915.68亩、三等地148436.76亩。该项成果荣获国家土地管理局1994年土地利用现状优秀成果二等奖。

农业资源地面经济信息动态监测　农业资源地面动态监测布点。1993年，开展张掖市农业资源地面动态监测布点工作。布设样点3671个，其中耕地样点800个、园地样点65个、林地样点141个、牧草地样点1746个、居民点及工矿用地样点94个、交通用地样点23个、水域样点40个、未利用地样点762个；建立样点登记卡3671份，建立地类统计表184份。

动态监测专题调查。张掖市农业生态环境与资源可持续利用调查：1999年，对全市地形、地貌、气候、水文、林木资源、土壤、植被等进行调查。撰写《张掖市农业生态环境与资源可持续利用调研报告》。

甘州区农村劳动力资源监测：2004年，对甘州区农村劳动力资源情况进行调查，编写《甘州区农村劳动力资源调查报告》。

甘州区农业资源及粮食综合生产能力监测评价：2005年，对甘州区农业资源及粮食综合生产能力进行全面监测评价，编写《甘州区农业资源及粮食综合生产能力监测评价》。

地面经济信息动态监测。耕地土壤养分监测：1995年，利用农业资源地面经济信息动态监测布设网点，采用随机抽样方法，抽取样点178个为基数，开展耕地土壤养分监测，化验后对比1982年土壤普查化验数据和本次化验数据，提出《张掖市耕地土壤养分监测状况及合理施肥建议》的报告。

农村经济情况监测：1997 年，利用农业资源地面经济信息动态监测布设网点，品字型抽取样本农户 331 户，调查相对应的农户人口、总收入、家庭经营收入、一二三产业收入、纯收入、总支出、家庭经营支出、第一产业支出和缴纳税费款、统筹提留等进行登记、记录，内业进行汇总、推算分析。

荒地资源监测：1998 年，对 26 个荒滩及零星荒地内的 2508 个样点进行合理布局，随机抽样，抽取样点 250 个，代表面积 37.5 万亩，实地监测后结果分析，对发现和存在的问题提出合理化建议和采取的措施，撰写出监测调查报告。

农户生产意向监测：1998 年，采用地面动态监测布设的样点农户，采用随机抽样方法，抽取监测户 253 户为基数，对农户的基本情况、播种面积、人均纯收入、农业生产初步计划、投入计划、工副业发展计划等上门访户调查，汇总、推算、分析，撰写出《张掖市农户生产意向监测报告》。

农作物种植品种结构调查监测：2003—2006 年，每年组织开展农作物种植品种结构调查，初步摸清种植作物品种、数量、质量、种植业结构布局调整情况。2006 年，全区种植作物品种 200 多个，面积 95 万亩，其中粮食作物种植面积 16.2 万亩、经济作物种植面积 71.6 万亩、种草 2.7 万亩，粮经草比由 2003 年的 35.1∶61.7∶3.2 调整到 2006 年的 13.4∶83.8∶2.8（调查粮经草比）；建设优质蔬菜基地 12.3 万亩、制种基地 51.7 万亩、优质加工牧草基地 2.7 万亩，发展轻工原料基地 6.9 万亩，形成蔬菜、制种、草畜和轻原料四大支柱产业化生产经营格局。

土地利用现状监测：2003 年，对全区布设的样点按分类系统进行土地利用现状年度监测。全区总样点 3671 个，土地总面积为 5506500 亩，其中，耕地监测样点 726 个，面积 1089000 亩，占总土地面积的 19.77%；园地监测样点 132 个，面积 198000 亩，占总土地面积的 3.51%；林地监测样点 201 个，面积 301500 亩，占总土地面积的 54.75%；牧草地监测样点 1714 个，面积 2571000 亩，占总土地面积的 46.69%；居民地及工矿用地监测样点 101 个，面积 151500 亩，占总土地面积的 2.75%；交通用地监测样点 40 个，面积 60000 亩，占总土地面积的 1.08%；水域监测样点 75 个，面积 112500 亩，占总土地面积的 2.04%；未利用地监测样点 682 个，面积 1023000 亩，占总土地面积的 18.57%。

农作物遥感卫星遥感监测：从 2005 年开始实地布点，同步进行遥感监测，5 月下旬野外调查布点同步进行。到 2007 年，布设 10 个乡（镇）30 个样方点。2008 年新增布点相对稳定、能代表甘州区不同属性的 4 个乡（镇）4 个样方点，包含 20 个村 40 多个社的大宗农作物（小麦和玉米）变化情况监测，监测样方数量比前一年度增加 13.3%。

国家级地面样方网点县卫星遥感监测布点：甘州区被国家农业部列为全国 100 个地面样方卫星遥感监测县。从 2005 年起，每年按时提供田间实测数据，及时反馈地面验证结果，结合农业遥感技术应用和甘州区的气候、地形、地势、土壤、产量水平及主要耕作制度，布设具有较强代表性的样方 3 个。即 1 号样方位于城区北郊 10 公里处乌江镇乌江村，属泉水灌溉农业区，以制种玉米为主；2 号样方位于城区东郊 6 公里处的上秦镇上秦村，属平原绿洲灌溉农业区，以制种玉米、小麦为主；3 号样方位于城西 30 公里处的甘浚镇祁连村，属河水、粮油灌溉农业区，以制种玉米为主。

国家级地面样方网点县土壤墒情及作物长势监测：甘州区网点县监测连续 12 年期间，每年 3 月中旬开始，11 月中旬结束；每月分上、中、下旬监测 2—3 次。对作物长势、产量，田间持水量，土壤墒情，自然灾害等定期测定。至 2016 年底，完成作物长势地面监测 264 期，获取土壤墒情数据 12672 个，作物长势调查表 792 张，拍摄作物长势照片 3960 张，任务完成率达 100%。

第二节　农业综合开发

农业综合开发　甘州区农业综合开发主要由农口部门、财政局、国土局和发改委等部门组织实施，从 1997 年开始连续实施 20 年。1997—1999 年，第一期农业综合开发项目完成中低产田改造 6.01 万亩，开垦宜农荒地 2.6 万亩，建成多种经营龙头示范项目 5 个，累计投资达 5769.85 万元；改造后的中低产田平均亩增产 150 公斤，宜农开荒地平均亩产达到 550 公斤，项目区累计增加粮食 1292 万斤，增加农业产值 1716 万元，人均纯收入增加 300 元以上，取得经济、社会和生态效益。至 2001 年，全市农业综合开发建设总投资 5570 万元，其中中央财政资金 1535 万元、地方配套资金 1560 万元、自筹资金 1555 万元、银行贷款 920 万元。2005 年，甘州区农业综合开发土地治理中低产田改造项目 14000 亩，项目由大满镇（城西闸村、新新村）和沙井镇（上游村、九闸村）实施，项目完成总投资 626 万元。2006 年，土地治理项目以中低产田改造为重点，由长安乡、小满镇实施。改造中低产田 10000 亩，衬砌渠道 28 公里，埋设低压输水管道 6 公里，渠系建筑物 524 座，维修旧井 6 眼，改良土壤 8000 亩，整修机耕道路 21 公里，营造农田防护林 1200 亩，科技培训 3000 人次，示范推广 2000 亩，新品种引进 6 项，总投资 551 万元。产业化经营项目重点扶持张掖市金鹰面粉有限公司 10 万吨优质面粉及深加工生产线扩建，项目总投资 1196.93 万元，其中农业综合开发财政资金 300 万元、企业自筹 896.93 万元。张掖市有年金龙马铃薯雪花全粉食品工业有限公司 6000 吨马铃薯雪花全粉系列产品加工项目、张掖市金鹰面粉有限公司 10 万吨优质专用面粉生产线建设项目、甘绿脱水蔬菜有限公司扩建年产 2 万吨脱水蔬菜生产线项目、张掖市华瑞麦芽有限公司年产 5000 吨麦芽改扩建项目上报省市开发办争取国家财政参股立项建设。当年有年金龙马铃薯雪花全粉食品工业有限公司 6000 吨马铃薯雪花全粉系列产品加工项目被国家开发办列为甘肃省农业综合开发财政投资参股经营项目，争取财政扶持资金 1500 万元。2016 年开始，甘州区设立高标准农田建设项目办公室，集中组织实施农业综合开发项目，重点整合新增千亿斤粮食生产能力建设项目、国家玉米制种基地项目、农业综合开发项目、水务高效节水项目、国土综合治理项目。年内实施 8.05 万亩，完成投资 2.17 亿元，其中高标办实施 3.7 万亩、玉米办实施 2.82 万亩、农投实施 0.54 万亩、农综发实施 0.55 万亩、国土实施 0.44 万亩。

中低产田改造　中低产田改造工作从“八五”启动实施，由甘州区农技中心组织实施。1991 年，张掖市有中低产田面积 36.16 万亩，占耕地面积的 53.3%，分布于全市 18 个乡镇，中低产田粮食总产占全市粮食总产的 21%。

第一期中低产田改造。1991 年开始，1995 年结束，历时 5 年，改造 120648 亩，占改造区耕地面积 230647 亩的 52.3%，改造区主要是三闸、乌江、小满、和平、龙渠 6 个乡镇 50 个行政村。经过改造，改造区土地理化性状得到改良，据监测点统计，5 年累计种植粮食作物面积 42.41 万亩，增产粮食 1560.3 万公斤。

第二期中低产田改造。2005 年开始，2010 年结束，涉及沙井镇、大满镇、长安乡、小满镇、花寨乡等 7 个乡镇 13 个行政村。二期中低产田改造主要通过科技推广、新品种新技术引进、试验、推广等措施改造。2005—2010 年，完成科技推广示范面积 72000 亩，引进蔬菜、番茄、小麦、啤酒大麦、马铃薯等作物新品种 39 个，示范推广测土配方施肥技术、制种玉米病虫害综合防治技术、小麦垄作节水技术、玉米垄膜沟灌节水技术、瓜菜套种技术、秸秆腐化剂应用技术等农业新技术 32 项次。

高标准农田建设项目。2011—2015 年，在明永乡沿河村、永济村、上崖村、靖安乡新沟村、靖安村、碱滩镇碱滩村、永星村、普家庄村完成 3000 人次的技术培训任务；引进马铃薯新品种 7 个，示范推广种植面积 200 亩；引进推广建设农业智能综合信息平台 1 套；示范制种玉米、马铃薯病虫害综合防治技术 5400 亩；玉米半膜沟灌节水技术 3200 亩；引进示范推广粮饲兼用玉米品种 500 亩；开展测土配方施肥技术，化验土样 160 个，示范推广配方专用肥 600 亩；土壤有机质地力提升，示范面积 200 亩；推广病虫害植保技术防治，采用太阳能灭虫灯 20 盏、粘虫板 5000 张进行虫害诱杀。通过科技示范推广，项目区农业科技含量提高。制种玉米专业化统防统治技术，有效降低因病虫危害而造成的损失平均下降 8%，每亩可减少投入 40 余元。玉米半膜沟灌节水技术实现亩节水约 60—80 立方米，增产 5%—10%。测土配方施肥技术达到粮食作物亩增产 9%，节省化肥 7% 的效果。玉米新品种推广可实现亩增产 8%—10%。

农业产业化经营 20 世纪 90 年代初，张掖市农村经济产业结构单一，以商品粮为重点，主要种植小麦、玉米等粮食作物，处于农业产业化的探索阶段。1996 年后，推进农业产业化经营，加大农业投入、扶贫攻坚和小康建设的力度，使农、林、牧、渔业生产得到全面发展，农民人均纯收入不断增加，玉米制种产业已初具规模，蔬菜、轻工原料等产业已具雏形。

“十五”期间（2001—2005 年）。依托草畜、制种、果蔬、轻工原料四大支柱产业，实行区域化布局、专业化生产、一体化经营、社会化服务和企业化管理，把产供销、贸工农、农科教紧密结合起来，逐步形成市场促产业、产业带基地、基地连农户的农业产业化经营体系。到 2005 年底，建成甘绿、金象、有年金龙、屯河、张掖大业、中种等一批农副产品加工为主的龙头企业，拥有农副产品加工企业 200 多家，形成具备规模效益的粮油、果蔬、草畜、制种、轻工原料等支柱产业。科技对农业的发展贡献率达到 52.1%，处于全国平均水平、甘肃省领先地位。

“十一五”期间（2006—2010 年）。加快转变农业发展方式，优质制种、优质畜牧、优质果蔬三大基地特色优势凸显。2010 年，甘州区被农业部确定为首批 50 个国家级现代农业示范区之一。围绕培育特色优势产业，全区建成农产品加工龙头企业70多家，发展优质制种55万亩（其中玉米制种51.5万亩）、蔬菜18万亩、轻工原料19万亩、优质小麦12万亩、牧草3万亩；畜禽饲养总量达到1200万头只，其中牛饲养量48.8万头。农业标准化生产面积达80万亩，申报认证无公害社会化服务体系日渐完善，建成各类科技推广服务机构134个，发展农民合作经济组织225个。

“十二五”期间（2011—2015年）。现代农业稳步推进，张掖绿洲现代农业示范区建设框架雏形初步形成。实施30万农村劳动力技能培训工程，建立培训基地145个，培训农民12.42万人，输出输转34.24万人，实现劳务收入22.45亿元。完成22万人的安全饮水工程，推广农村沼气用户2.74万户，建成小康住宅示范点140个，新改建小康住宅36036户，农民生产生活条件改善。2014年，全区实现农业增加值33.81亿元，增长5.5%；农村居民人均纯收入达到9489元，增长12.1%。2010年以来，甘州区调整财政支出结构，增加财政对农业的投入，加大财政强农惠农资金整合力度。2015年财政强农惠农资金总额达12亿元，较2011年增长295%；其中区级配套资金4.68亿元，占财政资金总额的39.01%。甘州区培育发展各类新型经营主体，至2015年，全区共发展各类农民专业合作社2039个，合作社成员达到14513人，带动农户29981户，占全区总农户的44.6%。创建全国农民专业合作社示范社11个、省级示范社21个、市级示范社51个、区级示范社99个，全区已有31家合作社成功创建农产品品牌。

扶贫开发 20世纪90年代，张掖市扶贫工作全面落实国务院“三西”领导小组历次扩大会议精神和甘肃省“兴河西之利，济中部之贫”战略，以改善贫困户基本生产生活条件，发展种养业为重点，经济开发与智力开发相结合，多渠道增加扶贫投入，粮食产量大幅度增加，人畜饮水问题得到解决。

贫困状况。2009年底，甘州区贫困人口底数为4700户14300人。2010年底核实为19714户69000人；2011年底对贫困人口建档，基础数据为11663户40821人。自2012年帮扶行动开始，被省扶贫办确定为插花型贫困片带。依托市、区帮扶单位和社会帮扶力量，全区贫困基数逐年缩减。2012年底，省扶贫办核定甘州区贫困人口5778户20821人，2013年底为384户1321人，2014年底为271户926人，并建立大数据管理平台，实行信息化建档立卡管理。2015年底建档立卡贫困人口为281户905人。2016年，全区共有贫困人口176户581人。

扶贫开发。20世纪末，贫困乡村农业生产条件得到明显改善，贫困面大幅度降低，贫困人口范围不断缩小，主要集中在地处边远的安阳乡、花寨乡、平山湖蒙古族乡和小河乡、沙井乡等乡镇的移民村社。1991—2000年，投入“两西”农业专项建设资金1933.87万元，其中，水利建设投入307万元，增加有效灌溉面积6.21万亩；畜牧业建设投入163万元，推广科技项目60多个；移民安置建设投入1096.43万元，安置移民1143户4656人。2002年，张掖市被甘肃省列为扶贫工作非重点县，确定安阳、花寨、平山湖3个乡为扶贫开发重点乡，3个乡所辖20个村及6个移民村和大满镇新庙村共27个村为重点村。扶贫工作重点解决与群众生产生活密切相关的饮水、行路、用电、基本农田建设等问题。2000—2011年，组织实施整村推进项目8个村，修建道路

64.9公里，衬砌渠道79.4公里，修建人畜饮水设施3处，铺设饮水管道25.5公里；新打机井45眼，修建塘坝3座；平整土地800亩，架设农电网12.3公里；改建村文化培训设施7处，改善学校危房1000平方米，修建学校围墙800米。扶持贫困乡村农户发展旱地谷子1000亩、中药材种植2600亩、蔬菜制种500亩；建造蔬菜大棚170座、葡萄大棚30座，引进新西兰红梨高接换优200亩，反季节葡萄种植35亩；扶持贫困户修建养殖小区2个，养畜暖棚2300座，购进生产性能突出的小尾寒羊3500只、牛350头、猪400口，组建养殖核心群，贫困乡村“一村一品”的特色产业逐步成型。开展各类职业技能培训25945人次，推行以“公司+基地+农户”为主要形式的产业化扶贫模式，集中扶持发展花寨小米专业合作社等一批覆盖面广、带动能力强、具有地方特色的农民专业合作组织和农副产品加工营销企业，形成“生产有基地、加工有企业、营销有组织、流通有市场”的产业化经营格局。全区各行业、部门共向贫困村投入资金4.5亿元，仅2011年，各行业、部门共向贫困村投入资金9941.19万元，募集各项社会扶贫资金39.5万元；全区87个区直部门全部参与扶贫工作，参与率100%。

安阳乡郎家城村特困户喜领帮扶部门发放的小尾寒羊

移民管理　管理机构。1983年10月，成立张掖县农业建设指挥部办公室，专门负责“两西”（甘肃的河西地区、定西地区）建设和移民安置工作。1989年成立“张掖市移民工作站”，副科建制，隶属张掖市农业委员会管理。2002年，张掖市移民工作站更名“甘州区移民工作站”。2010年，甘州区移民工作站隶属甘州区农牧局管理。2011年，甘州区移民工作站隶属中共甘州区委农村工作办公室管理。

移民安置。1991年后，以基地集中安置为主，有组织、有计划、有步骤地安置甘肃省中南部贫困地区移民。小河乡东五滩移民基地在1996—1997年建设的基础上，完善基础设施建设和农田渠路林网配套建设工程，至1998年，安置临潭等县移民51户206人，其中临潭县22户87人、其他县29户119人。1999年，张掖市89%的移民过上温饱型生活。至2000年，全市以连片开发、集中安置的方式，建成双墩子、嘹马墩、东五滩、甲子墩、谈家洼、二轻农场6个移民基地，利用乡、村农林场以小集中的方式建立移民村2个，移民社62个，共安置定西、通渭、陇西等中部28个干旱县的移民1143户8294人。

安置措施。至2016年，甘州区安置移民1143户，无偿划拨耕地9754亩、荒地603亩、宅基地1034亩。建立起临时党支部、村委会和农村合作社等基层组织。多渠道投入移民安置建设资金1096.43万元修建移民住宅；对在移民基地集中安置的移民耕种土地免缴5年的农业税和水资源费及乡统筹款。税费改革前对分散安置的移民免缴3年的农业税、水资源费和各种统筹款及村提留款。所有移民同当地农民享受同样的权利和义务，不受任何歧视和排斥。通过捐款、捐物、捐粮食、捐衣服等办法，重点解决移民缺口粮、缺籽种、缺牲畜、缺农具等困难，解决口粮20万公斤、籽种18万公斤、面粉8万公斤、衣物2万多件。强化计划生育政策宣传工作，引导教育移民转变传统观念，克服和扭转早婚、私婚和超计划生育的状况；移民安置工作基本达到“接受一户、安置一户、巩固一户”和“一年安家、二至三年解决温饱、四至五年基本脱贫”的目标要求。

移民项目。2001—2011年，甘州区用于移民基地及移民村社的政府投资达866.4万元，扶持建设扶贫项目85个，配套新打机井41眼，修建改建道路30.3公里，修建渠道52.7公里、低压输水管道3公里，修建、维修2所学校的校舍设施，修建人畜饮水工程2处，埋设饮水管道19.2公里，修建暖棚圈舍300个，修建文化卫生设施1处，贷款贴息15万元，培训移民9900人次。

第三节　农村土地流转

概况　1999年，确定甘里堡乡为农村土地流转试点，进行试点探索。2002年《农村土地承包法》颁布，甘州区农村土地流转的规模和面积逐年增加，规模效益日益凸显。2002年全区土地流转面积5533亩，2006年12905亩，5年间增长2.4倍。全区18个乡镇均不同程度开展土地流转。从组织形式看，在已流转土地中，农户间自行流转面积10777亩，占流转总面积的80%；由乡镇指导流转的面积2651亩，占流转面积的20%。从权属变化的关系看，主要有转包、转让、代耕和互换等方式，其中转包面积6195亩、转让2203亩、互换2197亩。2007—2011年，全区农村土地流转进入一个快速发展阶段，流转面积5年间增长11.5倍。2011年全区土地流转总面积达到15.37万亩，涉及17个乡镇102个村648个合作社20762户农户，签订土地流转合同20250份，其中，转包12725亩，占8.3%；互换48715亩，占31.7%；出租43368亩，占28.2%；转让1328亩，占0.8%；代耕代种47641亩，占31%。土地规模经营面积达到60205亩。至2016年，全区土地流转总面积达104.42万亩，涉及18个乡镇198个村1196个合作社26542户农户，签订土地流转合同219460份，土地规模经营面积达到13.13万亩。

甘州区2012—2016年土地流转情况一览表

表6－6－1　　单位：亩、个、户、份

年度	土地流转总面积	占总耕地面积	涉及范围					流转类型						土地规模经营面积
			镇	村	合作社	户	签订流转合同	转包	互换	出租	转让	代耕代种	股份合作	
2012年	18.18万	24.10%	18	102	648	23362	56068	12725	48715	71368	0	47641	0	12.45万
2013年	20.16万	25%以上	18	102	648	23362	84666	12725	52510	87432	1328	47641	0	12.45万
2014年	21.52万	22.40%	17	198	1196	26242	26242	19501	48715	94040	800	47642	4502	13.13万
2015年	22.12万	23%	17	198	1196	26242	26242	19507	87432	97501	800	11460	4500	13.13万
2016年	22.44万	23.40%	17	198	1196	26242	26242	19507	87432	100701	800	11460	4500	13.13万

农村土地承包管理。“八五”期间（1991—1995年），全市22个乡建立农业承包合同管理委员会，95%的村成立合同管理小组；张掖市成立农业承包合同管理委员会，按照“三级管理，两级仲裁”要求，开展合同规范、鉴证和纠纷调处等日常管理工作。“九五”期间（1996—2000年），1998年完成全市农村二轮土地延包，签订土地承包合同84697份，签订承包面积64.34万亩，发放经营权证84623份。“十五”期间（2001—2005年），落实《农村土地承包法》《农村土地承包经营权证管理办法》，推行农村土地经营权流转规范化管理，完善农村土地承包管理制度，换发、补发农村土地承包经营权证书，重新修订《甘州区农村土地承包经营权流转管理办法》，全区农村土地承包经营权流转面积1.11万亩，占总承包耕地面积的0.03%；参与流转的户数3686户，占总户数的2.6%，流转形式主要有转包、出租、代耕、互换。“十一五”期间（2006—2010年），开展农村土地突出问题专项治理和土地流转合同清理整顿工作，建立土地流转台账；全区土地流转总面积达到14.4万亩，签订土地流转合同6218份，规模经营面积达到1.5万亩。“十二五”期间（2011—2015年），鼓励农民专业合作社、涉农企业、专业大户等规模经营主体参与农村土地流转。2011年成立“甘州区农村土地承包经营纠纷仲裁委员会”，建立健全区、乡、村三级土地流转服务和土地纠纷仲裁体系，建立乡镇土地流转服务站18个，村级服务点244个；建立乡镇调解委员会18个，村级调解小组244个。2014年，在沙井镇寺儿沟村和九闸村开展农村土地承包经营权确权登记颁证试点工作。2015年，全区农村土地承包经营权确权登记颁证工作全面启动，根据全区土地面积现状，将整个工程划分为5个标段，招标5个专业技术公司开展土地确权登记颁证工作。2016年，农村土地流转面积达22.44万亩，占总耕地面积的23.4%，流转范围涉及17个乡镇198个行政村1196个合作社26542户农户，签订土地流转合同26542份。土地规模经营面积达到13.13万亩。全区农村土地承包经营权确权登记颁证工作5个标段共调查发包方237个村，承包方87859户；清理土地承包档案8789卷，完成地块指认调查227个村1876个社，指认面积116万亩68.2万块；一轮公示完成227个村1857个社，二轮公示已完成277个村1857个社的公示签字，完成

180个村1231个社数据的入库和完善工作。

农民专业合作经济组织。2004年，制定《甘州区加快发展农民专业合作经济组织的实施意见》。2005年，全区重点建设党寨镇十号村养殖协会等10个农民专业合作经济组织，制定《农民专业合作经济组织示范章程及财务管理制度》。至2005年底，全区建立各类农村专业合作经济组织554个，入会农户达1万多户，其中协会75个、供销合作社17个、供销分社112个、贩运大户350个。至2016年，全区共发展各类农民专业合作社2226个，合作社成员达到15469人；带动农户30615户，占全区总农户的46.18%。合作社拥有固定资产12.32亿元，流动资产10.56亿元。创建国家级示范性农民合作社11家、省级示范性农民合作社31家、市级示范性农民合作社73家、区级示范社97个，共培育家庭农场363家，创建市级示范性家庭农场50家，发展各类种植大户1723户。发展省级休闲农业示范点1家，农家乐57家。审核推荐上报符合贷款贴息条件的草食畜牧业和设施蔬菜产业经营主体521户，贷款总额4551万元。10个示范性农民合作社与市区大型超市合作，实施“农超对接”，30个农民合作社注册农产品商标30个。

第四节　农村能源建设

农村户用沼气建设　2005—2013年，全区18个乡镇245个行政村实施农村户用沼气国债项目共计19394户，惠及农村人口7.5万人；建成村级沼气服务网点82处，占全区行政村总数的31.4%；培训服务网点持证技工200余人。至2016年，甘州区农村沼气技术服务体系初步建立，有专职技术管理人员5人。

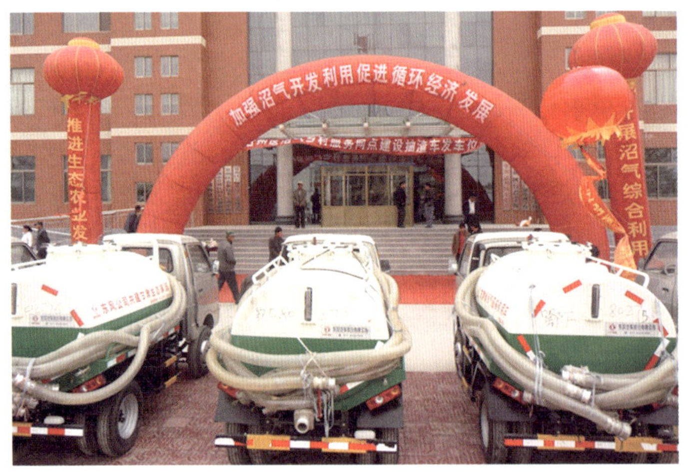

沼气项目后续服务网点抽渣车发放仪式

大中型沼气建设项目　2008—2016年，甘州区建成张掖市沅博农牧产业开发公司、张掖市有年金龙食品公司大型畜禽养殖场沼气发电工程等大中型沼气项目工程7处。其中，2013—2016年建成张掖市甘州区前进奶牛专业合作社、张掖市甘州区玺峰养殖有限责任公司大型沼气集中供气工程2处，分别为大满镇东闸村、马均村住宅小区安顺嘉苑650户、柏家沟村住宅小区350户农户提供集中供气服务。项目年供气量达25万立方米，为1000户农户提供日常炊事用能，沼渣用于复合有机肥生产，沼液用于饲草基地、周围农田的浇灌，实现能源生产、环境治理和经济、生态、社会可持续发展的多重目标。

第五节 新农村建设

新农村建设 2010年，甘州区围绕新农村建设实施农村危旧房改造工程，新建一批功能区划科学合理、住宅设计美观实用、管理服务高效快捷、区域文化特色鲜明、人与环境和谐发展的生态新村，推进城乡一体化建设进程。至年底，全区除安阳、花寨、平山湖3个乡镇外，其余16个乡镇（含工业园区）的165个村累计建成小康住宅楼656栋、19224户，分别占全区行政村总数、总农户数的67.3%和19.58%。全区修建砖木以上结构（含砖混结构）高标准小康住宅63828户，占总农户的65.01%。建成18个区级新农村试点村。2012年以来，甘州区按照“生产专业化、生活社区化、环境田园化、农民知识化”的要求，整合资源，培育长安乡前进村、党寨镇马站村等41个新农村“四化”示范村典型。至2016年，全区产业布局由“一村多业”“一村数品”向“一村一业”“一村一品”发展，建成60万亩玉米制种基地、35万亩蔬菜基地和1290万头（只）畜禽养殖基地；发展专业大户1723户、家庭农场345个、农民专业合作社2309个、农业产业化重点龙头企业76家。农村居民人均纯收入12218元，农村居民消费水平达10963元，农村居民家庭恩格尔系数为35.44%。农村建成砖木以上结构住宅8.33万户，占总农户的85%，其中170个村整村建设小康住宅楼1222栋3.9万户，占总农户的39.8%；二层楼房及砖混、砖木结构平房4.43万户。全区有190个村的208个住宅小区配套污水集中处理设施，占行政村总数的77.5%。农村公路硬化总里程达1527公里，自来水入户率99.3%，通电入户率99.9%，有线电话入户率88.4%，有线电视入户率100%。建成省级美丽乡村7个，市级美丽乡村2个，环境整洁村88个；建成全国绿色村庄3个，全国美丽宜居村庄1个，全省生态文明小康村1个。

社区化农村住宅小区

小康建设 1994年以来，张掖市农村小康建设以增加农民收入为根本，以解决群众温饱问题、实现低水平小康为目标，重点调整农业产业结构，稳定粮食生产，扩大经济作物面积，发展畜牧业生产，农民的衣、食、住、行等基本生活条件得到改善。至2000年，全市总农户数达到88913户，农村人口34.56万人，农民人均纯收入达到2951元。累计修建砖木、砖混结构的平房39617户，占总农户的44%。2006年以来，加强农村道路、水利、电力、通讯等基础设施建设，重点争取黑河流域综合治理、农村道路建设、危旧房改造、饮水安全等项目，围绕培育优势主导产业，重点争取玉米制种、草畜、蔬菜、马铃薯等农副产品精深加工项目，推进农业产业化经营；加大生态建设投资，实施湿地保护、封滩育林、“三北四期”防护林建设等重点工程，推进湿地生态恢复、农田林网改造和绿色通道建设，巩固退耕还林、天然林保护成果，加强生态小康村镇绿化，推动区域经济社会均衡协调发展。“十一五”时期，农民人均纯收入年均增长8.2%。全区农村居民消费水平达5217元，农村居民消费水平年均增长8.84%。修建小康住宅楼204栋6143户，占总农户数的6.8%；新建改建砖木以上结构小康住宅58126户，占总农户的64.4%。2011年以来，甘州区以国家现代农业示范区建设为核心，培育特色优势产业，做强现代农业，加快农业品牌化进程，健全农产品质量安全监管体系；推动土地经营权有序流转，全力推进农田水利和高标准农田建设项目，提高综合生产能力；实施路网优化、村村通等工程，不断提升道路通达水平；推进黑河流域综合治理，实施重点水源、应急水源建设工程和农村饮水巩固提升工程；实施农网升级改造工程；统筹推进新型城镇化和新农村建设，推进区域基础设施一体化、公共服务设施均等化和城乡社会保障制度有效衔接；加快美丽乡村建设，推进“千村美丽”“万村整洁”示范工程，打造低碳、环保、宜居、便民的美丽家园；开展环境综合整治行动，加强农业面源污染防治和农村垃圾无害化处理；完善扶贫长效机制，全面落实农村低保、医疗保险、养老保险等政策。至2016年，全区农村居民人均纯收入达12218元，较2010年增加6356元，年均增长11.98%；农村居民消费水平达10963元，较2010年增加5746元，年均增长13.62%。农村人居环境得到改善，全区累计新建、改建砖木以上结构住宅8.33万户，占总农户的85%；全区170个村累计建成小康住宅楼1222栋3.9万户，分别占全区行政村总数、农户总数的67.3%和39.8%；二层楼房1800户，平房4.25万户。据2016年6月《甘肃全面建成小康社会监测报告》，甘州区小康建设总体实现程度为76.91%，五类综合指标实现程度分别为：人民生活实现程度为90.32%、民主法治实现程度为81.03%、文化建设实现程度为77.26%、经济发展实现程度为75.82%、资源环境实现程度为57.92%。

精准扶贫　2013年底，甘州区沿山44个行政村被列为全市重点贫困村。2015年初，安阳乡金王庄村、贺家城村、五一村，花寨乡余家城村、柏杨树村，龙渠乡白城村，大满镇李家墩村，甘浚镇东寺村，沙井镇东五村、瞭马墩村，平山湖乡红泉村，碱滩镇永定村等12个村被列为全省建档立卡贫困村，甘州区被列为全省17个“插花”型贫困县区之一。甘州区制定出台“1+19”精准脱贫实施方案，安排区属部门单位和涉农企业对口帮扶12个贫困村，选派优秀干部组成12个帮扶工作队驻村开展工作。实行资金、项目、政策、精力“四倾斜”，建立互助协会29个，注入资金1066.1万元，其中2015年给每个贫困村投入20万元。2016年对12个精准扶贫村投入互助资金30万元，确保12个精准扶贫村互助协会资金每村达50万元，建立村级贷款“土银行”，切实解决群众发展缺资金的问题。整合各类资金2.36亿元，协调银行贷款4450万元，发放精准扶贫专项贷款800万元，重点实施道路交通、安全饮水、土地整理、危旧房改造、产业发展等项目，贫困村面貌发生巨大变化，基础设施明显改善，群众收入持续增加。2015 年底，贫困人口收入达到 7900 元。2016 年 12 月，甘肃省第三方评估组评估，甘州区贫困人口收入达 9500 元，通过核查验收，全区整体贫困县、贫困村摘帽。

第六节　农村经济管理

农村经济　1990—1995 年，张掖市围绕“钱粮并重，流通领先，科教推进，城乡一体”的经济发展思路，农、林、牧、渔业全面发展。“两高一优”的大农业开始起步，种植业内部名优新特产品规模扩大，粮食单产水平和农产品商品化程度提高。至 1995 年，全市粮食单产水平达 550 公斤，农产品商品率达 60. 5%。全年粮食总产量达 300551. 83 吨，比上年增长 3. 83%。农村经济总收入 156435. 48 万元，农民人均纯收入 1908 元，比上年增加 782 元，增长 69. 4%。

1996—2000 年，张掖市推进农业产业化经营，经省、地验收，提前一年实现小康，被甘肃省委、省政府命为小康市。1998 年，农业和农村工作重点调整优化产业结构，压粮扩经，弃劣扩优，突出发展粮、菜、林、畜等优势新品种，以龙头加工企业带动粮食、蔬菜、制种、畜牧、林果产业的全面发展。大满、上秦、甘浚等小城镇建设起步。2000 年，全市粮食总产量达 286604. 8 吨，粮经比例由上年的 72∶28 调整为 62∶38。农业总产值为 9. 81 亿元，种植业所占的比重 76. 45%。国内生产总值为 26. 2 亿元，其中第一产业增加值 93500 万元，增长 3. 9%；三次产业结构由上年的 37. 4∶26. 9∶9. 35 调整为 35. 7∶27. 4∶36. 9。工农业总产值 19. 51 亿元，其中农业产值 9. 81 亿元，占工农业总产值的 50. 28%。农业经济总收入 23. 62 亿元，农业增加值实现 93561. 3 万元；农民人均纯收入 2951 元，增长 3. 6%。

2001—2005 年，农业经济从保粮、保量型不断向优质、高效型转变。区域布局和规模发展水平不断提高，粮食比重下降，落实产业富民规划，推进产业化经营，支柱产业进一步发展。从 2004 年开始，甘州区贯彻中央 1 号文件，采取一系列扶持农业生产的重要措施，取消农业特产税，落实农业税率减低 1 个百分点和粮食直接补贴政策，减轻农民负担 492 万元。全区粮食生产扭转下滑局面，恢复性增长。至 2005 年，全区实现农林牧渔业总产值 231188 万元，比上年增长 6. 43%。粮经草比重由上年的 27∶67. 3∶5. 7 调整为 25. 3∶69. 9∶4. 8。粮食总产量达 312057 吨，增长 7. 47%。实现国内生产总值为 501522 万元，其中第一产业增加值 139387 万元；增长 5. 6%；三次产业结构由上年的 29. 2∶32. 3∶38. 5 调整为 27. 8∶31. 9∶40. 3。工农业总产值 41. 34 亿元，其中农业产值 12. 72 亿元，占工农业总产值的 30. 76%。农业经济总收入 393943 万元，农业增加值实现 139387. 36 万元；农民人均纯收入 3947 元，比上年增加 220 元，增长 5. 9%；农村居民消费支出 3144. 88 元，增长 5. 54%，农村居民家庭恩格尔系数由上年的 40. 01% 下降到 39. 76%。

2006—2010 年，落实中央和省、市一系列惠农政策，坚持城乡统筹发展，加强“三农”工作，加快农业产业化进程。至 2010 年，全区实现农业增加值 246380 万元，同比增长 6%。粮食播种面积 63. 89 万亩，比上年增长 5. 7%；粮食总产量 37. 17 万吨，比上年增长8.1%。实现国内生产总值934553万元，比上年增长11.5%，其中第一产业增加值246380万元，增长6%；一、二、三产业结构由上年的25.1∶34.6∶40.3调整为26.4∶32.1∶41.5，与上年相比，第一产业所占的比重上升1.3%。工农业总产值796511万元，其中农业产值183683万元，占工农业总产值的23.1%。农村经济总收入373943万元，农业增加值实现246380.91万元。农民人均纯收入5862元，比上年增加601元，增长11.4%；农村居民消费支出4848元，增长7.8%；农村居民家庭恩格尔系数为33.02%，比上年上升0.18个百分点。

2011—2015年，按照中央“稳增长、促改革、调结构、惠民生、防风险”总体部署，坚定“创新、协调、绿色、开放、共享”发展理念，重点在农业规模经营、生产经营主体创新、订单农业生产、农业投融资机制、农业风险防范等方面创新突破。至2015年，全区实现农林牧渔业增加值39.64亿元，比上年增长5.7%。粮食作物面积75.45万亩，比上年增加3.3万亩；制种玉米种植面积55.34万亩，比上年增加16.52万亩；油料种植面积1.03万亩，比上年减少0.45万亩；蔬菜种植面积15.71万亩，比上年减少1.07万亩。全年粮食总产量423668吨，比上年增长0.1%。其中，夏粮产量30698吨，下降42.5%；秋粮产量392970吨，增长6.3%。农村居民人均可支配收入11320元，比上年增加1173元，增长11.6%；农村居民人均生活消费支出10060元，增长12.7%；农村居民家庭恩格尔系数为36.1%，比上年下降1.06个百分点。

至2016年底，甘州区农业增加值达39.64亿元；土地适度规模经营比重达到42%。建成稳定的玉米制种基地50万亩，年均带来15亿元产值，占到农业总产值的35%；发展设施农业7.3万亩，建成高原夏菜基地35万亩，无公害蔬菜成为最大的输出农产品。以现代循环畜牧产业园为龙头，带动规模养殖产业迅速崛起，形成8万头奶牛、50万头肉牛、150万只肉羊、100万口生猪繁育、养殖、屠宰加工全产业链，畜禽养殖总量达1500万头只；畜牧业总产值达16亿元，占农业总产值的比重38%。

农村经营管理 农经统计。从1996年起，张掖市每年开展农村经济统计调查，为业务主管部门和政府决策提供依据。1997年，在上秦、乌江、新墩、梁家墩等乡镇对玉米、小麦、水稻、甜菜等12种主要农产品开展成本调查与核算。2004年起，在小满镇河南闸村、新墩镇双塔村各选择25户样本户进行农民收入、支出情况的预测统计。2010年起，在梁家墩、碱滩、甘浚三乡镇确定54户监测户进行每年4个季度和全年收入情况预测。开展12种主要农畜产品成本效益和主要农业生产资料价格调查。2015年，在全区18个乡镇各选择2—3个主要农作物品种开展成本调查和农民人均可支配收入的统计调查。

农村财务监督管理。1993年，取消50项不合理涉农收费项目，开展86项达标升级活动，建立“农民负担监督明白卡”制度。到1995年，全市农民负担总额为1616.45万元，人均负担47.3元，占上年人均纯收入的4.2%；使用劳动工115.81万个，农村义务工286.64万元，劳均68.6元，人均23元。“九五”期间（1996—2000年），审计单位180个，审计金额3.99亿元。加大农民负担专项审计，审计金额320.6746万元；全市共向农民提取村提留、乡统筹两项合计2164.96万元，人均63元，占1996年的2.64%。查出退赔违纪资金6万多元，纠正不规范行为30处，减免农民负担23万多元。建立民主理财试点，推行“阳光工程”、财务公开和村务公开。“十五”期间（2001—2005年），在全区范围内全面推行村级财务管理规范化，乡镇成立农财管理中心，与经管站两块牌子、一套班子，合署办公。全区243个村村级财务由乡镇农财中心委托代理，产生80多名代理会计，清理1999年以来的村级账务，处理遗留问题，编印《甘州区农村财务管理规范化工作资料汇编》，完善财务管理各项制度规章。全区221个村1782个社的财务由乡镇代理，分别占总村数的98.7%、总社的89.2%。1999—2006年，对征地补偿费管理使用情况调查，全区共征用农村土地8326亩，留归集体管理使用的征地补偿费1630万元。查处涉及农民上（信）访案件7起。对18个乡镇、1个经济开发区2004年和2005年的债务债权、新增债务、化解债务情况进行全面摸底清理。核实2004年村级债权3146.96万元，债务2704.68万元；核实2005年村级债权合计2649.22万元，债务合计3134.97万元；2005年新增债务合计877.53万元，2005年化解债务合计447.25万元。对全区244个行政村、1998个合作社的集体资产状况进行调查，全区村集体资产总额2.1亿元，其中流动资产4821万元，长期投资224万元，固定资产1.5亿元，林木资产318万元。至“十一五”末，全区村级财务委托代理率达到100%，收款票据报销凭证规范率达96.8%，新会计制度会计科目规范率达98.7%。“十二五”期间（2011—2015年），规范农村资金、资产、资源“三资”管理，建立健全村级财务会计信息报表制度，统一使用省统用票据，推行会计电算化。

全区农村集体“三资”清产核资暨村级事务规范化管理工作推进会

劳务输转 1980年前，劳务输出被群众称为“搞副业”，各公社各大队基本上每年都要派出富余劳动力搞副业，收入归集体所有。1980年土地承包到户后，搞副业（又叫打工）逐渐发展成劳务产业。2004年9月，“甘州区劳务工作办公室”成立，与区就业局合署办公，一套班子、两块牌子，正科建制，至此，“打工经济”由自发式、松散式向政府推动、市场运作逐步过渡，劳务经济逐渐发展成群众发家致富的支柱产业。2004—2016年，全区累计输出输转劳动力103.6183万人次，创劳务收入108.2408亿元，其中组织化输出53.5325万人，创劳务收入58.16亿元；境外输出5625人，创劳务收入41222元；建成劳动力培训基地9个，培训总量达104158万人次；在省内外建立劳务基地172个，扶持培育劳务经纪人252个、劳务中介机构6个。

耕地　耕地资源。1991—2016年，通过土地开发整理，甘州区耕地由1991年的68.63万亩增加至2016年的134.04万亩，累计补充耕地65.41万亩。

二轮土地承包。完善以家庭联产承包为主的责任制和农村双层经营体制。1998年，全区二轮土地承包共签订土地承包合同84697份，占应签订合同总数87489份的96.8%；承包耕地64.33万亩，占应承包面积的95.5%；发放土地承包经营权证书87252份，占应承包面积的99.7%，合同签订率达到100%。

耕地保护。推进中低产田改造，实施测土配方施肥工程，提升耕地质量。第二次土壤普查结果显示，甘州区耕地土壤养分含量呈现中有机质、高钾、低氮、缺磷且有明显的地区性差异的特点。

耕地等级评价与分布于。2010年，开展耕地地力等级评价。甘州区总耕地面积6.36万平方米，其中二等和三等地占的比例较大；一、四和五等地占的比例较小。

甘州区不同等级耕地面积统计表

表6－6－2

等级	一等地	二等地	三等地	四等地	五等地	总计
单元个数	890	3902	2812	800	1239	9645
面积（万平方米）	0.90	2.97	1.54	0.48	0.47	6.36
比例（%）	14.1	46.7	24.3	7.5	7.4	100

一等地主要分布在沙井镇、乌江镇、长安乡、新墩镇；二等地除安阳、花寨、平山湖三乡外，其余15个乡镇均有分布于；三等地除碱滩镇、平山湖乡，其他乡镇均有分布于；四等地主要分布在甘浚镇中部、安阳乡中部；五等地主要分布在甘浚镇西南部、安阳乡东南部、花寨乡。

甘州区各乡镇不同等级耕地面积与比例表

表6－6－3

乡镇名称		一等地	二等地	三等地	四等地	五等地	合计
梁家墩镇	面积（公顷）	253.10	1007.31	57.38	0.00	0.00	1317.79
	比例（%）	19.21	76.44	4.35	0.00	0.00	100.00
上秦镇	面积（公顷）	152.26	2783.06	213.61	0.00	0.00	3148.93
	比例（%）	4.84	88.38	6.78	0.00	0.00	100.00
大满镇	面积（公顷）	0.00	2798.57	959.23	5.05	0.00	3762.86
	比例（%）	0.00	74.37	25.49	0.13	0.00	100.00
沙井镇	面积（公顷）	3930.50	2772.91	459.28	0.00	0.00	7162.70
	比例（%）	54.87	38.71	6.41	0.00	0.00	100.00

续表6－6－3

乡镇名称		一等地	二等地	三等地	四等地	五等地	合计
乌江镇	面积（公顷）	1087.64	4736.69	0.00	0.00	0.00	5824.33
	比例（%）	18.67	81.33	0.00	0.00	0.00	100.00
甘浚镇	面积（公顷）	0.00	12.09	728.66	1910.22	1288.50	3939.47
	比例（%）	0.00	0.00	0.18	0.48	0.33	1.00
新墩镇	面积（公顷）	1220.08	871.38	361.88	0.00	0.00	2453.34
	比例（%）	49.73	35.52	14.75	0.00	0.00	100.00
党寨镇	面积（公顷）	0.00	2426.81	1178.64	0.00	27.65	3633.10
	比例（%）	0.00	66.80	32.44	0.00	0.76	100.00
碱滩镇	面积（公顷）	0.00	187.73	3768.30	7.80	70.83	4034.66
	比例（%）	0.00	4.65	93.40	0.19	1.76	100.00
三闸镇	面积（公顷）	312.72	3539.39	414.23	0.00	6.20	4272.54
	比例（%）	7.32	82.84	9.70	0.00	0.15	100.00
小满镇	面积（公顷）	0.00	2641.72	546.85	0.00	0.00	3188.57
	比例（%）	0.00	82.85	17.15	0.00	0.00	100.00
龙渠乡	面积（公顷）	0.00	119.84	803.08	6.64	20.72	950.28
	比例（%）	0.00	12.61	84.51	0.70	2.18	100.00
安阳乡	面积（公顷）	0.00	0.00	997.01	1945.41	536.71	3479.13
	比例（%）	0.00	0.00	28.66	55.92	15.43	100.00
花寨乡	面积（公顷）	0.00	0.00	387.57	460.94	1385.78	2234.29
	比例（%）	0.00	0.00	17.35	20.63	62.02	100.00
长安乡	面积（公顷）	1315.93	129.94	15.20	0.00	0.00	1461.07
	比例（%）	90.07	8.89	1.04	0.00	0.00	100.00
靖安乡	面积（公顷）	241.85	700.24	208.33	0.00	0.00	1150.42
	比例（%）	21.02	60.87	18.11	0.00	0.00	100.00
明永乡	面积（公顷）	0.00	1197.50	1400.24	217.18	68.48	2883.40
	比例（%）	0.00	41.53	48.56	7.53	2.37	100.00
平山湖乡	面积（公顷）	0.00	0.00	0.00	0.00	6.36	6.36
	比例（%）	0.00	0.00	0.00	0.00	100.00	100.00
其他	面积（公顷）	446.12	2805.84	2948.88	217.18	1272.65	7690.67
	比例（%）	5.80	36.48	38.34	2.82	16.55	100.00

第七章　乡镇企业

第一节　概　　况

20 世纪 80 年代以来，甘州区乡镇企业起步发展。1988 年，张掖市乡镇企业发展到 2365 个，从业人员达 52084 人，完成产值 4757 万元。1990—1995 年，呈现出跳跃式发展态势。21 世纪以来，乡镇企业成为全市经济的重要支柱，成为农民增收的主要渠道。1991—2016 年，甘州区乡镇企业发展大致经历了三个阶段。

发展阶段（1990—1995 年）　这一阶段，乡镇企业已成为张掖市农村经济的支柱产业。1994 年，全市乡镇企业总产值达 83000 万元，其中乡办企业完成产值 27000 万元，村办企业完成产值 12500 万元，合作企业完成产值 8050 万元，个体企业完成产值 35450 万元。全市建成乡镇企业产值亿元乡 5 个、五千万元乡 4 个、三千万元乡 5 个、千万元村 12 个、千万元企业 10 个，形成建材建筑、交通运输、粮油加工、脱水蔬菜、饮食服务、饮料食品、轻纺化工等七大群体，乡镇企业产值每年以 50% 的速度递增，总产值比“七五”末增长 6 倍，共吸收农村剩余劳动力 9. 4 万人，全市股份合作制企业达 362 户，拥有股金 7930 万元。

转型阶段（1996—2000 年）　这一阶段，私营经济由原来的“有益补充”确定为“重要组成部分”。个体户敢于投资办企业，乡镇企业走上发展的快车道，完成初期积累的农村能人，抓住国有企业改革的机遇进城收购国企，乡镇企业和非公有制经济齐头并进。这一阶段，全市一、二、三产业比重由 1995 年的 43. 5∶22. 8∶33. 7 调整为 2000 年的 36. 1∶27. 2∶36. 7。1998 年，全市有乡镇企业 6092 户，从业人员达 84754 人；拥有固定资产原值 39681 万元，净值 33686 万元。全年完成乡镇企业总产值 35 亿元，占计划 34. 85 亿元的 100. 4%，同比增长 19. 3%；完成工业产值 12. 2 亿元，占计划 12. 15 亿元的 100. 4%，同比增长 20%；完成乡办工业产值 2. 695 亿元，占计划 2. 6 亿元的 103. 7%，同比增长 14. 5%；完成总收入 28. 65 亿元，占计划 28. 4 亿元的 100. 8%，同比增长 18. 8%；实现利税 3. 64 亿元，占计划 3. 56 亿元的 102. 2%，同比增长 17%；实际入库税金 3559 万元。2000 年，全市乡镇企业发展到 4540 户，比上年增加 162 户；从业人员达 57320 人，占农村总劳力的 23. 1%；拥有总资产 7. 6 亿元，完成总产值 24. 7 亿元，增加值 60040 万元；上缴税金 3769 万元，占乡级财政收入的 68. 4%。产值上亿元的乡镇达到了 10 个，形成农、工、贸、建、运、服等七大行业 40 多个门类齐全的发展格局，被评为第四届全省乡镇企业发展十强（县）市，受到省政府表彰。

张掖市1995—1997年乡镇企业经济效益一览表

6－7－1 单位：万元

指标 乡名	总产值			工业产值			乡办工业产值			总收入			利税总额		
	1995年	1996年	1997年	1995年	1996年	1997年	1995年	1996年	1997年	1995年	1996年	1997年	1995年	1996年	1997年
合计	124500	170000	200000	50000	64200	76500	11200	12000	15000	91000	130000	160000	11350	16000	19200
大满乡	3500	4800	5640	1450	1855	2210	315	335	420	2700	3860	4750	340	475	570
小满乡	3000	4100	4820	720	920	1100	112	120	150	2200	3140	3860	270	380	460
和平乡	3800	5200	6115	1200	1540	1830	390	410	510	3000	4300	5300	372	520	630
龙渠乡	590	810	950	220	280	330	10	12	15	480	690	850	42	60	70
安阳乡	1040	1420	1670	460	590	700	130	140	175	840	1200	1480	104	150	180
花寨乡	850	1170	1375	470	600	715	110	118	145	680	970	1200	63	90	110
长安乡	9400	13000	15290	1910	2560	3050	455	485	605	7600	10850	13345	942	1320	1585
党寨乡	5800	7950	9410	2500	3260	3920	1476	1560	195	4600	6570	8080	576	865	1040
梁家墩	25000	34000	39980	5800	7470	8890	766	810	1000	17900	25560	31440	2360	3305	3970
上秦乡	19210	26300	31000	13150	16880	20100	350	370	460	14900	21280	26175	1880	2630	3150
碱滩乡	4500	6170	7255	900	1152	1370	287	300	375	3600	5140	6320	450	630	755
廿里堡	2500	3430	4030	1440	1840	2190	420	440	550	2000	2860	3520	250	350	420
乌江乡	6000	8200	9640	2400	3070	3650	980	1050	1300	4800	6860	8440	598	840	1010
靖安乡	1100	1500	1760	350	450	535	60	65	80	830	1190	1500	70	100	120
三闸乡	13850	18800	22100	6280	8040	9620	3130	3340	4190	8000	11430	14100	1014	1460	1750
新墩乡	13850	18800	22100	5600	7170	8530	941	1000	1250	8600	12280	15100	1080	1510	1810
甘浚乡	3000	4100	4820	2200	2820	3355	585	610	760	2300	3290	4050	282	395	470
西洞乡	460	650	760	230	295	350	30	32	40	340	490	600	30	40	50
沙井乡	1800	2500	2940	820	1050	1250	220	300	410	1500	2140	2630	175	245	290
小河乡	2100	2800	3290	450	580	690	—	40	55	1610	2300	2830	141	200	240
明永乡	3000	4100	4820	1360	1740	2070	411	438	530	2400	3430	4220	300	420	500
平山湖	150	200	235	30	38	45	23	25	30	120	170	210	11	15	20

提质竞争发展阶段（2001—2016 年）　这一阶段，市场竞争对改制转型后的企业赋予新的内涵，产品质量和发展规模成为企业生存的基石，一些龙头企业应运而生。2002 年，全市乡镇企业发展到 4881 户，完成总产值 354156 万元，增加值 86300 万元；上缴税金 5447 万元，占到乡级财政收入的 80%；产值上亿元的乡镇 12 个，形成农工贸、建运服等七大行业 40 多个门类齐全的发展格局，连续五届被评为全省乡镇企业发展十强（县、区）市，受到省政府表彰。2003 年，全区有乡镇企业 4951 户，总资产 10.8 亿元，从业人员 65856 人。全年完成总产值 42.14 亿元，占年计划 42 亿元的 100.3%，同比增长 19%，其中工业产值 12.48 亿元，同比增长 22.8%；完成增加值 10.23 亿元，同比增长 18.6%，其中工业增加值 2.78 亿元，同比增长 16.6%；营业收入 32 亿元，同比增长 20.3%，实现利润 3.04 亿元，上缴税金 5850 万元，农民人均从乡镇企业获得收入 1380 元。至 2005 年底，甘州区乡镇企业达到 5460 户，从业人员达 69500 人。全年完成乡镇企业总产值 579100 万元，增加值 141357 万元，工业增加值 37836 万元，实现利润 30800 万元，入库税金 6260 万元，主要行业、重点企业运行正常，发展势头良好。2006 年，非公有制经济得到快速发展。全区个体工商户达 3227 户，私营企业总数达到 305 户，个体工商户达到 12370 户，非公经济发展领域由最初的商业、饮食业向农业综合开发、工业、建筑业、交通运输业、仓储业、社会服务业拓展，在国民经济中的比重达到 42%。至 2009 年底，全区系统领域呈现出经济总量不断扩大、社会贡献日渐突出、产业特色日趋明显、项目建设作用显著、创新能力逐步提高的特点。乡镇企业实现增加值 27.47 亿元，实现工业增加值 7.14 亿元，实现营业收入 73.1 亿元，农民人均纯收入来自乡镇企业部分净增 60 元，达到 1620 元。中小企业实现增加值 51.6 亿元，上缴税金 1.73 亿元，完成出口交货值 1.58 亿元。2010 年，甘州区乡镇企业管理局撤销，乡镇企业改制为非公有制经济。区政府抢抓国家扩大内需的政策机遇，积极争取省级乡镇企业贷款贴息、中小企业发展专项、小企业创业基地、服务平台建设等方面的项目和资金，引导非公企业发展。2011 年，全区发展乡镇企业 5634 户、中小企业 2054 户、民营经济 1648 户、个体工商户 13717 户。至 2015 年，全区非公有制经济累计达到 6364 户，新增注册资金 73.51 亿元，累计注册资本达 224.53 亿元；新增个体工商户 6570 户，累计达到 25434 户，新增注册资金 8.46 亿元，累计注册资金达到 18.69 亿元。

第二节　行业与产品

20 世纪 90 年代初期，张掖市乡镇企业主要涉及工业、交通运输业、建筑业、商业、服务业和其他一些行业，共 5 个门类、47 个行业。工业方面有原煤、铁矿石、橡胶制品、筛网滤布、再生塑料、塑料网袋、蜂窝煤、亚硫酸铵等；交通运输业方面有长途运输、公共汽车等；建筑业方面有水泥、人造板、涂料、黄黏土、石灰石、石膏板、大理石、钢窗、木制品加工等；商业方面有手套、蜡烛、罐头、石棉线、木杆秤、缝纫、饴糖、食醋、糕点加工、颗颗酥、果酒、黄酒、沙棘饮料等；服务业方面有农机具维修、粮食加工、油料加工、面粉加工、挂面加工、粉条加工、芦苇编制、木料加工、草袋、脱水蔬菜等。1991 年，全市乡镇企业产值达 17546.19 万元，其中工业产值 6438.81 万元、交通运输业 4018.56 万元、建筑业 5013.99 万元、商业 2074.83 万元，分别占乡镇企业总产值的 36.70%、22.90%、28.58% 和 11.82%。至 1994 年，乡镇企业不断壮大，形成农业、工业、交通运输业、建筑业、商业、服务业和其他行业共 7 大类 55 个行业，农业企业、服务企业等不断壮大攀升。完成产值 83000 万元，其中工业、交通运输业、建筑业、商业等四大类分别完成产值 34078 万元、12000 万元、26150 万元、10772 万元。农业企业主要有农场、林场、果园、各类养殖场、观光农业园区、饲料基地、制种基地、种子加工等，这些企业逐步向规模化、产业化、高科技方向发展。

1998 年，全市乡镇企业中工业企业发展到 22 个门类，涉及采矿建材、轻工化学、食品加工制造、饮料、纺织、木材加工、农机具制造等，企业总数 203 户，从业人员达 15167 人，年完成总产值 12.2 亿元。主导产品包括黏土砖、水泥、加气砌块、文化用纸、建筑机械、钢门窗、脱水蔬菜、面粉、饮料、工业用布、化肥等 48 个品种。其中，黏土砖生产 30 家，年设计能力达 3.5 亿块；脱水蔬菜企业 27 户，年设计能力 5000 吨，脱水青椒、脱水红椒产量占到全国同类产品产量的 70%；面粉加工企业 163 户，当年完成产值 1.2 亿元；张掖市工业用布有限公司生产的帘子布填补西北地区的空白。乡镇工业产值占全市乡镇企业总产值的 31.5%，占全市工业产值的 79.2%。

1998 年后，乡镇企业名优产品主要有张掖市饮料食品集团公司生产的“五松园”牌干红葡萄酒、干白葡萄酒、冰雪露饮料、清酒，张掖市工业用布有限公司生产的“西龙”牌浸胶帘子布、滤布，张掖市脱水蔬菜厂生产的“甘绿”牌系列脱水菜，三闸水泥厂生产的“三立”牌普通硅酸盐水泥，张掖市金属结构门窗厂生产的“天枢”牌系列钢门窗，乌江乡永丰化工公司生产的小麦、玉米、甜菜复合肥及专用肥，乌江加气混凝土厂生产的加气混凝土砌块，永丰福利食品厂生产的永丰熏醋、酱油，张掖市糠醛厂生产的糠醛，金张掖面粉厂生产的“金碗”牌面粉，张掖市造纸工业公司生产的文化用纸、纸浆等 18 种。继文化用纸、糠醛及甘草浸膏后，脱水蔬菜成为全市出口创汇的主导产品，1998 年出口脱水蔬菜 1902 吨，创汇 800 万美元。

21 世纪初，工业企业产品主要有原煤、黄黏土、大理石、铁矿石、钢窗、橡胶制品、筛网滤布、亚硫酸铵、手套、塑料网袋、蜡烛、石棉线、蜂窝煤等；建材企业产品主要有制砖、水泥、人造板、涂料、石灰石、石膏板、木制品加工等；服务类企业主要产品有农机维修、面粉、挂面、油料、粉条、糕点、草袋、芦苇编制、脱水菜等；酿造企业产品主要有白酒、黄酒、果酒、米酒、食醋、酱油、饴糖、沙棘饮料、罐头等。

第三节　乡镇企业项目建设

项目立项审批　乡镇企业项目建设实行审批备案制度。一般建设项目由项目单位提交项目建设申请等相关文件，报请县（区）乡镇企业管理局审批备案，由审批部门批准批复后，申报单位方可组织实施。重点重大项目要逐级上报审批备案。20 世纪 90 年代后，一般项目由张掖市乡镇企业局审批，重点项目由张掖地区行政公署乡镇企业管理处审批，重大项目由张掖市乡镇企业管理局、张掖地区行政公署乡镇企业管理处、甘肃省乡镇企业管理局层层备案审批。1999 年出台《张掖市乡镇企业项目管理办法》，从项目的产业政策、立项、评估论证、资金的筹措、厂地的选址、审批权限、效益等方面做出详细规定。

长安乡万家墩村农民王海涛温室大棚引种木瓜获得成功

项目建设 1991 年后，乡镇企业项目建设步伐加快，机制砖厂、水泥厂、预制构件厂、面粉厂、各类化工厂、造纸厂、脱水蔬菜厂等相继建设投产。1993 年，张掖市大力宣传宋有年、孙万荣、张万忠、许多礼、左亮明、刘银善、王应凤、李怀玲等一大批优秀企业家率先创业的经验，各乡镇齐抓企业项目建设，全市投资 1.1 亿元，新上各类企业 806 个，其中股份合作制企业 210 个，吸收股金 7600 万元。全市涌现出企业产值上亿元的乡 2 个，产值 5000 万元的乡 3 个，产值 3000 万元的乡 2 个，产值 1000 万元的村 6 个、企业 4 个。全市乡镇企业总产值突破 5 亿元大关。1998 年，新开工建设项目 54 个，计划总投资 13681 万元，年底建成投产 43 个，完成投资 3113 万元，新增产值 4000 万元，利税 400 万元。1999 年，新建工业项目 19 个，完成投资 5000 万元，年内新增产值 3000 万元，利税 300 万元。重点项目有党寨脱水菜厂引进西班牙政府贷款 240 万美元，扩建 1000 吨脱水菜项目；小河永丰化工公司 1.2 万吨高效复合肥一期 3000 吨颗粒磷肥生产线建设；祁峰化工厂 7000 吨轻质碳酸钙项目；茂华公司年产 3000 吨精细脱水菜项目一期工程。2000 年，新建、扩建项目 11 项，总投资 8560 万元，重点项目有三建五公司年产 3000 吨马铃薯雪花全粉生产线项目，万金公司 3.4 万吨纸浆扩建项目，三闸水泥厂 10 万吨扩建技改项目，张掖市家乐挂面厂全自动封闭挂面生产线扩建项目，金鹰面粉公司 2.5 万吨等级粉生产线项目，上秦红利面粉厂 2 万吨颗料面粉生产线项目。2002 年，新建、扩建的重点建设项目 14 项，计划投资额 2.03 亿元，至年底共投资 18485 万元，建成的重点项目有甘绿集团投资 2400 万元的 1000 吨真空冻干食品生产线，投资 1300 万元的百信一期 5000 吨果蔬保鲜库项目，有年金龙集团投资 5600 万元的 3000 吨马铃薯全粉生产线和 1500 吨小食品生产线项目，景德石膏粉厂投资 1485 万元的 2.4 万吨高强度石膏粉生产线一期工程，光宇纸业公司投资 2500 万元的 6000 吨文化用纸生产线技改项目，中种、正大、金象、东亚 4 个种子加工厂和成都大业草业加工生产线一期工程，腾龙、天业两个节水器材生产线，长安、党寨、石岗墩 3 个新建脱水菜厂、长安玻璃制品厂项目，三闸水泥厂20万吨水泥技改项目，甘肃共享化工公司糠醛节能改造项目。2003年，新建、续建、技改项目16个，其中新建11个，续建1个，扩建4个。成都大业集团张掖草畜产业科技开发公司年产10万吨草产品加工生产线投产，三闸镇两个新型建材厂投产，梁家墩镇引进河北邢台业主300万元资金新建的年产3000吨小五金加工厂投产，党寨绿丹脱水菜公司、和平四通工贸公司二期扩建工程均完工。2004年，重点工业项目新建9项，续建2项，技改、扩建2项，全年开工11项，完成投资额8900多万元。2005年，完成总投资24245万元，其中10万吨金鹰面粉项目，6000吨马铃薯颗粒全粉和1200吨小食品扩建项目，甘绿公司2万吨脱水菜配套项目、2000吨低温库，嘉禾农业发展公司3200吨预冷恒温库项目、6万吨超细重质碳酸钙项目、1500吨糠醛项目，昆仑生化公司5万吨玉米淀粉扩建项目均建成投产，2万吨双微生物有机肥、明阳纸业年产5万吨制浆造纸技改扩建、3万吨谷氨酸等项目建成。制定《甘州区农业产业化龙头企业评选办法》，并评审出市级重点龙头企业5户、区级重点龙头企业5户，引进资金4.2亿元。烟台麦芽、双华清真牛羊肉、暖气片、面粉等7个项目落户甘州区，并建成投产。引进3200吨预冷恒温库、6万吨超细重质碳酸钙、明阳纸业公司造纸扩建、菊花脱水、3万吨麦芽糖浆、大果沙棘系列产品深加工等项目，总投资2.2亿元。全区培植东北郊、梁家墩、上秦、大满等4个部、省级乡镇企业示范区。以小城镇建设为依托，引导乡镇企业集中连片发展。整合区域经济资源，完善配套功能，健全产业链条，发挥集聚效应和规模效应，示范园区成为甘州区乡镇企业对外开放的窗口、招商引资的平台。2006年总投资3.5亿元，其中新建25项、续建9项、扩建2项。2007年，全区乡镇企业开工建设项目84个，总投资26.7亿元，至年底完成投资7.65亿元。2009年，全区共开工建设乡镇企业项目71项，其中新建项目39项，扩建、续建、技改项目32项，完成投资8.02亿元。新建项目中投资1000万元以上的项目14项，其中农产品加工项目8项。主要有总投资3000万元的宏龙畜牧公司肉牛养殖二期工程、总投资4700万元的新墩5万口仔猪繁育场二期工程、总投资1000万元的飞天种业年产5000吨种子加工项目、总投资2000万元的上秦镇年产1万吨再生橡胶生产项目、总投资1000万元的凯美达脱水蔬菜项目、总投资1000万元的润星生物科技公司沙棘酒生产项目、总投资1500万元的上秦镇年产3万吨饲料加工项目。新建项目中，投资1000万元以下的项目25项。主要有梁家墩远大公司2200吨PVC低压输水管、华丰公司500吨PE管、远大钢材批发市场、上秦100万只包装纸箱、小满500吨再生塑料、京源公司年产1000吨脱水蔬菜等18个项目已建成投产，有年集团年产3000吨新型果汁饮料、天元包装公司年产5万吨工业用煤、长安汇鑫年产2万平方米彩钢复合板、沙井永兴年产500吨番茄豆制品、新墩中泰粪污处理中心及沼气发电等7个项目已完成。扩续建、技改项目中投资1000万元以上的项目10项，其中农产品加工项目8项。主要有总投资5680万元的华瑞麦芽公司年产4万吨麦芽生产线、总投资5500万元的牧沅清真肉食品公司30万只肉羊屠宰加工生产线已建成投产，总投资1.5亿元的嘉禾5万吨果蔬保鲜恒温库项目已完成围墙修建，总投资1000万元的玉鑫公司年产1万吨精淀粉二期工程生产线项目已开工建设，总投资2800万元的现代奶牛科技园奶粉加工生产线项目。

第四节　乡镇企业改革

1998 年，全市乡镇企业改革启动，市上成立乡镇企业资产评估事务所，按法定程序，先后对列入应改制的 183 户乡村企业进行资产评估。全市抽调 100 人组成工作组，分赴各乡指导完成 174 户企业改制工作，占集体企业改制计划数的 94.5%，其中出售 21 户、租赁经营 86 户、股份制改造 46 户、恢复私营性质 17 户。2000 年，指导明永脱水菜厂竞价拍卖后，总结推广经验，不断完善改制程序和办法，先后指导明永砖厂、乌江砖厂、河西建材厂、沙井砖厂、靖安砖厂等 19 户集体企业产权进行一次性竞价拍卖改制，对乌江永丰食品厂进行资产剥离，划小单位，分块竞卖，分户经营。对长期亏损、运行不良的三闸造纸工业公司帮助制定方案，采取债权债务保全移交、乡村集体资产合理增值的办法进行改制，乡村集体资产增值 20 万元，企业恢复生产。对濒临停产的碱滩脱水菜厂等 3 户企业进行托管经营，扭转亏损局面。组织乡镇企业资产评估事务所对上秦房屋构件厂等 25 户企业进行清产核资、资产评估，为改制奠定基础。对已改组改制的企业分别进行规范、完善，使改制企业所有制结构和经营机制发生根本性变化。2001 年，糠醛厂、梁家墩砖厂、党寨二砖厂、甘星砖厂、花寨水泥厂等 5 户企业通过产权界定，公开拍卖，产权整体出售，收回出让金 269 万元。沙井三道桥砖厂、人造板厂等 10 户企业根据企业实际情况进行租赁经营；小满滴塑厂、大满钢厂、福达面粉厂通过清算进行解体；梁家墩镇私营企业主王福和小满艺海装潢公司经理于建国分别收购张掖市三运司和张掖市粮油运销公司。加大对已改制企业的指导管理，完善企业的法人治理结构，督促企业按章运行，保证员工的合法权益。是年，对糠醛厂的产权进行转让。2002 年，全市乡镇企业发展到 4881 户，从业人员达 62826 人，占到农村总劳力的 28.1%；拥有总资产 9.85 亿元，当年完成总产值 354156 万元，增加值 86300 万元；上缴税金 5447 万元，占到乡级财政收入的 80%。产值上亿元的乡镇达 12 个，形成农工贸、建运服等七大行业 40 多个门类齐全的发展格局，连续五届被评为全省乡镇企业发展十强（县、区）市，受到省政府的表彰。2006 年，甘州区乡镇企业完成增加值 16.71 亿元，完成工业增加值 4.47 亿元，完成总产值 68.27 亿元，上缴税金 6962 万元；乡镇企业总数达到 5546 户，从业人员达 7.15 万人；农民人均纯收入来自乡镇企业部分达到 1440 元，同比增加 60 元。

第五节　重点乡镇企业

1993 年，全市乡镇企业总产值超亿元的乡 1 个：张掖市梁家墩乡，企业产值达 10002 万元，利税 1100 万元。总产值达 5000 万元的乡有 2 个：上秦乡，企业产值达 8000.1 万元、利税 680 万元；新墩乡，企业产值达 5156 万元、利税 450 万元。总产值达 3000 万元的乡 2 个：三闸乡，企业产值达 4220 万元、利税 350 万元；长安乡，企业产值达 3005 万元、利税 300 万元。

总产值达1000万元的企业4家，分别是：梁家墩乡的张掖市第三建筑公司，产值5500万元，利税440万元；张掖市金属结构门窗厂，产值1500万元，利税300万元；上秦乡的张掖市第五建筑工程公司，产值达1050万元，利税114万元；新墩乡的张掖市第四建筑工程公司，产值1200万元，利税100万元。总产值达500万元的企业6家，分别是：三闸乡的张掖市三闸水泥厂，产值700万元，利税80万元；梁家墩乡的张掖市第五汽车运输公司，产值700万元，利税280万元；张掖市党寨脱水菜厂，产值514万元，利税30万元；张掖市党寨建筑工程队，产值636万元，利税50万元；张掖市乌江建筑工程公司，产值870万元，利税60万元；张掖市长安建筑工程公司，产值925万元，利税70万元。

1995年，乡镇企业产值上亿元的乡5个：梁家墩乡，产值30018万元，利税1340万元；上秦乡，产值20020万元，利税1603万元；新墩乡，产值13900万元，利税1503万元；三闸乡，产值13904万元，利税1399万元；长安乡，产值11005万元，利税1340万元。乡镇企业产值上5000万元的乡2个：乌江乡，产值5294万元，利税486万元；党寨乡，产值5804万元，利税596万元。乡镇企业产值上3000万元的乡6个：大满乡，产值3600万元，利税66万元；小满乡，产值3005万元，利税181万元；和平乡，产值3802万元，利税160万元；碱滩乡，产值4600万元，利税365万元；甘浚乡，产值3100万元，利税148万元；明永乡，产值3058万元，利税193万元。乡镇企业产值上1000万元的企业12个：张掖市党寨脱水菜厂、张掖市第三建筑总公司、张掖市第五建筑公司、张掖市粗铅冶炼厂、张掖市三闸水泥厂、张掖市三闸造纸厂、张掖市金属结构门窗厂、张掖市饮料食品集团公司、张掖市第三汽车运输公司、张掖市乌江建筑工程公司、张掖市运输公司、张掖市第四建筑公司。乡镇企业产值上1000万元的村15个：张掖市上秦乡安里闸村、张掖市上秦乡下安村、张掖市上秦乡金家湾村、张掖市上秦乡八里堡村、张掖市小满乡康宁村、张掖市梁家墩乡梁家墩村、张掖市梁家墩乡刘家沟村、张掖市梁家墩乡迎恩村、张掖市梁家墩乡四闸村、张掖市新墩乡流泉村、张掖市新墩乡白塔村、张掖市新墩乡花儿村、张掖市长安乡五座桥村、张掖市长安乡八一村、张掖市长安乡上寺闸村。

梁家墩乡 1995年，梁家墩乡乡镇企业产值达30018万元，创利税2370万元。涌现出产值千万元以上的村4个，千万元以上的企业3家。拥有建筑、建材、铸造、食品加工、粮油运销、商业服务、畜禽养殖等门类的企业。其中，以建筑公司为龙头的建材企业有大理石厂、人造板厂、水泥预制厂、金属结构门窗厂、砖厂、铸造厂、电线厂等13家，开发楼板、大理石装饰板、防盗门、空实腹钢门窗、机制红砖、下水管道、电线等32个系列40多个品种，年产值2500万元；以南关商业一条街为龙头的商业服务门店80多家，带动全乡商业服务网点320个，年营业额达3800万元；以刘家沟、太和村的小食品加工为龙头，带动手工作坊120多家，每年为市场提供淡季小食品80多万公斤。

上秦乡 1995年，全乡有企业359家，从业人员9443人，形成以粮油加工运销为龙头，集工业、建筑建材、交通运输、商业服务为一体，农工商贸相结合的产业格局。

乡镇企业总产值20020万元，利税1603万元，拥有固定资产2318万元、流动资金2189万元。

新墩乡 1995年，有各类企业518家，乡镇企业总产值达13900万元，利税1503万元，从业人员9379人。形成以张掖市饮料食品有限责任公司（原果酒厂）为龙头的饮料食品加工、销售企业，主要有果酒厂、饮料厂、保健饮料厂、益民食品厂、包装厂、供销分公司。之后又办起方便食品厂、金河罐头厂、甘泉挂面厂等10多家食品加工企业。以第四建筑公司为龙头，发展建筑建材135家，1995年完成建筑业产值2360万元，建起铝合金门窗厂、西关三合板厂、双塔轧钢厂、四建公司预制构件厂、北关房地产开发公司、白塔轻型砖厂等。

三闸乡 1995年，全乡有各类企业80家，其中乡办10家、村办12家、个体58家。从业人员8497人，占总劳动力的80.92%。拥有固定资产3445万元，产值13904万元，完成总收入13510万元，实现利税1399万元。乡办企业产值3130万元，占全乡企业总产值的22.51%，乡镇企业总产值在全市22个乡中名列第四位。

长安乡 1995年，全乡乡镇企业发展到378家，其中乡办3家、村办11家、合作企业88家、个体企业276家，总产值11005.8万元，总收入8606.9万元，利税达1340万元。

张掖市金属结构门窗厂 隶属梁家墩乡，股份合作制企业。始建于1992年，总投资800多万元，其中梁家墩乡刘家沟村农民入股110万元，张掖市三建五公司入股690万元。主要产品有32系列实腹钢门窗，25A系列空腹钢窗，73、90系列铝合金推拉门厂，TB70系列喷塑推拉单玻、双玻窗，B20空腹系列密闭门厂，地弹簧门和各种花栏式单包、双包保温防盗门，高频焊管、钢异型材等14种产品。1995年10月，研制成功具有国内先进水平的QIC—25型高层塔起重机，适于100米高度。30层以下高层楼房、工业厂房、烟囱、货场的施工要求，升降灵活性强，回旋幅度大，载荷量高，使用方便，填补西北地区空白。1995年产值3890万元，实现利税92万元。

张掖市饮料食品有限责任公司 隶属新墩乡，始建于1984年，拥有固定资产185万元、流动资金220万元，开发出高、中、低档葡萄酒，果酒，果汁型饮料“山楂露”，清凉饮料“女士康乐”，聚酯瓶饮料，水果罐头，新型全果实纯天然饮料“果茶”，以及健身清酒、易拉罐饮料“杏仁露”等5大类30多种产品，其中全汁红葡萄酒、山楂露获甘肃省优质产品称号，产品销往青海、新疆、山西、河北、上海等地。1995年产值1006万元，利税100万元。

张掖市脱水蔬菜总厂 隶属于党寨乡，始建于1987年，是集收购、生产、加工、销售、出口为一体的综合性企业。主要产品有青椒粒、红椒粒、甜椒片、洋葱片、胡萝卜片、刀豆干、大蒜片、小葱等10多个品种。产品质量采用国际标准生产。其中洋葱片荣获第四届中国艺术节金奖，甜椒片获甘肃省“优质产品”称号，产品远销欧美等地区和国家。企业拥有固定资产320万元、流动资金198万元，固定职工105人。1994年成立“张掖市脱水蔬菜总厂”，下辖高台联营脱水菜厂，张掖市上秦乡、明永乡、党寨乡汪家堡、长安乡上头闸、长安乡洪信、小河乡庙坝、小满乡古浪脱水菜厂及张掖市脱水菜总厂、党寨乡瓜菜经销部等9厂1部，并在上海、天津市设立办事处。1995年完成产值1317万元，利税26万元。

张掖市造纸工业有限公司 始建于1987年，隶属三闸乡，股份制企业。总投资500万元，拥有4条生产线，年产文化用纸3000吨，纸浆采用亚铵法生产。产品远销新疆、四川、青海、内蒙古、安徽、上海、江苏、浙江等省市区，并出口印尼、马来西亚、巴基斯坦、尼泊尔等国。1995年完成产值1200万元，实现利税108万元。

张掖市乌江砖厂 始建于1976年，乌江乡办企业。拥有固定资产150万元、流动资金170万元，职工110人。1995年生产机制砖6500万块，完成产值600万元，利税91万元。1996年，乌江砖厂一分厂生产黏土砖600万块，完成产值90万元，实现利税3.9万元。1997年元月实行承包经营制，年上缴资产使用费7万元。乌江砖厂二分厂生产黏土砖685万块，完成产值103万元，实现利税7.8万元。1997年元月实行承包经营制，年上缴资产使用费10万元。1988年产品获“省优产品”，1989年荣获农业部“优质产品”称号，1990年晋升为“省二级企业”，1995年被评为“甘肃省乡镇企业质量、效益A级企业”和“节能降耗先进企业”。

张掖市第三建筑工程总公司 始建于1973年，梁家墩乡办企业，前身为“梁家墩建筑施工队”，1986年组建为梁家墩建筑公司，1990年更名“张掖市第三建筑工程公司”。1993年成立总公司，辖分公司6个、施工队32个、预制构件厂2家；职工2135人，其中技工1696人，有职称的技术人员92人。1995年拥有固定资产1261万元、流动资金5614万元，承建工程344项，工作量73.5万平方米，工程合格率100%，优良率84%；创省优工程18项、地优工程24项，完成建安产值2.58亿元、利税1935万元。1995年完成产值1.5亿元，利税879万元，公司全员劳动生产率46838元/人。荣获“全省先进企业”“质量信得过企业”等称号。1993年进入“甘肃省建筑企业五十强”行列，1994年跨入“甘肃省乡镇企业十强”行列。

第六节　企业管理

管理机构 1987年，“张掖市乡镇企业管理局”成立。2002年，张掖市乡镇企业管理局更名“甘州区乡镇企业管理局”。2005年，甘州区乡镇企业管理局加挂“甘州区中小企业局”牌子，在保留原职能的基础上，划入甘州区非公有制经济管理局承担的所有职能，划入区经贸委承担的中小企业管理服务职能。2010年，甘州区乡镇企业管理局（中小企业局）与甘州区经济委员会同时撤销，组建“甘州区工业和信息化局”，加挂“甘州区中小企业局”牌子。2011年，甘州区乡镇企业管理局局长、书记、副局长改任区中小企业局局长、书记、副局长。

行政审批 1996年，张掖市乡镇企业发展按计划经济体制运作，企业的设立，均须通过行政审批。乡（镇）、村、联户办企业，筹办单位要编写可研报告，填写相关资料，经乡镇经委初步审查后，报县（市）乡镇企业局和有关管理部门审批，再送工商行政管理部门核准发照，方可开业。个体企业由业主本人申报，经当地工商所审理后，报县（市）工商局审批。1997 年，《中华人民共和国乡镇企业法》颁布实施，取消乡镇企业的审批制度，改为登记备案制度，筹办单位或个人直接到工商行政管理部门登记，经核准发照后，报县（市）乡镇企业管理局备案。2010 年 6 月，甘州区工业和信息化委员会成立后，对中小企业的管理服务职能仅限于工业中小企业，其他行业中小企业由各行业主管部门管理。

企业管理　承包经营责任制。1990 年之前，社队企业实行联产计酬生产责任制，推行定人员、定任务、定成本、定报酬、定上缴利润和超产奖励的“五定一奖”管理办法。1984 年实行厂长（经理）负责的集体承包制或招聘制，承包期限为 3—5 年，承包内容包括生产指标，产值、利润，质量、安全，经营、分配方式，双方权利义务，消费与积累，财务管理、奖罚制度等。从 1990 年开始，贯彻农业部《乡镇企业承包经营责任制的规定》，完善乡镇企业承包经营责任制。各级乡镇企业管理机构实行目标管理。

企业晋等升级。1990 年以后，在乡镇企业中开展七项基础管理（标准、计量、定额、规章制度、信息、基础教育、班组建设）、质量管理、财务管理、现场管理达标升级活动，帮助企业建立健全包括岗位责任制、各岗位操作规程、质量管理细则等在内的一整套规章制度。1997 年，先后组建张掖市饮料食品集团公司、张掖市脱水蔬菜总公司、张掖市梁家墩建筑建材集团开发总公司、张掖市第五建筑建材集团公司、张掖市四龙集团公司、张掖市乌江建材集团公司等，在全市掀起质量效益达标升级、节能降耗活动。2000 年开展达标升级企业复检，对 1995 年以来达标升级的 24 户 A 级企业、22 户 B 级企业进行复检，严格执行标准；复检后达到 A 级标准企业 21 户、B 级 16 户，未达标 A 级 3 户、B 级 6 户。1998 年有 4 户企业被评为全省质量效益 A 级企业，1 户被评为 B 级企业。经统考有 100 人取得合格证，3 户企业全面质量工作达标，1 户被评为科技进步示范企业，促使质量管理工作水平提高。全市首批 400 户较大规模的乡镇企业经过登记备案，私有资产达 21500 万元，占登记企业总资产 65760 万元的 32. 7%；当年新上的 54 个项目，有 31 个是由个人创办的私营企业，投资额 1770 万元。

提升管理水平。1987 年，张掖市下安粮油经销公司、张掖市三闸造纸厂确定为股份合作企业试点，根据农业部《关于推行和完善乡镇企业股份合作制的通知》，推动股份合作企业的发展。1993 年，首次组建梁家墩建筑建材集团和党寨砖瓦总厂。1994 年相继组建党寨脱水蔬菜集团总公司、张掖市饮料食品集团公司等。之后实行工业小区、工业园区建设。1999 年，全市乡镇企业推行行政执法责任制、请示报告及督办制度、政务公开民主监督制度，落实《乡镇企业法》和《乡村集体所有制企业条例》，组织工商、土管、税务、建设管理部门对低水平重复建设的小脱水菜企业进行清理整顿，成立张掖市脱水蔬菜协会，加强行业管理，遏制脱水菜无序发展。工业用布有限公司完成 ISO9000 系列标准认证前期工作；对造纸厂污水处理、水泥厂粉尘排放验收达标。花寨水泥厂等 6 户企业通过全面质量管理达标验收；市金属结构门窗厂等 7 户企业争创为省、地级文明企业；三建五公司钢筋班等 12 个班组被审定为省级安全生产标准化班组。举办金融知识、财会管理、砖瓦新国标、企业领导干部岗位任职资格培训班，2002 年，举办由乡镇企业厂长（经理）参加的WTO知识培训班，促进乡企队伍整体素质的提高。组织开展脱水蔬菜专题调查、乡镇企业“缺技术、缺资金、缺人才”三缺情况的调查，提出解决途径和改进办法；指导改制企业持续改革不适应企业发展的环节和方面，完善法人治理结构，帮助制定企业发展规划，克服家族式管理的弊端；宋有年、张万忠、马银、张程嘉、胡建新5人被评为第六届全省乡镇企业家；永丰化工公司、甘浚建筑公司、三闸红太阳面粉厂、市兴盛建筑公司4户企业被评为省级文明企业；甘肃五松园食品工业公司的“五松园”牌清酒被评为省局名牌产品，另有“甘绿”牌青红椒、“三立”牌425#水泥、“五松园”牌红葡萄酒通过省局名牌产品企业复审，甘绿集团公司、三闸水泥厂、工业用布公司3户企业通过科技进步示范企业复审，乡镇企业整体素质不断提高。

第七节　非公企业

甘州区非公企业最早发端是乡镇企业，先后经历起步阶段（1978—1990年）、转型阶段（1990—2000年）和借助外力发展阶段（2001—2016年）。

起步阶段（1978—1990年）　随着家庭联产承包责任制的推行，部分乡村开始创办社队企业、乡镇企业。1979年，张掖县社队企业总数432个，从业人员6636人，完成产值1402.37万元，实现利润72.86万元。1990年，张掖市乡镇企业总数达到2693个，从业人员5万人，完成总产值1.8亿元，实现利润1168.64万元，上缴税金266.46万元，上缴利润51万元。同1979年相比，企业总数增长5.23倍，从业人员增长6.58倍。上秦、新墩两乡乡镇企业产值超过2000万元。

转型阶段（1990—2000年）　随着私营经济在国民经济中的地位由“有益补充”调整为“重要组成部分”，乡镇企业已成为农民增收的主要来源。2000年，全市乡镇企业个数4540个，产值247920万元，增长21.51%；乡镇企业增加值60040万元，增长22.10%；乡镇企业收入193062万元，增长20.58%。

借助外力发展阶段（2001年以后）　进入21世纪，乡镇企业跨入非公企业新时代。2005年，全区范围内私营企业达969户，净增38户，总注册资本达189212万元，增长50.6%；个体户11112户，净增110户。非公有制经济实现增加值210639万元，增长11.76%，占全区生产总值的42%。2006年，对全区非公经济进行调查。重点对抽样的28户改制企业、31户外来投资企业、894户个体工商户和45户私营企业的发展现状、制约因素等深入调研，引导非公有制经济企业调整结构、提升档次、加大投入、壮大规模。非公经济发展领域由最初的商业、饮食业向农业综合开发、工业、建筑业、交通运输业、仓储业、社会服务业拓展，在国民经济中的比重达到42%。2010年，全区范围内私营企业达2388户，增加248户；注册资本350711万元，增长19.5%。个体户15638户，增加1921户；注册资本41399万元，增长37%。非公有制经济实现增加值421561万元，增长10.8%，占全区生产总值的45.1%。2015年，全区范围内新增私营企业1694户，达到6364户；新增注册资金73.51亿元，注册资本达224.53亿元。

新增个体工商户6570户，达到25434户；新增注册资金8.46亿元，注册资金18.69亿元。至2016年末，全区范围内新增私营企业3100户、注册资金118.9亿元，达到8686户、注册资本737.94亿元；个体工商户新增7838户、注册资金5.36亿元，达到30086户、注册资金31.85亿元；新登记农民专业合作社188户，达到2285户。

第七编

工业经济

第一章　工业发展概况

1991 年，张掖市经济委员会下设路管站、运管所、质量局、矿山资源监督管理站 4 个事业单位，下辖张掖市选矿厂、化工总厂、酒厂、纺织总厂、水泥厂、农机修造厂、汽车修理厂等 8 个全民所有制工业企业及市汽车运输公司、民间运输队和第三、第四汽车运输队等 4 个交通运输企业。1992 年，撤销“张掖市经济委员会交通运输科”，成立“张掖市交通运输管理局”。1994 年，张掖市交通局和张掖市经济委员会分设，归口张掖市经济委员会，分设后张掖市运管所、县乡公路管理站、汽修厂、市运输公司、第三汽车运输队、民间运输队、第四汽车运输公司移交张掖市交通局管理。1997 年，撤销“张掖市经济委员会”和“张掖市财贸委员会”，组建“张掖市经济贸易委员会”。1997 年，张掖市矿山资源监督管理站更名“张掖市矿产资源监督管理站”。1997 年成立“张掖市煤炭工业管理局”，与“张掖市矿产资源监督管理站”一个机构、两块牌子，依法履行全市煤炭生产经营管理职能，隶属张掖市经济贸易委员会。2002 年，张掖市经济贸易委员会更名“甘州区经济贸易委员会”。2003 年，甘州区经济贸易委员会更名“甘州区经济贸易局”。“甘州区经济技术协作办公室”与“甘州区经济贸易局”合署办公，行政职能交甘州区经济贸易局，将“甘州区矿山资源监督管理站”从甘州区经济贸易局划出，并入甘州区国土资源管理局；“甘州区煤炭工业局”继续实行与“甘州区矿产资源管理站”一个机构、两块牌子的体制。

2005 年，甘州区经济技术协作办公室更名“甘州区招商局”；甘州区经济贸易局更名“甘州区经济贸易委员会”。2006 年，撤销“甘州区非公有制经济管理局”，职能并入“甘州区经济贸易委员会”，组建“甘州区商务局”，隶属甘州区经贸委管理。2008 年，甘州区经济贸易委员会更名“甘州区经济委员会”，“甘州区商务局”划出，为区政府组成部门；6 月，撤销“甘州区委企业工委”，职能并入甘州区经济贸易委员会党委；撤销“甘州区商业局”，组建“甘州区商务局”，隶属甘州区经济贸易委员会。2008 年，甘州区经济贸易委员会更名“甘州区经济委员会”，与乡镇企业管理局、中小企业局合署办公，三块牌子、一套班子，核定行政编制 26 名、机关后勤事业编制 4 名；商务局不再隶属。2010 年，撤销“甘州区经济委员会”，与乡镇企业局合并组建“甘州区工业和信息化局”；将“甘州区招商局”划归甘州区商务局管理；“甘州区中小企业局”在“甘州区工业和信息化局”挂牌，不再保留“甘州区乡镇企业局”牌子。

2012 年，撤销“甘州区二轻工业局”，保留“甘州区二轻工业联社”，归并“甘州区工业和信息化管理局”；“甘州区煤炭工业管理局”从“张掖市国土资源局甘州区分局”划归“甘州区工业和信息化局”管理。2015 年，甘州区商务局、甘州区粮食局在甘州区工业和信息化局挂牌，不再保留“甘州区中小企业局”牌子。

第一节　工业经济

1991年，张掖市有工业企业1348户（含个体工业户），完成工业总产值25674.02万元，固定资产投资完成3158万元，实现工业增加值6695万元。

1991—2000年，全市工业企业增加到1967户，工业总产值增加到9.24亿元。2001—2010年，全民所有制、集体所有制工业企业经产权制度改革，相继改制为民营企业，大部分乡办、村办、城镇“五小”工业企业陆续关停，城镇仅保留张掖有色金属公司、甘肃丝路春酒业集团公司等市场前景较好的工业企业，投资新上甘肃电投张掖发电公司、河西水电开发公司、黑河水电开发公司等国有企业；全区工业企业增至2945户，工业总产值增至66.9亿元，其中规模以上工业企业达47户，工业总产值达56.73亿元。

2011年，电力能源、有色冶金、农副产品加工、生物化工、建筑建材主导产业规模壮大，其中，甘肃电投张掖发电有限责任公司纳税达1亿元以上，甘肃省电力公司张掖供电公司、甘肃黑河水电开发股份有限公司、甘肃电投河西水电开发有限责任公司纳税均达1000万元以上。甘绿脱水蔬菜公司、中种集团等企业被列入国家级产业化龙头企业，有年马铃薯公司、华瑞麦芽公司等企业列入省级产业化龙头企业行列，省电投张掖发电有限公司、黑河水电股份有限公司连续三年入选甘肃百强工业企业之列。2011—2016年，甘州区实施工业强区战略，形成以电力能源、农产品加工、新型建材、有色冶金、医药化工为主的五大支柱产业。至2016年底，全区工业企业达3621户（含个体工业户），规模以上工业企业达81户，其中电力能源企业7户、农副产品加工企业49户（含22户种子加工企业）、建材企业10户、生物制药企业5户、其他行业企业10户；完成工业增加值21.76亿元，同比增长8.1%；规模以上工业完成增加值17.87亿元，同比增长8%。

第二节　工业结构

全民所有制企业　1990年，全市有全民所有制工业企业18家，完成工业总产值5569万元，实现利润1184万元，产值、利润分别占全市工业总产值和利润总额的34.1%和78.3%。至1998年，全市有全民制工业企业8家，工业总产值达4083万元，实现利润239万元。从1998年起，推行企业改革制度；至2016年，甘州区全民所有制工业企业全部改制成非公有制企业。

集体所有制工业　1990年，全市乡级以上集体所有制工业企业111家，完成工业总产值6560万元，实现利润329万元，其产值、利润分别占全市工业总产值和利润总额的40%和21.7%。至1998年，全市有集体制工业企业81家，工业总产值达29296万元，实现利润524万元。至2016年，甘州区集体所有制工业企业全部改制成非公有制企业。

村办和农村合作经营工业 1990 年，全市有村办和农村合作经营的工业企业 103 家，完成工业总产值 2300 万元，其中村办工业企业 41 家，产值 1419 万元；农村合作经营工业企业 62 家，产值 881 万元。至 1998 年，全市有村办和农村合作经营的工业企业 203 家，工业总产值达 15604 万元，实现利润 1560 万元。1998 年起，实施企业改革制度；至 2016 年，甘州区村办和农村合作经营的工业企业全部改制成私营企业。

城乡个体工业 1990 年达到 886 户，完成工业总产值 1861 万元，其中城镇个体工业企业 119 户，产值 161 万元；农村个体工业企业 767 户，产值 1700 万元。2010 年，甘州区城乡个体工业企业达 2568 户，实现利税 2305 万元。至 2016 年，甘州区有城乡个体工业户达 3055 户，上缴税额 3522.3 万元。

第三节 经营效益

20 世纪 90 年代，张掖市有影响力的工业企业主要有张掖市纺织总厂、张掖市塑料厂、张掖市农药厂、张掖市中药提炼厂、张掖市纸箱厂、金龙服装厂、张掖市日杂公司、张掖市生资公司、张掖市商贸旅游服务公司、张掖市酒厂、张掖市化工总厂、张掖市第二针织厂、张掖市拉链厂、煤炭公司、张掖市粮油购销公司、张掖市锅厂、张掖市水泥厂、张掖市民族工贸有限责任公司、张掖市糖酒公司、张掖市轻机厂、张掖市饮食服务公司、张掖市制鞋厂、张掖市兴达公司、张掖市农副产品公司、张掖市粮贸大厦、张掖市金海针纺织公司等。

1991 年，张掖市完成工业总产值 2.52 亿元，全民所有制企业实现销售收入 10256 万元，实现税金 715 万元，实现利润 988 万元。2000 年，落实中央关于国有企业改制和发展的一系列政策措施，实行“整体买断产权、整体承担债权债务、整体置换职工身份、整体负担离退休职工养老医疗保险、整体安置职工、产权出售一步到位”的方法，农机厂、化工厂、水泥厂、印刷厂进行企业改制。工业生产平稳增长，全部工业完成增加值 2.4 亿元，同比增长 5.3%，其中，产品销售收入 500 万元以上的规模工业企业完成增加值 1.0 亿元，同比增长 7.8%；规模以上工业企业产品产销率 94.2%；规模以上工业企业实现销售收入 22368 万元，同比增长 13.1%；企业盈亏相抵实现利润 -21.7 万元，亏损企业亏损额 508.5 万元，下降 38.9%。

2001—2010 年，加大经济结构调整力度，保持经济稳步增长。2001 年，全部工业完成增加值 6.02 亿元，同比增长 7.8%；全部国有及年产品销售收入 300 万元以上的非国有工业企业完成增加值 1.415 亿元，同比增长 12.2%；工业企业产品产销率 91%；全部工业实现利润 1307 万元，亏损企业亏损额为 319.3 万元，减亏 1589.6 万元，减亏 68.4%，盈亏相抵盈利 987.7 万元。2002 年，全部工业完成增加值 20.4 亿元，年均增长 19.3%。其中，规模以上工业企业完成增加值 17.3 亿元，年均增长 22.7%；实现销售收入 38 亿元，年均增长 25%；实现税金 2.15 亿元，年均增长 23.47%；实现利润 2.23 亿元，年均增长 35.51%。工业经济综合效益指数为 139%，比“十五”末提高 25 个百分点；建成主要工业项目 100 多项，完成投资 28 亿元。其中，投资上千万元、销售收入上3000万元的5万吨高纯硅生产线、3万谷氨酸生产线等项目52项。基本形成以电投张掖发电公司、黑河水电公司等企业为主的电力能源；以巨龙铁合金公司、有色金属公司等企业为主的冶金冶炼；以有年马铃薯全粉公司、华瑞麦芽公司等企业为主的农副产品加工；以昆仑公司、河西制药公司等企业为主的生物化工；以巨龙建材公司、五色建材公司等企业为主的建筑建材五大支柱产业。培育出销售收入上亿元的电投张掖发电有限公司、甘肃黑河水电股份有限公司、甘肃昆仑生化有限公司、北京德农种业张掖分公司、中种集团张掖分公司、甘肃屯河番茄制品有限公司、辽宁东亚种子集团张掖分公司、甘肃张掖牧沅清真食品有限公司8户企业。销售收入3000万元以上的工业企业达28户。

2011—2016年，甘州区推进园区平台建设。2011年，全部工业完成增加值28.23亿元，同比增长24.1，其中规模以上工业完成增加值24.47亿元，同比增长25%；规模以上工业企业实现主营业务收入48.49亿元，同比增长26.33%；规模以上工业企业盈亏相抵后，实现利润总额3.49亿元，同比增长47.26%。2016年，全部工业完成增加值21.76亿元，同比增长8.5%；规模以上工业完成增加值20.2亿元，同比增长7.5%。基本形成以张掖火电、国电龙源、黑河水电等企业为主的电力能源；以巨龙铁合金公司为主的有色冶金；以奥林贝尔、沅博牧业等企业为主的农副产品加工；以河西制药、大弓农化等企业为主的医药化工；以龙翔环保、恒翔建材等企业为主的建筑建材等五大支柱产业。培育年销售收入上亿元的企业达10户，年销售收入上5000万元的企业增加到25户；张掖工业园区形成生态科技产业园、循环经济示范园、冶金建材产业园、农副产品加工产业园、光伏发电产业园、煤化工产业园的“一区多园”发展格局；建成工业项目180多项，引进企业188户，其中规模以上企业43户，被确定为全国循环化改造示范试点园区、全省循环经济示范园区、新型工业产业化示范基地和农业产业化示范基地，被省政府表彰为十强开发区和招商引资先进开发区。

第四节 企业改革

2000年10月，甘州区按照“明产权、转机制、变身份、增效益”的改制思路，采取“五个整体、一步到位”方法，由区体改办牵头，主管部门配合，对69户企业开展以转让、竞买、破产、重组等形式改制改组，对所属企业进行民营化产权制度改革。其中，产权整体出让42户，分块出让8户，整体租赁经营8户，进行股份制改造4户，解体6户，破产1户。置换职工身份5265人，占职工总数的80%；兑付身份转换补偿金7426万元，清退职工股金、集资2285万元，剥离上缴职工社会保障金2197万元、退休职工医保金2012万元。

企业改制推动地方工业经济快速发展，非公有制经济规模壮大。至2011年，甘州区私营企业达2510户，注册资本432286.17万元；个体户18043户，注册资本45000万元；非公有制经济实现增加值529457万元，占甘州区生产比重的45.9%。

二轻系统 至2002年底，进行企业民营化改制10户，解体1户（供销公司），兼并1户（钙塑包装厂），正资产转让企业有金鼎公司、工艺美术厂、锅厂3家，零资产转让企业为利达公司、塑料厂、制鞋厂、众兴公司4家，负资产转让企业为汇丰公司、金海公司、康达公司3家。

呢绒服装厂1996年停产，至2006年人员全部分流安置完毕。2005年8月，对兴达工商联合有限责任公司进行改制，面向社会公开竞价整体出售给个人。2006年11月，对金龙服装厂进行改制，整体公开出售给个人。2007年3月，对钟表公司进行改制，面向社会公开竞价整体出售给个人。2011年6月，对鼓楼商厦进行改制，面向社会公开拍卖给个人。

乡企系统 2001年，18户乡镇企业完成体制改革，其中糠醛厂、梁家墩砖厂、党寨二砖厂、甘星砖厂、花寨水泥厂等5户企业通过产权界定，公开拍卖，产权整体出售，收回出让金269万元。小满滴塑厂、大满钢厂、富达面粉厂等3户企业通过清算进行解体。沙井三道桥砖厂、人造板厂等10户企业进行租赁经营。

经委系统 2000年开始，配合市体改办对所属10户国有企业进行产权改革。2000年5月，对张掖市农机修造厂进行改制，职工安置后转让给个人。2001年1月，对张掖市化工总厂进行改制，职工安置后转让给个人。2001年9月，对张掖市印刷厂进行改制，整体转让给个人。2002年1月，对张掖市水泥厂进行改制，职工安置后转让给个人。2002年6月，对张掖市物资公司进行改制，职工安置后转让给个人。2003年12月，对张掖市农药厂进行资产清算，租赁给张掖市大弓农化公司经营；2006年7月进行改制，职工安置后整体转让给张掖市大弓农化公司；至2016年，剩余土地26亩和旧厂房若干，负债约3670万元。2007年12月，对张掖有色金属公司进行政策性破产，核销负债1.8亿元，整体安置职工，组建职工持股的股份制企业张掖泰鑫有色金属公司。2008年10月，对张掖市莺歌毛巾厂进行改制，职工安置后整体转让给个人。2009年11月，对纺织总厂进行改制，资产清算后转让给个人。对甘肃丝路春酒业集团公司进行改制，2007年完成资产评估和职工安置，资产整体租赁给甘肃丝路春食品工业公司经营，2015年因经营不善等原因停产。2016年11月，甘州区政府印发《甘肃丝路春酒业集团公司国有产权转让方案》，产权转让会在张掖市公共资源交易中心举行，甘肃东胜置业有限公司签订《国有产权转让成交确认书》，成交金额9800万元。

第二章　电力与电力开发

甘州区供电公司前身为张掖市电力局。1978年，张掖县电力建设管理所成立，隶属张掖县水电局；1979年，张掖县电力建设管理所更名“张掖县电力建设管理公司”。1984年，撤销“张掖县电力建设管理公司”，成立“张掖县电力公司”，事业单位建制，企业化管理。1985年，张掖县电力公司更名“张掖市电力公司”。1988年，张掖市电力公司更名“张掖市供电所”，同时成立“张掖市电业公司”，实现发电和供电统一管理。1993 年，在张掖市电业公司和张掖市供电所的基础上成立“张掖市电力局”，正科建制，隶属张掖市政府，为市政府管电职能机构和供电企业，下属龙渠水电站、龙渠二级水电站、盈科水电站、铁合金厂4家企业和6座35千伏变电站、22个乡镇电管站。1998 年，张掖市电力局由张掖地区电力局代管，实行行业管理，张掖市电力局所属的龙渠水电站、龙渠二级水电站、盈科水电站、铁合金厂4家企业划归新设立的“张掖市水电开发公司”管理。2002 年，张掖市电力局更名“甘州区电力局”，张掖市水电开发公司更名“甘州区水电开发公司”。2007 年被甘肃省电力公司授予“一流县供电企业”称号。2012 年，公司整体上划甘肃省电力公司。2013 年4月正式挂牌成立“甘州区供电公司”。

第一节　发　　电

火力发电　五里墩发电厂。1995 年，由张掖地区电力工业局移交甘肃电力多种经营集团甘肃康发公司管理。2002 年，康发公司撤销后，将其资产移交张掖市金源电力实业有限责任公司，主要是6000千瓦4号发电机组及附属设备、房屋等资产，资产总额 909.6 万元。2003 年，将4号机组及相关资产租赁给西龙热电有限公司经营。2005 年，西龙热电有限公司自筹资金，在原3号机位置扩建一台6000千瓦旧机组，2006 年投入运行，与出租的4号机组一并实现热电联产改造，总装机容量为2×6000千瓦。2007 年，省上将3号、4号机组列入关停计划；是年12月，4号机组关停。3号机组因设备越冬房东及供热用户的生产经营，运行到2008年3月底关停。总发电 38948.52 千瓦·时。

张掖火电厂全景

列车电站。位于张掖火车站西北处原张掖地区肉联厂院内，是西龙热电有限公司从湖南株洲钢铁公司引进的旧机组，投资490万元，容量为1×2500千瓦，1997 年3月投入运行，2003 年报废停运。发电7310千瓦·时。

张掖火电厂（甘肃电投张掖发电公司）。位于甘州区城北16千米处，2003 年10月成立。火电一期项目总装机容量65万千瓦（2×32.5万千瓦），总投资26.77亿元，2004 年开工，两台机组分别于2005年、2006年投产发电。2014 年，完成一期热电联产供热机组改造。至2015年底，发电295.64亿千瓦时，实现营业收入69.01亿元，上缴各种税款7.89亿元；火电二期项目2008年启动。至2015年底，完成项目可研审查、用地初审意见、地震安全性评价批复、贷款承诺、水资源论证报告审查、电网接入系统设计编制等前期工作。

水力发电 1997年之前，张掖市所建小水电站总容量不大。随着甘肃大电网的联网，大多数小水电站陆续停运，仅存龙渠水电站、盈科1号等水电站。至2003年，先后修建龙首一级、龙首二级西流水、龙渠二级水电站、龙渠三级水电站等水电站，总装机容量增大。2011—2015年，张掖水电开发进入快速发展阶段，以黑河流域西流水、小孤山、大孤山、二龙山等为主的梯级水电站相继建成，装机容量剧增。

甘州区1996—2015年水电站建设统计表

表7-2-1

电站名称	电站座数	建设规模		总投资（万元）	投产时间
		装机容量（千瓦）	年发电量（万千瓦时）		
盈科电站（旧）	9	1640	319.8	283.13	1978.10
龙渠三级电站		4700	1944	2380	2000.10
龙首一级水电站		59000	25488	38488	2001.05
石庙子一级电站		960	570	1602	2008.01
石庙子二级电站		8000	2687	4807	2010.06
龙渠电站		16000	7800	1200	2010.07
龙渠二级电站		8300	3000	3400	2010.07
盈科电站（新）		7200	3524.95	4667.67	2010.07
石庙子三级电站		1400	531	1040	2013.08

龙渠水电站。位于张掖市西南25公里，黑河中游莺落峡以下5公里处，是一座以发电为主兼顾灌溉的引水式电站。安装两台水轮发电机，总装机6400千瓦；设计年发电量4260万千瓦时，年运行6720小时。1975年，甘肃省计划委员会批准兴建龙渠电站。工程由国家投资，甘肃省水利电力工程局施工队承担施工，所需劳力由工区、各公社负责调配。电站于1975年动工，1978年投产发电。工程总用工149.33万个，总投资981万元。1993年，龙渠水电站三号机组扩建工程开工，1994年完工，工程总投资752万元、装机3200千瓦。2013—2014年，龙渠水电站实行增效扩容改造，电站设计引水流量为66立方米/秒，总装机容量为16兆瓦，装机年利用小时5319小时，工程总投资3474.25万元，年发电量达到8000万千瓦时以上。

盈科水电站。1976—1997年，盈科共建设有5座小型水力发电站。盈科一号水电站位于张掖城区西南18公里的黑河东岸，坐落在小满镇中华村一社盈科干渠西侧，为渠道引水式水电站。工程于1976年动工，1980年竣工，1981年投产。工程总投资196万元，耗用工日27.6万个，装机4台，总容量1280万千瓦，年平均发电量750万千瓦时。1980—1981年，盈科动工兴建四号、五号电站，各安装3台75千瓦水轮发电机组。1986年，盈科建成三号电站，装有4台50千瓦的机组。1998年，盈科二号电站建成，装机4×75千瓦，建成的4座小水电站均与大电网并网，年发电量650万千瓦时。2013年实行扩容增效改造，盈科电站通过本次增效扩容，总装机由原1.28兆瓦（4×0.32兆瓦）增至2.0兆瓦（4×0.5兆瓦），增加56.2%；年发电量由919万千瓦时增至1385万千瓦时。

龙渠二级电站。1996年，张掖市被水利部正式列入国家第三批农村电气化县建设行列，龙渠二级电站是其规划的电源点之一。1997—1999年，建成龙渠二级电站。该电站为小（二）型工程，建筑等级为五级，渠道及厂房防洪标准为30年一遇设计，50年一遇校核，相应洪峰流量为1530立方米/秒和1790立方米/秒。电站装设3×1600千瓦机组，年设计发电量2556万千瓦时。

龙渠三级电站。2000年，张掖市被国务院正式列入全国第四批农村水电电气化建设县之一。1999—2000年，采用股份制形式融资建设龙渠三级电站。1999年，龙渠三级电站主体工程开工，2000年三台机组全部投产发电。龙渠三级电站为小（二）型工程，建筑物等级为五级，渠道及厂房防洪标准为30年一遇设计，50年一遇校核，相应洪峰流量为1530立方米/秒和1790立方米/秒，装机3×1500千瓦，年设计发电量2030万千瓦时，工程总投资2450万元。2013—2014年，实行增效扩容改造，改造后电站设计引水流量为66.0立方米/秒，总装机容量为6.5兆瓦，项目总投资2046.51万元。

小孤山水电站。小孤山水电站是黑河水能规划自上而下的第六座梯级电站，设计装机容量10.2万千瓦，年平均发电量3.91亿千瓦时，总投资7.01亿元。项目资本金按总投资的20%自筹，由黑河水电公司和甘州区水务局按66.6%和33.4%的股份比例投资建设；与中国银行张掖分行顺利达成5.4亿元人民币的贷款协议，与亚行达成3500万美元清洁能源项目贷款协议。项目主体工程于2003年开工建设，首台机组于2006年投产发电；是年7月，三台机组全部投产发电。

二龙山水电站。由黑河水电公司和甘州区水务局按73.29%和26.71%的股份比例投资建设。电站设计总装机容量5.05万千瓦，年均发电量1.74亿千瓦时。工程概算总投资3.65亿元，实际完成投资3.4亿元，其中利用亚行贷款2200万美元。2007年，三台机组全部并网发电。

大孤山水电站。项目概算总投资4.7亿元；资本金9400万元，占总投资的20%，由黑河水电公司联合兰州自然人宋杰按89.36%和10.64%的股份比例解决。大孤山水电项目被列入国家2006—2008年利用亚行贷款项目三年滚动规划之中，获得亚洲开发银行贷款2800万美元（折合人民币21784万元）和中国工商银行贷款15811万元。电站总设计装机容量6.5万千瓦，年发电量2.1亿千瓦时。2009年7月，三台机组全部并网发电。

风力发电 张掖属全国二级风力资源较佳地区，每平方米风能密度100—200瓦，有效风能出现时间为80%，大于3米/秒的风速年累计200天以上。20世纪70年代起，在缺少水资源的边缘地区，开始利用风能资源发电。

平山湖风力发电项目。平山湖200万千瓦风电项目，规划占地690平方公里，场址位于张掖市东北部约50公里处的平山湖乡。2009年，甘州区开展为期一年的全方位测风取样，2010年委托西北区域气候中心完成风能评估，委托西北勘测设计研究院完成《平山湖200万千瓦风电场规划报告》。至2015年，风电规划总装机容量100万千瓦。平山湖风电开发因矿产压覆原因，可开发装机100万千瓦，除去临泽境内部分，甘州区实际可开发装机约40万千瓦。2016年，甘州区平山湖风电场建成发电2项、9.9万千瓦，为国电陇源一期、二期各4.95万千瓦项目。正在建设3项、14.85万千瓦，分别是甘电投4.95万千瓦，锋电能源一期、二期各4.95万千瓦项目。

光伏发电 甘州区南滩光电产业园。园区地处城南甘民公路24公里处，平均海拔1760米，年日照数3100小时左右，太阳能可利用天数大于280天，是河西地区太阳能资源最为丰富的区域之一。园区分南滩Ⅰ号、Ⅱ号、Ⅲ号场址三个区域。2016年，建成并网发电项目8项、156兆瓦，尚可布局1300兆瓦光伏项目。建成项目分别是：黑河水电一期50兆瓦、黑河水电二期30兆瓦，上海航天一期18兆瓦、二期10兆瓦，甘肃汇能9兆瓦、张掖佳讯20兆瓦，国电龙源一期9兆瓦、二期10兆瓦，尚可布局1300兆瓦光伏项目。

黑河水电新能源公司50兆瓦光伏发电项目投产庆典

黑河水电新能源公司。成立于2012年，一期50兆瓦项目概算总投资6.3亿元，位于甘州区以南西洞滩工业园区，电站场址距张掖330千伏变电站10千米，距黑河110千伏变电站1千米。2012年开工建设，当年并网发电。2013年，成功收购张掖佳讯20兆瓦光伏发电项目，位于甘州区光电产业园Ⅰ号光伏规划区内，项目通过航天神舟升压站和33公里的自建线路接入民乐110千伏变电站，工程静态投资20450.92万元。2016年，投资1.77亿元完成二期30兆瓦光伏发电项目。

第二节 供 电

1991年以前，张掖市供电公司有35千伏变电站6座，分别是碱滩、沙井、甘浚、和平、安阳、石岗墩变电站。主变6台，总容量8350千伏安，35千伏线路6条，总长120.42公里，10千伏线路584公里，0.4千伏线路420.46公里，配电变压器709台，农村各类用电设备3106台，总容量24789千瓦。供电电源主要来自张掖110千伏变电站、龙渠一级水电站等。经过20多年发展，到2016年底，甘州区供电公司已拥有35千伏变电站15座，主变29台，总容量182.25兆伏安，35千伏线路17条200.07千米，10千伏线路77条7596.7千米，低压线路2319条1606.22千米。配变5345台，总容量

688.366 兆伏安，其中公变 1825 台，总容量 171.711 兆伏安。供电电源来自张掖 330 千伏变电站、110 千伏新墩变电站、黑河水电公司、甘电投张掖火电厂、甘电投河西水电公司等。

1991 年以前，张掖市供电公司的供电区域为碱滩、甘浚、和平、安阳、花寨、龙渠、小河、沙井、西洞 9 个乡，趸售供电；新墩、长安、上秦、乌江、明永、三闸、靖安、小满、大满、党寨、廿里堡 12 个乡的用电由张掖地区电力局直接供电。1996 年，按照省计委和省电力局有关会议精神，由张掖地区电力局直供直管的长安、小满、大满、新墩、梁家墩、上秦、党寨、三闸、靖安、明永、乌江、廿里堡 12 个乡的供电移交张掖市电力局管理，实行直供电价；至 1997 年底，全市 22 个乡镇 242 个村 1988 个社通电率：乡为 100%，村为 99.8%，社为 99.76；农户为 99.5%。2011 年底，甘州区 18 个乡镇全部通上电。至 2016 年底，甘州区供电公司供电范围涉及 18 个乡镇 245 个行政村，拥有各类用电客户 14.7 万户，乡、村、户通电率均达 100%。

第三节　用　　电

1991 年，张掖市农村用电量为 3636.46 万千瓦·时，2016 年，公司完成售电量 5.447 亿千瓦·时。加强电网建设、故障报修、事故抢修、有序用电和供电质量管理，完善应急抢修机制，确保居民可靠用电。居民客户采取不停电摧费，欠费超过 30 天，确需停电催费的客户，提前 7 天向客户书面通知，电费结清后在 24 小时内恢复供电。确保常年供电可靠率不低于 99.20%，电压合格率不低于 94%。甘州区供电公司采取多种收费方式，建设自助缴费终端，全面推广 POS 机刷卡、掌上电力 APP 收费。规范电费抄核收工作流程，每月通报、考核，提高工作效率和工作质量，实现电费抄核收全过程的监督和管理。

第四节　电网建设

1998 年下半年，张掖市农网建设与改造工程全面启动，2005 年，全面完成甘肃省发改委和甘肃省电力公司批复的总投资 11780.57 万元的甘州区一、二期农网建设与改造工程项目。计划建设的 5 项 35 千伏送变电工程（小满、党寨、明永、靖安、老寺庙）、8 项变电改造工程（碱滩、平原堡、石岗墩、沙井、和平、甘浚、石岗墩、沙井）和 5 项 35 千伏线路改造工程（火碱线、小和线、张平线、临沙线、和安线）全部建成并投入运行，完成投资 3431.7 万元。新建 10 千伏线路 512.41 公里，改造 351.98 公里；新建 0.4 千伏线路 106.87 公里，改造 53.97 公里；新建 0.22 千伏线路 756.36 公里，改造 564.95 公里；新建配电台区 396 台，改造 586 台，施工结算总资金 7355.633 万元。其中，一期工程新建 10 千伏线路 321.61 公里，改造 189.53 公里；新建 0.4 千伏线路 55.44 公里，改造 22.77 公里；新建 0.22 千伏线路 211.99 公里，改造 279.71 公里；新建配电台区 309 台，改造 261 台，施工结算资金 3389.5156 万元。二期工程新建

10千伏线路190.8公里，改造162.45公里；新建0.4千伏线路51.43公里，改造31.2公里；新建0.22千伏线路544.37公里，改造285.24公里；新建配电台区87台，改造325台，施工结算总资金3966.11万元。

2006年以来，相继完成投资3524.17万元的35千伏电网建设与改造项目10项（35千伏上秦至石岗墩送电线路工程、35千伏三闸送变电工程、35千伏三闸线路工程，35千伏变电站无载改造、无功补偿、五防闭锁改造工程，35千伏花寨变增容改造工程、和平变增容改造工程、35千伏平沙线改造线路工程、35千伏明永变改造工程、35千伏靖安变改造工程、35千伏党寨输变电改造工程）；新建35千伏线路29.631公里、10千伏线路37.76公里；新增主变压器5台，容量25600千伏安；改造主变压器7台，容量44750千伏安，比增容改造前主变压器总容量净增37450千伏安。完成投资4423.21万元的10千伏及以下电网建设与改造项目8批（次），新建10千伏线路174.5368公里、改造10千伏线路157.0432公里、新建0.4千伏线路53.675公里、改造0.4千伏线路20.8617公里、新建配电变压器305台（容量33506千伏安）、改造配电变压器48台（容量5639千伏安）、电压检测仪70台。完成投资256.26万元的通信工程2批（次）。至2016年，公司管辖35千伏变电站15座，主变29台/总容量182.25兆伏安；35千伏线路17条200.07千米，10千伏线路77条2596.7千米，0.4千伏线路2319条1606.22千米。

第五节 电价与经营管理

电价 1998年，提出“改革农电管理体制，改造农村电网，实现城乡用电同网同价”（简称“两改一同价”）的三大目标。2003年起，甘州区城乡居民照明用电实现同网同价。2006年，甘州区商业、非居民照明用电实现同网同价。2008年，商业和非普工业用电统一归并为一般工商业用电，并实现同网同价。截至2016年12月，甘州区农村销售电价分类中除农业排灌电价外，居民照明、非居民照明、一般工商业、农业生产和大宗工业电价全部实现同网同价。

制度建设 1991年以前，张掖市电业公司严格按照甘肃省电力工业局颁发的《甘肃省农村乡（镇）电力管理站工作细则》要求，明确电管站是“非经营性的管理组织”，坚持“以电养电”的原则，在张掖市趸售区各乡成立电管站，开展以“布局合理化、设备完善化、工艺标准化、管理正规化、用电制度化”为内容的标准化建设，推动农电经营管理。同时，张掖地区供电所直供的上秦、新墩等12乡电管站先后成立，农电工作由建设型转为管理型。1993年，张掖市电力局成立后，逐步健全和完善各项规章制度，加大对电管站的管理力度。1998年，按“两权分离”原则和财政体制、产权隶属关系、电力趸售关系、工资来源等方面不变的原则，张掖市电力局于当年12月由张掖地区电力局代管，实行行业管理，仍行使政府职能。全面实施“两改一同价”工程，开展优质服务。1999年底，22个乡电管站改制为市电力局直属的供电营业所。2000年，实行“五统一、四到户、三公开、两监督、一户一表”的一体化管理，供电营业所的财务管理实行收支两条线，农电经营管理初步走上行业化、科学化路子。2002年7月，甘州区电力局顺应农电体制改革，先后出台涉及农电安全、经营管理、民主管理等方面的制度45项，深化农电管理工作。2003—2007年，甘州区电力局以制度建设推进农电规范化管理，推行农电生产管理专业化、安全管理规范化、作业流程标准化，全面开展安全性评价工作；规范经营管理，完善农电企业资金、资产和投资管理制度体系。至2011年，甘州区电力局依据国务院办公厅《关于“十一五”深化电力体制改革的实施意见》，全面理顺供电企业人、财、物管理，制定出更加完善的企业“三大标准”（管理标准、工作标准、技术标准）。

经营措施与成效　1991—1997年，张掖市电力局多方筹集资金，对电网进行更新和改造。从1993年起，先后对碱滩、沙井、甘浚、和平4座变电站进行增容改造，对配电线路、变台和低压电网进行技术改造，农村的配电网得到改善。1997年，农村供电量达8231万千瓦·时。1998—2001年，先后新建小满、党寨、明永、靖安4座35千伏变电，对石岗墩、碱滩、沙井3座变电站进行增容改造，新建10千伏线路298.89千米，改造180千米；新建0.4千伏线路244.5千米，改造273.6千米；新建配电变压器264台，改造256台；完成22951户进户线改造，建成电网高标准调度中心1处。2001年，全市乡、村、社通电率均达100%，农户通电率达99.99%；农村供电量达1.593亿千瓦时，农村人均用电量达241.46千瓦·时。2002—2008年，甘州区电力局落实营销工作和市场开拓措施，鼓励居民大规模使用电炊具、电热水器、电采暖器等高耗能家电，倡导“电气化家庭”建设，带动居民电量消费快速增长。先后制定《市场开拓工作方案》和《市场开拓工程考评细则》，细化管理制度和标准，及时分解市场开拓计划电量，业扩服务更加合理高效。2008年，农村供电量1.76亿千瓦·时，综合线损率完成9.6%，平均售电价完成465.5元/千千瓦·时，电费回收及上缴率完成100%；当年实现利润14.9万元。2009年，对43个新农村住宅建设项目开展上门服务，当年投运的22个地源热泵项目，用电量达到120多万千瓦·时；开展用电检查和营业普查，追补电量5.45万千瓦·时，挽回经济损失6.2万多元；强化线损波动因素的分析与控制，不断完善降损措施，实现节损效益近100万元。以点带面完成10个标准化供电所的创建和经验推广。2009年，售电量完成1.85亿千瓦·时，综合线损率完成7.81%，经济和社会效益得到提升。2010年，开展标准化供电所创建，上秦、长安等8个供电所通过省公司标准化供电所验收命名，党寨供电所被国家电网公司列为创建示范单位。完成张掖兔儿坝滩工业循环经济园区和绿洲农业示范区2个国家经济示范点的线路改造和电力配套建设任务。2016年，公司完成售电量5.447亿千瓦·时，完成年目标值的111.2%；综合线损率完成6.62%，电费回收及上缴率完成100%。

第六节　电力开发

甘州区电力开发以小水电开发为主，立足黑河水利资源优势，大力发展低碳电能。逐步引入民营资本，建成和平乡南30里滩光伏电力、平山湖境内风电产业，国营垄断机制已被打破，多种经济成分并存、多业并举的电力开发产业初具规模。

水电开发　水电开发。1997年，张掖市小水电仅存龙渠、盈科1号水电站。1998年，由甘肃省电力建设投资开发公司控股，张掖地区电力局、张掖市电业公司参股组建的“甘肃河西水电开发有限责任公司”挂牌成立，以经营龙首一级水电站为开端，实施黑河流域水电梯级滚动综合开发。1998—2003年，龙首一级、二级，龙渠二级、三级电站先后建成，从根本上扭转张掖电力供应紧缺的局面。龙首一级水电站建设于1999年开工，2001年5月底首台机组投产发电，是年竣工；龙首二级水电站（西流水水电站）2004年投产发电。两级电站总投资13.5亿元。2000年，甘肃黑河水电开发股份有限公司成立，立足龙渠梯级电站挖潜改造。至2002年底，完成有功发电量12416万千瓦时，首次突破1.2亿千瓦·时，创造甘州区水力发电新纪录；生产硅铁6940吨，焊剂2045吨；完成工业总产值5144万元，工业增加值2106万元，利税总额达到625.8万元。

二龙山2#机吊转子

梯级水电站开发。小孤山水电站项目由甘肃黑河水电开发股份有限公司、甘州区水务局和甘肃银隆建筑有限责任公司共同出资开发建设，出资比例为50%、30%、20%。2003年1月获批，是年10月主体工程开工建设。2006年5月首台机组并网发电，装机容量9.8万千瓦，年发电量3.8亿千瓦·时，总投资6.98亿元人民币。二龙山水电站建设工程项目2004年开工，投资3.48亿元，装机容量5.05亿千瓦，年发电量1.74亿千瓦·时，2007年9月首台机组投产发电。大孤山水电站2007年开工建设，装机容量6.5万千瓦，投资4.7亿元，黑河水电独资经营，年均发电量2.2亿千瓦·时，2009年7月首台机组投产发电。2009年，甘州区黑河水流域水电开发装机容量达到25万千瓦，年发电量10亿千瓦·时，生产铁合金系列产品5万吨，年销售总收入突破5亿元，创利税1亿元。

多种经营　涉及铁合金等高载能工业产品的生产与销售。2001年，生产硅铁、焊剂，实现利税337万元。2005年，黑河水电开发股份有限公司联合龙腾、龙翔铁合金公司投资建设张掖市高载能工业园区首批项目铁合金5万吨冶炼项目。2007年，巨龙硅材料工业园项目全面投产，主要生产普硅、纯硅、烙铁。2011年，日产5000吨一期干法水泥工程项目开工建设，年底达产达标。城市天然气项目顺利实施。

清洁能源开发　黑河水电股份有限公司开展国际交流，争取与国际金融组织合作，获得亚行清洁能源项目支持，无偿获得碳汇基金补贴。2006年，二龙山清洁能源项目产生的减排量出售获得国家批准。2007 年，将 2009 年以前产生的近 30 万吨减排量出售给亚行亚太碳基金，每吨售价 13.27 美元。2010—2012 年，形成约 40 万吨减排量与日本三井株式会社签订框架协议，每吨售价 12 欧元，每年受益 1500 万元人民币。大孤山电站 CDM 项目 2008 年获得国家批复。2007 年，小孤山形成二氧化碳减排量约 40 万吨，获得收益 183 万美元。2008 年获得减排收入 4103 万元，其中小孤山电站 1348 万元，二龙山电站 2615 万元，其他 140 万元。签约代理省内外其他水电站 CDM 项目 8 项。

国际小水电中心张掖基地建设 2004 年，甘州区报请张掖市政府批准成立县级建制的“联合国国际小水电中心张掖基地管委会”，得到联合国工业发展组织的确认和支持。黑河水电公司的 3 个外资项目贷款使用达到 98% 以上，提拨款速度全国仅有，在水电 CDM 项目开发方面开创性工作，两次在亚行国际会议上宣传推介，吸引国内外同行远道取经。二龙山、大孤山两个项目作为进行 MFF 机制在中国的首个试点项目进展顺利，5000 万美元贷款足额利用，项目建设的综合效益得到最大限度发挥。国际工发组织总干事予以高度赞扬，小孤山电站项目得到亚行“非常满意”评价。

黑河水电开发股份有限责任公司 是甘州区电力开发的地方企业，成立于 2000 年，重点开发黑河干流水利梯级发电产业，是集水力发电、机电安装、铁合金生产及相关产业开发与销售为一体的国有控股企业，注册资本 10218 万元，总资产 20120 万元。公司下属企业有甘肃张掖小孤山水电有限责任公司，甘肃张掖二龙山水电有限责任公司，甘肃张掖大孤山水电有限责任公司，张掖市龙首铁合金有限责任公司，张掖市巨龙铁合金有限责任公司，甘肃张掖巨龙建材有限责任公司，银龙兴（北京）咨询有限责任公司，张掖市机电安装公司，张掖市黑河水电房地产开发有限责任公司。兼管张掖市龙渠一、二、三级 3 个水电有限责任公司。2011 年，全年完成发电量 10.86 亿千瓦时，完成销售 10.69 亿千瓦时；生产铁合金系列产品 2.76 万吨，完成销售 2.46 万吨；生产水泥及制成品 70 万吨，销售 53.6 万吨，全年实现综合收入 5.72 亿元；国有控股企业实现利润 0.91 亿元，上缴税金 0.6854 亿元，完成工业总产值 7.8 亿元，工业增加值 3.12 亿元。

黑河水电公司 前身是“张掖市电力开发有限责任公司”。1999 年，根据国务院电力体制改革要求，地方电力企业实行厂网分开，张掖市电力局整体划拨甘肃省电力公司，实行条块垂直管理。将张掖市电力局所属龙渠电站、盈科电站、张掖市铁合金厂、龙渠二级水电站 4 家企业划拨归地方政府，成立“张掖市电力开发有限责任公司”，注册资本 7172 万元，具有法人资格独立承担民事责任。1999—2000 年，新建龙渠三级电站。至 2000 年，公司总资产 8416 万元，其中固定资产 7527 万元、流动资产 889 万元；公司总装机容量 2.2 万千瓦，年发电量 1.2 亿千瓦时，年售电收入 1820 万元，年产硅铁 3000 吨，年利税总额 280 万元。2000 年，企业改革重组，重新发起成立“甘肃黑河水电开发股份有限公司”。2014 年，甘肃黑河水电开发股份有限公司更名“甘肃黑河水电实业投资有限责任公司”。2001 年起，联合甘州区水务局以股份制形式先后建设小孤山电站、二龙山电站。2006 年，与自然人宋杰以股份制形式建设大孤山电站、巨龙硅材料园项目。2009年，控股建设日产2500吨水泥熟料生产线项目，参股建设城市燃气项目。2012年，控股建设50兆瓦光伏发电项目。公司开发建设及运营的项目涵盖水电、太阳能、冶金建材、城市供水、房产旅游、机电安装、招投标代理等多个领域，现有全资、控股或代管企业以及不具备法人资质的办事机构15家。到2016年底，全公司水电装机容量25万千瓦，光伏发电装机容量100兆瓦，发电量突破13亿千瓦时；铁合金年产能规模达到4万吨，水泥及制成品产量突破100万吨，资产总量达到35亿元。公司控股企业实现利润及上缴税金均突破亿元大关。完成工业总产值13.6亿元，工业增加值5.4亿元。公司全资及控股子公司有小孤山水电公司、二龙山水电公司、大孤山水电公司、黑河水电新能源公司、巨龙铁合金公司、巨龙建材公司、机电安装公司、银龙兴公司、滨河供水公司、西域旅游文化公司、农牧科技公司、三元乳业公司等。

甘肃电投张掖发电有限责任公司 成立于2003年，公司注册资本5.6亿元，位于张掖市甘州区城北16公里处。公司建设管理的张掖电厂装机容量2×325兆瓦。该工程是甘肃省"十五"计划重点能源建设项目，2003年，经国务院正式批准立项，由甘肃省电力投资集团公司出资55%、国投电力控股股份有限公司出资45%共同开发建设，2004年开工，1、2号机组分别于2005年、2006年投产发电。工程项目建设创造电力建设的甘肃"电投速度"。2008年底完成2×325兆瓦增容改造，2013年完成两台机组脱硝改造。2015年，公司2×325兆瓦机组顺利通过热电联产认定；10月，向张掖城区居民集中供暖。甘肃电投张掖发电有限责任公司是甘肃省第一个省内资金控股建设的大型火力发电企业，工程项目获得中国投资协会优质投资项目奖、甘肃省建筑工程"飞天金奖"和中国建筑工程最高奖——"鲁班奖"。2012—2016年，连续5年实现机组"零非停"。完成发电量310多亿千瓦时，供热量700多万吉焦，上缴税款8.68亿元。公司连续4次荣膺"全国电力行业设备管理工作先进单位"。

第三章 化　工

第一节 化学工业

化肥 1991年，张掖地区化肥厂主要生产硫酸、磷肥、复合肥、亚胺、硫酸锰和氟硅酸钠。投资2862万元，建成4万吨尿素生产线，当年化肥厂完成工业产值802.3万元。全市其他5户化工企业，完成工业产值123万元。化学工业实现产值比上年下降16.6%，行业比重占4.6%。1995年，张掖地区化肥厂完成工业产值5039.6万元，实现利税426.5万元，全员劳动生产率54364.6元/人。是年生产合成氨40612吨，碳酸氢铵49305吨，尿素44076吨。化工部授予"全国化肥生产先进企业"称号，"祁连牌"尿素荣获"甘肃省名牌产品"称号。是年成立"张掖地区矿业化工总公司"，从事高岭土的综合开发利用；2000年，改制为私营企业。

农药　张掖农药厂始建于1992年，总投资6352万元，1994年投产运行。属国有独资企业，主管部门为张掖市经济贸易委员会。企业位于张掖市东北郊工业开发区，占地10.9万平方米，建筑面积28140平方米。1994年生产各种农药214吨，完成产值880万元，利润9.9万元。1995年完成产值2028.4万元，利润20万元，生产各种农药453吨，产品远销北方10多个省市区。1998年，因负债高、资金链断裂等原因停产。2003年，张掖农药厂申请破产。2004年，甘州区通过招商引资与上海苗以源工贸公司洽谈合作成功，实施租赁经营，新组建“大弓农化公司”。投入资金2000万元进行技术改造，形成仲丁灵、除草剂生产系统，安置下岗职工100多人。2006年6月，对张掖农药厂实施分离分立、分块出让、盘活资产，解决企业遗留问题，将企业有效资产转让给大弓农化公司等企业。2016年，张掖市大弓农化有限公司系中外合资民营企业，注册资本1530万元，公司下辖大弓农化本部生产基地及祁连农化生产基地。总资产达1.7亿元，安置就业近500人。全年实现销售收入2.3亿元，比上年增长35%；上缴税金414万元，外贸出口额达4000万元。“大弓仲丁灵”获甘肃省名牌产品称号。产品远销巴基斯坦、印度、巴西、阿根廷、美国等国际市场。

至2016年，全区有化工企业4家，主要集中在兔儿坝滩循环经济示范园，分别是张掖市大弓农化公司、张掖市宏金雁再生能源科技有限责任公司、张掖市三益化工有限责任公司、甘肃桑田清洁能源开发有限公司张掖分公司。产品主要有甲基磺草酮和仲丁灵农药、燃料油、工业炭黑、氟化铝、甲醇汽油，形成5万吨高纯硅、3万吨氟化铝、3000吨仲丁灵乳油、300吨甲基磺草酮原药、1万吨糠醛的生产规模。化工原料及化学制品制造业完成工业总产值14400万元，同比增长16.3%。

塑料　塑料制品起步于20世纪70年代，后渐成规模。1971年，张掖县建成塑料厂。1985年，张掖县城关镇塑料厂投产，不久转产。1995年，张掖市塑料厂正常生产，其他厂家时停时续。1998年，张掖市塑料厂占地29000平方米，总资产1001.1万元；有职工140人，各类工程技术人员23人。2000年，张掖市塑料厂以生产农用地膜、塑料中空制品管材为主。农用地膜年综合生产力达1000吨，中空制品200多吨，各种规格管材1000吨，聚氯乙烯制品800吨。其中农用地膜和低压输水管被评为省优产品，农用输水管被国家轻工部和水利部列为西北地区定点供货厂家。企业总资产达1002万元，多次被评为先进生产单位。2002年，张掖市金鼎包装公司新上两条在国内技术含量较高的年产2000吨塑料管材生产线，并积极引进技术，进行锥形桶的设备技术改造。2016年完成塑料制品15220吨；塑料制品业完成工业总产值16730万元，同比下降17.8%。

其他化工　硫酸。1970年，张掖县磷肥厂建成硫酸生产线，1987年增添设备，生产能力达1万吨。1995年生产5040吨；是年，张掖市有色金属公司1万吨硫酸生产线建成投产。

亚硫酸铵。1976年，张掖县磷肥厂投资6万元，购置尾气回收器，回收硫酸车间排放的二氧化硫和三氧化硫，建成100吨亚硫酸铵生产线。1991年，全市乡村企业生产亚硫酸铵328吨。1995年，生产5022吨。

氟硅酸钠。1988 年，张掖市磷肥厂投资 4 万元，添置废气回收装置，回收磷肥生产过程中排放出的废气，建成年产 100 吨氟硅酸钠生产线。1995 年生产 12 吨。

硫酸锰。1989 年，张掖市化工总厂投资 50 万元，建成年产 5000 吨硫酸锰生产线。因产品滞销，1992 年停产。

日用化工。主要生产肥皂、润面油、洗头膏、卫生香、矿蜡等。

第二节　采掘工业

煤炭　辖区内探明平山湖矿区煤资源储量 1.5 亿—2 亿吨。传统开采主要在灰条沟、酥油口、甘浚山、平山湖等地。1991 年，全市累计生产原煤 5.66 万吨。1992 年，甘肃煤田地质局在平山湖 840 平方公里范围内，勘查出新开发的煤层 10—12 层。1993 年，平山湖开采的个体煤矿点有 7 家，大多矿点处于停产状态，只有张掖市平山湖蒙古族乡白乱山煤矿生产。1994 年，全市累计生产原煤 12.4 万吨。2007 年开采量 2 万吨，产值 240 万元，上缴税金 15 万元，利润 50 万元。2008 年，该煤矿筹措资金 160 万元，架设 10KV 高压线路 16 公里。不久关停。

金属采矿　沙金。1987 年，张掖地区成立黄金公司，张掖选矿厂建成黄金、白银浮选线，是年回收黄金 3.66 公斤、白银 1273 公斤。至 1990 年，黄金选量为 13.167 公斤，白银 4857.07 公斤。

铅锌。1993 年，张掖市有色金属公司承包青海省铅锌矿及选矿厂，投资 1000 多万元建成 5 个矿区，年开采 6 万吨，日处理矿石 200 吨。

硅石。1991 年以来，在平山湖有硅石矿点 3 处，分别在大疙瘩、烟墩口、青龙山牧点。

石灰石。20 世纪 80 年代，各水泥厂扩建改造，石灰石开采量剧增。1991 年开采石灰石 1.37 万吨。1994 年开采 7.5 万吨。

石膏。平山湖石膏矿由乡镇企业及个体开办。1994 年，全市产石膏 1.75 万吨。

黏土。是普通烧结砖、瓦的主要原料。

第三节　冶金工业

1980 年后，相继兴建锌、铅、铜浮选冶炼和硅铁生产线。

铁合金　1988 年，张掖市水电局投资 581.70 万元，兴建集体所有制的铁合金厂。1990 年 1 月建成 1600 千伏安硅铁炉，设计年产量 2000 吨，是年生产硅铁 344 吨。1990 年，张掖地区农业机械厂投资 830 万元，建成 6300 千伏安硅铁炉，设计年产工业硅铁 3600 吨，试产硅铁 300 吨。到 1995 年，全市境内 2 家企业生产硅铁 3015 吨，其中张掖地区农机厂铁合金分厂 1217 吨、张掖市龙渠铁合金厂 1941 吨。甘州区水电多种经营产业涉及铁合金等高载能工业产品的生产与销售。2001 年，硅铁生产 5400 吨，焊剂 1500 吨，工业总产值达到 4020 万元，实现利税 337 万元。2005 年，黑河水电开发股份有限公司联合龙腾、龙翔铁合金公司投资建设张掖市高载能工业园区首批项目铁合金 5 万吨冶炼项目；2006 年铁合金系列产品生产达到 15845 吨，完成销售 26315 吨。2007 年，巨龙硅材料工业园项目全面投产。至 2011 年，完成投资 1.3 亿元，硅铁产业由年产 3000 吨普硅提高到 1 万吨普硅、1 万吨高纯硅、2 万吨烙铁产能规模。2008 年产铁合金产品 2.71 万吨，年总收入 4.09 亿元，工业总产值 47152 万元，工业增加值 18593 万元，实现利润 5830 万元，上缴税金 4594 万元，国有资产保值增值 132%。

有色金属冶炼　1995 年有色金属选炼企业只有张掖市有色金属公司 1 家。前身为张掖县选矿厂，职工 47 人，固定资产 77 万元。1992 年投资 280 万元，建成年产 5000 吨的粗铅冶炼厂。1993 年投资 5500 万元，建成年产 5000 吨的粗铜冶炼厂。1994 年投资 1000 多万元，承包并改造青海省祁连县铅锌矿和祁连选矿厂，日选矿能力达 150 吨，建成集采矿、选矿、冶炼、化工、营销为一体的企业。1995 年，公司下设 4 厂 3 个分公司，职工 1277 人，拥有固定资产 10593 万元，主要设备 1100 台（组），生产铝精矿 1506.57 吨、锌精矿 987.61 吨、铜精矿 365.79 吨、粗铅 1000 吨、粗铜 933.81 吨，生产硫酸、亚硫酸铵、金、银等产品，完成工业产值 5081 万元，实现利税 118.9 万元。公司先后荣获“甘肃省先进企业”“甘肃省双文明建设模范集体”等称号。

第四章　机　　械

第一节　机械制造

20 世纪 70 年代，张掖县有机械工业企业 45 家，其中机械制造业 20 家、机械修理业 25 家。1996 年以来，机械工业不断深化企业改革，转换经营机制，形成农业机械、水工机械、建筑机械、轻工机械四大类产品系列。进入 21 世纪，甘州区机械制造业发展呈现逐步萎缩的现状。

张掖市天轮机械贸易有限责任公司　前身为张掖地区收割机厂。1999 年 8 月改制为股份制企业。2001 年 3 月，企业产权整体转让，改制为私营企业。1996 年以来，产品是由过去的收割机系列产品发展到割草机、铡草粉碎机、饲料深加工产品等五大系列 40 多个品种，成为市内最大的农机专业生产企业。2003 年，生产割晒机 2314 台、2BF－7分层播种机 63 台，旋耕机 581 台、割草机 898 台、铡草机 70 台；完成工业总产值 565 万元，完成工业增加值 290 万元。2015 年停产。

甘肃省轻工机械总厂　国家二级企业，是西北地区最大的塑料编织袋生产厂，全国塑料机械理事单位。1995 年，塑料机械年加工能力达 3000 吨，塑料编织袋年生产能力达 7000 吨。下设 7 个法人实体公司（分厂）。其中境外投资企业主要产品有塑料制品、塑料机械产品和其他轻工产品六大系列 50 多个品种。塑料管材系列产品有各种规模 UPVC 硬管、PE 管、塑料滴灌及管件，及首部过滤施肥灌溉系统等高科技农业节水器材；农机产品有农用小四轮拖拉机、铡草机等；其他轻工产品有薄壁电焊钢管、水煤气管等。中吉 BAKAL－INPACK 有限责任公司是甘肃省轻工机械总厂与吉尔吉斯斯坦“BA－KAL”糖业联合公司在吉国合资创办的境外带料加工装配企业，总投资 146.4 万美元（中方以自产塑料设备投资 73.2 万美元），年产销 1000 万条塑料编织袋。2008 年改制为股份合作制企业，2011 年改制为股份有限责任公司。2015 年，完成工业总产值 2000 万元，工业增加值 700 万元。

张掖市天源（集团）公司　由张掖市天源机械制造有限责任公司、张掖市天源木业有限责任公司、张掖市天源房地产开发有限责任公司三个独立法人组成的紧密型企业联合体，拥有资产总额 7000 多万元，占地 10 万平方米，有各种大中型冷热机械加工设备 200 余台（套），职工 386 人。经营范围涵盖机械加工、人造板产品制造，房地产开发、畜禽养殖等多个行业，2005 年完成生产总值 4728.8 万元，上缴国家税金 130.5 万元，实现销售收入 3582.8 万元，工业增加值 550.91 万元。2015 年完成生产总值 358.7 万元，上缴国家税金 130.5 万元，实现销售收入 207.8 万元，工业增加值 26.8 万元，利润总额 21.5 万元。

张掖市建筑机械厂米泉分厂　1998 年 5 月，张掖市建筑机械厂同新疆昌吉州米泉市建筑安装工程总公司联合建成“甘肃省张掖市建筑机械厂新疆米泉市建筑安装工程总公司力敏建筑机械有限责任公司”。由米泉市建筑安装工程总公司提供场地、厂房、水、电、气等设施，张掖市建筑机械厂提供技术、设备、人员，双方各投入流动资金 50 万元。

第二节　金属制品

1991 年，金属制品业有 7 户企业，主要为二轻系统的五金厂、锅厂、五金修配厂、日用五金厂和乡办村办企业。全年完成工业产值 551 万元，比上年增长 20.8%，行业比重占 2.7%。2000—2002 年期间，五金厂改为“金鼎包装有限责任公司”，五金修配厂改为“张掖市利达金属建材有限责任公司”。2003 年，二轻工业局工业企业 14 户（含甘肃屯河番茄制品公司），完成工业总产值 9865.36 万元，完成产品销售收入 3698.56 万元，完成工业增加值 2959.6 万元，盈亏相抵实现利润 146.89 万元。其中已改制的 10 户企业年完成工业总产值 6185 万元，占系统任务的 81.4%。仅金鼎包装公司、利达金属建材公司、工艺美术公司 3 户企业就完成工业总产值 3800 多万元，占全系统任务近 40%。2005 年，二轻工业局工业企业有 11 户进行企业改制，其中，金鼎公司、甘华工艺美术公司、锅厂 3 户企业正资产转让；利达公司、塑料厂、制鞋厂、众兴公司、兴达公司 5 户企业零资产转让；汇丰公司、金海公司、康达公司 3 户企业负资产转让。2008 年完成工业总产值 12500 万元，完成工业增加值 4270 万元，实现利润 800 万元；完成社会商品零售额 3500 万元，上缴税金 850 万元；职工人均月收入达 1240 元。2009 年，二轻工业局有工业企业 8 户，其中合资企业 1 户、民营企业 7 户，完成工业总产值 16798 万元，实现销售收入 11110 万元，实现工业增加值 4702 万元，完成社会消费品零售总额3655万元。2016年，金属制品工业完成工业总产值4180万元，同比增长294.3%。

张掖市金鼎包装有限责任公司 前身是始建于1958年的张掖县五金厂。1997年11月，在原张掖市制桶厂、张掖市橡塑制品厂发展基础上改制设立为股份合作制企业，更名“张掖市金鼎包装有限责任公司”，厂址位于张掖市青年东街94号，经营场所占地7090.27平方米，注册资本总额117万元。改制后的张掖市金鼎包装有限责任公司发展成为具有进出口经营资格，是集出口钢制包装桶系列产品、PE、PVC塑料节水、输水管材、钙塑瓦楞包装箱为一体的综合性包装产品生产企业。公司采用新技术、新工艺，新上220升出口番茄酱包装桶生产技术和钢桶高压无气自动喷涂生产技术，填补甘肃省无锥型钢制包装桶生产的历史空白。1998年，主要产品品种达20大类1400多种，甘光牌铸铁锅、丝路牌塑料电线槽扳、甘光牌工艺美术镜等产品成为省优产品。当年完成工业总产值6217万元，完成产品销售收入4600万元，实现利税298万元，职工人均年收入达4451元。2000年，产品200升闭口钢桶获得乌兰巴托国际博览会金奖。各类钢制包装桶盛装食品，化工用品免检销往日本、意大利、加拿大、俄罗斯等20个国家和地区。公司加入中国包装协会，成为中国包装协会会员。至2000年9月，张掖市金鼎包装有限责任公司拥有总资产1350.3710万元，总负债1213.1125万元，净资产137.2585万元，在职职工91名。是年，张掖市金鼎包装公司公开整体转让产权，将股份合作制企业改制为民营企业，厂区迁至东北郊开发区，继续生产经营。主要产品有镔铁制品、硫化碱包装桶、番茄酱包装桶。2001年，完成产品销售收入301万元，实现利润1.6万元，上缴税金15.79万元。2002年8月，企业新增资产226万元。2016年在册职工26人，企业处于停产状态。

张掖市利达金属建材有限责任公司 前身是始建于1965年的张掖县农具厂，1973年更名“张掖县轻工机械厂”。1997年改制为股份合作制企业，更名“张掖市利达金属建材有限责任公司”。企业占地10506.49平方米，公司下设4个分厂、1个物业站及两个职能部门。主要生产断桥隔热钢框架门窗型材；彩板门窗型材（包括TC70及SP45系列）；各类系列门窗产品；高频焊翅片管散热器，铜铝复合新型散热器；生产安装压力钢管、平面滑动闸门等水工金属结构产品；普通EPS彩钢保温复合板，防火岩棉彩钢保温复合板；彩钢琉璃瓦；彩钢瓦楞板；C型钢；承接各类彩钢活动房及钢结构工程。公司拥有国际先进水平的全自动型材轧制生产线，EPS.岩棉彩钢保温复合板机组；纵剪分条线，静电粉末喷涂线，高频焊缠绕机组、冷挤扩胀机组和自动埋弧焊接加工中心。1999年，完成工业总产值919.8万元，完成产品销售收入404万元，上缴税金43万元。2000年，3000吨彩色镀锌门窗生产线投入批量生产，仅型材实现产值150.6万元。企业总资产18970897.34元，总负债18503533.32元，净资产467364.02元。2001年，企业由股份合作制改制为民营企业。2003年，利达金属建材公司投资374万元新上的铜铝复合散热器生产线，完成试制并投入批量生产。2006年底，利达公司有职工108人。2009年，公司投资3018万元续建年产15000吨钢框架门窗幕墙型材轧制生产线，主要生产经营彩板门窗型材、彩板门窗、高频焊翅片管散热器、钢制防盗门、静电喷涂、费标准金属制品等产品。2010 年，企业搬迁至甘州区东北郊工业园区，继续生产钢结构、压力钢管、闸门等产品，截至 2016 年底，在册职工 32 人，产值 1200 多万元，上缴税金 90 多万元。

张掖市锅厂　系原甘肃省轻工厅布点的铸铁锅生产企业，厂址位于张掖市东街 101 号。1997 年由集体所有制改制为股份合作制企业，年综合铸造能力达 1600 吨，主要产品有压铸铁锅、保健锅、民用火炉、井圈井盖、非标铸件等。"甘光"牌铁锅获省优产品，产品销往青海、新疆、内蒙古、甘南等省市和地区。至 2001 年，拥有总资产 5057238. 67 元，总负债 2003356. 18 元，净资产 3053882. 49 元；职工总数 156 人。2001 年 5 月改制为民营企业，更名"张掖市金荣炊具制造有限责任公司"。改制后该企业停止生产经营活动。

第五章　建筑　建材

第一节　建　　筑

建筑业发展　1990 年，张掖市境内全民所有制建筑工程公司 3 个，集体所有制建筑工程公司 5 个，集体建筑工程队 10 个。建筑企业有职工 6086 人，固定资产原值 1243. 8 万元，流动资金 313 万元，完成建筑安装工作量 5254 万元。市境内建筑楼房 437 栋，其中九层以上楼房 2 栋、六层以上楼房 20 栋。全市 18 家建筑企业，除乡属 14 个企业外，城市有地区建筑工程公司、市建筑工程公司、农垦建筑工程公司、华强建筑队等建筑企业 4 家。此外，尚有以修筑城市道路为主的市政工程建设公司。该公司在张掖地区公路总段张掖公路段的配合下，在四条环城路、东关路及市内各街的道路建设中发挥了重要作用。进入 21 世纪，甘州区建筑企业随着经济发展不断壮大，建筑工程有限公司、机械施工有限公司、路桥工程建设、园林古建工程、建材制品、劳务有限公司、建筑安装有限公司等各类建筑工程有限公司迅速增长。至 2016 年，甘州区有各类建筑公司 160 个，其中一级资质 1 家、二级资质 80 家、三级资质 66 家、不分等级的 12 家、预拌商品混凝土 1 家。

张掖市 1990 年部分建筑企业一览表

表 7－5－1

企业名称	经济性质	注册资金（万元）		职工人数（人）			审定资质
		流动	固定	合计	技术人员	技工	
张掖地区建筑公司	全民	53. 40	328. 00	1237	58	—	二级
地区县乡公路工程队	全民	20. 00	51. 64	75	8	—	四级
张掖地区水电工程局	全民	71. 00	260. 00	250	20	—	三级

续表 7－5－1

企业名称	经济性质	注册资金（万元）		职工人数（人）			审定资质
		流动	固定	合计	技术人员	技工	
张掖地区水电工程队	全民	19.20	51.70	146	6	—	四级
张掖市建筑公司	集体	74.24	182.50	568	30	538	三级
张掖市第三建筑公司	乡办集体	52.00	114.94	742	42	700	三级
张掖市第四建筑公司	乡办集体	52.00	101.80	475	23	452	四级
张掖市第五建筑公司	乡办集体	21.00	69.70	466	33	433	四级
张掖市第六建筑公司	乡办集体	21.63	50.41	315	22	293	四级
廿里堡建筑队	乡办集体	22.10	50.10	160	11	149	四层以下
长安建筑队	乡办集体	16.94	28.71	291	11	280	四层以下
小满建筑队	乡办集体	20.10	30.40	177	9	169	四层以下
小河建筑队	乡办集体	5.60	16.10	71	4	66	四层以下
党寨建筑队	乡办集体	9.00	5.90	132	7	125	二层以下
碱滩建筑队	乡办集体	5.00	10.28	112	7	105	二层以下
和平建筑队	乡办集体	4.40	5.74	162	4	158	二层以下
乌江建筑队	乡办集体	6.50	8.40	84	10	74	二层以下
甘浚建筑队	乡办集体	2.50	3.00	44	6	38	一般建筑
城关镇建筑公司	集体	—	—	—	—	—	—
市建公司预制厂	乡办集体	18.80	21.80	62	14	48	三级
上秦房屋构件厂	乡办集体	33.72	54.85	144	5	109	三级
市三建预制一厂	乡办集体	5.00	9.00	28	6	22	—
市三建预制二厂	乡办集体	—	—	—	—	—	—

甘州区 2016 年部分建筑企业一览表

表 7－5－2

企业名称	经济性质	资质类别	企业名称	经济性质	资质类别
张掖市华泰建筑工程有限责任公司	有限责任公司（自然人投资或控股）	建筑工程施工总承包二级	张掖市鑫大禹建材有限公司	有限责任公司（自然人投资或控股）	预拌商品混凝土
张掖市第三建筑工程有限责任公司	有限责任公司（自然人投资或控股）	建筑工程施工总承包二级	张掖市鼎丰建筑有限公司	有限责任公司（私营法人或自然人投资或控股）	建筑装修装饰工程专业承包二级

续表 7－5－2

企业名称	经济性质	资质类别	企业名称	经济性质	资质类别
张掖市昇达建筑工程有限责任公司	有限责任公司（自然人投资或控股）	建筑工程施工总承包二级	张掖市光明电力工程有限责任公司	有限责任公司（自然人投资或控股）	电子与智能化工程专业承包二级
张掖市宏源建筑工程有限责任公司	有限责任公司（自然人投资或控股）	建筑工程施工总承包二级	甘肃宏昌建筑安装工程有限责任公司	有限责任公司（自然人投资或控股）	建筑工程施工总承包二级
张掖市第二建筑工程有限责任公司	有限责任公司（自然人投资或控股）	建筑工程施工总承包二级	甘肃乾森建筑安装有限公司	有限责任公司（自然人投资或控股）	建筑工程施工总承包二级
甘肃神鼎建筑工程有限责任公司	有限责任公司（自然人投资或控股）	建筑工程施工总承包二级	甘肃和盛建筑安装工程有限公司	有限责任公司（自然人投资或控股）	建筑装修装饰工程专业承包二级
甘肃富源建筑工程有限责任公司	有限责任公司（自然人投资或控股）	建筑工程施工总承包二级	张掖市东升天豪建筑有限公司	有限责任公司（其他）	建筑装修装饰工程专业承包二级
张掖市现代建筑安装有限责任公司	有限责任公司（自然人投资或控股）	建筑工程施工总承包二级	张掖市远达建筑工程有限责任公司	有限责任公司	建筑装修装饰工程专业承包二级
张掖市永泰建筑工程有限责任公司	有限责任公司（自然人投资或控股）	建筑工程施工总承包二级	张掖市正德建筑工程有限公司	有限责任公司（自然人投资或控股）	建筑装修装饰工程专业承包二级
甘肃大欣建设工程有限公司	有限责任公司（自然人投资或控股）	建筑工程施工总承包二级	甘肃荣昇建设有限公司	有限责任公司（自然人投资或控股）	建筑装修装饰工程专业承包二级
张掖市致远建筑工程有限责任公司	有限责任公司（自然人投资或控股）	建筑工程施工总承包二级	张掖市七建建筑安装有限责任公司	有限责任公司（自然人投资或控股）	建筑工程施工总承包二级
甘肃兴鼎建筑安装工程有限责任公司	有限责任公司（自然人投资或控股）	建筑工程施工总承包二级	甘肃韵祥园林古建筑有限公司	有限责任公司（自然人投资或控股）	建筑装修装饰工程专业承包二级
甘肃地质工程勘察院	全民所有制	地基与基础工程专业承包二级	甘肃隆盛天成巍建设工程有限责任公司	有限责任公司（自然人投资或控股）	建筑工程施工总承包二级

续表 7－5－2

企业名称	经济性质	资质类别	企业名称	经济性质	资质类别
甘肃金维信息工程有限公司	有限责任公司（自然人投资或控股）	电子与智能化工程专业承包二级	张掖市长城建设工程有限责任公司	有限责任公司（自然人投资或控股）	建筑工程施工总承包二级
张掖市银荣建筑安装装饰工程有限责任公司	有限责任公司（自然人投资或控股）	建筑装修装饰工程专业承包二级	甘肃鸿鼎建筑工程有限责任公司	有限责任公司（自然人投资或控股）	建筑装修装饰工程专业承包二级
张掖市瑞创建筑装饰工程有限公司	有限责任公司（自然人投资或控股）	建筑装修装饰工程专业承包二级	张掖市温德建筑安装工程有限责任公司	有限责任公司（自然人投资或控股）	建筑装修装饰工程专业承包二级
甘肃欢颜建筑工程有限责任公司	有限责任公司	建筑装修装饰工程专业承包二级	张掖市金航建筑装饰工程有限公司	有限责任公司（自然人投资或控股）	建筑装修装饰工程专业承包二级
张掖市现代装饰有限责任公司	有限责任公司（自然人投资或控股）	建筑装修装饰工程专业承包二级	张掖市隆达建筑安装工程有限责任公司	有限责任公司（自然人投资或控股）	建筑装修装饰工程专业承包二级
张掖市新潮装饰有限责任公司	有限责任公司（自然人投资或控股）	建筑装修装饰工程专业承包二级	张掖市兴安建筑安装工程有限责任公司	有限责任公司（自然人投资或控股）	建筑装修装饰工程专业承包二级
张掖市汇通装饰工程有限责任公司	一人有限责任公司	建筑装修装饰工程专业承包二级	张掖宏大伟业建筑工程有限责任公司	有限责任公司（自然人投资或控股）	建筑装修装饰工程专业承包二级
张掖市鸿翔装饰工程有限责任公司	有限责任公司（自然人投资或控股）	建筑装修装饰工程专业承包二级	张掖市翱龙鼎金建筑工程有限责任公司	有限责任公司（自然人投资或控股）	建筑装修装饰工程专业承包二级
张掖市水利水电工程局	全民所有制	水利水电工程施工总承包二级	张掖市九建建筑工程有限责任公司	有限责任公司（自然人投资或控股）	建筑装修装饰工程专业承包二级
甘肃水电建筑工程公司	内资	水利水电工程施工总承包二级	张掖市旭峰建筑工程有限公司	有限责任公司（自然人投资或控股）	建筑装修装饰工程专业承包二级
张掖市黑河水利水电工程建设有限责任公司	有限责任公司	水利水电工程施工总承包二级	张掖市弘信建筑安装工程有限责任公司	有限责任公司（自然人投资或控股）	建筑工程施工总承包二级

续表 7－5－2

企业名称	经济性质	资质类别	企业名称	经济性质	资质类别
张掖市鑫辉建筑工程有限责任公司	有限责任公司（自然人投资或控股）	建筑工程施工总承包二级 建筑装修装饰工程专业承包二级	甘肃银隆建筑工程有限公司	有限责任公司（自然人投资或控股）	建筑工程施工总承包二级 建筑装修装饰工程专业承包二级
甘肃民鼎建筑工程有限责任公司	有限责任公司（自然人投资或控股）	建筑工程施工总承包二级 建筑工程施工总承包二级	张掖市小河建筑工程有限责任公司	有限责任公司（自然人投资或控股）	建筑装修装饰工程专业承包二级 钢结构工程专业承包三级
张掖市国鑫建筑工程有限责任公司	有限责任公司（自然人投资或控股）	建筑工程施工总承包二级 建筑装修装饰工程专业承包二级	张掖市海平建筑有限责任公司	有限责任公司（自然人投资或控股）	钢结构工程专业承包二级 建筑工程施工总承包二级
甘肃福达建筑工程有限公司	有限责任公司（自然人投资或控股）	建筑工程施工总承包二级 建筑装修装饰工程专业承包二级	甘肃恒垣建筑工程有限公司	有限责任公司（自然人投资或控股）	起重设备安装工程专业承包二级 建筑工程施工总承包二级
张掖市荣昌市政发展有限责任公司	有限责任公司	城市及道路照明工程专业承包二级 建筑装修装饰工程专业承包二级	张掖市第一建筑工程有限责任公司	有限责任公司	市政公用工程施工总承包二级 建筑工程施工总承包一级
甘肃润鑫建筑安装工程有限责任公司	有限责任公司（自然人投资或控股）	建筑装修装饰工程专业承包二级 建筑工程施工总承包二级	张掖市耘隆建筑工程有限责任公司	有限责任公司（自然人投资或控股）	建筑工程施工总承包二级 建筑装修装饰工程专业承包二级
甘肃昭烨建筑工程有限责任公司	有限责任公司（自然人投资或控股）	建筑装修装饰工程专业承包二级 建筑装修装饰工程专业承包二级	张掖市九鼎建筑工程有限公司	有限责任公司（自然人投资或控股）	建筑工程施工总承包二级 建筑工程施工总承包二级
张掖市骏泽建筑安装工程有限公司	有限责任公司（自然人投资或控股）	建筑工程施工总承包二级 建筑装修装饰工程专业承包二级	张掖市宝盛建筑工程有限责任公司	有限责任公司（自然人投资或控股）	建筑装修装饰工程专业承包二级 建筑工程施工总承包二级
甘肃旺宝建设工程有限公司	有限责任公司（自然人投资或控股）	建筑工程施工总承包二级 建筑装修装饰工程专业承包二级	甘肃鸿升建筑工程有限公司	有限责任公司（自然人投资或控股）	建筑工程施工总承包二级 建筑装修装饰工程专业承包二级

续表 7－5－2

企业名称	经济性质	资质类别	企业名称	经济性质	资质类别
甘肃有年金龙建筑工程有限责任公司	有限责任公司（自然人投资或控股）	建筑工程施工总承包二级 建筑工程施工总承包二级	张掖市瑞星建筑工程有限责任公司	有限责任公司（自然人投资或控股）	建筑幕墙工程专业承包二级 建筑装修装饰工程专业承包二级
张掖市长安建筑有限责任公司	有限责任公司（自然人投资或控股）	建筑工程施工总承包二级 消防设施工程专业承包二级	张掖市誉鑫建筑安装有限责任公司	有限责任公司（自然人投资或控股）	建筑装修装饰工程专业承包二级 建筑装修装饰工程专业承包二级
甘肃裕源建筑工程有限公司	有限责任公司（自然人投资或控股）	建筑装修装饰工程专业承包二级 建筑工程施工总承包二级	甘肃煜丰建筑工程有限公司	有限责任公司（自然人投资或控股）	建筑装修装饰工程专业承包二级 建筑工程施工总承包二级
甘肃宏鼎建筑工程有限公司	有限责任公司（自然人投资或控股）	建筑工程施工总承包二级 建筑工程施工总承包二级	甘肃聚隆建筑安装工程有限责任公司	有限责任公司（自然人投资或控股）	建筑装修装饰工程专业承包二级 建筑装修装饰工程专业承包二级
甘肃宝隆建筑工程有限责任公司	有限责任公司（自然人投资或控股）	防水防腐保温工程专业承包二级 建筑装修装饰工程专业承包二级 建筑工程施工总承包二级	甘肃振繁建筑安装工程有限公司	有限责任公司	建筑装修装饰工程专业承包二级 建筑工程施工总承包二级 市政公用工程施工总承包二级
甘肃泰丰建筑安装有限公司	有限责任公司（自然人投资或控股）	建筑工程施工总承包三级 钢结构工程专业承包三级 建筑装修装饰工程专业承包二级	甘肃省张掖市公路工程局	全民所有制	公路工程施工总承包二级 公路路面工程专业承包二级 公路路基工程专业承包二级
甘肃恒润建筑工程有限公司	有限责任公司（自然人投资或控股）	钢结构工程专业承包二级 建筑装修装饰工程专业承包二级 建筑工程施工总承包二级	甘肃诚信建安（集团）有限责任公司	有限责任公司（自然人投资或控股）	建筑幕墙工程专业承包二级 建筑工程施工总承包二级 建筑装修装饰工程专业承包二级

续表 7－5－2

企业名称	经济性质	资质类别	企业名称	经济性质	资质类别
甘肃鑫隆建筑工程有限责任公司	有限责任公司	建筑装修装饰工程专业承包二级	张掖市盛泰实业有限责任公司	有限责任公司	市政公用工程施工总承包二级
		建筑工程施工总承包二级			防水防腐保温工程专业承包二级
		市政公用工程施工总承包二级			建筑装修装饰工程专业承包二级
		起重设备安装工程专业承包二级			建筑工程施工总承包二级
张掖市东升伟业建筑安装有限公司	有限责任公司（自然人投资或控股）	建筑工程施工总承包二级	甘肃陇嘉建筑工程有限责任公司	有限责任公司（自然人投资或控股）	建筑工程施工总承包二级
		市政公用工程施工总承包二级			
		公路工程施工总承包二级			
		钢结构工程专业承包二级			

主要企业　张掖地区建筑工程总公司。国有企业，其前身是 1965 年成立的“张掖地区建筑工程队”。1984 年晋升为国家二级企业。1994 年更名“甘肃省张掖地区建筑工程总公司”，下设 12 个土建工程分公司和地基基础工程公司、机械化施工公司、建筑农工商企业公司、材料经销公司、装饰装潢分公司、古建筑园林公司、节能设备开发公司、房地产开发公司、后勤服务公司、多种经营开发公司、质量安全管理站、建材中心试验室、工程预决算中心、工程清欠办公室、综合加工厂等机构。1995 年拥有固定资产原值 1195 万元，职工 1541 人，其中高中级工程师 133 人；完成建安量 6000 万元，全员劳动生产率 23499 元/人，实现利税 139 万元；竣工 236 项，建筑面积 11 万平方米；拥有各种工程机械设施 242 台（件）。

张掖市建筑工程公司。城镇集体所有制企业，1990 年，有职工 343 人，固定资产原值 219.7 万元，完成建筑安装工作量 441 万元。1995 年完成建筑产值 712 万元，上缴利税 83 万元。承建的土建安装、桩基、古建筑维修等 5 项建筑被评为“地优工程”。

张掖市第三建筑工程总公司。始建于 1973 年，属梁家墩乡，为省二级企业。1993 年组建张掖市第三建筑总公司。1995 年形成集建筑、安装、建材生产、商贸流通、种植养殖为一体的综合企业。下属工程公司 6 个、施工队 32 个，有金属结构门窗厂、预制构件厂、商贸大世界、河西宾馆等经营单位。有固定职工 2167 人，其中技工 1696 人；固定资产原值 2381.4 万元；拥有主要大型机械设备 284 台（件）。1994 年、1995 年连续两年产值突破亿元。1995 年，承建地区电力大厦 16 层土建安装工程，总造价 1900 万元；历年承建工程 344 项，工作量 73.5 万平方米。1993—1994 年，跨入“甘肃省乡镇企业五十强”“甘肃省乡镇企业十强”行列。经过多年发展，形成张掖市有年金龙（集团）有限责任公司、甘肃银隆建筑工程有限公司、甘肃鑫隆建筑有限公司等十大建筑公司和鑫亚铝材等25家建材制品企业。

张掖市第五建筑工程公司。属上秦乡，前身为1974年成立的“上秦乡建筑工程队”，职工120人。1984年更名“张掖县联合建筑公司第二施工队”。1988年从业人员达到2236人，拥有各类施工设备223台（件），是年更名“张掖市第五建筑工程公司”，下设4个建筑队、1个安装队。到1995年，固定资产原值473万元，下设7个施工队，为“三级企业”；是年，承建工程39项，建安面积5.87万平方米，完成建筑产值1649万元，上缴税金56万元，盈利89万元。

第二节　建　　材

砖类、新型建材　1991年，张掖市规模以上砖厂有7家：张掖市五色建材有限责任公司、张掖市建材公司（原张掖市砖瓦厂）、张掖市党寨砖瓦一厂、乌江砖厂二分厂、甘浚砖瓦厂、明永乌江联营砖厂、三闸第一砖厂等。1996年以来，张掖市建材工业坚持“控制总量、调整结构、淘汰落后”的原则，发展新型建筑材料和墙体材料。1998年，张掖市擎天建材有限责任公司投资建成5万立方米加气混凝土砌块生产线；2001年，张掖市擎天建材有限责任公司兼并张掖市乌江加气混凝土厂，投资建成年产3000万块蒸压灰砂砖生产线；2002年，张掖市五色建材（集团）有限责任公司投资建成年产6000万块空心砖生产线。1996—2005年，建材行业产品有水泥、砖瓦、加气混凝土切块、木制品、石材、玻璃、塑钢、装饰材料等八大系列40多个品种。张掖市五色建材（集团）有限责任公司成为全市建材工业的龙头企业。至2016年，全区新建、改建和扩建节能新型墙体材料企业发展到57家，集板、块、砖品种齐全，满足全区建设项目市场需求。外墙保温材料企业已发展10家，通过甘肃省墙体产品认定的生产企业6家，产品有加气混凝土砌块、普通混凝土小型空心砌块、复合保温砌块、非烧结非黏土实心砖、烧结非黏土实心砖、烧结黏土空心砖、黏土实心砖等10多种。2016年，全区取得新墙材认可证的新墙材生产厂家有6家。

水泥　1991年，张掖市主要有张掖市环保建材有限责任公司（原张掖市水泥厂）、张掖市三闸水泥厂、张掖花寨水泥厂年生产能力10万吨以上的水泥生产企业3家，原水泥品种较为齐全，质量达到国家标准，基本满足全市需要。1997年以来，张掖市水泥企业积极采用新技术、新工艺改造，淘汰落后产能和落后工艺，产品质量、品种实现重大突破。张掖市水泥厂、张掖市化工总厂水泥分厂相继进行窑炉扩径改造，将原有的φ2.2×8m、φ2.5×8m窑炉普遍改造为φ2.8×10m、φ3.0×10m窑炉。2000—2003年，张掖市水泥厂改制后，注册登记为“张掖市环保建材有限责任公司”。2009年，由甘肃祁连山水泥集团股份有限公司、甘肃黑河水电实业投资有限责任公司各占股26%，张掖市环保建材有限责任公司、张掖市龙腾水泥建材有限公司、张掖市三强化工建材有限责任公司、临泽县生源实业有限责任公司4家企业各参股12%建设，于2009年10月成立“甘肃张掖巨龙建材有限责任公司”，公司集水泥生产、销售、运输、矿山开采、纯低温余热发电为一体，年产不同强度等级的通用硅酸盐水泥及特种水泥100万吨。2012年，公司被列为2012年甘肃省第一批实施强制性清洁生产审核企业，2014年通过甘肃省环境保护厅最终审核，完成第一轮清洁生产。2007—2013年，实施淘汰落后机立窑水泥项目5项，分别是张掖市花寨水泥厂机立窑水泥生产线、张掖市山丹水泥（集团）有限责任公司张掖分厂机立窑水泥生产线、张掖市环保建材有限责任公司机立窑水泥生产线、张掖市三闸水泥厂机立窑水泥生产线、张掖市三强化工建材有限责任公司机立窑水泥生产线。

木材加工　2002年，甘州区木材市场和木材经营加工单位75户。至2007年，全区有木材经营加工厂（点）98家，具有芯板选切、细木工板和多层板加工能力的木材经营加工厂25家，主要分布在张火公路及北环路沿线，张大公路沿线长安大满段，国道312线乌江、明永段以及党寨、碱滩、梁家墩、龙渠等乡镇。至2010年底，全区有木材加工企业124家，其中人造板生产企业12家；从业人员达309人，年加工生产细木工板、中密度板、细密度板、胶合板1.8万立方米，产值达到2500多万元。

张掖市兴达工商联合有限责任公司。前身为始建于1956年、1958年转为地方国营工厂的张掖县木器厂，后改为“张掖市家具厂”。1998年，张掖市家具厂改制成为股份合作制企业，更名“张掖市兴达工商联合有限责任公司”，位于张掖市甘州区西环路101号，主要生产各式钢、木制家具、沙发、板式家具、组合家具、办公用品、蒸笼和日用器。2000年，完成工业总产值420万元，完成工业增加值108万元，实现销售收入350万元，上缴国家各项税款25万元，在职职工人均工资6210元。公司连续五年获得“重合同守信用企业”称号。至2004年9月，公司拥有总资产3422162.54元，公司厂区占地21859.27平方米，所属人民商场占地809.65平方米，所属银鑫公司占地336.73平方米，在册职工92名。2005年8月，张掖市兴达工商联合有限责任公司进行改制，成为民营企业，企业改制后，停止生产，受让企业张掖市鑫发房地产开发有限责任公司将土地用于房地产开发，修建鑫发住宅小区。

张掖市五色建材（集团）有限责任公司。1996年投资2400万元，建成年产1万立方米刨花板生产线，年生产刨花板10287立方米，生产填充板35338立方米。1998年，投资78万元建成年产3000立方米细木工板生产线，年产达到1110立方米。2000年，投资306万元，改造建成年产30000套防盗门生产线，年产达到4616套。2001年，投资89万元建成年产20000扇实木门生产线，年产达到9978扇。

张掖地区人造板厂。1996年投产，年生产中密度板、细密度板、胶合板600万张。2005年生产人造板0.44万立方米。

第六章　医药　食品加工

第一节　医　　药

至2016年，甘州区有药品批发单位5户，药品经营单位314户，药品生产企业有河西制药厂、张掖市广泰药材有限责任公司、张掖金盛中药饮片有限公司、张掖市恒利中药材加工有限公司、张掖市银杏林中药饮片加工有限责任公司5家。

中药生产　20世纪90年代，河西制药厂生产的丸、散、丹、片和胶囊类中药有参苓白术散、七厘散、水丸七珍丹、肉蔻四神丸、防风通圣丸、香砂养胃丸、复方丹参片、牛黄解毒片、元胡止痛片、桑菊感冒片、知柏地黄片、强心补肾片、脑灵素片、冠心苏合片、安神养血片、半夏片、胃得平胶囊、前列腺胶囊、附子理中丸、藿香正气丸等；生产的糖浆、冲剂有陈皮糖浆、贝母枇杷止咳糖浆、非那根半夏露、银菊晶、百合莲子晶、冬令补冲剂等。2000年后，张掖市中药提炼制药有限责任公司主要产品有甘寒粉、甘草浸膏、甘草霜、75%甘草酸等甘草系列产品和盐酸麻黄碱、麻黄浸膏、麻黄干粉等麻黄系列产品两大系列，以及锁阳、大黄、五味、刺五加、贯叶连翘等各种中药提取和板蓝根冲剂、溢肝冲剂、镇咳宁糖浆、小儿止咳糖浆、半夏露等22种制剂，是国家中医药管理局麻黄素定点生产厂家，也是甘肃省中药提取骨干企业，成为以生产原料药甘草系列和麻黄系列两大系列产品的综合制药企业，是国家中医药管理局麻黄素定点生产厂家之一。

河西制药公司生产线

西药生产　1990年，河西制药厂生产红霉素、氯霉素、灰黄霉素、黄连素、痢特灵、降压灵、去痛片、解热镇痛片、维生素系列、保太松、食母生等40多个品种。2016年，主导产品有前列泰片、普乐安片、雷丸片、安尔眠胶囊、妇女养血丸、独一味滴丸、肉蔻四神丸等。

药品生产经营企业　甘肃河西制药有限责任公司。位于张掖市甘州区东街123号，前身是始建于1959年的原甘肃省属国有企业河西制药厂。2004年11月，经产权制度改革重组成立有限责任公司，实行董事会领导下的总经理负责制。至2016年，河西制药厂成为高新技术企业、省级农业产业化重点龙头企业、省级守合同重信用企业，企业技术中心为省级企业技术中心，有新药证书2件，发明专利2件、外观专利2件、著作权1件、注册商标4件，“河西”商标为甘肃省著名商标，立项研发3个中药6类新药，12个中药8类、9类新药，经国家食品药品监督管理局审核，10个品种取得生产批准文号，1个批准进行临床研究品种，新药申报数量及通过率省内第一，技术研发水平在省内处于领先水平，主导产品包括前列泰片、普乐安片、雷丸片、安尔眠胶囊、妇女养血丸、独一味滴丸、肉蔻四神丸等。

张掖中药提炼有限责任公司。1985年经批准由原日用化工厂改造，成立“中药提炼厂”，位于张掖市甘州区长寿街13号。1997年11月，张掖市中药提炼厂改制为股份合作制企业，更名为“张掖市中药提炼制药有限责任公司”。1998年完成工业总产值1050万元，产品销售收入700万元，实现利税47万元。1999年完成工业总产值1045万元，超年计划1000万元的4.5%；完成销售收入701万元，上缴税金54万元，职工人均收入6231元。至2001年3月，公司占地25368.38平方米（其中城区10787.34平方米、上秦分厂14581.04平方米），拥有总资产936.39万元（含土地资产451.06万元），总负债718.34万元，净资产218.05万元，企业注册资金总额为161.4万元，在职职工115人。企业实现产权整体转让，更名为“众兴制药有限公司”。搬迁至张掖市甘州区东北郊工业园区。2006年，公司实施综合技术改造和沙棘产业化发展项目，投资1100多万元在东北郊开发区占地67亩，修建综合提取车间、制剂车间、锅炉房、配电室、辅助间、提取车间切草工段等主体厂房等设施。2007年，公司投资100万元，开发生产麻黄素、甘草酸等系列产品，产品远销美国、德国、韩国等国家和北京、广东、浙江、新疆等地区。企业生产的盐酸麻黄碱、盐酸异麻黄碱多次荣获国家新产品、新技术发明奖，并打入国际市场。2016年企业停产。

张掖市恒利中药材加工有限公司。2004年11月成立，位于张掖市甘州区张火公路4公里处，公司占地15亩，建筑面积5000平方米。主要生产中药材、中药饮片，产品有净制、切制、炒制、炙制、煅制、蒸制中药饮片。2008年通过甘肃省食品药品监督管理局GMP认证，认证中药饮片品种225种；是年通过国家GMP认证；2015年通过第二次国家GMP认证。年生产中药饮片3000吨。

张掖市金盛中药饮片有限公司。位于张掖经济技术开发区生态科技产业园，始建于2009年12月，是一家集中药材收购、加工、销售为一体的融合传统中药饮片加工炮制工艺和现代制药技术的现代化中药企业。2015年厂区改造升级，新厂区占地8000.65平方米，固定投资金额3200万元。配套建成挑选净制间、切制间、炮制间、煅药间、包装间、待验库、原料库、成品库和具有多台先进的检验仪器设备，具备行业领先的常规检验、理化检验和仪器分析能力的化验室。建成年加工甘草、黄芪、板蓝根等5000吨以上的中药饮片生产线。

张掖市广泰药材有限责任公司和张掖市银杏林中药饮片加工有限责任公司。分别建于2003年、2013年，均以生产销售中药饮片、中药材为主。

德生堂医药科技集团。经过10多年持续发展，至2016年，已发展成省内初具规模的一家专业从事医药零售及健康服务的跨区域、现代化医药医疗连锁企业。企业在北京和兰州建立管理基地，连锁门店数已发展到400余家，分布在北京、西安、兰州、武威、金昌、张掖、酒泉、定西、天水、白银等20多个城市。

第二节　食品酿造

概况　1991年，张掖市有食品加工企业32户，完成工业总产值6861万元，占全部工业总产值的27.2%。2000年，食品企业户数达到25户，完成工业总产值14760万元，增长115%，年均递增11.5%。1991—2000年，主要食品工业项目有张掖丝路春酒厂年产3500吨白酒扩建、张掖糖厂玉米酒精综合系列产品改造、张掖粮油加工厂9000吨油料加工生产线、张掖市红星番茄制品厂1万吨高浓度番茄酱生产线，开发的新产品主要有猛士达酒、专用面粉、功能保健醋等。2001年，张掖市有食品加工企业28户，完成工业总产值16852万元，占全部工业总产值的29.4%。国有、集体企业完成以产权制度改革为核心的改制，大量企业富余人员被裁减，企业生产效率和资本有机构成不断提高，整个行业的市场竞争力增强。2010年，甘州区规模以上食品加工制造业有24户，完成工业总产值299385万元，占规模以上工业企业总产值的52.8%。这一时期新建的项目有3000吨马铃薯雪花粉生产线、甘绿脱水蔬菜公司1000吨真空冻干脱水蔬菜生产线、昆仑生化公司年产10万吨玉米淀粉生产线。2011—2016年，甘州区食品工业处于结构调整期，各类加工企业竞相发展，主要有脱水蔬菜、玉米淀粉、啤酒麦芽、番茄酱、肉制品、红枣枸杞饮料、南瓜粉等食品品种。2011年，规模以上食品加工制造企业有26户，完成工业总产值425175万元，占规模以上工业总产值的54.8%。2016年有食品加工企业158户，其中规模以上企业28户；完成工业总产值63.32亿元，占规模以上工业企业的56.6%。畜禽屠宰、乳制品销售企业分别达3家、5家；饲料加工企业达15家；脱水蔬菜加工、蔬菜果品冷链物流企业分别达15家、23家；粮食加工企业达15家。

部分重点企业　甘州区食品厂。1991年，张掖市食品厂隶属张掖市商业局管理，内设酿醋车间、酱油车间、酿酒车间、糕点车间、豆腐车间、销售服务部等，管理机构有人秘科、财务科、总务科等科室。1990年有职工137人，生产总值149.9万元，年实现利润25.1万元。1990—1993年，延用计划指标进行生产和销售，主要保障张掖市城乡居民食醋、酱油、糕点供应。生产的南酒以糯米、大米、小麦、药曲为原料，采用独特工艺酿造，色泽金黄，有活血、通络、化瘀等功效，深受消费者喜爱，是我国特有的药曲酒。1994—1997年，张掖市食品厂以车间为单位进行责任承包经营，产量大幅增加，效益明显提高。1997年10月，张掖市食品厂改制为“国有民营，分期抽资，租赁承包”的全民所有制企业。1998年，张掖市食品厂有5个分厂，职工82人，产品有酱油系列、食醋系列、糕点系列、冷饮系列70多个品种；是年，食品厂与张掖市金谷贸易有限公司合作，开发建筑面积12000平方米，盘活闲置资产，企业经济效益增加。2003年改制为民营企业，更名为“甘州区食品厂”，企业改革后业务范围逐步扩大，由从事生产食醋、酱油、糕点扩大到伊利、蒙牛、庄园等冷饮乳制品张掖总代理销售商，企业经营步入良性发展轨道。2010 年，甘州区食品厂在张掖经济技术开发区征地 50 亩，至 2015 年共投资 1.3 亿元，建成建筑面积 4 万平方米的生产车间、办公楼及附属设施。2015 年，企业更名“张掖市优冠食品有限公司”“张掖市老味家食品有限公司”。2016 年，企业搬迁至新址，从事烘焙食品、冷饮食品、速冻食品生产，企业有员工 700 人，年产值达 700 万元，销售收入 900 万元。

张掖市红星番茄制品厂。位于张掖市西郊 312 国道 2741 公里处。1999 年，企业与农民签订番茄种植合同，当年收购番茄 14580 吨，完成年初计划的 109.5%；生产番茄酱 2257 吨，其中出口 2000 吨，占总产量的 93%；工业总产值 1010 万元，完成利税 102 万元，实现利润 12 万元。产品番茄酱远销东南亚等国家和地区。2000 年，生产番茄酱 2400 吨；出口合格品 2400 吨，占年产量的 100%；工业总产值 1180 万元，实现销售收入 800 万元。2002 年 11 月，张掖红星番茄酱厂与新疆屯河投资股份合资组建“甘肃屯河番茄制品有限责任公司”番茄酱加工企业，注册资金为 4900 万元。2002 年，公司联合投资 5830 万元，引进意大利日处理番茄 15000 吨的番茄酱生产线。2003 年落实番茄种植面积 2.03 万亩，产量为 9728 吨标酱，实现产值 4400 万元，利润 99.27 万元。2005 年，形成年产番茄酱 12000 吨的生产规模，生产的“屯河牌”番筎酱产品通过国际 ISO9001 质量体系认证，取得 IP（非转基因身份保持）体系认证；公司实现工业总产值 1611.85 万元，销售收入 2362 万元，利税 383 万元，职工年平均工资 1.3 万元。

甘绿脱水蔬菜股份有限公司。前身是始建于 1987 年的“张掖市脱水蔬菜总公司”，拥有总资产 8000 万元，占地 250 亩，有固定职工 150 人、季节性合同工 2000 多人、专业技术人员 35 人。主要产品有热风和冻干脱水青甜椒粒、红甜椒粒、红（黄、白）洋葱粒（片、粉）、胡萝卜粒、青刀豆条、苹果粒（圈）、大蒜片（粉、粒）、马铃薯片（粉）、芹菜粒、白萝卜条、菠菜粉、甘蓝、韭葱、小葱粒、菜花等各类蔬菜及肉类（牦牛肉干等）、干果、饼干等 20 多个系列。所有工序严格执行 ISO9002 质量体系运行，产品质量全部符合国际商检出口标准，并销往欧美及东南亚等国家。其中主导产品“甘绿”牌脱水青椒粒、洋葱片已创为省优产品，紫皮大蒜片（粉）为全国蒜素最高的独特产品，被评为甘肃省名牌产品。公司被树立为“科技进步先进企业”，2001 年被评为“全国创名牌重点企业”和“全国出口先进乡镇企业”。

第三节 粮油加工

粮油加工 20 世纪 80 年代起，张掖农村主要依靠面粉加工规模经营户加工制粉，制粉机械不断更新换代。城区面粉加工主要有国有企业张掖面粉厂和张掖五一粮油加工厂。1991 年，张掖市面粉厂扩大挂面生产和代农加工、兑换，实现利润 130 万元。五一粮油加工厂扩大加工和销售，实现利润 50 万元，全系统工业总产值完成 3152 万元，产品产量完成 44459 吨，实现利润 189 万元。粮油供应公司各粮站的大饼、罐罐馍加工，实现利润 9 万多元。农村粮管所（站）发挥自己的优势，发展养殖业，猪场 16

个，当年出售生猪 2063 口、仔猪 350 口。办醋房 10 处，年产醋 198 万公斤。1992 年，粮食系统各粮油加工企业在经营、价格、用工、分配等方面又进行一系列重大改革，实现利润 158 万元。面粉厂被省政府列为工业企业实行“五自主”的试点企业；粮油加工厂按省上批准的项目，筹集资金 52 万元改造精炼油车间，并通过引进人才、技术攻关，提高酱油、醋的产品质量。饲料公司发挥万吨饲料新车间的作用，开展代销兑换，薄利多销，坚持送货上门，扩大销售，获得经济效益和社会效益。1993 年，张掖面粉厂以增加挂面花色品种为重点，销售总产值达 31 万元，实现利税 10.24 万元。1995 年，面粉厂加工面粉 1402 万公斤。1996 年，面粉厂开发 3000 吨玉米糁子生产线，产品畅销兰州、广东等地，全年实现工业总产值 1197.5 万元，利润 40.2 万元；饲料公司实行全员销售责任制，全年实现利润 8.7 万元；油脂仓库面对油品销路不畅、严重亏损的状况，扩大面粉、老陈醋、五香醋产量，从多种经营方面弥补主业效益不佳的状况。2000 年后，国有面粉企业产权制度改革，改制后的私营企业在市场竞争中淘汰。2005 年，甘州区粮食加工企业完成工业产值 266 万元，实现工业增加值 88 万元，实现销售收入 234.9 万元，加工粮油产品 3952 吨。

重点加工企业 张掖面粉厂。甘肃省二级企业，年产优质面粉 3.1 万吨，产值达到 1228 万元，利润 115 万元。1991 年，面粉厂推行“岗位等级工资制”和一厂二制，率先把电子计算机应用到企业管理中，当年完成产量 3.62 万吨、产值 2200 万元，实现利税 161 万元、利润 130 万元。开发研制出三个系列 5 个花色的挂面新品种，完成产值 50.4 万元，生产挂面 329.5 吨，加工标粉 318 吨、荞粉 35.8 吨，实现利税 8.4 万元，当年扭亏增盈。1992 年，面粉厂立足产品质量和经济效益，在经营、价格、用工、分配等方面推行一系列改革，企业产值、产量、利润同步增长，实现利润 158 万元。1996 年，面粉厂调整产品生产结构，开发新上 3000 吨玉米糁子生产线，产品畅销兰州、广州等地，全年销售总产值 1197 万元、利润 40 万元。1997 年，张掖面粉厂改组为“张掖市冰雪面粉有限责任公司”，改制为股份合作制企业。1998 年，面粉厂实行全员推销，调整产销人员结构，通过扩大兑换业务提高面粉销售市场占有份额。1999 年，面粉厂完成 4 万吨等级粉生产线改造，面粉出品率提高 3.6%。2001 年，实行企业产权制度改革，张掖市面粉厂在企业内部公开竞价整体出售产权，购买人承担原企业全部债权、债务，独立承担民事责任，自主经营、自负盈亏。2005 年停产关闭。

张掖五一粮油加工厂。始建于 1958 年，位于环城西路 172 号，主要经营粮油加工、收购，兼营食醋酿造，属国有粮食加工企业。1992 年，筹集资金 52 万元改造精炼油车间，通过引进人才、技术攻关，提高酱油、醋产品质量。1993 年，全厂职工筹集资金，在山丹、民乐设立菜籽油料收购点 11 处，收购油料 300 万公斤，满足食用油市场需要；是年，投资 15 万元，建立集生产、销售于一体的酱油分厂、醋分厂，实行自主经营，独立核算。1994 年 5 月，加工厂采取改革措施，挖潜、改造基础设施设备，组织人力走出去收购原料搞经营，增设油脂仓库，与粮油加工厂两块牌子、一套班子运行，当年产值、产量、利润同步增长，实现利润 60 万元。1998 年 12 月，粮油加工厂与油脂仓库分离，油脂仓库成为独立法人企业（2002 年，油脂仓库更名“张掖市甘州区五里墩粮库”)。2003 年 8 月，企业实行产权制度改革，将企业部分产权出让，以解决职工身份置换金、离退休人员医保金等问题。2004 年 11 月，企业完成改制。2016 年，粮油加工厂企业以资产出租为主营。

乡办面粉企业。1991 年，乡镇企业面粉厂加工面粉 13516 吨，产值达 1187.74 万元。1993 年，全市乡镇企业规模以上面粉厂达 40 多家。1998 年，张掖市恢复和新建粮食加工企业 20 多家，乡镇企业面粉加工量达 20 万吨，同比增长 3 万吨。面粉产品除满足当地市场需求外，还销往青海、兰州、玉门、酒泉、嘉峪关、新疆等省市和地区。1991—2000 年，面粉加工企业最具特色的是上秦乡。通过集体土地入股、房屋折价入股、群众自发投资入股等股份制合作形式，在安里闸村面粉厂、金家湾村面粉厂、下安村面粉厂等村办集体企业的带动下，创办兴盛面粉厂、富强面粉厂、万乐面粉厂、华泰面粉厂、强盛面粉厂、雪峰面粉厂、金盛面粉厂、家乐挂面厂等一大批面粉加工规模企业，投资规模均在 200 万—500 万元，产值均在 1000 万元以上，产品销往本省兰州、天水、酒泉、嘉峪关、敦煌等地市及新疆、青海等省份，次产品（麸皮、黑面）销往本市区养殖企业作为畜禽饲料使用，在省内外开设面粉销售窗口 128 个。至 2000 年，上秦镇具有一定规模的面粉加工企业发展到 38 家，从业人员 500 多人；面粉企业产值达 5.2 亿元，实现利税 6000 多万元。2000 年后，改制后的私营企业随着市场优胜劣汰，陆续关停倒闭，所剩无几。2005 年，上秦镇通过招商引资引进张掖市金鹰面粉厂，该项目总投资 6000 多万元，创业职工 110 人，年加工面粉 10 万吨，生产的优质面粉远销省内兰州及内陆沿海城市，产品受到消费者的青睐。至 2016 年，企业处于停产状况。

农副产品加工 食用菌精深加工食用菌产业成为全区现代农业的支柱产业，种植面积达 1200 多亩，已建成杏鲍菇、海鲜菇、香菇、双孢菇四大食用菌工厂化生产基地，年生产能力达 3 万吨。

冷凉山区中药材产业园及中药材精深加工。甘州区土壤肥沃、日照充足、气候温和，中药材生长条件优越。精深加工的甘草、板蓝根、黄芪、菊苣、甜叶菊、枸杞、半夏、金银花、孜然、防风、党参、肉苁蓉等中药材，品质优良，远销区内外。

第四节 饲料加工

1991—2016 年，甘州区养殖业发展迅速，各类饲料公司创办投入生产。至 2016 年，全区有饲料生产企业 12 家，其中取得畜禽饲料生产许可证和反刍饲料生产许可证企业 6 家，取得反刍饲料生产许可证 3 家，取得畜禽饲料生产许可证、反刍饲料生产许可证、预混料生产许可证的企业 2 家，单一饲料生产企业 1 家。其中，兰州正大有限公司张掖分公司为国家级饲料质量安全管理规范示范企业，张掖市德华饲料有限公司为饲料质量安全管理规范示范企业产品。辖区内生产的饲料产品主要销往青海、内蒙古、新疆、宁夏等地和省内周边市区及供应本地，其中奥林贝尔饲料产品出口销往东亚等国家。2016 年全区饲料生产量 161784 吨，其中配合饲料 140738 吨（猪饲料 86988 吨，蛋禽饲料 19140 吨，肉禽饲料 10256 吨，奶牛饲料 9800 吨，肉牛饲料 8922 吨，肉羊饲料

5632 吨）、浓缩饲料 20738 吨（猪饲料 6988 吨，蛋禽饲料 3140 吨，肉禽饲料 1256 吨，奶牛饲料 2800 吨，肉牛饲料 3922 吨，肉羊饲料 2632 吨）、添加剂预混合饲料 308 吨。

甘州区饲料加工供应公司　位于环城北路 21 号，始建于 1983 年，是在原张掖地区汽车队的基础上转型成立的，隶属张掖市粮食局，为国有饲料小型加工企业。建厂初期有职工 18 人，固定资产 47 万元。1992 年，投资 194 万元，对饲料加工车间技术改造，年生产饲料达 10000 吨。1997 年，严把原料进厂关、配方加工关、成品入库关，开发出生长快、产蛋出肉率高、抗病强、效益好的猪、鸡、牛三个系列 8 个品种的全价饲料，市场销售量迅速提升。1997 年末，张掖市饲料公司改制成股份合作制企业，打破所有干部、职工、工人身份界限，实行全员劳动合同制，优化资产结构，实现资产多元化、经营高效化、管理科学化、服务社会化的法人实体和市场竞争主体，公司收益分配实行按劳分配和按股份分红的原则，兼顾国家、集体、个人的利益。2003 年，企业实行产权制度改革，将企业产权公开出让。

第七章　制造业

第一节　针织　服装

张掖市纺织总厂　系张掖地区中型二档国营企业。1999 年，以租赁方式分设为张掖市劳保制品厂、张掖市毛纺织厂、张掖市毛巾厂 3 户企业。2002 年，通过招商引资，同温州客商合作建成年产 320 万双运动鞋、休闲鞋生产线，并注册张掖市玉鸽鞋业有限责任公司。

张掖市华盾服饰有限公司　成立于 2012 年，公司占地 50 亩，年生产能力为 150 万套。专业研发和生产中高端职业防护服，产品包括防静电服、防酸碱服、阻燃服、抢险服、军事特种防护服、医护（疾控）服、户外服、新标准校服等，专为工矿企业、科研机构、试验基地、军队、学校、医疗卫生组织以及城市公共服务组织等提供防护服定制服务。一期工程 2013 年投产，至 2016 年，生产各类防护服 8 万多套，创产值近 800 万元，产品远销新加坡、马来西亚及全国各地。

张掖市第二针织厂　前身是 1971 年由麻绳加工合作社、棉花加工合作社和土纸生产合作社合并筹建的，生产机构设手套、民用线、麻绳、棉絮 4 个车间，管理机构设人秘、财务、生产经营 3 个股。1997 年 10 月，张掖市第二针织厂改制为股份合作制企业，位于张掖市甘州区东大街 27 号，先后更名为“张掖地区福利针棉织品厂”“张掖市金海针纺织品有限责任公司”。企业占地 7946.682 平方米，主要产品和经营范围是针棉织品、劳保手套、帆布、民用及工业缝纫线，产品主要销往青海、宁夏、新疆和省内各地。2000 年，张掖市金海针纺织品有限责任公司主要产品有纺织品、针织品、各种线产品等日用品、劳保用品、工业用线等，年综合生产能力达 130 吨，其中缝纫线、特种工业线获省科学技术进步一等奖，产品主要销往青海、新疆及河西等地市。至2001年5月底，企业拥有总资产2305002.84元，职工有162人。企业改制后变为民营企业，更名“张掖市裕祺针棉织品有限责任公司”。

张掖市金龙服装厂 始建于1984年，主导产品为各种服装。至2006年10月，张掖市金龙服装厂拥有总资产1792997.63元，总负债817914.20元，净资产975083.4元。2007年进行企业改制，改制后变为民营企业，随后停产。

第二节 皮革 制鞋

张掖制鞋业有着传统工艺。1956年和1964年相继成立张掖制鞋厂、张掖皮鞋厂。

张掖市制鞋厂 前身为1954年成立的布鞋社，1976年布鞋社改为制鞋厂，1980年扩建成张掖县布鞋厂，常年生产各种单、棉、皮、布、毡鞋。1997年11月改制为股份合作制企业，经营场所位于张掖市南大街羊头巷12号，占地1110.9平方米，注册资本总额127万元。1998年，张掖市制鞋厂为集体所有制企业，有职工68人；总资产203万元，其中固定资产68万元、流动资金135万元；职工个人资产16.5万元，企业净资产140.2万元。主要产品为线缝布鞋和注塑布鞋，年生产能力达25万双，产品主要销往青海、内蒙古、新疆及本省各地区。1998年，实现工业总产值201万元，销售收入72.5万元，创利税10.8万元；职工年收入3789元，全员劳动生产率为19800元。2000年，实现工业总产值160万元，实现销售收入120万元；上缴税金9.6万元，人均纳税1506元；职工年收入4200元，社会贡献总额122万元。至2000年12月底，企业实际拥有资产总额121.64万元；企业职工总数105人，其中在职职工58人、退休职工47人。2001年7月，企业改制为民营企业。2002年，企业总资产121万元，后因市场不景气而停产。

张掖市康达鞋业有限责任公司 始建于1956年。1968年，由车马挽具社、毡鞋社、织袋社三个合作社合并而成皮毛社，后更名“皮毛制品厂”。1981年，皮毛制品厂改名为“张掖皮鞋厂”。1997年改制为股份合作制企业，更名“张掖市康达鞋业有限责任公司”，厂址位于张掖市甘州区东大街158号，企业注册资金67万元，占地6071.79平方米，在职职工63人；主要产品有男女胶粘皮鞋、线缝皮鞋，年生产能力达6万双，销往河西地市及青海等地。1998年，实现工业总产值224万元，销售收入达88.9万元，实现利税持平，职工人均年工资2437元。2000年，实现工业总产值180万元，销售收入170万元，实现利税持平，扭转企业亏损的局面。截至2001年4月，张掖市康达鞋业有限责任公司拥有总资产2622355.50元（含土地资产），总负债1261148.84元，净资产1361206.66元。2001年，企业改制为民营企业。至2002年8月，在职职工18人，企业总资产1199262元，后停产。

第三节　家具制造

1991 年，全市有家具制造企业 5 户，分别是城关镇木材加工厂、地区建筑公司木材加工厂、市家具厂、日用家具厂、街道木器组等，完成工业产值 262 万元。至 1992 年，企业因连年亏损，仅保留市家具厂和日用家具厂；两户企业全年完成产值 352 万元，同比上涨 34%。2000 年企业改制，家具企业转型，多从事商业经营。2009 年，“张掖市明达家具装饰有限责任公司”成立，主要经营家具制造、木制品加工、装饰装潢等。2011 年，“张掖市金安丹木业有限公司”成立，公司位于张掖经济技术开发区生态科技产业园，投资 3800 万元，占地 18 亩。公司加工实木套装门和环保套装家具，2015 年投产，年销售收入 4600 万元。2016 年，增建 30 万张木工板生产线项目。

第四节　造纸　印刷

造纸　1991 年，张掖造纸企业主要有张掖地区造纸厂、张掖市造纸工业有限公司、张掖龙渠造纸厂、张掖靖安造纸厂等。1997 年，张掖地区造纸厂投资 2260 万元建成年产 6000 吨高强度瓦楞纸生产线，张掖靖安造纸厂建成年产 10000 吨麦草浆生产线。2000 年开始，张掖市造纸厂均进行改制，转为民营企业。改制后，企业投资迅速增长。张掖市靖安纸业有限公司投资 300 万元，扩建年生产 1 万吨麦草浆生产线，2003 年又扩建成 3 万吨纸浆生产线。2002 年，张掖市纸业（集团）有限责任公司投资 680 万元，对一分厂 1 号纸板机进行年产 6000 吨漂白浆板生产线技术改造。张掖市光宇纸业有限责任公司投资 920 万元建设 6000 吨文化用纸生产线，有商品草浆和文化纸两条生产线，生产能力达到 2 万吨；制浆、造纸工艺设备先进，产品达到 6 个品种 9 个规格。2007—2013 年，加大淘汰落后产能和关闭小企业力度，组织相关企业淘汰造纸制浆 7.5 万吨，分别为张掖市中华纸业有限责任公司淘汰 1 万吨化学浆生产线、张掖市光宇纸业有限责任公司淘汰 3 万吨麦草浆板和文化纸生产线、张掖市明阳纸业有限责任公司淘汰 1.5 万吨全麦草制浆生产线和 2 万吨化学木浆制浆生产线。

造纸企业　张掖市造纸工业有限公司。始建于 1987 年，隶属三闸乡，股份制企业。总投资 500 万元，拥有 4 条生产线，年产文化用纸 3000 吨，纸浆采用亚铵法生产。产品远销新疆、四川、青海、内蒙古、安徽、上海、江苏、浙江等省市区，出口印尼、马来西亚、巴基斯坦、尼泊尔等国。1995 年完成产值 1200 万元，实现利税 108 万元。

张掖市光宇纸业有限责任公司。始建于 1985 年，原址位于张大公路 3 公里处，后迁址甘州区三闸镇新建村北部滩 5 公里处。项目占地 1700 亩，其中林地 1500 亩、建设用地 200 亩；项目投资 10800 万元，职工 128 人；年营业额可达 9000 万元，利税 1500 万元。生产的商品草浆板、生活用纸等产品，销往全国许多城市和地区。

印刷　1991 年开始，张掖市印刷企业均为国营企业，主要有张掖市河西印刷厂、张掖市飞天彩印厂、张掖市志敏印刷公司等，开发辖区内大中专和中小学课本、教学参考书、作业本、科技书籍、期刊、单位编辑资料等。1996 年后，私有印刷业务迅速兴起，新建的印刷企业有甘肃省印刷物资河西公司、张掖大华印刷厂、张掖市第二印刷厂、张掖供销印刷厂、张掖市国华印刷厂、张掖市新希望印刷有限责任公司等。到 2005 年，甘州区印刷厂共有 10 家，职工 320 多人。

第五节　工艺制品

张掖市工艺美术厂　前身是张掖玻璃社，1975 年从建筑玻璃社划分成立工艺美术厂，主要生产各种工艺美术装饰镜、夜光杯、盖碗、玉壶等。“甘华”牌装饰镜荣获甘肃省优质产品奖，企业晋升为甘肃省二级企业，被国内贸易部命名为“中华老字号”企业，荣获省级“重合同、守信用”企业，产品畅销河西地区及新疆、青海、内蒙古等省区。1997 年 11 月改制为股份合作制企业，更名“张掖市甘华工艺美术有限责任公司”，经营场所位于张掖市县府街 43 号，占地 3442.75 平方米，企业注册资本总额 127.25 万元，主要经营玻璃深加工及其他工艺产品。1999 年，完成工业总产值 372.31 万元，产品销售收入 224.98 万元，上缴税金 13.28 万元；职工人均年收入 6430 元；社会贡献总额 67.82 万元。2000 年，荣获省优产品称号的“甘光”牌装饰镜年生产能力达 10 万平方米，丝路精品——夜光杯礼品系列深受国内外消费者的喜爱，畅销西部各省市区。至 2000 年 9 月，企业拥有资产总额 3121597.69 元，净资产 1033436.69 元，职工总数 101 人；年底改制为民营企业，搬迁至甘州区东北郊工业园区。2002 年 8 月，企业在册人员 52 人。2012 年停止生产。

第 八 编

商 贸 流 通

第一章　商业贸易

1991—1996 年，国营商业处于市场主体地位。1997—2002 年，国有商业除国家垂直管理、专营专卖的食盐、烟草、医药、石油制品批发企业外，市属国有商业企业通过采取出售、破产、分立、租赁、承包等形式，全部改制为非公有制经济。2002 年后，除国家垂直管理、专营专卖的食盐、烟草、石油制品批发企业外，其他竞争性领域全部为私营企业或个体工商户等非公有制经济。

第一节　机　　构

20 世纪 90 年代，张掖市商业局内设张掖市酒类专卖事业管理局、张掖市盐务管理站两个事业单位，与张掖市商业局三块牌子、一套班子。1996 年，成立“张掖市畜禽定点屠宰管理办公室”。1999 年，盐业公司整体划拨甘肃省盐业集团总公司。2002 年，张掖市商业局更名“甘州区商业局”。2006 年 7 月，撤销甘州区商业局，将甘州区经贸委的商贸流通职能、外贸管理职能划出，组建甘州区商务局，隶属甘州区经贸委管理。2010 年，确定为区政府组成部门，归口管理区招商局、区市场建设服务中心。2012 年，成立“甘州区商务综合行政执法大队”，隶属甘州区商务局管理。2013 年，将隶属甘州区商务局管理的区招商局整体划归甘州区发改委管理。2014 年，区商务局由区政府工作部门调入区工业和信息化局并挂牌。

第二节　商业网点

商业网点　1991 年，张掖市商业局下属国营商业企业有百货公司、五金交电化工公司、煤炭公司、糖酒副食公司、食品公司、蔬菜果品公司、饮食服务公司、商业综合公司、食品厂及下设的 5 个批发机构，零售门市部 135 个。商贸流通经营业态随着地区经济发展日益丰富，各类集贸市场、批发市场在实施城镇化建设战略过程中得以统一规划，合理布局，国道沿线、人口密集的农村集市贸易市场得到较大发展，城市批发市场则向规模化、专业化迈进。各类产销合作贸易组织成为农产品贸易的重要渠道。便民店、专卖店、物流配送中心、超市、连锁店、代理商等新的经营模式迅速发展，促进地方商贸的流通。2006 年以来，实施“双百市场”“万村千乡”市场工程、农村集贸市场建设、农超对接、早餐工程、大宗农产品产销促进、冷链仓储设施、大型农产品批发市场等 20 多个商务工程项目。至 2016 年，全区有各类商业服务网点 18016 个，大型超市 5 个，农村标准化集贸市场 12 个，专业交易市场 25 处，“万村千乡”市场工程标准化农家店 439 户、乡镇商贸中心 2 个，汽车 4S 店 53 家，从业人员达 57926 人。全区商贸流通业形成以城区为轴心，以滨河新区、张火公路及火车站、大满、甘浚、沙井等为区域中心，辐射其他乡镇的商贸流通网络体系。张掖玉米种子暨农副产品交易中心、绿洲农副产品综合批发市场等大型农产品交易市场，东部建材市场、新张掖国际商贸城、天佑家具广场、愿景商贸城、达生二手车交易市场、恒滨建材市场、金张掖再生资源交易中心、金张掖汽车城、粮油主食产业园、新世纪商厦、金张掖国际大厦、鑫汇商贸城等商流项目相继建成，引进国芳百货、华润万家超市、苏宁电器、国美电器等知名连锁企业入驻辖区，全区核心商业区开始形成，各类专业品牌店、特许经营店等落户辖区，消费、餐饮、娱乐各类设施开始迈向高档、专业、系统化水平，城镇商圈已成为商贸流通的发展亮点和增长极。

商务项目　双百市场工程。2006 年，张掖南关蔬菜果品批发市场被推荐核准为商务部在甘肃省实施的 2006 年度“双百市场工程”改造示范项目之一。该项目建设内容主要有废弃物处理中心、安全监控中心，新建 10000 平方米的交易大厅等，总投资 1670 万元，当年完成大部分项目建设。2007—2008 年，张掖南关果蔬批发市场冷链设施项目经商务部核准确定为“双百市场工程”建设项目。至 2008 年，张掖南关果蔬批发市场“双百市场工程”三期建设项目完成，投资 4942. 38 万元，获得国家建设补助资金 605 万元。

万村千乡市场工程。2006 年，甘州区实施“万村千乡”市场工程。确定甘肃新乐连锁超市有限责任公司、张掖市新大新商贸有限责任公司 2 户本土大型民营骨干零售企业承担“万村千乡”市场工程，农家店改造建设任务。之后，“万村千乡”市场工程逐年实施。至 2014 年，全区改造建设标准化农家店 450 个，商品配送中心 2 个，乡镇商贸中心 2 个。标准化农家店乡镇覆盖率 100%，村级覆盖率 86% 以上，日用消费品统一配送率 70% 以上，获得省级补助资金 964 万元。

退市还路工程。2006 年，甘肃省县乡农贸市场“退市还路”工程开始实施。甘州区实施县乡农贸市场标准化改造项目。至 2016 年，在沙井、甘浚、上秦、大满、靖安、龙渠、花寨、明永、碱滩、小满、新园小区 11 个乡镇及小区改造建设标准化农贸市场，获得甘肃省商务厅农贸市场以奖代补资金 470 万元，解决乡镇农民群众交易难、交易远、购物难和“占路为市”等问题。

家电下乡。2009 年 3 月，甘州区实施家电下乡政策。对农民购买纳入补贴范围的家电产品给予一定比例的财政补贴，以提高农民购买能力，扩大农村消费。至 2013 年 3 月家电下乡政策结束，全区备案家电下乡销售企业和网点 121 家，家电下乡产品销售金额达 21878. 35 万元，产品销售数量为 83970 台（件），补贴资金 2844 万元。

家电以旧换新。2010 年 6 月至 2011 年 12 月，甘州区实施家电以旧换新政策。凡在甘肃省登记注册的法人或具有甘肃省户口的个人（简称“购买人”），于政策实施期内将废旧家电交售到中标回收企业（简称“回收企业”），并到中标销售企业购买新家电的，可享受家电补贴。购买人进行家电以旧换新时，按新家电销售价格的 10% 给予补贴。甘州区家电以旧换新工作销售五类：电视机、冰箱、洗衣机、空调、电脑。以旧换新新家电 10004 台，销售额 3806. 88 万元，补贴金额 315. 45671 万元。

大型农产品批发市场建设项目。2014 年，张掖玉米种子暨农产品交易中心列入甘肃省八个大型农产品批发市场建设项目。2013—2014 年，完成投资 1.8 亿元，获得省级财政直补资金 200 万元，贷款贴息补助资金 300 万元。张掖绿洲农产品批发市场列入全省新增大型农产品批发市场建设项目，2014 年完成投资约 3 亿元，获得贷款贴息补助资金 100 万元。

早餐工程。2008—2010 年，商务部联合财政部实施“早餐示范工程”试点工作。甘州区新乐公司被甘肃省商务厅确定为“放心早餐工程”试点企业，实施新乐民生放心早餐工程项目建设。从 2012 年开始，该公司投资 3095.13 万元，建设早餐加工、存储车间 4600 平方米，1500 立方米冷库 1 座，早餐加工生产线 1 条，放心早餐检验、检测中心 1 个，建设早餐及主食店销售网点 35 个，完成储存运输设备设施、信息系统、网点建设等工作。2013 年，投资 1210.91 万元，完善主食加工配送中心，添置冷链配送车辆 2 台，增设固定封闭式早餐销售亭 30 个，实现早餐经营规模化、规范化、标准化和卫生化。

农超对接。按照《商务部、农业部关于全面推进农超对接工作的指导意见》和《甘肃省人民政府办公厅批转省商务厅省农牧厅关于开展农超对接试点工作实施意见的通知》等文件，由甘肃新乐连锁超市有限责任公司在新乐物流配送中心投资 600 万元，建设“农超对接”农产品配送区，建筑面积 3200 多平方米，作为生产加工车间，内设净菜、熟食、面点和鲜肉分割四条加工生产线，设计产能为日处理净菜 50 吨，日加工面点 1 吨，熟肉、凉菜制品 2 吨，配有库容达 2200 立方米的冷库和与之配套的冷藏配送车辆。在长安乡前进村、洪信村、上头闸、河满村，梁家墩镇五号村、六号村、清凉寺村建设甘蓝、菜花、辣椒、黄瓜等无公害蔬菜基地，与农户签订种植合同，共 2000 亩 70 多个品种，采购 1300 多吨，销售额 400 多万元。

第三节　商品经营

1991 年以前，对一些货源不足的消费品，采取凭证限量供应的办法。1991 年后全部敞开销售。张掖市商贸流通企业主要分布在食品、烟草、饮料、日用百货、服装鞋帽、五金家电、建筑材料、农业机械及生产资料和饮食服务等行业。1996 年后，除国家垂直管理的批发企业外，国有商业企业全部改制为非公有制经济。商贸流通经营业态随着地区经济的发展日益丰富。

甘州区 1991—2016 年社会消费品零售总额完成情况表

表 8－1－1

年份	社会消费品零售总额（万元）	增幅（%）	年份	社会消费品零售总额（万元）	增幅（%）
1991	32980	9.2	2004	158921	35
1992	34812	5.6	2005	180375	13.5
1993	32421	－6.8	2006	203842	13
1994	36755	13.4	2007	231973	13.8
1995	41742	13.6	2008	283468	22.2
1996	47605	14	2009	348600	20
1997	54073	13.6	2010	410000	20.8
1998	59036	9.2	2011	495500	19.1
1999	56334	－4.6	2012	584723.6	18.6
2000	60501	7.4	2013	655200	14.4
2001	94011	55.4	2014	724800	12.3
2002	106295	13	2015	804000	8.9
2003	117696	10.7	2016	885000	10

煤炭销售　1991 年，张掖市煤炭运销公司下设国营门点 5 个，是全市煤炭销售的主渠道。2002 年，采取公开出售或协议转让企业产权的方式，进行企业产权制度改革，所属 5 个门点全部出售给个人经营，煤炭运销公司随之注销。煤油、汽油、柴油、润滑油等石油制品由张掖地区石油公司负责销售。

第四节　行业管理

1991 年以来，商业系统的行业管理主要是饮食服务行业的管理，按照甘肃省商业厅的安排，张掖市商业局多次组织饮食服务公司的厨师、理发师等服务人员开展技能评定。2010 年，甘州区饮食服务业协会成立，协会由全区 61 家企业组成，下设餐饮、住宿、美容美发、摄影、洗染、沐浴、家政服务 7 个分会。2011 年，开展餐饮业和美容美发业的等级评定工作，评出华辰大酒店等 8 家特级餐饮酒店，5 家甲级餐饮酒店，1 家特级生态美食园，4 家名优火锅店，4 家特色美食店，9 家地方名优小吃店；评出五星级美容院 1 家，三星级美容院 2 家，二星级美容院 2 家；五星级美发店 1 家，四星级美发店 4 家，三星级美发店 2 家。推选出 7 个“金张掖名宴”，30 个“金张掖名菜”，25 个“金张掖名点”，7 家名厨团队，表彰 9 名明星服务员和 12 名优秀服务员。2012

年，开展全市社会宾馆等级评定活动，在10家AAA级社会宾馆中甘州区有8家宾馆名列其中，有11家宾馆被评为AA级社会宾馆，6家宾馆被评为A级社会宾馆。成立“甘州区酒业协会”，评选出“甘州区放心酒示范店”10家。第一届“金张掖”美食节中开展地方特色小吃评选活动，甘州区有31个品种被评为张掖市地方特色小吃。

2013年，开展新乐杯·大众消费季暨“金张掖”第二届美食节名宴、名小吃评选活动，甘州区有11个品种的小吃被评为金张掖名小吃。开展全市人像摄影业等级评定工作，有2户企业被评为五星级人像摄影店，2户企业被评为四星级人像摄影店，2户被评为三星级人像摄影店。

第五节　企业改革

1991年，企业管理实行党委领导下的民主管理制度，重大问题通过职工代表大会决定。1997年，中共张掖地委下发《关于进一步加快推进企业改革的意见》，继续把产权制度改革作为突破口，把股份合作制或股份制作为企业改革的首选形式。张掖地区行政公署的《转发省九部门关于加快城镇集体企业改革与发展的若干意见的通知》《关于转发国家体改委关于发展城市股份合作制企业的指导意见的通知》和省商业厅下发的《省政府批转省体改委等部门关于全省国有商业全行业改制和建立现代企业制度意见的通知》，指导全市国有商业企业开展股份制改革。1997年底，张掖市商业局所属8户国有商业企业，1户城镇集体商业企业，经过资产评估重组，全部改制成股份合作制企业，企业按照政策和章程成立董事会和监事会、股东大会等机构，并严格按照股份合作制企业的章程运营，在股份合作制企业改制中，9户国有集体商业企业共有1447名职工入股，股金达331.39万元。从2000年开始，国营商业企业采取分块分开竞价出售的形式，转让门店产权。先后对糖酒公司永丰商场、服务公司大众旅行社、甘州像馆、张掖理发厅、鼓楼副食商场、青西副食商场、七一副食商场进行公开竞价拍卖，转让企业产权。2001—2002年，全系统改制企业9户114个门点，公开出售或协议转让企业产权的有102个门点。全面完成改制的企业有食品厂、商贸旅游服务公司、蔬菜果品总公司、食品公司、煤炭运销公司，基本完成改制的企业有糖酒副食总公司、百货总公司、商业综合公司、五金交电化工公司，全系统有1001名职工置换身份。2003年，完成企业改制6户，以现金形式兑付126名职工身份。2004—2005年，完成百货总公司国茂大厦企业改制，为159名职工给予解除劳动关系的经济补偿金128.2万元。完成五交化公司批发部改制，全系统有590名职工申领失业金。

第二章　供销合作

第一节　机　　构

城区机构设置　1991 年，张掖市供销合作社联合社辖农业生产资料公司、日用杂品公司、农副产品公司、废旧物资回收公司、贸易公司、供销综合公司、河西大厦 7 个城区公司。是年，张掖市供销社贸易公司更名“张掖市工业品贸易公司”，扩建批发库区，形成供销社系统工业品批发中心。1993—1997 年，筹资 1500 多万元，建成河西商场、河西大厦后续工程、供销经济长廊、农副公司旧货市场，总建筑面积达 21400 平方米。1994 年，张掖市工业品贸易公司更名“张掖市工业品贸易总公司”。是年，河西大厦改组为“张掖市河西大厦有限责任公司”，下设家电、工业品、粮油和蔬菜 4 个分公司。1996 年，河西大厦兼并“张掖市工业品贸易总公司”，组建成立“张掖市河西大厦集团总公司”。1997 年，张掖市供销社综合公司兼并新墩供销社，成立“张掖市供销综合公司”。1999 年，张掖市供销合作社联合社联合兴建张掖市金鸿大厦。2001—2002 年，张掖市河西大厦有限责任公司和张掖市日杂公司由集体企业改制为民营企业，分别成立“张掖市河西大厦商贸有限责任公司”和“张掖市博盛商厦有限责任公司”。2005 年，甘州区供销合作社联合社组建“甘州区饮马桥农资专业合作社”，入股社员 110 户、股金 88 万元，专门从事农膜批零业务，实现销售额 2300 万元。是年，由甘州区供销合作社联合社发起，甘州区工商分局、甘州区质量技术监督局参与组建的“甘州区农业生产资料协会”，协会发展团体会员 20 个、个人会员 228 个，聘请甘州区政府副区长担任名誉会长。2007 年，张掖市废旧金属交易市场项目开工建设，该项目总投资 500 万元，占地 65 亩。2008 年，建成投入运营。

农村基层网络设置　1991 年，张掖市供销合作社联合社辖梁家墩、长安、党寨、三闸、新墩、乌江、靖安、甘浚、沙井、小河、平山湖、上秦、廿里堡、碱滩、小满、龙渠、大满、和平、安阳、花寨、明永 21 个基层供销社，辖零售、收购、批发网点 231 个，其中分销店 108 个。2001—2002 年，新墩、梁家墩、长安、党寨、三闸、乌江、靖安、上秦、廿里堡、碱滩、小满、龙渠、大满、安阳、花寨、明永、甘浚、沙井、小河 19 个基层社，通过企业改制和产权转让由集体企业变为民营企业。2005 年，沙井供销社投资 100 万元新建的商贸综合服务中心大楼落成开业，成为全区第一家乡镇超市。2006 年，碱滩供销社投资 270 万元，建成商贸综合楼和农副产品、农资商品批发交易市场。2007 年，甘州区供销合作社联合社制定并组织实施全区供销社系统基层网点恢复改造 3 年规划。当年投资 340 万元，改造和新建花寨新合作超市、乌江平原商贸综合楼、碱滩供销社综合市场、靖安基层社、新沟村新合作超市、小河供销社 6 个村级超市等 38 个基层网点，改造面积 5030 平方米。是年，新农村现代农资连锁经营服务网络开始建设，以小河供销社为龙头，组建配送中心2个，设立直营店82个，发展连锁经营网点300多个。小河供销社被张掖市政府确定为全市化肥淡季储备企业，得到农业银行2000万元贷款支持。是年，小河供销社通过控股兼并大满供销社。

2009年，花寨小米专业合作社投资128万元，新上小米精加工生产线，建设厂房260平方米，购置加工设备1套，年加工谷子100多万斤，助农增收250多万元。是年，由小河供销社和区供销合作社联合社共同出资改建大满中心社，当年完成投资120万元，修建库房2000平方米，硬化地坪2500平方米。是年，甘州区供销合作社联合社完成基层社新合作加盟店挂牌120户。2010年，甘州区供销合作社联合社将张掖市绿涵农产品保鲜专业合作社、睿娟葡萄种植农民专业合作社等5个专业合作社纳入供销社管理。甘州区供销合作社联合社入股组建张掖市绿涵农产品有限责任公司，公司注册资金1000万元，并于当年开始实施张掖市绿涵5万吨农产品保鲜冷链物流建设项目。2012年，甘州区供销合作社联合社新上张掖市新合作农资交易市场建设项目。概算总投资5100万元，当年完成投资2658.6万元，建成高标准仓储用库房和办公场地26000多平方米，硬化地坪20000多平方米，配套设施建设工程基本建成。2014年，联合社嫁接和培育甘肃前进牧业科技有限责任公司、张掖善之荣现代农业有限公司、甘州区绿洲奶牛繁育农民专业合作社、张掖市绿涵农机专业合作社、甘州区泽源蔬菜种植农民专业合作社、张掖市甘州区坤钰农产品种植农民专业合作社等7户企业，并纳入供销社统计直报和项目入库系统。2015年，张掖善之荣现代农业有限公司引进投资4584万元，建成海鲜菇生产线。是年，甘肃金南瓜生物高科有限公司入社，投资约7000万元，建成金南瓜粉生产线。开发生产出南瓜粉、南瓜酱、南瓜糊、南瓜子系列产品。

第二节　体制改革

1992年，制定《张掖市供销系统深化改革实施方案》和配套改革实施细则，在城乡31个企业全面推行经营、价格、分配、用工“四放开”经营。1993年，全面推行以“集体所有，个人抽资经营”为主要形式的社有自营改革。至年底全系统169个门店实行抽资经营，占网店数的77.5%，抽回商品资金278.25万元，占应抽资金的41%。1994年，在河西大厦进行股份制改革试点。从1998年开始，对城区公司进行改制、改组、改造，建立“河西大厦”“日杂公司”“回收公司”3个有限责任公司，“农资公司”“农副产品公司”2个股份合作制企业，配股、抽资、租赁、合伙经营的门店柜组167个，实现投资形式和经营方式多样化。是年，企业在深化改革中实施减员增效，分流安置富余人员393人。其中，内部退养12人，提供柜台或场地独资自主经营52人，签订息工合同79人，自谋职业135人，一次性补偿买断工龄22人，个人申请和因经济问题解除劳动合同93人。

2000—2002年，按照张掖市委、市政府“整体买断产权、整体置换身份、整体安置职工、整体负担离退休人员养老医疗保险，整体承担债权债务，产权出售一步到位”的政策。城区2户企业和农村19个基层供销社通过产权转让由集体企业变为民营企业，置换职工身份690人，剥离职工身份置换金892万元、离退休职工医保金及生活费471万元、供养人员生活费98万元、社员股金269万元。新聘用并签订劳动用工合同613人，离岗自谋职业146人。兑付职工身份置换金617万元，占应付额69.2%；退付农民群众股金85万元，占应退股金的31.6%；养老、工伤、失业、“三金”上缴7.3万元，占应缴“三金”的79.8%。2007—2009年，制定《甘州区废旧物资行业发展规划》。2010年，甘州区制定《甘州区供销社网点改造专项资金使用管理办法》，采取以奖代补的形式，鼓励引导基层网点进行超市化改造，全系统恢复重建基层网点6个，村级经营网点达到228个，改造新合作超市达95个，发展新合作加盟店115个，全系统基层网点超市化改造达40%。至2016年，甘州区供销合作社联合社全系统有基层供销社21个，村级经营网点224个，改造“新合作”超市80个，发展新合作加盟店115个，规范各类专业合作社21个，组建专业协会4个，发展农资连锁经营网点360个。全系统完成商品销售总额16.58亿元（其中电子商务销售额500万元），占目标任务16.5亿元的100.5%；完成农产品购进8.33亿元，占目标任务8亿元的104.1%；实现再生资源回收额6172万元，占目标任务5000万元的123.4%；实现利润990万元，占目标任务950万元的104.2%。

第三节　经营与项目建设

日用工业品经营　1991年，合并组建工业品贸易公司，形成供销社系统工业品批发中心和城乡工业品联购分销格局。当年工业品联购分销额达到862万元，供销社系统整体功能和主营批发业务的优势凸显。1992年，出台《供销系统深化改革实施方案》和配套改革实施细则，在城乡31个企业全面推行工业品“四放开”经营。对278个门店实行风险抵押“利润大包干，百元毛利含量工资”等承包形式，企业经济效益和职工人均收入较上年增长。1993年，以社有自营为突破口，在农村基层供销社全面推行以“集体所有，个人抽资经营”为主要形式的社有自营改革。1995—1996年，对城区各大商场和门店，推行工业品联销、联利、风险抵押承包等经营责任制。对农村112个门店实行“集体所有，自主经营，自负盈亏，税费自理，定额上缴，超留欠补”的风险抵押承包制，在85个门店推行联销联利，工效挂钩的经营责任制。落实对账、报账、盘点等制度和“一放、两管、三统一”（放开工业品，管住化肥、农副产品，统一资金、统一购销、统一价格）的经营管理办法，实行经营管理人员聘用制、全员劳动合同制。规范企业行为。1997—2002年，对工业品经营实行“全额抽资、自主经营、自负盈亏”的经营措施，农村80%的门店以及城区农副、回收、农资的零售门店实现全额抽资经营。至2002年，全系统形成种、养、加结合，产、供、销配套的格局；生产经营门店扩大到酿造、生产、加工、修理、缝纫、娱乐、饮食服务领域，开展各种经营的单位达22个，占企业总数的84.6%；门店87个，占基社网点总数的39.7%。2006—2016年，结合全区“新农村小康安居工程”建设，推进村级服务网点的超市化改造升级。先后投资改造甘里堡万家乐、陈寨，乌江安镇、小湾，三闸符家堡，明永武家闸、燎烟，小满古浪、石桥、王其闸，沙井煦和大厦、东四，小河西六、柳树寨、兴隆，碱滩古城、幸福等58个新合作超市。

农副产品经营 1991年，张掖市供销合作联合社立足主营，兼顾粮油，巩固发展“一红一黑两花”（红枣，黑瓜子，葵花、棉花）。联合社和农副公司抽出专人，从籽种、化肥到种植面积逐项落实，筹资22000元，在沙井、小河乡试种棉花95亩，平均亩产籽棉138.5公斤。1994—1997年，各基层社向农民提供农副产品产前、产中、产后市场服务，在扶持好葵花、黑瓜子、红枣等产品种植的基础上，扩大啤酒大麦、小杂粮等畅销作物的种植面积。制定农副产品分购联销的实施办法。以“短、平、快”取得销售、效益同步增长。1998—2003年，农村大面积推广玉米植种，其他农副产品种植面积骤减，销售渠道不畅，农副产品收购业务基本处于低迷状态。2008—2009年，改制后的基层供销社突出经营特色，各基层供销社农副产品收购效益显著。2015年，张掖市绿涵农产品有限责任公司累计完成项目投资1.3亿元，建成20间容量为20000吨保鲜库、6000平方米集约化全自动育苗中心、618座钢架拱棚标准化设施蔬菜示范区。2010—2016年，基层供销社先后组建花西小米种植专业合作社、啤酒大麦运销专业合作社、苹果梨专业合作社、红枣专业合作社等，以订单农业方式开展业务，促进专业合作社发展。至2016年底，组建各类专业合作社13个，入社社员达1689户，社有股、农民股共计877万元，带动农户5000多户，初步建成小米、豌豆、苹果梨、啤酒大麦、优质红枣等11个特色农产品生产基地。

农资供应 农资供应是供销系统的主营业务。1991年，组织供应各种大化肥91861标吨，农膜467吨、农药77吨、农药械2730架、中小农具70712件。新建科技兴农配套服务站、“庄稼医院”各15个，配套上岗医生21名，农资服务专干22人，服务员47人。对来自庄稼医院和农户的115人进行业务技术培训，配置测土配方仪器1台，购置下发120多套病虫害标本和挂图。1992年，农资专营网点增至154个，开展新技术、新品种试验示范24项，开方供药59.8吨，组织供应各种化肥111536标吨。1995年，加强化肥市场内部管理。配合合办处、工商、物价部门进行化肥市场整顿，赢得农资市场竞争的主动权。1997年，对农业生产资料经营，实现统一资金、统一价格、统一购进、统一销售、统一核算，化肥市场进入有序管理阶段。2001—2005年，多方筹措资金组织货源，采取厂商联合、商商联合的办法，与安徽铜陵化工、宁夏中化、山东烟台农资公司等全国30多家厂商合作，组织货源，解决资金，化肥供应得以保证。2006—2007年，以小河供销社为龙头，组建两个配送中心，设立直营店82个，发展连锁经营网点300多家，采取“配送中心+经营网点”的模式，以连锁经营方式，整合带动供销社网络资源，建设农村农资连锁经营服务网络。年配送各类化肥4万多吨，经营范围辐射到张掖市以外的酒泉、武威等地区。2008—2016年，以连锁经营为主要特征的现代农资流通体系初具规模。至2016年底，小河供销社、三闸供销社等系统内农资企业，发展农资销售网点386个，成为保障全区农业生产所需农资供应的重要渠道。

项目建设 2007年以来，小河、花寨、党寨、碱滩、乌江、廿里堡供销社申报“基层组织建设”项目，并获得省供销社3—5万元的补助资金。2008年，小河供销社连续两年申报“农资配送网络改造项目”。获得国家“新网工程”项目资金160万元。2013年，张掖市花西供销有限责任公司农副产品连锁经营网络升级改造项目，获得中华全国供销合作总社“新网工程”专项支持资金300万元。2014年，张掖市绿涵农产品公司蔬菜恒温库扩建项目获得财政资金140万元；张掖善之荣现代农业有限公司获得农业项目财政补助资金40万元。2015年，张掖市新合作农资有限责任公司农资配送中心升级改造建设项目完成投资1436.5万元，争取到新农村现代流通网络服务工程财政补助专项资金资金210万元。2016年，张掖市绿涵农产品公司实施的甘州区高原夏菜产业融合新建项目，获得中华全国供销合作总社农业综合开发项目无偿资金700万元；张掖市花西供销有限责任公司实施的甘州区小杂粮产业土地托管新建项目，获得中华全国供销合作总社农业综合开发项目无偿资金560万元。

第四节　销售与效益

1991年，供销社第二轮承包开始，张掖市供销系统以管理、服务、效益为中心。供销系统从1996—2001年亏损1762.90万元，除去1991—1995年实现的利润634.41万元，实际亏损1128.49万元。2001年，以深化企业产权制度改革为内容的企业改制在全系统开展，在城乡各企业中全面进行产权制度改革。至2001年，供销社所属26个企业有21个企业进行产权制度转让。供销社系统除农业生产资料公司、农副产品公司、再生资源回收公司和和平、平山湖供销社5个企业因包袱沉重，负债过大等原因没有改制，其余企业全部完成企业产权制度改革。2002年以后，城区改制后的河西大厦、博盛商厦，经营形式改变为非公有制租赁经营。基层供销社改制后，以“新合作”为契机，组建多种类型的专业合作社和专业协会，给农村经济注入新活力。

张掖市供销系统改制前部分年份主要经济指标完成情况表

表8－2－1　　金额：万元

年份	商品总销售	实现利润	上缴税金
1991	18399.30	180.40	276.30
1992	19412.60	194.61	284.96
1993	19760.00	198.70	364.80
1994	14108.00	100.20	240.50
1995	17073.00	60.50	237.50
1996	21213.00	－45.20	251.20
1997	17886.40	－691.80	271.80
1998	14472.00	－270.60	320.40
1999	10870.00	－277.40	235.80
2000	13552.30	－399.60	220.80
2001	10194.00	－78.30	218.50

甘州区供销系统2002—2016年主要经济指标完成情况表

表8-2-2　　　　金额：万元

年份	商品总销售	实现利润	上缴税金
2002	12296.90	0	99.80
2003	12541.80	0	63.60
2004	12822.60	3.30	138.40
2005	13227.00	6.10	139.80
2006	16320.60	15.90	132.20
2007	20486.50	25.10	64.50
2008	24627.30	43.60	54.70
2009	21500.00	46.50	318.00
2010	24500.00	68.00	360.00
2011	32400.00	80.00	506.00
2012	32480.00	95.00	518.00
2013	35323.00	120.00	530.00
2014	116000.00	810.00	157.60
2015	99448.90	834.10	141.60
2016	105255.80	990.00	179.80
合　计	579230.40	3137.60	3404.00

第五节　重点企业

城区改制企业　河西大厦。位于甘州区南街大十字东北角，始建于1988年，1989年初建成开业，是张掖市供销系统工业品批发零售的龙头企业，在2001年产权制度改革中，河西大厦率先进行“动产权、转机制”的企业改制，产权转让后由集体所有制企业改为非公有制性质的股份有限责任公司，经营形式也由原来的柜组抽资承包经营责任制改变为租赁经营，改制后的河西大厦实行总经理负责制，下设商场经理、副经理、办公室、总务科、财务科、保卫科，实行企业管理目标责任制。河西大厦经营面积7800平方米，以租赁经营为主。2002年接纳经营户140户，从业人员420人，实现销售额3000万元，上缴税费100万元。2005年，投资200万元安装3部电动扶梯，并对营业场所进行装修改造。2008年，投资80万元完善消防设施。2010年接纳经营户120户，从业人员360人，实现销售额4000万元，上缴税费100万元。2010—2015年，投资200余万元分步对商场设施进行改造升级。2016年，河西大厦商贸有限责任公司资产总额达3200万元，接纳经营户98户，从业人员280人，经营品种16大类，3万多种日用工业品，实现销售额6000万元，上缴税费150万元。主要经营家用电器、针棉制品、服装鞋帽、日用百货等几大项4000多种商品。

博盛商厦有限责任公司。前身是张掖市日用杂品公司，位于南大街272号，是张掖商界老字号企业。2000年，公司实现商品总销售241.9万元，占年计划的48.9%，各项费用总额52.1万元，其中管理费用24.1万元，同比上升21%。利润亏损16万元，上缴国家利税26.4万元。2001年，公司改制为"河西商场有限责任公司"。2002年，公司投资200万元加层扩建博盛商厦三楼，新开辟营业面积3000平方米，增加摊位32个。2003年，在河西商场有限责任公司的基础上组建成立"博盛商厦有限责任公司"，公司下属河西商场家具超市。2008年，投资180万元对商厦进行改造和调整改建家电城、服装城、义乌小商品市场和家具超市。2010年，实现商品总销售4260万元，同比增长28.7%，上缴国家税费166万元，同比增长9.2%，综合经济效益同比增长10.2%，扭亏为盈，经济效益大幅度上升。至2016年，企业有管理人员20人，经营面积7800平方米，从业商户108户，从业人员200多人，经营着50个大类5万余种商品，开创家电城、家具城、义乌小商品市场、服装城。实现商品总销售6820万元，同比增长13%，综合经济效益同比增长8.9%，实现税费200万元，员工工资同比增长16%。每年向国家上缴各项税费160多万元。公司安排下岗职工300多人，每年向社会提供再就业岗位100多个。

农村基层社　三闸供销社。现有资产总额3154万元，在职固定员工12人，经营网点18个，其中村级综合服务社10个。组建专业合作社3个。2016年，各类化肥销售量3.2万吨，实现销售总额8386万元，经营品牌30多个。发展农资网络终端经销商100多家。2016年新建液体加肥站10座。

沙井供销社。现有固定资产1160万元，下属新合作田源超市1个，综合超市（新合作煦和超市）1个，村级综合服务社14个，年商品零售总额862万元，实现利税129.6万元。

第三章　粮油购销

甘州区粮食局是区政府管理全区粮食流通工作的行政主管部门。至2016年，全区有粮食企业14户，其中国有控股企业1户，军粮供应站1户，省级储备粮企业1户，区级储备粮企业5户，其余6户为租赁经营企业。全系统有经营场地24万平方米，仓房91栋，分布于全区各乡镇。

第一节　体制改革

20世纪90年代初期，张掖市粮油市场逐步放开，粮食收购首先落实订购合同，发放预购定金，按国家相关保护价收购专项储备粮。为解决群众卖粮难问题，城乡各购销企业根据市场行情扩大粮油议价购销，走出去销售议价粮，调进省外大米等成品粮，调剂余缺，粮油市场逐渐活跃起来。1991年，张掖市面粉厂、粮油加工厂、城关粮库、粮油供应公司、粮贸公司、汽车队、粮油食品公司在前一轮承包的基础上，实行滚动重新承包。议价公司、饲料公司按原基数延长承包期1年，对经营指令性计划商品比重大的农村13个粮管所和养殖场，继续实行目标管理责任制。1992年，成立粮油批发市场，搞活粮油市场流通，城乡企业议价经营，经营网点一度达64个，从业人员365人，计划粮油经营逐渐退出，市场经营势头强劲。1993年，粮食销价放开，在东街修建粮贸大厦，在粮油公司门前建成西部粮油批发市场。成立“张掖市粮食贸易总公司”，与张掖市粮食局实行两块牌子、一套班子，在保证行使行政职能的前提下，向经济实体过渡。张掖市粮食局把局机关6个科室合并为1室2科，分流40%的机关干部职工，保留原待遇，成立粮通实业和生活服务两个分公司，对外开展经营业务和有偿服务。对前一轮承包中张掖市面粉厂因被省政府列为开放经营，配套改革试点企业，延长承包期至1995年，除饲料公司外，其他公司推行经营大承包，对担负平价粮食（包括专储粮）收购、保管和调运的企业强化管理。对从事议价粮油和多种经营的企业，全面推行“包死基数，确保上缴，超利全留，欠额自补”的经营大承包，承包期为3年。

1996年，粮食企业推行两条线运行机制，企业划分为政策性业务单位和商业性经营单位，改革以效益定承包基数变为以人均创利定承包基数，选拔25名干部，充实到各企业领导岗位。1998年，国务院出台《关于进一步深化粮食流通体制改革的决定》，市政府制定《张掖市粮食流通体制改革实施意见》，成立以市长为组长，四套班子领导和部门负责人参加的全市粮改领导小组和资金清欠、市场管理、收购检查三个专门的工作小组。对粮食财务挂账和不合理资金占用进行清查。1998年，粮油系统改制工商企业13户，达到城区企业的100%。1999年，粮食企业分流职工87人。2001—2002年，对列入改制的6户粮油加工及商流企业进行改革，改制企业盘活国有资产5010万元，置换职工身份 629 人，兑付职工身份置换补偿金 469 万元，投入生产开发资金 260 万元。2003 年，按照“动产权、变身份、转机制、增效益”和“五个整体、一步到位”的粮改精神，对粮油加工厂、饲料公司、粮油对外开发公司和批发市场 4 户亏损大、包袱重、职工多、资产负债高，无人愿意受让产权的停产停业企业进行改革。在经营机制上实行破产、撤并、挂靠，在用人机制上实行竞聘、内退、买断，在内部分配制度上实行工效挂钩、岗位工资、指标考核奖优罚劣，推进购销企业改革。

2006—2007 年，制定《甘州区深化粮食购销企业改革的实施方案》，全区 22 户国有粮食购销企业，通过兼并重组、产权出售、资产租赁等多种形式，实现投资主体多元化，大部分退出国有资本。对承担省级储备粮经营管理和军粮供应任务的平原堡粮管所、城关粮库保留国有独资的产权制度，对基础设施较好、资产负债较轻，主要产粮地的粮食管理所进行资产重组，成立国有控股的荣兴粮油贸易有限责任公司，对资产负债高，历史包袱重的粮贸公司实行产权整体出售，对资产效率低、有效资产难以剥离以及涉及文物保护和计划新上项目的东关、五里墩粮库等 13 户企业，采取产权租赁形式，进行改制。粮食企业向区域化、集团化经营。2012 年，安阳、明永、和平、大满、小满、廿里堡粮管所整合成立张掖市甘州区鸿谷粮油储备中心。

第二节　粮油购销

1991—1999 年，国家计划粮油购销逐渐向议价粮油购销过渡，粮食购销企业落实粮食定购任务。按保护价敞开收购农民手中的余粮。切实做到不限收、不拒收、不停收，不压级压价，按规定及时支付现款，不给农民打白条。1991—1999 年，每年同全市 22 个乡的 86000 余户农民签订粮食定购合同，年发放预购定金 420 余万元，年收购量达 6000 万公斤。2000 年起，粮食市场全面放开，各粮食购销企业拓宽粮食收购渠道，搞活促销压库。对列入保护价收购范围的粮食，除由国有粮食购销企业敞开收购外，允许和鼓励省内外经工商行政管理部门审核批准的用粮企业和区内外具有《甘肃省粮食批发准入证》《甘肃省粮食收购资格证》的粮食经营户，按照国家收购政策的要求直接到农村收购粮食或委托国有粮食购销企业收购自用粮。2001—2002 年，全区收购各类粮食 68744 吨，其中小麦 49112 吨（定购粮 32280 吨），玉米 18412 吨，其他小杂粮 1220 吨。销售各类粮食 72831 吨，其中小麦 19618 吨，玉米 51089 吨，其他小杂粮 2124 吨。2004—2011 年，全区收购各类粮食 80232 万公斤，销售各类粮食 98418 万吨。2014 年，全区各类粮食经营主体收购粮食 108133 吨，销售粮食 113150 吨，其中国有及国有控股企业收购粮食 18758 吨，销售粮食 20257 吨，价格平稳，供需稳定。2016 年，全区各类粮食经营主体收购粮食 173907 吨，销售粮食 193731 吨，其中国有及国有控股企业收购粮食 18557 吨。

第三节　粮食储运

1991 年，全年商品粮调拨完成 4455 万公斤，占年计划的 135%，调出专项储备小麦 693 万公斤。1994 年粮食定购任务完成订购总量 5350 万公斤，为国家和省级保管专储粮 5927 万公斤，调出粮食 3160 万公斤。1996 年，粮食定购任务完成 5788 万公斤。为城镇居民供应限价限量口粮 1409 万公斤。完成粮食外调任务 1225 万公斤。1998 年，对 21 户收储单位的全部储粮从数量、质量及安全方面进行全面普查，对查出的危险粮、不安全粮采取各种措施及时处理。当年调出国家专储小麦 262.9 万公斤，省级代储玉米 1910 万公斤，保护价玉米 550 万公斤。1997 年调出玉米 1700 万公斤。1999 年，全市粮油存储突破历史最高水平，平均库存总量超过 1.8 亿公斤，露天存粮多达 1.2 亿公斤。2016 年，争取“危仓老库”维修资金 301 万元，与企业自筹资金共计 402.07 万元，为 4 户企业 8 个购销网点维修仓库 44 栋、维修仓容 2.2 万吨，地坪 11900 平方米，购置机械设备 11 台，改善储粮条件。至 2016 年底，区级储备粮储存规模达 11000 吨。

第四节　行业管理

管理措施　甘州区粮食流通体制改革按照国家相关政策主要经历了统购统销、合同订购，国家订购与价格“双轨制”购销市场化改革三个阶段。1998 年，国家实行储备与经营分开，对中央储备粮垂直管理，张掖市建立比较完整的粮食储备体系，由粮食、工商、公安等部门共同配合，组成“粮食市场管理稽查队”，查处违法收购，维护市场秩序。2004 年，国家加快粮食流通体制改革，甘州区全面放开粮食购销市场和价格，鼓励粮食经营主体实现多元化，对原国有粮食企业进行重新组合，参与市场竞争。是年，甘州区贯彻实施《粮食流通管理条例》，加强粮食流通市场监管。2005 年，甘州区落实国家制定的稻谷、小麦、大豆、玉米等最低收购价收购预案。制定《甘州区粮食局关于“双随机一公开”实施方案》，以“随机抽取检查对象、随机选派执法检查人员”的方式，规范粮食行政管理执法行为。建立粮食收购经营者数据库和执法人员数据库。引导多主体入市收购，促进粮食生产流通和粮食市场公平、公正、有序竞争，保护粮食生产者和消费者的合法权益。规范零星收购行为，根据年收购量 50 吨以下的零星粮食收购者无须办理粮食收购许可证，实行报告备案制度，即所有粮食收购者在入市收购前须向粮食执法大队报告，由执法科室登记。凡未报告而入市收购粮食者，第一次告知注意事项，第二次则以超出 50 吨论处。对违反规定者作出警告、罚款等处理，有效维护市场秩序。

管理内容　重点对全区粮食经营者收购资格、最低最高库存量和统计制度执行情况进行检查，及时纠正违规行为，有效维护粮食市场秩序，严格执行粮食收购准入政策。

收购资格检查。制定粮食行政执法监督检查制度，公开行政决策事项和办事流程，对 40 户企业核发“粮食收购许可证”，授予粮食收购准入资格。其中，国有粮食购销企业 21 户，国有控股粮食经营企业 1 户，民营和其他粮食加工及经营企业 18 户；对辖区内无证非法收购粮食者移交工商部门查处，对已获得粮食收购许可证的粮食收购者，按规定进行核查。督促粮食收购者做到价格上榜、标准上墙、样品上台，让农民缴上“明白粮”，不准压级压价、克斤扣两和收“人情粮”，不准拒收、限收符合质量标准的粮食，不准打“白条”和代扣各种税费，不准将粮款挪作他用。

粮食库存检查。重点对粮食经营者执行最低最高库存标准进行核定，要求粮食经营者必须严格执行，保证全社会保有一定数量的粮食库存量。督促各类粮食经营企业自觉执行粮食出入库检验制度，加强对粮食收购、销售的质量监管，特别是陈化粮流入口粮市场。对粮食经营者使用不符合有关标准和技术规范的仓储设施、设备及运输工具责令其禁止使用。

统计制度检查。从 2005 年元月 1 日起开展全社会粮食流通统计工作，依据《统计法》及《国家粮食流通统计制度》，把全区所有从事粮食收购、销售、储存、加工的粮食经营者及饲料、工业用粮企业，纳入粮食流通的管理范围，督促各类粮食经营企业自觉执行粮食流通统计制度，按规定建立粮食经营台账。

第五节　企业管理

国有企业管理　依法治企。甘州区企业主要依据国家、省、市法律法规，建立健全内部管理和风险控制制度，规范企业行为，依法维护企业的合法利益，对粮食企业推行国有资产合同化管理。按企业现有资产占有的实际情况，对承担区级储备粮油收储和军粮供应任务的城关粮库、平原堡粮管所等 3 户企业推行国有资产使用制，对乌江粮管所等 8 户企业实行国有资产租赁制，并同上述企业分别签订“国有资产使用合同”和“国有资产租赁合同”，对企业责权关系、利益分配、债权债务、遗留问题、资产增值等合理约定，对国有资产的经营、使用、处置等作出明确规定。

清产核资。对所属粮食企业进行清查核资，通过清查登记、查漏补缺，对企业的经营状况、债权债务、资产质量和存量进行核实，建立国有资产台账制度，对登记造册的国有资产进行定期盘点，确保账账相符、账实相符。全面掌握粮食企业国有资产占有使用情况，盘活国有资产，加强资产开发，对全系统国有独资和国有控股企业现有存量资产的使用、对外出租、闲置情况逐一登记。利用文字表述、数字统计、表格登记等多种形式，准确反映所属粮食行业资产情况和发展规划。

跟踪监管。对所属企业的资产使用实行动态管理。建立财务统计报表核查制，对企业报表进行分析汇总，监控企业资产经营、使用、变动、状态，每季度编制《粮食企业固定资产增减变动情况表》提供上报。实行国有资产动态监管报告制，不定期到企业采集经营数据，了解资产使用情况。对城管粮库的土地出让金，每季度进行专项检查，及时跟踪资金的使用情况。对企业出租的资产实行登记备案管理，对合同的期限、租金标准等检查指导，特别是对较大资产的出租直接参与管理，确保国有资产保值增值。对企业资产的使用、报废、处置、折旧费提取等实施常态化管理，确保国有资产安全完整。

非公企业管理 企业改制后，甘州区粮食局所属非公经济总户数8户，从业人40人，注册资金300万元，年平均上缴税金20万元。粮食行政管理部门，重点强化非公企业的服务指导工作，依据行业法规创建非公企业发展平台，鼓励和促进社会资本愿进来、进得来、留得住、可流动。支持各非公企业每年招聘一批专业人才，提升非公企业管理队伍、技术队伍、职工队伍素质。实时为企业经营提供粮油市场信息、决策依据，引导非公企业开展区内外合作。

第四章　物资储备

1991—1993年，物资供应由张掖市物资局负责，主要经营品种有橡胶制品、化工材料、建筑材料、机电建化、钢材、木材、电工器材、水暖配件、汽车等。随着物资购销渠道不断拓宽，主要物资供应量大幅增长。除化工材料、汽车等几个品种的商品仍由国家计划调配外，其他品种的商品全部放开，由市场来调剂余缺。1993年以后，随着经济建设对主要物资的需求量逐年增加，物资供应全部由市场来调剂。

第一节　物资储备与供应

储备 2006年，甘州区商务局成立。确定河西大厦、新乐超市、甘州区盐业公司、甘州区华武养殖公司等企业为重要副食品储备企业和生猪储备基地。2013年，依托“万村千乡”市场工程承办企业和一些规模较大的生活必需品经销企业，实施协议代储，主要储备饮用水、方便面、火腿肠、白糖等生活必需品。为应对冬春季蔬菜价格的变动，2013—2015年，甘州区商务局与张掖市嘉禾绿色农业发展有限责任公司签订冬春蔬菜储备协议，春节期间在南关蔬菜批发市场和甘肃新乐连锁超市有限责任公司甘州市场店、西关店、马神庙店、新闻大厦店、国贸店等地以低于市场价进行投放销售，平抑冬春季市场蔬菜价格。

供应 甘州区商贸流通企业主要分布在日用百货、食品饮料、五金交电及化工、烟草、粮食、农副土特产品、能源、木材及建筑材料、金属材料、文化及办公用品、医药、汽车、农业机械及其配件等商品的经营方面，形成以企业和个体商业为主，以超市、商场、连锁店为骨干，以各类批发市场为基础，农村各级运销组织和集市贸易为补充的商贸流通格局，保证全区消费秩序的稳定和人民生产生活的需求供应。

第二节　市场调节与体制改革

市场调节 进入21世纪以来，甘州区重点监测企业加强数据报送工作，确保监测数据报送的及时性和真实性。加强肉、菜、粮油、食盐、成品油等重要生活消费品的监测和市场运行分析，在重大节假日食盐、肉品、蔬菜、副食品等商品出现价格波动、销售紧俏等现象时，及时调查市场运行状况，了解市场动态，适时提供市场供求状况的信息，确保市场运行健康有序。

体制改革 20世纪90年代，张掖市物资局负责全市物资供应。随着经济体制改革的不断深入，市物资局经历两次改革。1997年，改制为张掖市物资有限责任公司，实行两块牌子、一套班子，保留行政编制5人，工资自收自支，隶属张掖市经贸委管理，是国有控股有限责任公司。设董事长、经理、副经理、经理助理。2002年，张掖市物资有限责任公司进行产权制度改革，改制为金岳物资有限责任公司。

第五章 服务业

20世纪90年代，国有饮食服务业只有张掖市商贸旅游服务总公司（饮食服务公司）1家，经营项目有商业（包括批发市场）、照相业、旅店业、餐饮业、服务业、旅游业等，是一个集商贸、旅游、服务于一体的国有商业企业，是全省饮食服务企业50强企业。改革开放后，由个人兴办的服务业大量出现，全市个体饮食服务业发展到1114户，从业人员1912人，营业额162万元。社会兴办饮食服务业网点发展迅速，个体网点、从业人员分别占全市网点人和从业人员的84.24%和30.58%。

第一节 住宿 餐饮

甘州区旅游住宿、餐饮业发展迅速，成为全区服务业中发展速度、增长幅度较快的行业。2006年，全区有住宿和餐饮业网点1500个，星级宾馆8家，从业人员6126人，实现营业额20429万元。住宿、餐饮业零售额以每年11.65%的平均增速攀升。至2011年，全区餐饮业经营户发展到2104户，其中企业12家，个体工商户2092家，从业人员达1490人，年营业额6.2亿元；住宿业经营户发展162户，其中企业12家，个体工商户150家，从业人员1380人，年营业额达2.678亿元。至2015年底，全区拥有餐饮业、住宿等服务业经营网点3369家，其中餐饮网点3090家、住宿279家、星级宾馆15户（四星5户、三星9户、二星1户），社会宾馆（含招待所、旅店）264户，有客房9177间，总床位数16629张，从业人员达10000多人。

第二节 美容 理发 洗浴

张掖人民自古有蓄须留发的习惯，讲究剪修和梳理。1991年，除饮食服务公司经营理发外，个体理发业发展到84户，全年营业收入达53.45万元，是国营理发店当年收入的 4.45 倍。到 2008 年，美容美发经营网点发展到 486 户，从业人员达 982 人，年营业额 2430 万元。至 2016 年，美容美发经营网点发展到 696 户。

1991 年，随着人民生活水平的提高，城市人口的增加，洗浴业发展较快，除饮食服务公司下属“人民”浴池外，由个人兴办的浴池、足浴店日益增多。至 2008 年，甘州区洗浴业经营主体发展到 52 家，从业人员 208 人，年营业额 620 万元。至 2016 年，发展到 82 家，从业人员 600 多人，业态也由以前单纯的浴池发展为洗浴、桑拿、足浴按摩、婴幼儿游泳等多种形式。

2000 年开始，洗染业逐步进入服务行列。至 2008 年，甘州区干洗店发展到 36 家，从业人员 80 人，年营业额 288 万元。至 2016 年，全区干洗店发展到 85 家，300 多人。洗染工艺技术也向绿色环保方向发展。

第三节　摄影　摄像

照相　1991 年，饮食服务公司有张掖照相馆、甘州区照相馆和大满照相馆 3 个照相馆，为方便顾客，相馆实行预约、邮寄、外拍、下乡定点流动等多种形式的服务项目，购置彩色扩印设备，结婚礼服、民族服装等，满足群众多种需要。进入 20 世纪，集体、个体相馆逐年增加。到 2008 年，甘州区从事照相的经营网点 74 家，从业人员 296 人，年营业额 370 万元。至 2016 年，全区从事照相的经营网点达 85 家，从业人员 600 多人。

摄影　张掖摄影起步于 20 世纪 80 年代。进入 20 世纪，摄影个体户及爱好者数量剧增，摄影设备先进，摄影作品质量有所提高。2005 年，张掖市摄影家协会成立。2008 年，甘州区摄影家协会成立。许多摄影精品佳作在省级以上报刊刊发。

摄像　20 世纪 90 年代，摄像由张掖地区电视台、张掖市有线电视台官方专用。进入 21 世纪后，摄像艺术进入普通百姓生活，一些摄像爱好者专门为民间婚丧嫁娶、重大事件等制作摄像专题片，以此增加经济收入。

第四节　茶府　酒吧　网吧

茶府　也叫茶馆，是传统的饮食行业之一。随着经济的发展，人民生活水平的提高，茶府成为人们闲暇之余休闲娱乐的好去处。之后，茶府逐步扩大经营范围，多元化发展，演变为茶餐厅或棋牌室，单纯的茶府已很少出现。2016 年，甘州区有茶府（棋牌室）81 家，从业人员 400 多人。

酒吧　1991 年以来，随着都市文化的迅猛发展，酒吧成为人们休闲的平台，人们在酒吧里欣赏歌舞、听音乐、聊天、喝酒品茶，甚至蹦迪。2016 年，甘州区有酒吧 46 家，各类饮吧 115 家，KTV 娱乐会所 68 家。

网吧　随着互联网技术的发展，甘州区从 2004 年开始出现网吧，2015 年发展到 56 家，之后文化部门对网吧进行总额控制，核定网吧经营户 32 家。

第五节　其他服务业

家政服务业　是新兴服务业，主要包括家庭生活消费品的商品社会化服务和家庭服务的劳动社会化服务。服务范围有烹调、洗涤、操持家务、照料老人、看护婴儿、看护病人、护理孕妇与产妇、制作家庭餐、家务管理、家庭教育、家庭休闲娱乐等。2008年，家政服务业经营主体28家，从业人员50多人，年营业额140万元。2009年，甘州区实施以家政服务技能培训为重点的家政服务工程，培训政服务人员900名。2010年，“张掖市家政服务业协会”成立，会员50多个。2011年，张掖市桦晨家政服务公司投资200多万元，建成张掖市家政服务信息中心并投入运行，纳入保洁、保姆、清洗、维修、中介、装修等各类家政服务企业和网点50多户，入库家政服务人员近500名。2015年，该公司入驻张掖电子商务创业园，运用“互联网+”模式拓展家政服务业。至2016年，经营主体发展到153家，从业人员1000多人。

电子商务创业园

再生资源回收　甘州区再生资源回收早在20世纪80年代就形成规模。2007年，全区从事再生资源回收的经营户共137家，其中取得经营许可证52家，无证经营85家，从业人员274人。经营户中，从事废旧金属收购104家，橡胶收购和初加工9家，废旧家用电器收购3家，废玻璃收购12家，废塑料收购9家，经营网点全部分散在一、二环路周围和城郊接合部。全区再生资源年回收量达28700吨左右，占用土地4.2万平方米。

典当拍卖业　2005年，新的《典当管理办法》实施。2006年，甘州区第一家典当行批准设立。2008年又批准设立1家，2011年设立3家，2012年设立2家，2013年设立1家，2014年设立2家。注册资本金合计1.718亿元。

拍卖　至2015年，甘州区有2家拍卖企业。其中张掖市诚信拍卖有限责任公司于2001年批准设立，甘肃嘉通拍卖有限责任公司于2014年批准设立。

第六节　体制改革

1991年，饮食服务公司有门点34个，除张掖饭店由公司直接管理外，26个国营门店实行国家所有、集体经营、照章纳税、自负盈亏，有4个门店实行个人租赁，张掖商场实行个人承包，同时对企业内部推行多种形式经营承包制，并允许职工停薪留职离店自营。1997年，张掖市饮食服务公司经过股份制改制后成立"张掖市商贸旅游服务总公司"。从2000年开始，采取分块分开竞价出售的形式，转让门店产权，先后对大众旅行社、张掖照相馆、甘州照相馆、张掖理发厅、饭店南楼、饭店北楼、张掖商场、金港大厦等门点进行公开竞价拍卖，转让企业产权。至2002年上半年，张掖市商贸旅游服务总公司全面完成企业改制。2006年，甘州区商务局成立，负责全区饮食服务的行业管理。2010年10月，张掖市饮食服务业协会成立，全市61家企业组成，下设餐饮、住宿、美容美发、摄影、洗染、沐浴、家政服务7个分会。甘州区饮食服务业的行业管理主要是开展餐饮、住宿、美容美发、人像摄影等企业的等级评定和服务人员业务技能培训，培训家政服务人员，建设家政服务平台。

第六章　对外经济合作

1996—2003年，甘州区外经贸经营主体由原来以地方外贸各专业公司为主转变为以生产企业为主，出口产品结构由初级原料型为主转向深加工型为主。出口商品基地建设成效显著，自营进出口企业队伍壮大，出口创汇从无到有，涌现出一批出口龙头企业群体。初步形成以柠檬酸、淀粉等为主的玉米深加工出口产业；以脱水蔬菜、番茄制品、马铃薯雪花全粉等为主的蔬菜深加工出口产业；以硅铁等为主的铁合金出口产业；以花卉种子、蔬菜种子、牧草种子等为主的种子出口产业，全区对外贸易呈现高速增长态势，对外经济交流与合作发展迅速。

第一节　对外经济协作

1996年以来，张掖市以省轻工机械总厂在吉尔吉斯斯坦举办合资企业为标志，开创张掖市境外办厂先河。全市通过争取国际金融组织贷款、赠款等项目，促进外经交流与合作工作。1996—2003年，实施境外投资项目1项，国际经济合作项目10项，其中甘州区6项。

甘州区 1996—2003 年国际经济合作项目一览表

表 8 -6 -1

序号	项目名称	建设内容	实施单位	外资来源	总投资（万美元）	中方（万元）	外方（万美元）	项目进展
1	奶牛繁育基地建设项目	奶牛繁育及牛奶保鲜加工	张掖市畜牧局	欧盟奶援基金	300	114	35.5	1995 年建成
2	世界银行贷款卫生项目	地方病防治	全区六县市防疫站	世行贷款	1362.7	312.44	149.24	1999 年完成
3	祁连山水源涵养保护项目	用于祁连水源涵养保护	张掖市林业局	世行贷款	1220	369.4	98	2000 年完成
4	结核病防治世行贷款项目	用于防治结核病	市防疫站	世行贷款	740	—	45	2002 年实施
5	小孤山水电站亚行技援项目	小孤山水电站建设	河西水电公司	亚行支援增宽	623	—	75	2003 年实施
6	妇联西部贫困下岗就业培训项目	下岗就业培训	张掖市妇联	世行赠款	166	—	10	2003 年实施

境外投资项目 省轻工机械总厂是具有 40 多年轻工机械生产历史的企业，位于甘州区南街，占地 8.4 万平方米，主要产品包括塑料机械产品、塑料编织袋、塑料管材以及电焊钢管等 6 大系列 50 多个品种，塑料机械年加工能力 3000 多吨，塑料编织袋年生产能力 7000 多吨。1999 年取得自营出口权，2000 年自营出口编织袋 22.5 万条，创汇 4.4 万美元。1998 年，经国家外贸部批准在吉尔吉斯斯坦合资创办生产塑料编织袋的境外带料加工业——中吉巴卡伊—英巴克有限公司，合资公司位于吉国卡拉·巴尔特市劳动街 1 号，总投资 146.4 万美元，其中中方以自产塑料设备投资 73.2 万美元，吉方以厂房及现汇投资 73.2 万美元，中方为法定代表人。企业成立 5 年，累计实现利润 78 万美元，带动国内原辅料出口 240 万美元，创造良好的经济和社会效益，成为我国投资创办境外企业的“样板”企业，也是中吉经贸成功合作的典范。

第二节　进出口产品贸易

1995 年，国家外经贸部批准张掖地区对外经济贸易公司获得进出口经营权，地区外贸公司作为全区唯一综合性进出口企业开始第一单出口业务。1996 年，地区外贸公司代理张掖市农业局进口以色列大棚设备 10.49 万美元，取得成功。是年，与中国海外贸易进出口公司配合，完成张掖市利用加拿大政府混合贷款建设 8 万吨城市供水项目的设备，总额为 466 万美元。从 1997 年地区对外经济贸易公司成功直接出口开始，当年直接出口 4 万美元，收汇率 100%。至 2003 年，全市（区）自营出口累计实现 1015 万美元，其中 2003 年度达 630 万美元，实现历史性突破，连续 5 年实现 2 位数以上的增长速度。1996 年，张掖市仅有张掖有色金属（集团）有限公司、甘肃省张掖地区对外经济贸易公司两家有进出口权的企业。1996—1999 年，甘肃甘绿脱水蔬菜股份有限公司、甘肃省轻工机械总厂、张掖糖厂 3 户企业分别获得自营进出口经营权。2000 年，国家外经贸部对进出口经营资格管理的有关规定进行调整，授权省级外经贸主管部门办理企业进出口资格登记、资格证书颁发及年审。至 2003 年，全区有进出口经营权的企业增加到 15 户。初步建成三大出口商品基地，形成脱水蔬菜、番茄酱、马铃薯雪花粉三大出口产业，出口基地建成蔬菜种植、深加工、出口一体化的蔬菜产业。马铃薯雪花粉达 3000 吨，脱水蔬菜年生产能力达 6000 吨，番茄酱年生产能力达 6 万多吨。花卉、蔬菜、饲草制种基地形成种子出口产业，花卉、草种、蔬菜制种面积达 5 万多亩。特色矿产资源加工出口基地形成以硅铁为主的铁合金出口产业，硅铁年生产能力 4 万多吨。2013 年，甘州区确定为全省农产品外贸转型升级基地。甘州区蔬菜运销企业开拓中西亚及俄罗斯市场。2014 年，发年公司首次将 83 吨新鲜蔬菜通过霍尔果斯口岸直接输往中亚各国。2015 年，绿涵农产品公司投资 3.2 亿元，在霍尔果斯建设“甘肃省农产品展厅”及 10 万吨农产品加工储运出口配套项目。2015 年蔬菜种植面积达 26 万亩以上，脱水蔬菜出口创汇 196.3 万美元，发年公司和云通公司鲜菜出口创汇 220.4 万美元。

甘州区 1996—2003 年进出口额一览表

表 8－6－2

年份	1996	1997	1998	1999	2000	2001	2002	2003
进口额（万美元）	10.49	—	—	—	—	1	—	—
出口额（万美元）	—	4	8	12	32	70	147	200
出口增长率	—	—	100%	50%	167%	119%	110%	36%

张掖市对外经济贸易公司　成立于 1993 年，1995 年取得进出口经营权，是全市唯一一家综合性进出口公司。1996 年，公司员工全部分流至下属公司，由张掖地区外贸委直管。是年，代理张掖市农业局进口设备 10.49 万美元，1997—2000 年，代理出口外省工艺品 36 万美元。2001 年，公司对外承包，继续从事出口业务，三年实现出口 200 万美元。

甘肃甘绿脱水蔬菜股份有限公司　始建于 1987 年，占地 250 亩，总资产 8000 万元，员工 150 人，季节工 3000 余人。主要产品为热风和冻干青红椒粒两大系列 20 多个品种的脱水蔬菜。2001 年通过 ISO9002 质量体系认证。1999 年，利用西班牙政府贷款引进国际一流的年产 2000 吨的脱水蔬菜生产线。2001 年，新建年产 1000 吨的真空冻干生产线。1999 年取得进出口经营权。2000 年，首次实现自营出口 20 万美元，至 2003 年，实现自营出口 193 万美元，为全市第一家开展自营进出口业务的生产企业。

张掖市铁合金有限公司　始建于 1988 年，位于龙渠电站南侧，占地 11000 平方米，总资产 1100 万元，其中固定资产 858 万元，主要产品硅铁，年生产能力 7000 吨。2001

年取得自营出口权。1996—2001年，实现出口供货8000多吨。2002年，开始自营出口。至2003年，实现自营出口32万美元。

甘州区2003年有进出口经营权的企业名录

表8-6-3

序号	企业名称	注
1	张掖有色金属（集团）有限公司	以取得进出口权先后为序
2	甘肃省张掖地区对外经济贸易公司	
3	甘肃甘绿脱水蔬菜股份有限公司	
4	甘肃省轻工机械总厂	
5	张掖市红星番茄制品厂	
6	张掖市铁合金有限责任公司	
7	张掖市绿丹蔬菜脱水有限公司	
8	张掖市种子公司	
9	张掖君惠君农林有限责任公司	
10	甘肃屯河番茄制品有限公司	
11	张掖勤园工贸有限公司	
12	张掖市盛通实业有限责任公司	
13	张掖市众兴制药有限责任公司	
14	张掖市华禾高效农业发展有限公司	
15	张掖有年金龙马铃薯雪花全粉食品工业有限公司	

甘州区2004—2016年外贸进出口总额统计表

表8-6-4

序号	年份	外贸进出口总额（万美元）	增幅（%）	进口额（万美元）	出口额（万美元）
1	2004	88	-56	88	—
2	2005	100.5	14	100.5	—
3	2006	174.8	74	174.8	—
4	2007	308	76	308	—
5	2008	345	12	345	—
6	2009	634	83.8	634	—
7	2010	604	-4.7	604	—

续表 8－6－4

序号	年份	外贸进出口总额（万美元）	增幅（%）	进口额（万美元）	出口额（万美元）
8	2011	622	2.98	618	4
9	2012	530	14.24	528.4	1.6
10	2013	500.3	－6	495.2	5.1
11	2014	769.7	53.8	763.9	5.8
12	2015	682.3	－15	666.8	15.15
13	2016	3995 万元（人民币）	－6	3988 万元（人民币）	7 万元（人民币）

第三节　合资合作企业

1996 年以来，甘州区引进 8 家外商直接投资项目，实际利用外资 1787.12 万美元。

张掖斯丹纳酒花有限责任公司　是张掖地区对外经济贸易总公司与美国斯丹纳国际有限公司共同投资兴建的中外合资经营企业，主要加工生产啤酒花颗粒。2000 年，由美方收购中方股份独资经营，更名“张掖斯丹纳酒花有限公司”。经 2003 年变更投资公司并追加注册资本后，注册资本为 120 万美元。

甘肃共享化工有限公司　2001 年成立，由中国宁夏长城机器集团有限责任公司和日本国株式会社须崎铸工所共同合资设立，投资总额 400 万元。营业地址在张掖市小河乡，经营范围为工业糠醛及以本产品为原料的其他化工产品的开发、生产和销售。

张掖祁连山酒花种植有限公司　原名“张掖祁连山酒花有限公司”，为香港美合国际有限公司在张掖的独资企业，投资总额 286 万港元。2002 年更名为“张掖祁连山酒花种植有限公司”。企业地址张掖市西城驿林场夹心滩，主要引进种植高甲酸啤酒花。

张掖市大弓农化有限公司　原由文莱国投资商 LIEW THIAM KAI（中文名刘天凯）、上海大弓化工有限公司及江西正邦化工有限公司于 2004 年共同合资建设，投资总额 2100 万元，注册资本 1530 万元。2005 年 8 月，江西正邦化工有限公司转让其 26% 的股份给刘天凯，24% 的股份给上海大弓化工有限公司。股权变更后张掖大弓农化有限公司股东为刘天凯和上海大弓化工有限公司。其中，刘天凯出资折合人民币 780.15 万元，占公司注册资本的 51%，上海大弓化工有限公司出资 749.85 万元人民币，占注册资本的 49%。公司职工 150 人，主要从事农业化工产品的生产、销售，主要产品有仲丁灵和复配产品氟乐灵、乙仲灵、乙草胺等，年设计生产规模为仲丁灵原药 500 吨，植物生长调节剂 100 吨。

甘肃开洋农业发展有限公司　2004 年 8 月注册成立，由中华贸易与发展公司（香港中华实业）独资建设，投资总额折合人民币 150 万元，注册资本折合人民币 100 万元，法定地址为张掖国营农场，主要经营金盏菊、色素椒的种植加工、销售。

第四节　引进利用外资

1996—2003 年，甘州区利用国外政府贷款的项目有 3 项。张掖市城市供水工程扩建项目由张掖市二水厂利用加拿大政府贷款资金建设，总投资 9162 万元人民币，利用外国政府贷款 466 万美元，1998 年建成投产。张掖市甘绿脱水菜生产线扩建项目由张掖市甘绿脱水蔬菜股份有限公司利用西班牙政府贷款资金建设，年产 2000 吨优质脱水菜，总投资 5425 万元人民币，利用外国政府贷款 250 万美元，1999 年建成投产。年产 3000 吨马铃薯雪花全粉生产线。张掖有年集团利用荷兰政府贷款资金建设，总投资 4467 万元，利用荷兰政府贷款 280 万美元，2003 年建成投产。2007—2008 年，张掖市审批甘州区设立外商直接投资项目 1 项，是甘肃天业节水器材有限公司节水塑料制品生产项目，投资总额 1774. 2 万美元，合同利用外资 691. 2 万美元。2014—2015 年，张掖市审批甘州区设立外商直接投资项目 2 项，分别是甘肃宝纳有年金龙林业有限公司林木种植、育苗、销售项目和恒基利马格兰种业有限公司玉米种子的研发、选育、生产和销售项目。投资总额 5657. 27 万美元，合同利用外资 1297. 59 万美元。

第七章　石油销售

第一节　机　　构

1953 年，西北石油运销公司在张掖建立石油供销站。1955 年改称“中国石油公司甘肃省张掖分公司”。是年 6 月，改为“中国石油公司兰州采购供应站张掖分站”。1969 年，下放张掖地区。1973 年 10 月，改称“张掖地区石油站”。1977 年 2 月，改称“张掖地区燃料公司”，增加对全区煤炭统管与经营。是年，张掖县在县煤建公司基础上成立县燃料公司，向张掖地区燃料公司进货，担负全县成品油供应。1980 年，改张掖地区燃料公司“甘肃省燃料公司张掖地区公司”，张掖县燃料公司业务由地区公司管理，人财物仍隶属张掖地区商业局。1985 年，石油产供销统一经营，张掖地区燃料公司改“张掖地区石油公司”，张掖市燃料公司的石油业务交张掖地区石油公司经营。1998 年 6 月，公司及所属单位随甘肃省石油总公司整体划转中国石油天然气集团公司管理。1999 年 8 月，完成重组改制，改称“中国石油天然气股份有限公司甘肃张掖销售分公司”。2000 年 4 月，改制为中国石油天然气股份有限公司下属的区域性销售分公司。甘肃省公司对各地市实行二级管理模式，石油价格、配送、调运由省公司直接管理，加油站、油库由各地市管理，取消县级公司。

第二节 成品油经营

1999 年，国内成品油市场全部交由中石油集团、中石化集团批发经营，石油、石化集团以外国家批准的社会企业仍可从事批发经营。组建两个特大型石油化工集团公司后，逐步理顺流通体制，实行统一管理、统一经营、统一价格，有序竞争。

石油产品种类 石油成品销售种类有 0 号、－10 号、－20 号、－35 号柴油，主要适用于各种类型的客、货运车辆和相对承担负荷较重的车辆；92 号、95 号、98 号汽油，主要适用于小轿车、摩托车等相对承担负荷较轻的车辆；润滑油（脂），适用于各种类型的车辆，用量较少；煤油主要以销售磺化煤油为主。

1986 年开始，实行以平价油计划分配供应为主，高、议价油市场调节为辅的形式，供油计划体制逐步向市场经济过渡。是年，采用粮油挂钩政策，每交百千克议价序价粮食供平价柴油 3 千克。1992 年 9 月，除农用柴油、抗灾防灾用油、粮挂柴油等专项油国家进行补贴外，其余平价油一律取消，成品油价格并轨，完全由市场调节。1998 年前，张掖地区社会加油站接近 70 座，张掖地区石油公司的销售量一直徘徊在 3 万吨左右。1999 年，政府取消部分企业生产经营资格，对整顿后验收合格的加油站，安装税控装置或具有税控能力的加油机，接受质量监督、环境保护、安全生产监督管理等部门的监督和检查。2001 年开始，各地区新批准建设的加油站统一由石油集团和石化集团负责建设。2013 年 4 月，中国石油张掖销售分公司苑区、西关 CNG 加油加气站项目相继建成营运，当年销售天然气 136.3 万方。2013 年 7 月，正式向市场投放 M15 甲醇汽油。

第三节 油库及加油站建设

张掖油库 位于张掖市东北郊，占地 55038 平方米。1983 年对油库进行过更新改造，1993 年投资 200 万元，修建库区铁路专用线 137.26 米、接卸栈桥和金属立式储油罐。2004 年 7 月，张掖油库进行自动化改造。2007 年 5 月，西部成品油管输张掖分输站正式投运。2012 年 9 月，张掖油库正式上划中油甘肃销售仓储公司统一管理，投资 1.3 亿元，对张掖油库进行大规模扩容改造，成为河西地区最大、甘肃公司系统第二、全省最先进的智能化油库。

加油站 至 1998 年，张掖地区共有加油站点 266 个，其中石油公司 130 个，系统外 136 个。1998 年重组改制后，中国石油集团在张掖地区投入巨资收购、新建、改建、扩建一大批加油站。至 2015 年，收购、建设加油站 7 座，其中甘州区 2 座，分别是甘州鹰达加油站和甘州三道桥加油站。

中石油油库及加油站 至 2016 年底，有营运加油站 78 座，有社会加油站 13 座，其中加盟中石油加油站 8 座。中石化在张掖收购建设加油站 7 座。

自营加油站 1998 年，张掖地区石油公司运营加油站 32 座。2001 年，中石油张掖销售公司收购37座加油站，新建21座加油站，辖区内加油站增加到106座，其中甘州区31座。在各乡镇设立农村代销点40多个，购置流动加油车9辆。

民营加油站 1996年，张掖地区社会加油站达到47座。2016年，运营加油站已达90座，中石油70座，联营加盟加油站13座。

至2016年，中石油张掖销售分公司在甘州区有加油站45个，中石化张掖分公司在甘州区建有加油站2个，有社会投资建设的加油站4家，有石油液化气加气站8家。从2010年开始，张掖中石油昆仑燃气有限公司陆续开展城市天然气管网建设，将天然气通过管道向城市居民供应。

第八章　烟草专卖

第一节　机　　构

民国以前，张掖无烟草管理和经营机构。1953年，甘肃省烟酒专卖事业公司在张掖首次设立烟酒批发部，1955年改为“张掖县烟酒专卖公司”。1983年，国家对烟草实行专卖。1985年6月，张掖烟草专卖局、烟草公司成立，两块牌子、一套班子，划归武威烟草专卖分局（分公司）领导。1992年6月，甘肃省烟草专卖局张掖分局（分公司）成立。2004年6月，甘州区烟草公司建制撤销，公司所有资产划归甘肃省烟草专卖局张掖分局（分公司）所有，人员划归张掖烟草专卖分局（分公司）甘州区营销管理部理，负责甘州区城乡卷烟销售、批发网点管理和对零售户的服务。甘州区烟草专卖局原工作职能和工作范围不变，其内设机构保留办公室和专卖管理股两个股室，业务股和财务股随之撤销。甘州区烟草专卖局与营销管理部合署办公，两块牌子、一套班子。甘州区烟草专卖局（营销部）所有人员由区局（营销部）聘任管理，实行三级督查考核制度。即张掖烟草专卖分局（分公司）考核甘州区局（营销部）的工作业绩；甘州区局（营销部）考核职能股室及网点工作业绩；批发网点考核网点员工的工作业绩。

第二节　卷烟营销

中华人民共和国成立后，卷烟消费者由城镇逐步推向农村，卷烟消费范围逐年扩大，销售数量随之增加。1949—1955年，卷烟经营者主要是私营商号、商贩。1956年私营工商业的社会主义改造完成之后，卷烟经营由“私”变“公”，国营商业和供销合作系统成为卷烟的主要流通领域。1957—1992年的35年间，张掖经营的卷烟一直从武威二级站进货。1992年6月，张掖烟草专卖分局（分公司）成立后，辖区卷烟二级调拨由武威改归张掖，由张掖分公司按省烟草公司下达的计划，向全国烟草系统烟厂组织货源，实行对全辖区烟草系统内三级公司的调拨。至2000年底，全市签发“卷烟零售许可证”和建立“卷烟零售户档案”4829户。

货源采购 按照“市场适销、消费认可、稳步引入、重点培育”的原则，与全国卷烟工业企业加强联系，开展货源集中采购工作。2001—2010年组织有效货源387780箱，其中省内烟285513箱，省外烟102267箱，货源组织逐步从地产烟主导向全国名优骨干品牌转变。至2010年，张掖市公司与甘肃烟草工业有限责任公司、上海烟草集团公司、玉溪（红塔）烟草集团有限责任公司等14个工业企业建立合作关系。

卷烟销售 2001—2004年，张掖辖区内卷烟销售工作任务主要由各县级公司承担，分公司负责制订年度卷烟购销计划，再向县级公司分配调拨卷烟，由各县级公司批发给每个持证卷烟零售商户。2004年6月，甘州区烟草公司三级法人资格取消，设甘州区营销部负责市场管理与客户服务工作，甘州区辖区内卷烟购销存相关业务全部由市公司承担，卷烟经营由分公司统一核算。2006年4月，市公司成立营销管理中心，设立电话订货部，对全市城乡零售户实行呼出式集中电话订货，成立仓储配送中心，以市公司为单位按订单将当天配送的卷烟统一分拣到户，实现“一库式”集中配送和仓储管理数字化配送模式。库存卷烟中省外烟周转期20天，省内烟周转期10天。全市卷烟销售以市公司作为经营主体，取消二级调拨环节，直接面对全市卷烟零售客户，向零售客户批发卷烟。2001年，甘州区营销部共计销售烟10987条，其中省内烟9725条，省外烟1262条。2005年，销售烟16322条，其中省内烟14197条，省外烟2125条。2010年，销售烟18397条，其中省内烟10745条，省外烟7652条。

销售网络 2001年，将城乡批发网点由原来的32个撤并为22个，投资672万元，加大网点建设，购买城乡网点11个，统一装饰装修网点17个，为网点购置送货车16辆，为网点购置办公桌椅24套，建立全区计算机管理网络系统。2002年，将22个城乡批发网点调整合并为19个。2003年，全市整合为15个城乡批发网点。2006年5月，正式启用V3系统，开展分时段、集体呼出式电话订货，实现“集中呼叫，统一订单”。按客户订单分拣卷烟到户、打码到条、送货上门，实行“区属直配、县局对接、一票到底”的“一库制”配送管理，日分拣客户订单1300余户，每小时分拣卷烟150件，送货线路由99条整合为84条，送货车辆由25辆精减到18辆，送货人员由45人减少到37人，实现“集中物流，统一配送”。2009年5月，开展零售客户“达标创优”零售终端形象建设工程。

第三节　地方烟草

甘州莫合烟，是由甘州旱烟发展演变而成的一种地方烟，最早从榆中县引入，属黄花烟类。中华人民共和国成立前后，吸食旱烟者多为乡村农民，次为城市贫民。20世纪80年代以来，机制卷烟走进千家万户，逐步取代质次味差的乡土旱烟。

旱烟种植 20世纪50年代，张掖市党寨、廿里堡两乡有农民零星种植旱烟，自产自销，产量较低，每亩产量约100公斤左右。20世纪60年代，上述两地社队为增加集体和社员经济收入，将烟叶种植列入每年生产计划，大面积种植。1960—1965 年，党寨公社种植 100 亩左右，6 年收获烟叶 9 万公斤；年均 1.5 万公斤，亩均 150 公斤。廿里堡公社种植 80 亩左右，6 年收获烟叶 7 万公斤左右；年均 1.2 万公斤左右，亩均 150 公斤。

莫合烟加工 甘州莫合烟的加工，经历了两个不同阶段，即粗加工和细加工。20 世纪 70 年代以前，烟农采摘烟叶后，主要供自吸之用。将干烟叶用刀剁碎为粒，粒度大小无具体要求，由吸烟者凭经验而定，能装入烟斗、烟锅或能够点燃即可。工序简单，加工粗糙，一般称之为“旱烟”。20 世纪 80 年代以来，张掖市党寨乡烟农陈永文专程前往榆中县学习莫合烟加工技术。此后，烟叶进入机械细加工阶段，由原来的晾干—剁碎—收储三步式，发展到分类—晾干—切片—粉碎—过筛—炒制—收储七步式。

莫合烟销售 20 世纪 50 年代以前，私产烟叶处于自吸自销状态。20 世纪 60 年代开始，社队集体种植烟叶，社队生产集体与国营供销社经营单位直接发生购销关系，烟叶销售收入由生产队统一分配。20 世纪 70 年代末、20 世纪 80 年代初，烟草由原生产队集体种植，转变为农民私人种植。年产量与销售量约 8 吨—10 吨，每公斤销价 3.60 元，后来销价升为每公斤 5.00 元。2000 年 4 月后，经报请国家烟草专卖局批准，将张掖产的“甘州莫合烟”纳入专卖管理范围。

莫合烟吸食 张掖吸食旱烟的历史和普及范围次于水烟。旱烟的吸食有两种，一是“烟斗”，二是“长管烟锅”。烟斗亦叫大头烟锅，形状呈勺形，一头小，为吸嘴；一头大，为烟锅。烟嘴以红铜或白铝制作，烟锅大都以黄铜加工。烟管则以高级木料制作，管体为紫红色。烟锅多在城市老人中使用。区内汉族烟民喜用短管，其他少数民族烟民喜用长管。莫合烟的另一种简捷吸食方式是用白纸或书籍报刊纸裁为 3×10 厘米的纸条，在纸条上放适量烟丝，然后将纸卷为“烟棒”点燃吮吸。采用此种方式吸烟，一是经济实惠，二是方便快捷。

第九章 盐业经营

第一节 机 构

1991 年，恢复甘肃省盐务管理局河西分局名称。1996 年，张掖地区盐业管理职能和业务由各县市糖酒公司履行和经营，张掖市糖酒公司内设盐政管理股室专管盐业。1998 年 4 月，成立张掖市盐务管理局、盐业公司，实行一套班子、两块牌子，隶属市政府领导。1999 年 10 月，张掖市盐务管理局（公司）整体上划甘肃省盐务局、省盐业集团（公司）统一领导，分级专营管理。2014 年，甘肃省政府确定甘州区盐业公司库房为国家储备盐库，并颁发国家储备盐库铜牌，要求正常食盐储备不少于 300 吨。至 2016 年，甘州区盐业市场运行规范，实现年人均 4 公斤碘盐供应目标，全区碘盐覆盖率达到 100%，合格率达到 100%，计划完成率达到 100%。

第二节　盐政管理

1998—2016 年，甘州区盐务局严厉打击私盐贩销行为，采取路查、城乡检查相结合的办法，在重点路段督查 2100 多人次，查处各类盐业违法案件 1124 起，查获私盐 335 吨，收缴罚款 32 万元。在每年 3 月私盐贩销高发季节，整合盐政执法人力，对 312 线重点布控，对甘州区 22 个乡镇，进行“入乡、入村、入社、入户”宣传和检查工作。对工业盐用盐户、畜牧用盐户、南关皮革市场逐一进行检查登记、建档、建卡。1998 年以来，群众举报查获私盐贩销 148 起，查获私盐 76 吨。

第三节　盐业销售管理

盐业运输　民国时期，张掖境内民间食用盐以雅盐、民勤马莲泉池盐、高台盐为主。民间运盐靠毛驴、骆驼驮运，亦有少量人背的。中华人民共和国成立初，以畜力运输为主，统一调运。1956 年后，外运和外省调入以火车、汽车为主。1979 年，停止省外运销。1989 年始，除雅盐外，还调运新疆、内蒙古吉兰太、青海、四川等外省盐品，均由厂家直接发运至市区盐业公司（高台盐发运至河西堡再发运至市区盐业公司）。1993 年后，辖区基本实现直达配送。2004 年以来，分公司对各乡镇转（代）网点，开始用直达配送。

盐业销售　民国时期，盐业由政府专管，各商号、杂货店代销。中华人民共和国成立初，国家对食盐实行指令性计划管理。1955 年，由食用盐扩大到工农牧盐营销、管理，并开始向外省运销。1966 年，除销售民用食盐外，还担负省内各大用盐企业用盐及地方工业企业的工业用盐。1980 年后，河西盐务分公司除供应工业用盐外，组织加工精制盐销售，仍执行指令性计划。1990 年，国务院发出《盐业管理条例》，对食盐实行专营，即生产实行定点管理，运输实行准运证管理，批发、零售实行许可证管理。1994 年，普及食用碘盐，甘肃省盐务管理局河西分局盐业专营部门制售，专营连锁店批发部进行批发零售、个体商店代销。2010 年，盐业继续由国家专营，甘州区年均销售“中盐”品牌绿色加碘盐 350 吨。

销售管理　1998 年 4 月，张掖市盐业公司成立，严格加强购销存计划管理。从 1999 年开始，各种盐产品购进一律实行计划管理，严禁私购私销行为的发生。盐的购销管理以计划管理为核心，落实《业务管理试行办法》，对业务环节进行严格规范，精细盐购销已超过食品加工用盐、工业用盐，入口食盐的销售网络已经全部健全，食盐销售量扩大。每年年初，盐业公司根据分公司签订的盐产品销售经济计划目标管理责任书，与稽查科、业务科、财务科签订目标管理责任书，实行“定人、定车、定指标”，保证各项任务如期完成。1996—2015 年，甘州区盐业公司累计销售小包装食盐 3 万多吨。2001 年初，在农村食盐零售经销商中选择 6 个食盐代批点，加挂“张掖市农村食盐代批点”牌子，并签订“食盐代批点协议书”，2001—2013年，农村6个食盐代批点销售食盐12000吨。

1993—2013年，甘州区工业盐销售实行计划管理，购进、销售、价格都是按照计划管理的模式运作。每年年初，公司专门销售人员对所有生产、生活锅炉用盐，以及饲料、皮革腌制用盐全部摸底调查，登记造册，实行档案管理，签订“工业盐供销协议”，盐务局执法人员跟踪检查，保证工业盐专盐专用。公司每年销售工业盐800吨—1000吨左右。2014年下半年，甘肃省工业盐销售开始市场化运作。至2015年，甘州区工商局注册4家工业盐销售公司。工业盐销售完全开始市场经营，工业盐冲击食盐市场的盐业违法案件时有发生。全区工业盐冲击食盐市场案件28起，甘州区盐务局会同公安、食药、工商质检等部门组成联合检查组，对城乡餐饮、食品加工、酱醋加工等重点行业进行突击检查，严厉查处12起工业盐当食盐使用的盐业违法案件。

第十章　酒品专卖

第一节　白酒酿造

白酒酿造业是甘州区传统酿造业。1978年以前，张掖县有酿酒企业18家，年产白酒37万公斤。1982年，酿酒企业发展到152个，年产白酒100多万公斤，居全省之冠。国营酿酒企业有张掖酒厂、五一粮油加工厂、食品厂、张掖农场酒坊、物资局农场酒坊、农科试验场酒坊、84893部队酒坊，社队酒坊遍布各乡，上秦乡7户、梁家墩乡5户、长安乡4户。通过相关部门抽检，只有张掖县酒厂、张掖农场酒厂等12户符合酿酒条件，工商部门给企业颁发营业执照，其他未经批准的一律停产。到20世纪90年代，酿酒业逐步向规模化、高科技方向发展。张掖市政府扶持地方酿酒工业，原张掖县酒厂发展成具有一定规模的“丝路春酒业有限责任公司”。1999年，全市新办酒厂4家。丝路春酒业有限责任公司生产的丝路春系列白酒、张掖农场酒厂生产的“老寺”系列白酒在市场上占有一定份额。进入21世纪后，张掖白酒酿造行业萧条，时断时续。红酒、米酒等小作坊生产量小。2005年以来，张掖市润星生物科技公司采用低温发酵技术结合传统酿造工艺成功研制出沙棘酒，建成年生产能力3000吨的沙棘果酒灌装生产线，产值达2600万元，注册“弱水圣果”沙棘系列酒商标。

甘肃丝路春酒业集团有限公司　始建于1980年，经两次扩建，白酒生产能力达1万吨，公司总资产1.76亿元。占地756亩，职工896人。是集白酒、功能性营养食品生产销售于一体的酿酒企业集团。主导产品有丝路春品牌和甘州品牌共七个系列60多个产品。2008年，甘肃丝路春食品工业有限公司成为全国500家最大饮料工业企业，甘肃省工业经济效益50强之一，省级文明单位，省先进纳税企业，AAA级企业，总资产2亿多元，生产规模1.5万吨，年销售收入6000万元，是张掖市重点骨干工业企业。公司具有国内先进水平的白酒生产、检测、科研设备300多台（套）。效益最佳年份销售收入上亿元，上缴税金3500多万元。丝路春白酒包括两大品牌——丝路春系列和甘州系列，曾荣获国际、国内质量大奖40多项，丝路春商标为甘肃著名商标。公司改制后停产。

第二节　酒类商品市场监管

1983年，成立“张掖市酒类商品专卖管理局”，和张掖市商业局两块牌子、一套人员，按照《国家酒类专卖管理办法》和《张掖市酒类专卖管理暂行办法》，坚持“批发管严、零售放开、扶持地产酒”的政策，实行酒类生产许可证和酒类经营许可证制度，整顿酒类商品无证经营行为，净化酒类流通市场。2006年7月开始，甘州区全面施行《商务部酒类流通管理办法》和《商务部酒类流通随附单制度》，严格执行酒类批发许可证制度、酒类流通备案登记制度和酒类流通随附单制度，全面落实索证、索票和购销台账制度。2010年，组建成立甘州区商务综合行政执法大队，设立甘州区12312商务举报投诉服务中心，受理商务举报投诉。2014年，甘州区落实监管主体职责，加强酒类商品流通行业的监管，将区商务局承担的酒类商品流通行业监督管理交区食品药品监督管理局负责。至2016年底，全区共发放酒类批发许可证134户，备案酒类零售经营户4673户。开展农村酒类市场专项整治和国庆、元旦、春节等节日期间酒类市场专项整治工作。对制假售假严厉打击，遏制假冒伪劣酒品和来源不明的酒品流入市场，确保群众喝上“放心酒”。

第 九 编

财税　金融

第一章　财　　政

第一节　机　　构

1991年，张掖市财政局内设9个科室，职工45人。1998年，有职工50人，设有12科（股）室，辖24个乡财政所，并设有“国有资产管理局”“预算外资金管理中心”2个二级单位，对张掖市国债服务部、张掖市会计事务所行使管理职能，担负着全市的农税征管和行政企事业单位的会计管理任务。2000年，有职工73人，下设10个科（股）室，辖24个乡财政所，并设有国有资产管理局、城关财税分局、农税征管局、政府采购办、预算外资金管理中心、会计核算中心、财经监督检查办公室7个二级单位，担负着全市财政收支、主管财税政策、实施财政监督，参与对国民经济宏观调控的职责。2002年，张掖市财政局更名“甘州区财政局”。2016年，甘州区财政局有22个部门、科室。其中，部门10个，包括国资办、财监办、农业开发办、政府采购办、非税局、农税局、国债部、会计核算中心、国库支付中心、亚行办。有干部职工76人（公务员及参公56人，事业编制12人，工人8人），其中科级干部19人。

全区下设18个乡镇财政所和经济技术开发区财政金融局，2016年，有基层财政干部98人。乡镇财政所主要履行乡镇财政预算管理、惠农补贴资金发放、乡镇政府财务管理、财政资金监管和乡镇非税收入征管、国有资产监管等工作职能。

第二节　财政体制改革

财税体制改革　甘州区财政体制经历“高度集中，统收统支”“划分收支，分级包干”“划分税种，核定收支，分级包干”和“分税制”的财政管理体制。2003年，按照张掖市政府《关于调整市对县区财政管理体制的决定》，将共享税费由原来的增值税一项调整为增值税、营业税、企业所得税、个人所得税及排污费五项共享。2005年，将城建税由原来的市级40%、区级60%调整为市级85%、区级15%。2009年，按照省政府《关于调整和完善省对市州及直管县财政管理体制的决定》及市政府《关于调整和完善市对县区财政管理体制的决定》，调整市对县区税收收入划分政策，其中增值税市区分成调整为市级12%、区级13%；金融保险业营业税由省级30%、市级20%、区级50%调整为省级100%，资源税由区级留成100%调整为市级30%、区级70%；城镇土地使用税由区级留成100%调整为市级50%、区级50%。2014年，按照市政府第23次常务会议纪要及市财政局、国土局、人行《关于甘州区土地出让收入划解相关问题的通知》，土地出让金收入分成比例调整为省级5%、市级12%、区级83%。2016年，按照省政府《关于印发〈全面推开营改增试点后调整省与市州及省直管县增值税收入划分过渡方案〉的通知》、张掖市政府《全面推开营改增试点后调整市与甘州区增值税收入划分过渡方案》，增值税及改征增值税（原营业税、除金融保险业以外行业）四级分别调整为中央 50%、省级 15%、市级 17%、区级 18%。

国库集中支付制度改革 2007 年下半年开始运行，2010 年对国库集中支付软件进行更新，为各集中支付单位配备计算机和打印机，通过电信 VPN 宽带实现联网操作。按照“总体规划，稳步推进，先试点，后推广”的原则和“横向到边、纵向到底”的目标，从深度和广度上全力推进国库集中支付制度改革，实行集中支付的资金范围已由改革之初的单位预算内资金扩大到部门所有财政性资金，并延伸到强农惠农资金、义务教育“两免一补”资金、化解农村“普九”债务偿债资金、社会保障等资金，财政直接支付的比例在不断提高。2012 年，借助“财政一体化管理信息系统”上线运行，将所有单位和资金纳入集中支付，构建起完整的国库集中支付体系。

公务卡制度改革 2012 年下半年启动，在 2012 年下半年和 2013 年上半年分两批试点，在 2013 年年底前全面推行公务卡制度改革。2012 年建立《甘州区预算单位公务卡强制结算目录》，将所有预算单位全部纳入公务卡改革范围。属于公务卡强制结算目录范围的公务支出项目必须使用公务卡结算，原则上不再使用现金。公务卡由财政部门统一办理，实行“个人持卡支付、单位报销还款，财政实施监控”的程序管理。2016 年，全区 228 家预算单位共办理公务卡 7258 张，公务卡共支出 3166 笔、773 万元，比上年增长 35.13%，公务卡刷卡量持续增长。

第三节　财政预决算

预算制度变革 1992 年起，政府预算开始采用复式预算的编制办法，将各项财政收支按照不同经济性质分解为经常性预算和建设性预算两大部分。自 1995 年起实施《中华人民共和国预算法》，预算管理和监督逐步纳入法制化轨道。1998 年，突破传统的“基数法”，开始实行“零基预算法”编制预算。2004 年起启动部门预算改革，将部门所有收入支出进行全口径统编，实施“一个部门、一本预算”，建立完善定员定额标准体系。2007 年，实施政府收支分类改革，将收入划分为税收收入、非税收入、社会保险基金收入、贷款转贷回收本金收入、债务收入、转移性收入等 6 类；将支出按功能分类分为 17 个大类，并按经济分类同时反映财政支出的具体用途。2015 年，实施修改后的《中华人民共和国预算法》，“四本预算”编制体系健全，对各类预算保障范围严格界定，加强预算之间的衔接与统筹，实行财政及部门预决算信息公开。

财政决算收支 1990 年，张掖市财政收入仅为 4540 万元。1994 年，运行以“分支出、分收入、分设税务机构、实行税收返还”为主要内容的分税制财政体制，全市财政收入于 1995 年跨上亿元大关，达 10846 万元。2001—2005 年，甘州区国民经济实现快速发展，财政收入增速快。2002 年突破 2 亿元达 21791 万元，2006 年实现六年翻一番，突破 3 亿元达 34622 万元，这一阶段财政收入年平均增幅达 16% 以上。2009 年，全区加快推进经济发展方式转变，培育生态工业、现代农业和现代服务业等主导产业，实施滨河新区建设，为财税增收创造良好条件。2012 年，全区财政收入突破 10 亿元，达到 106655 万元。2016 年，全区财政收入达 246033 万元，其中地方财政收入达 84167 万元，分别为 2011 年的 2.8 倍和 3 倍。

1990 年，财政支出仅为 5395 万元，至 2011 年，财政支出已达 178269 万元，与 1990 年相比增长 32 倍，20 年间年均增长速度达 18.1%。2016 年，财政支出达 450035 万元，为 2011 年的 2.5 倍，重点民生支出占公共预算支出的比重达到 64%。

第四节　非税收入管理

1998 年，成立“张掖市预算外资金管理中心”。当年预算外资金专户储存 4389 万元，专户储存率 91%。1999 年全市预算外资金专户储存 4590 万元，比 1998 年增加 201 万元，增长 4.57%，专户储存率达 93%。2000 年，张掖市预算外资金管理中心实行“收支两条线”管理的单位 130 个。2000 年，纳入财政专户资金 5500 万元，比 1999 年增加 910 万元，增长 19.8%。其中，财政专户管理资金 3450 万元，财政专户储存资金 2050 万元。从全市各行政事业单位的预算外收入中征收政府统筹资金 160 万元，用于全市小康建设和重点建设项目支出，清理全市应纳入预算的行政性收费及其他（土地出让金）205 万元，全部入库，入库率 100%。全市基本形成预算外资金新的运行管理体制和财政分配机制。

2001 年，纳入财政专户资金 5800 万元，比 2000 年增加 300 万元，增长 5.4%。其中，纳入财政专户管理资金 4600 万元（行政事业性收入 4230 万元、基金 30 万元、主管部门集中收入 340 万元），财政专户储存资金 1200 万元（往来资金 1047 万元、经营服务收入 127 万元、其他收入 26 万元）。财政专户收入增长。2003 年，全区所有预算外资金收入的单位都已纳入“收支两条线”管理。本年通过甘州区收费结算大厅缴存财政专户的资金为 10812 万元，同口径比上年增收 1890 万元，增长 40%。2005 年，收费管理局管理资金首次突破亿元大关，当年收缴纳入财政专户管理和专户储存的资金 10230 万元，其中收缴非税收入 1133 万元，征收电力附加费 133 万元，预算外资金收入 7160 万元（其中，水费房租等经营服务性收入 2053 万元），往来资金 1814 万元。

2006 年，全年收缴纳入财政专户管理和专户储存的资金 11580 万元，占上年的 103%，筹集资金 1450 万元支持高载能工业园区、垃圾处理场、北大街延伸段、甘州至三闸公路等重点项目的建设及南关小学、金安苑学校征地拆迁。协调贷款 1300 万元，偿还贷款 1000 万元。2007 年，收缴纳入财政专户管理和专户储存的资金 13580 万元，先后筹集资金 2462 万元支持湿地保护工程、北大街延伸段等工程建设。2008 年，甘州区收费管理局更名“甘州区非税收入管理局”。全区推进“收支两条线”和“政府非税收入收缴管理”改革，全年收缴纳入财政专户管理的资金 17695 万元，纳入预算管理的非税收入 3506 万元，纳入专户管理的非税收入 14189 万元。

2013 年，完成部门预算非税收入任务 9449 万元，占任务的 183%，超收 4291 万元；完成综合预算非税收入任务 7188 万元，占任务的 121.6%，超收 1279 万元；完成收支预算非税收入482万元，占任务的105%，超收23万元；完成城市垃圾处理费任务598万元，占任务的123%，超收142万元。全年共计超收非税收入5735万元。上缴国库土地出让金117726万元，比年初计划50000万元，超收67726万元。完成学杂费直达财政专户3242万元，占年初任务1200万元的270%。2016年，完成纳入预算的非税收入17082万元，占年初计划7957万元的214%；综合预算单位收入10554万元。完成土地出让金征收6.2亿元，占计划5亿元的124%；完成垃圾处理费856万元，占年初计划500万元的162%；完成国有资本金收益802万元。学杂费直达财政专户3103万元。回收借出资金1015万元，占全年任务500万元的203%。

第五节　农业税收与财政奖补

早期税费改革，主要围绕"三提五统"进行。1998年，张掖市农业各税年初预算1750万元，实际完成1655万元，占年初预算的94.6%，比上年实际完成数1547万元增加108万元，增长7%。1999年，农业五税收入年初预算为1774万元，实际完成1778万元，占年初预算的100.23%，比上年实际完成数1655万元增加123万元，增长7.43%（其中，农林特产税年初预算为569万元，实际完成567万元）。2000年农五税完成2638万元。2001年，根据中央《关于进行农村税费改革试点工作的通知》和全国农村税费改革试点工作会议精神，张掖市23个乡镇的"三定"工作进行完善和规范，利用微机管理手段，健全农税税源档案，使上下数据衔接一致，防止变相加重农民负担行为发生，巩固税费改革成果。2003年，甘州区通过逐村、逐社、逐户的"三定"工作，落实农业三税3062.9万元，农民负担较税改前减少930.5万元，平均减负率达23.3%。2004年全面贯彻落实农业税税率降低一个百分点政策，取消农业特产税，实行新的"一税制"及粮食直补政策。是年，全区农民负担比2003年减少492万元，较税改前减少1422万元，平均减负率达35.6%。2005年，全面免征农业税2571万元，累计免征农业税3070万元，落实粮食直补资金694.6万元。2006年，甘州区国有农林场税费改革，分离国有农林场办社会职能，推进国有农场内部管理体制改革，加大对国有农场公益事业的投入。2009年，甘州区被列入全省第二批村级公益事业建设一事一议财政奖补试点县区。至2016年，全区共实施公益事业建设一事一议财政奖补项目619个，受益人口达到81万人，总投资48664万元，其中群众筹资筹劳15892万元，主管部门投资11177万元，村级集体投入及社会捐赠赞助1939万元，积极争取上级财政奖补资金12200万元，地方配套资金7456万元。其中，村容村貌整治项目190个，建设文化体育活动场所66.77万平方米，绿化面积4.6万平方米，架设路灯5920盏；环境卫生整治项目24个，安装大型垃圾斗34个，垃圾桶222个，回水井9眼，污水管网13.68公里，污水处理设施4处；土地治理项目2个，整理土地420亩；植树造林项目3个，栽植林木450亩；村内道路项目183个，铺设道路596公里；小型农田水利项目156个，建成渠道372公里，铺设低压软管64公里，开挖排阴沟426公里，新打机井12眼，维修机井2眼，观察井81眼，新建防洪坝1座；人畜饮水项目61个，架设安全饮水管网 818 公里，小型提灌站 3 座。

第六节 政府采购

2000 年，张掖市政府采购办公室挂牌成立，隶属市政府领导。2002 年，张掖市政府采购办公室更名“甘州区政府采购办公室”。2013 年实行“管采分离”改革，“管理分离、机构分设、政事分开、相互制约”的工作机制基本形成。政府采购办公室将原来的组织实施政府采购，按照法定程序组织招标采购等职责移交给张掖市公共资源交易中心。政府采购办公室的主要职责转变为依法制定政府采购有关规章制度，拟定政府集中采购目录、采购限额标准和公开招标数额标准，批准政府采购方式，负责政府采购监督检查等，为规范政府采购操作程序，每两年更新一次政府集中采购目录及限额标准。实现采购信息公开，将采购公告、采购文件、中标或成交结果和采购合同等采购活动全过程信息按规定要求在政府采购指定媒体上发布，接受社会监督。至 2016 年，政府采购预算额达 26891 万元，实际采购额 25262 万元，节约资金 1629 万元，节约率 6.05%。依法监管、规范采购、公平竞争、诚信履约的政府采购运行机制显著改善。

第七节 国有资产管理

国有资产及清产核资 至 2016 年，甘州区国有资产总量为 648118 万元。其中，行政事业单位占有资产 261451 万元，占 40.3%；区属国有企业占有经营性资产 386667 万元，占 59.7%。全部行政事业单位资产中，教育系统占有资产 78095 万元，占全部行政事业单位的 29.87%；农林水牧系统占有资产 52630 万元，占 20.13%；卫生系统占有资产 45466 万元，占 17.39%；公检法司系统占有资产 12916 万元，占 4.94%；乡镇及其他部门占有资产 72344 万元，占 27.67%。全部企业经营性资产中，工业建筑业企业占有资产 102228 万元（其中，黑河水电开发公司 57861 万元，房产公司 44367 万元），占 26.5%；粮食企业占有资产 25756 万元，占 6.66%；水利企业占有资产 25389 万元，占 6.56%；投融资企业占有资产 207914 万元，占 53.8%；其他企业占有资产 25380 万元，占 6.57%。

国有资产管理 管理依据与管理程序。依据财政部《行政单位国有资产管理暂行办法》《事业单位国有资产管理暂行办法》，2008 年，甘州区制定出台《甘州区行政事业单位国有资产管理办法》，规定资产产权登记不论其是否纳入预算管理，以及实行何种预算管理形式，都必须向国有资产管理部门申报、办理产权登记手续；资产购置实行资产购置申报和政府采购制度；资产处置实行主管部门审核、国资部门审批并由国资部门统一处置制度等规定；资产管理实行申报、审批、备案制度，对全区行政事业性资产实现“合理配置、使用充分、讲求效益”的目标，使国有资源各项效能得到充分释放。

行政事业单位国有资产管理。2010 年，以行政事业单位国有资产管理为重点，对区属行政事业单位资产处置事项进行明确，下发《关于进一步规范行政事业单位国有资产处置管理的通知》，要求单位切实履行国有资产管理职责，资产处置严格实行申报审批、评估鉴定、公开出让制度，房产、车辆处置经国资办批准后，方可办理过户手续，以规范单位资产处置行为。每年开展行政事业单位国有资产管理检查工作，检查以国有资产管理制度执行、资产配置、产权登记、资产经营、资产处置及资产收入管理为内容，重点对行政事业单位资产出租、资产处置、资产收入管理进行检查。对存在的资产管理不规范等问题要求单位改正、改进，督促单位严格执行资产管理制度。

企业国有资产监管。建立国有资产监管新机制。由市场调节配置的要素交由市场调节配置，由企业自主经营决策的事项归位于企业，不干预企业自主经营权。集中精力重点监管国有资本布局、资本规范运作、资本回报等，做到监管全覆盖。企业国有资产监管以产权为基础，资本为纽带，运用公司章程、法人治理结构等法治化、市场化方式开展国有资产监管工作。按照所有权与经营权相分离、董事会决策权与经理层执行权相分离的原则，明晰国有企业董事会、监事会、经理层职责。区属国有企业初步建立权责对等、运转协调、有效制衡的决策执行监督机制。以董事会建设为重点，对企业运行及董事、监事、经理的履职行为进行规范，理顺国有出资人、董事会、监事会、经理层之间的关系，董事会受出资人委托行使决策权，经理层受董事会委托执行决策，监事会依据法律法规和企业章程行使监督权。将党建工作纳入公司章程。制定《甘州区国有及国有控股企业年薪制暂行办法》，强化国有企业绩效考核，企业负责人履行政治责任、经济责任、社会责任意识增强。绩效主要考核国有资产保值增值率、净利润、国有资本经营收益上缴情况等经济指标。

甘州区从2012年开始征收国有资本经营收益，收益范围主要是企业净利润，以企业上年度净利润为基础上缴国有资本经营收益。

国有企业改革。甘州区设立旅投、城投、农投等投融资公司，发挥国有资本功效，市场化动作，建设沙漠旅游公园等一批重点基础设施项目；以土地注资形式充实万盛投资公司资本，充实企业资本；整合划拨粮食系统资产，优化粮食收储企业资产结构，完善经营布局；拟订企业合并方案，将供水总公司、滨河新区供水公司合并，统一管理，统一经营；农投与国开行合作，建设30万亩高标准农田，黑河水电公司与北京三元合作，建设循环农牧经济。

国有资产公开转让。2013年以来，按照《市政府关于处置区人社局等部门固定资产相关问题的函》，甘州区先后成功组织拍卖区林业局、人社局、财政局、妇幼保健院、城建局、畜牧站、渔业站、房管局、工信局、交通运输局10个单位办公楼房产（总建筑面积约21496.4平方米）和土地使用权（总面积约16374.65平方米）。

第八节　投融资公司运营

2009年以来，甘州区先后设立“张掖市甘州区兴达城建投资开发有限责任公司”“张掖市西部风情文化旅游投资有限责任公司”“张掖市滨河物流投资有限公司”“张掖市甘州区现代农业开发投资有限责任公司”“张掖市甘路交通投资有限公司”等国有投融资公司。区属国有投融资公司按照现代企业制度要求，设立董事会、监事会，完善企业法人治理结构，形成权责对等、运转协调、有效制衡的决策执行监督机制。出台《甘州区区属国有投融资公司管理人员薪酬管理办法（试行）》《甘州区区属国有投融资公司管理人员绩效薪酬考核暂行办法（试行）》，薪酬管理坚持市场调节与政府监管相结合，激励与约束相统一的原则，主要考核融资规模、项目投资、资产状况、公司效益等绩效指标，国有投融资管理制度化、规范化。

张掖市甘州区兴达城建投资开发有限责任公司　公司下设6个子公司，建成张掖国家湿地公园综合服务中心（甘泉府）、滨河新区湖区入口广场、张掖国家绿洲现代农业试验示范区研发中心项目等，代建甘州区妇幼保健院项目。张掖市西部风情文化旅游投资有限责任公司下设3个子公司，推进城市基础设施建设，建成张掖国家沙漠体育公园、崇圣嘉园住宅小区、甘州府城、滨河新区中央商务区写字楼、崇圣健康城，以及总兵府、明粮仓修缮等项目。张掖市甘路交通投资有限公司下设1个子公司，筹建集客运站、公交换乘站、旅游集散中心三位一体化的张掖西站综合客运枢纽项目。张掖市甘州区现代农业开发投资有限责任公司完善现代循环畜牧产业园区主干道路等基础设施，吸引多家畜牧养殖企业入园发展。2011—2016年，完成张掖国家湿地公园综合服务中心（甘泉府）、张掖国家湿地公园苇塘垂钓园、滨河新区玉水商业街、滨河新区人民公园（1号、2号、3号）综合楼、甘州区妇幼保健院、张掖市滨河新区昭武路东段工程、马可波罗汽车自驾营地、张掖甘州全国综合养老示范基地、张掖市德和园住宅小区、屋兰路（丹马段）道路工程等项目。

甘州区旅投公司　张掖市西部风情文化旅游投资有限责任公司（甘州区旅投公司）成立于2012年，属甘州区国有独资公司，主要承担文化旅游景区建设经营、房地产开发、城市基础设施建设、金融担保服务等四大板块业务。公司下属子公司3个，有员工108人。从2012—2016年，完成兰新高铁张掖西站站前广场项目、滨河新区丹霞东路及高铁西站站前广场环路、新建西来寺文化广场、甘州区殡仪服务中心项目、甘平一级公路、崇圣·润府项目、甘州府城项目、中央商务区写字楼、张掖国家沙漠体育公园等一批精品基础设施项目。

张掖市甘路交通投资有限公司　成立于2015年，是甘州区人民政府为推进基础交通设施领域发展，化解城乡道路等基础设施建设项目中存在的投融资难题而设立的。由张掖市国有资产管理办公室注资成立的国有独资交通融资平台，注册资本金5000万元。2016年初，筹建集客运站、公交换乘站、旅游集散中心三位一体化的张掖综合客运枢纽工程项目。项目位于高铁西站南侧，规划用地面积38604.64平方米，总投资10779.7万元。该项目可发挥城市的聚集和辐射功能，填补滨河新区交通服务空白，功能包括集公交始发、出租车接站、旅游包租车集中载客、跨县区班车补客为一体的综合交通枢纽。

甘州区现代农业开发投资有限责任公司　是甘州区推进国家级现代农业示范区建设，批准成立的国有独资企业，2013年注册登记，注册资本金为5000万元，有工作人员11人。公司主要负责甘州区范围内城镇城乡建设投资及公益项目的开发经营，现代农业项目投资、农业项目综合开发、土地整理项目及投资管理，并通过多种途径实现国有资产保值、增值。

甘州区现代循环畜牧产业园区基础设施建设 建成园区主干道路46千米，10千伏输电线路33千米，预算总投资约为1.1亿元。到2016年，该项目全线建成通车，盘活周边土地12余万亩，吸引30多家畜牧养殖企业入园发展。

甘州区30万亩高标准农田建设 项目概算总投资约9.69亿元。项目涉及沙井、大满、党寨等17个乡镇。建设内容为：平整土地30.07万亩，配套渠道154.5千米，配套滴灌24.76万亩，配套管灌1.73万亩，整修田间道路1503千米，栽植树木36.08万株。至2016年底，已完成5364亩高标准农田建设及配套设施建设任务。

张掖绿洲现代物流园区 2012年启动，至2016年，园区基础设施建设累计完成投资2.4亿元，建成腾飞路、锦业路、滨河路、东环路、发展大道等道路工程15.2千米，铺设燃气管网9千米，供水、通信、电力等公共设施，实现园区全覆盖；招引项目68项，落地建成21项，累计完成投资22.14亿元。

第二章 税 务

第一节 国家税务

1994年，张掖市税务局国、地税机构分设，成立“张掖市国家税务局”，辖城关一所、城关二所、城关三所、火车站、平原堡、梁家墩、甘浚、大满、小满、沙井、碱滩共11个税务所。2002年，张掖市国家税务局更名“甘州区国家税务局”。内设5个科（室），派出第一、第二、第三税务分局和火车站、大满、沙井6个税务分局。2003年成立“甘州区郊区税务分局”。2007年，成立直属机构“甘州区国家税务局稽查局”。至2015年，下设第一、第二、第三税务分局和火车站、郊区、沙井、大满4个农村税务分局以及稽查局和办税服务厅，共承担着甘州区行政辖区内5个街道，18个乡镇、1个经济开发区共25680户纳税人的征收管理工作。

税务体制改革 税制改革。1994年，全国税收体制进行新一轮全面改革，并以增值税改革为核心建立新的流转税格局。改革的主要内容包括流转税法，以实行全面的增值税为核心。是年，国务院颁布施行《中华人民共和国增值税暂行条例》《中华人民共和国消费税暂行条例》《中华人民共和国营业税暂行条例》《中华人民共和国资源税暂行条例》，原增值税、产品税、营业税、盐税、特别消费税的相应税收条例同时废止，取消原有的工商统一税，以三大流转税中的增值税为第一大主体税种，在征收增值税基础上选择少数消费品交叉征收消费税，对不实行增值税的劳务交易征收营业税新的流转税法格局。对所得税法进行新的归并。将原有的“国营企业所得税”“集体企业所得税”“私营企业所得税”统一合并为企业所得税。实施《中华人民共和国税收征收管理法》，对其他税法进行相应的调整和规范。对土地增值税额课税。对固定资产投资方向调节税、印花税、土地使用税、耕地占用税等予以保留，对城市维护建设税、屠宰税等予以修订。

增值税转型改革。2008 年，国务院修订公布新的《中华人民共和国增值税暂行条例》，自 2009 年 1 月起，在全国范围内进行增值税转型改革。主要内容是在维持现行增值税税率不变的前提下，允许全国范围内（不分地区和行业）的所有增值税一般纳税人抵扣其新购进设备所含的进项税额，未抵扣完的进项税额结转下期继续抵扣。作为转型改革的配套措施，取消进口设备增值税免税政策和外商投资企业采购国产设备增值税退税政策，将小规模纳税人征收率统一调至 3%，将矿产品增值税税率恢复到 17%。

营业税改征增值税。2011 年，开展营业税改征增值税“营改增”试点，逐步将征收营业税的行业改为征收增值税。2013 年 8 月起，甘州区国税局开展分析测算工作，共接收甘州区地税局移交的“营改增”纳税人 606 户。2014 年，甘州区国税局按时与张掖市税务局顺利完成辖区内全部邮政、电信营改增纳税人改革任务。营改增全面推行涉及建筑业、房地产业、金融业、生活服务业四大行业，是 1994 年分税制改革以来力度最大的一次税制改革，营业税从此退出历史舞台。

2016 年，甘州区国税局实地核查清分税务信息，全面完成营改增纳税人基础信息在金三系统的核实确认工作，完成 4798 户营改增接转户的税种认定、票种认定、定额核定、发票发放、三方协议签订、税控设备发行、一般纳税人备案等工作。5 月 1 日凌晨零点，甘州区国税局办税服务厅和张掖华辰国际大酒店分别成功开出首张生活服务业增值税普通发票和住宿费增值税普通发票，标志着“营改增”试点在甘州区成功启动。

税收征管 1994 年，完善税收征管制度，提出建立纳税申报制度，加速税收征管信息化进程，探索建立严格的税务稽查制度，推行税务代理。1997 年，税收征管改革进入全面推行时期，打破过去的税收专管员管户模式，提出“以申报纳税和优化服务为基础，集中征收、重点稽查”的新的征管模式，建立健全纳税人自行申报制度、税务机关和社会中介相结合的服务体系、以计算机网络为依托的管理监控体系、人工与计算机结合的稽查体系、以征管功能为主的机构设置体系。1999 年，以推行规范的征管模式为基础，及时在管理环节推行“管户、管税、管查”的“三管”责任制，撤销城区税务征收分局，设立税务管理分局，将办税服务厅单设，充实征管人员数量，实行划片管理，基本形成征收、管理、稽查既相互分离又相互制约的征管格局。2002 年，围绕科技加管理，以计算机网络为依托，推行以银行网点申报为主要内容的多元化申报方式，全区 5463 户“双定户”实现银行网点申报，占城乡全部“双定户”的 97%。2003 年底，全区纳入金税工程管理的一般纳税人达 209 户。2004 年，进行甘肃省综合征管软件安装、数据录入和系统上线工作，从国家税务总局到基层分局的广域网建设全线贯通。2010 年以来，对全区结存、已停用的各类旧版普通发票予以验旧缴销，清理票种登记信息 2111 户（次），缴销旧版发票 190 户（次）。2010 年，开始在全区推行机打发票，举办新版发票及开票系统培训班 42 期，培训纳税人 1743 人次。至 2011 年底，在 2111 户纳税人中推行使用机打发票，占发票领购户的 45.64%。是年，全区 4158 户纳税人的发票专用章全部换刻。2015 年以后，开展全市邮政“双代”业务试点工作，推行“双代”业务城乡网点 12 个，2015 年、2016 年共代开发票 27768 笔，开具金额 50970.45 万元，代征税款 1471.38 万元。落实“三证合一、一照一码”“五证合一”商事制度改革工作，建立“轮值监控、专岗受理、即时办结、及时反馈”的税务登记管理机制。开展金税三期工程实施推广工作，2015 年 10 月上线运行。2016 年营改增以后，开展营改增四大行业管户移交及后续征收管理工作。

国税收入 2016 年以来，甘州区国家税务局实现入库税收收入 60.1 亿元。至 2002 年，入库税收 10779 万元，以每年平均增幅 7.1% 的增长速度，首次突破税收收入亿元大关。2006—2010 年，甘州区国税局国税收入进入“黄金发展期”。2006 年，入库收入突破 2 亿元，2010 年，实现收入 42540 万元。2011—2015 年，组织税收收入 25.5 亿元。2016 年，全年组织税收收入 8.2 亿元。

甘州区 1995—2016 年入库税收统计表

表 9－2－1

年份	入库收入	年份	入库收入	年份	入库收入
1995	6304 万元	2003	11663 万元	2011	45480 万元
1996	7529 万元	2004	13053 万元	2012	49546 万元
1997	7923 万元	2005	15538 万元	2013	48582 万元
1998	8759 万元	2006	20012 万元	2014	56256 万元
1999	9229 万元	2007	26326 万元	2015	55384 万元
2000	7851 万元	2008	32427 万元	2016	82016 万元
2001	8901 万元	2009	34771 万元		
2002	10779 万元	2010	42540 万元		

第二节 地方税务

税务管理 1994 年，国家进行分税制财政体制改革和实施新税制，税种从原来的 37 种减少到 25 种，划分为中央税、地方税和中央与地方共享税，由国家税务局和地方税务局分别征收各自税种。由地方税务机构负责征收管理的税种包括：营业税、企业所得税、个人所得税、印花税、房产税、城市房地产税、土地增值税、车船使用税、车船使用牌照税、屠宰税、城市维护建设税、固定资产投资方向调节税、资源税和城镇土地使用税。除负责征收以上税种外，1995—1999 年，对农业税、牧业税、农业特产税、契税和耕地占用税等征收管理。1997—1998 年，以新征管模式为主旨，确立纳税人自行申报纳税制度，从“下户征收”到“上门申报”，税收征收工作走向公开。1999—2004 年，实施机构、税制、征管三大改革，推动全区地税工作。2005—2008 年，甘州区地方税务局根据基层税源分布状况和征管实际，建立“划片分段、分类管理、实施监管”的管理模式。2009—2010 年，接受划转对契税、耕地占用税的征收管理工作。城市房地产税、车船使用牌照税、屠宰税、固定资产投资方向调节税、农业税、牧业税、农业特产税等税种合并取消或停征。除负责地方税种的征收管理外，地税局还承担国家和省政府确定的一些税费和附加的征管工作，包括教育费附加、文化事业建设费，以及省政府确定的甘肃省教育附加、甘肃省价格调节基金、社会保险费、旅游发展资金、散装水泥专项资金、残疾人就业保障基金和工会经费。2011 年，稳步推行管理强局、信息管税、人才兴税、文化育人“四大工程”，以信息化为依托的新一轮地税征管改革。2012 年，地税收入出现加快增长态势，总量和收入规模不断攀升。

流转税类。营业税：“营改增”之前，营业税是全区地方税收的主要来源，也是全区地方税收体系中的主体税种。2013 年，国家开展交通运输业和部分现代服务业营改增试点。2014 年，国家开展铁路运输和邮政业营改增试点。在境内提供电信业服务的单位和个人，为增值税纳税人，应当按照规定缴纳增值税，不再缴纳营业税。2016 年，全面推开营业税改增值税工作，建筑业、房地产业、金融业、生活服务业等全部营业税纳税人，由缴纳营业税改为缴纳增值税。5 月，甘州区地税“营改增”正式启动。1994—2016 年，甘州区地方税务局共征收营业税 30. 07 亿元，年均增长率为 15. 84% 。

城市维护建设税：是随增值税、消费税和营业税一起在流转环节征收的附税。凡缴纳增值税、消费税和营业税的单位和个人，都是城市维护建设税的纳税人，城市维护建设税税率为：纳税人所在地在市区的，税率为 7% ；纳税人所在地在县城、城镇的，税率 5% ；纳税人所在地不在市区、县城或城镇的税率为 1% 。1994—2016 年，甘州区地方税务局共征收城市维护建设税 3. 99 亿元，年均增长 12. 42% 。

教育费附加：是随增值税、消费税和营业税一起在流转环节征收的附税。凡缴纳增值税、消费税和营业税的单位和个人，都是教育费附加的纳税人，以其实际缴纳的增值税、消费税和营业税为计征依据，按纳税人适用税率计算征收税金。教育费附加的税率 1986 年确定为 1% ，1990 年调整为 2% ，1994 年调整为 3% ，一直延续执行。1994—2016 年，甘州区地方税务局共征收教育费附加 2. 07 亿元，年均增长 26. 73% 。

所得税类。企业所得税：1994 年工商税制改革，将原国营企业所得税、集体企业所得税和私营企业所得税合并为统一的企业所得税，通称内资企业所得税。外商投资企业和外国企业执行《中华人民共和国外商投资企业和外国企业所得税法》。2007 年，国务院颁布《中华人民共和国企业所得税法实施条例》，实现内、外资适用统一的企业所得税法。从 2008 年起，甘州区地税局执行新的企业所得税法，企业所得税税率统一执行 25% 。1994—2016 年，甘州区地方税务局共征收企业所得税 9. 55 亿元，年均增长 16. 83% 。

个人所得税。1994 年，国家实行的新税制。个人所得税以所得人为纳税义务人，甘州区征税对象与标准严格按照国家规定执行。征税对象为工资、薪金所得，个体工商户的生产、经营所得，对企事业单位的承包经营、承租经营所得，劳务报酬所得，稿酬所得，特许权使用费所得，利息、股息、红利所得，财产租赁所得，偶然所得以及经国务院财政部门确定征税的其他所得。税率有超额累进税率和比例税率两种，其中工资、薪金所得适用5%—45%的9级超额累进税率；个体工商户的生产、经营所得和对企事业单位的承包经营、承租经营所得适用5%—35%的5级超额累进税率；稿酬所得适用20%的比例税率，并按应纳税额减征30%；劳务报酬所得适用20%的比例税率，一次收入畸高的，实行加成征收；特许权使用费所得，利息、股息、红利所得，财产租赁所得，财产转让所得，偶然所得和其他所得，适用20%的比例税率。2011年9月1日，工资、薪金所得免征额从2000元提高到3500元。将工资、薪金所得第1级税率由5%修改为3%，9级超额累进税率修改为7级，取消15%和40%两档税率，扩大3%和10%两个低档税率的适用范围。个人所得税征收主要采取代扣代缴和自行申报两种方式，支付所得的单位和个人为扣缴义务人，在向个人支付应税款项时，依法代扣代缴。1994—2016年，甘州区地方税务局共征收个人所得税9.16亿元，年均增长39.30%。

财产及资源税类。包括房产税及城市房地产税，车船税及车船使用税、车船使用牌照税，资源税和城镇土地使用税。

房产税及城市房地产税：1994年，房产税的征税对象为开征地区内的国有、集体企业、其他单位和个人供生产和营业使用及出租的房屋。征税范围只包括城市、县城、建制镇和工矿区，坐落在农村的房屋暂不征收。房产税的纳税人为产权所有人、经营管理单位、承典人、房产代管人或使用人。从价计征的，按照房产原值一次减除30%后的余值计算，税率为1.2%；从租计征的按照实际租金收入计征，其税率为12%。1994—2016年，甘州区地方税务局共征收房产税3.07亿元，年均增长12.18%。

车船税：1994年国家税制改革继续保留车船使用税和车船使用牌照税，2007年1月1日起，统一合并为车船税。1994—1996年，车辆使用牌照税由省国税系统负责征管，1997年起，由省地税系统负责征管。1994—2016年，甘州区地方税务局征收车船税1.66亿元，年均增长25.03%。

资源税：1993年，国务院颁布新的资源税暂行条例，1994年工商税制改革，取消盐税，并入资源税征税范围，扩大资源税的征税范围。2011年，新的资源税暂行条例及细则实施。2016年，扩大资源税征收范围、实施矿产资源税从价计征改革、全面清理涉及矿产资源的收费基金、合理确定资源税税率水平。此次资源税从价计征改革及水资源税改革试点，2016年7月1日起实施。1994—2016年，甘州区地方税务局共征收资源税60万元，年均增长8.49%。

城镇土地使用税：1994年，税制改革保留城镇土地使用税。2006年、2011年对城镇土地使用税暂行条例进行修改。城镇土地使用税征税对象是开征范围内的土地。纳税义务人是城市、县城、建制镇、工矿区范围内使用土地的单位和个人，以其实际占用的土地面积为计税依据，依照规定税额计算征收。1994—2016年，甘州区地方税务局征收城镇土地使用税2.33亿元，年均增长16.44%。

行为及特定目的税类。包括印花税、屠宰税、固定资产方向调节税和土地增值税。1994年税制改革，保留固定资产投资方向调节税，新开征土地增值税，将屠宰税、筵席税下放给地方管理。甘肃省政府决定征收屠宰税，暂缓开征筵席税。

印花税：下列凭证为应纳税凭证：购销、加工承揽、建设工程承包、财产租赁、货物运输、仓储保管、借款、财产保险、技术合同或者具有合同性质的凭证；产权转移书据；营业账簿；权利、许可证照；经财政部确定征税的其他凭证。纳税人根据应纳税凭证的性质，分别按比例税率或者按件定额计算应纳税额。按率贴花的有千分之一、万分之三、万分之五、万分之零点五4种。按件贴花的为每件5元。对财产租赁合同税额不足1元的，按1元贴花。1994—2016年，甘州区地方税务局征收印花税0.83亿元，年均增长19.35%。

屠宰税：1994年税制改革，中央将屠宰税下放地方管理。1997年，甘肃省人民政府颁发《甘肃省屠宰税征收办法》，自发布之日起施行。征收办法规定：凡在甘肃省行政区域内收购或屠宰猪、牛、羊、马、驴、骡、骆驼等七种牲畜的单位和个人均是屠宰税的纳税义务人。征税范围包括屠宰或者收购的生猪、牛、羊、马、驴、骡、骆驼等七种牲畜。甘州区屠宰税按收购或屠宰应税牲畜单位数量定额征收。定额税负为：生猪每头10—20元，羊每只5—10元，牛、马、驴、骡、骆驼每头（匹、峰）20—30元。2002年5月取消屠宰税。1996—2002年，甘州区地方税务局征收屠宰税384万元，年均增长25.99%。

固定资产投资方向调节税：1994年，税制改革保留固定资产投资方向调节税。纳税义务人是用各种资金进行固定资产投资的各级政府、机关、团体、部队、国有企业事业单位、集体企事业单位、私营企业、个体工商户及其他单位和个人。1994—2000年，甘州区地方税务局征收固定资产投资方向调节税384万元，年均增长25.99%。

土地增值税：土地增值税是1994年国家税制改革新开征的税种。土地增值税的纳税人为转让国有土地使用权、地上建筑物及其附着物（简称“转让房地产”）并取得收入的单位和个人。土地增值税按照纳税人转让房地产所取得的增值额和规定税率计算征收。土地增值税实行4级超率累进税率，增值额未超过扣除项目金额50%的部分，税率为30%；增值额超过扣除项目金额50%但未超过扣除项目金额100%的，税率为40%；增值额超过扣除项目金额100%但未超过扣除项目金额200%的部分，税率为50%；增值额超过扣除项目金额200%的部分，税率为60%。1994—2016年，甘州区地税局共征收土地增值税2.05亿元，年均增长45.3%。

农业税类。包括农业税、牧业税、农业特产税、耕地占用税、契税。2000年8月，按照《甘肃省人民政府办公厅关于调整全省农业税收管理体制的通知》文件，对农业税收管理体制进行调整，将农业税收管理职能由地税部门划转财政部门。

农业税及牧业税：农业税的纳税义务人是从事农业生产、有农业收入的单位和个人。农业税的征收范围是：粮食作物和薯类作物收入、经济作物收入、园艺作物收入、农业特产收入和其他收入。根据地区差别比例税率计算征收。牧业税的纳税人是从事牲畜牧养取得牧业收入的单位和个人。2000年，农业税、牧业税划归财政部门征管。2005年，全面取消农业税。

农业特产税：1994年，国家税制改革取消产品税，将原产品税中有关农林特产品的税目合并到农林特产税，改名为“农业特产税”。征税范围包括：烟叶收入、园艺收入、水产收入、林木收入、牲畜收入、食用菌收入等其他农业特产收入。农业特产税按产品实际收入和不同产品的税率计算征收。2000 年，执行省政府文件，将农业特产税划归财政部门征管。2006 年，农业特产税全面取消。

契税：契税的纳税人是在中国境内转移土地、房屋权属，承受的单位和个人。实行税率幅度为3%。2000 年，将契税划归财政部门管理。2008 年起，个人首次购买 90 平方米以下住房，按 1% 税率征收契税；个人首次购买 90 平方米至 144 平方米以下住房，按 1.5% 税率征收契税；个人首次购买 144 平方米以上住房，按 3% 税率征收契税。2009 年，财政部门承担契税的征收管理职能划转到地税部门。2016 年，调整房地产交易环节契税、营业税优惠政策。对个人购买家庭唯一住房，面积为 90 平方米及以下的，减按 1% 的税率征收契税；面积为 90 平方米以上的，减按 1.5% 的税率征收契税。对个人购买家庭第二套改善性住房，面积为 90 平方米及以下的，减按 1% 的税率征收契税；面积为 90 平方米以上的，减按 2% 的税率征收契税。

耕地占用税：纳税人为占用耕地建房或者从事非农业建设的单位或者个人，以纳税人实际占用的耕地面积为计税依据，按照规定的适用税额一次性征收。耕地占用税实行地区差别定额税率。2000 年，耕地占用税划归财政部门管理。2010 年，耕地占用税全面划转地方税务局征收。2010—2016 年，全区征收契税和耕地占用税 2.83 亿元，年均增长 28.83%。

税收 1994—2016 年，甘州区地税局累计组织入库各项地方税收 67.96 亿，年均增长率 17.44%，超出全区国民生产总值增速 3.43 个百分点，连续 21 年超额完成收入任务。至 2016 年底，甘州区地方税务局区级收入占全区财政收入的比重达 87%。地税收入由 1994 年的 2505 万元增加到 2016 年的 86088 万元，收入规模扩大 34.37 倍。成为地方财政的主要来源。

甘州区地方税务局 1994—2016 年税收增长统计表

表 9－2－2

年份	税收收入（万元）			国民生产总值（万元）		
	税收收入	增减额	增长率（%）	收入	增加额	增长率（%）
1994	2505	—	—	99856	—	—
1995	3513	1008	40.24%	140892	41036	41.10%
1996	4552	1039	29.58%	172259	31367	22.26%
1997	6083	1531	33.63%	199730	27471	15.95%
1998	7265	1182	19.43%	226675	26945	13.49%
1999	8449	1184	16.3%	240783	14108	6.22%
2000	8606	157	1.86%	266987	26204	10.88%
2001	8881	275	3.20%	298597	31610	11.84%
2002	9880	999	11.25%	337979	39382	13.19%

续表 9-2-2

年份	税收收入（万元）			国民生产总值（万元）		
	税收收入	增减额	增长率（%）	收入	增加额	增长率（%）
2003	11446	1566	15.85%	378785	40806	12.07%
2004	13066	1620	14.15%	448636	69851	18.44%
2005	15253	2187	16.74%	501522	52886	11.79%
2006	17446	2193	14.38%	572994	71472	14.25%
2007	20000	2554	14.64%	666326	93332	16.29%
2008	22462	2462	12.31%	767347	101021	15.16%
2009	26260	3798	16.91%	845708	78361	10.21%
2010	33481	7221	27.50%	934553	88845	10.51%
2011	47372	13891	41.49%	11553622	220809	23.63%
2012	59764	12392	26.16%	1238167	82805	7.17%
2013	73612	13848	23.17%	1405361	167194	13.50%
2014	88843	15231	20.69%	1481585	76224	5.42%
2015	104807	15964	17.97%	1567485	85900	5.80%
2016	86088	-18719	-17.86%	-	-	-
合计	679634	年均增长率	17.44%	12536852	年均增长率	14.01%

第三章 金 融

第一节 金融体制改革

1984 年，人民银行行使中央银行职能后，其分支机构负责对当地金融机构的经营情况依法进行检查和管理。1985—1991 年，清理整顿张掖地区内设立的各种金融机构。1992 年，张掖地区人民银行对张掖地区 358 个金融机构的基本情况和经营行为进行年检，规范金融机构经营行为。1993—1994 年，对张掖地区 382 个金融机构的依法经营等情况进行检查整顿。1995 年，张掖市内有各类金融机构 398 个，其中人民银行 7 个，工商银行 70 个，农业银行 110 个，建设银行 39 个，中国银行 6 个，保险公司 7 个，城市信用社 7 个，农村信用联社 6 个，农村信用合作社 96 个，农村信用分社 34 个，邮政储蓄所 10 个，房地产信贷部 6 个。1999 年，中国人民银行张掖地区分行更名“中国人民银行张掖地区中心支行”，撤并人民银行张掖市支行。国家外汇管理局张掖地区分局更名“国家外汇管理局张掖地区中心支局”。2001 年，人民银行张掖地区中心支行更名“张掖市中心支行”，国家外汇管理局张掖地区支局更名“张掖市中心支局”。

第二节　金融机构

中国人民银行张掖市中心支行　是中国人民银行甘肃省分行的派出机构。从 1984 年开始专门行使央行职能。1993 年后按金融体制改革要求，其职能转换为金融监督管理，调查统计分析，横向调剂，经理国库，发行基金调拨，外汇管理和联行清算。

中国农业发展银行甘州区支行　成立于 1996 年，是一家农业政策性银行，隶属张掖市分行，位于甘州区民主西街 283 号。主要职责是按照国家的法律、法规和方针、政策，以国家信用为基础，筹集资金，承担国家规定的农业政策性金融业务，代理财政支农资金的拨付，为农业和农村经济发展服务。

中国工商银行股份有限公司张掖市分行　1984 年，“中国工商银行张掖地区中心支行”成立，在人民银行张掖中心支行加挂工商银行牌子。工商银行张掖地区中心支行正式分设。1985 年工商银行张掖县支行更名“工商银行张掖市支行”。1994 年，市分行成立工商银行张掖地区分行住房信贷部。1997 年，中国工商银行张掖地区中心支行更名“中国工商银行张掖地区分行”。1999 年，市分行成立工商银行张掖地区分行银行卡业务科。1999 年，将甘州区各营业网点整合为地区分行营业部、东街办事处、南街办事处、西关办事处、城关办事处、县府街办事、西街办事处、牡丹办事处。2001 年，成立资产管理中心，撤销教育科，零售业务科更名“个人金融业务科”。2002 年，中国工商银行张掖地区分行更名“中国工商银行张掖分行”。2005 年，中国工商银行改制为股份有限公司。中国工商银行张掖分行更名“中国工商银行股份有限公司张掖分行”。2009 年，分支机构有中国工商银行股份有限公司张掖甘州支行、张掖东街支行、张掖县府街支行、张掖城关支行、张掖西区支行、张掖西关支行、张掖西街大什字支行、张掖南街支行、张掖南关支行、张掖火车站支行、张掖新建街支行。

中国农业银行股份有限公司张掖分行　1991 年，中国农业银行张掖地区中心支行管辖农行和信用社。经营的业务主要是存款、贷款。1996 年，成立“信用卡部”，开始办理银行卡业务，推出“金穗贷记卡”，是年发行 1288 张，卡存款余额 258 万元。完成与农村信用社脱钩和农发行机构分设任务。1997 年，分行更名“中国农业银行张掖地区分行”，内设机构相应调整。2000 年，增设“风险资产监管科”，撤销“张掖市支行”，将西街办事处更名“张掖市西区支行”，管辖 16 个网点，成立“张掖地区分行营业部”，管辖 34 个网点。2001 年，机构变更为“中国农业银行张掖分行”。网点数达 60 个。2002 年，撤并“张掖市西区支行西关储蓄所”“张掖分行营业部老寺庙分理处”“党寨营业所”。2006 年，成立“省分行派驻张掖审计办事处”。2008 年，个人业务部更名“个人金融部”，风险资产经营部更名“资产处置部”，设立“风险管理部”，“三农”业务部、“三农”个人金融部、城区业务部。2009 年，组建“甘州支行”，成立三农对公业务部、三农个人金融部、运营管理部，设立信贷审查审批中心和中小企业业务中心，分别挂靠信贷管理部、公司业务部。2010 年，撤销“省分行驻张掖审计办事处”，成立“内控合规部”，属张掖分行内设机构。农行正式上市，机构更改为“中国农业银行股份有限公司张掖分行”，规范简称为“中国农业银行张掖分行”。

中国银行股份有限公司张掖分行 1997 年，支行更名“中国银行张掖分行”。2005 年，中国银行张掖分行更名“中国银行股份有限公司张掖分行”。行长办公室更名“综合管理部”，财会部更名“计划财会部”，综合风险管理部更名“风险内控部”，公司业务部、零售业务部合并为“业务发展部”，保留监察保卫部。2009 年，内设部门调整，撤销“风险内控部”“计划财会部”和“监察保卫部”，职能并入综合管理部；撤销“业务发展部”，设立“公司业务部”“个人金融部”。2011 年，分行下设综合管理部、监察部、公司业务部、个人金融部和营业部，下辖 4 家经营性支行：县府街支行、新乐支行、西大街什字支行、城关支行。

中国建设银行股份有限公司张掖市分行 1996 年，中国人民建设银行张掖地区中心支行更名“中国建设银行张掖市分行”。2004 年重组改制，中国建设银行张掖市分行更名“中国建设银行股份有限公司张掖分行”。至 2011 年，下辖营业机构 11 个，其中分行营业室 1 个，甘州区网点型支行 6 个（东大街支行、西大街支行、西郊支行、青年西街支行、长寿街支行、西环路支行），分理处 1 个（东郊分理处）。

张掖市甘州农村合作银行 1991 年，张掖市信用合作社联合社第三届社员代表大会召开。是年，中国人民银行颁发《农村信用合作社管理暂行规定》，农总行、省农行制定《农村信用合作社管理暂行规定细则》。1993 年，制定《张掖市农村信用社放开经营试点方案》。农行张掖市支行将花寨、靖安、和平营业所实行留牌撤人，农户贷款移交信用社，其他业务由信用社代理。将梁家墩、新墩、大满、龙渠、党寨（陈家墩村）、碱滩（幸福村、草湖村）、沙井（古城村）、乌江（贾寨村、元丰村、谢家湾村）、明永（2 个村）、甘浚（晨光村）等所有营业所的农户贷款移交信用社经营管理，扩大信用社的经营范围。1996 年，张掖市农村金融体制改革领导小组办公室转发《甘肃省农村信用社同农业银行脱离行政隶属关系交接办法》的通知。至此，张掖市农村信用联社与农行张掖市支行脱离隶属关系，由张掖市农村金融体制改革领导小组办公室管理。1998 年，张掖市信用联社第四届社员代表大会召开。成立“中国共产党张掖市农村信用合作社联合社委员会”，设立“中国共产党张掖市农村信用合作社联合社纪律检查委员会”。2000 年，成立“张掖市农村信用合作社结算服务中心”“张掖市信用合作社后勤管理中心”。2002 年，张掖市撤市建区，农村信用联社及所辖 25 个信用社（部）、21 个信用分社、76 个信用站随之调整机构名称。2005 年，全区信用社员工参加岗位竞聘，并将联社机关内部原“6 股 1 室 1 部”改为 6 部，对信用社主管会计实行委派制。是年，甘州区农村信用联社第四届社员代表大会第四次会议召开。将西洞农村信用社降格为“甘州区甘浚农村信用社西洞分社”，廿里堡农村信用社降格为“甘州区党寨农村信用社廿里堡分社”。2006 年，成立“甘州区农村信用社风险管理领导小组”。原甘州区银海农村信用社南环路分社更名“甘州区城关农村信用社南环路分社”，撤销

“和平信用社汤家什分社”“党寨信用社上寨分社”“梁家墩信用社饮马桥分社”等营业网点。2007年，张掖甘州农村合作银行创立大会暨第一届股东代表大会第一次会议召开。2008年，“张掖甘州农村合作银行”挂牌开业。2010年，“张掖甘州农村合作银行中小企业金融服务中心”成立，成为辖内为中小企业提供金融服务的专营机构。是年，“张掖甘州农村合作银行长安支行小满分理处”升格为支行。长安支行龙渠分理处更名“小满支行龙渠分理处”，长安支行九公里分理处更名“小满支行九公里分理处”。至此，甘州合行下辖1个营业部，11个支行，29个分理处。

兰州银行股份有限公司张掖分行 成立于2011年，隶属于兰州银行股份有限责任公司，位于甘州区西大街60号。

中国邮政储蓄银行张掖市分行 成立于2008年，隶属中国邮政储蓄银行甘肃省分行管理。下设西街、县府街、恒基、火车站4个二类支行，及金安苑等20处遍及张掖市各区县的邮政代理机构。

第四章 证券 保险

第一节 证券公司

国泰君安证券股份有限公司张掖西大街证券营业部 2000年，国泰君安张掖服务部成立，隶属于甘肃营销总部兰州东岗西路营业部。2011年，经中国证券业监督管理委员会批准成立国泰君安证券股份有限公司张掖西大街证券营业部。营业部为投资者提供股票、基金、债券、融资融券及其他理财产品，提供自助委托、电话委托、网上委托、手机证券等委托方式。

华龙证券股份有限公司张掖西大街证券营业部 2008年，华龙证券张掖西大街营业部成立，营业部依托华龙证券股份有限公司强大的研发实力和全国众多营业网点的优势，服务于“金张掖”的广大客户。主要为投资者提供A股、B股、权证、开放式基金、封闭式基金、LOF（上式型开放式基金）、ETF（交易型开放式指数基金）、国债、企业债、债券回购等多种交易品种。提供自助交易、电话交易、网上交易、手机交易等委托交易方式。

第二节 保险公司

保险行业协会 张掖市保险行业协会成立于2007年，是经中国保险业监督管理委员会甘肃监管局审查同意，并在张掖市民政局登记注册的以自律、维权、协调、交流、宣传为主要职能的自律性社会团体组织。至2011年底，张掖市保险行业协会共有会员单位16家，其中产险公司9家，寿险公司7家。

中国人寿财产保险股份有限公司张掖市中心支公司　2008年，经中国保监会甘肃监管局、张掖市工商局批准，“中国人寿财产保险股份有限公司张掖市中心支公司”成立。公司下辖甘州等5家支公司。从2010年起，公司保费规模连续三年位居张掖10家财险主体第二位。6年累计实现保费收入2.8亿元，缴纳税款1823万元，代甘州区地税局征收车船使用税3178万元，安置甘州区下岗、失业人员55人。公司提供服务的主要单位有中国人民银行张掖中心支行全系统、张掖市国税局全系统、甘肃省公安厅交通警察总队高速公路第二支队等党政事业机关；甘肃西运集团公司、张掖市汽车运输公司、张掖市昌运汽车运输公司、张掖市海峰公司等10多家运输企业；甘肃电投张掖发电公司、甘肃河西水电公司等大中型企业。服务险种涉及企财险、机动车辆保险、承运人责任险、团体意外险等多个险种，服务对象涉及党政机关、交通运输、水利电力等各个领域。

中国人民财产保险股份有限公司张掖市分公司　该分公司注册成立于1996年。公司前身为“中国人民保险公司张掖中心支公司”。中国人民财产保险股份有限公司张掖市分公司年车险增速达22%以上，商业非车险业务增速达35%以上，大病保险实现出单，公司保费规模突破2亿元大关，经营利润保持在2000万元台阶。2014年公司累计承担社会风险责任291.66亿元，上缴各类税金1725.58万元，连续三年被张掖市人民政府授予“市长金融奖”。

中国太平洋财产保险股份有限公司张掖中心支公司　2005年，经甘肃省保监局批准设立“中国太平洋财产保险股份有限公司甘肃分公司张掖营销服务部”。2008年，经甘肃省保监局批准升格为中心支公司，更名“中国太平洋财产保险股份有限公司张掖中心支公司”，公司有员工40余名。公司将客户体验融入现有的业务管理体系和运营流程，与产品、渠道、区域策略有效结合。在太平洋产寿电销、网销、门面整合政策下，推进客户资源共享，实现“一站式”保险服务。

中国大地财产保险股份有限公司张掖中心支公司　该公司成立于2005年，前身为张掖营销服务部，办公营业地址位于甘州区汽车东站北侧工商局一楼，公司下设总经理室、业务管理部、客户服务部、综合管理部以及营业一、二、三部等，员工40余人。2010年，经总公司、甘肃保监局批准，张掖营销服务部正式升级为张掖中心支公司。主要经营企业财产损失保险、家庭财产损失保险、建筑工程保险、安装工程保险、货物运输保险、机动车辆保险、船舶保险、飞机保险、航天保险、核电站保险、能源保险、法定责任保险、一般责任保险、保证保险、信用保险、种植业保险、养殖业保险、短期健康保险、意外伤害保险。

中国平安财产保险股份有限公司张掖中心支公司　2007年，中国平安财产保险股份有限公司张掖中心支公司成立，位于张掖市青年东街94号。内设营销部、理赔部、财务部。2010年，公司搬迁至甘州区东环路253号，有正式员工34人，公司主要经营企业财产损失保险、家庭财产损失保险、短期健康保险、意外伤害保险、建筑工程保险、安装工程保险、货物运输保险、机动车辆保险、船舶保险、能源保险、法定责任保险、一般责任保险、保证保险，信用保险、种植保险、养殖保险，代理国内外保险机构检验、理赔、追偿及其委托的其他有关事宜。

泰康人寿张掖中心支公司　公司成立于2008年，设有总经理室、办公室、财务部、运营中心、培训部、营销部、团险部、银保部、本部营销团队。2009年，随着续期业务的开展，公司成立保费部。泰康人寿张掖中心支公司共有内勤员工50多人，营销代理人700多人。

第 十 编

综合经济管理

第一章 计 划

1973年，“张掖县计划委员会”成立（简称“计委”）。1985年，更名“张掖市计划委员会”。2003年2月，更名“甘州区发展计划局”。2005年，改组“甘州区发展和改革委员会”。2011年，成立“甘州区新增粮食生产能力建设办公室”，隶属甘州区发展和改革委员会管理。2013年，甘州区招商局整体划归甘州区发展和改革委员会管理。2016年，成立“甘州区政府和社会资本合作（PPP）管理办公室”，与甘州区项目办公室合署办公。

第一节 计划编制

“八五”计划与十年规划时期（1991—2000年） 张掖市国民经济和社会发展主要预期目标是：国民生产总值年递增7%，其中“八五”期间年递增6.6%，“八五”末达到7.9亿元，2000年达到11.36亿元，年递增6.2%。“八五”期间年递增6.1%，“八五”末达到6.6亿元，2000年达到8.98亿元。工农业总产值“八五”末达到10.24亿元，年递增7.3%，2000年达到14.8亿元，年递增7.4%，其中农业总产值“八五”末达到6.24亿元，年递增5%，2000年达到7.8亿元，年递增4.8%；工业总产值“八五”末达到4亿元，年递增11.4%，2000年达到7亿元，年递增11.6%。乡镇企业总产值“八五”末达到3.9亿元，年递增15.4%，2000年达到8亿元，年递增15.5%。粮食总产量2000年达到3.6亿公斤，年递增3.1%。农民人均纯收入“八五”末达到935元，实现人增40元，2000年达到1160元，在“八五”基础上人增45元。财政收入“八五”末达到7154万元，年递增8.9%，2000年达到1亿元，年递增7.9%。社会商品零售总额“八五”末实现5.32亿元，年递增10.7%，2000年达到8.61亿元，年递增10.4%。“八五”时期平均自然增长率按13‰以内控制，到1995年人口总数控制在45.87万人以内，“九五”时期自然增长率控制在13‰以内，人口总数控制在48.92万人以内。

“十五”计划（2001—2005年） 张掖市（区）国民经济和社会发展主要预期目标是：至2005年，全区国内生产总值达到45亿元，年均增长11.4%；人均国内生产总值达到9000元，一、二、三产业比重由2000年的35.7∶27.4∶36.9调整为26.7∶33.3∶40；规模以上工业增加值达到2.8亿元，年均增长17.3%；农业增加值达到12亿元，年均增长5.1%；乡镇企业增加值达到15亿元，年均增长20.1%；大口径财政收入达到3.0亿元，年均11.3%，地方财政收入达到2.0亿元，年均增长11.3%，地方财政收入达到2.0亿元，年均增长10.0%；农民人均纯收入达到4000元；城市居民可支配收入达到8000元，年均增长10.1%；全社会固定资产投资累计完成100亿元左右；人口自然增长率控制在7.63‰，全区总人口达到50万人，城市人口达到20万人，城镇化水平达到40%。

“十一五”规划（2006—2010年） 甘州区国民经济和社会发展主要预期目标是：至2010年，全区国内生产总值达到90亿元以上，年均增长12%。其中一、二、三产业增加值分别为19亿元、36亿元、35亿元，年均增长5.35%、16.5%、11.5%。三次产业结构调整为21∶40∶39。人均生产总值突破2000美元；工业增加值达到27亿元，年均增长20%左右；全社会固定资产投资五年完成145亿元；财政收入达到5.3亿元，年增长13%左右；农民人均纯收入达到5000元，年均增长200元左右；城镇居民人均可支配收入达到10000元以上，年均增加600元左右；人口自然增长率控制在6‰以内，城镇化水平达到40%。

“十二五”规划（2011—2015年） 甘州区国民经济和社会发展主要预期目标是：至2015年，全区国内生产总值达到190亿元，年均增长12.5%。三次产业结构调整为17∶41∶42。大口径财政收入达到16亿元左右，年均增长18%，一般预算收入达到4.1亿元以上，年均增长15%。全社会固定资投资5年达到400亿元以上。社会消费品零售总额年均增长19%左右。农民人均纯收入达到10300元以上，年均增长12%左右；城镇居民人均可支配收入达到19100元以上，年均增长12%左右。人口自然增长率控制在6.5‰以内，城镇化水平达到42%。

“十三五”规划（2016—2020年） 全区国民经济和社会发展主要预期目标是：全区国内生产总值年均增长8.5%以上，至2020年全区经济总量达到280亿元以上，人均生产总值预期超过5.3万元，第三产业增加值占全区生产总值的比重达到55%以上。全社会固定资产投资年均增长16%，五年达到860亿元以上。财政收入年均增长10%左右，达到35.9亿元；公共财政预算收入年均增长10%左右，达到12.3亿元。社会消费品零售总额年均增长10%，达到130亿元以上。城镇化水平达到52%以上。

第二节　计划实施

“八五”计划与十年规划（1991—2000年）实施情况 至2000年，全市国内生产总值达到26.2亿元，比1995年增长86.1%，年均增长13.2%；人均国内生产总值达到5533元，提前实现翻两番目标。财政收入与国民经济同步增长，大口径财政收入达1.7551亿元，年均增长10.8%。经济总量占到张掖地区的40%以上，主要经济指标位居全省县级市前列。三次产业结构至2000年为35.7∶27.4∶36.9。规模以上工业增加值年均增长11.4%，2000年达1.26亿元。第三产业重点培育商贸流通、餐饮服务、房地产、旅游等新型产业，新建、扩建了一批专业批发市场和零售商场；第三产业增加值年均增长15.4%，2000年达9.68亿元，是1995年的2倍。对外开放程度和水平提高，对外贸易规模扩大，引进项目117项，协议引进资金9亿元，实际落实资金184亿元，创汇达2078.5万美元。“九五”期间，完成固定资产投资21.44亿元，是“八五”时期的3.97倍，年均增长31.7%，比全省平均水平高出13个百分点。至2000年农民人均纯收入增加到2951元，城市居民可支配收入达到4950元。

“十五”计划（2001—2005年）实施情况 至2005年，张掖市（区）生产总值达到50.15亿元、年均增长11.5%；人均生产总值年均增长10%，2004年突破1000美元大关。财政收入达到2.89亿元、年均增长10.7%；一般预算收入达到9611万元、年均增长9.62%。社会消费品零售总额达到18亿，是2000年的2.9倍。完成全社会固定资产投资72亿元，是“九五”时期的3.3倍。建成重点项目278个，其中工业项目91个，形成以电力能源、有色冶金、生物化工、轻工食品为主的地方工业主导产业框架，张掖火电厂投产发电，结束甘州区没有大型工业企业的历史。建成农产品加工龙头企业65家，发展特色产业基地75万亩，制种、草畜、果蔬、轻工原料四大主导产业发展壮大，农业产业化经营水平逐年提高。城镇化步伐加快，旅游产业和第三产业快速发展。三次产业结构由2000年的36∶27∶37调整到2005年的28∶32∶40。2003年二产比重超过一产，产业结构实现历史性突破。加大招商引资，扩大对外开放，引进项目108个，完成投资37亿元，为全区经济发展注入活力。2005年，城镇居民人均可支配收入达7595元，农民人均纯收入达3947元。

“十一五”规划（2006—2010年）实施情况 至2010年，甘州区生产总值达93.5亿元，年均增长12%，人均GDP达到18473元。大口径财政收入达69428万元，年均增长19.1%，一般预算收入达20471万元，年均增长16.4%。全区建成各类投资项目975项，完成全社会固定资产投资160.5亿元。投资对GDP增长的贡献率达60%以上，平均每年拉动经济增长4个百分点。五年建成重点项目192项，完成投资98.3亿元。申报政府投资项目432项，落实各级各类扶持资金15.8亿元。招商引进项目163项，建成139项，完成投资20.8亿元。2010年工业企业完成增加值20.4亿元，年均增长19.3%，规模以上工业企业达到47户，完成增加值17.3亿元，年均增长22.7%；实现销售收入34亿元，年均增长22.8%。建成投资上千万元、销售收入3000万元的工业项目52项，培育年销售收入上亿元骨干企业8户、3000万元以上企业28户，电力能源、农副产品加工、生物化工、冶金建材等产业群体基本形成。创建国家级经济技术开发区，着力打造工业发展平台，开工建设西洞冶金建材园和兔儿坝滩循环经济示范园。三次产业结构为26.3∶32.2∶41.5，经济结构进一步优化。农民人均纯收入达5862元，年均增长8.2%，城镇居民人均可支配收入达10855元，年均增长7.4%。

风力发电

“十二五”规划（2011—2015 年）实施情况 “十二五”期间，甘州区经济总体呈现快速增长态势。2015 年全区生产总值达到 156.8 亿元，年均增长 10%，经济总量占全市的 42%；人均生产总值达 30520 元，年均增长 11.2%；固定资产投资完成 109.96 亿元，五年完成 418.9 亿元，年均增长 19.5%；社会消费品零售总额达到 80.4 亿元，年均增长 14.1%；大口径财政收入达 22.3 亿元，年均增长 26.3%；公共预算财政收入达 7.64 亿元，年均增长 30.1%；规模以上工业增加值达到 18.47 亿元，比 2010 年净增 1.17 亿元，年均增长 1.32%；建成各类固定资产投资项目 944 项，完成全社会固定资产投资 418.9 亿元。建成张掖军民合用机场、兰新铁路第二双线甘州段、国电龙源 10 万千瓦风电、黑河水电 5 万千瓦光伏发电、善之荣生物食用菌加工、三馆建设、大成学校、前进牧业万头奶牛场及饲草基地等重点项目 95 项。三次产业结构由“十一五”末的 26.4∶32.1∶41.5 调整为 22.7∶24.2∶53.1。城镇居民人均可支配收入达 20236.9 元；农民人均纯收入达 11319.5 元。

“十三五”规划（2016—2020 年）实施情况 2016 年，甘州区实现生产总值 168.77 亿元，比上年增长 8%。其中，第一产业增加值 37.43 亿元，增长 5.2%；第二产业增加值 39.06 亿元，增长 7.5%；第三产业增加值 92.28 亿元，增长 9.3%。三次产业结构由上年 22.7∶24.2∶53.1 调整为 22.2∶23.1∶54.7。完成固定资产投资 123.3 亿元。实现社会消费品零售总额 88.5 亿元。完成大口径财政收入 24.6 亿元，公共财政预算收入 8.42 亿元，城镇居民人均可支配收入 22067 元，农村居民人均可支配收入 12218 元。

第三节　计划管理

计划管理 20 世纪 90 年代初，张掖市进入计划经济与市场调节相结合的“双轨制”时期，主要工业品生产仍实行计划安排，主要物资实行计划分配，指令性计划下达和平价物资分配呈逐年减少趋势。1991 年后，张掖市计划、财政、税收、工商等经济管理部门加快改革步伐，逐步转向宏观调控，微观放活，钢材、木材、石油产品、水泥、化肥等主要生产资料和粮、油、棉、茧等主要生活资料以及外汇相继放开，按市场需求配置资源逐步占市场经济主导地位。1997 年起，全市计划工作进入“市场调节为主，计划调控为辅”时期，计划工作职能由微观经济管理转向宏观经济管理，主要是加强对经济运行质态的检测、分析、编制国民经济和社会发展计划。

农转非管理 “农转非”是计划经济时期的一种户籍管理制度，它起源于 20 世纪 80 年代初期，1985 年开始在全国实施，2001 年 3 月取消。1998 年，《张掖市试点小城镇建设户籍改革实施方案》印发执行，当年计划内“农转非”仍然执行国家指令性计划，实行政策与指标综合管理。全市办理计划内“农转非”582 人，其中职工居民家属投靠 431 人，民办教师转公办教师 104 人，其他 47 人。所有“农转非”人员审批材料，经张掖地区审查后符合国家有关政策规定，当年签发计划指标卡，公安、粮食部门凭卡办理落户手续和粮食关系，459 人办理异地迁入落户手续。1999 年，张掖市计划内

“农转非”仍然执行国家指令性计划，实行政策与指标综合管理，全市办理计划内“农转非”387人。其中，职工农村家属投靠305人，居民农村家属投靠63人，科级干部家属投靠19人，所有“农转非”人员审批材料经张掖地区审查后符合国家有关政策和规定，当年签发计划指标卡，公安、粮食部门凭卡办理落户手续和粮食关系，486人办理异地迁入落户手续。2000年，重新修订张掖市人口户籍优惠政策，计划内“农转非”仍执行国家指令性计划，实行政策与指标综合管理，全市办理计划内“农转非”860人，所有“农转非”人员审批材料经张掖地区审查后符合国家有关政策和规定，当年签发计划指标卡，公安、粮食部门凭卡办理入户手续和粮食关系，600人办理异地迁入落户手续。2001—2002年，国务院放宽户口条件政策和省政府小城镇户籍管理制度改革意见出台，放宽出生婴儿随父母自愿，符合在城镇购房就业就学、投靠亲属、引进人才等条件准入政策，公安户政管理部门简化户口办理手续，减少办事环节，规范办理程序，统一标准，全面落实新的城镇户口政策，张掖市增加城镇人口14737人，其中解决“农转非”户口人员11374人，外县市非农业人口迁入3363人。

第四节　项目建设

2000年，张掖市成立项目工作办公室，全面负责项目争取、管理、督促、检查工作。2008年，甘州区再次掀起项目建设高潮，当年政府工作报告提出“举全区之力，抓项目服务发展。”

项目库建设　贯彻落实甘肃省委“四抓三支撑”总体工作思路，提升项目前期工作质量和水平，2007年起，主要做好国家重大项目库入库工作。“十二五”期间，根据甘肃省“3341”项目库建设要求，甘州区编制上报项目189项，总投资497.6亿元，其中意向项目5项，开展前期工作项目9项，计划新开工项目98项，续建项目73项，建成项目4项，项目涵盖能源、交通、林业、旅游、保障性住房和房地产开发、工业、文化7个大类。

国家重大项目库　2016年，甘州区根据国家发改委确定制定三年滚动投资计划要求，加强重大项目储备库建设。按照建立项目谋划一批、储备一批、开工一批、建设一批的“四个一批”储备机制，编制上报项目，涉及能源、兴边富民、棚户区改造和保障性安居工程配套基础设施、县城基础设施建设、千亿斤粮食等主要农产品生产基地建设、良种工程、农村扶贫公路、旅游基础设施和公共服务设施建设、奶牛、肉牛肉羊标准化规模养殖场（小区）建设等31个大类，储备项目218项，总投资561.5亿元；在建以及拟于当年开工项目211项，总投资542.3亿元。

PPP项目库　2016年，成立“甘州区政府和社会资本合作（PPP）管理办公室”，与区项目办合署办公，专门负责全区PPP项目建设工作，研究制订《甘州区PPP项目信息公开管理办法》，推动PPP项目库建设。至2016年末，全区入库项目130项，总投资达379.5亿元，其中列入国家级政府与社会资本合作项目库2项，总投资17.8亿元，分别是全国综合养老示范基地、老街暨甘泉公园周边棚户区改造。列入省政府项目库

10 项，总投资 43.01 亿元，分别是甘平公路、华德生态城花海旅游项目、屋兰古镇文化旅游开发项目、甘州府城项目、张掖国际汽车自驾营地项目、循环经济示范园污水处理厂项目、区人民医院住院部大楼、酥油口下库工程、滨河新区思源实验学校、物流园区基础设施。张掖生活垃圾焚烧发电 PPP 项目并被省政府确定为全省 PPP 典型示范项目，积极审报列入国家级 PPP 典型示范项目库名录。纳入市发改委 PPP 项目库 104 项，总投资 320.6 亿元。

项目建设　“十一五”期间，甘州区建成各类投资项目 975 项，完成全社会固定资产投资 160.5 亿元，是“十五”时期的 2.2 倍。五年建成重点项目 192 项，完成投资 98.3 亿元。抢抓国家扩大内需政策机遇，积极申报争取黑河流域综合治理工程、保障性住房、区人民医院、张平公路、职教中心等政府投资项目 432 项，落实各级各类扶持资金 15.8 亿元。建成张掖火电厂、石庙子一、二级电站、5 万吨高纯硅、巨龙建材 2500 吨新型干法水泥、90 万吨洗精煤、华瑞 3 万吨麦芽、张掖农场 1.2 万吨番茄、10 万头肉牛屠宰加工、金鹰食品 3 万吨小麦淀粉及 5000 吨谷朊粉、3 万吨谷氨酸、1 万吨马铃薯精淀粉、丰乐种业种子加工生产线等工业类项目，金张掖机动车救援中心、甘泉文化广场、爱家装饰城、国芳百货购物中心、新世纪商贸城、金脉步行街等商业项目，新建、改扩建甘州市场、东关机动车交易中心、金张掖钢材市场、河西批发市场、南关蔬菜果品批发市场、万佳家具市场、沅博畜产品交易市场等专业市场项目。“十二五”期间，围绕发展区域支柱产业，推进现代农业、生态工业、文化旅游产业和基础设施项目投资，实施区列重点项目 271 项，实施项目数比“十一五”时期多 79 项，其中总投资亿元以上重点项目 167 项，比“十一五”时期多 98 项。重点项目完成投资 243.9 亿元，是“十一五”时期的 3.6 倍；占全社会固定资产的比重为 57.3%，比“十一五”提高 15.2 个百分点。五年来，全区实施总投资 3000 万元以上区列重点项目 177 项，计划总投资 472 亿元，实际完成投资 143 亿元。竣工投运（产）重点项目 95 项，完成投资 243.9 亿元。其中，生态工业方面，建成 38 项，完成投资 69.39 亿元。现代农业方面，完成投资 32.52 亿元，建成张掖绿洲现代农业试验示范区，登海种业种子加工生产线、前进牧业奶牛产业园、沅博农牧 30 万只肉羊屠宰加工、善之荣食用菌生产、奥林贝尔生物饲料、正大饲料、天业节水等 21 个重点项目；引进中地种畜 2 万头良种奶牛科技园项目、亚盛张掖农场 2 万头奶牛养殖场建设、天成生猪养殖场等重点投资建设项目，推动全区肉牛肉羊、奶牛、生猪三大全产业

巨龙建材生产线

链发展。旅游及社会事业方面，完成投资 44.6 亿元，建成甘州中学、大成学校、图书馆、博物馆、美术馆、妇幼保健院、全国养老示范基地、甘州府城、张掖大剧院、丹霞景区建设等项目。商贸物流方面，完成投资 47.18 亿元，规划建设张掖绿洲现代物流园区、国芳商贸综合体、新张掖国际商贸城、张掖绿洲农副产品综合交易市场等项目。城镇化及基础设施方面，完成投资 50.22 亿元，开工建设甘平公路、热电联电项目、农村通畅公路建设、新加坡生态城黑河大桥工程、黑河中游河道治理工程等项目。

2016 年，全区确定重点建设项目 81 项，除 9 项预备项目外，72 项区列重点建设项目计划总投资 336.5 亿元，当年计划投资 116.4 亿元；至 12 月底开工建设 48 项，开工率达 66.7%，完成投资 60.33 亿元，占当年计划投资的 51.83%。其中，工业能源开工 10 项，完成投资 6.25 亿元；农业农村及生态项目开工 6 项，完成投资 2.79 亿元；商贸物流开工 6 项，完成投资 11.3 亿元；城镇化及基础设施开工 9 项，完成投资 17.08 亿元；社会事业及旅游项目开工 9 项，完成投资 8.93 亿元；房地产开发开工 8 项，完成投资 13.98 亿元。全年建成投产项目 6 项，建设进度较好项目 36 项。

第五节　固定资产投资

甘州区固定资产投资最早开始于 1950 年，当年张掖县固定资产投资 7 万元。1980 年“五五”末，全县固定资产投资达 758 万元。1990 年“七五”末，达 1416 万元。“九五”期间（1996—2000 年），张掖市完成固定资产投资 21.44 亿元，是“八五”时期的 3.97 倍，年均增长 31.7%，比全省平均水平高出 13 个百分点。“十五”期间（2001—2005 年），甘州区完成全社会固定资产投资 72 亿元，是“九五”时期的 3.3 倍，建成重点项目 278 个，其中工业项目 91 个。“十一五”期间（2006—2010 年），甘州区建成各类投资项目 975 项，完成全社会固定资产投资 160.5 亿元，是“十五”时期的 2.2 倍。投资对 GDP 增长的贡献率达 60% 以上，平均每年拉动经济增长 4 个百分点，成为推动经济发展的重要引擎。“十二五”期间（2011—2015 年），建成固定资产投资项目 964 项，完成全社会固定资产投资 406.7 亿元，是“十一五”时期的 2.5 倍。2015 年全区固定资产投资首次突破 100 亿元，完成 109.96 亿元。2016 年，全年固定资产投资完成 123.3 亿元，增长 12.13%，审批、备案各类项目 260 多个，全年开工建设各类固定资产投资项目 160 项。

第六节　资金争取

2000 年以来，张掖市大力发展非公经济，建立项目库和项目责任制，加强推进与省市经济技术交流与协作，以政府为主导，以企业为主体，全方位、宽领域、多形式招商引资，通过参加全国乡镇企业东西合作经贸洽谈会、第九届兰洽会、中国西部药材交易会等招商活动，西部草业、成都大业、海晨乳业、中农集团、正大集团、河西水电、腾龙节水等一批国内知名企业落户甘州，五年来，引进各类建设资金 13.7 亿元，其中国债资金和国拨资金 6.7 亿元。“十一五”时期（2006—2010 年），甘州区举全区之力建设项目，日产 2500 吨新型干法水泥、90 万吨洗精煤等 193 个重点项目建成投产；张掖军民合用机场、兰新铁路第二双线等重大项目开工建设；城市燃气、10 兆瓦光伏发电等 12 个在建项目快速推进；上海航天机电 100 兆瓦光伏发电及装备制造基地等 19 个前期项目进展顺利，五年建成项目 975 项，完成固定资产投资 160.5 亿元，向上争取各类资金 15.8 亿元，引进项目 163 个，到位资金 20.8 亿元。“十二五”时期（2011—2015 年），全区向上争取资金迈上新台阶，2011 年突破 9 亿大关。至 2016 年，全区向上争取资金 21.11 亿元。

第二章　统　　计

1953 年，张掖县政府设立统计科，负责全县统计工作。后成立张掖县统计局，后又撤并。1978 年，“张掖县统计局”恢复，业务归口属张掖县计委。1980 年分设“张掖县统计局”。1986 年，张掖县统计局更名“张掖市统计局”。1991 年，张掖市统计局代管省属单位张掖市农村社会经济调查队。2000 年，成立“张掖市城市社会经济调查队”，与张掖市农村经济社会经济调查队一个机构、两块牌子，隶属市统计局领导。2002 年，张掖市统计局更名“甘州区统计局”。2006 年，甘州区农村社会经济调查队划出，归口国家统计局甘肃调查总队管理。2013 年，成立“甘州区普查中心”，与区城市社会经济调查队一个机构、两块牌子，隶属甘州区统计局管理。

第一节　重大国情国力普查

人口普查　1949—2016 年，我国分别在 1953 年、1964 年、1982 年、1990 年、2000 年与 2010 年开展 6 次全国性人口普查。其中，1991—2016 年开展三次。

第四次全国人口普查。普查登记标准时点 1990 年 7 月 1 日零时。普查结果显示：至 1990 年 7 月 1 日零时，常住人口共 433572 人（不包括现役军人），比 1982 年“三普”的 381955 人增加 51617 人，增长 13.51%，8 年间平均每年增加 6452 人，递增速度为 15.97‰。

第五次全国人口普查。普查登记标准时点 2000 年 11 月 1 日零时。至 2001 年 1 月 1 日零时，全市常住人口 486688 人（不包括现役军人），比 1990 年“四普”的 433572 人增加 53116 人，增长 12.25%，10 年间平均每年增加 53116 人。

第六次全国人口普查。普查标准时点 2010 年 11 月 1 日零时。至 2011 年 1 月 1 日零时，全区常住人口 507433 人（不包括现役军人），比 2000 年“五普”的 473438 人增加 33995 人，增长 7.18%，10 年间平均每年增加 3400 人。

全国 1%人口抽样调查　2010 年 6 月，国务院颁布《全国人口普查条例》，规定人口普查每10年进行一次，尾数逢0年份为普查年度，在两次人口普查之间开展一次较大规模人口调查，即1%人口抽样调查，又称“小普查”。

2005年全国1%人口抽样调查宣传咨询

2005年全国1%人口抽样调查。2005年底，经国务院批准，我国开展第一次全国1%人口抽样调查工作。调查样本量1705万人，占全国总人口的1.31%。甘州区抽查调查样本量7274人，占全区总人口的1.45%。在各级人民政府统一领导下，通过调查工作人员艰苦努力，调查各项任务圆满完成。

2015年全国1%人口样抽样调查。2015年11月，根据《全国人口普查条例》和《国务院办公厅关于开展2015年全国1%人口普查的通知》，我国开展第二次全国1%人口抽样调查工作。调查标准时点2015年11月1日零时，调查以全国为总体，以各地级市（地区、盟、州）为子总体，采取分层、二阶段、概率比例、整群抽样方法，最终样本量为2131万人，占全国总人口的1.55%。甘州区总样本量为7704人，占全区总人口的1.5%。

第三产业普查　第一次全国第三产业普查。1993年，国务院决定对全国第三产业进行一次普查。本次普查对象是在张掖市辖区内从事第三产业的全部法人单位、产业活动和个体经营户。从1993年9月至1994年10月，组织开展第三产业普查工作，汇编《张掖市第三产业普查资料》。

第二次全国第三产业普查。2003年，全国进行第二次全国第三产业普查。普查主要对象是在境内从事第三产业的全部法人单位、产业活动单位和个体工商户。普查主要内容是单位标志、从业人员、财务收支、资产状况等，普查标准时点是2003年12月31日。

基本单位普查　1949年10月中华人民共和国成立以来，组织开展两次基本单位普查。

第一次全国基本单位普查。普查标准时点1996年12月31日。普查对象和范围是全市除农户和个体户以外所有从事社会和经济活动的法人单位和产业活动单位。

第二次全国基本单位普查。普查标准时点2001年12月31日，普查对象为中华人民共和国境内除城乡住户和个体工商户以外所有法人单位及其所属产业活动单位。张掖市至2002年1月25日，完成普查登记工作。全市第二次基本单位普查登记单位3152个，其中法人单位1673个，产业活动单位1479个。

工业普查 1949 年 10 月中华人民共和国成立以来，全国举办工业普查三次，第一次是 1950 年，第二次是 1985 年，第三次是 1995 年。

第三次全国工业普查。普查标准时点 1996 年 1 月 1 日，普查对象为全部工业企业，重点是国有企业、乡镇企业和外商投资企业的资产情况，全面调查区域内全部工业经济的所有制结构，主要产品结构和行业结构状况。1995 年末，张掖市有工业企业 1648 个，其中国营工业 17 个，城市集体工业企业 35 个，乡办工业企业 74 个，村办工业企业 130 个，农村合作经营工业 31 个，私营工业 2 个，城镇个体工业企业 111 个，农村个体工业企业 1248 个。全市现价工业总值 75126 万元。

经济普查 第一次全国经济普查。普查时点 2004 年 12 月 31 日，普查对象为甘州区行政区域内的第二产业、第三产业和全部法人单位、产业活动单位和个体经营户。普查主要内容包括单位基本属性、从业人员、财务状况、生产经营情况、生产能力、原材料和能源消耗、科技活动情况等。经普查，2004 年末，甘州区有从事第二、三产业的各类单位 3403 个。其中，第二产业 399 个，第三产业 3004 个。个体经营户 17046 户。其中，第二产业 2807 户，第三产业 14239 户。第二、三产业从业人员数 108298 人。其中，第二产业从业人员 41116 人，第三产业从业人员 67182 人。

第二次全国经济普查。普查标准时点 2008 年 12 月 31 日，时期资料为 2008 年度。普查主要内容包括单位基本属性、从业人员、财务收支、资产状况、生产经营情况、生产能力、能源消耗、科技活动情况等。

第三次全国经济普查。普查标准时点 2013 年 12 月 31 日，时期资料为 2013 年度。普查对象是在甘州区境内从事第二产业和第三产业的全部法人单位、产业活动单位和个体经营户。普查的主要内容包括单位基本属性、从业人员、财务收支、资产状况、生产经营销售、生产能力、能源消耗、科技活动情况等。

农业普查 1991 年以来，围绕农作物种植业、林业、畜牧业、渔业和农林牧渔服务业 5 个方面，进行三次全国农业普查。

第一次全国农业普查。普查时点 1996 年 12 月 31 日 24 时。普查时期 1996 年 1 月 1 日至 12 月 31 日。此次普查张掖市各级部门抽调普查指导员 500 多名，普查员 2400 多名，成立普查机构 31 个。

第二次全国农业普查。普查时点 2006 年 12 月 31 日 24 时。普查时期 2006 年 1 月 1 日至 12 月 31 日。普查对象和范围是辖区内全部农村住户、城镇农业生产经营户、农业和产业经营服务法人单位及其他未注册农业生产经营服务性单位、行政村和乡镇。

第三次农业普查。普查时点 2016 年 1 月 1 日，时期资料为 2016 年度。普查普通农户 86599 户，规模农业经营户 1524 户，农业经营单位 948 户，填报乡镇普查表 24 份（含现张掖经济技术开发区和城区 5 个街道办事处），行政村普查表 246 个。

第二节 统计管理

统计管理 2000 年，统计工作实行“属地管理”，由张掖地区行政公署统计处承担的中央省属、市属企业统计工作划入张掖市统计局承担。2000年国家普查制度改革后，逢0年份，开展一次全国人口普查；逢3逢8年份，开展全国经济普查；逢6年份，开展一次全国农业普查；逢5年份，开展1%全国人口抽样调查。1991—2004年期间，甘州区22个乡镇全部成立乡镇统计站，配备统计员。城区5个街道、东北郊经济新区（现张掖经开区）和张掖农场，成立统计领导小组和统计工作站。2011年，甘州区统计局开展以基本单位名录库、企业“一套表”统计调查制度、统一数据采集处理软件和联网直报系统为核心内容的统计“四大工程”，“四上”（指规模以上工业、限额以上批零住餐企业、资质以上建筑企业和房地产开发经营企业、规模经上服务单位）单位统计数据实现企业联网直报。

信息化建设 1998年，初步实现各类统计报表计算机数据处理化。2005年，15个乡镇统计数据网上上报，专业统计人员达到人手一机，内外网皆通，形成统计网络系统专人负责专人管理模式。2007—2009年，18个乡镇、5个街道和张掖工业园区配套完善全套办公设施。2012年开始，设立专用机房和业务平台，施行“企业一套表”改革制度，企业上报数据经统计数据平台，每月自主在统计联网直报平台上报。至2013年，全区企业一套表联网直报单位由2011年的166户“三上企业”发展到252户“四上”企业。完善局域网和统计网页，甘州区245个行政村接入统计内网账号，通过VPN技术实现乡镇、街道统计站与省、市、区统计局内网连接。甘州信息网开设“甘州区统计网”，提升统计服务功能。2013年，城区5个街道、张掖农场、245个行政村设置虚拟网卡，全区统计网络实现全覆盖。

第三节　统计改革

2012年实施“四大工程”开展企业一套表联网直报，建立以基本单位名录库为基础，调查单位实行原始数据网上直报，统计局在线审核数据的新的统计数据生产方式。2016年以后，落实中央《关于深化统计管理体制改革提高统计数据真实性的意见》《统计法实施条例》《统计违法违纪责任人处分建议办法》和省市关于提高数据质量文件精神，建立健全数据生产、审核验收、发布等环节的质量管理和控制体系。开展国民经济核算制度改革，实施与《国民账户体系2008》相衔接的《中国国民经济核算体系（2016）》，完善季度服务业增加值核算方法，建立科学统一核算体系，为产业结构调整和转型升级提供服务。

第三章　审　　计

1983 年，张掖县审计局成立，负责本县区域内审计工作。1986 年，更名“张掖市审计局”。2002 年，更名“甘州区审计局”。

第一节　审计体系与程序

甘州区审计组织体系由国家审计机关、民间审计组织（亦称社会审计组织）和内部审计机构三者构成。

审计体系　1991 年以来，甘州区内部审计机构设置逐步完善，内部审计人员配备逐步加强。2010 年，各乡镇人民政府、街道办事处、工业园区及区属有关下属单位的主管部门都设立内部审计机构，配备专（兼）职内审人员，开展内部审计。至 2016 年底，甘州区设立内部审计机构 54 个，配备内部审计人员 193 名。其中乡镇人民政府 18 个，街道办事处 5 个，房管、粮食、卫生、教育、农业、林业、水务、畜牧、公安、城建、工信等大口系统 31 个。

审计程序　审计局组成审计组，调查被审计单位有关情况，编制审计方案，在实施审计 3 日前，向被审计单位送达审计通知书。审计人员通过审查会计凭证、会计账簿、财务会计报告，查阅与审计事项有关的文件资料，检查现金、实物、有价证券，向有关单位和个人调查等方式进行审计，取得证明材料。审计组对审计事项实施审计后，提出审计报告，书面征求被审计对象意见。审计组按照审计署规定程序对审计报告进行审议，对被审计对象提出的意见一并研究后，提出审计机关审计报告。对被审计单位违反国家规定的财政收支、财务收支行为，依法给予处理、处罚，在法定职权范围内作出审计决定或者向有关主管机关提出处理、处罚意见。

第二节　审计工作

财政预决算审计　1991—2016 年，完成财政预决算审计 151 个单位（次），查出违规金额 56361 万元，处理纠正金额 38374 万元。

专项资金审计　1991—2016 年，对城镇职工医疗、保险基金、城镇职工失业保险基金、企业职工基本养老保险基金、工伤保险基金、农业综合开发资金、教育专项、环保专项、林业专项、卫生专项、保障性住房专项、扶贫资金、稳增长政策措施落实情况等进行审计。实施审计项目 298 个，审计资金总额 33.2 亿元，依法处理纠正 28164 万元，促进专项资金管理法制化、规范化。

行政事业审计　1991—2016 年，完成行政事业审计项目 121 个，审计资金总额 1.5

亿元，纠正违规金额2469万元。开展专项审计调查46项，对审计发现挤占挪用专项资金和管理不善、损失浪费等问题，给予处理纠正，提出审计建议，督促有关部门和责任单位予以纠正，促进全区经济建设和社会事业的健康发展。

经济责任审计 1995年，张掖市经济责任审计开始实行。2003年，成立“甘州区经济责任审计办公室”。至2016年，对179名乡镇、部门和企事业单位主要领导进行经济责任审计，配合纪检监察机关查处案件6宗。

固定资产投资审计 1991年以来，审计局前移审计“关口”，将事前、事中和事后监督有机结合，把审计工作贯穿于项目立项、招投标、施工图设计、概算、施工、监理、竣工决算等建设全过程，进行全程监督。至2016年底，完成国家财政投资建设项目241个，审减工程决算1898万元，遏止工程决算高估冒算、投资效益差、基建领域秩序混乱等问题发生。

企业审计 1991—2016年，先后对国有商业、粮食、外贸、供销、房地产开发、黑河水电、投资等企业开展有序审计工作，完成企业审计项目68个，审计查出违纪资金14847万元，依法收缴财政135万元，提出加强管理意见建议98条，促进增收节支354万元。

内部审计 2010年以来，区直机关全部设立内审机构，配备专门人员，开展内部审计工作。2009—2010年，全区内部审计机构完成审计项目252项。其中，财务审计143项，经济责任审计48项，专项审计35项，其他审计项目26项。通过审计，查出违规资金97万元，应调整账务361万元，其他120万元。提出审计建议173条，被采纳152条。

计算机审计 2010年以来，把计算机审计作为推进和提升工作水平的突破口，在专项资金审计和固定资产投资、经济责任审计等多个领域开展计算机审计项目152项，占完成项目总数的50%以上。

绩效审计 2000年以来，扩大绩效审计范围，将财政性资金投入大、政府重点投资建设项目、党政领导关心、社会关注、关系老百姓切身利益项目作为主要对象。对社会关注度高、资金量大的专项资金、民生资金或政府投资项目等开展“独立型”绩效审计；对常规项目中涉及体制、机制等方面问题的注重加强绩效分析，开展“结合型”绩效审计。2010年以来，先后对区环保局等8个部门预算执行情况和经济适用住房中心、新乐小区管委会、区房地产开发总公司、黑河水电总公司4户企业经营损益情况开展绩效审计。至2016年，开展绩效审计71项，绩效审计占完成项目的30%以上。

第三节　审计管理

审计质量控制 1991年以来，张掖市审计局将审计项目实施过程梳理细化为4大阶段24项程序，制定统一的审计业务文书范式和审计工作流程图表，制定《甘州区审计局审计执法责任制》《甘州区审计局审计执行过错责任追究暂行办法》《甘州区审计局规范行政处罚自由裁量权试行办法》等规章制度，督促审计人员依法履行法定审计程序，严格实施审计。加强审计实施过程管理，重点关注审计过程和重点环节质量控制，制定科学合理的审计实施方案，在被审计单位对审计组成人员、审计纪律等进行审计公告。审计过程中对重点项目和重点资金进行跟踪延伸审计。推进项目审理制，严格执行“一审核、二复核、三审理”（即审计组长审核、项目所在业务股室复核、分管领导审理）审计项目质量控制流程，强化各环节质量责任，落实审计质量责任追究制。

审计整改 2011—2015 年，开展审计督促整改项目 112 项，审计查出问题整改落实率达 95% 以上。审计促进党委政府制定完善制度 12 项，促进被审计单位健全制度机制 147 项。

审计监察 1991—2016 年，实施审计项目 1091 项，查出各类违规资金 115793 万元，管理不规范资金 304769 万元。经审计处理，归还原渠道资金 3490 万元，审计核减投资 1898 万元，向财政上缴罚款和税金 924 万元，为国家增收节支 6312 万元。

第四章　物　　价

1949 年中华人民共和国成立后，物价工作由张掖县政府建设科、计划委员会管理。1958 年，成立“张掖县物价委员会”。1996 年，张掖市物价委员会更名“张掖市物价局”。2002 年，更名“甘州区物价局”，同年划归甘州区发展计划局管理。2010 年 3 月，根据甘州区人民政府机构改革实施意见，不再保留甘州区物价局，其职责划入区发展和改革委员会，在区发展和改革委员会挂区物价局牌子。

第一节　价格改革

定价机制 2001 年，国家计委将中央管理定价项目减少到 13 种。2002 年，《甘肃省定价目录》印发。2003 年，《张掖市定价项目》批复实施，涉及 8 大类 23 个项目，其中授权县（区）物价等部门管理项目有 20 个。同年，国家出台电价改革方案，明确上网电价和销售电价由市场竞争形成，输电和配电价格由政府制定电价改革目标，推行差别电价、脱硫加价和可再生能源发电加价政策。2004 年，国家全面放开粮食收购市场。2006 年，国家出台石油价格综合配套改革方案，建立天然气价格与可替代能源价格挂钩调整机制。放开电煤价格，实施煤电、煤热价格联动。实行排污、垃圾处理、污水处理等有利于节能减排价格政策。

定价方法 2001 年《政府价格决策听证暂行办法》颁布实施。2003 年，甘州区召开首次城市垃圾处理费价格听证会。2004 年，甘州区举行冬季供暖价格调整听证会。2006 年，配合市上召开城市自来水价格调整听证会。2007 年以来，全面实行住宅小区物业服务收费听证制度，政府定价科学性和透明度显著提高。

价格监管与改革 清理行政事业单位和涉农、涉企收费，规范教育收费。全面落实义务教育阶段“一费制”“两免一补”政策。取消不合理收费，降低过高价格或收费标准。实现城乡用电同网同价，降低农村用电价格，推行农村与城市电信资费同价政策。明确经济适用住宅价格、廉租住房租金和物业服务收费构成，规范价格管理。至 2010 年底，甘州区市场调节价在社会商品零售总额中占 95.6%，在农产品收购总额中占 97.1%，在生产资料销售总额中占 92.4%；政府指导价和政府定价所对应的比重分别占 4.4%、2.9% 和 7.6%。以市场形成为主的价格机制基本建立。2016 年，张掖市政府批转张掖市辖区政府物价清单，涉及甘州区 10 大类 19 项政府定价目录。

第二节　价格管理

1991—2016 年，甘州区价格管理工作经历两个时期：改革时期（1991—2000 年）和完善时期（2000 年以后）。1994 年，对人民群众生活密切的“面袋子”“菜篮子”“肉架子”价格严格控制在省定限价内，蔬菜价格实行差率控制，本地菜批零差率不超过 70%，外地菜不超过 80%，饮食早点实行毛利率控制，白糖、酱油、食醋制定市场指导价，适度控制。对全市 120 家餐馆酒家、44 个歌厅卡厅、17 处家电修理店进行等级评定，制止价格欺诈和暴利行为，率先在全省开展反暴利活动。1995 年，制定《张掖市制止牟取暴利实施细则》，将娱乐、餐饮、服装、皮鞋、家用电器 5 个行业行为反暴治价重点，规定相应控价倍数和具体实施品种。1998 年，整顿农村电价，调整 6 类 381 项医疗收费标准，调整幅度为 53.8%，提高农业用水价格，调整后水价 63 厘／立方米。2000 年以来，张掖市价格管理由下游产品转向上游产品的资源、能源等生产要素的价格管理。价格调整重点由一般民生价格转向垄断性、公益性、保护性、强制性价格调整。突出定规则、当裁判、搞服务，按照《定价目录》规定价格管理权限制定和调整甘州区管理商品和服务价格。2003 年，《张掖市定价项目》印发，涉及 8 大类 23 个项目，其中授权县（区）物价等部门管理项目有 20 个。2004 年以来，召开甘州城区客运出租汽车运价调整听证会，3 路、21 路等 6 条公交线路票价调整听证会等，探索推行价格听证会议制度，增强价格决策的科学性和民主性。2016 年，张掖市物价局印发《关于公布张掖市政府定价项目清单的通知》，涉及市级 11 类 18 项、县级 10 类 14 项、甘州区 5 类 7 项政府定价项目。

规范汽车销售、维修行业价格行为政策提醒会

第三节 价格监督

专项监督 1991 年以来，组织开展“菜篮子”“米袋子”“火炉子”等稳定人民生活必需品价格检查；开展化肥、柴油、农药、农膜、石油、煤炭、化工、钢材、木材、纺织、电力、交通、医药、邮电、银行等重要工农业生产资料和垄断行业价格检查；开展教育、医疗、民政、公安、税务、工商、城建、涉农、涉企等行政事业性收费检查；开展集贸市场、农民建房、农民进城务工、城市下岗失业人员再就业、旅游、房地产、物业、机动车停放服务等民生热点价费问题整治行动。查处各类价格违法案件 816 件，查出违法金额 1243.71 万元，实现经济制裁 552.09 万元。2014 年，甘州区推行网格化市场价格监管模式，将城乡划分为 2 个片区，每个片区由 1 名局领导牵头抓总，配备 4 名价格执法人员分成 2 个网格，负责片区内经营者的日常价格行为巡查工作，重点突出节假日、重大活动、突发公共事件和自然灾害等重要时段市场价格巡查，每月巡查不少于 2 次，对巡查中发现不正当价格行为及时予以纠正，视情节轻重依法进行适当处罚。

物价大检查 1991—1997 年，出动检查力量 11570 多人次，检查单位 4102 个，查处各种价格违法案件 477 件，实现经济制裁 121.59 万元，其中退还消费者（用户）27.07 万元，上缴财政非法所得和罚款 94.52 万元。1998 年，组织市场零售物价检查 4 次，开展价格和收费专项检查 21 次，检查各种价格 38000 多个，各类收费标准 340 个，查处价格违法案件 48 件，查处违法金额 87.56 万元，收缴罚没款 7.76 万元，退还用户 26.05 万元。

价格诚信建设 1986 年，张掖市开展“物价计量信得过”评选活动，每两年举行一届。至 2002 年连续举行八届，申请参加评选活动单位达 586 个，个体经营者 2400 多人次。2000 年，在商业网点比较集中的南大街开展创建物价计量信得过“一条街”活动。2001 年，开展明码标价示范一条街、一所医院、一个市场、一个景点、一个电信营业点的“五个一工程”活动，确定南街、市医院、甘州市场、甘泉公园和大满邮政所为“五个一工程”示范单位。2006 年，组织开展“明码实价一条街”“价格诚信示范单位”为主要内容的价格诚信创建活动，评出首批价格（收费）诚信单位 22 家，创建明码实价示范一条街（金脉步行街）1 个，命名明码实价示范店 10 个。至 2011 年，开展价格（收费）诚信单位创建活动 4 届，命名表彰区级价格诚信单位 83 家，市级价格诚信单位 5 家，省级价格诚信单位 2 家，明码实价示范店 10 个。强化价格诚信单位监管，不定期开展抽查复评工作，1 家明码实价示范店被摘牌。

价格举报 1999 年，张掖市物价部门内设价格举报中心。2014 年，甘州区 12358 价格举报管理信息系统建成投入试运行，实现国家、省、市、县区四级共享。至 2016 年底，甘州区物价局接受各类价格举报投诉 665 件，立案查处 58 件，办结率和回复率均达 100%。

明码标价制度 1994 年开始，凡从事收购、销售商品或者提供服务的价格行为都必须明码标价。2004 年，甘肃省停止使用旧款商品标价签。2012 年，甘州区人民政府公布部门保留行政审批许可项目和市政府部门下放审批项目，张掖市物价局将商品标价签的监制审批下放甘州区。至2016年底，甘州区物价局受理经营者标价签监制申请9批次。

价格和收费公示制度 2002年，全市各乡镇、245个村委会、1999个村民小组进行涉农收费公示。2002年秋季开学，甘州区城乡中小学、幼儿园和其他特殊教育学校全面实行教育收费公示制度。2003年，全区所有医疗机构常用药品、医用材料和主要医疗服务价格实行价格公示制度。2005年起，乡镇、社区、各行政事业性收费单位和药品、医疗、电信、交通、物业等行业中，全面推行价格和收费公示制度。

第四节 收费管理

行政事业性收费 1988—1995年，国家规定行政、事业性收费，实行统一领导，分级管理。1992年，行政事业性收费许可证换证工作和行政事业性收费年审工作同步实行。1997年底，实行企业交费登记卡制度。1998年，张掖市全面清理整顿城乡行政事业性收费，取缔乱收费，合并重复收费项目，汇编《张掖市行政事业性收费项目及标准汇编》，收费项目280项，收费标准1217个，其中涉企收费省级以上102项，省级以下24项。全年取消收费项目和降低收费标准28项。查处涉企乱收费152项，金额27.8万元。2013年，甘州区所有收费年审及管理工作均通过系统在网上办理，通过系统提供的统计功能，对收费项目、收费金额、收费标准、收费许可证及收费年审情况等若干项目进行统计分析。2013—2014年度网上年审单位153个，年审率100%；2015年度年审单位157个，年审率99.37%。2014年，甘州区开始免征城市基础设施配套费，至2016年，免征城市基础设施配套费28.52万元。2016年，甘肃省取消收费许可证、经营性服务收费登记证制度。将各单位收费许可证、经营性服务收费登记证正、副本统一上缴，统一核销“收费许可证”“经营性服务收费登记证”468本。

经营性收费管理 物业服务收费。甘州区有物业公司37个，收费标准每月每建筑面积0.20元—0.48元不等。2008—2009年，甘州区两次组织物业公司经理培训班，向各物业公司收费员发放收费员证。2016年初，甘州区开展三级资质住宅物业小区前期摸底工作，建立物业工作信息群，制定住宅物业服务收费标准，规范小区物业收费管理工作。

民办教育收费。2004年，甘州区将民办教育收费纳入经营性收费管理范围。至2010年底，全区有各类民办教育学校、中心53个，发放经营服务性收费许可证53本。至2016年底，全区有各类备案管理民办幼儿园33所，有民办学历教育学校2所。

“三乱”（乱收费、乱罚款和各种乱摊派）治理 1990年，成立治理“三乱”办公室。至2010年，国家、省、市先后宣布清理取消各类不合理收费项目684项，涉及甘州区132项，涉及公安、教育、劳动人事、交通、房管、环保、工商、卫生、水利、物价、计生、国土资源等14个行政事业单位。2011年，检查落实涉及甘州区取消的26项收费项目和降低的22大项收费标准，废止2份过时收费管理文件。2012年，检查落实涉及甘州区取消的8项收费项目和降低的22大项收费标准；免征小型微型企业部分行政事业性收费单位4个，取消不合理收费项目13项。2013年，检查落实涉及甘州区取消行政事业性收费项目4项，免征行政事业性收费项目5项，降低行政事业性收费2项。2014年，对甘州区属156个单位、444本收费许可证核发收费项目、收费标准进行复核，注销国家明令宣布取消行政事业性收费项目7项，清理历年违规批准收费项目5项。2015年，落实国家、省、市有关规定，取消停征和免征行政事业性收费项目28项，为企业减负925.47万元。对甘州区设立的行政事业性收费项目和收费标准进行清理，取消涉及8个部门16个收费项目31项收费标准。同年11月至12月，对农业局、林业局等34个单位2015年以来中央、省市明令取消、暂停、免征的各项行政事业性收费政策落实情况进行检查。

第五节　价格认证与成本调查

价格认证　1995年，张掖市价格事务所成立。2002年，张掖市价格事务所更名“甘州区价格事务所”。2003年，更名“甘州区价格认证中心”，事业性质，隶属甘州区物价局管理。1995—2016年，受理各类价格鉴证案件3851起，案值1.146亿元。

价格成本调查　1997年以前，张掖市农产品生产成本调查品种主要有小麦、玉米、生猪、胡麻、蔬菜、甜菜等品种。调查主要内容是农产品生产过程中种子、化肥、农药、农机、灌溉、燃料动力、工具材料、折旧、修理等各项物耗和资金支出、税金、保险、管理费、财务费等费用支出以及劳动力成本和土地成本。2000年后，张掖市不再承担蔬菜成本调查任务。2012年后甘州区不再承担小麦、玉米成本调查任务。

定价成本监审　2009—2011年，甘州区对区房地产管理局申请的甘州区宁和园A区一、二期经济适用住房销（预）售价格及“北辰丽家·逸景园”的756套廉租住房销售价格进行成本监审。2012年，对甘州区住宅小区物业管理中心、张掖市新乐小区物业公司、张掖市宝迪物业公司、张掖市新世纪物业公司、张掖市第二中学等5家供暖单位供暖成本进行监审。2013—2015年，对甘州区房地产管理局申请的国有公有住房和自管房屋的租金成本及丹马时代城住宅小区棚户区改造安置房二期工程12#、13#楼保障住房成本进行监审。2015年，对甘州区水务局所属大满、盈科、西干、甘浚、上三、乌江、安阳、花寨8个灌区2012—2014年3个年度农业水利工程供水成本进行成本监审。对张掖市新乐房地产开发有限公司投资开发的毓秀花园二期商品房进行成本监审。2016年，对甘州区房地产管理局2012—2014年立项开发建设的紫薇花苑住宅小区752套保障房（其中，公租房426套、廉租房78套、经适房248套）和东方明珠住宅小区政府回购商品房进行成本监审。

第六节　价格调节基金

基金征收　甘州区价格调节基金从2012年正式开征，由区地税局负责代征。至

2016 年，甘州区征收价格调节基金 2393.57 万元。其中，上解省市 1436.14 万元，区级入库 957.43 万元。省级拨入甘州区价格调节基金专户资金 120 万元（100.8 万元加 5 月拨入 19.2 万元），市级拨入 364.80 万元。2016 年起，价格调节基金停止征收。

基金使用 2012—2016 年，甘州区支出价格调节基金 1042.6 万元。价格调节基金主要用途：（1）风险准备金。按区级入库金额的 20% 提取风险准备金。（2）管理费。按当年实际征收价格调基金本级入库金额的 2% 提取税务部门征收经费和价调办管理经费。（3）直销店建设费用。根据省上要求，每个直销店建设及内部设施配置的标准为 6 万元。（4）直销店补贴费用。根据省上要求，每个直销店补贴标准为 6 万元。（5）蔬菜配送中心费用。（6）淡季蔬菜储备费用。根据省上对甘州区的淡储补贴标准，每储备一斤蔬菜补助 0.25 元。

第五章 土地管理

1988 年，张掖市土地管理局成立。2002 年，更名“甘州区土地管理局”。5 月，甘州区矿产资源管理站划归甘州区国土资源局管理。2007 年，甘州区国土资源局实行派出制，成立“张掖市国土资源局甘州区分局”。各乡镇国土资源所作为甘州区分局派出机构，由甘州区分局垂直管理。至 2016 年末，甘州区分局下属甘州区土地储备中心、甘州区国土资源执法监察大队、甘州区矿产资源监督管理站 3 个科级建制属事业单位。

第一节 土地调查

第二次全国土地调查 2007 年 7 月 1 日全面启动，2009 年上半年结束。调查完成调查面积 3689.95 平方公里，调查图幅 119 幅，完成调查图斑 10.54 万个，调查线状地物总数 39.05 万个。具体调查情况是：农村土地调查外业工作以 1∶10000 卫星影像图为工作影图，实行全野外调绘法完成，调查面积 366098.29 公顷；土地权属调查完成 232 个村，形成“土地权属界线协议书”和“土地权属调查表”各 242 份。总面积 549.13 万亩，其中耕地 137.03 万亩，园地 3.81 万亩，林地 17.95 万亩，草地 178.73 万亩，城镇村及工矿用地 20.23 万亩，交通运输用地 9.83 万亩，水域及水利设施用地 29.36 万亩，其他用地 152.19 万亩。甘州区调整补划基本农田面积 45925.77 公顷，占全区土地面积的 12.54%，各乡镇均有分布，其中以沙井镇、党寨镇、大满镇、小满镇、乌江镇、碱滩镇和甘浚镇面积较多。

土地变更调查 甘州区土地变更调查工作于 2010 年开始，每年根据上级下发的土地利用现状数据库和遥感影像数据，对全区土地利用现状、土地权属及行政区划变化进行外业实地调查，获取变化地类图斑、土地权属（宗地）、行政区划数据，生成增量数据包以及统计报表，实现实时对土地利用数据库更新。本次国家下发甘州区监测图斑

320 个，面积 7090 亩。变更调查通过外业举证内业资料汇总相结合方式进行。

第二节　土地开发保护

土地整理复垦开发　1998 年，加强土地开发复垦审批管理，办理开发荒地审批手续 4 宗，面积 11035 亩，土地开发总投资 660 万元。为 23 个单位 27 宗土地 4334.33 亩，盘活土地资产 3306 万元，使企业以土地使用权抵押贷款 2100 多万元。1999 年，按照《农业用地开发管理办法》规定，审批农业开发用地 4 宗，当年完成开发面积 10187 亩。2001 年，制定出台《张掖市农业用地开发复垦管理办法》《张掖市城镇划拨国有土地使用权租赁暂行办法》。2002 年，实施土地整理，推行“谁投资，谁整理，谁经营，谁受益”优惠政策，全年整理开发土地 6200 亩，新增耕地 4050 亩。2003—2016 年，实施土地整理复垦开发项目 125 个，总投资 43646 万元。其中，国家投资项目 4660 万元，省级投资项目 8636 万元，省级两费留成切块资金项目 30350 万元（开垦费 9352 万元，新增费 14823 万元）。总建设规模 14278.82 公顷，新增耕地面积 4236.56 公顷。

农民签署土地流转协议

土地保护　区、乡（镇）、村层层签订基本农田保护目标责任书，乡镇主要领导是耕地保护第一责任人。实施动态巡查机制，打击非法占用、破坏耕地和基本农田。至 2016 年 12 月底，甘州区耕地保有量面积 89358 公顷。

基本农田保护　1998 年，清查全市划定基本农田 81.15 万亩、394 块，补充完善基本农田保护标志牌 42 块，建立图表卡册组成基本农田保护档案。1999 年，甘州区耕地保有量 92.57 万亩，年末增加到 93.28 万亩。2004—2005 年，全区划定基本保护农田 32 个，设置乡镇、村级基本农田保护标志 271 个，划分基本农田保护片 405 个，全区基本农田保护面积 82.46 万亩，保护率 87.07%。2006—2009 年，基本农田保护工作列入区、乡镇政府目标管理，划定基本农田保护区 405 块，设置乡镇、村级基本农田保护区标志牌和界桩 426 块，形成由图、表、卡、册组成的基本农田保护管理档案，全区耕地保有量 94.64 万亩，基本农田保护面积 82.46 万亩，保护率 87.13%。2010—2011 年，全区划定基本农田保护区 405 块，设置基本农田保护区标志牌和界桩 426 块，耕地保有量达 137.03 万亩。2012—2013 年，建立健全基本农田保护五级网络，筹资 30 多万元修建乡级基本农田保护碑 20 个，全区基本农田保有量达 137.18 万亩，基本农田保护面积 69.75 万亩，划定保护图斑 35334 个。2014—2015 年，全区划定基本农田保护区 405 块，设置基本农田保护区标志牌和界桩426块，耕地保有量达139.39万亩，划定永久基本农田68.9万亩。启动甘州区永久基本农田划定工作，全区永久基本农田面积107.79万亩，基本农田保护率80.42%，落实保护区1186个，保护片块20821个，保护图斑52699个。2016年，全区耕地保有量达139.04万亩。全区划定永久基本农田面积107.47万亩，占全区耕地保有量的80.18%。

第三节 地籍 测绘

地籍管理 1988年，张掖市土地管理局内设地籍股。1998年，设立“土地登记发证工作办公室”，全年发出国有土地使用证800本，集体土地使用证1200本。完成单位、个人发证数据整理1300宗。1999年，完成全国首次土地证书年检工作，全市城区有国有土地4526宗，初始土地登记发证3348宗，变更登记发证651宗，发证3999宗。2000年，开展已购住房处理土地使用权证书工作，年内填写发放土地证书3700本。2001年，甘州区被确定为国家级农村集体土地产权调查发证试点。2002年底完成城镇规划区内测绘任务，转入内业清绘、数据整理、制图等项工作。2001—2002年，配合企业改革，采取不同形式的土地资产处置方式和管理政策，为30户改制企业用地手续，涉及面积4878.59亩，土地资产达1.13亿元。发放城区已购公有住房土地证11800本。2003年，发放土地使用证586本，农村集体地地产权调查工作通过省级验收。2004—2005年，全年发放国有土地使用证63本，登记面积3556.74万平方米；发放集体土地使用证85宗，登记面积9.61万平方米。2006—2007年，组织开展新一轮土地利用总体规划和矿产资源总体规划前期工作。发放国有土地使用证31本，登记面积1012.6万平方米。发放集体土地使用证233本，登记面积59.19万平方米。2008—2009年，组织开展新一轮土地利用总体规划修编前期工作，完成甘州区矿产资源总体规划（2008—2015）文本编制工作。发放国有土地使用证356宗，登记面积1070.63米。2010—2011年，办理土地使用权注册登记，发放国有土地使用证361宗，登记面积989.95万平方米，办理国有土地使用权抵押36宗，面积1523.65万平方米，抵押贷款金额33102.24万元。2012—2013年，开展农村集体土地确权登记发证、宅基地使用权确权登记发证工作。至2013年，农村集体土地所有权确权登记发证及数据库建设工作全面完成，发证工作按计划有步骤开展。办理土地使用权注册登记582宗，发放国有土地使用证458宗，登记面积1078.7万平方米，办理国有土地使用权抵押124宗，面积901.72万平方米，抵押贷款金额15.2380亿元。2014—2015年，对17个乡镇集体建设用地使用权、宅基地使用权确权登记发证工作，对存在问题进行查漏补缺和整改，完成80147宗农村宅基地和1543宗集体建设用地的土地权属调查、地籍测量、数据录入工作。办理土地使用权注册登记727宗，其中国有土地使用权644宗，登记面积3548.6万平方米，国有土地使用权抵押83宗，抵押面积528.85万平方米，土地抵押金额5.8亿元。2016年，三权发证工作全面完成，全区17个乡镇集体土地所有权确权登记发证、80147宗宅基地使用权确权登记、数据库入库、资料归档工作全面完成。党寨镇宅基地使用权确权证书发放到户。办理国有土地使用权注册登记 137 宗，登记面积 345.7 万平方米，国有土地使用权抵押 69 宗，抵押面积 787.4 万平方米，实现土地抵押金 3.2 亿元。

不动产登记 2015 年，整合归并分散在各部门的不动产登记经办机构，成立“甘州区不动产登记管理局”和“甘州区不动产登记事务中心”。2016 年，甘州区不动产登记机构设置、人员全部到位，进驻区政府政务大厅设立窗口对外办理业务。

测绘管理 2003 年，甘州区国土资源局内设股室规划测绘股，测绘职能正式纳入管理。2013 年，利用甘肃省测绘工程院起算点为 C 级的 D 级控制网成果，由甘肃省测绘工程院、张掖市土地规划勘测院承担外业地籍调查和测绘及数据库建设工作。利用 GPS（RTK）图根点技术和航空摄影测量及时完成甘州区农村集体土地建设用地使用权、农村宅基地使用权测量项目，完成地籍调查 80147 宗、地籍测量 80147 宗。2014—2015 年，编制完成“十二五”甘州区基础测绘规划，配合市上开展“数字城市”地理空间框架建设及甘州区境内“全球卫星定位连续运行参考站系建设”选址和建设工作；开展测绘质量检查和测绘成果保密检查工作，通过检查甘州区没有发现超资质许可证范围测绘行为。

第四节 土地利用总体规划

甘州区首轮土地利用总体规划 1996 年编制，1998 年经甘肃省人民政府批准实施。二轮规划以第二次全国土地调查变更数据为基础，2010 年修订《甘州区土地利用总体规划》，规划期限 2010 年到 2020 年，2012 年经甘肃省人民政府批准实施。

《甘州区土地利用总体规划》（1997—2010 年） 该规划 1996 年编制，1998 年批准实施。以 1996 年为规划基期年，2000 年为阶段目标年，2010 年为规划目标年。规划确定到 2010 年，确保全区耕地保有量稳定在 62106 公顷，在原有耕地 60106 公顷基础上净增加 2000 公顷。规划确定到 2010 年，确保 54978 公顷的基本农田长期稳定并得到有效保护。规划确定 1997—2010 年，非农建设占用耕地总量控制在 333.3 公顷。规划确定 1997—2010 年，通过土地开发复垦整理，全区补充耕地 4000 公顷。

《甘州区土地利用总体规划》（2010—2020 年） 该规划以 2010 年为基期年，2015 年为近期目标年，2020 年为规划目标年。范围包括甘州区行政辖区内全部土地，总面积 366098.29 公顷。

第五节 建设用地管理

1988 年以前，土地征用由民政局、计委办理，按政策分别报张掖市人民政府、张掖地区行政公署或甘肃省人民政府批准。张掖市土地管理局成立后，土地管理工作走上规范化轨道。

建设用地审批 1999 年，审批建设用地 29 宗，面积 674.817 亩。2000 年，甘州区审批各项建设项目用地 170 宗，占地 403.452 亩。涉及农地转用 268.18 亩，其中国家建设用地22宗，面积284.174亩；集体建设用地6宗，面积58.048亩；农民个人建房用地142宗，面积61.23亩。2001—2002年，甘州区审批建设用地3项977宗，面积7537.735亩（农用地2989.893亩）。2003年，严格实行土地用途管制制度，完成临时占用土地3450亩，永久性征地7.6亩。全年审批国家建设项目42宗，面积2118.1亩。全年实现土地收益1640.98万元。2004—2005年，以划拨方式供地607宗，面积2042.57亩。2006—2007年，以划拨方式供地868宗，面积656.65亩。省政府审批甘州区城市批次单独选址用地6宗，面积1101.68亩。市政府审批甘州区农用地转用面积150.52亩。2008—2009年，以划拨方式供地3929宗，面积1875.29亩。2012—2013年，审批国家建设用地134宗，面积10374.22亩；审批集体建设用地263宗，面积5469.06亩；设施农用地备案101宗，面积3418.57亩。2014—2015年，审批国家建设项目用地232宗，面积19619.77亩。审批集体建设项目用地9531宗，面积6502.52亩。设施农用地备案324宗，面积18434.22亩。2016年，贯彻落实建设用地内部会审制度，全年供应各类项目建设用地77宗，面积7825.17亩。

土地供应　1998年，办理土地征用（项目用地）出让1208.245亩，含耕地544.6亩。收取土地出让金106.97万元，办理成片开发土地出让10300亩。1999年，清理和整顿土地使用权转让、出租、抵押行为，对3928宗土地使用权出租、抵押的宗地建立档案，进行清理，收交出让金14.8万元，土地登记费9万元，土地使用费2630元。对机关农场、土地抵押、新增建设用地73宗土地进行资产评估，面积444万平方米，资产7773万元。2000年，推行招标、拍卖等征地方式，对甘州宾馆南侧国有土地1.7万平方米进行公开拍卖，土地出让收益达1468万元。2003年，挂牌出让经营性用地5宗，面积104.57亩。2004—2005年，出让国有土地30宗，面积1208.59亩，实现土地收益5294.15万元，上缴财政土地出让金327.52万元。2006—2007年，出让国有土地54宗，面积612.75亩，实现土地有偿使用收益8258.13万元。2009—2016年，甘州区供应国家建设项目用地644宗，面积46099.25亩。其中，以划拨方式供地222宗，面积23311.15亩；以出让方式供地422宗，面积22788.10亩。上缴土地出让金443399.75万元，实现土地收益307864.45万元。

土地储备　2001年，成立“土地储备中心”。2003年，更名“甘州区土地储备中心”。至2016年12月底，甘州区完成土地收储项目128个，面积1360.8862公顷；涉及征收土地1307.7240公顷，征收储备成本26.7063亿元；保障土地供应1353.8196公顷，土地出让成交价款总额为34.8674亿元，实现政府纯收益24.3557亿元。

第六节　矿产资源管理

勘查项目登记　至2016年底，甘州区设置矿产资源勘查项目7个，分别是：甘肃省张掖市甘州区平山湖地区中部煤矿普查探矿权、甘肃省张掖市甘州区平山湖含煤区煤炭资源普查探矿权、甘肃省大板道口子钨矿普查探矿权、甘州区窑泉锰铁铅锌矿详查探矿权项目、甘肃省张掖市甘州区东山寺地热资源普查探矿权项目、甘肃省张掖市黄沙梁铝土矿普查探矿权、甘肃省张掖市甘州区花寨乡大野口矿泉水探矿权。所有勘查项目（探矿权）的设置审批归国土资源部或省国土资源厅管理。

采矿权登记　甘州区境内开发利用的矿产资源都为非金属矿产，其他有色金属及黑色金属等重要矿产资源十分短缺。初步探明地质储量相对丰富的有锰、铁、铅、锌、煤、冶金用石英岩（硅石）、石膏、砖瓦用黏土、建筑用沙石等矿产资源。至2016年，甘州区行政区域内有矿山企业54户，按矿种分：锰铁铅锌矿1户（省级发证），冶金用石英岩矿4户（市级发证）、石膏矿2户（市级发证）、砖瓦用黏土矿19户（区级发证）、建筑用石料矿28户（区级发证），均为小型矿山企业。

矿产资源勘查开发利用　至2016年，甘州区辖区内设置勘查项目7个，探矿权人6家，国土部发证1户，省国土厅发证6户。全区已发现和探明地质储量的探矿资源主要分布在平山湖一带。全区已发现和探明地质储量的非金属矿产资源分别是冶金用石英岩（硅石）、石膏、砖瓦用黏土。至2016年有19户砖厂进行开采生产红砖建材产品；建筑用砂石主要分布在黑河河道和戈壁荒滩上。

矿产执法监察　2000年以来，成立安全检查领导小组，分阶段按步骤对矿山企业安全隐患进行行业专项整治。1997—2016年，关闭各类非法矿点，调处矿业纠纷，立案查处非法采矿案件4起，行政处罚4人，罚款113.5万元，申请人民法院强制执行案件4起。

第七节　土地执法

1998年，全年处理违法占地16件，涉及土地面积185.69亩，权属纠纷12件，涉及土地面积244亩。处理群众来信来访31件，涉及土地面积583.86亩。当年结案率达96%，拆除建筑0.32亩，收回土地43.56亩。复垦还耕40亩。1999年，开展清理非法转让、炒卖土地工作，清理出各类非农业用地110宗，面积2210.257亩。2003年，全年查出各类土地违法案件和违法行为125宗，其中违法用地16宗，非法圈占集体土地2宗，违法入市1宗，违法供地98宗，其他8宗。2004—2005年，全区立案查处土地违法案件22宗，面积19.17亩。2006—2007年，查处土地违法案件22宗，矿产资源违法案件5宗，受理土地权属纠纷13件，受理群众来信来访11件，涉及土地面积5239.73亩。2008—2009年，全区立案查处土地违法案件22宗，涉及土地面积271.25亩。受理土地权属纠纷1宗。2010—2011年，全区立案查处土地违法案件12宗，涉及土地面积143.31亩。立案率、办结率都达100%。受理土地权属纠纷案件9宗，调处率达100%。2012—2013年，全区立案查处土地违法案件14宗，涉及土地面积248.97亩。受理土地权属纠纷案件9宗。2016年，各基层国土所开展巡查200多次，全年发现制止土地违法行为26起，立案调查10起，受理信访5件，全部办理答复。

第六章 环境保护

1990 年，张掖市环境保护局成立。1995 年，张掖市城乡建设委员会、张掖市环境保护局分设。2002 年，张掖市环境保护局更名“甘州区环境保护局”。至 2016 年末，下属单位有甘州区环境监察大队、甘州区环境监测站、甘州区环境保护管理站、甘州区园林管理站。

第一节 环境质量

水环境质量 甘州区自古以来水资源丰富，黑河干流莺落峡断面为Ⅱ类水质，水质状况优；高崖水文站、蓼泉桥、六坝桥断面为Ⅲ类水质，水质状况良好，各断面水质均达到相应功能区标准。山丹河水质为劣Ⅴ类，水质状况为重度污染。甘州区城区集中式饮用水源水质均符合国家地下水质量Ⅲ类标准，水质级别良好。

1998 年，张掖市废水排放总量 40.92 万吨，处理量 21.13 万吨。其中，经过处理达标总量 10.20 吨，达标排放率 25%。废水中主要污染物排放量悬浮物 25.68 吨，化学需氧量（COD）25.84 吨，废水治理设施 28 套，正常运行 28 套。2002 年，张掖市废水排放量 176 万吨，其中经处理后达标排放量 85.3 万吨，达标排放率 48.5%；废水主要污染物排放量化学需氧量（COD）0.118 万吨，废水治理设施 39 套，正常运行 39 套。2005 年，甘州区废水排放量 582 万吨，其中工业企业废水处理达标率 76%，生活污水处理达标率 25%。废水治理设施正常运行率 100%。2007 年，甘州区废水排放量 836.2 万吨，其中工业企业废水处理达标率 77.8%，生活污水处理达标率 60%。废水治理设施正常运行率 91%。2009 年，甘州区污水排放量 1484 万吨，其中工业企业废水处理达标率 90%，生活污水处理达标率 70%。污水处理设施正常运行率 90%；城市集中式饮用水源地水质达标率 100%，黑河干流甘州区段水质稳定保持在Ⅲ类以内。2011 年，甘州区污水排放量 2200 万吨，其中工业企业废水处理达标率 90%，生活污水处理达标率 100%。污水处理设施正常运行率 98%；辖区内黑河地表水水质达标率 100%。2014—2015 年，地面水质达标率 100%，饮用水源水质达标率 100%。2016 年，城镇集中式饮用水源达标率 100%。黑河干流张掖段水质状况良好，各监测断面水质达标率 100%，水质均达到相应水域标准。山丹河水质属劣Ⅴ类，暂达不到功能区标准。

大气环境质量 甘州区大气环境污染类型重点以煤烟型为主，主要污染物为可吸入颗粒物，其次是二氧化硫、氮氧化物、烟（粉）尘。1998 年，张掖市废气总排放量 5.72 亿标立方米，处理量 5.33 亿标立方米，处理率 93%。废气中主要污染物排放量烟尘 801.80 吨，粉尘 1890.27 吨，二氧化硫 1574 吨。大气总悬浮微粒年日均值 0.96 毫克/立方米。2002 年，张掖市废气排放总量 6.3934 亿标立方米，处理率 6.1377 亿标立方米，处理率96%；废气中主要污染物排放量烟尘0.12万吨，粉尘0.021万吨，二氧化硫0.184万吨，处理回用量155.7万吨。大气总悬浮微粒年日均值0.40毫克/立方米，二氧化硫年日均值0.086毫克/立方米。2009年，甘州区废气排放量41万标立方米，处理率100%，废气中主要污染物二氧化硫和烟（粉）尘排放总量分别控制在2130.6吨和1800吨；城区空气可吸入颗粒物、二氧化硫、二氧化氮年日平均值分别是0.083毫克/立方米、0.025毫克/立方米、0.014毫克/立方米；全年大气质量好于二级以上天数96.2%，二氧化硫年日均值持续三年低于国家二级标准。2011年，甘州区废气排放量1985万标立方米，处理率100%，废气中主要污染物二氧化硫和烟（粉）尘排放总量分别控制在22066吨和4200吨；城区空气可吸入颗粒物、二氧化硫、二氧化氮年平均值分别为≤0.15毫克/立方米、≤0.06毫克/立方米、≤0.08毫克/立方米；城区空气质量好于二级以上天数达90%以上。2016年，全区空气可吸入颗粒物年日均值0.090毫克/立方米，二氧化硫年日均值0.025毫克/立方米，二氧化氮年日均值0.022毫克/立方米，空气质量优良天数315天，优良天数比例86.3%。

环境噪声污染 1986年开始，环保部门对城区环境和交通干线噪声进行监测，在城区布点111个，总面积6.94平方公里。经监测，区域环境噪声级最大值90分贝，平均值67.8分贝，平均中值58.1分贝，平均低值52.9分贝，评价值平均等级声级65.3分贝。城关镇平均等效声级63.9分贝，五里墩工业区平均等效声级66.8分贝。1998年，对市区区域环境噪声和交通干线噪声情况进行监测，其中区域噪声监测点位数101个，涉及功能区类别3类，监测网格尺寸为300米×300米，交通干线监测点位数18个，监测道路部长度245千米，监测道路总条数11条。2000年以来，张掖城区夜间建筑施工、燃放烟花爆竹、商业门店机械加工、超市药店高音喇叭、广场舞喇叭和KTV舞厅等成为噪声污染投诉重点。2002年，区域环境噪声平均值52.7分贝，交通干线噪声平均值69.5分贝，比上年下降0.3分贝，均达到国家控制标准。2003—2011年，城区环境噪声和交通干线噪声平均值分别控制在51.7分贝和70分贝之内。2013—2014年，区域环境噪声平均值55分贝，交通干线噪声平均值70分贝。2015—2016年，区域环境噪声平均值53.5分贝，交通干线噪声平均值68.1分贝。

工业固体废弃物污染 甘州区固体废物污染主要类型是生活垃圾和建筑施工垃圾。1998年，甘州区固体废物产生量1.22万吨，其中冶炼废渣0.59万吨，炉渣0.35万吨，固体废物综合利用量1.13万吨，综合利用率92.6%。2003年，甘州区固体废物产生量1.7026万吨，其中冶炼废渣0.1840万吨，炉渣1.1946万吨，固体废物综合利用率92.4%。2005—2007年，甘州区工业固体废弃物排放总量控制在2000吨—3000吨，固体废物综合利用率92%。2009年，甘州区工业固体废物排放量控制在5000吨，固体废物综合利用率96%。2011—2016年，甘州区工业固体废物综合利用率100%。

农业污染 甘州区是传统农业县区，商品粮基地、蔬菜种植基地、畜禽养殖大县、制种玉米基地建设扩展，污染问题日益加剧，主要表现在农药污染、化肥污染、农膜污染、禽畜养殖场粪便污染、尾菜污染及生活垃圾污染。2007年，全国第一次污染普查显示：甘州区种植业年使用各种化肥标准量3.3万吨，农业化肥施用强度35公斤/亩；

年均使用各种化肥农药实物量836吨，其中高毒、高残留农药使用超过29%。全区年均农业秸秆产生量约60万吨，以直接还田、过腹还田和作燃料为主的利用量40万吨，利用率70%，废弃量9万吨，废弃率15%，随意焚烧量6万吨，占10%。全区农膜使用量达3000多吨，回收利用量近1000吨，回收利用率10%，任意丢弃量2000多吨，丢弃率90%。全区畜牧业粪便产生量30万吨、处理量28.5万吨、排放量1.5万吨。全区水产养殖业各类养殖单位用水排放量65万吨，渔药使用量1.6吨。

第二节　污染治理

1986年开始进行城市噪声监测，1987年推行“环境保护责任制”，1990年，对全市47个乡镇工业污染源单位进行调查，摸清乡镇企业污染现状。至1990年，实施“三废”及噪声治理项目115项，对新建、改建、扩建项目实行“三同时”（即主体工程与环保项目同时设计、同时施工、同时投产）审批制度，扎实推进污染治理工作。1996年，关闭、停建、取消重污染项目、企业4个，整顿噪声源38个，对23家企业废气、废水进行限期治理，安装处理设施15台，被授予全省卫生城市、文明城市称号。进入21世纪，环境保护相关的法律法规体系基本建立完善，甘州区环境管理进入法制化管理正轨。2008—2010年，启动实施中国黑河流域城市湿地保护工程及张掖国家城市湿地公园建设。张掖黑河湿地国家级自然保护区通过评审，张掖城北湿地公园被列入第六批国家城市湿地公园。张掖黑河湿地国家级自然保护区、国家湿地公园和城市湿地公园相继命名。2013—2016年，全区地面水质达标率100%，饮用水源水质达标率100%。黑河干流张掖段水质状况良好，各监测断面水质达标率100%，水质均达到相应水域标准。山丹河水质属劣Ⅴ类，暂达不到功能区标准。

水环境治理　1991年，邀请省、地、市有关专家、工程技术人员对城区饮用水源区划工作进行技术论证，在4家中型企业安装污水流量计，对全市8套污水处理设施运行按月检查一次，除张掖地区医院外，其余7套均运行正常。1992年，完成西环路、东关三角地自来水安装任务。1996年，重点检查34个企业单位，查处三闸造纸厂改建排污口排放污水等8件违反环保法规的行为。完成张掖市化工总厂硫酸废水中和池等环境污染项目，全市废水处理设施运行率均在95%以上。1998—1999年，对张掖市丝路春酒厂、张掖市化工总厂等11个企业单位进行专项执法检查，查处昆仑公司擅自改变处理设施用途，金鹿纸品厂违章建设等环境违法事件，对全市42个污染物排放口进行规范化整治。2002—2003年，编制完成《张掖市城市污水资源化利用实施方案》《张掖市西大湖绿洲湿地生态保护区实施方案》《张掖市芦苇生态圈实施方案》3个生态保护项目可行性方案。2004—2005年，集中开展5次环保专项整治行动，对张掖光宇造纸厂等省、市挂牌督办企业进行重点整治，对张掖市有色金属公司铜冶炼厂等4家企业依法进行关停治理，对张掖市铁合金有限公司等10家污染物超标排放企业下达限期治理通知，责成甘肃共享化工有限公司、甘肃屯河番茄制品有限公司对废水治理设施进行技术改造。2006—2007年，实施“碧水工程”，对10户重点企业超标排污下达“限期治理通知”，实施废水治理项目21项，共享化工等3户企业实现废水零排放，黑河、山丹河流域水污染得到有效治理。2008—2009年，联合发改、经贸等相关部门开展执法行动，重点清查张掖市二水厂一级水源保护区范围内未报批建设项目环境影响评价文件的建设单位13家，依法责令限期整改，另行选址建设。2010—2011年，对辖区内甘肃昆仑生化有限责任公司等4家淀粉类企业、张掖市华瑞麦芽有限责任公司等3家麦芽类企业开展环保专项整治，督促完善污染处理设施；督促张掖市污水处理厂等5户重点污染源单位安装自动在线监测仪，正常运行率和联网传输率90%以上；开展饮用水源保护区环境安全隐患监察，依法查处甘州区检察院在一级水源保护区内开采地源热泵采暖违法行为，完成饮用水源地保护区排污口清查、取缔任务，设置饮用水水源保护区界标、交通警示牌和宣传牌；集中式饮用水源地水质达标率100%。2012—2016年，组织完成辖区内地表水、地下水环境质量监测和部分工业污染源常规监测。张掖市污水处厂、张掖生活垃圾填埋场达标率100%，运行100%，负荷率100%；医废物处置率100%。

大气环境治理　1998年，张掖市被国务院确定为全国二氧化硫污染控制区，张掖市委托西北市政设计院完成“张掖市旧城改造集中供热工程建议书”和可行性研究报告，建成烟尘控制区7.92平方公里，烟尘控制区覆盖率66.23%。全年治理炉窑18台。

煤炭与油品管控。加快推广优质洁净型煤，通过政府引导和市场运作，建成投产洁净型煤生产线和洁净型煤配送中心，免费为城区部分棚户区居民发放洁净型煤。建设集中供热和热电联产工程，建成天然气加气站，压减散煤使用量。2014年1月起，供应符合国家第四阶段标准车用汽油。2015年1月起，供应国家第四阶段标准车用柴油。

燃煤小锅炉整治。2015年以来，逐步淘汰城市建成区内10蒸吨及以下燃煤锅炉。在城市建成区内禁止新建每小时20蒸吨以下燃煤锅炉，停批每小时10蒸吨以下燃煤锅炉建设项目，城区400多台燃煤锅炉拆除并网。

工业大气污染治理。加大工业二氧化硫治理，投资建设甘肃昆仑生化有限责任公司2台20蒸吨锅炉循环流化床改造工程。加大工业氮氧化物治理，甘肃电投张掖发电有限公司1、2号机组脱硝设施、张掖市巨龙建材有限责任公司2500吨/日新型干法水泥生产线脱硝设施治理工程运行稳定，达标排放。加大工业烟粉尘治理，完成甘肃电投张掖发电公司煤场建设防风抑尘网及自动喷淋装置建设，完成张掖市巨龙铁合金有限责任公司矿热炉布袋除尘技术改造，完成张掖市龙首铁合金有限责任公司矿热炉布袋除尘技术改造。

城市扬尘污染控制。加大建筑工地扬尘污染控制，对在建项目施工工地开展拉网式检查和高频次督查巡查。加大道路扬尘污染控制，新购置洒水车辆、高空喷雾抑尘车辆，集中管理和使用园林、城投、市政等单位洒水车辆，采取定人、定车、定时间和包路段办法，拓展道路洒水覆盖面。新购置机械化湿法清扫车辆，增加机械化湿扫路段里程、面积和湿扫作业频次，城区范围内道路主干道湿扫率达80%以上。加强裸露土壤及堆场扬尘污染控制，对城区裸露土壤及堆场物料实施绿化、围挡、洒水、覆盖等措施。扩大城市绿化、水面、湿地和铺装面积，未铺装道路铺装、硬化、表面固化，使道路积尘处于低负荷状态。

秸秆焚烧及治理。严管严控垃圾秸秆焚烧，对环境保护部公布的秸秆焚烧卫星遥感监测火点开展实地核查，严肃查处禁烧区内违法焚烧秸秆行为。严格规范烟花爆竹燃放行为，定期检查烟花爆竹经营网点，取缔露天烧烤及店外烧烤摊点，引导露天烧烤摊点入店经营和使用清洁能源，鼓励餐饮服务单位安装使用油烟净化设施。

生活垃圾污染治理。至2013年，甘州区建成1个生活垃圾填埋场和1个医疗废物垃圾处理场。建设处理500吨/日生活垃圾的发电项目（PPP项目），城区生活垃圾“变废为电”。2016年，甘州区新增水洗式垃圾清扫车4辆，20吨洒水喷雾车4辆，5吨可移动密闭式垃圾压缩收集车6辆，全区有可移动式密闭垃圾压缩收集车21辆，密闭式垃圾对接车4辆，吊臂式垃圾清运车5辆，其他清运车辆8辆，人力垃圾收集车300辆，保证城镇及周边乡镇生活垃圾周转和清运。

危险废物防治治理。2011年，张掖市利康医疗废物集中处置有限公司投入运行，重点处理全市各医院、医疗单位、卫生诊所医疗废物。

环境噪声治理 建筑施工噪声污染防治。城区范围内，建筑施工作业场地采取围挡等降噪防治措施。城区噪声敏感建筑物集中区域内，禁止夜间施工作业。

道路交通噪声污染防治。城区交通干线两侧建设的噪声敏感建筑物，设定防护距离。划定禁止大型机动车辆行驶和禁止其使用声响装置的路段和时间。城区噪声敏感建筑物集中区域内，禁止机动车辆鸣笛。

社会生活噪声污染防治。禁止任何单位、个人在城区噪声敏感建设物集中区域内使用高音广播喇叭。在城区街道、广场、公园等公共场所组织娱乐、集会等活动及使用音响器材，采取降低音响设备音量，禁止高声喧哗等措施减轻对周围环境造成噪声污染。

工业企业生产噪声防治。划定工业生产区域，将工业企业集中在张掖市经济技术开发区不同工业园区内，降低对城区声环境质量影响。各类生产设施设备通过车间、厂房、围墙、厂区绿化林地等隔音降噪措施，降低工业企业生产噪声污染。

工业固体废弃物治理 1992年，结合市容环境卫生监督检查，组织专人对城郊乱堆乱倒垃圾现象进行集中清理，清运生活垃圾138吨。2005年，对全区医疗单位和诊所医疗废物处理情况实行定期检查，督促医疗废物集中安全处置。重点对辖区内有毒有害危险化学品企业和蓄电池生产、废铅酸蓄电池再生处理行业进行专项执法检查3次，查处有毒有害危险化学品28.5公斤。2007年，推行清洁生产，落实张掖市环保建材厂、有年马铃薯公司废物再利用，年消耗利用固体废物1200吨，全区工业固体废物排放总量低于市上下达排放指标40%，95%的工业企业固体废物和100%的供暖锅炉固体废物实现综合利用。对投产在建的石化、化工类生产、存贮有毒有害化学品企业、核与辐射源单位和污染隐患企业进行全面排查，检查危险化学品生产企业24家（次），核与辐射源单位19家（次），限期整改危险化学品企业3家。2010年，组织开展重点行业企业环境风险及化学品检查工作，确定11家检查单位，完成环境风险源专项普查、调查、检查、表格的填写审核和网上填报等工作。2011年，组织开展危化行业环境风险隐患排查、电磁辐射、核与辐射源、医疗废弃物、工业固体废弃物等专项清理检查8次，检查企业20家，清理查缴废弃退役的放射源7枚。组织清查辖区内37户豆腐小作坊生产加工和排污情况，16户集中并入张掖市三维豆制品有限公司。举办全区核与辐射安全知识专题培训班，辐射安全许可证发放率100%；核技术应用单位、输变电与广电通信类设施监督检查率、整改达标率100%。2013—2014年，完成14户重点环境风险企业信息调查表工作，建立环境风险企业基础数据库。开展重金属、危险废物、医疗废物专项检查和危险化学品企业环境调查、持久性有机污染物更新调查和储油库、加油站、油罐车调查工作，督促7家危险废物产生单位填写危险废物申报登记、管理计划和档案工作。责令张掖市明阳纸业有限责任公司等3家企业进行限期整。2015—2016年，加大对冶炼加工重金属行业排查力度，重点对产生、使用、贮存、转移、利用和处理处置涉重金属类危险废物的企业进行全面排查。

农药污染治理 树立“科学植保、公共植保、绿色植保”理念，依托新型农业经营主体、病虫防治专业化服务组织，推广高效低风险农药，推进绿色防控和统防统治。严格落实张掖市人民政府《关于全面禁止经营和使用部分高毒高残留农药的通告》的精神，禁止18种高毒高残留农药在甘州区经营。推进实施农药零增长行动，选择制种玉米、果园、蔬菜、马铃薯等农业支柱产业，统一监测预报、统一防治方案、统一组织实施、统一防效评估，进行专业化机防队防治示范。建立大航、绿航、谷丰源等飞防及机防专业化统防组织42个。建立专业化统防统治与绿色防控融合示范区6万亩。在玉米试验示范区内推广悬挂杀虫灯、诱捕器、性诱剂诱杀玉米螟、棉铃虫、烟青虫、小地老虎等害虫技术；在蔬菜、马铃薯试验示范区内推广悬挂杀虫灯、三角形诱捕器、小船型诱捕器、夜蛾类通用诱捕器、新型蛾类诱捕器、黄蓝粘板、小菜蛾性诱剂、棉铃虫性诱剂、烟青虫性诱剂、小地老虎性诱剂诱杀玉米螟、棉铃虫、烟青虫、小地老虎等害虫技术；在果树试验示范区内推广悬挂杀虫灯、三角形诱捕器、水盆式诱捕器诱杀桃小食心虫、梨小食心虫等害虫技术。优化适合本地绿色防控农药品种及使用技术，推广生物制剂农药，化学农药使用量减少20%以上。

农膜污染治理 1998年，开展农业生态环境保护执法工作，对三闸造纸厂、乌江加气混凝土厂、党寨脱水菜厂等重点乡镇污染源进行重点监控，对国家明令禁止生产的“十五小”企业进行全面清理整顿，关闭廿里堡造纸厂、新墩园艺造纸厂，着手进行农村“白色污染”控制工作，与团市委和张掖火车站共同组织开展捡拾白色废弃物活动。

污染费征收 严格执行国务院《排污费征收使用管理条例》，对排污单位污染物排放种类、数量、排污费征缴数额等全部公示。严格落实排污费征收使用管理规定和“收支两条线”管理制度，及时解缴国库。1991年，张掖市征收超标排污费开征户85户，征收排污费33.5万元。其中，乡镇企业开征户15户，征收排污费2.5万元。1992年，张掖市征收排污费开征户124户，征收排污费360568元。其中，乡镇企业开征户12户，征收排污费13325元。1996，张掖排污收费由象征性收费向足额收费过渡，开征户211户，收费额达50万元，向企业补助污染专项治理资金4万余元。1998—2001年，张掖市征收排污费252.1万元，为企业下拨污染补助费65.7万元。2003年，国务院《排污费征收使用管理条例》实施，甘州区开展排污费核算工作，核算排污费单位762家（户）。其中，工业企业24家，行政事业单位83家，第三产业污染源655家。

2004—2009年，甘州区征收排污费1046.5万元。2010—2011年，甘州区申报登记排污单位542户，征收排污费353.6万元，所有申报数据录入《排污费征收管理系统》。2012—2013年，甘州区申报登记排污单位311户，征收排污费275.2万元，所有申报数据全部录入《排污费征收管理系统》。2014年，甘州区申报排污单位140户，开单征收140户排污单位，征收排污费137.7310万元，解缴入库137.7310万元。2015年，甘州区申报登记排污单位115户，其中国控污染源3户，重点污染源和一般污染源112户，征收排污163.2223万元，解缴入库163.2223万元。2016年，甘州区申报登记排污单位78户，其中国控污染源3户，重点污染源和一般污染源75户，征收排污157.5612万元，解缴入库157.5612万元。

第三节 环境监测

甘州区环境监测主要为黑河、山丹河张掖段和部分纳污河流监测。从黑河出山口莺落峡至靖安乡，设置4个断面点，即莺落峡、兰新公路黑河桥、靖安上、靖安下，每年分别于枯水期（3月）、丰水期（8月）、平水期（10月）进行监测。

地表水环境质量监测 1998年3月、8月、11月对黑河张掖段地面水质达标情况进行监测，监测频次126次/年，监测项目有pH值、COD等21项。2008—2015年，城市地表水监测均为100%。2016年黑河干流甘州区段有2个监测断面（莺落峡、水文站），每个监测断面1月1次，1年监测12次。监测项目24项，2016年水质达标率100%，水质状况良好，各监测断面水质控制在相应水域功能标准范围内，莺落峡、水文站监测断面水质均达到相应水域功能标准，断面水质类别分别为Ⅱ、Ⅲ类，达到国家地表水考核Ⅲ类目标。

集中式饮用水水源水质监测 20世纪80年代，张掖城区环境保护监测在城区按地下水走向和污染分布设置水质动态观测点10处，经过1982—1984年监测，地下水水质状况是：城东南和西北部地下水pH值高于8.0，城西和北部地下水pH值低于8.0。城东南部地下水总硬度、总固体、总碱度普遍低于城西部和西北部。进入20世纪90年代，甘州区集中式饮用水水源地监测点位有2个，分别是甘州区城区水源（二水厂）、滨河水源地。监测项目主要有：pH、氨氮、氰化物、氟化物（以F-计）、高锰酸盐指数、挥发酚、阴离子表面活性剂、总大肠菌群、总汞、总硒、总砷、氯化物、硫酸盐、总铜、总铅、总锌、总镉、六价铬、总铁、总锰、总硬度、亚硝酸盐、硝酸盐氮等项目。2008—2015年，城市集中式饮用水水源水质监测100%。2016年，开展监测工作12次，月监测结果达标率100%。

空气质量监测 1998年1月、4月、7月、10月，对张掖城区大气环境质量进行监测，监测单位4个，监测项目TSP、SO_2、NOX。环境空气监测点位2个（科委、监测站），监测方式是自动监测。2011年，全区空气可吸入颗粒物年日均值0.079毫克/立方米，二氧化硫年日均值0.033毫克/立方米，二氧化氮年日均值0.014毫克/立方米。2014年，全区空气可吸入颗粒物年日均值0.079毫克/立方米，二氧化硫年日均值

0.025毫克/立方米，二氧化氮年日均值0.019毫克/立方米。2015年，全区可吸入颗粒物年日均值0.097毫克/立方米，二氧化硫年日均值0.045毫克/立方米，二氧化氮年日均值0.023毫克/立方米。2016年，全区空气可吸入颗粒物年日均值0.090毫克/立方米，超过《环境空气质量标准》（GB3095－2012）二级标准。二氧化硫年日均值0.025毫克/立方米，二氧化氮年日均值0.022毫克/立方米，均符合《环境空气质量标准》（GB3095－2012）二级标准。空气质量优良天数315天，优良天数比例86.3%，

重点污染源排放监测　2016年，确定张掖市污水处理厂、张掖市云鹏工贸有限责任公司、甘肃电投张掖发电有限责任公司和甘肃张掖巨龙建材有限责任公司为国控重点污染源企业，全年监测频次15次，监测达标频次15次，排放达标率100%。

污染源调查　2007年，甘州区与全国同步开展第一次污染普查工作，普查结果显示，全区有各类污染源936家，其中工业源157家（山丹河流域84家，黑河流域73家），规模以上生活源777家，集中式污染治理设施数2家。农业源3928家。按区域分布：工业源张掖工业园区最多，生活源城区较多，农业源农村较多。在流域分布上主要污染源是工业源。废水类型主要是工业污水，排水去向主要是山丹河和黑河。普查结果显示，2007年，甘州区工业源用水量6827.91754万吨（新鲜水量1624.81241万吨，重复用水量5203.10713万吨），重复用水率76.2%。主要用水行业为化学原料及化学制品制造业、造纸及纸制品业、化学纤维制造业，用水总量6079.2898万吨，占总量的90%。用水量最大区域是张掖市工业园区6797541.35吨。普查结果显示，2007年，甘州区年废水排放总量1258.9838万吨，工业废水中污染物排放量：化学需氧量9891.266吨，氨氮235.139吨，石油类2.016吨，挥发酚0.219吨，生化需氧量3896.647吨，氰化物1.15千克，砷163.53千克，铅411.41千克，镉74.56千克，汞0.13千克。废水类型主要是工业污水。排水去向主要是山丹河和黑河。废水排放量最大行业是造纸及纸制品业、化学纤维制造业、化学原料及化学制品制造业。普查结果显示，2007年，甘州区157家工业企业建成污水处理设施36台（套），治理总投资15617.5万元，废水治理设施设计处理能力141572.4吨/日，年运行费用1263万元，年耗电量1266.17万千瓦时，实际处理废水1544.54888万吨。工业源年废水产生量1586.78994万吨，经处理废水量1544.54888万吨，处理率97.3%。

第四节　环境监察

环境监察　2001—2002年，完成工业污染排污申报登记和规范化整治，申报企业121家，申报率100%，规范化整治企事业单位104家，建立监理台账725份。加强污染源现场监理频次，重点污染源每半月检查一次，一般污源每月检查一次，做到现场监察到位，发现问题及时处理解决，辖区企事业单位污染物处理设施运行率100%。2010—2011年，深化环保专项行动，对辖区内甘肃昆仑生化有限责任公等4家淀粉类企业、张掖市华瑞芽有限责任公司等3家麦芽企业开展专项整治工作，督促完善污染处理设施；督促张掖市污水处理厂等5户点污染源单位安装自动在线监测仪，更换数据采

集仪，完成现场端验收，正常运行率和联网输率达90%以上；开展用水源保护区环境安全隐监察，完成饮用水源地保护区排污口清查、取缔任务，设置饮用水源保护区界标、交通警示和宣传牌，集中式饮用水地水质达标率100%。2012年，完成辖区内2010年污染源普动态更新调查范围内25%规模化畜禽养殖场和养殖区污染减排治理项目。完成辖区内涉重金属污染源查及重点区域、流域水源环境质量重金属监测评价。2013年，下达《对张掖市金鹰食品工业有限公司等十户污染源进行限期治理的通知》，10户企业制定污染治理工作计划和实施方案，限期完成治理任务。甘肃电投张掖发电有限责任公司、张掖巨龙建材有限责任公司脱硝工程全部完工。张掖市杰灵养殖等11户畜禽养殖业污染治理项目全部完成治理任务。对辖区内采砂产业进行专项清理整顿。张掖市污水处理厂达标率100%，运行率100%，负荷率100%；张掖生活垃圾填埋场运行100%；张掖市利康医疗废处置中心运行率100%，医废物处置率100%；完成滨河新区水厂建设及水源地保护区kI评分，水源地保护区隔离防护及警示标志等工作。2014年，开展城市和农村饮用水水源保护区内环境安全隐患排查和清理整治工作，对周边面源污染问题进行督促整改，确保饮用水水源地环境安全。至2016年，张掖市污水处理厂达标率100%，运行率100%；张掖市生活垃圾填埋场运行率100%，张掖市医疗废物处置中心运行率100%，医疗废物处置率100%。

第七章　工商行政

1951年，张掖县人民政府设立工商科，成立市场管理委员会。1962年，张掖县成立“工商行政管理局”。1979年，开放城市自由市场和农村集贸市场，工商管理工作由单纯行政管理转向行政管理和法制管理相结合，工商行政管理部门由行政部门转向行政执法经济综合管理部门。1980年，撤销市场管理委员会及办公室。1998年，成立“张掖市市场建设服务中心”。1999年，甘肃省工商行政管理机关实行垂直管理。张掖市工商行政管理局整体上划张掖地区工商行政管理局管理。2001年，张掖市工商行政管理局与市场建设服务中心彻底脱钩。2002年，更名为“张掖市工商行政管理局甘州分局”。2013年，食品安全监管体制调整，工商、质监部门承担的生产及流通领域食品安全监管职能整体移交新组建的甘州区食品药品监督管理局。同年12月，甘肃省工商、质监系统由省以下垂直管理变为地方政府分级管理。2014年3月，张掖市工商行政管理局甘州分局更名“甘州区工商行政管理局”。2015年，甘州区工商行政管理局和甘州区质量技术监督局机构合并，组建设立“甘州区工商行政管理和质量技术监督局”。至2016年末，甘州区工商质监局直属经济检查大队，派出机构11个，分别是城关工商质监所、南关工商质监所、甘州市场工商质监所、专业市场管理工商质监所、滨河新区分局、国家经济技术开发区工商质监所、国家现代农业示范区工商质监所，火车站工商质监所、大满工商质监所、沙井工商质监所、甘浚工商质监所。

第一节　市场建设管理

1995年以前，市场建设由工商行政管理局负责。1996年，张掖市工商行政管理机关与所办市场脱钩。1998年，设立张掖市市场建设服务中心。2000年，张掖市市场建设服务中心正式成立。2001年，张掖市市场建设服务中心与张掖市工商局脱购，管理经营南关蔬菜果品批发市场、甘州市场、税亭街市场、东关生资市场、青年东街市场、南城巷市场。2002年，更名“甘州区市场建设与服务中心”。2008年，甘州区市场建设服务中心归口甘州区商务局管理。

2004年龙渠乡集贸市场

市场建设　1991年，新建铁路贸易市场、新沟集贸市场、白塔集贸市场、西关北市场，总面积约34000平方米。年末全市集市贸易总成交额达17646.9万元。1992年，投资200多万元新建果品市场、沙井农贸市场。全市集市贸易成交额达19000万元，蔬菜瓜果成交量18948万公斤。当年，收取管理费134.06万元。1993年，投资370.98万元，完成东关生产资料市场搬迁、兴建工作和西关住宅营业楼建设工作。1994年，投资640万元，完成南关市场综合口建设任务。1998年，全市建成各类集贸市场32处，占地143055平方米。2001年，青年东街市场撤销，市场内经营户划入甘州市场、金房商贸城经营。新建市场2个，至年底全市有各类市场24个，集市贸易成交额达8.46亿元，瓜果蔬菜成交量达3.87亿公斤。当年，新开办的河西批发市场、金源市场内新办照个体工商户免收半年到一年市场管理费，扶持其生存和发展。2003年，南城巷市场撤销，新登记注册商品交易市场2处。2004年，税亭市场撤销，市场内经营户划入福鹏市场和南关蔬菜果品批发市场经营。2005年，甘州市场整体租赁给张掖市新乐超市有限责任公司经营管理。2006年，东关生资市场撤销。至2016年底，甘州区老城区和滨河新区各类市场32个。其中，农产品市场7个，建材装饰家具市场8个，钢材市场2个，汽车交易市场3个，综合性市场5个，再生资源交易市场3个，二手车交易市场1个，农资市场1个，煤炭市场1个，清真屠宰交易市场1个。

市场管理　20世纪80年代，开展流通领域商品质量监管。1998年以来，狠抓集贸市场的环境“脏乱差”治理。2004年，狠抓队伍教育和市场秩序两个整顿。2014年，甘肃省工商局确定张掖为市场主体抽查监管试点单位。在确定企业信息用登记类别的基础上，按比例进行抽查。2015 年，国家工商总局《经纪人管理办法》颁布，经纪人管理开始纳入工商行政管理部门的工作范畴。

专业市场 至 2016 年底，甘州区老城区和滨河新区各类专业市场 34 个。主要有南关蔬菜果品批发市场、甘州市场、恒滨建材市场、达生二手车交易市场、金张掖汽车城创业园、金张掖再生资源交易中心、张掖绿洲农副产品综合交易市场、泰真装饰材料家具市场、张掖华辰建筑装饰材料批发市场、东部建材市场、张掖万佳国际家具汇展中心、爱家装饰城、甘州河西批发市场、成东家俬广场、天佑宝龙家居广场、金张掖钢材市场、金张掖机动车交易市场、张掖市鸿宇商贸广场、新张掖国际商贸城、张掖愿景国际商贸城、张掖红星广场、甘州区西部工业品批发市场、再生资源交易市场（废旧金属）、再生资源交易市场（非金属）、金张掖再生资源交易中心、张掖市新合作农资商贸市场、金源蔬菜市场（蔬菜市场）等。

第二节 工商企业登记

工商登记改革 至 2014 年，甘州区各类市场主体总数 27680 户，注册资金 114.7 亿元，从业人员 80890 人。2015 年，对保留的行政许可等事项进行清理核实，保留行政许可事项 6 项、行政备案项目 8 项、下放行政审批事项 1 项，在红盾信息网上进行公示。2016 年，全面实施“五证合一”改革，12 月全面实施个体工商户“两证整合”改革，全面推进工商登记注册便利化，支持小微企业发展，完善企业退出机制，全面启动简易注销程序。至 2015 年，全区有 5845 户企业报送公示 2014 年度报告，年报率 96.49%，位居全市第一。

工商登记 1993—1997 年，通过年检清理“三无”企业 317 家，注销 242 户“假集体”企业。1998 年，通过摸底核查对原有 272 户从事收购、加工、调运业务的粮食经营企业依法重新确立经营资格，变更 198 户，取消收储批发资格企业 138 户，核准 22 家国有收储企业为正规收储渠道。通过支持市属国有企业改制，办理变更和重新登记 126 家，年底，登记注册各类工商企业 1900 户。2000 年，登记注册各类工商企业 1557 户，注册资金 88811 万元。2001 年，办理 159 家中小国有企业民营变更登记，全面推行建立“经济户口”，实现微机化管理，10982 户市场主体建立“一档两卡一台账”，市场主体进出市场活动由静态监管转为动态全方位监管。2002 年，开展“治乱减负”行动，下调 20% 的企业登记注册费、市场管理费、个体工商户管理费，改制企业注册登记只收取变更登记费。减免从事个体经营的下岗特困户职工、残疾人经营费、管理费。2003 年，通过年检验照，吊销营业执照 104 份。登记注册 288 户资产重组国有集体企业。2004 年，全区注册登记国有企业 531 户，注册资金 43359 万元。通过企业年检，个体工商户验照，督办各类前置审批证件 3698 份，清理取缔“三无”企业 25 户，查处假集体企业 9 户，其他违法违章企业 66 户，依法吊销 40 户未按时参加年检的企业营业执照。1099 名持“再就业优惠证”的下岗失业人员办理了个体营业执照。2005 年，推进个体工商户分层分类监管改革，对所有个体工商户根据其信用状况分为

A、B、C、D 四类进行分类监管。2006—2007 年，结合企业和个体工商户年检、验照工作，配合有关部门对产能过剩、技术落后、破坏资源、污染环境等企业进行变更、注销和清理整顿，关闭辖区内冶炼、铁合金、小钢厂 1 户，停产处理 2 户。关闭非法采砂等非煤矿山 8 家，关闭造纸企业 1 户，停产 1 户，停产整改 1 户。2011 年，注册个体工商户 4278 户，私营企业 496 户，农民专业合作社 89 户。全区私营企业总数达 2358 户，个体工商户 15432 户，农民专业合作社 380 户。2014—2015 年，取消注册资本最低限额，放宽注所（经营场所）登记条件，推行注册资本实缴改认缴、年检改年报、先证后照、一照一码等多项改革新举措，全区私营企业总数达 6364 户，从业人员达 36154 人，注册资本达 224.53 亿元；个体工商户总数达 25434 户，从业人员 64582 人，注册资金达 18.69 亿元；农民专业合作社总数 2070 个，出资总额 91.83 亿元，成员 11418 人。2016 年 9 月 14 日，甘州区颁发第一张“五证合一”营业执照。至 2016 年底，全区新增个体工商户 7838 户，新增私营企业 3100 户，新增农民专业合作社 188 户；全区个体工商户、私营企业、农民专业合作社分别达 30086 户、8686 户和 2285 户，累计注册资金过千万元企业 1806 户、注册资金过亿元企业 40 户，新设立企业集团 4 户；420 户个体工商户转型升级为私营企业。

第三节　违法经济活动查处

不正当竞争案件查处　1991 年，重点打击市场内“三窃”、抢劫、诈骗、强买强卖、欺行霸市、打架斗殴等不法行为。1993—1997 年，对各大市场欺行霸市、强买强卖等违法行为进行重点整治。2002 年，开展防治“非典”市场整治，查处“非典”商品市场违法案件 29 起。2005 年，组织 3 次“红盾护农送法下乡”和农资市场专项整治。2007 年，整顿农资市场不放松，立案查处农资违法案件 9 起，查缴不合格化肥 60 吨。2008 年，应对三鹿奶粉事件，查处 22.38 吨问题奶粉在河北三鹿集中销毁。2016 年，查处经济违法案件 286 起，案值 185.36 万元，罚款 176.67 万元。

打击传销和变相传销　1997 年，查处张掖市第一起非法传销案，没收当事人李某某康富德氧气运动器 8 台。1998 年，查办 6 起非法传销案件。2001 年，依法查处非法传销案件 4 起。2006 年，开展“天平行动”，查处“中国 e 通经营模式”“芙蓓森”等传销案 4 起，捣毁传销窝点 8 个，劝返遣散传销人员 180 多人。2007 年，出动执法人员 760 余人次，出动执法车辆 57 台次，重点检查涉嫌传销重点部位 16 个，端掉非法传销窝点 15 个，查处传销案件 5 起，遣散非法聚集的传销人员 220 人次。2010 年，与公安、乡镇、街道、社区工作人员组成 8 个联合执法组，连续捣毁传销窝点 73 个，抓捕骨干分子 46 人，遣散传销人员 1300 余人。2015—2016 年，查处深圳天地电子商务公司张掖分公司和“华莱健”牌黑茶两起传销案件，依法对甘肃联硕互联网科技有限公司通过高额返利方式向社会公众吸收资金案件进行调查。

常规经济违法违章案件查处　2001—2016 年，查处案件 8678 件，罚款金额 1455.8 万元。其中，以查处无照经营案件居多，达 6998 件，罚款金额 1083.1 万元；查处商标侵权案件348件，罚款金额101.47万元；查处侵害消费者权益案102件，罚款金额49.5万元；违法广告案件619件，罚款金额54.44万元；其他违法违章案件611件，罚款金额167.29元。

第四节　合同　商标　广告监管

经济合同监管　20世纪90年代，推行经济合同示范文本制度。1998年，开展“重合同守信用”企业评比命名活动，加强各类合同鉴证工作，做好企业抵押物登记，严肃查处企业合同欺诈行为。2002年，新建企业合同管理机构13个，配备合同专（兼）职管理人员40人。2007年，改进合同监管机制，聘请329名“一会两站”负责人担任“合同义务监管员”，义务履行订单农业合同监管职责，监督合同履行兑付、清理霸王条款、审查合同陷阱、规范合同签订、督促双方履约，引领订单农业规范发展。2014年，深化合同行为监管，严厉打击“霸王条款”。

商标监管　1998年，查处14起假冒商标和商标侵权案，罚款7.8万元。至年底，全市有商标企业40家，注册商标55件。2001年，查获仿冒知名商标特有名称、包装、装潢的不正当竞争案件2起。2002年，甘肃省丝路春酒业（集团）有限责任公司“丝路春”和张掖市种子公司“金象”注册商标被认定为全省著名商标。2004年，依法查处仿冒“啄木鸟”西服、“飞雕”浴霸、“华帝”燃气灶、“承德”露露等一批有影响力商标违法违章案件。2005年，查处商标侵权案件9起，罚没款4.78万元。2006年，依法查处商标侵权案件18起，罚款2.47万元。2007年，依法查获假冒“老爷车”“红蜻蜓”“韩影康王”“丽珠采乐”“沈单十六号”等一大批侵权商品和种子，对经销商予以处罚，全年查处商标侵权案件19起，罚没款8万元。注册“杰灵”牌饲料、“紫家寨”牌鸡蛋、“金元八”植物种子等涉农商标10件。2008年，查处商标侵权案件17件，案值10.8万元。2011年，开展打击侵犯知识产权和制售假冒伪劣商品“双打”专项行动，查处侵犯商标专用权和制售假冒伪劣商品案件265起。2014年，推进打击侵犯知识产权和制售假冒伪劣商品的“双打”专项行动，查处侵犯商标专用权案件15起，制售假冒伪劣商品13起。2015年，查处侵犯商标专用权案件17起，制售假冒伪劣商品45起。至2016年底，甘州区有注册商标635件，全省著名商标22件。

广告监管　1991年，取缔虚假广告13起，查处虚假广告5起，销毁内容不实广告171份。1998年，清理虚假广告17户，取缔不健康不真实广告38000份。年末，全市有广告经营单位12家，从业人员77人，广告经营额49.2万元。1999年，检查户外广告单位80户，依法查处广告案件6起，查扣非法行医虚假广告宣传材料15000多份。2001年，查处广告违法案件33起，罚没款金额10547元。2002年，对广告经营单位进行贴花年检，年检率达75%。查处广告违法案件26起，罚没款25318.5元，没收违法印刷品广告10万余份。2003年，查处广告违法案件29起，罚没款1.4万元。2005年，重点对5户广告企业、30户个体工商户广告经营行为和发布活动进行监测，监测各类广告3010条（次），对39条涉嫌违法违章广告予以行政告诫，责令限期整改。查处广告违章违法案件39起。2006年，监测各类违法广告424条，对涉嫌一般违法的70条广告给予行政告诫，责令限期改正87条，责令30条违法电视广告停播；查处5家主体资格不合格院校违法招生，没收违法招生广告300多份，撕毁粘贴招生广告500多份；依法查处广告违法案件100件，收缴各类违法印刷品广告1.97万份，收缴罚没款2.33万元。2007年，监测各类广告1069条，行政告诫、限期整改106条，查处虚假违法广告45件，收缴印刷品广告2.3万份，罚没款5.28万元。2008年，狠抓虚假违法广告整治，监测各类广告980条，行政告诫、限期整改违法广告56条，停止播放违法广告56条。查处违法广告案件20起，罚款2.17万元。2015年，查处违法广告案件13起。2016年，查处广告违法案件26起，案值2.5万元，罚没款4.4万元。

第五节　个体私营企业管理

管理方式　20世纪90年代以来，企业登记管理主要方式有企业年度检验（年检）、个体工商户验照、无照经营违法行为查处取缔和企业信用分类监管等。个体工商户验照包括换照和验照。换照是指个体工商户的营业执照自开业之日起，每4年换照一次。验照是指登记管理机关依法按照年度对个体工商户生产经营情况进行检查，以确认个体工商户继续经营资格的法定制度。县级工商行政管理部门每年1—3月份开展个体工商户验照工作。无照经营违法行为查处取缔主要是结合企业年检、个体验照工作，从资质、注册资本、场所、人员、经营条件等进行查处。企业信用分类监管方面通过建立“黑名单”（被吊销营业执照黑牌企业数据库）为核心内容的失信惩戒机制和严重失信企业淘汰制度，引导企业诚实守信。

登记管理　2004年，工商行政管理部门通过简化手续，提高效率，预约上门，现场办公等措施，促进市场经营主体发展壮大。2005年，顺应企业改革，开辟下岗职工绿色通道，落实下岗职工再就业优惠政策，实施企业分层监管和个体工商户信用分层分类登记监管。2006年，坚持“三级把关”“二级审核”，实施登记管理“五统一、五规范”（受理、标准、要求、程序、口径统一，行为、流程、职责权限、服务、公示规范）。2007年，实行政务公开、限时办结，通过首问首办、预约上门、挂号督办、现场办公、上门服务，提升服务水平和工作效率。2008年，推行“绿色通道办事制”“市场准入互动审批制”“联络服务制”，建立经济信息分析制度和行政指导服务制度，为企业发展当好参谋和助手。推行登记注册前指导服务，注册后跟踪服务制度，实现服务工作标准化和登记工作程序化。2009年，开展非公有制经济大调研活动，开展引导创业、帮扶就业活动，建立返乡农民工、下岗失业人员等六类人员数据库，引导还乡农民工、下岗失业人员创办私营企业，配合劳动部门向用工单位推荐就业人员，通过能人带动、龙头带动、商标带动，促进帮扶发展。2010年，实施“红盾助推工程”“红盾金穗惠农商工程”“产销对接工程”，帮扶自然人和市场主体健康发展。2011年，实施市场主体增量提质工程。全区100多家重点企业建立“直通车”，定人联系，定点服务。开展“农超对接”，实施“服务窗口亮化工程”。2013年，设立招商引资及服务项目建设办公室，围绕实施“3341”项目工程，重点做好“民企陇上行”和集中招商引资活动。全区私营企业、农民专业合作社和个体工商户分别达836户、1092户和20870户。2014年，实行注册资本认缴登记制、企业年度报告公示制，放宽经营范围和市场主体住所（经营场所）登记条件，促进宜居宜游首位产业、生态工业、现代农业、旅游文化等特色优势产业发展。2015年，落实“先照后证”“三证合一、一照一码”和全程电子化登记管理等改革措施，对保留的行政许可等事项进行清理核实，保留行政许可事项6项、行政备案项目8项、下放行政审批事项1项，在红盾信息网上进行公示。

第六节　个体劳动者协会

1981年，张掖县个体劳动者第一届代表大会召开，“张掖县个体劳动者联合管理委员会”正式成立。1983年，张掖县个体劳动者第二届代表大会召开，张掖县个体劳动者联合管理委员会更名“张掖县个体劳动者协会”（全国统一名称），选举产生19名委员组成第二届委员会。1987年，张掖市个体劳动者协会第三届代表大会召开，选举产生第三届协会理事会。根据中国个体协会章程将“委员会”改为“理事会”。1990年，张掖市个体劳动者协会第四届代表大会召开，选举产生张掖市个体劳动者协会第四届理事会，表彰先进工作者48名，先进个体劳动者160名。“三好”经营者95名。2001年，张掖市第五届个体劳动者代表大会暨私营企业第一届代表大会召开。会议回顾总结第四届个体劳动者代表大会以来全市个体经济发展情况和四届协会工作，制定新时期全市个体和私营经济发展目标、任务，选举产生第五届理事会和理事。

1991年以来，张掖市个体劳动者协会以宣传贯彻《消费者权益保护法》为重点，健全完善“12315”消费者举报投诉中心，建立起集申诉、查处、监督为一体的覆盖城乡、规范高效的消费者投诉举报网络，配备“12315”流动投诉车3台，在各大超市、市场、商场、乡镇村社设立消费者投诉联系点55处。2001年以来，受理投诉543起，调处534起，为消费者挽回经济损失15.147万元。

第七节　消费者权益保护

1986年，张掖市消费者协会成立。1991年，消协受理消费者投诉110件，处理95件，挽回经济损失85000元。1992年，受理各类投诉102件，调解处理90件，挽回经济损失39000元。1993—1997年，受理消费者投诉716起，调处706起，调解率98.6%，挽回经济损失30.54万元。举办假冒伪劣商品展览5次，公开销毁查获100多个品种、价值90万余元假冒伪劣商品。在全市各大市场、计量监督岗和公平秤共为群众复秤25万多人次，为消费者挽回直接经济损失3160元。1998年，受理各类消费者投诉222件，调处率达98%，为消费者挽回经济损失83190元。2001—2003年，在各大商场、市场、农村建立消费者投诉联络站及联系点146个，受理投诉667起，为群众挽回经济损失33.57万元。2005年，全区城乡设320个消保维权联络站和红盾护农站，以乡镇司法所为依托，建成64个消费者和生产经营者维权中心。2006年，组建各种行业协会6个、建成消费者维权外网网站2个、个体私营协会光彩之星外网网站1个，全区城乡消保维权服务站实现100%覆盖。2011年，重新规范建立三农服务站、消保维权站196个。2012年，甘州区个私协会会员维权中心在全区18个乡镇、9个基层分会、城区5个行业分会设立33个基层生产经营维权中心。2013—2016年，受理消费者投诉1907条，举报530条，建议327条。

第八章　质量技术监督

1993年，张掖市质量管理局成立，隶属张掖市经贸委。1996年，更名“张掖市技术监督局”。2002年7月，更名“甘肃省张掖市质量技术监督局甘州区分局”。2014年，食品生产环节安全监管职能划给甘州区食品药品监督管理局。2015年，甘州区工商行政管理局和甘州区质量技术监督局合并为“甘州区工商行政管理和质量技术监督局”。

第一节　质量管理

1994年，结合“94质量张掖行”活动，对张掖市流通领域经销的6大类商品进行监督检查，抽检商品4450个批次，合格率86.34%。对全市13家生产企业的16种产品质量按季度考核，稳定提高率90.5%。1995年，抽检消费者关心的地方产品面粉、食醋等产品72个批次，合格率48.6%。1996年，配合张掖地区产品质量检验所，对辖区范围内31户建材企业、12户食品生产企业、22户商铺企业经销轴承进行监督检查。1997年，推荐10户企业12种产品参加“张掖名牌”评选。2012年，出台《甘州区人民政府质量奖实施办法》，开启区政府质量奖励工作。河西走廊葡萄酒正式被国家质检总局批准为地理标志保护产品，甘肃丝路春食品工业有限公司“丝路春牌”白酒和张掖市金鹰食品工业有限公司“江枫牌”小麦粉2个产品获得2012年度“甘肃省名牌产品”称号。2013年，全区57户食品生产企业取得生产许可证，全部加贴QS标志。49户食品加工小作坊全部签订“质量安全承诺书”，食品生产加工趋于规范。食品添加剂使用申报率达100%。首次开展质量状况分析工作，发布全区质量状况分析报告。2014年，出台《甘州区人民政府质量奖评审实施细则》，评选出第一届区政府质量奖获奖企业。全区重点产品合格率94.7%。2015年，重点工业产品生产企业监督抽查92批次，合格86批次，合格率93.4%。2016年，8个产品获得有机认证，44个产品获得绿色食品认证，25个产品获得无公害农产品认证。7户企业通过甘肃省企业质量信用等级A级评价。全区重点产品生产企业监督抽查合格率95%。

第二节　计量管理

1949 年，中华人民共和国建立初期，张掖县计量工作由县物价局和工商行政管理局管理，主要是衡器管理。20 世纪 80 年代，张掖地区行政公署、张掖市人民政府分别建立计量管理机构，部分骨干厂矿企业指定专人或建立专门机构进行计量管理。管理内容是定期开展计量检定，对违反标准者进行严肃处理。1993 年，张掖市计量监督全面开展。1994 年步入正轨。1996 年起，落实商贸交易中逐渐淘汰杆秤三年计划，在城乡商业门点、城区贸易市场的固定摊位淘汰杆秤，推广使用不易作弊的电子计价秤和双面度盘秤等先进计量器具。2008 年开始，逐步建立计量器具档案，对全区计量器具进行严格管理，打击短斤少两危害消费者利益行为，对辖区内 9 家省级重点用能单位开展清查工作，企业能源计量器具配备率达 100%，受检率达 100%。2012 年，对年耗煤 2000 吨以上的 17 户企业开展能源计量监督检查，督促 11 家企业增配能源计量器具 73 台（件），检定能源计量器具 379 台件。2013 年，对全区医疗机构、加油站、种子收购企业、眼镜店、集贸市场等场所计量器具进行专项检查，完成强制检定计量器具的建档工作，在用计量器具周期受检率达 97.6% 以上。11 家年耗能 5000 吨标准煤以上用能单位的能源计量器具配备率、周期受检率达 100%。全年新办（换证、变更）代码证 1437 套，年检 964 套，建立电子档案 2400 多条，数据更新率达 80%。2014 年，完善强制检定计量器具档案，签订《诚信计量承诺书》22 家，向社会公开承诺遵守《商业、服务业诚信计量行为规范》，自觉接受社会各界监督。2016 年，《甘州区人民政府贯彻落实〈国务院计量发展规划（2013—2020 年）〉实施意见》出台实施。

第三节　标准化管理

1980 年，张掖地区行政公署成立标准所，地、县 200 人以上的企业配置标准化管理专干。1989 年，张掖地区平原堡砖瓦厂、张掖地区化肥厂和张掖市乌江砖瓦厂、党寨砖瓦厂执行国家标准，张掖市中药提炼厂和张掖地区农机厂出口产品执行区域性标准，全市有 53 个产品执行国家标准，市属企业 49 种产品执行全国本行业标准，73 种产品执行企业自定标准。1994 年，帮助和指导丝路春贸易总公司、长安建材厂、市果酒厂、粮食饮食品加工厂和张掖市锅厂 5 家企业制订企业产品标准。按照国家颁布的 GB/7718－94《食品标签通用标准》对市属食品生产企业的产品统一进行登记备案，有 56 家国营、集体、乡镇企业及个体生产者登记备案完备，登记备案率达 50.9%。1995 年，贯彻推行《食品通用标签标准》，帮助企业完成标签备案 123 项。帮助企业制订和备案企业标准 13 项，全市产品标准覆盖率达 92.6%。1996 年，对经委、二轻、粮食、商业等系统 62 户主要工业企业产品现行标准进行注册登记，注册率达 31%。帮助 9 户无产品标准企业制订和审定产品企业标准 12 项，全市标准覆盖率达 96%，基本消灭无标生产。1997 年，张掖市被列入全省消灭无标生产县（市）计划。至 1998 年，全市界定消灭无标生产范围运转正常的工业企业137家，批量生产的产品282个，标准覆盖率由1996年底的79.37%上升为98.6%，标准备案登记率由42.26%上升为100%，其中执行国家标准的产品159个，行业标准的产品87个，地方标准的产品4个，企业标准的产品32个，同年9月顺利通过省技术监督局组织的消灭无标生产验收。2000年后，采用国际标准和国外先进标准，坚持按标准生产或检验产品。2009年，帮助企业制（修）订标准26项，完成企业产品执行标准注册登记181户，张掖市环保建材有限公司、张掖市三强化工有限公司、张掖市三闸水泥厂采用国际标准生产。参与甘肃地方标准制定31项。建成玉米制种国家级标准化示范区1个，紫花苜蓿省级标准化示范区1个，国家级南关蔬菜果品标准化市场和省级万头肉牛育肥标准化示范区建设积极推进，优势农产品标准化覆盖率达95%。2010年，甘州区万头肉牛育肥农业标准化示范区顺利通过省级验收，完成甘肃张掖国风葡萄酒业有限责任公司标准化良好行为确认和计量保证能力评价合格确认和张掖市鸿龙建材有限责任公司采用国际标准的审查工作。制定甘州“乌江贡米”地方标准，帮助企业制（修）订企业标准15个。2012年，帮助企业制修订标准11项，督促复审标准34项，为企业查询标准110多条，完成1户企业“采标”和标准化良好行为确认工作。登记食品标签21个，申办、续展条码29户。新办代码证1060套，年检1075套，建立电子档案2100多条。2013年，制（修）订企业产品标准26个，完成3户企业标准良好行为确认工作，建立国家级农业标准化示范项目1家；条码新注册4户，续展10户。2014年，复审到期5个企业的10项企业产品标准，确定“张掖市东河木业有限责任公司”一户企业为标准化良好行为确认企业。确定“甘肃前进牧业科技有限责任公司”为“甘州区奶牛养殖综合标准化示范区”项目建设单位。2016年，《甘州区人民政府贯彻落实甘肃省标准化发展战略纲要实施方案（2015—2020）》出台，“甘州区东街交通巷社区社会管理和公共服务综合标准化试点”和“张掖市华谊物业管理有限责任公司服务业标准化试点”两个申报项目入选2016年首批省级服务业标准化试点的项目和社会管理和公共服务综合标准化试点项目。

第四节　代码管理

1993年，张掖市企业事业社会团体统一代码标识制度办公室和领导小组成立，负责代码标识制度赋码颁证工作。经调查摸底，全市需要编码单位有2271个，至1994年，办理登记1734个，占76.4%。1995年，组织机构代码证申办工作有序开展，顺利通过省、地区代码办联合验收。1999年，更换代码证641套，换证率73.9%。加快代码信息系统建设，及时同省代码中心联网，实现省中心网上赋码、基层单位现场办证、各类数据网上传输的网络化工作模式，减少了重错码。2003年，代码办公室对1993年实行代码标识制度以后的代码数据库彻底清理、更新。至2011年底，库存有效数据1121条。2014年，新办（换证、变更）组织机构代码证2340多套，代码数据总数5066多条，代码新登录数据合格率达100%。注册条码6户，续展10户。2015年，核发组织机构代码证书5563份，变更、换证1007份。根据全国“三证合一、一照一码”

登记制度改革要求，自2015年10月1日起，不再向企业、农民专业合作社和个体工商户发放和更换组织机构代码证书。根据全国组织机构代码管理中心关于转发《法人和其他组织统一社会信用代码载体协调纪要》的通知规定，2016年1月1日起，不再发放、更换组织机构代码证书，机关、事业单位由区编办赋码，社会团体、民办非企业单位等社会组织由区民政局赋码。

第五节　特种设备安全监管

2001年，劳动部门特种设备安全监察（检验）管理职能划转质监部门，增设特种设备安全监察室，统一管理全区特种设备安全运行。当年，质监部门依法对特种设备生产、经营、使用、检验检测等环节进行行政许可和监督检查，摸底登记建档辖区内特种设备，办理登记注册手续，责令存在安全隐患设备停业使用，及时维修检验。2003年6月，依照国务院新出台的《特种设备安全监察条例》，开展特种设备安全监察工作。2008年，围绕锅炉、起重机械、气站气瓶等行业进行安全检查，开展特种设备安全监察机构规范化建设，健全352家特种设备使用单位的1817台（件）特种设备监管档案。组织人员参加全市锅炉及水处理、起重机械压力管道元件、场（厂）内机动车、气瓶充装等操作人员培训班。2011年，开展锅炉节能监管工作，督促15户企业安装使用锅炉节能设备。2012年，建立健全413家单位特种设备监管档案，登记特种设备2266台。2013年，从基础工作、现场监察、工作质量、监管效果四方面开展特种设备安全监察机构规范化建设。2014年，全区特种设备制造单位2家，安装、维护单位20家，使用单位523家，设备3358台。2015年，督促556家特种设备生产使用单位开展自查自纠，与特种设备生产使用单位签订《特种设备安全生产责任书》。2016年开始，承接特种设备登记工作，全年新办车用气瓶登记553台，车用气瓶复证533台，换证34台。登记锅炉14台，压力容器72台，电梯379台，起重设备52台，场内专用机动车辆14台，压力管道8趟。深化大数据监管工作，将“业务管理”“检验管理”“监管指导”3个系统的数据导入“甘肃省特种设备监督管理平台”，精准管理，特种设备使用单位达到650多家，特种设备4672台（件）。

第六节　行政执法

1994年，会同有关部门查处假冒伪劣商品，总价值约59000元，接受群众质量投诉106起，结案率达97.17%，挽回消费者经济损失约37000元。1996年，对辖区内600多个国营、集体、个体工商企业进行“三位一体”监督检查，办理行政案件400多件，根据群众举报，先后端掉销售假女士康乐、滨河白酒，生产假冒厂名瓜子、水果糖等5个窝点，没收销售假冒伪劣商品价值1万元。2001年，狠抓强制认证产品查处工作，监督检查辖区内列入生产许可证和“3C”认证管理的产品生产企业，对已经生产单位取得生产许可证和“3C”认证管理的企业进行整改。2009年，开展“说理式执法”和“阳光执法”行动，全年办理各类行政执法案件140件。2015年以后，行政执法案件由区工商质监局统一查办。2016年，开展大气污染防治工作，抽检煤炭111个批次，查处23家不符合大气防治要求的28个批次全部移交大气办处理。牵头做好二手车市场整治与搬迁工作，配合相关部门做好钢材市场、殡葬市场、农贸市场、畜牧市场等各类市场搬迁整顿工作和扫黄打非、占道经营整治、校园周边环境整治、危险化学品防范、打击走私等工作。

第九章　食品药品监督

1990—1991年，张掖市食品药品卫生执法监督职能主要由市卫生局和市防疫站承担。1992年，张掖市卫生局卫生执法监督室和张掖市药品监督所成立，隶属张掖市卫生局，与防疫站共同履行卫生执法监督工作。1993年，张掖市药品监督检验所成立，隶属市卫生局领导。2002年，张掖市食品药品监督管理局甘州分局成立。1993—1997年，张掖市卫生执法监督工作由张掖市卫生执法监督室与防疫站食品卫生科共同承担。1995年，张掖市药品管理领导小组和张掖市食品安全委员会成立，负责对全市药品质量进行全面管理和检查。1998年，张掖市卫生局公共卫生监督所成立。2002年，张掖市卫生局公共卫生监督所更名“甘州区卫生局公共卫生监督所”。2004年，甘州区卫生执法监督工作整体上划归张掖市政府，甘州区不再承担卫生执法监督工作。2011年，张掖市甘州区食品药品监督管理局更名“张掖市食品药品监督管理分局”，负责甘州区二环路以外的农村药品市场监管。2013年，组建“甘州区食品药品监督管理局”，加挂甘州区食品安全委员会办公室牌子，承担区食品安全委员会具体工作。同年，成立甘州区食品药品稽查局和乡镇、街道食品药品监督管理所25个。食品药品监督管理局派出机构，科级建制，实行双重管理，以区食品药品监督管理局管理为主。

2016年末，甘州区有食品经营监管对象10888户。其中，食品生产主体83户，食品销售主体4869户，餐饮服务主体4747户，小作坊生产经营主体1189户。药品及医疗器械生产经营及使用单位839户。其中，药品批发5户，药品零售及医疗器械经营293户，药械使用单位541户。化妆品经营使用单位1025户。

第一节　食品监督管理

日常监管　坚持“问题导向、风险管理、全程控制”基本原则，推行“网格化”“痕迹化”“记分制”监管方式，落实食品生产经营索证索票、进货查验、电子“一票通”、专柜销售、农村集体聚餐“三书一合同”等监管机制，聚力粮油、肉制品、乳制品等重点品种和学校食堂、城乡接合部、旅游景区等重点区域，靠实企业质量安全主体责任，实现产品追溯、安全追踪、风险防控工作目标。

区食药监局工作人员检查学校食堂食品安全

专项整治 紧盯食品安全薄弱环节、高风险点和突出问题，开展农村食品安全“清源”“净流”“扫雷”“利剑”行动，加强对农村及城乡接合部食品生产经营、餐饮服务的监管力度，严厉打击农村地区“无证经营”“黑窝点”“黑作坊”以及食品制假售假等行为，确保农村食品质量安全。实行农村集体聚餐等级备案制度，加强对流动餐车、流动厨师的登记管理，定期开展流动厨师体检培训，着力扫除食品安全监管“盲区”、填充“空白”。开展冷冻肉品市场、校园及周边食品、餐饮服务单位“两超一非”、食用农产品、“白条肉”、畜禽水产品、食用添加剂、烧烤市场、旅游景区等专项整治100余次；开展农资打假系列专项行动和“瘦肉精”、生鲜乳、兽药和饲料及生猪屠宰等专项整治，以严惩重处的高压态势持续打击食品药品生产经营违法行为。紧盯食用农产品、畜禽水产品、肉及肉制品、食用油、火锅底料、农药兽药残留、添加剂等高风险产品，加强食品抽验检验和快速检测，分析风险隐患，提升食品防范能力。2014年，检查食品生产经营及餐饮服务各环节主体单位24680户（次），开展食品监督抽验650批次。2015年，检查食品生产经营及餐饮服务各环节主体单位32456户（次），开展食品监督抽验356批次。其中，生产环节52批次，流通环节223批次，餐饮服务环节81批次。2016年，检查食品生产经营及餐饮服务各环节主体单位38264户（次），开展食品监督抽验629批次。其中，生产环节102批次，流通环节364批次，餐饮服务环节163批次。新乐超市、华润万家超市、嘉信农贸市场等大型企业建立食品安全快检室8个，促进市场食品质量提升。

诚信建设 实施餐饮单位“明厨亮灶”工程，推行“玻璃隔断、橱窗、电子视频”三种方式，将“后厨”引到堂前，展示给消费者。至2016年，全区餐饮单位“明厨亮灶”实施率达95%以上。推进食品生产经营单位外置化管理和餐饮服务单位量化分级管理，分“好、较好、一般”3个等级，将企业食品安全状况进行对外公开公示，全区食品经营单位外置化公示公开率达96%以上。在食品生产环节实施“阳光仓储”工程，全区445户生产批发企业，实现“阳光仓储”工程的企业425户，实施率96%。联合甘州区精神文明建设办公室等部门扎实开展“文明餐桌”行动，印制“文明餐桌”桌牌10000余个，免费向餐饮单位发放，提升餐饮服务和食品安全保障水平。

第二节 药品监督管理

药品监督执法 1990—2001年，张掖市卫生局承担全市药品管理监督执法职责。1991年，对20个医疗单位及医药门市部药品质量进行抽查，查出过期失效西药针剂38种6739支，片剂6种2600片，中药27种67.8公斤，价值2254元，查处外来游医药贩12人次。1992年，对城区3个批发部和农村9个乡卫生院、69个村卫生所进行全面检查。查出过期失效“四无药品”西药针剂片剂84种66682片（支），中草药6种10公斤，中成药16种960瓶（盒）。假中草药11种21.6公斤，总价值3277.6元。查处游医药贩19起34人次。1993年，对335个医药、医疗点进行检查，查出销毁伪劣药品117种（虫蛀霉变中药材28种225公斤、自制药6种3公斤、无注册商标大液体3种76瓶，过期变质针剂63种3596支、片剂17种9355片等），价值约8900余元。依法处罚5家，罚款金额856元。1994年，对市辖区内655家药品生产、经营、使用单位开展全面检查，有85家经营者和使用单位不同程度地收购使用私人药品、虫蛀霉变、过期失效药品。查处没收药贩药品31种，价值5000余元。销毁过期药品针剂10种6784支，片剂3种20091片，水剂254支，假中草药8种32公斤，总价值2114元。1998年，对药品生产、销售和使用单位的药品质量进行监督检查，出动监督检查人员45人次，检查单位637家，查处过期失效药品27种，霉烂变质药品13种，价值12295元，问题药品均没收销毁，查处假冒伪劣药品案件36起，药品66种，没收非法所得4136元，罚款7104元。药品质量抽检357个品种，合格率81.3%。1999年，组织执法监督室、药检所对城乡药品经营、使用单位进行伪劣、过期、变质药品全面清查，查出无有效期、变质药品3642种，价值19692.7元，全部予以没收，分3次进行公开展示、曝光和销毁处理。查处25户，罚款9934.60元。药品抽检398个品种，合格率84.7%。2001年，督查城乡药品经营、使用单位860户次，检查4216个品种，抽验345批次，查出合格药品62批次，非法购药23起，非法销售8起。没收销毁劣药品278种，价值2.1万元。2010年以来，建立乡镇药品监督办公室18个，聘请区级行风监督员、乡镇药品协管员、村级药品信息员319名。2015—2016年，核查登记外地药械销售人员164人次，查处各类非法渠道购进药械案件30起。对新开办的11家药品零售药店和37家GSP再认证的企业进行严格核查和跟踪检查，下发“责令整改通知书”42份，对查出虚挂或药学技术人员不能在岗履职的13家企业实施追踪整改，对6家整改不到位和不能保证药师在职在岗的药店报请市局实施许可证注销，对4家不建立“处方药调配审核记录”、不留存医师处方及药师不在岗销售处方药的经营企业进行行政处理。

药械市场监管 2011—2012年，出动执法人员4412人次，检查涉药（械）单位1103户（次），查处违法案件219件（其中，简易程序案件42件，一般程序案件177件），结案209件，上缴罚没款16.38万元。2013年以来，药品生产环节，突出抓好基本药物生产工艺和处方核查，开展中药注射剂、第二类精神药品、血液制品、疫苗和基本药物生产企业质量受权人制度，开展GMP跟踪检查和飞行检查，对重点品种、重点环节、重点企业、重点区域进行重点检查。2014 年以来，围绕“一次性医疗器械、定制式义齿及口腔科使用器材、一次性使用无菌医疗器械、诊断试剂、不合格避孕套”等六项重点，采取“集中力量、责任到区、全面检查、逐级督查”等有效方式，开展专项整治；严厉打击制售假劣药品医疗器械违法犯罪活动，查处擅自扩大功能主治范围、夸大产品疗效的宣传行为；严厉打击任意扩大产品适应证、绝对化夸大疗效、严重欺骗和误导消费者、非药品冒充药品宣传的严重违法广告；严厉打击以食品、保健食品、保健用品、消毒用品、化妆品和未标示文号产品等六类非药品冒充药品违法行为，出动执法人员 3000 余人次，检查药品经营企业 5000 余户次，药品及医疗器械使用单位 8000 余户次。

第三节　行政许可与市场稽查

行政许可核发　2014 年，受理核发许可证照 3921 份，其中餐饮服务 1233 份，食品流通 2688 份。2015 年，受理核发许可证照 2498 份，其中餐饮服务 1261 份，食品流通 1237 份。2016 年，受理核发许可证照 6394 份，其中“食品经营许可证”5423 份，小作坊备案登记证 866 份，二类医疗器械登记备案 105 份。

稽查网络　2013 年以前，稽查工作由食品卫生监督所和质量技术监督局承担。2014 年新组建甘州区食品药品监督管理局注重稽查网络建设。2015 年，完成东街、北街、党寨、上秦、大满、沙井 6 个监管所规范化建设任务。2016 年，完成梁家墩、三闸、乌江、小满、甘浚、长安、碱滩、明永、靖安、龙渠 10 个监管所规范化建设任务。

稽查行动　2014 年，办理各类案件 178 件，收缴罚没款 49.44 万元。2015 年，办理各类案件 247 件，收缴罚没款 105.69 万元。2016 年，办理各类案件 142 件，收缴罚没款 116.39 万元。

稽查机制　2014 年以前，全区食品药品市场稽查由卫生、质量监督部门牵头，工商、公安、盐务等部门配合开展工作。2014 年后，区政府整合各方力量，取消重复、交叉执法，完善联席会议、联合执法、重大案件查处制度，与区安检、城市执法、工商质检、盐务等部门加强协调配合，形成执法合力。重点组织开展餐饮服务安全生产、食品领域的小食品、小餐饮、小作坊、小摊点的“四小”管理，盐业市场等专项整治，提高食品安全监管整体效能。

第十章　安全生产监督管理

2003 年前，甘州区劳动局设安全生产办公室。2003 年后，“甘州区安全生产监督管理局”成立，加挂“甘州区安全生产委员会办公室”牌子，区政府直属事业单位，科级建制。2005 年，列为区政府工作部门。2010 年，甘州区安全生产监督管理局职责、内设机构和人员编制调整，归口管理甘州区安全生产执法监察大队。2014 年，增设职业卫生安全监督管理股。同年，成立“甘州区安全生产执法监察大队”，副科级建制，隶属甘州区安全生产监督管理局管理。

第一节　安全生产监管

甘州区强化安全生产源头管理，把安全生产条件作为建设项目审批备案的前置条件，从源头上杜绝不符合产业政策和不具备安全生产条件的企业进入生产领域，全区危险化学品、烟花爆竹、矿山等高危行业企业“安全生产（经营）许可证”发证换证率达到 100%，对全区 162 个建设项目跟踪监管。2010 年，聘请 39 名专业技术人员成立甘州区安全生产专家库，邀请专家参与安全检查，利用专家查隐患、找问题，提高安全检查的实效性。2011 年开始，全区有 193 户企业通过三级安全生产标准化验收。2013 年，在煤矿、金属非金属矿山、危险化学品生产经营企业、烟花爆竹批发企业、建筑施工企业、道路交通运输企业以及工贸行业规模以上企业开展安全隐患自查自报信息系统试点工作，全区 167 户企业通过安全隐患排查治理信息系统，实现隐患排查治理工作全过程记录和管理。2013 年开始，每年年初制定印发安全生产执法计划，加强对重点企业的监督检查。2014 年，推进安全生产信息化建设，加快安全生产在线监测监控系统建设。至 2016 年底，全区有 716 户生产经营单位（包括教育、卫生单位）安装视频监控系统，共安装监控头 8800 多个，3 户客运企业、6 户出租车公司、2 户物流企业、2 户旅游运输公司对 1664 辆客货运车辆全部安装 GPS 视频监控系统，有 942 户生产经营单位注册省安全生产信息平台，5 户企业联网接入安全生产专网。

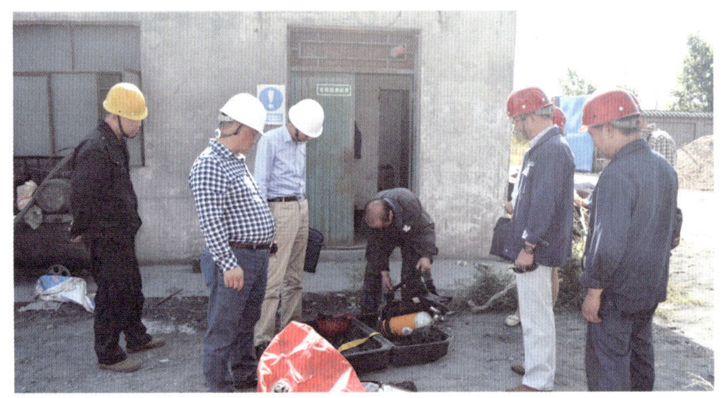

区安监局检查巨龙建材公司应急救援设备

第二节　隐患治理与安全教育

隐患排查治理　在重大节假日、重要活动、重要节点等时段，组织开展安全生产大检查和专项整治，排查治理安全隐患，严厉打击非法违法生产经营行为。对查出的安全问题和隐患实行“零容忍”，做到事故隐患整改责任、措施、资金、时间、预案“五落实”。特别是把煤矿、非煤矿山、交通运输、建筑施工、消防、危险化学品、烟花爆竹、有色冶金、特种设备、国土资源、农机、电力、水利、旅游、教育等行业（领域）

作为重点，从严查处，确保隐患整改到位。

安全培训教育　充分发挥共青团、妇联、工会等群团组织和学校优势，将安全生产宣传教育纳入“青年安全生产示范岗”“五好文明家庭”和“平安校园”创建活动中，调动群团组织等社会力量参与和监督安全生产工作。2010 年，建立甘州区安监局信息网站。2016 年，开通安全生产“两微一端”，层层建立安全生产微信群，利用新型媒体传播安全讯息。对企业负责人、安全管理人员和特种作业人员安全培训。

第三节　应急管理与责任追究

按照“工作体制统一、系统功能完备、基础设施配套、制度机制健全”原则，每三年对生产安全事故应急预案修订完善一次，每年组织开展一次综合应急救援演练。督促各乡镇、街道、部门和企业制定、完善安全生产事故应急预案，定期开展应急演练。全区乡镇、学校、医院、规模以上企业基层预案制订率达 98% 以上，化工企业、烟花爆竹批发企业应急预案备案率 100%。2012 年，以消防应急救援专业力量为主体，整合社会应急资源，成立区综合应急救援大队，以机关单位青壮年干部为主体，组建民兵应急救援大队，提高应对突发事故的能力。

2007 年以前，发生生产安全事故由张掖市安监局负责调查处理。从 2008 年开始，较大事故由市政府成立调查组进行调查处理，一般生产安全事故由甘州区政府成立事故调查组进行调查处理。2008 年以来，全区发生生产安全事故 15 起，死亡 25 人，受伤 4 人，直接经济损失 390 余万元，其中发生较大生产安全事故 4 起，死亡 12 人，直接经济损失 120 万元，没有发生重特大生产安全事故。给予党纪政纪处分 8 人，追究刑事责任 6 人，给予企业行政处罚 15 户、个人行政处罚 25 人次，征收罚款 314 万元。

第十一编

社会事务管理

第一章　民　政

1978 年中共十一届三中全会后，经过恢复、整顿，建立健全民政机构系统。1980 年，人事、劳动、就业从民政中分离，成立“人事局”和“劳动局”。1985 年，张掖县民政局更名“张掖市民政局”。2002 年，张掖市民政局更名“甘州区民政局”。2016 年，辖甘州区殡仪馆、甘州区殡葬执法监察大队、甘州区城乡低保办、甘州区城乡居民家庭经济状况核对中心和甘州区中心敬老院。甘州区老龄办挂靠区民政局。

第一节　基层政权建设

农村基层政权建设　1981 年，从甘浚公社划分出西洞公社，从安阳公社划分出花寨公社。至此，全县行政区划为 1 镇、22 个公社。1983 年，改公社为乡、大队为村、生产队为社。至 2004 年，廿里堡乡撤销合并于党寨镇管辖，西洞乡撤销合并于甘浚镇管辖，和平乡撤销合并于大满镇管辖，小河乡撤销合并于沙井镇管辖。2013 年，全区 245 个村成立村务监督委员会。2015 年，长安乡、明永乡撤乡改镇为长安镇、明永镇。2016 年底，全区有 18 个乡镇、245 个村、2001 个村民小组。落实“四议两公开”制度，发挥村务监督委员会作用，定期对村务公开民主管理情况进行检查。2004 年之前，乡镇人民政府每届任期三年，后经十届人大二次会议通过宪法修正案，修改为“地方各级人民政府每届任期五年”。至 2016 年 12 月，村级换届 9 届。

城市街道社区建设　1984 年，经国务院批准成立东园镇、平原镇。东园镇于 1985 年成立镇政府，辖王家墩村、火车站街道办事处，1989 年 10 月因条件不具备，镇政府停止工作，王家墩村由上秦乡代管，火车站街道办事处由城关镇代管，保留镇的建置。平原镇未成立镇政府，保留建置。1974 年，设平原堡街道办事处，由城关镇管辖。1989 年设立平原堡街道办事处、火车站街道办事处。1990 年，张掖市设 8 个街道办事处、72 个居委会。1992 年，增设火车站第七居委会、平原堡街第七居委会、人民北街第十居委会、人民南街第十二居委会。届时，各街道居委会增加到 76 个。1999 年，平原堡街道办事处隶属乌江乡人民政府管理。2001 年，撤销张掖市城关镇，将原设置的 7 个街道办事处调整合并为东街、西街、北街、南街、火车站街道办事处，居委会合并为 37 个。2002 年 3 月 1 日，经国务院批准，撤销县级张掖市，成立甘州区（县级）；原张掖地区撤销，成立张掖市（地级），甘州区隶属张掖市。2004 年 10 月，撤销平原堡镇，设立平原堡社区居委会，并入乌江镇人民政府。撤销东园镇人民政府，辖区地域划为火车站街道办事处。同年，将 37 个社区合并为 29 个。2006 年，重新对 5 个街道办事处、29 个居委会进行调整，调整后为 5 个街道办事处、18 个社区居民委员会（含平原堡社区）。2011 年，设立宁和园社区居委会，隶属西街街道办事处管辖。2014 年，设立老寺庙社区居委会，隶属碱滩镇人民政府管辖。2016 年 6 月，设立九园社区居委会，隶属小满镇人民政府管辖。

第二节　社会救助

救济　2009 年以前，甘州区城乡救济资金由地方财政统筹，每年列支 10 万元救济资金，加上区属单位干部职工捐款救助，每年每人救助 100 元—1000 元不等，每年救助人群约 100 多人。2011 年后，救济救助被临时救助所替代。

救灾　1992—2016 年，甘州区共发生较大自然灾害 10 多起，造成平山湖、靖安、新墩、乌江、上秦、梁家墩、碱滩等乡镇村社群众生产生活重大损失，区上通过捐款下拨资金救灾，累计下拨救灾救济款 6100 多万元，妥善安排受灾群众的基本生活。

城市医疗救助　2006 年，城市医疗救助对象主要是具有本区常住非农户籍，因患重大疾病或发生意外事故，无力负担过重医疗费用的城市低保对象、城市低收入人群、下岗、失业人员，机关、企事业单位工作人员（含退休人员），经民政部门认定的其他困难对象。城市医疗救助实行住院救助为主，门诊救助、资助参保、特殊救助为辅的方式。城市医疗救助的标准按照申请城市医疗救助对象，在定点医疗机构住院产生的费用，在扣除各种医保报销、减免、单位资助、商业保险赔付后的个人自付部分，按照甘州区城市医疗救助办法的规定进行救助。至 2016 年底，累计救助 15410 人，发放城市医疗救助金 3802 万元。

农村医疗救助　2006 年，推进城乡医疗救助制度，制定出台《甘州区农村医疗救助实施细则》。2010 年，救助范围扩大至全区所有患大病的农村居民，救助金额的最高限额提高至 30000 元。农村医疗救助工作运行后，严把村级民主评议关、乡镇审核调查关、民政局抽查审批关、资金拨付关。2006—2016 年底，累计救助农村大病困难患者 12944 户 12976 人，发放医疗救助金 4638.9 万元，缓解农村困难群众看病难的实际问题。

城乡临时救助　制定下发《甘州区临时救助试行办法》，对遭遇突发事件、意外伤害、重大疾病或其他特殊原因导致基本生活陷入困境，其他社会救助制度暂时无法覆盖，救助之后基本生活暂时仍有严重困难的家庭或个人给予应急性、过渡性救助。至 2016 年，共救助 5.32 万人次，累计发放救助金 2271.3 万元。

城市最低生活保障　2013 年 10 月前城市低保分为四类：一类为“三无”对象，即无生活来源，无劳动能力，无法定赡养、抚养或扶养人，按保障标准享受全额保障金。二类为严重残疾并丧失劳动能力的残疾人；患艾滋病或其他重大疾病，住院费、医药费开支较大的人员；父母均为失业人员家庭中的中小学在校学生；单亲家庭中的未成年子女；赡养人没有赡养能力的 70 周岁以上老年人；其他原因造成家庭生活特别困难的。二类人员中符合条件的本人在已补差的基础上按保障标准的 20% 上浮计算补差额。三类为在职低收入、失业和尚未就业而具备再就业条件的人员，其他原因造成家庭生活比较困难的家庭和人员。三类人员按实际收入计算补差标准，但对其中的中小学在校学生本人，在已补差的基础上按保障标准的10%上浮计算补差额。四类为符合低保条件的未就业普通高校毕业生、待安置城镇退役士兵和其他人员。1998年，甘州区建立城市居民最低生活保障制度，当年，全区有低保户75户247人，发放低保金56万元。2005—2012年，纳入城市低保的增加到11759户，保障人数增加到28063人，累计发放保障金32953.97万元。城市低保标准人均提高到266元，人均补差242元，比1998年增长了100多倍。2013年10月起，城市低保实行全额或差额保障。2013—2016年底，城市低保保障标准由306元提高到418元，月人均补差标准由267元提高到361元。经过动态管理，到2016年底为纳入城市低保的9450户20774人，累计发放资金31022.4万元。全区共有城市低保民主评议小组26个，评议库成员482人，5个街道低保办、19个社区全部配备了低保专用微机，统一使用全国城市低保信息管理系统软件，实行规范化、信息化、科学化管理。

农村最低生活保障　农村低保对象划分为四类：一类为主要成员重度残疾、缺失劳动力，基本没有收入来源的家庭；家庭主要成员常年患病，经济负担沉重，严重收不抵支的家庭；因意外事故或家庭变故造成无法维持基本生活的单亲家庭。二类为家庭生活比较困难，且需要政策扶持的计生“两户”和供养大学生的家庭。三类为虽有劳动力，但因家庭成员残疾或多病，导致维持基本生活困难的家庭。四类为其他难以维持基本生活的困难家庭。全区农村低保对象包括18个乡镇、245个村、1个工业园区。2007年，共有低保对象2715户6011人。至2012年底，低保对象增加到11902户21205人，占农村总人口的6%，保障标准从2007年每人每月30元增长至平均每人每月89元。同年通过提标，农村低保一类保障标准达到140元/人/月，二类标准达到100元/人/月，三类标准达到75元/人/月，四类标准达到60元/人/月，月发放农村低保金185.8万元。累计发放农村低保资金5690万元。2013—2015年，农村保障标准由1488元/年提高到2434元/年，月人均补差标准由101.6元提高到129元。2015年底，为纳入农村低保的14036户21638人，累计发放低保金8800.5万元。2016年农村低保采取分类施保，一、二、三、四类低保对象月补助标准分别为285元、249元、90元和60元。为纳入农村低保的13456户20369人，发放资金3193.1万元。

社会捐助活动

农村特困对象供养　1984年开始，甘州区对农村缺乏劳动能力、生活无依无靠的老年人，实行以“保吃、保穿、保住、保烧、保葬”为主要内容的“五保”供养制度，先后建立14个乡级敬老院，集中供养五保老人

133 人，集中供养老人生活，供给由乡村社统筹，每人每年供粮 600 斤—800 斤，伙食费 300 元—500 元。敬老院副业收入补贴伙食。至 1998 年，甘州区有五保老人 890 人，乡镇敬老院有 20 所，覆盖率达到 90%，床位 230 张，集体供养 155 人，床位利用率为 67.4%。2000 年，集中供养和分散供养标准分别达 1500 元和 1250 元左右。至 2006 年，甘州区 13 所农村敬老院集中供养五保户 179 人，分散供养 1366 人，年供养标准人均达到 1500 元和 1000 元。2009 年创建甘州区中心敬老院，入住 15 个乡镇、5 个街道办事处近 200 名老人。至 2016 年底，全区有甘州区中心敬老院、党寨、梁家墩、大满、小满、甘浚、乌江、三闸、碱滩等 9 所农村敬老院，供养人数达到 2627 户 2943 人。其中，集中供养 237 人，分散供养 2706 人，集中供养对象年人均补助标准由 2009 年的 2040 元提高到 2016 年的 5904 元，分散供养对象年人均补助标准由 2009 年的 1560 元提高到 2016 年的 4824 元，2009—2016 年累计发放五保供养资金 5421.7 万元。

第三节　社会福利

福利企业　1991 年后，甘州区先后兴办工业用布厂、上秦面粉福利厂、党寨脱水蔬菜厂、廿里堡塑料制品厂等 37 家福利企业，主要从事经营面粉加工、蔬菜脱水、资源再回收利用等加工业务，安置残疾人 301 人。随着市场经济的发展，大部分福利企业生产工艺落后，产品销路不畅，连年出现亏损，自行停产。至 2016 年，全区福利企业有甘肃立本塑胶有限责任公司、张掖市五色有限责任公司 2 家，安置有劳动能力的残疾人 22 人。

养老设施　1985 年后，按照人口数量在 14 个乡建立敬老院，入住“五保”老人 133 人。1998 年，乡镇敬老院 21 所，床位 230 张，集体供养 155 人。2005 年，结合乡镇行政区划调查，将农村 21 所敬老院调整合并为 17 所，共有房屋 545 间，床位 420 张，总建筑面积达 10600 平方米，集中供养 185 人。2009 年，创建甘州区中心敬老院。至 2011 年 12 月，中心敬老院入住 15 个乡镇、5 个街道办事处近 200 名老人。2010 年 5 月，甘州区东街老年日间照料中心落成，总建筑面积为 1442 平方米，总投资 450 万元。2011 年，总投资 450 万元，建成小满镇金城社区老年日间照料中心。2012—2016 年，甘州区投资 13 亿元，在滨河新区建设全国综合养老示范基地。

慈善救助　2007 年甘州区慈善协会成立，选举产生第一届理事会，形成完整的组织机构体系，登记团体会员 267 名，个人会员 146 人。2011 年，甘州区慈善协会换届，选举产生第二届甘州区慈善协会领导机构。慈善协会秉承“乐善好施，扶贫济困”的理念，逐年开展救助活动。

福利彩票　2001—2011 年，全市福利彩票销量累计销售 12.78 亿元，筹集福利公益金 4.47 亿多元。2013 年，张掖市发行福利彩票 3.4 亿元。2015 年，福利彩票累计销售 3.37 亿元，筹集公益金 1.05 亿元。2012 年以后，甘州区有福利彩票销售网点 112 个，其中中福在线大厅 1 个，城乡电脑福利彩票销售网点 108 个，刮刮乐彩票中心站 1 个，开乐彩中心站 2 个。

孤儿生活保障 2010年，甘州区城乡孤儿生活保障工作正式组织实施。是年，全区共有城乡孤儿185名，孤儿生活保障标准每人每月360元，发放资金79.92万元。2011年，标准提高到每人每月400元。2013年，城乡孤儿保障标准分别提高到每人每月640元和440元。2016年1月起，城乡孤儿保障标准统一提高到每人每月960元。2010—2016年，全区共保障城乡孤儿1482人次，累计发放孤儿生活费2016.47万元。

区工商联民营企业家回馈社会

第四节 优抚安置

双拥工作 甘州区每年落实20万元工作经费，建成4个双拥示范社区，6个基层服务队。2016年有团级以上驻军部队9个，军民共建点48个，优抚对象1500多名。推行军地援建“双十工程”，即部队援建地方10项重点工程：百团示范工程，军民共建社会主义新农村工程，生态环境保护和综合治理工程，黑河、疏勒河和石羊河流域治理工程，联建基层“两委会”工程，军民共建文明社区工程，维护和谐稳定和助民爱民工程，援助文化、科技、卫生和兴学助教工程，应急抢险工程，灾后重建工程。地方支持部队10项重点工程：调防和新组建部队营房建设工程，人武系统、武警部队搬迁和基础设施改造工程，训练基地和预备役部队建设工程，通往营区道路新建和硬化工程，扶持退伍军人创业致富工程，消防部队办公和消防设施配套工程，援建军营图书室工程，支持部队加强信息化建设工程，军地两用人才、退役士兵、军嫂就业培训工程，重点优抚对象解困工程。

优抚 抚恤 8023部队退役人员政策。2000年6月，甘肃省民政厅下发《关于提高原8023部队在乡退伍军人补助标准的复函》，是年7月开始，补助标准为每人每月60元。2005年，民政部下发《关于原8023部队退役军人残疾致病医学鉴定和评残补助问题的通知》，要求各地完成残情鉴定和残疾等级评定工作。2007年，甘州区对1996年以前入伍的8023部队人员进行普查登记，对农村和城镇无工作的原8023部队人员开始发放困难补助，每人每月100元，后经过五年连续提标，至2001年，标准达到每人每月250元。

残疾退役军人优抚。2016年底，甘州区优抚对象保障人数达1664人，其中在乡老复员军人239人，带病回乡退伍军人61人，“两参”人员379人，“三属”对象44人，残疾军人209人，伤残国家机关工作人员4人，伤残人民警察6人，伤残民兵1人，60岁及60岁以上农村籍退役士兵721人。

退役军人安置 退役士兵安置。1992年后，退役士兵安置政策及原则保持“从哪里来，回哪里去”的安置原则和“按系统分配任务、包干安置”“属地管理、分类负责”的安置政策。2001年以后，退役士兵全部统一安置到甘州区保安公司，保安公司统一分配到区属党政机关、企事业单位承担保安工作。2006年开始，甘州区对所有符合安置条件的城镇退役士兵，按照义务兵1.2万元，服现役不满10年的复员士官2万元的标准，给予一次性经济补助的办法进行安置，并按政策规定办理自谋职业手续。2011年10月，对退出现役的义务兵、服现役不满12年的士官，符合安置条件但在部队退役时选择自主就业的12年以上复员士官，由人民政府扶持自主就业，对自主就业的退役士兵按照上年度全省城镇居民人均可支配收入的2倍发放一次性经济补助。根据新修改的《退役士兵安置条例》和《甘肃省实施〈退役士兵安置条例〉办法》的规定，退役士兵符合下列条件之一的，由人民政府安排工作：士官服现役满12年的；服现役期间平时荣获二等功以上奖励或者战时荣获三等功以上奖励的；因战致残被评定为5级至8级残疾等级的；是烈士子女的。2016年后，全省实行进藏兵（含高原条件兵）每人10000元标准和大学生参军入伍一次性奖励金制度，按照本科生（含在校生、新生）7000元、专科生（含在校生、新生）5000元标准发放。奖励金在新兵入伍次年的8月1日前，由市、县（区）民政部门发给新兵本人或家长。

甘州区退役士兵职业技能教育培训班

军队离退休干部和无军籍职工管理。1987年以后，甘州区接收军队离退休人员25人，其中离休干部2人（已病故），退休干部21人，退休士官2人。2011年12月，23名军休人员全部移交由张掖市民政局管理。2016年底，甘州区管理的军队移交地方的无军籍职工57人，实有34人。

军队复员干部管理。复员干部指符合转业安置条件，本人自愿要求复员的军官和文职干部，在部队领取了一次性复员费的退役军人。由本人自行就业，到地方政府不再安排工作，政府负责办理入户手续，并发放社保和生活补助、缴纳医疗保险，由街道、社区进行管理。至2016年底，全区有复员干部25人。

第五节　社会行政事务管理

殡葬改革　1974年成立张掖县殡仪馆（火葬场），选址为185部队农场。2009年出台《甘州区殡葬管理实施办法》，成立殡葬执法大队，规划建设黑河巴吉滩、张掖农场东山坡、西城驿五三零、大满南滩、龙首、党寨神沙窝、甘浚北滩、沙井马郡滩、花安等9处公益性公墓，总占地1.236万亩。2015年，总投资8800万元，占地85.43亩，建筑面积1.43万平方米的“甘州区殡仪服务中心”开工建设，2016年7月底交付使用。

婚姻收养登记　婚姻登记。1950—2008年，农村户口人员办理婚姻登记均在户籍所在地的乡镇人民政府进行登记。在2000年10月之前，城镇户口人员婚姻登记均在张掖市城关镇人民政府进行登记。2000—2008年，城市人口办理结婚登记，均在甘州区民政局办理。2008年，甘州区民政局收回乡镇婚姻登记权限，并设立甘州区婚姻登记服务中心，全区城乡婚姻登记工作集中在甘州区婚姻登记服务中心办理。1991—2016年，共办理结婚登记93864对，办理离婚登记7698对，办理婚姻补证2889对，婚姻登记工作步入正规化管理的轨道，登记率、合格率达到100%。

收养登记。1993年张掖市开始实行收养登记制度。根据收养法规定，收养人应当同时具备的条件为：无子女、有抚养教育被收养人的能力、未患有在医学上认为不应当收养子女的疾病、年满30周岁。无配偶的男性收养女性的，收养人与被收养人的年龄应当相差40周岁以上。至2016年12月底，甘州区依法登记办理收养登记证书273件，合格率达100%。

社会组织登记　民办非企业单位登记。民办非企业单位是指企业事业单位、社会团体和其他社会力量以及公民个人利用非国有资产举办的从事非营利性社会服务活动的社会组织。至2011年12月，依法登记的民办非企业单位27个，其中教育类19个、体育类1个、科技类3个、卫生类1个、劳动类2个、文化类1个，有从业人员516名。至2016年底，甘州区依法登记民办非企业单位93个，其中教育类57个、体育类6个、科技类2个、卫生类2个、人社类3个、文化类6个、民政类14个、妇联1个、农业1个、政协1个，从业人员1078人。

社会团体登记。1991年，张掖市开始实行社会团体登记工作。2011年12月底，在甘州区依法登记的社会团体有322个，其中行业性288个、专业性29个、学术性3个、其他2个。至2016年12月，全区依法登记的社会团体有354个，其中行业性309个、专业性40个、学术性3个、其他2个，有从业人员1459人。

第六节　勘界　地名

勘界　甘州区东西长36公里，南北宽96公里，面积约4240平方公里，区域辽阔，与五个县（旗）接壤。东与山丹县交界；南和肃南裕固族自治县、民乐县接壤；西与临泽县相邻；北与内蒙古阿拉善右旗接壤。全区涉及县级以上行政区域界线5条，其中省界1条，县界4条。边界线共长375公里，其中省界甘蒙线（甘州区—阿拉善右旗）90公里，县界甘州至肃南线80公里，甘州至临泽线105公里，甘州—山丹线35公里，甘州—民乐线65公里。全区18个乡镇，13个与边界有关，接壤3个县（旗）界线的乡有1个，接壤2个县界线的乡有2个，一面接县界线的乡有10个。勘界工作从1990年开始，1999年结束。

1991—1992年对有争议的区域开始栽埋界桩。1992年9月，张掖市与临泽县完成界桩栽埋任务，共埋设界桩12个。1992年10月，张掖市与山丹县完成界桩栽埋任务，埋设界桩8个；与民乐县完成界桩栽埋任务，埋设界桩10个。1994年5月，张掖市与肃南县完成界桩栽埋任务，埋设界桩10个。1998年7月，勘查张掖市与内蒙古阿拉善右旗行政区域界线。1999年9月，张掖市与内蒙古阿拉善右旗行政区域界线协议书签订。2005年，与有县际界线的毗邻四县开展第一次边界联合检查行政区域界线工作。2006年，与有省际界线的内蒙古阿拉善右旗开展第一次边界联合检查行政区域界线工作。2010年，与有县际界线的毗邻四县开展第二次边界联合检查行政区域界线工作。2011年，与有省际界线的内蒙古阿拉善右旗开展第二次边界联合检查行政区域界线工作。2015年，与有县际界线的毗邻四县开展第三次边界联合检查行政区域界线工作。2016年，与有省际界线的内蒙古阿拉善右旗开展第三次边界联合检查行政区域界线工作。

地名 2004年以前，甘州区地名管理由民政、建设、公安三个部门共同承担，民政部门负责对地名命名、更名、地名标准化进行处理；建设部门负责道路标志牌的设置和维护；公安部门负责门牌号码的编排及标志牌的设置和维护。2004年以后，由民政部门归口统一管理。2005年，按照市、区管理权限划分，城区二环路以外部分由区民政局负责管理。2005—2008年，区民政局协助市民政局对城区所有街、巷情况进行普查，对城区街巷命名和标志牌设置，对城区街道沿街建筑物（群）、独立院落、单位门牌号码进行编排并设置标志牌。2009年，区民政局对全区所属各乡镇的通村道路建设情况进行普查，对已经建成的通村柏油路进行命名。对全区农村门牌号码设置情况进行普查，并且建立档案。同年，对上秦镇所有道路进行标准化命名并设置标志牌，编排和设置乡政府驻地主要街道沿街建筑物和门店的门牌号码。对上秦镇及所属各村标志牌进行标准化设置。2010—2012年，对长安乡、梁家墩镇、党寨镇3个乡镇地名进行规划，对所有道路进行标准化命名并设置标志牌，编排和设置乡政府驻地主要街道沿街建筑物和门店的门牌号码。对乡镇及所属各村标志牌进行标准化设置。2013年10月，对靖安乡、平山湖乡地名进行规划，对所有建成道路进行标准化命名并设置标志牌，对靖安乡、平山湖乡所属各村标志牌进行标准化设置。2014年11月，成立甘州区第二次全国地名普查工作领导小组和办公室，全面开展第二次全国地名普查的各项工作。

第七节　老龄工作

至2016年底，甘州区60周岁以上老人7.65万人，占全区总人口的14.8%，其中城镇2.31万人，农村5.34万人。65—69岁老人5.14万人，70—79岁老人2.09万人，80—89岁老人0.41万人，90岁以上高龄老人135人（其中百岁老人2人）。

老年服务　养老生活。1990年，入院老人125人，集体供给款物折合金额达27.02万元，人均540元。1998年，集体供养155人，生活供给标准人均1000元以上。2000年，集中供养172人，分散供养332人，人均生活费标准达1500元和1250元左右。2006年，甘州区供养五保户179人，分散供养1366人，年供养标准人均达到1500元和1000元，并将1165名五保对象纳入最低生活保障范围，月人均补助70元。2009年，全区五保户1562人，集中供养242人，分散供养1320人，人均生活费都有提高。2012年，甘州区为60岁以上的老人办理“老年优待证”。按照属地管理、分级负责的原则，甘州区90—94岁、95—99岁、100岁以上高龄老人，每人每年分别发放500元、700元、1200元不等的生活补贴。2011年，甘州区60岁以上老人全部参加城乡养老保险、城镇医疗保险和农村合作医疗保险。2012年，区上为80岁以上老人发放每人每年300元的高龄生活补贴。农村70岁以上老人不承担村级兴办集体公益事业出资义务。60—69岁丧失劳动能力或者有特殊困难的老人，适当减免村级兴办集体公益事业的出资义务。同年，甘州区司法局设立“老年人法律援助工作站”，指派专人负责，常年为符合法律援助条件的老年人提供无偿的法律服务和法律援助。至2016年，接受涉法案件5起，受理5起。2016年，老人的供养方式逐步向“社会养老为主，家庭养老和自养为辅”的方向发展。

老年大学　2004年9月成立，隶属甘州区老龄工作委员会管理。学校实行校务会领导下的校长负责制，区委常委、组织部长任校长，甘州区人民政府分管领导任副校长。学校贯彻“增长知识、丰富生活、陶冶情操、促进健康、服务社会”的办学宗旨，以全面提高老年人生活质量为目的。开设保健、音乐、声乐、舞蹈、书法等专业，学校建筑面积350平方米。

第二章　人事管理

1987年，张掖市人事局成立。2002年，更名“甘州区人事局”。2003年更名为“甘州区劳动和社会保障局”。2010年，甘州区人事局、劳动和社会保障局合并为“甘州区人力资源和社会保障局”，负责全区人事人才、社会保障、公共就业服务、人力资源开发和劳动权益维护等工作，归口管理区就业服务局、区社会劳动保险局、区机关事业单位社会保险局、城乡居民社会养老保险办公室、区劳动人事争议仲裁办公室、区人力资源市场管理中心、区劳动保障监察大队、区人才交流服务中心、区劳务工作办公室、区下岗失业人员小额贷款担保中心。

第一节 干部管理

招考录用 1980—1988 年，落实干部政策。1988 年以后面向社会，以公开报名、统一考试、全面考核的方法录用干部。1997 年在全市范围内首次面向社会公开招考国家公务员和机关工作人员工作，选拔 19 名人才充实到机关。2004 年以后，大力推行“凡进必考”制度。2008—2009 年，公开选拔高校毕业生从事“三支一扶”（大学生在毕业后到农村从事支农、支教、支医和扶贫工作）、“进村”（社区）服务工作。2010 年会同组织部门选拔大学生村官。2012 年以后，深入贯彻落实“凡进必考”制度，大力推行“以考代调”，严把用人关，通过公务员招考、紧缺人才引进、事业单位招考、高校毕业生民生实施项目和就业服务项目等途径面向社会招考各类人才。

调配安置 1991—1995 年，分配学生 292 名，各行业引进人才 38 名，为各行业委培专业技术人才 492 名。1996 年，接收非师范（医卫）类大中专毕业生 189 人，协调安置 164 人，交流调入干部 55 人。1997 年，交流调入干部 27 人，调出干部 32 人。1999—2001 年，交流乡镇干部 14 人，辞退 2 人，协调办理调配手续 344 人。2004 年，对在同一个乡镇工作 10 年以上、夫妻同在一个乡镇或本乡籍干部工作满 10 年以上的 50 名干部进行轮岗交流，为教育、卫生、电视广播引入人才 41 名。2005 年对 126 名乡镇干部进行轮岗交流。2006—2007 年，登记机关及参照公务员管理的机关为 7 类 66 个单位。2008—2009 年，完成乡镇、街道和区直部门遗留人员的公务员登记工作，完成参照公务员法管理的 21 个事业单位 92 名人员的登记、工资套改工作，上报审批乡镇国土资源所 55 名同志的公务员登记；两年接收安置军队转业干部 7 人。2014 年，为乡镇食品药品监督管理所选调工作人员 40 名；完成 546 名事业单位干部报考基层公安派出所招录报名工作。2015 年，配合公安部门从基层事业单位干部中新选拔 83 名工作人员充实到基层公安派出所，为城区中小学校选拔 80 名教学人员。妥善安置符合政府安置政策的退役士兵 23 名。2016 年，完成全省公务员考试全区 39 个职位报考人员的信息审核和面试考录工作。农村教育系统招考 52 名，乡镇招考 50 名。选派 50 名高校毕业生到税务等部门服务，择优安置 29 名硕士学位研究生到基层事业单位工作，选拔 46 名高校毕业生到基层服务锻炼，为区安监局、工商质监局选调工作人员 6 名。

培训教育 1992—1995 年，在教育、卫生、工业、农业等主管系列部门落实科技人才离职培训 194 人；短期培训、在职挂职项目与科研课题锻炼提高的专业技术人员达 930 人。1996 年，落实公务员培训制度，对 45 岁以下干部的办公现代化和上岗进行培训。同年邀请 95 名省内外专家、学者来市区进行学术交流，参加交流、培训的专业技术人员达 5000 多人次；推荐 80 名专业技术人员到对口大专院校、科研院所进行离职深造。1997 年，组织 832 人参加全市市直机关公务员过渡考试，823 人及格，9 人不及格。对 45 岁以下的干部进行办公现代化和上岗培训，学历培训 1040 人、计算机岗位技能培训320人、英语岗位技能培训134人。1998年，举办公务员培训班。2001年，先后选派市属机关、乡镇公务员骨干15名赴外地行政院校参加培训。2010—2011年，为全区1800名公务员配发培训教材，对809名公务员进行集中培训。2012年，结合基层干部“科学发展观培训行动计划”实施，组织398名党政机关及事业单位干部，开展转型跨越、效能风暴行动、生态经济发展等必备知识培训。2013年以后，每年举办各类培训班100期左右，培训党员干部和社会人才1万人次以上，其中公务员培训3000人次以上，形成任职上岗前必须先培训、重点工作必须经过培训、提高干部素质必须依靠培训的工作格局。

考核 1991年，对全市22个乡、143名招聘干部进行全面考核，掌握乡干部招聘制度的利弊。1998年首次开始实行平时考核，要求每位干部填写“平时考核手册”，实行平时考核成绩和年终考核成绩共同形成年度考核成绩，其中平时考核占40%，年终考核占60%。通过考核评定为：优秀、称职、基本称职、不称职。

奖惩 1991—2001年，贯彻工资福利政策法规。2003—2005年，为连续三年考核为优秀的91名行政工作人员进行了奖励。2013年后，对乡镇、街道、区直党群部门、区政府综合经济部门、区政府综合服务部门的公务员，落实公务员工资晋升、奖励、职务职级制度。2013—2016年，先后嘉奖年度考核为优秀公务员和参照公务员法的管理人员1335人次；连续三年考核为优秀公务员和参照公务员法的管理人员记三等功248人次；899名公务员和参照公务员法的管理人员经严格审核晋升职级，工资待遇已按规定全部兑现。

第二节 事业单位改革

2008年，事业单位首次实施岗位设置，全区195家事业单位岗位总量核定和岗位设置方案核准工作全面完成，共核定岗位8467个，其中管理岗位988个，专业技术岗位6660个，工勤岗位819个。2016年，对全区事业单位的8845名工作人员进行岗位设置管理工作，共认定管理人员1143人，专业技术人员6642人，工勤技能人员1060人。

第三节 专业技术人员管理

张掖市事业单位专业技术人员职务评聘工作从1987年开始，在张掖四中、张掖青西小学试点。1988年起，在全市教育、卫生、农林水等21个系统、单位和农村各乡开展专业技术人员职务评聘工作，获评高中初三级职务2825人。其中，高级职务67人，中级职务919人，初级职务1839人。市上成立由13人组成的职改领导小组，20个专业系列的评审推荐，并成立中学、小学、卫生、农口工作、农业技术、会计、工程技术、经济等8个初级职务评审委员会，有委员90人。1992年，重新组建张掖市中学、小学、农业技术、卫生技术、工程技术等5个初级职务评审委员会，有委员67人，全面开展专业技术职务经常化评聘工作。1995年，建立《专业技术职务管理册》，开展专业技术岗位设置管理。1997年，深化和完善专业技术职称聘任制度，经省上同意，张掖地区实行专业技术职称评聘分开。2000年，建立职称信息管理系统，收录并建立全市专业技术人员基本情况信息库，实现人员管理信息化。2001年，在职称评审中推行公示制度，申报高级专业技术职务任职资格人员开始参加考评答辩。2004年，成立甘州区非公有制单位专业技术人员和农民技术人员评审工作领导小组及评委会，制定《甘州区非公有制单位专业技术人员职称评审（考试）管理试行办法》。2006年，成立甘州区农村实用文化人才初级职称评定领导小组，设置初级职称任职资格评审委员会，开展农村实用文化人才职称评定工作。2009年，印发《甘州区农村实用技术人才职称评定办法（试行）》，开展农民技术人员职称评审工作。2009年，开始推行“职称申报诚信承诺制度”，将职称评审公示制度延伸到初级专业技术职务评聘推荐中。2010年，事业单位专业技术人员聘用不再实行职改部门审核备案制度，全部纳入事业岗位设置管理实施的工作范围。2012年，全省事业单位不再实行岗位聘用与职称评审分开，严格执行在核准岗位数额内评定职称资格的规定。至2016年，甘州区有专业技术人员13897人，其中事业单位6678人，企业2570人，农村实用技术4649人。

第四节　退休干部管理

退休政策　根据《中华人民共和国公务员法》，公务员和参照公务员管理的人员，达到国家规定的退休年龄或者完全丧失工作能力的应当退休；或者工作年限满30年的；距国家规定的退休年龄不足5年，且工作年限满20年的；符合国家规定的可以提前退休的其他情形的应当退休。其他人员正常退休的应具备男年满60周岁，女干部55岁、女工人50岁，连续工龄（含折算工龄，下同）10年的应当退休。其他人员提前退休的有三种情况，一是因公致残完全丧失劳动能力的；二是因病或非因工不能坚持正常工作或完全丧失劳动能力的，男年满50周岁，女年满45周岁，连续工龄10年；三是特殊工种（井下、高温、高空、特繁工种、有毒有害工种）男年满55周岁、女年满45周岁，连续工龄10年的可以提前退休。完全丧失劳动能力，又不具备退休条件的可以退职。

退休待遇　职工退休后按工作年限计发退休费。工作年限满35年以上的按基本工资100%计发，工作年限满30年不满35年的按基本工资95%计发，工作年限满25年不满30年的按基本工资90%计发，工作年限满20年不满25年的按基本工资85%计发，工作年限满15年不满20年的按基本工资75%计发，工作年限满10年不满15年的按基本工资70%计发，工作年限不满10年的按基本工资50%计发。获得荣誉称号等其他情形人员可提高退休费比例，按国家相关政策规定执行。符合提高退休费标准规定的退休人员，提高标准后的退休费均不得超过本人退休前原基本工资。至2015年12月底，全区共有3638名退休（职）人员。其中，正高级1人，副处级（副高级）257人，科级（中级）2202人，科员（助理）及以下1178人。

第五节 工资待遇

工资制度改革 1993年，实行第三次工资改革，与第二次工资改革的不同在于改职务等级工资制为结构工资制。工资体系主要由四种工资制度、正常晋升制度（职务工资档次、级别工资）、艰苦地区津贴制度和年终一次性奖金构成。四种工资制度包括机关公务员、事业单位专业技术人员和管理人员、机关工人、事业单位工人，其中机关公务员工资实行职务等级工资制，由职务工资、级别工资、基础工资、工龄工资构成；事业单位专业技术人员和管理人员工资因单位类型不同存在不同的构成，但工资结构上主要分为“固定部分”和“活的部分”两部分，这两部分组成了事业单位的基本工资；机关工人中技术工人实行岗位技术等级工资制，由岗位工资、技术等级（职务）工资、奖金构成，普工实行岗位工资制，由岗位工资和奖金构成；事业单位工人中技术工人实行《技术等级工资制》，由技术等级（职务）工资和岗位津贴构成，普工实行等级工资制，由等级工资和作业津贴构成。1993年工资制度改革，张掖市机关事业单位有8432名在职职工参与工资套改，职工年平均工资总额约为3600元。其中，行政机关2206人，事业单位6226人。2006年，实行第四次大的改革，这次改革主要有四个方面，一是机关公务员实行职务与级别相结合的工资制度；二是事业单位实行岗位绩效工资制度；三是完善机关事业单位的津贴补贴制度；四是调整机关事业单位离退休人员待遇。2006年工资制度改革，全区机关事业单位有10009人参与工资套改，职工年平均工资约为22680元。其中，机关单位1793人，事业单位8216人。2014年调整基本工资标准，较大幅度的提高基本工资在工资总额中的占比。2015年，在机关和参公单位首次实施公务员职级并行制度。范围限定为党政群机关和乡镇、街道列入公务员法实施范围的机关和经批准参照公务员法管理的机关（单位）中，已进行公务员登记备案或参照公务员法管理机关（单位）工作人员登记备案的在编人员。2015年、2016年以来，全区累计有893名公务员晋升职级。

津贴 主要有三种：一是为补偿职工在特殊地理、自然条件下工作所付出的特殊劳动消耗和额外生活支出而建立的津贴。二是维护职工身体健康而建立的津贴。三是为鼓励职工长期从事专业工作而建立的津贴。主要有教、护龄津贴，特教补贴，警衔津贴，公安干警值勤岗位津贴，审计人员工作补贴，人民法院办案人员岗位津贴，人民检察院办案人员岗位津贴，纪检监察办案人员补贴，信访津贴，机要密码岗位津贴。机关事业单位职工在正常工作期间，享有国家规定的各类休假待遇，主要有：探亲假、公休假、婚假、产假、病假。

抚恤待遇 2011年，国家机关工作人员及离退休人员死亡，一次性抚恤金发放标准调整为：烈士和因公牺牲的，为上一年度全国城镇居民人均可支配收入的20倍加本人生前40个月基本工资或基本离退休费；病故的，为上一年度全国城镇居民人均可支配收入的2倍加本人生前40个月基本工资或基本离退休费。发放一次性抚恤金所需经费仍按现行渠道解决。机关事业单位正式职工死亡后，由死者生前所在单位根据实际情况按照“困难大的多补贴、困难小的少补贴、不困难的不补助”的原则对其遗属生活进行补助。主要补助对象为（依靠死者生前提供主要生活来源的直系亲属）死者的父、夫年满60周岁，母、妻年满50周岁（养父母、有抚养关系的继父母）；弟妹、子女（养子女和有抚养关系的继子女）未满18周岁或虽满18周岁仍在中学在校学习的。补助标准为父母、配偶城镇户籍的每月290元，农村户籍270元。子女城镇户籍的每月250元，农村户籍230元。就业或参加工作的，配偶再婚的，被他人或组织收养的，死亡的停止享受遗属生活困难补助。丧葬费为1200元。老干部逝世后，一次发给死者生前3个月的工资额作为临时性的遗属生活补助。

第六节　人才交流

1993年，甘州区成立人才交流服务中心。具体负责全区单位用人和个人择业提供信息；组织和参与各级各类人才交流洽谈活动，积极引进高新技术人才，负责办理专业技术人员的招聘、引进、交流业务；负责办理大中专毕业生的入库、推荐；负责流动人员人事档案管理，办理人事代理等业务；建立健全信息库，掌握人才需求情况，发布信息，为用人单位和专业人才牵线搭桥，提供服务。2009—2016年，甘州区报到注册学生10858人，就业人数8677人，年度就业率都在85%以上。代理各类学籍人事档案18294份，代理流动党员党关系85人，代管集体户960人。

第三章　劳动和社会保障

第一节　就　　业

1981年，成立张掖县城镇劳动服务公司，隶属县劳动局。1985年，更名“张掖县劳动服务公司”。1990年，更名“张掖市就业服务局”，与市社会劳动保险局合署办公，一套班子、两块牌子，行使政府统筹管理就业工作。2002年更名“甘州区就业服务局”。2010年属区人力资源和社会劳动保障局。

就业　再就业　1992年，企业根据生产经营需要，自主决定招工数量、招用时间、招用条件，劳动者和企业意向选择。1995年，劳动力招录、调配全面融入市场，劳动部门通过劳动力市场牵线楷桥、推荐引进、召开现场交流会等形式，为劳动者提供信息，为企业引进人才。1996年后，企业负责解决下岗职工和困难职工的基本生活。政府对特困职工和失业职工实行优惠政策。至2003年，甘州区有508名下岗职工通过各种方式实现再就业。强化街道社区劳动保障服务工作，成立5个街道劳动保障事务所和19个社区劳动保障服务站，配备专兼职工作人员108人，形成区、街道、社区三级就业服务网络，对全区符合条件的下岗失业人员开始发放“再就业优惠证”。2003—2006

年，将小额担保贷款扶持对象扩大到城镇复员退伍军人、大中专毕业生、农村转移劳动力和“零就业”（非农业户籍家庭中，在法定劳动年龄内有劳动能力的家庭成员，均进行了失业登记，且无一人就业的家庭）家庭成员。2007年，开展“零就业家庭”就业援助活动，确保有劳动能力和就业愿望的“零就业家庭”至少有1人实现就业。2009年，甘州区成立“下岗失业人员小额贷款担保中心”，开展下岗失业人员办理小额贷款担保业务。至2016年，累计筹集小额贷款担保资金2748万元，为5843名下岗失业人员办理小额担保贷款27285.5万元，贴息3998.01万元。通过小额担保贷款的扶持和带动，有8962名下岗失业人员实现自主创业和就业。1991—2016年，举办招聘会99场次，区内外3340家企业现场招聘，发布用工信息4580条，提供就业岗位82459个，有13750名求职者通过招聘会实现就业。

培训安置 2003年，甘州区组织开展技能培训工作，对取得培训合格证的人员优先进行职业介绍。2006年开设创业培训，专门针对有创业意愿和已经创业的人员进行创业知识培训，对培训合格且符合条件的给予小额担保贷款政策扶持。2003—2016年，培训61277人，其中失业人员技能培训55300人，创业培训5977人。1991—2016年，全区城镇累计新增就业13.55万人，城镇失业人员再就业5.71万人，扶助困难人员就业1.43万人，零就业家庭成员就业率达100%，登记失业率控制在3.5%以内。

第二节　劳务输转

1985年后，全市农村富余劳动力依托城市发展，以农民自发外出为主从事建筑、维修等工作。2005年，成立甘州区劳务工作办公室，与区就业服务局一套班子、两块牌子，隶属区劳动和社会保障局，具体负责全区劳务输转工作。

2006年，劳务输转以调整农村劳动力从业结构为主线，以增加农民收入为目标，以有组织输转带动多元化输转，全区各乡镇设立劳务工作站，负责发布劳务信息、劳动力资源调查、组织劳务输转工作，初步形成区、乡镇、村三级劳务信息网络。2004—2016年，甘州区相继在国家商标总局成功注册“甘州劳务”“酥油河畔拾花女”“丝路俏匠”等劳务品牌。累计输出输转劳动力95.17万人次，创劳务收入92.96亿元。其中，组织化输出49.01万人，创劳务收入49.99亿元；境外输出4961人，创劳务收入3.32亿元。建立劳动力定点培训基地9个，培训总量达9.36万人次。在省内外建立劳务基地185个，扶持培育劳务经纪人252个，劳务中介机构6个。

第三节　劳动监察

1995年，张掖市劳动局社会保险稽核科具体负责全市企业劳动合同的签订鉴证、职工是否按规定办理手续以及社会保险费缴纳情况、下岗职工安置等情况检查，并每年对企业进行劳动用工年检。2003年，甘州区劳动保障监察大队成立，隶属甘州区劳动和社会保障局。至2003年，监察大队开展大规模劳动保障执法检查四次，检查各类用工单位641户，涉及劳动者44502人，补发拖欠、克扣工资117.3万元，清退风险抵押金31.65万元，补缴养老保险金39.76万元，失业保险金3.55万元，清退童工27人，补签劳动合同2354人。2004年，劳动保障监察职能逐步向乡镇、街道延伸，全区建立街道劳动保障事务所5个，社区劳动保障工作站29个，全区18个乡镇均成立劳动保障事务所和劳务工作站合二为一的工作机构，有专兼职工作人员180多人。2008年，全区以乡镇、街道、社区劳动保障基层服务平台为依托，开展劳动保障监察“两网化”管理工作试点，全区建立以甘州区所辖区域整体为一级网格，以18个乡镇、5个街道办事处为23个二级网格，以18个社区为三级网格的“两网化”管理模式，实现劳动保障监察工作“横向到边、纵向到底、管理到位、责任到人”的网格体系。2010年后，把日常巡查、举报投诉专查和各类专项检查、预防处置群体性事件放在首位，依法严厉打击拒不支付劳动报酬等违法行为，下功夫解决农民工工资拖欠问题。2010—2016年间，共受理劳动保障举报投诉案件1880件，为1.48万名劳动者追讨工资1.57亿元。

第四节　争议仲裁

1993年，成立“张掖市劳动争议仲裁委员会”。2007年，成立“甘州区人事争议仲裁委员会”，隶属甘州区人事局管理，主要负责人事争议案件的受理、审查、立案，仲裁文书送达，仲裁费用收支与管理，管理仲裁员，组织仲裁庭等工作。2010年，甘州区人事争议仲裁委员会办公室和甘州区劳动争议仲裁委员会办公室整合，成立“甘州区劳动人事争议仲裁办公室”，主要负责辖区内劳动人事争议案件的受理、审查、立案、调解、仲裁和劳动人事方面的重大信访事项和突发事件的处理，承办仲裁员管理、仲裁庭组建和仲裁委员会的日常工作。2012年，组建由区人社局、卫生局、教育局、法制局、司法局、信访局、总工会、妇联、财政局、工信局、法院等11个单位代表组成的“区劳动人事争议仲裁委员会”。至2016年底，完善各项、各类制度35项。推行“业务流程、开庭信息、仲裁员信息、庭审活动、办案过程”5个公开工作制度。累计处理各类劳动人事争议案件2194件。全区成立区、乡镇街道、企业三级劳动人事争议调解组织42个，其中区级劳动人事争议调解组织1个，乡镇街道劳动人事争议调解中心23个，企业劳动人事争议调解委员会18个。建成示范性乡镇街道劳动人事争议调解中心2个，示范性企业劳动人事争议调解委员会6个。

第五节　社会保险

养老保险　1989年，机关、事业单位及国营企业的劳动合同制工人实行养老保险社会统筹，企业合同制工人按工资总额的17%缴纳，劳动合同制工人按本人标准工资的2%缴纳。企业缴纳退休养老金，在缴纳所得税前提取、在营业外项下列支，由市社会劳动保险局委托企业开户银行，以同城托收无承付结算方式划转，实行市级统筹。1992年，参保范围扩大到全市所属企业（包括城镇集体所有制企业）的各类职工（包括固定职工、混岗集体职工、长期临时职工等)。固定职工从1992年,按本人标准工资的2%缴纳养老保险金。区属企业和职工个人缴纳的基本养老保险费,统一转入社会保险管理机构在银行开设的“养老保险基金专户”,实行专项储存、专款专用。1994年,养老保险金实行省级统筹。1996年,养老保险统筹范围扩大到全额自收自支事业单位的职工和国家机关、事业单位劳动合同制工人、城镇各类企业职工、个体工商户及离退休、退职人员,实行社会统筹与个人账户相结合。企业不再按固定工、合同工、集体企业职工及临时工等身份和单位类别划分,缴费比例统一提高到20%,职工按个人缴费工资基数3%缴费后,每两年提高一个百分点,最终达到8%,个体工商户、私营企业主等非工薪收入者,按本省上一年度职工月平均工资的20%缴费。2000年,社会保险费改由市地税部门代为征收。同年,基本养老保险基金纳入财政专户,实行收支两条线管理。地税部门开设“社会保险基金收入过渡户”,财政部门开设“社会保险基金财政专户”,社会保险经办机构开设“社会保险基金支出账户”。2005年,基本养老保险参保范围扩大到城镇各类企业职工、个体工商户和灵活就业人员。城镇个体工商户和灵活就业人员缴费基数为当地上年度在岗职工平均工资,缴费比例为20%。2006年,个人账户规模由本人缴费工资的11%调整为8%。区属企业和职工个人缴纳的基本养老保险费,统一转入社会保险管理机构在银行开设的“养老保险基金专户”,实行专项储存、专款专用。凡正常退休、特殊工种退休、因病或非因公负伤退休、国家批准的政策性关闭破产企业职工,提前退休的均领取基本养老保险金。2016年,企业缴费比例由20%降为19%,个人缴费比例保持8%不变。全区参加社会养老保险23417人,当年征收养老金23070万元,离退休15532人,当年发放养老金32773万元。

失业保险 1989年,机关、事业单位劳动合同制工人实行失业保险统筹,单位按劳动合同制工人月标准工资总额的1%缴纳。1992年,统筹范围扩大到国营企业全部职工(含固定工、合同工、临时工),单位按全部职工月标准工资总额的1%缴纳,在缴纳所得税前列支。1994年,失业保险范围由全民所有制企业和国有企业扩大到集体企业。企业按其全部职工工资总额的1%缴纳,职工每人每月按1元缴纳。待业保险享受对象包括依法宣告破产的企业职工,企业濒临破产在整顿期间被精简的职工,按照国家有关规定被撤销、解散企业的职工,终止、解除劳动合同的职工,企业辞退、除名或者开除的职工。之后逐步补充完善失业保险金发放办法。2000年,全市参加失业保险8297人,当年征收失业金126.2万元,当年发放失业金26.7万元。2010年,全区参加失业保险15429人,当年征收失业金520万元,当年发放失业金196万元。2016年,全区参加失业保险18876人,当年征收失业金1107万元,当年发放失业金304万元。

工伤保险 2004年,全市开展工伤认定、劳动能力鉴定和工伤保险待遇给付等业务,对参保登记范围、对象和参保程序作出明确规定。工伤保险基金实行市级统筹,纳入社会保障基金财政专户,实行收支两条线管理。由区地税局直接征缴,以用人单位在职职工工资总额为缴费基数,职工个人不缴费。根据不同行业的工伤风险程度确定行业的差别费率,基准费率为:一类行业0.5%,二类行业1%,三类行业为1.5%。2016年,根据行业类别划分,工伤保险确定六类行业基准费率从0.26%—1.69%。2000年,全区参加工伤保险 8245 人，当年征收工伤金 50 万元，当年发放伤残补助金 35 万元。2010 年，全区参加工伤保险 19575 人，当年征收工伤金 201 万元，当年发放伤残补助金 93 万元。2016 年，全区参加工伤保险 26815 人，当年征收工伤金 1238 万元，当年发放伤残补助金 1427 万元。

区人社局工伤科办理工伤鉴定手续

工伤认定 2004 年，区劳动和社会保障局社会保险科负责对全区工伤认定受理、调查取证和初步认定。2010 年，开始为全区事业单位职工缴纳工伤保险金，正式将全区事业单位工作人员纳入工伤保险覆盖范围。2011 年，区人力资源和社会保障局成立工伤保险科，专门负责受理全区事业单位干部职工、企业参保和未参保员工的工伤认定申请，对伤亡事故进行调查取证并作出认定结论。至 2016 年，受理全区工伤认定申请 1934 件，其中认定为因工伤亡 1787 件，不予认定因工伤亡 14 件，撤销工伤认定申请 133 件。

第六节　机关事业单位养老保险

1996 年，“张掖市机关事业单位社会保险局”成立，主要负责全市机关事业单位的养老保险工作，隶属人事局。2002 年，张掖市机关事业单位社会保险局更名“甘州区机关事业单位社会保险局”。2007 年，甘州区机关事业单位社会保险局调整建制划归甘州区财政局管理。2010 年，归口甘州区人力资源和社会保障局管理。2015 年，甘州区机关事业单位社会保险局职能由成立时的 5 项增至 11 项，主要负责贯彻落实国家和省市区关于机关事业单位社会养老保险工作方针、政策、法规，组织实施机关事业单位养老保险制度改革等各项工作。2014 年，国家推行机关事业单位养老保险制度改革。同年，参保人员个人分别按缴费工资基数 8%、4% 的比例缴纳基本养老金和职业年金，单位分别按 20%、8% 的比例缴纳基本养老金和职业年金。至 2016 年底，全区有 258 个单位、12267 名在职人员参加机关事业单位养老保险，领取待遇的退休（退职）人员为 3872 名，其中财政全额统发人员 3114 名，省属驻甘单位人员 62 名，差额和自收自支单位人员 696 名。

第七节　城乡居民养老保险

2012年，甘州区实施城乡居民社会养老保险制度。2013年，甘州区城乡居民社会养老保险办公室正式成立，隶属甘州区人力资源和社会保障局管理。至2016年底，全区参加城乡居民基本养老保险的人数为248949人，参保率为95.75%。2012年7月至2016年12月，城乡居民养老保险基金累计收入52359万元，其中征缴社会养老保险费23538万元，政府补贴26691万元（中央财政补助17121万元，省级财政补助6957万元，区级财政补助2613万元），利息收入2118万元，转移收入12万元。累计支出21322万元，其中基础养老金支出20051万元，个人账户养老金支出1260万元，转移支出11万元。基金累计结存30777万元。

第四章　医疗保险

1997年成立"张掖市职工社会医疗保险事业管理局"及"张掖市职工社会医疗保险基金管理中心"，两块牌子、一套班子，合署办公。2002年，更名"甘州区职工社会医疗保险事业管理局"及"甘州区职工社会医疗保险基金管理中心"。2009年，更名"甘州区医疗保险管理局"。2005年成立"甘州区新型农村合作医疗管理委员会办公室"。

第一节　城镇医疗保险

城镇职工医疗保险制度改革　1997年启动，坚持"以低廉费用让广大群众享受优质医疗服务"目标，全区城镇职工基本医疗保险覆盖面和基金征缴率逐年递增。2005年，为解决企业下岗职工医疗保险，全区首先将公益岗位工作的"4050"（年龄在男50周岁至59周岁、女40周岁至49周岁）人员全部纳入医疗保险范围。2006年起，全区城市低保人员全部纳入医疗保险范围，其医疗保险基金由省、市、区财政分别补助，建立城市低保人员医疗保险基金。2007年，甘州区全面启动城镇居民基本医疗保险，为全区8万多名城镇居民提供基本医疗保障。

城镇职工、居民基本医疗保险参保情况　城镇职工医疗保险。1997年参保缴费277户11015人。2012年参保缴费539户23189人。2015年参保缴费607户24979人。至2016年，参保缴费656户，26085人。

城镇职工生育保险。2005年参保5000人。2012年参保缴费422户18530人。2015年参保缴费447户16386人。至2016年，参保缴费485户17370人。

城镇居民医疗保险。2007年城镇居民参保缴费84575人。2011年参保缴费90868

人。至2016年参保缴费93570人。

医保标准核定　城镇职工基本医疗保险。1998—1999年，参保单位按7%缴纳，职工个人按1%缴纳。个人账户划入比例：参保单位为职工缴纳的医疗保险费，以45岁以下和45岁以上（含45岁）的不同年龄段分别按2.5%和3%的比例与职工个人缴纳的1%的医疗保险费一并记入个人医疗账户；退休职工按3.5%的比例划入，建立个人医疗账户。2009—2015年，筹资比例为医疗保险基金缴费基数为上年度职工年工资总额的8%，其中个人缴纳2%、单位缴纳6%。用人单位退休人员超过本单位参保人员33%的，退休人员的单位缴费比例调整为8%，退休人员个人不缴费。个人账户划入比例：用人单位缴纳的基本医疗保险费35岁以下划入1%；36岁至45岁划入1.3%；46岁至退休划入1.8%；退休（职）人员55岁以下划入3.3%；56岁以上划入3.8%。职工个人缴纳的2%医疗金，全部记入个人账户。大病医疗保险：按每人每月5元的标准，由社会保险经办机构从其个人账户中划转。

城镇职工生育保险。2005—2016年，职工生育保险缴费基数，参保职工年工资总额低于全省上年度职工年平均工资60%的，按全省上年度职工年平均工资的60%作为缴费基数。筹资比例由用人单位按照本单位职工上年度年工资总额的0.5%缴纳，职工个人不缴纳生育保险费。

门诊报销　城镇职工。1997年参保职工个人账户总额254万元，支出192.25万元。2002年个人账户总额330万元，支出240万元。2007年个人账户总额877.84万元，支出524万元。2012年个人账户总额2021万元，支出501万元。2016年个人账户总额3541万元，支出974万元。

城镇居民。2012年居民个人账户总额273万元，支出191.06万元。2016年个人账户总额281万元，支出281万元。

住院、转院及报销　城镇职工。1997年，职工医疗保险社会统筹基金为601人次支付161.95万元。2002年502人次进入社会统筹，报销医药费180万元，有5人进入大病统筹，报销医药费6.8万元。2007年2126人次进入社会统筹，报销医药费698.11万元。2012年3459人次进入社会统筹，报销医药费2230万元。2016年5567人次进入社会统筹，报销医药费3162万元。

城镇居民。2007年城镇居民476人次享受住院待遇进入社会统筹，报销医药费94万元。2012年居民住院待遇享受5773人次，社会统筹支出2310万元。2016年3033人次进入社会统筹，报销医药费8845万元。

报销方法　1997年，参保缴费、待遇支付等工作全部由工作人员进行手工登记核定、计算支付。2006年初开始使用“医疗保险信息管理系统”处理医疗保险相关业务，并在区内各主要住院医院安装医疗保险住院报销管理系统，实现参保群众住院即时结算。

第二节 农村医疗保险

2005年，甘州区被省政府确定为新农合试点县，2006年正式启动新型农村合作医疗工作。2013—2015年，甘州区探索开展商业保险参与新农合保障试点工作。2015年，全区全面实施新型农村合作医疗分级诊疗制度。

参合人数变化情况 2006年全区有311107名农民参加新型农村合作医疗保险，乡村覆盖率达100%，农民参合率90%；农村贫困人口参合14047名，参合率90%。至2011年，全区有346716名农民参加新农合，参合率99.79%，贫困人口参合率100%，基本实现农村人口的“应参尽参”。至2016年，全区有345717名参加新农合，参合率99.96%，贫困人口参合率100%。

农村居民医保报销 门诊。2006年全区开始实行新型农村合作医疗制度，按每人16元门诊金额的标准划归参合农民银行账户，由农民个人支配，门诊补偿无统计数据。2011年为113.18万人次补偿门诊资金2406.69万元。2016年为120.27万人次补偿门诊资金3161.99万元。其中，普通门诊118.22万人次补偿2283.68万元；门诊慢特病1.84万人次补偿597.81万元。

住院。2006年，全区有1.21万名参合农民住院发生医药费用2636.63万元，补偿费用596.03万元。2011年住院人次上升至2.6万人次（其中正常分娩1995人），补偿资金5354.69万元（其中正常分娩补助60.86万元）。到2016年，住院补偿达到4.82万人次（其中正常分娩2112人），补偿基金14792.65万元（其中正常分娩补助280.50万元）。

定点医疗机构工作人员在农村开展新农合宣传活动

新农合普通住院起付线 市域内转外就医。省、市、区、乡级住院补偿起付线分别为3000元、2000元、500元、100元。补偿标准为省级及以上定点医疗机构普通住院实行分段补偿：住院费用0—1万元（含1万元）的，补偿比例40%；住院费用1万—2万元（含2万元）的，补偿比例50%；住院费用2万—5万元（含5万元）的，补偿比例60%；住院费用5万元以上的，补偿比例70%。市级定点医疗机构（河西学院附属张掖人民医院）普通住院实行分段补偿：住院费用0—1万元（含1万元）的，补偿比例50%；住院费用1万—2万元（含2万元）的，补偿比例60%；住院费用2万—5万元（含5万元）的，补偿比例70%；住院费用5万元以上的，补偿比例80%。区级定点医疗机构（张掖市中医医院、张掖市妇幼保健院、甘州区人民医院、甘州区妇幼保健院）普通住院报销比例为90%。其他专科定点医疗机构普通住院报销比例为85%。乡级定点医疗机构补偿比例为95%。

第三节 医保费收缴与管理

城镇医保费收缴、个人缴纳及国家补助 2006年，城市低保人员医疗保险费筹资标准为个人缴纳10元，省、市、区三级财政对参保的城市低保人员补助医疗保险资金分别为50元、25元、15元。2007年，城镇居民统筹标准120元，其中个人缴费60元，省财政补助30元，市财政补助12元，区财政补助18元。大、中专、中等职业学校（包括技工学校）学生统筹标准80元，其中个人缴费40元，省属院校省财政补助40元；市属院校省财政补助20元，市财政补助20元；区属院校省财政补助20元，市财政补助8元，区财政补助12元。中小学生统筹标准80元，其中个人缴费40元；市属学校省财政补助20元，市财政补助20元；区属学校省财政补助20元，市财政补助8元，区财政补助12元。持有“再就业优惠证”的下岗失业人员本人缴费部分，可从再就业资金中补助40元。至2011年，城镇居民（含学龄前儿童）筹资标准为280元，其中个人缴费60元，中央财政补助124元，省财政补助46元，市财政补助20元，区财政补助30元。城市低保人员筹资标准为230元，其中个人缴费20元，中央财政补助124元，省财政补助46元，市财政补助16元，区财政补助24元。大、中专、中等职业学校（包括技工学校）筹资标准为：省属院校筹资210元，其中个人缴费40元、中央财政补助124元、省财政补助46元；市属院校筹资230元，其中个人缴费40元，中央财政补助124元，省财政补助46元，市财政补助20元。中小学生筹资标准230元，其中个人缴费40元，中央财政补助124元，省财政补助46元，市属院校市财政补助20元，区属学校市财政16元，区财政补助24元。享受城市低保的在校学生，筹资标准为195元，其中个人缴费10元，中央财政补助124元，省财政补助46元，市财政补助6元，区财政补助9元。2016年，城镇居民（含学龄前儿童）筹资标准为540元，其中个人缴费120元，中央财政补助300元，省财政补助90元，市级财政补助9元，区财政补助21元。城市低保人员筹资标准为490元，其中个人缴费70元，中央财政补助300元，省财政补助90元，市级财政补助9元，区财政补助21元。大、中专、中等职业学校（包括技工学校）筹资标准为530元，其中个人缴费110元，中央财政补助300元，省财政补助90元，市级财政补助9元，区财政补助21元。中小学生筹资标准510元，其中个人缴费90元，中央财政补助300元，省财政补助90元，市财政补助9元，区财政补助21元。

农村居民医保费收缴 2006年全区开始实施新农合制度，运行采取个人、集体和政府多方筹资的合作医疗基金筹集机制，农民以家庭为单位，筹资标准为每人每年55元，各级财政补贴35元（中央配套20元、省级配套10元、市级配套2元、区级配套3

元），个人筹资 20 元，共筹集合作医疗基金 1558.9 万元。至 2011 年，全区新农合每人每年筹资标准为 230 元，各级财政补贴 200 元（中央配套 124 元、省级配套 66 元、市级配套 4 元、区级配套 6 元），个人筹资 30 元，共筹集基金 7986.11 万元。2016 年，全区新农合每人每年筹资标准为 540 元，各级政府补助标准为 420 元（中央配套 300 元、省级配套 110 元、市级配套 4 元、区级配套 6 元），个人缴费 120 元，应筹集新农合基金 18668.72 万元，实际到位资金 18786.32 万元（含中央财政预拨资金）。

定点医疗机构 甘州区定点医疗机构 298 家，其中市级定点医疗机构 1 家，区级定点医疗机构 27 家（含民营医院 18 家），乡级定点医疗机构 28 家，村级卫生室 242 个。另有定点个体门诊 121 家，定点零售药店 167 家。

定点医院报销政策 城镇职工、城镇居民基本医疗保险统筹区内一、二、三级定点医院住院起付标准为 500 元、700 元和 1000 元，城镇职工住院报销比例分别为 95%、90%、85%，转外就医 80%，城镇居民住院报销比例分别为 80%、75%、70%、转外就医 65%。在异地居住发生的住院医疗费用起付标准，统一按照统筹区内三级医院标准执行。城镇职工、居民在统筹区外就医和出差、探亲、学习期间发生的紧急抢救住院医疗费用，住院起付标准统一调整为省内 2000 元，省外 3000 元。

第十二编

基础设施建设

第一章　城乡建设

1975 年，张掖县城市建设委员会正式成立。1976 年，更名“张掖县城市建设局”。1986 年 5 月，张掖县城市建设局更名“张掖市城乡建设委员会”。2002 年 7 月，张掖市城乡建设委员会更名“甘州区城乡建设委员会”。2003 年，甘州区城乡建设委员会更名“甘州区城乡建设局”。2010 年 6 月，甘州区城乡建设局更名“甘州区住房和城乡建设局”。

第一节　城乡规划

规划编制　1949 年中华人民共和国成立后，张掖县人民政府对城区部分道路、街巷、建筑进行改造，制定各项建设管理办法。1976 年，张掖县成立城区总体规划领导小组及办公室，开始资料搜集整理工作。1981 年，中国市政工程西北设计院和张掖城区总体规划办公室共同编制出张掖城区首个总体规划，绘制 1∶10000 的张掖城区现状图、用地评价图、总体规划图、给水排水规划图、电力电信规划图、道路规划图，1983 年经甘肃省人民政府批准执行。1985 年，张掖市城市规划编制与管理归口张掖市城乡建设环境保护局，对口上级业务主管部门为张掖地区行署建设处。之后张掖市城乡建设环境保护局分设为“张掖市城乡建设委员会”和“张掖市环境保护局”，城市规划编制和管理由张掖市城乡建设委员会负责。2003 年，张掖市规划管理局成立，负责张掖市城市规划区内城乡规划编制与管理；张掖经济技术开发区负责经开区“一区四园”的规划编制与管理；甘州区建设局负责甘州区辖区城市规划区和经开区以外区域的城乡规划编制与管理。

城市规划编制。张掖市城市总体规划有 1981 年版、1991 年修编版、2000 年修编版、2004 年修编版和 2012 年修编版。

1981 年版城市规划。1978 年以前，张掖市城市建设处于无序发展的状态。1978 年全国城市规划工作恢复，1980 年委托国家城市建设总局兰州市政工程设计院编制首轮张掖县城总体规划，1983 年经甘肃省人民政府批准实施。规划城市性质确定为：“张掖是张掖县的政治、经济、文化中心；是以农、牧、副产品加工业和为农业服务的机械工业为主体的小城镇；张掖历史上是丝绸之路的重要古城，目前仍是河西走廊东西联系的要道，兰新铁路、甘新公路通过全境。”城市规模为：到 1990 年按 6.5 万人考虑，远期人口未明确确定。城市发展方向为城东、城北。

1991 年版城市规划。1990 年，张掖市委托兰州有色冶金设计院对张掖县城市总体规划进行修编。规划城市性质确定为：“张掖是张掖地区的政治、经济、文化中心；是古今通往西域的交通重镇和历史文化名城；是商品粮、蔬菜、瓜果基地；张掖市应建设成为经济繁荣、环境优美、具有地方景观特色的外向型城市。”人口规模为：近期2000年12.1万人，远期2010年19万人。城市发展方向为城区东端和张火公路两侧。

2000年版城市规划。1995年，张掖市委托上海同济大学城市规划研究所对城市总体规划再次进行修编。1996年上报甘肃省政府审批，1999年甘肃省建委组织专家评审并原则通过规划方案，要求进行部分修改完善。规划编制单位根据评审意见进行补充完善。修编后的城市性质确定为：“张掖市是国家级历史文化名城和河西地区重要的商贸旅游城市，张掖地区的政治、经济、文化中心。”城市规模为：近期2000年16万人，用地18.3平方千米，远期2010年30万人，用地34.5平方千米。城市发展主导方向是东北方向，远期发展方向为老城区东部及北部。

2004年版城市规划。2003年，张掖市政府委托上海同济大学城市规划设计研究院进行新一轮城市总体规划的修编。2005年，经甘肃省人民政府批准实施。规划的城市性质为：“国家级历史文化名城，张掖市的政治、经济、文教中心，河西地区重要的商贸流通枢纽，甘肃省农副产品加工、能源基地之一。”

2012年版城市规划。2012年，按照甘肃省建设厅《关于同意张掖市城市总体规划修编工作的批复》，张掖市规划局委托咸阳市规划设计研究院对《张掖市城市总体规划（2004—2020）》进行修编，编制完成《张掖市城市总体规划（2012—2020）》。2014年通过省人民政府的批准。规划的城市性质为：“国家级历史文化名城、戈壁湿地生态之城，河西地区旅游中心城市及重要的商贸流通枢纽，甘肃省农副产品加工和能源基地之一。”

乡镇、村庄规划编制。1986年以前，规划主要以政府指令下达任务，由张掖县村镇规划办公室编制，主要任务是对村庄建设规划进行有序布设，改变以往无序建设状况。1990—2007年期间，村庄规划主要是以生产合作社为单元编制的小康住宅建设规划，大多以改造20世纪七八十年代前建造的住房为重点内容，以改善农民居住条件为主。2008年以来，甘州区落实国家西部大开发战略和小康建设总体部署、甘肃省整村推进建设和新农村“四化”（生产专业化、环境田园化、居住社区化、农民知识化）建设要求，顺应大部分村社修建高标准住宅楼的愿望，支持各乡镇特色小城镇和美丽乡村规划建设。依托平山湖大峡谷景区，规划编制喀尔喀小镇修建性详细规划，依托屋兰古驿站规划编制碱滩镇屋兰古镇修建性详细规划。至2016年底，甘州区编制整村推进居住小区（或组团）165个。

测绘测设　1976年，张掖县成立城市规划领导小组及办公室，委托中国市政工程西北设计院测绘县城1:10000现状图。1987年，委托甘肃有色地质四队测绘张掖城区1:1000现状地形图158幅，测绘面积39.5平方公里，城建坐标系，大沽高程系。在此基础上编制1990版张掖市城市总体规划。2001年，张掖市规划设计局测绘东至上秦镇一号路、南至安里闸、太和、河满村一线、西至八一村、北至南环路一线1:1000现状地形图36幅，测绘面积9平方公里，城建坐标系，大沽高程系。各乡镇在编制1992年版规划时，张掖市规划设计局测绘1:1000地形现状图，假定坐标系，假定高程系。2003年6月，张掖市测绘管理办公室挂牌成立，隶属张掖市国土资源局管理。甘州区测绘管理相应归口张掖市国土资源局甘州区分局。2004 年，全国进行坐标系统清理治理工作。甘肃省地理信息中心和张掖市土地规划院建立张掖市地理信息库和张掖市 2002 城建坐标系系统。原城建坐标系统废止。2006 年，甘州区规划设计局和煤田地质 145 队联合施测新城区 1∶1000 现状地形图 11.2 平方公里。2012 年 8 月至 2013 年 9 月，张掖市测绘管理办公室组织对张掖市城区 400 平方千米、城区外围 1380 平方千米进行航空摄影测量，完成 1∶1000 比例尺数字正射影像生产。完成城区 119.5 平方千米的数字地形图测绘工作。建成数字张掖地理空间框架基础数据库。完成主城区及滨河新区 53.7 平方千米三维地形场景建设。2003 年以前，城市道路、建（构）筑物的测设由张掖市城乡建设委员会进行统一定位放线和管理，2003 年以后，城市规划区以内由张掖市规划管理局管理，城市规划区以外部分由甘州区城乡建设局管理。测设工作由事前审批变成建设单位自主实施，职能部门进行事中、事后监管。

城乡建设总体规划 1981 年，张掖市编制张掖城区总体规划，1983 年获甘肃省人民政府批准实施。1986 年 4 月，张掖市结合国务院批准第二批历史文化名城和城市发展实际，着手修编张掖市总体规划。完成 21 个乡镇和 238 个中心村总体规划和建设规划的编制。2008 年 1 月，张掖市城乡规划编制呈现一体化、多层次，纵深推进发展势头。

市域层面编制。有张掖市市域城镇体系规划、张掖市城市总体规划、分区控制性详细规划、历史文化名城专项规划等。

甘州区层面编制。有甘州区区域村镇体系规划、甘州区区域村庄布局规划、各乡镇总体规划、村庄建设规划等。

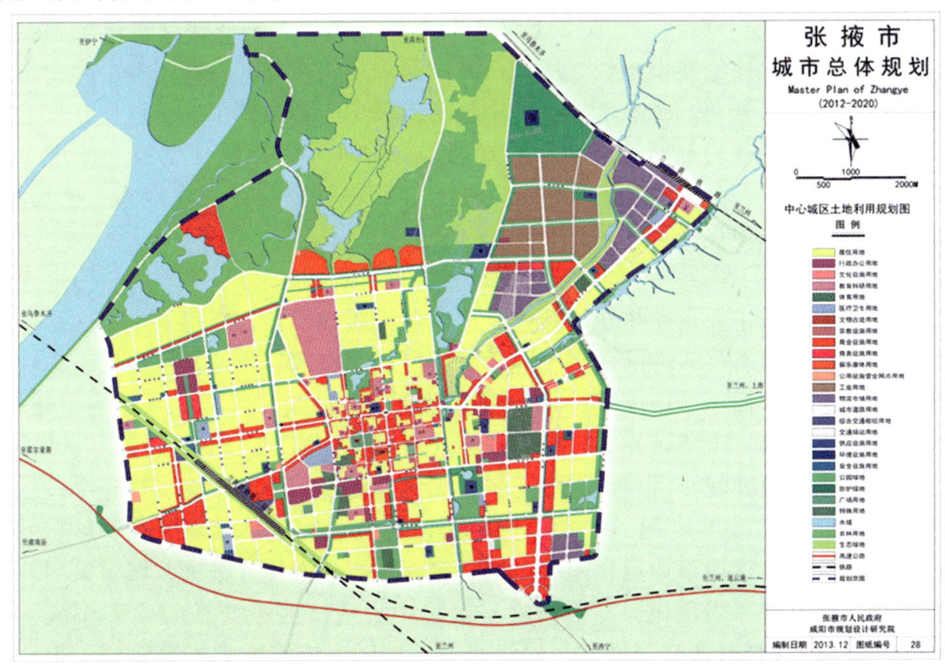

张掖市城市总体规划图

2010年以来，张掖市、甘州区两级政府顺应国家建设生态安全屏障的全新定位，以生态建设引领城市发展，把实施黑河流域综合治理、保护黑河湿地与城市建设紧密结合，全力打造宜居宜游宜商更宜人的生态城市，基本形成以老城区历史文化名城为中心的“1+5”生态城市框架。

“1”是指以老城区为中心：保护老城区众多历史文化遗迹，恢复自然人文景观，凸显文化名城风韵。

“5”是围绕中心布局5个产业园区：在老城区以北，设立循环经济工业园区，为发展通道经济中的资源转化、建设循环工业加工项目提供宜商宜业平台。在循环经济工业园区和老城区间，恢复3万亩天然湿地，精心打造全国离城市最近、面积最大的国家级湿地公园。依托张掖国家湿地公园，在中心城区以西建设20平方公里水天一色的滨河新区。在老城区南部，建设20平方公里的国家级绿洲现代农业试验示范区。紧靠绿洲现代农业试验示范区，建设20平方公里离城市最近的国家级沙漠体育公园。从而使新老城区和谐共生，经济与文化、历史与现代、人与自然、空间布局与产业结构有机统一，彰显“一山一水一古城”的特色风韵，建设宜居宜游宜商更宜人的生态特色城市。

第二节　城乡建设

1991年以来，随着城市建设步伐加快，市委、市政府健全完善以城建委为主体的城市建设体系和以城关镇为主体的城市管理体系，探索建立二者结合的城市管理双层机制，城市建设、管理、维护走向科学化、制度化和规范化。1993年，市委、市政府贯彻“人民城市人民建”理念，把城市建设重点放到区域开发、基础设施建设和强化城市综合管理上，加快住宅建设步伐，房地产开发呈现加快发展的良好态势。全市形成以张掖市房地产开发总公司、张掖市经济适用住房发展中心和张掖市经济适用住房合作社为龙头，民营建筑企业为补充的房地产开发格局。1994年，以创建全省一流城市为目标，城市建设再发力，一大批开发小区开工建设，张掖城乡建设规模宏大，格局新颖、功能提升，成为城乡建设史上的最好时期。

甘州区城乡建设工作经历三个发展阶段。第一阶段：20世纪90年代。街道建设主要集中在四大主街及主要道路拓建、新建。房屋建设缓慢发展，新建新乐小区、富民小区、马神庙小区等具有代表性的住宅小区。房屋征迁工作随着街道及住房建设，在摸索中前进。城区建设方面，城市配套基础设施应运而生，公园、广场，开始集中建设期。党寨、新墩、上秦等一批集镇在20世纪90年代后期集中涌现。第二阶段：2000—2010年，围绕重点项目及开发小区建设，改建扩建大佛寺广场和中心广场、修建全民健身中心以及市区主要道路改扩建和一批大型住宅小区等建设完成。第三阶段：2011—2016年，这一时期为城乡建设事业迅猛发展时期。滨河新区建设快速推进，城市人居环境不断改善，交通路网进一步优化，高档住宅小区集中出现（张掖碧桂园商住小区、华德御墅珑湾小区等），提升改造老城区，加快建设新城区，统筹推进村镇建设，张掖国家湿地公园建设渐入佳境。2016年，城市供水普及率99%，城市燃气普及率及城市生活垃圾无害化处理率100%，城市污水处理率88%，城镇化率48.84%。

街道建设 1991—1995年，建成甘泉巷、民主巷、统一巷、枫树湾巷道路。1996—2000年，开工建设南关至水泥厂道路。2001—2002年，完成欧式街一期工程建设，建成沿街欧式商业建筑2万平方米；开工建设二环路工程。2003年，完成二环路一期工程西二环路、南二环路西段建设；开工建设交通巷商业步行街和欧式街二期工程。2004—2005年，新建、拓建南环路向西延伸段、劳动南街、民主东街、南出入城GZ45南出入城道路、县府街向南衍射短、西来寺巷等。完成交通巷商业步行街及两侧商业综合楼主体工程建设；完成马可波罗街二期道路工程和街区两侧建筑主体施工；完成西部高载能工业园区道路建设。2006—2007年，新建、拓建金张掖大道、南段、北段、县府街向南延伸段、新建街向南延伸段等7条道路。完成北大街延伸段道路建设。2007—2008年，市区新建拓改建东入城口、东沙湾巷、民主巷、北水池街、北水桥街、羊头巷等26条，完成工业园区敬候路、屋兰路道路建设。2009—2010年，完成滨湖路道路建设和滨河大道延伸段建设，开工建设水韵街和西三环路道路拓建；开工建设临泽北路道路工程。2011—2012年，完成滨河新区大成学校北侧道路、大成学校前广场道路、居延路等工程。完成临泽北路道路建设，开工建设滨河新区高台北路、昭武路、南湖、中湖环湖道路以及北湖环湖道路拓建工程。完成兰新铁路施工便道至规划民乐路道路范围内土方开挖、给排水管道埋设和沙砾石基础回填碾压等工作。2013—2014年，拓改建道路83条，长达82.6公里，总投资6.61亿元。其中，昭武路西段（含临泽北路以东300米道路）、白塔西街、甘泉东街、甘泉西街全部建成通车；临松街、高台北路道路建设有序推进；南华街、昭武东路、玉关路延伸段、丹霞东路向西延伸段完成全段道路路基沙砾石换填及配套给排水管网施工等工作，物流园区腾飞路、锦业路完成道路路基施工等工作，文昌路开工建设。北三环城市金边带水系和景观绿化工程、甘泉东、西街延伸段道路及配套给排水管网施工等工作完成年度任务，开工建设肃南南路、高台南路、宣化路。2015年，完成昭武东路、玉关路延伸段、丹霞东路向西延伸段、临泽南路及物流园区东环路铺油罩面；物流园区发展大道、腾飞路、锦业路及滨河路完成水稳施工；白塔街东段、临松东街、肃南北路、临松西街、文昌路及甘泉东、西街向南延伸段完成路基、管网及道牙石施工；南华街完成800米道路路基、管网及人行道施工；高台南路、肃南南路（一、二期）及宣化路工程完成路基施工。2016年，完成高台南路（一期）、肃南南路（一期）、宣化路（一期）、屋兰路、临泽南路、南华街、临松东街、临松西街、白塔街、肃南北路等道路路面铺油罩面，铺油罩面总里程达14.1公里，总铺油面积32.47万平方米。

房屋建设 1991年，维修完成247户居民，601间住房，11682.18平方米；1992年，全年商品房竣工建成面积32796平方米。1993年，居民建设临时门店109户，168间，2172.23平方米；单位建设临时门店61家，320间，9028.9平方米；居民翻修房屋89户，174间，2316平方米。1996—1997年，审批修建住宅楼65幢，208523平方米；修建综合楼51幢，82842.98平方米。1998—1999年，修建富民、马神庙、金安苑小区修建住宅楼19栋，57万平方米；审批修建其他地段住宅楼136栋，41.28万平方米。2001—2002年，审批修建各类商品房179项，建筑面积70.19万平方米。2003年，审批开工建设各类楼房70幢，建筑面积34.16万平方米。2005年，开工建设住宅楼54幢，开工面积12.21万平方米，竣工46幢，竣工面积7.61万平方米。2006—2007年，开工建设北辰丽家、新建街东沙湾、西大街延伸段兰园小区、新园小区、北关利民小区二期等一批房地产开发项目，建设楼房26栋、平房89栋，建筑面积11.1万平方米。2008—2009年，开工建设商品住宅楼51幢，建筑面积22.98万平方米。2010年，新建宁和园、滨河小镇住宅小区各类商品住宅12.6万平方米。2011年，新建金安水乡、金安润园等小区，建筑面积19.8万平方米。2012年，新建丹马时代、北辰丽家逸景园、恒嘉山水领秀住宅小区等小区，建筑面积13.3万平方米。2013年，新建崇圣嘉园、农垦曦华源、中和园、滨河明源、颐景嘉园等小区，建筑面积120.6万平方米。2014年，新建德和园、兰庭嘉园、白塔明清坊院、滨湖南苑等小区，建筑面积246.3万平方米。2015年，新建北興家园、八冶·南湖壹号、甘州府城景秀家园、天薇嘉苑、肃南裕苑等小区，建筑面积137.9万平方米。2016年，新建张掖碧桂园商住小区、金房瑞园、崇圣·润府、华德御墅珑湾等小区，建筑面积239.1万平方米。

滨河小镇

城区建设 1994—2000年，开工建设南大池小游园和游乐城。完成城市供水工程建设并试车通水，建成土塔广场，完成大佛寺四周改建，建成特色广场和仿古建筑。完成鼓楼广场建设工程和土塔广场北侧改建，建成张掖市中心广场，总占地5.2万平方米。2004年，完成鸿宇综合批发市场商业用房主体工程建设，市场总占地10.12万平方米。2005年，完成南关小学新校址征地和教学楼主体工程；改造甘州市场，完成甘州市场商贸综合楼建设和国际家具汇展中心一期工程建设。2006年，建成城市垃圾处理厂，设计日处理垃圾280吨。2008—2011年，完成张掖医疗废物集中处置工程及相关配套建设工作，推进张掖国家湿地公园建设。2012年，完成滨河新区湖区8个入口广场建设。2013年，完成中央商务区写字楼及14个市、区部门业务用房主体工程施工，开工建设肃南裕苑、领秀山水·中央公园、中和园等住宅小区。2014年，完成滨河新区中央商务区写字楼、张掖市地税局、甘州区城建等单位业务用房建设；建成张掖滨河新区体育公园标准体育运动场并投入使用；建成山丹路蔬菜便民市场。2015年，张掖西站站前广场建成投入使用；张掖大剧院主体封顶；全国综合养老示范基地主体施工；张掖二中分校教学楼、宿舍楼等设施完成主体施工；甘州府城完成府衙、城楼、商业街等景观设施建设。2016年，建成张掖二中分校、全国养老示范基地；张掖市第二人民医院一期工程主体完工，二期基础完工，三期工程进行主体施工；殡仪服务中心建成投入使用。

小城镇建设 1998年，上秦镇投资375万元，建成26户二层小康住宅楼6000平方米，建成镇财税办公楼621平方米，建成镇敬老院516平方米；大满镇投资285.1万元，铺设人行道1000平方米，建成二层小康住宅楼3500平方米；沙井镇投资36.92万元，建设门店27间520平方米，铺设人行道1200平方米，栽植国槐等风景200余株；修建小康住宅4688户，其中楼房298户。2001—2002年，党寨、沙井镇等8个乡镇建设学校、卫生院等公建设施8项，建筑面积1.23万平方米；修建乡镇高标准小康住宅510户，建筑面积7.78万平方米。2003年，各乡镇修建道路16条，修建二层以上楼房33幢，建筑总面积37613.15平方米。2004年，规划建设各乡镇公建项目36项，总建筑面积43665.9平方米。2005年，大满、沙井、甘浚、党寨等4个重点小城镇建开工建设集镇和村镇道路17条，总长12.3公里；修建文化广场3处、农贸市场1处，占地1.82万平方米。2007年，各乡镇开工建设公建项目38项，开工建筑总面积3.36万平方米；开工建设小康住宅示范点15个，501户，总建筑面积6.1万平方米。2010年，开工建设各类村镇建设项目120项，总建筑面积83.71万平方米；全区15个村在各自新建的居住组团内采用地源热泵技术进行供暖。2012年，党寨镇、大满镇被列为全省“百镇千村”重点小城镇。党寨镇组织实施集镇人行道改造工程和汪家堡村文化广场工程。大满镇完成集镇二环路建设。区上投资6020万元，推进“四化”（生产专业化、生活社区化、环境田园化、农民知识化）示范村建设，乌江镇安镇村、上秦镇徐赵寨村、龙渠乡木笼坝村等15个村庄修建居住组团，配套建设住宅小区给排水、供暖、绿化等设施。2015年，以通村道路和文化广场为重点，完成道路建设111.03公里，新建文化广场7个。党寨镇下寨村、碱滩镇古城村被列为省级“千村美丽”示范村。2016年，推进乡村道路、文化广场等项目建设，加快村镇建设步伐。

农村危旧房屋改造 2009—2011年，结合新农村建设，实施农村危旧房改造项目。全区各乡镇改建农村危旧房19362户，其中整村建设157个点，14971户，新建单元住宅楼439幢，135.22万平方米；零散危旧房改造户开工4391户，46.5万平方米。2011年，全区各乡镇改造农村危房6450户，其中新建单元住宅楼5479户，57.52万平方米；零散危旧房改造户971户，11.17万平方米。2012年，各乡镇开工建设11919户，建筑总面积106.9万平方米，完成投资12.1亿元，其中楼房11347户，建筑面积101.4万平方米，平房572户，建筑面积5.5万平方米。2013年，全区完成危房改造5356户，其中楼房210幢、4769户；开工并纳入补助的原地翻建的零散改造农户587户。2014—2016年，全区完成农村危旧房改造1869户，其中12个精准扶贫村改造危房347户，其他村改造危房253户，五保户400户。

城市保障性住房 1994年，新乐小区一期工程10栋住宅楼及配套设施竣工，第一期居民乔迁新居。全市城市人均居住面积8.9平方米。2007年，全年发放廉租住房补贴25.5万元，保障542户1336人；购置廉租住房68套，建筑面积3000平方米，安置居民160人，维修危旧平房652间，建筑面积8802平方米。2008年，全年新建经济适用房2.66万平方米，廉租住房4800平方米，为符合条件的4395户廉租户住房保障对象发放租金补助823万元。2011年，全年各类保障性住房和棚户区改造住房开工3504套，基本建成372套。2012年，全年各类保障性住房和棚户区改造住房新开工1006套，竣工1530套。2013年，全年各类保障性住房和棚户区改造住房新开工6372套，竣工3447套。2015年，全年城市棚户区改造住房新开工建设1671套，竣工755套；经济适用房新开工建设192套，竣工192套；公共租赁住房新开工建设662套，竣工102套。全年争取落实公共租赁住房建设资金3319万元。2016年，全年城市实施棚户区改造7989套，其中货币化补偿安置262户，新建棚改安置300套，实施棚户区改（扩、翻）建7427套。当年基本建成历年结转公共租赁住房及超计划租赁住房726套，分配入住102套。发放住房租赁补贴1634户3393人，发放金额168万元。通过摇号方式分配经济适用住房、公共租赁住房549套。

安居工程 2014年，甘州区开始实施安居工程，农村居民在滨河新区购房1471户。2015—2016年，甘州区农村教师、医务人员、乡镇干部在滨河新区购房457户。

建筑市场管理 2011年，成立“甘州区建筑管理站”，主要负责辖区范围内建设工程的质量安全备案、核准，监督检查工程项目建设相关主体责任履行质量；负责全区范围内工程质量、建筑施工安全生产等方面的管理。2012年，全区开（复）工各类建设工程169项，建筑总面积118.43万平方米。全年对全区建筑施工工地进行7次全面大检查，检查建筑工程160万平方米，核发“建设工程质量现场检查通知书”“停工（核查）通知书”“建设工程质量安全整改通知书”“行政处罚决定书”等各类行政执法文书207份。2013年，全区开（复）工各类建设工程150项，建筑面积143.57万平方米。全年进行7次综合执法大检查，依法核发“建设工程质量安全整改通知书”161份，“停工（核查）通知书”129份。全区建筑施工安全生产形势保持稳定。2014年，对在建的198项工程开展4次拉网式执法检查。对全区8家液化气充装企业进行5次安全生产检查，依法核发各类行政执法文书373份。2015年，全年监督建筑工程（基础、主体）分部验收71项，竣工验收备案35项，一次验收合格率100%。全年监管各类建设工程205项，建筑面积263.55万平方米。办理建设工程质量安全审查备案154份，起重机械使用登记备案192份。2016年，办理质量安全备案手续1017项，建筑面积1055.4万平方米。办理起重机械使用登记备案1214份，参与基础、主体验收148项。加强全区建筑工程质量安全管理，检查面积360多万平方米，提出安全隐患整改意见2100多条，核发“建设工程质量安全整改通知书”“建设工程质量安全停工通知书”“行政处罚决定书”等行政执法文书631份，检查覆盖率100%。

招标投标管理 2012年，“甘州区建设工程招标投标管理办公室”成立。主要负责滨河新区和甘州区限额以下建设工程开标、评标和定标活动的监管工作。2013年，监督工程招投标268项，招标建筑面积171.38万平方米，中标价25.26亿元。2014年，监督各类招投标项目294项，建筑面积134.13万平方米，中标价30.27亿元。2015年，甘州区招投标监管工作分3个片区，分别由张掖市住房和城乡建设局（张掖市建设工程招标投标管理办公室具体承担）、张掖经济技术开发区和甘州区住房和城乡建设局负责监管。其中，老城区由张掖市住房和城乡建设局负责监管；东北郊工业园区由张掖经济技术开发区负责监管；滨河新区及甘州区城市规划区以外由甘州区住房和城乡建设局负责监管。全年监督公开招标项目237项，建筑面积91.84万平方米，中标价19.56亿元，工程入场交易率100%。备案非国有投资项目直接发包92项，建筑面积84.58万平方米，中标价10.09亿元。2016年，甘州区行政管辖区内所有房屋和市政工程招投标监管工作均由甘州区住房和城乡建设局负责管理。全年监管公开招标项目350项，中标总金额22.26亿元；监管非国有投资项目直接发包项目86项，发包总金额22亿元；审核备查建设项目招标控制价280项。

房屋拆迁 2013年，成立“甘州区城市房屋征收管理办公室”，具体负责城区房屋征收拆迁工作。2013—2014年，甘州区房屋征收项目21处，征收11处，分别是西一路乌江镇家属院片区、县府街三馆建设项目、张中公寓建设项目（原工艺美术厂）、长寿街中药提炼厂、南大街轻机厂开发项目、美联国际开发项目（水泥厂厂区及家属院）、华谊小区开发项目（西关面粉厂）、金阳名邸开发项目（西盘旋路）、北环路邮电宾馆对面富源开发公司老旧楼房开发项目、南环路建设银行片区（新闻大厦对面）、南环路物价局家属楼。2015年，配合张掖老街暨甘泉公园周边棚户区改造项目、文庙巷棚户区改造项目、西来寺巷棚户区改造项目、东仓巷棚户区改造项目和增福巷棚户区改造项目，完成5处征收拆迁区域边293户搬迁，面积15000平方米。配合祁连路道路建设项目、大佛寺周边改造项目、马神庙街西侧棚户区改造项目、北环路邮电宾馆对面老旧楼房开发项目、木塔西侧张中公寓及家属区片区、南环路建设银行片区等6处征拆项目，完成853户居民搬迁，拆迁面积95406平方米。完成城区老旧房屋现状调查摸底与绘图工作。经摸底，老城区东、南、西、北四大街区老旧平房及老旧楼房共4628户，建筑面积312289.33平方米。2016年，完成民主东街文庙巷市邮政公司分拣中心（原电杆厂）房屋征收工作。完成劳动街小学东侧6户平房搬迁、拆迁任务。完成区域内460户搬迁，拆迁面积2.2万平方米。完成甘州区医院住院部东侧居民房屋征收拆除工作。

重点公园、建筑物、公共场所、街区 公园。甘泉公园：位于张掖市城区北侧，东临解放巷，西靠劳动北街，南接大衙门街和北水桥街，北与北环路毗邻，占地11.6万平方米。公园1982年建成投入运营，公园有儿童游乐园和垂钓园。甘泉公园发挥重要的旅游、环境调节、市民休闲、健身娱乐等功能。

润泉湖公园：2006年开工建设，2007年成立“甘州区湿地公园建设管理办公室”。公园规划面积1826亩，其中苇溪原生态保护范围700亩，湖区水域面积661亩，栽植各类树木花卉58万株，种植草坪1050亩。公园突出“绿色、人文、运动”三大主题，遵循“大水面、大绿地、大湿地、多岛屿、多芦苇环绕、多文化元素配置”原则，秉承“亲水环境、植物景观、人性空间”的设计理念，建成四季常绿、鸟语花香、苇溪连片、湖水荡漾的生态型湿地公园。2009年12月被国家住房和城乡建设部批复命名为国家城市湿地公园，成为全省首家国家城市湿地公园。2011年11月被评定为国家4A级旅游景区。

张掖滨河新区人民公园：位于滨河新区中央商务区，总占地6.7万平方米，主要建设花岗岩地面、绿地、假山、水系、喷泉、公厕、木栈道、公园道路、照明景观、丹霞地貌景观等设施。项目由上海特马建筑设计有限公司设计，工程施工标段共划分为3个标段，分别由张掖市隆盛建筑工程有限责任公司、张掖市聚隆建筑安装工程有限责任公司和甘肃裕源建筑工程有限公司中标承建，金昌恒业建设工程监理有限公司负责工程监理。公园2013年开工建设，铺装花岗岩板地面3.8万平方米，绿化种植面积9300平方米，安装架设各类景观灯570盏，铺装木栈道1900平方米，建设丹霞地貌景观两处、景观石造景一处。2014年底建成投入使用。

南大池公园：坐落于新建街，与甘泉社区毗邻，总面积20000平方米，2016年开工建设。南大池公园是市区内唯一一处坐落于居民小区内的湿地公园，湖区水域面积达13000平方米，栽植各类树木花卉5万余株，公园内有天然蒲苇、栖息的候鸟、水鸭等，园内亭台画栋、廊环迂回，绿树环绕，环境优雅。

地标性建筑。张掖华辰国际大酒店：四星级酒店，坐落于张掖市东大街盘旋路西北侧，是张掖首家四星级现代化涉外商务酒店，由煤田地质局一四五队投资，占地11亩，高61.5米，主楼14层，地下一层，建筑面积19000平方米。酒店有客房153间、床位数247张，开业以来，成功接待“绿洲论坛”“丝绸之路旅游文化节”“环青海湖国际自行车赛”“世界汽车拉力锦标赛”等重大会议活动，获得“甘肃省食品卫生量化管理A级单位”“甘肃省客房卫生量化管理A级单位”“甘肃省优秀旅游星级饭店”“甘肃省十佳四星级饭店”等荣誉称号。

张掖市天域国际酒店：四星级酒店，地处张掖市甘州区南街小什字甘泉文化广场，与“土塔”“山西会馆”“大佛寺”隔路相望，酒店总占地4200平方米，经营面积18000平方米，8层，有客房137间，床位数232张，配套设施齐全，拥有餐饮、KTV、客房。

祁连山大酒店：四星级酒店，地处张掖市甘州区西二环路东侧，酒店西靠连霍高速公路及西关车站，距火车站6公里，距市中心广场2公里、距机场20公里、距火车站6公里。酒店拥有8层主体大楼1栋，裙楼高2层，建筑面积约9000平方米，有30个车位的停车场。床位数121张，大、中、小会议室3个，配备有高端信息化会议系统。

张掖电力大厦：四星级酒店，地处张掖城区西街大什字西北角繁华地段，高16层，建筑面积20000多平方米。2011年1月建成投入使用，酒店拥有客房104间，床位183间。

张掖嘉亨大酒店：四星级酒店，地处张掖市县府街延伸段30号，隶属张掖嘉亨商贸有限责任公司，酒店占地6500平方米，总建筑、营业面积12600平方米，高9层。酒店拥有客房92间，床位数164张。酒店拥有大小会议室、大型宴会厅及宴会包厢、娱乐中心等设施。

张掖新城大酒店：四星级酒店。地处张掖市甘州区滨河新区大成学校对面，有客房104间（套），床位数184张，总建筑面积1.3万平方米。

张掖绿洲假日酒店：四星级酒店。地处张掖新城与旧城交融地段，酒店整体建筑面积约13400平方米，酒店为单体独立建筑，地上建筑10层，地下一层。酒店有客房116间，床位数202张。有乘客电梯2部，标准停车位100个，负一层设有康乐中心。

张掖甘州宾馆：地处张掖市商贸中心，距张掖市标志性古建筑钟鼓楼约50米，东西南北四条大街交会于此，周边电影院、购物中心、超市、小吃城、游乐场所等服务设施齐全；宾馆周围有木塔寺、西来寺、张掖钟鼓楼等多个景点，出游方便。宾馆有各类客房101间，床位数181张。

张掖邮电宾馆：地处张掖城区北环路什字西北角，南临钟鼓楼，北依张掖湿地博物馆，与河西学院、国家级城市湿地公园、甘泉公园咫尺之遥。宾馆有客房65间，床位125张。

金安宾馆：地处张掖城区南环路延伸段，是一家集咖啡古玩、购物、娱乐、餐饮、住宿为一体的三星级酒店。宾馆为宾客提供各类客房和不同形式的中餐佳肴，还设有旅游商场、国际国内旅游、交通票证、各类信用卡结算等服务及设施。

甘州明珠：位于张掖市甘州区南环路与新建街相交，十字东南角，东临张掖市建筑设计院，南靠饮马河与馨宇丽都小区毗邻。由甘肃鼎建房地产开发有限公司开发建设，甘肃省第五建筑工程公司组织施工，工程由两栋建筑组成，北临南环路与爱家装饰城相对的为一栋4层框架商业楼，地下一层为停车场；南靠饮马河与馨宇丽都小区相邻的为一栋30层剪力墙结构住宅楼。

金张掖国际大厦：地处张掖城区中心广场西东北角，总建筑面积8万平方米，是集购物、娱乐、休闲、餐饮、住宿于一体的综合性商业体，是张掖地区体量最大、业态最全、设备最优的综合商业企业。通过力求与国际接轨的商业规划及经营管理模式，力争引领张掖消费新趋势，为消费者提供一站式消费和综合服务等诸多功能。

广电大厦：地处张掖市甘州区南大街220号，建筑面积14800平方米，投资2500多万元。2002年8月动工，2005年全面竣工。大厦建设采取以地招商、联合开发的办法，建成全省县区级一流的广播传输中心、电视节目制作中心，由此甘州区广播电视事业跨入全国广播电视先进县（市）。

新闻大厦：地处环城南路县府街什字西南口，始建2005年，2008年竣工交付使用。采取单位联建投资和市场化开发融资等多种形式兴建，整个工程由新闻大厦主楼及副楼组成。整个工程建筑总面积为4.6万平方米，总投资6670万元。大厦立面造型为点式塔楼，设计楼高20层，建筑高度78.3米，是集办公、商贸、宾馆、餐饮功能为一体的综合性、标志性建筑。

金阳国际大酒店：地处甘州区西关盘旋路西北角，投资2.4亿元，建筑面积64000多平方米。其中，饭店设在大厦的1—7层。饭店设计装修以汉唐文化为主题，结合明清元素，综合家居艺术、陈设艺术、玉器名画艺术为主。

张掖市全民健身中心：地处北大街与北环路交叉处向北350米路，2008年6月开工建设，2009年建成投入使用。占地30亩，总投资2000万元。主体建筑为全民健身中心楼，建筑面积8800平方米，内设篮球馆、网球馆、羽毛球馆、形体健美馆、乒乓球馆、台球馆、力量练习馆、全民体质检测中心、休闲区、洗浴区、体育用品部等。全民健身中心是张掖市最大的体育建设项目，也是2008年全市社会事业重点建设项目之一。

新世纪商城：位于张掖市中央商务区黄金地段，2000年开工建设，总投资1个多亿，高为78米，商业用房3.78万平方米，商品住宅4.6万平方米，提供就业岗位1000多个，仅商业大厅及265个独立商铺预计每年增加税收1000万元以上。

甘肃新乐连锁超市有限责任公司：2009年10月14日成立，现拥有10家分公司，48家连锁超市，2个专业市场，营业面积72000多平方米，从业人员2600多人，是张掖市新型民营商贸流通企业。

金房大厦：1995年开工建设，总建筑面积1.1万平方米，总投资1700万元，1999年10月建成，一、二楼商场，三楼大酒店。

老年活动中心、青少年活动中心：地处甘州区大衙门街解放巷，与甘泉公园、红西路军烈士纪念馆相邻，总投资193万元，完成投资140万元。

“金张掖——献给时代的明珠”：张掖市市标，1998年建成，高21米，主雕为不锈钢，基座为红色花岗岩，寓意“塞上江南，丝路明珠”。艺术地体现了张掖的历史、现实与未来。

鼓楼绿苑：1998年一期工程建成，面积3000平方米，其中种植草坪2000平方米，铺设人行步道1000平方米，摆放盆花2000盆。

张掖甘州中心广场：位于张掖行政文化中心区的核心区域甘州区，是集行政办公、文化休闲于一体的综合性广场，是城市中心区的环境精品。中心广场不仅是张掖政治文化中心，而且以其独特的环境艺术设计，成为张掖新城的标志，是张掖打造生态绿城生动缩影。广场每部分设计都精心追求完美的艺术境界。

滨湖休闲广场：滨湖休闲广场是滨河新区的核心区域，是集休闲健身、文艺演出、音乐喷泉、啤酒烧烤于一体的综合多功能区，是自驾游、骑行、徒步爱好者的新天地。

此外，张掖老城区还有黑河水电、河西大厦、商贸大世界、飞天大楼、南百大楼、国茂大厦、博盛大厦、鼓楼商厦、新华商城、人民商场、春风商场、金张掖河西大厦等。

重点街区。明清街：建于1996年，系仿古建筑，全长323米。房屋建筑全仿明清时期甘州旧城官署民居风格构建而成。明清街是集多地特色餐饮、排档、仿古文化为一体的街区。1998年被省旅游局命名为“甘州五景”之一，为全区著名的旅游餐饮景区。

欧式街：始建于2001年夏，是甘州区的一条仿欧式风格的街道，整街汇集了各类酒吧、KTV、特色餐厅、烧烤吧，是甘州区的休闲娱乐一条街。街中心塑有甘州区的地标建筑马可波罗雕塑。福音堂旧址与之毗邻。整个街道共分为A、B、C、D四段，中间路段是马可波罗的雕像。街面建筑共三层南至西街电力大厦路口处、北至北环路胡家园子路口。

金脉步行街：地处交通巷中段，与甘州风味小吃城咫尺相望，是张掖对外宣传的一张靓丽名片，入驻商户100多家。金脉步行街是甘州区离钟鼓楼最近的步行街，是集品牌服饰和部分中高档餐厅为主的商业步行街。

大佛寺文化街区：大佛寺文化街区是以大佛寺为核心的文化商业街区，是集张掖古玩字画、玉器钱币为主的文化商业街区。

金张掖大道——农家乐一条街：金张掖大道是甘州区农家乐较为集中的一条街，道路宽敞，交通便利。

玉关路新城商业街（宁和园）玉关路：地处西街延伸段，近年来围绕宁和园小区已集结众多餐饮娱乐商家，其中有宾馆、酒吧、KTV、茶餐厅、火锅。

万寿商业街：位于甘州区南大街广电大夏南侧，是张掖市旧城改造项目，项目商业面积约两万平方米，由张掖市源通房地产开发有限责任公司投资两亿元开发建设。2015年11月建成开业。入住商户70余家，安置从业人员400余名。商业街两边商铺以品牌女装经营为主，其中万寿商业中心一层以经营童装、童鞋、儿童玩具为主，二层为西北地区规模较大的室内儿童主题乐园，三层以经营特色餐饮为主，是张掖市首家步行街加商业的综合体模式。

此外，张掖城区还有仁和广场、甘泉文化广场、土塔广场、大成广场等。

第三节　城市管理

管理体制改革　1991年以来，城市管理以城关镇管理为主体。1996年张掖市城市管理办公室成立。2002年更名“甘州区城市管理办公室”。2003年，张掖市和甘州区进行事权划分。2004年甘州区城市管理办公室整体上划，机构名称变更“张掖市城市管理监察大队”，为张掖市建设局管理的下属事业单位。2005年张掖市成立城市环境综合整治领导小组。2006年张掖市城市管理行政执法局成立，加挂“张掖市城市管理行政执法支队”的牌子，实行一个机构、两块牌子，合署办公。同年8月，成立城市管理行政执法东街、南街、西街、北街和直属大队。同时设立公安局城市管理治安大队，与执法监督科合署办公。

市区事权划分后，城市管理实行以市为主、直接管理体制，市城管执法局负责规划主城区城市管理和综合行政执法工作，规划区内张掖经济开发区、新城区管理和城市环境卫生管理由甘州区负责，市城管执法局负责指导和监督检查。市城市管理行政执法局集中行使市容环境卫生、城市规划、园林绿化、市政管理方面法律、法规、规章规定的全部行政处罚权；行使环境保护、工商行政、公安交通等方面涉及城市管理的部分行政处罚权。对规划区内单位和个人执行《中华人民共和国城市规划法》《张掖市城市总体规划》情况进行监督检查。2013年，根据《张掖市城市管理行政执法局管理方式调整实施方案》，张掖市城市管理行政执法局实行市区共管，以区为主的管理体制。2014年，张掖市城市管理行政执法局编制随事权整体下划至甘州区，城市管理实行市区共管，以区为主的管理体制。

市容市貌管理　1997—1998年，开展文明卫生城市创建活动，实行“统一领导、归口管理、分工负责、协调配合”的城市管理体制和“建管并举、建管分离、条包块管、块块为主”工作机制。2000年，张掖市开展“城市管理年”活动。2001年以来，结合城市化战略实施和营造良好发展环境开展活动。2003 年，以城市净化工程、城市畅通工程等活动为契机，加大监督管理力度，重点对马路市场、乱摆乱放、乱张乱贴等问题进行治理整顿。2006 年，城市管理全部上划张掖市城市管理执法局负责，工作延续以往，重点围绕市容市貌、户外广告整治等开展。2007—2008 年，以“素质教育年”“行政执法规范年”活动为载体，开展南环路、南大街、县府街、西大街、东大街示范创建工作。2009—2010 年，配合城市街道基础设施及市政设施改造，确定县府街、南环路、东大街、西大街、南大街为城市管理示范街。2011—2012 年，聚焦服务宜居宜游首位产业发展，组织力量集中对民主东街店外堆放五金日杂，回民街店外挂卖牛羊肉、门前堆放羊头羊杂，南二环路店外经营钢材、木材和占道加工彩钢石材等问题进行集中整治。2015—2016 年，重点整治中心城区占道经营、流动叫卖、马路市场。

城管执法人员清理违法占道经营摊点

公益设施管理 供水。供水情况：1990 年底，城区有 547 个单位和 1.34 万户居民、4.57 万人用上自来水，供水普及率达 67.8%，水质综合合格率为 99%，符合国家规定的《生活饮用水卫生标准》要求。1997 年，张掖市供水扩建工程开工。土建工程 1998 年 10 月试车通水。2002 年，全区自来水日供应能力 9 万立方米，全年自来水售水量 1129 万立方米，生活用水 833 万立方米。2010 年，城市自来水厂日供水能力达 10 万立方米，城市地表水和饮用水源水质达标率均为 100%。至 2016 年，张掖城区有水厂三座，占地 79.98 亩，设计日综合供水能力 10 万立方米，水源属深层地下水，供水管网达 394.5 公里，供水覆盖率达 99%，承担张掖老城区、滨河新区、张掖国家级经济技术开发区以及周边乡镇 7.5 万户、20 万人口和 485 家企事业单位生活、生产供水。生活用水 0.2290 亿立方米。

水价调整：1991 年 10 月起，居民生活用水每立方米 0.30 元，未安装水表的每月每人 0.40 元，机关事业单位用水每立方米 0.40 元，生产经营性用水每立方米为 0.50 元，基建用水每立方米 0.60 元。1994 年 8 月后，居民生活用水每立方米 0.45 元，行政事业单位用水每立方米 0.60 元，生产经营性用水每立方米 0.75 元，基建用水每立方米 0.90 元，没有安装水表的居民，每人每月按 0.60 元执行。1995 年 7 月后，居民生活用水调为 0.60 元/立方米，机关事业单位用水调为 0.80 元/立方米，生产经营性用水调为 1.00 元/立方米，基建用水调为 1.20 元/立方米。2000 年 7 月后，居民生活用水调为 0.75 元/立方米（未装水表的居民每人每月 1.00 元），工业用水调为 1.10 元/立方米，行政事业单位用水调为1.10元/立方米，经营服务用水调为1.40元/立方米，建筑施工用水调为1.80元/立方米。2001年4月起，居民生活用水调为0.85元/立方米（未装水表的居民每人每月1.30元），行政事业单位用水调为1.20元/立方米，经营服务用水调为1.60元/立方米，建筑施工用水调为2.00元/立方米。2006年4月起，居民生活用水调为1.30元/吨，工业用水调整为2.00元/吨，行政事业单位用水调整为1.60元/吨，经营服务用水调为2.00元/吨，基建用水调整为3.00元/吨，特种用水10.00元/吨。2010年4月起，居民生活用水调为1.45元/吨，工业用水调整为2.10元/吨，行政事业单位用水调整为1.80元/吨，经营服务用水调整为2.20元/吨，基建用水调整为3.30元/吨，特种用水继续执行10.00元/吨。2015年9月起，居民生活用水阶梯水价分为三级，价格级差为1∶1.5∶2，第一级用水量根据确保居民基本用水确定，水量为125吨/年，水价为1.45元/吨；第二级用水量根据改善和提高居民质量确定，水量为126—180吨/年，水价为2.20元/吨；第三级水量根据市场价格满足特殊需要确定，水量为180吨/年，水价为2.90元/吨。2016年9月后，张掖市物价局将工业用水、商业用水归并为非居民用水，价格为2.1元/吨，自2016年11月1日起执行。

排水。2014年，张掖城区有配套污水管网284.7公里。2015年，张掖城区有供水管道长度约207.1公里。至2016年末，张掖城区有供水管道394公里。城区内有排水井2683座，其中污水井1165座，雨水井1518座，排水管道30.93千米，均为雨污混流。

污水处理。污水情况：全区年废水排放总量为1258.9838万吨，工业废水中污染物排放量：化学需氧量9891.266吨，氨氮235.139吨，石油类2.016吨，挥发酚0.219吨，生化需氧量3896.647吨，氰化物1.15千克，砷163.53千克，铅411.41千克，镉74.56千克，汞0.13千克。废水类型主要是工业污水，排水去向主要是山丹河和黑河。

污水处理设施

污水处理：2002年，日处理污水6万吨张掖市污水处理厂开工建设。工程采用改良型氧化沟生物处理工艺，处理后水质达到国家二级排放标准。污水处理采用脱水工艺，脱水活污泥可作农林肥料。2013—2015年，启动建设日处理污水8万吨项目，分两期建设。一期工程2003年6月动工建设，总投资10058.36万元，日处理污水4万吨，2006年9月建成并投入试运行，2010年实现满负荷运行。二期工程2012年12月底动工建设，投资7800多万元，设计规模日处理污水4万吨，2015年9月进水联动试车，达到设计国家一级B排放标准。建成投入运行污水处理厂3座，设计日处理污水4万吨。

污水处理费：2002年12月起，甘州区城市污水处理费标准为居民生活用水、行政事业单位用水0.30元/立方米，建筑工业用水0.40元/立方米，经营用水0.50元/立方米。2008年10月后，居民生活污水处理费0.80元/吨，非居民生活污水处理费1.00元/吨。2016年7月起，居民生活污水处理费0.95元/吨，非居民生活污水处理费1.40元/吨。

垃圾处理。设施建设：张掖市城市垃圾处理厂主要分为填埋区和生产生活管理区两部分。垃圾填埋区占地23.63万平方米，总库容113.6万立方米，有效库容102.3万立方米。生产生活管理区总占地3000平方米，建设砖混结构办公、计量、机修、水泵房、配电室和仓库，以及值班、淋浴、厕所等辅助用房390平方米。

垃圾处理情况：2007年以来，按照垃圾卫生填埋技术规程，落实环境保护各项要求，做到日清、日填埋卫生处理，加强灭蝇消毒工作，定期维护垃圾处理场内气体导排系统，杜绝二次污染。垃圾清运采用防风、防抛洒遗漏等措施，杜绝运输过程中垃圾飘散。2008年，经甘肃省建设厅检查评定达到无害化处理Ⅱ级标准。至2014年底，生活垃圾处理率达100%，生活垃圾无害化处理率达98%。至2016年底，进厂总垃圾量33.61万立方米。

供电。供电网络：1998年以前，甘州城区供电变电站仅有110千伏新墩变电站和火车站变电站，主变容量11.45万千伏安，10千伏公网线路10条。2002年以来，随着330千伏张掖变电站的建成投运和110千伏火车站变电站、新墩变电站全部设备改造；110千伏上秦变电站建成投运和110千伏城南变电站开工建设，形成以110千伏变电站为依托的环形结构电源点网络，城市供电能力显著加强。至2009年底，城区供电变电站有3座，分别是110千伏新墩、上秦、火车站变电站；10千伏开闭站3座，分别是合盛、新世纪、龙王庙开闭站。10千伏公网线路42条，高压线路总长约280.82千米，低压线路总长约343.58千米；公用变压器587台、容量为8.32万千伏安；专用配电变压器389台、容量为7.78万千伏安。总计配变容量16.1万千伏安，用户62345户。至2009年，甘州城区10千伏线路遍及市区、东北郊工业区、东城区、北城区、市区中心、城区西南部、平原堡镇，主干线长度106.02千米，线路总长度285.121千米。

用电情况：1998年，全社会居民生活年用电量4907万千瓦·时，非居民生活年用电量1859万千瓦·时。2000年，商业用电904万千瓦·时，直供直管商业性质用电客户369户。2003年开始，甘州城区电价分为居民生活用电、非居民照明用电、商业用电、非普工业和普通工业用电、大宗工业用电、农业生产用电、农业排灌用电七大类。2008年，直供直管非居民生活用电客户3641户，全社会居民生活用电量达19119万千瓦·时，直供直管用电居民50971户。2008年商业用电客户达4826户，商业用电量达6009万千瓦·时。2009年，直供直管用电居民55753户，非居民生活用电量达4090万千瓦·时。商业用电量8875万千瓦·时。至2014年底，张掖城区道路照明灯22752盏，安装路灯道路长度260.30公里，照明总用电量1283万千瓦·时，照明装灯总功率

3520 千瓦。

收费管理：2002 年前，张掖供电公司收费方式分“坐收、托收、银行储蓄下账”三种。至 2015 年，逐步实现“银电联网”，在原工商银行基础上，增加建设银行、农业银行批量代扣和实时代收电费业务。开通电信、移动手机短信发送停电通知和催缴电费信息业务。与电信公司签订“电费代收协议”，开展电费代收业务，实现“同城异地缴费”。逐步拓展缴费渠道，打造城区“十分钟缴费圈”和农村“村村缴费点”，方便客户选择交费方式，电费回收率 100%。

电价调整：1999 年，出台居民阶梯优待电价，规范物业小区及各类转供用户用电价格，明确城镇居民“一户一表”改造收费标准。2004 年起，居民生活用电价格调整为 0.49 元。2007 年，居民生活用电价格降为每千瓦·时加价 0.07 元，地表水超基数农业排灌电价降为每千瓦·时加价 0.02 元。2012 年 7 月起，居民生活用电执行正阶梯电价。对“一户一表”居民用户，执行省内居民生活用电阶梯电价，未实行“一户一表”的合表居民用户，在现行标准基础上每千瓦时提高 0.15 元执行。2014 年，甘州区电价分为五大类：居民生活用电价格、大工业用电、农业生产用电（包括农业生产用电、贫困县农业排灌用电）、一般工商业用电价格（包括商业用电、非工业、普通工业、非居民照明用电）、趸售用电价格。

供热。供热情况：20 世纪 90 年代，城镇冬季供暖方式主要有集中供热、分散燃煤锅炉供热、地源热泵新技术供热、电采暖、燃气壁挂炉分户采暖等几种方式。1996—2003 年，城区建设集中供热点 36 处。关闭小锅炉 189 个，集中供热面积达 210 万平方米。1998 年建设城区集中供热工程，由市恒达热力燃气有限责任公司负责建设、经营和管理，占地 77.8 亩、总投资 14122 万元。集中供热工程采用水水交换先进供热工艺，通过 17 座热力供应站把热能输送到千家万户。2002 年全年供热面积 482.5 万平方米。2004 年工程建成并开始部分区城联片供暖。2005 年全年供热总量 739 万吉焦，供热面积 556 万平方米，其中住宅供热面积 362 万平方米。2006 年，全年集中供热总量 109 万吉焦，集中供热面积 130 万平方米，其中住宅供热面积 98 万平方米。2015 年，城区采暖建筑面积约 828.2 万平方米。城区实现集中供热的采暖建筑面积约 624 万平方米。2007 年以后，城市集中供热面积逐年增加。至 2016 年，城市集中供热面积 928.8 万平方米。

供热项目：张掖市城区集中供热一期项目 2002 年开工建设，2004 年投入试运行，2006 年完成工程整体建设，新建热源厂 1 座，新增热源规模 232 兆瓦（4×58 兆瓦），即 4 台水容积 80 吨的热水锅炉；新、改建换热站 22 座，直埋敷设一级供热管网 11.5 千米，完成投资 15174 万元。张掖市城区集中供热二期工程完成投资 12400 万元。一、二期项目建成热源厂 1 座，锅炉 6 台，计 520 吨，建成一级管网 30 千米，换热站 58 座，形成供热能力 500 万平方米。2013 年，城区热电联产工程项目开工建设，建设中继泵站一座，供热主管网四段，分别是电厂—中继泵站、中继泵站—滨河新区、老城区、东北郊开发区。2015 年投入运行，供热面积预计 1100 万平方米。

供热价格：1994 年，甘州区供暖价格 6.50 元/平方米。1995 年，张掖市供暖价格

10.00 元/平方米。1998 年，张掖市供暖价格 12.00 元/平方米。2001 年，张掖市供暖价格居民住宅取暖费为 13.50 元/平方米，单位办公取暖费为 14.50 元/平方米，经营服务取暖费为 15.50 元/平方米。2004 年，居民住宅供暖价格调整为 16.20 元/平方米，办公用房供暖价格调整为 17.40 元/平方米，经营用房供暖价格调整为 18.60 元/平方米。2008 年，居民住宅供暖价格调整为 22.00 元/平方米，行政事业单位与经营单位的供暖价格统一合并为非居民供暖价格，调整为 25.00 元/平方米。2012 年，居民供暖价格由 22.00 元/平方米调整为 25.00 元/平方米，非居民供暖价格由 25.00 元/平方米调整为 29.00 元/平方米。

供气。1990 年以来，张掖城区开始出现液化气供应，2011 年以后，液化气、天然气混合供应。

供气公司：至 2016 年，张掖城区有石油液化气加气站 15 家。其中，有液化石油气充装站 8 家（含车用液化气充装站 6 家），氧气充装站 2 家，溶解乙炔充装站 1 家，二氧化碳、氩气充装站 1 家，天然气车用气瓶充装站 3 家。

用户情况：2002 年，全区家庭液化气用户 24667 户。2003 年，全区液化气家庭用户 24667 户。2004 年，全区液化气家庭用户 24877 户。2005 年，供气总量 2323 万立方米，其中家庭用量 2119 万立方米，全区液化气家庭用户 25775 户。2006 年，供气总量 2335 万立方米，其中家庭用量 2169 万立方米，全区液化气家庭用户 25950 户。

供气工程：张掖城区天然气工程 2010 年 8 月开工建设。至 2015 年，投运中压管网 90.4 公里（含小区庭院中压管道）、投运小区庭院低压管道 87 公里，投运阀井 388 座，置换通气居民小区 162 个，通气点火居民用户 4.6 万户，投运公服用户 92 户（其中锅炉用户 18 户），转供 CNG 加气站 2 户、小型工业用户 1 户。供气公司主要是张掖中石油昆仑燃气有限公司。全区用气人口 20 万人。

液化气价格：20 世纪 80 年代，液化气属于计划供应商品，张掖城区液化气使用零星出现，用户主要是单位职工家庭，大多是单位作为职工福利，条件好的单位固定时日，集体用车前往玉门拉气。而城区零星用户只能就地在张掖定点气站罐气。液化气价格由政府定价，主要依据不同时期液化气供求情况，实行差率控制，批发价在出产价基础上，浮动 3%，零售价在批发价基础上浮动 6%。价格每瓶 20 元到 50 元不等。20 世纪 90 年代后，液化气供应有计划内供应和计划外供应，计划内供应价格低于计划外供应。随着城市经济发展和居民生活水平的提高，液化气价格价格一直呈上扬趋势，价格从 50 元到 60 元，后又到 80 元、90 元、120 元不等。2012 年以后，液化气价格开始出现回落，其中 2014 年液化气每公斤 8.20 元，2015 年液化气每公斤 7.20 元。

天然气价格：2012 年 11 月，居民生活用气价格 2.10 元/立方米；家庭壁挂炉采暖 1.89 元/立方米；集中供暖锅炉用气 1.80 元/立方米；汽车加气 3.50 元/立方米；工业燃料用气 2.40 元/立方米；商业用气 2.60 元/立方米。2015 年 9 月，居民生活用气及壁挂炉采暖用气分别确定分档气量及价格。其中，居民生活用气：第一档，用户年用气量在 200 立方米以下，气价 2.10 元/立方米；第二档，用户年用气量在 201—230 立方米之间，气价 2.50 元/立方米；第三档，用户年用气量在 230 立方米以上，气价 3.20 元/

立方米。壁挂炉采暖用气：第一档，用户年用气量在1800立方米以下，气价1.89元/立方米；第二档，用户年用气量在1801—2100立方米之间，气价2.30元/立方米；第三档，用户年用气量在2100立方米以上，气价2.90元/立方米。

园林绿化。绿化成就：1998年，全面启动“城市绿化美化年”活动，将绿化美化任务作为考核各部门工作的重要内容，主管部门与103个单位、部门签订绿化责任书，制作“绿化三包”标志牌400多块，四环路及其他街道绿化带全部配植花草，实现美化，五大出城口实现“一路一树一花、一街一色一景”的多层次绿化景观。2003年，全年绿地面积360.28公顷，城市绿化覆盖率达27.3%，人均公共绿地面积5.82平方米。2008年，建成区绿化覆盖率达34.1%，人均公共绿地面积10.72平方米。启动实施中国黑河流域城市湿地保护工程及张掖国家城市湿地公园建设。2009年，建成区绿化覆盖率达40.94%，人均公共绿地面积15.07平方米。张掖黑河湿地国家级自然保护区通过评审，张掖城北湿地公园被列入第六批国家城市湿地公园。2010年，建成区绿化覆盖率达到40.94%，人均公共绿地面积15.07平方米。张掖黑河湿地国家级自然保护区、国家湿地公园和城市湿地公园相继命名。2007—2013年，重点开展张掖国家润泉湖公园绿化、张掖滨河新区绿化工程、张掖国家湿地公园绿化。2014年，完成居住区绿化16.87公顷。2016年，完成甘州府城绿化面积2.8万平方米。

古树名木管理：1999年、2004年、2008年，甘州区分别对区域内古树名木资源普查、登记建档工作。经查，甘州区现存古树57株，古树群2处，主要分布在安阳、甘浚、明永、花寨、沙井等乡镇和城区。其中，白榆5株，侧柏7株，圆柏1株，国槐3株，云杉1株，刺玫24株，臭椿2株，杏树1株，桑树1株，杨树8株（其中小叶杨1株、二白杨7株），柳树4株（其中绦柳1株、旱柳3株）；古树群2处分别为沙井镇东五村胡杨群和新墩镇北关二社胡家园子古梨树群。加强古树名木保护管理，对全区古树名木进行重新标准编号，按国家有关要求规范管理编号，对个别古树名木进行重新鉴定，挂牌登记造册，设立电子档案，包括图片、树种、树龄、树高、胸径、冠幅等各种数据信息；对北关62.5亩胡家园子，按照古树名木保护的要求和标准，做好浇水、除草、修剪、施肥、防虫灭病等养护工作，428棵古梨树长势良好。

第四节　房地产管理

至1990年底，全市住宅建筑面积达到113万平方米，其中居住面积76.25万，人均9.1平方米。1990年以后，成立张掖市房地产开发总公司、张掖市经济适用住房开发中心和新乐房地产开发总公司3个国营房地产开发企业，形成以国营为主、民营为副的房地产开发格局。

房地产开发　1994年，张掖市开始大规模城市建设，全年完成投资9202万元，竣工建设项目12项，全市城市人均使用居住面积8.9平方米。1998年，全年城镇竣工住宅面积2.3万平方米，城镇居民人均住房面积达9.5平方米，农村居民人均住房面积达20.2平方米。2002年，全区房地产开发竣工面积15.22万平方米，商品房现房销售面积8.67万平方米。2003年，城区人均住房使用面积20.68平方米。2005年，全区16户房地产开发企业完成投资19023万元，新开工房屋面积24.74万平方米，商品房销售面积12.18万平方米。2006年，全区30户房地产开发企业完成投资25054万元。本年新开工房屋面积30.67万平方米。商品房现房销售面积17.68万平方米。城区人均居住面积26.76平方米。2007年，全区33户房地产开发企业完成投资35487万元，开工房屋面积34.32万平方米，商品房现房销售面积19.72万平方米。2008年，全区31户房地产开发企业完成投资33270万元，新建经济适用房2.66万平方米，廉租住房4800平方米，为符合条件的4395户廉租户住房保障对象发放租金补助823万元。2009年，全区39户房地产开发企业，完成投资30430万元，新建经济适用房630套、5.1万平方米，廉租房667套、3.5万平方米，发放廉租住房补贴1174万元，保障对象达11476人。2010年，全区46户房地产开发企业完成投资35859万元，新建经济适用房192套、1.7万平方米，建成廉租房2573套10.8万平方米，发放廉租住房补贴1171万元，保障对象达5901户14444人。2011年，房地产开发投资6.79亿元，开工建设各类保障性住房和棚户区改造住房开工3504套，基本建成372套。2012年，全年完成投资15.4亿元，开工建设各类保障性住房和棚户区改造住房1006套，竣工1530套。其中，廉租房新开工建设72套，竣工144套；公共租赁住房新开工建设150套，竣工362套；经济适用住房新开工建设300套，竣工300套；城市棚户区改造住房新开工建设484套，竣工724套。全年农村危旧房改造开工11048户，竣工10880户，竣工面积1033600平方米。2013年，房地产开发投资19.93亿元，开工建设各类保障性住房和棚户区改造住房6372套，竣工3447套。其中，廉租房新开工建设96套，竣工96套；公共租赁住房新开工建设216套，竣工144套；经济适用住房新开工建设500套，竣工500套；城市棚户区改造住房新开工建设5560套，竣工2707套。2014年，全年完成投资20.50亿元，新开工各类保障性住房866套，竣工586套。其中，公共租赁住房新开工建设466套，竣工406套；经济适用房新开工建设400套，竣工180套。2015年，全年完成投资17亿元，下降17.1%。其中，住宅投资12.01亿元，开工建设城市棚户区改造住房1671套，竣工755套；经济适用房新开工建设192套，竣工192套；公共租赁住房新开工建设662套，竣工102套。2016年，全年房地产开发投资30.53亿元，房屋施工面积329.68万平方米；房屋竣工面积38.32万平方米。商品房销售面积41.36万平方米。

保障性住房建设 2006年，甘州区保障性住房建设开始，主要以经济适用房、廉租房、公租房为主，建立以廉租房、公租房、经济适用房及棚户区改造和发放住房租赁补贴等实物分配和住房补贴相结合的住房保障体系。2007年，争取廉租住房专项资金200万元，修建和购置廉租住房68套。向人均住房面积不足4平方米的廉租住房保障对象542户，发放廉租住房租金补贴25.5万元。2008—2010年，争取保障性补助资金1.12亿元，在宁和园、利民小区、逸景园等小区修建保障性住房2747套，以公开摇号方式进行配租、配售。审核发放住房租赁补贴15979户（39564人），发放住房租赁补贴资金3182万元。2011年，争取保障性补助资金1574万元，建设保障性住房172套。审核发放住房租赁补贴6043户（14649人），发放住房租赁补贴资金1185万元。2012

年，争取保障性补助资金2344万元，建设保障性住房122套。审核发放住房租赁补贴4728户（11279人），发放住房租赁补贴资金898万元。2013年，争取保障性补助资金1.69亿元，建设保障性住房312套。审核发放住房租赁补贴3940户（9161人），发放住房租赁补贴资金743万元。2014年，争取保障性补助资金2.15亿元，建设保障性住房466套，审核发放住房租赁补贴3313户（7472人），发放住房租赁补贴资金550万元。2015年，争取保障性补助资金1.01亿元，建设保障性住房662套。审核发放住房租赁补贴2068户（4454人），发放住房租赁补贴资金307万元。2016年，争取保障性补助资金3.51亿元，实施棚户区改造8585套（户）。其中，老旧楼房改造7601套，新建安置房349户，货币化安置635户。审核发放住房租赁补贴1777户（3431人），调整住房租赁补贴标准，将每人保障13平方米、每平方米5.2元的标准调整为每人保障16平方米、每平方米6.5元，发放住房租赁补贴资金364万元。

老旧小区改造 2014年，金安苑小区争取国家财政、地方财政补贴资金实施小区既有居住建筑供热计量及节能改造项目14.7万平方米，对金安苑小区安、居、乐、业4个区域计52栋楼宇实施外墙保温、供热系统计量及温度调控、供热管网热平衡、楼道粉刷、外墙文化砖粘贴等节能改造。2016年，完成2000年之前建设的金安苑小区安、居、乐、业4个区域老旧楼房改造，总建筑面积14.92万平方米，46栋住宅楼、1651住户。改造内容主要是对房屋本体、公共服务设施、公共环境进行综合整治改造，从硬件上提升老旧小区的服务功能，实现老旧小区整体“提档升级”。2016年，建设金安苑小区立体车库，占地1005平方米，立体停车位255个。

2016年，甘州区贯彻执行《新建房屋建筑节能标准》《公共建筑节能标准》和绿色建筑标准，全区公共建筑节能达50%，居住建筑节能达65%，新建建筑在设计、施工阶段节能强制性标准执行比例达97%，新型墙体材料推广率达75%。争取清雅甘州既有建筑色彩及节能改造资金2500万，分两期主要对东大街、西大街、南大街、北大街、县府街、南环路、青年西街、文庙巷、西来寺巷（含东仓巷、增福巷）等9条街路沿街和9个老旧小区及老旧楼房中的368幢建筑进行色彩及节能改造，建筑面积125.35万平方米。一期改造完成县府街、南环路38幢建筑，建筑面积13.87万平方米，清洗修补符合色彩规划建筑物28幢，建筑面积12.95万平方米；二期开工改造剩余街巷建筑49幢，建筑面积14.95万平方米，清洗补修外立面的沿街建筑68幢，建筑面积34.52万平方米。开工改造9个老旧小区及老旧住宅200幢，建筑面积66.52万平方米。

房地产管理 1991年，私有房屋原未登记现申请登记发证34户，109.5间，1699.95平方米；私产交易变更登记发证28户，96.5间，1293.45平方米；注销登记28户，96.5间，1293.45平方米。办理私房买卖38件，买卖私房147间，2058.4平方米，成交额406656元，代财政局收取契税10227.36元。1993年，完成私产变更、转移、注销登记78户，面积18018.87平方米，以上通过产权登记，收入登记费57879.62元。完成办理私房买卖21户，房屋65.5间，面积923.91平方米，成交额123340.95元，代收契税7394.46元，收管理费5958.41元，收评估费1242.41元。1996年，张掖市房管局产权产籍建立管理所完成单位产权登记79处，登记面积25.32万平方米，发证28处，发证面积7.49万平方米；私产登记460户，面积31812平方米，发证357户，发证面积25950平方米。1997年，办理单位产权登记39处，登记面积158534.52平方米，发证70处，发证面积18954平方米；私产登记677户，登记面积45709.3平方米，发证1217户，面积89209.1平方米。1998年，办理房屋所有权登记105处，登记面积39.8万平方米，发证32处，发证面积14.6万平方米。修图补籍标准化，图幅达53处，修补测面积88.6万平方米。办理房产证抵押登记274起，抵押各类房屋价值达4000多万元，收取抵押管理费17.5万元，产权档案达省一级标准顺利通过验收。房屋买卖交易1222处，面积10.09万平方米，收取管理费33万元，为国家代征契税6.84万元。房屋租赁登记备案673户，面积2.73万平方米，办理商品房预售许可证4处，预售面积2.3万平方米。1999年，办理单位产登记52处，发证168处，发证面积26.27万平方米，办理私产登记1917户，发证2721户，发证面积达19.87万平方米，办理房地产抵押登记发证430起，抵押房屋面积达18.501万平方米。2000年，产权产籍监理所与房地产交易管理所两所合并，办理房屋权属登记2646处，登记面积40.58万平方米，发证3966处，发证面积52.97万平方米，办理房屋抵押手续652户，抵押面积12.49万平方米。2001年，全年登记2469处，面积57.7万平方米，发证3015本，抵押1803起，抵押面积58万平方米，房屋买卖407宗，7.08万平方米，交易金额达3000余万元，商品交易409户，面积3.87万平方米。

拆迁安置　1990年，旧城改造拆迁工作拉开序幕，实行以政府为主导，与市场化运作相结合的旧城区改造拆迁模式，推进旧城改造。主要以拓建城区东、南、西、北四条主干道及欧式街、青年西街、民主东街等其他20余条次干道为重点，梳理交通网络，改善道路拥堵现象，改善城市供排水、供电、通讯等城市基础设施。先后建成富民小区、新世纪小区、马神庙街小区、馨园小区等住宅小区，改善城市居民生活和居住条件，保障居民住房的消防、安保及质量安全。全面提升欧式街、商业步行街等街区的商业、办公、居住及餐饮娱乐功能。提高城区土地利用效率。采用合理用地、节约用地、有偿用地方针，发展餐饮、娱乐、休闲、购物等产业，实现城区土地资源的集约利用。保护和开发城市历史文化遗产，重点保护大佛寺、木塔、山西会馆等文物古迹，保留城市传统文化特色，发挥城市历史文化遗产的社会经济效益。吸引和争取房地产开发商投资旧城区改造建设，带动城市基础设施改善和城市经济结构换档升级。扩建和新建中心广场、鼓楼广场等，为城市居民提供休闲、娱乐和交流的公共场所。在街道、广场、公园，以及住宅小区规划布局行道树、绿化带等生态景观，提升城市绿化、美化水平。至2016年底，完成8670户，32115.5间搬迁户拆迁任务，拆迁面积411583.71平方米。

城市住房制度改革　1996年以来，停止住房实物分配，实行住房分配货币化，建立和完善以经济适用住房为主的住房供应体系，对不同收入家庭实行不同的住房供应政策。最低收入家庭租赁由政府或单位提供的廉租住房；中低收入家庭购买经济适用住房；其他收入高的家庭购买、租赁市场价商品住房。重点发展经济适用住房（安居工程），解决城镇住房困难居民住房问题。凡1998年11月前开工，1999年12月以前竣工新建的经济适用住房按照《国务院关于深化城镇住房制度改革的决定》规定向职工出售，也可由职工购买。在2000年1月以后新建住房停止实物分配，按照成本价或微利向职工出售。继续鼓励单位或企业利用自有土地为单位或职工建设经济适用住房，单位为职工修建的自住住房，可按经济适用住房对待，享受经济适用住房各项优惠政策。

住房公积金管理 归集业务。1998年，住房资金管理为“三金一款”管理，即住房公积金、租赁保证金、房租和售房房款的管理。当年归集房改资金902.63万元，其中住房公积金520.21万元，住房款379.34万元，房租2.05万元，租赁保证金1.03万元。年底有306个单位建立住房公积金制度，占应建单位的88.47%。全市23个乡镇及教管会全部建立住房公积金制度，建立住房公积金单位分户账346个，个人三级明细账21217个。2010年以来，严格按照《张掖市住房公积金归集管理办法》规定办理缴存单位、职工住房公积金账户的设立，缴存基数、比例和缴存数额的核定等工作。职工住房公积金月缴存基数为职工本人上年度月平均工资总额，工资总额按国家统计局《关于工资总额组成的规定》口径统一计算。城镇个体工商户、自由职业人员月缴存基数按照缴存人上一年度月平均纳税收入计算。新录用或调入职工月缴存基数为职工本人当月工资总额。职工缴存住房公积金的月工资基数，原则上不应超过市统计部门公布的上年度职工月平均工资的3倍，最低不得低于上年度劳动部门公布的职工月最低工资标准，由公积金中心提出建议报请市住房公积金管理委员会审议通过后公布执行。单位和职工住房公积金缴存比例各不应低于7%，不高于12%；确有困难的企业，其单位和职工缴存比例均不得低于5%。2015年10月，出台《关于进一步提高住房公积金使用效率的实施意见》切实扩大住房公积金制度的建立范围，凡在本市区域内有稳定收入，男性55周岁以下，女性50周岁以下的个体工商户、自由职业者及进城务工人员，均可申请缴存住房公积金。

甘州区2010—2016年住房公积金归集一览表

表12-1-1

年份	缴存人数	累计缴存总额（万元）	累计缴存余额（万元）
2010	10935	20053.29	16705
2011	12195	24429.09	20044.29
2012	12716	33988.57	28510.74
2013	12731	44648.97	36849.47
2014	12358	60403.09	50625.74
2015	13386	77778.1	62036.42
2016	14188	101284.81	71220.98

贷款业务。1998年，支持小区及单位、个人购建房，发放政策性委托贷款1023.33万元，其中职工个人抵押贷款354.33万元，支持安居工程住宅小区贷款300万元，单

位购建房贷款369万元。2010年以来，按照《张掖市住房公积金个人住房贷款管理办法》和《内部操作规程》规定程序和要求，要对借款人、担保人进行资格审查和贷前调查，合格后才能办理贷款业务。贷款品种主要有：住房公积金质押贷款、工资质押贷款、房产抵押贷款和住房置业担保公司担保贷款。工资质押贷款最高额度20万元，贷款期限1年以上15年以下（含15年）；住房公积金质押贷款、房产抵押贷款和住房置业担保贷款最高额度40万元，贷款最长期限25年。2016年，全年实际新增人数1328人，归集住房公积金23506.73万元，归集余额71220.98万元。全年向1207名职工发放贷款27650.74万元，个贷余额64570.24万元，个贷率90.66%，办理公积金提取2688笔，金额14322.17万元，实现增值收益1158万元。开展住房公积金信息互认，异地办理公积金贷款业务，突破住房公积金通存通贷瓶颈。

甘州区2010—2016年住房公积金贷款一览表

表12-1-2

年份	贷款发放户数	累计发放贷款人数	累计贷款发放总额（万元）	个贷率（%）
2010	629	3527	29180.19	55.59
2011	587	4114	34548.09	64.51
2012	783	4898	43705.69	63.41
2013	941	5839	55051.89	67.00
2014	1173	7012	71327.27	69.96
2015	1300	8312	93785.47	78.76
2016	1207	9519	121436.21	90.66

提取业务。根据《住房公积金管理条例》和《张掖市住房公积金提取管理办法》及《张掖市住房公积金管理委员会关于进一步提高住房公积金使用效率的实施意见》等政策规定符合以下提取条件者，均可提取本人及配偶名下公积金：购买、建造、翻建、大修自住住房的；离休、退休的；与单位终止劳动关系且未再就业的；工作调离本市行政区域的；偿还个人住房贷款本息的；本人及配偶在住房公积金缴存地无自有住房且租赁住房的；死亡或者被宣告死亡的；因本人及家庭成员患重大疾病或子女上大学等情形造成家庭生活困难的。1998年，为离退休职工支取住房公积金130.22万元。2015年，放宽提取条件，职工在有效实际购房行为发生起3年内，购买商品房、二手房、保障性住房和异地购房可在办理公积金贷款前，申请提取职工本人及配偶、父母、子女的住房公积金，提取总额不得超过购房总价。

收益与分配。张掖市住房公积金管理中心甘州管理部每年增值收益上存张掖市住房公积金管理中心，市中心再对全市住房公积金增值收益及分配进行管理。2010—2016

年12月底，张掖市住房公积金管理中心甘州管理部住房公积金增值收益4397.27万元，提取廉租房建设保障资金2707.92万元。

甘州区2010—2016年住房公积金增值收益及分配一览表

表12-1-3

年度	实现增值收益（万元）	提取贷款风险准备金（万元）	提取管理费用（万元）	提取廉租房补充资金（万元）
2010	152.36	8.33	128.02	16.00
2011	247.01	52.34	165.10	29.57
2012	252.05	51.47	150.58	50.00
2013	826.75	77.39	130.88	618.48
2014	639.15	107.3	137.65	394.20
2015	1118.8	134.41	171.95	812.44
2016	1158.15	159.57	214.35	787.23

物业管理 2014年之前，张掖城区物业管理工作由张掖市房产局实施，城区有物业服务企业69家（含外地入张服务企业4家），除一家二级资质外，其他物业服务企业资质均为三级；城区物业服务总面积约650万平方米，其中住宅约占96%；城区物业服务覆盖率达到65%。其中，2006年以后新建住宅小区物业服务覆盖率达100%；城区住宅小区、组团或楼院成立业主委员会的有13家。全市住宅专项维修资金于2006年启动，2009年张掖市政府正式颁布《张掖市住宅专项维修资金管理办法》。至2013年，张掖城区缴存住宅专项维修资金6460.32万元，依据相关规定支出72.25万元，缴存住宅专项维修资金余额6388.07万元。2014年，城区物业管理职能由市上下划甘州区管理。至2016年年底，城区有住宅小区及单独楼栋444个（规模以上小区105个），物业服务企业112家，从业人员2068人，人均管理面积7014平方米，管理建筑面积1450.63万平方米。2014年，申请办理资质10家。2015年，申请办理资质25家。2016年，申请办理资质52家（申请办理物业资质19家、核定物业三级资质33家）。2014—2016年，受理前期物业备案72家、483栋住宅楼，全部办理完毕。

重点住宅小区 宁和园小区。位于甘州区新老城区交界处、玉关路两侧，是以保障性安居工程为主的商住一体综合性住宅小区。小区占地465亩，总规划建筑面积48.28万平方米，总投资12.11亿元，分为A、B两个小区。项目2007年征地拆迁，2008年立项开工。至2016年底，提供各类保障性住房和商品房3896套。小区常住人口1.36万人。小区周边近7万平方米的营业门店入驻商户300余家，提供就业岗位2000多个，带动玉关路两侧数十万平方米商业门店发展。

北辰·紫薇花苑住宅小区。位于北大街延伸段1公里处西侧，南至北关四社五社居民点，西靠山丹马场生活基地，北依武警森警支队办公区，占地72.58亩。小区2011

年7月开工建设，2014年完工。建设多层框架结构楼房16栋，向社会提供各类保障性住房752套，解决2000多人住房难问题。其中，公租房7栋、426套；廉租房2栋、78套；经济适用住房6栋、248套；会所1栋。农民安置楼2栋。

北辰丽家·逸景园。位于甘州区润泉湖公园以西、马神庙街延伸段以东，总占地91.6亩，一期工程2009年7月开工，2011年7月竣工。二期工程2012年动工建设，2014年竣工。三期工程2015年动工建设，2016年份竣工交付使用。

王母宫搬迁区。为解决中心广场、马可·波罗街、北水桥街、劳动南街、长寿街、新建街、西大街延伸段、交通巷（商业步行一条街）、大佛寺巷等城市重点改造建设项目拆迁安置用房紧缺问题，于2000年规划动工修建，2001年竣工交付使用。小区总占地51.4亩，建成土木结构平房90栋，提供住房571套、1588间，总建筑面积23651.10平方米。

利民小区。东至张靖公路，西至新墩镇北关村四、五社耕地，南至北关村二社耕地、四社居民点，北至新墩镇北关村。由市利民拆迁公司征用新墩镇北关村四社、五社土地103902平方米，规划修建房屋184栋，住房987套，总建筑面积46425.14平方米。其中，一期工程92栋，住房512套，总建筑面积25876.44平方米，2005年9月动工修建，2007年4月竣工验收并投入使用。二期工程92栋，住房475套，总建筑面积20548.7平方米。2008年9月动工修建，2009年5月竣工验收投入使用。

金安苑住宅小区。2013年开发建设，分安区、居区、乐区、业区，总建筑面积43万平方米，多层住宅楼109栋。

金安水乡住宅小区。地处张掖滨河新区，总建筑面积14.43万平方米，其中地上建筑面积12.63万平方米，地下建筑面积1.8万平方米，建成碧水园、秋水园、秀水园3个区域，向社会提供商品住宅800套。

金安润园住宅小区。总建筑面积19.61万平方米，其中地上建筑面积16.98万平方米，地下建筑面积2.63万平方米。建成高层住宅15栋、多层住宅3栋，4栋公建，向社会提供商品住宅1393套。

新乐小区。位于城区西部，西环路215号。东至西环路，西至西二环路，南至万寿街，北至玉关路。属西街街道办事处辖区，住户3415户8450人，占地0.48平方千米，始建于1994年。因征用新墩镇土地，由新乐开发公司修建而得名。有127栋楼，分别分布在共裕、竹园、兰园、菊园、机械5个网格内。

另外还有富民小区、宝迪花园小区、馨雨丽都、新世纪小区、马神庙小区、泰安小区、馨园小区、新园小区等。

第五节　环境卫生管理

街道保洁　1991年，城关镇环卫所负责城区东大街、南大街、南环路等城区14条主要道路的清扫保洁工作。2003年，各街道办事处负责城区环境卫生管理后，清扫道路扩大到税亭街、大衙门街等路段。至2005年末，城区日清扫道路面积达209万平方米。2006年，甘州区委、区政府将背街小巷纳入日常清扫保洁范围，清扫道路扩大到南城巷、自由巷、羊头巷、增福巷、广场巷、北水桥街、解放巷、水池街等，全区道路清扫保洁面积增加到320万平方米。2010年8月，东环路芦苇池及周边环境卫生保洁纳入东街和北街街道办事处日常清扫保洁范围。2011年，甘州区委、区政府将城区新增的13万平方米道路纳入日常清扫保洁范围。2014—2015年，张掖高铁西站、工业园区部分新建道路、城区部分新建道路清扫保洁纳入城区清扫保洁范围，全区清扫保洁面积达425.46万平方米。

环卫设施 2009年，购置垃圾收集压缩车3辆，吸污车1辆，扫路车1辆，填补甘州区道路清扫机械化作业的空白。2015年，区政府投资810.89万元，购置4辆5吨位摆臂式垃圾运输车及配套50个垃圾斗，5辆3吨位垃圾压缩车，1辆道路洗扫车，1辆8吨位垃圾压缩车，2辆抑尘洒水车，5辆小型勾臂车，果皮箱1000个，综合除雪车1辆，扫雪滚刷4组，滑移式除雪车1辆。2016年，区政府投资526.98万元购置吸尘车2辆，洗扫车4辆，湿扫车3辆。

垃圾清运 2001年，城区生活垃圾由环卫所负责收集清运。2002—2003年，由张掖市城关镇负责收集清运。2003—2016年，城区生活垃圾由各街道办事处按管辖范围收集清运。2005年前，城区产生的生活垃圾主要运往明永乡夹河村南侧荒滩直接进行垫压。2005年，甘州区财政投资150万元，在东街长沙门社区和北街王母宫社区各建1座垃圾中转站，各配备垃圾清运车1辆，交由东街街道办事处和北街街道办事处使用，每个垃圾中转站日处理垃圾50吨左右，压缩后的垃圾全部运往垃圾处理厂进行无害化填埋。2007年11月，垃圾处理厂建成投入使用城乡生活垃圾实现无害化填埋处理。

卫生检查 2006年，甘州区环卫局按照“日检查、周通报、月评比”的监督考核机制对各街道办事处环境卫生开展监督检查，月底开展“流动红旗”评比，将考核结果运用到年底街道责任书考核当中。2009年，环境卫生监督检查范围延伸至乡镇、滨河新区、经开区等区域，环卫局制定《甘州区城乡环境卫生检查评比办法》，统一对城区各街道办事处、乡镇环境卫生进行监督检查。

垃圾处理费征缴 甘州区城市垃圾处理费2003年1月1日起开征。城市垃圾处理费专款用于城市垃圾清运、无害化处理。2003年1月至2010年5月，垃圾处理费征收标准：城市居民（含城市暂住人口）每人每月1元；行政事业单位、社会团体、企业（含工商、金融、邮电通讯、电力、交通运输业等）按在册实有职工人数每人每年44.00元；宾馆、饭店、招待所按实有床位每床每月2.00元；酒店、餐馆及宾馆、饭店、招待所附设餐厅，按其经营场所使用面积每月每平方米0.40元；商业门店、娱乐场所、美容美发、维修缝纫等行业按其经营场所使用面积每月每平方米0.30元；蔬菜、瓜果、饮食、肉禽、水产等摊点每点每月10.00元；百货、服装、报刊等摊点每点每月5.00元；建筑工地按单体设计建筑面积每平方米一次性收取0.80元。2010年6月，城区垃圾处理费征收标准进行调整。征收标准：城市居民（含城市暂住人口）每人每月1.50元；单位、社会团体、企业（含工商、金融、邮电通讯、电力、交通运输业等）按在册实有职工人数每人每年55.00元；宾馆、饭店、招待所按实有床位每床每月

4.00 元；酒吧、咖啡屋、茶吧、餐馆及酒店、宾馆、饭店、招待所附设餐厅等按其经营场所使用面积每月每平方米 0.80 元；商业门店、KTV 等娱乐场所、美容美发、机械汽车维修、家用电器、缝纫等行业按其经营场所使用面积每月每平方米 0.60 元；蔬菜、瓜果、饮食、肉禽、水产等摊点每点每月 20.00 元；百货、服装、报刊等摊点每点每月 10.00 元；建筑工地按单体设计建筑面积每平方米一次性收取 1.60 元。

甘州电视台《今晚有约》访谈类节目“门前三包大家谈”录制现场

环卫执法 2006 年，张掖市城市管理行政执法局委托甘州区环卫局对城区影响环境卫生的事项开展环卫执法，甘州区环卫局设立“甘州区环境卫生监察大队”，重点对沿街商业门店不落实门前三包、建筑工地车辆抛洒等行为开展执法处罚。2009 年，甘州区环境卫生监察大队撤销，甘州区环卫局不再行使环境卫生执法权限，环卫执法工作继续由张掖市城市管理行政执法局负责。2014 年，张掖城区环卫执法工作整体交由甘州区管理，具体由张掖市城市管理行政执法局负责。

第二章　道路交通

1992 年，张掖市交通局成立。1995 年，张掖市交通局分设，归口张掖市经委管理。张掖市运管所、张掖市县乡公路管理站、张掖市汽修厂、张掖市运输公司、张掖市第三汽车运输队、张掖市民间运输队、张掖市第四汽车运输公司移交市交通局管理。2002 年，张掖市交通局更名为“甘州区交通局”。2011 年，甘州区交通局更名为“甘州区交通运输局”，拖拉机养路费、公路运输管理费等交通规费管理职责取消，新划入指导城市客运管理、加强综合交通体系规划协调、统筹区域、城乡交通运输协调发展和交通运输行业安全监督管理职责。

第一节　公　　路

1991 年以来，张掖市努力打造公路网、运输网和半小时经济圈“两网一圈”交通主框架，交通运输事业保持持续、快速、协调发展势头。至 2016 年底，甘州区境内有公路3222.1公里。按照行政等级分，国省主干线4条182.2公里，其中国道3条143.5公里，省道1条38.7公里。全区农村公路总里程2978.03公里，其中县道4条70.76公里，乡道18条257.71公里，村道1735条2649.56公里。专用道路61.87公里。农村公路硬化总里程1586公里，18个乡镇和国有农林场全部通油路或水泥路，268个行政村（含农林场）完成公路硬化，通畅率100%。按照技术等级分，高速公路54.5公里，二级公路215.68公里，三级公路111.72公里，四级公路2716.05公里，等外公路124.14公里。按照路面类型分沥青混凝土路面公路311.13公里，水泥混凝土路面公路619.07公里，沥青表面处治路面公路895.22公里，沙砾路面公路1396.67公里。

高速、国、省干线公路 G30连云港至霍尔果斯高速公路甘州段。公路全长4395千米，其中甘州区境内54.5公里，双向四车道高速公路，行车速度120公里/小时，路基全宽26米，路面全宽23米，2004年10月底通车。

国道312线甘州段。道路全长197.98公里，其中甘州区段65公里，张掖公路分局（原张掖公路段）逐年改造。路基宽至12米，路面沥青混凝土路面。2016年，张掖市交通投资有限责任公司负责重新改建，划分G312线张掖（甘州城区）公路工程和G312线张掖市甘州至临泽一级公路工程两项工程。G312线张掖（甘州城区）公路工程路线全长27.71公里，新建道路按一级公路技术标准建设，路基宽度25.5米。G312线张掖市甘州至临泽一级公路工程，路线长19.887公里，双向四车道，路基宽度25.5米，路线主要沿旧路一边加宽。

国道227线甘州段。227线起自青海省西宁，止于甘州区，原称“青张公路”，全长364公里，甘州区境内24公里，原为简易公路，1950年由解放军突击修建，1970年修建战备公路时进行改建，后经张掖公路分局（原张掖公路段）逐年改造，公路通行条件越来越好，路基宽由7米扩宽至12米，路面由简易铺装路面逐步改造为沥青混凝土路面。2014年，张掖市交投公司负责对G227甘州城区经民乐生态工业园区至山丹东乐公路进行改扩建。道路起点为甘州城区，接G312线，终点接G30高速东乐出口，项目总里程约60公里，估算总投资12.34亿元。项目分两期实施，一期东六公路及G312连接线工程，长约27公里，估算投资6.32亿，2016年改造完成。二期G227线及饮马桥支线工程，长约33公里，估算投资6.02亿元，计划2017年开工建设，2018年完成改造。

省道S213线甘州段。S213线起自张掖市西二环路，经甘州区新墩镇、甘浚镇、临泽县梨园口，穿肃南县，至青海省八字墩，全长43公里，甘州区境内38.67公里。1969年开工建设，1971年末建成通车，后经张掖公路分局（原张掖公路段）逐年改造，公路通行条件逐年改善，2011年立项，2012年底全线改建为双向二车道二级公路。该路是甘州区与肃南县之间的主要通道。

甘民公路（Z075线）。原称张大公路，起自甘州城区南二环路，途经甘州区长安乡、小满镇、大满镇、花寨乡，进入大野口至肃南县西水林场，其中甘州区境内54.36公里，原为大车便道，1955年拓建为简易公路，开通从花寨乡至西水林场简易公路15公里。其后两次大修，铺设为沥青路面。2003年立项，由张掖公路分局负责，将K0－K19改建为12米宽的二级沥青混凝土路，K19－K42路段改建成8.5米宽的三级沥青混凝土路。该路是甘州区与民乐县之间的主要通道。

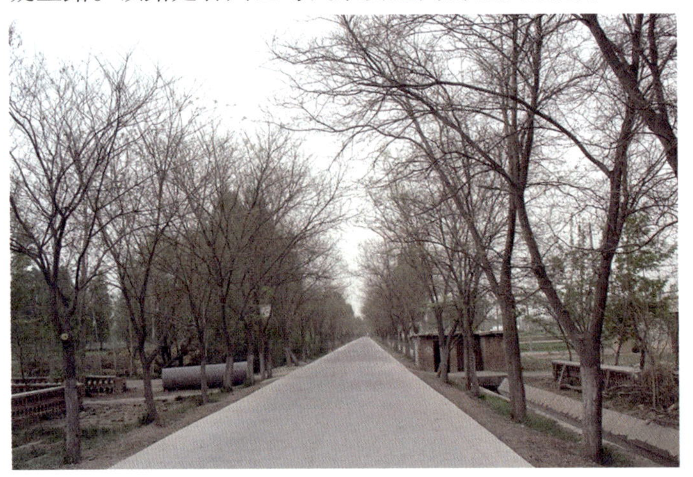
建成后的通村水泥路

农村公路　县乡公路。甘州区18个乡镇县乡公路实现乡乡通油路（水泥路），县乡公路总里程328.47公里。其中，按技术等级分有二级公路35公里，三级公路84.174公里，四级公路194.864公里，等外公路14.432公里；按路面类型分有沥青混凝土路面公路23.01公里，水泥混凝土路面公路85.41公里，沥青表面处治路面公路205.62公里，沙砾路面公路14.43公里。

通村、通社公路。至2016年底，甘州区有通村社公路1735条2649.56公里。其中，按技术等级分有二级公路30.53公里，三级公路2.51公里，四级公路2506.81公里，等外公路109.71公里；按路面类型分有沥青混凝土路面公路48.89公里，水泥混凝土路面公路533.66公里，沥青表面处治路面公路689.60公里，沙砾路面公路1377.42公里。至2016年底，全区268个行政村（含农林场）全部通油路（水泥路）。

专用公路。甘州区重点专用道路有3条61.87公里，分别为Z075甘民公路甘州区段54.37公里、Z076平原堡道路4.03公里、Z083城北复线3.47公里。

第二节　铁　　路

铁路　至2016年底，甘州区境内拥有兰新铁路、兰新铁路第二双线和兰新高速铁路3条铁路。

兰新铁路。从兰州市西行跨越黄河，翻越海拔3000米的乌鞘岭，进入祁连山北麓河西走廊，经武威、张掖、酒泉出长城西端嘉峪关，过马鬃山南麓玉门、疏勒河，西跨红柳河进入新疆尾亚，最后至乌鲁木齐，全长2423公里。兰新铁路1952年10月动工，1955年11月通车至张掖，1963年底通车至乌鲁木齐。兰新铁路横穿张掖全境，东自西屯以东1公里处进入张掖，西至沙井以西6公里处出张掖到临泽县境，甘州区境内56.33公里。2006年8月实现全线复线运营。

兰新铁路第二双线。是连接甘肃省兰州市与新疆维吾尔自治区乌鲁木齐市的高速铁路，是中国铁路总公司《中长期铁路网规划（2008年调整）》的重点项目，2009年11月开工建设，2014年建成通车。兰新铁路第二双线东起甘肃省境内兰州西站，途径青海省西宁，甘肃省张掖、酒泉、嘉峪关，新疆维吾尔自治区哈密、吐鲁番，最终引入新乌鲁木齐站（原二宫站），设计最高时速350公里，初期运营时速200公里。原兰新铁路作为货运专线继续使用。2012年12月，全线电气化改造工程完工投入使用。

兰新高速铁路。又称兰新铁路第二双线、兰新客运专线，是横贯甘肃、青海、新疆三省区的铁路大动脉，是中国铁路总公司《中长期铁路网规划（2008年调整）》的重点项目，2009年11月开工建设，2014年12月建成。兰新高速铁路自兰州西站引出，线路横跨甘肃、青海、新疆三省区，经西宁、张掖、酒泉、嘉峪关、哈密、吐鲁番，引入乌鲁木齐站，设31个车站，全长1776公里，线路为Ⅰ级双线，设计时速250公里/时。

兰新高铁施工现场

火车站 兰新铁路横穿张掖全境，甘州区境内设7个火车站，其中张掖高铁西站、张掖火车站为二等站，西屯、太平堡、乌江堡、平原堡、沙井5个火车站为四等车站。

张掖火车站。位于张掖市东北部，始建于1955年，经过数次扩建和整修，现已成为兰新线上二等车站，隶属兰州铁路局武威铁路分局管辖。

张掖高铁西站。位于张掖市西二环以西，南三环以北，距市区3公里，距连霍高速（G30）张掖西出口2公里，距张掖站11公里，距张掖甘州机场27公里。2014年12月建成，建筑面积37750平方米，二等站，设计近期旅客发送量280万人/年，远期390万人/年；近期旅客发送量9000人/日，远期15000人/日，隶属兰州铁路局管辖。

第三节 航　空

20世纪50年代，张掖境内有兰州至乌鲁木齐民用航线经过，境内机场有两个，分别是大满机场和甲子墩机场（又名南滩军用机场）。20世纪90年代，随着张掖境内国道227线、312线，兰新复线铁路电气化，民航张掖机场支线业务开通，张掖立体交通框架逐步形成，特别是兰新二线和兰州至张掖客运专线建成使用，张掖交通枢纽位置更加凸现。2011年11月1日，张掖机场正式通航，张掖民航事业步入快速发展期。

张掖甘州机场 又名“张掖军民合用机场”，是甘肃省一座军民两用机场。机场位于张掖市东南，距市中心24公里，由原空军张掖航校机场扩建而成。机场由中国民用航空局、甘肃省机场投资管理公司、张掖市政府共同出资建设，2010年5月奠基，2011年11月落成通航。机场占地3025.5亩，跑道长3000米、宽55米。预计2020年旅客吞吐量24.3万人次、货邮吞吐量1723吨设计，航站楼面积4189平方米。2012年

5 月，张掖—兰州—重庆往返航班正式开通，航线由华夏航空公司运营，航班号为 G52751/2，飞机型号为 CRJ200，50 座。至 2016 年底，张掖甘州机场常年通航城市有西安、兰州、成都，季节性通航城市有乌鲁木齐、上海、敦煌、合肥、北京等。

张掖军民合用机场

第四节　桥　　梁

1991 年以前，张掖市境内现代桥梁主要有黑河大桥、张肃公路黑河大桥、西干渠桥、山丹河桥、胜利桥、贼沟桥、新西干渠桥。一般桥梁 56 座，涵洞 847 个，防护坡 244 处。至 2016 年底，甘州区农村公路有大中小桥 137 座 2449.6 延米，其中县道上 9 座 229.3 延米，乡道上 29 座 486.4 米，村道上 99 座 1733.9 延米。按照桥梁跨径分类，大桥 4 座 487.1 延米，中桥 11 座 434.6 延米，小桥 122 座 1527.9 延米。

沤波天桥　2003 年修建 G30 高速公路时，在明永乡沤波村村道上修建的高速公路上立交桥，桥跨 1—42 米，桥长 52.6 米。

和满立交桥　2003 年修建 G30 高速公路时，在长安乡河满村村道上修建的高速公路上立交桥，桥跨 1—44 米，桥长 48 米。

水利枢纽桥　位于距城区 22 公里的草滩庄，1984—1989 年，由张掖地区水利局组织建设的大型水利枢纽工程，14 孔，单孔跨径 10 米，长 158.6 米。

乌靖黑河大桥　位于靖安乡上堡村与乌江镇管寨村连线上，由甘州区交通运输局负责组织施工招标，2007 年 12 月甘肃天地路桥工程有限公司中标承建，2009 年 8 月底完工通车，桥梁全长 226.54 米，11 孔，单孔跨径 20 米，上部结构采用 4×20+3×20+4×20 米预应力混凝土空心板，下部结构采用柱式墩、台，钻孔灌注桩基础，桥面净宽 7+2×0.5 米。

酥油口河漫水桥　位于民花公路酥油口河处，原为过水路面，1993 年投资 48.18 万元改建，桥长 48.6 延米。

山丹河桥　位于张罗公路 K11+200 米处，原为 1—30 米的双曲拱桥，20 世纪 70 年代初修建。2006 年，甘州至三闸通乡公路建设时，改建为 2—20 米的空心板桥。

二岔河桥　位于张罗公路 K12+400 米处，原为过水路面，2006 年甘州至三闸通乡公路建设时，改建成3—13米的空心板桥。

水韵街景观桥（玉水桥） 位于张掖国家湿地公园滨河新区水韵街，由甘州区交通运输局负责建设，桥长82.0米，桥宽13.5米，桥面最大纵坡7.2%，桥梁上部结构采用9孔不等跨钢筋混凝土半圆拱形，扩大基础的重力式墩台，天然石材贴面装饰及石材栏杆。工程2010年3月底开工，9月30日完工通车。

甘州区境内还有甘浚镇西干渠上的西干渠桥、中沟西干渠桥和西干渠1号桥、草滩庄大坝上的大坝溢洪桥、张莺公路与S213线连接线上的黑河1#漫水桥等。

桥梁安全隐患排查 2016年，甘州区区乡公路管理站委托苏交科集团（浙江）交通规划设计有限公司专业桥梁检测工程师对全区农村公路137座桥梁全面检查。按桥梁技术状况等级分：一类桥13座290.25延米，二类桥62座1067.5延米，三类桥43座736.7延米，四类桥梁8座155.85延米，五类桥10座199.3延米。明确甘州区路管站负责列养公路上38座桥梁经常性检查，进行日常养护管理。各乡镇交管站负责辖区内99座桥梁管理，每两年进行一次定期检查。各养护管理单位对一、二、三类桥梁每月开展一次日常养护和预防性养护。对四类、五类桥梁设置限载、限速标志牌，加强日常养护，进行经常性巡查，确保桥梁安全畅通，维护广大人民生命和财产安全。

第五节　交通工具

20世纪中后期，张掖运输工具主要是铁木车辆，主要有木轮大车、铁轮大车、铁轮轿车、人力车、胶轮皮车、架子车、骆驼车、自行车、三轮车、汽车、拖拉机、摩托车等。至1990年，张掖市境内有货运车辆1437辆，客运轿车204辆。1991年以来，张掖交通工具更新迅速，出租汽车、公交车、客运班车发展迅猛。至2016年底，全区有注册机动车146531辆，机动车驾驶员155662人。

出租汽车 1991年，张掖城区以人力三轮车（俗称“黄包车”）从事城区内客运出租。1993年，人力三轮车发展至350辆。1994年，城区出现私家车从事出租汽车客运经营情况，以斯柯达、拉达、松花江、桑塔纳等车型为主，约20辆，人力三轮车达400余辆，车费实行自行议价。1995年，参与出租运营的私家车逐步增加，城区出现三轮摩托车从事出租客运情况，人力三轮车逐步淡出市场。1996年，三轮摩托车350辆，从事出租车客运车辆纳入管理范围，办理“营运证”136辆，运价仍以议价为主。1997年，甘州区成立出租车管理所，办理三轮摩托车“营运证”980辆，办理出租车“营运证”320辆。1998—2000年，三轮摩托车增至1500余辆，出租车增至410余辆，人力三轮车完全退出市场。2001年，适度控制三轮摩托车发展，区内出现两轮摩托车载客营运情况，出租汽车发展至628辆。2002年，对出租车运价进行统一和规范，规定桑塔纳类型出租车，起步价5元/2公里，夏利类型微型轿出租车，起步价4元/2公里，面的类出租车，起步价3元/2公里。要求出租车统一安装使用计价器，出租车议价时代结束。2003年，成立安顺、安吉、鸿运、金达、海峰、翔宇6家出租汽车公司，出租汽车纳入公司实行公司化管理。2004年，清理规范出租汽车1225辆，全部纳入出租汽车公司管理。2005年，取缔从事客运经营两轮摩托车、三轮摩托车2000辆，甘州区摩的客运历史结束。2006年，清理规范出租车营运市场，实行统一标示、统一顶灯、统一计价器、统一服装、统一座套，出租汽车市场不断规范。2007年，严格控制车辆新增，实行到期报废更新制度，对到期报废车辆更新为羚羊、威志、桑塔纳三种类型车辆，最后一批面的类出租车更新完备，面的类出租车退出出租车市场。在“五统一”基础上又实行统一车型、统一车色。2013年，第三轮出租汽车报废更新开始，按照公开采购方式，车型选定为北京现代名驭BH7183FMY、东风雪铁龙世嘉DC7165RTBM（CNG）和上海大众朗逸SVW7167NMD三种车型。2013年，更新出租汽车130辆。2014年，更新出租汽车29辆。2015年，更新出租汽车86辆。2016年，更新出租汽车435辆。

甘州区更新双燃料出租汽车245辆

公交车 1997年，张掖市城运公共交通有限责任公司成立。初期审批3路、4路、5路3条线路，35辆公交车，年客运量33万人次。1998年，开通6路、8路、9路、11路、12路、13路等6条线路，115辆公交车，年客运量达331万人次。1999年，开通7路、10路、14路，新增公交车12辆，客运量达424万人次。2000—2005年，新增飞机场公交专线，公交车达145辆。投资1196万元对公交车全面更新，年客运量突破千万人次大关。2006年，新开通康宁、老寺庙、红沙窝公交专线。新增1路、2路、上头闸、上寨、普家庄、九公里园艺场公交线路，公交线路达27条，公交车178辆。2009—2010年，投资45万元，对所有公交车安装GPS定位和语音报站系统，设立GPS监控平台，对公交车运行实行动态监管。2011年，开通区政府至滨河新区至湿地主入口19路公交观光线路。2013年3月，新开通市区至工业园区1路附线公交路线，投入2辆公交车，实行无人售票，首开行车记录和全程监控服务功能。随后，所有公交车陆续改装为无人售票公交车，张掖公交进入无人售票和刷卡乘车时代。2015年7月，实行城区65岁以上老人免费乘坐公交车。2016年1月，区政府成立滨河新区公交公司，开通滨河新区1路公交线路，10辆插电式新能源公交车投入运营。2011—2016年，推进公交优先战略，投资3500多万元，更新到期报废公交车130辆，开通公交线路28条，公交车187辆，运营里程350公里，停靠点（往返）538个，日发班次1316个，线网覆盖面积1400平方公里，辐射12个乡镇，91个行政村，日送旅客3.5万人，受益群众46万人。

客运班车 1991年，甘州区旅客运输以张掖地区汽车运输公司和张掖市第一汽车运输公司为主，个体客运班线经营户为辅，运行跨省客运班线8条，跨地区15条，跨县市36条，境内班线39条，运营客运班车251辆，年客运量484万人次。1992—1995年，新开通客运班线7条，新增客运班车23辆，汽车东站建成投入营运，年客运量增至695万人次。1996—1998年，运输企业进行改制，张掖地区汽车运输公司更名为"张掖市张运汽车运输有限责任公司"，张掖市第一汽车运输公司改制为"张掖市昌运汽车运输有限责任公司"。对个体经营班线车辆纳入各运输公司经营。民乐县汽车运输公司改制为"甘肃西运集团"，入驻张掖，经营部分张掖发往兰州、民乐、碱滩、靖安等地的客运班线。跨省班线达16条，跨市班线28条，跨县区班线32条，区境内班线31条，除平山湖乡外，其他乡镇都通行班车，乡镇通车率达94%，行政村通车率达92.3%，年完成客运量893万人次。1999—2003年，深化客运企业改革，3家客运企业改制为股份制民营企业，个体经营车辆全部纳入客运公司实行公司化经营，各运输公司加大交通运输工具和基础设施投入力度，车辆更新由普通级客车向中高级客车发展，客运网络布局得到优化，运行效率不断提高，年客运量突破1000万人次。2004年，市场调节作用明显，部分冷线逐步退出，新的热线逐年增加，公路路况改善，各客运公司增加X光机和安检门系统，按照"一线一型一色"车辆更新要求，逐步淘汰普通级客车，新增中高级客车。2010年底，全面推行道路运输驾驶员诚信考核办法，建立驾驶员诚信档案，强化记分考核管理，突出道路运输行业诚信监管。区境内客运班线74条，客车322辆，旅游客车6辆，延伸3省7市6县区，营运里程达5357公里，日发班次达853辆次。2011年以来，开展道路交通秩序整治社会大行动和打击"黑车"等非法营运车辆行动，全区道路运输市场秩序明显好转。至2016年底，完成投资350万元，建成平山湖等3个客运站、50个村级停靠站亭、39个公交站亭；18个乡镇通车率达100%，245个行政村通车率达99.6%，形成贯通东西、衔接南北、达县通省、辐射全区的客运网络。

第六节　公路建设与养护

公路建设　1991—2016年，甘州区农村公路得到快速发展，新改建农村公路370项1929.472公里，投资62813.43万元。2011年实施安保工程，至2016年，投资2402.71万元，实施各类安全生命防护工程153项1035.73公里。农村公路建设经历四个时期。

缓慢建设期（1991—1996年）。受经济条件制约，农村公路建设发展较为缓慢，6年投资406.64万元，新建改建农村公路14项48.23公里。

低速发展建设期（1997—2003年）。省级补助资金较少，农村公路建设速度较慢，规模较小，7年新建改建农村公路33项235.36公里，争取补助投资1383.27万元。

快速发展建设期（2004—2011年）。甘州区委、区政府及交通部门围绕"修好农村路，服务城镇化，让农民兄弟走上油路和水泥路"的发展方向，加大投入，齐抓共管，着力打造公路网、运输网、半小时经济圈，通村公路建设取得显著成绩。8年投资

21792.4万元，新改建农村公路156项868.788公里。124个行政村实现公路通畅，通畅率达53.2%。

高速建设期（2012—2016年）。其间，甘州区委、区政府及交通部门开展建制村通畅工程、路网结构改造工程和安全生命防护工程，农村公路建设取得跨越式发展。5年投资39231.12万元，新改建农村公路167项777.094公里。至2016年底，全区268个行政村（含农林场）实现公路通畅，通畅率100%。

列养公路 1990年，张掖市列养县乡公路13条179.05公里，桥梁15座，全长249.5米。涵洞496道路，全长4910.7米。防护工程244处，共计11851米。漫水工程3处，长410米。至2016年底，列养县乡公路19条299.16公里。农村公路管理养护采取县、乡、村三级管养机构的管理养护方式。列养路线（县道、重点乡道）由区乡公路管理站管养，其他乡道、村道由乡、村管养。交通运输局对三级养管机构检查、考核、奖惩。各级机构按职责权限制定管理养护制度，落实管理养护措施。建立管养分离、养护市场化新体制。在全区实行农村公路管理养护“两分离”，推行市场化养护和规范化养护。养护工程费实行统一招投标施工市场化运作。

养护资金 1990—2008年，列养县乡公路养护资金主要来源于拖拉机及农用三轮汽车养路费，由上级交通部门拨付至甘州区区乡公路管理站。2009—2016年，养护管理资金主要来源于燃油税替代性返还款，列养县乡公路管理养护资金由区级财政部门拨付至甘州区区乡公路管理站。2005年乡镇交通管理站成立，乡村道路实行“民需民办”“一事一议”的办法进行养护。2010年以后，全区268个行政村（含农林场）全面推行成立村民管养小组，负责本行政村辖区内的乡村道路管理养护工作。

公路绿化 1996—2000年，按照“大通道、宽林带、多树种、高标准”的建设要求，以国道312线、227线、省道213线和县乡公路为重点，完成绿色通道建设71公里，植树9.3万株。以国道227线、312线等县乡公路为重点，以国槐、垂柳、刺柏等风景苗木为主，完成绿色通道建设30公里。从2002年起，对国道227线全线、张靖公路（张掖至靖安乡段）、张肃公路（张掖至黑河大桥段）、张大公路（张掖至龙洞干渠段）、国道312线（西城驿段、上秦镇段）、高速公路G45线、张靖公路（兔儿坝滩段）、张掖冶金建材工业园主干路以及乡村主干道林网改造。至2016年，甘州区绿化四级道路4413公里，占总长度4572公里的96.5%。

第七节 公路运输

20世纪70年代末，张掖县境内有汽车运输企业6家，汽车修理企业2家，职工1808人，拥有各种汽车201辆。1990年，张掖市境内有汽车2771辆（其中客车204辆，货车1437辆，特种车辆122辆，其他车辆1008辆），有6家汽车运输公司、14家单位汽车运输队、300多个个体运输户。至2016年底，全区有公路客运企业5个，客运站3个，客运车辆736辆。其中，公交公司2个，公交车185辆。出租公司6个，出租车1287辆。有旅游客运企业2个，旅游客车35辆。有危化品运输企业1个，车辆27

辆。有校车公司1个，校车78辆。

张掖公路运输主要包括工业原料运输、救灾粮运输、机关车辆运输、支农运输、援藏运输和客运6个方面。随着国民经济和交通事业飞速发展，公路运输市场不断拓展，张掖公路运输形成客运、货运并驾齐飞格局。

客运　1990年，张掖市境内有各种小轿车478辆，大客车204辆，客运量达334.22万人。至2016年底，甘州区境内有3个一级客运站，分别为张掖市张运汽车运输有限责任公司张掖汽车站、张掖市昌运汽车运输有限责任公司南关汽车站、西运集团汽车东站。

张掖汽车站。前身是“西关汽车站”，始建民国二十四年（1935年），隶属兰州官督商办的“新绥长途汽车运输公司”管理，是兰州至酒泉试营客、货运输线上的一个站点。民国二十七年（1938年），西北公路运输管理局在张掖西关设立汽车运输站，与汽车站合署办公。1949年9月19日，兰州军管会交通处派陈琦为首的工作组到河西地区接管张掖、高台、山丹3个汽车站，机构设置、名称不变。1951年元月，张掖汽车运输站划归国营西北区运输公司酒泉业务所领导。同年3月，移交兰州汽车运输分公司管理。11月，甘肃省汽车运输公司成立，各地汽车站归属省公司领导。1953年10月，张掖汽车运输站划归国营甘肃省酒泉汽车分公司管辖，分公司派3辆汽车常驻张掖。1954年，分公司在张掖县大满堡、太平堡、甘浚堡、小河滩、沙井子、乌江堡、西洞堡、上秦设立8个代办站，开辟以张掖为中心，东至武威，西至酒泉，南至扁都口，北至张掖火车站建设工地的汽车客、货运输线。1957年4月，成立“张掖市汽车运输公司”，受市政府和酒泉汽车运输公司双重领导。1971年7月，酒泉汽车运输公司第二车队改名为“张掖地区汽车运输公司”，随之划归张运司领导。1973年3月，西关汽车站客运大楼动工，1974年6月竣工投入使用。1980年6月，西关汽车站归省交通厅管理，更名“甘肃省张掖汽车站”。1984年12月，省交通厅将甘肃省张掖汽车运输公司和西关汽车站下放给张掖地区管理，西关汽车站仍归张运司领导。1987年，实行承包责任制，西关汽车站改革经营机制，实行单车核算，开展先进车组活动评选，被国家交通部授予“文明车站”称号。2006年，投资920万元，重新修建集车站、娱乐场所、商业网点、餐饮业和豪华宾馆为一体的汽车站综合楼6500平方米，站内触摸式电子查询系统、电子显示屏、语音广播系统健全完善。至2016年底，车站参营客车149辆，日均发放班次125个，日发送旅客2000—4000人次。

南关汽车站。系张掖汽车运输公司分支客运机构。张掖市汽车南站位于张掖市南环路，始建1958年。1959年，张掖市政府撤销张掖市汽车运输公司，成立“张掖市汽车运输站”，南关汽车站仍属市汽车运输站管理。1962年，张掖县汽车运输站更名“张掖县汽车运输队”。1965年，更名“张掖县汽车站”。1973年，更名“张掖县汽车运输队”。1976年，张掖县汽车运输队划分为汽车运输队和汽车修理厂2个独立企业，汽车站归汽车队管理。1981年10月，投资新建客运综合大楼。1984年4月，经张掖县政府批准，汽车运输队更名“张掖县第一汽车运输队”，汽车站归第一运输队管理。1987年6月，第一汽车运输队更名“张掖县第一汽车运输公司”，以客运为主，兼营货运。至

1990 年底，南关汽车站拥有各类客车 36 辆，客用线路 24 条，每日发送 125 个班次。1996 年确定为社会公用型车站。2001 年 3 月，企业改制整体予以转让出售，变为民营企业。2008 年，投资 800 万元，完成改造扩建，日发客运班次 221 个，日均运送旅客 3000 人次。2002 年，车站实现车辆进站报班、售票、检票微机管理一体化服务。2010 年，根据甘肃省运管局要求实行站运分离，注册成立张掖市昌通站务运营有限责任公司，购置站内 X 三品检测仪、安全检测线和监控系统等多项服务设施。至 2016 年底，有参营车辆 139 台，客运班线 48 条，东到兰州、西至敦煌、南达青海，网罗城镇、辐射全境，日发客运班次 221 个，日均运送旅客 3000 人次。

汽车东站。张掖汽车东站 1991 年 12 月批准立项，1994 年 12 月正式设立，1995 年 1 月投入运行。客运站占地 20957. 86 平方米，建筑面积 4484. 57 平方米，停车场面积 7003. 29 平方米，日发班次 286 个。2003 年 7 月，企业改制，整体转让出售。2004 年，投资 230 万元，改扩建成集候车、办公为一体的综合服务楼，日发班次 286 个，日均输送旅客 2100 余人次。2005 年 5 月，筹措资金 183 万元，购置检票机、电子显示屏、售票软件等办公设备，实现微机售票服务。2006 年，投资 110 万元购置建设车辆安全检测线，实现车辆安检自动化。2007 年，投资 65 万元更新购置“三品”检查机 1 台，实现“三品”检查智能化。

张掖城乡个体或联户购置汽车从事客运始于 1984 年，至 1990 年底，全市城乡个体或联户客运汽车有 23 辆。

货运 1983 年，汽车货运开始出现，张掖市一些个体和联户开始购买汽车、拖拉机等运输工具，当年投入营运货运汽车 209 辆，完成货运量 8. 65 吨。至 1990 年底，全市重点集体运输企业有张掖市第三汽车运输队（前身是张掖县胶车队）和张掖市民间运输队。全市机关企事业单位汽车运输队运力较强的有 15 个，重点机关企事业单位汽车运输队有张掖市粮油汽车运输队、张掖地区水电处汽车运输队、张掖糖厂汽车运输队。全市城乡拥有客、货运输汽车 302 辆。20 世纪 90 年代初期，成立 10 个货运公司，车辆均为挂靠车辆，公司抵御风险能力弱。1995 年，货运公司相继解体，个体运输迅速发展，货运主要以货运信息配载信息部和以长途客运捎带零担货运车辆，开始自主开展多种形式运输业务。至 2016 年底，甘州区有物流经营业户 134 家，其中物流企业 18 家，货物信息中介个体工商户 116 家（货运信息配载、货物托运）。

甘州物流中心（甘州区金运物流中心）。是甘肃省物流业“一主五辅”六大枢纽工程项目之一，属国家级二类枢纽项目，总投资 6700 万元，总建筑面积 2 万平方米，是甘州区第一家大型物流中心，位于甘州区南二环路国道 G227 线出城口 800 米交界处，为一级站。2006 年 7 月，甘肃省发改委批准开工建设，一期工程修建综合楼一栋，面积 4500 平方米，停车场 18000 平方米，仓库 3500 平方米，修理车间 4600 平方米。二期工程地处区南二环路和三环路之间，在一期基础上征地 40 亩，建成西运物流园区，包括办公自动化系统管理区、货运信息配载区、仓储配送管理区、现代综合运输管理区、维修救援服务区。

中油运输张掖配送中心。2006 年 10 月成立，隶属中国石油天然气运输公司甘肃分公司，属国有内资企业。拥有各类成品油配送车辆31台，主要承接张掖市5县1区范围内中石油所属加油站和由中石油负责销售的零散客户汽柴油配送业务，年均配送总量30.5万吨，产值1253.8万元，上缴利税138万元。

昆仑物流有限责任公司。2010年2月成立，是一家股份制民营企业，公司注册规模300万元，有解放牌重型牵引车7辆、220平方米专业停车场一处，是一家专业从事危险品运输的企业，主要承担张掖市及周边省市危险品物流运输任务。

张掖绿洲物流园区。位于滨河新区以西，北至兰新高铁，南接连霍高速，西连黑河，东靠城市西三环。2012年开工建设，占地4.63平方公里，主要建设车辆销售及配件交易中心、农副食品交易中心、建筑建材交易中心、家具及装饰材料交易中心等大型专业批发市场。2015年，园区引进并开工建设10个项目，概算投资约17亿元。“十二五”期间，张掖物流现代园区建成通车道路5公里，在建道路5.8公里。引进项目30多个，投资达50多亿元。

新乐物流配送中心。位于张掖工业园区中小企业内，新乐超市投资6000多万元建设。2009年7月开工建设，2011年投入使用。占地49.5亩，主要建设5个配送区，配送区建筑面积20000平方米，库容15.7万立方米，年吞吐量5万吨，年配送商品总额五亿元，其中自营配送和社会配送各占50%，提供就业岗位130多个。

维修企业 1990年，张掖市境内有国营汽车修理企业13家，企事业单位办理汽修厂、维修部11家，集体汽车修理企业9家，个体、联办修理部57家，从业人员587人。1991年以后，张掖市汽修厂主要以国营或集体所有制运输企业为主，一类维修5户，分别是运输公司第一汽修厂、运输公司第二汽修厂、南关汽修厂、张掖公路分局养护工程公司汽修厂、千里马汽贸公司汽修厂；二类维修企业6户；三类维修企业175家，摩托车修理54户。至1995年，二类维修企业增至9户；三类维修和摩托车维修分别增至225户和60户。2000年，以综合维修的一类汽修厂效益下滑，从事专项维修的三类汽修业户以价格低廉、环节简约占领市场。2002年，运输企业、汽修厂陆续参加改制，一类汽修厂逐步改制成为股份制民营企业，二类汽修厂增至23户，三类汽修企业325户。2008年，一类汽修厂2家，二类增至34户，三类402户。至2016年底，以汽车4S店为主，集汽车销售和售后服务为一体的维修企业迅速发展，区境内拥有一类汽修厂1家，二类增至53户，三类432户。

运输市场管理 客运管理。1991年以来，以人性化管理、规范化经营、标准化服务从事营运，提升行业形象。紧扣站场、线路、车辆、人员等重点环节，加大对客运市场违章经营行为查处力度，实行运政人员驻站监管制度，重点查处不进站安检、发车秩序混乱等问题，打击不按规定的线路、班次运行，宰客、甩客、抢班压点、脱班等行为，有效解决甘浚班线车、肃南班线车10多年不进站发车历史遗留问题。

货运管理。结合甘州区流动人口社会化管理工作，开展专项清理整治活动，建立健全车辆管理台账和档案；对危货（液化气配送）车辆进行规范，统一由市上办理危货运输证。开展企业、车站质量信誉考核，对企业、车站进行等级考核确定。对货运信息配载实行行业指导，各分站建立货运信息服务台账，车辆登记台账，为承托双方提供准确无误车货信息，对所配货物实行合同运输，各分站实行独立核算。

维修管理。指导建成占地100亩、建筑面积3.8万平方米、门店260间的维修救援中心，成立汽车维修行业协会，促进行业监督交流。

运价管理。1990年开始，货运开始个体化经营，其运价由市场自行调节，承托双方自行议价，按照议价填写运单合同进行运输。2008年开始，运单合同淡出市场，客运、出租和公交运价，由运管部门监督执行。

搬运装卸管理。1991—2000年，甘州区审批成立搬运装卸企业19家。2000年后，搬运装卸业务由货物经营公司吸收，专门的搬运装卸业务淡出道路运输行业。

车辆监测。张掖市张运汽车综合性能检测有限责任公司由张掖市汽车运输公司出资修建，1992年12月投入运营，占地13200平方米，检测车间面积2000平方米，办公面积1100平方米，停车场面积9400平方米，年监测营运车辆3.8万余辆。1993年，方正汽车综合性能检测有限责任公司成立。2008年，搬迁至滨河酒厂对面，占地11500平方米，检测车间面积19000平方米，办公面积1310平方米，停车场面积10800平方米，仪器设备50多台套，年监测营运车辆3.7万余辆。

第八节　路政管理和养路费征收

路政管理　1991年之前，张掖市路政管理工作以法规宣传、公路巡查、清理路障为主，将路政管理责任由乡镇落实到村社和个人。1992年后，路政办公室与区乡公路管理站合并办公，共同行使4条县道和11条乡道的建设、养护、管理工作职责。2000年，全年上路巡查690天，清理公路三堆22080平方米、1046处，查处违章建筑3起145.3平方米。2005年5月，各乡镇成立交通管理站，路政管理工作得到强化。全年上路巡查968天/4人次，清理公路三堆7290平方米、1158处，查处违章建筑1起12平方米；办理路政案件共3起，收取公路赔偿费38840元。2009年，广泛开展“路政宣传月”，对全区18条列养路线的公路路产和建筑物、桥涵构造物进行调查摸底、造册登记，建立路产档案、台账。在甘平公路3.5公里处设置流动治超点，启动治理超限运输试点工作，检查车辆575辆，批评教育超限超载运输的驾驶员200多人次，收取补偿费65970元。2010年，将治超工作触角延伸至小龙公路、张莺公路、鸭寺公路、明永公路、干渠公路等县乡公路，查处超限车辆5625辆，批评教育超限超载运输的驾驶员274人次，收取补偿费70.3万元。2015年，对张罗公路、甘平公路等农村公路上乱堆乱放等行为进行集中整治，全年清理路面堆积物1322立方米；办理路政赔补偿案件1起，收取公路赔（补）偿费3210元。认真开展货运车辆超限超载治理工作，在张罗公路、民花公路等农村公路上开展非法超限超载货运车辆整治工作，查处超限超载车辆660多辆，批评教育违规运输的驾驶员80多人次，收取超限超载车辆行驶公路补偿费13.1万元。2016年，全面推进“创建平安公路桥涵养护专项整治”百日竞赛活动和市区城乡环境卫生专项整治活动，校正甘平公路、张罗公路、张党公路等农村公路上设置的歪斜公路标志牌50多块；拆除沿线非公路标志牌14块；新建或更换三闸排碱桥、小龙公路、连霍高速出口处等地显要位置限行通告栏、指路标志牌、安全警示标志标牌13块，查处超限超载车辆1004辆，批评教育违规运输驾驶员120多人次。

拖拉机养路费征收 1986年前，拖拉机养路费征收由张掖县交通管理站负责征收。1986—1991年，拖拉机养路费由张掖市运管所（今甘州区运管所）代征。1986年，拖拉机养路费改由县公路运输管理所征收，运管所根据各乡拖拉机数量，将上级下达计划完成情况作为考核主要指标，下达征费总额，由乡农机站专干代征。实行内部承包责任制，责任到人，奖罚兑现。同时运管所组织专门收费班子，配备车辆，开展路检路查，防止偷费漏费。1987年6月，开始征收车辆购置附加费。1991年底，“张掖市拖拉机养路费征稽站”成立，从1992年1月负责征收拖拉机养路费。1986—2006年，征收方式一直采用乡镇配合代征和征辑人员上路稽查相结合的方式。2007年，征收方式变为依靠乡、村两级，以村为单位实行整村协议包缴统筹征收方式进行征收。至2009年燃油税费改革实施后停止征收，历时23年，征收上缴资金3627万余元。

第九节 交通安全管理

安全基础设施 1998年，实施“站运分离”，督促道路运输企业由人工安全防控逐步进入技术防控时期。3个客运站购置X光机行包检查设备，购置安检门系统，对出站车辆进行安全技术检测合格后方可报班出站运行。2005年，督促客运企业、危货运输企业安装GPS动态监管系统，加快车载终端安装进度。至2010年末，客运车辆全部安装完成GPS定位跟踪系统，依靠GPS监控平台，各运输企业实行全天24小时值守监控制度，营运客车和危货运输车辆实现全天候全程动态监控。

事故排查治理 落实安全生产责任制，督促运输企业完成GPS监控平台建设和升级工作，全区客运班车、公交车、出租车和40辆危货运输车全部安装GPS监控系统。严格执行“三不进站、五不出站”安全管理制度，对道路运输从业人员严格安全管理，没有从业资格证的站务员、驾驶员、票员一律不得上岗，超时作业的驾驶员，不得再安排加班、包车。加强客运站“三品”查堵工作，对承运液化石油气、液化天然气、强腐蚀性化学品等重点品种的运输企业，重点检查其运输资质、应急处置器材和防护用品配备、上岗资格证、安全操作规程、运输通行证、运输路线、时间和速度规定执行情况，全力避免重特大安全事故发生。

第三章　邮电　通信

1991年，张掖邮政、电信分离，传统业务如邮政函件、报纸杂志、邮政储蓄、电报长话、固定电话等有新的突破，移动通讯和互联网新媒体业务后来居上，取得丰硕成果。1998年，张掖市邮电通讯事业发展进入黄金时期，当年全市完成邮电业务总量4491.5万元。全市新增固定电话用户6336户，电话普及率达6.31%，有97.1%的行政村通电话。“九五”末（2000年），邮电业务总量13648万元。年末固定电话用户达6.25万户，电话普及率达13部/百人，移动电话用户1.37万户。“十五”末（2006年），完成邮政业务总量2647.89万元，新增固定电话16725户，年末固定电话用户达230811户，其中城市电话用户73114户，农村电话用户67859户，灵通用户64289户，公用电话用户25549户。固定电话普及率达46部/百人。移动电话用户达15.03万户，移动电话普及率达30部/百人。至年末，计算机互联网络宽带用户13553户。“十一五”末（2010年），完成邮政业务总量2046.33万元。年末固定电话用户15.31万户（含小灵通），移动电话用户46.48万户，互联网用户4.96万户。“十二五”末（2015年），完成邮电业务收入69433万元，其中邮政业务收入6093万元，电信业务收入63340万元。年末全区固定电话用户达14.62万户，移动电话用户达77.58万户，计算机互联网用户达14.15万户，比上年增加6.13万户。至2016年底，全年完成邮电业务收入48219.4万元，其中邮政业务收入7147.15万元，电信业务收入41072.25万元。年末全区固定电话用户23.02万户，移动电话用户84.59万户，计算机互联网用户24.29万户。

第一节　邮　　政

1998年之前，邮政局与电信局合并，称“张掖地区邮电局”，辖山丹、临泽、高台、肃南、民乐5个县局和邮电水泥电标厂。1998年，邮电分离，张掖地区邮政局正式分立挂牌营业。独立开办函件、包件、邮政储蓄、汇兑、特快专递、报刊发行、机要收寄投递、集邮、邮政代理等业务。

投递　1998—2005年，城市投递段道18条，投递里程305公里，日均投递16公里。2006—2011年，城市投递段道23条，投递里程增加到624公里，日均投递27公里，日均投递量2.8万件。1998—2011年，农村投递段道46条，投递里程2606公里，日均投递里程56公里。

网点　1998年，甘州区邮政投递网点设立32个，其中城市网点8个，农村网点24个。2006年，调整后设立邮政网点41个，其中储蓄网点9个，邮政网点8个，农村网点24个。储蓄网点分别是东街、西街、马神庙、金安苑、新乐、饮马桥、县府街、恒基、火车站。邮政网点分别是西街、东街、县府街、饮马桥、火车站、河西学院、新区、东大院。1998—2005 年，农村网点布局未作调整。2011 年，甘州区邮政网点设置 38 个，其中储蓄网点 6 个，城市邮政网点 8 个，农村网点 24 个。

储蓄　2004 年，甘州区邮政 21 个支局开办邮政储蓄业务，入账 619. 57 万元，代收电话费 360 万元，移动通信费 77 万元，代发工资 1121. 1 万元，代发养老金 1028. 5 万元。2005 年，邮政储蓄净增余额 3. 03 亿元，实现收入 1944 万元。2010 年，深化储蓄网点精细化管理，全年完成业务收入 1559. 85 万元，净增余额 1. 32 亿元，业务余额 1. 25 亿元。2011 年代办电信、移动、联通、保险公司等业务，新增余额 2. 47 亿元，点均余额 6055 万元，其中县域邮政净增余额 1. 67 亿元。

函件　2000 年积极与各重点企业、事业单位联系，开发地方风光系列邮资封，继续发展中邮专送广告，邮资明信片，企业金卡、户外广告等，函件业务收入达 245. 7 万元。2002 年，中邮专送广告和户外广告业务收入 180 万元。2005 年，首次试开发制作摄影作品本票明信片，开发制作地方人文景观，自然风光题材明信片、贺年卡，实现收入 22 万元，开发邮资信封，实现收入 15 万元。2011 年开发富有地方特色的文化产品，树立广告媒体理念，完成函件业务收入 460. 7 万元。

集邮　2000 年，开展“展望新世纪少年儿童集邮活动”，推动张掖地区集邮文化健康发展。2001 年，与张掖地区少工委、地委宣传部、团地委联合举办张掖地区第二届集邮知识竞赛，促进集邮业发展。2002—2011 年，开发“张掖风情，祁连风光，张掖新姿”邮资封，“走进金张掖”等集邮产品和定向邮品。2004 年，开发制作“大佛寺彩银币”。2005 年，制作“大佛寺”个性化邮折，“丹霞地貌”本票式明信片，“丹霞奇观”邮票钱币珍藏册。2006 年，开发制作“魅力丹霞”系列纯银条珍藏版，银币镇纸。2010 年，开发制作“大佛寺彩银纪念章，文化名城湿地之都”银条，“热血丹心铸法魂”邮票纪念册等集邮产品和定向邮品，促进集邮事业发展。

报刊发行　2002 年，完成报刊流转额 1050 万元，私费订阅流转额 422 万元。2005 年，完成报刊订阅流转额 1180 万元。2006 年，完成报刊订阅流转额 1189 万元。2008 年，完成报刊订阅流转额 1669 万元。2010 年，重点发展社区用户市场和第三方订阅，实现收入 477. 64 万元。2011 年，狠抓党报党刊和新华社系列报刊收订工作，开展第三方订阅，发展集团客户，报刊收入 557. 2 万元。

快递　1984 年，张掖市开办国内特快专递业务。1997 年，开办邮政代收货款业务。2000 年，开办身份证速递业务，设立礼品鲜花服务中心，开办定时专递、鲜花礼品专递等礼仪上门收寄服务。2001 年，开办国内快递包裹业务，开展定时服务、鲜花礼品专送等同城礼仪服务。2005 年，普通投递网与特快投递网分离，在甘州区公安局实行派驻制办理速递身份证业务，与张掖市法院和甘州区法院签订法院专递投送协议，与铁路部门签订火车票代售协议。2008 年，中国邮政速递物流公司成立，实行代理速递物流业务。同年 10 月，开办车主自编自选号牌寄递业务。2012 年，与甘州区法院签订执行文书投送协议，拓宽和延伸法院专递业务。2013 年，推进甘州区普邮、速递两网整合工作，甘州区投递段道划分为 28 条电动三轮车普邮、速递混合投递段道，4 条汽车大客户投递专段，计32条混合投递段道。2014年，快递行业逐步改制，主要涉及四通一达、天天快递。2015年，全市快递行业业务总量完成87.94万件，快递业务收入完成2832.71万元，投递量完成558.53万件。

张掖市民营快递业起步较晚，发展迅速。2006年申通、联合快递进驻张掖，开始进行快件派送和少量的收件业务。2010年以来，全市快递企业发展壮大，行业规模、业务总量、业务收入年均增速40%以上。2012年，邮政监管体制建立，快递业纳入政府监管范畴。至2015年，甘州区有法人企业11个，品牌快递企业24个，快递网点80个。城区品牌快递公司有：圆通、中通、申通、汇通、韵达、顺丰、天天、联合、优速、宅急送、国通、全峰、汇升、苏宁、瑞丰、速尔、快捷、日益通、品骏、麦力、广通、京东等。

代理　2007年，新增电信话费代收网点3处，开办电信话费代收和电费账单投递业务，全年代收话费391万元，预存电费14456户，沉淀活期存款余额100余万元。2003年，发挥专业营销公司优势，扩大代办业务市场，新开办人寿保险代办业务。2005年，与人险、财险、天安、永安等保险公司合作，扩展代办保险业务范围。至2005年12月，代办业务收入68万元。2010年，着力发展短信、移动通信放号和票务业务，新开办代收电费业务，销售航空电子客票3275张，代理业务收入172.39万元。2011年，代收电费9265.04万元，储蓄短信净增20160笔，电子商务收入146.40万元。

包裹　借助学生、军人包裹项目和土特产特色亲情包裹品种，2001年，收寄快递包裹31191件，增收76.06万元。2005年，收寄各类包裹快递15074万件，增收50.78万元。2008年，全年实现包裹收入83万元。2010年，收入72.74万元。2011年，收寄学生军人包裹达3864件，实现收入21万元，全年完成收入70.7万元。

农资分销　2004年，加强与种植农户、种子公司、食品企业协作，开办农资配送业务，当年实现收入36.5万元。2005年，农资业务收入98.58万元。2008年，推进网点建设，带动物流业务发展，完成收入351.99万元。2010年，围绕化肥、农药、酒水配送，依托特色订单做文章，完成收入355.10万元。2011年，完成收入210.5万元。

第二节　电　　信

中国电信股份有限公司张掖分公司前身是“张掖地区邮电局”。1998年，邮、电分营。1999年，张掖电信正式开始独立运营。2000年，张掖地区电信局更名为“张掖地区电信分公司”。2002年，张掖地区电信分公司改称为“甘肃省电信公司张掖市分公司”，后又改称“甘肃省电信有限公司张掖市分公司”。2004年，甘肃省电信有限公司张掖市分公司正式更名为“中国电信股份有限公司张掖分公司”。

业务发展　1998年起，张掖地区电信局主营业务包括国内、国际长途电话、数据业务、本地电话、移动电话、无线寻呼、公众电报、传真、分组交换通信、会议电话、公用电话、160、168声讯电话，还有数字数据、国际互联网、磁卡电话、出租长途电路、本地网出租电路等新增业务。1999年，张掖电信重组，主营业务包括国内电报、传真、分组交换通信、国内、国际长途电话、会议电话、住宅电话、公用电话、无线市话（小灵通）、宽带（ADSL专线）上网、窄带上网、电子信箱、分组交换拨号、来电显示、数字数据网、帧中继、互联互通电话、港澳台电话、网元出租等业务。2006年起，全面启动农村宽带业务市场，在甘州区设立18个服务中心，集中开展业务受理、收费、营销、服务。与政府相关部门合作开通劳动事务保障服务、就业服务、住房公积金服务等多条热线，为用户提供便捷的综合电信服务。2008年，启动新一轮电信重组，固定和移动分业经营局面结束。10月，中国电信张掖分公司正式承接CDMA移动业务，开始固话、宽带、移动全业务经营。2009年起，公司主营业务包括固定电话、移动3G、互联网接入及应用、系统集成、数据通信、卫星通信、视讯服务及综合信息服务。2009年，中国电信CDMA2000 3G牌照获批，公司面向政企和家庭客户推广“商务领航”和“我的e家”两大品牌。2013年，公司坚持以3G智能手机终端引领和融合套餐专项营销为抓手，促进城市、农村移动、宽带用户规模发展和价值双提升。2015年，启动张掖公众号微信运营，新增粉丝1.1万户。分三次对符合提速要求的所有宽带用户进行免费提速，用户最低宽带接入速率由4M普提至20M。10月，面向按流量计费的电信手机月套餐客户推出套餐内流量当月不清零服务，提供流量及流量不清零结转查询服务。至年末，公司主要经营基础电信业务和增值电信业务。

主营业务 电报传真。20世纪90年代，张掖市电报业务由张掖市邮电局经营。种类有天气电报、水情电报、公益电报、政务电报、新闻电报、普通电报、汇款电报、公电8种。特别业务有特急、加急、邮送3种。国际电报种类有：有关人命安全电报、气象电报、政务电报、普通电报、书信电报、公电6种，只开放加急特别业务。1996年以后，开办鲜花礼仪电报、请柬电报、庆贺电报、慰问电报、吊唁电报等电报业务。随着固定电话、无线市话的普及，电报业务使用范围逐年萎缩，用户大幅减少，直至退出市场。

无线寻呼。1992年，张掖局开通数字无线寻呼业务。1995年，张掖局开通无线寻呼数字、汉字和省内漫游业务。1996年，张掖127自动寻呼工程建成开通，无线寻呼从人工转向自动。1998年，张掖地区电兴寻呼有限责任公司成立运营，无线寻呼业务迎来发展高峰。当年发展无线寻呼用户11073户，完成收入1018464元。2000年，国兴寻呼台建成开通，无线市话（小灵通）出现，无线寻呼业务用户大幅锐减。2003年，无线寻呼用户减少至983户，较1998年的11073户减少91.13%。2004年3月20日，张掖电信寻呼业务正式退出市场。

本地网电话。20世纪90年代，张掖实施本地电话网、市话交换改制、引进西货程控和引进程控交换设备、张掖地区局市话交换扩容、张掖地区10000门市话扩容、张掖市局市话交换扩容、张掖S1240交换机升级扩容、张掖地区局农话交换传输、张掖市农话交换、张掖地区公司农话交换等重点工程，建成以张掖为中心的本地光缆传输通信网。2006年，是甘州区本地网电话发展高峰，年末全市固定电话用户205201户。后随着无线市话和手机的普及，固话市场逐步趋于饱和。固定电话用户整体呈下降趋势，保持在13万户以上。至2015年末，甘州区固定电话用户137138户。

长途电话。甘州区长途电话传输方式以光缆为主。从1996年起，张掖市加大长话基础设施建设和业务发展力度，通信能力和收入逐年攀升。

无线市话。2000 年，无线市话工程竣工，张掖正式开通无线市话业务。无线接入容量 31900 门。2001—2006 年，实施张掖无线市话网络优化工程、张掖无线市话网络优化二期工程。2006 年，甘州区无线市话发展达到高峰，年末用户总数 60714 户，接入容量 83684 线，在网运行基站 594 个，信道 3486 个。2009 年，中国电信 CDMA2000 3G 牌照发放，无线市话业务发展放缓，2013 年逐步被手机替代。

移动电话。1995 年末，张掖局开通蜂窝式移动电话。1996 年末，张掖建成 900Hz 移动电话工程，张掖市移动电话用户 531 户。1998 年，张掖局省内 GSM 数字移动通信一期扩容内配工程竣工，张掖移动电话从 10 位升为 11 位，数字移动通信网全面建成。甘州区移动电话年末数 3087 户。2008 年，中国电信张掖分公司正式承接 CDMA 移动业务。甘州区步入移动通信业务阶梯式快速发展期。2013 年用户 222569 户，2014 年用户 248908 户，2015 年用户 253834 户。

互联网。1998 年，张掖开通互联网业务。进入 21 世纪，随着张掖“光进铜退”工程、张掖农村带宽提速光缆建设工程、张掖城市光纤接入层建设工程、IP 城域网宽带接入服务器优化等工程深入推进，甘州区电信宽带网络和 IP 城域网驶入快车道。2000 年，因特网拨号用户达 876 户。2003 年，用户因特网拨号 7286 户。2004 年，全市政府上网工程启动，甘州区 18 个乡（镇）政府接入电信宽带。2006 年，甘州区医保网、甘州区新型农村合作医疗网、甘州区政府信息网、市区两级教育专网等重点项目建成投入使用。2007 年，完成张掖市和甘州区两级政务大厅语音和宽带接入。2008 年，建成开通张掖市医保刷卡 VPN 网络，甘州区各医院、诊所和零售药店共 199 个点实现联网接入；建成开通甘州区 171 个行政村农村合作医疗刷卡网络。2010 年，完成甘州区宽带用户 2M 带宽全覆盖和 50% 乡镇“光进铜退”改造。光纤行政村通达率达 100%，宽带入户率 0.06 部/百人。2012 年，甘州城区接入带宽实现 4M 全覆盖，年末宽带用户 5.88 万户。2014 年，甘州区基本实现 4G 信号连续覆盖。2015 年，完成城区光网改造，甘州区城市、政企、所有乡镇区域实现光网全覆盖，建成全省首个“光网城市”。张掖城域网出口带宽提升至 400G，完成大佛寺、平山湖大峡谷、湿地公园、玉水苑景区 Wi－Fi 项目、甘州区 132 个点位平安城市监控项目、甘州区居家养老服务中心平台项目建设。2016 年，完成张掖公共自行车联网及安全管理系统、甘州区 46 个红绿灯十字监控联网、甘州区城市 300 个点位平安城市监控、甘州区水流监测项目建设。城乡用户接入带宽普遍达到 100M，手机无线上网速率达到 300M。

电信电视（IPTV）。2011 年，电信电视（IPTV）业务在甘州区开通，开启家庭融合发展之路。当年发展 IPTV 用户 4755 户。2012 年，IPTV 用户达 25736 户。2015 年，IPTV 用户达 65635 户，较 2011 年增长 12.8 倍。

第三节　移动通信

中国移动通信集团甘肃有限公司张掖分公司 1999 年成立，2004 年更名“中国移动通信集团甘肃有限公司张掖分公司”，下属甘州区、山丹、民乐、临泽、高台、肃南6个县区公司。

经营服务 张掖移动公司主要经营移动电话2G、3G、4G通信业务（包括语音、数据、多媒体等），以及与移动通信、IP电话和互联网接入相关的系统集成、漫游清算、技术开发、技术服务等业务，拥有“全球通”“动感地带”和“神州行”三大客户服务品牌，用户号码段包括“139”“138”“137”“136”“135”“134”（0至8号段）和“150”“151”“152”“157”“158”“159”“147”“187”“188”。2013年12月，国家颁发固定电话和4G牌照，中国移动推出“和”综合业务品牌，包括和家庭、和娱乐、和阅读、和生活、和彩云等丰富的新业务品牌。2000年来，公司以移动信息化优势助力当地经济发展，推出车务通、农信通、食E通、校讯通、集团数据专线、固定业务接入（IMS）等集团业务产品，推进张掖经济和社会信息化发展。

集团数据专线和固定业务接入（IMS）。2010年，公司推出集团数据专线，主要为集团客户提供专用传输线路，以实现其内部各分支机构之间通信网络互联，让集团客户在专线网络平台上享用宽带交互式多媒体信息服务，实现信息交互、资源共享。公司集团专线及固话共覆盖政府、公检法司、交警、金融、教育、工商税务、能源电力、农林牧渔、交通物流、中小企业等十大行业1554家集团单位，共计接入集团专线1970条，行业份额达到19%，接入固话12000线，行业份额达到22%。

IDC业务。IDC（Internet Data Center）即互联网数据中心，2013年，张掖移动云计算中心全面建成启用，数据中心占地4000平方米，机架规模达1200架，出口带宽达200G，电源采用“双路市电+自启油机”模式，提供一揽子IDC服务，包括基础服务和增值服务，涵盖主机托管服务、网络接入服务、网络安全服务、运行维护服务、应用辅助服务、综合配套服务6大类产品。张掖经济技术开发区智慧园区、智慧工业项目和民乐智慧生态园区等项目入驻张掖移动云计算中心。

物联网专网专号（物联卡）。2015年，公司推出物联网专网专号（物联卡）业务，采用物联网专用号段作为移动用户号码（MSISDN）的移动通信接入业务，张掖移动数据卡达5万户，其中物联网（专网卡）用户4000户，市场份额占45%，主要集中在金融POS、电力抄表、水利监测等领域，涉及集团单位230家。

集团短彩信业务。2008年，公司推出集团短彩信业务，主要有ADC平台类、云MAS、行业直连类。张掖移动短彩信主要涉及政府、公检法司、交警、金融、教育、工商税务、能源电力、农林牧渔、交通物流、中小企业等十大行业的100家单位，行业份额达50%。

云视讯。2015年，中国移动云视讯高清视频会议业务上线，采用集中建设MCU会议中心平台，客户购买或租用会议终端方式实现视频会议业务，服务全网重点客户，面向客户提供视频会议租赁服务，解决客户单位异地交流沟通不便，接入张掖移动云视讯的集团单位主要包括铁路局和路政等行业单位，涉及12个点。张掖移动推出融时政、经济、民生等多种内容的手机报，开通应急信息发布平台，在重大灾害时刻、重大活动之机，发布抗灾信息、公益信息；开通组工信息平台，为全市党员、干部发布组工信息，政策传递；开通张掖城投水暖住户分类提醒信息平台，方便发布欠费提醒、突发故障通知等。

网络建设　2000 年，张掖移动开启模拟通信向数字通信转变进程，年内在 5 县 1 区开通运行 6 个 900MHZ 的 GSM 基站。2008 年，张掖移动 GSM 基站在网运行 430 个。2011 年，TD 五期工程开工建设，张掖新建 10 个 PTN 乡镇汇聚环。2012 年，2G 基站 762 个，900M 基站 731 个，1800M 共址基站 31 个，3G 基站 102 个。2013 年，张掖移动 4G（TD－LTE）时代正式开始，公司加快基站建设进度，短短几年时间，建成 4G 基站 1935 个。2015 年，2G 基站数增加到 969 个，3G 基站增加到 496 个，4G 基站数达到 2172 个。光缆长度增加到 15000 皮长公里，SDH 设备增加到 962 端，PTN 设备由 113 端增加到 1794 端，传输承载能力大幅提升，承载带宽由 2.5G 提升到 100G，接入能力由少数行政村覆盖扩展到目前行政村全覆盖。建成宽带信息点 25 万以上，城区居民小区、写字楼、沿街商铺、乡镇及百户大村宽带业务基本覆盖。张掖境内现有光缆线路 7242.598 皮长公里，其中一级干线 263.505 皮长公里，省内二级干线 877.757 皮长公里，本地光缆线路 6101.336 皮长公里。管道总里程 250.981 公里。张掖移动 PTN 网络主要接入 TD 业务、重要集团专线业务、乡镇宽带 OLT 上行业务等。

第四节　联通通信

2000 年，中国联通张掖市分公司成立，主要负责张掖地区联通综合业务经营发展。2008 年 7 月，原中国联通张掖分公司和原中国网通张掖市分公司融合成立“中国联通张掖市分公司”。2016 年末，分公司有员工 228 人，下设 12 个部门、2 个营销服务中心、5 个县级分公司。

经营业务　2001 年，GSM 数字移动通信网络建成，第一个“130”移动手机号码问世。2002 年，CDMA 移动通信网建成投入商业运营。经过 3 年努力，GSM 八期工程、CDMA 三期工程竣工，建成 GSM 基站 81 个，CDMA 基站 77 个，敷设光缆 1100 公里，工程总投资近 3 亿元，网络总容量 17 万户。至 2005 年底，新建自办营业厅 3 处，合作营业厅 23 处，手机卖场 5 处，连锁型专营店 6 处，普通代理店 48 处，专业机构代理 11 处，发展直销人员 76 名，拥有 GSM 数字移动通信用户 5.5 万户，CDMA 数字移动通信用户 4.5 万户，开通 165 互联网，193 长途，IP 电话、视迅电话、198 联通秘书、联通无限等业务。2009 年，以宽带为重点，建成自有营业厅 15 个，合作营业厅 72 个，有效直供网点 1300 多个，安装空中充值机 300 多台，手机卖场 4 个。2010 年 1 月，张掖市分公司 WCDMA 业务正式投入商用。通过体验促动、渠道推动、终端拉动等举措，促进 3G 业务快速发展。至 2010 年底，拥有 GSM 数字移动通信用户 25 万户，固网用户 1.4 万户，互联网用户 0.4 万户。年业务收入 8000 多万元，利税 200 多万元。2011 年以来，利用光纤前移、光进铜退、新建 GPON 小区、对原有 ADSL 用户提速，加强跟进营销，推进“班班通”“校讯通”“平安工地”“智慧交通”“数字社区”等多个行业应用项目。2015 年，整合 2G/3G 业务，推进移动业务一体化运营。甘州区集团网格按照行业属性划分为5个全业务营销服务网格，每个网格配备1名网格经理和2—3名客户经理，承担其所属行业的用户发展、服务维系工作。以“智慧张掖”战略协议为突破口，重点围绕政府、教育、金融、交通物流、建筑、医疗卫生、能源、养殖、服务、驻地部队、中小企业等主要领域，开展目标客户攻坚。2016年，加快推进激发基层单元活力，加快集团单位整体转网步伐，加强社会渠道建设培育核心网点，严格落实实名制登记和黑卡专项治理，全部电话用户实名率达95%以上，新发展用户实名率达100%。

网络建设 2004年，建设GSM基站26个，CDMA基站21个。2005年，建设GSM基站19个，CDMA基站28个。2006年，GSM数字移动通信网络和CDMA数字移动通信网络进一步完善，建设GSM基站42个，CDMA基站11个，覆盖全市6县（区）城区、主要乡镇、国道、风景旅游点。2008年，新建基站34个，完成32个基站44个超忙小区工程扩容。2009年，新增载频194块，新增无线网络容量601.14Erl，新增用户容量26669户。2010年，完成GSM基站建设61个，新增载频334块，新增无线网络容量1036.4Erl，新增用户容量45000户，新建光缆线路312.6公里，话务较高地区拥塞问题等到有效解决。2011年，新增3G基站17个，达144个；新增2G基站64个，达305个，开通517个小区EDGE功能；新增宽带端口6045个，达12330万个；新增Wi－Fi热点覆盖7个。2012年，新增3G基站99个，达243个；新增2G基站85个，达到390个。2013年，建设基站214个，升级全网3G基站21M功能，将市区等数据热点地区的3G基站数据业务带宽扩容至42M，提高用户3G网络感知。2014年，完成753公里接入光缆建设，2015年，建设W基站151个，U900基站40个，LTE基站194个。新增分组网设备116端，接入光缆411公里，主干光缆221公里。至2016年末，分公司出账用户达到25万户，其中移动宽带用10万户，2G用户12万户，固定宽带用户1万户，4G/3G一体化套餐用户2万户。

第十三编

园区建设

第一章　张掖经济技术开发区

张掖经济技术开发区（以下简称“张掖经开区”），前身为1994年成立的张掖东北郊经济新区、张掖市甘州区东北郊新区、张掖工业园区和甘肃张掖工业园区，2013年经国务院批准升级为国家级经济技术开发区。规划总面积112.87平方公里（其中国批区7.6平方公里），建成区面积约23.5平方公里。已形成生态科技产业园、循环经济示范园、农产品产业园和煤化工产业园“一区多园”发展格局。张掖经开区实行管委会体制，县级建制，为市委、市政府派出机构，实行“市区共管、以区为主”的管理模式。管委会下辖园林资源管护站1个事业单位。直管下安村、东泉村和张家庄社“两村一社”共12个合作社，有农户557户2106人；下辖下安学校，在校学生219人。

张掖经济技术开发区中小企业创业园

张掖经开区位于甘肃省张掖市甘州区，毗邻兰新铁路、兰新高铁、G30高速、227国道，距张掖机场24公里，312国道、237省道、213省道从张掖经开区穿越而过。至2016年底，张掖经开区内企业总数达524户，其中工业企业188户，规模以上工业企业42户，辖区总人口5.9万人，企业从业人员3.99万人。辖区现有医疗机构13个，省属驻张科研单位5家，政府机关单位10家。形成以中种集团、正大集团、甘绿集团等企业为龙头的农副产品加工产业；以巨龙建材、巨龙铁合金、龙翔建材等企业为龙头的有色冶金新材料产业；以张掖火电、黑河新能源、天源机械、金鹰彩钢等企业为龙头的新能源及装备制造业；以河西制药、瑞和祥、大弓农化等企业为龙头的生物制药化工产业；以新乐配送、捷安物流、泰鑫物流、现代物流园等企业为龙头的现代服务业等五大支柱产业。

第一节　经济运行情况

至2016年底，完成地区生产总值84亿元，完成工业总产值88亿元，完成工业增加值16.1亿元，实现销售收入154亿元，实现税收5.2亿元，完成进出口总额280万美元；单位面积土地投资强度达100.58万元/亩，是全市平均水平的3.7倍；单位面积土地产出率2.92万元/亩，是全市平均水平的4.9倍。张掖经开区建成以后累计上缴税金近45亿元，其中2010—2016年上缴税金29.9亿元，为张掖经济社会发展做出重要贡献。2009—2016年，张掖经开区连续8年被省开发区建设发展领导小组评为全省十强开发区。

第二节　基础设施建设

张掖经开区成立以来，以构建生态科技、循环经济、农产品、煤化工产业园为发展目标，编制完成和评审通过《张掖经济技术开发区发展规划（2016—2020）》《循环经济示范园总体规划》《农产品产业园总体规划》《生态科技产业园控制性详细规划》等一批专项规划和配套修建的详细规划，完成土地集约利用评价及成果更新，通过省国土资源部门验收，规划建设符合“布局集中、产业集聚、用地集约”的总体要求。至2016年，张掖经开区累计投资25.7亿元，实施道路、供排水、供电、通讯、有线电视、绿化、美化等工程，园区硬件配套水平不断提高，承载力和吸引力不断增强。建成汽车交易市场、汽车救援中心、东部建材市场、花卉培育中心等集体经济实体，建成小康住宅楼488户，人均纯收入由1995年的1889元增长到2016年的12580元，增长6.6倍。生态科技产业园达到“九通一平”标准，循环经济示范园和农产品产业园达到“三通一平”标准。煤化工产业园总体规划正在编制中。先后建成循环经济示范园至张掖火电厂铁路专线8公里；建成城市二级道路85.4公里；建成330千伏变电站1座、110千伏变电站4座，架设输电线路117公里；建成日供水8万立方米自来水厂1座，敷设供水管道30公里；建成日处理8万立方米生活污水处理厂1座，敷设排污管道15公里；建成日利用2亿立方米天然气门站1座，敷设天然气管道10公里；建成通讯基站14座，敷设通讯光纤3164.46芯公里；设立邮电所1处，通邮覆盖辖区；构筑循环经济示范园防洪堤坝、泄洪沟各3公里；敷设有线电视光纤969.6芯公里，覆盖全辖区；累计植树136万株，配套路网绿化面积112.1万平方米，敷设绿化灌溉管网139公里，建成占地2326亩润泉湖公园1处；生态科技产业园绿化率达到35%，循环经济示范园和农产品产业园路网全部实现绿化；生态科技产业园和循环经济示范园主要道路架设路灯1150盏（组）。

第三节　项目建设

2000年以来，先后引进建成项目310多项，完成企业固定资产投资151亿元。世界500强的中国种子集团、中国国电，国内500强的中核集团、正大种业、上海航天、甘肃电投在张掖经开区落户；昆仑生化、甘绿集团、华瑞麦芽等21户国家和省级农业产业化重点龙头企业在张掖经开区建成生产加工基地。甘肃省电力投资集团公司投资28.6亿元建设的张掖2×300MW燃煤机组项目、张掖巨龙建材有限公司投资3.5亿元，

张掖经济开发区淘金创谷

日产2500吨熟料新型干法水泥生产线项目，国电龙源有限公司投资5亿元49.5兆瓦风力发电项目、华西能源张掖生物质发电有限公司投资3.5亿元生活垃圾焚烧发电项目、上海航天机电设备有限公司投资2.3亿元100兆瓦太阳能电池板及组件生产线项目、黑河水电新能源公司投资4.49亿元50兆瓦光伏发电等一大批项目相继建成。2010—2016年，建成投资上亿元项目34项，经济实力位居全省35个省级以上开发区前列，综合发展水平位居全国219个国家级经开区中等水平，为全市工业经济发展做出一定贡献。

第四节　招商引资

2000年以来，先后引进仲丁灵原药、2×300MW燃煤机组、8万吨麦芽、2万吨颗粒啤酒花、10万吨玉米淀粉、1000吨真空速冻食品、10万吨玉米种子加工、600吨铜钨多金属深加工、30万头牛羊屠宰加工、3万吨谷氨酸、20万吨高纯硅、2500吨熟料新型干法水泥、90万吨洗精煤、50兆瓦光伏发电等100多个项目，投资达100多亿元。特别是2013年3月升级为国家级经开区后，引进和建设项目160多项，总投资达到120多亿元，正大集团30万吨饲料生产线、华西新能源垃圾焚烧发电、润星生物3万吨沙棘果深加工、优冠食品冷冻食品等重大项目落地建设，招商引资实现从注重数量到注重质量的重大转变，成为全区工业经济的重要增长点和产业聚集地。

第二章　张掖滨河新区暨湿地保护

张掖滨河新区暨张掖国家湿地公园管理委员会2010年成立，县级建制。新区管委会主要负责编制新区经济社会发展规划，实施新区内项目工程建设监督和管理；合理开发和保护新区内自然资源、土地资源；编制新区财政预决算；新区财务会计监管、审计监督和国有资产管理工作；对外招商引资，协调建设中的重大问题；项目的工程报建、施工图审查、城建收费、施工许可、工程竣工验收等工作；依照相关的法律、法规收取建设、环保等有关费用；负责新区内建设工程的质量监督、安全管理和环保执法等工作；依据市城市执法部门授权，新区内的市容市貌、环境卫生、绿化美化、环境保护、户外广告、机动车辆停放、占道经营、建筑工地等行政执法检查和行政处罚工作；协调联络市、区各业务部门和单位开展联合执法；宣传、贯彻执行国家有关湿地保护的法律、法规和方针、政策；制定张掖国家湿地公园发展规划和各项管理制度，统一管理张掖国家湿地公园；负责张掖国家湿地公园湿地资源、生物资源、自然环境的生态安全管理；实施张掖国家湿地公园退耕还湿、湿地修复、生态建设和野生动植物保护。2012年成立“中国共产党张掖滨河新区暨张掖国家湿地公园工作委员会”及“滨河新区市政管理公司”，隶属管委会管理。2014年选举产生张掖滨河新区暨张掖国家湿地公园第一届工会委员会。2016年，与甘州区黑河湿地国家级自然保护区管理局合署办公。

第一节　滨河新区建设

规划设计　2016年底完成《张掖市滨河新区控制性详细规划（2012—2020）》（以下简称《规划》），由张掖市规划管理局委托甘肃省城乡规划设计研究院规划设计。张掖滨河新区位于张掖旧城区西侧，东北面与张掖国家湿地公园紧密相连，西北面与黑河相邻，规划范围东至昆仑大道，西至西三环路，南至南三环路，北至滨河大道，占地26.4平方公里。功能定位以滨水空间开发建设为特色，形成集行政办公、休闲居住、生态旅游、科研教育、客运商贸为一体的综合性的现代化生态宜居新区。规划总用地面积2637.45公顷，其中城市建设用地面积2378.38公顷，人口发展规模20万人。

《规划》以突出疏解城市中心区人口为目的，考虑本区现状形成的城市格局以及正在进行的建设项目和即将进行的建设项目，按照分期建设和经营城市的模式，划分为行政办公区、生态居住区、文体科教区、湿地水涵养区、客运商贸区。根据用地自然特征、规划功能定位和路网格局，总体规划为“一心两轴四区六组团”。“一心”：区级行政办公中心。“两轴”：行政中心轴线和生态湿地景观轴线。“四区”：以不同功能定位形成的行政办公区、文体科教区、湿地水涵养区和客运商贸区。“六组团”：分布于规划区内的六个生态居住组团。其中，湖区景观规划为“一片、三湖、六区、多节点”。“一片”：整个湖区绿化种植由草地、林地、花卉、湿地、砾石构成自然景观基底，通过地形变化、植物搭配，形成群体景观效果，突出大尺度生态自然景观。“三湖”：包括三个不同水面标高的湖区，分别为南湖、中湖与北湖，其中南湖水域面积30.5公顷，开展水上运动与沿岸大规模亲水活动；中湖水域面积35.4公顷，开展沿岸观赏和局部亲水活动；北湖水域面积66.0公顷，开展沿岸观赏和环湖亲水活动、登高俯瞰整个水域景观。“六区”：将湖区分为六个主要功能区，分别为酒店度假区、鸟类保护区、观鸟园、戏水区、特色植物观赏区和游客服务区。“多节点”：结合入口广场设置配套服务设施，形成周边居民日常休闲活动场地，各个休闲活动场地均具不同特色。

行政办公商务中心整体按照“中轴统领，一核九区”形式规划布局。“中轴”指以商务区广场南北走向中心线为轴线。“一核”指金融商务核心区，主要包括商务中心写字楼及东西两侧成“品”字布置的附楼和商务区广场等设施。“九区”指围绕中心商务区四周，由传统十字形街道划分为金融服务、公共服务、体育健身、文化艺术、休闲购物、商业居住、绿化景观等性质的九个功能分区。中央商务区建成后，将进一步集聚商气，推动滨河新区建设进程，形成新的行政经济中心。

物流园区定位为河西一流、西部领先的现代新型物流服务区，规划由“流区”和“商区”两部分组成。“流区”主要是新建高速公路综合项目区，在高速公路服务区的基础上，扩大规模，完善配套设施，满足集装箱运输车辆停泊服务、司乘人员住宿娱乐、特色产品经营服务，形成新型高速公路综合服务体。“商区”主要是建设大型专业批发市场，功能规划为“六中心”和“三基地”。“六中心”：金张掖公路客货运服务中心、车辆销售及配件交易中心、糖酒农副食品交易中心、建筑建材交易中心、家具及装饰材料交易中心、大型汽车维修救援服务中心。“三基地”：汽车自驾游服务基地、张掖特色饮食购物服务基地、农业生产资料和救灾救济物资仓储基地。

基础建设 基础设施建设。2008 年 12 月 31 日开工至 2016 年底，围绕“纵横交错、棋盘布局、贯穿四方”思路，建成北三环景观大道、西三环路等 40 多公里城市主干道。以中央商务区为核心，相继建成甘泉东西街、临松东西街等道路。物流园区创业大道、发展大道、东环路建成通车，新区城市路网框架已经成形。通信、电力等配套辅助设施跟进。构建城区生态屏障、引领城市建设、城市防护、绿化、造景功能，以湖区驳岸、入口广场、大成学校、黑河堤坝及水源涵养工程湖区绿化补植工程为重点，栽植绿化苗木 100 万株，种植地被 8 万平方米，建成总蓄水量 342 万立方米、面积 2250 亩的大水面生态景观。围湖造绿、建路护绿、修堤扩绿、空地增绿，累计完成绿化面积 3500 多亩，建设生态岛 180 亩。北湖生态岛完成围栏封育 5000 米，放养梅花鹿、孔雀等观赏性动物。

水源涵养工程规划建设。由南湖、中湖、北湖三部分组成的水景及湿地水源涵养区域，建成水面 2250 亩，主体工程概算总投资 7600 万元，完成投资 550 万元。一期绿化工程：滨河新区绿化工程规划为“一带三路一环”，即防洪堤绿化景观带和滨河大道、滨湖路、水韵街及环湖景观带绿化工程，绿化总面积 2490 亩。一期绿化工程 567 亩，栽植苗木 40. 3 万株，完成投资 1725. 5 万元。工程 2009 年 2 月开工，4 月竣工。二期绿化工程包括湖区景观绿化和西三环路绿化工程。其中，湖区景观绿化 1623 亩，铺垫砂石方 5. 7 万立方米，拉运覆土 153. 32 万立方米，栽植苗木 83. 12 万株，完成投资 7100 万元；西三环路完成绿化带 3. 45 公里，145 亩，栽植苗木 10. 18 万株，完成投资 280 万元。绿化灌溉工程新打绿化灌溉工程机井 3 眼，铺设管网 40. 33 公里，完成投资 187. 83 万元。工程 2009 年 3 月 19 日建设，4 月竣工。

电力建设。张掖市供电公司实施变电站、开闭站新建工程，10 千伏配套及延伸工程，电能替代工程等 16 项，总投资 1. 22 亿元。其中，2012 年完成 10 千伏五里墩开闭站、35 千伏滨河新区箱变、张掖宾馆水源热泵箱变、金安水乡小区水源热泵箱变、毓秀花园小区水源热泵箱变、临泽北路电缆工程，完成投资 4082 万元。2013 年完成宁和园 B 区一期商住小区水源热泵箱变、玉水商业街 A1、A2、A3#商业楼水源热泵箱变、毓秀家园二期水源热泵箱变工程，完成投资 272 万元。2014 年完成 10 千伏滨河新区昭武路配网延伸工程、滨湖路双回电缆工程、中央商务区水源热泵箱变工程，完成投资2453万元。2015年完成白塔110千伏送变电工程（变电容量2×50兆伏安）、白塔110千伏变电站10千伏送出工程，完成投资5107万元。2016年完成滨河新区腾飞路10千伏架空线路新建工程、滨河新区火塔路新建配变工程，完成投资284万元。

通信建设。2015年前，通讯机站及机房由中国联通张掖分公司建维投资建设，重点包括通信基站、室内覆盖、光缆管网/线路等建设。2015年后由中国铁塔股份有限公司张掖分公司统一承建，各运营公司联合付费共用。2013—2015年，公司在滨河新区规划区内建成仿路灯、仿树木型通信基站16座，完成投资460万元。其中，2013年2座、2014年4座、2015年10座。通信线路建设，采取购买政府统一建成通信管道设施形式，已付费使用管道10.6公里，完成投资127.2万元。

项目建设 至2016年底，完成自来水、污水和天然气接入工程，日供水能力8万吨的三水厂建成启动供水，城市天然气和热电联产供热主管网敷设到位，新区小区全面实现通气供热，山丹路蔬菜便民市场建成投入使用，建成22个公交车站点及配套设施，开通19路、新1路公交运营线。建成滨湖广场、大成广场、人民广场等11个中小型休闲广场及5.4公里环湖自行车道和人行步道。建成中央商务区，区城建、规划、环保、人社、财政、司法、审计、林业、水务、公安、法院、工会困难职工帮扶中心、残疾人康复中心、市工商局、市消防支队特勤中队、张掖高速公路执法大队、市地税局等单位业务及技术用房，大成学校、甘州中学开学招生，第二幼儿园全面建成，妇幼保健院投入使用，张掖大剧院主体完成，滨河新区体育公园足球场草坪场地建成，张掖二中分校、市第二人民医院规划建设。世贸大厦城市综合体、浙商广场城市综合体开工建设，新区公共服务功能日益完善。

产业发展 围绕打造宜居宜游产业，实现经济社会转型跨越发展的重要支撑，产业发展立足“蓝天、碧水、绿色、美景”生态元素，突出生态旅游、商贸物流、现代服务三大重点，城市经济发展实现生态化。

房地产业。至2016年底，先后有江西恒嘉、甘肃四建等18家房地产开发公司入驻新区，建成滨河小镇、绿洲家园、崇圣嘉园、南湖壹号等商住小区。2011—2016年，滨河新区开工建设房地产项目32个，面积387万平方米。其中，建成商品住宅22994套、280万平方米，商业地产45万平方米，销售商品住宅15162套、185万平方米，商业地产10万平方米，在建地产项目62万平方米。

商业物流。至2016年，建成占地7500亩的绿洲现代物流园，成功引进中石油5万吨加油城、四川愿景商贸城、北京光彩农贸市场、嘉信农产品交易市场、粮油主食产业园、恒滨建材物流市场、高铁客运中心等商贸项目，甘肃仕通汽车城、金岛汽贸超市、甘肃友好、天岳汽贸、正东汽贸等多个汽车4S店入驻园区，现代化汽车城初具规模，现代物流产业园区基本成型。

旅游服务业。祁连玉文化产业园建成投入运营，园区“一核一带五园”格局已经形成，被省旅游局评定为国家AAAA级旅游景区，被国家文化部命名为国家文化产业示范基地。甘肃省国土资源厅将祁连玉文化产业园（玉水苑）确定为“甘肃祁连玉研究开发中心”和“甘肃祁连玉鉴定评估中心”。张掖宾馆山水园林式五星级酒店建成投入运营，占地1500亩，总建筑面积约8.8万平方米。甘州府城总规划面积51万平方米，建筑面积13万平方米，复原府衙、镖局、票号、商会、五凤楼、鲁班楼六大古甘州建筑，布局禅境、耕稼、毓灵、金戈、市井甘州五个主题空间。2013年3月开工建设，围绕旅游“吃、住、行、游、娱、购”六大要素，新城大酒店、绿洲假日酒店建成投入运营，青海兆辉四星级酒店、家庭旅馆一条街开工建设，宁和园、肃南裕园、玉水商业街、中央公园等一批具有一定规模的特色旅游商业街区已建成，面向普通游客的经济型度假饭店和特色商业街区正在建设。

滨河新区水源涵养区体育旅游开发项目。充分利用滨河新区北湖、中湖、南湖区段特点，依托张掖植物园优势，建设具有湿地、花鸟、绿地、湖滨、水上娱乐等特色内容。满足市民社交及日常休闲需求的活动区，以帆船赛事、体验、青少年培训、水上娱乐等各类主题活动为载体，计划建成集度假住宿、商务会议功能于一体的综合化、多元化滨湖旅游度假目的地，5A大景区。该项目由上海云帆公司承建并完成规划设计。

滨河新区水源涵养区文化建设项目。2016年，开展水源涵养区及三大湖命名，面向社会公开征集279位作者、2132个作品，其中水源涵养区命名884个，三大湖命名1176个，水源涵养区九个小广场命名72个。经专家评审，全民投票，确定水源涵养区命名芦水湾生态景区，三大湖命名燕然湖（南湖）、云中湖（中湖）、居延湖（北湖），水源涵养区九个小广场命名水天一色广场、云水广场、怡水广场、丽水广场、乐水广场、润水广场、春水广场、玉水广场、秋水广场。

第二节 张掖国家湿地公园

概况 张掖国家湿地公园位于张掖城北、黑河东侧，总占地46.02平方公里，是西北内陆最具特色的湿地公园。体验区规划范围东至张靖公路、西至312国道、南至城市建设区北边缘、北至三闸村一社，总面积约6.95平方公里。功能结构为“两核一轴”“一环三区”。其中，“两核”指以南湖和北湖形成的两个旅游核心；“一轴”指贯通南湖游客中心至北湖鸟类科普长廊的湿地木栈道精品游览线；“一环”指电瓶车道形成的南北环路，主要承担核心区不同功能区的联系，为核心区的主要疏散道路；“三区”指湿地科普区、湿地休闲区和外围控制区。

湿地公园于2009年3月1日开工建设，重点组织实施入口广场、道路、生态恢复、水源涵养、旅游服务等工程。2016年底，疏浚水系18条23公里，围堰堵坝11道7.2公里，重点区域退耕还泽3163亩，开挖南湖、北湖等水面景观600亩、漂流河道3.9公里。建成栈道12公里、电瓶车道14公里，公园路1.7公里。修建南入口、西入口、东入口3个入口广场，建设观景长廊望芦轩100米，揽秀亭、真趣亭、清风亭、送香亭、漱玉亭等主要大景观亭10个，飞燕亭、红鹬亭、喜鹊亭等观鸟亭7个，水云桥、流泉桥、鹊桥、玉水桥等大景观桥5座，配套完善指示牌、警示牌、环卫等旅游设施。建成游客服务中心、甘泉府、生态垂钓园。开通电瓶车游览观光、趣味自行车、休闲马车游览，形成“栈道寻幽、荷塘赏月、激情漂流、湿地之恋、百鸟朝凤、烟波垂钓、苇海泛舟、湿地冬韵、湿地源探、鹤翔云天”十大旅游景观。

2009年12月被国家林业局正式批复命名为张掖国家湿地公园，2011年12月被国家旅游局评定为4A级旅游景区。2016年12月被国家林业局正式通过验收并授牌。

基础设施 编制完成《张掖国家湿地公园核心区景观规划》等6项规划，建成湿地栈道12公里、非机动车道14公里、亭台长廊14个，入口广场3处，总占地65亩，设置祁连玉景观石2处、入口标志石3块，疏浚渠道23公里、开挖漂流河4公里，修筑景观桥4座、围堰坝11道，形成南湖、北湖等湿地水面2800亩。

观景栈道工程。实现湿地水面、草滩、芦苇荡等片区和湿地内非机动车道相互连接贯通。观景木栈道全长12公里，栈道面层宽2米，部分为塑木材料，部分为全实木材料，完成投资458.7万元。

非机动车道工程。非机动车道全长18.2公里。规划在国道312线新河桥东侧开设通道入口，从新河桥沿湖岸利用现有机耕道进入湿地，经流泉十社、三闸一社、张靖公路、十里行宫、二中农场等地，形成贯通整个湿地区域的环状非机动车道。规划设计路面宽4—6米，平均回填厚度0.8米，面层为10厘米红砂罩面，基础为沙砾石，回填基础沙砾石11.73万立方米，铺筑红砂8357立方米，完成投资427.2万元。

入口广场工程。修建主入口广场、西入口广场、东入口广场及其配套设施。其中，主入口广场占地42.64亩，广场修建停车位178个，绿化面积5010平方米，道路面积12740平方米；西入口广场占地7.6亩，广场修建停车位40个，绿化面积1116平方米，道路面积3234平方米；东入口广场占地15.42亩，广场修建停车位20个，绿化面积430平方米，道路面积3620平方米，完成投资1061万元。

配套设施改造工程。工程于2010年8月开始实施，11月25日改造工程结束，累计完成投资136万元，拆除砖混围墙161米、砖木结构平房5间100平方米，清运土方及建筑垃圾142方，平整场地800平方米，疏浚渠道100米，形成湿地水面0.8亩，铺设地砖500平方米，安置祁连墨玉3尊，改造电瓶车库及管理用房670平方米，制作生态围栏300米。

南广场游客服务中心。2015年4月开工建设，同年11月建成投入使用，建筑面积809平方米，占地405平方米，框架结构，设计遵循4A级景区要求，基础工程采用混凝土预制桩独立基础，主体工程为钢筋混凝土框架结构，屋面铺挂水泥瓦、墙面防腐木板处理，内部以一层管理用房、公共卫生间、保安室、售票咨询室，二层医务室、游客接待室、管理用房等格局分布，建成11间用房，配有2个卫生间，排污采用玻璃钢化粪池，总投资250万元。

旅游服务 2016年底，完成主入口游客服务中心、流泉综合接待服务中心主体工程及部分装潢装饰工程，建成东入口、西入口、漂流河北码头管理房、便利店、马厩及公园管理办公室等设施，配套星级厕所1座、生态环保厕所5座、分类处理垃圾箱200个。购置观光电瓶车17辆，趣味自行车27辆、观光马车2辆并投入运营。

亭阁工程。2010年3月开工建成，红金度假村入口怡心亭、甘泉亭、揽秀亭、清风亭、真趣亭、望芦亭、送香亭7座亭阁及100米观景长廊，累计完成投资180万元。同时建成观鸟亭7座。其中，1号观鸟亭为鸟巢式，建造3座，占地105平方米，建筑面积68.8平方米；2号观鸟亭为双层上人平台式，建造3座，占地49.5平方米，建筑面积25.7平方米；3号观鸟亭为单层架杆式，建造1座，建筑面积63.8平方米，完成投资136万元。

游客服务中心工程（碧水湾）。投资936万元建成总建筑面积2444.12平方米，主要由20米×80米的长条形建筑组成；建成餐厅、咖啡店、展览厅、儿童游乐区、多媒体教室、管理办公室等多种服务设施。

流泉综合服务中心（甘泉府）。工程位于国家湿地公园内原流泉十社居民点处，建设用地面积69471.00平方米（合104.21亩），规划建筑面积20255.63平方米，总建筑面积为10151.84平方米（合15.23亩），框架三层，占地13015平方米（合19.52亩），是集购物、会议、餐饮、客房以及娱乐休闲等功能于一体的高档旅游服务中心。甘泉府项目总投资1.5亿元。一楼为大型会议室、精品屋、烧烤吧、商务办公场所及KTV娱乐设施；二楼为中餐厅、西餐厅、自助餐厅及宴会厅；三楼设有贵宾接待室、中型会议室及豪华客房。2012年9月，区城投公司全额出资成立张掖市甘泉府管理服务有限责任公司对甘泉府进行经营管理工作。

苇塘垂钓园。占地324.77亩，项目总投资2000万元。在环鱼塘周围修建垂钓草亭、垂钓平台、垂钓位等。

张掖城市湿地博物馆。位于张掖国家湿地公园南入口，项目总投资1.2亿元，规划总面积165亩，建筑面积5573平方米，湿地观鸟塔（42.6米）1座。整个建筑采用中式原生态建筑风格，与湿地浑然一体，形成“馆在水中，水环各岛”的独特风格，是以弘扬湿地文化、保护湿地生态为主题，集收藏、研究、展示、宣教、科普于一体的湿地生态博物馆和城市主题展示馆。

溜冰场项目。位于公园主入口北侧，总占地20亩，2013年由区水务局规划建成，2014年扩建20亩，2016年再次扩建，面积由原来20亩增加到2016年底的80亩。采用土工和防渗技术，配套建设坝体，经营项目主要有单人滑冰车、双人滑冰车、冰鞋、冰龙、冰上陀螺、滑板、冰上保龄球等多种冰上运动项目，满足大众不同年龄段的运动需求。经营时间为冬季12月至次年2月，从2013年新建至今累计接待游客3万多人，累计收入20万元，每年递增游客量3000人。

航道工程。航道西起鹊桥，与漂流河道相连，东止甘泉府，分两岔，总长2.25公里，中间保留一个面积约6万平方米芦苇岛。水面宽度为20米，水深1.2米，可以通行乘坐20人左右的机动船和人力船。

漂流项目。位于张掖国家湿地公园西入口，总投资500万元。全长2公里，从游客服务中心漂流上码头至谢家湾五号坝水域水云桥，漂流时间一个半小时，可以同时接纳3000人次。

导览标识。2009年制作匾牌12副、安全警示牌89个、引导指示牌21个、温馨提示牌45个，设置公园全景图、导览图、游客须知牌8个。2014年7月第二轮标识建设开工，12 月安装投入使用。至 2016 年新建导览标识，安装各类导览 559 块，其中景观标识大门 3 座，入口广场全景导览牌 3 块，功能分区、景区景点说明牌 14 块，动植物科普宣教牌 103 块，出入口、卫生间、停车场等服务设施指示牌 265 块，亭、桥、台、湖注解牌 84 块，警示关怀牌 40 块，石质景、桥、湖标识 47 块。

湿地文化。开展湿地采风和诗词、楹联等艺术作品创作活动，征集楹联 315 副，亭、桥、湖、景命名 332 个，诗 16 首、赋 5 篇、杂咏 18 篇；评选楹联 49 副，景观亭命名 22 个，桥名 33 个，湖名 25 个，景观亭廊悬挂安装楹联 40 副、匾牌 25 块。在主入口、姊妹亭公厕制作湿地风光图片、湿地摄影作品、温馨提示等标识牌 90 多块，将湿地文化元素融入湿地建设，公园文化内涵、地方文化特色、观赏品味和人文魅力明显提升。征集张掖国家湿地公园 logo 标识，邀请全国书画院副院长、知名书法家曾来德题写张掖国家湿地公园名称，安放湖、桥、景观等景观石 70 块。

生态恢复 大力实施生态保护工程，完成退耕还湿地 3163 亩、恢复湿地植被 3000 多亩，黄水池堆筑鸟岛 7 座，疏浚水系渠道 1.5 公里，栽植苗木 4.2 万株，绿化河堤 10 万平方米，种植荷花 7 处 30 亩。

植物补植补造工程。2009 年 4 月，按照“顺应自然、简单梳理、恢复原生态”思路，全面开展湿地植物补植补造工作。至 2016 年底，平整退耕鱼塘 1300 亩，清理垃圾 205 方，恢复芦苇 2000 亩、红柳 247 亩、沙枣 50 亩、胡杨 10 亩、荷花 4.5 亩，完成投资 290 万元。

水系疏浚工程。2009 年 5 月，按照“上疏下浚、疏浚结合、适度疏理、涵养水源”思路，在张靖公路西侧、红金度假村以北区域内实施水系疏浚工程。至 2016 年，完成渠道疏浚 23 公里，修建围堰堵坝 11 道 7.2 公里，自然形成水面 2200 亩，完成工程量 14 万方、投资 360 万元。2015—2016 年实施黑河湿地湖泊生态恢复治理项目，疏浚自然水面 145 亩。

绿化景观工程。投资 119 万元，完成漂流河两侧 24880 平方米、道路绿化 44840 平方米、南湖绿化 73600 平方米和北湖入口绿化 26680 平方米，总计绿化种草 17 万平方米。

丹顶鹤繁育中心。张掖国家湿地公园丹顶鹤繁育中心功能规划结构为“六大功能片区”，即门户区、停车区、文化艺术区、综合管理区、饲养繁殖区、放飞观赏区。繁育中心概算总投资 7020 万元，项目建设期限 3 年，规划总占地 59062 平方米（一期 27733 平方米、二期 11105 平方米、三期 20224 平方米），建筑面积 6197 平方米，配套建设管理及设备用房 569 平方米、文化艺术中心 1296 平方米、繁育笼舍 1296 平方米、放飞笼舍 2515 平方米、幼鹤笼舍 380 平方米、观鹤塔 144 平方米、观景草亭 72 平方米。成功引种丹顶鹤 16 只、白头鹤 2 只。

黑河湿地湖泊生态恢复保护示范项目。该项目具体包括 3 个分项目：湿地南湖疏浚工程，2015 年 2 月开工建设，是年 10 月完成湿地水域疏浚、沙枣林恢复与保护、湿地生物多样性恢复与保护、水系（水脉）疏浚、生态围栏保护等 5 项工程。湿地湖泊污染源治理工程，修建谢家湾污水处理提升泵站、谢家湾安置小区排污提升泵站。润泉湖湿地截污工程，修建润泉湖污水处理配套设施。续建工程主要包括湿地水域疏浚、芦苇原生态修复、湿地生物多样性恢复与保护、水系（水脉）疏浚、水域清淤、湿地防火巡查木栈道、生态围栏保护工程。

第三节　湿地生态保护

甘州区黑河湿地国家级自然保护区管理局2012年成立，副县级建制。2014年，成立“中共甘州区黑河湿地国家级自然保护区管理局支部委员会”，选举产生甘州区黑河湿地国家级自然保护区管理局工会委员会。主要开展湿地保护宣传、贯彻执行国家有关自然保护的法律、法规和方针、政策；制定辖区内自然保护区的发展规划和各项管理制度，统一管理全区湿地资源。调查辖区内自然保护区的自然资源并建立档案，负责辖区内植被、土壤、气象、水文、生物多样性等方面的监测与研究。负责辖区内自然保护区湿地资源、生物资源、自然环境的生态安全管理；负责实施辖区内自然保护区退耕还湿、湿地修复、生态建设和野生动植物保护，组织打击偷盗、猎捕野生动植物资源的违法活动。制止各类影响辖区内自然保护区湿地环境保护的生产经营活动；制止在辖区内自然保护区进行放牧、狩猎、采药、开垦、烧荒、开矿、采石、捞沙等行为。

2008年，张掖市委、市政府作出顺应自然，恢复生态，建成黑河湿地保护区，建设全国离城市最近的湿地公园的重大决策。之后，张掖境内沿黑河径流形成的62万亩天然湿地成功申报晋升为张掖黑河湿地国家级自然保护区，保护区（甘州段）东至甘州区三闸镇新建村，西与临泽段保护区接壤，南至甘州区三闸镇东泉村，北至甘州区红沙窝国有林场，保护区总面积6116.88公顷，其中核心区面积2252.47公顷、缓冲区总面积948.63公顷、实验区总面积为2915.78公顷，拥有张掖国家湿地公园和润泉湖张掖国家城市湿地公园，成为构筑西部生态安全屏障的重要节点。2009年3月，张掖国家湿地公园开工建设；同年12月，张掖国家湿地公园被国家林业局正式批复命名为甘肃唯一、黑河流域首家国家湿地公园建设试点，润泉湖公园被国家住房和城乡建设部批复命名为“国家城市湿地公园”。“十二五”时期，围绕建设绿洲生态安全系统，大力实施湿地湖泊保护、湿地水生态修复、湿地生态多样性恢复等生态恢复和建设工程，提高生态环境承载能力，区内湿地生态环境得到根本性恢复。2015年12月，张掖黑河湿地国家级自然保护区列入国际重要湿地名录，成为我国第49块国际重要湿地。

湿地资源管护　编制湿地资源管护方案，实施湖泊治理、生态修复、湿地恢复与治理等原生态修复建设项目，完成新墩镇白塔村五、六社退耕还泽18公顷，埋设湿地界桩、小型界碑、宣传牌200余块，铺设湿地巡护道路、栽植水生植物、拉设防护栏，为湿地生态功能恢复营造了良好的硬环境。构建横向到边、纵向到底的三级管护体系，搭建“一网两平台”管护框架，与涉湿部门单位层层签订目标责任书、组建湿地管护队伍、聘请管护人员，加大自然保护区及湿地资源巡查管护力度。联合市湿地局、区国土局、水务局、林业局、环保局、畜牧局等相关部门单位，制止毁湿行为12起，立案查处毁湿案、黑河河道非法采沙案等乱开滥垦、乱征滥占、倾倒垃圾等毁湿案件2起，结案率100%。

湿地科研监测　完善《湿地样地调查规程（试行）》和《湿地鸟类监测办法（试

行)》，强化湿地样地调查和鸟类监测工作，健全完善湿地监测评价指标体系和湿地资源信息数据库。监测全区湿地区内植物主要有17科33属48种，湿地鸟类由2012年的8种增加到2016年的32种，包括国家二级保护野生动物大天鹅、黑天鹅、红隼、大鵟等4种，国家“三有”（有重要生态、科学、社会价值的陆生野生动物）保护动物28种。加强与科研院所合作，与河西学院、甘肃省湿地资源保护与产业开发工程研究中心达成湿地科研合作协议，加强对动植物资源的科研监测合作，形成《甘肃张掖黑河湿地国家级自然保护区生态服务功能价值及演替驱动力研究》科研成果，通过省市科技部门验收并获奖。2016年建成张掖国家湿地公园科普宣教中心。

第三章　张掖国家绿洲现代农业试验示范区

张掖国家现代农业试验示范区是张掖市与中国农业科学院合作共建的国家级现代农业试验示范区，县级建制，位于张掖市区以南，规划面积3.06万亩，计划总投资4亿元，涉及甘州区梁家墩、党寨、大满3个乡镇12个村和3个农林场、1个畜牧科技试验站，总人口1.08万人，是甘州区国家现代农业示范区的核心区，也是张掖“1+5”生态城市框架的重要组成部分。

第一节　发展概况

2009年3月，开展摸底调查、资料整理、区域选择、初步设想方案编制等工作。是年5月，编制《张掖现代农业产业试验示范园区建设构想》《张掖现代农业产业试验示范园区建设大纲》。是年9月，委托中国农科院农业资源与农业区划所具体承担园区总体规划。同年10月，在中国农业科学院召开《张掖绿洲现代农业试验示范区总体规划》评审会并通过审核。2010年3月，张掖绿洲现代农业试验示范区在甘州区党寨镇汪家堡村七社开工建设。示范区以“绿洲农业，生态文明”为建设主题，依照“一轴、两翼、三板块”的总体规划布局，按照“多采光、少用水、节省地、高效益”的建设要求，从南向北建

绿洲示范区优质玉米制种产业基地

成节水型标准化生产示范、农业试验示范、生态农业试验示范三大板块，形成了“一区三基地”的建设格局，即核心区——张掖绿洲现代农业试验示范区；三基地——优质制种产业基地、优质畜牧产业基地和优质果蔬产业基地。至2016年底，示范区累计投入资产24.79亿元，整理土地6.15万亩，修建各类渠道172.6公里，衬砌渠道57.9公里，铺设管灌、滴管287公里，引进龙头企业17家，培育各类专业合作社47个，流转土地2.5万亩，新建小康住宅4250户。栽植各类苗木31万株，开展农林牧科技试验400多项。形成“市场化、科学化、组织化、实施化、集约化、社会化”等多特征为一体的现代农业发展格式。

2010年8月，示范区被农业部命名为国家现代农业示范区。2013年5月，甘州区国家现代农业示范区又被国家农业部、财政部等5部委确定为国家农业改革与建设示范区。

第二节　组织管理机构

2009年7月，成立“张掖国家级农业高科技产业示范区建设领导小组”，下设建设指挥部，农办主要负责人任指挥部办公室主任。2010年1月，成立张掖绿洲现代农业试验示范区建设工作组，由办公室、土地整理工作组、水利工程工作组、绿化工程工作组、道路工程工作组、试验示范推广工作组、科研项目对接工作组、新农村住宅建设工作组等8个专业工作组组成。各工作组组长由区属相关部门领导担任，成员由相关单位抽调。同时成立由中国农科院、张掖市委、甘州区委、河西学院相关部门主要领导为成员的领导小组。同年4月，张掖市机构编制委员会办公室下发《关于设立张掖绿洲现代农业示范区管理委员会的通知》：“同意你区设立张掖绿洲现代农业示范区管理委员会，管委会主任、副主任由甘州区领导兼任，管委会下设4个科级事业机构，核定科级干部职数6名”。同年6月，甘州区机构编制委员会下发《关于成立张掖绿洲现代农业试验示范区管理委员会的通知》：“张掖绿洲现代农业试验示范区管理委员会，下设办公室、项目管理部、规划建设部、计划财务部4个科级事业机构。核定事业编制25名，其中科级领导职数6名”。同年8月，甘州区被农业部认定为第一批国家现代农业示范区，张掖绿洲现代农业试验示范区上升为国家级现代农业试验示范区。2013年7月、8月，区委、区政府对示范区管委会下设“一办三部”，通过招考配备干部和领导，共10人。至此，张掖绿洲现代农业试验示范区组织机构，由示范区建设管理处的临时机构，正式转变为由甘州区政府领导下的示范区管理委员会正式机构。

第三节　示范区运行机制

张掖绿洲现代农业试验示范区建设采用“院地合作、农民参与、企业带动、政府服务、科技支撑、资金扶持”的建设机制。坚持“谁投资、谁受益”的原则，鼓励引导企业、科研院校、专业合作社、农民直接投资园区建设，充分体现企业、科研院校、专业合作社、农民的主体作用。

院地合作。由政府整合各类项目资金，利用张掖丰富的绿洲农业区域资源优势和劳动力优势，为科研院所（校）建设提供符合农业科学试验示范的场地和优质的服务。双方优势互补，打造现代农业科技发展平台，形成共赢的发展态势。

科技支撑。以提高自主创新能力为目标，建立与现代农业发展相适应的农业先进适用技术引进机制，组装集成和熟化一批农业先进适用技术成果，并在张掖绿洲现代农业试验示范区示范和应用，提高科技创新能力和水平。

农民参与。农民的土地和劳动力既可作为张掖绿洲现代农业试验示范区的试验田和合作方，也可作为试验员工，示范区内农村基层组织、农业专业协会组织将在整个过程中起到组织作用、推进作用。经过专业化的参与培训，使农业试验示范区的农民成为一支农业科技产业工人队伍。

政府服务。主要做好示范区的规划设计，通过整合项目资金配套，按农业标准化试验示范的要求，配套建设农业试验示范区的田、水、电、路、林、通讯和农村社区等基础设施；制定相应的土地、科技、人才、金融等政策，为科研教学机构、入园机构提供科学的试验条件和创业环境。

龙头企业带动。龙头企业按照“公司＋基地＋农村基层组织（农业专业协会）＋科技＋农户”的产业化经营形式的要求，建立标准化试验示范生产基地，开展农业技术的集成、示范与推广，建立标准化农产品生产基地，与生产基地的农户签订生产合同，按标准示范生产，提高农业收益，增加农民收入。

资金扶持。依托农业试验示范区的平台，争取中央、省政府的支持，发展农村保险事业，健全政策性农业保险制度，建立农业再保险和巨灾风险分散机制。

第四节　示范区总体布局

张掖绿洲现代农业试验示范区实施核心区、产业聚集区和辐射带动区三区联动。张掖绿洲现代农业试验示范区辐射带动张掖地区农业发展；产业聚集区布局于张掖市甘州区内，涵盖甘州区国家现代农业示范区；张掖绿洲现代农业试验示范区（核心区）布局于甘州区市区以南，北以G30线高速公路起，沿张党公路向南到大满干渠，以张党公路为中轴，向东西两侧各规划500米；在张党公路500米两侧，以盈科干渠为北界、以水务局农场南侧为南界，再向西延展到雷寨村主干道，（包括有陈家墩村、三十店村和雷寨村）向东延展到党寨村主干道（包括有汪家堡村和党寨村），核心区总面积为33827亩。其中，农用地25781亩（水浇地20935亩、菜地780亩、果园1760亩、林地2078亩、畜禽用地13亩、各类草地97亩、其他用地118亩）；建设用地3789亩（建制镇214亩、农村居民点3151亩、独立工矿用地285亩、特殊用地110亩、公路用地29亩）；未利用地4257亩（荒草地87亩、沙地4136亩、裸地34亩）。由3个乡镇，11个村、60个社、2958户、3个农林场、1个畜牧科技试验场组成，总人口10820人。

按地理位置和功能需要，张掖绿洲试验示范区规划为“一轴、两翼、三版块”。

“一轴”以张党公路为中心，向东西两侧各规划500米，北以G30线高速公路起，沿张党公路向南到大满干渠，全长12公里为一主轴。“两翼”是沿张党公路中轴北起盈科干渠、南至区水务局农场，向东西两侧各规划500米，再向西延展到雷寨村主干道（包括有陈家墩村、三十店村和雷寨村），向东延展到党寨村主干道（包括有汪家堡村和党寨村），为农业示范区，称为“两翼”。“三板块”是以张党公路为中轴，由北向南北以G30线高速公路起向南到盈科干渠，以张党公路25米红线两侧各外延500米，全长6000米，规划面积7503亩，为节水型农业标准化生产示范板块。该板块以设施园艺标准化生产示范区、农作物良种生产示范区为主；从盈科干渠开始向北，沿张党公路中轴向东西两侧延展，向西延展到雷寨村主干道（包括有陈家墩村、三十店村和雷寨村），向东延展到党寨村主干道（包括有汪家堡村和党寨村），两翼北界为盈科干渠，南界为水务局农场南侧，规划面积16800亩，为农业试验示范板块，该板块分为试验区和示范区；由区水务局农场向南到大满干渠地段，为生态试验示范板块。以沙地设施养殖、沙地林草试验示范、沙地生态设施种植试验示范、沙地生态治理试验示范等戈壁农业为主，规划面积4800亩。

在农业试验示范板块中，建设现代农业科技中心，包括“一室”“三园”“一心”。“一室”即一个公共实验室，按各学科实际需要建设一个公共实验室。“三园”即农作园（是为国内外科研单位、农业院校、农资企业开展大田作物遗传育种、栽培耕作等学科的试验研究规划的研究基地）、园艺园（为国内外科研单位、农业院校、农资企业提供设施园艺试验场地及良好的试验条件）、农业科技合作园（是为来自世界各国的农业科学家搭建的合作试验研究平台）。“一心”即管理中心，是示范区管委会办公所在地，黑河绿洲论坛会址，入区专家的公寓，农业展示的窗口。

第五节　示范区功能定位

试验示范功能　利用张掖已有优势，吸引国内外科技人员开展试验示范，通过试验研究，开发农业高新技术，研制农业高新技术产品，对已成熟的技术和品种进行推广。

农业标准化生产功能　通过用现代工程技术、现代生物技术、现代水肥管理技术、现代生物防治等技术，种植业、养殖业特色产业按照标准化生产技术，生产出高效、优质、无公害的绿色食品。现代农业科技展示、辐射功能。实现农业科技新成果的转化、普及和推广，规划核心区在国际与国内现代农业对接、现代农业与传统农业对接。

教育培训功能　对基层农业干部、广大农民骨干开展不同层次、不同形式的农业管理技能培训、专业技能培训、绿色证书培训；提高当地农业基层干部、广大农民骨干的农业综合素质；为大学生就业建立稳定的、满足教学和就业需要的实习实训基地。

休闲观光功能　通过高效设施农业为都市居民提供休闲、娱乐、体验、感受农业科技文明和农业文化、放松身心，愉悦心情的理想胜地。

劳动就业功能　充分利用核心区内农户的土地，科技人员在区域内的试验示范，使农户变成试验员和产业工人。

生态保护功能 运用“节能减排”和循环农业理念，充分利用农业废弃物资源，沼气池产生的沼液、沼渣等有机肥料运用于农业生产中；新农村居民点运用农业资源新技术；开展沙漠整治技术的试验示范、沙漠设施种植技术、沙漠设施养殖技术，高效利用沙漠的途径。

新农村建设示范功能 倡导节能减排理念，建设综合性、多功能生态环保型社区，培养农民科学的生活方式，使试验示范区成为现代农业农村的标杆。

第六节 绿洲示范区建设

基础设施建设 土地整理。2010 年 3 月，张掖绿洲现代农业试验示范区开工奠基。张掖绿洲现代农业试验示范区土地整理项目由土地平整、农田水利、田间道路、农田防护林及其他工程组成。总投资 4050 万元，整理土地 31161 亩，整理后新增耕地 3215 亩。项目分四期完成。一期工程 2010 年 3 月开工，同年 4 月完工。项目范围为党寨镇汪家堡村 3500 亩耕地。项目区范围在示范区东翼，北至盈科干渠，南至超旱生牧草基地，西靠张党公路，东接党寨村主干道。土地平整共采伐树木约 8 万株，迁葬坟墓近 1000 座，开挖、换填熟土约 800 万立方，建成 200 × 50（米）的标准连片土地 3900 亩，净增土地面积约 400 亩。二期工程 2010 年 10 月开工，2011 年 3 月完工。项目范围为党寨镇雷寨村、三十里店村 7305 亩耕地。建成 200 × 50（米）的标准连片土地 7580 亩，净增土地面积 275 亩。三期工程分为两个项目：一是甘州区党寨镇高标准基本农田建设项目，2012 年 10 月开工，2013 年 3 月完工。二是甘州区党寨镇基本农田整理项目，项目区位于甘州区党寨镇烟墩村、田家闸村、中卫村，建设规模 8332 亩。建成 200 × 50（米）的标准连片土地 8812 亩，净增土地面积 480 亩。甘州区党寨镇基本农田整理项目分为 A、B 两个片区，A 区位于甘州区党寨镇中卫村和雷寨村，B 区位于甘州区水务局农场、市园艺场和大满水管所农场，项目总规模 3540 亩，其中 A 区 2160 亩；B 区 1380 亩。项目 2012 年 10 月开工，同年 11 月完工。两区建成 200 × 50（米）的标准连片土地 4013 亩，净增土地面积 473 亩。四期工程 2013 年 10 月开工，同年 11 月完工。项目范围在示范区西翼汪家堡、陈家墩两个村，完成土地平整项目 6800 亩。

道路建设。主干道盈科干渠至大满干渠段。全长 7 公里工程，按照二级公路设计，水泥路面铺设。工程投资 1470 万元，2010 年 11 月通车。主干道南二环至党寨镇段，全长 6.91 公里，设计路基宽 9 米，路面宽 8.5 米，沥青砼路面，浇砼硬化路肩，工程总投资 962 万元，2011 年 6 月通车。张党公路盈科干渠桥，设计为 1 米—10 米空心板桥，桥宽 12 米，桥梁荷载等级为公路Ⅱ级，总投资 63.8 万元，2011 年 8 月通车。示范区内次干道、支线、田间生产道随土地平整项目进行。土地平整一期时，新建路面宽 6 米的田间道 4.4 公里，新建路面宽 4 米的生产路 9.4 公里；二期新建田间道 3.55 公里，新建生产路 16.89 公里；三期新建生产路 12.635 公里。

水利设施建设。示范区水利设施建设主要按土地整理项目要求，进行斗渠以下及高新节水项目建设。土地整理项目一期修建斗渠 2 条 4.4 公里，农渠 33 条 16.1 公里；开挖回填滴灌主管道27公里，支管道21.5公里，安装首部系统9套，引进安装国内最先进的滴灌智能化管理系统1套，铺设滴灌带260公里；二期修建斗渠1.13公里，农渠1.65公里，配套斗渠水闸4座；三期改建衬砌斗渠8条，总长1.608公里，改建初衬农渠13条，总长14.04公里，改建水闸79座，保留支渠一条，长1.36公里。2012年在党寨镇汪家堡村实施3000亩玉米标准化生产示范基地的滴灌配套工程。2013年完成梁家墩镇五号、清凉寺村1800亩节水示范工程。2014年在党寨镇下寨村配套100座150亩日光温室水肥一体化技术设备。在党寨镇三十店村，开展利用河水进行滴灌的灌溉技术试验300亩，配套安装滴灌带14万米，开展河流域智能化灌溉研究，铺设滴灌带45万米，安装完成自动化控制设备；建成地埋式滴灌试验示范面积246亩，开展滴灌高效节水技术示范建设395亩，铺设PVC管道6公里，配套滴灌工程滴灌带425公里；完成中卫、田家闸13公里田间配套工程及中卫村70座温室大棚的滴灌设施配套。2015年完成党寨镇1600亩滴灌配套工程。梁家墩镇五号村800亩8公里、六号村150亩2公里、四闸村150亩2公里低压输水网管建设项目。2016年完成梁家墩清凉寺村1000亩、12公里低压输水网管、三工村高原夏菜标准示范园280亩的低压输水网管建设。

绿化工程建设。2010年完成盈科干渠至大满干渠主干道绿化6公里，配套农田林网7公里，栽植各类苗木10.2万株。结合土地整理工程，一期配套农田林网苗木6.8万株，二期4.5万株，三期1.47万株，四期1.2万余株。2013年完成张党公路南二环路口至大满干渠主干道两侧绿化及补植补造0.32万株，田间林网种植苗木1.36万株。2014年在示范区四周、田间道与生产路两侧种植苗木123万株，张党公路补植树木500余株，在科技研发中心展馆外围新栽苗木栽植各类绿化苗木5358株，栽植各种花卉35500株。2015年完成农田林网配套1.85万株，2016年完成农田林网配套2.11万株，张党公路补植树木350余株。

绿洲示范区花卉示范基地

科技研发中心综合楼。张掖国家现代农业示范区科技研发中心综合楼由张掖市发改委立项批复，功能定位于农业科技研发、培训和学术交流。建筑形制为六边形维合，建筑四层，占地5302.75平方米，总建筑面积10824.45平方米，建设地点张党公路12公里处（核心区），土建工程结算价2147.31万元，装修布展及室外配套概算总投资4048.85万元。2012年4月开工建设，2015年5月完。

农业科技创新能力建设 绿洲现代农业展馆建设。在研发中心一层，由北京水魔方数字科技有限公司设计。展馆总建筑面积2729平方米，展馆布置以展板、模型与实物、灯箱、多媒体、机械模型、幻灯片等方式，全面展示“走进张掖”“发展历程”“累累硕果”“农业科技”“众力同心”等功能区。2014年4月开工建设，2015年10月硬件设施完工。2016年完成布展工作。

院（校）地企科技合作。2010年开始，至2016年，示范区先后引进中科院遥感试验站、中国农科院旱生超旱生试验基地、登海种业杂交玉米种子加工厂、隆平高科公司玉米制种SPD技术推广应用试验中心、甘肃前进畜牧业、瑞克斯旺种苗（公司）、上海善之荣生物科技公司等科研院所和科技型企业；与中科院、中国农科院、中国农业大学、甘肃农大、甘肃省农科院等科研院所建立长期科技合作关系。

高标准智能化工厂育苗温室建设。2012年整合相关项目资金530万元，在研发中心建设面积4800平方米智能化工厂育苗连栋温室1座。2015年由省发改委批复立项投资500万元，由管委会在研发中心建设面积4800平方米智能化工厂育苗连栋温室1座，绿洲示范区内集约化穴盘基质育苗面积达到2.46万平方米。年生产优质蔬菜种苗达到2000万株以上。

农业新技术试验示范　2010年投资210万元，由科研院所、涉农企业、市区技术推广单位，共同完成各类试验示范项目16项。2011年投资1333万元重点开展高效节水、农林、畜牧等43项试验。投资3500多万元，建设设施农业、高效农田节水、标准化养殖等各类标准化高效示范点18个，涉及示范项目28项。2012年投资375万元，重点开展农业新技术、新品种引进试验、高效节水、畜牧科技、林业科技等现代农业试验34项。投资7085万元，开展设施农业建设、高效农田节水、标准化养殖等现代农业示范28项。2013年投资420万元，重点开展农业科技、高效节水、畜牧科技、林业科技等现代农业试验26项。投资4500万元，开展杂交玉米种子标准化生产、优质畜牧产业生产、优质果蔬产业生产、设施农业、高效节水等现代农业示范24项。2014年投资1775万元，实施高值农业技术试验示范、设施农业技术及工厂化育苗、现代农业新技术展示观光、日光温室水肥一体化技术示范、设施农业机械化示范等20项。2015年投资1275.5万元，围绕制种、草率、果蔬等主导产业，涉及农、林、牧、水、农机、高值农业技术试验示范的17类试验示范项目进行。2016年投资510万元，围绕制种、草率、果蔬等主导产业，开展16项示范工作。

绿洲示范区农业新技术试验示范基地

龙头企业 山东登海先锋种业有限公司。2010年10月由示范区管委与山东登海先锋种业有限公司签订建设年加工6500吨玉米种子生产线的协议。2011年开工建设，占地262亩、总投资2.2亿元，2012年9月投产运行。

瑞克斯旺蔬菜（张掖）种苗研发中心。2011年6月投资500万元，2011年10月建成智能化联栋温室1座2000平方米，高标准试验示范日光温室6座的。

前进绿洲良种奶牛试验示范场。2011年投资8000万元，开工建设存栏3000头的前进绿洲良种奶牛试验示范场，2012年10月建成。

中科院遥感试验站。2012年，开工建设占地30亩、基础设施投资700万元、站内仪器设备投资900万元的中国科学院黑河遥感试验研究站，2013年3月完成第一期基础建设并投入使用。

张掖善之荣食用菌公司。2014年5月开工，投资8000万元，日产10万袋的食用菌种生产线于2014年8月建成出菇。

第四章　石岗墩农业高科技示范园区

石岗墩农业高科技示范园区位于国道227线旁、张掖市甘州区城南18公里处，由梁家墩私营企业家、张掖市三建五公司总经理宋有年开发建设。

第一节　园区概况

张掖石岗墩农业高科技示范园基地，1995年开始规划建设。1997年被地市列为高科技农业综合开发示范基地，旨在防风固沙，维护生态，发展沙产业。示范基地规划面积12.52万亩，其中一区规划面积为7.1万亩，主要发展高效种植业和规模养殖业；二区在张民公路以东至飞机场道路南侧，规划面积3.77万亩，重点发展高效节能温室；三区在张民公路以西横向延伸1公里，南北纵伸7.6公里，规划面积1.34万亩，主要栽植独龙架超短枝葡萄，形成一个以高科技葡萄基地为龙头的新型葡萄基地；四区为待开垦地，五、六区为现有耕地；七区在新沟道班以北，张民公路沿线两则，规划面积0.31万亩，重点发展农产品加工企业和果品基地。

基地开发建设以来，先后有35家单位和个人参与沙产业开发。至1998年，投入开发资金3000万元，开垦沙荒地3万亩，修建中型大棚8座，高效节能日光温室55座，新打机井47眼，高标准“U”渠28.7公里，低压输水管道5公里，架设高低压线路45.4公里，新建半移动式喷灌2700亩，种植高效经济作物2.4万亩（蔬菜、棉花、红花、干草、瓜类等），定植经济林1000亩，建成温室滴灌20亩。葡萄滴灌100亩，完成道路建设17.8公里，修建千口猪场6个，千只羊场3个，引进国内外名优特产品15个，如美国蛇果，日本独龙架超短枝葡萄，以色列黄瓜、番茄、甜瓜，国内的人参果、油桃等。以色列高标准现代化温室大棚等一批高新技术得到广泛应用，高科技农业示范基地已成雏形。

第二节 园区建设

1995年，原张掖市三建五公司总经理、农民企业家宋有年以梁家墩镇刘家沟村村办林场不到200亩的撂荒地为起点，投资3200多万元，在石岗墩戈壁荒滩整地、挖沙、取石、换土、栽树，营建高标准的农田防护林，开始建设石岗墩农业高科技示范区，被省农业开发办列为农业综合开发项目区，同年被张掖市政府列为高科技农业示范园区。1996—2000年，引进具有世界先进水平的以色列国奥尔吉尔公司的现代化温室设备和技术，建起了集无土栽培、滴灌、喷灌、自动调温控温等高新技术为一体的高科技式大棚4座，自行研究开发的带有防风、防寒且经济适用的连体大棚5座，高科技“中式有年日光节能温室”60座，温室总面积达100多亩。2000年，在石岗墩农业高科技示范园区内建设马铃薯雪花粉淀粉厂、精淀粉厂，后更名为“张掖市有年金龙马铃薯雪花全粉食品工业有限责任公司”。2000—2005年，石岗墩农业高科技示范园区累计生产各类高档精细蔬菜1000多万公斤；现代化千头牛场5000头猪场和5万只蛋肉鸡场，累计生产各种肉类63.5万公斤；1350亩经济林示范园已进入挂果期，年产各类优质果品62.25多万公斤。2006年5月，张掖市有年金龙马铃薯雪花全粉食品工业有限责任公司与荷兰艾为口集团公司签署1.5亿欧元合作经营意向书。2006—2010年，张掖市有年金龙马铃薯雪花全粉食品工业有限责任公司投资2.5亿元，先后引进荷兰汤马斯机械公司的技术设备和芬兰斯达泰克机械公司最先进的马铃薯颗粒粉生产线。建成6000吨雪花全粉、6000吨颗粒全粉、10000吨精淀粉、20000吨酒精、5000吨浓缩果汁、1500吨休闲小食品共六条生产线。其中，6000吨颗粒粉生产线目前是亚洲第一家，填补了我国颗粒粉生产线的空白。雪花全粉、精淀粉、酒精、小食品等产品综合联动生产规模在国内属第一。2011—2016年，石岗墩农业高科技示范园区规模不断扩大，逐步形成张掖市有年金龙石岗墩农业高科技示范园有限责任公司、张掖市有年金龙马铃薯雪花全粉食品工业有限责任公司等农业龙头企业，甘州区蓉杰花卉苗木专业合作社、甘州区鸿运养猪农民专业合作社等农民专业合作社，张掖市拓建建材有限公司等建筑商贸公司。

第十四编

科教　文化　旅游

第一章 教 育

第一节 教育设施

1991—2016 年，甘州区中小学从基本的“一无两有”（无危房，有教室、有课桌凳）和“六配套”（教室、桌凳、实验室、图书室、操场、厕所配套）向实验教育、现代信息技术教育迈进，图书仪器和电教设备配置工作进度加快，全面启动义务教育均衡发展、学校标准化建设。

校舍建设 20 世纪 80 年代，张掖市中小学校舍建设基本采取政府财政拨一点，群众集体献料捐一点，学校自己筹一点的方式，基本保证教学需要。多数校舍为土木、砖木结构，建筑基础薄弱。1991 年，利用政府财政拨款、教育费附加和群众集资共 200 多万元，新修、改建、维修张掖市第六中学、张掖市第一中学、张掖市第五中学、劳动街小学、青西小学、民族小学、师范附属小学、西街小学等 22 所中小学校舍，建筑面积 1. 31 万平方米。1996 年，张掖市职教中心和北街小学的修建列为全市本年度重点工程。1997 年，张掖市财政安排资金 70 万元，社会捐资 635 万元，学校自筹 694 万元，共筹措经费 1399 万元，新建张掖市第二中学学生宿舍楼、西关小学教学楼。党寨中学、小满乡中心学校、长安乡上头闸小学、碱滩乡三坝小学等修建起教学楼，建成校舍 26988 平方米。2000 年，全市有各级各类中小学 278 所，校园占地 3838 亩，校园总建筑面积 42. 8 万平方米。

安阳乡中心学校校园

2001 年，省教育厅、省财政厅下达张掖市中小学危房改造工程项目 4 个（张掖二中综合楼、安阳乡初级中学教学楼、龙渠乡初级中学教学楼、和平乡李家墩小学教学楼）。2003 年，甘州区争取各类项目资金 537 万元，改造危房面积 5586 平方米，开工建设花寨初级中学教学楼、甘里堡初级中学教学楼等 18 个工程项目，建筑面积 56377 平方米。筹资 2000 万元改建劳动街小学，新建金安苑九年制学校，解决城区 2200 名适龄儿童入学难问题。2005 年，南关小学拆迁异地新建，新校区占地 53243. 94 平方米。2007 年，争取项目资金 2435.8 万元。开工建设安阳乡中心学校、党寨镇上寨学校、三闸镇瓦窑小学、张掖市第三中学等 10 所学校，新建校舍 38402 平方米，完成投资 3270 万元。碱滩镇普家庄小学等 5 所续建工程和新建的明永乡中心学校、大满镇朱家庄小学等 6 所学校项目工程顺利完工。2010 年，甘州区校舍安全工程项目资金 2408 万元，总建筑面积 21241 平方米。甘州中学项目开工建设，总建筑面积 16505 平方米；寄宿制学校项目 2 个，专项资金 550 万元，用于明永乡中心学校宿舍楼、小满镇中心学校餐厅 2 个项目建设，总建筑面积 4736 平方米。

2009—2010 年，市、区两级政府投资 346.3 万元，为甘州区农村 55 所寄宿制学校全部配备高标准灶具。2013 年，甘州区实施校舍安全工程，新建甘浚镇星光小学教学楼、上秦镇上秦小学教学楼、上秦镇八里堡小学教学楼、乌江镇平原小学教学楼 4 个建设项目，共争取建设项目 38 个。“十二五”期间，全区教育经费总投入 222731 万元，争取学前教育项目 19 个，建筑面积 19160 平方米，争取校安工程项目 5 个，建筑面积 6515 平方米，学校食堂改造建设项目 10 个，建筑面积 4369 平方米，总投资 7698 万元。2014—2016 年，投入“全面改薄”资金 11580.9 万元，完成新建及改建项目 27 项。

设施设备 至 1991 年，全市用于教学设备配套建设的资金达到 1722 万元。87.5% 的小学达“六配套”标准，72.9% 的学校配备闭路放映系统。1995 年，张掖市通过省教委“实验教学普及县”验收。有 50 所学校安装地面卫星接收器。

1999—2005 年，全区中小学建成微机室 143 个、多媒体网络教室 84 个、计算机校园网 10 个，建成教育部远程教育扶贫示范工程项目学校 130 个，城区 17 所中小学、幼儿园通过城域网接入中国教育和科研计算机网，全区 60% 的中小学接入国际互联网，共有计算机 4931 台。2011 年，投资 170 万元，配备“交互式”电子白板教室 23 间，新建多媒体教室 48 间，计算机教室 14 间，更新添置电脑 638 台，中小学配备图书 21.4 万册，全区各学校自筹资金共 1165 万元，为 94 所中小学集中采购体育教学器材，全区 95% 的中小学体育运动场面积、体育器械、音乐器材、美术器材配备达到标准。

2016 年，全区实施设备类项目 19 类，投资 968 万元。所有学校建成一个或多个计算机教室，134 所学校建成校园网，城区中小学和农村初级中学全部建有校园网网站，多媒体教学实现教学常态化。

教育经费 经费投入。1991 年政府对教育拨款 1158.6 万元。1995 年全市教育经费达到 3759.7 万元。2000 年市财政对教育投入 7259.9 万元。2001 年农村教师工资实现由财政统一发放。2005 年区财政对教育投入为 13736.8 万元。2010 年全区教育事业经费总投入 34811.9 万元。2015 年全区财政教育投入 59156.3 万元。

教育费附加。农村教育费附加从 1988 年开始按农民上年人均纯收入的 1% 计征，1991 年提高到 1.5%，除解决民办教师工资的乡筹部分和农村中小学教育经费的不足外，主要用于普及初等义务教育、普及九年义务教育的校舍建设及充实内部设施。1995 年，农村教育费附加由农民人均纯收入的 1.5% 提高到 2% 计征（安阳、花寨、西洞、平山湖四乡按 1.5% 计征）。1995—1997 年，张掖市 22 个乡镇每年上缴 50% 的教育费附加用于张掖市职业教育中心的建设。到 2000 年，农村教育费附加停止征收，12 年累计征收农村教育费附加4265万元。从2010年起，统一内外资企业和个人教育费附加制度，按增值税、营业税、消费税实际缴纳税额的3%足额征收，2011年按2%计征教育费附加。

经费支出。教育经费支出主要有五大项：基本建设支出，商品和服务支出，对个人和家庭的补助，其他资本性支出，工资及福利支出。

经费补助。两免一补：2004年秋季学期开始，国家对义务教育阶段学生实施免费提供教科书政策。市政府下达甘州区免费提供教科书资金267531元，资助义务教育阶段家庭贫困学生7599人。2006年，国家实行“两免一补”（免课本费、免学杂费、对贫困寄宿生补助生活费），中央、省、市、区共提供资金1404万元，为全区47238名农村义务教育阶段学生免除学杂费809万元，补助公用经费127万元，为农村38522名学生免费提供教科书，为城市低保家庭义务教育阶段2000名学生免除学杂费，为家庭贫困的寄宿生7408人补助生活费177万元。2007年秋季学期，提高农村义务教育阶段家庭经济困难寄宿生生活费基本补助标准。2009年春季学期，中央、省、市区共提供资金1318万元，为全区40141名农村义务教育阶段学生提供免杂费及补助公用经费755万元，为7661名寄宿生补助生活费276万元，为全区27027名城市义务教育阶段学生提供免杂费及补助公用费287万元，为农村40141名学生提供免费教科书，为义务教育阶段城市低保家庭和残疾人家庭的6092名学生免费提供教科书。2011年，全区义务教育阶段学校“两免一补”资金4227万元，受益学生61046人，城市义务教育阶段学生免除学杂费，只收课本费、作业本费、暑假作业费。从2016年春季学期开始，生均公用经费基准定额为：普通小学每生每年600元、普通初中每生每年800元。对寄宿制学校按照寄宿生年生均200元标准增加公用经费补助，农村地区不足100人的规模较小学校按100人核定公用经费；特殊教育学校和随班就读残疾学生按每生每年6000元标准补助公用经费。

“普九”债务化解。2007年，甘州区经省财政厅锁定的农村义务教育“普九”债务总额为6141.24万元，涉及1696个债权人，2008年化解债务3544.4万元，2009年偿还2596.84万元。2010年后，区政府每年安排财政资金300万元左右，对城区学校建设等方面产生的债务进行逐年化解。

经费管理。20世纪80年代中期起，教育经费划拨实行乡镇包干制。1998年，教委规定直属中小学、乡镇教育管理委员会及所属中小学均单独设置财务机构，实行“统一领导、统一管理”的体制。2001年，教育经费管理收归政府教育主管部门。2010年初，甘州区教育局成立“教育经费管理核算中心”，实行“校财局管”。全区所有教育单位经费全部纳入管理核算中心实行统一管理。

第二节　教师队伍

教师管理　1991年，师范院校毕业生一律分配到学校任教。1993年，确定民族小学、张掖第四中学、张掖市职业中学、上秦乡为“四制”（校长选任制、教师聘任制、结构工资制、岗位责任制）改革试点，激励机制引入学校管理。2005 年，改革校长选拔任用和教师管理制度。中小学教师管理权限收到区教育局，教育局依法履行中小学教师资格认定、招聘录用、职务评聘、培养培训和考核管理职能。2007 年，农村中小学校长一律实行选聘制，严格实行校长离任审计工作。2010 年，甘州区实施中小学、幼儿园领导班子和领导干部年度考核评价办法。2013 年，组织实施《甘州区中小学、幼儿园校（园）长、教师交流实施办法》。216 名城乡教师进行对口支教和交流学习。2014 年，实施区域内校长、教师轮岗，推进城乡优质资源共享。2015 年，清理在编不在岗教师，修订《甘州区骨干教师推荐选拔办法》。2016 的，对全区各级各类专业技术人员职称过渡和教师资格注册登记。

教师录用　1991 年，张掖市教师录用完全按照国家大中专毕业包分配的办法。1994 年，张掖市改革教师录用办法，大学和中专毕业生分配实行双向选择。2000 年，新分配教师和外县市、其他行业调入人员一律实行聘用合同制。2001 年，张掖市实施教师资格认定工作。2005 年后，按照“凡进必考，择优录用”原则，不断创新完善农村教师进城考核及农村教师补充机制，2007 年开始，新教师招考录用工作由全省统一组织，以全省公开招考 5000 名农村教师的方式进行。2016 年，引进高层次教育人才（硕士以上）19 名，公开招考 40 名中小学音体美专业教师，选拔 91 名农村教师到城区缺额学校任教。

教师结构　1991 年，张掖市有教职工 3590 人。2000 年，全市有专业技术人员 3920 人。2010 年，教育局大力加强和支持教师参加各种形式的进修和培训，教师业务素质、学历层次不断提高。全区专任教师中高中、初中、小学教师学历合格率分别达到 85.2%、93.7%、99.9%。2016 年，甘州区在编教职工 4879 人。其中，专业技术人员 4766 人，工勤人员 99，管理人员 14 人。专业技术人才学历结构趋于合理，其中硕士研究生学历 72 人，大学本科学历 3151 人，专科学历 1317 人，高中及以下学历 226 人，学历达标率 100%；有“陇原名师”2 人、省级学科带头人 8 人、省特级教师 3 人、省园丁奖获得者 21 人、省级骨干教师 58 人、省级乡镇骨干教师 96 人，“张掖名师”4 人，市级骨干教师 285 人、市管拔尖人才 1 人、市级学术技术带头人 32 人；“甘州名师”9 人、区级骨干教师 267 人、区管拔尖人才 17 人、区级学术技术带头人 65 人。区级以上优秀人才占全区专任教师总数的 18%。

教师培训　学历进修。1991 年后，鼓励教师在职进修。1995—1996 年，在张掖市高考考生中降低分数线录取 60 名学生到张掖师专英语系委托培养，毕业后全部分配任教。1997 年，张掖市组织实施“511 师训工程”，有 221 名教师参加成人高考进修，287 名教师参加张掖师范中师学历达标培训。1998 年，有 191 名教师参加成人高考，取得电大、函授、卫电高师入学资格，400 多人参加自学考试提高学历。2011 年，甘州区小学、初中、高中教师学历合格率分别达到 97.8%、95.7% 和 87%，全区教师学历达到规定标准。2012 年后，教师学历进修走向更高层次的硕士研究生，至 2016 年底，有 68 人通过进修取得在职硕士研究生证书。

师资培训。1991 年，张掖市以乡镇教管会和直属学校为单位，对教师集中进行培训。1998 年，张掖市在全系统开展教师“三字一话”（钢笔字、毛笔字、粉笔字和普通话）基本功达标训练活动和骨干教师计算机培训、达标考试。2001 年，启动全市中小学教师继续教育校本培训。2008 年，实施校长中期培训规划，对全区农村初级中学校长、副校长、农村完全小学校长、教学点校长进行为期 3 年的培训。2011 年，教师全年参加各类培训累计达 5000 多人次。2015 年，启动“基地 + 学舍 + 行政”县域教师培训模式，487 名青年教师参加艺术素养提升培训，完善置换培训、集中培训、短期培训、网络研修等 4 种形式，承办全省“金色教苑”乡村影子教师培训项目。2016 年，建立教师梯次成长金字塔培养模式，312 名学员参加为期 1 年的专业培训。邀请江苏太仓、湖北荆门、广东湛江、上海金山等地 32 名教育专家来甘州讲学。

教师待遇 政治待遇。1991—2016 年，全区评选出全国优秀教师 3 名，甘肃省学术带头人 4 名，省优秀教师和先进教育工作者 27 名，市级（地区级）优秀教师和先进教育工作者 150 多名；省级骨干教师 154 名，市级（地区级）骨干教师 285 名，区级骨干教师 309 名；进行 9 批中小学特级教师评选，有 15 名教师获得特级教师称号。有 29 名教师荣获国家、省、市、区级劳动模范称号。2016 年，甘肃省对从教 30 年和在乡村学校从教 20 年的教师颁发奖章和荣誉证书。

生活待遇。1991 年，张掖市提高教师补助，重点解决符合条件的职工家属“农转非”。1992 年起，在城区中小学修建教职工住宅楼，解决教师住房问题。1994，全面推行住房公积金制度。1998 年，职工医疗保险制度改革工作运行。1999 年，调整养老保险标准及职工冬季取暖补贴标准。2014 年开始，区政府每 2 年为城乡教师组织一次综合体检。2010 年起，全区实施边远艰苦地区乡村学校教师周转宿舍建设，建成教师周转宿舍 114 套。2016 年，全面落实省市区《乡村教师支持计划》实施方案，解决 93 名中高级职称教师聘任问题，落实患病教师民政救助 21 万元，落实聘用的 399 名幼儿教师每人每月 650 元财政补助。按政策调整 93 名农村教师夫妻一方进城任教。

工资福利。1993 年，实行工资制度改革，为 4331 名教职工套改新工资标准。套改后，教职工最多月增资约 240 元，最低增加 35 元。2009 年，开始实施绩效工资，义务教育学校在职教师和退休教师的工资由基本工资、国家规定津贴补贴、其他津贴补贴、绩效工资四部分构成。农村教师根据各自学校所处乡镇的类别同等享受。2016 年，落实各项政策提高教师待遇。落实农村教师生活补助区级配套资金 637. 76 万元、交通补贴资金 159. 44 万元、班主任津贴和双岗教师岗位补助资金 403. 05 万元。

职称评定。1991—1996 年，教师职称采取评聘结合方式，高中高级、中级比例分别为 10% 和 30%；初中为 4% 和 25%；小学高级（讲师）占 20%。2011 年，甘州区有职业技术人员 4669 人，其中取得高级职称资格 483 人，中级职称 3298 人，初级职称 693 人，未评 195 人。2015 年，对已取得高、中级专业技术职务任职资格 10 年以上和 5 年内退休的未聘高、中级职称的教师进行区内有效聘任。2015 年聘任 91 人，2016 年聘任 59 人。

民办教师 民办教师是指 20 世纪 70 年代为农村普及中小学教育，由学校或当地基层组织提名，乡镇教育主管机构选拔推荐，县级教育行政部门审查（包括文化考查批准，发给任用证书）。1992 年，国家明确提出解决民办教师问题的“关、转、招、辞、退”5 字方针。张掖市从 1992 年到 1997 年，5 次选招录用民办教师为公办教师，对个别民办教师按照规定作一次性辞退或退休处理，按比例发放补助。从 2010 年 1 月起，落实民办教师（后称“代课教师”）补助政策，按照基本养老补助金每人每月 55 元的标准、工龄补助满一年每月 8 元的标准发放养老补助和工龄补助资金。2013 年，甘州区代课人员社会养老保险基础养老金纳入全区城乡居民社会养老保险发放。2015 年发放 860 人，发放资金 736608 元；2016 年发放 897 人，发放资金 827784 元。

第三节　教育结构

学前教育　1991 年，全市有各级各类幼儿园 40 所，在园幼儿 2700 名。各类小学附设学前班 180 个，在班幼儿 5292 名。1998 年，全市幼儿园总数达 234 所，农村小学附设幼儿园的比例达 76%，幼儿入园（班）率 85%。1999 年，全市幼儿园总数达 197 所。2005 年，全区有各级各类幼儿园 182 所，入园率 91.3%。2011 年，甘州区辖区内共有幼儿园 110 所，在园幼儿 25212 人。达到甘肃省示范幼儿园标准的 2 所，省一类幼儿园标准 9 所，省二类幼儿园标准 7 所。2015 年，甘州区印发《甘州区人民政府关于大力促进学前教育改革发展实施意见》，有各类幼儿园 97 所，入园率 95.1%。2016 年，有各类幼儿园 95 所，其中公办 5 所，学校附设 59 所，民办 31 所。

长安乡洪信小学少先队主题队会

小学教育　发展概况。1991 年，张掖市有小学 234 所，另有 9 个教学点；设 1439 个教学班，学生 40059 人。2001—2008 年，经过二轮学校布局调整，学校数调整到 112 所、44 个教学点，全区撤并减少小学 141 所，各乡镇建起九年制学校，农村小学向人口集中的村镇集中。2016 年，全区中小学结构布局调整后有小学 123 所，另有 29 个教学点；设 1127 个教学班，学生 31408 人。

学制与课程。1991 年，张掖市城区小学学制实行六年制，农村小学学制实行五年制。2001，全市小学学制统一为六年制。2005 年，甘州区农村小学呈多元体制，除完全小学外，大的教学点设一至四年级，小的教学点设一至二年级，其他年级学生合并到乡镇中心学校或相邻的小学。

1992 年，张掖市小学开设的课程有：思想品德、语文、数学、自然、社会、体育、音乐、美术、劳动。1999 年新增小学计算机和英语教育课程。2001 年，小学阶段以综合课程为主，低年级开设品德与生活、语文、数学、体育、音乐、美术等；中、高年级开设品德与社会、语文、数学、科学、外语、体育、音乐、美术等课程。2010年，将《民族团结教育》列入甘肃省中小学教学用书目录。小学三、四年级使用《中华大家庭》，小学五、六年级使用《民族常识》，国家提供免费教科书，循环使用。课程实施每学年10学时。2012年以后，甘州区各小学开齐课程、开足学时，以国家为主、地方课程为辅、校本课程为补充的课程体系。2015年，足球成体育必修课纳入学校体育课程教学体系。2016年秋学期，将义务教育阶段小学起始年级原品德与生活学科更名为道德与法治，语文、历史学科起始年级使用新编、修订后的教科书。

初中教育 发展概况。1992年，张掖市有初级中学34所，设335个教学班，学生15184人，有专任教师952人。1994年全方位推进普及九年义务教育和高标准扫除青壮年文盲工作，“两基”工作顺利通过甘肃省和张掖地区验收。1998年，张掖城区初、高中分设，撤销张掖第一中学、张掖第四中学高中学部，剥离张掖中学、张掖第二中学初中部，合并张掖育才中学，扩大初中办学规模。1999年，市政府出台《张掖市农村初中初二分流教育实施意见》，选择张掖市第一农业中学、和平乡初级中学、乌江镇初级中学、甘浚乡初级中学、碱滩乡初级中学为试点。2002年，初中适龄少年入学率、巩固率和毕业率分别达到99.84%、98.2%和98.45%，17周岁人口中初级中等义务教育完成率达到97.64%。2011年甘州区顺利通过“两基”迎国检工作。全区有初级中学31所，设459个教学班，学生22537人。2013年，甘州区启动城乡均衡“一体化办学”试点项目。2014年后，甘州区在滨河新区新建大成学校、甘州中学，提升城区学校的教育承载力。2015年秋学期分流城区学生1818名。2016年春，张掖市第二农业中学更名为“张掖市第七中学”，再次分流城区学生627名，调控城区学校办学规模。甘州区顺利通过省督县和国家义务教育均衡县的评估验收。

教育教学。1991年起，张掖市加强对全市初级中学的管理，大力推行目标教学。各初级中学从起始学年初建立学籍表和登记卡，三年不变。1996年张掖市实行电子学籍管理。2012年，全国实行学生信息管理系统统一编制学号，加强学籍管理。

普通高中教育 发展概况。1991年，张掖市有完全中学10所，12年制学校1所，在校高中学生3684人。1998年，张掖地市进行城区中学布局调整，城区只保留张掖中学、张掖第二中学2所高级中学。张掖第二中学改建为独立高中后，招生人数由1998年的520人增加到2001年的1146人。2001年，在城区实施“普高”工程，批准民办“甘泉中学”开办。并逐步恢复张掖市第三中学、张掖市第二农业中学、市职教中心普高班的招生。2002年，张掖市第四中学开设民办高中班，筹建张掖市金觾中学。2003年，恢复张掖第六中学高中招生，甘州区高中招生学校数达10所，在校学生达10275人。2005年，支持张掖实验中学高中招生，恢复张掖第五中学高中招生。甘州区辖区高中招生学校数达9所，在校生达13356人。甘州区初中毕业生升学率达80.23%。2010年，全面实施普通高中新课程。2015年，甘州区政府投资4亿元，在滨河新区新建占地400亩的张掖二中分校。2016年，完成土建进入装修阶段。

甘州区 2016 年辖区内普通高级中学情况一览表

表 14－1－1

学校名称	班数（个）	学生数（人）	教师数（名）	女教师（名）	专任教师（名）	校舍建筑面积（平方米）	绿化用地面积（平方米）	运动场地面积（平方米）	图书（册）	计算机数（台）	固定资产（元）
甘肃省张掖中学	64	3275	290	111	247	48807	14800	20000	175561	360	7444.51
张掖市实验中学	53	2778	213	93	180	37568	19820	13410	57000	378	3855.91
张掖市第二中学	73	3995	349	127	334	31268	24000	31804	55000	400	3670.10
张掖市金觥中学	20	961	84	26	68	23300	1500	12000	42000	206	2752.00
张掖市天一中学	20	1182	95	52	62	16800	2335	3600	12000	65	534.50
合计	230	12191	1031	409	891	157743	62455	80814	341561	1409	18257.02

课程设置。1991 年，普通高中课程结构由学科课程和活动两部分组成。学科课程采取必修课和选修课两种形式，活动包括课外活动和社会实践活动，在原开设必修课程之外，增加选修课。1992 年，张掖市加强高中劳动技术课教学工作，对劳动技术课不及格的学生不颁发毕业证。1995 年秋，人口教育作为必修课，在高三年级政治学科会考中，人口教育占 5%。2001 年，高中以分科课程为主，实行学分制管理。同年秋季，所有高中均开设信息技术教育课程，每周 1 课时。2003 年，高考提前至 6 月进行。2010 年秋学期，高二、高三年级除必修课程外，还开设音乐和美术选修课程。

职业技术教育　设置与发展。1991 年，张掖市整合城市职业教育资源，将第一职业中学、第二职业中学合并组建张掖市职业中学。是年，3 所农职业中学共有教职工 185 人，在校学生 1081 人。1993 年，张掖市第一农业中学被省教委列为国家级重点建设的农职业中学。1994 年，整合城乡职业教育资源，将原有的职业中学、教师进修学校、卫生职业技术学校、农业广播电视学校、就业培训中心及各部门办的职业学校合并，设立筹建处，建设张掖市职业技术教育中心。1996 年，张掖市职业中学、教师进修学校、卫生职业技术学校迁入，张掖市职业技术教育中心正式运行。是年，全市 22 个乡全部建立农技校。2012 年，张掖市职教中心创建国家示范性中等职业学校。2016 年，张掖市职教中心 89 名学生参加全省中等职业学校"技能大赛"，获奖率 93.2%，职高二本上线率 18.6%，高职高专上线率 98%，录取率 95% 以上，张掖市职教中心劳务培训项目被评为"甘肃省 2016 年终身学习品牌项目"。

专业与课程。1991 年，农职业中学专业和课程依据当地社会需求设置。开设农学、养殖、林果、农业综合应用技术、家庭经营、制糖、工商业会计、工业企业管理、建筑、幼师、缝纫裁剪、计划统计、化工、文秘、工业机械等 16 个专业。2016 年，市职教中心依据市场需求导向，开发设施农业生产技术、电子商务、艺术教育（音乐、舞蹈方向）等专业，毕业生就业率 98.5%，对口就业率 29%。

成人及特殊教育　扫盲教育。1991 年，张掖市举办扫盲巩固班 210 个，提高班 26 个，有 6158 名脱盲学员参加扫盲后继续教育，有 752 人脱盲。1992 年，将巩固扫盲成果与实用技术培训相结合，有1264名农民参加扫盲及脱盲后巩固提高班学习，有510人脱盲。1994年，办扫盲班482个，组织11579名文盲半文盲参加学校的集中扫盲班，另有8354人在家中接受包教学习。2000年以后，各级政府将“扫盲”工作列入工作目标责任书。2010年7月，甘州区完成2500人扫盲任务，其中15—50周岁青壮年文盲率下降到3%左右，青壮年妇女文盲率下降到4%以内，15—24周岁人口中基本消除文盲，“两基”工作顺利通过国家验收。

社会力量办学。1991年，张掖市对10个社会力量办学单位和个人进行注册备案，社会力量办学管理工作开始走上轨道。2003年，甘州区民办培训机构兴起，由举办者提出申请，教育局对资格、师资状况进行审查，实地考察，合格者准予登记、注册、批复，并报上级教育主管部门备案，每年进行年检，年检不合格注销办学资质。2005年，甘州区有民办培训机构13个，学生2917人，教职工135人。至2016年，甘州区有各类培训机构32个。

自学考试。1991年，张掖高等教育自学考试开考27个专业，参加考试3386人，有988人取得单科合格证，47人取得大中专毕业证。1993年，高中等教育自学考试报名人数达2861人次，其中有1474人次取得一门以上的单科合格证，合格率为25.2%，有45人取得大中专毕业证书。2000年开始，张掖市辖区考生直接在地区自考办报名。

特殊教育。2007年，甘州区建立特殊教育工作指导站，实行残疾儿童少年随班就读“一生双卡”（学籍卡和随读登记卡）制度。2010年，全区有适龄残疾儿童197名，随班就读184名。入学率93.4%。2010年，建立残疾学生成长记录制度，实行1人1册，册随人走的学籍管理办法。

民办教育 民办学校。2000年，张掖市第一所民办小学“张掖市育英小学”成立。2002年，甘泉中学开办，张掖市东北郊明星小学筹设。张掖第四中学扩充教育资源增设民办高中班，成立张掖市金艭中学。2003年，教育局同意筹设张掖市凌志学校，批准成立张掖市开元英语学校。至2005年，甘州区有民办学校5所，在校学生2736人，教职工215人。2007年，张掖第二中学筹建公办民助股份制性质的张掖市天一中学。2014年，张掖市金艭中学和张掖市天一中学在张掖市教育局年检中确定为基本合格，停止2015年高一年级招生。2016年整改合格后，分配招生计划。

民办幼儿教育。2000年，张掖市首家民办幼儿园“格林幼儿园”开办。2012年，扶持民办幼儿园，新改建幼儿园7所。2014年，甘州区加大民办幼儿教育支持力度，落实100名民办幼儿教师参加国培计划，对56所民办幼儿园进行专项督查。2016年，成立民办教育学会，制订《张掖市普惠性幼儿园管理实施办法》等3个文件，全年审批新开办民办幼儿园5所。

高等教育 河西学院。前身是1941年创立的甘肃省立张掖师范学校，历经张掖师范学院、张掖师范高等专科学校等发展阶段。2000年，张掖农业学校、张掖职业中专并入。2014年张掖医学高等专科学校、张掖市人民医院并入。至2016年，学校设有18个二级学院，51个本科专业和10个医学专科专业，涉及12个学科门类，有国家特色专业1个，省级特色专业8个，在校学生2万余人，累计培养各类毕业生10万余人。

2012 年通过教育部本科教学工作合格评估。2013 年教育部批准复旦大学对口支援。2015 年列为甘肃省首批转型发展试点院校。

第四节　教育体制改革

1991—2016 年，甘州区教育工作始终围绕普及义务教育、提升教育质量这两条主线全面展开。推进素质教育和义务教育均衡发展，整个发展过程历经普及初等教育、普及九年义务教育、扫除青壮年文盲、新课程改革、学校布局结构调整、质量目标责任管理、义务教育标准管理、义务教育均衡发展等一系列重大教育活动。

行政管理　1991 年，教育行政部门对学校管理体制实行市、乡两级管理，市、乡、村三级办学体制。2002 年，撤销乡镇教管会，设立乡镇中心学校。乡镇教育工作由乡（镇）长直接负责，教育教学业务管理由乡镇中心学校校长负责。2003 年，实行地方政府负责，分级管理，以县为主的管理体制。2010 年后，义务教育落实区域均衡“一体化”办学运行机制，实施城区中小学与农村学校“联校办学”“联片办学”“对接捆绑发展”的运行模式。

教育督导　1991 年成立教育督导室。1994 年启动省级“两基”评估验收工作。2009 年，以平时综合督导和集中综合督导相结合的方式对全区 32 所中小学进行综合督导评估。2000 年，将教育局教育督导室升格为张掖市人民政府教育督导室。2011 年，甘州区顺利通过国家“两基”验收。2016 年，甘州区完善 4 个一级督学责任区，10 个二级督学责任区，覆盖全区 139 所中小学，聘请 63 名兼职督学，持续完善责任区督学挂牌督导制度。是年，甘州区顺利通过国家教育评估组对义务教育均衡发展评估认定。

甘州区“书画进校园”活动启动仪式

素质教育　1997 年，张掖市成立素质教育实验领导小组和张掖市素质教育实验中心课题组，确定张掖市第四中学、北街小学为素质教育实验学校。是年，全市中、小学全面实验推广异步教学。1998 年，甘肃省素质教育经验交流会在张掖召开。2000 年，张掖市初步建立起中小学素质教育框架体系。2004 年，改革和完善中小学学校、教师、学生评价标准和办法，淡化考试分数，废除百分制，实行等级制，注重学生思想品德和行为习惯的养成。2005 年起，城区小学取消统一毕业考试，从中抽考 3 所小学；初中毕业会考采取综合评价，把直升率、参考率、合格率、优良率、高分段率作为评价内容。2013 年甘州区制订

《义务教育均衡“一体化”办学实施方案》，推进14个“联校办学管理委员会”和5个“划片招生对接捆绑区”管理模式。至2016年，甘州区成立涵盖语数外、理化、班主任等16个“学科课程研究”研究会，建成18个教师薪火研训基地。

布局调整 1995年，对全市小学生源较少、两校相距2.5公里以内、学生上学步行单程不超过半小时的学校，采取合班或并校，增大班额、减少班数。2001年，坚持“小学就近入学，初中相对集中，优化资源配置”的原则，进行为期三年的学校布局调整。2003年，调整撤并农村中小学83所，在老城区城东新建甘州区金安苑学校。2004年，调整撤并学校59所。2009年，按照高中阶段学校向城区集中、初中向城镇集中、小学向乡镇集中、教学点向行政村集中的办学原则持续调整，至2011年，全区调整撤并减少学校141所，学校总数调整到146所，10个教学点。2012年，启动实施第三轮学校布局后续调整，合并、撤销农村生源少的教学点，在老城区城南新建甘州区南关学校。2013年在滨河新区新建甘州区大成学校。2015年在新老城区接合部建成甘州中学。2016年，滨河新区张掖第二中学分校完成土建进入装修。

第二章　科　　技

第一节　概　　况

1958年，“张掖县科学技术工作委员会”成立。1986年，更名“张掖市科学技术委员会”，之后更名“张掖市科学技术局”。2002年，更名“甘州区科学技术局”。2009年，成立“甘州区知识产权局”，隶属甘州区科技局管理。

科研成果 1991年，张掖市政府批准设立“张掖市科技进步奖”和“张掖市农业科技成果推广奖”，颁布“两奖”条例，成立评审委员会，对1986年以来取得的科技成果进行申报评奖，有11项获科技进步奖、2项获农业科技成果推广奖。1993—1997年，获省、地、市科技进步奖和科技成果推广奖49项，其中1994年有14项科技成果获省、地科技进步奖。1995年有6项科研课题获得国家、省级成果奖。1998—2002年，有25项科技

甘州区科学技术奖励大会暨省级可持续发展实验区启动仪式

成果获得地、市科技进步奖和科技成果推广奖。国家科技攻关项目“甘肃张掖持续高效农业技术研究与示范”在张掖市成功实施，项目开展试验研究课题69项（次），引进推广各类农作物良种242个，从理论上和技术上有效解决全市农业持续高效发展所面临的一系列关键性问题。2003—2016年，张掖工业用布有限公司《钴电解复合隔膜带产品开发》、甘肃智荣机械制造有限责任公司《多桅柱高空作业平台》、甘肃昆仑生化有限责任公司《1500T/d污水处理工程》、甘肃智荣机械制造有限责任公司《QTZ5410自升式塔式起重机》、张掖市甘州区盈科水利管理所、甘州区水务局《张掖市甘州区盈科灌区水资源优化配置研究与推广应用》、甘州区人民医院《丹红注射液联合多贝斯治疗糖尿病周围神经病变的临床应用与研究》、甘肃凯源生物技术开发中心《一种用于锁阳种子生活力测定的离体胚培养方法》等近140项科技成果获得省、市、区科技进步奖。

新品种引进及新技术推广 1993—1997年，全市推广应用农业先进技术和成果47项，其中种植业26项、林果业8项、畜牧业6项、水利3项、农机4项。推动企业科技进步，将产品开发纳入企业管理内容，5年开发名优新特产品26类234种，完成省级新产品12个、地级新产品8个，创省优以上新产品达21个。1998—2002年，全市引进推广各类农业新技术60项，引进农作物、林果、畜禽新品种620多个。2003—2010年，全区引进各类农业新品种1024个，实用新技术190项，建立区级科技示范点250多个，乡级示范点260多个。2011—2016年，全区引进推广各类农业新品种695个、实用新技术280项，建立各类农业科技示范基地（点）241个，培育各类科技示范户2800多户，带动发展示范面积达30多万亩。

专利发明 1991—1995年，申请专利32件，授权专利21件。1996—2000年，申请专利33件，授权专利16件。2001—2005年，申请专利49件，授权专利36件。2006—2011年，申请专利249件，授权专利177件。

第二节 科技服务

1991年，全市23个乡镇全部选配科技副乡长，成立乡镇科委，全市有149个村选配科技副村主任。鼓励发展民间科技服务组织，新建专业研究会和专业技术协会16个，累计达31个，会员2749人。1992—1997年，按照“完善市一级、充实乡一级、强化村一级、壮大示范户”原则，全市23个乡健全完善“七站、一委、一协”管理机构，村村建立科技小组。1992年建立科技示范乡5个，示范村46个，示范户7462户。1997年全市健全农、林、牧、农机、水电等技术服务机构，有技术人员702名。2011—2016年，每年从区属涉农技术单位、龙头企业、专业合作组织和农村种养能手中选聘科技特派员100名以上，以带技术、带资金、带项目等方式，进驻龙头企业、园区、农民经济合作组织、乡镇村社，开展农业科技示范推广。引进推广各类农业新品种526个，实用新技术219项，建立各类农业科技示范基地（点）115个，培育各类科技示范户2800多户，带动发展示范面积达30多万亩。

第三节　科技创新

1993—1997 年，张掖市向省、地科委申请列项 3 项，市列项目 16 项，市属有关单位自选项目 31 项。1998—2002 年，全市实施各类科技项目 53 项，新增效益近 5 亿。率先开展骨干工业企业建立技术开发中心和科技先导型企业创建活动，7 家企业创建为科技先导型企业，1 家企业被省科技厅认定为区外高新技术企业，4 家企业被认定为民营科技企业。2003 年，实施重点项目 12 项，其中“北方干旱内陆河灌区（甘肃张掖）节水农业综合技术体系集成与示范”项目，属国家“863”高新技术研究发展计划项目，总投资达 1496 万元。2004 年，开展河西走廊星火产业带建设，筛选上报星火科技项目 14 项，其中“优质高产多抗粮饲兼用玉米‘金象一号’的开发利用”等 3 个项目被国家科技部列入“2004 年度农业科技成果转化资金项目”，陇兴农产品有限公司被确定为省星火示范企业，张掖市职教中心被确定为首批省星火学校。2006 年，改革科技进步奖和农业科技成果推广奖，设立科技功臣奖、技术发明奖、科技进步奖和技术推广奖等四类奖项，制定《关于进一步加强科技创新促进科技进步的实施意见》，新建、续建工业项目 32 项，开发仲丁灵水乳除草剂、中空玻璃等新产品 5 个。2015 年，申报“张掖市大众创业万众创新体系建设”项目，获得 200 万元资金支持。申报国家星火计划、火炬计划和省级科技重大专项、支撑计划、科技成果转化资金计划等项目 14 项，争取立项 7 项，到位项目资金 524 万元。2016 年，申报推荐各级各类科技计划项目 15 项，其中国家“十三五”新农村建设科技综合示范项目 1 项、中央引导地方科技发展专项资金三年滚动项目 2 项、省级科技重大专项 3 项、省科技支撑计划 3 项、民生科技计划 3 项、工程技术研究中心专项 1 项、中小企业创新基金 2 项。争取立项 13 项，到位项目资金 590 万元。

产学研合作基地揭牌仪式

第四节　地震监测预报

张掖西武当遥测水氡数字化观测台　张掖西武当泉水氡台为祁连山中段北缘断裂带上的一个水化观测点，承担着张掖盆地及祁连山地区的地震监测任务。观测台始建于 1984 年，采用 FD－125 定标器及氡钍分析仪进行人工观测。1996 年将西武当水氡改造成远程遥控测量，采用 UN－1C 型数据采集器。1999 年对观测环境进行改造，2004 年对观测台站的供电系统进行升级改造，基本解决观测系统存在的主要问题。

人祖口地下流体前兆监测台　始建于 1992 年，可同时观测地下水位、水温和辅助测项气压。1996 年，对监测台技术进行改造，建成远程遥控、数字化测量的遥测台。2004 年因张掖火电厂建设，地下水采集量大，观测环境受干扰，该监测台停止观测。

测震台站建设　2004 年，甘州区范围内架设测震观测台站 2 个。之后，结合主动源项目建设，陆续建成 6 个测震台站。截至 2016 年，全区建成 8 个测震观测台。

电磁波前兆监测台站　2007 年建成甘州区电磁波观测台（原张掖地震台地下室），监测台采用辽宁省地震局研制的电磁扰动数字观测仪，观测物理量为电磁脉冲数，2010 年因台站距离修建的三环路较近，干扰明显，终止观测。

电磁扰动监测台站　2011 年，省、市地震局共同投入资金 12 万元，建成乌江镇电磁扰动台站，2011 年正式投入使用。2012—2016 年在全省监测资料评比中获得 4 次第一和 1 次第二。

宏观异常测报网的建设　20 世纪 90 年代初，张掖市建立地震宏观信息联络网，每个乡镇有一名兼职地震工作联络员，每村有 1 个地震宏观哨，负责对动物、地下水、气象等宏观异常现象的观察。2003 年对群测群防点进行调整，将灾情速报网络、宏观监测网络及地震知识宣传网三网合一，震前负责宏观监测，震后负责灾情速报、防震避震知识宣传等工作。至 2016 年底，全区建成群测群防网点 245 个，宏观视频监测点 5 个，对“甘泉公园”“青西小学”“民族小学甘泉”等几个重点观测点实行信息零报告制度。

第三章　文　化

1985 年，张掖县文化局更名“张掖市文化局”。1997 年，张掖市文化局增设文化市场管理办公室。2002 年，张掖市文化局更名“甘州区文化局”。同年 9 月，全区音像制品管理职能由区广播局划转区文化局，电影发行放映管理职能由区文化局划转广播电视局。同年，文化局增加全区新闻出版管理职能。2007 年，甘州区文化局更名“甘州区文化出版局”。2010 年，区广电局、区旅游局、区体育局与甘州区文化出版局合并为“甘州区文化委员会”。2011 年，区广播电影电视局、区旅游局、区体育局在甘州区文化委挂牌，不再保留区文化出版局。2012 年 6 月，撤销区文化委员会，组建“甘州区文化广播影视新闻出版局”。在原文化委员会挂牌的区旅游局、区体育局调整为区政府序列单位，不再保留原区广播电影电视局的牌子，区广播电视台为区文广新局管理的科级事业单位，变更隶属关系后，单位性质、建制、职能职责、编制、领导职数不变。2015 年，成立“南华书院”。2016 年，文广新局辖广电台、文物管理局、博物馆、文化馆、图书馆、非物质文化遗产保护传承中心、西路军烈士纪念馆、甘州区文化市场综合执法大队、大佛寺景区开发建设管理处、南华书院，黑水国遗址保护管理所。

第一节 文化单位

文化馆 1984 年，全县 22 个乡和城区各街道全部建起文化站，在 240 个村社中建起村文化室 209 个。农村有业余剧团近 30 个，社火队 90 多个。1998 年，文化馆搬迁到万寿寺民俗馆中（临时办公）。2000 年，搬迁到张掖西路军烈士纪念馆至 2016 年。经文化部、甘肃省文化厅评估验收，由三级馆晋升为国家一级文化馆。

图书馆 1956 年，甘肃省新建 12 个图书馆，张掖县图书馆是其中之一，馆址山西会馆。藏书达到 3 万余册，征订全国地方性报刊 20 余种。1987 年，对馆藏古籍全部整理编目，藏有各类图书 9. 2 万册。1992 年，张掖市图书馆由山西会馆搬迁至高总兵府院内新馆办公。2016 年，甘州区图书馆由高总兵府搬迁至县府街 63 号新馆办公，新馆建筑面积 10038. 5 平方米，藏有图书 28. 4 万余册。

西路军烈士纪念馆 建于 1998 年，1999 年完成布展，2000 年正式启用并对外开放。前身为中国工农红军西路军烈士张掖纪念馆，纪念馆占地 8532 平方米，馆舍面积 7200 平方米，展厅面积 2850 平方米，收集各类藏品文物 116 件（套）。固定展出“高金城烈士生平事迹展”“红西路军征战河西甘州历史展”“中华英模事迹展”“国防教育展”和“党风廉政教育展”等。至 2016 年，共接待各类游客 220 万人次。

南华书院 2015 年，成立甘州区“南华书院工作办公室”，隶属文广新局。其主要以国学研究、交流、传播与书画创作交流、展出为主要职责。每年向社会提供不少于 50 场次的公益讲堂，成立当年举办 50 多场次。2016 年举办书法讲堂、书画展览、书法进校园讲堂等活动 100 多场次。

张掖美术馆 是市、区政府投资建设的公共文化公益性重点建设项目，由甘州区文联和张掖书画院共同管理。美术馆 2015 年开馆，承办“陇上书画名家 12 人邀请展走进张掖·甘州”展览，展出书画精品 86 幅。参与举办“陇山·陇水·陇人”甘肃省第六届专业画院美术作品展，展出书画家国画、油画、书法作品 143 幅。2016 年举办“沈门七子”学术展、“诗书画颂甘州”斗方精品展、张掖首届书画名家作品收藏展等书画、摄影、民间工艺品展览等活动。

国学馆 位于张掖市第二中学校园内的文物保护单位民勤会馆。书院 2013 年开院，以“传承国学，弘扬国粹”为宗旨，致力于国学与传统文化的研究、交流和普及。先后举办“古代书院文化展演”“祭孔大典”“拜师礼仪”“花朝节汉服秀”“古代成人及笄礼展演”“国家级非物质文化遗产河西宝卷吟唱”“古代夏至民间习俗展演”“端午节民俗文化展演”等各种特色活动，举办国学与传统文化讲座十多场次。

艺术团 1997 年 4 月成立，2002 年更名为“甘州区艺术团”。艺术团搬入区青少年活动中心，区环保局和区文化局共同管理。2005 年甘州区艺术团行政业务人事权划归文化局管理。2012 年，撤销甘州区艺术团。

第二节 文化建设

重点文化工作 1993—1997年，举办“金张掖梨花艺术节”“ ’94金张掖马蹄寺旅游观光节”和“ ’97看香港回归祖国”庆祝大会，确定55首征集歌曲并制作《金张掖之韵 魅力湿地》歌曲专辑，推出地方精品剧目《甘州乐舞》《甘泉曲韵》；加强非物质文化遗产传承保护，搜集出版《甘州民歌小调精选》。“甘州小调”和“邵家班子杖头木偶戏”被确定为全省第二批非物质文化遗产保护项目。编创《张国臂掖》和“甘州乐舞”大型歌舞剧目；开展文化资源普查，2014年以来累计普查上报各类文化资源17大项1536条；推进大佛寺、西来寺、总兵府、明粮仓四大景区的开发和福音堂、古民居修缮布展指导工作，加快黑水国遗址、屋兰古镇、平山湖丹霞、甘州府城等文化产业项目建设，打造屋兰古镇、甘浚堡民俗文化产业园、北武当文化庙会等文化产业集群；碱滩镇古城村完成《黄河灯阵》节日民俗文化活动的布展和影像资料的收集工作；举办刺绣、剪纸技艺培训班；加快推进华夏文明传承创新区建设，制定出台《甘州区加快推进华夏文明传承创新区建设的实施意见》；建立文化产业（事业）项目库，论证储备56个重点文化产业（事业）项目。指导完成黑水国遗址、屋兰古镇、平山湖丹霞等一批特色文化产业编制规划，完成1项市级、1项省级和1项国家级非物质文化遗产保护名录的申报工作。

文化设施建设 1991—2016年，投资1000多万元，对大佛寺、万寿寺、镇远楼、西来寺等一批名胜古迹进行重点抢修和维修。新建体育馆、图书馆、甘泉公园、童心园、中心广场等文化娱乐场所。对民勤会馆、山西会馆、万寿寺、总兵府等文物进行修缮保护；争取联合国儿童基金会、宋庆龄基金会，建立首家儿童流动图书馆，建成地级体育之乡18个，省级体育先进乡14个，全国体育先进乡2个；建成红西路军烈士纪念馆、老干部活动中心、少年军校等爱国教育基地38个；对城区公益性宣传牌、阅报栏进行更新；22个乡镇全部建起文化站，239个村建起文化室，有线电视入户率达59%，入村率达71%，建起省级示范文化站2个，省级示范村书库2个、地级示范文化站8个，各类文化体育活动场所达1650个。农村程控电话入户率达29.6%，入村率达92%；启动建设历史文化名城保护、大佛寺文化产业园、张掖平山湖影视基地和国际赛车城建设等项目，完善综合文化站（中心）、文化室、文化广场等基层公共文化设施，创建“五位一体”的新型文化阵地。

文化市场发展 1986年第一家飞天舞厅发证经营，至2016年张掖市文化市场从无到有、从小到大，形成以歌舞厅、卡拉OK厅、音乐茶座等为主的歌舞娱乐市场；以电子游戏、气枪打靶、桌台球等为主的游艺娱乐市场；以图书、报刊零售出租为主的出版物市场；以音像制品零售、出租为主的音像市场；以印刷、打字复印为主的印刷业市场；以外来文艺团体为主的营业性演出市场；以各类艺术培训为主的艺术培训市场；以互联网上网服务场所为主的网络文化市场；以文物复（仿）制品、工艺美术品为主的文物仿品、艺术品市场；以文化旅游为主的大文化市场。1990年，甘州区有文化娱乐经营单位170家，文化市场从业人员不足100人。2003年发展到382家，其中歌舞娱乐场所42家（歌厅3家、卡拉OK厅16家、茶社23家）；图书报刊41家；音像制品零售25家，出租83家；美术品经营网点16家；互联网上网服务营业场所33家；打字复印等印刷类场所78家；台球及临时游艺点28家；营业性演出队4家；其他32家（未办证酒吧）。文化市场从业人员多达2862多人。2008年，将78家酒吧、茶吧、音乐茶座、棋牌室等服务场所分离出甘州区娱乐行业，移交张掖市工商行政管理局甘州分局管理。至2016年，甘州区有文化娱乐经营单位484家，其中歌舞娱乐67家，互联网上网服务营业场所56家，音像制品25家，出版物市场65家，印刷市场42家，艺术演出4家，文物市场27家，美术品市场16家，打字复印182家。

文化市场管理 1989年，重新成立“张掖市文化市场管理领导小组”，下设办公室。领导小组由文化、公安、工商、广播、城建、宣传、政法委、法院、检察院、法制局、物价、城管、教委、团委、妇联、市委办公室和政府办公室17个成员单位组成。1994年，增设社会文化市场管理办公室。1997年，印发《张掖市社会文化娱乐市场管理暂行办法》。2009年，成立甘州区文化市场稽查大队，与文化市场管理办公室是两个机构一套人员，负责对全区文化娱乐、互联网、音像、图书、报刊、电子出版物、打字复印、印刷、演出等市场的监督、检查，依法打击和管理各种非法经营活动，承担全区“扫黄打非”领导小组办公室的有关工作等。

1989—1990年，从公安、工商、文化、广播、宣传、精神文明办等有关单位抽调人员组成文化市场综合稽查队，查封各种违禁书刊150多种2200余册，录音带170余盒；查处播放淫秽录像案2起，涉及人员9人；停业整顿2家营业性舞厅，取缔无证录像带销售点2个。1996年，对全市各类文化市场进行6次专项检查和重点检查，日常检查160多次。1998年，全市开展以取缔淫秽色情服务，收缴有色情淫秽内容的出版物、盗版音像制品，以及利用计算机、电子游戏机进行变相赌博、经营网点超时营业、不法游商兜售非法出版物、无证照经营、噪声扰民为重点的“扫黄打非”集中行动。1999年，全市开展查缴非法出版物和淫秽书籍电子出版物为重点的专项行动，收缴非法出版物80余册，音像制品300多盘（盒），各种宣传品1000余份；查缴色情、淫秽、迷信书刊110余册，盗版音像制品320盘（盒）。

2006—2007年，组织开展网吧接纳未成年人进入专项整治行动，取缔黑网吧12家，依法查缴问题书刊2562本，封存非法音像制品5611套。2008—2009年，检查网吧经营场所1019家次，联合执法5次，受理网吧违法违规案件18起，立案查处35起，取缔黑网吧8家，查处各类违规经营网吧16家，限期整改违规经营行为21家。2010—2016年，文化市场治理重点是严把市场准入关、市场检查关和依法处罚关，建立明查暗访机制、举报奖励机制和联合执法机制。

城乡社区文化组织 至2015年，全区有广场舞队46个，其中城市13个，农村33个，在文化、民政部门登记备案的民间艺术团体6个。市区每年都举办广场舞大赛，至2016年共举办6届，其中市上举办4届，区上举办2届。至2016年，全区城乡居民小区群乐团有38个。其中，安阳乡有秦腔剧团2个，社火队1个。碱滩镇有太平鼓队1

“活力甘州”农村实用文化人才（音乐类）才艺展示大赛

个，秦腔剧团 1 个。大满镇有文艺团队 9 个，自乐班 4 个，民间乐队 1 个。靖安乡有秦腔剧团 2 个。甘浚镇有秦腔自乐班 1 个。沙井镇有秦剧团 2 个，太平鼓队 1 个。乌江镇有秦腔剧团 2 个。平山湖乡有艺术团队 3 个，其中包括蒙古长调、刺绣、舞蹈。长安乡有合唱队 1 个，社火队 1 个，龙狮队 1 个。党寨镇有曲艺、木偶、龙狮队各 1 个。北街街道有太极拳、剑队 1 个，甘州小调队 1 个。2011 年，注册成立大成民间艺术传播有限公司。2012 年中央电视台味道栏目组和舌尖上的中国、发现栏目等对张掖民俗文化进行采访报道。

第三节　群众文化

戏剧组织　至 2016 年，甘州区有 6 家群众性戏剧演出组织，分布于乌江、沙井、靖安和安阳，业务接受甘州区文化馆管理和指导。靖安新靖秦剧团，原名“曹家戏班”（因大部分演员为曹氏家族人），始成立于民国初年，1978 年后更名“靖安新靖秦剧团”，隶属靖安村和新沟村两个村委会，2015 年经上级部门登记定为今名，演职人员 38 人。靖安红星艺术团，2011 年成立，有会员 58 人。主要演出剧目有舞蹈、快板、秦腔、民间小调等。梨园秦腔剧团，2014 年成立，代表作有《半瓶农药》，反映红西路军顽强抗敌的悲壮场景《雪域深情》。沙井镇兴隆村秦剧团，20 世纪 20 年代初成立，1995 年重建，演职人员 30 余人，代表作有《千年不倒中华魂》《新农村建设就是好》。乌江镇秦剧团，2015 年成立，有会员 43 人，主要演出剧目有《窦娥冤》《福寿图》《铡眉案》等。安阳秦剧团，2015 年成立，有会员 36 人，主要演出剧目有《周仁回府》《辕门斩子》，折子戏有《二进宫》《花轿会》《三对面》等。

民间小戏　主要有木偶、皮影、眉户剧、秧歌剧等。

木偶、皮影。最早流行于南宋末年，明朝时传入张掖。木偶艺人一般都兼演皮影，白天演木偶，夜晚演皮影。张掖木偶皮影戏班先后有三个，第一个是清道光初年创建的“双盛班”，有六代传人。第二个是道光年间创立的皮影班，领班人杨杰，后于宣统三年（1911 年）改名“义和班”。第三个是光绪三十四年（1908 年）由魏学富、魏学剑创建的“全盛班”。木偶皮影戏班的演出，一是演庙会戏，每到二月二、三月三、四月八、六月六等民间节日，都有较大的村庄请戏班去演出。二是乘农闲时走村串乡流动演出。三是派人到附近临县山丹、民乐等地联系，在较大的村寨演出。木偶皮影戏的唱腔多为秦腔，剧目也是秦腔传统戏剧，一人演唱多种角色。

眉户剧。起源于陕西秦岭山下的眉县一带，清代后期传入张掖。清末（1898 年前后）张掖小满甘城子有一个眉户剧团，由著名艺人阿吉儒创建。眉户戏曲调自由，乐器简单，演员不多，可以自拉自唱，演唱时还可以兼收并蓄，自由发挥，因而深受民间喜爱。张掖流传的眉户戏有《兰桥会》《张良卖布》《周腊梅告状》等。主要曲调有“岗调”“越调”“西京”“紧诉”“慢诉”“五更调”“银纽丝”“剪剪花”等，演唱形式比较自由。

秧歌剧。又名“地蹦子戏”，是民间社火中继“大场子”“小场子”表演之后演出的小戏。地蹦子从隋朝流传至今，在张掖民间深受人民群众喜爱。张掖地蹦子戏的演出剧目一般较为短小，如《小放牛》《下四川》《小姑贤》《张良卖布》等折子戏，基本套路有：“五福梅花”“二龙戏珠”“三环套月”“四门斗地”“斜插柳”“盘缠儿”“黑虎掏心”等几十种。地蹦子戏以张掖当地民歌俗曲为基本腔调，又吸收秦腔、眉户的音乐成分，具有浓郁的地方特色。新时期以来，城乡群众文化活动蔚然成风，每到春节，新社火遍及广大农村，市区文化部门也在节日期间举办大规模的社火调演，促进秧歌剧发展，秧歌剧已成为民间小戏中的一种重要的文艺形式。

民间音乐 民歌。张掖民歌内容多为反映男女爱情、生活情趣、风土民情、寓言故事以及劳动人民生活等方面。反映男女美好爱情的有《花五月》《送情哥》《黄姑娘》《五哥放羊》等；反映生活情趣的有《纺棉花》《卖水饺》《闹王哥》《姐儿逛街》等；风土民情方面的有《十二月花》《拉骆驼》《珍珠倒卷帘》等；寓言童话故事有《小老鼠告状》《白莺鸽吊孝》等；反映劳动人民的有《打庄墙》《熬长工》《穷人多》《沙娃上工》等。1936 年底红西路军来到张掖时，革命民歌广为流传，最有名的是《打马家》《劝告马家兵》等。1949 年以后，翻身做主人的劳动人民满腔热情地唱起《翻身民歌》：“黑河水，清又清，农村风光一片新。共产党领导反封建，人民翻身做主人。”“穷人今天要翻身，大家齐心团结紧。地主威风扫除尽，人民翻身做主人。”

20 世纪 80 年代初，国家文化部和全国音协指示各省市自治区，组织专人深入农村搜集民间小曲小调近百首，由碱滩乡二坝村村民王生慧将小调全部记谱，张掖县文化馆整理编印《张掖民歌集》。2007 年，大满镇李家墩村民间艺术家李建成出版《张掖民间小调精选》，继而出版光碟《甘州小曲子》。2010 年，大满镇柏家沟村村民陈学军整理出版《张掖地蹦戏》3 张光碟，为保存继承民间音乐遗产做出有益的贡献。

民间音乐。张掖的民间音乐主要是甘州曲子、宗教音乐和戏曲音乐。民间的小曲、小唱也是一种音乐。张掖民间流行的曲子有《莲花落》《哭五更》《苦柳青》《甜柳青》《山坡羊》《大红袍》《沙帽翅》《满天星》《菠菜根》《茉莉花》等 40 余曲。

音乐舞蹈 张掖早期进行音乐创作的有张掖中学高级教师杨继文，至 20 世纪 90 年代，创作各类歌曲 70 余首，其中有不少是歌唱河西风情的歌曲。这些歌曲多次获省级以上奖，有 6 首入选《中国潮金曲选》。20 世纪 80 年代以来，词作者有多红斌、陈湑等，曲作者有丁师勤、罗凌、巴九录、原树勋、陶绪津、柴森林、张爱民、唐逸钟、刘建江等。获奖曲目有《裕固民歌》《山歌越唱羊越多》《我爱甘州红枣林》《裕固儿女庆丰收》《美丽的校园》《顶碗舞》等。1990 年以来，甘州区群众文化蓬勃发展。2003 年萌萌艺校参加国家文化部的新苗奖舞蹈大赛中，舞蹈《热土》《裕固欢歌》《放飞希望》获金、银奖和全国十佳奖。张掖二中、职教中心、张掖聋哑学校等单位参加全省“天地杯”中学生文艺调演，舞蹈《黑水国随想》《鼓乐》《光辉的历程》分获一、二、三等奖。《红缨帽子》在全国大赛中获二等奖。

宝卷　宝卷是河西人民喜闻乐见的民间俗文学，明清时期较为盛行，民国时期在河西三地区均有宝卷流行，其中甘州区沿祁连山地区的安阳、花寨、龙渠、大满、小满等乡镇流行较广。流传至今的宝卷有 60 多种，反映社会生活的有《烙碗记宝卷》《红灯记宝卷》《丁郎刻母宝卷》等；来源于民间故事的有《何仙姑宝卷》《孟姜女哭长城宝卷》《沉香劈山救母宝卷》等；历史传说类宝卷有《包公断案宝卷》《薛仁贵征东宝卷》《康熙私访宝卷》等。2007 年，徐永成、崔德斌合编出版的《金张掖宝卷》3 册 51 部。2008 年，宋进林、唐国增主编出版《甘州宝卷》收录宝卷 23 卷。宝卷的传播方式有文字和口头两种形式，文字传播以手抄宝卷为主。它是介于讲故事和独角戏之间的一种传统民间讲念文学，基本形式有韵白结合、开头、结尾、调子几项基本内容。2007 年河西宝卷列入张掖市第一批非物质文化遗产名录。

故事、传说　张掖的民间故事、风物传说，早在历史古籍中就有禹导弱水至于合黎、老子出函谷关入于流沙、穆天子经弱水至瑶池会见西王母、简狄在黑水沐浴吞鸟卵而生契等神话传说。张掖的民间故事、风物传说大多与名胜古迹、著名历史人物以及民俗传说、节令传说、动物传说、植物传说、神鬼传说，爱情故事等密切相关。张掖是多民族聚居地，少数民族传说故事也较丰富。张掖是红西路军浴血奋战过的地方，流传下来的红军故事也很多，如红军井、红军墙、红军杨的故事，徐向前的故事，高金城的故事等。1979 年，张掖团县委编辑印发《张掖风物传说》，收入各类传说故事 48 篇。文化馆搜集整理编印《张掖民间故事》。2002 年，张志纯主编的《张掖民间传说故事》出版。新时期以来乡镇、村志等地情资料的编纂出版，挖掘出许多脍炙人口的故事。

传统文化活动　社火。也叫秧歌子（当地群众把社火叫“秧羔子”），是地域性、综合性、规模性群众文化活动。中华人民共和国成立前，甘州就有办社火的习惯，有时候社火以渠系组织，按农户抽调人员，也有时候以庄子或家族办社火。1949 年后，一般是以大队（村）为单位办社火。改革开放后，上秦、乌江、大满、龙渠、花寨等乡每年都有 2—3 个村办社火，基本上形成轮流办社火的不成文规定。社火通常分大场子和小场子。群体表演活动称大场子，又叫秧歌子，由 19 人组成：鼓子 4 人，头戴牛角形尖尖帽，腰勒跨腿，肩上挂一个圆筒形的小鼓，故称鼓子。花丫头 4 人，坤角打扮，头戴勒子，身穿小袄、彩裤加裙子，手执一面小铜锣。棒槌 4 人，头戴扎巾，加背护旗子，手拿一对棒槌，由于是武将打扮，多以戏曲人物的脸谱开花脸，戴刷刷胡。还有 4 个，两两成对：两人以十岁左右的孩童扮演，头戴毡帽，身穿阴阳褂，手拿拂尘，以戏曲小丑的脸谱开脸，名“囡囡子”；两人头裹手帕，身穿压边大襟袄，由于是戏曲中丑旦的扮相，动作扭捏作态，所以叫“蛮婆”，其表演也叫“扭蛮婆”。这 16 人分作 4

对，4 个鼓子为领队，按花、棒槌、囡囡子或蛮婆的顺序排列，在锣鼓配合下走套路，如单弯子、双弯子、二龙出水、三星照犁铧、单摆尾、双摆尾、五盏灯、太极图、蛇蜕皮、拜观音、倒栽葱、金钱吊葫芦、半边城、杀四门、单辫子、双辫子、盘缠儿、扎墙子等。另有两人扮演“大头和尚戏柳翠”，按明月和尚戏柳翠的故事，一人扮和尚，僧袍、僧鞋、手拿牦牛尾巴做的弹肘，头戴很大的和尚头罩；一人扮村姑，彩鞋、彩裤、长衫，手拿手帕卷儿，头戴妩媚妖冶的大头罩，围着场子转圈儿，做着滑稽可笑的嬉笑动作。还有一人为总指挥，因为秧歌子跳上一阵他要“卖膏药”，所以叫他“膏药匠”——头戴秋帽子（清代官吏的帽子），挂白三绺胡须，身穿长袍马褂子，一手举拨浪鼓，一手执招子。除了指挥全场的舞蹈表演，他还有单独的表演。先由头鼓子领队挖弯子，把膏药匠挖进圈内，然后锣鼓停奏，听、看他表演。一种叫“卖膏药”——先唱上四到八句腔口，然后说一段围绕膏药的笑话，或排句，或散句，语言诙谐，朗朗上口，引人捧腹大笑。一种叫“嚷白话”——用排比、倒装、夸张、拟人等手法编制的大段韵白说辞，每段围绕一个中心内容，叫段子。说上几个段子后，三个鼓子一个双弯子又把膏药匠送出来。大场子控制节奏的打击乐有大鼓、云锣、钩锣、马锣、大铙、镲等。小场子的表演是在大场子结束后进行的，因表演场面小，故称小场子，而内容十分丰富。小场子的压轴内容是“地蹦子”，即各种小节目就地表演。有眉户小戏，小曲剧，传统戏目如《小放牛》《下四川》《张良卖布》《大保媒》《钉缸》等。

昔日的秧歌子，还配备红旗四面，灯笼八盏。灯笼的造型也独特。灯笼正面呈扇形，侧面呈梯形，框架式，以绢或宣纸糊面，上绘虎头彩纹、下面安把。白天灯、旗如仪仗，可渲染气氛，晚上还兼照明，是不可分割的部分。

跳秧歌子是当地民间一件大事，一是娱神，二是娱人，三是“活地脉”。一般于腊月初十左右开始排练，腊月二十三过场子后停止排练，正月初四“妆身子”。改革开放后，跳秧歌子一般是在春节期间进行，直至闹完元宵节才“卸身子”，当地商铺、开门安灶、喜迁侨居等都有请社火队、耍狮、高跷人员“踩场子”“活地脉”之风俗。

高跷。其特点是表演者踩着高跷——一对长 1.5 米至 2 米的圆木，下段圆形，自中部向下渐变细，上段一侧为平面。长度比人的小腿略长一点，安横档为踏板。表演者脚踩踏板，平面与小腿紧贴，用绳索捆绑，一经熟练，便可行走自如。表演者若干人，扮演各种形态，口唱小曲变换队形，甚至表演一些惊险动作。

狮子。狮子一头，表演者两人，一头一尾，另一武生打扮，手举绣球翻腾跳跃，叫引狮子。可在地面表演，也可登高表演。

八仙马子。又称竹马。表演者八人扮作铁拐李、汉钟离、吕洞宾、张果老、韩湘子、蓝采和、何仙姑、曹国舅八位大仙，按各人的特点，糊仙鹤、梅鹿等纸禽、纸兽八种，即马子。马子分为两段，头的一段与表演者腹部衔接，尾部一段与后腰衔接，恰似表演者架禽乘兽状。表演时以唢呐、锣鼓伴奏，唱着赞颂八仙的牌子曲跑场子，变队形。因马子的前、后身里都燃着蜡烛，所以仅在晚上表演。

太平车和旱船。表现的是水、陆两种交通工具行驶的技巧动作。表演者两人一组，扮年轻女子为乘客，扮老者为车（船）夫，道具为太平车和旱船的模型。表演时乘客手执车（船）具缓缓前行，驭者作驾驭动作前行随行，二人配合默契，动作逼真自如，引人入胜。

耍灯。一种用两只瓷碗作灯，用绳索连接起来，手执绳索中间均匀用力，使之旋转，灯火如流星般飞舞。一种是顶灯，头顶用瓷碗作的灯，在唢呐、鼓锣伴奏下表演过桥、涉水、翻滚、登高等难度大的动作。

说书。就是讲故事，包括小说、古今传奇、民间故事，只要情节完整，都称作“书”。农民中常有一些识字不多而记忆力、口头表达能力非常出色的人，能记很多故事，年头节下或农闲之际，人们就找他说书。有时忙中偷闲，围坐在一起也要叫他“来一段”。说到紧要关头，说一句“要知后事如何，且听下回分解”打住不说了。于是，听众们念念不忘，寻机会追着去听“下回”。当地流行的“书”很丰富。谚曰“要要好听，说个《薛礼征东》”，相关的还有《薛仁贵征西》《罗通扫北》。岳飞的故事如《金翅大鹏鸟下凡》《岳飞枪挑小梁王》《岳爷大战牛头山》《风波亭》等。《水浒传》中的《武松打虎》《武大郎卖包子》《花和尚鲁智深》《林冲雪夜上梁山》等。《西游记》中的《孙悟空三打白骨精》《猪八戒高老庄招亲》《大闹天宫》等。包文正的故事也很多，如《乌鸦告状》《黑骡子告状》《包公三下阴曹》等。《三侠五义》《七侠剑》等故事以及民间故事也不少。民间说书，只要能有“关口路道人名字”，便可任意“添油加醋”，说的是“头头是道”，听者如身临其境。有些说书技艺高超的说书人常常被请来请去，一些书迷则追来赶去，常常忘了回家吃饭。

念卷。宝卷又名宝传。念卷是农村里冬闲和过大年较具吸引力的文化活动之一。喜欢听卷的主要是老年人和妇女，十几个人坐在炕头上，一个人念，众人和，念到激动人心处，念者声泪俱下，听者哽咽涕泣。流行的卷有《张四姐下凡》《方四姐》《侯梅英反朝》《杨满棠征西》《目连救母》《仙姑卷》等。宝卷的基本形式是韵散结合，特点是说一阵，唱一段，既省力，又好听。当地念卷的地点一般在家庭院落中，时间大多选择在冬季农闲时候的晚上，白天也有，特别是在春节期间，从正月初一夜到元宵节，念卷活动不断。在念卷时，有许多讲究，主人要把屋里屋外、炕上炕下打扫干净，在炕中央放置一个炕桌，点上擦净的铜灯，摆满糖茶、油馃子、花糖等招待客人，恭候念卷先生和听众的光临。夜幕降临，左邻右舍，亲朋好友，陆续来到设局请卷人家，念卷先生除断文识字，懂得念卷的韵调，更要有品德，念卷先生被让在炕中央的炕桌跟前，盘腿而坐，视为上宾。念卷先生在念卷时是很虔诚的，念前要洗手漱口，点上三炷香，向西方（或佛像）跪拜，待静心后，才开始念卷。念宝卷的形式灵活多样，不拘一格，念唱方式为一人唱，众人和。领唱人称为念卷人，和者称为接卷人，或接唱人、接音人。唱词一般是固定的，如“数落莲花，莲花落”“南无阿弥陀佛”等。当念卷人念完一个意思单位、一段韵文或吟完一首诗后，接卷人重复吟诵最后一句的后半句，再接着念“阿弥陀佛”，或“数落莲花，莲花落”，接完音后，念者再念。念卷人或朗，或诵，或说，或念，或唱，举手点头、变换表情、绘声绘色的表演，加上宝卷生动的故事情节，念卷者与听卷人之间形成互动，使听卷者心驰神迷，如痴如醉，高兴处使人捧腹大笑，心酸处让人痛哭流涕。

庙会。甘州群众有自发办庙会的风俗。1949 年前，镇域内有多处庙宇，每逢正月，群众都会积聚于庙院，跳秧歌，闹社火，唱大戏，香客们人来人往，焚香祈福，热闹非凡。也有一些庙会在当地有特定的时间，如五月上旬，民间俗称五月十三日是“关老爷磨刀”，说是要下雨，所以民谚曰“大旱不过五月十三。”假如五月上旬不落雨，就意味着大旱降临，于是当地头人就请一班大戏操办庙会。除了请戏班，还要请道士念经。1949 年后，大部分庙宇被拆，庙会停办。1980 年之后，随着宗教政策的贯彻落实，庙会在当地逐渐恢复。在春节、元宵节等一些传统节日期间香客较为多。

自乐班。1949 年前当地就有民间戏曲自乐班活动。最著名的有乌江的“魏家班”，主要以民间“皮影戏”和传统社火、秦腔折子戏为重点，在甘州很有名气。改革开放以来，镇域内各村文化氛围日益浓厚，一部分民间艺术爱好者自发组团，利用农闲时间排练戏剧、歌舞、小品等节目，逢年过节为群众义务演出，并积极参加区、镇举办的农村秦腔演艺会演和秦腔大叫板活动。

明永乡上崖村文化娱乐活动中心

戏曲。甘州的社火，都有一些小戏曲，如《张良卖布》《小放牛》《下四川》《钉缸》《小贤姑》等。逢年过节为群众演出喜闻乐见的秦腔剧目。秦腔折子戏，如《杀庙》《藏舟》《柜中缘》《拾玉镯》《三回头》等成了群众喜闻乐见的剧本。20 世纪六七十年代，大兴革命样板戏，演出的《智取威虎山》《红灯记》《沙家浜》《平原作战》等深受群众喜爱。

第四节　图书事业

1993 年，配合全省“捐百万册图书”活动，动员社会各界踊跃捐款，筹资购置基本设施。1995 年与广东佛山图书馆开展书系两地情活动，佛山图书馆赠送电脑、打印机各 1 台；同年，在联合国儿童基金会、宋庆龄基金会支持下，甘肃第一家儿童流动图书馆在张掖市图书馆建成，无偿援助面包车（1 辆）、电视机、复印机、图书等价值 50 万元。全国政协委员香港汉荣书局董事长石景宜、石汉基先生捐赠港台版图书 4000 多册；宋庆龄基金会赠书 3000 余册；甘肃省图书馆在张掖市图书馆开办流通站；省内外著名学者范兴儒、雒青之等赠书上百册。1996 年，张掖市图书馆荣获“全国文明图书馆”。

2002 年，张掖市图书馆更名“甘州区图书馆”。同年，甘州区图书馆被文化部、财政部定为甘肃省信息资源共享试点单位，接受安装价值 5 万元的联想服务器 1 台，卫星天线 1 套，雅图投影机及伸缩式投影屏幕 1 套。2003 年，甘州区图书馆建成拥有 30 台电脑的电子阅览室，引进甘肃省图书馆的“图书馆自动化软件”，使馆藏资源与甘肃省图书馆资源共享。甘州区图书馆在全省县级图书馆中率先实现文献编目、流通借阅、检索等自动化。2004 年，图书馆电子阅览室正式对外开放。2005 年被全国文化信息资源共享工程甘肃省分中心确定为“全国文化信息资源共享市级支中心”、中国期刊协会赠建“全国百家期刊阅览室”，形成以现代化服务设备为基础，以文学、文化教育、农业、医药卫生、历史科学和地方文献为重点的藏书体系和服务体系。同年 9 月，首次被文化部评定为国家一级图书馆。2007 年，新购图书 2100 册、期刊 510 种近 1 万册，接待读者 7.6 万人次，流通图书 11.56 万余册（次）。同年 9 月，《改并五因类聚四声篇十五卷》被收入“国家珍贵古籍名录”。在城乡中小学建立流动点 29 个。建成 18 个乡镇基层文化信息资源共享工程、245 个村级服务点，建成农家书屋 270 个、社区书屋 20 个。2011 年，甘州区图书馆接待读者 10 万人次、读者咨询 4600 余人次、流动图书 12 万余册，电脑录入图书 279 册、地方文献 297 册，新购各类图书 1312 册。2015 年创办并刊发馆报《张掖阅读》，内容涉及读书心得、散文、书评、随笔等。2016 年，甘州区图书馆藏有图书 28.4 万余册，其中珍藏古旧文献 245 部 8095 册，藏有珍贵善本 3 种 8 册；珍藏年代上至明永乐十七年，下至清末民初，藏本来源于图书馆前身甘泉书院和张掖县民众教育馆，其内容涉及文、史、哲等方面，儒家经典、方志、善本、正史类书、诗词文选等，如〔明〕成化七年的《改并五音类聚四声篇》《改并五音集韵》，〔明〕永乐十五、十七年的《诸佛世尊如来菩萨尊者名称歌曲》。其中，《大明成化丁亥重刊改并五音类聚四声篇十五卷》2007 年入选第一批“国家珍贵古籍名录”中。

第五节　非物质文化遗产保护

文化产业　以全国重点文物保护单位大佛寺为主，山西会馆、木塔寺、西来寺、明粮仓和道德观等 16 处国家、省级重点文物保护单位为支柱，打造旅游文化精品。2012 年，甘州区文化产业主要有 1 个艺术表演团队、62 个歌舞娱乐场所、141 家文化旅游业、84 家艺术品经营机构、10 家民俗文化企业、32 家互联网经营场所、11 家文化教育培训机构，文化产业总产值 1.674 亿元。至 2016 年底，全区有文化产业

2010 年非物质文化遗产演艺展示会

法人单位517个，涉及从业人员6572人，资产21.77亿元，全年实现文化产业增加值4.36亿元，同比增长15.52%，占全区GDP比重的2.58%。

非物质文化遗产保护　2005年，甘州区文化馆组织人力对全区18个乡镇的非物质文化遗产进行普查摸底、挖掘和整理。2007年，经甘州区非物质文化遗产保护专家委员会审定有12项民族、民间艺术项目上报第一批非物质文化遗产名录。是年，甘州区有5项非物质文化遗产列入张掖市政府“第一批市级非物质文化遗产保护名录名单”中。2008年，成立“甘州区非物质遗产保护中心”，2016年更名“甘州区非物质文化遗产保护传承中心”。至2016年，累计申报省级非物质文化遗产保护名录4项、市级保护名录13项、区级保护名录17项，有省级保护名录代表性传承人6人。

甘州区文化馆非物质文化遗产保护审批项目一览表

表14-3-1

时间	项目	公布文号	名称	传承人
2008年	省级第二批非遗名录(2项)	甘政发〔2008〕43号	①甘州小调； ②邵家班子杖头木偶戏	甘州小调：李建成　陈学军　闫长伏 邵家班子杖头木偶戏：邵学信　邵学玉
2011年	省级第三批非遗名录(2项)	甘政发〔2011〕34号	①甘州社火； ②黄河灯阵	甘州社火：李建成 黄河灯阵：郭玉清　焦文杰　陆廷成
2007年	张掖市第一批非遗名录（5项）	张政发〔2007〕189号	①甘州小调； ②邵家班子杖头木偶戏； ③狮子上缆绳； ④黄河灯阵； ⑤河西宝卷	甘州小调：李建成　陈学军　闫长伏 邵家班子杖头木偶戏：邵学信　邵学玉 黄河灯阵：郭玉清　焦文杰　陆廷成
2010年	张掖市第二批非遗名录（4项）	张政发〔2010〕89号	①甘州刺绣； ②甘州剪纸； ③甘州社火； ④甘州方言	甘州刺绣：徐国香　石文香 甘州剪纸：王志梅　杨晓霞　郭云海 甘州社火：李建成 甘州方言：张镇山　胡希花
2015年	张掖市第三批非遗名录（4项）	以2015年5月29日《张掖日报》公布时间为准	①甘州搓鱼子； ②甘州臊面； ③甘州牛肉粉皮面筋； ④甘州小饭	甘州搓鱼子：徐桂芳　徐桂兰 甘州臊面：陈瑞民　陈国荣 甘州牛肉粉皮面筋：高财　邵兴德 甘州小饭：袁聚财　朱文才

续表 14-3-1

时间	项目	公布文号	名称	传承人
2007 年	甘州区第一批非遗名录（13项）	甘区政发〔2007〕49 号	①甘州刺绣； ②甘州剪纸； ③甘州社火； ④甘州方言； ⑤河西宝卷； ⑥甘州地蹦子戏； ⑦乌江镇狮子上缆绳； ⑧邵家班子杖头木偶戏； ⑨甘州小调； ⑩甘州婚俗； ⑪甘州搓鱼子； ⑫碱滩镇黄河灯阵； ⑬甘浚闹春牛	甘州婚俗：郭云海　张玉龙　梁秉超 李寿乾　史建荣　刘兴兵
2012 年	甘州区第二批非遗名录（4项）	区政发〔2012〕278 号	①甘州臊面； ②甘州牛肉粉皮面筋； ③甘州牛肉小饭； ④乌江镇狮子上缆绳、上板凳	—

部分省级非物质文化遗产　甘州小调。2008 年被列为甘肃省第二批非物质文化遗产保护名录。甘州小调由曲牌和曲子组成，甘州小调名目庞大，数目繁多，具有丰富的特征。它曲调洪亮清脆、简明流畅，语言朴素、幽默、易于上口，并富有乡土气息，具有演唱灵活、适宜性强的特征。表演者可依据不同的环境、针对不同的事物即兴编演唱词，使其在不同的历史时期不断被赋予新的内容。

邵家班子杖头木偶戏表演

邵家班子杖头木偶戏。2008 年被列为甘肃省第二批非物质文化遗产保护名录。党寨镇上寨村邵家班子杖头木偶是明代由陕西传入，至清代以后，进入全盛时期，深受广大群众欢迎。党寨镇上寨村邵家班子的杖头木偶全长有一公尺左右，比一般同类木偶要大，平底没有腿，如果需要表演腿部动作，另制作双腿由演员配合操纵，称之为“配腿”或“配脚”。邵家班子木偶戏在木偶造型上十分注重传统艺术的继承和发展，它既借鉴民间神像、古代彩塑、雕刻等的造型和技法，也吸收戏曲脸谱的表现手法。木偶戏唱腔以西秦腔为基础，内容多取自历史演义、民间传奇、神话故事，仅存的传统剧目有包公系列、杨家将系列、三国系列等，多达几十种，所演人物忠奸、善恶分明，木偶在艺人的操控下可以表现喷烟喷火、杀头、开扇、搬物等高难度动作。邵家杖头木偶戏班多为家族成员组成，实行家传世袭的班主制。戏班多在婚丧嫁娶、岁时节庆进行演出，演出场地不受限制，在剧场、茶园、场院、宅院、草坪上都可以演出。1957 年以邵家班子为主的“前进木偶剧团”代表甘肃省参加西北五省戏剧调演时荣获一等奖。

甘州黄河灯阵。2011 年被列为甘肃省第三批非物质文化遗产保护名录。甘州黄河灯阵，也称九曲黄河灯阵，是甘州区碱滩镇古城村一带流传的历史文化遗产。灯阵占地 400 平方米左右，由 365 棵松树和 365 盏灯组成，正中设有 6 张香案，主要用于祭奠神灵，灯悬挂于松树下，每盏灯代表一位神灵，该阵只设有一个进口和出口，整个灯阵的布局类似“迷宫”。每逢正月十三至正月十六，古城村及周边乡镇的村民纷纷前来游阵，并可根据自己所祈祷的愿望将松树上悬挂的相对应的神灵灯悄悄摘走，以此避邪、避难，所空之处的灯由布阵者填补悬挂。后经若干年，该村风调雨顺、五谷丰登，这一原始的祭祀活动渐渐演变成一种春节期间的文化娱乐活动，深受当地群众喜爱，整个活动期间游阵人数达万人以上。

甘州黄河灯阵夜景

甘州社火。2011 年被列为甘肃省第三批非物质文化遗产保护名录。社火最早是每年春天将至时为了活地脉而敲锣打鼓载歌载舞的一项民间活动。社火排练和演出都要放火，名曰煨火，因此称之为“社火”。张掖社火有秧歌、高跷、旱船、太平车、舞龙、舞狮、春牛、跑驴、戏蝶、腰鼓、霸王鞭、太平鼓等。民间社火主

甘州社火舞狮表演

要在春节期间演出，乐器有大鼓、大锣、小锣、手跋、三弦、二胡、唢呐。社火队以秧歌为主要阵容，固定角色有领舞的膏药匠、四鼓、四花、四棒槌、蛮婆、囡囡子等。社火的表演形式有大场子、小场子、作场子三种。演出时，由膏药匠（老者）带领，摇动手中的铃子指挥队形变化。表演形式上的最大特点是有舞狮、耍龙、跑驴、铁芯子、斗牛、太平车、大头和尚和柳翠其陪衬，具有很强的趣味性。社火队在途中若遇其他社火队要相互接送，不得避道。演出归家时应在出队地点再次敲响锣鼓做短暂跳跃，而后就地卸装，不得容装回家。

第六节　文艺创作

甘州区作家协会　20 世纪 80 年代，张掖市成立“甘州青年文学社”，有会员 200 多人。2006 年，甘州区作家协会成立，有会员 100 多人。作协不定期举办文学活动，会员创作出许多脍炙人口的小说、散文、诗歌等作品。

甘州区民间艺术家协会　成立于 2009 年，最初会员 120 多人。2016 年有会员 70 多人。协会先后联袂县区会员创作作品 100 多幅，参加“全省连环画巡展”，其中甘州区参展作品《祁连忠魂高金城》荣获二等奖。征集 150 多幅书画作品和 130 多幅摄影作品，参加甘州区文联承办的“华大杯”第二届迎春书画展。2016 年，组织参与张掖市广场舞大赛，甘州区有 4 支代表队获奖。

甘州区音乐家协会　成立于 2005 年，有会员 253 人，其中中国音乐家协会会员 2 人，甘肃省音乐家协会 25 人，张掖市区会员 226 人。2013 年，组织甘州区青少年才艺大赛活动，评选的“合行杯・美丽张掖”原创歌曲结集出版，李学鹏的《望着国旗冉冉升起》等 10 多首歌曲在国家级刊物《儿童音乐》上刊登。

甘州区书法美术协会　成立于 2006 年，有会员 116 人，其中中国书协会员 4 人，省书协会员 18 人。协会成立以来，经常组织会员开展各种展览、书法笔会、艺术采风、书美论坛、学术交流等活动。2014、2015 年分别举办第一、二届甘州区“华大杯”书画摄影展、张掖市首届文化馆美术书法作品联展等。

甘州区摄影家协会　成立于 2008 年，有会员 83 人。至 2016 年，协会每年组织会员采风创作，作品主要反映改革开放 40 年来的城乡巨变。在国家级各种刊物上刊登摄影作品 1200 多幅。有 100 多幅作品获得市级以上政府组织评选的一、二、三等奖；成林的《守望沧桑》《湿地情怀》分别在第 47 届悉尼国际摄影大赛、行业摄影大赛中获奖。

甘州区诗词学会　成立于 2012 年，有会员 60 余人（其中中华诗词学会会员 12 人）。诗词学会不定期出版内部刊物《甘州诗词》共出版 11 期 1.8 万册。学会组织会员深入城乡社区及农庄，开展察民情、话巨变、倡环保等活动。作品大多讴歌新时代改革开放 40 年来的社会变化，相继有市级以上获奖作品 80 多次。会员出版个人诗词专集 12 本，整理出版的诗词集《甘州放歌》较有影响。

文学创作　20 世纪 80 年代，是张掖文学创作的黄金时期。1983 年，张掖地区文联创办文学刊物《甘泉》。短短几年间，张掖的文学队伍初步形成气候，许多作品相继在省级报刊《甘肃文艺》《甘肃日报》《甘肃农民报》发表。小河、沙井、上秦等乡相继成立文学社，这些文学社为张掖文学事业发展积蓄了力量。到1987年，张掖市成立“甘州青年文学社”。“甘州青年文学社”鼎盛时期人员达200多人，在张掖市文化馆挂牌，举办各种文学活动，得到社会关注，在国家有关部门公布的全国文学社团名录中，甘州青年文学社榜上有名。集结编印微型小说集《甘泉喷绿》。至20世纪90年代后，随着商品经济大潮的冲击，业余文学创作作者人数迅速锐减，甘州青年文学社自行解散。1992年5月，张掖市文联成立，张掖文学创作走上组织有序的发展轨道。2003年，甘州区创办文学刊物《黑河水》。2006年7月，甘州区作家协会成立。

小说创作中，田瞳的《远影》获全国小小说大奖赛特等奖，《岔路》获全国优秀故事奖。徐万和、张中式、李中和、王生彪、范万保、赵建铭、张琦、杨孝政、王强、牛积成、高燕、付聪林、孙瑾、付玉玲、陈增银等原创的小说作品在省内外文学刊物上发表。农民作家杨孝政创作出版《世间桃源》《祁连儿女》《人类未来》《祁连山魂》《星辰无际》等5部长篇小说。

散文创作中，较有影响的作者有雒青之、柯英（寇克英）、张建铭、肖成年、魏建英、曹斌、吴晓明、宋云、缪丽霞、门晓峰、袁泽、鞠勤、孙瑾、刘红佳、王月明等。柯英的作品有《在路上》《行游张掖》《注目黑河》等。

诗歌创作一直是甘州区文学创作的强项。女诗人武强华的作品散见于《人民文学》《诗刊》《星星》等刊物，她荣获2014青年作家年度表现奖、诗刊社2014年度“发现”新锐奖、《飞天》十年文学奖、2016年度华文青年诗人奖、首届李杜诗歌奖新锐奖。出版诗集《北纬38°》。较有影响的作者还有曹国魂、屈斌、王国斌、张长品、张军等。

旧体诗创作中，老一代较著名的作者有周光汉、王登瑞、鲁言（焦作福）、张浩廉、高欣荣、施生民、张向阳、吴毓恭、刘晓东、刘丹庭、武赞智、任作扃等。进入21世纪后，较有影响的作者有王洪德、陶琦、王跃农、李刚、席中星、宋进林、任武德等。

文史类写作中，20世纪较有影响的作者有刘文浩、叶桐村、马伯寿、周定国、徐万和、王秉德、张中式、向叙典、张浩廉、巩子孝、王克孝、杨国学、丁耀光、王迎喜、侯富强、蒲乾亨、施生民、施爱民等。进入21世纪以来，较有影响的作者有王洪德、任积泉、吴正科、黄岳年、唐国增、宋进林、张恒善、单浩强、张兰、张银德、姜明周等，他们挖掘整理出许多翔实珍贵的学术类文章，为甘州区留下珍贵的人文资料。

文艺创作 1991年以来，甘州区文艺工作者深入生活、深入实际、深入群众，从深厚的优秀传统文化和丰富的民族文化中获取创作源泉，挖掘和拓展具有地方特色和民族特色的题材，创作出许多地方精品剧目。2000年，甘州区艺术团创作并演出舞蹈《盐池女》获得甘肃省第二届群星艺术节银奖（成人组，金奖空缺），舞蹈《牛角鼓》获甘肃省第二届群星艺术节铜奖（成人组）。2002年，大型音乐舞蹈史诗《八声甘州》正式演出。2008年，创作演出相声《甘州好地方》、小品《晨练》。2010年，节目《烟雨江南》在“放飞梦想”全国青少年才艺展示活动张掖赛区的比赛中荣获编导二等奖。2014年，甘州区非遗中心以张掖社火和张掖宝卷为参考，通过挖掘、搜集、整理、改编将张掖民间社火，在历史变迁中逐渐形成的具有艺术表演性、艺术欣赏性的经典片段，创作成一台非物质文化遗产保护成果（民俗文化）展演节目，呈现“老背少”“耍流星”“竹马”“大头和尚戏柳翠”“旱船”“磨盘秧歌”“跑驴”“霸王鞭”等多个充满民间群体智慧和强烈艺术创造的精彩节目。2015年在《丝路之星——我的舞台梦》在首届甘肃省音乐舞蹈才艺大赛总决赛中，甘州区艺术团女子群舞《八女投江》和男子群舞《阿婆的幸福生活》分别获得集体舞成人组一、二等奖。

民间艺术表演

同年，非遗中心依据张掖大佛寺后殿的一副壁画，创作出实景剧《八之戒》。剧情以师徒四人“成佛”为开篇序幕。后续由“梦回”“成愿”与“持戒”三个部分构成。剧中的猪八戒既有一心向佛的佛性，又有重情重义的人性，人物形象生动丰满，唱词动作诙谐风趣。讲述八戒成佛后仍念高家小姐，故而探访高老庄以了却夙愿之趣事。内容体现八戒“亦神、亦妖、亦兽、亦人”的人物特性。《八之戒》在编排中加入具有张掖地方特色的甘州小调，以及方言叫卖和魔术、杂耍、变脸等艺术表现形式，在戏台上展现西方极乐、市井凡尘、招亲绣楼等多个传神入微的情境。2016年6月，非遗中心与深圳市星百艺文化传播有限公司合作编创的大型原创歌舞——《甘州乐舞》，内容分“甘”“州”“乐”“舞”四个可以独立成章的部分，代表各自不同的文化内涵。《甘州乐舞》的整体形式和内容设计，以历史为依据，挖掘历史、展现历史，选取张掖乐舞最具代表性的几部内容重现张掖文明，他参考古代乐舞的编排方式，并发挥合理想象，将《胡旋舞》《胡腾舞》《八声甘州》《霓裳羽衣曲》结合现代高科技舞台艺术，进行改造、创新和发展，综合借鉴不同地域、不同时期的文化艺术产品，再现汉唐盛世的辉煌场景，让观众感受到传统文化的魅力。

第七节　民间艺术

社火　20世纪90年代，甘州区242个行政村中举办社火的有102个村，观众达79万人次。2015年，甘州区245个村仅有14个社火队。2000年张掖举办全地区首届新社火调演，至2016年已举办5届，甘州区获得一等奖4次，二等奖1次。

花灯　20世纪80年代以来，各行各业制作彩灯悬挂城区主要街道，丰富广大群众节日生活，主题有歌颂祖国、歌颂社会主义新时代的“和谐甘州”“魅力家园”“孔雀开屏”“银碗雄狮”；有恭祝幸福安康的“佛祖”“观音”“恭喜发财”；有祝福各行各业取得丰收成果的“五乘贺岁”“金猪闹新春”。进入21世纪以来，元宵节灯展从简单的灯笼延伸扩大到城区各大街道、公园和住宅小区的群众活动场所，除各色彩灯外，还有各种声光电于一体的高科技灯饰。

剪纸 甘州剪纸工艺有三种形式，一是民间剪纸，用彩色纸剪成各种鱼虫鸟兽、花草树木、亭桥风景、动物或人物等，贴在窗户上（叫窗花），贴在门楣上（叫门签）作为装饰；二是专用的剪纸工艺，有结婚用的“双喜”“鸳鸯双栖”“并蒂连开”“心心相印”等；三是用于宗教仪式，装饰或造型艺术等方面。

刺绣 刺绣图案多样，有龙、凤、虎、鹿等动物图案，还有日、月、山、河等几何图案；树木花草、亭台楼阁、佛祖神仙、人物肖像，还有用夸张的手法绣制八仙过海图、西游记、封神演义、三国、水浒传、红楼梦、哪吒传奇等神话传说故事；有的则间以花草或几何图形，虎跃龙蟠，龙飞凤舞，刻画精妙，神情兼备。刺绣主要用于枕套、床罩、被单、被套、肚兜、鞋垫、衣、帽、挎包、各种装饰品等不同的种类。

壁画 甘州壁画作品内容都是佛经故事和西游记故事，画中人物栩栩如生，活灵活现，至今保存完好。壁画作品多以绘制、雕塑或其他造型手段在天然或人工壁面上制作的画。是建筑物的附属部分，装饰和美化功能成为环境艺术的一个重要方面。壁画的类型很多，主要的有故事画、佛像画、山水画。壁画是一种实物装饰，甘州区西大街飞天大楼的飞天壁画就是典型的装饰壁画，百米山水画长卷《永远的黑河》，集“崇山峻岭、雪峰峡谷、沟壑溪流、巨龙奔腾”画作于长卷，形象生动地表现了全国第二大内陆河源于高山，穿越峡谷，流淌平野，注于居延海的磅礴气势。

雕塑 张掖雕塑主要有砖雕、木雕、石雕、玉雕、牙雕、跟雕等，作品见于寺庙、石窟、古建筑等处。张掖大佛寺殿门两侧的砖雕《登极乐天》和《祇园演法》是张掖砖雕的代表作。木雕多见于古建筑和寺庙门楼、桌椅、木箱、衣柜等，代表作为西来寺金刚殿内明代的藻井。石雕造型多样，神态逼真，主要出现在寺庙、府第门前的石狮，古墓前的石虎、石驼、石鼓等。玉雕主要有观音、莲花、如意、喜牌等玉雕。根雕是张掖近年间出现的品种，代表作有《拓荒牛》《送子观音》等。

面塑 俗称面人，是甘州独具特色的民族艺术之一。甘州最早的面塑是从陕西一带传入的，最初的面塑是民间在制作食品时做出的装饰物，有花鸟虫兽，日月星辰等，后来逐渐演绎为一种艺术品。纳积善是甘州人，是个可捏出的各类艺术形象的艺术巧匠。他捏出的面塑活灵活现，栩栩如生，有戏剧人物、民间故事，深受人们喜爱。

泥塑 泥塑又称“彩塑”，是甘州民间传统的一种雕塑工艺品。泥塑主要是纯手工制作，工序繁杂，造型生动活泼。在甘州的大小庙观寺院供奉的佛像和神像，全部都是泥塑作品，所有作品的颜色都选用大品绿、大品红。大佛寺的睡佛像，采用木胎泥塑，色泽鲜艳，线条流畅，是中国泥塑之精华，距今已有900多年的历史，成为亚洲之最。泥塑经过一代一代的流传之后，逐渐演化成为各种工艺品，主要有人物、动物，也有植物，大都是空心的圆塑体，也有浮雕式的挂片。

木刻 木刻在甘州的雕刻艺术中占有重要位置，有着悠久的历史。在古建筑上应用最多，寺庙门楼上全部都是木刻作品。其种类主要有正形彩、竹头彩和跳一、跳二、跳三、跳四、跳五、跳六、跳七等。自古至今，木刻在家具装饰中居主流，桌凳、木箱、柜、衣架等用品上主要都是木刻作品，总称为“百古”，其中“琴棋书画”“笔鼎笙管”“鹿雀同春”“龙腾虎跃”“梅兰竹菊”“岁寒三友”“文房四宝”“十二生肖”“八仙八宝”等是甘州木刻之精华。保存古老的木刻作品是西来寺金刚殿明代的藻井。

石雕　甘州石雕开凿于晋代的临松山马蹄寺石窟群的石雕佛像、石塔，数量很多，造型多样，神态逼真。石雕广泛用于建筑中，有石塔、石桥、石坊、石亭、石墓，还有的用在建筑物的构件和装饰上。大体分为四类：一是作为建筑构件的门框、栏板、抱鼓石、台阶、柱础、梁枋、井圈等；二是作为建筑物附属体的石碑、石狮、石华表以及石像生等；三是作为建筑物中的陈设，如石香炉、石五供等；四是作为建筑物的装饰，有石桌、石凳、门口的石狮子等。

砖雕　甘州民居砖雕艺术历史悠久，黑水国遗址中发现的子母砖就是典型的青砖雕塑。明清时期是甘州砖雕艺术最旺盛、最普及、最讲究的时候，无论富贾豪门还是村民百姓，门楼、门罩都以多艺、典雅的砖雕来镶砌，形式多样，有垂花门楼、飞砖式门罩，有普通的双柱门楼，也有四柱三间五凤门楼。有的门楼下抱鼓石，样式和牌坊类似。甘州自古以来对住宅门楼的装饰极为看重，视其为“门脸”。大佛寺大殿两侧的砖雕《登极乐天》和《祇园演法》是甘州砖雕的代表作。

草编　甘州草编用料主要有麦草和野生的芨芨草。芨芨草在草编中居多。甘州民间草编制品用途很广，家居装饰、农具实物，生活用品，处处都有草编的织品。在农村，几乎离不开草编制品，大到盛粮食的粮仓，小到蒸锅用的罩滤无处不有。

毛织　毛织在甘州历史悠久，它在人们的生产、生活中起着重要作用，是人们生活不可缺少的重要必备物品。毛织品的来源主要是羊毛、牛毛和驼毛。毛又分为春毛和秋毛。春毛柔软、细腻，主要用来纺织毛衣服、鞋帽、缝棉衣；秋毛粗硬，主要用于纺织毡毯、帐篷等。

第四章 文 物

甘州区境内存古墓葬、古建筑、古石窟、旧民居等不可移动文物235处，其中有古城址4处、古墓葬28处、古建筑20多处、革命旧址3处、旧民居34处等。已公布为国家级文物保护的单位有8处，省级文物保护单位有11处，市县级保护单位有106处。

甘州区博物馆、西路军烈士纪念馆中被确定级别的馆藏文物有2286件（套），其中博物馆国家一级文物36件（套），二级文物34件（套），三级文物98件（套）；西路军烈士纪念馆国家二级文物3件（套），三级文物15件（套）。

第一节 馆藏文物

甘州区博物馆现有各类藏品10879件（套），其中一级文物36件（套），二级文物34（套）件，三级文物98件（套）。

石器玉器 甘州区博物馆馆藏石器20件（套），以新石器时代生产工具居多，打制和磨制石器皆有。玉器59件（套），品质较高，剔透玲珑，制作精美，有较高的艺术价值。

元代玉雕纹组。1970年于张掖大佛寺金塔殿地宫出土，一组共4件。外形均呈方圆形，平底，高3.8—4.5厘米，材质为新疆和田玉，色分青白。造型生动、精巧玲珑，图案装饰兼具绘画、雕塑两种特性，镂空与浮雕融会贯通，是元代玉雕中的代表作。

青玉荷塘鸳鸯纹组。荷叶四瓣，翻卷舒展，梗茎和水草穿插交织，两只鹭鸶栖息其间，一探首觅食，神情专注，一昂首伸颈，振翅欲飞。

白玉灵芝蟠螭纹组。底部呈椭圆形，正面呈半球形，多层镂雕。内容为灵芝草和蟠螭。圆头巨目直鼻，额间阴刻“王”字，头上鬃毛弯卷，身体宛转，叼灵芝根蒂。

白玉海青天鹅纹组。底面为扁圆满葵形，镂空，内容为海青天鹅，一只天鹅振翅曲颈，潜入梗叶间隐藏，躲避海东青的追逐。

汉石磨盘。红色砂岩质地，圆形盘状，中间钻一方形孔洞，外部凸鼓，平顶，磨盘面下凹，刻凿有不规则细槽，器形小巧，有上下两块组成，底盘略大。

四坝文化手握石斧。青石质地，质地较硬，打制而成，形如单刃斧状，一面平光，一面微有弧度，握部为不规则形，刃部略宽，刃端双向加功呈曲线形，刃中部有一使用时留下的缺口。

陶器、砖瓦 甘州区博物馆馆藏陶器546件（套），形制多样，常见绳纹、网格纹等纹饰。砖瓦4件（套），主要来自于墓中铺地砖和墓室用砖，有神兽纹、狩猎图等装饰。

东汉模印瑞兽纹陶仓。1981年于黑水国遗址出土，宽18厘米，高32厘米，厚

12.5 厘米，重 4.706 千克。灰陶，模制，明器。仓体为两层楼阁型，作底大顶小的长方斗状，墙面模印有青龙、白虎、朱雀、玄武四灵神兽，是研究河西汉代建筑和民俗文化的珍贵实物资料。

羊纽盖绿釉陶砚。1986 年于黑水国遗址出土，高 9 厘米，直径 9 厘米，红陶、圆形。通体施绿釉，砚台由上小下大两个圆台组成，中间凸起，器底有三个鹅冠足，足外撇，覆盒形盖，盖顶为一立姿羊形纽。器形小巧玲珑，工艺精致。

胡商牵驼图模印砖。甘州区新乐小区唐代墓葬出土。长 34.5 厘米，宽 34 厘米。砖面所绘胡商头戴尖顶毡帽，深目高鼻，身着窄袖短衫胡服，一手揽缰牵驼，一手持棒扛肩大步前行。骆驼驮物，张嘴嘶鸣，胡商牵驼迎风而进。

东汉四灵神兽图画像砖。1990 年甘州区明永乡 1 号汉墓出土，正方形，模印，边长 38.5 厘米，厚 5 厘米。砖面正中以凸线方框将砖面划分为中心和四边画区两部分。砖面四个梯形画区内分别饰玄武、朱雀、青龙、白虎四灵神兽。

网格纹双耳彩陶罐。1999 年 5 月张掖市大满乡西闸村出土，口径 14 厘米，底径 6.6 厘米，腹径 18.5 厘米，高 14.9 厘米。泥质红陶，敞口束颈，有桥形耳，鼓腹，平底。腹部主体纹饰以经纬细线交绘成网格纹。此彩陶罐的出土，是马家窑文化西渐发展的有利见证。

铜器、其他金属器　甘州区博物馆馆藏铜器 149 件（套），内容丰富，从生活器具到装饰物品和雕塑造像，不乏精品。其他金属器 41 件（套），以铁器为主，多为兵器甲胄等。

战国云雷纹铜盉。1985 年于甘州龙渠乡征集，长 11.5 厘米，宽 8.7 厘米，高 6.7 厘米。青铜质，褐绿色。椭圆形，敞口圆唇，短颈鼓腹，颈下有两个小环形纽，腹部正中有一对环形鋬，腹部饰“S”形云纹，间以凸弦纹。肩部及颈部无纹饰。

战国花角铜麋鹿。1985 年于张掖市龙渠乡石崖洞穴内出土，是战国时期河西少数民族月氏族遗物，共 7 件。青铜范铸，身长均 10 厘米，通高 8 厘米。麋鹿作伫立状，有雌雄之分。整体造型相同，表现出麋鹿奔跑中突然停步的刹那间神情，形象活泼且充满力度，是不可多得的青铜艺术珍品。

汉代铜弩机。1993 年于张掖汉墓出土，长 15.5 厘米，宽 3.5 厘米，高 9.5 厘米。素面无纹，由弩郭、弦牙、扳机、悬刀、望山几部分构成。郭体呈平面，由大小长方孔和半圆形凹槽组成，构件精巧别致，构造合理实用。弩机作为一种具有远距离杀伤力的冷兵器，在古代战场上一直发挥着重要的作用。

唐代铜钟。高 1.3 米，纽高 15 厘米，孔径 10 厘米，唇高 9 厘米，口径 1.15 米。上细下粗，略呈喇叭形，口沿为六耳，重约 600 公斤。外壁略呈黄色，带铁青色，钟身分三层图案，每层六格。铸造工艺精湛，形体浑厚雄伟。为省级文物保护单位。

西夏文“首领”铜印。1989 年于民乐县出土。张掖首次发现。方形，边长 5.5 厘米，厚 1 厘米，方柱形纽，纽高 1.8 厘米，长 2 厘米，宽 1.7 厘米。印面阴刻西夏文九叠篆字“首领”，印纽两侧各刻一行西夏文字，内容为年款和持印者姓名。纽顶文字相当于汉字的“上”。此枚铜印对研究西夏官制及铸造技术都具有重要意义。

明双龙耳套环铜壶。1966 年于大佛寺卧佛腹内出土，高 54 厘米，口径 17.2 厘米，黄铜锻造，锤揲成型。长颈盘口，溜肩鼓腹，喇叭形高足圈。颈部有一对螭龙耳，耳内套环，腹部一侧錾刻铭文。其造型古朴庄重，工艺精湛，反映出明代铜器制作的杰出工艺。

明鎏金接引佛铜造像。大佛寺遗藏，高 178 厘米。铜铸圆雕中空，身着通肩莲花纹袈裟，颈饰项圈，赤足踩双层仰莲台。左手下垂结与愿印，右手举于胸结说法印。整尊造像通体鎏金，丰满圆润，姿态优雅，神情庄重，衣带飘洒，栩栩如生。

明鎏金药师佛铜造像。大佛寺金塔殿遗存，高 135 厘米，底宽 100 厘米。鎏金圆雕铸造工艺，青铜质地，佛发如螺，顶有肉髻，双眼微闭，眉间有白毫，身着袒肩袈裟，衣饰莲花纹，全跏趺坐，右手曲指，食指间夹有药丸。整尊佛像体态端庄，神色庄严。

清龟鹤千寿铜烟瓶。1987 年移交。高 29.5 厘米。铜质，圆雕，由龟和鹤两部分组成。下为神龟，做爬伏状。上为仙鹤，作顾盼状，口缘细长，衔一枝寿桃，桃枝一端作烟嘴，背负灵丹药葫芦，葫芦身部上侧穿凿一圆孔，为装烟丝所用。器物思之灵动，致以其表，生动活泼，匠心独具，展现了制作者独有的审美情趣。

清魁星点斗铜造像。1987 年移交。高 23 厘米，黄铜铸造，俗名“魁星点斗”。造型为魁星，赤裸上身，呈赤足奔跑状，右腿直立，踩于鳌头之上，器形小巧别致，人物生动活现，反映出金榜科第，独领风骚的竞争思想。

汉青铜立马。长 22 厘米，高 24 厘米，重 2.32 千克。立姿形象，马首脸颊粗长，双目圆睁，口鼻张翕，颈部粗短，背圆臀肥，下腹鼓圆，前肢直立，后肢微曲，线条粗犷豪放，造型健硕生动。

西夏铁拒马。1998 年于小河乡出土，直径 41 厘米。防车马进攻武器，十字带轴形，中心为正方体，由六个面各伸出一条柱形臂，至端部渐细，呈圆头。六条铁臂等长，无论何方向翻滚，均三臂着地，三臂朝上，有较强的拦截防御功能，是研究西夏军事的珍贵实物资料。

瓷器木器 甘州区博物馆馆藏瓷器 177 件（套），多为器皿与装饰造像。1991 年至 2016 年收藏瓷器 23 件（套），木器 190 件（套）。其中，各类木俑色泽鲜艳，形态逼真，十分珍贵。

西夏白釉印花卉纹碗。1970 年于五凤楼出土。口径 17.2 厘米，高 7.7 厘米。碗施白釉，瓷胎灰白，胎质坚硬，胎壁轻薄，撇口圆腹，浅圈足。碗内壁四周刻画缠枝牡丹花。此碗胎质、釉色和造型与中原白釉瓷器相似，是一件难得的西夏瓷器珍品。

明白釉童儿瓷枕。1983 年征集。长 22 厘米，高 10 厘米。胎质细腻，釉色乳白，捏制成形。形为一古装童儿，头扎总角，伸颈仰首。神态活泼天真，造型生动，构思独特，神形兼备，实用美观，是颇具生活和艺术特色的寝具。

明侍女木俑。木质圆雕，侍女形象，头部秀发披肩，面部圆润，眉目修长，身着圆领窄袖长袍，腰系丝带，比例匀称，线条简洁明快，刀法浑朴流畅。

明龙泉窑豆青釉刻花卉纹碗。1987 年于梁家墩乡出土。底径 7.3 厘米，口径 20.4 厘米，高 10.5 厘米。施豆青釉，器面光滑，釉层润厚，造型古朴，堪称明龙泉窑瓷器中的精品。

明龙泉窑豆青釉印纹荷叶盖罐。1987 年于梁家墩乡出土。高 26 厘米，口径 21 厘米，重 6.493 千克。罐盖为六曲起伏荷叶造型，罐直口短颈、鼓腹下敛，矮圈足。有流釉现象，足顶露胎处为铁锈红色；肩部饰六个独立的阴刻如意云头，腹部均匀模印竖条纹。造型活泼自然，乃珍品瓷器。

清同治款粉彩诗文博古图方瓶。1991 年 4 月 16 日张掖市人民南街 39 号尉秀英处征集。高 22 厘米，口径 7.2 厘米。

清青花渔樵耕读纹瓷盘。1993 年 6 月张掖市民主南街 53 号王玉芳处征集。高 3 厘米，直径 13.5 厘米。

清青花渔樵耕读纹碟。1993 年 6 月张掖市民主南街 53 号王玉芳处征集。高 3 厘米，直径 16 厘米。

清青花渔樵耕读纹碟。1993 年 6 月张掖市民主南街 53 号王玉芳处征集。高 4 厘米，口径 22 厘米。

清青花枝叶纹瓷盘。1993 年 6 月张掖市民主南街 53 号王玉芳处征集。高 2.5 厘米，口径 12.5 厘米。

清青花渔樵耕读纹瓷碟。1993 年 6 月张掖市民主南街 53 号王玉芳处征集。高 3 厘米，口径 8.5 厘米。

清青花渔樵耕读纹瓷碟。1993 年 6 月张掖市民主南街 53 号王玉芳处征集。高 2.5 厘米，口径 8 厘米。

清青花渔樵耕读纹瓷碟。1993 年 6 月张掖市民主南街 53 号王玉芳处征集。高 3 厘米，口径 7 厘米。

清青花渔樵耕读纹碗。1993 年 6 月张掖市民主南街 53 号王玉芳处征集。高 7 厘米，口径 19.5 厘米。

清青花渔樵耕读纹碗。1993 年 6 月张掖市民主南街 53 号王玉芳处征集。高 7 厘米，口径 18.5 厘米。

清青花渔樵耕读纹碗。1993 年 6 月张掖市民主南街 53 号王玉芳处征集。高 6.5 厘米，口径 16 厘米。

清青花渔樵耕读纹碗。1993 年 6 月张掖市民主南街 53 号王玉芳处征集。高 5.5 厘米，口径 12 厘米。

清青花菊花纹瓷碗。1993 年 6 月张掖市民主南街 53 号王玉芳处征集。高 7 厘米，口径 16.5 厘米。

清青花渔樵耕读纹碗。1993 年 6 月张掖市民主南街 53 号王玉芳处征集。高 4 厘米，口径 9 厘米。

清粉彩荷花纹瓷碗。1993 年 6 月张掖市民主南街 53 号王玉芳处征集。高 4 厘米，口径 8.5 厘米。

书法绘画　甘州区博物馆馆藏书法 162 件（套），绘画 162 件（套），其中不少出自名家之手，或传世佳作，如《兰亭序》拓本，左宗棠墨宝、冯琳画卷、沈周扇面、康熙书轴等。

张掖都尉启信。原件藏于甘肃省博物馆，高21厘米，宽16厘米，是一种过关的文书，相当于护照。上方正中缀系，正面墨笔篆书“张掖都都尉信”六字，在中国书法史上是和李斯的《泰山碑》齐名的绝美小篆书法。

清康熙临米芾行书中堂。纸本洒金白宣，墨笔行书，内容为五言绝句一首“秋深桂妇发，寒细菊馀菲……先天琼不违”，共10句50字。落款题“临米芾元章书”，钤首印为“渊鉴斋”白文章。底款押“康熙宝瀚”和“敕畿清晏”朱文篆体方章。整幅文字笔力遒劲，气韵洒脱，笔势俊秀流畅，风格自然生动，充分展示出一代君王杰出的艺术才华。

明沈周山水扇面。纸本，扇面形水墨画，画面表现了传统山水画的近实远虚，可见坡石村野，茅舍屋宇若隐若现，渔翁泛舟独钓寒江，一双水鸟翔于水面，画面层次分明笔墨酣畅，设色淡雅，颇得平淡天真之趣，左上落款“沈周”二字，下押方形“启南”篆体朱文一印。

历代钱币 甘州区博物馆馆藏历代钱币67件（套），时间跨度大，地域分布广，既有我国古代稀有钱币，也有西域及周边国家的珍贵货币。

波斯毕路斯银币。1970年于张掖大佛寺金塔殿基下舍利石函内出土，共5枚，直径2.6—2.9厘米，重量2.8—4.1克，边缘呈不规则圆形。为波斯毕路斯王B形币样式。正面为头戴王冠的毕路斯王，背面整体纹饰右旋90度，外框为装饰用联珠纹一圈。

波斯库思老一世银币。1970年于张掖大佛寺金塔殿基下舍利石函内出土，直径2.5厘米，重量2.9克，边缘呈不规则圆形，正面为头戴王冠的库思老一世王像，王冠冠侧及后部有雉堞形装饰，象征着“天”和袄神奥马兹。背面整体纹饰与正面相较，约右旋90度。外框饰联珠纹一圈。

佛经佛曲 甘州区博物馆馆藏佛经6997卷，其中御赐《北藏》装帧精美，艺术价值极高，是我国仅存的几部《北藏》中最为完整的一部，是研究佛教历史、书法艺术、绘画装潢等稀有的实物资料。佛曲主要为明永乐年间编的《诸佛世尊如来菩萨尊者名称歌曲目录》，对研究我国古代音乐曲调有极珍贵的价值。

《妙法莲花经授记品》写经。1983年征集。宣纸质，长806厘米，宽26厘米。经卷文字书写工整，庄重沉稳。《妙法莲花经》是后秦鸠摩罗什翻译的一部影响广泛的大乘佛教经典，简称《法华经》。

明《诸佛世尊如来菩萨尊者名称歌曲》。纸底白宣质地，墨书楷体竖排版，明永乐十五年（1417年）官版印刷。书写以天蓝色粗绢装裱，左上边框有书名《诸佛世尊如来菩萨尊者名称歌曲》。每张扉页为双层折叠，线装而成，其内容有序言、曼荼罗画像、佛曲目录名称、数量、曲牌名。无曲谱，仅有汉字填词，曲牌目录分南曲、北曲，并在曲目下注明世俗曲名，其中南曲122首，北曲222首，计344首。

石刻 甘州区博物馆馆藏石刻共5件（套），以西夏黑河建桥碑最为珍贵。黑河建桥碑。刻于西夏乾祐七年（1176年），碑高1.3米，宽0.9米，阳面为汉文楷书，阴面为藏文正楷，是极为少见的汉藏双语石碑。两面碑额皆刻线飞天。由碑铭可知诸多史实：如西夏仁宗赵仁孝曾多次巡视甘州一带等。对研究西夏官制和黑河名称的演变也具有重要参考价值。

建筑　卧佛大殿。卧佛大殿为全寺主体建筑，雄居大佛寺中轴线中心位置，大殿高19米，南北面阔9间，长52.5米，东西进深5间，宽28米，总面积1470平方米。殿平面呈长方形，重檐歇山顶，屋顶高大陡峭，屋脊上装饰有吻兽及葫芦宝顶。四周木廊回绕，40根红柱环立。大殿为两层楼阁，斗拱交错，翘桷翼张，曲线优美，使得大殿空间组合变化多端，给人潇洒自然、厚重深沉之感，尽显雄浑威严。檐部雕有龙、狮、虎、象等，惟妙惟肖，形态逼真。门窗隔扇上，雕有吉祥图案、佛教故事，这里还有数十幅明清时代的楹联匾额，大殿前门两侧砖墙镶嵌有两幅贴金彩绘砖雕，与整个建筑浑然一体、相得益彰。古代以九为尊，这正体现了皇家“九五之尊”的思想。卧佛殿正门两侧各有用54块水魔方砖拼嵌而成砖雕一幅。每幅4.5米见方，内容为佛教故事。北为《入三摩地》，南为《登极乐天》。这两幅砖雕风格上追求对称、工整和恢宏的气势，两幅砖雕刀工精细，线条流畅，前呼后应，具有层次美、距离感，光影效果显著。砖雕采用金饰、彩绘于一体，衬托得整个卧佛殿金碧辉煌、气势宏伟，而砖雕作品是流光溢彩、熠熠生辉。大佛寺的这两幅砖雕是古代砖雕的上乘之作，中外专家学者对此评价极高，认为是我国砖雕艺术中罕见的瑰宝。

卧佛。在张掖大佛寺众多的雕塑造像中，体形最大、形态最美、艺术价值最高、建造难度最大的当数西夏泥塑卧佛像。卧佛头北脚南，面西而卧，安睡于大殿正中1.2米高的佛坛之上。佛身长34.5米，肩宽7.5米，耳朵4米，脚长5.2米。塑像头枕莲台，两眼半闭，嘴唇微启，丰秀端庄，恬静安详。塑像为木胎泥塑中空，腹内用木板隔开，分为上、中、下3层，金妆彩绘，整整占据9间大殿。

第二节　古墓群　古遗址

甘州区境内古墓葬分布较广。1987年经文物普查，全区22个乡镇中有18个乡镇发现古墓葬，均为汉墓。全区列为市（县）级文物保护单位和保护点的古墓葬共有28处。2008—2010年的第三次全国文物普查，全区重新核定的市（县）级文物保护单位和保护点的古墓群共有26处，其中3处单座墓现已不存。

古墓群　黑水国汉墓群。位于黑水国遗址。据近现代的考古调查资料显示，黑水国汉墓群，在4平方公里范围内有墓葬500座。曾出土许多汉代文物，有铜镜、铜耳环、铜弩机、铜釜甑、陶罐、陶砚、陶鼎、陶壶、陶豆、陶奁、陶仓、陶楼院、陶室、陶灶、陶盘、陶勺、陶案及陶鸡等，还有大量五铢钱及新莽货币。1986年秋，张掖市博物馆在墓群内清理了因灌水暴露出的两座汉墓，一为斜坡墓道的三室墓，一为双室墓，前室顶均作覆斗室，中、后室为纵连顶条砖铺地。其中有一座为双后室。黑水国遗址的汉墓群于1957年由甘肃人民委员会公布为“省级文物保护单位”，1983年汉墓群与黑水国南城、北城被甘肃省人民政府并列公布为“省级文物保护单位”，2001年被国务院公布为“全国重点文物保护单位”。

双墩子滩墓群。位于沙井镇东五村委会以北荒滩上，因有两座高大的夯土墓墩而得名。时代为汉至晋。该墓群对研究汉晋时期历史、文化、丧葬制度等，具有历史、科学、考古价值。1990 年，双墩子滩墓群被公布为省级文保单位，2013 年，被国务院公布为全国金尖文物保护单位。

甲子墩墓群。位于碱滩镇甲子墩村村委会以南约 2 千米处荒滩上。出土较多随葬器物，有陶壶、陶钟、仓、灶、罐、案、井、鼎、博山炉等，还有木马、木牛、铜弩机等。皆为砖室墓，分单、双、三室等类型，有覆斗顶、券顶等，时代从西汉延续至魏晋。1993 年，该墓群被甘肃省政府公布为“省级文保单位”。

上游墓群。又称“上寨墓群”，位于沙井镇上游村五社居民点以南。墓葬为砖室，分单、双室等类型，出土器物主要为陶器，还出土四神纹画像砖，现在地表可采集到墓葬残砖和少量灰陶片。1990 年，上游墓群被张掖市人民政府公布为市（县）级文保单位。

五个墩墓群。五个墩墓群位于甘州区沙井镇五个墩村居民点以北耕地间。20 世纪 80 年代可见封土堆 20 多座，有汉砖和蓝纹灰陶片布在地表。1990 年，五个墩墓群被张掖市人民政府公布为“市（县）级文保单位”。

坂滩墓群。位于沙井镇小河村三社西南耕地间。皆为砖室墓，分单、双室等类型，出土器物主要为陶器，墓区内地表可采集到墓葬残砖和少量灰陶片。1990 年，坂滩墓群被张掖市人民政府公布为“市（县）级文保单位”。

小河村七社墓群。位于沙井镇小河七社居民点西侧耕地间。有仓、罐、钟、壶、灶等陶器和铜镜出土，系砖室墓，分单、双室等类型，时代为汉至晋，现在地表可采集到墓葬残砖和少量灰陶片。1990 年，小河村七社墓群被张掖市人民政府公布为“市（县）级文保单位”。

燎烟村墓群。燎烟村墓群位于甘州区明永乡燎烟村一社以南耕地间。为汉晋时代定制，能采集到少量灰陶片。该墓群对研究汉晋时期丧葬制度等，具有历史、科学价值。1990 年，燎烟村墓群被张掖市人民政府公布为“市（县）级文保单位”。

乱河湾墓群。位于明永村一社居民点西南耕地间。可采集到少量灰陶片。该墓群对研究汉晋时期丧葬制度等，具有历史、考古、科学价值。1990 年，乱河湾墓群被张掖市人民政府公布为“市（县）级文保单位”。

永和村墓群。位于明永乡永和村西城驿林场内。时代为汉至晋，埋藏深度在 4 米以下，砖砌券顶，出土的器物有陶鼎、壶、罐等，被省考古研究所收藏。1990 年，永和村墓群被公布为“市（县）级文保单位”。

王家崖墓群。位于碱滩镇杨家庄村居民点西南，南为二坝水库。现在地表可采集到汉代墓葬残砖和少量灰陶片。有汉砖和蓝纹灰陶片布在地表。1990 年，王家崖墓群被张掖市人民政府公布为“市（县）级文保单位”。

上寨墓群。位于党寨镇上寨村一社居民点东。墓葬为汉至魏晋时代，砖室墓，分为单室、双室、三室等多种类型，葬式为仰身直肢葬，出土器皿有陶器、木器、铜器、铁器和少量金银器皿等。1990 年，上寨墓群被张掖市人民政府公布为“市（县）级文保单位”。

下寨墓群。位于党寨镇下寨村六社居民点以西砖厂内。为汉、晋时代的墓葬，墓葬形制为砖室墓，有单、双、多室类型，大多为拱券、覆斗顶，仰身直肢葬，出土明器有陶、木、铜、铁器和少量金银器，分甑、灶、炉、仓、鼎、铜刀、弩机、钱币等生活器具、生产工具、兵器、礼器等。1990 年 5 月，下寨墓群被张掖市人民政府公布为“市（县）级文保单位”。

王阜庄墓群。位于安阳乡王阜庄村六社，分布在居民点房屋下及周围耕地间。现在居民地北侧和西侧耕地、果园里，可见直径 8—15 米、高 2—3 米的墓葬封土堆 7 座，皆被盗掘，地表有青条砖、子母砖散乱丢弃。1990 年，王阜庄墓群被张掖市人民政府公布为“市（县）级文保单位”。

朝元寺滩墓群。位于大满镇朝元寺村五社居民地以南耕地间。现在地表可见墓葬残砖和少量灰陶片散落。其对研究汉晋时期的丧葬时俗等，具有历史、科学价值。1990 年，该墓群被张掖市人民政府公布为“市（县）级文保单位”。

什信村墓群。位于大满镇什信村一社。为汉晋时代定制，该墓群对研究汉晋时代丧葬制度等，具有历史、科学价值。1990 年，什信村墓群被张掖市人民政府公布为“市（县）级文保单位”。

地委农场墓群。位于小满镇甘城村七社居民点以东。自 20 世纪 70 年代开始，先后有墓葬发现，出土文物有陶钟、吊灯等，皆为砖室墓，券顶或覆斗顶，分单、双室等类型，埋藏深度在 1.6—3 米。1990 年，地委农场墓群被张掖市人民政府公布为“市（县）级文保单位”。

甘城墓群。位于小满镇甘城村七社。所见墓葬为砖室墓，券顶，为防止再次坑陷渗水，挖至墓顶后回填，文物部门未作清理。该墓群对研究汉晋时期丧葬制度等，具有历史、科学价值。1990 年，甘城墓群被张掖市人民政府公布为“市（县）级文保单位”。

兔儿坝滩墓群。位于三闸镇庚明村一社居民点以北兔儿坝滩上。时代为汉至晋，埋藏深度在 2 米以下，在墓区内地表可采集到墓葬残砖和少量灰陶片。1990 年 5 月，该墓群被张掖市人民政府公布为“市（县）级文保单位”。

新建村墓群。位于三闸镇新建村五社居民地以南耕地间。为汉至晋代定制，文物部门未进行过清理发掘，其他情况不详。其对研究汉代历史文化、丧葬制度等，具有历史、科学价值。1990 年 5 月，新建村墓群被张掖市人民政府公布为“市（县）级文保单位”。

保安墓群。位于龙渠乡保安村三社居民点以南。现在墓区内地表可采集到墓葬残砖和少量灰陶片。其对研究汉代葬俗等，具有历史科学价值。1990 年 5 月，保安墓群被张掖市人民政府将其公布为“市（县）级文保单位”。

四角墩墓群。位于甘浚镇速展村五社居民地以东。均为三室砖墓，斜坡墓道，前室覆斗顶，中、后室拱券形顶，墓室底部用四神纹方砖铺地，共出土各类器物 49 件，其中最为珍贵的是一匹带鞍彩绘铜马。1979 年该墓群被张掖县人民政府公布为县级文保单位，1990 年又被张掖市人民政府公布为“市（县）级文保单位”。

西洼滩墓群。位于甘浚镇光明村林场内。墓室为砖室墓，有券顶、覆斗顶两种类型，分单、双室和多室，埋藏深度2米以下，时代为汉至晋。1990年，西洼滩墓群墓群被张掖市人民政府公布为“市（县）级文保单位”。

八号村北滩墓群。位于甘浚镇晨光村（原八号村）八社居民地东北荒滩上。为砖室墓，分单、双和多室，有券顶和覆斗顶类型，埋藏深度在4—8米，时代为汉至晋，现地表可采集到墓葬残砖和少量灰陶片。1990年，八号村北滩墓群被张掖市人民政府公布为“市（县）级文保单位”。

单座墓 据《甘州府志》记载甘州区境内共发现单座历史名人墓32座。

名人墓 摘录史料如下，以飨读者。

吴咏墓。吴咏，张掖人，晋太尉。前凉张轨亲祭其墓。墓已不存。

宇文贵墓。北周武帝天和二年（567年），武帝派许穆公宇文贵等4人前往突厥，迎突厥公主，被拒，宇文贵病死于张掖。墓已不存。

杨丽华墓。乐平公主杨丽华为隋炀帝之妹，大业五年（609年）随隋炀帝西巡张掖，殂于张掖。墓已不存。

张元、吴昊墓。张元、吴昊均为山西华州人，受西夏李元昊重用。张元由中书令升为国相。张掖为张、吴封地。张、吴对开发河西农田水利有功，死后葬于张掖城东。甘民祭之如神，清初尚有人拜扫其墓。墓已不存。

费瓛墓。位于党寨乡陈家墩四社。费瓛，明代凤阳人，永乐时以崇信伯任甘肃总兵，死后葬于张掖。墓地有神道碑、石翁仲、石马等。1972年曾在其墓葬发现梅瓶和木俑。现已荒芜。

刘广墓。刘广墓在城西3里处。刘广，张掖人，明甘肃副总兵，卒于张掖任所。墓已不存。

刘硕墓。刘硕墓在城西附郭。刘硕，明代献县人，洪武初以五经教士有功于张掖士林，卒于张掖，年78。墓已不存。

毛忠墓。毛忠墓位于城南梁家墩镇。毛忠，明代西陲人。因屡立战功，封伏羌伯，任甘肃总兵。弘治乙卯（1495年），建祠致祭，谥武勇，又立忠义坊。原为县级文物保护单位，现已毁。

双忠墓。双忠墓在城南3里处。康泰、康海，张掖人，清初康海任总兵，康泰任提都，出征西藏阵亡，归藏张掖，墓已不存。

高孟墓。高孟墓位于上秦镇高升庵村。高孟，张掖人，清康熙年间历任宁夏、凉州、延绥总兵。墓已不存。

冯君洗墓。冯君洗墓位于城东南1里处。冯君洗，张掖人，清康熙年间历任河南、河北镇总兵，归田后修黑水桥，造福桑梓。墓已不存。

焦大聚墓。焦大聚墓位于城西南2里处。焦大聚，江苏江宁人，清光绪年间历任伊犁总兵、河州总兵、喀什提督，死于民国六年（1917年），余炳元为其书写墓志铭。墓已不存。

常守仁墓。常守仁墓在城郊5里处。常守仁，张掖人，记名固原提督，光绪十七年

（1891 年）卒于西凤，归葬张掖。墓已不存。

古窑址 甘州区存有五里墩砖窑遗址和西武当瓷窑址。

五里墩砖窑。位于碱滩镇古城村东南的甲子墩墓群范围内。砖窑遗址原形制不清，残存的窑体残高 2.5 米，直径 16 米。窑壁为砖砌，其实附着烟熏痕迹，窑址四周有许多红烧土，附近地表还存有大量灰色字母砖以及火烧后形成的窑釉和窑壁红烧土块。根据地表遗留的字母砖等物断定，砖窑为汉代所建。1990 年 5 月，五里墩砖窑遗址被张掖市政府公布为“市（县）级文物保护单位”。

西武当瓷窑。位于龙渠乡龙首村委会以南的西武当山北麓。地表残留的碎瓷片，釉色多样，有黑釉、灰白釉、酱色釉、褐釉、青花等，以黑色居多。器形众多，器物上纹饰多样化。在窑址东端有一座清代的“窑神庙”遗址，平面呈正方形，面积大约 225 平方米。窑址时代从西夏一直延续至民国时期。1993 年，西武当瓷窑址被甘肃省人民政府公布为“省级文物保护单位”。

古城堡遗址 甘州区现存古城堡遗址 10 处，它们是：黑水国遗址、东古城城楼遗址、柁俟堡遗址、安家庄堡遗址、尹子堡遗址、甘州古城墙遗址、人祖口 1 号城障遗址、人祖口 2 号城障遗址、红泉堡遗址和滚家庄村城堡遗址。

黑水国遗址。位于明永乡下崖村，由南城和北城两部分组成。南城在 312 国道线 2744—3755 公里南 1 千米处。遗址平面呈长方形，南北宽 226 米，东西长 258 米，面积 58308 平方米。南城坐西向东，门开东墙中。门外设瓮城，城墙黄土夯筑，四角设方形墩台，城内设施已不存。北城位于国道 312 线以北 1 千米处，与南城相距 3 千米，规模、形制似南城。北城坐北向南，平面长方形，东西长 245 米，南北宽 220 米，面积 55860 平方米。城墙黄土夯筑，夯层厚 15—20 厘米，残高 5.5 米，墙基宽 3.8 米。门开南墙正中，门宽 5.4 米。城墙西南角内建方形角墩一座，城内设施已不存。20 世纪 90 年代，学者对黑水国遗址进行全面考察，曾出土泥质红陶、打制、磨制石器、细石器、灰陶片、汉砖等不少珍贵文物。以黑水国遗址为中心，在四周 16 平方公里的范围内，分布有史前文化遗址（灰坑），汉代建筑遗址、汉晋古墓群、汉唐古城遗址、古屯庄、古寺院遗址以及古代居住、耕地等遗迹，内涵极为丰富，因此被文物界专家誉为“一块宝地”。据史家考证，南城为汉觻得县城，北城为张掖郡城。十六国时，张掖郡城为北凉都城。西魏改张掖郡为西凉周，废帝三年（554 年）改称“甘州”。隋代，由于流沙侵蚀，原城废弃，遂建新城于今之甘州城区。此后，觻得古城成为甘州西部的一个驿站。唐代称巩囤驿，吐蕃、回鹘、西夏沿用。元代为刺哈孙驿、西城驿。明代为沙河驿。晚明至清代废弃。因当地居民开垦耕地、开发利用，遗址破坏和损毁严重。其对研究张掖史前文化，汉明时期政治、经济、历史等具有较高的历史科学价值。黑水国遗址 1983 年被甘肃省人民政府公布为省级文物保护单位，2001 年 6 月被国务院公布为全国重点文物保护单位。

东古城城楼遗址。位于碱滩镇古城村二社、五社交界处。城垣周长 1500 米，黄土夯筑，墙基宽 12 米，筑有内外城，东西两墙正中各开一门，无瓮城，俗称“算盘城”。城内有东西向主干大街，建有木制牌坊。城内原有大寺、城隍庙、关帝庙、火神庙等庙字，张掖解放至20世纪六七十年代期间被毁，现仅存西城城门墩和门楼一座。据《甘州府志》记载，东古城为汉代屋兰古城遗址，延续至清代，称仁寿驿，俗称东古城。2003年7月5日，东古城城楼遗址被甘肃省人民政府公布为“省级文物保护单位”。

甘州古城墙遗址。位于马神庙街北端北环路东200米处。现残存为原北城垣东段之一截，墙体由黄土夯筑而成，夯层厚0.15—0.3米，东西残长140米，底宽8米，顶宽5米，残高10米。甘州古城墙遗址1990年被张掖市人民政府公布为市级文物保护单位，2003年7月5日被甘肃省人民政府公布为“省级文物保护单位”。

秺侯堡遗址。位于碱滩镇普家庄村南40米处，又名驼皇堡。城堡平面呈长方形，南北长172米，东西宽152米，面积26144平方米。城堡内地表散落有砖块、瓦片等建筑残件，城堡保存基本完整，面貌清晰。1990年5月，秺侯堡遗址被张掖市人民政府公布为“市（县）级文物保护单位”。

安家庄堡遗址。位于上秦镇安家庄村四社居民点以西约1千米处耕地间。该庄堡平面呈长方形，东西长122米，南北宽101米，面积12322平方米，黄土夯筑而成，夯层厚0.08—0.12米。该城堡保存较为完整，具有较高的考古、历史、科学价值。1990年，安家庄堡遗址被张掖市人民政府公布为“市（县）级文物保护单位”。2016年被甘肃省政府公布为省级文物保护单位。

尹子堡遗址。位于沙井镇新民村四社居民点东北500处耕地间。堡平面正方形，长款各140米，面积19600平方米。黄土夯筑，夯层厚0.1—0.15米。堡遗址坐西向东，门开东墙正中，门宽不详。城垣周围可见汉墓字母砖、石磨盘、晋代青条砖等遗物。墙体分先后两次夯筑，有可能为汉代始筑，明代沿用。1990年，尹子堡遗址被张掖市人民政府公布为“市（县）级文保单位”。

红泉堡遗址。位于平山湖蒙古族乡红泉村委会南侧约13千米处。堡子墙仅残存墙底。平面略呈正方，南北长68米，东西宽60米，面积4080平方米。堡子坐北面南，门开南墙中部。东北角墙体外侧2.5米处建有一座烽火台。堡子东西两侧各有一条南北走向的河谷，东墙建于东侧河谷的西岸边，西墙建于西侧河谷的东岸，堡子中间地势低洼，北高南低。1990年，红泉堡遗址被张掖市人民政府公布为“市（县）级文物保护单位”。

滚家庄村城堡遗址。位于花寨乡滚家庄村一社居民点西南约800米处山顶。城堡平面呈椭圆形，门开何处不详，东西长83米，南北宽53米，面积约4399平方米。墙体由黄土夯筑，夯层厚0.12—0.16米。在地表可采集到夹沙灰红色陶片和素面灰陶片。该遗址对于研究汉至明代张掖军事、长城防御建制、设施等具有一定的考古、历史价值。

人祖口1号城障。位于平山湖乡紫泥泉村委会南28千米处人祖口峡谷内，建于张平公路南侧山坡台地上。《重刊甘镇志·兵防志·关隘》载，该城障由巡抚都御使杨博于明嘉靖二十七年（1548年）督建，系山南关附属建筑之一。该城障平面呈长方形，南北残长25米，东西宽16米，现存面积400平方米。该遗址对研究明代军事、张掖长城防御体系、史书所载山南关建制形式等，具有重要的历史、科学价值。

人祖口 2 号城障。位于平山湖乡紫泥泉村西侧 28 千米处人祖口峡谷内，为明代山南关附属建筑之一。城障平面呈长方形，门开何处不详，故坐向不明。南北长，东西略窄，所处地势西高东低，在西、南、北三面挖有壕沟，东面因修筑张掖至平山湖公路被挖掘得高低不平。该遗址对研究明代军事、张掖长城边防设施、史书所载山南关建制形式等，具有重要历史、科学价值。

汉长城　甘州区境内存有汉明长城遗迹 86 处，分别分布在甘州区平山湖乡、龙渠乡、甘浚镇、明永镇、安阳乡、花寨乡、靖安乡、大满镇、碱滩镇、沙井镇，其中平山湖分布有 56 处。

烽燧　甘州区祁连山沿线及平川现存 14 处烽火台，分别为西城驿烽火台、南滩烽火台、酥油口烽火台、酥油口 1 号烽火台、酥油口 2 号烽火台、小野口烽火台、大野口烽火台、甲子墩烽火台、板达口烽火台、胶泥洼烽火台、口子河烽火台、四角墩烽火台、敖河东烽火台、敖河西烽火台。

甘州区祁连山沿线及平川现存烽燧一览表

表 14 –4 –1

序号	名称	年代	地址	完整度	级别
1	西城驿烽火台	明代	明永乡下崖村	残	国家级文物保护单位
2	南滩烽火台	明代	大满镇朱家庄	残	国家级文物保护单位
3	酥油口烽火台	明代	安阳乡苗家堡村	残	国家级文物保护单位
4	酥油口 1 号烽火台	明代	安阳乡苗家堡村以南	坍塌	国家级文物保护单位
5	酥油口 2 号烽火台	明代	安阳乡苗家堡村以南	残	国家级文物保护单位
6	小野口烽火台	明代	花寨乡滚家庄村委会以南	残	国家级文物保护单位
7	大野口烽火台	明代	花寨乡滚家庄村委会以南	残	国家级文物保护单位
8	甲子墩烽火台	明代	碱滩镇甲子墩村二社	坍塌	国家级文物保护单位
9	坂达口烽火台	明代	西武当山麓	残	国家级文物保护单位
10	胶泥洼烽火台	明代	龙渠乡木龙坝村	残	国家级文物保护单位
11	口子河烽火台	明代	龙渠乡龙首村委会以南	残	国家级文物保护单位
12	四角墩烽火台	明代	甘浚镇速展村五社以东	整体坍塌	国家级文物保护单位
13	敖河东烽火台	明代	甘州区甘浚镇祁连村九社	顶部坍塌	国家级文物保护单位
14	敖河西烽火台	明代	甘州区甘浚镇祁连村六社	残	国家级文物保护单位

旧民居　甘州区存有明清时期的旧民居 30 处（已公布），经维修对外开放的有 2 处：文庙巷 32 号传统四合院，283.21 平方米；西来寺巷 24 号，原为传统四合院，后

拆毁改建，至2016年只剩门楼、倒座，162.8平方米。

现存旧民居主要分布在：西大街区法院办公楼以南居民区、东街、青年东街文庙巷、青年东街、劳动南街、劳动北街、北街、税亭街、东街道德巷、民主西街西来寺巷、北环路仓门街、西街行军巷有零散分布。

第三节 文物发掘

1991年，甘州区文物管理委员会与博物馆为推进张掖历史研究工作，经文物行政部门批准，根据发掘计划，对张掖古文化遗址、古墓葬以及其他文物埋藏地点进行调查、勘探和挖掘工作。1995年，在黑水国南城东北角清理汉墓1座，出土青铜镜2面（1面残），罐9件。1996年，在沙井乡沙井村清理汉墓1座。在党寨乡陈家墩村五社清理魏晋墓2座，出土陶器5件。1997年，在甘浚乡清理魏晋墓1座，未出土器物。在市区民主西街工商银行家属楼院内清理元代窖藏1座，出土“八思巴文”铜钱10枚，青铜器残件若干。在小河乡柳树寨村清理西夏窖藏1座，出土铁器2件，剔花瓷器残片若干。1998年，在大满镇城西闸村二社清理新石器时代墓葬1座，出土人体骨架1具，彩陶罐1个，单耳彩陶杯1件，骨刀1件，牙齿1颗。1999年，在明永乡清理魏晋墓1座，出土陶器5件。在碱滩乡甲子墩村一社清理汉墓2座，出土陶器5件。在和平乡訾家寨村小学院内清理汉墓2座，出土陶器3件。

2000年，在碱滩乡杨家庄村五社清理清代窖藏1座，出土陶器3件。在廿里堡乡、上寨砖厂对10余座因取土被盗墓葬进行清理，没有出土器物。在新墩乡白塔村五社（二环路基下）清理汉墓2座，出土刻像砖1块。2001年，在小满乡甘城村七社（区委机关农场）清理汉墓1座，没有出土器物。2002年，在甘浚乡清理1座汉墓，没有出土器物。2003年，在五一粮油加工厂院内清理魏晋墓一座，无器物出土。在小河乡西六村11社清理魏晋墓1座，出土陶器10余件。2016年，在沙井镇九闸村一队清理墓葬1座，出土陶仓、陶罐残片若干，多为灰陶，极少数为黑陶。在党寨镇马站村五社八队清理墓葬1座，出土铜弩机1个；铜钱完整2枚，粘合在一起的有3块（无法剥离，数量无法计算），碎片几块；子母砖1套（两块）；青砖半块（疑带绿釉）。在大满镇紫家寨十三社清理墓葬1座，出土遗物29件，皆为明器，其中铜钱1件，青铜刀1件，石砚1件，陶器26件。

第四节 古建筑维修

甘州区古建筑众多，由于年久失修，许多古建筑没有保存下来。中共十一届三中全会后，张掖县（市）人民政府拨专款、组织专人，对大佛寺、万寿寺木塔、土塔、钟鼓楼、西来寺、总兵府、甘泉池、陕西会馆、民勤会馆、碱滩镇东古城楼、乌江魁星楼、金安苑武凉会馆等古建筑多次进行抢救性维修。1978—2009年，全区维修古建筑15处35座，使用资金2521.5万元。

大佛寺修缮保护　1991—2016 年，对大佛寺进行多次保护修缮，共使用资金 2275.7 万元。1995 年，经张掖市博物馆申请，省文物局批准，由甘肃乡镇市政工程设计院勘察设计，在大佛寺前院北侧修建文物、藏经库房 1 座，该项工程由张掖市三建五公司承建。建筑面积 1160 平方米，工程总造价约 100 万元。其中，国家拨款 80 万元，不足经费由张掖市博物馆自筹解决。1998 年，经张掖市博物馆申请，省文物局批准，在大佛寺前后院分别修建配殿 2 座，其中前院配殿仿藏经库房结构风格，建筑面积 1160 平方米，该项工程由张掖市三建五公司承建。后院配殿为仿历史文物陈列厅结构风格（现壁画陈列厅），建筑面积 576.2 平方米，该项工程由张掖市第五建筑工程公司承建。两项工程费用，国家拨款 113 万元，不足经费由张掖市博物馆自筹解决。

2001 年，国家计委下拨大佛寺专项资金 400 万元，用于佛经保护。2002 年 9 月，经甘州区博物馆申请，国家文物局批准，中国市政工程西北设计研究院勘察设计，共投资 544.9 万元，对大佛寺景区进行基础设施建设。包括大佛寺环境整治、路面铺设、地下网管、给排水、电气工程和安防工程。该工程由张掖市第四建筑公司承建，于同年 9 月开工，至 2004 年 5 月竣工。2005 年 3 月，经甘州区博物馆申请，国家文物局审批立项，省文物局批准，依据 2000 年 7 月天津大学对大佛寺建筑进行全面测绘和病害调查报告。河北省古建筑设计研究所编制《张掖大佛寺大佛殿修缮方案》，河北省古代建筑保护研究所梁桐担任建设项目总监理工程师，对大佛寺大佛殿进行修缮。该工程由甘肃省永靖县古典建筑工程公司承担修缮，工程面积 1250 平方米，工程招标价 219 万元，实际投资 400 余万元。工程于 2005 年 7 月 18 日开工，至 2008 年 9 月 18 日竣工，工程费用由国家文物局拨款。2006—2009 年，甘州区文化系统职工集资 600 万元，搬迁大佛寺南片 100 余户居民，消除安全隐患。2010—2012 年，甘州区投资 110 万元，对大佛寺壁画、塑像进行修复，并实施加固工程；投资 70 万元，对大佛寺安防工程进行提升改造；投资 60 万元，布展佛教文物展厅；投资 150 万元，完成大佛寺及山西会馆防雷工程项目。

钟鼓楼修缮保护　2011 年 4 月至 12 月，博物馆委托兰州华景文化遗产勘察设计有限公司编制《张掖鼓楼保护修缮方案》。2012 年国家文物局批准并拨款 150 万元，由甘肃永靖古典建筑工程公司施工对钟鼓楼进行保护修缮。

木塔寺加固维修　1995 年，甘肃省文物局拨款 7 万元，对寺内藏经楼进行修缮。

山西会馆、东古城维修　1997—2002 年，甘肃省文物局拨款 47 万元，对山西会馆进行修缮。2004—2005 年，又两次拨款 6 万元，对东古城楼进行加固维修。2011 年博物馆委托兰州华景文化遗产勘察设计有限公司编制了《张掖山西会馆勘察设计及保护修缮方案》。2012 年 12 月国家文物局批准并下拨 500 万元专项补助资金。2013 年 10 月国家又拨专项补助资金 250 万元，计 750 万元；5 月面向全国公开招标，由甘肃永靖古典建筑工程总公司中标，甘肃经纬建设监理咨询有限责任公司进行工程监理。同年 6 月开工至 2014 年 7 月竣工。

民勤会馆、高总兵府保护维修　1997—1998 年，张掖市人民政府拨款 50 万元，对民勤会馆、高总兵府进行加固维修。同时，张掖市人民政府拨款 15 万元，对高总兵府进行加固维修。2010—2013年，甘州区投资金100万元、甘肃省文物局拨款对高总兵宅院进行全面彻底的抢救性修缮修，工程于2010年9月8日开工，2014年竣工。

乌江魁星楼维修 乌江魁星楼，原“乌江玉皇阁”。2008年5月至11月，乌江镇政府投资50万元（其中省财政、镇政府投入资金20万元，社会募集资金30万元）对魁星楼土筑墩台四周沿上下坡度用青砖包砌，内设钢筋混凝土防胀圈梁及抗震构造柱，更换糟朽木构件，添配屋面瓦件，对大木构件和木装修进行油漆、彩画。

金安苑武凉会馆维修 2009年，金安苑小区管委会投资30万元对武凉会馆机进行维修。

下寨镇风寺土塔维修 2012年，引进外地捐款20万元、群众捐款25万元对镇风寺土塔进行加固维修。

白塔寺亭修缮 2012年，市、区文物部门协调河西学院，自筹30万元对白塔寺亭进行修缮。

小满堡堡墩 2012年，小满镇政府自筹28万元对小满堡堡墩进行加固维修。

白城红军墓维修 2012年，龙渠乡自筹80万元，对白城红军墓进行修缮和环境整治。

东仓 东仓保护修缮工程争取到中央文化传媒项目补助资金40万元和省文物局补助资金40万元，区政府拨款100万元，共计180万元，于2013年10月15日开工。进行屋面揭取，墙内柱糟朽情况探查、室内水泥地面拆除等。

福音堂保护修缮 福音堂保护修缮工程争取到甘肃省文物局20万元资金、张掖市润金旅游文化产业发展有限公司自筹资金1000多万元，于2013年4月开工，对福音堂医院旧址进行维修。

第五节 文物保护

文物保护 1986年12月，张掖市博物馆成立以来（馆址在张掖大佛寺），文物股负责馆藏品管理工作，后改称业务部。1989年，张掖市文物管理委员会与博物馆人员不定时对野外文物、受破坏的古墓葬进行普查清理，对民间佚散文物进行调查与征集，使馆藏文物的登记与建档、入库保管、简单的文物修复、文物研究与宣传、文物陈列等工作逐步走向正轨。1999年，博物馆被公安部和国家文物局列为国家一级风险等级博物馆，原有安全防范系统不能满足博物馆对安全防范整体的需求。2001年11月26日，国家文物局给甘州区博物馆下发“安全隐患通知书”，馆内先后投入国债资金71万元，在原有监控设施的基础上，实施大佛寺安防改造工程。

2000年8月12日，国家主席江泽民来大佛寺视察时指示：“好好保护，加强研究。”随后大佛寺向国家发改委争取文物保护资金400万元，2002年实施佛经保护工程，制作高档的佛经樟木柜80个，加固文物库房，在新库房安装恒温、恒湿空调等设施。2003年新库房安防改造工程全面竣工。馆藏文物从主控室下面的文物库房搬迁到新库房。新库房共含4个分库：经版库、佛经及字画库、历史文物库、民俗文物库。

2003—2006 年，博物馆根据国家文物局要求，业务人员对馆藏文物进行信息数据录入，做到了账、卡、物清楚明白。2004 年 4 月和 2006 年 10 月博物馆 2 次研究、完善各种管理规章制度。2012 年，专业技术人员对全国文物保护单位黑水国遗址，省级文物保护单位双墩滩墓群、甲子墩墓群、吉祥寺塔进行实地勘察测量，严格执行文物保护范围和建设控制地带划分标准，在区乡镇的大力配合下，博物馆自筹经费 25 万元在 5 处国保、省保单位埋设文物界桩 700 余个，树立保护标志牌 17 块。2015—2016 年甘州区文物行政部门根据国家、省文物局的要求，对甘州区境内的 86 处汉明长城遗址划定了保护范围和建设控制地带，并积极争取项目资金并制作树立境内汉明长城遗址保护标志碑和界桩。

文物征集　甘州区博物馆广泛征集流散于社会的文物，内容涵盖陶器、铜器、铁器、木器、钱币等，其中不乏精品，具有很高的艺术和历史价值。博物馆对馆藏文物执行“保护为主，合理利用”的原则，采取收购、捐赠、抢救挖掘等方式。1986—2006 年，博物馆自筹及向省文物局争取文物征集资金 60 多万元，征集到各类历史文物 223 件，征集到民俗文物 1537 件，其中一级文物 1 件，二级文物 3 件，三级文物 7 件。1995—2003 年，博物馆发掘、清理汉墓、魏晋墓 40 余座，清理各类文物 100 余件。

陈列展览　1996 年，张掖市博物馆筹措资金 10 余万元，先后更换了明清书画展厅、佛经展厅和历史文物展厅的展柜、展板和展台，对文字说明牌和辅助展品的陈展重新进行设计，重新布展文物类型十余种，展出文物 600 多件。2002 年，甘州区博物馆在历史文物陈列厅对面开辟佛教曼陀罗艺术展厅，展品以高宣纸喷绘、壁挂的方式陈列展出游客无法到达参观的大佛寺大殿二层壁画、雕刻和馆藏的部分佛教曼陀罗绘画艺术，同时在金塔殿新增大佛寺创始人嵬咩国师塑像和部分壁画，在大佛寺贵宾接待厅内开辟张掖大佛寺佛教珍品文物展。2005 年，甘州区博物馆实施院内基础设施改造工程，投资 130 万元对两个展厅的陈展进行改造提升。

文物研究　甘州区文物工作者积极配合国家和省上有关单位和人员，开展对黑水国南城等一些文物遗址的考古发掘活动和文物研究活动。至 2016 年，甘州区文博工作者共撰写发表研究调查文章 50 篇，出版专著 11 本，主要有张志纯编著的《张掖地区文物古迹荟萃》，吴正科编著的《黑水国古城》《大佛寺史探》《丝路古城黑水国》，博物馆和天津大学编著的《张掖大佛寺建筑研究》等。

文物普查　中华人民共和国成立以来，经过 1958 年、1975 年、1979 年、1987 年 4 次文物普查，特别是 2008—2010 年的第三次全国文物普查工作，6 名普查人员，历时三年，行程数千公里，走访 18 个乡镇，文物调查到达率和覆盖率 100%，普查登录项目 100%，摸清甘州区不可移动文物的家底。按照国家档案的要求，共拍摄图片资料 2000 余张，绘制区位图、平面图 420 余副，撰写说明文字 20 余万字，填写文物普查登记表 218 份，文物消失表 24 份。甘州区还将文物征集与普查相结合，征集到新石器时期马场类型彩陶罐等可移动文物、采集到上至旧石器时代下至明清时期的文物标本六大类 1500 余件，抢救性保护平山湖蒙古族乡，重要碑刻 1 块，维修市级文物保护单位武凉会馆。

第六节 文物机构

文物局 1989年，成立张掖市文物管理委员会。内设办公室，办公地点先设在博物馆，后迁至区文化出版局。2007年，成立甘州区文物管理局，文物管理局局长兼任博物馆馆长，区文物管理局与区文物管理委员会一套班子、两块牌子，隶属甘州区文化出版局管理，文物局履行行政监管制度。

文博单位 博物馆。1952年，人民教育馆更名“张掖县文化馆”，下设文物陈列室。1958年，成立张掖市博物馆，选定钟鼓楼作为馆址。1986年，张掖市博物馆正式成立，馆址张掖市民主西街大佛寺巷（大佛寺院内）。2002年，更名“甘州区博物馆”。

张掖黑水国遗址保护管理所。2001年，经中共张掖市委员会第十五次常委会研究，同意成立张掖市黑水国遗址保护管理所，隶属市文化局领导。2002年1月，张掖市机构编制委员会下发《关于成立“张掖黑水国遗址保护管理所”的通知》。同年6月，张掖黑水国遗址保护管理所更名为“甘州区黑水国遗址保护管理所”。

张掖大佛寺景区开发建设管理处。2005年，成立“大佛寺景区开发领导小组”，正式启动大佛寺景区开发建设工程。2006年5月，成立“张掖大佛寺禅院恢复建设管理委员会”。2008年，张掖大佛寺禅院恢复建设管理委员会更名“张掖大佛寺景区建设管理委员会”，2010年更名“张掖大佛寺景区开发建设管理处”。

第五章 广播 电影 电视

1956年始建张掖县广播站，1985年更名为“张掖县广播电视局”，2002年更名为“甘州区广播电影电视局”，实行“局台站合一”的管理体制。下辖张掖人民广播电台、甘州电视台、甘州区有线广播电视管理站（网络中心）、甘州区电影公司。2012年，全省广播电视网络整合后，不再保留原区文化委员会挂牌的甘州区广播电影电视局，社会管理等行政职能划转甘州区文化广播影视新闻出版局。甘州区广播电影电视局更名为“甘州区广播电视台”。2015年，甘州区广播电视网络整合，甘州区有线电视管理站机构撤销。至2016年，甘州区广播电视台下辖张掖人民广播电台、甘州电视台、甘州区电影公司。

第一节 广 播

张掖人民广播电台 1985年，张掖县撤县建市，张掖县广播事业管理局更名“张掖市广播电视局”，张掖县广播站更名为“张掖市广播站”。1986年农村广播放大站移交各乡镇管理，受市广播电视局和乡政府双重领导。1989 年 8 月，1 千瓦调频广播发射机开始发射传送节目。1990 年经省广播电视厅核准，报国家广播电影电视部批准，正式恢复成立张掖人民广播电台，张掖市广播站随之撤销，11 月 1 日正式启用“张掖人民广播电台”呼号播音，全区 22 个乡设立广播站无线接收电台信号，从此“张掖人民广播电台”广播进入有线向无线的新时代。电台发射频率 103.4 兆赫兹，发射功率 5 千瓦。信号覆盖全张掖地区六县区 90% 的区域。

栏目设置。1991—2016 年，张掖人民广播电台开办的栏目有：《新闻播报》采用男女对播的形式，活泼严肃的播报每天发生的实时报道。《与法同行》传递最新涉法动态，关注热点新闻话题。前沿话题，边缘思考。揭示事实真相，给听众必要和生动的警示与生活提示。《微笑调频》用声音传递表情，用音乐促进交流，是一档推荐、介绍好音乐的节目。《心雨港湾》节目分为《今夜星光》《真情告白》《心灵絮语》3 个子栏目。《金色乡村》传递农村新科技，致富金点子，全面展示新农村、新农民的精神风貌和建设成果。《甘州区“政风行风热线”直播节目》由甘州区纪委、监察局、行政效能投诉中心与广播电影电视局联合开办，从 2006 年 6 月 21 日开播。节目宗旨：倾听民声、关注民情、排解民忧、体现民意。

除以上栏目，还设置《GOOD NIGHT 晚安》《Radio 音乐天籁村》《地方艺苑沙龙》《大苹果》《生活全接触》《搜酷 1034》《影视工作站》《曲艺荟萃》等栏目。

节目创优。1991—2016 年，张掖人民广播电台在省台播出节目 1600 多件，在省市优秀新闻作品评选中，有 85 件作品获省一、二、三等奖，有 150 件作品获市一、二、三等奖。2008 年，专题稿件《裕固新歌》在中央人民广播电台播出，广播剧《丰碑》获甘肃省第六届“敦煌文艺奖”影视类三等奖，《金色乡村》栏目入选全省十大广播电视优秀栏目。2009 年，张掖人民广播电台被省广播电影电视总台表彰为“全省广播电视通联工作先进集体”。

设施设备。1989 年建成全省一流的办公楼。2005 年，投资 2400 万元，建成建筑面积 1.5 万平方米，13 层高（地上 12 层，地下 1 层）的广电大厦。

城区有线广播电视网络　1990 年启动城区有线电视网络工程。1991—1993 年，采用 300 兆赫兹电缆传输系统，传输节目 12 套，发展用户 2.1 万户。1994 年 5 月开始对网络进行升级改造，采用 550 兆赫兹电缆传输系统，传输有线电视节目 23 套。从 1996 年 3 月开始，对部分区域的网络进行二次升级改造，建设电缆、光缆混合网项目，将网络传输带宽提高到 750 兆赫兹。1997 年 3 月，投资 70 万元，建立有线电视可寻址用户管理平台，在全省首先实现有线电视用户管理计算机化。至 2006 年，城区所有住宅楼宇的用户分配网改造全部完成。至 2012 年城区纳入计算机管理系统的用户达 3 万余户，占城区用户的 90% 。

农村有线广播电视网络　农村各乡镇站广播放大站始建于 1956 年，主要任务是广播线路建设与正常维护，以宣传为主。人员实行双重领导，工作人员编制、工资待遇、管理教育属各乡镇领导，具体业务属广电局直接指导。1996 年 6 月，为解决农村看电视难问题，经充分论证和省、地、市同意立项，管理站采用美国 MMDS 微波传输方式，按照国务院颁布的《广播电视管理条例》《广播电视设施保护条例》有关规定，在18个乡镇建设有线广播电视网络工程。在完成自然村“村村通”有线电视信号的基础上，建设光纤线路1392公里，涉及18个乡镇、239个自然村，受益农户24259户。2002年5月，经市委、市政府同意，对22个乡镇广播站实行垂直管理，接收工作人员25名，工作人员的编制工资、教育管理、各乡镇站的房屋资产均属区广电局统一管理。

城乡数字化转换　农村有线电视数字化转换，2005年12月，甘州区广播电影电视局按照“试点先行、规模发展”的原则，在沙井、龙渠、乌江、甘浚、明永、安阳、花寨、靖安等乡镇实施数字微波工程测试，当年发展用户274户。2006年，甘州区广播电影电视局启动全区农村无线数字电视工程，共架设接收塔24座，改造转发塔3座，微波数字信号覆盖11个乡镇，传输节目32套，并在原模拟微波网中进行无线数字升级，当年发展用户1600户。2007年，区广播电影电视局实施无线数字微波发射系统升级改造项目，在张掖市局铁塔140米处安装发射天线1副，150瓦宽带发射机一台，使发射天线增高50米，发射功率增加100瓦，数字微波信号传输距离、信号强度、网络运行质量明显改善。2008年，投资50万元，在龙首山建起数字微波转播塔，塔高20米，海拔2400米，用户达18028户。2009年，甘州区参与张掖市广播电视局数字电视整体建设，全市设数字电视总前端一个，各县区设分前端，全市统一招标泰来斯特数字电视设备。2012年6月，甘州区广播电视网络整体划转甘肃省广播电视网络股份有限公司经营。至2016年12月，全区数字化转换任务圆满完成。

第二节　电　　影

电影放映　1978年，张掖“县办电影队下放各乡，实行县社两级管理的决定”执行后，全县20个乡有了电影队。1980年，城区工矿企事业单位的礼堂为群众放电影，一些经济条件好的乡村筹资修建电影院。1990年，张掖市电影收入7.7万元。2002年，甘州区电影公司管理职能从区文化局整体划转区广播电视局。1994—2006年，引进最新发行的高科技国际大片《亡命天涯》《红番区》《碟中谍》《白金龙》《真实的谎言》《龙卷风》《偷袭珍珠港》《泰坦尼克号》等，票房一度提升。同时，农村电影为减轻农民负担，降低电影收费，导致放映单位锐减。之后，甘州区制定下发《甘州区农村电影放映2131工程实施方案》等文件，将任务分解到各乡镇和个人，并制定《甘州区乡镇电影放映管理办法》，推动农村电影“2131”工程的实施，农村电影工作逐步走上正轨。2007年，甘州区农村数字电影放映工程启动，确定甘肃飞天数字电影院线有限公司负责全省公益性和非公益性农村电影的发行放映经营，代理全省农村电影广告经营服务。2008年，甘肃飞天农村数字电影院线公司在甘州区长安镇南关村、上秦镇下安村、新墩镇北关村和小满镇黎明村数字电影设备测试。同年，全区成立“农村电影放映工作工程领导小组”，农村共组建11个农村数字化电影放映队。甘州区每年完成农村数字电影放映任务2952场次。每放映一场，国家补助100元。当年完成放映任务1968场次，占全年任务的80%。农村电影放映队连续每年在244个行政村、3个农场完成放映任务2976场次。

电影放映场所及电影机器光源 1981年，经改造后“井冈山牌”35毫米光源升级，松花江35毫米电影机为3000瓦氙灯光源，使电影达到彩色、宽银幕、氙灯光源、立体电影。2006年，甘州区广电大厦数字影城项目由国家广电总局电影局批准立项，2008年元月开工建设，总投资120万元，建筑面积680平方米，分设2个数字放映厅。配置先进的低视点、宽视角银幕和全套高保真音响还原系统，1.4K升级到2K全自动数码放映机。年放映各类影片1600多场次，观影人员近5万人次。2014年，影城全部使用杜比特环绕音响、金属幕4K3D放映设备。2016年，影城全部更新为最新激光放映设备。激光投影机是传统投影的2倍以上。激光光源寿命长，低衰减，可长时间连续工作，寿命大于2万小时，而高功率氙灯寿命只有500小时，是激光的1/40。

张掖市时代影视文化传播有限公司，于2012年批准营业，影院坐落于张掖市新世纪步行街中段2层楼，建筑面积1451平方米，有3个3D影厅，可同时容纳170人观影。影院内采用3D金属弧形幕布，效果逼真。2012—2016年12月，放映17000场次，观影人数27万多人次。

第三节 电　　视

1988年，省上投资32.5万元设备和资金，张掖市委、市政府自筹资金114万元，建成建筑面积1200平方米的4层广播电视大楼，75米高的广播电视天线发射塔，建成6米卫星上行接收站，购买1千瓦微波电视发射机1台。1989年10月，市政府拨专款10万元购置摄像设备，利用20个频道广播中央电视台的第二套节目，有效覆盖半径15公里。同年，市政府成立“张掖市转播台”，主要转播中央电视台两套节目。随后转播台更名“张掖市电视台”“张掖市有线电视台”。1991年，市政府拨专款购置电视摄录编专用设备，有线电视全面建设，随网设台，电视台统称有线电视台。2002年，张掖市有线电视台更名“甘州电视台”。自办节目先后有《金张掖新闻》《新闻视点》《周末传真》《热点专注》《经济生活长廊》《甘州新闻》《甘州风情》《金色甘州》《视野》《今晚有约》《周末十五分》《甘州经济》《美丽甘州》等。

甘州电视台播控机房

2012年，甘州电视台每天节目播出时间15小时，自制节目、栏目每天播出时间2小时，占全天播出时间的15%。至2016年，甘州区电视台有DV系列数字摄像机11

台，非线性编辑系统6条，数字化硬盘制作系统1套，自动化播控系统1套，建有金张掖广电网站。1991—2016年，甘州电视台播出电视新闻稿件3万多件，向省、地（市）新闻媒体送播稿件3000多件，有100多篇稿件在省、地（市）评奖中获奖。《我省“八五”水稻建设取得可喜成绩》《为了那片共同的绿色》《乌江稻农退稻还湖建生态家园》《黑河三年分水任务圆满完成》等分获省级一、二、三等奖；《老人与树》电视专题、消息《张掖市蔬菜有了“金字招牌”》分别获首届“宣传张掖好新闻奖”节目（2001年）二、三等奖；消息《甘州项目建设投资位列全省县区前茅》《甘州区着力打造数字平台服务三农》分别获第二届“宣传金张掖好新闻奖”节目（2004年）一、三等奖；电视散文《百年梨园》和电视专题《老人与树》，分别获首届“金张掖文艺奖”（2005年）二、三等奖。

第四节　新媒体建设

甘州区广播电视台2016年3月开通微博、微信公众号、运营微信公众平台“甘州广播电视台”的基础上，陆续接入今日头条客户端“甘州电视台”、电台微信公众平台“1034在张掖”、网络直播平台“视听丝路”，形成全域传播的强大合力。甘州区广播电视主要栏目为《甘州新闻》《今晚有约》《美丽甘州》《今日甘州》《金色乡村》《与法同行》。4档广播直播栏目为《1034快乐驾到》《1034早点到》《1034乐随心动》《陌上夜话》，实现大型活动网上直播，“视听丝路”公众平台访问次数已达358万次，现已发展用户8万多户，微信公众平台“甘州广播电视台”发展用户2万多户。新媒体融合促进广播电视传统媒体传播形式的多样化。

第六章　卫　　生

1990年成立张掖市卫生局，2002年更名“甘州区卫生局”。2015年，甘州区卫生局与甘州区人口和计划生育委员会整合为“甘州区卫生和计划生育委员会”，简称“甘州区卫计委”。

第一节　医政医药管理

医政管理　1990年，医政管理实行目标管理考核制，考核指标包括病床使用率、病床周转率、平均住院日、诊断符合率、陪护率、危重病人抢救率、成功率、医疗设备完好使用率、传染病报告率、处方划价准确率、计划免疫妇幼保健任务、计划生育技术服务等。1996—1997年，经省卫生厅组织专家评审验收，市医院、中医院达到二级甲等医院。1997年市医院和妇幼站“爱婴医院”创建达标；沙井等4所卫生院建成一级甲等医院。张掖市制定《张掖市区域卫生规划》，对全市城乡医疗卫生机构重新进行登记注册，审核换发“医疗机构执业许可证”566 个。2016 年底，甘州区有护理专业技术人员 302 人（区属卫生计生单位 106 人，乡镇卫生院和社区卫生服务中心 196 人），其中高级职称 5 人，占 1.65%；中级职称 88 人，占 29%；初级职称 201 人，占 66.5%；无职称 8 人，占 2.6%。

医疗机构管理 1998 年，对社会办医重点进行清理整顿，全年换发“医疗机构执业许可证”76 个。清理社会游医药贩 33 起，打击无证非法行医 34 起。1999 年，换发“医疗机构执业许可证”72 个。依法取缔城乡一证多点、擅自开展人流、引产、接生、手术等不法行医 98 家，封存暂控药品价值达 23 万元，行政处罚 36 家，罚金达 28 万元。合并个体、集体诊所 219 家。制定《关于规范药品购销、保证药品质量管理的规定》，加大检查和处罚力度，全年共查处经营、使用“三无”伪劣药品违法案件 34 起。社区卫生服务示范区建设工作全面开展，共建成 5 个社区卫生服务中心和 17 个社区卫生服务站，社区卫生服务覆盖人口达到 80%，居民家庭健康档案建档率达到 40%。

药品管理 2012 年区人民医院、区妇幼保健院两家区属医疗机构开始在网上采购，全区 22 家乡镇卫生院、5 家社区卫生服务中心所有基本药物于 2012 年开始全部实行网上采购。全区 32 家医疗卫生单位全部实行网上集中采购药品，全部配备使用国家基本药物，并执行“零差率”销售政策。至 2016 年底，全区药品集中网上采购总金额为 27605.87 万元，配送率达 100%。

第二节 卫生基础设施建设

1990 年，乡（镇）卫生院基础建设启动。1991 年底，各乡（镇）成立整建领导小组，负责本乡镇的整建领导工作。上秦、沙井、党寨、大满、小满、龙渠、明永、长安 8 所卫生院签订基建责任书，总建设面积 4813 平方米，总投资 106.66 万元。全市 450 所村卫生所和个体诊所，有 367 所达到“六有、四落实、两达标”的建设标准，占 81.5%；83 所达标，占 18.5%。1993 年，建成安阳、西洞、靖安、梁家墩、花寨等卫生院，总投资 44.7 万元，总翻建面积 1609 平方米。1999 年，建成火车站、碱滩、安阳 3 所卫生院，投入资金 75 万元，完成房屋建设 1500 平方米，通过工程验收投入使用。和平卫生院搬

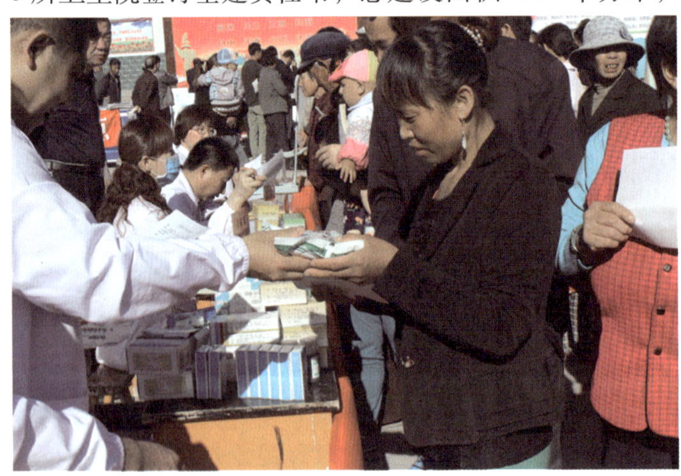

送医疗下乡活动

迁新建于1999年10月，占地4.8亩，建筑面积1820平方米，总投资108万元。市中医院购置了500mA电视屏幕显示X光机、尿十项诊断仪、心电监护仪等设备。2000年，投资480万元，购置CT、B超、X光机等大型医疗设备80余台件，投资165万元建成沙井、大满、三闸3所卫生院。市级医疗卫生单位投资近200万元，建筑总面积11000平方米的市疾病控制中心大楼、市医院急救中心大楼、市中医院门诊大楼正在建设中。2001—2002年，两年城区医疗卫生单位共投资1195万元，完成11954平方米基础建设任务。筹措资金786万元购置救护车、电子胃镜、血液透析仪、腹腔镜等大型设备95台件。乡镇卫生院共投资金304万元，修建总面积4663平方米的门诊大楼和业务辅助用房，使上秦、碱滩、新墩等9所卫生院面貌焕然一新。全区乡镇卫生院共筹资138.4万元，购置设备53台件，更新79台件，有15所卫生院购买了救护车。农村卫生院基本实现"一无三配套"。2004年，总投资349万元，总建筑面积4878平方米的甘浚、明永、梁家墩、靖安卫生院基建工程竣工投入使用；总投资500万元，总建筑面积4500平方米的区中医院康复大楼开工建设。2005年，投资500万元，建筑面积4500平方米的区中医院康复大楼主体工程完成；投资290万元，建筑面积4000平方米的区疾控中心大楼竣工验收投入使用；投资200万元，建筑面积2500平方米的火车站卫生院专科楼建成即将投入使用；投资89万元，建筑面积1200平方米的龙渠卫生院综合门诊楼主体建设已完工；投入20万元，建筑面积299平方米的安阳卫生院的危房改建已竣工投入使用；投资41万元，建筑面积670平方米的小满卫生院二门诊部主体工程已完成；投资46万元，建筑面积600平方米的沙井卫生院产科病房、预防保健室建成投入使用。2006年，建筑面积2500平方米，总投资250万元的火车站门诊住院综合楼完工交付使用。区人民医院投资100万元对院内草坪进行改造，面积达3100平方米；总投资686.44万元，建筑总面积9408平方米的沙井、长安、上秦、甘浚、碱滩等8所卫生院项目建设全部开工。2007年，乌江、三闸、党寨3个卫生院投资456万元，建筑总面积4767平方米。政府承诺的年拟建30所甲级村卫生所，计划投入150万元，建设面积3000平方米，年底建成完工投入使用。2008—2009年，多渠道筹措资金，完成花寨、小满、梁家墩、明永、新墩卫生院门诊大楼建设及扩改建工程，总建筑面积6598平方米，总投资593.11万元。投资2990万元，建设面积14200平方米的区人民医院住院部大楼主体工程按期完工。完成东街社区卫生服务中心建设项目，总投资253.56万元，建设面积1809.4平方米。

至2016年底，全区共有二级甲等综合医院、疾病预防控制中心、妇幼保健院、计划生育技术服务指导站（健康教育所）各1家，社区卫生服务中心6家，社区卫生服务站19家（含2个承担公共卫生服务的厂、站医疗机构），乡镇卫生院22所，乡镇计生服务所17个，村级卫生室240个。全区各级各类医疗卫生机构共有人员2015人，其中在编在岗正式职工1086人，招聘人员596人，乡村医生333名。卫生专业技术人员1476人（在编在岗卫生专业技术人员976人，招聘专业技术人员500人）。共有床位1586张，其中乡镇卫生院床位676张，平均每千人占有床位3.05张，每千人占有医疗卫生技术人员2.8人，各级医疗单位服务能力和医护质量显著提高。

第三节　卫生防疫

计划免疫　1991年经卫生部、国际儿童基金会，世界卫生组织联合对全市计划免疫工作检查评审，四苗接种合格率达到98.57%，超标实现以县为单位“第二个85%”的目标。1997—1999年，全市实现儿童计划免疫第三个85%的目标以来，以乡（镇）为单位，四苗全程合格率始终保持在96%以上，新生儿乙肝疫苗接种率逐年提高，城市达90%以上，农村达85%以上，疫苗针对传染病得到了有效控制。2000年，坚持“单月冷链、一苗一会一培训”制度。四苗全程接种率为97.6%。2005年，全区实行儿童计划免疫预防接种信息化管理，为基层配备22台计算机，使全儿童预防接种工作步入正规化、科学化、信息化管理轨道。至2009年底，全区基础免疫接种率卡介苗100%。2010年，全年按程序完成乡镇9次、城区11次的冷链运转任务，坚持冷链后48小时抽查制度和冷链温度监测，全区冷链系统运转正常，确保疫苗效价。2016年，严格按“监测方案”每旬对全区6家监测点医院开展重点传染病的主动搜索，搜索范围涉及医院的内科、儿科、传染病科、急诊科以及发热门诊等重点科室，病种主要包括AFP、麻疹、新生儿破伤风、流脑等，共搜索31次，查阅相关门诊、住院部病例274186例，发现并报告AFP病例3例，本地3例，排除1例。

甲类传染病防治　1975年为防止鼠疫在全市发生流行，在大野口设立1号病检疫站，对来往人员和车辆实行公路交通检疫，5月5日开始工作，10月15日结束，历时160天，当年检疫12392人次，预防接种9765人，检疫畜力车、架子车、汽车10567辆次。1989年以后，每年5至10月派出专业人员坚守大野口鼠疫交通检疫站，对过往车辆、行人进行检疫，每年检疫4000至5000人次，车辆550至600车次。接种鼠疫减毒活疫苗2000至3000人次。

乙、丙类传染病防治　1990年，全市城乡发现乙类传染病9种、1618例，总发病率391.64/10万，乙肝死亡1例，死亡率0.24/10万。肝炎574例占总发病数的35.47%；猩红热1例、小儿麻痹2例、伤寒2例、淋病2例、皮肤炭疽3例。1994年，全市发生乙类传染病6种、2213例，死亡1例，报告总发病率504.84/10万。2001年，元至10月底，全市发生乙类传染病8种、1244例，总发病率259.54/10万。甲型H1N1流感。至2009年11月30日，甘州区累计确诊甲型H1N1流感病例104例，累计治愈96例，累计住院治疗38例，治愈出院30例，在市医院住院治疗8例，重症1例，无死亡病例。至2016年底，全区共报告乙丙类传染病15种、3434例，死亡3例。报告发病率670.07/10万。其中，乙类传染病2936例，发病率572.90/10万，丙类498例，发病率97.17/10万。各病种报告发病情况：艾滋病1例，病毒性肝炎1291例，麻疹39例，甲型H1N1流感104例，细菌性痢疾102例，肺结核1304例，梅毒92例，淋病13例，流行性感冒128例，流行性腮腺炎134例，风疹68例，急性出血性结膜炎1例，包虫病2例，感染性腹泻59例，手足口病106例。

艾滋病防治　2009年，上报监测人数3500人，检测阳性3份，初筛阳性1份，市级、省级复检阳性1份。甘州区发现艾滋病感染者4例，病人1例。本年度新增感染者1例，病人1例，感染率由2008年的0.6/10万发展至1/10万。2010年，为扩大HIV监测人群，对五初筛实验室的各级医疗机构住院病人、人群中开展HIV快速检测，至10月底检测4397人，监测阳性3份，初筛检验排除3人份。2016年，前三季度报告5种性病167例，发病率为32.91/10万。在各种病例中，梅毒96例，HIV感染者或病人49例，尖锐湿疣17例，淋病4例，生殖器疱疹1例。

结核病防治 1990年，张掖市西洞乡高家庄村被定为全国第三次“流调点”，共调查10个社、349户、1531人，胸透1139人，阳性23人，阳性率6.5%。第四个五分之一人口结核病普查工作，4月开始，对甘里堡、党寨、龙渠、和平、安阳、花寨等6个乡60个村488个社、15444户78856人进行基本线索调查，检出菌阳患者40人，涂阳患病率49/10万，患病率为159/10万。2009年按结核病项目任务目标的要求，年初同22个乡（镇）卫生院及21个社区服务机构签订了“甘州区世行贷款/英国赠款结核病控制项目目标管理责任书”，把涂阳病人发现任务分解分配到各乡（镇）卫生院及社区卫生服务中心（站）。全年门诊共接诊1355人，发现并登记免费肺结核病人537人，100%纳入系统管理。2016年，与22个乡镇卫生院、5个社区卫生服务中心签订了包括结核病控制目标管理联合责任书。至12月底，区医院门诊共接诊1184人次，发现并登记免费肺结核病人394人，全部纳入管理，系统管理率100%。

地方病防治 碘缺乏病。1995年，全年共检盐样1182份，合格1054份，合格率89.17%。期间主要对城区学校的中小学及幼儿园儿童进行了补碘工作，共预防性投服碘油胶丸19223人份，占城区学生、儿童总数的87%。2009年按碘盐监测方案要求，完成9个乡36个村288户居民碘盐监测和网络上报工作。2010年，碘缺乏病防治，按照新的碘盐监测方案要求，全年完成9个乡（镇）36个村社288户居民碘盐监测和网络上报工作，碘盐覆盖率98.96%，碘盐合格率97.89%，合格碘盐使用率96.88%。

布鲁氏菌病。1990年，对饲养、放牧、屠宰、畜产品收购及加工等重点人群进行预防接种，至1994年底共有病人6例。1996年发放疫苗23580人份，实种20403人份，接种率86.53%。1995年，张掖市被选定为卫生部、农业部全国布病15个固定监测点市之一，每年监测5至6个乡。2009年，按照年初下发的《监测方案》，选定长安乡、沙井镇、明永乡、大满镇、碱滩镇、上秦镇、三闸镇、小满镇等乡镇开展人间布鲁氏病监测，共流调517人，采血103份，经检验未查出阳性病例。2010年，布病监测工作，选定沙井、乌江、大满等乡（镇）开展人间布病监测，共流调520人，采血107份，检出可疑血样1份。

地方性氟中毒。1990年，对改水5年以上的氟病区靖安、新沟、上堡、野水地、平山湖5个乡、村，7148人进行改水防病效果考核，在920名7—14岁儿童中，查出氟斑牙337人，患病率36.6%；成年人中查出氟骨症399例，占调查人数的7.7%。1995年10月，地、市防疫站地病科对张掖市氟病区进行详细的调查，共调查1226人，占病区人口的14.23%，氟骨症病人163人，患病率12.88%，氟斑牙患者916人，患病率72.35%。1998年调查红沙窝村小学7—14岁儿童140名，查出氟斑牙64例，可疑45

例，患病率为45.71%。2008年氟病监测采集病改工程水样41份，经检验合格38份，合格率92.68%；不合格3份，占7.32%。2009年氟病监测采集病该工程水样30份，经检验合格30份，合格率100%。2016年氟病监测采集病改工程水样41份，经检验合格38份，合格率92.68%，不合格3份。

非典型肺炎 2003年5月6日，张掖市人民医院报告1例非典型肺炎病例，疫情发生后，迅速启动《甘州区非典型肺炎应急疫情处理预案》。省卫生厅派出由4名专业人员组成的专家调查组于当日22时抵达张掖，对病例进行临床检查和流行病学调查，依据流行病学史、症状与体征、实验室检查及胸部X线检查结果，诊断为“输入性临床非典型肺炎”。

第四节 中西医服务

中医 1981年，张掖县中医医院成立。2013年底，建成省级中医特色社区卫生服务中心5个。245个村卫生室和19个社区卫生服务站中医药服务全覆盖。所有村卫生室和社区卫生服务站中医诊疗设备配备率均达到100%，全部配备250种以上中药饮片，并能开展中医针灸、推拿、火罐、理疗等15项以上的中医适宜技术服务。2013—2015年，火车站社区卫生服务中心、南街社区卫生服务中心、西街社区卫生服务中心、北街社区卫生服务中心、东街社区卫生服务中心先后创建为甘肃省中医药示范社区卫生服务中心，乌江、大满、安阳等21个乡镇卫生院达到中医特色乡镇卫生院标准。至2016年底，全区有中医药专业技术人员1449人，中医药类别医务人员329名，占全区卫生专业技术人员的21.3%，中医医师占医师总数的25.2%，中药技术人员占药剂人员的18.3%。

中医药产业主要以石岗墩为重点，建设甘草、板蓝根种植基地，以大满、润星公司为重点建设沙棘种植基地，以安阳、花寨、沙井、碱滩和部分农林场为重点建设枸杞、山楂、金银花、黄芪、防风、肉苁蓉等25个品种的地方特色中药材种植基地。至2016年，全区建成5千亩沙棘种植基地，1.1万亩板蓝根、黄芪种植基地，3千亩甘草、防风、党参等地方特色中药材种植基地，全区中药材种植面积达到1.9万亩，年产量已达到工厂化加工生产的标准。根据全区农业资源特点和比较优势，结合全区疾病谱排序，合理的组织引导农民种植药用价值蔬菜。

西医 西医设有内科、外科、妇产科、儿科、感染科、五官科、口腔科、放射科、检验科、麻醉科（手术室）、急诊科、功能科、体检中心、血液透析室、重症加强护理病房（简称ICU）等。主治呼吸系统疾病、消化系统疾病、内分泌系统、心脑血管疾病、肾病、血液病、各类四肢关节骨折、骨盆髋臼骨折、脊柱骨折及脊髓损伤的救治、神经血管肌腱损伤、脊柱退行性疾病、脊柱结核、骨肿瘤、关节疾患、腰腿痛、颈肩痛、骨质疏松、骨关节的韧带肌腱长期慢性劳损及小儿骨科、外眼部分手术、白内障超声乳化手术、鼻窦内窥镜手术、咽喉部显微手术等疾病的治疗。配备心脏电除颤仪、心电图机、多参数监护仪、微量输液泵、前列腺气化电切镜、膀胱镜、重症监护仪、婴儿辐射抢救台、小儿除颤仪、婴儿培养箱、蓝光治疗箱、经皮胆红素测量仪、微量注射泵、多参数心电监护仪、雾化吸入机、低负压吸痰器、血糖检测仪、电子秤及身长测量器、复苏气囊、有心电监护仪、吸痰器、雾化器、脑降温仪（冰帽、冰毯）、中频治疗仪、足底治疗仪、偏瘫肢体训练仪等治疗设备。

第五节　卫生监督管理

公共场所卫生监督　1993 年，公共场所卫生监督检测，抽查城乡公共场所及理发店 94 户次。审核办理理发店及娱乐公共卫生场所卫生许可证 222 个。1995 年，公共场所从业人员 1123 人，实体检 822 人，发放健康证 807 个。审核发放公共场所卫生许可证 346 个，建档 346 个，建档率 100%。2001 年，有公共场所经营单位 332 户，其中消毒业户 2 户，文化商业候车场所 19 户，宾馆、招待所 20 户，个体理发店 279 户，公共浴室 12 户。有公共场所从业人员 481 人，体检合格率 96%，检出“五病”患者 21 例，全部调离岗位，调离率 100%。换发卫生许可证 332 个，换发证率 100%。2004 年，公共卫生监督执法事权职能整体上划市卫生局。

传染病防治监督　1995 年 6 月，和平乡小堡村发生 4 例皮肤炭疽，采取多种有效防治措施，疫情得到有效控制，未造成较大的流行。1999 年 3 月，张掖市农二中发生一起凝似冻疮性皮肤暴发流行，发病 90 人。2000 年 3 月，花寨乡西阳村发生一起麻疹局部暴发流行，疫情波及 14 个乡镇 40 个行政村，报告发病 265 例。同年 7 月，上秦镇徐赵寨村 2 社发生一起畜间炭疽疫情。2002 年 6 月，上秦镇金家湾村 4 社发生一起由聚餐引起的霍乱暴发疫情，发病 36 人，无死亡病例。同年 9 月，上秦镇李家湾村三社发生一起霍乱暴发疫情，发病 4 人，无死亡病例。2003 年 5 月，全区第一例输入性非典型肺炎病例确诊。2007 年，乌江镇天乐小学发生水痘暴发疫情，新墩镇发生络酸酐泄漏事件。2008 年，发生流行性腮腺炎疫情和水痘疫情，涉及 4 个乡镇 22 个村 3 个社区 4540 人，累计发病腮腺炎 62 例，水痘 85 例。

甘州区疾控中心深入校园开展传染病健康知识讲座

学校卫生监督　1993 年，市防疫站对南关小学、回民小学、师范附小、西街小学进行健康检查，体检 256 人。同年 6 月，对新墩乡中学和 2 所小学进行蛔虫病感染调查，调查学生 360 人，查出蛔虫感染者 54 人，占 15%。并在城乡中学投服驱蛔虫药，投药人数达 7 万余人。1995 年，对青西小学、劳动街小学2所学校部分学生进行因病缺课调查，调查学生889人，患病人数237人，学生出勤126368天，因病缺课495天，因病缺课率0.39%。同年10月，对北街小学、张掖市一中、张掖三中、大满城西闸小学、和平兰家寨小学学生进行常见病监督监测，监测4752人，其中视力低下1349人；沙眼679人；贫血监测853人，患病人数331人；蛔虫感染监测787人，感染人数88人；营养不良监测2720人，患病624人。建议学校开展眼保健操和用眼卫生习惯的卫生健康教育，逐步改善采光照明条件，宣传普及营养知识，培养良好饮食行为，改善饮食结构，合理平衡膳食，督促患病学生积极配合治疗。2001年10—11月，组织人力对青西中学、张掖市一中、张掖市二中、马神庙小学、劳动街小学、东泉小学、下安小学等7所中小学学生进行健康监测。监测6486人，其中查出视力不良2229人，沙眼679人，龋齿629人，其他疾病130人。2007—2008年，对张掖二中、张掖四中、青西中学、西街小学22所中小学32914名学生进行健康检查。采用随机抽样方法，抽取张掖二中、民族小学、碱滩中学、乌江中学小学等6所小学，进行学习生活环境状况监测，统计分析监测结果，提出建议、提出措施反馈学校，上报教育部门。2010年，对青东小学、西关小学、张掖五中进行环境卫生监测，3所学校的采光、照明、室内温度、噪声等均符合国家标准。对新乐、西街等小学中的17974名学生进行健康检查，并将评价结果及时反馈校方。

环境与饮用水监督　1997年，对市自来水公司生活饮用水采样20份，进行感观、理化、细菌指标监测，合格率为100%；对农村自备集中式供水点69个，地面水5个，地下水6个，进行采样监测，全部合格。2008年，深入18个乡（镇）进行农村生活饮用水基本情况调查，全区农村共有深水井320个，受益人口340645人，浅水井167个，受益人口1657人。对沙井、安阳等9个乡镇采水样26份，经检测全部合格。

劳动与职业放射卫生监督　1992年，对重点工业建档34户，测尘16个厂矿29个监测点，合格率为76%，粉尘最高值为84毫克/立方米。1993年，会同劳动等有关部门对张掖市水泥厂、市针织厂、市第二印刷厂的工人劳动保护及防范措施进行监督检查，调查企业职工1055人，其中对接触粉尘的320人进行逐个登记，建立工业监督档案。1995年，对张掖市面粉厂、市水泥厂、三闸水泥厂、花寨水泥厂等40家工矿企业和乡（镇）企业进行监督检查，对接触有毒有害及粉尘的从业人员进行健康检查和登记造册，整建档案。1998年，对各级医疗单位从事放射工作人员进行登记建档。2006年，调查全区职业卫生危害的水泥、面粉、建材、造纸、印刷、化工包装等行业，厂矿企业10家，职工836人，主要有害因素有汞、苯胺、硫酸、粉尘等10种。督促建档9家。2008年，对14家存在劳动职业卫生危害的厂矿企业进行监督检查，建立档案13家。对全区26家医疗卫生机构放射卫生进行调查，26家医疗机构有X光机40余台件，从事放射工作人员50余人，建立档案。2010年以后，每年对区属25个医疗机构的放射设备及防护进行调查，25家医疗机构有CT一台，200mA以上X线光机30余台。区级医疗机构X线防护设施健全完善，乡级医疗机构X线防护只有铅椅、铅围裙、铅手套等设施，从事放射工作人员39人。

第六节 重点医疗机构

张掖市医院 始建于1956年，是全市唯一一所综合性国家级三级甲等医院，2014年整体并入河西学院，更名为“河西学院附属张掖人民医院”。医院占地11万多平方米，开放床位650张，年门诊、急诊病人58.4万人次，住院病人3.1万人次，手术1.06万例。医院设有临床科室22个，医技科室9个，行政职能管理科室10个，后勤保障科室6个，现有职工1380人，享受国务院特殊津贴人员4人，市级管理拔尖人才10人，市级学科技术带头人43人。高级职称188人，中级职称288人，初级职称728人。2012年3月开工建设医疗综合大楼，建筑面积7.84万平方米。2017年1月门诊楼正式搬迁使用，7月底外科大楼投入使用，全院业务用房面积达12万平方米，床位达到1350张，年门诊人次达60万—80万，住院病人达3.5万。

张掖市中医院 1981年成立，1987年医院住院楼竣工并投入使用，设置病床50张。1990年，张掖市中医院有职工90人，其中中级职称7人，初级67人。至2009年12月，医院有职工130人，卫生专业技术人员111人，其中中医专业高级职称11人（正高1人、副高10），中级职称50人。2003年，更名为“甘州区中医医院”。2007年5月医院整体上划市级管理，更名为“张掖市中医医院”。

甘州区人民医院 创建于1950年，医院占地18.8万平方米，建筑面积2.8万平方米，业务用房面积1.8万平方米。有职工264人，离退休人员105人。专业技术人才中高级职称15人、中级职称99人，初级职称110人。市管拔尖人才2人，市级学术技术带头人6人，区级学术技术带头人12人。医院设门诊部2处，有行政职能科室8个，CT、放射、检验、超声、胃镜等医技科室16个，内、外、妇、儿、中医、传染、眼、耳鼻喉等临床科室15个，住院部有4个重点专科和20多个专科组，设有CCU、ICU病房，增设家化病室、高危儿监护室、母婴同室病房。医院开放床位260张，年住院病人5600余人次，年门诊接诊病人10万余人次。

甘州区妇幼保健院 始建于1956年。1990年，更名“张掖市妇幼保健站”。2003年，更名“甘州区妇幼保健站”。2005年更名“甘州区妇幼保健院”。医院占地34.5亩，建筑面积13592平方米，其中业务综合楼占地2494平方米，建筑面积10217平方米，编制床位210张，实际开放床位150张。医院有正式职工111人，其中本科学历49人，大专学历44人，中专及以下18人；卫生专业人员97人，占全院职工87.4%，其中副高级职称4人，中级职称41人，初级职称52人，招聘人员100余人。

社区乡镇卫生院（所） 至2016年底，全区有社区卫生服务中心6家，社区卫生服务站19家（含2个承担公共卫生服务的医疗机构），乡镇卫生院及分院22所，村级卫生室245个。2010年以来，先后投入资金5000余万元，改扩建乡镇卫生院8所，村级卫生室67个，新建社区卫生服务中心5个，规范社区卫生服务站19家，全区22所乡镇卫生院、216个村卫生室达到了标准化建设要求。

第七节　公共爱国卫生

1989 年起，确定每年 4 月为爱国卫生月，集中治理脏乱差。1991 年，实行卫生工作目标管理责任制，层层签订目标管理责任书，定期检查、考核、奖惩。2003 年，甘州区开展农村改厕工作。2008 年，甘州区成功创建省级卫生城市。2009—2011 年，实施国家重大公共卫生服务项目的碱滩镇、甘浚镇、沙井镇、乌江镇、花寨乡、长安乡等 16 个乡镇、64 个行政村共建成卫生厕所 7500 座。至 2016 年，共创建卫生乡镇 16 个、卫生村 87 个、卫生社区 15 个、卫生模范单位 46 个，其中创建省级卫生乡镇 2 个、卫生村 2 个、卫生社区 2 个；市、区级卫生乡镇 14 个、卫生村 85 个、卫生社区 13 个。

第八节　计划生育

计划生育　实施“奖扶、成才、致富、保障、健康”五大工程，出台 32 项计划生育家庭优先优惠政策。2011 年以后，奖励扶助标准从 960 元基础上增加到 1080 元，高于国家标准 120 元；二女结扎户各项奖励从 3000 元增加到 6000 元；对考入大专以上的农村“两户”贫困户家庭一次性资助 2000 元，帮助其完成学业；对农村“两户”子女在普通高考和中考中，成绩名列全区前 5 名的，分别给予 3000 元、5000 元的奖励。至 2016 年底，全区有计划生育“两户”家庭 42665 户，其中农村独生子女领证户 9381 户、农村二女结扎户 6158 户。累计 1054 户农村“两户”享受农村部分计划生育家庭奖励扶助金 75.88 万元，64 户农村“两户”享受了计划生育家庭特别扶助金 7.03 万元。为 14444 户农村“两户”统一办理养老储蓄 132.67 万元；对 480 户农村当年落实结扎措施的二女户落实一次性 3000 元奖励金共计 138 万元。全面落实农村“两户”子女升学加分制度和成才计划，自 2005 年实行升学加分政策后，全区有 5000 名农村“两户”子女享受初中升高中加 20 分政策照顾，有 12496 名农村“两户”子女享受高中升大学加 10 分政策照顾。全面落实独生子女 1000 元奖励金政策。

计划生育家庭奖励扶助金发放仪式

节育技术服务　20 世纪 90 年代，成立乡镇计生服务所，主要施行以计划生育手术、生殖保健、人员培训、避孕药具发放、宣传教育。2010 年，甘州区被确定为第一批国家优生促进工程试点项目区，区计生服务站抢抓机遇，成立以区计生服务站为主体的免费孕前优生健康检查专家指导组。

流动人口管理　1999年，流动人口实行合同管理制度和办证制度。2001年，张掖市城市暨流动人口计划生育办公室成立。2002年更名“甘州区城市暨流动人口计划生育办公室”，负责全区流动人口暨城市一孩生育证的办理。2011年，甘州区城市暨流动人口计划生育办公室更名“甘州区流动人口计划生育管理办公室”。同年，对流出育龄妇女实行“四个一”管理制度（即签订一份计划生育管理合同，落实一项有效的节育措施，办理一个流动人口婚育证明，交一份去向告知书），对流入人口实行查验“三证”（身份证、结婚证、婚育证），严把“三关”（登记关、持证关、验证关）和“一证管多证”的办法进行管理。至2016年底，建立流动人口健康档案4743份，建档率96%。

第九节　医疗卫生体制改革

县级公立医院综合改革　2015年，贯彻落实《甘肃省全面推开县级公立医院综合改革实施方案的通知》精神和《甘州区公立医院改革工作实施方案》，建立医院管委会、理事会、监事会“三位一体”的法人治理机制和现代医院管理制度。积极推进管理体制、运行机制、补偿机制、人事和分配制度等方面的综合改革。继续推行药品零差率销售；建立以成本和收入结构变化为基础的价格动态调整机制，降低药品、医用耗材和大型医用设备检查治疗和检验等价格，重点提高体现医务人员技术劳务价值的项目价格；制定《甘州区区级公立医疗机构医疗服务价格调整方案》，采取积极有效的医药费用控制措施，狠抓以服务数量、服务质量、群众满意度为主要内容的绩效考核工作。分批组织实施5个病种的临床路径和护士人事代理工作，深化医疗机构分工协作、双向转诊工作，落实22项医院管理制度，医务人员用药量、抗生素使用量等指标明显下降，患者次院费用、单病种费用》住院自费比例有所降低。至2016年底，上调项目4233项，下调项目363项，调整后总增幅约11.89%，医疗服务价格调整补偿达到取消药品加成核定减少收入的55.6%。建立适应行业特点的薪酬制度，建立以质量为核心、公益性为导向的医院考评机制，控制公立医院医疗费用不合理增长；大力推行预约诊疗、“无假日医院”、住院医药费用“一日清单制”、医疗服务行为公示制和急危重症患者“先诊疗，后结算”服务模式；加快区域急救体系建设，完善远程医疗会诊制度，为广大群众提供“方便、快捷、优质、价廉”医疗保健服务。

基本医疗保障制度　1997年10月，制定出台《张掖市职工医疗保障制度改革试点实施方案》，下发《张掖市职工社会医疗保险实施细则》等5个配套文件。至此，全市全面实现由公费医疗到医疗保险的平稳衔接。2006年11月，《甘州区城市低保人员医疗保险实施方案》下发实施，全区8424户、19202人纳入城市低保人员医疗保险。2007年6月，《关于印发甘州区城镇居民医疗保险实施方案（试行）》出台，7月1日，全面启动城镇居民基本医疗保险。至此，甘州区实现全民医疗保险。2016年，甘州区新型合作医疗制度启动实施。新农合人均筹资540元，全区有345717人参加新型农村合作医疗，参合率为99.96%。至11月，全区为参合农民补偿基金13457.74万元，基金使用率达到71.44%，受益农民达到893911人次，全区参合农民政策范围内报销比达到78.97%，实际补偿比为66.80%。

国家基本药物制度 2010年12月成立甘州区药品集中采购配送管理办公室，隶属卫生局管理，负责全区医疗机构集中采购统一配送工作的组织协调和政策指导，对集中采购统一配送工作进行全程监督。2011年1月，确定24家遴选企业在全区执行集中采购配送。2012年1月起区人民医院、区妇幼保健院执行网上集中采购。3月乡镇卫生院、社区卫生服务中心全部实行网上集中采购，确定配送企业47家。2013年1月开始实行药品款集中支付，配送率提高到95%。2015年对药品配送企业进行第三次遴选，确定23家。是年开始推进公立医疗机构药品采购“两票制”和高值医用耗材网上阳光采购，全面规范开展国家基本药物网上药品采购制度，严格实行药品集中配送诚信管理办法和企业违规配送药品“黑名单”制度。至2016年12月底，全区32家医疗卫生机构网上采购基本药物总金额为5241.01万元，配送总金额为5241.01万元，网上采购率及配送率均为100%，让利患者786.15万元。

分级诊疗和医师多点执业 2015年2月，甘州区分级诊疗和医师多点执业启动，实行“患者、资金、医生”三下沉。2016年，乡级分级诊疗病种由50种增加到80种，区级分级诊疗病种由100种增加到250种。全区有102名医师到各乡镇卫生院开展多点执业，各级定点医疗机构收治分级诊疗患者16932人次，占全区住院病人总数的47.21%，实际补偿比达82.74%，县域外转出率控制在17.60%，同比下降2.79个百分点。

基层医疗体制改革 全面落实村医养老保障制度，制定下发《关于解决乡村医生养老问题的实施方案》，为328名在岗乡村医生购买企业职工养老保险，拨付资金290.8万元；为836名离岗乡村医生中年龄达到60周岁的472人发放养老补助，拨付资金112万元。2016年开展村级卫生室“五项制度”专项督查工作，实行有奖举报、就诊患者回访、违规企业退出、网采药品排名通报及惩戒制度。2016年共计发放村医公共卫生补助资金447万元，药品零差率补助53.09万元。

第七章 体 育

1972 年，成立张掖县体育运动委员会。1987 年，成立张掖市体育运动委员会。2002 年，更名为“甘州区体育运动委员会”。2003 年，更名为“甘州区体育局”。2010 年，归口区文化委员会管理。2012 年，撤销区文化委，调整为区政府管理的事业单位。1992 年，成立甘州区业余体校，隶属甘州区体育局。

第一节 场馆建设

1991 年，投资 580 万元，在中心广场建成张掖市体育馆，建筑面积 3772 平方米。1992 年，建成张掖二中体育场，面积 8500 平方米。1993—2001 年，乡镇、街道共建有篮球场 23 个；村级、社区建有篮球场 124 个，乒乓球台 168 个。2007 年，实施甘肃省千乡镇农民体育健身工程，为全区 18 个乡镇争取配套体育器材及配套资金，每个乡镇配备价值 15000 元的体育器材（健身路径一套 6 件，篮球架 1 副，乒乓球台 2 副）和 5000 元的建设经费。2011 年，在平山湖乡投资 700 多万元修建长 28 公里的平山湖赛道和 22 公里丹霞汽车拉力赛道。润泉湖体育公园建成国家级户外健身活动基地。2012 年，投资 2009 万元在神沙窝建成张掖国家沙漠体育公园国际赛车城，建设赛车场看台、2.2 公里短道、漂移台及 21.63 公里环沙漠赛道。投资 175 万元在城郊北三环建成甘州区马可波罗汽车自驾营地。投资 950 万元在张掖国家湿地公园建成苇塘垂钓园。2013 年，投资 704 万元在平山湖乡修建长 36.64 公里银河赛道和 34.47 公里红湾汽车拉力赛道。投资 1200 多万元在张掖滨河新区建成甘州区全民健身体育场（大成学校西侧体育场）。2014 年，完成第六次全国体育场地普查工作，全区有体育运动场、体育馆、乒乓球房、健身房、棋牌房、篮球场、排球场、足球场等体育场地 1080 个，其中 74 个室内体育设施场地，1006 个室外体育设施场地。体育场地面积 113.21 万平方米，人均体育场地面积 2.18 平方米。2014—2016 年，对甘州区体育馆供暖设施、地板、看台座椅和门窗进行改造和更换。

第二节 主要赛事

1991 年，在张掖市体育馆举办全国男子篮球甲级联赛；张掖市组团参加在天水市举办的甘肃省第八届运动会。1993 年，在张掖市体育馆举办甘肃省第二届“企业杯”篮球比赛；张掖市组队参加在临泽县举办的甘肃省少年国际式摔跤比赛；参加在金昌市举办的甘肃省少年柔道锦标赛；在张掖市体育馆举办“有色”杯全国甲级篮球联赛；张掖市组队参加在山西举行的全国农民象棋比赛。1994 年，参加在天水市举办的全省体育传统项目学校初中生田径比赛；在张掖市体育馆举办甘肃省河西五地、市职工篮球邀请赛。1995 年，举办“国际奥委会主席”杯全国百城市自行车赛（甘肃张掖赛区）；张掖市组队参加在通渭举行的甘肃省第二届农民运动会；在张掖市体育馆举办甘肃省第四届企业杯暨万通杯篮球比赛；组队参加甘肃省第二届农民运动会“丝路春”杯乡镇企业篮球比赛。1999 年，在张掖市体育馆举办“昭武”杯国际女篮对抗赛（张掖站）；举办河西五地市武术散打邀请赛。2001 年，组团参加在兰州市七里河体育场举行的全省青少年田径比赛。2003 年，承办全国青年篮球锦标赛（甘州赛区）。2004 年，承办第五届全国农民运动会北方赛区乒乓球预赛（张掖赛区）比赛；举行 2004“动感地带”杯中国甲 A 男篮西部行（张掖赛区）；承办甘肃省第四届体育运动校暨传统校摔跤比赛。2005 年，在甘州区体育馆举行国际男子篮球对抗赛（哈萨克斯坦国家队对河南仁和队）和全国男子篮球青年联赛（甘州赛区）。2007 年，甘州区组队参加在敦煌举办的全省体育先进乡镇农民篮球比赛，获得第二名；在甘州区体育馆举行全国男子篮球甲 B 四强对抗赛（张掖赛区）。2008 年，承办甘肃省第五届体育运动校重点业余体校运动会柔道比赛。2009 年 8 月，举行 2009 年张掖市首届“全民健身日”启动仪式暨全民健身节活动；在甘州区体育馆举行全国男子篮球甲 A 四强对抗赛（甘州赛区）；在张掖国家湿地公园举办首届中国·张掖相约湿地、激情穿越“黑河水电”杯万人全民健身活动；组队代表张掖市参加兰州大学体育馆举行的甘肃省首届锅庄舞比赛，获得二等奖。

2014年“嘉信”杯张掖·中国汽车拉力锦标赛在沙漠公园开赛

2011—2016 年，连续 6 年举办张掖·中国汽车拉力锦标赛。2012 年，举办中国张掖·2012 全国露营大会；在甘州区体育馆举行 2012 年“新乐房地产”杯全国甲级女篮四强对抗赛（甘州赛区）。2013 年，承办第十一届环青海湖国际公路自行车赛（张掖赛段）；在甘州区举行 2013 年“丝路春”杯中国张掖世界汽车拉力锦标赛（备选站）暨张掖·中国汽车拉力锦标赛。2014 年，举行 2014 年度甘肃省青少年校园足球冠军联赛；举行 2014 年中国越野拉力赛超级短道赛。2015 年，举办 2015 甘肃省青少年校园足球联赛暨“我爱足球”中国足球民间争霸赛（甘肃赛区）；举行 2015 丝绸之路中国越野汽车拉力赛超级赛段比赛；甘州区组队代表张掖市参加在陇西县体育馆举行的甘肃省第六届健身气功交流展示赛，获得团体第五名、个人第四名和体育道德风尚奖。2016 年，举行“张掖农商银行”杯国际汽联亚太汽车拉力锦标赛暨中国汽车拉力锦标赛（张掖站）；在甘州区体育馆举行 2016 年“嘉信”杯中国 CBA 四强对抗赛；举办 2016

“我爱足球”甘肃省青少年校园足球联赛；举行2016梦幻西游·首届中华民族篮球公开赛张掖赛区（甘州站）比赛。

第三节 竞技体育

甘州区竞技体育工作稳步发展，在国际、国内赛场取得优异成绩。其中，国际赛事奖牌7枚（世界锦标赛金牌1枚、银牌1枚；世界杯铜牌1枚；世界公开赛金牌1枚；世界青年锦标赛金牌2枚；亚洲锦标赛金牌1枚）；国内赛事奖牌8枚（全国运动会取得金牌2枚、铜牌1枚；全国锦标赛金牌1枚、银牌1枚；全国城市运动会取得银牌1枚；全国青年锦标赛金牌1枚、铜牌1枚）。在2001年、2005年、2009年第九届、第十届和第十一届全国运动会上，由甘州区向兰州市体工大队输送的甘州籍运动员贾雪英，获得柔道项目2枚金牌和1枚铜牌，为甘肃省代表队争得荣誉。

田径 1991年8月，天水举行甘肃省第八届运动会，许吉新、赵海斌在男子甲组4×100米接力中获得团体赛金牌；许吉新获得田径男子甲组200米银牌、100米铜牌；储小勇获得田径男子甲组200米跨栏银牌，并打破省级记录；崔强年在男子甲组10000米竞走比赛中获得银牌；常玉福、高正在男子甲组4×400米接力中获得铜牌；贾爱萍、管凤芝在女子甲组4×400米接力中获得金牌；贾爱萍在女子甲组400米比赛中获得银牌、200米比赛中获得铜牌；管凤芝在女子甲组3000米比赛中获得铜牌；孔杰在男子乙组100米比赛中获得金牌、200米比赛中获得银牌；赵华在女子乙组跳高比赛中获得金牌；刘爱华在女子乙组4×400米接力获得团体赛金牌；赵小琴获得女子乙组100米银牌；赵英获得女子乙组400米银牌；王丽梅获得女子乙组3000米竞走和5000米竞走银牌。2000年6月，兰州举办甘肃省第十届省运会，周慧获得田径女子组800米银牌。2006年8月，嘉峪关举行第十一届甘肃省运动会，刘玉玺获得田径男子200米金牌；贾伟获得田径男子2万米竞走银牌；朱建林、刘玉玺获得田径男子4×100米接力银牌。2008年7月，定西举办甘肃省第五届体育运动学校重点业余体校运动会，高金获得田径男子110米栏银牌。2012年8月，在甘肃省第六届体育运动学校重点业余体校运动会上，薛晓莉获得田径400米金牌、800米银牌各1枚；马雷、柴旭获得田径4×100米比赛银牌1枚。2014年，兰州与白银举办第十三届甘肃省运动会，黄海军获得田径男子400米金牌（破省纪录）、400米栏银牌；高秀婷获得田径女子组4×400接力银牌；吴明旭、万海海获得田径男子4×400米接力铜牌。2016年6月，金昌市举办甘肃省第七届体育运动学校重点业余体校运动会，马小杰获得铁饼男子乙组银牌；郭多鑫、柳哲、王岩在4×100米男子乙组比赛中获得银牌；刘文波、张嘉瑞、张亚强在4×400米接力男子甲组中获得铜牌。

球类 2012年8月，在甘肃省第六届体育运动学校重点业余体校运动会上，男篮获得团体赛铜牌。2016年6月，金昌市举办甘肃省第七届体育运动学校重点业余体校运动会，郭震、吕晓炯、吴昊晨、杨强、马笠文、胡继波、马新在男篮团体赛中获得金牌。

无线电测向　1991 年 8 月，长春举办全国无线电测向锦标赛，甘州籍运动员王俏获得成年男子 80 米波段金牌、全能第一名、2 米波段第二名。1993 年 5 月，南宁举办全国无线电测向锦标赛，王俏获得成年男子团体第二名、全能第二名；10 月，天水举办全国无线电测向锦标赛，王俏获得成年男子 80 米波段第一名。1994 年 9 月，瑞典举办第七届世界无线电测向锦标赛，王俏获得 80 米波段团体第六名。1996 年 7 月，澳大利亚汤斯维尔市举办第二届亚太地区无线电测向锦标赛，王俏获得 2 米和 80 米波段个人两项第三名。

射击　1991 年 8 月，天水举办甘肃省第八届运动会，连红获得射击男子甲组（速射 60 发）铜牌；盛惜明获得射击女子乙组（气步枪 40 发）铜牌；王文娜获得射击乙组（60 发卧射）铜牌。2008 年 7 月，定西举办甘肃省第五届体育运动学校重点业余体校运动会，丁芙蓉获得射击女子组（40 米气步枪）银牌；牛飞获得射击男子气步枪铜牌。2012 年 8 月，兰州举办甘肃省第六届体育运动学校重点业余体校运动会，丁芙蓉获得射击女子组（60 发卧射）金牌、射击女子组（三姿动作）金牌、射击女子组（40 气步枪）银牌。2014 年，兰州与白银举办第十三届甘肃省运动会，丁芙蓉获得射击女子组（气步枪）金牌、射击女子组（卧射）金牌、射击女子组（3 × 20）金牌（破省决赛记录）；张彬彬、丁芙蓉在射击女子组团体赛中获得两枚金牌（破省纪录）。2016 年 6 月，金昌市举办甘肃省第七届体育运动学校重点业余体校运动会，高芙蓉在射击（10 米气步枪）女子乙组中获得金牌；高宁在射击项目中获得铜牌；雷阳阳在射击（10 米气步枪团体）中获得铜牌。

摔跤　1991 年 8 月，天水举办甘肃省第八届运动会，张果获摔跤（古典）乙组 74 千克金牌；王增军获男子古典摔跤 62 千克铜牌；任德华获自由摔跤甲组 62 千克级银牌。1996 年 4 月，在甘肃省第九届运动会上，高志军获得古典摔跤男子 82 千克比赛银牌。2000 年 6 月，兰州举办甘肃省第十届省运会，徐福明获得古典摔跤男子组 70 千克级银牌；于泽林获得男子 52 千克级银牌。2006 年 8 月，嘉峪关举办第十一届甘肃省运动会，马超获得古典摔跤男子 58 千克级银牌；张涛获得古典摔跤男子 50 千克级铜牌。2008 年 7 月，定西举办甘肃省第五届体育运动学校重点业余体校运动会，汪兴海获得摔跤男子 46 千克银牌；范秋菊获得摔跤女子 68 千克级以上铜牌。2012 年 8 月，在甘肃省第六届体育运动学校重点业余体校运动会上，范秋菊获得摔跤女子 68 千克级以上金牌；李阳获得摔跤男子 58 千克级金牌；龙丹丹获得摔跤女子 63 千克级银牌。2014 年，兰州与白银举办第十三届甘肃省运动会，武玉清获得摔跤男子 50 千克级金牌；张世超获得摔跤男子 46 千克级银牌；姜彤彤获得摔跤女子 59 千克级铜牌。

柔道　1991 年 8 月，天水举办甘肃省第八届运动会，赵峰获柔道男子乙组 +78 千克级银牌。1996 年 4 月，在甘肃省第九届运动会上，马红军获得少年组男子柔道 86 千克比赛银牌；贾雪英获得柔道少年女子组 +72 千克比赛铜牌。1998 年，贾雪英在全国青年柔道锦标赛中夺得女子 +78 千克级金牌。1999 年，在全国第四届城市运动会柔道比赛中贾雪英夺得 +78 千克级银牌。2000 年 6 月，兰州举办甘肃省第十届省运会，禅雪玲分别获得柔道女子组 63 千克级金牌和女子无差别级铜牌；李玉梅获得柔道女子组

70千克级银牌。2001年11月，广东举办全国第九届运动会柔道比赛，贾雪英夺得+78千克级铜牌。2002年8月，瑞士举办柔道世界杯团体赛，贾雪英代表中国柔道队夺得铜牌；11月，青岛举办国际柔道公开赛，贾雪英获得无差别级亚军；12月，日本福冈举办世界A级柔道锦标赛，贾雪英夺得无差别级冠军和+78千克级亚军。2003年2月，贾雪英被国家体育总局授予“国际级运动健将；11月，韩国举办亚洲锦标赛，贾雪英夺得无差级别冠军。2005年10月，江苏南京举办全国第十届运动会，贾雪英代表甘肃省夺得女子柔道无差别级冠军，被甘肃省人民政府记一等功。2006年8月，嘉峪关举办第十一届甘肃省运动会，马金花获得柔道女子44千克级银牌。2008年7月，定西举办甘肃省第五届体育运动学校重点业余体校运动会，管苗苗获得柔道女子-48千克级银牌；张悦获得柔道女子52千克级银牌；张文洁获得柔道女子57千克级银牌。2009年10月，山东举办第十一届全国运动会，贾雪英代表甘肃省夺得女子柔道+78千克级的冠军，被甘肃省人民政府记一等功。2012年8月，在甘肃省第六届体育运动学校重点业余体校运动会上，柴国庆获得柔道男子55千克级金牌。2014年，兰州与白银举办第十三届甘肃省运动会，禅露露获得柔道女子57千克级金牌；吴文静获得柔道女子44千克级银牌；冯振祥获得柔道男子60千克级银牌；谈琴获得柔道女子48千克级铜牌。2016年6月，金昌市举办甘肃省第七届体育运动学校重点业余体校运动会，辛悦在柔道女子甲组+63千克级中获得银牌；高飘飘在柔道女子乙组-44千克级中获得银牌；王陈陈在柔道男子甲组-66千克级中获得银牌；禅露露在柔道女子甲组-57千克级中获得铜牌。

跆拳道　2000年6月，兰州举办甘肃省第十届省运会，张鑫鑫获得跆拳道男子组83千克级铜牌。

武术　2014年，兰州与白银举办第十三届甘肃省运动会，王亚楠获得武术套路（南拳）金牌；陈子怡获得武术套路（太极拳）金牌；赵冬梅、陈子怡获得武术套路（对练）银牌；王心怡获得武术套路（棍术）银牌；陈晓齐获得武术套路（棍术）铜牌。2016年6月，金昌市举办甘肃省第七届体育运动学校重点业余体校运动会，张书铭获得武术套路（南拳、南棍、对练）三枚银牌；陈瑞乾获得武术套路（长拳）银牌；张蕊获得武术套路（枪术）银牌；杨育蓉获得武术套路项目（对练）银牌。

皮划艇　2016年6月，金昌市举办甘肃省第七届体育运动学校重点业余体校运动会，贴永杰在皮划艇（双人双桨）2000米赛中获银牌；王双迎、张鹍在皮划艇（双人双桨）2000米赛中获得铜牌。

第四节　学校体育

严格实行“三课”（每周三节体育课）、“三操”（早操、课间操、眼保健操）、“三活动”（每周三次课外活动）。各级各类学校施标率达100%，达标率平均89.5%，其中高等学校施标率100%，达标率80.2%；中专（技）学校施标率100%，达标率96%；职业中学施标率100%，达标率86.7%；普通中学施标率100%，达标率

91.5%；城镇完小施标率100%，达标率92%；乡中心校施标率100%，达标率90.2%；三年级以上村小施标率100%，达标率89.7%。各级各类学校推广第七套广播体操。2010年，张掖市被甘肃省校足办批准为首批省级校园足球布点城市，建成18所校园足球试点学校，有22支校园足球队。2015年，甘州区西街小学、张掖四中、甘州区金安苑学校等被教育部遴选为全国校园足球特色学校。2016年，甘州区被教育部认定为全国校园足球试点县（区）。是年，张掖一中、甘州区南关学校、甘州区北街小学、甘州区马神庙小学被教育部遴选为全国校园足球特色学校。

2016年全省青少年校园足球联赛在张掖市甘州区开赛

第五节　群众体育

农村体育　大力实施“体育三下乡”活动（体育场地设施下乡、体育健身指导下乡、体育科普知识下乡），各乡镇结合实际，在农闲和元旦、春节期间，组织开展农民健身活动及农民运动会，开展球类、棋类、田径、拔河、秧歌、武术、广播体操和广场健身舞以及具有民族传统特色的体育项目与健身展示活动，丰富群众文化生活。

职工体育　利用五一劳动节、十一国庆节开展职工运动会，各机关企事业单位、系统每年举办本系统、本单位的职工运动会。区总工会、区教育系统工会、区财政局等单位先后被评为全省全民健身宣传月活动先进单位。

社区体育　新乐、金安苑、安民等城市住宅小区全民健身路径工程建设，促进单一的、行政的、大型的体育活动逐渐向社会化、大众化、阵地化、多层次、多形式、多渠道发展。全区参加体育活动的人数覆盖率达40%。全区组建163个健身站点，覆盖18个乡镇和5个街道社区。城区长期在晨晚练点参加锻炼的人数达3万多人，开展的健身项目有自行车、健步走、健身操（舞）、秧歌、太极拳（剑）、篮球、乒乓球、羽毛球、放风筝等。

第八章　旅　　游

1991 年，张掖市旅游局成立。2002 年，张掖市旅游局更名为“甘州区旅游局”。2010 年，甘州区旅游局行政管理职能整体划入甘州区文化委员会。至 2016 年，全区培育发展 A 级景区 5 家，星级宾馆 15 家，配套建设各类宾馆 300 多家，旅行社 57 家，旅游从业人数达 2 万多人。“十二五”期间，接待国内外游客 1094.64 万人次，实现旅游收入约 53.23 亿元，游客接待量和旅游收入平均增速保持在 30% 以上，旅游业发展步入快车道。

第一节　旅游开发

20 世纪 90 年代，甘州区旅游产业的发展经历了三个发展时期。

起步发展阶段（1991—2000 年）　1992 年 6 月，中共中央、国务院发出《关于加快发展第三产业的决定》后，张掖地区开始把旅游业列入国民经济和社会发展计划，并作为一个产业来发展。同年，地委、行署明确提出了旅游业“一年起步，二年上路，三年求发展，五年初步形成规模”的发展思路，对全区旅游资源进行了全面的调查和研究，按照先重点、后一般的原则，最先对大佛寺、木塔进行了维修保护和建设。张掖市除了对市区内的名胜古迹进行维修保护外，还结合古城的自然条件，地理环境特点，突出“塞上江南”风貌，加强了城市绿化，并有意保护和开拓城郊湿地景观，于 1995 年和 1996 年，相继建成甘泉公园童心园、明清一条街、黑河山庄和森林公园等景点。到 1996 年张掖市有各类景点 11 处。举办“金张掖马蹄寺旅游观光节”，吸引大批中外游客前来观光，张掖市旅游基础市场长足发展。

全面发展阶段（2001—2010 年）　进入 21 世纪，甘州区旅游业步入全面快速发展时期。“十五”以来，提出“工业强势，产业富民、推进城镇化进程和加快旅游产业发展”总体思路，将旅游业作为四大产业之一，形成政府主导、部门协作、全民动员、全社会参与的良好发展局面，使旅游产业在全区社会经济中的地位不断上升，旅游发展环境不断改善。2005 年，张掖市荣获“中国优秀旅游城市”称号。2006 年以来，贯彻执行市政府下发的《关于进一步加快旅游业发展的实施意见》《张掖市旅游业管理暂行办法》和《张掖市旅游业发展总体规划》，全区旅游业呈现出加快发展的态势，高金城烈士纪念馆的成立兴起成红色旅游资源开发新亮点。2006 年，全国第十届丹霞地貌学术讨论会暨张掖旅游开发研讨会在甘州区召开。到 2011 年，全区共有国家 A 级旅游景区 5 处，其中 4A 级景区 2 处，3A 级景区 2 处，2A 级景区 1 处。国家级水利风景区 2 家。

快速发展阶段　2012 年 3 月，甘州区旅游产业开发领导小组成立，区上每年安排不少于500万元旅游发展专项资金，切实加大对旅游基础设施建设的投入，全区上下联动，部门齐抓共管，区域协调推动，基本建成以大佛寺、山西会馆、明粮仓等文化遗产为代表的历史文化旅游综合体；以滨河新区为代表的滨水旅游综合体；以国家湿地公园为代表的生态湿地旅游综合体；以平山湖大峡谷为代表的西部民族风情旅游综合体；以国家沙漠体育公园为代表的沙漠体验旅游综合体的“五大”旅游综合体。

第二节 景点景区

钟鼓楼 又称镇远楼，俗名鼓楼，又名靖远楼，位于张掖城中心，东西南北四条大街交会于此。平面呈方形，建在一座砖砌的坛上，面阔3间，进深3间，底宽16米。台平面呈方形，台底宽32米，高9米，基座至楼顶30多米，楼为三层木构塔形，重檐四面坡，攒尖顶。飞檐翘角，雕梁画栋，是中国民族形式的传统建筑。楼下有十字洞，通向东西南北，可以通过行人和小型车辆。洞门上方嵌刻匾额，东“旭升”，西“宾城”，南“迎熏”，北“镇远”。楼上四面悬有匾额：东“金城春雨”，西“玉关晓月”，南“祁连晴雪”，北“居延古牧”。清顺治四年（1647年），因战火烧毁此楼。顺治七年（1650年）重修。竣工后，亦悬额四面：“九重在望”“万国咸宾”“声教四达”“湖山一览”。

张掖大佛寺景区 国家AAAA级旅游景区，保存有全国最大的西夏佛教殿堂——卧佛殿、最大的室内泥塑卧佛像和最完整的初刻初印本《永乐北藏》，是集建筑、雕塑、壁画、雕刻、经籍和文物为一体的佛教艺术博物馆。1996年被国务院公布为全国重点文物保护单位。张掖大佛寺现有卧佛殿、佛教艺术陈列厅、佛教经籍陈列厅、曼荼罗艺术壁画厅、金塔殿等6个展厅对外开放。每年“四月初八”佛诞法会、正月十五庙会及其他一些佛事活动，都会吸引大量的海内外游客参观游览，旅游纪念品主要以曼荼罗金箔画、《永乐佛曲》《大唐西域记》仿本、仿佛经扉画为特色。景区已形成大佛寺风景名胜区、佛教文化活动区及历史文化游览区。

木塔寺 又名万寿寺，位于张掖城中心广场西侧。由现存木塔和藏经楼（俗名黑楼）组成。木塔初建于北周，隋开皇二年（582年）重建，共15级。后因兵燹损坏，清康熙二十六年（1687年），驻甘州甘肃提督孙思克同高孟筹资对木塔进行重修。1926年，现存木塔重建，是张掖市五行塔之一。塔高32.8米，八面九级，每级八角上有木刻龙头，口含宝珠，下挂风铃。塔主体为木质结构，外檐系楼阁式建造，塔身内壁为空心砖砌，每层都有门窗、回廊和塔心。窗上雕有花饰，门楣嵌砖雕横额。全塔没有一钉一铆，全靠木斗拱、大梁立柱联结，纵横交错，相互拉结，浑然一体。藏经楼楼阁五间，上下两层，重檐歇山顶，四周木构栏，与木塔相衬。木塔寺内现为张掖市民俗博物馆。

明粮仓 地处张掖城东北隅，旧名甘州仓，俗名大仓，明朝洪武二十五年（1392年）由甘肃都督宋晟始建。明弘治十六年（1503年），都御使刘璋建预备仓于内。清乾隆十八年（1753年）、二十八年（1763年）、四十一年（1776年），前张掖知县杜萌、王延赞、陶士麟详修增建。乾隆四十四年（1779 年），知县陈澍又在其内添建旧察院。明粮仓总名曰“广储粮”，实为“天下粮仓”。内有廒（拼音：áo）房十二座，清乾隆年间系行都司衙署改建。清光绪年间，由知县喻炎炳重建廒房二十二座，分别命名为：广被、广恒、广泰、广积、广福、广禄、广寿、广丰、广成、广胜、广庆、广增、广多、广兴、广隆、广盈、广益、广满、广德、广顺、广华、广荣等。占地 20883.3 平方米，可储存粮食 776 万千克。西面和南面廒房历经沧桑，已被拆除。现存廒房由九座五十四间构成，廒房长 161.2 米，宽 12.3 米，建筑面积 1982.8 平方米。

山西会馆 位于土塔北侧，建于清雍正二年（1724 年）。占地近 2000 平方米，是集山门、戏楼、观戏楼、钟鼓楼、牌坊、厢房、殿堂等为一体的祠堂型会馆建筑群。会馆分前后院落，前院 5 间山门，宽 12 米，进深 4.2 米，屋顶为中间歇山与前后卷棚相结合的勾连搭，青瓦覆顶，雕脊作饰。山门正面为门楼，背面兼做戏台。两侧有砖砌八字墙，顶部为仿木叠涩结构，墙上分别镌刻“忠”“义”二字。2006 年 6 月，被国务院公布为第六批全国重点文物保护单位。

民勤会馆 位于张掖二中院内，是一座古典寺院建筑。清光绪十八年（1892 年）由民勤县商人建造，1949 年前在前院设私立民勤小学。馆舍至今保存完好。会馆正门是有一巨型木牌坊，总面宽 11.2 米，歇山式顶，两侧为钟鼓楼。木牌坊四柱三门，四柱券口均有石条，雕刻飞龙、仙鹤、麋鹿、海马、麒麟及花卉八幅。

总兵府 俗称高总兵府，为清代张掖人高孟府第。位于张掖城民主西街，现存两座殿堂及后楼。前堂面宽 5 间、进深 3 间，单檐硬山顶；面积稍小于前堂，顶部结构与前堂相同；后楼为四合院式，有主楼、东西配楼组成，上下两层，顶为硬山式，主楼面宽 5 间、进深 3 间，东、西配楼宽、深各 3 间，主楼与配楼之间有天桥相通，四周绕有木构栏。现为省级文物保护单位。

刘家大院 位于张掖二中东侧文庙巷 32 号，始建于清道光年间，后于民国时期重建，原为民国时期张掖爱国商人刘芳宅邸，1986 年进行翻修，是张掖典型的旧民居四合院，保存较完整，具有浓郁的地方特色。刘家大院墙体内有细圆木作壁齿，内与随梁、檩和地脚枋相连，间以土坯砌筑，屋顶以草泥覆盖，门窗墙体原由槛墙、壁板、窗棂、隔扇构成，在屋顶四角、倒座与厢房、堂屋与厢房连接处，各建有三檩双坡天棚，在倒座北梢间屋顶通柱 4 根构建木角楼一座，高约 3 米，南北向双面坡，楼顶起脊挂瓦，东西带月窗，南面开双扇隔扇门，工艺精湛。

张掖旧民居 张掖城区现存旧民居 30 多处，主要分布在西大街原甘州区法院办公楼以南居民区、青年东街文庙巷等处，劳动南街、西来寺巷、东街和税亭街也有零散分布，这些民居在 2010 年 11 月被甘州区政府公布为区（县）级文物保护单位。今存张掖旧民居中，建设年代最早的可追溯到明清时期，建筑遗存则以民国时期为主。张掖旧民居布局为北方“四合院”式，内院较狭小，正屋则相对宽敞、高大，用以供奉先祖牌位并依时献祭，谨遵“慎终追远”古训，故有“民德归厚”遗风。普通民居房屋多为一层平房，通常有二进院，中有腰门分隔。张掖旧民居的街门均建有外向“檐廊”，目的是为行人或无家可归者提供暂避雨雪或过夜场所，体现了深切的人本情怀。张掖旧民居的建筑形式一般为木梁架结构。墙体为泥坯砖填充，白灰饰面，属于就地取材，造价低廉，且防火、保温、隔音效果良好。个别民居也有采用青砖墙体的。民居的柱、梁、屋架和楼梯等全部为木结构，并多采用熏烤方式形成炭保护层，可以历经百余年不腐。街门、腰门、屋顶多做卷棚或硬山两坡顶，有檐柱、金柱，也有做金柱加倒挂金钩的，檐椽、飞椽用斗拱或彩枋撑起，屋顶为木椽铺芦苇秆加草泥抹面。

张掖平山湖大峡谷景区 国家AAAA级旅游景区。距离张掖市区约56公里，是迄今为止中国离城市最近的集自然奇观、峡谷探险、地质科考、民族风情、自驾越野等于一体的复合性旅游景区，被《中国国家地理》杂志及中外知名地质专家和游客誉为“比肩张家界”“媲美科罗拉多大峡谷”、丝绸之路新发现。景区南北宽约7公里，东西长约9公里，总面积7.8万亩。森林面积3.2万亩，分布有26科98种植物，主要树种为青海云杉、祁连圆柏、山杨等，在不同的自然植被条件下生活着不同的野生动物，鸟类80余种，珍贵动物有甘肃马鹿、岩羊、暗腹雪鸡、鹅喉羚、盘羊等。

张掖国家湿地公园景区 国家AAAA级旅游景区，公园规划占地61622亩，其中有湿地25995亩，地处张掖城区北郊是一片天然生态园区，集沼泽湿地、湖泊湿地、河流湿地和人工湿地于一体，分布植物有45科124属195种，有常见动物116种。2009年12月，张掖国家湿地公园景区被国家林业局批准为国家湿地公园建设试点，是集观光、生态、娱乐、旅游于一体的休闲避暑胜地。

张掖国家沙漠体育公园 位于张掖城区南15公里处，与张掖绿洲现代农业试验示范区毗邻。规划区东西最宽处约4800米，南北长约11400米，规划总面积30平方公里。是集游览观光，科考科教、娱乐休闲、民俗文化、户外运动健身为一体的沙漠生态旅游景区。公园逐步建设CS实战基地、沙漠越野车探险、驼队探险、牛车体验、滑沙、沙浴、沙地赛车、沙漠滑翔、热气球观光等一系列项目。景区内建设有张掖国际赛车场，赛车场占地5.75万平方米，场内设计建设4公里的双向超级短道赛道，观看台设有3000个座位，赛车场承担每年“张掖·中国汽车拉力锦标赛”短道赛事。

二坝湖水库水利风景区 国家AAA级旅游景区，位于碱滩镇二坝村境内，山丹河中游，1958年在二坝水库的基础上建设而成，是距张掖市城区最近、最大的水域。水库东西长1.5公里，南北宽0.3—0.6公里，水深0.5—6米，总面积2700亩（包括水库、鱼塘、芦苇湿地），其中水域控制面积1400亩，设计库容400万立方米，正常蓄水296万立方米，是融防洪、水产养殖、补充地下水为一体的综合型水库，2006年8月被国家水利部评为“国家水利风景区”。

西路军烈士纪念馆 位于甘州区大衙门街解放巷14号，始建于1998年，1999年完成布展，2000年9月正式对外开放。该馆占地8532平方米，建筑面积7200平方米。2013年，投资1100余万元对文物本体进行全面的修缮。纪念馆经过多次修缮和改扩建，内设西路军征战河西甘州史展、高金城烈士生平事迹展、党风廉政教育展、国防教育展、中华英模事迹展等7个主题展厅；院内有高金城烈士纪念碑（亭）2座、高金城烈士生平事迹浮雕墙1座、高金城烈士铜像1个、西路军浴血河西群雕和党和国家领导人及其将帅为西路军题词的碑廊一处，从长沙门因市政建设挖掘迁移过来的西路军无名烈士公墓1座。现已初步形成集陈列展出、培训、收藏、研究、宣传为一体的多功能教育基地。

2014年烈士公祭活动

福音堂医院 位于甘州区北水桥街，始建于1921年，由爱国民主人士高金城创办，医院为砖木结构中西合璧二层小楼，建筑面积为3800平方米。1993年被列为省级文物保护单位。2013年在文物部门支持下，多渠道筹资1000余万元，本着“不改变文物原状”的原则进行科学修缮，于2014年由西路军纪念馆负责重新布展。现已成为人们凭吊英灵，缅怀烈士，开展爱国主义教育的基地。

中共甘州中心县委纪念园 是中共甘州中心县委诞生地，旧址位于大满集镇，毗邻镇综合文化广场，占地23345平方米。大门向南正对镇文化广场，旧址分为两部分：中共甘州中心县委纪念园和中国共产党甘州历史展览馆。纪念园内正对大门是纪念碑广场，矗立着一座大理石纪念碑，纪念碑底座四周打造了一处浮雕墙，雕刻甘州中心县委领导人塑像。西侧是中共甘州县委陈展室和宣传长廊，主要宣传中共甘州中心县委开展革命活动的珍贵历史和特殊意义，纪念园北侧是两座红西路军革命烈士墓碑，对其进行了还原雕刻并明确了烈士身份，是红西路军和甘州中心县委在大满镇革命战斗和开展工作的重要遗址和历史见证。中国共产党甘州历史展览馆位于纪念园大门右侧，总共两层，一层是党史展厅，将收集到的历史资料、文字图片通过墙面宣传展板、3D幻影成像等形式，生动再现了1930至今甘州历史的发展过程。二层为多功能展厅。

西洞堡大捷遗址 位于甘州区西洞堡滩。2006年10月，为纪念红军长征胜利70周年、红西路军西征70周年，张掖市委宣传部、张掖市委党史研究室倡议、张掖日报社捐资在西洞堡大捷遗址敬立“西洞堡大捷纪念碑”。2014年，在各级民政部门的支持下，甘浚镇人民政府重建此碑，以此铭记历史，缅怀先烈。

龙渠会议遗址 位于甘州区龙渠乡墩源村三社。2006年10月，为纪念红军长征胜利70周年、西路军西征70周年，张掖市委宣传部、张掖市委党史研究室倡议、张掖日报社捐资在龙渠会议遗址敬立“中国工农红军西路军龙渠会议纪念碑”。

龙渠烈士陵园 位于甘州区龙渠乡新胜村，原为龙渠乡白城子红西路军烈士墓。2012年6月在国家、省、市、区民政部门的支持下，龙渠乡党委、政府多渠道筹资80多万元对烈士墓进行修缮，重修烈士纪念碑、公墓和附属设施，原红西路军九军战士、现年95岁高龄的王定烈将军为该烈士陵园题名。

西城驿烈士陵园 位于甘州区312国道西城驿林场向南300米处，建于2013年10

月。陵园工程项目占地5000平方米，主要设施包括143座单体烈士墓（原中国人民解放军第一野战军二兵团第三军烈士89位、西藏阿里分区等地归葬张掖原籍或在张掖牺牲的革命烈士37位、迁葬新墩镇花儿村的革命志士墓17座），陵园内有纪念碑、浮雕墙各1座。该陵园是拥军优抚、拥政爱民的典型范例。

第三节 旅游服务

旅游纪念品 主要有大佛寺开发的曼陀罗画复制品、龟鹤烟瓶、大佛复制品、大佛寺金经扉画集、《诸佛如来菩萨名称歌曲》、清·熙麟金粉手抄佛经、寿星图、雕刻画板；马可波罗笔记本、丹霞陶系列、西夏国寺福禄寿喜通知书、镀金小卧佛、祁连墨玉、甘州木塔等。

手工艺品 主要有《甘州八景》剪纸、石头画、银雕、菊花石雕、蛋雕、玉雕、串珠包、编织品、布艺包、化妆镜、刺绣、珠绣、鞋帽等民间手工艺品。

名优土特产品 主要有张掖乌江贡米、金花寨小米、富硒黑小米、无核红枣、红枣枸杞汁、菊粉、凯源螺旋藻、葡萄籽油精华、明阳酒、南酒、双歧因子、南瓜粉系列产品、泽园农业系列产品。

旅游服务 围绕“吃、住、行、游、购、娱”六大要素，发展旅行社57家，星级宾馆15家，配套建设各类宾馆300多家，旅游从业人数达到2万多人。

星级饭店 甘州区现有星级宾馆15家（其中四星级宾馆5家，三星级宾馆9家，二星级宾馆1家），配套建设各类宾馆300多家，客房总数达1357间，床位数2171张。

甘州区星级宾馆创建名录

表14－8－1

序号	名称	星级	批准时间	地址
1	华辰国际大酒店	四星	2005.12	张掖市甘州区东大街20号
2	祁连山大酒店	四星	2014.01	张掖市甘州区西二环路河西水电向南100米
3	天域国际酒店	四星	2011.12	甘州区南大街甘泉文化广场
4	嘉亨大酒店	四星	2011.12	甘州区县府街延伸段
5	新城国际酒店	四星	2014.01	滨河新区大成学校对面
6	甘州宾馆	三星	2007.12	甘州区南大街373号
7	泓昊宾馆	三星	2010.11	甘州区县府街142号
8	金鼎宾馆	三星	2010.11	甘州区青年东街94号
9	邮电宾馆	三星	2013.08	北街十字

续表 14-8-1

序号	名称	星级	批准时间	地址
10	金安宾馆	三星	2011.12	甘州区金莎苑南口
11	金融大酒店	三星	2013.12	甘州区丹霞东路 19 号
12	金源宾馆	三星	2015.09	青年东街 239 号
13	富驿时尚酒店	三星	2015.09	南环路 66 号
14	天鸿酒店	三星	2015.12	北街延伸段 1 公里处
15	金顺宾馆	二星	2001.03	甘州区西环路 399 号

星级农家乐 全区有农家乐 70 余家，主要分布在新墩、甘浚、明永、党寨、平山湖等乡镇。2012—2016 年评定星级农家乐 31 家，其中四星级农家乐 10 家，三星级农家乐 21 家。授予张掖市管家大院餐饮有限公司、张掖市甘州区冀乡村渔夫山寨餐饮园、张掖市符家大院餐饮文化有限责任公司、张掖市甘州区白家大院农家餐饮院、张掖市甘州区鱼鳌餐饮店“金牌农家乐”。

旅游网上营销 2009 年，甘州区建立第一个政府形式的旅游网站(www.gzqlyj.com)，同年开通“畅游甘州”新浪官方微博。旅游网最初为张掖大佛寺创建，2011 年，甘州区旅游局将网站管理权收回并进行全区统一管理，最初网站栏目主要为旅游工作动态、景区介绍、地方美食。2012 年，甘州区旅游局加大全区景区、旅行社、星级饭店网上宣传，将原有陈旧的宣传内容更新替换，网站首页进行大幅度调整，凸显甘州区旅游城市特色，旅游特色品牌。2014 年，甘州区各 A 级景区、星级饭店和旅行社建立自己的网站，并通过微信、微博、独立公众号等方式进行全面、多维度宣传张掖及自身旅游项目特色。同年，甘州旅游网将原有的建站模式和版式进行淘汰，新的甘州旅游网(www.ganzhouly.com)顺势推出。同时，甘州区旅游局微信公众平台通过认证并正式对外推送全区旅游类讯息。2016 年，甘州旅游网站实现手机网、微信平台互通，微信公众平台关注用户突破 1 万，成功举办“爱拍甘州”线上线下宣传推广。同年，甘州区旅游类网上订单突破 5 万笔，旅游景区、星级宾馆、旅行社全部实现无线覆盖，形成以甘州旅游网和各旅游企业网站为集群的网络平台和旅游电子商务网络。

第九章　档案　史志

第一节　档　　案

1991年，张掖市档案学会成立。2002年，更名为“甘州区档案局（馆）”。至2016年底，区档案馆馆藏档案全宗89个，155个单位的文书档案52223卷、77212件，科技档案249盒、会计档案829（卷）册、实物档案172块、人事档案5820袋（盒）、照片档案787张、底图63张，资料13000余册，共计8.1万卷。案卷排列总长度达到794米。

机关档案管理　1991年开始，全区开展机关档案管理上等升级活动，先后对人事局、教育局、环保局、城建局、区公安局、检察院、法院、国税局、水务局、农行、工行、合作银行、派出所、上秦镇、南街街道等单位档案室开展创建升级规范化管理工作，至2016年全区创建省特级档案室2个，全省机关档案工作示范单位2个，省一级档案室68个，省二级档案室71个，省三级档案室20个。

农村档案管理　1997年，在新墩乡白塔村试点，开展新一轮村级建档工作。1999年张掖市档案局每年派出业务人员深入到各个乡镇及所属的村（居委会）开展档案的收集、整理和业务指导工作。2002年，全区22个乡镇均建立乡镇机关档案室，244个行政村建立档案专柜，档案达到规范管理，部分乡镇机关档案室达到省一级标准。系统整理全区退耕还林文件资料，立卷1084卷。同年对撤销的廿里堡乡、和平乡、小河乡、西洞乡1994年前的档案进行整理、接收进馆。2009年以来，积极开展“千村百乡”档案工作示范工程。至2016年全区创建上秦镇、长安镇等3个乡镇示范室，上秦镇高升庵村等30个村级示范室。配合全区集体林改工作、土地确权等重点工作，派专人积极收集相关资料，其中整理涉及林改档案的15个乡77个村的林改档案6大类、1870盒、3738卷，接收进馆973卷，整理接收双联档案630卷，完成227个村二轮土地承包原始资料的收集、发包方、承包方信息调查、地块指认、实测和公示确认等工作，清理收集土地确权资料8789卷。

企业档案工作　1992年以来支持市农业银行、市信用社关于在基层营业单位建立健全档案工作的倡议，制定农村基层营业所、信用社档案建制与综合管理实施方案，并在上秦、党寨、沙井3个乡营业所、信用社开展档案建制与规范管理的先行试点工作，至1995年完成全市农行、信用联社所属的52个基层所机关档案管理省二级达标升级，至2009完成全部基层所、社机关档案管理省一级达标升级。1995年，张掖市档案局在市属工业企业和部分乡镇企业开展以档案优质管理、优质设施、优质服务为内容的“创三优”活动。至2016年帮助三强化工建材有限责任公司、明阳纸业有限责任公司、张掖市西龙热电公司、普来德公司、西兴能源投资有限责任公司、双冠投资有限责任公司、张掖市昌运汽车运输有限公司、张掖市城投集团、甘州区烟草专卖局、张掖市崇盛物业有限责任公司、张掖市瑞居源房屋中介公司等56家企业建立标准化档案室，企业建档逐年规范。

社区档案工作 2005年开始，张掖市档案局有计划地对社区档案工作进行指导规范，建成佛城社区第一个社区样板档案室，并将社区档案工作的做法在全区社区推广。至2016年指导全区西街街道、南街街道、北街街道等5个街道，泰安社区、佛城社区、西站社区等18个社区建立标准化档案室，立卷4611卷。

重点工程及重大建设项目档案管理 1993年以来，与建委档案人员配合，补充、完善建设系统档案。1994年，城建委机关档案室被省档案局授予甘肃省机关档案管理省一级称号。2000年开始，与发改委和工程主管部门联系，提前介入，加强对重点建设项目档案的监督和指导，至2016年，对区水务局建设项目、黑河流域节水工程、大野口水库、二坝水库除险加固项目、张平公路改建工程项目、张莺公路改建工程项目、东北郊馨园小区招商引资项目、甘州区垃圾处理厂项目、甘三路公路改建项目、甘州区酥油口水电站建设项目、张掖大佛寺风景名胜旅游区基础设施建设项目、水务局水利普查项目、甘州区2012年度规模化节水灌溉增效示范项目工程、张掖城投集团建设项目、张莺公路项目档案、张掖滨河供水工程建设项目等项目档案进行指导整理验收。

民生档案工作 2007年把涉民部门作为档案业务指导的重点，与行业主管部门齐抓共管，积极推进建立覆盖人民群众的档案资源体系和服务人民群众的档案利用体系，至2016年已建立标准化社保、医保、民政局档案室，整理社保档案7008卷，医保档案1490卷，民政档案1986盒、10960件。2011年甘州区社会劳动保险局获得甘肃省社会保险业务档案管理达标验收优秀单位，甘州区医保局获得甘肃省社会保险业务档案管理达标验收合格单位。

家庭建档工作 2009年开始，开展档案进家庭活动，本着广泛宣传、层层发动、专题调研、注重特色的工作思路，指导家庭建档，至2016年100多户家庭建立家庭档案。

网络建设 2004年，甘州区档案局使用单机版科怡档案软件系统，初步开始利用计算机对馆藏档案重新进行著录。2015年升级为网络版的档案软件系统，至2016年，档案软件系统中共录入案卷档案目录20065条，文件级目录29万条，完成馆藏档案总量的70%；数字化扫描档案30万幅，完成馆藏档案总量的10%，部分档案实现了电脑检索打印。2011年甘州区档案局建立甘州档案信息网，至2016年，在网站上公布现行文件目录300条，公布开放档案目录1.9万条，档案信息化建设正在有条不紊地进行。

馆藏利用 始终贯彻“以利用为目的”的工作方针，大力开发档案信息资源，汇编档案史料，积极开展档案的利用工作。2004年12月，成立“甘州区现行文件利用中心”。为群众个人利用提供方便，并为编修地方志提供有力保证，1991年以来，接待社会各界档案利用人员2万余人，利用档案资料超过2万多卷（册）。

编研工作 至2016年，甘州区档案局先后编撰《红西路军史料编研》《区委、区政府政务公报汇编》《甘州区第十六届五次代表大会文件汇编》《政协甘州区九届五次会议材料汇编》《1949—2012 年元旦社论》《中共张掖市（县）历届代表大会简介》《张掖市（县）人民代表大会简介》《组织机构沿革》《统计数字汇编》《张掖县 1949—1983 年党政机关、企事业单位组织机构沿革》《2014 年甘州区职务任免及退休文件汇编》《2014 年区政府各种决定汇编》等编研资料。

第二节　史　　志

1984 年，成立“张掖县县志编修办公室”。1985 年更名“张掖市市志编修办公室”。1996 年更名“张掖市志编纂委员会办公室”。2003 年更名“甘州区地方志编纂委员会办公室”。2006 年与区委党史资料征集办公室合并，成立甘州区史志办公室。2009 年区史志办公室分设为甘州区地方志编纂委员会办公室和甘州区党史资料征集办公室，甘州区地方志编纂委员会办公室隶属于区政府办公室管理，主要完成地方志编纂、研究，地情资料挖掘、整理，指导完成部门志、行业志、乡镇志的编纂、撰写。

编纂出版新志　《张掖市志》由三大部分组成，第一部分是序言、凡例、地图、照片、概述、大事记。第二部分是 31 个专业卷（志）。第三部分是附录。全志述、记、志、传、图、照片、表、录齐全。上溯事物之发端，下限 1990 年，共 163 章、536 节，共计 157 万字，设彩图、彩照、历史黑白照等 100 余幅，激光照排，胶版印刷，为 16 开全一册精装本，漆布烫金封面，彩色护封。《张掖市志》于 1995 年 6 月由甘肃人民出版社出版，张掖地区河西印刷厂承印。

专业志编修　2000 年以前，甘州区共编纂出专业志 39 部。其中，国家出版社正式出版的有 3 部：《金融志》《交通志》《工业志》。内部正式出版的 2 部：《人民代表大会志》《宣传志》，内部铅印的有 6 部。39 部专业志总字数 686. 4 万字，编写中共收集资料 2060 万字。2000 年以后，编纂出版发行的部门行业志有《甘州区人民代表大会志》《中国共产党甘州历史》《甘州区政协志》《中共甘州区委党校志》《甘州区军事志》《甘州区农村信合志》《张掖市第二中学志》《张掖新华书店志》《甘州区文化志》《甘州区卫生》《张掖市职业技术教育中心志》《张掖市教育志》。乡镇志有《平山湖蒙古族乡志》《乌江镇志》《沙井镇志》。村志有《兴隆村志》《寺儿沟村志》《南湾村志》《古城村志》《五个墩村志》《水磨湾村志》《坝庙村志》《沙井村志》。

整理、校点旧县志　《新修张掖县志》。成书于 1949 年，由地方士绅白册侯原纂，余炳元续纂，此志完成后未能刻板，只存抄本。中华人民共和国成立后，余炳元将书刻印若干部，流散于国内。20 世纪 70 年代，张掖县档案馆派专人从河南郑州师范学院找到余炳元的刻印本，原文打印，一套 8 本。1996 年，《张掖市志》出版发行以后，市志办公室组织人员校点整理《新修张掖县志》。在保持原著基本内容不变的前提下，适当调整篇目，变直排本为横排本，加标点符号，错误之处慎重纠正。新增内容，加按语或说明，以示区别；对于放置混乱的文章、归属不当的内容，都重新按门类归属，将原 13 卷调整为 17 卷。新增序言、地图、后记等内容。经过校点整理，由原 17 万字增至 25 万字，定名为校点《新修张掖县志》，于 1998 年内部出版发行。

《重刊甘镇志》。是由清顺治十四年（1657 年），分巡西宁道按察司副使杨春茂主持编纂。全文设地理、建置、官师、兵防、岁计、人物六卷，记载了陕西行都司一镇四道十五卫（所）从西周到明万历二十六年两千多年的自然、社会与历史。1965 年社教运动中，时任民乐县档案馆馆长张志纯听说南古公社某生产队一人家有套《重刊甘镇志》，立即前往联系，将其藏于馆内。《重刊甘镇志》历经三百五十六年的自然侵蚀与人为磨损，本来就很薄脆的纸张，一触就碎；原先淡墨印刷的字迹，更趋模糊；原始线装的版本，不便翻阅查用。1996 年 2 月，张志纯主持对《重刊甘镇志》进行校点整理，独自募集资金，由甘肃文化出版社出版发行。

《甘州府志》。甘州历史悠久，有着深厚的文化底蕴，其中《甘州府志》是张掖历史上独一无二的传世之宝。从公元前 111 年张掖建郡到公元 2016 年，除了清顺治《重刊甘镇志》外，唯一能够全面、系统记述和反映清・乾隆中期以前甘州情况的历史典籍，只有一部《甘州府志》！清乾隆三十七年（1772 年）四月，浙江长兴县人钟赓起（字迈亭，乾隆六年举人）升任甘州知府。当时正值“盛世修志”，朝廷倡导各地编修地方史志，钟知府莅任后即组织州辖抚彝厅通判，张掖、山丹知县，东乐分县县丞和府学教授、训导，张掖县县学教谕等十余人纂修《甘州府志》，钟为总纂。历时七年，于乾隆四十三年（1778 年）纂辑编竣，四十五年（1780 年）雕版（今珍藏于甘州区博物馆）刊印。因赓起亲笔纂辑，质量上乘，被誉为“计典卓异”，且“领咨入觐”，受到乾隆皇帝召见，给予“准加一级”殊荣。《甘州府志》收录了大量珍贵文献资料，为我们研究甘州历史做出了不可磨灭的贡献。“凡例”说：“旧有志而增补之则宜略；旧无志，而创修之则宜详。”“世纪”上、下卷从二十四史等典籍采撷远古至明代甘州大事 370 多条。“国朝辑略”以《重刊甘镇志》为母本，以档案史料为依据，辑录清顺治二年（1645 年）至乾隆四十三年（1778 年）甘州要事 200 余条。“地理”详载府、县（厅）四至形胜、历史沿革、山谷河流、泉池湖海、古迹名胜和社会风俗。“营建”细录城郭街衢、公署坛庙、关梁村堡、驿塘夫马。“食货”彰明赋役额征、户口变迁、经费开支、水利兴修、贸易集市、物产种类。“学校”陈述祭祀礼仪、学校源流、三学藏书、书院兴建。“戎兵”专辑军门兵额、协镇营戎、古今兵制、口隘要塞、墩铺警备、番族分布、贡马数量。“官师”收录两汉至清各级各类显宦吏官、政仕武将 1360 余人。“人物”选记乡杰贤达、忠烈节义、孝子义士、文豪学者、勇材雄武、超众艺人、烈夫节女、流寓仙释 330 余人。“选举”著录历代进士举人、文武宦臣近千人。“艺文”以两卷鸿篇荟萃了从皇帝到学士有关国家兴邦、民族宗教、屯田安边、官署建制、文化教育等方面的书、诏、令、表、序、疏、记、赋、传、辨、说、碑文等史料 120 多篇，专卷精选了从唐代诗豪到清代生员歌颂人物、山河、风物、名胜等的诗、词、曲 280 余首。“杂纂”辑录了反映甘州历史、物产、人文、官制、典故和民族关系、社会变革等方面的特事要事 110 多则，尤其自汉至清甘州兄弟民族的渊源演变、冲突争战、交流融合诸事记述周到。各种资料不仅大大丰富《府志》内容，而且为后世保存各朝代的真实记录。为了使《甘州府志》不断地流传下去，又经十年断断续续的工作，由张志纯牵头，对《甘州府志》重新进行整理、校点，并作注释。校注本以清代原著为底本，以1995年校点本为参考，对照二十四史，逐字推敲，逐句斟酌，逐段分析，逐篇校勘，在纠正原著和校点本之错的基础上，重新给予断句、标点及注释，2008年由张志纯、郭兴圣、何成才主校的《甘州府志校注》由甘肃文化出版社出版发行，使《府志》的内容更趋完善，阅读更为方便，受到社会广泛欢迎。

年鉴编纂工作 从1998年开始，甘州区逐年编纂出版年鉴。先后出版发行《甘州区纪检监察年鉴》《张掖年鉴·1998》《张掖年鉴·1999》《张掖年鉴·2000》《甘州区年鉴·2001—2002》《甘州区年鉴·2003》《甘州区年鉴·2004—2005》《甘州区年鉴·2006—2007》《甘州区年鉴·2008—2009》《甘州区年鉴·2010—2011》《甘州区年鉴·2012—2013》《甘州区年鉴·2014—2015》《甘州区年鉴·2016》共13部年鉴。根据《甘肃省地方志事业“十三五”发展规划》的要求，从2016年起，年鉴全面实行一年一鉴，公开出版发行。

地情资料编纂 甘州区地方志办公室指导、协助甘州区各行业积极研究、挖掘、整理地方文献、地情资料，社会各界人士积极广泛参与，出版发行了50多部地情资料，主要有《张掖春秋》《古诗话甘州》《诗咏金张掖》《张掖文物古迹荟萃》《张掖民间传说故事》《金张掖史话》《张掖概览》《档案学文存》《史志学文存》《编志手册》《实用编写手册》《悦读甘州》《甘州区文史资料》《甘州史话》《图说张掖未解之谜》《甘州放歌》《甘州概览》《张掖民间传说故事》《弱水书话》《水西流集》《弱水读书记》《书林疏叶》《图说西夏国寺未解之谜》《图说西游记与张掖》《图说张掖丹霞地貌》《图说甘州古韵》《图说张掖大佛寺壁画》《翰苑茗香》《甘州宝卷》《甘州风情》《凤雅旧曾谙》《大佛寺探秘》《湿地风光画册》《汽车拉力赛画册》《祁连壮歌》《西路红军史料专辑》《悲壮的征程》《甘州声屏文萃》《书蠹生活》《喜欢阅读》《书道乐处》《走进河西》《新“甘州八景”》《张掖小曲子》《甘州小调》《注目黑河》《王登瑞诗存》《南山吟稿》《喜欢阅读》《芳草园》《行游张掖》等地情类图书，为研究甘州本土文化奠定了基础。

第十五编

艺　　文

第一章　诗　词　赋　联

第一节　诗

总书记胡耀邦夜访花儿村

王登瑞

一代明君扫秕糠，运筹帷幄著华章。
黄昏独步农家院，傍晚孤身赵氏庄。
促膝谈心聊国事，尊翁敬妪话农桑。
花儿闾巷村民乐，书记襟怀百世昌。

甘肃甘州党寨镇人，农民诗人，著名中医。著有《雪庐吟稿》。

甘州古今咏

王野苹

镇远楼头望大荒，祁连黑水两苍茫。
古时功业谁堪念，一瓣心香吊北凉。

甘肃民乐人，中华诗词学会会员。著有《西域行吟》。

张　掖

彭　铎

形胜河西第一州，看花喜共豁双眸。
祁连岳峙千崖迥，臂掖城开万户秋。
稼熟黄金方被垅，渠横白练正经丘。
游人解道江南好，为问江南得似不？

湖南湘潭市人，曾任西北师范大学文学院院长、教授，甘肃省语言学会会长。

黑河调水入东居延海

周光汉

黑河滚滚入居延，大漠风光别有天。
驼马狂欢青送爽，牛羊嬉戏绿生烟。
琵琶响奏小康路，玉笛长吹大有年。
蒙汉连心功在党，两情紧系乐陶然。

甘肃漳县人，张掖中学高级教师。著有《汉语两用字典研究》。

高新技术示范区

周三义

渠路林田紧相连，青黄红绿尽情观。
精心巧用高科技，戈壁荒滩变沃田。

甘肃民乐人，曾任张掖市政协副主席，张掖市诗书画艺术研究会会长。著有《心路》。

张掖黑水国废墟探因

邓　明

黑河改道水西流，瀚海飞沙掩戍楼。
谁解沧桑千古迷？畲田滥牧失芳洲。

甘肃省诗词学会副会长。

甘　州

张克复

汉武开边张臂掖，河西雄镇最风流。
骠姚征战驱胡马，强弩戎屯筑塞楼。
万里通衢驮彩练，三千弱水润芳洲。
行看百业生机旺，齐奔康庄展大猷。

河南洛阳人，甘肃省地方史志办公室副主任，甘肃省诗词学会会长。

高总兵府凭吊

李　纲

史书有载未曾逢，骁勇疆场一劲松。
今日雕梁尘结网，青砖碧瓦忆从容。

甘肃甘州人，中华诗词学会会员。

张掖览胜

鲁　言

游子归来喜气临，甘州旧貌已难寻。
玉泉湖泊连天地，沙漠赛场竞古今。
颇愕高科林果富，更惊低碳旅居馨。
放飞想象入蓬海，山水家乡任我吟。

原名焦多福，甘肃张掖人，曾任引大入秦工程指挥部文史办公室主任等职。著有《怡清轩集》。

鼓楼抒怀

施生民

楼名镇远筑城垣，建制规模仿西安。
南眺祁连北合黎，东通华岳西玉关。
雕梁画栋夸霞彩，飞阁流丹入九天。
民族和合逢盛世，何来边警镇关山。

甘肃张掖人，原张掖中学高级教师，甘肃省诗词学会会员。著有《伏枥集》。

咏甘州

武赞智

阡陌纵横柳色浓，万千稻麦浪重重。
甘州胜似江南地，弱水潺湲大漠东。

甘肃民乐人，张掖诗词学会理事。著有《临江阁诗词》。

竹枝词·平山湖丹霞风景区

李一信

采风寻胜到河西，一路奇观一路诗。
自信生花传妙笔，丹霞园里愧才低。

河北邯郸人，曾任鲁迅文学院副院长，中国作协办公厅主任。中华诗词学会副秘书长。

赏甘州平山湖丹霞胜景

宣奉华

飞度平湖万顷沙，东山碧野访丹霞。
幻成七彩千般景，应把天公绝艺夸。

安徽肥东县人，中国新闻学院原副院长兼党委副书记，中华诗词学会副会长。著有《涓流集》等。

金张掖牌楼观感

高欣荣

琼楼屹立金张掖，丝路光华耀走廊。
玉嶂皑皑甘露降，银河汩汩米鱼香。
琳琅满目繁荣市，栉比鳞层厦寓昌。
古郡腾飞逢盛世，春潮涌动铸辉煌。

甘肃甘州人，曾任张掖地区水电处处长，中华诗词学会会员。著有《怡心斋吟稿》。

张掖钟鼓楼

陈乐道

一览岿然立，雄奇镇八荒。
河山供啸傲，人物任评章。
驰誉闻遐迩，迎宾阅海桑。
长廊金锁钥，葆此好风光。

甘肃永登人，甘肃省档案馆研究院，中华诗词学会会员。

甘州曲

王改正

祁连山雪映黑河，张掖随心月下歌。
一曲甘州名四海，新诗吟罢舞婆娑。

河南郾城县人，中华诗词学会副会长。

平山湖丹霞

宋进林

山有丹霞霸气增，地藏奇彩贯长虹。
犬崖交错神工壁，沟壑幽深鬼斧峰。
一线天中观美景，大峡谷里悟浮生。
盘公造化沧桑画，誉满神州万种情。

甘肃甘州人，中华诗词学会会员。著有“芳草园”系列丛书，主编《乌江镇志》。

丝绸之路

刘晓东

金银边塞接阳关，风送驼铃荡远山。
破壁飞天挥彩带，缤纷花雨落人间。

甘肃民乐人，张掖日报社原副总编。《张掖诗词》主编。

初谒张掖大佛寺

许嘉璐

丝绸之路连西东，释氏于斯儒教通。
天地人间本一理，相融相济异中同。

江苏淮安人，当代语言学家，曾任北京师范大学教授、民进中央主席、全国人大常委会副委员长。

张　掖

穆明祥

丝路明珠张掖城，乌江大米久闻名。
沧桑巨变佛知否？镇远楼头阅废兴。

甘肃秦安人，中国电力作家协会会员。著有《陇上行吟集》。

河西走廊

李中峰

两山夹峙一长廊，千里河西树作墙。
陌上桃花红艳艳，风沙线上傲胡杨。

甘肃民乐人，中华诗词学会会员，甘肃诗词学会理事。

黑　河

王洪德

天然造就母亲河，源发祁连润物多。
峻岭冬凝羊脂玉，长河夏涌洞庭波。
春初播撒千顷稻，秋尽收藏万担禾。
多少江南奇丽景，移来塞上作欢歌。

甘肃山丹人，甘州区人大常委会主任，中华诗词学会会员。主编《中共甘州区委党校志》，著有散文集《回望焉支》。

鼓　楼

张建中

登临一览湖山秀，顿入张国臂掖中。
韵远明清屯古典，甘州早已乘长风。

宁夏彭阳人，张掖市书画艺术研究会会员。

重游明代粮仓

王元第

朱明定国垦当先，并重屯科税按田。
广建仓廪多积贮，严求粟卖必干圆。
资牛给种兴农业，殚收竭入输官捐。
盛世休农史亦记，唯今种地赋全蠲。

甘肃民乐人，中共张掖市委党校副教授。著有《张掖文化叙论》。

咏丝路春酒

高　平

灵秀甘州天下闻，祁连雪水化精魂，
丝绸路上东风劲，此酒不尝不知春。

原籍山东济南，生于北平，曾任甘肃省作家协会主席。著有诗集《珠穆朗玛》等。

郊野漫步

刘丹庭

风吹郊野泛青烟，柳浪苗波醉阡陌。
细雨徐来滋画卷，撩人紫燕舞翩跹。

甘肃高台人，张掖诗词书画研究会副会长，《张掖诗词》副主编，曾任中共张掖市委宣传部副部长。

张掖印象

颜江东

千里河西铺彩绸，名城张掖百花洲。
巍峨木塔高天立，悟道佛陀善目休。
钟鼓楼头唐韵绕，亚欧桥上铁龙游。
南山北漠翻新貌，百业繁兴客旅稠。

甘肃兰州人，教师，甘肃诗词学会会员。

张掖掠影

林家英

秋阳染丽金张掖，疑是江南动客心。
积雪祁连滋乳汁，清渠村落贮浓阴。
平川沃野青纱帐，园圃飞禽桃李林。
卧佛西来多胜迹，临松山下马蹄寻。

福建惠安人，兰州大学中文系教授，甘肃诗词学会副会长。著有《李白研究》。

参观张掖大佛寺感赋

赵朴初

久传美誉金张掖，一自河西四郡开。
五十年前常老记，民饥城野满尘埃。
今朝复见容光焕，麦黍甜瓜万吨堆。
地利还须人事善，巍巍身相见如来。

安徽太湖人，曾任中国佛教协会会长，全国政协副主席。著有《片石集》等。

张掖卧佛

张昌言

神佛侧卧态安详，马可·波罗早颂扬。
殿久千年劫有数，身长百尺世无双。
腹藏瑰宝留青史，镜照妖狐辨伪装。
人事离奇难透视，学他眼闭似还张。

四川乐山人，曾任甘肃省教育厅厅长等职，甘肃省诗词学会常务副会长。

过张掖

张　璠

自古甘州产米粮，祁连雪水润丰壤。
一尊大佛经年卧，静度人间几帝王？

山西忻州偏关人，高级经济师，曾任《中国农村金融》总编，《农村金融研究》主编，中华诗词学会会员。著有诗集《衔石斋吟草》。

咏张掖

张　蓁

阿谁堆素上云巅，人说祁连即是天。
汉武开边张国臂，渥洼汗血到长安。

甘肃临洮人，甘肃诗词学会会员。著有《龙虫并雕诗文集》。

游张掖国家湿地公园

李葆国

天生湿地笼黄沙，风摇岸杨疏影斜。
草接芳汀栖晚雁，波分清浦散芦花。
绿洲禾熟香千里，苇荡荷开滋万家。
非是祁连浮远黛，浑疑蓬岛一纵槎。

山东武城人，中华诗词学会学术部办公室主任。著有《石桥轩吟稿》。

甘州区沙漠体育公园

王传明

龙沙何所惧，今日辟公园。
跑道能驰马，赛场可转辕。
飙车争奋进，健体共腾翻。
细雨迎秋至，丘陵绿意繁。

山东阳谷县人，兰州大学文学院教授、甘肃省诗词学会副会长。

土塔吟

陶　琦

挺胸昂首伴花栏，雨打风吹萼未残。
六百余年神气在，留名清白在人间。

甘肃甘州人，中华诗词学会会员，《甘州诗词》主编。著有《南山吟稿》。

望居延

梁　东

芳洲远接万重天，弱水微澜不计年。
手捧祁连山顶雪，开张臂掖望居延。

安徽安庆人，曾任煤炭部办公厅主任，著名诗人、文艺评论家、书法家。著有《好雨轩吟草》等。

张掖咏

黄岳年

青山不老四时新，镇远楼头庆早春。
百代残云全讫尽，甘川雨露浥轻尘。

甘肃甘州人，甘州诗词学会秘书长，图书资料副研究馆员。

甘州平山湖丹霞地貌

李树喜

沙洲苇荡几惊嗟，更有奇峰在后崖。
疑是女娲补天物，藏之秘地作烟霞。

河北安平县人，原光明日报出版社社长，中华诗词学会副会长。

张掖颂

任武德

丹峰碧野映钟楼，多彩湖山眼底收。
自古河西绝胜地，南风北景誉甘州。

甘肃甘州人，中华诗词学会会员。

甘州吟

把志先

甘州城里赏灵湖，客上芳亭望眼舒。
野鹤嬉嬉花雨盛，风光潋滟胜姑苏。

甘肃永登人，《甘肃诗词》副主编。

驻张掖

应中逸

甘州夕下起炊烟，丝路春浓浸席筵。
土木塔前悬万寿，宏仁大佛悄然眠。

浙江鄞县人，曾任甘肃省政协副主席。

登钟鼓楼随笔

张真学

唐钟汉墨阁空灵，是处华灯对月明。
夜幕低垂惊燕语，繁星闪烁邀归鸿。
文昌路静书香远，仿古街繁醉步横。
卧佛缄喑人事改，开怀纳客笑从容。

甘肃民乐人，甘肃省诗词学会会员。

张掖湿地赞

陈田贵

甘州湿地好英姿，景色迷人令尔痴。
宛若淑娴清秀女，闺房深锁有谁知。

甘肃武山人，甘肃省委副秘书长、办公厅主任，《中华诗词文库·甘肃诗词卷》主编。

夏游太平湖抒情

席中星

湖水清清映远山，岸边鸟语柳丝悬。
吟诗对弈增情趣，劳逸调和乐自然。

河北定州市人，张掖农场学校教师，中华诗词学会会员。著有《青山依旧在》。

甘　州

易　行

百里甘州丽日悬，湖光塔影映新天。
公心一片居延海，弱水三千让二千！

原名周兴俊，北京人，中国线装书局总编辑，中华诗词学会副会长。主编《国学十三经》等。

乌江看桃花

吴毓恭

谁剪芳林一片春，千枝万朵染彤云。
浑然陶醉东风里，疑似桃花源里人。

甘肃民乐人，曾任张掖地区农业处处长，张掖诗词学会副会长。著有《乐耕轩诗稿》。

镇远楼晨望

冯　冶

步上高楼放远眸，河西千里望中收。
祁连晴雪滋畦圃，黑水清流染绿洲。
风动驼铃摇晓月，犁开垄亩走耕牛。
五凉相睦烽烟静，碧野无垠麦秀稠。

山东寿光人，曾任《甘肃诗词》副总编。

张掖大佛吟

何茂活

大佛含笑卧甘州，侧望黎黔与将侯。
攘往熙来求我助，谁知我自看金秋。
善人必有善者佑，为恶岂可免其忧。
我若助君为恶事，早将蒲叶以遮羞。
人生立世当发愤，律己清心莫怨尤。
志阔体勤长益寿，春耕秋获意悠悠。

生当青壮宜勉力，转瞬衰摧百事休。
长卧如余凭世论，徒将浅笑付春秋。
人生但可从头过，举世谁人可比俦？

甘肃山丹人，河西学院中文系教授，张掖诗词学会副会长。著作有《河西走廊方言纵横谈》等。

第二节　词

踏莎行·瞻仰张掖大卧佛

张浩廉

西汉名郡，北凉旧地，巍巍西夏大佛寺。中国多少塑涅槃，金身偌大谁能比？

栩栩如生，悄悄不语，灵光睿智溢眉宇。睁开慧眼开人间，愁云已被风吹去。

甘肃永昌人，曾任张掖师专副校长，张掖市政协副主席。著有《拾鳞诗稿》。

八声甘州·黑水国遗址

任作扃

访黑水遗址汉茔群，砾沙没荒城。似惊鲸骇浪，涛中岛屿，突兀山峰。碎瓦残陶破鬲，败壁著雄风。弱水流年月，犹听笳声。

曩日月氏鼎盛，过贾商墨客，昼夜驼铃。屡铁骑蹂躏，饿殍暴荒坪。设觻得、汉朝强塞，北凉兴、蒙逊逞枭雄。观今古、绿繁黄退，遐迩闻名。

山西霍州人，中学高级教师，甘肃张掖市文联会员。

鹧鸪天·中心广场

王洪德

一塔中央独占魁，晓风夕月柳梢归。东边歌罢西边舞，一曲夜光催玉杯。

人北望，雁南飞，古城八月正芳菲。金黄一片栽秋菊，欲隔东篱采几回。

甘肃山丹人，甘州区人大常委会主任，中华诗词学会会员。主编《中共甘州区委党校志》，著有散文集《回望焉支》。

八声甘州·张掖抒怀

李文朝

约京华骚客采风来，陇天正新秋。赞文明悠久，张国臂掖，金郡甘州。千载佛光塔影，会馆映边楼。四镇总兵府，丝路咽喉。

塞上江南神韵，绿洲荒漠画，尽显风流。更粮丰林茂，蔬果占鳌头。赏天然、山青水碧，引八方、驴友伴沙鸥。争当那、河西枢纽，再展宏猷。

中华诗词学会常务副会长。

八声甘州·金张掖抒怀

单浩强

看丝绸之路荡清晖，名城画中飞。慰忠魂沙场，硝烟要地，黑水新岿。曾记焉支百会，飞马领风崴。转眼东流水，今更神威。

解放五三民阔，貊康庄歌阙，网站争归。厂峥嵘日异，工乐赶金杯。景优良、绿风人道，客商多、机遇似涛推，甘州颂、几言难尽，日日争辉。

甘肃甘州人。著有《金张掖旅游诗文集》。

满江红·望祁连山

李汝伦

坐望祁连，蓝中白，玉清冰洁。掷满路，黄沙戈壁，断城残堞。偶地萧萧杨几树，忽然瑟瑟钩初月。钩不起，长卧势横天，千秋雪。

昂藏态，嶒崚骨，寒云破，洪钧烈。似银河浪涌，一时冻结。笛冷汉唐通塞使，霜埋将士安边血。折吾腰，烫酒奉晶明，浇君热。

吉林扶余人，《当代诗词》主编。

鹧鸪天·祁连山

孟澄海

夏日抬头望雪峰，茫茫如在彩云中。芳原似染鲜花灿，日朗风轻山色浓。
听鸟语，看花红，清风十里曳青松。人回梦里山归静，窗外犹闻夜半钟。

甘肃省作协会员，民乐县文联副主席，县作协主席，民乐县一中高级教师。

西江月·张掖百万亩制种玉米再获丰收

王跃农

身沐无边秋色，车拉满地金黄。村姑比赛戏言狂，忙里偷闲对唱。
翻晒一年惊喜，加工百万辉煌。增收种业有良方，插上腾飞翅膀。

甘肃甘州人，中华诗词学会会员。

浣溪沙·张掖湿地

何 鹤

戈壁无垠至此收，黑河缓缓过甘州。懒前行处绿荫稠。
芦影参差花烂漫，蛙声远近水温柔。窝边喜鹊闹枝头。

吉林农安人，中华诗词网络编辑。著有《何鹤诗词百首》等。

第三节 赋

张掖赋

张佩荣

万里丝路通西域，千年古城踞河西。汉武开疆，郡因作掖；一泉如饴，州亦称甘[(1)]。合黎围绕于郡北，祁连屏障于城南，两山峰对，一川如砥。古道咽喉重地，欧亚陆桥通衢。东武威，西酒泉，张掖中峙；南湟中，北居延，古城比邻。弱水西流万顷绿，春风南来一时新。昔也虏骑驰逐，乍离乍合；今也烽烟永靖，天以大同。

斯地也，历史名城。声弗远，乃西汉名郡，北凉旧地，西汉以降，已越二千一百年；古迹微，有北凉彩塑，西夏卧佛，试问寰宇，谁能比肩称第一！北周木塔无钉铆妙手天成，明朝鼓楼有唐钟雄镇西北；黑水古国湮黄沙伊城肇始，汉、明长城两并行华夏无双[(2)]。追往于典籍兮，知史绵亘：元世祖生大佛寺，开一朝基业[(3)]；明英宗赐大佛经，为九州最全。永乐佛曲，海内孤本，《大般若经》，稀世之珍。北方佛教中心，西域通商窗口。南贾夸富，邑人自矜。甘州八景旧烟雨，改革风旋新气象。马可道异域情调，明清街流韵溢彩；泥巷开新路，旧墟起高楼；广场白叟放鸢，公园青春泛舟。游子寻旧地，不敢认故乡。盛哉张掖！

斯地也，丝路咽喉。匈奴剑逼月氏马，吐蕃兵陷唐王刀。得河西先得斯地，故兵家必争；回望长安山河远，走廊一夫能当关。走西域必走斯处，乃商旅必经。古道西风走马，栏杆斜阳赋诗。张骞使西，匈奴无情，十载风雨羁张掖；左公戍边，春风有意，两行杨柳绿河西。陈子昂视察上疏，林少穆生情放歌[(4)]。唐宋元明清，将相士商僧，大将戍边，骚人咏史，迁客伤别离，吏员察民生。往来皆过客，人事成古今。大哉张掖！

斯地也，塞上绿洲。无帝都王气，有边塞风光：长河落日映丹霞奇观，八百里美景收眼底；远客击节赏七彩山岭，亿万年神工叹海内。无青山秀水，有肥土沃野：奔马千群，傍祁连而开苑[(5)]；农桑四时，因一水而丰穰。无丝竹管弦之悠扬，有铁马金戈之激越：胡马秋肥，羌狄逞勇边地雄割据；将军引弓，骠姚扬威化外归汉册。无莺飞草长二月天，有边庭八月之飞雪：雪积祁连银屏列，晚照东山绛帐开。无南人精藻，有北人豪爽：人家客来茶当酒，举觞称品；我独开怀“丝路春”，先干为敬。小桥流水，大漠孤烟，南北景色共一地，东西风物集于斯。天不偏东南，地不欺西北，一分耕耘一分收获：乌江米贡品，苹果梨上品，人无我有；民乐蒜个大，临泽枣核小，人有我优。陇上粮仓，名至实归。纵是他乡春光好，一样天香能醉人。美哉张掖！

斯地也，文化大邑。文可化人，武难服心。汉末起官学，五凉儒教兴。夷风融汉俗，胡服媲汉冠。中原士子避战乱，河西文坛起新风。五方共处一地，演成千年绝唱：甘州调融龟兹乐，成宫廷《国伎》；梵觉音入中原曲，开北朝法乐(6)。一曲《霓裳》人称颂，殊知典籍出于兹(7)！一地兴，兴在文化，一地盛，盛在文化。邑人也，父子同进士，耿国公拜尚书，诗名更比政声高；姊妹女奇才，陈县令课姣娃，文采一如颜色好(8)。郭瑀设绛帐于晋，学府名河西在今(9)。开化、教化，功在文化，国学、儒学，业贵勤学。学子问师明理，院士穷治发微。旧是边鄙地，文昌一脉传。兴哉张掖！

斯地也，名因人显。史从地出，人随史现。丝路小城古，人物气象新：张议潮起兵收河西，米喇印抗令反清廷(10)。田大武擒叛将功追紫光阁，孔庆云捉匪首名扬解放军。时代不同，卫国心同。同盟会起，景从有我；革命党兴，献身无他。虽隔京都远，一样与时共。西路军，西风烈，军声壮河西；徐元帅、李将军，军魂招旧部(11)。先烈无意留青史，杨柳有情生五星(12)。光哉张掖！

前时风送雨，今夕月独明。八级水电站燃一地火树银花，五区工业园列全国乡企模范。无复西偏惭陋僻，尽同东南奋比翼。休陶然，古韵新风须接力；信前路，繁花更胜今年红。《八声》唱罢犹未尽，张掖我是故乡人！

注：2008年6月23日载于《光明日报》、2014年9月23日刊于《甘肃日报》。

注释

(1)汉武开疆，郡因作掖；一泉如饴，州亦称甘：前111年（西汉元鼎六年）霍去病大败匈奴始置张掖郡，取“张国臂掖，以通西域”之意，故名；《甘肃通志》云：“县西南甘浚山下，亦有甘泉，味甘，甘州即以此山为名。”

(2)汉、明长城两并行：山丹县长城分两类。一为汉长城，建于前111年（西汉元鼎六年），全长98.5公里，呈东西走向；另为明长城，建于1572年（明隆庆六年）。两类长城走向、长度相同。汉长城在北侧，明长城在其里，两者相距在10—80米之间，平行延伸。

(3)元世祖生大佛寺：大佛寺在张掖城内。据记载，蒙古族别吉太后曾住在大佛寺，生下大元帝国的开国君主忽必烈。

(4)陈子昂视察上疏，林少穆生情放歌：陈子昂奉旨视察张掖，撰《上谏武后疏》，提出加强防卫和屯垦建议，受到武则天赏识。林则徐遣戍西进，在张掖境内计九日，留有诗篇。

(5)奔马千群，傍祁连而开苑：位于山丹县南五十五公里处的祁连山区大马营草场，西汉起即为皇家马场。今仍为亚洲规模最大、世界第二大马场。西汉以来山丹马驰名天下。

(6)《国伎》：东晋时，张掖当地音乐、歌舞与龟兹乐结合，创造出《秦汉伎》传入中原，称《西凉乐》，成为北朝宫廷《国伎》。法乐：张掖佛教音乐传入中原，称《西凉州呗》，成为北朝佛寺法乐。

(7)《霓裳》：甘州音乐《波罗门佛曲》传入宫廷后，唐玄宗改制为《霓裳羽衣》舞曲。

(8)父子同进士：赵武孟、赵彦昭父子，唐代张掖人，先后举进士。姊妹女奇才：陈秀全、陈秀勤姐妹，清康熙张掖人，均以“能诗”称著于当时，其父陈史曾任洧川（今河南长葛市）、河内（今河南泌阳县）县令。

(9)郭瑀：敦煌人，晋代名儒。在张掖设帐授徒，盛时弟子多达千人。河西：张掖河西学院，为河西地区最高学府。

(10) 张议潮：唐代张掖人，848年（唐宣宗大中二年）张议潮在沙州（今敦煌）发动起义，四年间连克十一州，后又收复凉州。米喇印：张掖人，回族，与清军将领丁国栋（回族）联合，于1648年（顺治五年）举行反清斗争。

(11) 军魂招旧部：徐向前元帅、李先念将军逝世后部分骨灰播撒于西路军征战的张掖祁连山中。

(12) 杨柳有情生五星：当地杨柳树，每枝断面皆显五角星，群众名之曰“红军杨”，以纪念西路军。

滨河新区赋

张佩荣

祁连云绕雪积，合黎峰黛松青。银燕翔南北，高铁贯西东。枕弱水碧波，化泥沼芦汀。云楼馆苑，脉续甘郡古韵；幽径芳园，缘合丝路时风。七彩丹霞添彩，百尺木塔比朋。商贾蜂拥市肆盛，学堂次第文教兴。和静弥四野，瑞气透空灵。山水抱廓，远客击节；湖光揽月，游子忘形。政务商务，民生要务；眼中心中，梦在圆中。人同自然相谐，心与天道交融。荒砾寂野地，宏谋起新城。

风物独好，创业维艰。图绘妙思佳构，号聚万众共肩。藉长风有志，闻春雷无前。焊花溅落星斗，马达唱唤郊原。灯挑夏暑，汗融冬寒。新栽草木凝春蕊，除却泥污筑重檐。业届六载，功成一篇。步二十里长堤，拥秀色入怀；临两千亩镜澄[1]，赏星河倒悬。水韵街闹中乡趣，玉水苑奇石斑斓。环湖不觉远，移步皆景观。青春花丛留倩影，童叟绿茵放纸鸢。亭中闲看云舒卷，林下常吟月缺圆[2]。不毛地变不夜城，新剧院听新丝弦。一曲晨笛醒百鸟，八声甘州翻云端。三叠阳关勿唱醉[3]，一片欣荣迎故颜。做不完擘画大文章，述不够惊变小江南。

经济腾飞利弊双刃，科学发展生态为尊。民怀养怡望[4]，士奋抱朴贞[5]。通达变，借得山水钟灵毓秀；顺造化，涵容万物相辅共存。享碧水蓝天，当鉴黄沙湮城之痛[6]；居田园新邑，应惜朝露纤华之珍。望远天地阔，创新见精神。

注释

(1)镜澄：清澈。清毛祥麟《对山馀墨·石海》：“篱外清潭镜澄，柳荫蔽日。”

(2)月缺圆：苏轼《水调歌头》：“人有悲欢离合，月有阴晴圆缺，此事古难全。但愿人长久，千里共婵娟。”

(3)唐王维：“渭城朝雨浥轻尘，客舍青青柳色新。劝君更尽一杯酒，西出阳关无故人。”此诗编入乐府名《阳关三叠》，成饯别名曲。

(4)养怡：谓保持身心和乐。曹操《步出夏门行·神龟虽寿》：“养怡之福，可得永年。”

(5)抱朴：持守本真，不为外物所诱惑。《老子》：“见素抱朴，少私寡欲。”

(6)湮城之痛：黑水国遗址位于张掖市城西10公里处。分南、北两城。北城始筑于匈奴占河西之时，汉代沿用并为张掖郡治觻得县城。南城始筑于唐代，宋、元、明沿用。当地民间传说，黑水国为黄沙所湮，遗址仅存残垣断壁。

第四节　新　诗

在大佛寺看罗汉

武强华

五百年前
我爱过他们当中的几个
我曾跟着那个放荡不羁的人
凭一把剑和一身好武功
闯荡江湖，杀富济贫
曾在大漠深处月下温酒
听那个报国无门的人
醉后长啸，惊天动地
也曾在雁门关外
为那个征战沙场的人
吸血排毒，刮骨疗伤

五百年后
木胎泥塑，他们在红尘之外
不相信武功，也不相信眼泪
他们只在佛祖的脚根享用香火
不关心国事，也不再想
化身石桥和五百年以后的事
现在，到底什么才是真正的祈愿
已不重要。我只站在这儿闭目走神
让人们误以为
在佛祖面前
我一直是一个心无杂念的人

此诗发表于2015年《人民文学》杂志。

不识字的母亲

曹国魂

三十五年前的二月初十
这一天，母亲蹲倒就再没起来

四十七岁的母亲
一辈子没念过一天书
她连三娃的三也写不出来
直到咽下最后一口气
父亲说，母亲的指头
在他手心动了三下

此诗发表于《诗潮》。

起风了（外一首）

屈 斌

起风了，一只鹰，如一叶天空的小舟
覆倾于沙尘的浪里
起风了，野地里，一个被风撕瘦了的老汉
领着一群归家的羊
起风了，一对男女，吆一对黑毛驴的磙子
还没把一块地压完
起风了，那块地里，三驼子拉着的耙上
立着一个妇女
起风了，那么多滩地上赶春的人、机器、牲畜
卷进了沙尘暴的海底
天空撕扯，天空猛烈……

榆木庄·丹霞

抑或亭台。抑或阁楼
抑或远古。抑或是前世
抑或是那么多神的房子里藏着多少潦倒的秘密
请握紧一块时光的古化石
请记住一个叫白银乡的蒙古大营
记住鄂博
记住被雨沤旧了的草垛
记住哈达
记住用松柏枝燃着的袅袅灵气
记住一辆正在梨园河里装水的洒水车
记住一个叫金玉霞的裕固族媳妇是从牧区嫁过来的
风动经幡

木鱼敲响
岩壁上的水滴
滴答滴答
一匹
幸福的马儿

此文刊发于《星星诗刊》

五　月

张　军

窗口进来的一束光
是我生命中截取的一段
多少年了，月光和阳光
这两条虚化的腿，一直在跋涉
使我的追求
无限靠近某个画面
校园里的迎春花
一片一片地落了
仰望苍穹，发现那里才是永恒

现在是五月，桃花谢了
菊花和梅花过些日子才开
它们并不知道
季节曾给过它们幻境，以及
值得为之耗尽生命的信念

此诗刊发于2016年第3期《飞天》杂志。

第五节　楹　联

大佛寺文化广场石坊联

张万里丝路，大道有成开盛世；
掖千年宝刹，佛法无边度慈航。

——陈　峻

大佛寺文化广场石坊联

月临白塔，山幻丹霞，看鹫影飞来，高卧莲台拜肃像；
霖泽甘州，民熙乐土，听驼铃唱远，低吟丝路媲南天。

——朱荣军

大佛寺文化广场联

张掖自河西屹起，为甘肃冠名，怀纳祁连弘万里；
大佛从域外横来，教世人行善，灵童宝刹越千年。

——王家安

张掖高总兵府联

一生从军，武艺高强，万众惊心，英雄事迹垂史册；
千里转战，芳名远播，三边挂印，豪杰功勋耀人间。

——陶　琦

张掖丹顶鹤公园联

亭外原生态，看湖荡轻舟，鹤鸣水渚；
村中游乐园，听鼓催征步，书说康宁。

——吴农荣

第六节　歌　　曲

我登上了木塔顶

1=F $\frac{2}{4}$

激动地 ♩=58

多红斌　词
罗　凌　曲

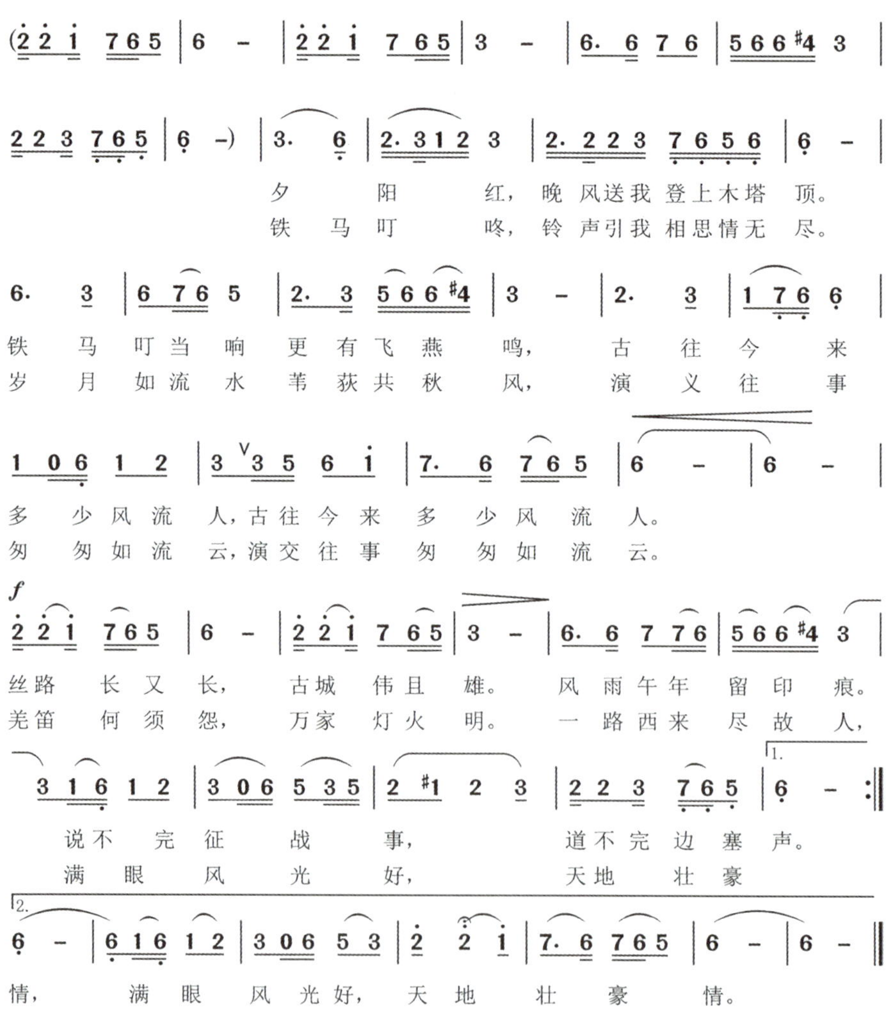

夕阳红，晚风送我登上木塔顶。
铁马叮咚，铃声引我相思情无尽。

铁马叮当响更有飞燕鸣，古往今来
岁月如流水苇荻共秋风，演义往事

多少风流人，古往今来多少风流人。
匆匆如流云，演交往事匆匆如流云。

f

丝路长又长，古城伟且雄。风雨午年留印痕。
羌笛何须怨，万家灯火明。一路西来尽故人，

说不完征战事，道不完边塞声。
满眼风光好，天地壮豪

情，满眼风光好，天地壮豪情。

秀画湿地

1=#F $\frac{4}{4}$　　　　词曲　唐逸钟

♩=78

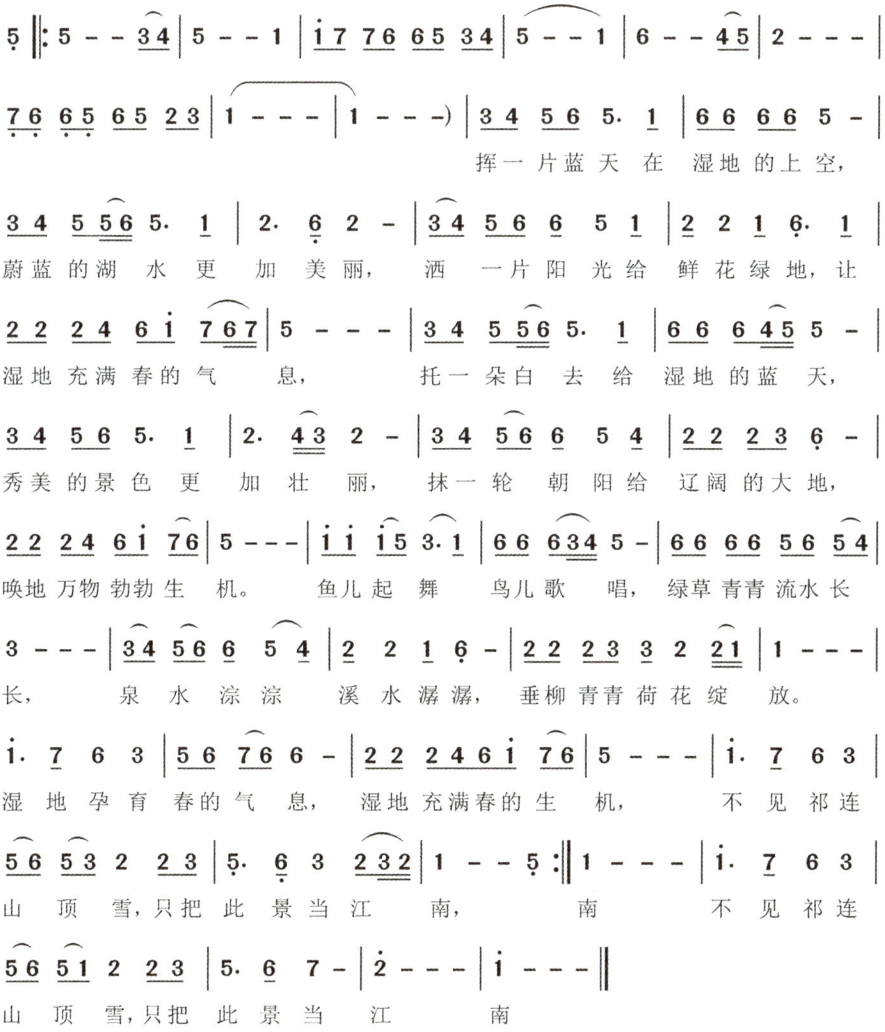

5 ‖: 5 - - 34 | 5 - - 1 | 17 76 65 34 | 5 - - 1 | 6 - - 45 | 2 - - - |

76 65 65 23 | 1 - - - | 1 - - -) | 34 56 5. 1 | 66 66 5 - |

挥一片蓝天 在 湿地的上空，

34 5 56 5. 1 | 2. 6 2 - | 34 56 6 5 1 | 2 2 1 6. 1 |

蔚蓝的湖 水 更 加 美 丽，洒 一片 阳 光给 鲜花绿地，让

22 24 61 767 | 5 - - - | 34 5 56 5. 1 | 66 6 45 5 - |

湿地充满春的气 息，托一朵白 去 给 湿地的蓝 天，

34 56 5. 1 | 2. 43 2 - | 34 56 6 5 4 | 22 23 6 - |

秀美的景色 更 加 壮 丽，抹一轮 朝 阳 给 辽阔的大 地，

22 24 61 76 | 5 - - - | 11 15 3. 1 | 66 634 5 - | 66 66 56 54 |

唤地万物勃勃生 机。鱼儿起 舞 鸟儿歌 唱，绿草青青流水长

3 - - - | 34 56 6 5 4 | 2 2 1 6 - | 22 23 3 2 21 | 1 - - - |

长，泉 水 淙 淙 溪 水 潺 潺，垂柳青青荷花绽 放。

1. 7 6 3 | 56 76 6 - | 22 2461 76 | 5 - - - | 1. 7 6 3 |

湿 地 孕 育 春的气 息，湿地充满春的生 机，不 见 祁连

56 53 2 23 | 5. 6 3 232 | 1 - - 5 :‖ 1 - - - | 1. 7 6 3 |

山 顶 雪，只把 此 景 当 江 南，南 不 见 祁连

56 51 2 23 | 5. 6 7 - | 2 - - - | 1 - - - ‖

山 顶 雪，只把 此 景 当 江 南

此歌曾获2013年美丽中国——全国大型音乐展演活动中词曲金奖、2016年第三届西经音乐音歌曲评选中三等奖。

八声甘州

男声独唱

1=D 4/4

词　袁晨光
曲　唐逸钟

深情地女声伴唱……

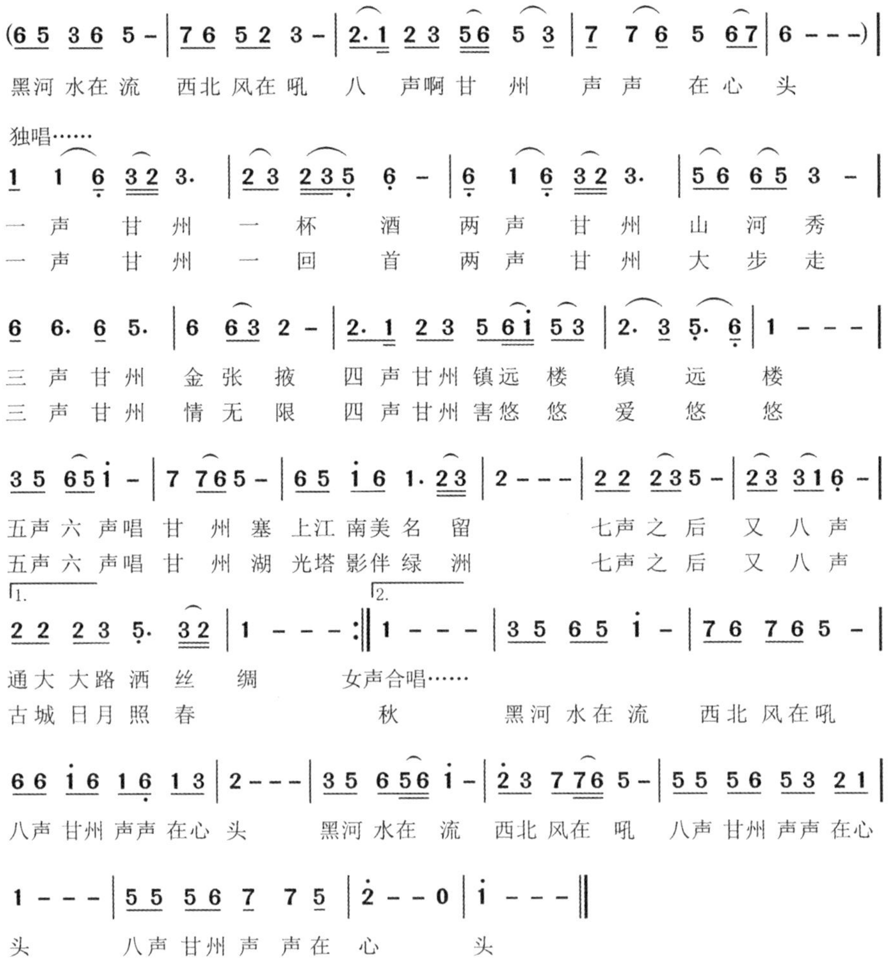

(65 36 5 - | 76 52 3 - | 2.1 23 56 53 | 7 76 5 67 | 6 - - -) |

黑河 水在 流　西北 风在 吼　八　声啊 甘　州　声 声　在 心　头

独唱……

1 1 6 32 3. | 23 235 6 - | 6 1 6 32 3. | 56 65 3 - |

一　声　甘　州　一　杯　酒　两　声　甘　州　山　河　秀
一　声　甘　州　一　回　首　两　声　甘　州　大　步　走

6 6. 6 5. | 6 63 2 - | 2.1 23 56i 53 | 2. 3 5. 6 | 1 - - - |

三　声　甘　州　金　张　掖　四　声　甘州　镇远　楼　镇　远　楼
三　声　甘　州　情　无　限　四　声　甘州　害悠　悠　爱　悠　悠

35 65i - | 7 765 - | 65 i6 1.23 | 2 - - - | 22 235 - | 23 316 - |

五声 六 声唱 甘 州 塞 上江 南美 名 留　七声 之 后 又 八 声
五声 六 声唱 甘 州 湖 光塔 影伴 绿 洲　七声 之 后 又 八 声

1.　22 23 5. 32 | 1 - - - :‖ 2.　1 - - - | 35 65 i - | 76 765 - |

通大 大路 洒 丝 绸　女声合唱……
古城 日月 照 春　秋　黑河 水在 流　西北 风在 吼

66 i6 16 13 | 2 - - - | 35 656 i - | 23 776 5 - | 55 56 53 21 |

八声 甘州 声声 在心 头　黑河 水在 流　西北 风在 吼　八声 甘州 声声 在心

1 - - - | 55 56 7 75 | 2 - - 0 | i - - - ‖

头　八声 甘州 声 声在 心　头

唐逸钟：中国音乐家协会会员、甘肃省音乐家协会会员、张掖市音乐家协会主席、甘州区音乐家协会主席。

第二章　散　　文

张掖凝望

邵振国

我来到黑河哺育的地方，张掖！

张掖居河西平原中部，在我眼里它的辽阔平坦不能再以“走廊”来称呼！南面的祁连山脉我已经望不见了，遥远的视野把祁连山变得低矮而小，地平线呈出它戴雪的峰峦，银亮地勾画出蓝色天边。蓝天显得那样高，云彩那样洁白。在这块平原上，有着人们意想不到的美丽风景，虽是初冬，张掖的美丽仍旧让我迷醉！到处是湖泊、湿地，浩瀚而连接天际的芦苇荡，茂密的沙枣林、白杨林、红柳灌木林，天鹅野鸭绕湖栖息，清凌河水环城而流。

张掖的土地沃美富饶，但是也有大片的沙漠、戈壁和盐碱荒滩，因为它被南北而至的巴丹吉林和腾格里大漠包围着，这块土地上的富饶更多地浸透着人力、汗水和耕耘，它是典型的“绿洲农业”。“绿洲”既是天造，又是人类创造的奇迹，因为在绿洲中生活的人们必须首先面对大自然的不可抗力而抗之，而后是生存、创造。因而我看到这块土地上的创造与收获，就分外感受到人类的力量，感到为“人”而欢欣鼓舞、自信和自豪！

数多天我走访了由南到北好几个乡镇、村社，那里的建设给予我沧海桑田的嗟叹，我眼前的河西土地再也不是那样一块朴素的、简朴的土地了！默默记起那座党河水库，那条主干渠的两岸，那水库大坝决溃后不久我走在敦煌的土地上，那时的白杨防沙屏障和一块块条田、农家院落房舍，所给予我的田园式的自给自足的色彩，都是那样梦境依稀地叠映在我眼前，哦，那与我今天见到的多么的不同啊！

我伫立在梁家墩、党寨、大满三乡交会处，眺望那片开阔无比的原野，像望见我在东北黑龙江时所见的绥化一带的黑土地，那样在阳光下闪着沃土的亮泽，呈出一道道迤逦而长的耕作后整齐的垄印。这里就是张掖申请来的国家项目“张掖绿洲现代农业试验示范区”。三块区域三个特色优势产业基地：一是优质农作物制种，二是绿色生态蔬菜和反季节果品生产，三是肉牛现代化养殖。这三者循环互补，共赢凸显“绿色”和高科技成果，使之真正地走向上规模的农业产业化和专业化。

新农村小康住宅建设。它作为“三农”中的农民生活被一体地纳入综合试验示范区的课题内。迎着初升的朝阳奔到长安乡前进村，一幢幢整齐排列的现代高楼，就是如今张掖农民的住宅。水、电、暖设施齐全，虽是初冬寒冷，我立在这住宅楼室内却感觉身心暖热，我为我所热爱着的河西农民感觉到暖热！当地的同志说，甘州区所辖的村子80%已经是这样了！

向北，驱车直抵合黎山麓下，据《穆天子传》记载，那里即是远古传说中大禹治水所开凿的合黎山峡口。即书曰："导弱水至于合黎"的地方。周穆王西巡的时候，大禹少子河宗的子孙还生活在这里，一位名叫河宗柏絮，在这里接驾，并陪同穆天子在弱水之滨钓鱼。在这条河的下游居住着两位的子孙，名叫河宗伯夭、河宗无夷，他们陪同天子打猎，将猎物祭祀弱水河神。我不知道这传说记载有几分属实，我的两眼却是那样含着历史情愫凝望着我眼前的黑河。是的，我看河西人民都像是大禹的后裔，我看我眼前的黑河两岸泱泱稻田、葱茏密布的沙枣林、飞翔栖息的野鸭天鹅，无不浸携着有史以来的浑厚的文明。其实我离那座山尚远，我莫过在乌江镇所辖的一个典型的水稻之乡观光，哦，这里的景色啊！那稻田已是收割后的茬地，一块块灌满冬水歇息，橘红色的丽阳照射如镜。那位镇党委书记对我说，原先我们全镇种有一万多亩水稻，后来为了节省水给下游的额济纳旗，我们只保留了3000多亩。

哦，我是那样惋惜我们的生产能力与自然资源冲突下的不得已，我感慨我们张掖的潜能巨大！接着我们到了乌江镇近旁一个村的住宅区，那是一栋连着一栋别墅式的小楼院落，连成整整一条街面。在乡文化站，走进一楼，见迎面雪白的壁端挂着一幅笔劲墨酣的书法字画，书写了一首赞美乌江的诗："秋雨朦胧入夜凉，千顷稻谷始归仓。东湖钓出金鳟贵，不让江南鱼米乡。"这不仅唱出塞上江南的富饶美丽，还道出了张掖农民的勤劳辛苦，农民们在"入夜凉"的时候才做完稻田里的农活！

是的，这里的一切都是张掖人民发奋拼搏才取得的！张掖仅用了两年时间就已使26.4平方公里的新区初具规模，已建成南、中、北三个大湖及所有的滨河大道和环湖大道及给排水管网，且植树绿化面积已达2300亩。这种建设速度是我见所未见的！我作为一个甘肃人，可以毫无愧色而自豪地说：张掖是全国经济发展的一个伟大缩影！

八声甘州·遥远的赋予

杨献平

相对于酒泉、嘉峪关等地，现在的张掖有些落寞，农业和游牧在其南，沿着祁连山高耸、蜿蜒。沙漠在其北，大地的黄色斑癣松动而多尘。居住在低地的张掖城，却没有因为现代气息的姗姗来迟，而变得木讷不堪、一文不名。恰恰相反，这座城市或者这片地域所拥有的历史文化气息，反而因此而显得肃穆、庄重了许多。记得在西北从军的时候，张掖是我去得最多的一座城市，也是我最喜欢的一块人间福地，它不仅有令人艳羡的佛教文化与诸多人文历史痕迹，而且具备着一种淡定质朴的地域气质。那些年，每每设身处地或者看到、想到张掖这个名字，我的脑子里就会蹦出"八声甘州"这一个词牌名。

这也是一个盛唐时期教坊的一个大曲名，起初叫《甘州》，杂曲中也有《甘州子》，南北类中皆有此曲调。这两个名字的由来，也是取甘州边塞之意。由此可见，无论是哪一个朝代，对兰州以西地区的认知，都是以"边塞"笼统称之的。唐玄宗时期的西北边塞是在帕米尔以西地区。当然，河西走廊以南，则面对的是彼时也非常强大的吐蕃。

当然，北面乃至河西走廊至今新疆境内，还有突厥、葛逻禄、回鹘、薛延陀等强悍的游牧民族。“八声甘州”这个词牌名因其前后片共八韵，因此而得名。

安禄山事件之后，尽管唐帝国继续苟延残喘，但从根本上，无法与前唐和盛唐同日而语，武功的萎缩，朝政的松弛，藩镇的崛起，外敌的肆无忌惮，中央集权的每况愈下，有令不通，已经使得这个盛极一时的帝国步履艰难，随后，尽管有几个皇帝和臣子妄想恢复盛唐气象，然终究是日落之势，无可阻挡。世事沧桑二百多年后，又一个盛世以懦弱的姿态成为人类历史上的重要朝代之一。1188 年，人称“词中之龙”，并与苏轼相提并论的“苏辛”的辛弃疾，在浙江永康写下了《八声甘州·故将军饮罢夜归来》一词：“故将军饮罢夜归来，长亭解雕鞍。恨灞陵醉尉，匆匆未识，桃李无言。射虎山横一骑，裂石响惊弦。落魄封侯事，岁晚田间。谁向桑麻杜曲，要短衣匹马，移住南山？看风流慷慨，谈笑过残年。汉开边、功名万里，甚当时，健者也曾闲。纱窗外，斜风细雨，一阵轻寒。”

读这首词，满心忍不住的伤感。对于辛弃疾来说，他写词、作文，似乎只是为了在带兵北进，恢复中原。这人一生不怎么得意，但文学成就风流千古的男子。原是山东济南历下区人。可惜，他出生之后，山东一带已经被金国攻陷。《宋史》说：辛弃疾年少时候拜当时著名的词人蔡伯坚为师，与金朝的文坛领袖、著名官要党怀英是同学。及学成，辛弃疾和党怀英皆为门下翘楚，对于人生的选择，二人以卜卦方式决定。辛弃疾得离卦（离为火，南方所属），党怀英为坎卦（坎为水，北方所属）。二人由此分道扬镳。党怀英入金为僚。辛弃疾组织义军抗金，先为耿进属下，后耿进被部下所杀，辛弃疾只带数十兵众，深入敌营，将叛徒张安国擒获之后，押送杭州，交给朝廷处决，因此也名噪一时，为皇上所重。为实现恢复北方的志向，辛弃疾不顾时局，作《美芹十论》等，力主恢复北方。

从《宋史》上看，辛弃疾一生的志向，大抵就是抗金，恢复北宋当年既有的疆域和领土，可整个南宋，它的骨子里浸满了偏安和优柔，它对文人的高度器重，对武将祖传式的敌意，一方面导致了它发达的人文与物质，另一方面，长期的文弱使得它从精神上就缺乏血性与钙质。随后的辛弃疾，虽然几次得到重用，其军事才能在抗金，以及剿匪等重大活动中得以展现，他的治国理政的德行也在常常更换的地方官任上得以显示，但总体上，辛弃疾是不得志的，受排挤和经常受到弹劾的。丢官去职，尔后再复出，起起落落是辛弃疾仕途的总体状态。

类辛弃疾者，以他的文才，在南宋混个风生水起，当然不是什么难事。他也可以像他的前辈苏轼那样，去做一些自己的事情，比如写字、作词、研究美食、画点水墨，再凭空制造一些风流韵事，如此一来，不仅在当世，即使在后世，他的声名和膜拜者，肯定不会比苏轼低到哪里去。

最近几年，人们对苏轼的尊崇，让我看到，中国人的骨子里面，是风花雪月的，是渴望历经曲折的人生之后，还是一望无际的安闲与富贵。而辛弃疾却反其道而行之，他始终有一颗饱含锋刃的战斗之心，也时刻有着一种从金地入宋之后的自卑感，他想要的是，横戈马上的奔突与重逢，更渴望用自己的实际行动，特别是战绩，彻底消除金国及蒙古等北方游牧汗国对他所忠于的朝廷的威胁，当然，如果他可以将带给他潜意识里屈辱和不自在的金国彻底消灭，那么，他一生的功业乃至其在当朝的地位，以及俗世名声，肯定是完美无瑕，无可指摘的。

然而，人生就是这样的吊诡，充满悖论。辛弃疾充其一生，也还是没有实现这个宏心大愿。但辛弃疾之词作，无论是田园乡愁、军旅、家国情怀、儿女情长、风花雪月，都是那么出类拔萃，笑傲千古。这一首《八声甘州》是辛弃疾四十八时候所作，而且是在见到老朋友的饮酒归来，思量起自己半生的际遇，尤其未酬的壮志，不免伤感悲怀，借汉飞将军李广之际遇，浇胸中块垒。其情殷殷，其心冰鉴。同时，辛弃疾也难以逃脱男人壮志不酬，归隐田园的传统情感桎梏。但令人欣慰的是，当下之中国乃至世界，人类已经基本消除了狭隘的民族主义和简单的国别壁垒。尽管辛弃疾一生都没去到过张掖，但其借用的《八声甘州》曲韵而作的这首词，却使得与他生命没有任何交集的甘州—张掖也因为他而兀自增添了几多文气与光彩。

大美甘州

王海峰

有人说，不到河西，不知天地之辽阔；不登祁连，不知山岳之雄壮；不来甘州，不知造化之神奇。这话说得不假。

在我心中，甘州是一个古老而又年轻的城市，是一片富饶与博大共存、热情与优美同在、奋斗与繁荣并进的土地。曾经很喜欢李白的这首诗："登高壮观天地间，大河茫茫去不还。黄云万里动风色，白波九曲出雪山。"今日读来，这分明就是为甘州量身定做的绝佳写照！

其实，无须多言，只要翻开地图，看看甘州雄踞河西走廊蜂腰、扼守丝绸古道咽喉、牵手东西经济文明的独特位置，就顿时给人一种强烈的冲击与震撼。更遑论今日，甘州又以丰饶富有的物产和自然资源，以多姿多彩的湿地与农耕文化，再次吸引着全国的目光，为世界所瞩目。甘州的美，的确值得用心盘点、精心去呵护。

甘州的美，自是美在浑然天成。很喜欢听外地朋友一惊一乍："哇，好蓝的天！""哇，好亮的阳光！"每当此时，我都会心生感叹：原来，"阳光""蓝天"竟也可以滋生这般诱惑！但更多的人，却是通过祁连山来认识甘州的，罗家伦如此："不望祁连山顶雪，错把张掖当江南。"于右任亦如此："天叫回首看祁连……转到甘州开口笑，错认江南。"一脉所系，雪山、森林、草原相伴而生、不离不弃，这大约是祁连山与其他山岳最大的区别。这种景观，似乎也只有在新疆天山和北欧阿尔卑斯山才能看到。这几年，随着旅游的升温，越来越多的人关注起祁连山这片人间秘境。走进祁连山，峰巅白雪皑皑、云遮雾绕，山下草原无际、牛羊成群，山间林海莽莽、雄鹰翱翔，到处是美景、处处皆风光。而源于祁连山黑河，更是带着高原的血性和激情，劈山穿峡，一路北唱。行至甘州，黑河却又神奇地拐了一个弯，折头向西流去，形成罕见的倒淌河。作为一条河，最终以没入流沙的方式终结自己似乎有些悲壮。但作为中国第二大内陆河，在流经甘州的奔腾宣泄中，却孕育了两岸秀丽旖旎的山韵风光和灿烂悠久的历史文化，成为金张掖生态绿洲和湿地屏障的精魂血脉，难怪甘州人要亲切地称它为母亲河了。正是有着黑河的润泽，才有了甘州湿地的隽永灵秀，才有了“甘州城北水云乡”的诗情画意。望着万顷碧涛，不由自主产生这样的错觉：这分明就是一片绿的海洋！这就是先民们遗落在茫茫戈壁的那个江南之梦？但更神奇的却是丹霞，这片在甘州西南沉睡了亿万年的远古地貌，而今已随着张艺谋导演《三枪拍案惊奇》的热播让外界惊诧不已。你无法想象，会有这么多的山体丹红如霞，如柱如塔，似壁似堡，似人如兽，形态各异，栩栩如生。那么登高远眺吧，目之所及，一组组岩壁又拔地而起，奇崛艳丽，气象万千，给人以气势磅礴、蔚为壮观之感。此时此刻，除了惊叹大自然的鬼斧神工，你还能做什么呢？

甘州的美，更美在人文厚重。甘州有着全国历史文化名城的桂冠。这自然不是浪得虚名。只要随手翻翻史书，一不小心，你就会撞到有关甘州的记载。新石器时代的东灰山人已经太多久远，显得有些模糊，那么还是就从汉武帝设置河西四郡说起吧。但即或如此，甘州也还是有着两千多年的沧桑历史，这让生长于斯的甘州人说起来都平添了许多底气。外来的朋友喜欢把甘州和西安比，末了总要连连地惋叹，说：“如果把甘州的古城完好地保存下来，简直就是西安的浓缩与翻版。可甘州人却不喜欢这样的类比，在甘州人心中，甘州根本就无须攀附，那横平竖直的四大街、八大巷布局，本身就有着传承文化正统的自豪与优越，更不要说甘州境内俯首皆是的那些文化遗存了。首先，不能不提甘州的卧佛。虽然它已经沉睡了千年，虽然没有人知道它还要睡多久，这座亚洲最大的室内泥塑卧佛，事实上就是甘州的一项“世界之最”。甘州如果需要出示名片，有此就足够了。现世多浮躁之气，但浸润着睡佛的安详，甘州人却生活在一种难得的优雅和从容里。无论是工作日还是节假时，甘州人都步履悠闲、神态淡定。难怪来甘州的人都要慨叹：甘州，真是一个最适合人生活的地方！还有隋代的木塔，明代的钟鼓楼、东粮仓，清代的西来寺、道德观、总兵府等，回头历数，甘州竟有这么多值得品味和沉吟的遗迹，真是一个奇迹。最终，还是忍不住想说一说黑水国，说一说那些被风沙掩埋着的动人传说。那荒废的城堡真的是甘州的前身吗？那伏羲果真就出生在甘州吗？黄帝到底有没有巡狩过张掖？大禹导入流沙的是不是就是今日之黑河？还有那个吞卵怀孕的简狄、那个巡狩西游的周穆王、那个骑着青牛出关的老子……这一个个谜团，给后人留下了无穷的思考和遐想。

甘州的美，更是美在包容奋进。甘州的历史，是多个民族聚居交融、共荣共生的历史；甘州的发展，更是中原与边地、东方与西方、宗教与世俗等多元文化相互渗透的过程。由此而有的宗教寺院的暮鼓晨钟，丝绸之路的车水马龙，集贸市场的商贾云集，通过甘州千百年来影响和辐射着周边地区。海纳百川成其大，甘州不是海，却有着海的品质与胸襟。回首往昔，甘州以其充沛的黑河水源，以其发达的农业成就，赢得过“金张掖”的无上美誉。丝绸之路的南、中、北三线无一例外地集结于甘州，这应该不是巧合。隋炀帝万国会的召开，更是为甘州播下了不排外、不拒新、不自满的种子。再看今朝，甘州并不满足于全国商品粮基地和高原夏菜生产集散基地、玉米制种基地这样的定位，甘州正积蓄着力量努力冲破两大高原和两山的夹制。甘州不甘落后，火电厂、水电站、输气线、兰新铁路二线……

甘州从川原绿洲自信地走，退耕还泽、生态立区、城镇化建设、人与自然共存……甘州奏响和谐之音站在了历史的新起点。构筑西部安全生态屏障，构架立体交通枢纽，地界经济发展通道。

举节水旗，打生态牌，做水文章，甘州义无反顾地承担起引领区域经济社会发展的重任。作为全国第一个节水型社会城市，甘州正举全区之力组织实施黑河湿地保护工程，全面建设张掖滨河新区和国家湿地公园，着力发展张掖绿洲现代农业。好风正劲，此其时也。

说到底，还是庄子透彻，他说：天地有大美而不言。在我看来，甘州正是这样一块大美的土地。在这里，既有震撼人心的壮丽，又有触及灵魂的感动；既有令人振奋的精神，更有催人奋进的动力。我们后来人，只需踏着前辈的足迹，秉承好祁连雪松、绿洲白杨、隔壁红柳、沙漠胡杨的精神，让我们的工作无愧于脚下的热土，让大美甘州在我们的努力中激涌起时代的新高潮！

这种大美，不仅震撼在彼时，更震撼在今天，在未来。

甘州城北水云乡

柯　英

晚风中，独自登上木塔顶瞭望四野。怀古之幽情、感时之遐想，如风云流荡，际会心头。

这座高 33 米的建筑，建于北周，民间流传的俗语说："甘州有个木塔寺，离天还有七尺七。"这是形容其高。就我对甘州和河西走廊历史文化的了解，这座木塔在 20 世纪六七十年代前，还称得上是河西最高的建筑。1273 年，意大利旅行家马可·波罗旅羁甘州一年，曾对这座塔建筑精巧赞不绝口。历代文人墨客赋诗著文美誉者更是不胜枚举。我特意留意了一下东门的题额："登极乐天"，暗暗会心一笑。

暮秋初冬，在任何一个制高点瞭望甘州四野，都能清清楚楚地看透这座古城的五脏六腑。南面的祁连山，苍山黛雪，雪峰凝素；山下，荒原横陈，河流如带。北面的合黎山，铁骨铮铮，暮晖抚沐；山下，沃野平铺，湖泊清碧。

目光巡视着这个熟悉而又日渐生疏的城市，想起地方志上关于古城的记述："一城山光，半城塔影，连片苇溪，遍地古刹。"这曾是甘州人的骄傲和自豪。甘州城区地势低平，形如盆地。中国第二大内陆河——黑河从祁连山奔泻而出，地下径流顺势就低，汇聚这里，形成了苇溪连片、山光倒映的水韵之城，如同这里的民谚所说："甘州不干水池塘。"据史料载，明清时期，甘州城内水湖约占全城面积的三分之一。我在明清时人编纂的地方志上看到过一幅旧时城区图，这座古城城外有护城河环绕，城内湖泊遍布，庙宇林立，东、西、南、北的诸神庙上对天文下应时景，东面紫阳宫，西面文昌庙，南面火神庙，北面北斗宫，中间镇远楼，东教场的饮马池边是"马神庙"，就连芦苇池边也有一座“芦爷庙”，把“马”和“芦苇”尊为神位，建祠供奉，估计在其他城市的建筑中是少见的吧。看那些古代的规划设计师们运用中国深厚的风水“五行之术”构筑的方舆图，不得不叹服老祖宗的智慧。

在历代的志书上，我没见过有什么明水引入甘州城内，但城区内却是水波荡漾，溪流纵横，这便有点蹊跷。有一次看城南甘泉遗址，“有本如是”的壁刻让我沉思良久，这偈语一般的四个字应该是有所指的，而指向什么呢？查“甘泉”的来历，方知这里正是城区水溪的主要源头：地下径流从祁连山一段的甘浚山流下来，千径万壑汇集于此，又分为“文流”“武流”，弥布城区，择地而出，因此，甘泉素有“河西第一泉”之称。城区湖中皆芦苇，春天碧波荡漾，垂柳依依；夏天绿苇茵茵，翠色浓郁；秋天荻花摇曳，鱼跃雁鸣；冬天冰河晶莹，积雪铺陈，甘州城区四季分明，水韵十足。

一年前的秋末冬初，甘州城地下水位突然上升，许多楼房地下室里积水汩汩涌冒，还有不少平房整个浸泡在地下涌出的水泊中，人们不得不举家迁居。处在祁连山地震带的甘州城，对于这一突如其来的“怪异”自然十分敏感，一时谣言四起，人心惶惶，当地政府出面辟谣，却又解释不清地下水上升的原理。直到一年后的城区北郊湿地恢复与保护工程开始，才找到原因。

原来是生态内循环系统出了毛病。正如佛家所说，有因必有果。水有来处，必有出处。多年来的城市改造，填湖造房，埋池造路，已经把一座古城修改得面目全非，注重了地面的日新月异，却忽略了地下的千疮百孔——这座城市的“经脉”已经被坚硬的钢筋水泥切割得七零八落，地下径流梗阻、堰塞或破损，只有溢出地表才是它不得已的归宿。人类在向现代化迈进的进程中，总是急功近利，好大喜功，往往漠视自然规律办事，给后世留下无穷祸患。

甘州地势南高北低，城北自古就是一片天然湿地。城内的污水排放、丰富的地下径流，都在这低凹处汇集成湖泊，水鸟云集，鱼翔浅底，芦苇、菖蒲、水芹、灯芯草、水蜡烛、水车前、浮萍等湿地草木聚成一个庞大的部落，托举起众多生物和谐相处的屏障。20 年前，我在张掖师范上学时，无数个清晨或黄昏，我都徜徉在湿地之侧，在潋滟水光和悦耳鸟鸣中，一边诵读诗文，一边认知自然，这边湿地直观地教会了我对自然的热爱和思考。西北内陆本不适宜种稻，但甘州城北常年溪流潺潺，构成了稻米种植的天然条件，早在唐朝武则天时代，甘州刺史李汉通就奉命在甘州屯田引种水稻，城北乌江的大米因光照充足，生长周期长，味道格外醇香，曾一度成为贡米，沿着丝绸之路远运长安。这一片古朴的水云乡，封存了甘州原始天然的地貌，记录着历史演进的痕迹。

夕阳西下了，余晖返照的河西大地辽阔而安详，忙忙碌碌的芸芸众生各归其所，城市和乡村的轮廓成为大地上最显眼的事物，如果历史有声，应当能听到这座城市文明的步履。透过时光的尘埃，远溯洪荒初开，整个黑河流域都是一大片内陆湖泊，《山海经》中说这是西王母的领地，春秋时期的《禹贡》《周礼》等文献上曾将黑河至居延泽的大片湖泊列为著名湖泊，称为“西海”。岁月的尘埃已经抹平了历史的记载，原始的水乡泽国早已从汉武帝收复河西开始，逐渐变成了牧野农田，直至近 50 多年，人口剧增，耕地倍增，一度时间，垦荒置地成为衡量地方官政绩的一个标尺，闲置的荒地、成片的湿地大都变成了耕地、房舍和道路，实在不能开垦的地方，则成了垃圾填埋地或污物倾倒场。曾经的“甘州城北水云乡”，早已淡出城市文化记忆，遗失在历史的时光中。

反思人类文明的发展，似乎在一个怪圈中循环往复。文明的摇篮起源于水草丰茂的地方，但随着农业文明和工业文明的发展，却又不得不以破坏生态为代价，而当一个国家或地区发展到一定阶段，细思生活的质量时，却又返归到恢复和保护生态上来。甘州是一个欠发达地区，城北湿地生态虽遭盲目开发的破坏，但还不至于沦为万劫不复的厄运。今年春天，张掖市委提出倾力打造“湿地之城”的目标，赋予这座西北小城鲜明的水韵底色。这是历史带给这座老城的福音，是一座城市走向新生的开端。

我站在这座古代河西的最高建筑上，放眼千里，思接古今，心中那幅“水云乡”的图画仿佛正从遥远的岁月深处一点点浮现。我想，祖祖辈辈生生不息的这座城市，已经站在了历史的制高点上重新布局，精彩开篇。

诗词甘州

门晓峰

黑河如带向西来，河上边城自汉开。

甘州的历史文化是用一首首诗词串联起来的，如编年体的史记，每一个章节都少不了精美诗词的铺垫。一个城市如果没有诗，这个城市多少会显的浅薄，不缺少诗的城市才显示出她的情调和魅力。

甘州从来不缺少赞美她的诗词和美文。这里雄浑的大漠戈壁、多情的三千弱水、晶莹的雪山冰川、瑟瑟的苇荻秋风，都是诗人笔下绝妙的素材。甘州是一个盛产诗词的沃土，今天当我们回望过去，就会看见汉唐时节，在羌笛怨杨柳的塞外古道上，伴着叮当叮当作响的驼铃，走过一队队丝绸之路的旅行者。你一眼看见的那个大胡子便是边塞诗人王维，还有那个目光炯炯的壮年汉子，腰佩一把七尺长剑，抑扬顿挫的吟唱着“焉支山西酒泉道，北风吹沙卷白草，长安遥在日光边，忆君不见令人老。”他就是大诗人岑参，紧随其后的是元稹、马云奇、杜牧、李渔，因焚烧鸦片而获罪的林则徐满怀惆怅地向我们走来，他留恋于甘州淳朴的民风，随风而吟：“不解芸锄不耕田，一经撒种便由天，幸多旷土凭人择，歇两年来种一年。”这位在中国近代史上必须浓墨重彩大书特书的中华志士匆匆走过甘州，也许他想留下来与甘州人民共享塞外江南的美景，但王命难违的他还是朝伊犁去了。

甘州因诗词而扬名，甘州同样因诗而在中国的诗词史上有了自己显赫的地位。“八声甘州”这个词牌名便是闪耀在甘州大地上永远的光环，这份特殊的荣耀是华夏大地上的所有城市都该羡慕的，直到今天我们每看到这个“八声甘州”时都不由得怦然心动。

有诗的城市是有性情的，甘州之所以像明珠一样千百年来光彩依然，就是因为她有优秀的儿女呵护着她，拥戴着她。唐朝的诗歌、宋代的词赋是中国文学史上的大观，甘州人也不甘寂寞，一位叫赵彦昭的甘州人以才高八斗、学富五车的实力跻身于唐朝的诗坛，那是一个群星荟萃的地方，诗仙、诗圣相争不下，何况来自遥远的甘州人能有容身之地吗？毕竟喝着弱水长大的赵彦昭是有才气的，最终走进了《全唐诗》，这是唯一进入《全唐诗》这部大典的甘州人。江山代有才人出，过了一千多年，一位叫陈秀勤的甘州女子又活跃在清朝的诗坛上，她的诗婉约深情，“冬寒楼上下帘齐，把卷灯前看旧题，远听钟声何处寺，桃花庭院雨凄凄。”陈秀勤是一个感情细腻的女子，也是一个敢于冲破封建礼教的女人，这个灵秀聪慧的甘州女子最终在中国诗坛上找到了自己的位置，《中国古代女诗人诗选》里收录了她的诗作，这本书同样收录有李清照等大家的作品。

吟唱甘州的诗词浩如烟海，上下五千年的华夏文明史，每一个时期都有诗词文章将笔墨落在甘州。罗家伦先生的《五云楼远眺》将吟甘州诗推向了极致，这首意境高远的诗作堪称赞美甘州的千古绝唱，“绿荫丛处麦毵毵，竟见芦花水一湾。不望祁连山顶雪，错将张掖认江南。”今天我们不计其数的引用罗先生的这首诗印证着甘州的繁华和美丽，他的诗词为甘州赢得了至高的荣誉，甘州因此闻名遐迩，甘州因诗而有了生命的激情，也使这个城市有了独特的个性和意境。诗词甘州，别有风韵。

清幽大佛寺

吴晓明

大佛寺坐落在金张掖古城的中心。她的对面是古朴而现代的佛城广场，看上去开阔而又安静。广场上一块硕大的石头上是一个“佛”字，在夕阳里散发着柔和的光。

我忽然就有点恍惚了，千年以前，这里是什么模样，在她的周围是什么样的建筑，生长着什么树木。那一定是“一城山光，半城塔影，连片苇溪，遍地古刹”的诗意家园，在这些柔软而又湿漉漉的文字里幻化着历史优雅的背影。我似乎看到了流淌的水，摇曳的苇，伫立的塔，风鬟雨鬓的小城在这样的黄昏一定诗意的无与伦比。可惜那样诗意的家园永远鲜活在我们的想象中了。

此刻，大门的静穆与凝重与广场的安静与开阔似乎显得和谐而自然。时光的脚步匆忙而又从容，这里似乎就是历史和现实交接的地方，她们的交接仪式是不是就是通过卧佛进行的，那一定是彬彬有礼的，我们看不到岁月交锋的刀光剑影，因为这里总是有一种静谧的气息，让你无法张扬。

大门上朱红的油漆已经斑驳了，显得有些陈旧和古朴，真有一种“雕栏玉砌应犹在，只是朱颜改”的感觉。其实，多少东西能经得起岁月的推敲，多少东西能经得起时光的雕琢。那些木头因为陈旧而苍凉，因为苍凉而温暖。

走进大院，里面的树叶凋零了，因为毕竟到了冬天，显得有几分凄清和冷清。淡淡的青烟在空气里流散，有几个香客正专注地在香炉里点燃香，在袅袅的青烟里他们脸上的表情柔软而又释然。

从远处看，大殿没有金碧辉煌的那种富丽堂皇，只是木头的本色经过千年风雨的洗礼显得更是陈旧，整个色调就是一种典雅的黄，一种高贵的黄，一种沧桑的黄，黄得让人感觉亲近又自然、温暖又心安，似乎就是传说中的天堂。

寺院里人不多，只有几个老人站在大殿门口轻言着什么，好像怕自己大声说话吵醒了佛祖千年的梦。

我轻轻跨进门槛，又看到了卧着的你。多少次走近你我都是相同的感觉，不敢言，面对着你庞大的身躯；不敢说，面对你安详的模样。我只是静静凝望着你，想听听你的心跳；我只是想默默抚摸你，想感受你的体温。多少次一直想把笔触延伸到你的微笑，你的心跳，可是我却久久不敢动笔，怕笨拙的文字玷污了你的灵魂。多少次我站在你的身边，那一瞬间似乎眼里满满，眼里是你美丽的姿态，是你恬静的笑容，是你安详的面容，那一瞬间似乎所有的过往都离我远去，我的心里一片空旷的静谧。我不知道是佛祖离我近了，还是我离佛祖远了。我只是用我柔软的眼神一次次打量你沉睡的模样，我的眼睛就有一种潮湿的东西在蔓延，你睡了多久？你还要睡多久？千年的时光在你的沉睡中悄然远去了，你的容颜上却看不到时光走过的痕迹，似乎你的微笑足可以抵挡所有的光阴。

那一串熟稔的数字在我的脑海里跳跃：身长 34.5 米，肩宽 7.5 米，耳朵约 4 米，脚长 5.2 米……我知道，这些数字似乎是你生命的标签，可是你的身体不需要标签，因为数字可以测量的是你的身长，可是测量不出你的心路有多长；可以测量你的肩宽，可是无法测量的是你的心宽。

西夏，清朝，明朝……

这些朝代的名字诉说着你绵长的脚步，镌刻着你心灵走过的痕迹。是不是你一路跋山涉水一路风尘，当走到这座古朴典雅的小城的时候，你累了，你抖落身上的尘土，你累了，想睡了，谁知道你却长睡不醒，如果醒来身边的世界早就换了模样，索性永睡不醒。你一路走来，一定是看到这个大西北的小城有江南的容颜，有蓝得洁净的天，有摇曳在风中的芦苇，有袅袅的炊烟，有安详的人群，你选择了在这里落脚，我只是知道，你选择了这里一定是有理由的。

1098 年，那一年纷繁的历史上不知道有多少值得书写的文字，那一年发生的事情似乎都离我远去了，我都忘却了。可是我知道那一年，在这个叫宣化府的地方，西夏皇帝不惜劳师动众大兴土木，在这里修建了中国西部第一大寺院，西夏贵族更是不辞辛苦，跋山涉水，从遥远的都城兴庆府赶到这里烧香拜佛，这座安静的寺庙选择了在这里安身，全球最大的室内卧佛选择了在这个小城落脚。那时候静谧的古城一定到处是芦苇花开，到处是草长莺飞，她是一个适合神仙居住的地方，因为她离雪山最近，离天空最近，离佛祖最近。

西夏太后，忽必烈，元顺帝，马可·波罗……

也许有史书记载，忽必烈、元顺帝都是出生在你的怀抱，也许只是一个美丽的传说，其实都已经不重要了。这些美丽的文字只是告诉世人，这座安静的寺院是皇家寺院，因为高贵所以典雅，透过那些遥远而恢宏的名字，我们都可以拥抱那些名字背后的温暖和苍凉。不管是皇上居住过还是神仙居住过，那都是一种精神的高度，灵魂的皈依。也因为这些温暖的名字，让这所小城显得诗意而又柔软。他们的脚步串起小城的历史，也串起了小城的那些美丽的传说。一座城市需要文字装点，需要历史充实。一个人有了历史，会显得成熟有魅力；一座城市有了历史，会显得厚重而大气。因为有了皇家的大气，自然的灵气，自然滋生出了人气。

释迦牟尼，罗汉，壁画，经卷……

多少脚步匆忙而来，就为了看看你沉睡的模样。多少不同民族的人来过，多少不同肤色的人走过，我相信他们都会对你投去惊叹而又深情的视线。木胎泥塑是你的骨肉，金装彩绘是你的外衣，“视之若醒，呼之则寐”是你最美的表情。我喜欢看你的姿势，喜欢读你的表情，你表情温暖、和谐，是你涅槃的表情。那一瞬间，你超脱了生与死，那一瞬间万物成空，你的心灵是一片净土，心灵的语言折射在你的脸颊，你安详而又脱俗。

你周围的18罗汉，各个惟妙惟肖，我叫不出他们的名字，可是看到了降龙伏虎罗汉，空中腾飞的龙，进一步表明你的不同寻常，你的高贵，你的皇家血脉。他们以各种的形态坐立成永恒的模样。你睡着，他们或坐或站，似乎都在守护着你，你的身边并不冷情。

那些精美的壁画斑驳了许多，导游说，唐僧西天取经的壁画，上面最勤劳的是猪八戒，版本不一样了，可是那些师徒依旧惟妙惟肖栩栩如生，似乎从脸上的表情都可以看出路途的辛劳。其实我感觉谁勤劳不太重要了，只是表明玄奘取经的故事源远流长，思想和文化源远流长。斑驳了的是壁画，沉淀下的是智慧。

藏经阁内珍藏有明英宗颁赐的六千多卷佛经，经文保存完好，以金银粉书写的经文最为珍贵。那些经卷，那些文字，每一卷经书都有一个故事，每一个文字都有那些僧人的体温。那些文字看上去熠熠生辉又安静踏实，蹚过岁月的河流，也许只有文字可以记录岁月走过的痕迹，心里走过的足迹。如今那些经书很少有人去翻动了，只是拿出一小部分供来来往往的人们瞻仰，点亮游人的视线。20世纪六七十年代，有一部分经卷惨遭破坏，一些僧人把遗失的经卷一卷卷背着书写出来，那是怎样的一种虔诚的心才一笔一画写出了世间的传奇。

因为有信仰，这个世界多少东西才会得以流传；因为有善良，这个世界多少东西才得以延续，因为有坚守，这世间多少东西才得以传承。

中国，亚洲，世界……

你不需要这些文字来装饰你。因为全世界都笼罩着你的光芒。最大也许只是说你的身躯，其实你的脚步走过地球上的每一个角落。你的沉默触动的是人心灵深处最柔软的地方，你的沉默里包含着千言万语。如果人的心窝里都有你的身影，这个小城是多么温暖，这个世界又是多么平和。因为有你，这座小城变得厚重而又诗意；因为有你，人们的视线变得真诚而又柔软，你是这座小城最柔软的地方，小城的心脏。看到的是你的身影，看不到的是你的行程；听到都是晨钟暮鼓，听不到的是你的呼吸；听不到的是你的声音，感觉到的却是你的心跳。

这座小城，属于历史，属于现在，属于善良，也属于那些虔诚的脚步。走在洁净的初冬里，夕阳依旧洒下柔软的光芒，我闭上眼，让那份温暖熨帖我的每一个细胞。知道你依旧安静，依旧安详。卧佛长睡睡千年长睡不醒；问者永问问白世永问不明。

睡吧，以最美的姿态做最美丽的飞天梦。你以沉默的方式让多少浮躁的心安静如你身边的一个罗汉，一幅壁画，一卷经。不管多少年，那座寺院秀丽依旧，幽静依旧。

我知道，每一个生活在小城的善良的人们，都会听到你优雅的呼吸，美丽的心跳……

第十六编

社会生活

第一章　人　口

第一节　人口总量

2016年，甘州区常住人口51.58万人，自然增长率为4.94‰；年末户籍人口51.29万人，其中城镇人口20.27万人，农村人口31.02万人。

第二节　人口密度

1991年，甘州区人口密度为102.14人/平方千米，2000年为114.78人/平方千米，2010年为122.74人/平方千米，2016年为140.11人/平方千米（注：2014年以前甘州区区划面积为4240平方千米，2014年根据第二次土地大调查结果，甘州区区划面积变更为3361平方千米）。

甘州区第六次全国人口普查乡镇及街道人口密度

表16－1－1

乡镇及街道名称	人口数（人）	面积（平方千米）	人口密度（人/平方千米）
东街	38331	3.85	9956.10
南街	42620	9.69	4398.35
西街	46679	5.20	8976.73
北街	23780	4.18	5689.00
火车站	21057	6.00	3509.50
梁家墩镇	17570	16.50	1064.85
上秦镇	23138	59.30	390.19
大满镇	29489	84.00	351.06
沙井镇	34393	189.00	181.97
乌江镇	24279	92.00	263.90
甘浚镇	21498	250.00	85.99
新墩镇	26152	75.00	348.69
党寨镇	27187	117.87	230.65
碱滩镇	17558	96.07	182.76
三闸镇	17606	105.50	166.88
小满镇	20753	67.00	309.75

续表 16－1－1

明永镇	11681	95.80	121.93
长安镇	19752	23.22	850.65
安阳乡	14236	235.96	60.33
花寨乡	6846	133.85	51.15
龙渠乡	9063	47.00	192.83
靖安乡	6197	25.00	247.88
平山湖蒙古族乡	604	1040.00	0.58

第三节　人口变动

1991—2016年，甘州区人口总体呈平稳上升趋势，全区总人口由1991年433087人增长到2016年512928人，涨幅18.44%。人口自然增长率平稳下降，由1991年的6.69‰下降到2016年的4.94‰，下降1.75个千分点，总体下降幅度较小。

甘州区1991—2016年人口变化情况统计表

表16－1－2

年度	年末总人口（人）	自然增长率（‰）	年度	年末总人口（人）	自然增长率（‰）
1991	433087	6.69	2004	495380	4.78
1992	436648	6.20	2005	501665	1.45
1993	438353	6.73	2006	506558	4.77
1994	442654	7.67	2007	512484	6.13
1995	449182	9.02	2008	516338	5.57
1996	454398	7.54	2009	518658	5.23
1997	461121	6.43	2010	507433	4.77
1998	466243	4.42	2011	517036	5.15
1999	468021	4.45	2012	515031	5.14
2000	486688	6.23	2013	518821	5.15
2001	486763	6.39	2014	506478	5.19
2002	498228	4.37	2015	508170	5.29
2003	497667	5.66	2016	512928	4.94

第四节　人口构成

民族构成　2010 年第六次全人口普查数据显示：甘州区总人口为 507433，其中汉族人口 502178 人，占普查总人口的 98.96%；少数民族 23 个，总人口 5255 人，占普查总人口的 1.04%。

性别构成　总人口性别比例，1991—2016 年甘州区人口性别比例（男女人口数各占总人口数比例）由高到低，呈平稳下降趋势。1991 年，男性 223609 人，占总人口比重的 51.63%；女性 209478 人，占总人口比重的 48.37%。2016 年，男性人口 263293 人，占总人口比重的 51.33%；女性 249635，占总人口比重的 48.67%。

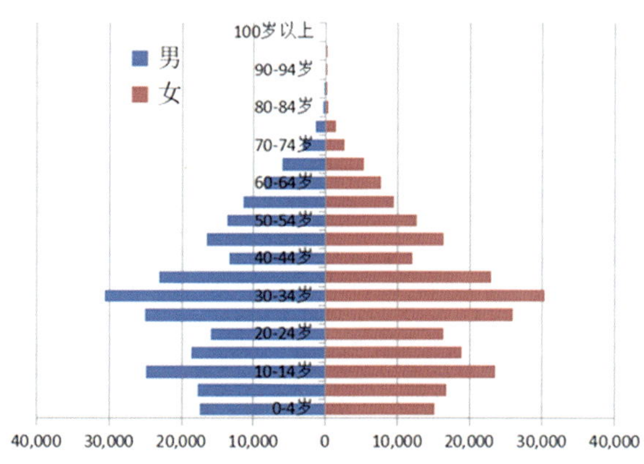

图 16－1－1　甘州区 2000 年人口年龄金字塔

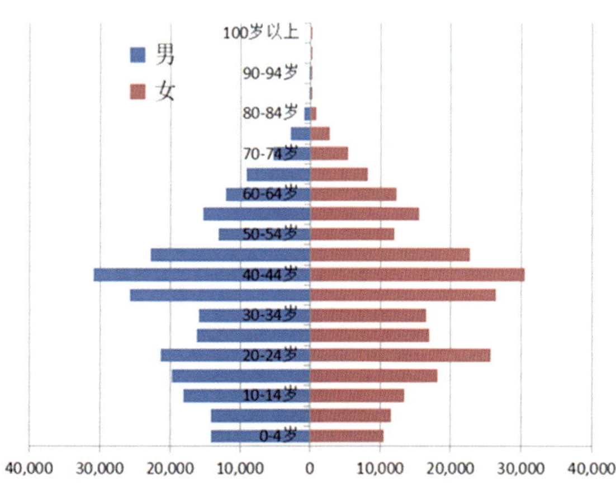

图 16－1－2　甘州区 2010 年人口年龄金字塔

出生人口性别比 1991—2016 年，甘州区出生人口性别比（以 100 名女性人口相对应的男性人口数来表示，102—107 之间作为正常值）明显偏高，2000 年出生人口性别比为 150∶77，2010 年为 135∶41，总体呈下降趋势。分孩次出生人口性别比随着孩次高低变化明显，孩次越高性别比越高。

年龄构成 2000 年，甘州区 0—14 周岁的人口为 115735 人，占总人口比重的 23.78%；15—64 周岁的人口为 349848 人，占总人口比重的 71.88%；65 岁及以上的人口为 21105，占总人口比重的 4.34%，全区抚养比（人口当中，非劳动年龄人口对劳动年龄人口数之比。抚养比越大，表明劳动力人均承担的抚养人数就越多）为 39.11%、少儿抚养比 33.08%、老年抚养比 6.03%。2010 年，甘州区 0—14 周岁的人口为 81800 人，占总人口比重的 16.12%；15—64 周岁的人口为 365373 人，占总人口比重的 72%；65 岁及以上的人口为 60260 人，占总人口比重的 11.88%，全区抚养比为 38.88%、少儿抚养比 22.39%、老年抚养比 16.49%。全区 65 岁及以上人口占总人口比重及老年抚养比明显增高，老龄化问题日趋严重。

文化构成 2000 年，甘州区各种文化程度总人数为 389965 人，占 6 周岁及以上人口的 87.49%，占全区总人口的 80.12%；2010 年全区各种文化程度总人数为 454902 人，占 6 周岁及以上人口的 95.20%，占全区总人口的 89.65%。2010 年各种文化程度总人数占 6 周岁及以上人数比重相较 2000 年上升 7.71 个百分点，受教育程度明显提高。

第五节 人口普查

第四次全国人口普查 1990 年 7 月 1 日零时为标准时点进行全国第四次人口普查。普查结果显示：甘州区登记人口为 433572 人，相较 1982 年的第三次全国人口普查的 381955 人增加 51617 人，增幅 13.51%。1990 年登记人口中，男性 223179 人、女性 210393 人，男女性别比 106.1∶100，相较第三次全国人口普查的 108.4∶100，下降 2.3 个百分点。

第五次全国人口普查 2000 年 11 月 1 日零时为标准时点进行全国第五次人口普查。普查结果显示：甘州区登记人口为 486688 人，相较于第四次人口普查增加 53116 人，增幅 12.25%。2000 年登记人口中，男性 248469 人、女性 238219 人，男女性别比 104.3∶100，相较于第四次人口普查下降 1.8 个百分点。

第六次全国人口普查 2010 年 11 月 1 日零时为标准时点进行全国第六次人口普查。普查结果显示：甘州区登记人口为 507433 人，相较第五次人口普查增加 20745 人，增幅 4.26%。2010 年登记人口中，男性 258704 人、女性 248729 人，男女性别比 104.01∶100，相较第四次人口普查下降 0.29 个百分点。

第二章　民族　宗教

第一节　民族分布

甘州区24个少数民族，主要分布在平山湖蒙古族乡、甘浚镇、长安镇部分村社及城区东街、南街等处。平山湖蒙古族乡为全区唯一民族乡，有3个行政村、321户，总人口802人，居住有蒙古族、裕固族、土族等3个少数民族，人数150人，占少数民族总人口的18.7%。

全国第五次人口普查甘州区少数民族人口统计数据

表16-2-1　　（至2001年12月31日）

民族	总人数	民族	总人数	民族	总人数	民族	总人数
回族	1965	东乡族	41	塔吉克族	3	仡佬族	1
裕固族	460	彝族	37	瑶族	3	锡伯族	1
藏族	454	维吾尔族	32	达斡尔族	2	畲族	1
蒙古族	361	壮族	21	仫佬族	2	佤族	1
满族	175	土家族	27	白族	2	纳西族	1
土族	93	布依族	13	羌族	1		
朝鲜族	60	高山族	9	黎族	1		
苗族	41	侗族	8	布朗族	1	合计	3817

全国第六次人口普查甘州区少数民族人口统计数据

表16-2-2　　（至2010年11月1日）

民族	人口	民族	人口	民族	人口	民族	人口
回族	1975	藏族	1178	裕固族	1070	土族	217
蒙古族	209	满族	158	东乡族	307	朝鲜族	14
傈僳族	2	维吾尔族	6	苗族	20	土家族	15
壮族	30	布依族	6	高山族	3	哈萨克族	1
瑶族	6	达斡尔族	1	锡伯族	2	傣族	2
黎族	3	撒拉族	9			合计	5234

至2016年底，甘州区有少数民族24个，人口4378人，占全区总人口的0.8%。其中裕固族600人，蒙古族302人，彝族34人，壮族58人，白族4人，锡伯族3人，土族299人，藏族671人，满族279人，维吾尔族12人，布依族11人，哈萨克族8人，傣族4人，回族1844人，东乡族85人，苗族38人，高山族13人，哈尼族2人，侗族18人，朝鲜族31人，土家族30人，瑶族18人，黎族10人，仡佬族4人。

第二节 民族工作

民族工作 2002年成立张掖市民族宗教工作协调委员会。2009年区上召开区民族宗教工作暨第六次民族团结进行表彰大会。2010年区上成立由四套班子分管领导、区属25个部门组成的平山湖经济社会发展领导小组。2011年成立创建民族团结进步模范区领导小组，着力改善平山湖蒙古族乡及其他少数民族聚居村社（社区）的基础设施条件，加快民族地区经济和社会事业协调发展。2016年以来，以教育培育中华民族“一家亲”共同体意识为核心，落实创建工作全覆盖、六进、文化引领、金种子、精神家园、权益保障等“六大工程”，每年确定10个区属部门、3个乡镇（街道）、22个村（社区）、8所学校、4家企业、1座寺庙为新的创建示范点，推动示范创建活动实现“全覆盖”，全区民族团结进步事业再上新台阶。

宣传教育 1997年5月，开展第一个“民族团结教育，互助合作、携手共进创建”宣传周活动。2004年开始，确定每年5月为“民族团结进步宣传月”。举办培训班和知识讲座、制作固定宣传牌、开办联谊活动和座谈会、开展帮扶慰问等活动，组织各族干部、群众学习民族政策、民族知识、法律法规及民族团结进步模范典型和少数民族经济文化事业发展成果、经验，形成各民族和睦相处、和衷共济、和谐发展的良好氛围。

民族政策法规宣讲进校园

创建活动 1991—2016年，共筹措帮扶慰问资金353.8万元，以及价值179.5万元的物资。坚持每年开展困难少数民族群众帮扶慰问活动，积极支持平山湖蒙古族乡抗旱救灾，畜种改良，加强乡文化站、学校、卫生院、电视通讯等社会事业建设，修建南关什字至水泥厂道路、铺盖污水沟、安装路灯。在少数民族聚居村社、社区，坚持组织开展各族群众走访慰问、座谈交流、节目表演、专家义诊、“科技三下乡”“出彩工程”等活动，带动全区少数民族群众增强发展意识，提高发家致富能力。

人才队伍建设　2007 年，制定《甘州区少数民族人才队伍建设工程实施方案》，加强少数民族年轻后备干部队伍建设和扩大少数民族专业技术队伍。至 2016 年，甘州区有少数民族干部 130 人，其中行政 51 人，事业 79 人。坚持开展科技“三下乡”活动，通过科技培训、典型引导、示范带动等多种形式，提高少数民族农牧民科技文化素质，壮大少数民族人才队伍。注重民族团结进步先进典型培树，1991—2016 年，平山湖蒙古族乡党委、政府，甘浚乡人民政府、南街街道办事处等单位及娜仁其米格、马成功、马成贤、谢生国、乔格吉玛、安弘梧、魏玉兵、马鸿涛等个人先后获得省、市 30 多次表彰奖励。

民族经济　对少数民族乡村推行开发式帮扶和产业化帮扶，加大对少数民族聚居乡镇、村社基础设施建设支持力度，区内少数民族乡村实现道路、电力、电话、邮电村村通，水、电入户率达 100%。

清真食品管理　贯彻落实《甘肃省清真食品管理条例》，加强对清真食品生产经营企业引进、管理和支持力度。2016 年底，甘州区登记注册清真食品商户 187 户。

第三节　宗教管理

宗教活动场所　甘州区现有依法登记的宗教团体 5 个，分别是区佛教协会、区道教协会、区伊斯兰教协会、区天主教爱国会、区基督教三自爱委会。全区有批准设立的宗教活动场所 27 处。其中，佛教场所 6 处，分别是西来寺、大佛寺禅院、东山寺、灵隐寺、重庆寺、上龙湾寺。道教场所 5 处，分别是道巷庙、北武当、老寺庙、玉皇宫、关帝庙。伊斯兰教场所 2 处，分别是南关清真寺、甘浚清真寺。基督教场所 7 处，分别是城区基督教堂、基督教火车站活动点、基督教党寨雷寨活动点、基督教长安洪信活动点、基督教小满河南闸活动点、基督教乌江小湾活动点、基督教乌江平原堡活动点。天主教场所 7 处，分别是城区天主教堂、上四闸天主教堂、园艺天主教堂、和平天主教堂、六号天主教堂、上游天主教活动点、花儿天主教堂。全区备案在册宗教教职人员 355 人，其中佛教僧尼 38 人，道教道士 303 人，天主教神甫 4 人，基督教长老 6 人，伊斯兰教阿訇 4 人。宗教工作职能机构为区民族宗教局，具备行政执法主体资格。

宗教管理　1991 年，依法批准佛教东山寺、灵隐寺、大佛寺禅院、重庆寺、上龙湾寺，道教老寺庙、玉皇宫、北武当、关帝庙，基督教火车站活动点、长安洪信活动点、小满河南闸活动点等 15 个宗教活动场所。1995 年开始，按照省市宗教部门统一安排，全面开展宗教活动场所登记工作。当年 10 月，西来寺、道巷庙、南关清真寺、甘浚乡星光村清真寺、城区基督教堂等 5 处场所经张掖市政府民族宗教科审核，完成宗教活动场所登记，颁发“宗教活动场所登记证”。道巷庙和城区基督教堂同时颁发“宗教活动场所法人登记证”。2009 年，省市宗教部门对宗教活动场所登记证进行统一规范编号，全区宗教活动场所按照统一编号重新换发宗教活动场所登记证；张掖市民族宗教事务局对甘州区宗教活动场所进行区分认定，全区 22 处宗教活动场所中，认定寺观教堂 14 处，固定宗教活动处所 8 处。2010 年 1 月起，对全区符合条件的宗教界人士发放生活补助费。2016 年，甘州区举办宗教工作三支队伍政策法规培训班，81 人参加培训。

佛教 1982 年，成立张掖县佛教管理小组。1984 年，张掖县佛教协会成立，释续禅任会长兼任西来寺住持。西来寺是当时全县唯一的佛教活动场所。1989 年，张掖市佛教协会第三次代表会议召开，释续禅当选为会长。1994 年，张掖市佛教协会第四届代表会议召开，选举释续禅为会长，同时选举新一届西来寺管委会，释续诚任管委会主任。1998 年，张掖市佛教协会第五届代表会议召开，选举释续禅为会长。1999 年，沙井镇灵隐寺被批准开放为宗教活动场所，释觉明（冯虎）主持宗教活动。2004 年，区佛教协会第六届代表会议召开，选举释本法为会长，释觉明（冯虎）、宋祥祖、张吉伟为副会长。2006 年，大佛寺禅院经省宗教局批准设立，释觉明（黄金彪）主持禅院宗教活动。同年，张掖大佛寺禅院恢复建设管理委员会成立，大佛寺景区南片区域开发建设正式启动。2008 年，张掖大佛寺卧佛殿修缮竣工。2011 年，经省宗教事务局批准明永乡重庆寺、龙渠乡上龙湾寺设立为佛教活动场所。2012 年，大佛寺万佛塔万尊佛像开光法会举行。

道教 1987 年，张掖市道协第一次代表会议召开，郭诚守任会长。1992—2000 年，孙继祖任会长。2000 年，市道协第四届代表会议召开，王茂学任会长。2004—2015 年，孙吉德为区道协会长。2011 年，经省宗教事务局批准，乌江镇玉皇宫为道教活动场所。2012 年，省宗教事务局批准设立靖安乡北武当为道教活动场所。2015 年，省宗教事务局批准设立乌江镇关帝庙为道教活动场所。同年 11 月，区道教协会第七次代表会议召开，会议选举高伟为会长。

伊斯兰教 1985 年，张掖市伊协第一次代表会议召开，马钰任主任，马成贤任副主任。1993 年，张掖市伊协第二届代表会议召开，推选马钰为伊协会长，推选南关清真寺新一届寺管委员会，冯国栋任寺管会主任。1995 年，甘浚清真寺聘牛占林任阿訇。1998 年，市伊协第三次代表会议召开，推选马钰为伊协会长。1998 年，南关清真寺聘临夏县马奎任开学阿訇，经张掖市民族宗教局批准，“甘浚乡星光村清真寺民主管理小组”更名“甘浚清真寺管理委员会”，原甘浚乡星光村清真寺更名“甘浚清真寺”。2003 年，甘州区伊协第四次代表会议召开，马成贤任会长。2007 年，南关清真寺聘请马仁彪为阿訇。2009 年，甘州区伊斯兰教协会第五届代表会议召开，会议选举马成贤为名誉会长，马玉清任会长，选举南关清真寺新一届寺管会班子，穆萨·马建民任寺管会主任。2011 年，甘浚清真寺新聘广河县禾集镇人买建国任阿訇，区伊协及南关清真寺新聘武威凉州区马海祥为该寺开学阿訇。2015 年，甘浚清真寺聘请东乡县汪集乡丁忠吉任阿訇，主持宗教活动。

基督教 1991 年 10 月，城区基督教堂在原中华基督教会旧址（青年西街）建成。1992 年，张掖市基督教三自爱委会第二次代表会议召开，会议选举产生基督教三自爱委会委员 7 人，主任谭维伦。2000 年，基督教第三次代表会议召开，王海生当选为主任。2005 年，经张掖市民族宗教局批准长安乡洪信村、小满镇河南闸村、乌江镇平原堡、党寨镇雷寨村和乌江镇小湾村设立基督教活动点，并对以上活动点和火车站基督教活动点进行依法登记。8 月，区基督教第四次代表会议召开，吴筱龄任主任。2010 年，区基督教第五次代表会议召开，杜立春任主任。

天主教 1953 年，张掖县天主教爱国会成立。1984 年，天主教爱国会第二次代表会议召开。1999 年，和平乡四号村天主教堂、沙井镇九闸村天主教活动点、长安乡上四闸村天主教堂、梁家墩镇六号村天主教堂、新墩乡花儿村天主教堂、园艺村天主教堂、城区天主教堂爱国管理小组成立。2015 年，甘州区天主教爱国会第三次代表会议召开，选举新一届天主教爱国会领导班子，陈龙任爱国会主任。

第三章　人民生活

第一节　物质生活

1990 年以来，经济体制改革深入推进，农村联产承包责任制不断深化，甘州区城乡居民生活水平显著改变，衣食住行游购娱等诸多方面变化天翻地覆。据统计资料显示，1991 年，甘州区农民人均纯收入达到 775 元，全民职工平均工资 2181 元，集体职工平均工资 1796 元。至 2016 年，城镇居民人均可支配收入 22067 元，农村居民人均可支配收入 12218 元。

衣着 穿着。20 世纪 90 年代初，城乡居民的衣服、鞋子都以裁缝店定做为主，商场购买成品为副。衣服用的主要布料有：斜布、华达尼、的确良、华炳兰、格格布、呢子等。裤子的颜色大多以灰色、黄色、蓝色、黑色为主。衣服款式以解放装、军便服为主，城区和在外工作、经商者以西装、中山装为主。20 世纪 90 年代后期，开始流行穿牛仔服、皮夹克、羽绒衣、风衣等，裤子以直筒裤为主，年轻人有穿健美裤、喇叭裤、裙子的。2000 年以后，城乡群众的服饰变化很大，从保暖到美观，再到追求时尚，种类、款式丰富多样，城乡人民的衣着服饰差别越来越小。服饰色彩打破“蓝、灰、黑”的主旋律，红裙子、喇叭裤、超短裙、西装、牛仔装、迷你裙盛行。赶潮流的喇叭裤和紧身衣是年轻人的标配。夏天，小吊带、露脐装、裙裤、七分裤、甩裤以及各式各样的裙装、披肩艳丽多姿。冬天，各色大衣、羽绒服、皮衣搭配着颜色鲜艳的围巾、样式俏皮的帽子和外穿小短裤、长皮靴，成就了年轻人干净利落的美丽风韵。青年男女日常以西装为主要服装，老年人多穿中山装、唐装、夹克衫、休闲服。学生多穿学校统一制作的校服，有明显的个性和学校文化元素。童装品种繁多，样式各异。市面上流行的衣服种类有：中山服、军便服、西服、呢子服、夹克、风衣、运动服、迷彩服、牛仔服、衬衫、T 恤、毛衣、线衣、保暖衣、羊毛（绒）衫、呢绒大衣、皮制夹克、牛羊毛衫、羽绒太空服等。女子服饰特别亮丽，工作和出席正式活动穿着套装，日常工作和生活着装休闲随意，款式主要有：休闲西服、休闲夹克、运动服、连衣裙、超短裙、无领无袖的贝贝裙、迷你裙、吊带衫、典雅的旗袍、宽肩膀与厚垫肩的红色的服饰，还有春秋保暖的毛衣、羊毛衫、保暖衣，配置以坎肩、披风，显得风姿绰约。服饰面料主要有：单色棉布、花棉布、绸缎、涤纶、呢子、毛料、麻料、纯棉真丝、罗麻布、牛奶丝等，使服饰具有保暖、抗菌、保健功能。裤子方面，窄腿裤、甩裤、七分裤替代了喇叭裤，锥子裤和小脚裤十分流行。人们穿的裤子有：直筒裤、喇叭裤、健美裤、老板裤、背带裤、西裤、休闲裤、牛仔裤、运动裤、短裤、中裤等。2010 年以来，国内外知名品牌时装强势进驻张掖市场，香奈儿、波司登、红豆、罗蒙、报喜鸟、雅戈尔、鄂尔多斯、杉杉、恒源祥、开开、爱的礼物、劲霸等国内外品牌服饰成为中青年男女的时尚选择。

佩戴。20 世纪 90 年代初，男子流行戴耳瓜帽、八角帽、解放帽与鸭舌帽，女子常常围各色头巾和大丝巾。2000 年以后，牛仔帽、网球帽、贝雷帽、水手帽、钟形帽、太阳帽、棒球帽逐渐流行，手工编织的毛线帽也风行一时。夏季炎热时戴长舌遮阳帽、草帽。日常生活老年人常戴塔塔帽、中山帽。小孩子在冬季戴毛线编制的动物头形帽、牛仔布帽、卡通帽。妇女慢慢除戴传统的围巾，也戴上了各式各样的围巾和帽子，外加眼镜、披风、挎包等。20 世纪 90 年代开始，常用于工作生活计时的手表，后来逐渐被电子表、传呼机、手机替代。

佩饰。20 世纪 90 年代，戴银（铜）戒指、玉石手镯、金（银）耳环只是少数，饰品大多是祖传的玉器、银器，如手镯、耳环、戒指等。2000 年以后，金银珠宝饰物逐渐流行，城乡妇女大多佩戴金银戒指、金银耳环，有的佩戴金项链。男女结婚常常要珠光宝气，手上戴金戒指或银戒指，手腕戴有玉镯、玛瑙、手表等首饰。

鞋袜。20 世纪 90 年代，自制布鞋逐渐退出生活，市场上出现工厂化加工制作的布鞋、塑料底布鞋、胶底布鞋、球鞋、运动鞋、皮鞋等。妇女穿各类高跟鞋、旅游鞋、休闲鞋、短筒、长筒皮靴。老年人喜欢穿自制布鞋，逢雨雪天气，穿胶鞋、雨鞋。人们穿的袜子有：线袜、尼伦袜、丝袜、棉织袜。2000 年以后，鞋子以皮鞋、球鞋、布鞋为主，款式以平底鞋、高跟鞋为主。袜子款式多样，有高腰袜、连裤袜、长筒袜、短袜、船袜等。

发型。20 世纪 90 年代，男同志人喜欢留短发、理小平头、梳分头。女同志喜欢留披肩长发，或扎麻花辫、马尾巴。老年同志喜欢刮光头。年轻姑娘喜欢戴头饰，有发卡、丝带、红花。年龄大的也有盘头、剪短发的。2000 年以后，流行长发、卷发，注重发型保护，兴起烫发、染发。进入 21 世纪，“理发师”晋升为“发型设计师”，各种各样的欧美、日韩时尚发型涌入甘州。染发的、烫发的、拉直的、复古 BOB 头、电棒烫、陶瓷离子烫……应有尽有。“做头”成为当代张掖女性生活中的一个重要部分。

饮食　20 世纪 90 年代开始，油票、粮票、肉票等专供产品取消限量供应，物质产品不断丰富，温饱问题得到解决。婚丧嫁娶、老人寿辰到后来乔迁新居，孩子成年冠礼、考中大学都摆筵席（俗称摆席），筵席多宰杀自家养的猪、羊、鸡。逢年过节走亲戚，一般情况都是拿着礼品，主要有：大肉礼方子、水果罐头、糕点、白糖等。2000 年以后，群众饮食从能吃饱到能吃好转变。全区人民的饮食状况发生明显变化，饮食结构逐步向营养保健型发展。食品消费中，肉、蛋、油、牛奶、蔬菜的比重上升，主食消费下降。与城镇居民相比，农村略有差别，主食以面粉、黄米、小米、糁子为主，兼有大米。副食中，肉类人年均食用量与城市人均基本持平，只是集中在冬春季节。大家广为熟悉的筵席活动，也走出农家，大多在集镇、城市酒店举办，酒席数量不断增加，由几桌增加到几十桌；酒席档次不断提高，由一桌几百元增加到几千元不等；酒席敬礼数额不断抬高，从 20 元、40 元、50 元增加到 100 元以上；酒席中的礼仪也越来越讲排场，家庭条件好一些的大多请专门的司仪主持婚礼或仪式，费用也有几百元到几千元不等，还有请歌手唱歌助兴，请录像师拍照、录像的。逢年过节走亲戚，礼品主要有：高档烟酒、牛奶饮品、水果糕点、鲜花等。2010 年以后，人们注重营养搭配，以去吃农家饭为时尚，城郊长安、梁家墩、上秦、新墩等处出现许多“农家院”饭庄，粗粮野菜成了餐桌上的健康食品。臊子面、小饭、粉皮面筋、糊粕、搓鱼子、拉面、油糕、芽面包子、西北大菜（香菜）、卷子鸡、酿皮子、鱼儿粉、蛋糕儿、豆腐脑等小吃以价廉物美、老少皆宜驰名省内外。城乡人民关注的婚丧嫁娶及朋友聚餐宴席标准也提高到千元左右，亲朋好友礼金增加到 200 元、500 元、1000 元不等，满月宴、乔迁席、寿宴、升学宴、留头席等名目繁多，人情往来成为群众新的负担。

住房 1993 年，城镇居民人均居住面积 8.65 平方米，增长 16.6%，农村居民人均居住面积 21.6 平方米。到 20 世纪 90 年代中期，农村庭院搬迁改建基本完成，房屋结构大多为土木结构的四合院平房，修建多是自己拓土坯，邀请亲戚帮忙修建。2000 年，城镇居民人均住房面积达 8.97 平方米，农村居民人均居住面积达 21.5 平方米。2000 年以后，城镇居民基本住上了安全舒适的平房或住宅楼，水、电、暖、卫生设施配套齐全，装修讲究。农村新一轮居民点建设在各乡镇推行，许多经济条件好的农家开始修建砖混结构的小康住房，宅院布局完善合理，大多是前庭后院，前庭住人，后院养殖。房屋有客厅、卧室、书房、厨房、储藏室等。经济条件好的农户开始修建二层楼，架上了沼气、土暖气。2010 年，城镇居民人均住房建筑面积 33.09 平方米，增加了 1.7 平方米；农村居民人均居住面积 42.31 平方米，增加了 1.99 平方米。2010 年以后，随着城市建设步伐加快，城区居民逐步搬上楼房。至 2016 年，甘州区农村除安阳、花寨、平山湖三乡没有小康住宅楼外，其他乡镇行政村住宅楼建设普及率达 100%，农户入住楼房率都在 70% 以上。

出行 20 世纪 90 年代前，群众出行以骑自行车为主，后来出现了人力黄包车、摩托车、三轮摩托、手扶拖拉机、面的和公共车。20 世纪 90 年代中期开始，摩托车代替自行车，三轮农用车代替手扶拖拉机。城镇出行更为方便，三轮摩托、出租车满街都是，随叫随到。2000 年以后，自行车、摩托车普及，各种出租车、城市公交车遍布城区，城乡人民出行更加方便、快捷、舒适。2010 年以后，工薪阶层较富裕者购私家小汽车成为时尚，乡村富裕人家客货两用车辆购置大面积普及。到 2016 年，全区有注册机动车 146531 辆，公交车 185 辆。出租公司 6 个，出租车 1287 辆。出租车、私家车和公交车取代自行车、摩托车，新型的节能环保自行车和小汽车日益成为群众出行的环保代步工具。

生活用品 20 世纪 90 年代，居民温饱基本得到解决，城乡盛行黑白电视机、梅花牌运动衫、海鸥相机、乐凯胶卷、凤凰自行车、回力胶鞋、飞跃胶鞋、蜂花洗发精、小白兔儿童牙膏等物品，“三转一轮”（缝纫机、自行车、手表和录音机）成为年轻人结婚的“四大件”，化妆品、首饰等受到女性青睐。2000 年后，彩色电视机取代黑白电视机，电脑、电冰箱、液晶电视、空调等高档耐用消费品普及城乡居民家庭。彩色电视机、电风扇、单双缸洗衣机、轻便自行车成为年轻人结婚的“新四大件”。2010 年后，彩色电视更新步伐加快，从黑白到彩色、从手动到遥控、从小屏幕到大屏幕、从电子管到晶体管再到液晶体、从台式到挂式，平面直角电视、超平电视、纯平电视、液晶电视、等离子电视、LED 电视、数字电视陆续占领市场；电风扇由台式、普通落地扇向遥控、自动调速等多功能型转变；电脑有台式机、笔记本；冰箱由一般直冷型向风冷型转变，由单开门向双开门转变；洗衣机由单缸向双缸、半自动、全自动方向发展；录音机由单卡到双卡、再向组合音响发展。彩电、冰箱、洗衣机、电脑、热水器、电磁炉等家电器产品在乡村得到广泛普及。通信工具由固定电话到传呼机到小灵通，由一般手机到智能手机。VCD、DVD、EVD、数码相机等产品进入普通百姓家庭。

收入消费　1991 年，全市农民人均纯收入达到 775 元，全民职工平均工资 2181 元，集体职工平均工资 1796 元。1993 年，城乡居民储蓄存款余额 4.86 亿元。城镇居民消费总支出 11770 万元。农村居民消费总支出 22582 万元。按当年价格计算，城乡居民人均消费支出 801 元。2000 年，全年职工工资总额 13585.9 万元，职工平均工资 7303 元。城镇居民人均可支配收入 4540 元，城乡居民储蓄存款余额 196280 万元。城镇居民人均消费支出 3838 元，农民人均纯收入 2961 元。2010 年，全年城镇居民人均可支配收入 10855 元，人均消费支出 10135 元，全年农村居民人均纯收入 5862 元，人均生活消费支出 4848 元。居民家庭恩格尔系数为 33.02%。2016 年，全年城镇居民人均可支配收入 22067 元，城乡居民储蓄存款余额 187.7 亿元，城镇居民人均消费支出 20391 元，城镇居民家庭恩格尔系数为 29.47%。农村居民人均可支配收入 12218 元，农村居民人均生活消费支出 10963 元，农村居民家庭恩格尔系数为 35.44%。2000 年以前，城乡群众收入主要是生产经营性收入和工资性收入为主。2000 年以后，随着体制机制变革和经济发展，城乡群众的收入渠道不断增多，除生产经营、工资收入之外，还有财产转移性收入、金融投资性收入、福利收入、务工收入和其他收入。

2000 年以前，甘州区城乡群众的消费重点是生活必需品、房屋购置、衣着服饰、家用电器及家具设施、医疗保健、教育文化娱乐。2000 年以后，医疗保健和休闲旅游成为消费热点。随着消费水平的提高和消费观念的转变，消费支付观念也悄然发生了巨大的变化。20 世纪 90 年代，群众消费主要以硬币、纸币支付为主要手段，硬币面值分别有壹分、贰分、伍分、一角、伍角、一元。纸币面值有壹分、贰分、伍分、一角、贰角、伍角、一元、贰元、伍元、拾元、壹佰元。2000 年后，货币支付仍然是生活工作中的主要支付方式，但在重大商业活动中，银行卡支付逐渐替代了货币支付。到 2010 年以后，互联网电子转账（第三方电子转账）支付方式的变革推动人民生活向更智能、更便捷的互联网方向发展，消费出行支付方式慢慢变成一部手机走天下。

第二节 精神生活

1978年中国共产党十一届三中全会后，甘州区人民群众精神文化需求和生活品位逐步提高，人们在工作、生产之余，读书看报，听广播，参加集体文化活动逐渐兴起。1990年以后，城区电影放映火爆，录像厅、卡拉OK歌舞厅及音像市场倍受群众欢迎。农村乡镇团委、妇联和文化站不定期开展集体文化活动，深受农村青年欢迎。青年人中自发组织开展较为固定的联欢活动。2000年后，中心广场、甘泉公园、城北润泉湖公园、滨河新区湿地公园、湿地博物馆、城南沙漠公园、甘州府城、玉水苑、北武当、平山湖国家地质公园等一大批公共文化活动场所、旅游景区和大佛寺、高总兵府、黑水国古城、图书馆、博物馆、美术馆、南华书院等公共文化阵地及长安、新墩、梁家墩、碱滩、乌江等乡镇的农耕文化阵地为城乡人民群众提供了娱乐、休闲、旅游的场所。节假日、工作之暇，人们来到广场，走进公园，舞剑、唱歌、跳舞、写字、画画、散步休息、观赏演出。张掖人民“团结拼搏，创新苦干，自加压力，争创一流”的思想观念，公民道德行为逐步规范，文明家庭、文明单位、文明楼院、五好家庭、甘州好人、道德模范等精神文明创建活动蓬勃兴起，见义勇为、拾金不昧、舍己救人、助残扶贫、孝顺公婆、尊老爱幼、五好家庭、邻里相助、和睦共处、捐资助学、保护环境的优良传统蔚然成风，以德治国理念引领广大群众修身齐家，向富裕小康目标迈进。

社会道德风尚 1991—2016年，甘州区突出社会主义思想教育、中国特色社会主义思想教育、社会主义核心价值观教育和公民道德建设工作，开展文明市民、文明单位、文明城市创建活动，学雷锋、树新风、献爱心系列活动，“河西精神文明建设模范走廊”系列创建活动，“三优一满意”优质服务创建活动，“讲文明·树新风”活动。通过“三户两评”“十杰百家”“十星级”文明农户评选、“青年文明号”“十大杰出青年”“百名优秀工作者、生产者和党务工作者”“感动张掖”十大骄子评选、“五星文明户”“科技致富之星”“十佳孝子”“百城万店无假货”“文明公交车”“文明公交示范线”“文明之星出租车”“最美家庭”“最美家庭成员”、寻找乡村好青年、道德模范、“最美人物”“凡人善举”等的评选，打造道德讲堂活动品牌和甘州好人品牌，涌现出一大批传承中华民族传统美德，体现时代精神的道德模范，使崇德守信、勤劳淳朴、乐善好施的甘州人文精神风貌得到传承。甘州区有1人获得全国道德模范提名奖，1人入选中国好人榜，18人被授予省、市级道德模范，评选区级道德模范111人，表彰全区“十佳孝子”22人，237名美德少年获得省市区表彰。累计建成平安乡镇17个、平安街道5个、平安村184个、平安社区17个、平安小区4个、平安单位81个、平安学校242个、平安企业32个、平安医院11个，创安率达96%以上。

节庆纪念活动 元旦。亦称“新年”，一年之始。元旦期间各部门行业、乡镇街道通过走访慰问、扶贫帮困、举办文体活动、开展文艺演出、组织体育活动等形式以示庆祝。也有朋友、亲戚、同事及单位互赠新年贺卡，表示庆祝与问候。

三八国际妇女节。区、乡镇街道、村社区妇联大多组织开展各类庆祝活动。形式有表彰先进、文艺演出、参观学习、工作交流、法律法规知识讲座、志愿服务、关爱贫困妇女、关注留守儿童、维权服务等。

五一国际劳动节。各级党政领导慰问劳动模范和一线职工。工会组织评选表彰先进典型，举办先进事迹报告会，开展庆五一文艺活动，组织基层工会组织开展系列文体活动等。2000年以后，人们利用五一小长假，兴起短途、短线旅游，丰富假日生活。

五四青年节。节日前后，各级团组织牵头，开展演讲比赛、诗歌朗诵、表彰大会、创业经验交流等纪念活动，倡导广大青年发扬“爱国、进步、民主、科学”的精神。各级团组织利用纪念日，集中进行成年宣誓仪式和各种志愿服务及社会实践活动。

六一国际儿童节。区上适时举办大型文艺演出，集中展示全区少年儿童的精神风貌。同时城乡中小学、幼儿园举行学生游行、歌舞表演、体育运动会等各种形式的庆祝活动，表彰奖励“三好学生”“优秀少先队员”“好儿童”等优秀青少年。

七一建党节。各级党组织通过举办新老党员宣誓仪式、重温入党誓词、文艺晚会、歌咏比赛、党史知识竞赛、演讲比赛、走访慰问老党员等，庆祝党的生日。表彰奖励先进党组织、先进党务工作者、优秀共产党员，举行征文、书法、绘画、摄影展评等活动，讴歌时代辉煌，增强党员宗旨意识。

八一建军节。以双拥共建为主题，每逢八一建军节，区委政府领导都要走访慰问辖区各驻军单位和部分退伍老兵，为驻地官兵送上节日礼品和美好的祝福；召开座谈会和议军会议，共话军民鱼水深情，共商军地、军民共建大计，为辖区驻军解难题，办实事。各级组织还开展丰富多彩的军民共建文化活动庆祝八一建军节。

教师节。1985年9月10日第一个教师节，甘州区召开隆重的庆祝表彰大会。以后每年都召开庆祝会，表彰奖励模范班主任、优秀教师、优秀教育工作者、关心支持教育工作的先进集体、个人，走访慰问各中小学离退休老教师及家庭困难教职工。各级党政组织和各中小学分别组织形式多样的庆祝活动，营造浓厚的尊师重教氛围。

国庆节。每逢10月1日，各级组织利用文化广场、影剧院、乡村文化站、社区等开展庆国庆系列活动。主要有广场文艺演出、书画作品展、优秀电影集中展播、演讲比赛等。2000年后，甘州市民周边游、短线游持续升温，外出旅游成为十一度假新时尚。

传统健身活动　滚铁环。铁环由直径1尺左右的圆形铁圈和1根70厘米至80厘米长的粗铁丝组成，粗铁丝一头弯成勺状弯钩，另一头弯成把手形状。玩的时候，一手握住环把子，另一只手提住铁环放在弯钩里，铁环朝前一滚，环把子就推着铁环滚动前行，同时发出悦耳的金属摩擦的声音。

踢毽子。毽子是由两部分组成，一部分是用布缝制包有麻钱的毽托子，一部分是装饰用的鸡毛，有白色、花色等。用时把鸡毛插入制作的毽托子，两相组合，便形成一个身轻脚重、漂亮好看的毽子。踢毽子的玩法很多，单脚内侧踢叫“小小”，踢一次算一个；用膝盖踢叫“墩墩”；两脚内轮流交踢叫“盘盘”；把毽子踢起来或抛起来，随着一个优美的弹跳，在背后用脚后跟把毽子踢得高高的，叫“打卡”。踢毽子可分成两拨对抗，每一拨的成绩可以累计计算。形式由后踢的一方决定，一般从易到难，依次上升，无论踢什么项目，毽子一落地就被淘汰，换人重新开始。

打弹弓。用带杈的树杆，绑上两根橡皮条，剪一块长方形牛皮，两头各剜一个洞，把橡皮条分别从洞里穿过去用麻线扎好，一个弹弓就做成了。甘州孩子们常用弹弓比赛射击，拣一些小石子当“子弹”用于打麻雀。如果把弹弓叉做成粗铁丝的，技术含量和精致程度都大为改观。有的还在绑皮条的两个叉环中间用毛细铁丝为弹弓做上一个“瞄准镜”，把麻雀套在瞄准镜里，“三点成一线”射击，命中率大大提高。

打沙包。首先是缝沙包，剪 6 块 5 厘米见方的布块，边边相接，缝成 1 个空壳的正方体，留 1 个小孔，待里面装进麦麸、谷糠，或者玉米粒、沙土后缝严，沙包就做成了。打沙包要在地势平坦空阔处进行，活动范围常在较开阔的地方，参加人员大多分成两拨，一拨在场地中间，任务是躲避对方沙包打着；另一拨分成两部分，分别在场地的两边，任务是利用手中沙包进攻中间的一拨。游戏开始后，进攻的一方用沙包掷打中间的防守的一方。谁被沙包击中，谁就退出场外，直到场内人被全部击中，游戏就结束。后攻守双方交换位置，重新开始。

荡秋千。甘州民间把荡秋千叫“打秋千”，秋千没有专门的设施，玩时拿麻绳拴在廊檐下，或者在院门前选择并排的两棵树，在适当高度架一个横担，把绳子拴在横担上，秋千就做成了。玩要时双手握绳，一脚踩在秋千上，一脚跳着后退几步，然后蹿上去，借着秋千的惯性前后摆动，向后摆的时候两腿蜷缩，向前摆的时候用力一蹬，这样反复交替，秋千就荡起来了。也有坐在横档上后面有人推着玩的。

跳绳。跳绳时，选一根绳子，握住两头，就地甩开，双脚随着绳子节奏跳动即可。绳子上下甩动，甩过脚下时，迈步过绳叫“小小”，是最简单的跳法。单脚跳跃叫“瘸瘸”；两脚齐跳叫“蹦蹦”。跳绳可以一个人自得其乐，也可以两三个人一起玩，各计各的数字。绊了绳就被淘汰，换另一个人跳。后来还有集体跳绳，参加人数有十多人，场面大、参与面广，趣味性强，深受群众欢迎。

拔河。是群众参与面广，场面热烈，最能凝聚人心的群众体育活动。举办拔河比赛，先要选择好拔河场地。一般情况，拔河道选择在开阔的直线型跑道上，先在跑道上画 3 条直线，间隔为 2 米，居中的线为中线，两边的线为河界。参加队员由领队、监督员、选手组成，人数在 12—16 人不等。比赛采取三局两胜制，拔河时，两支队伍分别在拔河绳的两边，经过清查队员后入场，两支队伍的啦 啦队分别在比赛队的两边助威加油。比赛时，绳子中间系一根红带子作为标志带，下面悬挂一重物垂直于中线。参赛的两队队员同时上场。各队选一名指挥员，队员依次交错分别站在河界后拔河绳的两侧，裁判员发出“预备”口令，双方队员站好位置，拿起拔河绳，拉直做好准备。此时标志带应垂直于中线。待裁判鸣哨后，双方各自一齐用力拉绳，把标志带拉过本队河界的队为胜方。

广播体操。是城乡中小学和各机关单位、企事业单位开展的全民锻炼的体育项目。广播体操从 1951 年第一套广播体操开始推广，到 1990 年，广播体操改进到了第八套，由当时著名的体操王子李宁做模特推广。至 2016 年广播体操已经改进到了第九套，而且随着群众体育活动的发展，广播体操逐渐被广场舞取代。广播体操自身也不断改进，陆续出现了健身操、韵律操等。

步行。每天早晨或茶余饭后，居民喜欢散步、倒走等步行活动。民间有“饭后百步走，活到九十九”“没事常走路，不用进药铺”的说法，即通过自由和缓的行走，四肢自然而协调地舒展，使全身关节筋骨适度运动，增强腰部肌肉和韧带的张力与弹性，起到舒关节而养筋骨、畅神志、益五脏的锻炼效果，提高肌体免疫力。

球类比赛。每逢重大节日，城市和乡村都要举行各种球类比赛。平时多在早晨和下午，部分居民自发组织篮球、乒乓球、羽毛球、足球等球类运动。

太极拳。太极拳是城区老年人喜爱的体育运动，适合体弱多病者练习。长期练习，可使人心态平和宽容、身体灵活，有正骨骼、健肠胃、促循环、利脑养性等功效。

蹦迪。青年人喜欢蹦迪，迪斯科音乐强调以强弱力度、交替诱发内在的节奏冲动来支配舞步，舞蹈动作可随音乐节奏即兴发挥，突出自由、个性。这种舞蹈可单人自跳、双人跳，还可集体跳，起到身心愉悦的效果。

猫捉老鼠。玩耍人数在 10 人以上。游戏开始前，先以石头、剪子布的方法选出“猫”1 只，“老鼠”若干只，其余人员手拉手围成圆圈，作为“洞”。“老鼠”在圈内来回跑动，伺机钻出“洞”外。扮演“老鼠”者在“洞”外巡视，伺机捉出洞的老鼠。“猫”捉住老鼠，老鼠算出局。“老鼠”全部被捉后游戏重新开始。

老鹰抓小鸡。参加人数不限。玩耍时，先选出 1 名身体健壮、反应敏捷、奔跑快的队员为老鹰；选 1 名身体好、移动快的队员为鸡婆；其余队员为小鸡。比赛开始，老鹰不断左右移动，伺机抓住小鸡。鸡婆左扑右挡，不让老鹰抓到小鸡。在规定时间老鹰未抓到小鸡，判老鹰败；如果抓到小鸡，判老鹰胜。

休闲娱乐活动 甘州区居民的休闲娱乐活动主要有养花、养犬、骑车、慢跑、郊游、垂钓、自乐班、弈棋等。以亲朋好友、家人、同事一起自发为主，强调娱乐身心、回归自然。

养花。通常在客厅和居室中养一些自己喜爱的花卉，用来净化室内空气、装点室内环境，增加美感，丰富业余生活。居民养的花品种主要有牡丹、芍药、蜡梅、茶花、月季、三角梅、杜鹃、君子兰、扶桑、文竹、万年青、米兰、茉莉、石榴、鸡冠花、一串红、仙人球、四季海棠、马蹄莲等。近年来，居民逢年过节，时兴送花。

养犬。张掖养犬最早是出于安全考虑，养犬的目的在于防贼防盗。后来发展到喜欢和消除寂寞。2000 年后逐渐成为时尚潮流。张掖人养犬多以体型矮小的哈巴为主，还有的人家养藏獒、金毛、拉不拉多、苏格兰牧羊犬、阿拉斯加等品种，并给犬配备服饰，起卫生保暖作用。

弈棋。茶余饭后，众多象棋爱好者遍布城区大街小巷、广场、小区，对弈下棋。往往两人对弈，多人围观，既能休闲娱乐，又能起到健脑作用。

玩扑克、麻将。又称打牌。玩法多样，有升级、掀牛、五十一、双扣、斗地主、炸金花、憋七、说别话、拖拉机、接龙、十点半、开火车等。打麻将也是常见的娱乐方式，主要的嘴子有“甩幺九跟庄走”“青雀硬八末张报”“晾四打一”“扣八亮五出风停”“孔雀东南飞”“中学生打篮球”等。打麻将 4 人一组，玩扑克人数可多可少，聚众娱乐。但也有以“炸金花”“搓麻将”等方式进行赌博的，易引起矛盾，造成社会危害。

打台球。20 世纪 90 年代兴起打台球，城乡各地多见小规模台球厅室或露天摊点，中心广场周围或沿街铺面相对集中。2000 年后出现斯诺克台球，可多人参与，玩法相对复杂，属于高档娱乐消费。

看录像。20 世纪 80 年代兴起，香港电影以录像带的方式传入内地，录像厅在城乡兴起，港产武打片吸引了大批年轻人。20 世纪 90 年代后期，影碟机逐渐普及，录像厅生意日渐冷淡。

跳舞。20 世纪 90 年代，跳交谊舞成为青年交友、交流的时尚方式。2000 年开始，居家看电视、电影者居多。青年在劳动之余到舞厅跳舞放松。2010 年以后，家庭影院兴起，跳交谊舞的热潮逐渐消退，歌舞厅慢慢冷清。

溜旱冰。20 世纪 90 年代，溜旱冰运动流行，因其刺激、惊险和时髦深受广大青少年喜爱。许多歌舞厅的舞池白天用作溜旱冰场。

唱卡拉 OK。20 世纪 90 年代，唱卡拉 OK 成为一种时尚，城区出现多家卡拉 OK 歌厅，按曲收费。2000 年以后，KTV 出现，设有包间，可用电脑点歌。

玩电子游戏。20 世纪 90 年代，电子游戏进入人们的生活，城乡各地多见电子游戏厅。2000 年以后，随着手机的普及，电子游戏进入寻常百姓家，男女老少不出家门就能在手机上玩电子游戏。

上网。20 世纪 90 年代后，城乡出现网吧，人们利用网吧内的计算机进行学习、浏览网页、玩网络游戏、聊天、看电影等。对外开放的网吧都有政府部门的审批和监管，禁止未成年人进入。2000 年以后，随着电脑和手机的普及，互联网改变了人们的生活方式与工作方式。据 2016 年甘州区统计公报显示，全区移动电话用户 84.59 万户，计算机互联网用户 24.29 万户，互联网已经成为全区人民工作和生活中不可或缺的部分，人们通过互联网聊天、玩游戏、查阅资料、宣传产品和购物。但互联网的普及也使许多不健康的低俗文化侵蚀青少年，对社会安全带来隐患。

第四章　婚姻　家庭

第一节　姓氏　取名

姓氏是血缘关系的标志，是表示家族系统的称号，是一个家族或有血缘关系的人的公用姓。但姓氏本身很复杂，有的姓氏出现很早，有的姓氏出现较迟，就一定意义上说，新的姓氏还在不断产生。据考证，在 2500 多年以前，姓和氏并不是一回事。当时，男子称氏，女子称姓。氏用来表示贵贱，姓用来区别婚姻，战国以后，姓和氏才合二为一，原来的氏也成了姓。就名字而言，从中能看出属于哪一家族或部族。刚出生的孩子有乳名，又叫小名；以后又起正式名，或叫大名、学名、官名；成年后又要起与名相表里的字。是学者又有号，就是自号、别号，有的人还有绰号；当和尚、道士的有法号、道号；作家有笔名；搞艺术的有艺名，非常情况下还有代号与化名等。随着一代又一代的传承演变，一直传到今天。绝大多数的人只起名，不再起字和别号。一般认为，一个人名字的第一字为姓，后面一字或两字、三四字，称之为名或号。《中华人民共和国婚姻法》规定，孩子的姓可以随男方，也可以随女方。由于历史原因，当今绝大多数小孩的姓跟随父亲，也有少数孩子的姓随母亲者，或兼而有之。例如：王张鸿雁，取父亲姓在前，母亲姓在后，再附一字或两字。20 世纪 80 年代后，多数人取名随意，按同辈份姊妹及孩子多少排辈排字起名，以三字姓为例，第一字为姓都一样，取中间或最后一字也不变（因家谱排辈字），其他字按大到小取吉祥意象好的字起名。汉族尊称辈分以己为中心，上下九代，九代用吉祥有寓意的句子排辈分。例如：排辈是六代的，排辈字句“仁有智，金万全（泉）”等，第一辈除姓再取同辈字“仁”，后加上一字名字就起全了。第二辈取同辈字“有”，一辈一辈向后排下来。排辈为九代的，如排辈字句“立志学建成万事基业”，起名方法相同。当然也有一部分人取名比较自信、灵活，只要孩子的名字意象好、寓意深，顺口好记、悦耳即可，各有偏向。张掖人一般起名意象分为：

期盼式取名法　如兴和、万寿、万金、永全、长生、富贵等。

纪念式取名法　如国庆、新建等。

出生地取名法　如出生在张掖的起名王张生，出生在四川和陕西的起名李蜀秦等。

属相取名法　如龙龙、虎娃、牛牛等。

出生经历取名法　孩子出生顺利，全家人欢天喜地的取名迎喜、双喜、添喜等。

重叠式取名法　如姗姗、晶晶、乐乐、果果等。

出生季节取名法　如春花、春香、夏莲、秋菊、秋桂、冬梅、蜡梅、冬香等。

生育希望取名法　如盼望养个男孩的取名迎兄、招弟等。

吉祥花草取名法　如兰兰、梅香等。

复姓取名法　2000 年以后，独生子女家庭增多，一些年轻夫妻把双方的姓凑成“复姓”给孩子取名。如张杨春雨、王陈舒雅等。

崇洋起名法　进入新时期以来，随着国际文化的相互交流，常出现外国人和跨国婚姻。随着这种变化，有些人开始给自己的孩子起一个洋气的外国名字，也有些年轻人追赶潮流，为孩子取个中外结合的名字，如李根（里根）、罗宾汉、杜爱马、杰瑞、张晨腾灏，张颖嫣紫、艾瑞克、陈急思韩、文陈公主等。

本地民间各户族代代要按辈分起名，一般名字为两个字，固定模式是：祖父辈、父亲辈、儿子辈、孙子辈的名字中占的字为固定的，也由某一辈名字为一个字，如祖父辈为“张文×”，或“张×文”，父亲辈为“张国×”，或“张×国”，儿子辈为“张×”，孙子辈又为“张多×”，或“张×多”。女儿有的随辈分起名，也可以不随辈分起名，缘于女儿是外嫁的。现在绝大多数是必须要按照户族的辈分起名，也有个别的一直沿用乳名或算子算命起名。

第二节 婚姻 家庭

婚姻 1950年以前，甘州区婚姻类型主要有包办婚姻、买卖婚姻、童养媳妇婚姻、指腹婚姻、换妹亲、寡妇再嫁等。按照不同的生活处境形成的婚姻有一夫多妻、多夫一妻两类；按照娶亲方式又有明媒正娶、抢婚、顶婚三种。1950年5月，《中华人民共和国婚姻法》颁布实施，废除包办买卖婚姻，实行一夫一妻、男女平等，自由恋爱、婚姻自主的婚姻制度。1981年，国家颁布实行新《中华人民共和国婚姻法》，婚姻走上依法、规范、健康的发展道路。1981年前，法定结婚年龄男为25岁、女为22岁。1981年以后，男为22岁、女为20岁，男女双方不到法定年龄结婚不准予登记。当时，门当户对的旧式婚姻观念仍然存在，择偶时注重家庭出身、政治条件、经济条件。20世纪90年代人们的婚姻价值观念逐渐转变，由注重政治身份转为倾向个人情感，男女开始寻求恋爱、婚姻、家庭中的自我价值，自主选择婚姻增多。择偶时更加注重个人品德、才干、性格等条件。2000年以后，男女婚姻关系更加注重实际，择偶注重人品。

20世纪80年代，子女的婚姻之事父母在一定程度上占有主导地位。20世纪90年代，儿女谈婚论嫁有选择的余地。2000年后，儿女谈婚论嫁完全自己做主，自由恋爱。娶亲工具方面，20世纪90年代为汽车、小轿车，装饰有红被面子、大红花。2000年以后，为豪华小轿车车队，装饰有红被面子、各类花束。彩礼方面，20世纪80年代，为缝纫机、自行车、手表、录音机，俗称“三转一响”三大件，彩礼1000—5000元不等，衣服4—6套不等。20世纪90年代，三大件变成了摩托车、电视机、电冰箱，彩礼10000元左右，衣服选择流行式样。2000年以后，金项链、金戒指、金耳环，俗称“三金”，家中要有楼房，彩礼5—10万元不等。待客方面，20世纪80年代，待客摆上一二十桌酒席，主要招待娘家客、男方家亲戚、男方当地邻里。前来贺喜的嘉宾礼金一般为1—5元人民币。20世纪90年代，待客为圆桌席，每桌酒席标准在400元左右，酒席多少根据家庭亲戚、朋友和来宾的多少预定，客人组成为娘家客、男方家亲戚、朋友、同学等。前来贺喜的嘉宾礼金一般为几十元，有的为100元。2000年以后，多数家庭待客到酒家订餐订座，每桌酒席花费在500元左右（不含烟酒费用），桌数一般在30桌左右，有的达到四五十桌，前来贺喜的嘉宾礼金为100—200元不等，也有数百元到上千元。2010年以后，彩礼在10万元不等，陪嫁有小车、楼房等。婚宴攀比风气继续蔓延，酒席标准提升到1000元左右，烟酒档次在几十元至几百元不等，礼金增加到200元、500元、上千元不等。

家庭 1949年前，张掖本地家庭规模较大，许多家庭成员都在十几口，甚至二三十口、三四十口，多数家庭都是几代同堂或数房兄弟共同生活。1991年以来，计划生育观念深入人心，人们不再追求多生，人口出生率逐年下降，农村家庭大多1—2个子女，城市家庭大多为1个子女，多数家庭成员3—5人，家庭规模开始走向小型化，家庭组成打破传统的“父母在世，儿女不能分家另过”的陈规。“两代型家庭”（只有父母和孩子）和“孤独型家庭”（只有老两口或丧偶的任意一方）数量逐步增加，“一对夫妇只生一个孩子”的观念成为大多数家庭共识，农村个别家庭也有和父母一起生活的，但三世同堂、四世同堂的大家庭已经不多见。据统计资料显示，1991年，甘州区有104580户家庭，总人口433087人，每户平均4.14人。2000年，甘州区有129864户家庭，总人口479307人，每户平均3.70人。2010年，甘州区有167235户家庭，总人口520431人，每户平均3.11人。2016年，甘州区有178724户家庭，总人口512928人，每户平均2.87人。2000年后，外出务工、子女在外地工作情况不断扩大，离婚和再婚现象不断发生，“单亲家庭”“重组家庭”陆续增加，城乡老年人、鳏寡孤独者的养老和留守儿童、妇女生活教育成了社会问题。随之兴起了社会养老机构——养老院，社会教育机构——留守之家、少年宫等。

伴随社会发展，家庭功能也发生变化。首先，家庭收入来源发生变化。甘州自1983年农村实行大包干以后，家庭生活消费来源主要依赖农业生产收入。进入21世纪，年轻人离土离乡意识趋于强烈，选择上大学“跳农门”“进城门”或务工经商的人逐渐增多。家庭成员外出务工在外面获得的劳动报酬和工资收入成为各项支出的主要来源。其次，家庭养老育儿观念发生变化。随着经济条件的好转和社会保障水平的提高，人们的生活观念差异加大，父母、子女一起生活出现诸多不便，生活矛盾增多，青年男女结婚后大多与父母分家单过，给相互更多的自由生活空间。但大多数家庭中仍然保持尊老爱幼及亲属间生活和经济上互相关照的优良传统。子女教育日益成为家庭生活的重要工作。2000年以前，多子女家庭孩子教育有所偏爱，有重男轻女思想。2000年以后，独生子女家庭普遍，一个孩子成为家庭的中心。从生活到教育，都享受着家庭成员中最好的待遇，所有家庭成员都省吃俭用，尽最大能力给孩子提供最好的生活学习条件。再次，家庭人际关系趋向平等，在重大开支和家政决策问题上，大多数家庭都能够尊重父母，夫妻间能够共同协商，“大男子主义”观念淡化，夫妻双方共同操持内外家务的现象普遍增多。

第三节 称 谓

本地夫妻、血亲、姻亲之间的称谓除书面的称谓外，民间日常称谓随着农村经济发展和社会进步不断变化，现在书面和日常称谓已逐渐统一，城乡称谓文化日渐融合。

夫妻称谓 妻称夫在本地民间旧时称相公、掌柜的。后来，有的家庭称当家地、那口子、老头子，也有称老汉、男人的，现在基本上都称老公、丈夫，老年夫妻称老头子。夫称妻在本地民间旧时称内人、内室。后来，有的家庭称媳妇子、婆姨，也有称女人、当家奶的，现在基本上都称老婆、妻子、爱人，老年夫妻称老伴。日常称呼中夫妻之间大多直呼名字。

血亲称谓 父（母）子（女）称谓。子女称父在本地旧时称老子、老爷子，后来称爹爹、老爹、爸爸、老爸，现在基本上都称父亲、爸爸，日常称呼中叫爹、爸。子女称母在本地旧时称娘母子，后来称妈妈、老妈，现在基本上都称母亲、妈妈，日常称呼中叫妈。父母称子女小时呼小名，成年时呼大名或按子女长幼排序叫“老几”，如大儿子叫老大或大儿子、小女儿叫老小或小女儿。

祖孙称谓。孙子辈称祖父在本地称爷爷，称祖母为奶奶，现在书面称祖父、祖母，口头称爷爷、奶奶。称曾祖父为老太，曾祖母为太奶。祖父母称孙子辈小时呼乳名，成年时呼大名。

兄弟姐妹及其妻夫称谓。弟、妹称兄、姐为哥哥、姐姐、老大，或按兄、姐长幼称“几哥”“几姐”；称哥哥的妻子为嫂子、姐姐的丈夫为姐夫，或按兄、姐长幼称“×嫂子”“×姐夫”；兄、姐称弟、妹为弟弟、妹妹，或按弟、妹排序称老几，或呼小名、大名；称弟弟的妻子为弟媳，妹妹的丈夫为妹夫；与伯、叔的子女互相称堂兄弟、堂姐妹，与姑姑的子女互称表兄弟、表姐妹，相应妻、夫称为嫂子、弟媳、姐夫、妹夫。

伯叔姑侄及其妻夫称谓。本地称父亲的兄为大老、伯伯、伯父，也按伯父的长幼排序叫“×伯父”“×大老”；称伯父的妻子为伯母、大妈，也按伯父的长幼排序叫“×伯母”“×大妈”；称父亲的弟为叔叔，过去叫爸爸，现在基本上都称叔叔，也按叔叔的长幼排序叫“×叔叔”；称叔叔的妻子为婶婶、婶娘，也按叔叔的长幼排序叫“×婶婶”；称父亲的姐妹为姑姑，过去未婚时称姑姑，已婚后称娘娘，姑姑的丈夫称姑父、姑爹；伯父、叔叔、姑姑称侄儿、侄女为侄儿、侄女，或呼小名、大名。侄媳、侄婿随侄子、侄女称呼。

姻亲称谓　公媳婆媳称谓。旧时，儿媳妇称公公叫“公爹”，现在称“公公”，日常称呼随夫叫爹、爸；儿媳妇日常称呼婆婆随夫叫妈；公、婆日常称呼儿媳妇，或呼名字，关系融洽的家庭公婆呼儿媳的小名，显得更亲密。

翁婿（孙）称谓。本地女婿称岳父、岳母为外父、外母，日常称呼时随妻叫爸（爹）、妈，旧时也称岳父为“泰上”大人；岳父、岳母日常称呼女婿呼名字；外孙子女称外祖父母为外爷爷、外奶奶、姥爷、姥姥，现在叫爷爷、奶奶、姥爷、姥姥，一般不再加“外”字；姥爷、姥姥在外孙子女小时呼乳名，成年时呼大名。

舅甥称谓。儿女称母亲的兄弟为舅舅，过去也称舅父，称舅舅的妻子为舅母；与舅舅的子女互相称表兄弟、表姐妹，表兄弟、表姐妹的妻子、丈夫相应互称嫂子、弟媳、姐夫、妹夫。

姨侄称谓。儿女称母亲的姐妹为姨姨、姨娘、姨妈，一般母亲的姐姐称姨妈、妹妹称姨娘，姨娘、姨妈的丈夫相应称姨爹、姨父，现在基本上都称姨父；与姨父的子女互称表兄弟、表姐妹，相应妻、夫称为嫂子、弟媳、姐夫、妹夫。

儿女亲家称谓。夫妻的父母之间互称亲家。夫妻的伯父、伯母，叔叔、婶婶，姑姑、姑父，舅舅、舅母，姨父、姨娘之间及与双方父母之间互称亲家。

社会关系称谓　师傅。旧时学生对老师、学徒对技术工、熟练工的称呼。

大师傅。社会上对有一技之长匠工的呼称。

先生。旧时对老师、医生、店员及小学以上毕业生的称呼。

掌柜。旧时对商店老板或总管的称呼。

厂长、经理。对工矿企业负责人的称呼。

老板。对私营业主的称呼。

行政、事业单位领导称谓。书记、县长、主任、科长、局长、乡长、镇长、股长、庭长、所长、村主任、院长等。

第五章　方言俗语

第一节　方　　言

方言，是一个地方民族、民情、民意、民事口语交流的产物，是人们在社会生存、生活、生产实践活动中自然形成、共同认可、相互使用的一种独特语言。张掖的方言，基本以县区为范围，有其共同之语，也有不同言。甘州区的某些言语，与邻县基本相似，但在语音、修辞上也有差异。如今，普通话是重要的，但是方言本身也是文化的一个方面，方言和普通话本无优劣高下之分，只是一种特定环境、特定地域、特定时期的语言而已。当今，我们在推广普通话的同时，传承地方方言，是对一种方言文化的保护，也让张掖人更好地认识自己的家乡文化。

名　词

时间名词

多呼——即何时，啥时候。例：姑妈多呼过来的？

歪（wǎi）起——半夜。例：今个歪起浇水去哩。

赶早——早晨。例：今个赶早去把那块苞谷地锄一哈！

饭罢——上午。例：饭罢过了，那个人还不见。

晌午——中午。例：今天晌午的太阳晒死人呢！

节儿——时间。例：你们哪节儿走呢？

崴起——深夜。例：他一崴起就没起来看一下。

黑（hè）咧——指晚上。例：我今黑咧要去浇水哩。

后晌——下午。例：一后晌了才干了这么一点点活。

当窝子——当场，立刻。例：他一听这话，当窝子就把脸吊下来了。

临完——临近结束，最后。例：直到临完他还是一句话也不说。

人和事物名词

懒换台——人比较懒。例：他是个懒换台，什么事情都不做。

讨吃——不上劲的人。例：那个讨吃，不好好学习。

日拔跨——不走正道的人。例：他是日拔跨。

撩襟——衣服前襟。例：把撩襟揭起来，用撩襟兜上。

谷（gǔ）袄子——棉上衣。例：扯上些布缝个谷袄子穿。

羊尾（yi）巴——衣服后襟下部。例：羊尾巴甩上跑得欢。

麻达——祸事，乱子。例：听说那娃又惹下麻达了。

瓜娃子——人小，懂的事情少。例：他是个瓜娃子不懂事。

卵（luán）传子——胡说八道。例：不要惹得人家卵传子。

刀巴子——馒头的一种，呈长扁形，蒸熟后仍留有刀切的痕迹。例：一顿吃了五个刀巴子。

烂杆手——生活不精打细算或者不好好过日子。例：他是个烂杆手，我不和他过了。

塘土——指路上车压过形成的细土，一般指这样的土比较多。例：路上塘土干样的，把人奔得脏兮兮的。

腰食——在正餐之间临时补充的食物谓之腰食。例：农忙时节，一天吃三顿饭还要带腰食。

日头——指太阳。例：日头都三竿高了还不起床。

唠唠——指猪。也跟在猪后做语气词。例：你们家养了几口猪唠唠。

哈气——本指蒸气，这里指人的傲气、气势。例：小小的个人，你还哈气大得很。

山猫子——指住在山附近的人，有贬义。例：他家来了个山猫子。

摆水——指人用手背打到了别人的嘴上。例：爹把我打了个摆水，我哭了。

刮耳子——指人用手掌打到别人的耳朵上。例：打你个刮耳子。

加脖子——指用手掌打到了别人的后脖颈。例：把儿子打了两个加脖子。

冒盘子——指手掌打到了别人的后脑勺并从上划过。例：他把我打了个冒盘子。

塌掌——指用手掌从上往下用力拍在人的头顶。例：一塌掌把儿子打得跪下了。

毦（māo）奶奶——指用膝盖使劲顶了别人的臀部。例：给了个毦奶奶，他就倒下了。

月娃娃——未满月的婴儿。例：月娃娃都这么丑。

哈（hà）巴子——下巴。例：与其望人的哈巴子，不如自家挣着吃（民歌）。

腰节骨——腰椎骨。例：腰节骨错了位，疼得下不来炕。

腰梁杆——脊椎骨。例：腰梁杆挺直做人哩！

嗓葫芦——喉咙。例：嗓葫芦眼里卡了个刺。

耳刮子——耳朵。例：耳刮子冻坏了。

呼噜爷——雷声，旧时把雷称作神，俗称呼噜爷。例：呼噜爷响得雷鸣震地。

膊来盖——膝盖。例：膊来盖上钉掌离蹄（题）太远。

胳肘子——肘。例：他把人顶了一胳肘子。

脑勺把——后脑部。例：只看见了他的脑勺把。

天门盖——面部上额。例：流鼻血时用凉水拍拍天门盖就止住了。

鼻窟窿——鼻孔。例：他俩一个鼻窟窿里出气哩！

膈涝洼——腋窝。例：他的膈涝洼里夹了一本书。

勾蛋子——臀部。例：老汉瘦得勾蛋子上都没肉咧！

脖梁干——脖子。例：脖梁干痒痒得很。

鼻凹（wà）——鼻头两侧。例：鼻凹里有颗黑痣。

懒弯——腿窝（膝关节后面）。例：累得人懒弯里淌汗哩！

孤拐——踝子骨，两脚内外高出的骨头。例：再乱跑把孤拐给你砸平！

小拇尕子——小拇指。例：他连我的一个小拇尕子都不如！

肚目脐子——肚脐眼。例：娃娃的肚目脐子上贴了块膏药。

脖郎——颈部，脖子。例：那孩子脖郎里挂了个银锁锁。

胛花——肩膀。例：胛花上扛了一杆枪。

当池子——指农家院子中间的天井。例：下了一当池子雨水，快排出去。

黑老哇——指乌鸦。例：黑老哇叫着哩。

雀（qiǎo）娃子——指麻雀。例：他是个雀娃子，会叫不顶用。

高粱——指蜻蜓。例：抓了一只高粱，他很高兴。

血虎子——指蜥蜴。例：他不去抓血虎子。

屎爬牛——指甲虫。例：屎爬牛乱出要下雨哩。

叶帖子——指蝴蝶。例：女儿抓了一只叶帖子笑了。

癞瓜瓜——指蟾蜍，因浑身疙里疙瘩，故有此称。例：他身上有癞瓜瓜，不要碰他。

喜鹊巧儿———指喜鹊。例：喜鹊巧儿树上叫喳喳。

公咕咕——指布谷鸟。例：他是个公咕咕，挑刺哩。

噶大鸡——指翠鸟。例：芦苇噶大鸡多。

护（hū）兰板梢子——指前腿薄而脆的那一块骨头。例：车翻了，把司机的护兰板梢子碰坏了。

骚猪——指用来配种的公猪。例：鸡被骚猪咬了一口。

炮牛——指公牛。例：让他的炮牛去挑一下。

乌牛——指母牛。例：李家买了头乌牛。

叫驴——指公驴。例：王家买了头叫驴。

草驴——指母驴。例：买头草驴让它下驴娃子。

嚎蛐蛐——指蛐蛐。例：门外嚎蛐蛐乱叫呢。

灭盖——秸秆。例：把这些灭盖烧掉。

芫荽——香菜。例：你们家有芫荽吗？

动　词

瞧——比较正式的、隆重的去请。例：你去把你姑妈妈瞧到我们家来蹲几天。

愣（lēng）——用拳头在人脊背使劲打。例：愣了他几拳。

泼烦——麻烦的同义语，或内心烦恼。例：为这事天天来人催，泼烦死了！

打捶——打架。例：弟兄两个打捶哩。

嚷仗——吵架。例：为这点小事嚷仗划不来。

捣是非——说坏话。例：不要在别人跟前捣是非。

掏撇——破费。例：亲家母来就是了，还要带礼物，掏撇啥哩！

倒磨——反刍。例：老牛卧在槽边倒磨着哩。

挕（dié）——报复人的意思。例：那是个坏怂，你使劲挕。

抾（qiā）——用双手搬动物体。例：把袋子抾进屋去。

抾（qiá）——迈步跨过。例：从你的头上抾过去。

歪（wāi）——厉害，含有强词夺理的意思。例：明知不对，你还嘴歪啥哩！

喋（dié）——说。例：这家伙尽喋别话（谎言）着哩。

扯呼——即打鼾。例：他爱扯呼，没人跟他一搭里睡。

眊（māo）——瞧，看。例：我眊一下。

修（xiū）皮——调皮。例：死娃子爬高上低的，修皮得很。

捞——穿。例：天冷了，把鞋捞上。

日噘（juè）——批评，斥责。例：今个出工迟到，叫王队长日噘了一顿。

不尿起——小瞧，看不起，不理睬。例：好心好意去看他，谁知人家根本不尿起咱！

害蚀——害羞，不好意思。例：今个把人害蚀坏料！

不日气——小瞧，看不上眼。例：人家不日气咱那几个小钱。

游门——走人家，串门。例：他领上婆姨娃娃游门子去了。

谝（piǎn）传——聊天。例：几个人坐在一起谝传着哩！

喧谎——喧谈，凑在一起说话。例：厂长说了，干活的时候不准喧谎。

骚（sào）——害羞，不好意思。例：把人骚了个不是地。

惯性——溺爱骄纵。例：他的毛病，就是你惯性的。

形容词

嘎——顽劣，调皮。例：这个娃子嘎底很。

尖（jiān）——聪明。例：这个娃娃尖得很。

勺（sháo）——傻，“尖”的反义语。例：那家伙是个勺娃子。

魁（kuí）没（mu）结果——贪吃。例：那人魁得很，没结果。

现滑——不中用。例：我们那个现滑鬼啥都干不来。

属（fù）迷——倒霉。例：哪个属迷鬼把书拿去了？

孽障——可怜，令人寒心。例：那娃瘦得皮包骨头，孽障得很。

木（mú）囊——行动迟缓，磨蹭。例：那是个木囊鬼，跟不上趟。

麻缠——形容事情复杂，头绪繁多。例：那件事情还麻缠着哩！

沃（wé）也——好。例：这个做底沃也得很。

皮实——身体结实，能经得起摔打。例：这娃没害过啥病，皮实着哩！

泼实——泼辣的同义语。形容敢创敢干。例：这娃泼实着哩，让他干没问题！

绵囊囊——虚软，柔绵。例：铺了个新褥子，绵囊囊的。

尕孜孜——形容物件极小。例：买了些尕孜孜的果蛋子！

孽（nié）兮兮——人不机灵。例：孽兮兮的待在那里。

勺兮兮——比孽兮兮程度更深。例：他勺兮兮的一个人笑。

硬梗梗的——指人歪着肩膀和头不理人的样子。例：见了我们硬梗梗的，好像他有多有啊。

乌眉日眼——形容事情干得乌七八糟。例：尽弄些乌眉日眼的事。

挖眉纵眼——形容面部表情痛苦的样子。例：多大地个事，挖眉纵眼地干啥哩。

挖闹——肠胃不适。例：今天吃坏了，心里挖闹的。

攒劲——合适满意。例：这个东西太攒劲了。

舍皮——人小气。例：他太舍皮，这个东西都不借。

豁里爪牙——不整齐。例：这张纸被你撕的豁里爪牙的。

样样混混——不清醒。例：你一天在想什么，样样混混的。

副　词

提铃哐啷——很紊乱的响声。例：棉裤上冻了冰，提铃哐啷地响开了。

难肠——困难，艰辛。例：唉，他的日子过得真难肠啊！

恓惶惶地——凄惨，寒碜。例：日子过得恓惶惶地料！

吭囊吧唧——指说话结结巴巴不流畅。例：他说话吭囊吧唧。

日晃——吃的贬义语。例：快把肚子日晃饱咧下地干活去！

胡球麻达——指做事随便胡应付。例：他做事胡球麻达，靠不住。

持差老腿——指字写得很难看或者人歪歪扭扭没有站的样子。例：字写得持差老腿的，还说人。

麻利——手脚快，办事迅速有条不紊。例：年轻人干活利麻得很。

忽失忽失——形容物体摇摆晃动的样子。例：风把树刮得忽失忽失的。

丢展子——形容跑得很快。例：那人说罢就丢展子跑了。

立马——形容行动极其迅速。例：听到消息，他立马就来了。

听事麻汤——快，利索。例：请你听事麻汤把那件事给办一哈（下）。

立候候——盯住目标，急切等待的样子。例：那小子立候候地等着升官呢。

稀溜溜——实在支持不住。例：扛着重物上山，腰酸腿困，把人累得稀溜溜的咧！

直股（gu）子——形容液体外流如柱。例：辣子把人辣得眼泪直股子地淌。

毛楚楚（ku）——低头缩颈，胆战心惊的样子。例：男人一声吼，女人就毛楚楚地不敢吭气咧。

列雀雀地——干事不中用的样子。例：你咋干个啥都列雀雀地。

伶干——指事情办得很顺利，没碰到障碍，很快就结束，完毕。例：他一出面就把这件事弄伶干了。

日眼——刺目，看不顺眼。例：来了几个小子咋看咋日眼！

机碾——指机警，伶俐，敏捷。例：人家那娃子机碾得很，没等人见，早就上了汽车。

代　词

伢——他，她，第三人称。例：伢把伢的牙打掉料，伢还佛（说）的伢有理。

肥——谁。例：你是肥？

厄——我。例：厄也不知道。

叹　词

了了——忘了某件事或者某件事没按预先的意图发展后发出的语气词。例：了了，这下全完了。

也不理汗——不知道。例：也不理汗，他也没给我说。

四字格词语

甘州方言中的四字格词语是甘州方言丰富语汇的重要组成部分，是甘州人民悠久的文化积淀。从词语的性质上来讲，有的指名称事物，如“吃大碗小”“锅烟釜灶”；有的指动作行为，如“爬高上低”“打槌泡浆”；有的带有副词特点，如“实空踅（xué）意”“一里带盖”；绝大多数是比喻、形容性质的词语，如“手奓（zhā）舞指”“面大红光”“汪洋大（dài）海”“黄皮寡瘦”等。这些词语生动形象，富有表现力和感染力。从结构特点上来讲，它既类似于现代汉语的四字格成语，由固定的四个音节构成，又有它自己的构词特色：一是有些词的音节有音无字，显示了口语化，不少字很难用书面形式表达。二是构词形式多样。除 ABCD 式外，还有 ABAB 式、AABB 式、A 里 AB 式、A 里 BC 式、A 儿 B 儿式、A 里搭拉式、A 麻 BC 式、A 叽 BC 式等。三是许多词语含有文言文成分：如“闲焉无干”，（焉：助词）“死眉连蹇”（蹇：行动迟缓）等。四是有些词语疑似历史上民族语言的演变。如“醉死麻达”“花里麻达”“谱哧赫耶”“风哧赫耶”“倒里拔拉”“淡里搭拉”“烧烘不拉”“粘叽兀拉”等。五是同义词和近义词占有一定的比例，体现出甘州方言词汇的丰富多彩。如“戳墙捣板”与“戳天捣地”，“淡里搭拉”和“淡干二水”，“吱麻吼喊”和“咋麻皇天”等。六是数字嵌入词语中的词汇亦不少。如“隔三间五”“连三赶四”“重三摞四”“二不跨五”“人五人六”“五麻六道”等。下面所列词条共计 300 有余，按甘州话声母顺序排列。

鼻塌嘴歪　鼻拉涎（hān）水　比鸡骂狗　不哼不哈　把捏不舍
爬高上低　拨拨摆摆　白胖流性　白骨喧天　白话连天　白话瞎话
白样无故　背时二气　半道地里　半截老腰　遍到四处　笨头来夹
本家户族　冰锅冷灶　避奸躲滑　谱哧赫耶　破破烂闲　撇流撇满
盘腿搭脚　骗家拐子　女出外嫁　没大老小　没多连少　毛里索罗
毛烂个草　猫声烂气　冒里窟通　满屁四舌　面大红光　猛不通风
明光皎亮　明盔铁甲　浮皮潦草　说白道黑　说来犟去　翻墙揭瓦
水叽口（piā）沓　疯魔野道　风哧赫耶　五麻六道　诬妄跋扈
五冬一夏　洼眉簺眼　娃娃芽芽　歪头扯耳　为屁赏食　软颠软晃
枉针费线　汪洋大（dài）海　稳排实五　嘟噜捻转　大哧毫光
大家麻什　大气喧天　大眼麻怕　打槌泡浆　大风老毛　大堆小洼
大天白日　大雨撇沓　大声野气　大眼张嘴　跌腰折胯　跌跤牯辘
呆头卖脸　叨功摸夫　吊命万系　对嘴对舌　丢人败姓　丢人望脸
当头对面　淡理答拉　淡干二水　淡汤个水　踢跨二五　吐天哇地
淘神费力　偷奸磨滑　头痛脑热　汗腥烂气　腆肚洼腰　粘牙舞爪
粘叽兀拉　脓叽海代　硬叽梆槌　硬叽拐梆　硬巴奔子　立眉使眼

利汤隔水 陆儿续儿 驴世四年 老眉磕碴 雷鸣震地 溜汤寡水
狼疤二扯 连明昼夜 连三赶四 两眼墨黑 脸红耳爹 乱麻咕咚
冷冬寒时 冷汤石哇 零七八碎 弄来舞去 抡头甩耳 呰儿呜儿
子儿宁儿 杂叽咕咚 灾殃病痛 贼头鼠脑 贼急慌忙 贼脚抹手
贼头抹脚 贼慌失道 贼盔贼甲 醉死麻达 走风漏气 脏烂胡是
跐毛烂蛋 龇牙往爪 瓷鼻洼脸 瓷麻二楞 丝拉万线 死屁滥犟
死皮赖嚗 死眉等样 死眉连蹇 死眉实样 死烂不活 四棱见线
素时闲常 索里索罗 碎末老糟 三头对面 酸盘烂臭 松卿啪踧
直撅仰手 吱麻吼喊 咋麻舞指 咋麻皇天 扎里海哇 真材实料
正儿八经 吃大碗小 吃惊道怪 叉把露腿 扯缰扽绳 肠花五肚
长片短褂 屎里朵罗 实空趧意 实里半空 烧烘不拉 韶堂不卿
守家在地 手爹舞指 上正实月 生方憋机 生汤赖熟 生来乍到
身子不空 神堂古庙 热斯赫耶 粘麻咕咚 人眉人眼 人五人六
叽喱怪古 急死把霍 挤挤扎扎 挤挤笊笊 接嘴接舌 焦哩糊拉
奸巨溜滑 精条华亮 精腿连干 精心摸意 气乎流斗 齐头骨实
七杈八杈 曲溜拐弯 求毛鬼胎 抢头供命 抢天摸地 清汤寡水
青伤红印 亲戚道里 稀零光当 血淋胡拉 斜躺横卧 闲焉无干
玄天无日 旋打生活 旋蒸热卖 行影动作 圪棱洼实 圪巴唧叽
疙瘩垒褙 给抖搂擞 疙里疙瘩 圪叽老巴 疙叽石哇 猪八赖相
古儿怪儿 鼓尖四十 抓天摸地 寡迷韶性 隔壁邻舍 各等主样
隔三间五 隔山叫羊 锅烟釜灶 怪眉鼠样 沟松底漏 干毛死活
干丝胡拉 干叽麻扎 干急湿急 肿头沙弥 磕气哇嚓 咳呛打嗽
窟窿眼代 鼠哧麻闹 磕头作揖 戳天捣地 戳墙捣板 一里麻拉
一巴经儿 一道惊光 鸦密定雀 厨里厨罗 喝神断鬼 恶声顿气
哎哟呻唤 腰弯头低 油叽抹奈 蔫比狗咬 蔫搭胡哧 蔫里搭拉
烟干火冒 蔫搭二正 佯求不睬 扬风炸冒 眼色蛋蛋 原封照旧
隐隐糊糊 赫赫耶耶 喝风巴沫 呵神断鬼 豁里爪牙 豁罗垛口
鞋脚袜子 海怕是哩 嚎嚎扯扯 嚎天哭泪 重三摞四 戳事弄非
宽袍老袖 吭喃巴唧 黑天半夜 呵喽叹气 黑煞舞道 黑叽来哇
黑叽乌赖 黑叽咕咚 蛤蟆老鼠 赫棱捣腾 呼噜趟扒 胡不拉茬
胡不狼茬 胡里麻达 胡个野觉 胡吹冒料 糊嘟麻浆 糊里颠盹
瞎达模糊 瞎眉实眼 哈吸哈吸 花里麻达 花红麻绿 灰尘泼土
厚搭连褙 猴儿顶灯 猴心不定 黄皮寡瘦 黄烟黑洞 红头带脸
红哧麻现 混汤摸鱼 横里夹连 横横势势 二不跨五 二一摆代
一瞑无视 一里带盖

第二节　谚　　语

农　谚

庄稼一枝花，全靠肥当家。
麦子锄三遍，面七麸三片。
麦茬种青稞，不如闲蹲着。
一个土块四两油，没有土块种个球。
倒种如上粪。
茬口倒顺，赛过上粪。
庄稼若要好，常把茬来倒。
三分种，七分管。
沙土地，好种田，种上庄稼长上房。
头水浅，二水满，三水洗个脸。
务农不讲节气，不如在家歇息。
有水才有谷，无水守着哭。
稻田水多是糖浆，麦田水多是砒霜。
人靠饭养，稻靠肥长。
肥田长稻，瘦田长草。
好种长好稻，坏种长稗草。
三年不选种，增产要落空。
好儿要好娘，种田要好秧。
作物不好胡搭配，乱点鸳鸯要吃亏。
桃花落在尘土里，打麦打在泥浆里；桃花落在泥浆里，打麦打在尘土里。
水是命，肥是劲。

气象谚语

一年之计在于春，一日之计在于晨。
春天人哄地，秋收地哄人。
一九一场雪，来年好收麦。
九九一场雪，来年枕着馒头睡。
立夏种胡麻，顶上一枝花。
春不种，秋无收。
立夏勿下雨，犁耙倒挂起。
节气不等人，春日生黄金。
五月端午晴，烂稻刮田膛。
寒露无青稻，霜降一齐老。
年前立春过年暖，过年立春二月寒。
正月响雷雷转雪，二月响雷雷无歇，三月响雷地开裂，四月响雷草打结。
蚂蚁搬家山戴帽，燕子低飞蛇过道，水缸冒气蛤蟆叫，大雨马上要来到。
春分一到昼夜平，耕田保墒要先行。
谷雨雨不休，山乡好养牛；谷雨天气晴，蝗虫遍地行。
朝霞不出门，晚霞千里行。
久旱西风必雨，久雨西风必晴。
久晴大雾必雨，久雨大雾必晴。
先雷后雨雨不大，先雨后雷雨不罢。
早雨不多，一天的啰嗦。
清明断雪，谷雨断霜。
日出胭脂红，无雨也有风。
日落西北满天红，不是雨来就是风。
日出猫迷眼，有雨不到晚。
要知明天热不热，就看夜星密不密。
乌云接日头，半夜雨稠稠。
天上钩钩云，地上雨淋淋。
东虹日头西虹雨，起了南虹下白雨。
立春落雨，一年多雨。
春分秋分，日夜平分。
雷响立夏，无水洗犁耙。
夏至有雷三伏热；重阳无雨一冬晴。
日长，长到夏至；日短，短到冬至。
立夏起东风，小满、芒种、夏至满（指多雨）。
夏至寒，多雨水。
小暑多晴天，大暑多雨天。

热在三伏，冷在三九。
伏里不热，九里不冷。
五月不热，五谷不结。
六月盖被，有谷无米。
立秋闻雷，百日见霜。
夏至响空雷，早稻挑归，晚稻成灰。

畜牧业谚语

土肥长谷，猪肥长肉。
九月重阳，放开牛羊。
要使牛长膘，多喂露水草。
一千根稻草，比不上一根青草。
耕牛要过冬，草料第一宗。
冬天补料在腿上，春天补料在嘴上。
入九不喂料，来年不用套。
冬天的食，夏天的力。
寸草切三刀，无料也上膘。
冬牛体质好，饮水不可少。
冬天不患病，饮水不能欠。
隔年要犁田，冬牛要喂盐。
养牛无巧，圈干食饱。
刷刷扫扫，等于加料。
母畜好，好一窝；公畜好，好一坡。
牲畜改良种，一头顶两头。
人不勤劳不富，马无夜草不肥。
渴不急饮，饿不急喂。
秋羊不上膘，春天乱栽跤。
马吊线，牛吊串，驴拌嘴，猪跳圈（指发情）。
牛没上牙马没胆，人的脚心却一片。
好牛不站，好马不卧。

生活类谚语

苦豆白了头，百姓有盼头。
万物土里生，全靠两手勤。
只要功夫深，土里出黄金。
好言一句三九暖，恶语半句三伏寒。
夏天一口痰，冬天一铺床。
不当家不知柴米贵。
不生娃娃不知肚子疼。
巧妇难为无米之炊。
人生最大的财富是健康。
饭后百步走，活到九十九。
笑一笑，十年少。愁一愁，白了头。
冬吃萝卜夏吃姜，不劳医生开药方。
吃饱睡，要伤胃。
人是铁，饭是钢，一顿不吃饿得慌。
盐精神，醋力气。
多吃醋，少吃盐，多吃水果少吃糖。
洗头又洗脚，强过要吃药。
病人不忌嘴，跑折大夫的腿。
大蒜是个宝，常吃身体好。
寒从脚心起，病从口中入。
力出单扇牛，话出本人口。
要想人不知，除非己莫为。
养儿方知父母心。
浇水要浇根，交人要交心。
慌不择路，饥不择食。
受人滴水之恩，当以涌泉相报。
远亲不如近邻，近邻不如对门。
丑人家中宝，俊人惹烦恼。
儿不嫌母丑。
路遥知马力，日久见人心。
人心换人心，黄土变成金。
在家靠父母，出门靠朋友。
好儿女志在四方。
会水的鱼儿叫浪打死。
少活聪明，老活德行。
不鸣则罢，一鸣惊人。

留得青山在，不愁没柴烧。
勤劳是摇钱树，节省是聚宝盆。
世上无难事，只要肯登攀。
天有不测风云，人有旦夕祸福。
打大的孝子，惯大的浪子。

第三节　歇后语

癞蛤蟆翻单杠——丑得搭来搭去
如来佛的手——真是大
孙悟空的金箍棒——可长可短
外婆的童装——老土
南墙上挂狗皮——不像话（画）
同窑烧的砖瓦——一路货色
一个驴粪蛋卖十元——难受（售）
膝盖上挂暖壶——水平比较（脚）高
阎王爷贴告示——鬼话连天
猪往屠夫家跑——送货上门
肉包子打狗——有去无回
二三四五六七八九——缺（一）衣少食（十）
小猪拱灶门——一鼻子灰
母鸡生蛋咯咯叫——生怕别人不知道
赶车的不带鞭子——光拍马屁
关住门打狗——看你往哪里跑
招亲招来猪八戒——自找难堪
木匠戴枷——自作自受
外甥打灯笼——照就（找舅）
树林里耍大刀——拉不开场子
芝麻开花——节节高
茶壶里煮饺子——肚子里有倒不出来
瞎子点蜡——白费力
竹篮子打水——一场空
老鼠过街——人人喊打
张飞穿针——粗中有细
咸菜拌豆腐——有言（盐）在先
小葱拌豆腐——一清二白
包公断案——铁面无私
包公的衙门——好进难出
抱着琵琶进磨房——对牛弹琴
背着唢呐坐飞机——吹上天了
二十一天不出鸡——坏蛋
歪嘴讲故事——斜（邪）说
小和尚念经——有口无心
周瑜打黄盖——两厢情愿（一个愿打一个愿挨）
赶鸭子上架——吃力不讨好
大水淹了龙王庙——不认自家人
飞机上点灯——高明
虎落平阳——被犬欺
半夜三更放大炮——一鸣惊人
画蛇添足——多此一举
老太太吃汤圆——囫囵吞
猫哭耗子——假慈悲
挂羊头卖狗肉——虚情假意
担着胡子过河——谦虚过度
王婆卖瓜——自卖自夸
千里送鹅毛——礼轻情意重
山中无老虎——猴子称大王
司马昭之心——路人皆知
老虎屁股——摸不得
老鼠过街——人人喊打
麻雀虽小——五脏俱全
狗咬吕洞宾——不识好人心
骑驴看唱本——走着瞧
王八吃秤砣——铁了心
姜太公钓鱼——愿者上钩
老鼠钻风箱——两头受气
偷鸡不成——蚀把米
留得青山在——不怕没柴烧

门缝里看人——把人看扁了
秀才遇到兵——有理讲不清
三个臭皮匠——顶个诸葛亮
过年娶媳妇——双喜临门
泥菩萨过河——自身难保
八仙过海——各显神通
窗户边吹喇叭——名声在外
猪鼻子里插葱——装象
只许州官放火——不许百姓点灯
猪八戒照镜子——里外不是人
绱鞋不用锥子——针（真）行
提着马灯下矿井——步步深入
孔夫子搬家——净是书（输）
苦水里泡黄连——苦上加苦
案板上砍骨头——干干脆脆
抱着元宝跳井——舍命不舍财
半夜吃柿子——专拣软的捏
八月十五的月亮——光明正大
大姑娘坐轿——头一回
大老爷坐堂——吆五喝六
刚孵出的小鸡——嘴硬腿软
高射炮打蚊子——大材小用
宋江的军师——吴（无）用
何家的姑娘嫁郑家——正合适
偷来的锣鼓——打不得
头发里找粉刺——吹毛求疵
秃头上的虱子——明摆着
徐庶进曹营——一言不发
哑巴吃饺子——心里有数
张飞遇李逵——黑对黑
庙里的和尚——无牵无挂
霉烂的冬瓜——一肚子坏水
棉花堆失火——没救
媒婆提亲——净拣好听的说
麻布袋做龙袍——不是这块料
马尾巴提豆腐——串不起来
猫不吃鱼——假斯文
蚊子叮菩萨——认错了人
围着火炉吃西瓜——心上甜丝丝，身上暖烘烘
王八的屁股——规定（龟腚）
王宝钏爱上叫花子——有远见
温水煮板栗——半生不熟
西瓜地里散步——左右逢源（左右逢圆）
脱了旧鞋换新鞋——改邪归正（改鞋归正）
碗底的豆子——历历在目(粒粒在目)
卖布不带尺——存心不良(存心不量)
马店买猪——没那事（没那市）
腊月天气——动手动脚（冻手冻脚）
千年的石佛像——老实人（老石人）
牵着羊进照相馆——出洋相(出羊相)
大水冲走土地庙——留神（流神）
吃饺子不吃馅——调皮（挑皮）

第六章　生活习俗

第一节　传统节日习俗

春节　春节又称“过年”，是一年当中最隆重的节日。一进腊月（指阴历十二月），家家户户开始忙活，置办年货，过年的气氛日渐变浓。要备齐肉、菜、面、烟、酒、

糖、茶、水果等饮食；买节日礼品，门神对联，年画衣装。到腊月初八（俗称腊八），各家吃素饭，称“腊八饭”，即把家中五谷杂粮各取少许煮熟，面食做成各种形状与豆类煮在一起，意为打扫陈粮，迎接丰收。之后家家户户彻底将屋内屋外、街道畜舍全部打扫干净。腊月二十三俗称“小年”，宰猪杀羊，送灶神上天。悬挂灯笼，燃放鞭炮。腊月三十又称除夕，各家各户贴对联、门神、五色角门、窗花等，夜幕降临，全家同吃灌仓饭，以示年丰足食，饭后全家守岁，到子夜时分，鸣放鞭炮，迎接灶神回家，长辈给小孩发“压岁钱”，希望孩子来年平安幸福，远离晦气。正月初一至初三为过年。初一，东方亮时开门放爆竹。男女老少着新衣，从长辈开始依次拜年问好，以祝辞旧迎新的美好愿望。有些乡村初三后要向年前去逝者上新坟。2000 年后，新年之际利用手机向远方的亲朋好友拜年问好。初二开始，女婿给岳父岳母拜年。初三，走亲访友，打秋千、看社戏、看电影、玩游戏等至正月十四。旧俗过年三天，不得上房，不得生食，不得使用针线。

元宵节　农历正月十五为元宵节，又称“观灯节”，是春节后的第一个传统佳节。中华人民共和国成立后至 20 世纪 80 年代，农田精耕细作期间，特别是农村土地承包以前的合作化、人民公社时期，大多农户在正月初一至初三过完年后即开始拉粪土、收拾地等，对过元宵节的习俗较淡。随着改革开放和农村经济的发展，农家过年都以元宵节过完为春节结束。元宵节从正月十四开始，城镇集中布灯唱戏、跳社火、荡秋千等各种文化活动，至正月十六后结束。其间，城区大型企业在十五晚上燃放烟花，以贺新岁，盼来年红红火火，开年大吉。

正月二十　农家烫食煎饼，民间寓意纪念女娲补天和补住家里的欠款漏洞，望来年丰衣足食。

二月二　农家俗称“龙抬头”。这一天用油炸面蛋子或鸡蛋，祭奠龙王、土地神，祈求一年风调雨顺。同时，大人、小孩要在这天理发，亦寓二月二“龙抬头”之意。老人留须，称为“龙须子”。

惊蛰　二十四节气之一。从此日开始，春雷鸣动，冬眠昆虫苏醒，万籁兴发。旧时农村要给耕牛灌清油，意为给牛清肺，养足气力，准备春耕。

清明节　这一天为“春祭日”，家家户户上坟扫墓，给先祖烧纸钱，祭祀先祖。迁移祖坟一般也选在清明节进行。

端阳节　本地民间传说，夏日阳正，散落阴间的幽魂落魄者无处藏身，要路过人间另寻归宿。故人们要“避邪”。端阳节流行家家插柳避邪，吃粽子，用狗毛与五色丝绳合并拴在小孩手腕、脚腕，并佩戴荷包、布老虎，插艾枝。这些习俗都含有祛病除邪之意。后来，端阳节俗中又增加了悼念屈原的寓意。家家户户吃年糕、粽子。

七月七　相传这天为牛郎织女鹊桥相会之日，旧时，七月七之夜，姑娘、媳妇对月比赛穿针，传说先穿好针的姑娘配佳婿、媳妇生儿子。如今七月七被青年人誉为传统的“东方情人节”。相传七月七还是主宰文运的魁星生日，旧时人们在七月七这天祭拜魁星，以求家道文运昌盛、辈出科举才子。

七月十五　又叫“中元节”，俗称“鬼节”，佛教称盂兰盆节。各家蒸包子吃，家家上坟祭祖。佛道寺观举行法会，超度亡灵。

中秋节 农历八月十五，因居三秋之中而得名。又称为“团圆节”。一般说外出者要回家吃团圆饭，合家欢聚。各家用白面烙、蒸形状各异的食品，但必烙30厘米左右的大饼，摆向月亮谓之“拜月”。旧时富家大户在自家楼台亭榭中赏月，琴瑟铿锵至晓不绝。一般平民只以登高先睹月色为快，都各有所期所盼。男愿早步蟾宫，高攀仙桂。女则愿貌似嫦娥，面如皎月。张掖民间中秋习俗流传已久，也越来越丰富多彩。逐步摆脱了崇拜月神神灵的迷信古俗，取而代之以对美好生活的追求和家人团圆的心愿。中秋当夜，在庭院中或楼房阳台置小桌，将月饼、水果及酒置于桌上。一家人围坐在一起，赏月、吃瓜果、饮酒、谈论今年的丰收和秋冬之事，看着电视上的中秋晚会不亦乐乎。

九月九 又称“重阳节”。旧时，这一天民间有登高饮菊酒、妇女带茱萸以求避邪之俗。魏文帝曹丕在《九日与钟繇书》中云“岁月往来，忽复九月九日。九为阳数，而日月并应，俗嘉其名，以为宜于长久，故以享宴高会。”为此，九月九被称之为重阳节，如今被定为“老人节”。

十月初一 为“冬祭节”。民间在十月初一这天要烧纸钱，意为给祖先送去买寒衣的冥钱。农家吃麻腐包子。

第二节 日常生活习俗

婚姻习俗 甘州本地婚俗自古礼节程序复杂，随着经济的发展、社会的进步和人们婚姻观念的变化，逐渐减少了一些繁杂的封建礼节，但一些传统程序依然保留至今。

提亲。古时叫“纳彩”，即男方请媒人向女方家说明缔婚的请求。提亲要携带礼品，古代用雁，因为雁侯阴阳，待时乃举，冬南夏北，贵有其所，从一而终。现在提亲的物品主要是烟、酒、茶、大肉礼方等。若女方父母同意，定时间男女双方要“见面”，见面礼一般是交换红包。相中后，还要挑选日子“看家”，由姑娘家父母伯婶、舅舅、姨父等重要亲戚同姑娘一起到男方家，看看其家庭住房、家用、经济等情况。若男方家要摆酒席，请舅舅、舅妈、姨夫、姨妈和地方上头面人物作陪。姑娘给男方家长辈或同辈敬酒时要得到馈赠，早时只是一方手帕，后来是一双袜子或一方头巾，20世纪80年代开始变为红包，红包礼币也随着经济发展从10元、20元、50元到现在的100元、200元不等。未来的公婆、嫂子或小姑子还要馈赠鞋袜、衣饰。看家满意后，男方要给姑娘买内外衣服、鞋帽、化妆品、日用品。

订婚。订婚古时叫“纳吉”。看家满意后，男女双方家就要确定吉日，举行订婚仪式，日子一般选在双月双日。若男女相同属相或一方生辰不好，也有选择单日的。订婚前，男方给女方准备衣物，旧时主要是买好些的布料做几件衣裤；后来，陆续发展到男方带女方到商场选购几套内外衣服、化妆品、日用品等；现在，男方还要给女方买“三金”饰品，“三金”指金项链、金戒指、金耳环，有的在订婚时买“一金”或“两金”，结婚时再买金戒指，在婚礼上男方给女方带上。订婚当日，男方家父母、舅舅、姑父、姨父、哥嫂、叔婶等至亲和媒人前往女方家订婚，去的人数必须为双数，而且丧偶、离异的人不能参加，取双数吉利之意。男方携带一定数量的彩礼钱，两条猪肉礼方、烟、酒等，所有带的礼物必须是双数。男方给女方及父母、哥嫂、弟妹等买的衣物也一并带去，带去的猪肉礼方，由女方家将其中一条煮熟，并将带去的双数酒、烟等礼物各取一个回男方家，意为这门亲事已成。女方家也要宴请宾客，营造气氛，向亲友宣告已订婚，男方家参加订婚席宴的长辈给女方馈赠红包。

送彩礼。古时叫“纳征”，纳征是中国传统婚姻习俗中最重要的礼节，一般由女方家提出要多少“礼银子”，有银圆、纸钞、绸缎布锦、金银玉器、家具器物等，由媒人与男方家协商后送来，即使女方家碍于面子，不提出索要，男方家也会主动送来。这里虽然有买卖婚姻的成分，但又被认为是一对新婚夫妻今后生活所必需的。除送礼银，男方家还要从订婚时起给女方按季节送四时衣物，直到结婚。随着物质生活与精神生活的变化，婚姻彩礼也发生了变化。20世纪三四十年代，一条织贡呢裤子，一件条绒褂子，就数上乘。也有以一只羊，一斗麦子换取一个媳妇的。20世纪50年代，苏联花布（棉衣）、花并蓝（天蓝棉布）、海长兰（紫兰棉布）、水月蓝（浅蓝棉布）上衣，黑条绒裤子。20世纪60年代，凡呢丁、精纶华达呢、条绒等都倍受青睐。20世纪六七十年代，则送一本《毛主席语录》。20世纪70年代，面料为毛哔叽、华达呢，而且上下四套。20世纪80年代，除里外四套涤纶衣服外，还注重家具摆设，“三转一响一咔嚓”（自行车、手表、缝纫机，录音机，照相机）和“二十四条腿”（家具中的大衣柜、高低柜、五斗柜、沙发、茶几）是必备之物。20世纪90年代，陋习更甚，索要礼银多则上万元，少则也是四五千元。“三大件”（冰箱、彩电、洗衣机），“三金”（金戒指、金耳环、金项链），手机、摩托车或电动车样样俱全。往往是男方家为娶媳妇债台高筑，婚前花钱，婚后还账。

定日子。女方要请姑姑、舅舅等人参与，提出许多要求，如彩礼如数纳清，女方衣服从头到脚，从里到外，哪怕是一双袜子，一条裤袋也不能疏漏；给女方的衣物要什么料子的，鞋子什么样式。随着经济的发展，男方家给女方的哥嫂、弟妹、侄子也馈赠衣物。女方家给男方馈赠一套衣服、一块手表，给男方的父母、哥嫂、侄子侄女也馈赠衣物。婚期确定后，即可布置新房。民间习俗是，新房要有吉祥喜庆之气，床上的被褥要选择龙凤图案的，色调以红为主。墙上的贴画、窗花也以鸳鸯、牡丹、喜字为主，无不透出喜庆气氛。新房的用品、笤帚、簸箕、炉棍都要系上红线，以示吉庆。

婚礼。在古代叫“亲迎”，是人生中最重要的礼仪。一般持续两三天才能完成。前一天要催妆，第二天要举行婚礼大典，第三天回门。定日子后女家就为女儿准备嫁妆，被褥、碗、筷是必备的，后来陆续还有彩电、冰箱、洗衣机、电风扇、摩托车等。男女方都要邀请亲友、邻里参加婚礼，双方舅舅、姑姑、姨姨等重要亲戚必须由男女双方登门下礼邀请，否则他们会见外。农家婚礼一般登门邀请亲友、邻里，后来有了电话、手机，除重要亲戚外，其他的亲友或远方的亲友则通过电话邀请。

催妆。婚典前一天，媒人携男方家共四人带催妆礼到女方家催妆，意为快快梳妆打扮。催妆礼一般仍是酒肉，女方家也要简单备酒茶，款待来客。催妆所谈之事是次日几点来娶亲，轿（车）从哪儿过，经过哪儿，女方去男方家的客人有多少，这样使男方家好准备。婚礼上，新郎、新娘的衣饰大都是有时代性的。旧时婚礼，新郎着长袍马褂，戴瓜皮帽，穿长筒靴；新娘着红衫，配长裙，穿绣鞋，戴头饰，给人以娇媚、艳丽之感。头饰多为银制或其他材料做的凤凰模型的凤冠；绣鞋就更特别了，红底，上绣鸳鸯、梅花、莲花等吉祥图案。旧时新娘还要加"红盖头"。新娘离开闺房时加盖头，入洞房后由新郎揭去。现代婚礼上，新郎大都西装革履，新娘或穿婚礼服，或现代气息的西装裙。新郎、新娘在婚礼上区别于其他宾客的最突出的标志是胸前的红花。旧时用红绸布扎成，有碗口大小。现在则多是绢花，小巧玲珑。并且下坠"新郎""新娘"字样的红飘带。红花普遍是新郎娶亲时在女方家佩戴妥当，取琴瑟调和、白头偕老之意。新娘出嫁时要穿棉衣、棉裤，叫"煞衣"。这都事先由婆家邀请儿女双全、品德高尚、心灵手巧的妇女制作，制作时棉裤上任意地方留一小口不缝上，取"求子"之意。娶亲时带去，新娘穿至婆家时更衣换下。在古代，头饰也是区分婚否的重要标志，"许嫁则缨，示有所系属也。"（陈皓《礼记集说》）女子结缨，极示已婚，既要自我约束，又要抵挡外来非礼之举。结婚后则将头发簪起，还要加钗等饰物。到近代，婚前多梳长辫，婚后盘"纂疙瘩"。"女子未嫁，一律发辫，故一望可知其为处女。若至既嫁之后，则一律结髻。发辫也，结髻也，实不啻女子嫁否唯一之标示也。"（胡朴安《中华全国风俗志·甘肃》）现代女性中传统的未婚标志已消失，而以戒指区别婚否则成新时尚。

娶亲。旧时娶亲人用轿子，穷人多骑毛驴。20世纪五六十年代用轱辘马车，苇席搭篷，蓬顶搭红毡。20世纪七八十年代用手扶拖拉机、汽车。现在普遍用豪华轿车，车里坐压轿的童子一人，媒人、新郎还有新郎家请的一位娶亲人。亲车来娶，女方家也要酒席款待，男女双方，衣冠齐整，佩好红花，准备上轿（车）。娶亲时男方家娶亲的人为已婚的一男一女，一般为新郎的哥嫂、姐姐姐夫，女方家也要有一男一女送亲，农家还要讲究娶亲人与新郎新娘的相声，婚礼当晚女方家还要留一女客，或是新娘已婚的姐嫂或是新娘的已婚好友，叫"陪姐姐"，主要是在闹洞房时陪护新娘。

张掖民间婚礼一般只是男方家贴婚联、放鞭炮，以示庆祝。娶亲车一般不走原路，还要尽量绕得远一些。

捞财。娶亲回来，鼓乐齐鸣，鞭炮齐放。迎亲的人手端清水一碗，碗中放些硬币，新娘要一次捞出，谓之捞财。跨过事先在门口点燃的火堆，意为避邪。若见瓶子倒了要顺手扶起，门锁开着要顺手锁上。这些都是试探新娘是否是"跌倒油瓶不扶"、是否会勤俭持家。新娘上下轿（车）时，新郎要给上轿（车）钱、下轿（车）钱；更衣时，也要事先在衣服、鞋帽中放上喜钱。由送亲人将一包粉皮面筋和十二个大干粮的"锅头礼"交给婆家人，并交代"十二个干粮一份礼，我的丫头交给你"。

传袋。旧时"新娘进门，以布袋铺地，辗转更换，令步其止，谓之传袋，犹言传代也"，用米袋直铺至花烛前，新娘脚踩米袋，曰步步高、代代好。"这一习俗自唐代相沿，不论是"传袋"还是"转毡褥"，都寄寓着多子多孙、世世不绝的意愿。如今人们利用现成的楼梯，新郎或抱新娘上楼，取"步步高"的吉利。

打煞。旧时当"传袋""转毡褥"时，或道士，或德高望重、子孙满堂的老人，或婆婆，或嫂嫂，将核桃、枣儿、桂圆、花生等花果掺五谷杂粮向新娘怀中抛撒，新娘衣裙盛之，俗言“得果多，得子也多”，谓之“打煞”，俗言驱邪避魔。现今则以彩纸屑代替，在娶亲至新郎家门口时，新娘下车至门口的路上，迎亲的青年人将纸屑一路撒在新郎新娘身上，以示喜庆。这种始自汉代宫廷的“撒帐”仪式，历代虽有变异，但传宗接代、延续香火的主题却是永恒的。

喝交杯茶。当娶亲的车离开男方家时，就由事先安排好的迎亲的人用红枣、冰糖、桂圆等煮成茶，等待娶亲人的到来。喝交杯茶的习俗古已有之，古时男女一起喝酒，叫“合卺”。后来演变为喝交杯茶，其形式是用红线系住两只杯的杯柄，只留很短的距离，以至于两人喝时能够头碰头。夫妇一起举杯喝下一半，然后交换杯子，再喝下另一半。有的地方新婚夫妇的交杯茶要留给叔嫂喝一口，象征以后大家和和美美，甜甜蜜蜜、喝交杯茶有逗趣的成分，也是对新人甜蜜、美满的祝福。

开箱。娶亲至洞房，新娘带来的陪嫁箱子或包袱要由婆婆打开，新娘方可更换衣服，若婆婆忙或家中无婆婆，可由小姑子或大姑子代开。开箱后将各种花馍放进箱中，意与求子相关。新娘要给开箱礼钱或衣服。开箱后，所有人退出，新郎、新娘更衣、洗涮。

摆陪嫁。旧时，有钱人家女子出嫁，要提前准备嫁妆，衣服全由手工缝制，不管是并纳，还是刺绣，都要精心、细致，比平常多花心思。在婚礼的喝交杯茶、开箱、更衣仪式后，新娘要将事先为公婆、叔嫂、侄儿等准备的衣服、鞋袜连同嫁妆一一摆出，叫“摆陪嫁”，以展示自己手巧、针线好，孝顺、和善。有的或纳，或剁，或绣出几十双五彩斑斓的鞋垫，送给亲友、宾客。

婚典、拜堂。当娶亲的仪式和新娘更衣进行完，男方家招呼女方家送亲的宾客和男方家的宾客入席落座后，开始上席酒，举行婚典、拜堂仪式。本地农家举行结婚典礼时间一般在接近午时，酒席上西北大菜上桌时开始，由男方家请的结婚典礼主持人主持，一边上席酒招待宾客，一边进行婚典。主婚人宣布婚典开始，新郎、新娘被新郎的好友簇拥上堂，燃放鞭炮，主婚人当众说一些祝福新婚夫妇和代男方家答谢宾客的话，一般都是事先编排好的台词类的话，不仅顺口而且幽默，以示祝福答谢和烘托气氛。之后，新婚夫妇互赠信物，一般新郎赠新娘金戒指，新娘赠新郎手表，婚典上拜天地，拜高堂，夫妻对拜师是自古延续的必经礼节。拜堂后向新婚夫妇向客人三鞠躬。主婚人代家人向客人高宣“谨备薄酒淡菜，不成敬意，请宾客吃好喝好。”新郎、新娘及其父母、家人向宾客敬酒，招呼宾客。

随礼。参加婚礼的亲友、邻里要给新郎新娘送礼，民间叫“上礼”“随礼”“搭礼”，意寓一是传统的礼尚往来，二是送礼祝福。旧时客人多送礼帖，也有的送衣料，谓“添箱”之礼。过去，农村由于经济条件有限，有送粮食、柴草的习俗，谓之“添粮添料”。现今是直接送礼币，礼币也随着经济条件渐好逐增，从 20 世纪六七十年代始至今陆续从几元、十元、几十元到现在的百元、几百元。

改口。来客宴饮时，新人在一长辈的引导与介绍下，向客人敬酒。还要恭恭敬敬地向父母敬上双双两杯，新娘要响亮地叫出“爸、妈”，让来客都能听见，谓之“改口”。有些调皮的小伙子，故意大声说“没听见，再叫一声”，羞涩的新娘只好红着脸，再叫一遍。有的还将新郎的哥哥拉来，让新娘当众叫“哥”。

闹大伯子。在本地婚宴上，有“闹大伯子”的习俗。当热闹的宾客酒至半酣时，一群调皮的小伙子会趁人不备，将新郎的哥哥，即新娘的大伯子双手抓在身后，用早已准备好的彩色颜料将其面部抹得花花绿绿，意在告诫他应循规蹈矩，在弟媳妇面前言谈举止要稳妥，不能随便，免得被人笑话。“闹大伯子”的习俗实际是一种严格的身份约束的提示。

吃捋面。从新娘进门时起，整个婚礼中，新人吃、喝都要成双，两碗饭，两杯酒，寄寓成双成对、白头偕老。新郎、新娘给宾客敬酒致谢后，要吃婆家人亲手做的“宽心捋面”，即一指宽、韭叶薄的长面，意为吃过后心宽，不想家，每人必须两碗，好事成双。张掖人说，吃“捋面”，做事“捋顺”，象征顺利、和畅。

闹洞房。本地有句俗话“新婚三日无大小”。当婚宴结束后，亲朋好友拥入新房，大人们让新娘点烟剥糖，小孩子看热闹，姑娘们只能扒在窗外看看。小伙子和小媳妇们想出种种花样翻新的节目，让新郎和新娘当众表演，以观夫妻甜美，逗大家取笑。

铺床。等闹洞房的人散去后，婆婆会请新郎的姨姨或新娘的姐姐为新人“铺床”。铺床人拿笤帚在床上（炕上）向里扫扫、向外扫扫，并伴唱“朝里扫，扫金银；朝外扫，扫灰尘”的歌谣。然后将核桃、枣儿、桂圆撒在床上，盖被子，让新郎、新娘摸出，从中预测今后生男还是生女。

回门。结婚第三天一大早，新婚夫妇返回娘家，称“回门”。回门必须带回门礼，通常是宴席上留下来的“香饭”“拼盘”等。这一习俗由旧时婚礼女方不设宴，男方亲家专门用来答谢女方父母的礼俗相沿而来，从宴席的薄厚（丰盛与否）即可看出男方家庭殷实情况。回门时，娘家要准备捏嘴饺子（饺子），暗示两人和睦、不吵架。小姨子或妻嫂有意在饺子中包进钱币、辣椒、花椒、盐末来为难、取笑新女婿，也有劝告今后要吃苦之意。还有意将几个半生不熟的饺子放在新娘碗中，诱惑她在不经意中说“生”字，讨个“生”的口彩。回门要尽快返回，不易时间长，以免新娘留恋，不愿离开。

试刀面。新媳妇过门后第三天，回门回来头一次下厨房，那就是用陪嫁碗中的面做“试刀面”。“试刀面”是测试新娘茶饭手艺和聪明才智的标准，新媳妇不用人催，主动和面、擀面做饭。若稍有迟疑，调皮的小叔子、小姑子会把菜刀、擀面杖藏起来，要么在水里或面里做手脚，不是日到中午做不好饭，就是“试刀面”没水平，惹人笑话，说娘家人“茶饭”不好，新娘自然也没“茶饭”。这天新郎家的远亲近邻，争先品尝新娘的“试刀面”。香喷喷、热腾腾、滑溜溜，薄如蝉翼、细若韭丝的“试刀面”才是众人大加赞赏的好手艺，新媳妇也会理直气壮。

谢媒。婚后，新郎、新娘双方去谢媒人，感谢媒人辛苦。旧时感谢媒人跑路操心踏破了鞋，送双新鞋。现今携带猪肉礼方、烟、酒去答谢媒人。

丧葬礼俗 民间俗称办“丧事”“白事”，是处理死者时殡殓奠馔、拜诵哭泣的礼俗。因此有“以丧礼哀死亡”之语，说明丧礼的主要内容是对死者表示哀悼。除哀悼外，最主要的是安葬方式。传统的丧礼包括停尸、招魂、吊唁、入殓、送丧等过程。丧礼的内容复杂多样，其中含有不少封建迷信色彩。1949 年后，党和政府大力倡导厚养薄葬和文明殡葬，许多陋习得到改革，但由于民间丧葬礼俗传统悠久，直到现在本地丧葬的主要仪程还是很完整的，一在寄托家人、亲友对去世亲属、友人的哀悼，二在通过繁多礼程来总结去世人的一生，进行告别。本地丧葬仪程主要由事主家请的道士班子主持进行，到现在基本形成定式。

临终礼节。穿衣：民间风俗认为，凡人享年60岁以上的老、病而死，为寿终正寝。因此，整个丧葬之礼称作白喜事。由于这种正常的死亡，家人早有准备。寿衣寿房早已做好，孝子孝女在死者临终前日夜守候，弥留之际要为其擦身更衣。这一方面是因为死后尸体僵硬，不好穿戴；一方面民间认为未更衣就咽气，是“光着身子走了”，亲属会感到十分遗憾与内疚的。

遗嘱：死者临终前，要对亲人嘱咐安顿一番，或委托照料幼子，或划分遗产，或希望家人和睦相处。若有心愿未了，会“死不瞑目”，若嘴不合拢，则意味着祈盼什么。亲人根据生前的喜好猜测一番，祈告几句，用手轻轻合上。但很多猝死者是来不及给生者交代什么的。亲属会在死者衣袖内放上“打狗饼”（小面饼）、“买路钱”（纸钱）。小面饼据说是去“冥府”的路上给拦路狗吃的，钱则是打点拦路鬼用的。

治丧礼节。停尸：死者落脉后，穿戴整齐，请本宗族长者来落草。落草要将尸体停放在谷草或稻草上。几千年来，“民以食为天”的观念深深地根植于人们的心里，缘于人们对粮食的依赖，因此，以稻草当铺，即表示依赖于五谷，生于土中，落叶归根，此外又具有散湿、降温的作用。死者脚后放一碗黄米饭，民间俗语“活着挣下千千石，死后一碗捞米饭”，意为生前辛苦而获，死后也应富裕。甚至一碗米饭可十变百、百变千、千变万。逝者在阴间可永远享受。

避殃：人死后穿好寿衣、落草后，请道士进行“避殃”。道士来后即填“殃表”，书写死者的姓名、生辰、亡辰。填好后由道士将殃表用石头压在尸体上，“避殃”即算完成。

招魂：就是人停止呼吸后，家人登屋顶而招，高声叫喊“××回来呀”等。招魂带有明显的封建色彩，同时又是人情伦理的体现。人死后先在家门附近的路口烧断路纸。

报丧：尸体安放停当后，孝子出面请当地德高望重、办丧事富有经验的作执事人，本地农家称之为“请大东”。执事人要与逝者子女们商议报丧范围、丧宴的准备、邀请吹打诵经道士、孝帽的制作，还要请帮忙的东家。旧时报丧只能徒步行走，到亲友门前不得入内，只能在门外磕头，要进门喝水、歇脚，须先摘下孝，将丧棒置于门外。路遇亲友、熟人也要下跪磕头，不能说××死了，应说“老下了”“不在了”。向亲友报告“老下的”的确切时间，什么时间出轻，什么时间安葬，孝子磕头邀请亲友参加逝者的丧礼。

戴孝：孝子戴“麻冠”，穿孝衣，麻冠形状为圆柱形上加一横梁。用纸糊成，若死者为男，麻冠上横梁除画三道黑线外，粘三道麻丝；下圆柱筒上除画五道黑线外，粘五道麻丝，合“三纲五常”之数。若死者为女，则在横梁上画三道黑线粘三道麻丝，下圆柱筒上画四道黑线粘四道麻丝，有“三从四德”之喻，眼前垂方布帘谓目不斜视，耳旁垂棉球喻堵其耳，不听邪声。孝媳披长孝，用麻丝束之。旧时还要穿“孝鞋”，即在布鞋上蒙白布面，穿到“除孝”为止。贤孙全戴孝帽，上缀三角形红布。

摆祭：在本地，高寿的父母或祖父母去世，祭奠是十分庄严而又隆重的，这就是女儿、女婿的“摆祭”。所摆祭品是全羊、全鸡、礼方（猪肉）三牲全祭，还有20个面花供养，20个面桃，一对面狮和12色干鲜果品。出嫁的女儿，将祭品置办齐全，来的半道上，要吹吹打打去迎接，将迎来的祭品摆放在灵前事先准备好的方桌上。一是向死者致敬，二是向亲友表明孝道。现在，女儿、女婿的“摆祭”，除了以上祭品供品外，还要用十元、二十元或五十元、一百元的钱币在孝帐上摆“万古长存”“千古流芳”等字，挂在逝者灵堂，所用钱币几百元或上千、几千元不等，根据女儿、女婿的经济条件来定，丧事后，取下上礼簿。

设灵堂：人死后，请道士负责灵堂的设置、纸楼的制作。本地农家用黑白孝帐扎门，内设灵堂。灵柩的停放也很讲究，若男性则停放在上房门正中，若女性则偏右，透出男尊女卑之意。并在停放灵柩的上房距门几米处挖小坑埋点发面，寓后世兴旺发达。灵堂门前悬挂挽幛，书如“南极光沉”“音容长存”，左右各书“满堂血泪飞云天”“一世精神归华表”等。灵堂内有纸灵位，上书“风范永存”，左书“亮节照后人”，右书“高风传乡里”，中有逝者身份名称。灵位下置一小方桌，上呈逝者遗像，方桌上摆满死者生前喜食的食品、饮料等。方桌左右置纸质金银斗各一个，纸质童男女各一尊，金斗上书“黄金万两”，银斗上书“白银满斗”。童男童女手捧酒杯、香烟，表示对主人的恭敬。以示死者入阴间后有男女侍童伺候，有金银财宝享用。遗像前置一香炉，香炷常燃；点一清油灯，意为主人照亮。桌前放一瓷盒，亲朋好友前来凭吊时可烧冥钱、夹菜肴以示对死者的敬奉。灵堂两侧可根据方位的大小挂满五彩绘镂空纸条，上书“太极图为画阴阳”“上奏云端九重天”“女儿典范”“永志哀思”等。

挂纸楼：纸楼，在本地民间叫“六棱”，谐音为“路陇”，也叫“望乡台”，六棱，有六面，上小下大，上下三四层、五六层不等。这主要看道士的手艺和死者的身份而定，在死者死后第二天高悬在死者家门外。六棱彩色搭配，周围配以各色花边，各棱缀满五彩花朵，意为死者营造一个新的世界。各面有门窗，最下层有楼梯，便于亡灵等临。六棱上所写内容依死者身份、性别不同而不同。若死者为女性，挽联上写“白蝴蝶一朝梦中，红杜鹃血泪染成”“瑶池赴会”“魂游西天”“慈竹风寒”“懿德永存”等。若死者为男性则书“鼻闻香气在室”“眼光大千世界”“耳听万人谚语”“心在妙院天宫”“身伏蓬莱仙岛”“舌谈无字真经”“口尝山珍海味”等。六棱的彩绘一层为楼梯、门窗；二层以“二十四孝图”为主；三层则以吉祥图案“梅松”“仙鹤”“秋菊”为主。纸楼在出殡前落下焚烧。

吊唁：当出门在外的子女和亲友接到讣告后，要及时奔丧、吊丧。民间有“望乡而哭”之习俗，出嫁的女儿要一路哭着走来，以示孝顺。到家后要先到灵柩前跪叩、哭悼直至有人劝慰才止。亲友接讣闻后，在“出轻”的那晚，携带礼品或礼币来吊丧，旧时亲友、邻居每家带来面蛋子一盘，到后来携带点心、糕点，主家备一大筐收盛之，作为当晚答谢来客的主食，也有的送一升麦子，或几元钱，或三尺布。20世纪80年代开始，亲友、邻居来吊唁，渐以花圈、挽联、挽幛、被面、礼钱敬之。主家指定一人用白纸订账簿专司记账，记清来客所送花圈、被面、礼钱数目。

哭丧：亲戚来吊，孝子要至门外迎接，跪陪奠纸。儿媳、女儿、孙子要长跪灵前守灵。有人来奠纸要哭，人们一波一波地来，哭声一阵一阵地起。若跪哭的人少，人们会认为死者无人缘，子孙不孝。儿媳、女儿若不哭，别人会笑话其不知礼，不孝顺。有的亲友若与死者感情笃深，也会加入哭的行列。哭时男子多低声抽泣，妇女却不同，不仅哭出声，还要哭出词，哭出调。所哭之词有对死者的称颂、怀念，也有对生者的谩骂。儿媳骂姑娘照顾少，姑娘骂儿媳不孝顺。更多的是忏悔，请求死者原谅自己的不孝、不尊、不恭。奠纸时哭，出轻时哭，出殡时哭，常哭得天昏地暗，声音嘶哑。哭得最厉害的算是出殡时，哭者要从起灵开始跟着灵柩哭至坟地，直至掩埋后堆起坟堆，才在众人的反复劝慰下停止。

端孝：主要请“执事”，根据来客的多少，准备好孝帽。哭纸前，不论尊卑、亲疏、长幼，来者一律送给孝帽，谓之“端孝”。端孝时，孝子贤孙穿孝服，披长孝，腰系麻丝，“披麻戴孝”，分跪两侧，由长子下跪，手托放孝帽的掌盘。“执事”按拟好的名单一一叫出来者的名字，发给孝帽戴上，参加出轻仪式。

出轻：因为整个出轻活动都围绕着纸楼进行，张掖形象地叫哭纸。哭纸仪式一般在次晚进行。孝子、贤孙孝女披麻戴孝，长跪灵前，恭候前来凭吊者一一奠纸，殷实的人家要请三五个道士诵经超度，营造哀伤氛围。道士常念“太上老君说常清静经”，经曰：“上士无争，下士好争；上德下德，下德执德；执者之者，不名道德。终生所以不得真道者，为有妄心；既有妄心，既警其神；既警其实，既着万物；常沉苦海”等，以替死者超度。除诵经外，哭纸之夜最引人注目的则是“破狱”。道士在空地面上画一平面地狱图：方位是东、南、西、北、中。东方为“风雷地狱”，南方是“火医地狱”，西方是“刀山地狱”，北方是“寒冰地狱”，中方是“普操地狱”。按方向顺序一一突破，念与各地狱有关的经文。道士带领孝子贤孙左转转、右转转，转几圈在哪儿停都有一定的规定，意为帮助死者超度。民间俗信若死者生前坏事多端，对父母不孝、不敬等，由此而落下地狱，善良的人死后由此升入天堂。破地狱后，再行“领羊”。领羊是民间习俗，将一活羯羊拉至纸楼下，由执事向死者交代归宗路线，并让一只羊为他带路，让死者回到祖先的坟地，后将羊身上的毛拨开，浇入凉水，羊受感后全身发抖，抖落身上的水，谓之“领了”，然后将羊宰杀。

入殓：出殡前将寿房揩拭干净，抬至尸体旁。讲究的人生前就有交代，寿房内用薄布粘贴一层，用锯末填装数个布袋，分别置于身体左右，以免起棺入葬时尸体歪斜。尸体入殡后，生前所穿衣服，所用实物连同陪葬品一起搁置一旁。让来客瞻仰遗容后，虚盖棺盖。

出殡：出殡前孝子先请舅父“验钉”，既摆摆舅父的威严，对死者的子、孙、媳数落几句，以警示对活着的老人要孝敬。后将棺材抬出，长子抬头，次子抬脚，孙子用孝幛打纤，亲朋好友帮手，姑娘、媳妇随哭，道士继续吹打，送至坟地。出殡时要一路撒纸钱，路过谁家街门，谁家就在门前放火一堆避邪。

所有带去的花圈、金银斗、童男女一起焚烧，并在火中添上酒肉等以祀之。掩埋后，所到亲朋、邻居跪拜，并撕烧一缕孝巾表示已除孝。叩首后原路返回，从门前放好的火堆跳过，净手。

旧时出殡要请“阴阳”算日子、时辰，有3天、5天，也有7天、9天，现在一般3天即可送葬。出殡之日可谓仪式隆重、程序繁杂。主人要先席酒招待，然后道士念经，礼忏祈祷，超度亡灵。斋爷点主、念祭文，孝子贤孙跪拜后方可起灵。出殡时宾客分两列两旁，孝子引魂，东家（帮忙的人）将门口挂着的“六棱”（纸楼）放下。待灵柩抬出后，将屋内、院内垃圾扫出，连同死者用过的废弃衣物，同“六棱”一起焚烧，意为“带去”。若坟地较远，车运灵柩于墓地；若较近，则由青壮年架扛抬送。

棺柩下葬后，把随葬的“饮食罐”“长明灯”放好，由东家将事先带去的遮布打开，遮去亮光，启开棺盖，让亲友们最后瞻仰遗容，方可盖棺。这时孝子贤孙排跪一行，舅父手执重物两手敲击，将棺盖钉紧。孝子用手将土撒向墓坑，再由请的东家用铁锨填土，最后堆起坟丘。将带去的花圈、明器、冥钱一起焚烧。

担任过干部、公职人员的人死后，身前所在单位或村级组织为之举行追悼会，子女亲友戴黑纱白花，单位送花圈，并由领导致悼词以寄托哀思。

从葬后第二天开始，先在门前烧纸，每日渐远，到第七天时烧到坟上，谓之“烧纸”。

殡葬风俗。葬法：本地居民自古实行木棺土葬，用棺材或其他葬具盛尸，掘土为墓，埋尸其中。古时“墓而不坟”，只有墓穴，不堆放坟丘，后来则堆坟丘为标志，并立墓碑。土葬的墓穴多为长方形土坑，人死后，家人请人在坟地挖墓穴，本地民间称“打穴”。显然，土葬与定居农业中亲土、恋土、入土为安的观念有关。本地土葬坟地选择在荒滩、地边，占用耕地的问题较为严重。除了土葬外，还有火葬。即将尸体装殓后用火焚化，保存骨灰。旧时，张掖火葬多见于孕妇、生怪胎、未成年女子、死于瘟疫者。1949年后，为了节约耕地，反对迷信，提倡实行火葬。火葬后的骨灰或撒入河流，或盛于木匣。现多陈列于殡仪馆中，以供亲人凭吊。现在，政府倡导文明生态现代殡葬，在倡导火葬的同时，尊重民间土葬习俗，设立公墓区，集中在公墓区土葬。

葬式：民间一般葬式是死者头向西南，脚向东北，以仰面朝上为最佳。俗云“头枕祁连山，脚踏合黎山”。亦寓西游仙境、得道升天之希冀。头边置灯照明，脚边置罐备饭。

葬制：本地大都是单葬，也有后者葬时将其夫或妻的墓穴掘开，男左女右，并置棺椁。“生则异室，死则同穴”，有些夫妻虽生时异室居住，死后却同穴而葬。本地最传统的墓地形制是家族墓地，即家族所有的成员死后共用一块墓地。它是家族神圣不可侵犯的地方，墓地被占，祖坟被盗，是家族最大的耻辱。家中按男性排列墓次，相同辈分的死者坟墓排成一列。墓地选在树木葱茏，阡陌纵横的地方。最好是背靠青山，面对田畴，前有“青龙”，后有“白虎”。

葬具：葬具是指装盛死者遗体或遗骨（骨灰）的器具，如棺材、骨灰盒等。旧时贫穷人家死后只能用苇席、草帘、树枝、树皮等将尸体裹起来掩埋。木质棺椁是张掖正统的葬具。一般人家多用棺，富裕人家则棺椁并用。最初的棺椁不加彩画，后来则棺外要画图、油漆，棺内装裱。画棺很有讲究，男画翅虎、飞龙。飞龙也很讲究，若官高位显，飞龙的爪舒展，若一般贫民，飞龙屈爪。女画锦鸡、锦凤。头枕首字，脚蹬莲花。棺木用材也很讲究，一般的有松、柏，等次高的有杉、樟等。棺木的形制为一头高而大，一头低而小，棺盖与两侧棺箱向外弓出，有一定的弧度。

丧葬文书。丧葬文书与其他礼俗用文相比，其用辞、格式十分特别，在张掖丧俗中包括丧联、挽联、悼词、祭文、讣告、碑文等。

丧联：丧联的内容与死者的身份性别有相当大的关系。单从各个屋门对联就能看出端倪。送殡曰、头七日、五七日、百日、周年所写丧联内容也各不相同。如送殡曰丧联：

万里云天归落日，一门两泪洒麻衣；永志哀思。
日落西山常见面，永流东海不回头；慈竹风寒。
守孝不知红日出，恩情忘断白云飞；梦赴黄泉。
万里云空鹤自飞，三更月冷鹃优泣；和德常昭。

挽联：葬礼上常见的文书形式还有挽联，用以缅怀、哀悼。由于受道教的影响，挽联中常用道家所尚之辞表达，比如女性写“瑶池赴会”，男性写“驾鹤西游”等词语，意其“得道成仙”。

悼词。一般是概括死者生平、赞扬死者品行，叙戚谊关系，表哀痛之情。

祭文：则寄托了子女、亲友、街坊、邻里对死者的怀念。

如旧时孝子、儿媳所致祭母的祭文内容是：

慈母享高寿　儿女沾荣光　盼母活百岁　今日寿房眠　儿女洒血泪　吉日礼殡葬
未报养育德　难酬育恩典　青松凋谢早　清儒鸿题点　诵经又超荐　为母增荣光
慈值迁灵柩　发挽赴坟茔　告别母体荣　离愁恨千年　堂前献三馔　哀章叙衷肠
祝母合上眼　窀梦长安眠　慈母祭如在　来格而来显

旧时贤孙所祭祖母祭文内容是：

世间有祖母　无不爱孙兰　人生有祖母　生活比蜜甜　祖母生前日　亲孙如掌珠
关怀孙温饱　伴随不离散　孙儿盼祖母　百岁常依恋　承欢绕膝下　祖母笑满脸
不料天不恤　英魂赴天堂　断我祖母爱　彻夜难成眠　梦寐见音容　醒时成空想
祖母恩厚爱　报答已无望　茫茫黄泉路　从此幽异乡　孙恨人生短　祖享九十年
今封三日迁　堂前热泪淌　洒泪奠酒浆　孙兰表恩愿　报恩又报德　诚心献一片
祖魂若不寐　来格宜蒸享

旧时亲谊护族、左邻右舍所致祭文内容是：

孺人有德行　美名千家颂　亲邻蒙厚爱　情宜肺腑存　一世高寿享　半生名节贞
高风传后世　精神昭乡邻　四世又同堂　养子俱名扬　贤孙有数双　个个有才干
不幸寿正寝　音容宛在享　今日别遗体　堂前哀悼念　敬俱菲薄仪　略表寸心肠
灵柩将起驾　送魂等云端　自此千秋别　灵魂赴瑶天　奠酒又奠馔　诔文述衷肠
祭之俨然在　赖格而来尝

喜庆习俗　甘州区域内喜庆习俗除婚庆外，一般指：小孩洗三、满月，青少年 12 周岁时留头、学生考学，老人留胡子、过寿、贺户乔迁。

洗三。洗三是人生的第一次洗礼。新生儿诞生的第三天，家人用艾草煮水，凉至适温，请接生婆给婴儿从头到脚擦洗一遍，为的是杀菌消毒、驱邪避疾。洗完后，主人送给接生婆面桃一副（16 个），另加红布一尺五寸，以示谢意。接生婆将 16 个面桃再垒成一个桃形，将顶端两个留下，叫“奶桃”，让产妇吃了“添奶”。后改为送礼盒。“洗三”之日，亲朋邻里都携礼前来道喜，也叫“添奶”。外婆家备红糖、大枣、芝麻、杏仁等补品，供产妇调养，还要备好小孩的衣裤等，以示祝贺。现在，一般生孩子都在医院由医生接生，洗三也由医院医生进行，主要是加药水给小孩擦洗。通常只有近亲来贺。

满月。小孩诞生后的第二个礼仪是“满月礼”。男婴儿出生满 29 天为一月，女婴儿满 30 天为一月。满月时，亲朋邻里携贺礼前往祝贺。主人家备宴款待。“满月礼”上，最主要的是“剃头”，也叫“剃胎毛子”。旧时一般请孩子的爷爷来进行。即使自家爷爷不在，也要从街坊邻里请年长者来进行。现在把理发师请到家里或到理发店内剃头发，剃发后用红纸包上加数倍的工钱给理发师。婴儿满月剃胎发后，即可搬入外婆家中小住，叫“挪窝窝”。这要依据婴儿身体状况而定，一般大多数人在婴儿一百天后挪窝。

留头。民间认为，孩子 12 岁之前，魂魄不全，容易受惊吓或生病。满 12 岁，刚好“地支一轮”，孩子魂魄长全，能够独立应付突厄邪祟。留头也叫“赎身”，孩子的父母根据自己的经济状况有杀羊者，也有宰鸡鸭者等。如果杀羊，要在羊身上洒水，羊一抖水为之灵验即可。杀死羊后，煮熟分给宴席间的客人食用。

留须。男子留须盛行于清代，人们把美髯视为年高德劭的一个象征。一般在 40 岁后留须。留须时，要据年龄属相，择吉日焚香祭祖，请人剃头修面，然后置备酒席，邀亲友同贺。中华人民共和国成立后，留须已不再特别注重。由于新的生活和卫生习惯，很多老人也不再留须，即使有极少数老人留须也多不因此而宴请。

贺木。甘州区人把棺材叫“寿房”。民间习俗是老人若体弱多病，子女趁早择吉日为老人做好寿房，以防不测。寿房多用松、柏木做成，俗称“松抱柏”。寿房做成之日，孝子宴请宾客为老人庆贺，叫贺木。贺木后将寿房抬到家中不住人的房间放置，待老人去世后请画匠彩绘龙凤图案。也有的做成、绘好，用红纸盖贴住画面，放置于阴凉干燥处。民间俗信，贺木寓为老人冲喜延寿。

过寿。小孩子和青壮年人，生日时和家人朋友聚餐叫过生日，而不能称之为“过寿”。人过半百开始，过生日就可称为“过寿”。子女给老人过寿，一般是六十大寿、七十“高”寿、八十八又称为“米”寿，一百〇八称为“茶”寿等。过寿比较讲究，要蒸象征长寿的寿桃，点寿蜡，吃寿糕，亲朋好友、平辈、晚辈、儿孙都要向寿星示礼。平辈握手，子孙行鞠躬礼祝贺。主人要做一根面条盘一碗的寿面让过寿人吃，主人设寿宴招待宾客。宾客贺寿礼，过去为寿桃、寿糕、寿联、寿画，现在以礼币为主。姑娘要给父母购置衣帽鞋袜等。

禁忌习俗　春节禁忌。春节是一年中的第一个节日，也是最隆重的。因此，节日的内容、节日的征兆和禁忌受到特别关注，历代相沿而构成民间俗信。民间俗信从正月初一至初八，分别为鸡日、犬日、猪日、羊日、牛日、马日、人日、谷日。这一日天气的好坏，征兆着全年此种家畜能否繁衍无灾、人能否吉祥顺利、谷物能否丰收。特别是人日，如果天气晴朗，则这一年出生的小孩可以顺利健康成长，而大人则顺心遂愿。但如果天阴晦暗，则“今年人日日无光，瘦骨怯寒懒下床”。俗信人日最为重要，人们用丝绸或金箔剪成人形，贴在窗棂上，以表示“人入新年、形象更新”。也有用金、银、玉等制成人形头饰馈赠。人日有禁放鞭炮的习俗。

正月初一至初五，民间又称五朝日。这五天里，各祭其祖。到初五日，村庄开始闹社火，谓之“打五穷”。相传穷神初五日降临，走到谁家谁家一年受穷；走到哪个村庄，哪个村庄就要一年饥荒。因此，用摆旌、擂鼓、击彩的方法驱赶穷神。

一年的吉祥始自春节，所以在民间形成了不少的禁忌：过年期间不打骂小孩，以图祥和；初一至初五不能扫屋子，怕把财气扫出；初一至初三不能动针线，否则生的小孩瞎眼；不动剪刀，否则小孩豁嘴；过年期间不能打碎东西，否则会破财，但如果客人不慎打破东西，则戏为“碎碎（岁岁）平安”，等等。

生育禁忌。男人不进产房，怕产妇的血光腥气冲了自己的官气、财气。孕妇被称“双身人”“四眼人”，忌参加婚礼、丧礼、祭祀活动，否则被视为不吉利。忌跨小孩子的头顶，否则认为小孩长不高。小孩子忌骑狗，否则会认为经常烂裤裆。忌从远路来的人进产房。产妇产后不过三月，不能走亲串友，怕冲了人家的财门。小孩夭折，说“糟掉了”，忌说“死了”。有时小孩不小心摔了跤，或从高处掉下来，母亲就会在摔跤或掉下去的地方洒些水，然后捋着孩子的耳朵，喊他的名字，叫“叫魂”。孩子在外面睡着了，回家一定要叫醒。

婚姻禁忌。忌生肖相克，认为“白马喂青牛”“鸡狗不到头”“两虎相斗”等。女忌属羊，认为命薄克夫。婚姻日忌择单日，认为好事成双，单日则不吉利，婚嫁礼品忌送单数，认为不吉利。忌甲子年结婚，认为是寡妇年，结婚要死丈夫。新房内忌带有鸟图案和形象的器物，认为婚后夫妻要吵架。新婚之日忌路遇婚车，认为“喜冲喜”，此时双方交换手帕以避邪。女子出嫁时忌姑娶姨送，“姑不娶、姨不送，姑娘娶了光害病”。

新婚之日忌丧偶者进入新房，认为是半边人，不吉利。闹洞房时新娘、新郎发恼，认为婚后常发火。婚宴上忌打碎器皿，认为婚姻宜破，不长久。娶亲时忌中途停车，认为夫妻会中途分手。古人阴阳等信仰观念极强，有五行相生相克之说，又有属相相生相克之说，一事不合，婚事便没有成功的希望。民间有订婚男方所去的人数要双不要单；订婚时所携带的礼品要双不要单，男女双方交换信物要双不要单；订婚时所买给女方的衣物要双不要单。

寿辰禁忌。张掖民间49岁不说49，而说50，59岁说60等，因为“9”与“走”谐音，“4”与“死”谐音，“5”与“吾”谐音，“人走了”有时特指人已去世。

张掖民间俗言，本命年是厄年，要穿红衣服、系红腰带驱邪。

在老人寿宴上，不论男女老幼，一律禁说“死”“杀”“走”“离”“完了”“没了”等与长寿意相冲的字眼。

出行禁忌。人们的出行禁忌很多，其中有的属迷信，有的却具有积极意义。其中具有科学、积极意义的有：忌空腹出远门，忌破衣出远门，忌病危出远门，忌空手去人家做客，蓬头垢面出门，忌妇女单身出远门。有的禁忌明显带有封建迷信色彩，如：忌在路上捡手帕、冥钱，认为会烧手、断肢、丢魂；忌夜走坟地；忌出行遇见妇女便溺；忌从女子衣裤下穿行；忌姑娘头顶筐、盆之类；忌鸟粪落在身上，认为不吉利等。

丧葬禁忌。禁忌：忌在外恶死，包括溺死、吊死、雷殛、遭杀、病死等。忌把在外恶死者抬回家里，一般应放在门外，等候入殓。忌把恶死者葬入祖坟，应葬在坟圈子之外。忌说棺材，要称“寿房”或“老房子”。

埋葬：年轻女子死后，忌埋入祖坟，应火烧之。孕妇死后忌土葬，应火葬。孝子在治丧后百日内不许剪发、剃头，不许参加宴会和从事娱乐活动。忌因危害社会被官方处以极刑的人进入祖坟享受奉祀。忌戴孝进入别人家门，否则会认为给人家带来不吉利。

衣物：给死者穿衣，讲究贴身穿一身接近肤色的衣服。其他衣裤鞋帽都得齐全。忌给死者穿带毛的衣物，否则死后会变成长毛的动物，因此，不给死者穿戴毛料衣物。寿衣也是用软绸子做成，因为“绸”与“稠”谐音，意来世香火旺盛，而忌用“缎子”，因为“缎”与“断”谐音。

避重丧。若人死在当月初一，不能在三天后掩埋，第三天正好初三，三日丧事意为“重丧”，还要死人。而必须过五日才能埋。若遇夏天，尸体难以保存，就只能三天掩埋。掩埋前道士要为这家“避重丧”，若死男性，就做一女纸人同埋；若死女性，就做一男纸人同埋。意为有人去陪，家中不会再死人。

五七斋：民间丧葬活动中，还有一种习俗，即在人死后，以七天为一忌日，由死者的亲人做斋，为死者追福。到五七三十五天为止。一般在民间，一七俗称“头七”，即人死后的第七天，死者亲属要置办饭菜、酒肉，还要请道士念经超度，亲朋、邻里前来祭奠，在死者坟头焚烧纸钱，泼洒饭菜后，回到家中净手，再宴请来客。

五七：就更为隆重了，一般是参加过葬礼的远近亲朋都来祭奠，主人家按来客的多少置办酒席，这就要显示主人家的铺张，若谁家过于简单，世人会笑话对其父或母不孝。因此，为了从表面显示孝顺，只能佯装豪华，其实给平民百姓造成很大负担。

上新坟：亲友亡故的第一个春节，逝者的亲友要在春节时，带用梅红、黄、绿、白等彩纸剜剪民间所谓的羊肚状的“羊肚子”和礼物，到逝者家中为去世的亲友上坟，叫“上新坟”，逝者子女家人把亲友带来的“羊肚子”插到逝者的坟上或焚烧。一来亲友新亡前往悼念祭祀，二来去看慰去世亲友的家人。本地民间习俗是，一般在正月初四上新坟。

周年：亡者满周年之日前，其儿子相聚商议周年祭事，确定来人数量及宴请范围，准备酒肉、纸币，同时请道士。周年当天，家人、众亲友携带各种祭品、纸币，道士们一路吹吹打打，一起到坟上去祭奠。如果家人在亡者葬后一年中梦见过亡者饮食清淡，衣着褴褛，则专做丰盛饭菜，剪纸衣一叠一并带至焚烧供奉，使亡人“有所衣食”。道士在坟上则诵经为亡人超度。完后全体回来入席，主人以酒宴盛情招待。

待客习俗 中华民族是个重礼好客的民族。长幼之间恪守着严格的礼节。在甘州，尊老爱幼、待人接物的优良传统几千年来沿袭至今，无论何时何地，老人都受到普遍的尊重，人与人之间存在着真挚的交往。

尊老。孝敬父母，尊敬老人，是做人的本分，也是最基本的人伦之礼。晚辈们常怀感恩之情。做儿女的时刻不忘父母的养育之恩，尽量在物质和精神上予以报答。在生活细节上给予体贴关心。及时嘘寒问暖、祝安侍奉，添衣备药、贺寿报喜；热忱帮父母做点家务及办理有关事情，使父母能在宽松愉快的环境中安度晚年。在平时，听到长辈呼叫时，都要立即站起来答应。用餐时，教育晚辈必须尊重长辈，让长辈坐在正上方，待老人动筷后晚辈方可吃。晚辈路遇长辈，必须施礼问安。每当过节时，尊老敬长的优良作风体现在细微之中。节日期间制作的精美食品首先要送请长辈品尝，并且携带礼物去看望父母及长者。在甘州民间，每当春节初一那天，都由年长者带领晚辈们去给长辈拜年或由晚辈结伴而行，来到长辈家里拜年。拜年时长辈坐在大堂的正上方，参拜者跪地磕头，祝愿老人在新的一年里身体健康，万事如意，长命百岁。

爱幼。在日常生活中，家长一般都要率先垂范，言传身教。多与孩子沟通，做到有礼有节。对子女既民主亲切，又注意身份距离；既关心孩子的学习生活，又不随意翻阅子女的日记、信件。培养孩子的自立能力，维护孩子人格自尊，讲究教育方法。对孩子也不能主观武断，强人所难。平时注重孩子自身素质的锻炼，教育其成为有高尚品格的人。

远亲。亲戚之间是自然存在的一种宝贵缘分，是家庭之间有着血缘关系的不可分割的重要组成部分，即使再忙，也忘不了感情的沟通。亲戚关系需要走动沟通才能巩固。在平时，亲戚家有喜当贺，有难当帮，尤其是婚丧场合，都必须要到场致贺或凭吊；万一实在不能亲临也要通过电话、信件等方式予以致意、解释并表示人情礼仪。逢年过节都要走亲访戚，相互拜访。在甘州民间，每当春节或是中秋节等大型的节日期间，各家都要带上自己制作的精美食品，拜谒亲戚，慰问祝福。

近邻。俗话说“远亲不如近邻”。邻里之间的相互尊重是最可贵的。在甘州，邻居家的事情就是自家的事，只要是邻居打声招呼，一般都是全家出动去帮助，直到把事情解决的干净利落。逢年过节邻居们都要相互赠送自家制作的食品，看望邻居家的长者。见面点头笑，相逢问个好；严于律己，注意细节；宽以待人，学会礼让；相互帮助，相互体谅成为一种新风尚。

待客。家里有客临门，认为是家里的喜事，都是热情相待。客人进门时，主人须等客人全体坐下后，才能坐下。并热情招待每一位来客，是男客人，要给其敬烟，如果客人不吸烟，就沏上上等的茶水；如果是女客人，对于吸烟者要敬烟，对于不吸烟者，要沏茶或是端出水果。给客人点烟都要有一定的技巧，几个人同时点烟，年轻的应给年长的先点，男子要给女子点，主人要给客人点，一支火柴点两支烟就得熄掉，若用打火机，点完两次后应熄灭一下，切忌连点三次。中途自己有急事须暂时外出，或听电话等需要离开一会儿，应跟客人打招呼，不可以让客人干坐。正与客人交谈，又有其他客人来访，与早来的客人互不相识，主人应替双方介绍。对客人要一视同仁。

客人告辞时，主人应先挽留，再让客人走。客人走时，可以让他自己开门，主人开门的话似乎在下逐客令，当然这只是指在家里，在饭店等公共场所和正式的聚会上，是不应该让客人开门的。送客送到门外，住楼房的应将稀宾、长辈送下楼或院外，握手说声“再会”，目送客人离去。有女子单身一人来做客的，主人都要委托客人或自己的家属护送她回家。甘州民间有句俗语：“有火（指灶）的屋才有人进来，有枝的树才有鸟落”，因此友好的待客是古甘州的又一优良传统。

交往。庆贺是生活中必不可少的一项活动，结婚、生子、乔迁、上大学等，生活中喜事多多。每当亲朋好友喜庆之日时，正是亲友聚会、培育情感、增进友谊的良机，给予祝贺以锦上添花。

收到请柬后，应及时回复是否参加庆典，以便主人安排席位。同时还积极主动地去帮助亲朋好友做一些自己力所能及的事情。应邀参加各种喜庆典礼者都要酌情准备好礼金、礼品。

赴宴前应修整仪容及服饰，并十分注意仪表形象，男宾着装要整洁、庄重，女宾着装可艳丽些，但不失端庄，力求整洁、大方、得体。赴宴要准时，浪费他人时间，极为失礼。

宴会敬酒一般是根据身份自高而低逐个敬酒，由主人向客人敬酒，客人先回敬主人，再敬其他人。晚辈或男士不可贸然提议为长辈或女士干杯。碰杯时，杯沿应低于长辈、领导和女士的酒杯，以示尊重。

得到亲友的帮助，无论事情大小，帮助不管多少，都要给予真诚的致谢。向人致谢要及时，方式可多样，如直接口头致谢、书面致谢、由他人转达谢意等。

庙会、祭典活动 张掖庙会分布在一年四季，每年从正月初九“上元会”祭祀祝告玉皇大帝起始，直到岁末十一月十九的“先天会”拜谢玉帝止，月月都有庙会，有的月份中还有多次庙会。古代庙会上，一般都要举行祭祀活动，祭拜各路神明，求神保佑地方安宁、风调雨顺、五谷丰登。民间还利用庙会场合进行商业交易，各种土特产品、风味小吃蜂拥而来。在庙会上，更为隆重热闹的还是戏剧文化活动，凡是较大的庙会，都要请戏班前来唱戏，例如三月清明的“城隍庙会”、七月的“王母宫庙会”“马神庙会”“财神庙会”，就有僧、道、大戏班、小戏班同时演出，场面极其热闹。

20世纪60年代，许多寺庙被毁，庙会活动也随之销声匿迹。党的十一届三中全会之后，随着社会形势的发展，张掖四乡的一些寺庙又逐渐恢复，如东山寺、灵隐寺、西武当庙、北武当庙都由群众自发集资重新兴建起来，庙会也因寺庙的修复而重现昔日的盛况。1990 年春节，张掖市文化部门在大佛寺举办“张掖建郡 2100 周年文化庙会”。从正月初四到正月十七，大佛寺内组织规模盛大的戏剧演出、歌舞比赛、书画展览和具有地方特色的风味小吃及商贸活动，每天吸引数万群众前来观光。此后，以大佛寺为中心，甘州区利用传统节日多次举办有文化特色的庙会活动，使传统的文化庙会焕发新的光彩。

佛教庙会

正月初一（以下均为农历）。弥勒菩萨诞辰，普门寺、法幢寺、广庆寺庙会。

二月十五。观音菩萨诞辰，东观音堂、西观音堂庙会。

四月初八。释迦牟尼诞辰，普门寺、法幢寺、大佛寺庙会。

六月六。水陆会，茅庵、达摩庵庙会。

七月十五。盂兰会，普门寺、法幢寺庙会。

七月三十。地藏菩萨诞辰，地藏寺斋会。

九月三十。药师琉璃广佛诞辰，普门寺、法幢寺庙会。

十月初八。释迦牟尼成佛日，普门寺、法幢寺、大佛寺庙会。

十一月十七。弥陀会，各佛寺均举行大型庙会。

道教庙会

正月初一至初三（以下均为农历）。诸神下降，道教各庙庙会。

正月初八。北斗下降，北斗宫庙会。

正月初九。玉皇诞辰，玉皇庙庙会。

正月十五。上元天官赐福诞辰，三官庙庙会。

二月二。土地诞辰，土地祠庙会。

二月十五。老子诞辰，道德观庙会。

三月三。北极师祖诞辰，北关祖师庙、北武当庙会。

三月十五。九天玄女诞辰，道德观、城隍庙、玉皇庙庙会。

三月二十八。三霄诞辰，玉皇庙、城隍庙及道教各庙观都有庙会。

四月初八。平天仙姑诞辰，奶奶庙庙会。

五月初五。五方五瘟诞辰，城隍庙、二郎庙庙会。

五月初五。奶奶庙会、西武当庙会。

五月十三。关圣会，关帝庙庙会。

五月十八。张天师诞辰，东山寺庙会。

六月六。水陆会，老寺庙庙会。

六月十三。马祖诞辰，文庙庙会。

七月初七。魁星诞辰，文庙庙会。

七月十五。三元地官赦罪，三官庙庙会。

七月十八。王母诞辰，王母官庙会。

七月二十三。财神诞辰，以财神楼为主，道教各庙观均有庙会。

八月十八。太上老君诞辰，道德观庙会。

八月二十六。丘祖诞辰，福德庵、三丰庵、道德庵庙会。

九月初九。重阳祖师诞辰，城隍庙庙会。

十月初一。橙黄寒衣会，城隍庙庙会。

十月十五。三元水官解厄，三官庙庙会。

十一月十一。救苦天尊诞辰，城隍庙、玉皇庙庙会。

中华人民共和国成立后，庙会风俗内容有所改变，从以祭祀神佛为主慢慢演变为以物质交流、文化活动为主，一般在秋收后举行。

第三节　饮食习俗

甘州饮食以面食、米饭、肉食、蔬菜为主。家常面食主要有：香头子、拉条子、揪片子、鸡肠子、搓鱼子、小饭、臊面、炮仗子、灰碱面、炸酱面、拉面、包子、饺子等；其他面食有：挂面、酿皮子、蒸饼子、糊粕、粉皮面筋等；干粮面食和油炸面食主要有：馒头、刀把子、花卷、大馍馍、烙饼、锅盔、煎饼、烧壳子、面疙瘩、油饼子、油馃子、油棒子（麻花）、油糕等。米饭吃法主要有：稀饭（米汤）、煮米饭、焖米饭、蒸年糕、包粽子、八宝饭。肉食品种主要有：猪肉、羊肉、牛肉、鸡肉、兔肉，兼吃鱼、鸭、驴肉等，就一种肉而言又有多种吃法，本土传统的肉食吃法主要有：白水肉、红绕猪肉、卤猪肉、酱牛肉、鸡肉焖卷子、黄焖肉及各种肉类菜肴。日常所食蔬菜主要有：大白菜、洋芋、萝卜(俗称“老三样”)、包包菜、甘蓝、韭菜、小白菜、豆角、辣椒、甜椒、茄子、西红柿、葫芦、芹菜、胡萝卜、黄瓜、蒜薹、韭薹、洋葱、芫荽、大葱、大蒜等。蔬菜的吃法主要有：凉拌、素炒、荤炒、泡菜、腌菜、包包子、包饺子。

家常面食类　香头子。是本地人家最常吃的面食，将面粉用温盐水和成面团，反复按揉后，扣上器皿饧一会，擀成2—3 毫米厚的面张，擀面时要边擀边撒干面粉，折叠切成宽 3—4 厘米的长方形面块，再切成面条，即为香头子，民间也叫“板刀面”，下锅煮熟捞出控水配以菜肴、醋、油辣子吃食。

拉条子（鸡肠子、拉面）。是本地人冬春季最常吃的面食，用加盐的温水和面，反复用力揉按，待面变软时，揪团搓成圆条或擀成圆饼，抹上清油，一层一层码在器皿内焐焖，民间叫“饧面”。下锅时，将饧好的圆条面拉长拉细叫圆拉条，用手挤压后再拉的叫扁拉条，面为圆饼的用刀切成条再拉。鸡肠子做法与拉条子基本一样，只是下锅时，鸡肠子是用两手掌对搓圆面条，循环移动，使面变得浑圆细长，比起拉条子更筋道润滑。拉条子、鸡肠子下锅煮熟后配以菜肴、醋、油辣子吃食。

揪片子（炮仗子）。做面的过程、方式与拉条子“饧面”一样，下锅时，将饧好的圆面条用手掌压扁拉薄，用手揪成面片子，煮熟捞出配以菜肴吃食为干面，民间吃揪片子多为汤面，在汤里调肉、菜、豆腐等佐料，为汤揪片子，也叫烩面。炮仗子做法与揪片子做法基本一样，只是直接将饧好的圆面条拉细，家常做法是用手揪成 3—4 厘米长的面段下锅煮熟，餐馆里将面条拉开摆放整齐用刀切段，叫炮仗子，捞出控水配以菜肴、醋、油辣子吃食。

搓鱼子。将面粉用温盐水和成面团，反复按揉后，擀成0.5厘米厚的面张子，切成四楞面条，左手拿面条子，右手在面板上将面条搓成一寸长、两头尖、中间稍鼓的面鱼，叫搓鱼子，捞出控水配以各种菜肴、醋、蒜泥吃食。

小饭。将面团擀成一铜钱厚的面片，切成小方块，下入牛羊肉原汤，调肉片（肉丁）、粉皮、豆腐、煮熟的红豆、佐料、绿菜等即成。小饭是张掖的地方特色面食，以上多为餐馆做法。本地农家平时做时多数不用肉汤，只在面汤里调入炒好的荤菜、肉丁或下面前水中煮洋芋、萝卜，再配以绿菜。

灰碱面。将上好的面粉用盐水加灰碱和好（旧时人们用灰草烧成的灰碱，现在多用市场上销售的食用碱），反复揉搓后，擀成薄薄的面皮，撒上干面粉，折成三指宽的一叠，用刀细细切过，轻轻抖散，松松地拧成一绞，摆放整齐。下锅煮熟捞进凉水中浸过，控水后配以凉菜、炒菜、醋、蒜泥或油辣子吃食。灰碱面是本地农户待客的上食，也是判断新媳妇“茶饭”手艺的标准。新媳妇的“试刀面”即指灰碱面。

臊面（寿面）。臊面面条做法和灰碱面做法基本一致，不同的是和面不加灰碱。臊面为面与汤分做，臊面汤以肉汤为原汤，配胡椒等各种调味品、豆腐和淀粉勾芡，汤黏稠，捞面浇汤，佐以肉片、葱花、香菜末、油炸豆腐干。以上多为臊面餐馆的做法，面条为压面机压制。本地家常臊面做法是：面为手工擀切，将肉菜切丁、调入调料一次勾汤。农家过婚丧事时本家户族、街坊邻居帮忙人员较多，东家用压面机压面多做臊面招待。臊面、小笼包子、兰州牛肉面是张掖市面上传统的“三大”早点。老人过寿时，家人精心做一碗臊面或浇汤的灰碱面，称为“长寿面”，由子女进献老人食用，意寓祝愿老人长寿。

炸酱面。面与酱分做。面为香头子、拉条子、搓鱼子、炮杖子、长面（手工擀切或压面机压制）。炸酱的做法是：将肉和菜切成小丁，佐以调料，炒至半熟，加少量水煮熟，调绿菜，即成炸酱。面捞出后浇上炸酱食用。

包子（饺子）。菜和肉切成小丁，佐以调料生拌或炒至半熟拌匀，即成馅子，馅子可以用多种菜肉和鸡蛋拌制。包子用揉好的发酵面擀成手掌大圆面饼，将馅子包入面饼打褶封口，上笼蒸熟，为圆形。饺子用饧面团子擀或捏成小圆面饼，将馅子放入面饼打褶封口，下锅煮熟或上笼蒸熟，可以包成扁形或圆形的。包子、饺子是本地人较常吃的饭食，特别是饺子也是待客和节日的上食，在除夕夜家家都包食饺子，称之为“团圆饭”，饺子也叫“天下通食”。

其他面食中本地农家有秋收后晾晒粉皮面筋、做挂面的传统，到现在很少自家做了，粉皮面筋、挂面、酿皮子、糊粕、蒸饼子在城乡市面都有专门的餐馆、小吃摊点做售，作为尝新小吃，人们一般到餐馆和小吃摊买食。

干粮面食类 油馃子。是本地人家过年必做的油炸食品。本地一般的做法是用红糖水和发面和未发酵的死面焐揉后各擀成面张，叠在一起，为了使油馃子酥脆香甜，还在面中掺入干油面、鸡蛋、牛奶、花椒水等，卷成圆卷切成圆筒状或直接切成长方块，翻卷、夹制成蝴蝶形、梅花形、翻花形等，经过整形放入油锅炸黄即可。炸熟后的油馃子发面层呈红色、死面层呈黄色，红黄相间、各式各样，过年时本地人家接待来客的传统就是先倒一杯年茶，然后端一盘油馃子。油馃子也是农家的一种自制零食，过年时炸的较多盛在器皿内，待春节后春耕期间，农忙回家后当零食充饥。

锅盔。本地农家在中秋节做锅盔，其中要精心做一个画上月亮、猴子等图案的大锅盔，在中秋节夜晚献月亮，为此，农家锅盔就是最初的“月饼”。锅盔的做法是将发面兑、饧、揉好后，擀成二指厚的面张，上下各一张叠起，扣圆形器皿裁刻出圆形面饼，下层面张比上层的略大，在上层面张上画图案或将面饼裁刻成老虎、狮子等形状。为使锅盔酥脆香甜、色彩绚丽，还在面内掺入鸡蛋、牛奶，或卷入香豆面、红曲、姜黄。面饼做好后，放在“铁鏊子”中用火烤。鏊子架在木柴火上，鏊盖中常是烧好的木炭，使面饼上下受热，等鏊盖周围白气散尽，起盖出锅。中秋节做锅盔时，一般左邻右舍在其中一家架起鏊子，妇女凑在一起烤锅盔，可备农忙秋收半个月食用的干粮。

烙饼。本地农家日常做食的干粮。将兑好碱、揉好的发面擀成圆饼，或把面擀成面张卷成圆筒切成柱状，用两手将切面压平再擀成圆饼，放入平底锅内温火烤熟，把面直接擀成圆饼做的烙饼农家叫“干粮子”，第二种做法做出来的烙饼叫“千层饼”，民间也叫“转圈子”。

花卷（馒头）。也是本地农家日常做食的干粮。花卷的做法是把面擀成面张卷成圆筒切成柱状，用两手将切面翻成花状，上笼蒸熟。馒头的做法是将拳头大的发面团反复揣揉成圆形，上笼蒸熟，还有一种做法是把面搓揉成圆柱形，用刀切段上笼，民间又叫“刀把子”。

大馍馍。制作方法与蒸馒头相同，只是多加酵面，使面发酵更充分，面团比一般馒头大，然后把用面或杏仁、瓜子做的桃、花、叶、鸟之类的饰物按在面团上边和四周，涂以食用颜色，蒸熟出笼便成，是长辈亲属死后的供品。

当地民间在春节等节日，蒸做“面桃儿”（做法同馒头，只是用手将面团搓揉成尖嘴状，把尖嘴劈开，顶部涂颜料）祭祖敬神；在惊蛰炸食面疙瘩（面用温水搅成糊状，用筷勺捞入油锅炸黄即成，本地农家还包入红枣炸成枣儿面疙瘩）；在春分烫食煎饼（面用温水搅成稀糊状，调入葱末、食盐，舀入加热的平底锅，即刻成薄饼，凝固烙熟即成）；在二月二烙食烫面油饼子（面用开水搅拌烫熟，搓揉擀成圆饼，在锅底抹清油，烙熟即成）的传统。炸油饼子、炸油棒子（麻花）也是本地农家遇节日所做食的面食。其他所食干粮和油炸面食在城乡市场上有售，人们多买食。

米饭类　焖米饭。将大米下锅煮至半熟，捞出控水，在锅底抹清油，再将捞出的米倒入锅内用余火蒸熟，调葱花或干芫荽末，拌后食用，焖出来的米饭米粒个个松散。焖米饭在民间也叫“蒸饭”，吃过米饭还可喝米汤。年轻人喜食焖米饭。现在农家用更简便的方式焖米饭，做法是将米淘净盛在小盆内加适量水，放在锅内加火蒸至水干米熟即成。

煮米饭。将大米淘净直接下锅，米煮至半熟时，把米汤撇出，米煮熟时用勺子搅拌即成，煮出来的米饭米粒结块为黏稠状，较软和，老年人喜食煮米饭。现在，由于本地农民很少种植谷子，加之市场小米价格高，人们一般不做小米饭，只做小米稀饭。过去本地种谷子时，农家多做食小米饭。在物质生活贫乏时，农家吃米饭在冬春季多以腌菜、油泼辣子配食，夏秋季多配素菜，节日炒肉菜，米饭可为一日三餐。

米汤（稀饭）。将米淘净下锅，煮成稀饭。用米量比做米饭时少，根据饮食习惯控制米水的比例，以掌握米汤的稀稠。本地农家熬米汤喜欢加洋芋、萝卜。还有一种是在米汤里面加煮大肉、牛肉丁，熬成较稠的米汤，民间叫“臊达子”。小米稀饭一般不加任何辅料、佐料。

蒸年糕（包粽子）。年糕（本地也称凉糕）、粽子是本地端午节的应节食品。做法是将米（农家用大米和糯米）淘净，红枣煮至半熟，苇叶洗净，将苇叶排放在用芨芨编制小筐的四周和筐底，把米和红枣一层一层撒入筐中，再将苇叶封口，放入锅内煮沸至熟，出锅后用勺挤压将米枣拌匀，晾冷食用口感更佳。粽子的做法是将苇叶折成勺状，将米和红枣放入包住封口，用马莲草或线绳扎好，放入锅中煮熟晾冷即食。年糕、粽子融入米和红枣的香甜及新鲜苇叶的清香，十分好吃。

八宝饭。是本地筵席上的一道饭食。将糯米或大米盛在碗内，撒上白糖，再放上葡萄干、红绿樱桃、蕨麻、花生等，上笼蒸熟呈黏稠状，再扣入盘内即成。

肉食类　白水肉。本地吃猪肉、鸡肉、牛肉、羊肉等都可白水煮食，煮时将肉下入冷水，调入花椒、生姜、草果、大蒜、葱、盐等佐料，熟后捞出或手撕成块或用刀切片，浇、蘸、配盐水、盐末、蒜泥水、生蒜片、辣醋水吃食。民间所叫白水肉指白水猪肉，白水鸡称白斩鸡，白水羊肉称手抓羊肉。

黄焖肉。黄焖是本地吃羊、牛肉的常用烹饪方法。将肉骨剁块，用清油爆炒，佐以辣椒、调料、葱姜蒜等，以酱油或糖浆上色，加少量水连炒带焖至熟。农家做时，还配以洋芋或萝卜块。吃兔子肉时，多黄焖。

红烧肉。红烧肉是本地家常吃大肉多喜食的一种肉食。做法与黄焖肉相同，一般配洋芋、萝卜块，是吃米饭多配的肉食。

卤肉（酱肉）。卤肉的肉品多为猪肉，农家也卤鸡肉。以前卤猪肉有专门的肉摊（店）卤售，现在都在自家卤肉，首先是买各种调料或市场上卖的合成卤料，将卤料和肉一起下锅，加以糖浆调色，用温火煮沸至肉熟烂，捞出晾冷存放做熟肉食，食用时切成片码在盘内。传统的卤子是经多次卤肉，过滤料肉渣封存，下次卤肉时再投料加水熬制叫“投卤”，有的要连续使用多年，民间称卤越老卤制的肉越好，一些名家的卤肉制卤子的料单、工艺为家传。酱肉多指酱牛肉，与卤肉相同。

鸡肉焖卷子。将鸡肉剁成小块，用清油爆炒，放入葱、姜、蒜、红辣椒及各种调料、酱油，炒至鸡肉呈亮黄色，加水焖至八成熟时，将擀好的薄面饼抹上清油卷成圆筒，再切成面卷，码放在鸡肉上，用小火焖蒸至肉、面熟后拌和出锅即食。农家做时，有的还在鸡肉中放入洋芋、宽粉条，叫“大盘鸡”。“来客杀鸡”或煮白水鸡或做鸡肉焖卷子、大盘鸡是本地农家招待来客或家人生日时做的传统美食。

鱼。乌江素有“鱼米之乡”美誉，民众养鱼历史悠久，养鱼种类主要是鲤鱼、草鱼、鲫鱼、鲳鱼、虹鳟鱼、金鳟鱼等，河水中的野生鱼主要是鮸鱼（俗称）、泥鳅。民间吃鱼主要是清炖、红烧、油炸，一般鲤鱼、草鱼红烧成酸辣鱼，鲫鱼、鲳鱼、虹鳟鱼、金鳟鱼清炖，小鲫鱼油炸。乌江镇是甘州区唯一养殖虹鳟鱼、金鳟鱼的地方。

菜肴类　甘州民间家常菜肴通常有：凉拌菜、热炒菜、泡菜（腌菜）。

凉拌菜多以新鲜绿菜为主，择洗干净，下开水锅内焯熟捞出控水切段，佐以盐、醋，或加葱、蒜、辣椒末，调料用熟清油炝熟拌匀。如：凉拌小白菜、凉拌豆角、凉拌芹菜等。黄瓜、萝卜、西红柿等，直接切食或凉拌。在宴席、节日上煮熟冷藏切食的牛肉、大肉为荤凉菜。

热炒菜分为素炒菜、荤炒菜，素炒菜不放肉，荤炒菜以肉、菜搭配，炒菜佐以盐、醋、酱油、调料，加葱、蒜、辣椒。通常家庭食用的炒菜如：素炒洋芋丝、酸辣白菜、醋熘辣子、素炒葫芦、茄辣子西红柿、西红柿炒鸡蛋、白菜粉条肉、蒜薹木耳肉、红烧洋芋肉。

民间家庭平时午餐、晚餐做菜1—3个，荤素、热凉搭配。来客或过节时，都会多做几个菜肴招呼来客、丰富节日饮食，遇到节日还有应节食品，如端午节蒸年糕、包粽子。

饮品　居民生活饮品主要有：酒和茶。旧时一般为散装的白酒（俗称烧酒）、黄酒、南酒，茶多为茯茶（俗称砖茶、“老叶子”），来客时煮鸡蛋茶、油茶、炒面茶、红枣茶等。随着经济的发展，现在饮品除酒、茶，还有种类繁多的瓶装、罐装的饮料，酒的种类有白酒、黄酒、红酒、葡萄酒，而且都是瓶装且带包装的各类品牌的酒。茶的品种繁多，有茉莉花茶、毛尖、铁观音、龙井茶等，都是在商店购买的袋装茶叶，且按季节饮用红茶、绿茶。商店、超市销售的瓶装、罐装饮料有红茶、绿茶、矿泉水、果蔬饮料、碳酸饮料等。

第十七编

人物　荣誉

第一章　人　　物

甘州，历史悠久，文化灿烂，孕育了无数优秀儿女，他们是甘州人民的骄傲，是甘州人民宝贵的精神财富，更是甘州儿女学习的楷模和榜样。无数甘州英才为甘州的繁荣发展，无私奉献他们的智慧和力量，史志亦铭记了他们。

第一节　人物简介

（以姓氏笔画为序）

1991—2016 年甘州籍在张掖市内任正县（处）级及以上职务

丁荣善（1958—）　男，汉族，甘州区乌江镇安镇村人。1979 年 10 月参加工作，先后任乡党委副书记、乡长，交通局局长等职。1994 年任张掖市人民政府副市长。1997—2012 年先后任张掖地区行署建设处副处长，张掖地区行署环境保护处党组书记、处长，张掖市建设局局长、党组书记，张掖市城兴城市发展投资（集团）有限责任公司董事长，张掖市住房和城乡建设局局长、党组书记，张掖市城兴城市发展投资（集团）有限责任公司董事长、党委书记。2013 年任国家级张掖经济技术开发区管委会主任、张掖市工业和信息化委员会主任。2016 年任张掖市人大常委会机关党组书记、秘书长。省十二次党代会、市第三次党代会党代表，市第三届人大代表。

于兴国（1963—）　男，汉族，甘肃张掖人，中共党员，大学学历，理学学士，中学高级教师。2004 年 12 月任副县级职务，任张掖市人力资源和社会保障局副局长、党组成员。曾任张掖市食品药品监督管理局副局长、党组成员，市食品药品检验检测中心主任；2016 年 11 月任张掖市质量检验检测研究院党委书记、院长。

马　成（1964—）　男，汉族，甘肃张掖人，中共党员，中央党校大学学历。1984 年 8 月参加工作，1991—2006 年在张掖市纪委、监察局工作，历任专职纪检委员、案件检查室主任、纪委常委、监察局副局长、案件检查室主任、监察局局长、纪委副书记、政务公开暨行政审批领导小组办公室副主任。2006 年 11 月至 2011 年 9 月任中共山丹县委常委、纪委书记。2011 年 9 月任肃南县委常委、政府常务副县长、县政府党组副书记。2015 年 9 月任张掖市环境保护局党组书记、局长。

王占中（1959—）　男，汉族，甘肃张掖人，中共党员，省委党校研究生学历，主任编辑。2000 年 5 月任副处级职务，曾任张掖日报社副社长、副总编辑、党委副书记。2007 年 4 月任张掖市政府驻上海联络处主任。

王兴铭（1962—）　男，汉族，甘肃张掖人，中共党员，中央党校大学学历。2001 年 6 月任副县级职务，曾任张掖市农业机械管理局副局长、党委副书记。2016 年

12 月任张掖市农业机械管理局局长、党委书记。

王作生（1963—）　男，汉族，甘肃张掖人，中共党员，大学学历，工学学士。2003 年 4 月任甘肃张掖市公安局党委委员、纪委书记（副县级）；2016 年 8 月任甘肃张掖市公安局禁毒警察支队政委（正县级）。

王国华（1963—）　女，汉族，甘州区沙井镇兴隆村人，中共党员，研究生学历，副编审。1979 年张掖县第七中学高中毕业，后在小河任教。1986 年调入寺儿沟学校任教。1990 年调张掖市地方志办公室。1996 年 8 月任副主任。2000 年 4 月任主任。2001 年 2 月，任张掖市党史办主任。2004 年 2 月任中共张掖市委党史研究室副主任；2010 年 4 月任张掖红西路军精神研究会专职副会长（正县级），兼任河西学院敦煌学与河西民族史研究所研究员。2014 年任张掖市委党史研究室主任。

王荣才（1970—）　男，汉族，甘州区沙井镇寺儿沟村人，中共党员，研究生学历。1986 年 7 月沙井乡寺儿沟学校初中毕业，同年被张掖农校录取。1990 年 7 月毕业，先后在中共张掖地委秘书处和市人事局工作。先后任中共张掖市委办公室秘书科科长、张掖市人事局副局长、党组成员。2008 年 12 月调临泽县，任中共临泽县委常委、纪委书记。2011 年 5 月任张掖市人民政府副秘书长、办公室党组成员，市政府法制办主任、党组书记。2013 年 4 月任中共张掖市委副秘书长、市委办公室主任。2015 年 8 月，任张掖市委秘书长、市直机关工委书记。

王海峰（1964—）　男，汉族，甘州区沙井镇古城村人，中共党员，中央党校函授学院党政管理专业大学学历。1983 年 8 月参加工作，先后在张掖县明永乡农技推广站、张掖市农机局工作。1988 年 1 月至 1991 年 10 月，任张掖市农技推广站副站长、站长。1991 年 10 月至 2002 年 1 月，先后在张掖市农技推广中心、张掖市农业局、张掖地区农业处、张掖地区高效节水现代农业示范建设办公室工作，担任主任、局长、处长、副主任。2002—2005 年任张掖市委副书记、甘州区委副书记。2005 年 3 月至 2008 年 11 月任山丹县委副书记、县长。2008 年 11 月至 2008 年 12 月任张掖市甘州区委副书记、副区长、代理区长。2008 年 12 月至 2011 年 1 月任张掖市甘州区委副书记、区长；2011 年 3 月至 2014 年 8 月任张掖市委秘书长、市直机关工委书记；2014 年 8 月任张掖市副市长。

冯　军（1966—）　男，汉族，张掖人，中共党员，中央党校研究生学历。1984 年 8 月张掖师范学校毕业，先后在张掖市南关小学、张掖市职业中学、张掖市教委工作。1995 年 7 月至 2002 年 10 月，先后任张掖市委组织部干部、组织员、干部科科长、副部长、党员电话教育中心主任。2002 年 10 月至 2009 年 11 月，先后任临泽县委常委、宣传部长、组织部长。2009 年 11 月至 2010 年 2 月任临泽县委副书记、组织部长。2010 年 2 月至 2011 年 10 月任临泽县委副书记。2011 年 10 月至 2012 年 9 月任临泽县委副书记、纪委书记。2012 年 9 月至 2014 年 1 月任临泽县委副书记、纪委书记，临泽工业园区党工委书记（正县级）。2014 年 1 月至 2014 年 3 月任临泽县委副书记、副县长、代县长、纪委书记，临泽工业园区党工委书记（正县级）。2014 年 3 月任临泽县委副书记、县长。

邢新民（1955—） 男，汉族，中共党员，甘州区党寨镇宋王寨村七社人，中共党员。中国人民大学研究生院财政学专业研究生结业，1970年12月参加工作。先后在铁道部天水电缆厂、武威南中心列检所，张掖市税务局城关二所、城关三所、办公室工作，历任工人、专管员、所长、主任职务。1992年1月至1998年3月任张掖市税务局、国家税务局副局长、局长；1998年4月至2000年7月任张掖地区国家税务局党组成员、副局长。2000年8月至2003年4月任嘉峪关市国家税务局党组副书记、副局长，党组书记、局长；2003年4月至2013年8月任张掖市国家税务局党组书记、局长。2013年8月任甘肃省国家税务局副巡视员兼张掖市国家税务局局长（副地级）。2007年以来任二届、三届张掖市政协常委。

朱　海（1959—） 男，汉族，甘肃张掖人，中共党员，中央党校函授学院党政管理专业，大学学历。1977年3月至1978年8月在张掖县和平公社汤家什小学任教师。1978年8月至1980年8月在张掖师范学习；1980年8月至1984年8月，先后在张掖县和平中学、张掖县第一农业中学任教。1984年8月至1986年8月，在甘肃电大张掖教学班学习。1986年8月至1989年3月，在张掖市第二中学政教处干部。1989年3月至1993年12月任张掖市政府办公室副科秘书、副主任；1993年12月至1997年10月任张掖地委秘书处副科秘书、正科秘书、科长。1997年10月至2001年6月任山丹县委常委、纪委书记；2001年6月至2002年11月任山丹县委副书记、纪委书记。2002年11月至2005年5月任张掖市经济体制改革办公室副主任、党组成员；2005年5月至2007年4月任张掖市粮食局副局长、党组成员；2007年4月任张掖市商务局局长、党组书记；2016年11月任张掖市人民代表大会常务委员会民侨、教科文卫工作委员会主任。

刘玉峰（1962—） 女，汉族，甘肃张掖人，中共党员，中央党校函授学院党政专业，助理统计师。2015年10月至2016年1月任政协张掖市委员会社会法制和民族宗教三胞联谊委员会副主任（正县级）；2016年1月至2016年11月任甘肃张掖市人民代表大会常务委员会财经预算工作委员会主任；2016年11月任甘肃张掖市人民代表大会常务委员会内务司法工作委员会主任。

刘晓云（1963—） 男，汉族，甘肃张掖人，中共党员，甘肃省委党校工商管理专业，大学学历。1981年8月至1984年1月，先后在张掖县小满乡卫生院、张掖县卫生局工作。1984年1月至2005年3月，先后在张掖地区环保监测站、张掖地区计划委员会、张掖地区环保办公室、张掖地区行署建设处、张掖地区行署建设处环保科、张掖地区行署建设处环境管理科、张掖地区行署环保处工作，历任副科长、科长、副处长、副局长。2005年3月至2009年1月任山丹县委常委、副县长、县委副书记、县长候选人。2009年1月至2009年2月任山丹县委副书记、代县长。2009年2月至2012年9月任山丹县委副书记、县长。2012年9月至2015年5月任山丹县委副书记、县长，山丹城北工业园区管理委员会主任。2015年5月任山丹县委书记。

李文军（1953—） 男，汉族，甘州区沙井镇人，中共党员，大学本科学历，副主任药师。1971年兰州医学院药学系学习。1974年调张掖地区卫生局工作，1984年任张掖地区卫生处业务科副科长、人秘科科长。1990年任张掖地区卫生处副处长。1997

年任张掖地区医院党委书记、院长（其间1996年9月至1998年12月在中央党校函授学院学习）。2001年任张掖地区卫生处处长、党组书记。2002年任张掖市卫生局局长、党组书记，市卫生局卫生监督所所长。2009年任张掖市卫生局党组书记、张掖市医院党委书记；2010年为张掖市卫生局调研员。2011年1月享受副地级待遇退休。中共张掖市第一届党代会代表，张掖市第一届、第二届政协委员。

李宏伟（1966—）　男，汉族，甘肃张掖人，中共党员，甘肃省委党校行政管理专业，大学学历。1987年7月参加工作，先后在张掖地区农机研究所、张掖地区县乡公路工程队、张掖地区行署交通处工作。1996年2月至1997年12月任张掖地区行署交通处交通年鉴办副主任。1997年12月至1999年1月任张掖地区汽车东站负责人。1999年1月至2000年10月任张掖地区行署交通处路政办主任；2000年10月至2002年12月任张掖地区行署交通处副处长、党组成员。2002年12月至2003年4月任张掖市交通局副局长、党组成员；2003年4月至2005年5月任张掖市交通局党组副书记、副局长。2005年5月至2006年11月任高台县委常委、副县长。2006年11月至2009年5月任张掖市甘州区委常委、副区长；2009年5月至2010年1月任张掖市甘州区委常委、副区长，张掖工业园区管委会主任（正县级）；2010年1月至2011年10月任张掖市甘州区委副书记、张掖工业园区管委会主任。2011年10月任肃南县委书记。

杨成林（1965—）　男，汉族，甘州区碱滩镇人，中共党员，毕业于甘肃省兰州农校。1986年7月参加工作，先后在张掖地区农技站、张掖地区园艺站工作，历任张掖地区园艺站副站长、站长，地区农产品质量监测检测中心主任，市农产品质量监测检测中心主任。2003年4月至2004年9月任张掖市农业局副局长。2004年9月至2009年5月任张掖市甘州区副区长。2009年5月至2011年7月任张掖市畜牧兽医局党委书记、党组书记、局长。2011年7月至2011年10月任高台县委副书记；2011年10月至2016年9月任高台县委副书记、县政府县长；2016年9月至今任高台县委书记。

吴尚元（1950—）　男，汉族，甘州人，中共党员。1969年2月参加工作，大学文化程度。1969年2月至1972年3月任核工业部七九六矿副队长。1972年3月至1976年2月在湖南长沙中南工业大学采矿系经济管理专业学习。1976年2月至1981年2月任核工业部七九六矿总工程师办公室主任。1981年2月至1985年9月任张掖地区经委副科长。1985年9月至1987年10月任张掖市花寨乡经联委副主任（挂职）。1987年10月至1996年11月任张掖有色金属公司副总经理。1996年11月至2002年6月任张掖市副市长。2002年6月至2005年12月任甘州区第十五届人大常委会副主任。2005年12月至2007年1月任甘州区政协主席。2007年1月至2010年1月任甘州区第十六届人大常委会主任。2010年1月退休。

吴居善（1963—）　男，汉族，甘肃张掖人，中共党员，中央党校大学学历。2003年4月任副县处级职务，先后任张掖市委宣传部副部长、张掖市精神文明建设指导委员会办公室主任。2015年8月任张掖市档案局局长。

张秀兰（1948—2009）　女，汉族，甘肃张掖人，中共党员。1967年9月参加工作，先后在张掖县龙渠公社木龙坝小学、五七农中、三闸公社、新墩公社、县妇联工作，曾任县妇联副主任。1975 年 1 月任张掖县委常委、革委会副主任。1978 年 6 月任山丹县委常委、革委会副主任。1980 年 2 月先后任张掖地区计划生育处副处长，计划生育委员会副主任、主任。1986 年 11 月任张掖地区妇联副主任。1989 年 5 月任张掖地区行署计划生育处处长。1993 年 8 月先后任甘肃省人民检察院张掖分院党组副书记、副检察长，检察长、党组书记。2002 年 11 月任张掖市人民检察院检察长、党组书记。2007 年 1 月任张掖市人民检察院副地级干部、甘肃省女检察官协会会长。

张富春（1963—） 男，汉族，张掖人，中共党员，中央党校函授学院党政管理专业，本科学历。1982 年 7 月参加工作。1984 年 2 月至 1990 年 10 月在共青团张掖地委工作。1990 年 10 月至 1998 年 8 月在张掖地区行署法制处工作，先后任副科级干部，复议应诉科副科长、科长、主任科员。1998 年 8 月至 2002 年 7 月任张掖地区纪委、监察局信访举报室主任（副县级）。2002 年 7 月至 2002 年 11 月任张掖市纪委、监察局信访举报室主任（副县级）。2002 年 11 月至 2003 年 4 月任张掖市纪委常委、市纪委监察局信访举报室主任（副县级）。2003 年 4 月至 2003 年 11 月任张掖市纪委常委、监察局副局长、市纪委监察局信访举报室主任。2003 年 11 月至 2009 年 7 月任张掖市纪委常委、监察局副局长。2009 年 7 月至 2014 年 4 月任张掖市纪委副书记（正县级）；2014 年 4 月任张掖市纪委副书记、监察局局长。

陈　义（1958—） 男，汉族，甘州区沙井镇人，中共党员，中央党校大学学历。1976 年 10 月招干，在高台县宣化乡政府工作。1977 年 8 月至 1982 年 6 月调张掖市小河公社工作，先后任团委书记、党委副书记。1984 年 8 月在中共甘肃省委党校学习。1987 年 1 月任中共明永乡委员会书记。1988 年 1 月任中共张掖市委宣传部副部长，后任部长。1992 年 1 月任中共山丹县委副书记。1995 年 1 月任中共张掖地委宣传部副部长。1996 年 5 月任张掖地区行署广播电视处处长、党组书记，张掖电视台台长。1999 年 5 月任中共山丹县委书记，其间在中央党校进修。2005 年 1 月任张掖市副市长。2008 年 11 月任中共张掖市委常委、秘书长，市直机关工作委员会书记。2009 年 11 月任中共张掖市委常委、张掖市人民政府党组成员，后任张掖市人民政府副市长。2015—2016 年 11 月任张掖市政协主席、党组书记。

周　杰（1964—） 男，汉族，甘肃张掖人，中共党员，中央党校大学学历。2005 年 4 月任副县处级职务，任张掖市甘州区委常委、副区长。曾任张掖市住房和城乡建设局副局长、党组成员，市城市综合开发办公室主任，市城兴城市发展投资开发（集团）有限责任公司党委副书记，聘任为市城兴城市发展投资开发（集团）有限责任公司董事长。

周　勤（1959—） 男，汉族，甘州区党寨镇人，中共党员。1979 年 8 月张掖师范毕业后参加工作。1979 年 8 月至 1984 年 8 月在张掖市西街小学任教。1984 年 8 月至 1986 年 8 月在甘肃省广播电视大学党政专业大专班学习。1986 年 8 月至 1988 年 3 月在张掖市南关小学任教。1988 年 3 月至 2000 年 10 月先后在张掖市教委、张掖市监察局、张掖市政府、张掖市委组织部工作，先后任干部、副主任、组织员、副部长、党员电化教育中心主任。2000 年 10 月至 2002 年 12 月任高台县委常委、组织部部长；2002 年 12

月至2006年11月任高台县委副书记、纪委书记。2006年11月至2010年6月任张掖市委政法委员会副书记（正处级）。2010年6月至2016年3月任张掖市委政法委员会副书记、市社会治安综合治理委员会办公室主任。2016年3月任张掖市政协委员会党组成员、秘书长、机关党组书记。

周全民（1966—）　男，汉族，甘肃张掖人，中共党员，甘肃省委党校研究生领导学院，林业工程师。2009年11月任张掖黑河湿地国家级自然保护区管理局党组书记、局长，市园林绿化局局长。

周建军（1965—）　男，汉，甘肃张掖人，中共党员，甘肃省委党校科学社会主义专业硕士学历。1985年6月张掖师专物理专业毕业。1985年6月至1990年7月任张掖地区体育运动学校教师。1990年7月至2006年7月先后在张掖地区老龄委办公室、张掖地区行署计划处、张掖市发展计划委员会、张掖市重点项目办公室工作，历任科员、副主任科员、副科长、科长、副主任。2006年7月至2009年11月任张掖市发展和改革委员会副主任、党组成员。2009年11月任张掖市环境保护局局长、党组书记。2015年9月任张掖市工业和信息化委员会党组书记、主任。

孟　仲（1953—）　男，汉族，张掖人，中共党员，省委党校大专学历。先后在新墩乡，张掖市政府、市委，张掖地区林业处，张掖市政协工作；历任乡党委书记、副市长、副书记、局长、市政协副秘书长、市政协副主席。

赵学贤（1956—）　男，汉族，甘州区乌江镇人，大学本科学历。1973年3月至1975年9月在乌江公社大湾小学任教。1977年在张掖地区教育局工作。1979年供职于张掖地区公安局，后任张掖地委政法委办公室副主任、主任。1997年任张掖地区中级人民法院法警支队队长、政委。2003年任张掖市人民检察院党组成员、纪检组长。2009年5月任张掖市人民检察院党组成员、纪检组组长（正处）。

赵学忠（1963—）　男，汉族，甘州区乌江镇大湾村十社人，中共党员，研究生学历。1982年8月参加工作，曾参加张掖师范、甘肃省委党校、西北师范大学、浙江大学、井冈山干部学院、中央党校专门培训、进修、函授教育。先后在张掖地区行政干校、张掖地委党校、张掖地委组织部、张掖市委组织部、临泽县人民政府、山丹县委工作；历任教师，团委副书记、书记，副主任、副科长、科长，副县级组织员、副部长，副书记、代县长、县长。2008年12月至2015年5月任山丹县委书记、山丹城北工业园区党工委书记。2015年5月任张掖市人民政府党组成员、副市长。

姚吉禄（1963—）　男，汉族，甘肃张掖人，中共党员，武汉测绘学院大地测量专业，高级工程师。2015年10月任张掖市地震局党组书记、局长。

秦　伟（1968—）　男，汉族，甘州区龙渠乡人，中共党员，本科学历，高级规划师。1989年8月参加工作，先后在张掖市政公司、张掖市城市建设委员会、张掖市规划设计局、甘州区规划设计局、张掖市规划管理局工作；历任技术员、副科长、副局长、局长。2012年10月至2014年12月任甘州区委常委、副区长。2014年12月至2016年10月任甘州区委常委、常务副区长，张掖市城市管理行政执法局局长（正县级）。2016年10月任甘州区委副书记、区委党校校长。

徐　晓（1971—）　男，汉族，甘肃张掖人，中共党员，自学考试大学学历。2009 年 12 月任副县级职务，曾任张掖市工商行政管理局副局长、党组成员，甘州区工商行政管理和质量技术监督局局长。2016 年 5 月任张掖市食品药品监督管理局党组成员、市食品药品稽查局局长。

高兴旗（1969—）　男，汉族，甘州区大满镇汤家什人，中共党员，中央党校大学学历。2003 年 4 月任副县级职务，曾任张掖市委办公室副主任、市委保密委员会办公室副主任、市国家保密局副局长。2015 年 12 月任甘肃张掖市委保密委员会办公室主任、市国家保密局局长。

郭尚俊（1946—）　男，汉族，甘州区党寨镇烟墩村四社人，中共党员。1963 年 7 月至 1964 年 10 月在张掖县前卫闸小学任教。1964 年 11 月至 1965 年 7 月在张掖县社教团工作。1965 年 8 月至 1968 年 12 月在张掖县人委办公室、民政局工作。1969 年 1 月至 1972 年 12 月在张掖县革委会政治部、保卫部工作。1973 年 1 月至 1978 年 4 月在团县委任副书记、书记。1978 年 5 月至 1982 年 1 月在团地委任副书记、书记。1982 年 2 月至 1996 年 11 月调高台县任县委副书记、县政府县长、县委书记。1996 年 12 月至 2001 年 8 月在张掖地委任纪委书记。2001 年 9 月至 2002 年 11 月在张掖地委任副书记兼纪委书记。2002 年 12 月至 2007 年任政协张掖市主席。

郭尚勤（1953—）　男，汉族，甘州人，中共党员，大专文化程度。1971 年 10 月参加工作。1971 年 10 月至 1984 年 12 月任张掖县公安局干部。1984 年 12 月至 2001 年 6 月在张掖市政府办公室工作，先后任副主任、主任。2001 年 6 月至 2002 年 6 月任张掖市委常委、市委办公室主任。2002 年 6 月至 2005 年 9 月任甘州区委常委、区委办公室主任。2005 年 9 月至 2007 年 1 月任甘州区委常委。2007 年 1 月至 2010 年 1 月任政协甘州区委员会主席、党组书记。2010 年 1 月至 2011 年 3 月任甘州区第十六届人大常委会主任、党组书记。

曹　明（1963—）　男，汉族，甘州区乌江镇天乐村人，中共党员，中央党校大学学历，三级警监。1982 年参加工作，先后任张掖市公安局刑警大队科员、副科级侦察员、技术科科长、副局长、局党委副书记、政委兼副局长，甘州区公安局党委副书记、政委兼副局长。2005 年 10 月任张掖市公安局副局长兼甘州区公安局局长、政委（副处级）。2006 年 3 月任张掖市公安局副局长，甘州区公安局党委副书记、书记，后任张掖市公安局党委副书记、常务副局长（正处级）。2013 年 9 月至 2016 年 4 月任定西市政府党组成员，市公安局党委书记、局长。2016 年 4 月任定西市副市长、党组成员，市公安局党委书记、局长。

曹　斌（1967—）　男，汉族，甘州区沙井镇小河村人，中共党员，副研究员，高级职业指导师。1989 年 7 月张掖师专政治系毕业后留校工作，历任张掖师专数学系党支部委员、团总支书记，河西学院党委宣传部秘书、副部长，校学生处副处长、机电工程系党总支副书记、体育系党总支书记、体育学院党总支书记等职；现任校信息技术与传媒学院党委书记。

康　清（1963—）　男，汉族，甘州区小满镇店子闸村一社人，中共党员，中央党校经济学（经济管理）专业，研究生学历。1983 年参加工作。1994 年 11 月至 1997 年 10 月先后任张掖地委组织部组织科科长、秘书科科长。1997 年 10 月至 2008 年 11 月先后任临泽县委副书记、县长、县委书记。2008 年 11 月至 2008 年 12 月任张掖市政府副市长候选人、临泽县委书记。2008 年 12 月至 2011 年 10 月先后任张掖市政府副市长、党组成员。2011 年 10 月至 2011 年 11 月任张掖市委常委、市政府副市长、党组成员。2011 年 11 月至 2016 年 12 月任张掖市委常委、宣传部部长。

阎　明（1966—）　男，汉族，甘肃张掖人，中共党员，中央党校函授学院经济管理专业，大学学历。2013 年 5 月任正县级职务，2016 年 4 月任张掖市纪委常委、市委党风廉政建设巡察工作领导小组办公室主任。

阎浩才（1963—）　男，汉族，甘肃张掖人，中共党员，中央党校大学学历。2002 年 10 月任副县处级职务，曾任张掖市社会治安综合治理委员会办公室副主任。2011 年 10 月任张掖市委政法委员会副书记（正处级）。

葛炳懋（1962—）　男，汉族，甘肃张掖人，中共党员，中央党校大专学历。曾任市政府办公室副主任、党组成员，市政府办公室调研员。2016 年 1 月任张掖市政府办公室调研员、市政府信息中心主任。

蒋　忠（1962—）　男，汉族，甘肃张掖人，中央党校大学学历，中共党员。曾任高台县委常委、常务副县长，张掖市国土资源局副局长、党组成员，市土地储备中心主任（正县级）。2015 年 9 月任张掖市房产管理局党组书记、局长。

傅德华（1947—2013）　男，汉族，甘州区新墩镇人，中共党员，初中文化程度。1972 年 9 月至 1987 年 1 月在新墩乡工作，先后任副主任、乡长。1987 年 2 月至 1988 年 1 月任龙渠乡党委书记。1988 年 1 月至 1990 年 12 月任碱滩乡党委书记。1990 年 12 月至 1995 年 1 月任张掖市人民政府副市长，1994 年 3 月任张掖市委常委；1995 年 2 月至 1996 年 12 月任中共张掖市委副书记。1997 年 1 月至 1997 年 11 月任张掖地区畜牧局党委书记、局长。1997 年 11 月当选张掖市第十四届人大常委会主任；2002 年 11 月当选甘肃省第十届人民代表大会代表，张掖市第一届人民代表大会代表、市人大常委会委组成人员。2007 年退休。

谢德庆（1964—）　男，汉族，甘肃张掖人，中共党员，省委党校大学学历，经济师。2006 年 6 月任副县级职务，任张掖市考核工作委员会办公室专职副主任。2016 年 2 月任张掖市工商行政管理局副局长、党组成员，市非公企业工委书记。2016 年 12 月任张掖市直机关工委常务副书记（正县级）。

蓝秉勤（1964—）　男，汉族，甘肃张掖人，中共党员，中央党校大学学历。2009 年 11 月任正县级职务，任张掖市财政局副局长、党组成员，市非税收入管理局局长。

甄广波（1962—）　男，汉族，甘肃甘州人，中共党员，中央党校在职大学学历。1979 年 8 月至 1982 年 8 月在张掖师范学校学习。1982 年 8 月至 1991 年 3 月先后在张掖市上秦镇、张掖市政府办公室工作。1991 年 3 月任张掖市政府办公室副科级秘书。1991 年 3 月至 1993 年 5 月任张掖市政府调研室主任。1993 年 5 月至 1993 年 11 月任张掖市政府办公室副主任、调研室主任。1993 年 11 月至 1995 年 3 月任张掖市政府办公室副主任（正科级）。1995 年 3 月至 1997 年 10 月任张掖市委办公室主任。1997 年 10 月至 2001 年 6 月任张掖市委常委、市委办公室主任。2001 年 6 月至 2006 年 7 月任高台县委副书记。2006 年 7 月至 2014 年 4 月任张掖市农业机械管理局局长、党委书记。2014 年 4 月任张掖市科学技术局党组书记、局长。

薛　庆（1965—）　男，汉族，甘州区党寨镇陈寨村十社人，中共党员。1984 年 8 月至 1989 年 7 月任张掖市廿里堡中学教师。1989 年 7 月至 1992 年 7 月在张掖师专就读。1992 年 7 月至 1996 年 6 月任张掖市廿里堡中学教导主任。1996 年 6 月至 2002 年 6 月调张掖市委办公室工作，历任副科级秘书、办公室副主任、市保密局局长。2002 年 6 月至 2005 年 8 月任甘州区委办公室副主任、区保密局局长。2005 年 8 月至 2006 年 12 月任甘州区委办公室主任。2006 年 12 月至 2011 年 4 月任甘州区委常委、甘州区委办公室主任。2011 年 5 月任甘州区委常委、政法委书记。2016 年 10 月任甘州区政协主席。

薛　忠（1951—）　男，汉族，张掖人，中共党员，大学学历。1969 年 3 月参加工作。1989 年 12 月任中共临泽县委副书记，1994 年兼任副县长。1995 年 1 月任中共高台县委副书记、副县长、代理县长，2 月任县长。2004 年任张掖市科技局局长。后任张掖市政协秘书长、政协副主席。

鞠　毅（1964—）　男，汉族，甘州区大满镇四号村人，中共党员，中央党校函授学院党政管理专业，大学学历。1980 年 12 月参加工作。1993 年 8 月至 1996 年 3 月任张掖市土地管理局副局长。1996 年 3 月至 1997 年 9 月任张掖市城市管理办公室主任。1997 年 9 月至 2000 年 9 月任张掖市城乡建设委员会主任。2002 年 6 月至 2002 年 12 月任张掖市甘州区区长助理、城建委主任；2002 年 12 月至 2005 年 3 月任张掖市甘州区副区长。2005 年 3 月至 2006 年 11 月任张掖市甘州区委副书记。2006 年 11 月至 2006 年 12 月任高台县委副书记。2006 年 12 月至 2007 年 1 月任高台县委副书记、副县长、代理县长；2007 年 1 月至 2011 年 6 月任高台县委副书记、县长；2011 年 6 月至 2016 年 8 月任高台县委书记。2016 年 11 月任张掖市人民政府副市长、党组成员。中国共产党甘肃省第十二次代表大会代表。2015 年被评为全国百位优秀县委书记。

臧兴宏（1962—）　男，汉族，甘肃张掖人，中共党员，中央党校大学学历。2003 年 4 月任副处级职务，曾任张掖市委办公室副主任、市委机关事务管理局副局长，张掖市委政法委员会副书记（正处级）。2016 年 3 月任张掖市人力资源和社会保障局副局长、党组副书记，市外国专家局局长。

魏剑英（曾用名魏建银）（1964—）　男，汉族，甘州区沙州镇先锋村人，中共党员。1985 年考入张掖师专政史系，毕业后分配育才中学任教，兼任张掖市政治理论辅导员。1994 年考入西北师范大学政教系在职进修学习。2001 年 3 月被行署教育处确定为市级骨干教师，同年 4 月被省教委确定为省级骨干教师，2002 年 12 月取得中学高级教师职称。2004 年 2 月任张掖中学办公室主任。2006 年 6 月任张掖医学高等专科学校副校长，2009 年 12 月取得大学政治学副教授职称。2014 年 3 月移交省委组织部，任省管正县级干部，继任张掖医专副校长。在国家、省级、市级刊物发表专业学术论文 30

多篇，发表诗歌、小说、散文 80 多篇首。2005 年 9 月获第七届甘肃省“优秀青年”称号并获省政府表彰，同年 10 月被评为全国“优秀教研员”并获教育部表彰。

1991—2016 年外县籍在甘州工作期间任正县级职务

马成功（1956—） 男，回族，青海大通人，中共党员，大学学历。1974 年 1 月参加工作。2000 年 12 月任张掖市委副书记、市长。2002 年 6 月任甘州区委副书记、区长。2002 年 9 月任临夏市委书记；2007 年 2 月在政协临夏回族自治州第十届委员会第一次会议上当选为副主席；后任临夏回族自治州人大常委会主任。

王开堂（1955—） 男，汉族，甘肃清水人，中共党员，西北师范大学历史专业毕业，大学学历，历史学学士，中学一级教师。1973 年 4 月参加工作。1997 年 10 月至 2000 年 11 月任张掖市委副书记、市长；2000 年 11 月至 2001 年 12 月任张掖市委书记；2002 年 7 月至 2002 年 11 月任张掖市委常委、张掖市甘州区委书记；2002 年 11 月至 2004 年 9 月任张掖市委副书记、市政府副市长、党组书记、甘州区委书记、张掖行政学院院长。2004 年 9 月至 2007 年 1 月任张掖市委副书记。2007 年 1 月至 2011 年 11 月任政协张掖市委员会主席、党组书记。2011 年 11 月至 2016 年 1 月任张掖市人大常委会主任。

王东杰（1966—） 男，汉族，甘肃临泽人，中共党员，中央党校大学本科学历。1987 年 7 月至 2010 年 6 月在张掖地区经贸委、张掖市经贸委工作，历任安全设备科副科长、办公室主任、项目科科长、经济委员会副主任。2010 年 6 月至 2015 年 8 月任张掖市工业和信息化委员会副主任、党组成员。2015 年 9 月任张掖经济技术开发区管理委员会副主任（正县级）。

王立泰（1962—） 男，汉族，甘肃皋兰人，中共党员，中央党校函授学院经济管理专业毕业，在职大学学历。1982 年 7 月参加工作，任皋兰县政府办公室干事。1986 年 10 月任皋兰县政府办公室副主任。1989 年 9 月任皋兰县黑石川乡党委书记。1990 年 9 月任兰州市委组织部干事；1991 年 2 月任兰州市委组织部组织处副处长、办公室副主任；1993 年 2 月任兰州市委组织部办公室主任；1994 年 12 月任兰州市委组织部副县级组织员、调研室主任。1997 年 11 月任永登县委副书记。2002 年 10 月任临泽县委书记。2004 年 9 月任张掖市甘州区委书记。2006 年 11 月任张掖市反腐败工作领导小组副组长。2006 年 12 月任张掖市委常委、市纪委书记、市反腐败工作领导小组副组长。2012 年 12 月至 2015 年 8 月任甘肃省监察厅副厅长。2015 年 8 月至 2016 年底任甘肃省纪委常委、省监察厅副厅长。中国共产党甘肃省第十一次代表大会代表、省纪委委员，甘肃省第十届人民代表大会代表。

王洁岚（1962—） 男，汉族，甘肃通渭人，中共党员，中央党校经济学专业，研究生学历。1982 年 7 月参加工作。1989 年 10 月至 1992 年 10 月任肃南县乡镇企业局副局长。1992 年 10 月至 1994 年 10 月在张掖地区行署办公室工作，先后任副科级干部、秘书。1994 年 10 月至 1996 年 5 月任张掖地区经贸委副主任。1996 年 5 月至 1996 年 11 月任张掖地区“九五”经济建设重点项目办专职副主任。1996 年 11 月至 2000 年 5 月任张掖市山丹县副县长。2000 年 5 月至 2005 年 3 月先后任张掖地区行署文化出版处副处长、党组成员，张掖地区行署文化出版处处长、党组书记，张掖市文化出版局局长、党组书记。2005 年 3 月至 2006 年 6 月任张掖市甘州区委副书记（正处级）；2006 年 6 月至 2007 年 1 月任张掖市甘州区委副书记、副区长、代区长（正处级）；2007 年 1 月至 2008 年 12 月任张掖市甘州区委副书记、区长。2008 年 12 月至 2013 年 12 月任张掖市临泽县委书记。2013 年 12 月任中共酒泉市委常委、市纪委书记；2016 年 11 月任中共酒泉市第四届委员会常委、纪委书记。

王洪德（1962—） 男，汉族，甘肃山丹人，中共党员，大学学历。1981 年 8 月毕业于张掖师范。1981 年 8 月在山丹县文化教育局、政府办公室工作。1989 年 4 月任山丹县政府办公室副科级秘书；1990 年 7 月任山丹县政府办公室副主任；1993 年 2 月任山丹县政府办公室副主任、政府研究室主任；1997 年 12 月任山丹县政府办公室主任。2001 年 3 月任山丹县委办公室主任；2002 年 4 月任山丹县委办公室主任、县保密委员会办公室主任。2005 年 3 月任张掖市甘州区委常委、组织部部长。2011 年 10 月至 2016 年 9 月任甘州区政协主席。2016 年 10 月任张掖市甘州区第十八届人大常委会主任。

王韶华（1972—） 男，汉族，甘肃民乐人，中共党员，自考大学，农业推广硕士。1992 年 8 月参加工作。1992 年 8 月至 1995 年 3 月任民乐县六坝中学教师。1995 年 3 月至 2000 年 11 月任共青团民乐县委副书记；2000 年 11 月至 2003 年 6 月任共青团民乐县委书记。2003 年 6 月至 2005 年 5 月任共青团张掖市委副书记；2005 年 5 月至 2006 年 11 月任共青团张掖市委副书记、党组成员。2006 年 11 月至 2010 年 12 月任中共甘州区委常委、宣传部长。2010 年 12 月至 2012 年 9 月任中共高台县委常委、常务副县长。2012 年 9 月至 2015 年 5 月任中共高台县委常委、常务副县长，中国工农红军西路军纪念馆党委书记（正县级）。2015 年 5 月至 2015 年 8 月任中共甘州区委副书记。2015 年 8 月至 2016 年 9 月任中共甘州区委副书记，区直机关工委书记。2016 年 9 月至 2016 年 10 月任中共甘州区委副书记、区政府代理区长。2016 年 10 月至 2016 年 12 月任中共甘州区委副书记、区政府区长。2016 年 12 月任中共甘州区委副书记、区政府区长，张掖经济技术开发区管委会主任。

邢学伟（1966—） 男，汉族，甘肃临泽人，中共党员，中央党校函授学院经济管理专业毕业，大学学历。1986 年 8 月参加工作。1986 年 8 月至 1986 年 9 月任临泽县新华乡政府干部。1986 年 9 月至 1992 年 3 月任临泽县委办公室干部；1992 年 3 月至 1993 年 3 月任临泽县委督查室副主任。1993 年 3 月至 1996 年 1 月先后任临泽宾馆副经理、经理。1996 年 1 月至 1997 年 12 月任临泽县新华乡政府乡长。1997 年 12 月至 2001 年 8 月任临泽县蓼泉乡党委书记兼人大主席、农工商总公司总经理。2001 年 8 月至 2006 年 12 月任临泽县发展和改革委员会主任。2006 年 12 月至 2010 年 2 月任临泽县委常委、办公室主任；2010 年 2 月至 2016 年 9 月任临泽县委常委、政法委书记。2016 年 9 月任中共甘州区委常委、区政府党组副书记、常务副区长，张掖市城市管理行政执法局局长（正县级）。

朱乔正（1964—） 男，汉族，甘肃民乐人，中共党员，中央党校大学学历。1984年2月参加工作。1992年1月至1995年10月，任民乐县李寨乡政府副乡长、乡长。1995年10月至2000年10月，任民乐县六坝乡党委书记、经委主任、人大主席。2000年10月至2002年1月，任原张掖市委常委、纪委书记。2002年1月至2002年6月，任原张掖市委副书记、纪委书记。2002年6月至2006年11月，任甘州区委副书记、纪委书记。2006年11月至2009年6月，任甘州区委副书记。2009年6月至2010年1月，任甘州区委副书记、张掖工业园区党工委书记。2010年1月至2011年10月，任甘州区委副书记、区政协主席、张掖工业园区党工委书记。2011年10月至2012年9月，任甘州区人大常委会主任、张掖工业园区党工委书记。2012年9月至2014年8月，任甘州区人大常委会主任。2014年8月至2015年6月，任甘州区委副书记、区人大常委会主任、张掖滨河新区暨张掖国家湿地公园管委会主任。2015年6月至2016年11月，任甘州区人大常委会主任。2016年11月至2016年12月，任政协张掖市委员会提案委员会主任。

刘晓红（1968—） 女，汉族，甘肃临泽人，中共党员，中央党校大学学历。1987年7月参加工作。2000年4月至2003年3月在张掖地委组织部工作，历任党政干部科副科长，干部审查科副科长、科长。2007年7月至2009年11月任张掖市行政效能投诉中心副主任。2009年11月至2010年1月任张掖市监察局副局长；2010年1月至2016年8月任张掖市纪委常委、监察局副局长；2016年8月至2016年9月任张掖市纪委常委、监察局副局长、正县级纪检监察员。2016年9月任张掖市甘州区委常委、纪委书记（正县级）。

许多琇（1964—） 男，汉族，甘肃民勤人，中共党员，中央广播电视大学本科学历，政工师职称。1982年8月参加工作。1987年8月至1990年2月任甘肃省建九公司第三工程处工会副主席；1990年2月至1993年2月任甘肃省建九公司二处工会主席（副科级）；1993年2月至1996年1月任甘肃省建九公司团委书记（正科级）。1996年1月至1997年1月任甘肃省建安装运输处党总支书记。1997年1月至1998年9月任甘肃省建九公司实业开发总公司党总支书记、工会主席。1998年9月至2001年4月任甘肃省建九公司党委副书记兼纪委书记，2001年4月至2002年1月任甘肃省建九公司副经理兼公司党委副书记、纪委书记；2002年1月至2002年11月任甘肃省建九公司副经理。2002年11月至2005年7月任山丹县人民政府副县长（挂职）；2005年7月至2006年12月任山丹县人民政府副县长。2006年12月至2010年7月任张掖市交通局党组成员、副局长；2010年7月至2016年1月任张掖市交通运输局党组成员、副局长。2015年12月任张掖经济技术开发区管理委员会副主任（正县级）。

孙荣乾（1955—） 男，汉族，上海市人，中共党员，省委党校研究生，工商管理硕士，高级经济师。1971年3月参加工作。曾任甘肃省临泽县委副书记、县长，张掖市委副书记、副市长、市长、市委书记，张掖地区行署副专员，上海市宝山区政策研究室正处级干部，区粮食局党委副书记、局长、党委书记，区经委党委副书记、主任，区外经委党组书记、主任，宝山区副区长，徐汇区副区长、区委常委，普陀区委副书记、副区长、代区长等职。2012 年 1 月至 2013 年 6 月任普陀区政府区长。

李正本（1933—） 男，汉族，临泽县蓼泉镇人，中共党员，大专文化程度。1949 年 9 月参加工作，在张掖分区地方干部学校学习。1950 年 3 月，任临泽县沙河区区公所建设助理员，兼任工商助理员、代理民政助理员。1951 年 6 月在酒泉分区地方干部学校土改训练班学习。1951 年 8 月在西安中共中央西北局党校学习。1953 年 2 月在中共酒泉地委统战部工作。1955 年 10 月在中共张掖地委统战部担任干事、秘书工作。1965 年 5 月在高台县文教卫生局、高台县矿山管理站、高台县卫生局工作，先后担任副局长、站长、副局长。1979 年 6 月任中共张掖地委统战部副部长，兼任省政协张掖地区联络组组长、地委对台工作办公室主任、地委落实政策领导小组办公室主任。1990 年 2 月任政协张掖市第五届委员会主席。1994 年 1 月退休。

杨子秀（1944—） 男，汉族，浙江仙居人。1968 年参加工作，在安西县（现瓜州县）柳园检疫站工作。1977 年在临泽县卫生防疫站、卫生局工作。1983 年任临泽县计划生育委员会办公室主任。1985 年在临泽牛场任场长。1991 年任临泽县政府副县长；1993 年任临泽县政府常务副县长。1994 年 1 月至 10 月任张掖市委常务副书记。1994 年 10 月至 1995 年 1 月任张掖市政府副市长、代市长；1995 年任张掖市政府市长。1997 年 10 月任张掖地区土地处处长。2002 年 5 月离职。

杨继军（1962—） 男，汉族，山东海阳人，中共党员，1983 年 7 月毕业于甘肃农业大学畜牧系。1983 年 7 月参加工作，在张掖县上秦乡任科教干事。1985 年 1 月任共青团张掖县委书记。1990 年 2 月任共青团张掖地委副书记。1993 年 2 月任张掖地区旅游局副局长、地区旅游公司旅行社经理。2000 年 5 月任张掖地区行署外经贸处处长、党组书记。2002 年 10 月任中共民乐县委副书记（正县级）；2002 年 12 月任中共民乐县委副书记、县长；2004 年 7 月任中共民乐县委书记、县长；2004 年 9 月任中共民乐县委书记。2006 年 11 月任中共张掖市甘州区委书记；2006 年 12 月任中共张掖市委常委、甘州区委书记。2009 年 8 月至 2011 年 9 月任天水市委常委、组织部长。2011 年 9 月至 2015 年 9 月任甘南州委副书记；2015 年 9 月至 2015 年 10 月任甘南州委副书记、州政协主席。2015 年 10 月至 2016 年 11 月任甘南州政协主席、党组书记。2016 年 11 月任甘肃省科学院党委书记。

杨翠琴（1965—） 女，裕固族，甘肃肃南人，中共党员，中央党校大学学历。1985 年 6 月参加工作。1996 年 9 月至 1998 年 3 月任中共肃南县委组织部副部长。1998 年 3 月至 2002 年 12 月任肃南县妇女联合会主席。2002 年 12 月至 2006 年 12 月任中共肃南县委常委、宣传部部长；2006 年 12 月至 2010 年 1 月任中共肃南县委常委、纪委书记。2010 年 12 月至 2016 年 9 月任中共甘州区委常委、纪委书记。2012 年 10 月任张掖工业园区党工委书记。2016 年 11 月任张掖市纪委副书记。

余　锋（1961—） 男，汉族，四川乐至人，中共党员，中央党校函授学院经济管理专业大学学历。1980 年 8 月参加工作，在张掖市第三中学任教。1988 年 8 月至 2000 年 5 月，在张掖市计划委员会工作，先后任副主任、主任。2000 年 5 月至 2002 年 10 月，任张掖地区发展计划委员会副主任、党组成员。2002 年 10 月至 2003 年 11 月，先后任高台县委常委、副县长。2003年11月至2005年5月，任张掖市建设局副局长、党组成员，市城市建设投资开发有限责任公司董事长、总经理。2005年5月至2010年11月，先后任高台县副县长、副书记、县长、县委书记。2010年11月至2011年9月，任民乐县委书记。2011年9月至2016年8月，先后任张掖市政府党组成员，副市长、党组成员，市委常委、副市长、党组成员、市委政法委书记，市委常委、政法委书记。2016年8月任张掖市委常委、甘州区委书记。

张　健（1962—）　男，汉族，甘肃省崇信县人，中共党员，大学农学学士，农艺师。1983年8月甘肃农业大学毕业，分配到天水地区果树研究所工作，任助理农艺师。1985年10月任天水果树研究所副所长、农艺师。1995年12月任甘谷县委副书记；1999年3月任甘谷县委副书记、县长；2002年11月任甘谷县委书记。2004年4月任天水市政府秘书长、办公室主任、党组书记。2006年9月任天水市秦州区委书记；2006年12月任天水市委常委、秦州区委书记。2009年7月任张掖市委常委、甘州区委书记；2013年4月任张掖市委常委、甘州区委书记、国家级张掖经济技术开发区党工委书记。2014年3月任张掖市委常委、甘州区委书记、国家级张掖经济技术开发区党工委书记、张掖国家现代农业试验示范区党工委书记。2016年8月任张掖市第三届人民代表大会委员会主任、党组书记。中国共产党甘肃省第十一、十二次代表大会代表。

张玉林（1962—）　男，汉族，甘肃高台人，中共党员，甘肃省委党校研究生学历。1984年8月参加工作。1987年12月至1991年7月，任高台县合黎乡党委副书记。1991年7月至1997年11月，先后任高台县宣化乡党委副书记、乡长、党委书记、人大主席，高台县委常委、宣化乡党委书记、人大主席。1997年11月至2000年9月，任高台县委常委、副书记。2000年9月至2005年3月，任山丹县委常委、副书记。2005年3月至2009年6月，任张掖市供销社党组书记、主任。2009年6月至2011年1月，任张掖市城市综合开发办公室主任、市城投集团公司总经理、法人代表。2011年1月至2011年3月，任甘州区委副书记、政府区长候选人、张掖市城市综合开发办公室主任、市城投集团公司总经理、法人代表。2011年3月至2011年11月，任甘州区委副书记、政府区长、张掖市城市综合开发办公室主任、市城投集团公司总经理、法人代表。2011年11月至2016年10月，任甘州区委副书记、区长、国家级张掖经济技术开发区管委会主任。2016年10月至2016年11月，任政协张掖市委员会党组成员、机关党组书记。2016年11月至2016年12月，任政协张掖市委员会党组成员、秘书长、机关党组书记。

张新民（1935—）　男，汉族，陕西华阴人，中共党员，初中文化程度。1952年至1958年在张掖县委宣传部、统战部工作，任统战部副部长等职。1959年至1981年4月先后任张掖市委秘书处秘书，县人委办公室副主任，县委秘书室秘书，县革委会生产指挥部组长，县革委会办公室副主任、主任，县委办公室主任等职。1981年5月至1986年3月任张掖县第九、第十届人大常委会副主任。1986年3月至1990年2月任张掖市政协主席。1990年2月至1996年1月任张掖市第十二、第十三届人大常委会主任。1996年退休。

陈天成（1936—2008）　男，汉族，陕西临潼人。1958年7月毕业于西北师范大学，分配至甘肃省张掖市山丹县工业学校任教。1962年10月调至山丹县花寨中学，任革委会副主任。1970年9月调至位奇中学，任革委会主任。1973年9月调至花寨中学，任革委会主任。1977年任山丹县教育局副局长、局长。1984年任科委主任。1985年10月任张掖地区教委教研室主任。1990年任张掖市副市长。1995年任张掖市政协主席。

罗正庆（1946—） 男，汉族，江西省永丰县人，中共党员，大学文化程度，理学学士，高级工程师。1970年毕业于天津大学。1970年8月，甘肃省农宣队张掖县分队梁家墩公社小队队员。1971年9月任张掖市化工总厂工会主席。1984年1月任张掖市水泥厂厂长。1985年9月任张掖地区白水泥厂筹建处党支部书记、副主任。1991年2月任张掖市人民政府副市长。1995年2月任中共张掖市委常委、市政府常务副市长。1996年8月任中共张掖市委副书记。1997年1月任张掖市委副书记、张掖市政协主席。1997年11月任张掖市政协主席。

郑月萍（1966—） 女，汉族，甘肃高台人，中共党员，兰州大学项目管理和中央党校经济管理专业毕业，大学本科学历。1985年8月参加工作。1989年11月至1991年7月任共青团高台县委副书记。1995年11月至1999年8月任张掖地区妇联办公室主任；1999年8月至2000年5月任张掖地区妇联副主任。2000年5月至2002年1月任共青团张掖地委副书记。2005年3月至2006年12月任张掖市甘州区委副书记（正处级）。2006年12月至2010年7月任张掖市甘州区委常委、纪委书记（正处级）。2010年7月至2015年9月任张掖市民政局党组书记、局长，市双拥办主任。2015年9月任张掖市招商局党组书记、局长。

徐万福（1963—） 男，汉族，甘肃环县人，中共党员，中央党校大学学历。1982年6月在环县政府办、县委报道组工作。1993年8月在庆阳电视台专题文艺部工作，任副主任、主任。1995年8月在张掖地委宣传部、行署研究室（市政府研究室）、政府办公室工作，先后任党员教育科科长、副主任、党组成员。2005年10月任中共民乐县委委员、常委、副书记、党校校长、职教中心党委书记、民乐工业园区党委书记（正县级）。2011年9月任中共甘州区委委员、常委、副书记。2014年8月任张掖市文化广播影视新闻出版局党组书记、局长。

曹光明（1939—） 男，汉族，重庆市西彭镇人，中共党员，初中文化程度。1970年3月至1971年3月任张掖市革命委员会政治部秘书；1971年3月至1973年4月任张掖县革命委员会群众组副组长。1973年5月至1981年12月任张掖县总工会副主席。1982年1月至1988年1月任县委组织部副部长。1988年2月至1989年12月任张掖市人事局局长。1989年12月至1996年1月任张掖市纪律检查委员会书记、市委常委。1996年1月经张掖市十三届人大四次会议选举为市人大常委会主任，并担任党组书记。1997年11月调任市委调研员。2000年3月退休。

盛世高（1953—） 男，汉族，甘肃高台人，中央党校大学学历。1975年7月毕业于甘肃农业大学畜牧兽医系畜牧专业。1975年7月任高台县巷道公社干事、革委会副主任。1983年10月任高台县巷道乡乡长、党委书记。1989年10月任民乐县委副书记。1992年4月任民乐县委副书记、副县长、代县长。1993年1月任民乐县委副书记、县长。1993 年 12 月任民乐县委书记。1997 年 10 月任张掖市委书记；1998 年 6 月任张掖地委委员、张掖市委书记。2000 年 8 月任酒泉地委副书记；2002 年 9 月任酒泉市委副书记。2005 年 11 月任兰州商学院党委书记。2008 年 1 月 25 日任政协甘肃省第十届委员会社会和法制委员会主任。

韩正明（1969—） 男，汉族，甘肃民勤人，中共党员，研究生学历。1989 年 9 月至 1991 年 7 月在张掖师专中文专业学习。1991 年 7 月至 1994 年 1 月在临泽县委组织部工作；1994 年 1 月至 1994 年 6 月任临泽县委组织员；1994 年 6 月至 1996 年 4 月任临泽县委组织部副部长。1996 年 4 月至 1997 年 10 月任临泽县委办副主任兼县委督查室主任。1997 年 10 月至 2000 年 5 月任临泽县委组织部部长；2000 年 5 月至 2001 年 6 月任临泽县委常委、组织部长。2001 年 6 月至 2002 年 10 月任临泽县委副书记。2002 年 10 月至 2002 年 12 月任张掖市甘州区委副书记、副区长、代区长；2002 年 12 月至 2006 年 6 月任张掖市甘州区委副书记、区长。2006 年 6 月至 2009 年 11 月任肃南县委书记；2009 年 12 月至 2011 年 3 月任张掖市委常委、市委秘书长、市直机关工委书记。2011 年 3 月至 2011 年 11 月任张掖市委常委、市委社会主义新农村建设工作领导小组组长；2011 年 11 月至 2015 年 11 月任张掖市委常委、政法委书记；2015 年 11 月至 2015 年 12 月任张掖市委常委、市政府党组副书记，常务副市长。是中国共产党甘肃省第十一次代表大会代表。

1991—2016 年全国劳模

阮蓉花（1939—） 女，汉族，甘州区人，中共党员，高中文化，大满乡城西闸小学民办教师。1957 年，阮蓉花师范毕业后分配到城区小学任教。后来她主动请求到条件艰苦的大满乡城西闸小学工作。她白天给学生上课，晚上到夜校教农民识字。当时正值国家经济困难时期，七年时间，她每月只领 2.5 元生活补助，爱人给的生活费也总是省吃俭用，用节约下的钱资助困难学生买课本和学习用品。1960 年 5 月，阮蓉花被评为“全国教育先进工作者”，出席全国文教群英大会。

朱兴杰（1955—） 男，汉族，甘州人，中共党员，大专学历，高级机电工程师。甘肃黑河水电实业投资有限责任公司党委书记、董事长、总经理。主持完成了龙渠一级、二级、三级电站建设改造增容，在黑河流域主持兴建 3 座水电站，建立黑河水电新能源开发有限责任公司，实现了当年申报动工，当年并网发电。先后被授予“全省劳动模范”称号；水利部全国第三批水电农村初级电气化县建设“先进工作者”称号；中共张掖市委和中共甘州区委分别授予“优秀共产党员”荣誉称号；2005 年被国务院授予“全国劳动模范”荣誉称号；2007 年 9 月被评为“感动张掖十大骄子”。

李瑞文（1965—） 男，汉族，甘州区大满镇朱家庄村人，中共党员。20 世纪 90 年代初，李瑞文从天水引进马铃薯新品种，带领全村群众大力发展马铃薯种植业。1997 年，他多方走访和考察，开始培育优良小麦和玉米品种，引进、示范、推广永良系列为主小麦新品种，自主研发以杂交番茄、西瓜、黄瓜为主的精细蔬菜制种，成立瑞丰农作物研究所，改良贫瘠土壤，加强农田基础设施建设，培育优质玉米种子，帮助附近百姓加工和代销农产品。全村制种面积由 830 亩扩大到 1230 亩，年纯收入 16 万元以上。2011 年 12 月，李瑞文荣获“全国种粮售粮大户”荣誉称号。

张万忠（1952—）　男，汉族，甘州区人，中共党员，甘肃甘绿脱水蔬菜股份有限公司董事长。1970 年参加工作，经过近二十年的艰苦奋斗，将一个村办脱水蔬菜加工厂发展成为拥有总资产 9000 多万元、从业人员达 3000 多人的大企业。1998 年引进意大利、美国、德国先进脱水蔬菜加工设备，年产脱水菜 2000 吨，带动全市 10 多万亩蔬菜基地的发展，实现“企业集团 + 基地 + 农户”的产业化格局。引进丹麦阿特拉斯先进冻干技术，建成年产 1000 吨低温冻干项目，扶持并带动全市 40 多家脱水蔬菜生产厂家，走上共同发展道路，4 万多农户由此脱贫。生产的干青（红）椒粒、洋葱、四季豆及冻干草莓、西兰花等二十多个品种跻身国际市场。公司先后被农业部评为全国创名牌重点企业、全国出口创汇先进乡镇企业和国际农业产业化重点龙头企业称号。2000 年 4 月，国务院授予张万忠“全国劳动模范”荣誉称号。

1991—2016 年省部级优秀人物

马志祥（1966—）　男，汉族，张掖人，中共党员，大专文化程度。甘肃省第九届人大代表，张掖市第一届人大代表。历任前进村党支部书记、前进村党总支书记、长安乡经联委主任、前进村党委书记、甘肃前进牧业科技有限责任公司董事长等。1998 年获张掖市第三届“十佳青年个体经营者”称号；2005 年被评为优秀市人大代表；2006 年被评为全市优秀共产党员；2007 年获全市创业先锋称号；2011 年获得全省“非公有制经济优秀共产党员”荣誉称号；2012 年获得全国 100 名“创先争优优秀共产党员”荣誉称号；2012 年被甘肃省委表彰为“全省创先争优优秀共产党员”。

马海荣（1966—）　男，汉族，张掖人，中共党员，现任甘州区总工会主席。2006 年任区总工会主席以来，马海荣积极推行工会经费税务代收和财政划拨，率先开展“职工互助保障”，率先聘用“工会组织员”，率先推行基层组织建设“五个依托”，率先推行基层工会经费以奖代补，工会基层组织规范化建设和工资集体协商工作走在全省前列，被全国总工会表彰为“全国工会贯彻落实工资集体协商三年规划先进集体”，先后被省总工会表彰为“全省工会财会工作先进集体”“五好县区工会”“甘肃省工会工作先进区”。他本人也于 2009 年 9 月被中华全国总工会授予“全国五一劳动奖章”“全国优秀工会工作者”荣誉称号。

王　斌（1949—）　男，汉族，甘肃张掖人，中共党员，中学高级教师。1968 年参加工作。先后在多所学校任教，2013 年退休。撰写教学论文 30 多篇，参编《甘肃省中学生优秀作文选》《中学语文现代词语 2000 例》，主编《张掖二中校志》。多次被评为地市先进教师，1996 年获甘肃省园丁奖，2004 年 9 月 10 日被国家教育部、国家人事部授予“全国模范教师”光荣称号，同年被教育部选派为中华人民共和国访美教师代表团成员赴美国考察。

王幼华（1967—）　男，汉族，河南新乡人，中共党员。1987 年参加工作，中学高级教师。先后获得甘肃省首届陇原名师、甘肃省“园丁奖”优秀教师、省级骨干教师、河西学院兼职副教授、张掖市“555”创新人才、张掖市首届“十佳青年教师”等荣誉称号。主持教育科研课题，获国家级奖1项、省级奖两项、地级奖6项。在省地级刊物上发表论文7篇，出版教学专著3部。4次获得全国数学竞赛“优秀指导教师”称号，2014年被国家人力资源和社会保障部、国家教育部授予全国教育系统“先进工作者”荣誉称号。

王吉凯（1966—）　男，汉族，张掖人，中共党员。2002年3月，他被组织选拔调整为甘州区长安乡武装干事。他勇于承担责任，探索利用党员远程教育平台、手机群发信息，深化民兵政治教育的新路子，认真落实扶持退伍军人创业致富补助、国家贴息贷款减免优惠政策。长安乡连续10年向部队输送优质兵员200多名，实现20年无退兵。2004以来，他组织全乡民兵完成抗洪抢险、卫生整治、平安创建等多项硬任务，成功推行抓宣传促训练、抓结合保训练、抓融合精训练的“三抓”训练方法，有效破解民兵训练层次低、质量难保证问题。先后荣立三等功1次，多次受到部队嘉奖。连续8次被上级表彰为优秀专武干部，两次被评为民兵训练先进个人。2011年9月，被国家人力资源和社会保障部、总参谋部、总政治部、总后勤部、总装备部表彰为100名全国“民兵工作先进个人”。

王希文（1945—）　男，汉族，甘州区沙井镇人，中共党员，中学高级教师。1966年张掖师范毕业，先后在明永小学、沙井人民公社寺儿沟学校任教；1982年任寺儿沟学校校长。1991年4月任张掖市第一农业中学校长兼党支部书记，1993年8月至2005年4月任张掖市第二农业中学校长兼党支部书记。1982年被张掖地委、行署评为先进工作者。1988年被甘肃省人民政府授予“园丁奖”称号；1989年被评为全国优秀教师，获全国优秀教师奖章，受到中华人民共和国教育部等三部委表彰奖励。任职期间，创办寺儿沟花园式学校和张掖市（县级）教育教学示范性学校。1992年，寺儿沟学校被评为甘肃省教育系统先进集体。1993年，张掖市第一农业中学通过国家级重点职业中学评估验收，顺利通过国家A级标准。2003年主持国家“九五”科研项目张掖子项目张掖市第二农业中学课题组“职成教发展前景”课题研讨取得成效，得到专家肯定。退休后，主编《水磨湾村志》《寺儿沟学校志》《沙井镇志》等。

王迪东（1965—）　男，汉族，张掖人，中共党员，大专学历。1985年参加工作，曾任甘州区林业局局长、高级工程师。他主持完成的《高甲酸啤酒花集成及产业开发》获张掖市科技进步二等奖。在国家级、省级刊物上发表论文5篇，2007年破格晋升为高级工程师。2009年4月被中华全国总工会授予“全国五一劳动奖章”。

宁兰红（1966—）　女，汉族，张掖人，中共党员，大学本科学历。1987年8月参加工作。1989年至2007年在甘州区人民法院刑事审判庭工作，先后从事书记员、助理审判员、审判员、刑庭副庭长、庭长工作。2011年5月被中央政法委评为全国政法系统“优秀党员干警”，2012年2月被最高人民法院评为“全国模范法官”，2015年被评为全省“先进工作者”。

任建基（1938—）　男，汉族，张掖人，中共党员。1955年7月于张掖师范学校毕业，先后在新墩、花寨、和平、上秦、小满等乡镇小学任教。在小满乡中心小学任教期间，1990 年学校被评为甘肃省教育系统“先进集体”。1991 年他本人被评为全国教育系统劳动模范并授予人民教师奖章，同年被张掖地委行署先后授予“全区优秀教师”“十佳校长”称号。1992 年参加中国教育代表团出访日本。1993 年经国务院批准，享受政府特殊津贴并颁发证书。

刘　英（1962—）　女，汉族，甘州区党寨镇沿沟村人。结婚后和丈夫张国恒创办甘州区国恒综合养殖场，投资 360 万元，修建高标准牛舍 68 间，建成占地 13 亩的活畜交易市场，年出栏、贩运肉牛 15000 头以上，远销新疆、宁夏、青海等地，年收入达 150 万元以上。综合养殖场建成以来累计纳税 240 多万元。为带动周边群众养殖致富，刘英成立国恒肉牛贩销协会，吸收会员 83 人，在各乡镇建立肉牛收购点 48 个，带动 3000 多户农民发展肉牛养殖业，养殖户户均纯收入 4000 多元。2005 年 4 月，刘英被甘肃省委、省政府授予“甘肃省劳动模范”称号。

许福林（1976—）　男，汉族，甘州区人，中共党员，大学本科学历，高级经济师，兰州大学名誉教授。甘肃滨河食品工业集团董事长兼总经理，全国劳动模范，全国优秀青年企业家，甘肃省第九届、第十届人大代表，张掖市“跨世纪学术带头人”，享受国务院特殊津贴专家，获“中国酒行业卓越贡献奖章”，连续五次获“甘肃省优秀企业家”殊荣。开发“九粮九轮酿制工艺”和“九粮香型”生产标准，并取得 6 项国家专利。将年产 150 吨白酒、资产 110 万元的县办酒厂，打造成全国白酒 100 强、甘肃工业 100 强企业。2015 年完成工业总产值 12.64 亿元，实现销售收入 11.97 亿元，实现利润 19320 万元，上缴税金 21501 万元。

李　玲（1964—）　女，汉族，张掖人，中共党员，甘肃新乐连锁超市有限责任公司董事长兼党支部书记，全国 EMBA 职业经理人。1998 年 3 月，她自主创办张掖市首家超市，经过十多年快速发展，现拥有 5 家有限责任公司、36 家连锁门店、2 个服装商城，营业面积 6 万多平方米，总资产 1.8 亿元，从业人员 2000 多人，累计上缴税金 3000 多万元。新乐超市成为张掖市营业面积最大、从业人员最多、经营商品种类最丰富、消费者最信赖的非公有制商贸流通企业，先后获得全国“再就业先进集体”等数十项荣誉称号。李玲曾获得全国“三八红旗手”等多项荣誉称号，2010 年被甘肃省委、省政府授予“劳动模范”荣誉称号。

吴佩禄（1968—）　男，汉族，张掖人，中学高级教师，张掖二中教师。从教近三十年来，情系教育事业，指导学生参加全国高中数学竞赛、科技创新大赛等诸多赛事，多次获奖，个人多次被授予省、市级“优秀辅导教师”等荣誉称号。2007 年成为教育部“十一五”重点课题“探究性学习方式实验研究”骨干实验教师，撰写论文获课题组一等奖，教学设计“余弦定理”获教育部北京师范大学基础教育课程研究中心优秀奖。2002 年被省委、省政府评为甘肃省“园丁奖”，2004 年被省教育厅评为“省级骨干教师”，2014 年被国家人力资源和社会保障部、国家教育部授予“全国模范教师”称号。

宋有年（1950—）　男，汉族，甘州人，中共党员，张掖市有年金龙集团有限公司董事长、党支部书记，兼任甘肃有年金龙建筑工程有限责任公司、张掖市有年金龙马铃薯雪花全粉食品工业有限公司董事长。1990—1991 年获得“振兴甘肃教育、改善办学条件、慷慨解囊、捐资助学”荣誉证书；1995 年因《令人羡慕的“老乡”》事迹文章，被中华国际名人研究会会刊编入《成功之路》；1996 年，甘肃中华职业教育社颁发“为发展我省教育做出贡献，捐资助学”荣誉证书。1997 年被授予甘肃省“劳动模范”；1994 年、2004 年先后两次被国家农业部授予“全国乡镇企业家”称号；1997 年被中国施工企业管理协会授予“全国优秀施工经营者”；2005 年被国家农业部授予“全国乡镇企业科技工作先进个人”“甘肃省优秀非公有制企业家”、甘肃省“全省乡镇企业十大明星企业家”；1992—2005 年连续七届被评为“甘肃省乡镇企业家”。

宋学忠（1954—）　男，汉族，甘州区沙井镇西六村人，中共党员。1970 年 10 月参加工作，曾任甘州区公安局党委委员、工会主席。1990 年 10 月至 1997 年 7 月先后荣获个人三等奖 2 次，荣立一等功 1 次；1997 年 7 月被国家公安部、人事部授予“全国特级优秀人民警察”称号；1999 年 1 月参加全国公安劳模表彰大会，受到江泽民、李鹏、李瑞环等党和国家领导人的接见；2002 年，甘肃省委组织部、宣传部及省人事厅、省公安厅等八部厅授予全省公安机关“维护社会稳定模范卫士”称号。

帖文耀（1938—2005）　男，甘州区安阳乡人，中共党员，张掖师专毕业。中学高级教师，曾任张掖县第五中学副校长，张掖市第一职业中学、张掖市职业中学校长。1994 年被甘肃省委、省政府评为甘肃省优秀教育工作者，授予“园丁奖”。1996 年 8 月任张掖市职业技术教育中心副校长，被甘肃省教育厅表彰为全省职业教育先进个人。

聂　星（1958—）　男，汉族，张掖人，中共党员，高中文化程度。1977 年参加工作，一直在化工生产一线从事维修工作，担任造气车间维修班长，工作中不计较得失，每天工作 10 小时以上，练就“手摸、耳听、眼看、鼻嗅”的过硬技术，被同行誉为有“绝活”的土工程师。多年来，他带领全班组人员完成技术革新，小改小革 20 多项，创经济价值 50 多万元。1999 年被授予甘肃省“劳动模范”称号。

徐存才（1967—）　男，汉族，张掖人，中共党员，1989 年 6 月毕业于甘肃农业大学农学系农学专业。1989 年 7 月参加工作，现为张掖市纯净种苗有限公司董事长兼总经理，高级农艺师。2001 年 4 月被中华全国总工会授予全国“五一劳动奖章”；1994 年 9 月，国家科技部、农业部、外国专家局授予“三北地区水稻旱育稀植技术推广”突出贡献奖；1998 年 9 月，甘肃省政府授予甘肃省“农业科技推广优秀奖”；1997 年 12 月，甘肃省政府授予甘肃省“跨世纪青年学科技术带头人”；2001 年 6 月，甘肃省委授予甘肃省“优秀共产党员”；2005 年 2 月，甘肃省委、省政府授予甘肃省“333 科技人才工程第一、二层次人选”荣誉。

贾兴国（1959—）　男，汉族，甘州区沙井镇兴隆村人，大专文化，中共党员。1991 年任兴隆村村民委员会副主任，1995 年 11 月任兴隆村支部书记。2000 年当选中共小河乡委员会委员；2002 年调任小河乡经委副主任，兼任中共兴隆村支部书记；2005 年当选中共沙井镇委员会委员，任沙井镇经委副主任、沙井镇综合治理中心副主任。2001 年 7 月，贾兴国被中共张掖市委授予优秀党务工作者称号；2002 年 3 月被中共张掖地区委员会授予优秀思想政治工作者称号，9 月被中共甘肃省委授予“模范村党支部书记”荣誉称号；2006 年 7 月被中共甘肃省委授予优秀党务工作者称号。

董　杰（1968—）　男，汉族，甘州区大满镇紫家寨村人，中共党员。2007 年 7 月，董杰吸纳 260 名社员创办杰灵养鸡专业合作社；2008 年 7 月吸纳 12 名党员成立杰灵养鸡专业合作社党支部；2009 年后，合作社注册“紫家寨”牌鸡蛋和“杰灵”牌饲料两个商标，走上品牌经营和特色经营之路；2010 年 12 月，董杰当选为紫家寨村党支部书记。2010 年 4 月被甘肃省人民政府授予甘肃省劳动模范荣誉称号；2010 年 6 月 12 日被国务院发展研究中心评为第九届全国“创业之星”；2011 年 11 月被甘肃省畜牧业协会禽业分会聘请，担任甘肃省畜牧业协会禽业分会副会长。

蒋吉福（1970—）　男，汉族，甘州区党寨镇下寨村人，中共党员，现任党寨镇下寨村党支部书记、党寨镇下寨砖厂厂长。2010 年，建材厂职工花锦患急性阑尾炎，住院费不足，蒋吉福慷慨解囊，主动捐助医药费 5000 元。村上修建便民公交车站资金不足，找他支援，蒋吉福热情相助。多年来，全村经他帮助的困难家庭有 26 户，扶助资金达 1.2 万元。2015 年被甘肃省委、省政府授予甘肃省“劳动模范”荣誉称号。

韩香兰（1953—）　女，汉族，张掖人，中共党员。1971 年参加工作。在张掖市中药提炼厂工作二十多年中，她把工厂当作自己的家，认真自学，拜师学艺，逐步掌握了制药技术。她的班组生产量稳步提高，为企业节约了原料，增加了经济效益。在“比、学、赶、帮、超”为内容的社会主义劳动竞赛中，她所在的车间提出“比安全、赛质量；比创新、赛技术；比团结、赛纪律；比贡献、赛效益；比环境、赛文明”为内容的“五比五赛”活动，为车间节约 4 万多元。工作期间，她团结友爱，助人为乐，带头为灾区人民捐款、捐物，对身边困难职工热心资助。1994 年被甘肃省人民政府授予甘肃省“劳动模范”荣誉称号。

1991—2016 年甘州籍做出突出贡献的社会各界人士

丁　一（1965—）　男，汉族，张掖市甘州区人，中共党员，本科学历，现任张掖中学党委书记、副校长，中共张掖市第四届党代表。1984 年参加工作，曾任张掖市教育局副局长，甘肃省教育厅基教处副处长（挂职），张掖市少工委副主任、科教副主席，市教育学会副会长、市语委副主任、市招委副主任。主持的科研课题荣获甘肃省教育科研二等奖。主持编写《中小学素质教育读本》（1—9 册）、《健康教育读本》（1—6 册）、《中小学湿地保护知识读本》，参编《河西小康文化》等多本著作。先后在国家、省市级报纸杂志上发表论文 16 篇。曾被国家教育部等五部委表彰为全国“两基”工作先进个人，被省教育厅表彰为全省体育卫生工作先进个人。

丁吉鸿（1953—）　男，汉族，甘州区乌江镇敬依村人。1975 年 10 月供职于甘肃省水利水电勘测设计研究院，1980 年被评审为技术员，1987 年被评审为助理工程师，1995 年被评审为工程师，2005 年被评审为高级工程师。先后参与、主持负责完成的勘测设计工程项目 30 多个，编写多项工程项目勘察设计报告；在国家级核心刊物上发表学术论文 5 篇，其中有 3 篇被甘肃省水利水电勘测设计研究院评为优秀论文。2009 年至 2012 年期间，两次被中国大唐集团祁连水电有限公司（业主）评为先进个人。

丁耀光（1941—）　男，汉族，甘肃张掖甘州区人，中共党员，教授。1965 年毕业于西北师范大学政教系。在省级以上刊物发表论文 10 余篇，参编大学教材 2 部，主编中小学素质教育读本 6 册。在张掖师范及河西学院马列主义教研室、政史系、管理系先后任系主任、党总支书记，正处级。1995 年，省委组织部、宣传部、教委授予优秀思想政治工作者称号。

马维虎（1964—）　男，汉族，甘州区沙井镇南湾村人。医学硕士，主任医师，留美学者，宁波市第六医院骨科主任兼脊柱外科主任，宁波大学硕士研究生导师，浙江中医药大学硕士、博士生指导老师。从事骨科和脊柱外科临床工作二十余年，先后多次在欧美等国参观学习，2009 年 2 月至 2010 年 2 月在美国 Toledo 大学医学中心做访问学者，获得美国医师协会颁发的临时行医执照。擅长脊柱创伤畸形、紊乱、脊柱肿瘤、颈腰椎间盘疾病及各种疑难疾病的治疗。担任浙江省中西医结合骨伤专业中青年副主任委员，浙江省老年学会脊柱与关节疾病学会委员，宁波市骨科学会副主任委员，浙江省康复医学会脊柱脊髓损伤专业委员会委员；宁波市江东区政协委员，宁波市医疗鉴定专家委员会委员。

王自刚（1941—）　男，汉族，甘州区甘浚镇东寺村人。曾任山丹培黎学校副校长，现甘肃省书法家协会会员、甘肃省美术家协会会员，张掖祁连画院副院长。20 世纪 60 年代开始，美术作品多次入选省、国家级展览，多件作品被中国博物馆、彦涵美术馆、甘肃省委党史办、甘肃省美协、中国人民大学图书馆等机构收藏，曾与好友合作多部著作。

王多福（1946—）　男，甘州区人，甘肃农业大学毕业，高级兽医师，中共党员。1970 年 8 月参加工作。担任过地区兽医站站长、动疫检查站站长、兽医卫生兽药监督管理所所长等职。2001 年获聘“国家农业技术推广研究员”资格；1994 年、2001 年两次被中共张掖地委确定为“张掖地区专业技术拔尖人才”“本学科技术带头人”“张掖科教英才”；1998 年受到国务院表彰并发给政府特殊津贴证书。从事 30 多年动物防检疫、兽医卫生、兽药监督、兽医技术推广工作中，主持单位 15 次被评为全省先进单位；个人 16 次被省厅局评为先进工作者，6 次被省业务部门评为先进个人，3 次被地委、行署表彰奖励。在全国和省级专业刊物发表学术论文 30 余篇。本人成绩被《中华人物辞海》《中国专家辞典》《张掖地区志》等文献收录。

王希雄（1941—）　男，汉族，甘州区沙井镇沙井村人，中共党员，大学本科，高级农艺师。1965 年甘肃农业大学毕业后分配到甘肃省委组织部工作。1968 年 2 月起从事种子研究、繁殖、试验、推广工作，任兰州市西固农牧局农业技术推广站站长。1985 年任西固区副区长，后辞去副区长职务，继续回到西固区农牧局任副局长兼农技推广站站长。先后培育“农育一号”西瓜、“阿兰白”西葫芦、杂交长茄、杂交黄瓜等多个瓜菜品种，在甘肃、四川、云南、山东等省大面积推广。1991 年被兰州市选为拔尖人才、学科带头人。2000 年成为甘肃省享受国务院特殊津贴专家。2001 年退休。

王振本（1935—）　男，甘州区人，大学本科。1956 年 8 月西北民族大学毕业后分配新疆民族语言文字工作委员会工作。历任新疆民语委办公室主任，语言与翻译培训中心主任，副厅级调研员等。社会兼职有新疆译协副主席，全国少数民族双语教学研究会副会长，新疆维吾尔语言学会秘书长，国务院中亚区域发展研究中心特约研究员等职。从事民族语言文字工作近40年，编译出版辞书《汉维成语词典》获新疆社科成果一等奖；《维汉成语词典》获新疆社科成果三等奖；《汉维惯用辞典》《汉维成语大全》（合编）；《新疆少数民族双语教学与研究》（合著）获全国双语教学二等奖；《汉维辞典》（合著）获新疆社科成果一等奖。撰写民族语言文字和历史方面的论文几十篇，近百万字。翻译出版的语言文字书籍有《维吾尔文正字法》（汉文）、《维吾尔语正字词典》（汉文）、《哈萨克新文字正字法》（汉文）、《语音知识》（维文）、《论维语熟语中的成语》等。

任积泉（1954—）　男，汉族，甘州区小满镇人，中共党员，中央党校大学学历。曾任中共张掖市委党校副校长（副教授）、调研员。兼任张掖市社会科学界联合会副主席，张掖西游记文化研究会副会长，张掖市人民政府城市规划专家评审委员会专家，河西学院河西走廊民俗民族文化研究中心研究员等职。长期从事张掖历史文化研究，主要著作有《张掖历史问题研究》《张掖市情纲要》（合著）、《民俗甘州》（合著）、《品读张掖文化》（合著）等。其中《张掖历史问题研究》《品读张掖文化》《张掖市情纲要》分别获张掖市政府社科一、二、三等奖。数十年来先后在《科学与无神论》《甘肃社会科学》《甘肃日报》《甘肃理论学刊》《丝绸之路》《河西学院学报》《张掖日报》等刊物发表论文近百篇。

刘开汉（1943—）　男，汉族，甘州区甘浚镇人。1994年至2002年任金昌市群众艺术馆馆长，2003年退休。历任中国书法家协会会员、中国楹联学会会员、甘肃省第二届书法家协会副主席、金昌市第三届副主席兼书法协会主席，甘肃书画院高级顾问。1978年起，痴迷于书法艺术。1985年赴首都师范大学书法艺术专业攻读，经多年刻苦学习，形成平和简远、儒雅沉雄的艺术风格，擅长行书，兼善隶、草、楷、行楷诸体。2005—2006年度被评为“中国艺术市场最具有影响力百位书法家”之一。书法作品入选全国第四届书法篆刻展，部分作品收录于《中国当代著名书法家千米长卷》《当代中国书法艺术大成》等作品集。

汪世清（1941—1999）　男，汉族，甘州区沙井镇东三村人，中共党员。新疆军区司令部门诊部主任医师。1959年1月应征入伍，1959年在解放军四师服役。其间参加阿里地区剿匪战役，荣获三等功。1966年毕业于新疆军区军医学校军医专业，1978年5月调入新疆军区司令部门诊部。历任中国中医学会针刀协会第四届常务理事、中华医学会员，取得国家级专利1项，国际优秀论文奖1项，军区医学科研成果奖两项，医学论文多次在国际医学会议中选读。被新疆军区荣记三等功，被评为军区一级技术能手。1994年晋升为副师职（文职）。去世后骨灰安葬于乌鲁木齐革命烈士陵园。

汤　潮（1956—）　男，汉族，甘州区人。是1978年我国改革开放后第一批公派留学（微博）生之一。曾任教于北京师范大学外文系和加拿大约克大学哲学系。1988年提出“知识主体论”思想，并以此创办了龙源期刊网。现任龙源数字传媒集团董事长、龙源期刊网总裁、中国版权协会副理事长、北京师范大学企业家校友会常务副理事长等。他创办的龙源期刊网和龙源传媒集团，以“为知识创造价值、为知识创造者创造财富”“让中国优秀文化走向世界”为宗旨，为互联网内容产业开启了一种新的体系。

李江珍（1986—）　男，汉族，张掖人。国家一级运动员、自行车一级裁判员，现为天水市麦积区甘泉中学任教，并担任天水市自行车队教练一职。曾荣获2001年全国山地自行车青年锦标赛第二名，2005年全国山地自行车锦标赛第二名；担任2015年全国山地自行车锦标赛暨青年锦标赛（一青会资格赛）裁判员工作，并获得“优秀裁判员”称号。多次荣获校、镇、区级优秀教师。在甘泉中学任教以来，已培养输送出省竞走运动员尤涛、吴博，省自行车队陈宁宁、魏林云、吕瑞霞、孙富斌、李博、车瑞瑞、吴浩泰等9人，向天水市体校及普通高中输送优秀特长生51人次，其中国家运动健将1人、国家一级运动员6人、国家二级运动员8人。

张大跃（1955—）　男，汉族，甘州区人，中共党员，大学学历，高级农艺师。张掖市宏顺通现代农业科学技术研究院院长。1978年毕业于张掖农校农学专业，分配到武威地区种子公司工作。1984年任武威地区种子公司副经理、助理农艺师；1990年任武威地区种子公司经理（副处级待遇）、党支部书记；1993年任武威地区农牧处科长；1995年4月至2007年任甘肃凉州种子公司经理。1987年10月“武春121小麦新品种的选育实验”获甘肃省农业厅“农业科学技术进步三等奖”；1989年3月“玉米京黄417杂交推广”获甘肃省农业厅“农业科学技术进步二等奖”；1987年10月“关于春小麦原种生产方法的初步探讨”获甘肃省农业厅“农业科学技术进步三等奖”。2014年12月培育出的高产优质杂交大豆新品种“张豆1号”繁育及示范推广获张掖市人民政府科技进步二等奖。2015年9月“张豆1号”大豆新品种取得国家和知识产权局发明专利证书。

张吉军（1976—）　男，汉族，甘州区沙井镇柳树寨人，法学博士，兰州文理学院马克思主义学院副教授，中国南亚学会理事。2014年6月毕业于兰州大学马克思主义学院马克思主义中国化研究专业，主要从事中国周边外交、中亚、南亚等问题的研究。近年来，先后在《当代世界与社会主义》《南亚研究》《俄罗斯中亚东欧研究》《新疆社会科学》《比较教育研究》等学术期刊发表学术文章十多篇，两篇文章被人大报刊复印资料全文转载。

张兴盛（1956—）　男，汉族，甘州区沙井镇西二村人，中共党员。陕西华西大学副校长，中国人民武装警察部队西安指挥学院上校警官，陕西书画院副院长、中国国画研究院陕西分院副院长、陕西于右任书法学会理事、西安市音乐家协会理事。军旅生涯三十年，研习书画五十载，酷爱音乐，擅长行草，创意的书法作品“双猴寿”“八骏大写意”受到著作权保护，被海内外朋友收藏。撰写的多篇论文被《中国改革与发展理论文库》《中华新论》等大型图书收录，获得“华夏英杰”荣誉称号。

张学龙（1963—）　男，汉族，甘州区人，中共党员。甘肃省祁连山水源涵养林研究院基地建设科副科长，正高级工程师，硕士生导师，河西学院实习指导老师，甘肃省森林生态与冻土水文水资源重点实验室副主任。连续32年坚持在祁连山科研一线，从事祁连山生态环境治理与保护研究工作，先后主持和参加19项科研课题，获甘肃省林业科技进步一等奖1项、二等奖2项；获林业部科技进步二等奖1项、三等奖1项，国家科学技术委员会科技成果奖1项。研究成果对开展祁连山生态环境治理与恢复具有重要指导意义。连续15年被确认为张掖市专业技术拔尖人才，2012年6月获"甘肃省优秀专家"称号；2015年获"国务院特殊津贴专家""甘肃省先进工作者""张掖市第四届十大道德模范"荣誉称号；曾获"甘肃省第五届道德模范"。

陈　亮（1985—）　男，汉族，甘州区沙井镇人，中共党员，工学博士。2003年考入山东科技大学化学与环境工程学院环境科学系，2007年被授予环境科学理学学士学位。2007年考入中国地质大学（北京）水资源与环境学院，攻读地下水科学与工程硕士研究生。2009年推荐免试攻读中国地质大学（北京）地下水科学与工程博士研究生。2012年被授予工学博士学位。2011—2012年，任金色源泉（北京）环境科技有限公司技术经理，2012年进入中国地质大学（北京）博士后流动站工作。2013年1月竞聘到天津大学建筑工程学院工作，任水利工程专业讲师。在学习和工作期间，主要负责和参与国家"十一五"水体污染控制与治理科技重大专项、国家自然科学基金项目、中国地质调查局项目等科研项目，发表科研论文15篇，其中以第一作者或通讯作者发表SCI英文论文6篇、中文核心期刊1篇。

吴正利（1952—）　男，汉族，甘州区沙井镇兴隆村人，自学大专文化，甘肃正利建筑安装工程有限责任公司董事长，高级工程师。1963年至1972年，先后在兴隆学校、小河中学、张掖第七中学读书。结束学业后跟随其兄吴正元从事房地产开发。2001年组建甘肃正利建筑安装工程有限责任公司，担任董事长、企业经理。2005年11月，经甘肃省乡镇企业管理局工程专业高级职务评审委员会评审，获高级工程师任职资格。2007年7月，参加全国建筑企业职业经理人资质认证培训，考核合格。2009年7月，甘肃省住房和城乡建设厅授予中华人民共和国二级建筑师临时执业证书。2006年10月当选为政协临泽县第七届委员会委员，2011年10月连任。2007年11月被中国建设教育协会培训机构专业委员会、中国管理科学研究院评为"2007中国建设行业百名管理英才"。

范兴儒（1941—）　男，甘州区人。兰州艺术学院美术系（并入西北师范大学）毕业，中国美术家协会会员。1964年9月大学毕业后被分配核工业基地任中学美术教师。1973年至1997年，先后任厂工会俱乐部美术辅导员、工会副主席、四〇四厂、甘肃矿区（地师级）党委宣传部副部长兼文化局副局长。范兴儒终生研究、整理、复原、临摹敦煌壁画艺术，做出了卓越成就。采用传统工笔重彩技法，整理、绘制、复原的敦煌菩萨、敦煌飞天、敦煌图案800多幅计600余平方米。巨制《飞天追梦图》长达49.29米，高0.52米，全卷呈现了自北魏至元代，时跨1000年、历经9个朝代的敦煌莫高窟、安西榆林窟的代表飞天87身。从1992年到2011年举办13次个人大型画展，观众达5万多人次。出版画册《敦煌飞天》《敦煌菩萨》，其中《敦煌飞天》圆了作者毕生心血的飞天梦。

周世魁（1903—1984）　男，汉族，名卜熊，号志庵，甘州区沙井镇寺儿沟村人，祖籍甘州新墩西关村。少年时就读于乌江、鯀得高等小学堂，武威中学堂。1926年求学于金城（兰州）中山大学深造，肄业。1931年担任敦煌县国民政府财政科科长。后被驻防张掖国民党陆军第九师部将韩起功赏识，从敦煌召至师部，奉命南下渡江，就读于南京金陵大学，专攻无线电专业。1936年，张掖县国民政府奉命组建民团（也叫保安团），任命周世魁为新丰乡民团团长。红西路军路过张掖时，韩起功命周率部戮剿，周世魁恪守正义，不与人民为敌，毅然违抗韩之命令，被韩革职。1939年，周世魁担任张掖县国民政府第四区完全小学（寺儿沟学校当时建置名称）校长。1943年至1945年，先后担任张掖县中山、鯀得、甘泉小学校长及张掖中学教员。1945年秋，任张掖县国民政府教育科科长。到职刚一年，辞职回乡。1946年秋，担任新丰乡中心国民学校校长。其间，他带领学生打墙辟园，培植花草树木，广采博取，振兴家乡教育。1952年7月，前往武威集训后调张掖农校任职员，1958年下放回乡。20世纪六七十年代受不公正待遇，后获平反。1979年，76岁高龄的周世魁被小河人民公社小河中学聘为中学英语教员，同年当选为政协张掖县第二届委员、常委。

姚军汉（1953—）　男，汉族，甘州区碱滩乡人，中共党员，北京中医药大学毕业，中医学教授（二级），主任中医师、甘肃省名中医。2000年7月—2003年6月任张掖卫生学校校长；2003年7月—2014年1月任张掖医学高等专科学校校长（副厅级）。现任中华医学会脾胃病专业委员会委员、甘肃省第二届医师协会副理事长、全国经方医学专业委员会副秘书长，被授予“国医经方圣手”。担任张掖卫生学校校长时，主持完成张掖卫生学校升格为张掖医学高等专科学校。潜心钻研祖国医学，执教30余载，行医40余载，擅长应用经方治疗内、妇、儿、皮肤科等疑难杂症，年接诊患者6000多人次。撰写专著和教材9部，在省级、国家级刊物上发表论文50余篇。牵头建设“中医内科学”，被甘肃省教育厅确立为升级精品课程；主持科研项目多项，获省市科学技术进步一、二、三等奖。

施生民（1928—1998）　男，汉族，甘州区城关镇人，中共党员，中学高级教师。先后入学张掖县鯀得小学、张掖中学、酒泉河西高级中学，1947年9月以优异成绩考入兰州大学中文系。1949年张掖解放后，经张掖中央地下党支部书记党建国推荐到中共张掖县委宣传部工作。1951年进入兰州大学中文系继续深造，1952年毕业后组织安排张掖中学工作。1954年被提任张掖中学教导处副主任。1988年，施生民从教38年退休后，投入地方史志的挖掘、整理与编纂。先后参与首轮《张掖市志》《张掖地区教育志》《新修张掖县志》《重刊甘镇志》《张掖金石录》《垫坚轩诗词选注》《张掖文史资料》等新旧史志资料的编、校、注等学术项目。

贾雪英（1983—）　女，汉族，甘州区大满镇人，大学本科学历，中级教练员职称。现任兰州市体工队女子柔道队主教练，国际级运动健将，兰州市第十一届政协委员。1999年至2009年10年间，多次参加全国城市运动会、全国运动会和国际赛事，获得多枚冠、亚军成绩。2003年11月在韩国举行的亚洲锦标赛中夺得无差级别冠军。2005年10月代表甘肃省在江苏南京举办的全国第十届运动会中夺得女子柔道无差别级冠军。2009年10月代表甘肃省在山东举办的第十一届全国运动会中夺得女子柔道+

78kg 级冠军。2000 年 3 月被甘肃省城镇妇女“巾帼建功”活动协调领导小组授予“巾帼建功”活动标兵、甘肃省“三八红旗手”荣誉称号；2001 年 3 月被全国城镇妇女“巾帼建功”活动领导小组授予“巾帼建功”标兵荣誉称号；2005 年 1 月被命名为兰州市“劳动模范”；2005 年 11 月、2009 年 12 月分别被甘肃省人民政府记一等功。

雒青之（1948—）　男，汉族，甘州区甘浚镇高家庄村人，正高级一级文学创作，被聘为甘肃省政府文史研究馆研究员。1961 年参加工作，历任甘肃张掖行署通讯员，先后在兰州炼油厂、国防军工厂当过工人、宣传干部。在《甘肃工人报》任记者近 10 年。1994 年在甘肃省总工会宣传教育部任干事、副部长、部长。1979 年开始发表作品。1999 年加入中国作家协会。历任甘肃作家协会理事、报告文学专业委员会主任。20 多年来发表短篇小说 30 余篇、报告文学 40 余篇、散文 50 余篇，评论、美术专论 40 余篇。主要作品有《艺海苦航》《百年敦煌》《大河画魂》《孤独者说》等。《艺海苦航》获甘肃省“首届敦煌文艺奖”、甘肃省作家协会“开天龙杯奖”。《百年敦煌》获甘肃“五个一工程”奖。《大河画魂》获甘肃“敦煌文艺奖”。

魏玉兵（1964—）　男，甘州区平山湖蒙古族乡平山湖村人，西北农业大学兽医系毕业，中共党员。1988 年 8 月参加工作。先后任张掖地区、市兽医站副站长，动物卫生监督所副所长、动物疫病预防控制中心主任、畜牧兽医研究所所长，高级兽医师、农技推广研究员。在养殖教授、畜禽疫病普查防控、养猪育种、动物疫病防治等各项科研工作中做出突出贡献。争取资金 200 万元，主持和参与完成省立科研项目 23 项，其中获国家农牧渔业丰收奖三等奖 1 项，甘肃省科技进步奖二等奖 1 项、三等奖 4 项，甘肃省农牧渔业丰收奖一等奖 5 项、二等奖 2 项。在各级杂志发表论文 50 余篇，编著专业图书 3 本。获得各级表彰奖励 32 次，荣获“跨世纪学术带头人”“甘肃省领军人才”“甘肃省优秀专家”等称号。

魏捍东（1946—）　男，汉族，甘州区沙井镇先锋村人，中共党员。1968 年 8 月张掖卫校毕业，同年分配于酒泉地区敦煌县黄渠卫生院工作。1975 年至 1985 年，先后在张掖县小河卫生院、沙井中心卫生院工作。1991 年被评为全省计划生育先进工作者，受到省委、省政府表彰。1992 年被评为全省乡镇卫生院优秀院长，受省卫生厅表彰。1993 年调入张掖市中医院工作，任业务副院长。1996 年创建张掖市中医院疼痛科，为学术带头人。1998 年任中国中医药学会针刀学会理事，世界中医药联合会理事。2003 年破格晋升副主任医师，2003 年“紫露烧伤膏研制及推广应用”获甘肃省黄甫谧中医药科技进步三等奖，获国家知识产权局专利。2008 年任甘肃省中医药学会刀针专业委员会副主任。

1991—2016 年甘州籍在外优秀人才

支金虎（1978—）　男，汉族，甘州区人，西北农林科技大学植物营养学专业，硕士研究生。2008 年 9 月至 2011 年 7 月任塔里木大学棉花科学研究所棉花营养研究室主任；2011 年 7 月至 2014 年 9 月任塔里木大学资环植保系副主任、副书记；2014 年 9 月至今任塔里木大学研究生导师、兵团环塔里木生态农业协同创新中心管理办公室主任。先后主持国家自然科学基金、国家重点研发计划专题等项目 12 项，参与国家级、省部级科研项目 20 余项，其中，获得教育部科技成果二等奖 1 项、兵团（省级）科技成果二等奖 1 项、新疆阿克苏地区科技成果三等奖 1 项、兵团第一师科技成果三等奖 1 项。发表文章 50 多篇。

毛虎德（1986—）　男，汉族，甘州区人，中国科学院发育生物学专业，博士研究生。西北农林科技大学副研究员。主要从事玉米和小麦抗旱性遗传改良技术研究，在 Naturegenetics、NatureCommunications、PlantPhysiologyandBiochemistry 等杂志上发表多篇研究论文，申请国家专利 2 项、国际专利 1 项。

贾　鑫（1976—）　男，汉族，甘州区沙井镇沙井村人，中共党员，博士研究生、副教授。1997 年参加工作，在张掖农校任教。2000 年在河西学院任教，任化学系研究室主任。2003 年考取硕士、博士连读研究生。2007 年 4 月赴加拿大蒙特尔大学留学，2008 年留学期满归国，博士毕业。2010 年应新疆石河子大学邀请，任石河子大学化工院化学工程系副主任、研究生导师。

甄勇毅（1956—）　男，汉族，甘州区人，北京大学博士研究生。现澳大利亚新南威尔士州古生物学家。

第二节　人物表录

（以姓氏笔画为序）

补遗、追认甘州籍烈士英名录

姓　名	性别	出生	籍贯	参加革命时间	牺牲时间	牺牲地点	所在单位	职务/职业	注
马　明	男	1956	长安公社南关三队	1975	1980	陕西省宝鸡市	陕西省军区独立团	排长	因战
王生龙	男	1944	长安公社二闸二队	1962	1967	兰州市	甘肃省军区某部队	战士	因公
王进学	男	1948	梁家墩公社五号五队	1968	1969	西藏亚东	解放军某部队	战士	因战
王金兵	男	1950	梁家墩公社太和大队	1969	1973	西藏亚东	解放军某部队	战士	因公
王鹤林	男	1944	甘州区	—	1990	甘州区公安局	张掖市马神庙街	警察	因公
代　龙	男	1981	龙渠乡水源村	—	2012	中国人民解放军驻闽某部通信班	福建省永春县岵山镇	班长	救人
冯学诗	男	1946	小满乡大柏闸村	—	1995	东大山保护站	东大山闸子沟	干部	因公

续表

姓　名	性别	出生	籍贯	参加革命时间	牺牲时间	牺牲地点	所在单位	职务/职业	注
吕鹤年	男	1965	安阳乡金王庄村	—	1988	张掖市第五中学	上秦乡	教师	因公
任自新	男	1937	城关镇人民西街	1955	1960	乌鲁木齐市	新疆军区某部队	战士	因公
刘兴家	男	1951	党寨公社上寨二队	1969	1978	四川省	成都军区汽车某团	副班长	因公
李文义	男	1927	沙井公社南沟一队	1945	1951	新疆喀什	中国人民解放军	战士	因公
李学涛	男	1995	龙渠乡木笼坝村	—	2015	宁夏理工学院大三	滨河新区九孔桥	学生	救人
杨兴年	男	1950	梁家墩公社梁家墩大队	1969	1973	西藏亚东	解放军某部队	班长	因战
张财年	男	1936	碱滩公社幸福大队	1956	1975	新疆莎车县	解放军某部队	教导员	因公
张贤保	男	1921	新墩公社新墩四队	1949	1956	新疆	新疆军区兵团工程处	战士	因公
陈大东	男	1934	靖安公社新沟七队	1955	1958	新疆莎车县	解放军二军四师某部队	战士	因公
武会元	男	1951	龙渠公社三清湾五队	1969	1972	新疆吐鲁番	解放军某部队	司机	因公
武继斌	男	1960	甘州区城关镇	—	1982	西洞供销社	西洞供销社	职工	因公
范学同	男	1930	上秦公社李家湾五队	1949	1956	宁夏	中国人民解放军	战士	因战
周　健	男	1971	明永乡下崖村	—	1993	新疆库车县某部队	新疆库车县	班长	救人
赵文有	男	1953	和平公社紫家寨大队	1975	1979	平凉地区	平凉地区公安处消防队	副班长	因公
赵学智	男	1927	靖安公社靖安三队	1949	1951	新疆莎车县	解放军某兵团	战士	因公
徐新年	男	1937	和平公社紫家寨大队	1957	1958	玛曲县	玛曲县电影队	队员	因战
徐德昌	男	1931	乌江镇管寨村十二社	1949	1958	青海省久治县	宁夏金塔县余家桥某部四支队骑兵连	连长	因战
韩进林	男	1952	梁家墩公社青凉寺一队	1970	1970	新疆和静	解放军某部队	战士	因公
薛　谦	男	1932	梁家墩公社六号四队	1949	1954	西北军区	西北军区骑兵某团	战士	病故

部分甘州籍在张掖市外工作任正县（处）级以上职务

（1991—2016年）

姓　名	性别	出生	籍贯	工作单位	职务
马　聪	男	1963	沙井镇西六村	中共永昌县委	县委书记
马天文	男	1938	沙井镇寺儿沟村	新疆维吾尔自治区测绘局	党委书记
马自跃	男	1955	甘肃张掖	金昌市食品药品监督管理局	局长
马国兴	男	1962	党寨镇杨家墩五社	金昌市政协	秘书长
王　进	男	1973	乌江镇永丰村	国家国防科技工业局财务与审计司	处长
王　荣	男	1955	党寨镇小寨村四社	西安第四军医大	骨科主任
王元国	男	1961	党寨镇陈寨村八社	哈尔滨市人大常委会	秘书长
王伟国	男	1935	沙井镇古城村	山东省水利工程	后勤处处长
王金城	男	1958	龙渠乡保安村三社	甘肃省纪委驻省水利厅	纪检组组长
王晨林	男	1940—1998	甘州区	新疆哈密军分区	司令员（正师）
王登进	男	1965	党寨镇宋王寨村四社	酒泉市国税局	局长
王雅秋	女	1971	甘州区	甘肃建投	党委副书记、工会主席
代献杰	男	1979	小满镇王其闸村一社	甘肃省道路运输管理局	办公室主任
兰雄文	男	1958	大满镇朱家庄村八社	甘肃省粮油储运有限公司	党委书记
左小安	男	1978	新墩镇南华十社	中国科学院西北生态环境资源研究院乌拉特荒漠草原研究站	站长
左尚义	男	1935	甘州区	南京通讯工程学院101研究室	主任、书记
申　锋	男	1965	沙井镇兴隆村	69230部队	政治部主任
石作宏	男	1955	党寨镇上寨村三社	贵阳市疾控中心	党总支书记、主任
任汉林	男	1943	三闸镇瓦窑村	青海省物价局	副局长
刘普年	男	1957	碱滩镇刘家庄村	甘肃省边防委员会办公室	专职副主任（正厅）

续表

姓　名	性别	出生	籍贯	工作单位	职务
吕其明	男	1968	沙井镇九闸村	西藏革吉县委常委人民武装部	政委
吕建荣	男	1971	沙井镇九闸村六社	甘肃省侨联办联络处	处长
权金星	男	1972	大满镇紫家寨村	甘肃省人民医院	主任
张克荣	男	1966	党寨镇上寨村十社	中央电视台科教节目制作中心全媒体事业部	副主任
张佩荣	男	1950	甘州区	西北石油管道建设指挥部	副指挥
张宝善	男	1968	党寨镇雷寨村二社	陕西师范大学食品工程与营养科学学院	副院长
张家兵	男	1971	小满镇小满村二社	敦煌市人民武装部	部长
李吉彪	男	1966	甘州区	酒泉市政协	副秘书长兼办公室主任
李丽娟	女	1983	甘州区	甘肃省教育科学研究院教师发展研究所	所长
李明忠	男	1964	沙井镇三号村	青海省军区海西军分区	副司令员
李斌梓	男	1965	沙井镇三号村四社	武警新疆总队后勤部后勤基地处	处长
李韵东	男	1963	乌江镇东湖村二社	甘肃省公安厅	副厅长
杨生牛	男	1961	碱滩镇	甘肃亚盛集团	高级政工师（正处）
陈仁伟	男	1963	沙井镇东沟村三社	西北师范大学体育学院	院长
陈学斌	男	1966	龙渠乡高庙村	甘肃省甘南州消防支队	参谋长
陈景耀	男	1963	甘肃张掖	中国东方资产管理公司	董事长（正厅级）
吴　旭	男	1972	甘肃张掖	甘肃省肃北县委	人民武装部部长、县委常委（正团）
武　东	男	1957	甘州区	中华人民共和国外交部驻毛利卡尼亚大使馆	部长
武　锋	男	1958	甘州区	甘肃省武警总队	政委
武为东	男	1971	甘州区	湖南邵阳电力公司	党委书记
苟长征	男	1948	沙井镇三号村	兰大一院肿瘤科	主任
赵建平	男	1963	甘州区	中国建筑科学研究院建筑环境与节能研究院	党委书记、副院长
唐　福	男	1967	三闸镇庚名村一社	甘肃省委巡视工作办公室综合处	处长

续表

姓　名	性别	出生	籍贯	工作单位	职务
高学宝	男	1965	甘州区大满镇汤家什	武警交通指挥部教导大队	大队长
郭建军	男	1968	沙井镇沙井村	甘肃省军区后勤部战勤处	处长
曹长久	男	1948	沙井镇西六村	甘肃省水利厅直属机关	党委书记
彭万世	男	1949	沙井镇古城村	成都市公安局第四处	大队长
童家德	男	1964	三闸镇三闸村四社	青海武警总队	政委
蒋万泽	男	1961	沙井镇东四号村	陕西省住房和城乡建设厅执业资格注册中心	主任
谢德彪	男	1957	党寨镇汪家堡五社	甘肃省引大入秦工程管理局	党委委员、纪委书记
滚双宝	男	1967	花寨乡滚家庄村三社	甘肃农业大学动物科学技术学院	党委书记
满　润	男	1963	小满镇满家庙村二社	甘肃省绿色食品认证办公室	主任
管卫中	男	1957	甘肃张掖	甘肃省文化出版社	副社长、副编审
鲜旭红	男	1966	甘州区	窑街煤电集团有限公司煤炭运销公司	党委副书记、经理

1991—2016 年甘州区内工作获副高级及以上专业技术职称人员

丁　兵　丁多钦　丁家虎　丁菊芳　丁彩云　于文林　于吉海　于作诗　于茂林
于岩梅　于海平　门晓峰　马　成　马　宏　马　林　马　杰　马　贤　马　锋
马玉林　马玉海　马占祥　马立国　马兰花　马成麟　马志红　马芸山　马丽君
马良英　马虎山　马尚辉　马建军　马建国　马春年　马晓今　马浩东　马海霞
马翠敏　王　成　王　华　王　佑　王　武　王　虎　王　俊　王　桐　王　浩
王　海　王戈朝　王中正　王中河　王文玉　王文德　王玉芳　王玉峰　王玉梅
王正祥　王世晖　王东辉　王生文　王生林　王冬花　王立俊　王立清　王幼华
王多瑜　王兴平　王兴军　王兴珍　王兴荣　王兴俊　王兴鸿　王兴瑜　王志东
王志虎　王志强　王芳军　王丽萍　王作利　王启朝　王英志　王国金　王明杰
王忠红　王岩锁　王金兰　王金辉　王育红　王泽平　王泽彪　王学军　王定国
王建华　王建军　王建斌　王昱位　王冠群　王晓燕　王爱和　王爱玲　王爱朝
王海瑛　王海燕　王培军　王彬林　王崇国　王登利　王新云　王静冬　王熙明
王慧玲　王德鹏　韦　冲　韦　强　韦　鹏　支红斌　支金山　巨　春　牛　鸣
牛小亚　牛菊萍　毛爱琴　毛海军　毛喜祥　化剑莉　化剑梅　卞正东　卞正莲

文锡元　孔东升　孔建军　甘世杰　甘修业　左小英　左玲玉　左嘉廷　石　杰
石玉萍　石仲荣　石恒山　石新春　石福生　平增文　叶　奋　申文学　申文峰
申建平　田　源　田小禾　田丰金　田兴辉　田沛霖　田建英　史　欣　史尚山
史建平　付吉彦　付红军　付丽萍　代友智　白　芬　白　璐　白正雄　白伟全
白晓军　冯志科　冯志富　冯剑云　冯晓玲　兰　红　兰盛林　司玉龙　邢宗昱
成　平　成武军　师正立　师伟杰　吕　英　吕　宝　吕玉杰　吕玉霞　吕建光
朱　荣　朱　桦　朱　磊　朱小成　朱天军　朱云霞　朱叶华　朱永久　朱兴高
朱军年　朱丽华　朱解伟　乔春林　任小玲　任自军　任国强　任栋才　任积荣
任积贵　向国孝　冲爱兰　刘　义　刘　文　刘　扬　刘　伟　刘　杰　刘　忠
刘　鹏（安阳中心学校）　刘　鹏（张掖市职教中心）　刘　霞（张掖市第二中学）
刘　霞（南关中学）　刘小梅　刘玉玲　刘世福　刘自民　刘兴中　刘兴民
刘兴虎　刘如林　刘红云　刘志国　刘虎德　刘尚金　刘国东　刘国宝　刘凯林
刘金海　刘建伟　刘建虎　刘贵德　刘脉林　刘晓芸　刘晓萍　刘晓梅　刘海龙
刘海林　刘海燕　刘符军　刘新祥　齐振庆　闫　升　闫　荣　闫林青　闫治春
闫秋莲　闫继来　汤海星　安介如　安玉海　安业儒　许加平　许秀芹　许尚德
许清波　孙发元　孙进明　孙国庆　孙琮和　纪相林　花　勇　苏天杰　苏红梅
苏宏伟　苏建军　苏继琴　杜三宝　杜玉艳　杜晓华　李　兰
李　刚（甘州区人民医院）　李　刚（东大山管理站）　李　军（张掖市第二中学）
李　军（张掖市职教中心）李　芳　李　宏　李　杰　李　荣　李　俊　李　萍
李　斌　李　强（甘州区畜牧站）　李　强（张掖市第四中学）　李文生
李文福　李双寅　李玉兰　李玉让　李玉红　李汉文　李光霞　李兴虎　李兴昌
李红梅　李克东　李青年　李松年　李国华　李明山　李忠生　李忠昌　李庚桂
李学标　李学锋　李春军　李春林　李春望　李春新　李顺承　李素岚　李桂萍
李爱玲　李高峰　李海冉　李雪琴　李喜勇　李然春　李新军　李嘉健　李慧敏
李燕忠　杨　玉　杨　玲　杨　莉　杨　彬　杨　瑛　杨　锐　杨万新　杨卫泽
杨子林　杨天景　杨天魁　杨文煜　杨玉文　杨生春　杨立海　杨汉林　杨吉儒
杨伟东　杨仲东　杨自忠　杨兴民　杨兴红　杨兴海　杨兴彬　杨红云　杨志宏
杨连海　杨金宇　杨金花　杨学军　杨宝国　杨宗秀　杨建华　杨晓芳　杨晓玲
杨爱兰　杨爱军　杨海英　杨儒林　时秀清　吴　兴　吴文俊　吴文涛　吴玉萍
吴多军　吴兴勤　吴佩禄　吴奎斌　吴艳萍　吴晓明　吴晓梅　何　瑛　何　斌
何　静　何　巍　何小平　何吉虎　何学斌　何晓明　何银生　余红波　余晓琴
邹军文　闵　强　闵正国　闵希学　闵忠林　汪　涌　沈建红　沈海岗　宋　云
宋天峰　宋为栋　宋兴林　宋采德　宋宗明　宋建华　宋建林　迟元霞　张　义
张　华　张　宏（花寨中心学校）　张　宏（张掖市第二中学）　张　纲　张　武
张　青　张　玲　张　俭　张　莉　张　倩　张　彪　张　铖　张　清　张　臻
张大龙　张大奎　张小玲　张之峰　张之喜　张云鸿　张仁堂　张文芳　张文斌
张玉华　张玉林　张玉萍　张世普　张平华　张乐音　张冬花　张立林　张立海

张永红　张永贵　张发明　张亚林　张西岭　张有寿　张廷勇　张全义　张冰花
张兴志　张兴顺　张兴德　张红生　张红梅　张志新　张克晟　张宏汉　张好涛
张述文　张国斌　张泽民　张学东　张学君　张学其　张宝东　张建旭　张建萍
张南冰　张树雄　张厚军　张虹菱　张俊年　张剑忠　张艳丽　张艳珺　张晓花
张积刚　张积锦　张浩贤　张继龙　张继军　张雪梅　张银东　张维福　张森乔
张辉敏　张登红　张慧敏　张儒泰　张禧仁　陆惠萍　陈　宁　陈　伟　陈　益
陈　婧　陈　静　陈玉琴　陈冬梅　陈红霞　陈志宏　陈良戈　陈学军　陈学彪
陈学雁　陈栋新　陈树蓝　陈恒喜　陈晓红　陈雪芳　陈得斌　陈增文　陈德国
武兴强　武举国　拓文锋　苗银凤　苟秀蓉　苟积昌　范　勇　范宗鹏　林　刚
林忠锋　虎继红　尚兰英　帖　华　帖　梅　罗　军　罗光宏　罗斌年　岳秀芳
岳建光　金　炜　金　虹　金建勇　周　勉　周　娟　周文荣　周永廷　周建栋
周肃梅　周晓红　周晓霞　周雪梅　周斌武　周福铭　郇雪梅　庞　军　郑　飞
郑　波　郑玉宝　郑国珍　郑辉玲　郑登基　单永泰　单成鹏　宗志红　屈铁华
孟　贵　孟志海　孟繁举　赵　晶　赵　德　赵人葆　赵天荣　赵文琴　赵吉永
赵江志　赵兴斌　赵孝贞　赵志军　赵国庆　赵国俊　赵典杰　赵和平　赵建伟
赵海平　赵海燕　赵培林　赵雪影　赵福堂　赵德兵　赵燕玲　郝志文　胡小平
胡永晖　胡登松　柏兴利　段兴平　段秀萍　保世华　保继哲　侯　岳　侯兴龙
侯继红　俞　强　施晓红　闻　云　姜有洪　姜素芳　姚　亮　姚天庆　姚丽琼
姚国文　姚鸿雁　贺登川　贺登昆　贺登超　骆自中　秦传明　秦国华　袁天林
袁新军　聂菊花　索月玲　贾玉玲　贾红元　贾丽莉　贾尚秀　贾贵华　贾重国
贾洪国　贾登洲　夏　西　夏玉桂　柴振江　党学宏　党学斌　钱述杰　倪自银
徐　杰　徐　选　徐　瑛　徐子华　徐军年　徐克锋　徐青年　徐彦斌　徐耀光
高　勇　高文平　高玉珍　高仰平　高志坚　高应雄　高尚斌　高增明　郭　玉
郭　治　郭自林　郭丽萍　郭菊萍　郭雪林　席彩霞　唐　宇　唐学虎　谈　瑛
谈吉东　陶晓锋　黄　东　黄　贵　黄玉梅　黄先明　黄兴利　黄秀丽　黄岳年
黄惠芹　曹　平　曹　虹　曹　亮　曹　斌　曹加松　曹兴军　曹建彬　曹爱萍
戚晓花　常胜彪　崔奇林　崔建明　崔继东　符　毅　符进才　脱立琴　麻中瑾
康文化　康永花　康红荣　康学军　康淑兰　梁　燕　梁开玺　梁天祯　梁克基
梁学斌　梁建平　梁鸿凰　尉文龙　彭　肃　彭　琴　彭万坤　葛松年　葛荣生
葛嵩林　董玉梅　蒋怀聪　蒋怀德　蒋彩虹　韩玉明　韩建华　韩崇新　程立莉
程根元　舒鸿霄　鲁光波　普长德　褚发荣　禅岳善　谢　颖　谢　新　谢生国
蒲兴元　甄建宏　甄建荣　甄桂花　雷军林　雷淑珍　路笃芬　蔡小平　蔡世国
蔡武山　蔡学元　蔡录元　蔡保义　蔡银山　臧吉会　管才年　管玉凤　管兴昌
管作忠　管维汉　鲜旭方　缪自军　樊　明　樊文生　樊晓琴　滕好波　潘金生
潘积强　潘得春　薛一奎　薛小军　薛生保　薛志清　霍吉才　穆春善　戴　飞
戴　虎　戴　波　戴茂洲　戴建国　戴淑花　戴德荣　鞠　勤　魏　华　魏　杰
魏开军　魏玉兵　魏立强　魏守清　魏建国　魏勖纲

第二章　荣　　誉

1991—2016 年，甘州区各党政机构、人民团体和群众在中共甘州区委、甘州区人民政府的坚强领导下，开拓创新，砥砺奋进，甘州区政治、经济、文化、社会各项事情都取得丰硕成果，涌现出一大批带领群众艰苦创业、奋发图强的先进集体和恪敬职守、勇于创新、无私奉献的先进个人。这些先进模范集体和个人是甘州区人民的自豪和骄傲，他们的先进事迹及精神品质，将永远鼓舞和激励着甘州区人民再接再厉，勇往直前。

第一节　集体荣誉

（以授予时间为序）

1991—2016 年，中共甘州区委、甘州区人民政府荣获中华人民共和国部（委）级，中共甘肃省委、甘肃省人民政府、甘肃省军区荣誉 56 项；甘州区各部门、各单位荣获中华人民共和国部（委）级，甘肃省委、甘肃省人民政府、甘肃省军区荣誉 304 项。

单位名称	荣誉称号	授予单位	授予时间
张掖市	双拥模范城市	中共甘肃省委、甘肃省人民政府、省军区	1991
	全国造林绿化先进单位	全国绿化委员会、林业部、人事部	1991
	“三北”防护林体系二期工程先进单位	国务院“三北”防护林建设领导小组、国家林业部	1991. 4
	首届（1991—1992 年度）全国铁牛杯竞赛优胜单位	中华人民共和国农业部	1993. 1
	双拥模范城市	中共甘肃省委、甘肃省人民政府、省军区	1994. 12
	“普及九年义务教育　扫除青壮年文盲”市	中华人民共和国教育委员会	1995
	双拥模范城市	中共甘肃省委、甘肃省人民政府、省军区	1996
	1995 年度完成购粮运输成绩显著县（市）	甘肃省人民政府	1996. 3
	“八五”期间支持邮电通信事业先进单位	甘肃省人民政府	1996. 6

续表

单位名称	荣誉称号	授予单位	授予时间
张掖市	甘肃省精神文明建设先进单位	中共甘肃省委、甘肃省人民政府	1996. 12
	率先实现小康目标县（市）	中共甘肃省委、甘肃省人民政府	1997. 1
	党管武装工作先进单位	中共甘肃省委、甘肃省人民政府、省军区	1997. 1
	完成1996年度人口与计划生育工作责任指标县	中共甘肃省委、甘肃省人民政府	1997. 1
	甘肃省社会治安综合治理模范县（市、区）	中共甘肃省委、甘肃省人民政府	1997. 1
	乡镇企业十强县（市）	甘肃省人民政府	1997. 3
	全省教师“康居工程”建设工作先进单位	甘肃省人民政府	1997. 10
	全省双拥模范县	中共甘肃省委、甘肃省人民政府、省军区	1997. 11
	全省农村基层组织建设先进县	中共甘肃省委	1997. 12
	98全民健身宣传月优秀报道奖	中华人民共和国体育总局	1998. 8
	“普及九年义务教育　扫除青壮年文盲”先进集体	中华人民共和国教育部、财政部	1998. 12
	全省文化先进县（市）	中共甘肃省委、甘肃省人民政府	1999
	98年度计划生育工作基本实现“三为主”县（市）	中共甘肃省委、甘肃省人民政府	1999. 1
	“爱心献功臣行动”先进县市和单位	全国双拥领导小组、国家民政部	1999. 4
	全省双拥模范城（县）	中共甘肃省委、甘肃省人民政府、省军区	1999. 12
	1999年度计生工作继续巩固县（市）	中共甘肃省委、甘肃省人民政府	2000. 1
	2000年度计生工作综合评估在920分以上的县（市）	中共甘肃省委、甘肃省人民政府	2001. 1
	发展乡镇企业十强（县）市	甘肃省人民政府	2001. 4
	全省“三五”普法先进县	中共甘肃省委、甘肃省人民政府	2001. 6
	乡镇企业发展十强县	中共甘肃省委、甘肃省人民政府	2001. 6
	全省发展非公有制经济先进市	中共甘肃省委、甘肃省人民政府	2002. 2
	甘肃省文化先进县（市）	中共甘肃省委、甘肃省人民政府	2002. 3

续表

单位名称	荣誉称号	授予单位	授予时间
甘州区	甘肃省卫生城市	甘肃省人民政府	2002. 12
	全国幼儿教育先进县（区）	中华人民共和国教育部	2003
	2001—2002 年度全国无公害农产品（种植业）生产示范基地先进单位	中华人民共和国农业部	2003. 1
	全国科普示范县（区）	中华人民共和国科学技术协会	2004
	全国村民自治模范区	中华人民共和国民政部	2004. 1
	全国粮食生产先进县	中华人民共和国农业部	2004. 12
	全国老龄工作先进县区	中华人民共和国老龄委	2005. 4
	全国农业产业化建设先进单位	中华人民共和国农业部等八部委	2005. 9
	全国经济普查先进单位	国务院第一次全国经济普查领导小组	2005. 12
	中国优秀旅游城市	中华人民共和国旅游局	2006. 1
	2005 年度全国县级防震减灾工作先进单位	中华人民共和国地震局	2006. 5
	2001—2005 年全省法制宣传教育先进县（区）	中共甘肃省委、甘肃省人民政府	2006. 6
	2006 年全国计划生育优质服务先进县（市、区）	中华人民共和国人口和计划生育委员会	2007. 3
	全国科普示范县（区）	中华人民共和国科学技术协会	2008
	2005—2006 年度全国科技进步考核先进县、市	中华人民共和国科技部	2008. 1
	全国文化先进单位	中华人民共和国文化部	2009
	第二次全国经济普查先进集体	国务院第二次全国经济普查领导小组	2010. 1
	国家农业改革与建设试点示范区	中华人民共和国农业部、中华人民共和国财政部	2013. 5
	国家级杂交玉米种子生产基地	中华人民共和国农业部	2013. 7
	2014 年全国“平安农机”示范县区	中华人民共和国农业部、国家安全监管总局	2014. 12
	全国农村中医药工作先进区	国家中医药管理局	2015
	全国科普示范县（区）	中华人民共和国科学技术协会	2016. 2
	全国计划生育协会先进集体（2011—2015 年度）	中华人民共和国计划生育协会	2016. 5
	国家级妇幼健康优质服务示范县（市区）	中华人民共和国卫生和计划生育委员会	2016. 12
	2014—2016 全国计划生育优质服务先进单位	中华人民共和国卫生和计划生育委员会	2016. 12

续表

单位名称	荣誉称号	授予单位	授予时间
张掖市环境保护局	造林绿化先进单位	中共甘肃省委、甘肃省人民政府	1991.10
张掖市大满乡马钧村	造林绿化先进单位	中共甘肃省委、甘肃省人民政府	1991.10
张掖市（甘州区）党寨镇人民政府	造林绿化先进单位	中共甘肃省委、甘肃省人民政府	1991.10
	全民健身周先进单位	中华人民共和国体育总局	2002
	全国亿万农民健身活动先进乡镇	中华人民共和国农业部	2002
	全国环境优美乡镇	中华人民共和国环保部	2008.4
	全国第二次农业普查先进集体	中华人民共和国农业部	2008.6
	全省文明乡镇	中共甘肃省委、甘肃省人民政府	2008.12
	基本普及九年义务教育　基本扫除青壮年文盲先进单位	中共甘肃省委、甘肃省人民政府	2012
张掖市（甘州区）小满镇人民政府	全国亿万农民健身活动先进乡	中华人民共和国体委、中国农民体协	1991.5
	全国民政工作全优乡镇	中华人民共和国民政部	1993
	全国文明乡镇	中央文明委	2009.1
张掖市西街小学	全国体育传统项目先进学校	国家教委、国家体委	1992.4
	全国助残先进单位	全国妇联、残联	1996
张掖市甘州市场工商所	全国文明集贸市场	中华人民共和国工商总局	1992.12
张掖市农业机械管理局	1991—1992年度全省“铁牛杯”竞赛优胜奖一等奖	甘肃省人民政府	1992.12
张掖南关蔬菜果品批发市场	“全国文明集贸市场”称号	国家工商总局	1993.1
	“全国双百市场工程示范市场”荣誉称号	中华人民共和国商务部	2006.4
	全国第十三批重点农产品批发市场荣誉称号	中华人民共和国农业部	2007.11
张掖市（甘州区）上秦镇人民政府	全国亿万农民健身活动先进乡	中华人民共和国体委、中国农民体协	1993.9
	全国农村教育综合改革先进单位	中华人民共和国教委	1995.12
	全省先进乡镇党委	中共甘肃省委	1997.12
	全国亿万农民健身活动先进乡镇	中华人民共和国农业部、国家体育总局、中国农民体育协会	1998.9
	全国科普示范乡镇	中华人民共和国科学技术协会	2005.12

续表

单位名称	荣誉称号	授予单位	授予时间
张掖市人民法院	先进集体	甘肃省政法委	1994. 1
	争创人民满意的政法单位	甘肃省政法委	2001. 2
	全国法院执行工作先进单位	中华人民共和国最高人民法院	2002. 1
张掖市人民武装部	以劳养武先进单位	中共甘肃省委、甘肃省人民政府、省军区	1994. 1
	民兵预备役军事训练先进单位	兰州军区	1994. 12
	正规化建设先进单位	甘肃省军区	1995. 12
	先进人武部	兰州军区	1997
	先进党委	中共甘肃省委、甘肃省人民政府、省军区	1998
	支援地方建设先进单位	中共甘肃省委、甘肃省人民政府	1998. 7
	半自动步枪对抗射击第一名	甘肃省军区	1998. 9
	创建河西千里模范走廊先进单位	中共甘肃省委、甘肃省人民政府、省军区	1998. 10
张掖市（甘州区）梁家墩镇人民政府	中国乡镇之星	中华人民共和国民政部	1995
	甘肃省发展个体私营经济 20 强乡镇	甘肃省人民政府	1996. 3
	创建文明乡镇工作先进乡镇	中共甘肃省委、甘肃省人民政府	2008. 12
	省级文明乡镇	中共甘肃省委、甘肃省人民政府	2010. 12
张掖市图书馆	全国文明图书馆	中华人民共和国文化部	1995. 1
	国家二级图书馆	中华人民共和国文化部	1998
张掖市梁家墩乡迎恩村党支部	全省农村先进党支部标兵	中共甘肃省委	1995. 6
	全省先进基层党组织	中共甘肃省委	2001. 7
张掖市沙井镇中心卫生院	一级甲等医院	中华人民共和国卫生部	1996. 1
张掖市龙渠电站	部级先进单位	国家水利部	1996. 5
张掖市人民武装部党委	先进党委和全面建设先进岗位	甘肃省军区	1996
	先进人武部党委	甘肃省军区党委	1996. 7
	先进党委	甘肃省军区	1999. 7
	先进党委	甘肃省军区党委	2000

续表

单位名称	荣誉称号	授予单位	授予时间
张掖市工商局甘州分局甘浚工商所	先进工商所	中华人民共和国工商总局	1996. 12
	先进工商所	中华人民共和国工商总局	2000. 1
张掖市教育局	全省教师“康居工程”建设工作先进单位	甘肃省人民政府	1997. 12
	学校艺术教育先进单位	中华人民共和国教育部	2001. 8
张掖地区张掖市林业公安派出所	荣立集体三等功	中华人民共和国林业部、公安局	1997. 4
	全国林业公安基础建设先进单位	中华人民共和国公安部、政治部、林业部、公安局	1997. 9
农行张掖市支行营业室	精神文明建设示范窗口单位	中国农业银行总行	1997. 8
	青年文明号	中央金融工委、农业银行总行	1998. 2
张掖市妇幼保健院	爱婴医院	中华人民共和国卫生部、联合国儿童基金会、世界卫生组织	1997. 9
张掖市碱滩乡党委	全省先进乡镇党委	中共甘肃省委	1997. 12
建设银行张掖市支行保卫科	保卫工作先进集体	中国建设银行总行	1998
张掖市国家税务局	全国税务系统先进集体	中华人民共和国人事部、国家税务总局	1998. 1
	“三五”普法先进单位	中共甘肃省委、甘肃省人民政府	2000. 3
张掖市广播电视局	全国广播电视先进县（市）50 强	中华人民共和国广播电影电视部	1998. 1
	1998 年全民健身宣传周优秀报道奖	中华人民共和国体育总局	1998. 12
张掖市计划生育局	先进集体	中共甘肃省委、甘肃省人民政府	1998. 1
	先进集体	中共甘肃省委、甘肃省人民政府	1999. 1
	先进集体	中共甘肃省委、甘肃省人民政府	2000. 1
	先进集体	中共甘肃省委、甘肃省人民政府	2002. 1
张掖市民族宗教局	全国宗教活动场所登记工作先进集体	国务院宗教事务局	1998. 1
张掖市文物管理办公室	全国文物博物馆先进集体	中华人民共和国人事部、国家文物局	1998. 2
张掖市东大山林业派出所	全国林业公安基层建设先进单位	中华人民共和国公安部、政治部、林业部	1998. 2

续表

单位名称	荣誉称号	授予单位	授予时间
金叶农工商公司	全省绿化造林先进单位	甘肃省人民政府	1998.4
张掖市南关小学	全国少先队“红旗大队”	共青团中央、全国少工委	1998.4
张掖市环境保护局	甘肃省精神文明单位	甘肃省人民政府	1998.8
张掖市（甘州区）乌江镇人民政府	全国亿万农民健身活动先进乡镇	中华人民共和国农业部、国家体育总局、中国农民体育协会	1998.9
	第二次全国农业普查先进集体	国务院第二次全国农业普查领导小组办公室、中华人民共和国统计局	2008.4
	省级精神文明建设工作先进乡镇	中共甘肃省委、甘肃省人民政府	2013.3
张掖市电力局	农电双文明单位	国家电力公司	1999
张掖市民政局	“爱心献功臣行动”先进县市和单位	全国双拥领导小组、中华人民共和国民政部	1999.4
张掖市公安局西街派出所	人民满意派出所	中华人民共和国公安部	1999.7
张掖市财政局	全省发展农林特产培植地方财源建设先进地区	甘肃省人民政府	1999.8
	2001年全民健身周先进单位	国家体育总局	2001.12
张掖市小河乡农科教中心	中华扫盲奖	国家教育部	1999.9
张掖市房地产管理局	全国建设系统精神文明建设先进单位	中华人民共和国建设部	1999.11
张掖市房屋产权监理所	全国精神文明创建先进单位	中央文明委	1999.11
市电力开发有限责任公司龙渠水电站	水电先进集体	中华人民共和国水利部	1999.12
市民政局双拥办公室	先进双拥办公室	甘肃省双拥工作领导小组	1999.12
甘肃黑河水电实业投资有限责任公司	全国水利系统水电先进集体	中华人民共和国水利部	1999.12
	农村水电初级电气化县	中华人民共和国发展计划委员会、中华人民共和国水利部	2001.11
张掖市（甘州区）大满镇人民政府	全国小城镇建设先进镇	中华人民共和国建设部	1999.12
	省级文明乡镇	中共甘肃省委、甘肃省人民政府	2015.7

续表

单位名称	荣誉称号	授予单位	授予时间
农行张掖分行营业部	信贷管理先进单位	中国农业银行总行	2000.3
	全国农行会计工作二级单位	中国农业银行总行	2001.1
	文明建设先进单位	中国农业银行总行	2001.8
	青年文明号三连冠	中国农业银行总行	2002.4
张掖市物价检查所	规范化物价检查所	中华人民共和国发展计划委员会	2000.5
张掖市职业技术教育中心	国家级重点中等职业学校	中华人民共和国教育部	2000.6
	全国职业教育先进单位	中华人民共和国教育部、劳动部、经贸委	2002.7
张掖市第四中学	全国中小学德育工作先进单位	中华人民共和国教育部	2000.7
	全国中小学现代教育技术实验学校	中华人民共和国教育部	2000.10
	现代教育技术实验学校	中华人民共和国教育部	2001.4
	甘肃国防教育十佳阵地	中共甘肃省委、甘肃省人民政府、省军区、省国防委员会	2001.11
	国防教育示范学校	中共甘肃省委、甘肃省人民政府、省军区、省国防委员会	2001.11
张掖市南关工商所	优秀“青少年维权岗”	甘肃省人民政府	2000.11
共青团张掖市委	全国创建五四红旗团委活动组织奖	共青团中央	2000.12
	2000年度全国培养青年星火带头人组织奖	共青团中央、国家科技部	2001.2
张掖市第一中学	全省德育先进集体	中共甘肃省委、甘肃省人民政府	2000.12
张掖市第三中学	全国青年体育工作先进集体	国家教育部、体育总局	2000.12
张掖市民族小学	全国少先队“红旗大队”	共青团中央、全国少工委	2001
	全国少先队“红旗大队”	共青团中央、中华人民共和国教育部	2002.6
张掖市东北郊经济新区	全省十强示范区	甘肃省人民政府	2001.2
	全国乡镇、企业科技示范园区	中华人民共和国农业部	2001.12
张掖市人民检察院	全国人民满意检察院	中华人民共和国最高人民检察院	2001.2
	人民满意检察院集体一等功	中华人民共和国最高人民检察院	2001.3
	第五次“双先”会集体一等功	中华人民共和国最高人民检察院	2002.2
农行张掖市城关分理处	青年文明号	中央金融工委、团中央	2001.2

续表

单位名称	荣誉称号	授予单位	授予时间
张掖市人民检察院控申科	全国文明接待示范窗口	中华人民共和国最高人民检察院	2001.2
张掖市梁家墩镇迎恩村	全省农村经济综合实力“十强村”	甘肃省人民政府	2001.2
张掖市新墩镇司法所	人民满意的司法所	中华人民共和国司法部	2001.4
张掖市西关小学	队报金奖学校	共青团中央、全国少工委、中国少年报社	2001.5
张掖市（甘州区）新墩镇人民政府	先进单位	中共中央宣传部、中华人民共和国司法部	2001.5
	“三五”普法宣传教育先进单位	中共甘肃省委、甘肃省人民政府	2001.6
	文明单位	中共甘肃省委、甘肃省人民政府	2002.12
	全国文明村镇	中共中央文明委	2005.10
	全国科普惠农兴村先进单位	中华人民共和国科学技术协会 中华人民共和国财政部	2011.6
张掖市土地管理局	土地利用规划优秀成果二等奖	中华人民共和国国土资源部	2001.6
张掖市（甘州区）长安乡前进村党总支	全省先进基层党组织	中共甘肃省委	2001.6
	全国先进基层党组织	中共中央组织部、中共甘肃省委	2011.7
张掖市（甘州区）南街街道办事处	先进基层党组织	中共甘肃省委	2001.7
	第一次全国经济普查先进集体	国务院第一次全国经济普查领导小组	2005.7
	2001—2004年度全国群众体育先进单位	中华人民共和国体育总局	2005.10
	全国婚育新风进万家活动先进乡、镇、街道	中共中央宣传部、中央文明委办公室、中华人民共和国人口和计划生育委员会，中华人民共和国教育部、民政部、文化部、国家广电总局、总工会、共青团中央，全国妇联	2005.11
	全省民族团结进步模范集体	中共甘肃省委、甘肃省人民政府	2006.5
	甘肃省文明街道	中共甘肃省委、甘肃省人民政府	2009.6
张掖市第二中学	教育系统先进集体	中共甘肃省委、甘肃省人民政府	2001.9
	贯彻落实《学校教育工作条例》优秀学校	中华人民共和国教育部	2002.8

续表

单位名称	荣誉称号	授予单位	授予时间
张掖市新乐小区管理委员会	1996—2000年全国群众体育先进单位	中华人民共和国体育总局	2001. 11
张掖市体委	全国群众体育先进单位	中华人民共和国体育总局	2001. 11
黑河水电开发公司龙渠电站	先进集体	中华人民共和国水利部	2001. 11
	先进集体	中华人民共和国水利部	2002. 11
共青团甘州区委	“全国保护母亲河行动先进集体”	共青团中央	2002
	“全国团建创新先进集体”	共青团中央	2003
	“保护黑河湿地”青年志愿者行动优秀项目奖	共青团中央	2010
甘州区人武部民兵工作基层建设先进单位	民兵工作基层建设先进单位	总参谋部、总政治部	2002
张掖市卫生防疫站	全国地方病防治先进单位	中华人民共和国卫生部、农业部	2002. 1
张掖市审计局	先进单位	中华人民共和国人事部、审行署	2002. 1
甘州区人民法院	全国网络宣传先进单位	中华人民共和国最高人民法院	2010. 1
	全国优秀法院	中华人民共和国最高人民法院	2013. 3
张掖市新墩苗圃	全国质量信得过单位	中华人民共和国林业局	2002. 2
张掖市工商局城关工商所	优秀青少年维权岗	中华人民共和国工商总局共青团中央	2002. 3
张掖市产品质量监督检验所	全国质量监督工作先进集体	国家质量监督检验检疫总局	2002. 3
农行张掖市新墩分理处	优质服务先进单位	中国农业银行总行	2002. 6
张掖市民兵应急营	全国基层民兵预备役工作先进单位	中华人民共和国总参谋部、总政治部	2002. 7
张掖市职教中心	全国职业教育先进单位	国家教育部、劳动部、经贸委	2002. 7
甘州区卫生局地方疾病防治办公室	先进集体	中华人民共和国卫生部、经贸委、农业部、水利部	2002. 9
甘州区北街办事处东湖社区	文明社区	中共甘肃省委、甘肃省人民政府	2002. 12
甘州区西街街道办事处	省级文明街道	中共甘肃省委、甘肃省人民政府	2002. 12
	文明街道标兵	中共甘肃省委、甘肃省人民政府	2008. 12

续表

单位名称	荣誉称号	授予单位	授予时间
甘州区国家税务局	省级文明单位	中共甘肃省委、甘肃省人民政府	2003.1
甘州区计划生育局	先进集体	中共甘肃省委、甘肃省人民政府	2003.1
甘肃甘绿脱水蔬菜股份有限公司	全国诚信守法乡镇企业	中华人民共和国农业部	2003.1
张掖市第四中学	全国绿色学校	中华人民共和国环保总局	2003.1
甘州区民政局	全国村民自治模范区	中华人民共和国民政部	2003.1
	全省退伍士兵安置工作先进单位	甘肃省人民政府、总政治部	2003.1
	全国减灾宣传先进单位	中华人民共和国民政部	2007.9
张掖市有年金龙（集团）有限责任公司	甘肃省绿化先进单位	甘肃省人民政府	2003.3
张掖市有年金龙建筑工程有限公司	全国守合同重信用企业	中华人民共和国工商总局	2003.3
农行张掖市甘州市场分理处	优质服务先进单位	中国农业银行总行	2003.6
甘州区东街街道党工委	全省防治“非典”型肺炎工作先进基层党组织	中共甘肃省委	2003.7
甘州区计划生育服务站	全国人口和计划生育科研工作先进集体	中华人民共和国卫生和计划生育委员会	2003.9
	全国计划生育优质服务县级示范站	中华人民共和国卫生和计划生育委员会	2010.12
甘州区地税局	信息化建设先进单位	中华人民共和国地方税务总局	2003.11
	省级文明单位标兵	中共甘肃省委、甘肃省人民政府	2010.12
	省级文明单位标兵	中共甘肃省委、甘肃省人民政府	2011.12
甘州区教育局	全国幼儿教育先进县（区）	中华人民共和国教育部	2003.12
	“祖国万岁”歌咏比赛优秀组织奖	中央宣传部、文明办和中华人民共和国教育部等十部委	2009.9
	全国第三届中小学生艺术展演活动优秀组织奖	中华人民共和国教育部	2010.2
	基本普及九年义务教育　基本扫除青壮年文盲先进单位	中共甘肃省委、甘肃省人民政府	2012.8
	全国第四届中小学生艺术展演优秀组织奖	中华人民共和国教育部	2013.2

续表

单位名称	荣誉称号	授予单位	授予时间
甘州区双拥办公室	爱国拥军模范单位	中华人民共和国民政部、总政治部	2003. 12
甘州区长安乡前进村	全省“五个好村党组织”	中共甘肃省委	2004. 10
	全国科普惠农兴村先进单位	中国科学技术协会、财政部	2007. 12
	人口和计划生育基层群众自治示范村（居）	中华人民共和国计划生育委员会、中华人民共和国计划生育协会	2011. 12
甘州区国家税务局	省级文明单位	中共甘肃省委、甘肃省人民政府	2004. 12
甘州区图书馆	“全国一级图书馆”称号	中华人民共和国文化部	2004. 12
甘州区地方志办公室	首届中国地方志年鉴质量校对优秀奖	中国地方志指导小组办公室、中国地方志协会	2004. 12
张掖市工商局甘州分局	省级文明单位	中共甘肃省委、甘肃省人民政府	2004. 12
	红盾护农先进集体	中华人民共和国工商总局	2008. 8
	全国工商行政管理系统商标工作先进集体	中华人民共和国工商总局	2009. 7
	全国工商系统 2011 年度诚信市场创建活动先进单位	中华人民共和国工商总局	2012. 6
甘州区东街街道办事处	省级文明街道	中共甘肃省委、甘肃省人民政府	2005. 1
甘州区沙井镇司法所	全国模范司法所	中华人民共和国司法部	2005. 9
甘州区农业局	全国农业产业化工作先进单位	中华人民共和国农业部	2005. 9
	国家现代农业示范区	中华人民共和国农业部	2012. 7
	国家级杂交玉米种子生产基地	中华人民共和国农业部	2013. 7
	全国一事一议规范管理县	中华人民共和国农业部	2013. 11
甘州区科学技术协会	全国农村科普工作先进集体	中华人民共和国科学技术学会	2005. 10
甘州区南街街道安民社区	全国文化社区	中央文明委、中华人民共和国文化部	2005. 11
甘州区南街街道南关社区	全国文化先进社区	中央文明委、中华人民共和国文化部	2005. 11
	文明社区	中共甘肃省委、甘肃省人民政府	2015. 7
甘州区妇女联合会	全省劳务经济工作先进集体	甘肃省人民政府	2006. 1
	全国妇联系统先进集体	中华人民共和国人事部、全国妇联	2007. 6
	全国农村妇女岗位建功先进集体	中华全国妇女联合会	2013. 3

续表

单位名称	荣誉称号	授予单位	授予时间
甘州区三闸镇人民政府	全国老年维权岗	中华人民共和国老龄委、公安部、司法部	2006.1
	全国老年维权岗	中华人民共和国老龄委、公安部、司法部	2007.10
甘州区火车站街道康乐社区	全国敬老模范社区	全国老龄工作委员会办公室	2006.1
	全国敬老模范社区	全国老龄工作委员会办公室	2007.10
	文明街道称号	中共甘肃省委、甘肃省人民政府	2008.12
甘州区林业局	甘肃省绿化模范县（市区）	甘肃省人民政府、甘肃省绿化委员会	2006.3
甘州区国税局办税服务厅	青年文明号（2006—2008年度）	共青团中央、中华人民共和国税务总局	2006.4
	文明单位标兵	中共甘肃省委、甘肃省人民政府	2008.12
	青年文明号（2009—2010年度）	共青团中央、中华人民共和国税务总局	2011
	青年文明号（2013—2014年度）	共青团中央、中华人民共和国税务总局	2015
甘州区地震局	全国县级防震减灾工作先进单位	中华人民共和国地震局	2006.5
	全国县级防震减灾工作综合考核先进单位	中华人民共和国地震局	2013.12
甘州区沙井镇人民政府	2001—2005年全省法制宣传教育先进单位	中共甘肃省委、甘肃省人民政府	2006.6
	全国重点镇	中华人民共和国住房和城乡建设部等部门	2014.7
	文明乡镇	中共甘肃省委、甘肃省人民政府	2015.7
甘州区民兵应急分队	优胜单位	甘肃省军区	2006.7
甘州区人民武装部	民兵应急分队优胜单位	甘肃省军区	2006.7
	人武部先进党委	甘肃省军区党委	2006.7
	人武部全面建设标兵单位	甘肃省军区	2007.12
	民兵预备役工作先进单位	兰州军区	2008.10
	人武部先进党委	甘肃省军区	2008.11
	人武部、预备役团全面建设先进单位	中共甘肃省委、甘肃省人民政府、省军区	2009.9
	扶贫活动先进单位	甘肃省军区	2012.8
	民兵预备役工作先进单位	甘肃省军区	2012.12
	军事训练先进单位	甘肃省军区	2013.12

续表

单位名称	荣誉称号	授予单位	授予时间
甘州区物价检查所	全国价格监督检查工作基层联系单位	中华人民共和国发展和改革委员会	2006.7
	全国价格监督检查工作基层联系单位	中华人民共和国发展和改革委员会	2012.9
甘州区人口和计划生育委员会	先进集体	中华人民共和国人事部、国家人口委	2006.10
甘州区统计局	先进单位	中华人民共和国统计局甘肃调查总队	2006.12
	2009年度城镇住户调查三等奖	中华人民共和国统计局甘肃调查总队	2009.12
	2009年全国城乡划分清查工作先进集体	中华人民共和国统计局	2010.9
甘州区红沙窝林场	甘肃省防沙治沙先进单位	甘肃省绿化委员会、甘肃省人民政府	2007.8
	河西沙区锁阳人工栽培技术与产品开发研究三等奖	甘肃省人民政府	2016.1
甘州区沙井镇三号村	全国绿色小康村	中共中央部、中央文明办、全国绿化委、国家林业局	2007.9
甘州区火车站街道办事处	全国敬老模范社区	全国老龄工作委员会办公室	2007.10
甘州区总工会	全国工会贯彻落实集体协商三年规划先进集体	中华人民共和国总工会	2014.10
甘州区东大山自然保护区管理站	甘肃省科学技术进步二等奖	甘肃省人民政府	2008.4
甘州区地税局东北郊新区管理分局	全国青年文明号	中华人民共和国税务总局、共青团中央	2008.7
甘州区人民武装部党委	先进人武部党委	甘肃省军区党委	2008.7
甘州区人民检察院	全国核查纠正监外执行罪犯脱管漏管专项行动先进集体	全国核查纠正监外执行罪犯脱管漏管专项行动领导小组	2008.7
	第三届一级规范化检察室	中华人民共和国最高人民检察院	2011.11
	精神文明建设工作先进单位	中共甘肃省委、甘肃省人民政府	2012.12
	省级精神文明建设工作先进单位	中共甘肃省委、甘肃省人民政府	2013.3
	文明单位	中共甘肃省委、甘肃省人民政府	2015.7
	文明接待室	中华人民共和国最高人民检察院	1995—1996
甘州区北街街道办事处	创建文明街道工作先进街道	中共甘肃省委、甘肃省人民政府	2008.12

续表

单位名称	荣誉称号	授予单位	授予时间
甘州区公安局	全国公安机关“三基”工程建设先进集体	中华人民共和国公安部	2008.12
甘州区纪律检查委员会	全国纪检监察案件审理工作先进集体	中央纪委办公厅、中央纪委案件审理室	2008.12
甘州区体育局	2008年全民健身先进单位	中华人民共和国体育总局	2008.12
	2009年全民健身先进单位	中华人民共和国体育总局	2009.12
	全民健身户外活动基地	中华人民共和国体育总局	2011
甘州区西街小寺庙社区团支部	甘肃省“五四”红旗团支部标兵	共青团中央	2009
甘州区西街街道北环路社区	全国巾帼文明岗	全国妇女巾帼建功活动领导小组	2009.2
甘州区火车站街道张火路社区	第六批全国城市体育先进社区	中华人民共和国体育总局、中央文明办	2009.3
甘州区南街派出所	2008年度全国公安系统青年文明号	中华人民共和国公安部、共青团中央	2009.4
甘州区东街街道金安苑社区	全国综合减灾示范社区	中华人民共和国减灾委员会、中华人民共和国民政部	2009.11
	全国社区商业示范社区	中华人民共和国商务部	2010.4
	全省创建文明社区工作先进社区	中共甘肃省委、甘肃省人民政府	2010.12
	文明社区	中共甘肃省委、甘肃省人民政府	2012.12
甘州区经济作物技术推广站	甘肃省科学进步技术奖（三等奖）	甘肃省人民政府	2010.4
	全国农牧渔业丰收奖（二等奖）	中华人民共和国农业部	2010.12
	全国农牧渔业丰收奖（三等奖）	中华人民共和国农业部	2013.12
	甘肃省科学进步技术奖（三等奖）	甘肃省人民政府	2014.2
甘州区关心下一代工作委员会办公室	全国关心下一代工作先进集体	中国关心下一代工作委员会、中央精神文明建设指导委员会办公室	2010.6
甘州区北街王母宫社区	全国综合减灾示范社区	中华人民共和国减灾委员会、中华人民共和国民政部	2010.12
甘州区南街街道佛城社区	全国综合减灾示范社区	中华人民共和国减灾委员会、中华人民共和国民政部	2010.12

续表

单位名称	荣誉称号	授予单位	授予时间
甘州区龙渠乡人民政府	省级文明乡镇	中共甘肃省委、甘肃省人民政府	2012.12
甘州区大满镇新新村	第二批全国人口和计划生育基层群众自治示范村	中华人民共和国人口和计划生育委员会、中华人民共和国计划生育协会（奖牌）	2011.1
甘州区人口普查办公室	第六次全国人口普查先进集体	中华人民共和国统计局、国务院第六次全国人口普查领导小组办公室	2011.6
甘州区司法局	全省法制宣传教育先进集体	中共甘肃省委、甘肃省人民政府	2011.6
张掖工业园区管委会	招商引资先进园区	甘肃省人民政府	2011.7
甘州区电力局	国网公司一流县供电企业	中华人民共和国电网公司	2011.12
甘州区东街交通巷社区	2011年度“全国综合减灾示范社区”	中华人民共和国减灾委员会、中华人民共和国民政部	2011.12
甘州区东街街道甘泉社区	2011年度“全国综合减灾示范社区”	中华人民共和国减灾委员会、中华人民共和国民政部	2011.12
甘州区火车站社区卫生服务中心	全国示范社区卫生服务中心	中华人民共和国卫生部	2012
甘州区农村经营管理局	全国农村集体“三资”管理示范县	中华人民共和国农业部	2012.1
甘州区南街街道西来寺社区	全省创先争优先进基层党组织	中共甘肃省委	2012.6
	全国家庭教育工作示范社区	全国妇联、中华人民共和国教育部、中央文明办	2012.8
	全国民主法治示范社区	中华人民共和国司法部、中华人民共和国民政部	2015.3
甘州区梁家墩镇中心学校	基本普及九年义务教育、基本扫除青壮年文盲先进单位	中共甘肃省委、甘肃省人民政府	2012.8
甘州区梁家墩镇五号村	第二批全国一村一品示范村镇	中华人民共和国农业部	2012.11
甘州区南街街道泰安社区	全国综合减灾示范社区	中华人民共和国减灾委员会、中华人民共和国民政部	2012.12
甘州区火车站街道办事处	全省城乡居民社会养老保险工作先进单位	甘肃省人民政府	2012.12
	全国社区戒毒社区康复工作示范点	中华人民共和国禁毒委员会	2013.11

续表

单位名称	荣誉称号	授予单位	授予时间
甘州区地税局办税服务厅	全国巾帼文明岗	全国城镇妇女“巾帼建功”活动协调领导小组	2013.1
甘州区住房和城乡建设局	农村危房改造工作先进单位	甘肃省人民政府办公厅	2013.1
甘州区小满镇司法所	全国模范人民调解委员会	中华人民共和国司法部	2013.8
甘州区关心下一代工作委员会	创建五好基层党工委优秀组织奖	中国关心下一代工作委员会	2013.9
甘州区农民负担监督管理办公室	全国一事一议规范管理县	中华人民共和国农业部	2013.11
甘州区科学技术局	2013 年全国县（市）科技进步考核科技进步先进县（市）	中华人民共和国科技部	2013.11
	第一批国家级科技特派员创业基地	中华人民共和国科技部	2013.12
甘州区法院刑事审判庭	全国法院先进集体	中华人民共和国最高人民法院	2014.8
甘州区疾控中心	全国疾病预防控制工作先进集体	中华人民共和国卫生和计划生育委员会	2015.3
工商局甘州市场工商所综合服务室	全国巾帼文明岗	全国城镇妇女“巾帼建功”活动协调领导小组	2015.3
张掖市工商局甘州市场工商所综合服务室	全国巾帼建功先进集体	中华人民共和国妇女联合会	2015.4
甘州区党寨镇中心卫生院	群众满意的乡镇卫生院	中华人民共和国卫生和计划生育委员会	2015.12
甘州区交通运输局	2015 年度全省扶贫“民心奖”	中共甘肃省委、甘肃省人民政府	2016.5
甘州区金王庄村党支部	甘肃省先进基层党组织	中共甘肃省委	2016.6
甘州区清绿蔬菜协会	2016 年基层科普行动计划先进单位	中华人民共和国科学技术协会、中华人民共和国财政部	2016.6
甘州区妇幼保健院	国家级“妇幼健康服务优质示范区”	中华人民共和国卫生和计划生育委员会	2016.12
甘州区东街街道长沙门社区	全国综合减灾示范社区	中华人民共和国减灾委员会、中华人民共和国民政部	2016.12

第二节　个人荣誉

（以姓氏笔画为序）

1991—2016年，甘州区公民及在甘州区工作的客籍人员荣获中华人民共和国部（委）级、中共甘肃省委、甘肃省人民政府、甘肃省军区荣誉283项。

姓　名	性别	工作单位与职务职称	荣誉称号	授予单位	授予时间
丁　伟	男	张掖市东升伟业集团公司董事长	2008创业之星	中国农村劳动力资源开发研究会、中国扶贫基金会、国务院发展研究中心	2008.10
丁　兵	男	甘州区长安中心学校副校长	“两基”先进个人	中共甘肃省委、甘肃省人民政府	2012.9
丁　顺	男	张掖市法院	全国人民满意的好法官	中华人民共和国最高人民法院	2002.7
丁　勇	男	张掖检察分院批捕室主任	全国优秀公诉人	最高人民检察院	2000.11
丁振华	男	甘州区统计局局长	第二次全国农业普查先进个人	国务院第二次全国农业普查领导小组办公室、中华人民共和国国家统计局	2008.6
			第二次全国经济普查先进个人	国务院第二次全国经济普查领导小组	2010.1
于开军	男	张掖市人民武装部部长	三等功	甘肃省军区	1998.12
于岩梅	女	张掖四中高级教师	甘肃省“园丁奖”	中共甘肃省委、甘肃省人民政府	2012.9
于战军	男	张掖中学教师	甘肃省“园丁奖”	中共甘肃省委、甘肃省人民政府	1996.9
于得才	男	张掖市第二中学校长	甘肃省“园丁奖”	中共甘肃省委、甘肃省人民政府	1991.9
马　林	男	甘州区农业技术推广中心副主任、高级农艺师	全国农牧渔业丰收二等奖	中华人民共和国农业部	2013.12
马　银	男	甘肃银隆建筑工程有限公司总经理	第四届全国乡镇企业家	中华人民共和国农业部	2001.12
			甘肃省乡镇企业家	甘肃省人民政府	2003.2
			全国乡镇企业家	中华人民共和国农业部	2004.12
			甘肃省第七届乡镇企业家	甘肃省人民政府	2005.5

续表

姓　名	性别	工作单位与职务职称	荣誉称号	授予单位	授予时间
马力明	男	张掖市土地管理局	优秀成果二等奖	中华人民共和国国土资源部	2001.6
马少红	男	张掖市第二中学副校长、支部书记	甘肃省“园丁奖”	中共甘肃省委、甘肃省人民政府	1995.9
马振清	男	张掖市甘州区人民检察院技术科干部	嘉奖证书	中华人民共和国最高人民检察院	2014.12
马新远	男	甘州区科学技术局局长	2005—2006年度全国县（市）科技进步工作先进个人	中华人民共和国科学技术部	2008.1
王　海	男	甘州区委组织部常务副部长、区非公企业党工委副书记	甘肃省优秀党务工作者	中共甘肃省委	2016.6
王　斌	男	张掖体育运动学校教师	全国优秀教练员	国家体育运动委员会	1996
王文才	男	甘州区乌江镇司法所所长	甘肃省先进工作者	中共甘肃省委、甘肃省人民政府	2015.4
王文斌	男	甘肃有年金龙建筑有限公司总经理	甘肃省2001—2003年捐资助学先进单位和先进个人	甘肃省人民政府	2004.12
王玉杰	男	张掖市第二中学高级教师	甘肃省“园丁奖”	中共甘肃省委、甘肃省人民政府	1997.9
王世辉	男	张掖市明永中学教师	甘肃省“园丁奖”	中共甘肃省委、甘肃省人民政府	1996.9
王生文	男	甘州区长安乡农技站站长	全国优秀科技特派员	中华人民共和国科学技术部	2009.6
			全国科普惠农兴村带头人	中华人民共和国科学技术协会、中华人民共和国财政部	2010.12
王兰芳	女	张掖市北街小学高级教师	甘肃省“园丁奖”	中共甘肃省委、甘肃省人民政府	2000.9
			甘肃省特级教师	甘肃省人民政府	2003.10
王永玲	女	金川区金冶里社区书记	全国“三八红旗手”	全国妇联	2009
王兴虎	男	张掖市龙渠乡三清湾小学	甘肃省“园丁奖”	中共甘肃省委、甘肃省人民政府	1992.9
王红玲	女	梁家墩镇迎恩村	全国农村青年创业致富带头人	共青团中央、国家农业部	2003.3

续表

姓　名	性别	工作单位与职务职称	荣誉称号	授予单位	授予时间
王克春	男	甘州区统计局科员	第二次全国农业普查先进个人	国务院第二次全国农业普查领导小组办公室、国家统计局	2008.6
王克勤	男	张掖市工商局甘州分局副局长	甘肃省军队转业干部先进个人	中共甘肃省委、甘肃省人民政府	1991.7
王作利	男	张掖市卫生防疫站站长	全国消灭脊髓灰质炎先进个人	中华人民共和国卫生部	2001
王国华	女	甘州区党史办主任	甘肃省优秀专家	中共甘肃省委、甘肃省人民政府	2003.1
王岩锁	男	甘州区金安苑学校	甘肃省“园丁奖”	中共甘肃省委、甘肃省人民政府	2014.9
王建军	男	张掖市第二中学	全国优秀教师	中华人民共和国教育部	2007.9
王学聪	男	张掖市大满镇党委书记	全国村镇建设先进工作者	中华人民共和国建设部	1999.12
王洁岚	男	甘州区委副书记、区长	2005—2006年度全国县（市）科技进步工作先进个人	中华人民共和国科学技术部	2008.1
王洪德	男	甘州区委常委、组织部部长	全国关心下一代工作先进个人	中国关心下一代工作委员会、中央精神文明建设指导委员会办公室	2010.6
王晓丽	女	甘州区西街街道办事处主任	全国经济普查先进个人	国务院第一次全国经济普查领导小组	2005.12
王菊英	女	甘州区青年东街小学	甘肃省园丁奖	甘肃省人民政府	2002.9
王韶华	男	区委常委、宣传部部长（时任中共高台县委常委、县政府常务副县长）	精神文明建设先进工作者	中共甘肃省委、甘肃省人民政府	2011.1
井志军	男	甘州区法院技术室主任	全国法院网络宣传先进个人	中华人民共和国最高人民法院	2010.1
韦　鹏	男	高级兽医师	全国农牧渔业丰收奖	中华人民共和国农业部	2010.12
毛　赟	男	张掖市工商局副调研员，甘州分局党组书记、局长	全国工商行政管理系统打击侵犯知识产权和制售假冒伪劣商品专项行动先进个人	中华人民共和国工商总局	2011.7

续表

姓　名	性别	工作单位与职务职称	荣誉称号	授予单位	授予时间
毛华祥	男	张掖市安阳乡毛家寺小学一级教师	甘肃省“园丁奖”	中共甘肃省委、甘肃省人民政府	1998.9
孔建军	男	红沙窝林场场长	2007年度甘肃绿化奖章	甘肃省人民政府	2008.3
邓　科	男	张掖市小满镇中心学校校长	甘肃省“园丁奖”	中共甘肃省委、甘肃省人民政府	1997.9
石作祺	男	甘州区大满镇人民政府镇长	全省爱国拥军模范荣誉称号	中共甘肃省委、省政府、省军区	2011.1
石建明	男	东街街道党工委书记	首届全国“书香之家”	中华人民共和国新闻出版广电总局	2014.4
卢文义	男	甘州区沙井镇基干民兵	民兵预备役工作先进个人	兰州军区	2008.10
叶明华	男	甘州区青少年体育俱乐部乒乓球培训中心教练	全国优秀社会体育指导员	中华人民共和国体育总局	2003.12
田旭娟	女	甘州区人民医院主管护理师	全省防治非典工作优秀共产党员	中共甘肃省委	2003.6
田志文	男	张掖市一中高级教师	全国优秀社会体育指导员	中华人民共和国体育总局	2003.12
田克爱	男	张掖一中校长	甘肃省“园丁奖”	中共甘肃省委、甘肃省人民政府	2004.9
			甘肃省特级教师	中共甘肃省委、甘肃省人民政府	2006.12
田继新	男	甘州区党寨镇党委书记	全国维护妇女儿童权益先进个人	中华人民共和国妇女联合会	2013.3
代　斌	男	张掖市梁家墩乡清凉寺村团支部书记	全国青年星火带头人	共青团中央、国家科技部	1996.5
白亚西	男	张掖市第二中学高级教师	特级教师	甘肃省人民政府	1994
冯志礼	男	张掖市法院	第三届“中国优秀青年卫士”称号	共青团中央、中共中央综治办、中华人民共和国最高人民法院、最高人民检察院、公安部、司法部等	2001.12
兰希文	男	甘州区运管所所长	“非典”防治工作先进个人	中共甘肃省委	2003.7
邢新民	男	张掖市国家税务局局长	税收征管能手	国家税务总局	1996.12

续表

姓　名	性别	工作单位与职务职称	荣誉称号	授予单位	授予时间
权金贵	男	张掖市土地管理局	优秀成果二等奖	中华人民共和国国土资源部	2001.6
权彪年	男	甘州区梁家墩镇供销社党支部书记、主任	全省优秀共产党员	中共甘肃省委	2006.6
吕治中	男	张掖一中校长	甘肃省“园丁奖”	中共甘肃省委、甘肃省人民政府	1993.9
朱　杰	男	甘州区九龙江林场副场林业工程师	野生暗腹雪鸡种群生态研究科技进步奖	甘肃省人民政府	2010.4
朱天瑜	男	甘州区新乐小学校长	甘肃省“两基”工作先进个人	中共甘肃省委、甘肃省人民政府	2012.9
朱丽华	女	张掖市北街小学高级教师	甘肃省“园丁奖”	中共甘肃省委、甘肃省人民政府	1994.9
朱爱民	女	张掖市西街小学高级教师	甘肃省“园丁奖”	中共甘肃省委、甘肃省人民政府	1997.9
朱增祥	男	张掖市小满乡武装部部长	“四会”教练员	中华人民共和国总参谋部	1993
乔爱红	女	甘州区司法局宣教科科长	全省2006—2010法制宣传教育先进个人	中共甘肃省委、甘肃省人民政府	2011.6
任吉茂	男	张掖中学高级教师	全国优秀美术教师	国家教育委员会	1997.10
任兴昌	男	张掖市土地管理局副局长	优秀成果二等奖	中华人民共和国国土资源部	2001.6
刘　永	男	张掖职教中心高级教师	甘肃省“园丁奖”	中共甘肃省委、甘肃省人民政府	1998.9
刘　军	女	甘州区沙井镇中心卫生院院长	2005年度“全国优秀乡村医生”荣誉称号	中华人民共和国卫生部	2005.12
刘　军	男	甘州区环境监察大队环境监察员	第一次全国污染源普查先进个人	国务院第一次污染源普查领导小组办公室、中华人民共和国农业部、环保部、国家统计局	2010.3
刘　勇	男	张掖市职教中心教师	甘肃省“园丁奖”	中共甘肃省委、甘肃省人民政府	1998.9
刘　霞	女	甘州区乌江镇中心学校	甘肃省特级教师	甘肃省人民政府	2015.9
刘永聪	男	张掖市工业用布有限公司经理	第四届全省乡镇企业家	甘肃省人民政府	1998

续表

姓　名	性别	工作单位与职务职称	荣誉称号	授予单位	授予时间
刘克雄	男	张掖市龙渠乡民办教师	甘肃省“园丁奖”	中共甘肃省委、甘肃省人民政府	1991.9
刘明文	男	张掖市乌江镇永丰村党支部书记	甘肃省劳动模范	中共甘肃省委、甘肃省人民政府	1999.9
刘晓萍	女	张掖四中高级教师	甘肃省“园丁奖”	中共甘肃省委、甘肃省人民政府	2004.9
刘爱萍	女	张掖中学高级教师	甘肃省“园丁奖”	中共甘肃省委、甘肃省人民政府	2002.9
			甘肃省特级教师	甘肃省人民政府	2005.12
闫建平	男	甘州区法院	维护国防利益和军人军属合法权益先进个人	中华人民共和国最高人民法院、解放军总政治部	2006.12
闫勤功	男	区委宣传部副部长、区文明办主任	精神文明建设先进工作者	中共甘肃省委、甘肃省人民政府	2013.3
祁振东	男	甘州区农业局	服务农村青年增收成才先进个人	中华人民共和国农业部、团中央	2004.12
许万勤	男	甘州区工商局局长	红盾护农先进个人	中华人民共和国工商总局	2005.9
孙多忠	男	张掖市城市管理行政执法局职工	全国道德模范提名奖	中共宣传部、中共文明办、总政治部、全国总工会、共青团中央、全国妇联	2009.9
孙鉴宏	男	甘州区平山湖蒙古族乡畜牧兽医站	2014—2016年度全国农牧渔业丰收奖获得者、农业技术推广成果奖三等奖	中华人民共和国农业部	2016.12
苏继平	男	张掖市土地管理局副队长	优秀成果二等奖	中华人民共和国国土资源部	2001.6
李　梅	女	张掖市职教中心中学二级教师	会计知识竞赛优秀选手奖	中华人民共和国财政部	2000.10
李双寅	男	甘州区青东小学	甘肃省“两基”工作先进个人	中共甘肃省委、甘肃省人民政府	2012.9

续表

姓　名	性别	工作单位与职务职称	荣誉称号	授予单位	授予时间
李亦武	男	张掖市第二中学高级教师	甘肃省特级教师	中共甘肃省委、甘肃省人民政府	1996. 7
李兴民	男	甘州区乌江镇大湾村黑河牡丹基地负责人	2016 年基层科协行动计划农村科普带头人	中华人民共和国科学技术协会、中华人民共和国财政部	2016. 6
李君明	女	张掖一中高级教师	甘肃省“园丁奖”	中共甘肃省委、甘肃省人民政府	1994. 9
李尚银	男	张掖市明永脱水蔬菜公司经理	第四届全省乡镇企业家	甘肃省人民政府	1998
李国锋	男	甘州区沙井镇党委书记	甘肃省优秀思想政治工作者	中共甘肃省委	2007. 6
李建军	男	张掖市公安局缉毒大队科员	全国禁毒先进个人	中华人民共和国公安部	1998. 4
李春军	男	甘州区小满中心学校高级教师	甘肃省“两基”工作先进个人	中共甘肃省委、甘肃省人民政府	2012. 9
李春望	男	张掖市党校支部书记、副校长	甘肃省党校系统优秀教师	中共甘肃省委	1999. 12
李雪琴	女	甘州区西街小学	甘肃省“园丁奖”	中共甘肃省委、甘肃省人民政府	2010. 9
李登峰	男	农行甘州区支行科员	“迎新春”优质服务先进个人	中国农业银行总行	2003. 4
吕秀云	女	党寨镇人民法庭庭长	人民法庭工作先进个人	最高人民法院	2014. 7
杨　成	男	甘州区花寨乡花寨村党支部书记	劳务带头先进个人	甘肃省人民政府	2007. 1
杨　莉	女	甘州区南关学校	甘肃省“园丁奖”	中共甘肃省委、甘肃省人民政府	2014. 9
杨一木	男	张掖市职教中心校长	甘肃省“园丁奖”	中共甘肃省委、甘肃省人民政府	2002. 9
杨生效	男	张掖市第二中学校长	甘肃省“园丁奖”	中共甘肃省委、甘肃省人民政府	2008. 9
杨永林	男	张掖市大满镇石子坝村八社农民	全省见义勇为先进个人	中共甘肃省委、甘肃省人民政府	1992. 10
杨发军	男	甘州区妇联妇女儿童维权工作站站长	全国维护妇女儿童权益先进个人	中华人民共和国妇女联合会	2010
杨安瑞	男	甘州区工商质监局市场科副科长	甘肃省第六次人口普查先进个人	甘肃省人民政府	2011. 9

续表

姓　名	性别	工作单位与职务职称	荣誉称号	授予单位	授予时间
杨学军	男	甘州区金安苑学校	全国优秀少先队辅导员	共青团中央、中华人民共和国教育部、中国先锋队全国工作委员会	2005.6
			甘肃省“两基”工作先进个人	中共甘肃省委、甘肃省人民政府	2012.9
杨学潮	男	甘州区公安局	青少年维权岗先进个人	共青团中央	2004.9
杨建国	男	张掖市梁家墩乡经联委主任、迎恩村总支书	优秀党务工作者	中共甘肃省委	1996.6
			优秀党务工作者	中共中央组织部	1996.7
杨勇国	男	甘州区电力局	农电工优秀人才	中华人民共和国电网公司	2011.2
杨继军	男	中共张掖市委常委，甘州区委书记、区人武部党委第一书记	党管武装好书记	中共甘肃省委、甘肃省军区党委	2007.12
杨惠玲	女	甘州区人民法院	全国法院少年法庭工作先进个人	中华人民共和国最高人民法院	2014.11
杨景铭	男	张掖市林业局局长	全国造林绿化奖章	全国绿化委员会	1992
吴正科	男	甘州区博物馆副馆长、文博馆员	史学专著《大佛寺史探》荣获甘肃省第十届社科优秀成果三等奖	中共甘肃省委、甘肃省人民政府	2007.3
吴世雄	男	张掖市城关镇武装部部长	民兵预备役军事训练先进个人	兰州军区	1994.12
吴海峰	男	张掖市人民武装部军事科科长	三等功	甘肃省军区	1998.12
吴培超	男	张掖市职教中心高级教师	甘肃省“园丁奖”	中共甘肃省委、甘肃省人民政府	1991.9
邱红卫	男	甘州区物价局副局长、物价检查所所长	全国价格监督检查先进个人	国家发展和改革委员会	2006.12
何正功	男	甘州区法院	全国法院刑事审判工作先进个人	中华人民共和国最高人民法院	2008.1
何永江	男	农行甘州区支行科员	“迎新春”优质服务先进个人	中国农业银行总行	2003.4
何翠鲜	女	张掖市三闸水泥厂副厂长	第四届全省乡镇企业家	甘肃省人民政府	1998

续表

姓　名	性别	工作单位与职务职称	荣誉称号	授予单位	授予时间
汪洪澜	女	甘州区防范办副主任	全国防范和处理邪教工作二等功	国务院防范和处理邪教问题办公室	2011. 10
沈海岗	男	东大山管理站副站长、林业工程师	甘肃省科技进步二等奖	甘肃省人民政府	2008. 4
宋少卿	男	张掖市农业区划办公室	重点农田保护区规划优秀成果二等奖	中华人民共和国土地管理局	1995. 5
	男	张掖市农业区划办公室	部级农业资源区划科学技术成果一等奖	中华人民共和国农业部	1996. 5
宋自宏	男	甘肃鑫隆建筑工程公司经理	全国农村青年创业致富带头人	共青团中央、中华人民共和国农业部	2003. 3
			2004 年度“全国农村青年创业致富带头人”	共青团中央、中华人民共和国农业部	2004. 12
宋建林	男	甘州区梁家墩镇畜牧兽医站站长	2011—2013 年度全国农牧渔业丰收奖三等奖	中华人民共和国农业部	2013. 12
张　文	男	甘州区梁家墩镇司法所所长	全国人民调解能手	中华人民共和国司法部	2012. 8
张　军	男	张掖市土地管理局	优秀成果二等奖	中华人民共和国国土资源部	2001. 6
张　虎	男	张掖市沙井镇梁家堡三社农民	甘肃省第二届十大杰出青年农民	甘肃省人民政府	2001. 1
			全省国土绿化先进个人	甘肃省人民政府	2001. 3
张　健	男	中共张掖市委常委，甘州区委书记、区人武部党委第一书记	党管武装好书记	中共甘肃省委、甘肃省军区党委	2011. 12
张　铭	男	甘州区城市社会经济调查队副队长	第二次全国经济普查先进个人	国务院第二次全国经济普查领导小组	2009. 12
张万源	男	张掖市上秦中学教师	甘肃省“园丁奖”	中共甘肃省委、甘肃省人民政府	1996. 9
张玉春	男	张掖市大满镇城西闸村支部书记	全国婚育新风进万家活动先进个人	中共中央宣传部、中华人民共和国计划生育委员会	2001. 10
张玉静	男	张掖市金鼎包装有限责任公司董事长	甘肃省第四届乡镇企业家	甘肃省人民政府	2000
张永善	男	甘州区沙井镇中心学校	甘肃省“两基”工作先进个人	中共甘肃省委、甘肃省人民政府	2012. 9

续表

姓　名	性别	工作单位与职务职称	荣誉称号	授予单位	授予时间
张成琦	男	甘州区委常委、宣传部部长	精神文明建设先进工作者	中共甘肃省委、甘肃省人民政府	2015.7
张向阳	男	张掖市职教中心副校长	甘肃省“园丁奖”	中共甘肃省委、甘肃省人民政府	1996.9
张庆永	男	张掖市委书记、市人武部第一书记	优秀共产党员	中共中央组织部	1991.7
张志立	男	张掖市一中校长	甘肃省“园丁奖”	中共甘肃省委、甘肃省人民政府	1993.9
张丽萍	女	甘州区妇联主席	“不让毒品进我家”活动先进工作者	中华人民共和国妇女联合会、国家禁毒办	2004.1
张伯云	男	张掖市科学技术协会	全国农村科普先进工作者	中华人民共和国科学技术协会	1995.8
张治忠	男	甘州区乌江镇平原村	全国绿色小康户	中宣部、中央文明办、全国绿化委、国家林业局	2007.9
张学祥	男	张掖市三建公司经理	甘肃省第四届乡镇企业家	甘肃省人民政府	2000
张建芸	女	甘州区计生协会秘书长	全国计划生育协会先进个人	中华人民共和国计划生育协会	2016.5
张星旺	男	张掖市上秦镇党委书记	全国农村基层组织建设工作优秀乡镇党委书记	中共中央组织部	1998.6
张恒善	男	甘州区广播电视局总编室副主任	全国首届老龄新闻奖三等奖	中华人民共和国老年工作委员会办公室	2003
张桂花	女	农行张掖分行科员	“迎新春”优质服务先进个人	中国农业银行总行	2002.4
			“个人业务”先进事迹演讲优秀奖	中国农业银行总行	2002.9
张铁英	女	长安乡兴海蔬菜专业合作社副社长	全国农村科技致富女能手	中华人民共和国妇女联合会	2013.3
张海英	女	农发行张掖市支行	优秀信贷员	中国农业发展银行总行	2000.7
张鸿珍	女	甘州区梁家墩中心学校小学一级教师	甘肃省“两基”工作先进个人	中共甘肃省委、甘肃省人民政府	2012.9
张程嘉	男	兴盛建筑工程有限责任公司总经理	2002年全省第三届乡镇企业家	甘肃省人民政府	2003.2
张照明	男	泓源塑料制品厂副经理	甘肃省见义勇为“英雄”	中共甘肃省委、甘肃省人民政府	2006.10

续表

姓　名	性别	工作单位与职务职称	荣誉称号	授予单位	授予时间
张鹏弟	男	甘州区盈科水管所党寨水管站站长	甘肃省见义勇为先进分子	中共甘肃省委、甘肃省人民政府	2009.4
陆天银	男	张掖市上秦乡安里闸小学校长	甘肃省“园丁奖”	中共甘肃省委、甘肃省人民政府	1992.9
陈　仁	男	张掖市土地管理局副局长	先进个人	中华人民共和国国土资源部	2001.11
陈学军	男	甘州区甘浚镇星光村	全国绿色小康户	中宣部、中央文明办、全国绿化委、国家林业局	2007.9
陈学君	男	张掖市种子公司高级农艺师	全国种子检验先进个人	全国农业技术推广服务中心	1998.10
陈建华	男	张掖市沙井镇乡人民政府文化站站长	农民体育积极分子	中华人民共和国农业部、体育运动委员会、农民体育协会	1992.10
陈爱敏	女	张掖市小河乡西二小学民办教师	甘肃省“园丁奖”	中共甘肃省委、甘肃省人民政府	1992.9
陈福平	女	张掖市农业技术推广中心高级农艺师	农牧渔业丰收奖三等奖	中华人民共和国农业部	2001.10
邵富存	男	张掖市第四中学校长	甘肃省“园丁奖”	中共甘肃省委、甘肃省人民政府	1998.9
			优秀教育工作者	甘肃省人民政府	1999
苟秀芸	女	张掖市青西中学副校长	甘肃省“两基”工作先进个人	中共甘肃省委、甘肃省人民政府	2012.9
范建新	男	甘州区人民武装部部政委	三等功	甘肃省军区	2007.12
			优秀主官	中共甘肃省委、省政府、省军区	2009.9
金七斤	男	张掖市上秦镇金家湾村	全国造林绿化奖章	全国绿化委员会	2001
周吉安	男	市公安局副局长，区公安局党委书记、局长	全国打击盗窃破坏电力电信广播电视设施违法犯罪先进个人	中华人民共和国公安部等八部委	2009.2
周安章	男	张掖市东湖小区	全国建设系统劳动模范称号	中华人民共和国人事部、建设部	1999.11
周志龙	男	甘州区经作站副站长、农艺师	全国农牧渔业丰收奖三等奖	中华人民共和国农业部	2013.12
周建平	男	甘州区靖安乡司法所所长	全国法律援助工作先进个人	中华人民共和国司法部	2016.9

续表

姓 名	性别	工作单位与职务职称	荣誉称号	授予单位	授予时间
周俊义	男	张掖市小满乡民办教师	甘肃省“园丁奖”	中共甘肃省委、甘肃省人民政府	1994. 9
郑 飞	男	甘州区西街小学校长	甘肃省“两基”工作先进个人	中共甘肃省委、甘肃省人民政府	2012. 9
单成鹏	男	张掖市第二中学高级教师	甘肃省“园丁奖”	中共甘肃省委、甘肃省人民政府	1993. 9
郎永生	男	甘州区人民检察院检察长	全省民族团结进步模范个人	中共甘肃省委、甘肃省人民政府	2006. 5
孟文斌	男	甘州区公安局刑警大队队长	全国优秀人民警察	中华人民共和国公安部	2003. 7
赵 晶	男	共青团甘州区委书记	全国优秀共青团干部	共青团中央	2014
赵 斌	女	张掖市土地管理局副所长	优秀成果二等奖	中华人民共和国国土资源部	2001. 6
赵占林	男	张掖市上秦镇徐赵寨村人	全省造林绿化先进个人	甘肃省人民政府	1997
赵和平	男	教育局党委副书记、副局长	全国教育系统关心下一代工作先进工作者	中华人民共和国教育部关心下一代工作委员会	2011. 4
赵佩霞	女	张掖市一中高级教师	甘肃省“园丁奖”	中共甘肃省委、甘肃省人民政府	1991. 9
赵建华	女	甘州区西街小学高级教师	甘肃省“园丁奖”	中共甘肃省委、甘肃省人民政府	2006. 9
赵继军	男	甘州区法院	全国法院司法警察工作先进个人	中华人民共和国最高人民法院	2005. 10
赵德斌	男	甘州区甘浚镇畜牧站站长	全国农牧渔业丰收奖	中华人民共和国农业部	2016. 12
胡秀芳	女	南街南关社区党总支书记	甘肃民族团结模范先进个人	中共甘肃省委、甘肃省人民政府	2015. 1
胡建兴	男	兴鼎建筑工程有限公司总经理	2002 年全省第三届乡镇企业家	甘肃省人民政府	2003. 2
胡登松	男	甘州区公安局	全国优秀警察	中华人民共和国公安部	2005. 5
柳 芸	女	甘州区总工会副主席	全国五一巾帼标兵	中华人民共和国总工会	2015. 2
钟 波	男	甘州区北街派出所所长	全国公安机关爱民模范	中华人民共和国公安部	2012. 5
			全国优秀人民警察		

续表

姓　名	性别	工作单位与职务职称	荣誉称号	授予单位	授予时间
姜胜周	男	张掖市家乐挂面厂厂长	甘肃省第四届乡镇企业家	甘肃省人民政府	2000
娄金华	女	甘州区人口和计划生育委员会副主任	全国“婚育新风进万家活动”先进个人	中华人民共和国“十部委”	2005.11
费　海	男	甘州区城调队副队长	第二次全国经济普查先进个人	国务院第二次全国经济普查领导小组	2010.1
姚　涛	女	甘州区检察院公诉科副科长	全国“严打”先进个人	中共中央政法委	2003.4
姚文华	女	甘州区畜牧站站长	全国“双学双比”先进个人	中华人民共和国妇女联合会	2002.6
贺建英	男	甘州区卫生和计划生育委员会副主任	全国新型农村合作医疗工作先进个人	中华人民共和国卫生部	2012.12
秦福伟	男	甘州区教育局党委书记、副局长	甘肃省“园丁奖”	中共甘肃省委、甘肃省人民政府	2006.9
	男	甘州区教育局局长	全国读书活动先进个人	中华人民共和国教育部关心下一代工作委员会	2011.8
袁克德	男	张掖市第四建筑公司总经理	第四届全省乡镇企业家	甘肃省人民政府	1998
耿光辉	男	甘州区人民武装部政工科干事	最美家庭	中华人民共和国妇女联合会	2016.5
贾红元	男	张掖市第二中学一级教师	甘肃省“园丁奖”	中共甘肃省委、甘肃省人民政府	1998.9
贾增新	男	张掖市土地管理局主任科员	优秀成果二等奖	中华人民共和国国土资源部	2001.6
倪自全	男	张掖市体委主任	达标先进个人	中华人民共和国教育部、国家体育总局	1999.1
			全国县（市、区）体育先进个人	中华人民共和国体育总局	2000.8
倪自银	男	东大山自然保护区管理站站长	全国自然保护区先进个人	中华人民共和国林业局	2002.12
		甘州区林业局副局长、林业副高级工程师	甘肃省科技进步二等奖	甘肃省人民政府	2008.4
徐　选	男	张掖市综合实践学校	甘肃省“园丁奖”	中共甘肃省委、甘肃省人民政府	2014.9

续表

姓　名	性别	工作单位与职务职称	荣誉称号	授予单位	授予时间
徐　晓	男	甘州区工商局	全国工商行政管理系统行政执法先进个人	中华人民共和国工商行政管理局	2012. 1
徐万和	男	甘州区博物馆	全国关心下一代先进工作者	中国关心下一代工作委员会、中央精神文明建设指导委员会办公室	2005. 6
徐咸学	男	甘州区农业局副局长	2006 年全国农牧渔业丰收奖二等奖	国家农业部	2006. 9
高　虎	男	甘州区林业派出所	全国优秀人民警察	中华人民共和国公安部	2003
高立新	男	甘州区统计局主任科员	先进个人	国务院全国 1% 人口抽样调查领导小组办公室	2006. 10
		甘州区统计局副局长	第二次全国农业普查先进个人	国务院第二次全国农业普查领导小组办公室、中华人民共和国统计局	2008. 6
高仰平	男	甘州区动检站站长、高级兽医师	科技进步奖二等奖	甘肃省人民政府	2007. 3
		甘州区食药监局副局长	2011—2013 年度全国农牧渔业丰收奖获得者（三等奖）	中华人民共和国农业部	2013. 12
高志英	女	甘州区大满镇大沟村五社	甘肃省见义勇为先进分子	中共甘肃省委、甘肃省人民政府	2012. 8
高尚梓	男	张掖市工商局甘州分局副局长	1998—1999 年粮食市场监管工作先进个人	中华人民共和国工商行政管理局	1999. 12
高建明	男	甘州区人民武装部部长	三等功	甘肃省军区	2007. 12
			优秀主官	中共甘肃省委、省政府、省军区	2009. 9
			嘉奖	中共甘肃省委、省政府、省军区	2009. 9
郭建山	男	甘州区长安乡人民政府乡长	第二次全国农业普查先进个人	国务院第二次全国农业普查领导小组办公室、国家统计局	2008. 7

续表

姓　名	性别	工作单位与职务职称	荣誉称号	授予单位	授予时间
郭建民	男	甘州区广电局技术科科长	十七大安全播出先进个人三等功	中华人民共和国广播电影电视总局	2008. 10
郭瑞儒	男	甘州区碱滩镇永星村	全国绿色小康户	中宣部、中央文明办、全国绿化委、国家林业局	2007. 9
郭锡廷	男	张掖市明永乡计生站长	全国乡镇优秀计生工作者	中华人民共和国计划生育委员会	2000. 9
席彩霞	女	甘州区南关学校	甘肃省“园丁奖”	中共甘肃省委、甘肃省人民政府	2008. 9
			甘肃特级教师	甘肃省人民政府	2015. 9
陶　静	女	甘州区民政局双拥办	全省拥军优属先进个人	中共甘肃省委、省政府、省军区	2003. 3
姬宏伟	男	甘州区平山湖蒙古族乡畜牧兽医站	2011—2013年度全国农牧渔业丰收奖获得者农业技术推广成果奖三等奖	中华人民共和国农业部	2013. 12
			2014—2016年度全国农牧渔业丰收奖获得者农业技术推广成果奖三等奖	中华人民共和国农业部	2016. 12
黄玉香	女	张掖市科协主任科员	全国农业科技推广先进工作者	中华人民共和国农业部、水利部、林业部、农发办、人事部	1995. 2
黄岳年	男	张掖市第四中学	甘肃省“园丁奖”	中共甘肃省委、甘肃省人民政府	1996. 9
曹伟善	男	张掖市公安局交警大队	全国公安机关学习济南交警先进个人	中华人民共和国公安部	1996. 10
曹佩琴	女	甘州区农技中心	粮食生产技术推广先进个人	中华人民共和国农业部	2004. 12
康建平	男	甘州区广电局龙渠广播电视站站长	全国优秀农村电影放映员	中华人民共和国文化部	2008. 9
梁　巽	男	张掖市青西小学教师	甘肃省“园丁奖”	中共甘肃省委、甘肃省人民政府	1996. 9
梁平林	男	甘州区安全生产监管监察管理局	安全生产监管监察先进个人	国家安全生产监督管理总局、国家煤炭安全监察局	2010. 1

续表

姓　名	性别	工作单位与职务职称	荣誉称号	授予单位	授予时间
彭　肃	男	甘州区党寨镇中心学校校长	甘肃省“园丁奖”	中共甘肃省委、甘肃省人民政府	2010. 9
葛荣生	男	甘州区农业机械化技术推广站、高级工程师、站长	全国粮食生产突出贡献农业科技人员	中华人民共和国农业部	2012. 12
董玉梅	女	张掖一中高级教师	甘肃省“园丁奖”	中共甘肃省委、甘肃省人民政府	2012. 9
蒋　龙	男	甘州区小满镇人民政府司法所长	全国模范司法所所长	中华人民共和国司法部	2015. 11
蒋德虎	男	张掖市第二中学副校长	优秀教师	甘肃省人民政府	2000
韩生才	男	张掖市民族小学校长	甘肃省“园丁奖”	中共甘肃省委、甘肃省人民政府	1995. 9
韩经荣	男	甘州区法院	全国模范法官	中华人民共和国最高人民法院	2003. 12
			首届中国法官十杰“金法槌”奖	中华人民共和国最高人民法院	2004. 1
程跟元	男	张掖市妇幼保健站站长	全国妇幼卫生先进工作者	中华人民共和国卫生部	1996. 12
焦玉莲	女	张掖市工商局甘州分局纪检组长	全国优秀工商行政管理人员	中华人民共和国工商行政管理局	1992. 3
普忠德	男	甘州区农机局局长	全国农业先进个人	中华人民共和国农业部	2013. 12
曾宪志	男	甘州区工商局	全国优秀工商行政管理人员	中华人民共和国工商行政管理局	2013. 12
谢　颖	女	甘州区农技中心副主任	全国农业植物有害生物普查工作先进个人	中华人民共和国农业部	2005. 12
谢生国	男	甘州区平山湖学校校长	全省民族团结进步模范个人	中共甘肃省委、甘肃省人民政府	2006. 5
谢德善	男	张掖市汪家堡福利脱水蔬菜厂厂长	甘肃省第四届乡镇企业家	甘肃省人民政府	2000
靳兴福	男	甘州区农机监理站、站长	全国农机安全监理示范岗位标兵	中华人民共和国农业部、安监总局	2014. 12
甄凤萍	女	张掖铁路学校	全国优秀教育工作者和五一劳动奖章	中华人民共和国总工会	1991. 4
甄学军	男	张掖市碱滩乡司法所所长	全省“三五”普法先进个人	中共甘肃省委、省政府	2001. 6
雷玉兰	女	张掖市妇联主席	中华人民共和国妇女联合会先进工作者	中华人民共和国人事部、全国妇联	1999. 11
			先进妇女工作者、“三八”红旗手	中华人民共和国妇女联合会	1999. 11

续表

姓　名	性别	工作单位与职务职称	荣誉称号	授予单位	授予时间
雷丽斌	女	甘州区妇女儿童工作委员会办公室副主任	中华人民共和国妇女联合会系统信访工作先进工作者	中华人民共和国妇女联合会、信访局	2007.9
路笃芬	女	甘州区劳动街小学高级教师	甘肃省“园丁奖”	中共甘肃省委、甘肃省人民政府	2006.9
滚长明	男	张掖市水务局副局长	先进个人	中华人民共和国水利部	2001.2
滚其忠	男	张掖市花寨乡计生工作站	全省计划生育先进工作者	中共甘肃省委、甘肃省人民政府	1995.2
蔡　君	男	甘州区计生协专职副会长	全国计划生育协会先进个人	中华人民共和国计划生育协会	2010.12
蔡武山	男	甘州区林木病虫害防治站站长、林业工程师	甘肃省科技进步二等奖	甘肃省人民政府	2008.4
裴新英	女	张掖市第二中学高级教师	甘肃省“园丁奖”	中共甘肃省委、甘肃省人民政府	1992.9
管　利	男	甘州区大满镇朝元村	全国绿化奖章	全国绿化委员会	2005.3
潘金生	男	张掖市农技中心主任	农技推广先进工作者	中华人民共和国农业部	1999.12
薛　成	男	张掖市民族小学校长	全国优秀少先队辅导员	共青团中央、中华人民共和国教育委员会	1995.5
薛　庆	男	甘州区委常委、区委办公室主任	全省先进性教育活动优秀指导员	中共甘肃省委	2006.6
薛延龄	男	张掖市丝路春集团董事长、总经理	甘肃省劳动模范	中共甘肃省委、甘肃省人民政府	1999.9
霍继才	男	黑河水电开发股份公司小孤山电站副总经理	先进工作者	中华人民共和国水利部	2001.11
鞠　勤	男	张掖市第四中学	甘肃省“两基”工作先进个人	中共甘肃省委、甘肃省人民政府	2012.9
魏　冉	女	甘州区火车站街道党工委书记	全国群众体育先进个人	中华人民共和国体育总局	2009.10
魏开军	男	甘州区农技中心主任	全国测土配方施肥工作先进个人	中华人民共和国农业部	2007.12
魏立强	男	张掖市第二中学	甘肃省“园丁奖”	中共甘肃省委、甘肃省人民政府	2010.9
魏振兴	男	张掖市土地管理局副主任	优秀成果二等奖	中华人民共和国国土资源部	2001.6

附　　录

甘肃省张掖地区行政公署文件

张署发（1991）105号

张掖地区行政公署
关于勘定县市行政区域界线的决定

（一九九一年九月二十八日）

（一）

勘定行政区域界线，是加强国家行政管理，确保边界地带长治久安，有利于经济建设和社会各项事业发展的一项战略性措施，对加强社会主义法制建设，保障《土地管理法》《森林法》《草原法》《矿产资源法》《水法》等法律、法规的贯彻实施都具有重要意义。当前国内政治、经济、社会环境、条件对全面勘定行政区域界线极有为利。省上将我区定为勘定县市行政区域界线的试点，先行一步，并进行具体指导。这对我区勘界工作不仅是推动与促进，同时也完全符合各级干部和广大人民群众的意愿。加强组织领导，以“坚定不移，互谅互让，慎重果断，务求必胜”的态度积极、稳妥地进行工作，如期完成本区范围内的县市行政区域界线的勘定任务，是我们各级政府应尽的责任。

肃南裕固族自治县与张掖市行政区域界线

东起三县交界点酥油口河上分水闸（X＝4 268 850、Y＝17 620 730），向北至烽火墩（X＝4 268 950、Y＝17 620 760），向北经烽火墩2490高程点（X＝4 270 330、Y＝17 620 620），向西北过汉口门，到照直沟东梁2541高程点（X＝4 271 220、Y＝17 619 400），再向西北沿山边至无名鞍部（X＝4 272 330、Y＝17 618 750），稍向西北转东北沿小沟下至小野口东边小路处（X＝4 274 000、Y＝17 618 900），向西至小野口河西梁2412高程点（X＝4 274 250、Y＝17 617 820），向西北沿山根至2406高程点（X＝4 274 780、Y＝17 616 660），向西过大野口公路桥再上西山嘴烽火墩2408高程点（X＝4 275 230、Y＝17 615 570），再向西北沿山根至2484高程点（X＝4 275 860、Y＝17 615 020），向北过马莲沟沿山根到三角架2383.5高程点（X＝4 277 030、Y＝17 615 080），向西北至小口子东梁2410高程点（X＝4 277 680、Y＝17 614 450），再向西北至大口子

东梁2401高程点（X=4 278 520、Y=17 613 370，向北至大口子西梁2382高程点（X=4 279 660、Y=17 613 220），向西北至冰沟西梁2286高程点（X =4 280 360、Y=17 612 810），转向东北沿梁下至2182高程点（X=4 281 420、Y=17 613 290），向西北至磨子沟东梁2191高程点（X=4 282 680、Y=17 612 100），转向西至小苦水东梁2522高程点（X=4 283 100、Y=17 610 000），向西沿梁上至小苦水脑2591高程点（X=4 282 970、Y=17 608 400），向西北到询子沟顶三角架2697.3高程点（X=4 285 480、Y=17 608 200），再向西北经板大口门，石灰窑正南一华里处（X=4 286 350、Y=17 605 780），向西沿梁3132高程点（X=4 287 680、Y=17 602 290），向北经东哇山烽火墩2544高程点（X=4 290 050、Y=17 602 500），经大红崖子东梁2234高程点（X=4 292 080、Y=17 603 250），转向西北沿大红崖子沟下到窑洞处（X=4 294 830、Y=17 602 260），向西至2246高程点（X=4 295 200、Y=17 601 000），向西北至2235高程点（X=4 296 850、Y=17 600 700），过黑河西岸边上（X=4 297 750、Y=17 600 000），转向东北沿黑河下至一公里处。（X=4 298 170、Y=17 600 800），转向西北顺盘道山根到小磁窑口（X=4 304 250、Y=17 597 220），稍向东北经1772高程点（X=4 306 630、Y=17 598 010），向东北沿大磁窑护林站东侧的便道经1736高程点（X=4 308 860、Y=17 598 570），至1677高程点（X=4 310 940、Y=17 599 200），转向西北沿西坡村北面地边过大磁窑河至1664高程点（X=4 311 700、Y=17 598 500），经敖河山1776高程点（X=4 312 950、Y=17 596 100），再向西北沿山脊到刀山烽火墩（X=4 317 100、Y=17 595 100）止。

上述界线以西以南属肃南裕固族自治县管辖，以东以北属张掖市管辖。

临泽县与张掖市行政区域界线

（一）南从三县交界点刀山烽火台起（X=4 317 100、Y=17 595 090），向东北沿山脊下到张肃公路32公里+500米水泥桥处（X=4 317 870、Y=17 595 800），向北延伸250米（X=4 318 150、Y=17 595 780），向东直线经1618高程点、1543高程点（X=4 318 420、Y=17 604 500），向东北经沙河滚水坝（X=4 319 160、Y=17 606 090），向北入西干渠至张学政耕地引水沟头（X=4 320 760、Y=17 606 400），向北沿双方耕地界线至马家酒房处（X=4 321 430、Y=17 606 340），向西北至分水沟以南450米处（X=4 322 120、Y=17 606 050），向西延伸400米折向东北至六号沟管理段（X=4 323 240、Y=17 605 950），向西北沿渠到东闸村西南650米处（X=4 326 420、Y=17 604 800），折向西南700米处（X=4 326 000、Y=17 604 220），沿林场西边沿至烂庄子（X=4 326 900、Y=17 604 070），再向西北至新民六队东南300米处（X=4 328 610、Y=17 603 140），向北经小水库至小河支渠（X=4 330 330、Y=17 603 550）向西至倪——沙公路以东250米处（X=4 331 050、Y=17 602 230），折向东北沿林场西边沿到甘新公路小沙河桥（X=4 333 930、Y=17 603 000），过公路沿小河主流到与大沙河汇合处（X=4 341 710、Y=17 605 070），再向东延伸1.1公里处（X=4 342 830、Y=17 605 440）。

（二）从小沙河与大沙河汇合处向东北延伸1.1公里处（X=4 342 830、Y=17 605

440)，折向东直线至野水沟（X =4 342 620、Y =17 609 350)。

（三）从野水沟起（X =4 342 620、Y =17 609 350)，向东南沿沙河沟到双墩子北一公里处（X =4 339 400、Y =17 610 860). 再向东南到与余家河交汇处（X =4 337 270、Y =17 614 310)，向东过小鸭林场入黑河中心（X =4 336 920、Y =17 616 400)，沿黑河主流逆水而上到渠庄子与腊喇渠相交处（X =4 333 450、Y =17 621 300)。

（四）从渠庄子与腊喇渠相交处起（X =4 333 450、Y =1 621 300)，向东经 1438 高程点（X =4 333 470、Y =17 621 880)，向东北经 1683、1720、1852、l881、1958、l983 高程点至立沙坡 1992. 3 三角点（X =4 339 750、Y =17 623 000)，再向东北沿大石板沟至青石崖（X =4 344 270、Y =17 626 710)，向东北沿小芨芨沟、经头道河口到紫阳华 l636 高程点（X =4 350 450、Y =17 629 030)，向北经 1623 高程点至三道胶水与腰泉之间的三脚架 1618. 1 高程点（X =4 356 720、Y =l7 629 540)，向北经石大门河、红北子河到半糟河（X = 4 364 000、Y = l7 628 860)，再向北到甘蒙协议界点红扎儿 l578 高程点（X =4 372 950、Y =17 628 850)。

上述界线以西属临泽县管辖，界线以东属张掖市管辖。

两县市行政区域界线划定后，在（二）（三）两线段的零星插花地，行署同意两县市商定的处理意见：维持现状，不再调整。

张掖市与山丹县行政区域界线

（一 ）从甘蒙协议界点草场洼起（X =4 322 400、Y =17 659 860)，向南顺烟墩沟至沟口烽火墩 2135 高程点（X = 4 314 220、Y =17 655 800)，向西南经三角架 1893. 4 高程点（X =4 311 900、Y =17 653 750)，再向西南四公里 1650 高程点处（X =4 308 720、Y =17 651 300)。

（二）从 1650 高程处（X =4 308 700、Y =17 651 300）起，向西南至甘新公路原 483 公里现为 312 线 2699 公里 +200 米处（X =4 307 230、Y =17 649 700)，向南过公路，沿西屯火车站到甘新公路便道向东平行 150 米直线至西屯火车站北面的防洪渠（X =4 306 790、Y =17 649 470)，向西沿防洪渠到便道折向南至西屯火车站（西屯火车站划归山丹县管辖)；过铁路向南沿张掖农场八站与架子墩村的现实耕地界线交南面支渠（X =4 305 960、Y =17 649 050)，折向东过机场铁路专线，再向东沿八站地界延伸 1. 1 公里处（X =4 305 150、Y =17 650 650)，折向西南过山丹河，沿原地区燃料公司农场、原张掖市手管局农场东面林带至 1574 高程点（X =4 301 030、Y =17 648 700)，再向西南至三县交界点即机场东 1589 高程点（X =4 298 310、Y =17 646 560）止。

上述界线以西属张掖市管辖，界线以东属山丹县管辖。

张掖市与民乐县的行政区域界线

南从三县交界点酥油口河上分水闸起（X =4 268 850、Y =17 620 730)，向东北沿河中心而下，经 2138 高程点（X =4 273 280、Y =17 626 760)，再经酥油口河与马蹄河交汇处 1908 高程点（X =4 278 650、Y =17 631 370)，沿马蹄河向北经 1885 高程点（X =4 279 530、Y =17 631 700)，再经苦豆岗子（X =4 281 760、Y =17 631 110)，向西北 400 米处拆向西南经三道沟（X =4 281 460、Y =17 631 260)，向东北 1. 3 公里处

（X＝4 282 730、Y＝17 631 750），折向西沿斗渠到拐弯处（X＝4 283 110、Y＝17 630 750），再向北到林坊林场西（X＝4 285 200、Y＝17 630 480，向东北经1731.8三角标架（X＝4 286 730、Y＝17 632 100），稍向东北至锁阳房东1.8公里处（X＝4 290 070、Y＝17 632 760），折向东经1636 、1631高程点到庄保墩1625高程点（X＝4 290 650、Y＝17 639 190），向东至石岗墩烽火台（X＝4 293 440、Y＝17 641 940），继续向东北至机场南1601高程点（X＝4 297 000、Y＝17 646 890）。接三县交界点机场东1589高程点（X＝4 298 310、Y＝17 646 560）止。

上述界线以西以北属张掖市管辖，界线以东以南属民乐县管辖。

市县行政区域界线划定后，部分地段的零星插花地，行署同意双方商定的处理意见：原来谁耕种的，仍由谁继续耕种，维持现状，不再调整。

国务院关于同意甘肃省撤销张掖地区设立地级张掖市的批复

国函〔2002〕16号

甘肃省人民政府：

你省《关于撤销张掖地区设立地级张掖市的请示》（甘政发〔2001〕82号）收悉。现批复如下：

一、同意撤销张掖地区和县级张掖市，设立地级张掖市。市人民政府驻新设立的甘州区南环路。

二、张掖市设立甘州区，以原县级张掖市的行政区域为甘州区的行政区域。区人民政府驻县府街。

三、张掖市辖原张掖地区的临泽县、高台县、山丹县、民乐县、肃南裕固族自治县和新设立的甘州区。

张掖市的各类机构要按照“精简、效能”的原则设置，所需经费和人员编制由你省自行解决。

二〇〇二年三月一日

中共张掖地委文件

地委发〔2002〕27 号

中共张掖地委　张掖地区行政公署
关于撤销县级张掖市设立甘州区的通知

中共张掖市委、张掖市人民政府：

根据《国务院关于同意甘肃省撤销张掖地区设立地级张掖市的批复》（国函〔2002〕16 号）和《中共甘肃省委、甘肃省人民政府关于张掖地区撤地设市有关问题的批复》，地委、行署决定：

撤销县级张掖市，设立甘州区，以原县级张掖市的行政区域为甘州区的行政区域。区人民政府驻县府街。

主题词：机构　通知

发：各县委、县人民政府，地直及省属驻张各部门各单位

中共张掖地委秘书处　　　　二○○二年六月十七日印发

共印 230 份

国务院办公厅关于甘肃张掖工业园区升级为国家级经济技术开发区的复函

国办函〔2013〕46 号

甘肃省人民政府、商务部：

你们关于甘肃张掖工业园区升级为国家级经济技术开发区的请示收悉。经国务院批准，现函复如下：

一、国务院同意甘肃张掖工业园区升级为国家级经济技术开发区，定名为张掖经济技术开发区，实行现行国家级经济技术开发区的政策。

二、张掖经济技术开发区规划面积仍为 7.6 平方公里，区域范围为国务院有关部门公布的开发区审核公告确定的四至范围。

三、要深入贯彻落实科学发展观，加快转变经济发展方式，深化改革，扩大开放，按照先进制造与现代服务业并重，利用外资与境内投资并重，经济发展与社会和谐并重的要求，致力于提高发展质量和水平，致力于增强体制机制活力，促进国家级经济技术开发区向以产业为主导的多功能综合性区域转变，充分发挥窗口、示范、辐射和带动作用。

四、必须严格实施土地利用总体规划和城市总体规划，按规定程序履行具体用地报批手续，必须依法供地，以产业用地为主，严禁房地产开发，合理、集约、高效利用土地资源。

五、商务部要会同有关部门加强指导和服务，促进张掖技术开发区健康发展。

中华人民共和国国务院办公厅

2013 年 3 月 2 日

甘州区湿地保护管理办法

第一条 为加强湿地保护管理，维护生态平衡，保护湿地功能和生物多样性，保障湿地资源的可持续利用，促进经济社会、人居环境与自然环境的协调发展，根据《中华人民共和国环境保护法》、《中华人民共和国森林法》、《中华人民共和国野生动物保护法》、《中华人民共和国草原法》、《中华人民共和国水法》、《中华人民共和国水污染防治法》、《中华人民共和国野生植物保护条例》、《中华人民共和国自然保护区条例》、《甘肃省湿地保护条例》等有关法律、法规的规定，结合甘州区实际，制定本办法。

第二条 本办法所称湿地，是指位于甘州区辖区内，天然或人工形成的适宜喜湿野生生物生长、具有较强生态调控功能的潮湿地域。主要包括常年和季节性河流、沼泽地、泥潭地、盐沼地、湖泊，以及生物功能明显的水域。湿地资源是指湿地及其依附湿地栖息、繁衍、生存的野生生物资源。

湿地及湿地资源的保护范围，以区人民政府勘定公布的范围为准。

第三条 在湿地及其周边毗邻区从事与湿地保护和利用有关的建设、勘探、科研、旅游、运输、电力、农、工、牧、渔等活动的单位或个人，应当遵守本办法。

任何单位或个人都有保护湿地生态环境和湿地资源的义务，并有权对破坏湿地生态环境、湿地资源的行为进行制止和举报。

第四条 湿地保护实行区、乡（镇）、村三级分级管理体制。

区林业局是湿地保护的行政主管部门，负责湿地的保护、利用与管理，其下属的湿地管理机构负责本办法的具体实施。

乡（镇）人民政府是本辖区湿地管理的责任单位，具体负责本乡镇行政区域内的湿地保护、恢复和管理工作。

湿地所在地行政村、合作社是湿地保护管理的直接责任主体，在乡镇湿地管护组织的统一领导下开展工作。

第五条 水务、国土、环保、农业、畜牧（渔业）、发改等有关行政主管部门应当在各自职责范围内，按照有关法律、法规规定，配合做好湿地保护管理工作。

（一）水务部门负责河流、湖泊、水库、干、支渠道等区域的湿地保护、恢复和管理工作；

（二）国土资源管理部门负责湿地边界争议、土地纠纷调处和湿地权属确权、认界工作；

（三）环保部门负责湿地生态系统的环境监测、质量评估工作，定期发布湿地生态系统环境监测信息和评估结果，并提出湿地环境治理的意见建议；

（四）农业、畜牧（渔业）等部门负责农牧区、渔业区的湿地保护、恢复和管理工作；

（五）发改委负责湿地项目的立项、审批、申报等工作。

第六条 区林业局负责制订出湿地资源的保护规划，经区政府通过后，将湿地保护的项目、配水、经费等纳入区政府国民经济和社会发展计划。

第七条 区政府成立由相关行业专家、学者组成的湿地评审委员会，负责对辖区内湿地资源进行科学评价，并划定湿地范围，经区政府批准后予以公告。具体工作由区林业局负责组织。

第八条 湿地区域内严禁下列行为：

（一）擅自占用湿地进行开垦、耕种或围湖造田、围塘养鱼等破坏湿地的行为；

（二）擅自修筑设施；

（三）猎捕、毒害、伤害野生动物，掏鸟窝及捡拾鸟蛋、破坏动物巢穴；

（四）采挖野生植物；

（五）砍伐林木，破坏水、陆生植物；

（六）防火期野外用火；

（七）擅自移动或者破坏浮标、界桩、界碑等界线标志；

（八）向水域或水域周边排放未达到标准或者含有毒物质的废水；

（九）采石、挖土、挖沙、筑坟、烧荒、爆破；

（十）湿地范围内新打机井；

（十一）引入有害物种；

（十二）倾倒工业、生产、生活及建筑垃圾；

（十三）其他改变或破坏湿地生态环境活动的行为。

第九条 区、乡（镇）人民政府要采取有效措施保护和恢复湿地功能。

（一）因缺水导致功能退化的湿地，要建立湿地补水机制，根据恢复湿地功能需要定期有计划地进行补水；

（二）因过度放牧导致功能退化的湿地，要实行轮牧、限牧、禁牧等措施；

（三）因开垦导致功能退化的湿地，要限期退耕；

（四）湿地保护区内不得新建居民区，对原住居民要根据新农村建设有关政策实行生产、生活方式的转化。

第十条 严格控制征用、占用湿地。确需临时使用湿地的，须经区林业行政主管部门、国土资源和规划部门办理审批手续，其他部门和单位一律不得受理占用、征用湿地申请。对涉及湿地的各类建设项目，必须严格执行环境影响评价制度。经批准临时征用、占用的，由征用、占用单位或个人依法缴纳征占用湿地补偿费，缴纳标准依据有关法律规定执行。

第十一条 开发利用湿地资源，应当按照湿地资源保护规划进行，不得改变湿地生态系统的基本功能，不得超出资源的再生能力或者给野生动植物物种造成永久性损害，不得破坏野生动物栖息环境和野生植物生长环境。

第十二条 违反本办法规定，有下列情形之一的，由湿地主管部门或其委托的湿地管理机构责令停止违法行为，限期恢复原状，并处以罚款；或者由环保、水务、国土、公安等有关职能部门按照各自的职责处罚：

（一）擅自围（开）垦、填埋湿地、采石、挖土、挖沙、采挖野生植物、筑坟、烧荒、爆破的，处以每平方米3元至30元的罚款；

（二）擅自修筑设施的，处以恢复原状所需实际费用一至三倍的罚款；

（三）猎捕、毒害、伤害野生动物的以及掏鸟窝、捡拾鸟蛋或破坏野生动物主要生息繁衍场所的，依照《中华人民共和国野生动物保护法》和《甘肃省实施野生动物保护法办法》规定予以处罚；

（四）擅自砍伐林木或破坏水、陆生植物的，依照《中华人民共和国森林法》及《甘肃省实施森林法办法》规定予以处罚；

（五）擅自在防火期野外用火的，责令其停止用火，引起火灾的，依照《森林防火条例》或《草原防火条例》规定予以处罚；

（六）破坏、损毁或者擅自移动界标以及相关保护设施、设备的，依照《中华人民共和国自然保护区条例》规定予以处罚；

（七）排放废水、倾倒固体废弃物、投放有害化学制品、引进有害生物物种的，处以300元以上10000元以下的罚款；超过国家规定污染物排放标准的，由环保部门依照有关法律、法规和规章规定处理；

（八）在湿地范围内新打机井的，依照《中华人民共和国水法》和《甘肃省实施〈中华人民共和国水法〉办法》规定予以处罚；

（九）干扰、阻碍湿地管理工作人员依法执行公务的，由公安机关依照《中华人民共和国治安管理处罚法》规定予以处罚；

（十）其他违反湿地管理的行为，依照《甘肃省湿地保护条例》规定予以处罚。

第十三条　对于破坏湿地的行为，乡（镇）政府及其村、社要及时进行制止，并立即上报区湿地主管部门或有关机关依法查处。

第十四条　从事湿地保护和管理的工作人员，滥用职权、玩忽职守、徇私舞弊，尚不构成犯罪的，由所在单位给予行政处分；造成经济损失的，依法承担赔偿责任；构成犯罪的，依法追究刑事责任。

第十五条　湿地的性质、范围和界线的变更或调整，须经原批准机关批准，任何单位和个人不得擅自改变其性质，调整其范围和界线。

第十六条　本办法由甘州区人民政府法制局负责解释。

第十七条　本办法自发布之日起施行，原《甘州区湿地资源保护管理暂行办法》同时废止。

张掖市甘州区人民政府文件

甘区政发〔2019〕50号

张掖市甘州区人民政府
关于终审《甘州区志·1991–2016》志稿的请示

张掖市地方史志编纂委员会：

根据国家《地方志工作条例》《甘肃省地方志工作规定》《甘肃省地方志事业“十三五”发展规划》和省、市二轮修志工作总体部署，2017年4月我区成立《甘州区志·1991-2016》编纂委员会，并正式启动修志工作。经过全体编纂人员1年的努力，历经组织发动、资料征编、志稿编纂等阶段，于2018年4月完成志稿初稿，召开初审会议对志稿进行了全面审核。根据初审会议修改意见，区志编纂人员对志稿进行了进一步修编。2018年8月，我区邀请省、市、区领导和史志专家对志稿进行了复审评审，并组织人员对省、市、县（区）专家提出的意见建议逐一梳理、吸纳，结合实际进行了修改、完善，经过反复校对修改形成了终审稿。

《甘州区志·1991-2016》是首轮《张掖市志》的续志，以续为主，结构上采用编、章、节、目形式，编目设置以首轮《张掖市志》编目为基础，并根据甘州区社会发展情况，新设、补设部分编目，旨在全面反映1991-2016年间甘州区经济社会的发展历程。志稿终审稿约120万字，包括专业志稿17编、89章、418节，彩色图片150幅，正文插图180幅，各类表格168张，基本达到志书质量要求。

根据志书四级审核相关规定，现提请市地方志编纂委员会对《甘州区志·1991-2016》志稿进行终审。

妥否，请批示。

张掖市甘州区人民政府

2019年4月10日

甘州区人民政府办公室	2019年4月10日印发

共印8份

张掖市地方史志编纂委员会文件

张编委发〔2019〕03 号

关于终审《甘州区志（1991—2016）》志稿的批复

甘州区志编纂委员会：

报来关于终审《甘州区志（1991—2016）》志稿的报告及送审稿收悉。

经 2019 年 4 月 22 日市地方史志编委会对《甘州区志（1991—2016）》终审稿进行审定，认为《甘州区志（1991—2016）》以马列主义、毛泽东思想、邓小平理论、“三个代表”重要思想、科学发展观和习近平新时代中国特色社会主义思想为指导，坚持辩证唯物主义和历史唯物主义的观点，坚持实事求是的思想路线，遵循志书编纂原则，客观真实地记述了1991年至2016年甘州区自然、经济、政治、文化、社会和生态的发展与变化，志稿体例篇目严谨，内容资料丰富，文字撰写得体，突出了本区特色，整体质量符合中国地方志指导小组《地方志书质量规定》的要求，同意定稿。请在此稿基础上再作校订后，按有关规定印刷出版。《甘州区行政区划图》经民政部门审核后入志。

张掖市地方史志编纂委员会

2019年4月23日

公开属性：主动公开

张掖市地方史志编纂委员会　　2019年 4月23日印

共印3份

《甘州区志 1991—2016》承编单位撰稿人员名录

区委办　田继新　张定一　代定忠　张玉宝　陈学鑫　王小峰　张平科
人　大　张　勇　崔学成　王克禹
政府办　刘　波　陈定国　韩宇飞　詹兴雷
政　协　宁克海　邢　泽　袁彦林　赵　辉
区纪委监委　王仁国　张　斌　段月宾
组织部　王　海　马晓霞　雷文喜
宣传部　梁平林　卢建明　贾　兴
政法委　魏国栋　陈　毅　张慧军　石晓瑾　宋舒捷
统战部　马有祯　钱　海　于海霞
党　校　祁　泉　杜三宝　郭雅琼
机关工委　魏玉工　王兰芳　王军国　王　超
农　办　史　英　刘　峰　彭银年
小康办　李贺梓　孙建林　王廷新
绿洲办　潘金生　窦志坚
编　办　纪向军　魏万飞　范英哲　金　强
老干局　吕　炳　雷丽斌　王菊鹏
保密局　薛燕萍
党史办　张银德　王婷玲　程彦君　王　磊
档案局　姚正国　陈洁亮　周连林　吕　芹　张　扬
信访局　林玉生　任锋年　纪天才
法制局　安文武　郭小英　李　民
机关事务局　韩天军　成建文　妥宝全
区志办　张　兰　高鹏飞　李　敏　杨　岚
工商联　王东勇　吕慧玲
总工会　马海荣　柳　芸　张自霖
团　委　张定祥　高海洋　李　瑛　蔡燕婷
妇　联　魏　冉　黄彩琴　张晓琴　李妍茹
科　协　韩自云　何建中　朱丽梅
残　联　石建明　孙　伟　闵小红
文　联　谈振国　张兴龙　韦佳佳
人社局　黄兴俊　赵沁芳　张海鹏　李永昌

民政局　杨学功　苏继平　周建军　付正斌
老龄办　融　芳　葛丽岩　许艳霞
民族宗教局　李红新　陈忠玉　郭雄有　李国银　张爱霞
政务大厅　杨洁生　周立旻　田璐游　闫瑞涛
武装部　舒朝选　王吉权
法　院　黄永利　何正功　管云龙
检察院　李召文　曾立国　李文杰　王丽琼
公安局　李海龙　张力晟　李亚莲　徐俊庭
司法局　马新远　赵毅敏　阮卫东　祁小鹏
发改委　程建明　黄邦建　王鸿耀　张　富　姚　杰　何佳明
物价局　陶　静　邱红卫　李　涛　胡　娜　纪爱萍　刘　艳
国资办　冯　俊　白文杰
统计局　郭永刚　王克春　高彩花　牛　芳
审计局　马　超　石麦山　李岚昌
工商质监局　曹文斌　薛　东　田　园　代聪洲　尉超元
食药局　陈　昭　丁雪松　李兴财　顾立武
安监局　李金铭　刘小平　刘自吉　刘青林
国土局　满旭峰　吴进军　陈国元
城管执法局　陈同平　武应国
建设局　梁天祯　师建国　陈旭新
房管局　宋为栋　刁长利　张雪峰
规划局　常红星　韩笑兵　付红梅　宋宝丽
新乐小区管委会　朱建春　樊力军　甘林国　李增铭
经适房中心　臧永刚　贾学祥　徐彩旗　左主权
住房公积金　黄健东　冯　娟
房征办　程永东　普　楠
城投公司　高兴湖　陈文宇
工信局　化　乐　李进明　陈　帅
招商局　王晓丽　何　军　付学广　梁　栩
张掖经开区　高银林　马镇山　梁志军　成　林
农业局　甘林斌　陈富贵　段　鑫
农机局　明清秀　陈　玲　宋　飞
畜牧兽医局　马小平　张学虎
林业局　王东军　代家瑞　聂永辉
区划办　毛　昱　宋少卿　宋克瑜
农投公司　杨　涛　王卫华

商务局 王 斌 李荫兰 张 钊 李 军
粮食局 李文奇 黄 政 郭尚辉
供销社 戴克杰 张健寿 苗文明 张 堃
财政局 王迪东 龙 艳 尉迟金辉
国税局 程朱海 刘玉莱 赵振文 任海英
地税局 王增鹏 毛全成 陈鹏新
水务局 王海明 赵开荣 尹志辉 刘义武
供水公司 边瑞生 普存德 丁玉燕
供热公司 梁心锦 杨世军 姚金祥 邹美琴
供电公司 杨宛聪 蔚文鑫 蒋 涛 封金玉
黑河水电 杜 勇 王 桐 万志乾
张掖发电公司 刘 晖 陈 澈
污水处理厂 张 鹏 马永伟 徐 丽 钟志琼
教育局 刘 文 李汉文 张学荣 张 虎
科技局 徐国宏 王积高 苗 燕
地震局 甄世新 吴海燕
信息办 姜玉文 李天成
文广新局 王敬忠 罗宗涛 许 杰 杨 波 何多鸿
纪念馆 刘正鹏 吴兴梅 张 忠
文物局 宋进林 张 炯 童 婧
博物馆 刘红燕 王 康 张多金 张 森 李妍容
图书馆 黄岳年 贾 兴 孙一凡 李建龙 王 红
文化馆 蒋 云 金 炜 陈晓龙 左曼丽 黄 磊
广电台 朱兴忠 门晓峰 刘 岩 白文军
旅游局 许小龙 潘万雄 李智杰
旅投公司 王保江 王云位 孙 清 杨涵钧
卫计委 刘 力 曹忠国 杜会军
医保局 李宗虎 祁 生 魏 丽 王作贵 方 伟
疾控中心 焦 成 曹建峰 祁正平
体育局 张朝晖 李 伟 贾 鹏
交通局 李吉忠 张丰斌 左永毅
交警大队 兰 志 常登林 杨振林
交投公司 武 彪 王 虎 渠 宏 黄伟星
湿地局 李 纲 邹建荣 权金池
环保局 李国锋 王玉红 罗宗涛 王 鹏
环卫局 张爱霞 秦发源 朱学志 刘雪娥

园林局　马兆生　付丽萍　贾　森
梁家墩镇　吴东德　武登东　赵玉杰　杨晓宏　李先年
上秦镇　刘旭伟　宋福涛　贾贵年　姜冠周
新墩镇　彭　军　张明虎　代俊周　金万义
党寨镇　王正彪　张家君　王俊善　杨　昊
沙井镇　张自虎　张剑波　邢吉庆　王　成　魏小刚
长安镇　谢青春　曹振国　王开锋　李春红　顾亚楠
三闸镇　梁　龙　宋彩霞　徐红斌　陈　涛　张吉瑞
甘浚镇　郭建山　赵　晶　戎胜国　林　凡　张永海
大满镇　赵乾升　妥　东　王新明　邢作锋　杨鹏忠
乌江镇　温　晓　谢晓军　王　清　张　忠
碱滩镇　高怀发　方　山　管维荣　周学国
小满镇　王　林　李建军　王泽林　苗丽梅　唐　轩
明永镇　王　瑞　贺耀龙　杨海瑞　付　荣
安阳乡　李　军　刘建宏　宋吉超　朱永涛
花寨乡　陈军霖　马　强　盛勤奋　蔡　龙　周鸿波
龙渠乡　管作铁　张晓明　闫　亮　任学成
靖安乡　华　军　白　雪　王培林　吴　晶
平山湖蒙古族乡　胡　军　霍永红　罗文明　丁希辉　鲁森玛
东街街道办事处　曹　渊　路　文　刘　涛　李　华　王小丽
南街街道办事处　高　英　董鸿年　姜　玲　王　婷
西街街道办事处　马文涛　张　鹏　徐　洁　薛红喜
北街街道办事处　柴生锋　王兆燕　曹淑珍　杨生学　郭天文
火车站街道办事处　陈建军　王建明　马海涛　花　魁　姚雪莲
国网张掖供电公司　赵　彦
甘州区烟草专卖局（营销部）　刘　刚
中国移动通信集团甘肃有限公司张掖分公司　包力纲
张掖地区邮政局　张海涛
中国电信股份有限公司张掖分公司　柳　青
中石油张掖销售分公司　范开全
甘州区盐务管理局（公司）　王海艳

索 引

本索引设主题词索引、表格索引两部分。主题词索引按目名汉语拼音顺序排列。

主题词索引

表格索引

编 后 记

《甘州区志1991—2016》的出版面世，是全区人民政治生活中的又一件大事。她对整个社会领域认知甘州、宣传甘州、热爱甘州，弘扬甘州历史文化，促进新甘州的建设将会起到积极作用。

甘州区首部志书《张掖市志》，上溯远古，下限1990年，1995年出版。为与首部志书衔接，《甘州区志》上限1991年，下限2016年。2017年4月，由中共甘州区委办公室、甘州区人民政府办公室下发《甘州区志1991—2016编纂实施方案和编纂篇目任务分解的通知》。区政府召开区长办公会议，专题研究区志编纂委员会及人员抽调、经费保障、编纂计划、时限要求等，并报告区委。区委常委会议确定区委书记、区人大常委会主任、区政协主席任编纂委员会名誉主任，区政府区长任主任，区四套班子分管地方志的领导任副主任，各相关部门主要负责人任委员；同时确定由区政府区长王韶华任主编，区志办主任及选调人员任副主编及编辑。在编委会领导下，区直各部门单位、乡镇街道迅速建立编写领导小组，由主要领导负总责，分管领导重点抓，组织文字功底好的人员全力以赴投入各自入编内容的撰写中，为区志的编纂提供了坚强的组织保障。区志编委会将任务分解落实到每个编辑：主编王韶华主持全面工作、总纂全文；副主编张兰撰写凡例、概述、大事记、后记，承担自然、地理、建置、区划、政党、社团、政权、政协、武装、法治；宋进林承担农业、农村工作、工业经济、商贸流通、财税、金融；张恒善承担综合经济管理、基础设施建设、人物、荣誉；单浩强承担社会事务管理、科技、文教、旅游、园区建设、社会生活；高鹏飞承担全文电脑录入、图表插排、人物征集、文字校对；李敏承担资料征集、与各界沟通联系、文字校对；杨岚承担后勤保障、收录资料、文字校对。全体工作人员在加强自身编修的同时，分工包干地对入编单位通过现场指导、约谈、查资料、调研等方式，加强对基础撰稿人员的业务指导和培训，到撰稿单位召开座谈会。各单位撰写的初稿，由主要领导审核签字后报送区志编辑部。9月底收集整理132家单位210万字的送审稿；区志编辑部经过三个多月的努力，在送审稿的基础上，精缩编纂出180万字的初稿。

2018年1月，向社会各界及有关专家广泛征求意见，精益求精，编审完善初稿，力求内容严谨、文字精练、语句流畅。全志形成概述、大事记和专业志24卷，115章，699节，正文配图172幅，138万字的初审稿。4月4日，区志编纂委员会对志稿进行初审。根据初审提出的168条修改意见，编辑部进行了全面修改、补充、完善，7月底将志稿分送省、市志办，山丹、高台、临泽、肃南、民乐5个县志办、区志编委会成员及社会各界有关人士进行广泛地审核。8月28日，由省市史志部门专家、各县志办主任及区志编委会成员对志稿进行了复审。复审会议结束后，编辑部立即进行再次修改，怀着对历史和现实的高度责任感，进一步核实数据，充实内容，完善篇目，解决疑点；对复审会议提出的意见建议逐条逐句进行修改、补充、完善，于11月将终审稿件呈送张掖市史志编委会终审。

2019年1月，稿件呈报甘肃文化出版社审核；4月，张掖市史志编纂委员会完成终审。6月，甘肃文化出版社完成审核。区志从启动到完成终审，历时两年多，数易其稿，于2019年交付出版印刷。

《甘州区志1991—2016》的圆满完成，得到社会各界的广泛支持，是各方集体智慧的结晶。区委办公室、区政府办公室从制定方案、征集资料、编纂全志、召开评审会议，统筹运行，为区志的完成给予大力支持；区委组织部、区编委办、区人社局为修志工作提供人才资源；区委党史研究室、区档案局提供资料；区图书馆安排办公设施，协助查阅资料。修志期间，省地方史志办副主任郝宗伟、副巡视员石为怀及市（州）县（区）志指导处处长陈谦、副处长孔令奇、主任科员王旭专程来甘州区，对工作启动、篇目设计、体例结构等方面给予正确的指导；张掖市史志办主任何成才、副主任胡元肇及史志编纂科科长常登成多次前来指导工作；原张掖地区史志办主任张志纯拟定和数次调整篇目大纲，从组稿到修订完成稿件全程予以全面指导。区政府办公室主任刘波审核文稿、督查落实资料征集任务、多次组织编辑部召开会议，安排靠实责任、督促工作进度；区委办常务副主任张定一、区委组织部常务副部长王海、区委农办主任孔建军、区编委办主任纪向军、区委党史研究室主任张银德、区档案局局长姚正国，区政府办副主任、调研室主任唐国增，区人社局局长黄兴俊、区财政局局长王迪东、区文广新局局长王敬忠、区图书馆馆长黄岳年等，在人员抽调、经费保障、工作开展等方面给予大力支持。

在编修此部志书中，虽然我们付出了艰辛的劳动，但因修志经验不足，加之理论水平有限，纰漏之处在所难免，恳请广大读者和同仁批评指正。区志能如期编竣出版，全靠领导层的高度重视，全赖各方面的认真配合，全凭修志人员的无私奉献，愿他们的精神发扬光大，与志长存！书中之瑕，续志为戒。在此，谨表衷心的感谢！

甘州区地方志编纂委员会

2019 年 5 月

ISBN 978-7-5490-1806-2

定价：398.00元